가족치료 총론

이화여대 사회복지학과 편

가족치료총론

Family Therapy: Theories and Practice

이화여대 사회복지학과 편

편집위원장 : 이정숙 / 편집위원 : 김미혜, 김성이, 양옥경, 엄예선, 정영순

동인

머 리 말

우리 29명이 '가족치료'라는 범위안에서 소주제를 정하고 각기 연구에 착수하고 이것을 다시 한 권의 책으로 편집하게 된 것은, 근래에 가족치료가 한국사회에서 서서히 각광을 받게 되었다는 사실 뿐 아니라 최초로 이화여자대학교 대학원 사회사업학과의 교과목으로 개설되었다는 의미를 살리기 위한 것이었다.

이 책의 출간에 영향을 미친 요인들은 다음의 몇 가지로 요약된다.

첫째, 최근 여러 해 동안 계속되어 온 재미 한국인 교수들, 미국인 교수 및 밀워키 단기 가족치료연구소 소장 부부, 그리고 캐나다인 교수의 계속적인 가족치료 워크샵에서의 열기를 아직도 머리 속에 차갑게 간직하고 있다는 사실이다.

둘째, 한국의 교수로써는 최초로 '가족치료'를 이화여자대학교 대학원 사회사업학과의 교과과정으로 개설하고 강좌를 맡아 온 이명홍 교수님이 정규직으로서는 이번 학기를 끝으로 이화와 우리의 곁을 떠남으로써 동료들 혹은 제자들이 기리는 아쉬움의 정과 공감대를 담고자 하는 의미이다.

셋째, 인류가 만든 가장 아름다운 것들 중의 하나인 가족이 정보테크놀로지의 거센 파장으로 인해 저항력을 상실당하고 있다는 아픔의 통감이다.

마지막으로, 임상사회사업 방법론의 또 하나의 안, 혹은 절충안으로 '가족치료'의 전문적 정체감을 확인하고 그것을 사회적 도움의 방법으로 활용하고자 하는 강한 바람에서이다.

사실 학문이나 이론 혹은 방법은 진리를 향하여 항해하는 '돛'단 작은 쪽배일런지도 모른다. 인간의 행복을 외면하는 진리가 있을 수 없듯이 가족을 철저히 외면하고 개인의 행복을 논할 수 없을 것이다. 가족은 신화, 현실, 그리고 신비 그 자체인 동시에 과거, 현재, 그리고 미래의 동시적 시간성을 담고 있으며, 또한 인간의 경험의 질을 해석하고 그 결과에 따라 생활주기에서 일어나는 대소 사건들을 각인하는 힘도 가지고 있다. 건강한 가족이 건전한 개인과 사회를 만든다는 것은 이제는 평범한 사실이 되었다. 그러나 가족의 정신건강을 관리하는 개인의 능력은 천편일률적이지 않기 때문에 이런 가족과 가족내 개인들, 그리고 가족구성원들과 사회와의 긍정적인 상호작용의 연계를 위하여 돕는 방법으로써의 가족치료가 시기적으로 절실하게 필요해지고 있다.

가족치료가 무엇인가를 이제 와서 규명해 보려 하는 노력은 뒤늦은 감이 있으나 그렇다고 그 규명이 용이하지 않음은 주지의 사실이다. 무엇이 가족요법, 가족치료, 가족중심적 사회사업이며, 혹은 가족을 치료의 초점으로 전달할 수 있는 다른 용어가 어떻게 만들어질 수 있는 지에 관한 문헌상의 일치가 가족치료의 오랜 역사적 발달에도 불구하고 아직 부재한 것이 사실이다. Alexander Gralinick(1962, p. 519; 이정숙, 1976, p. 49에서 재인용)에 의하면, 현재 상태로 주어진 우리의 지식을 가지고 가족치료를 정의하는 것은 독단에 가까울는 지도 모른다고 하였다. 그는 우리가 좀 더 보편적으로 받아들인다면 가족치료는 클라이언트의 치료를 위한 접근법의 한 유형이며, 따라서 제한을 두지 않고 적용시킬 만한 가치가 있다고 본다. 이는 우리의 문화적 여건에서의 경험, 통찰력, 귀납력 및 연역력에서부터 도출되고 발전된다는 것을 의미한다.

비록 용어와 의미가 다소 상이하게 들린다고 하더라도 가족치료의 핵심적 요소는 하나의 단위로써의 가족에 초점을 두는 데 있다. 가족치료에는 치료의 어면측면을 강조하느냐에 따라서 여러가지 이론적 배경 및 모델들이 있음을 본서를 접하면서 쉽게 느낄 수 있을 것이다. 만일 우리가 본서에서 열거하게 될 주요 학파들에 의해서 규정된 개념들을 일단 받아들인다면, 우리는 가족이라는 체계를 형성하고 있는 모든 구성원들의 공동치료는 물론이고 가족을 치료 혹은 상담의 단위로 사회적 맥락에서 처우하는 방법에 익숙해지고 또 새로워질 수 있어야 할 것이다.

본서는 1년 간의 학문적 고통, 공동참여, 계획적 노력에 의해 쓰여졌다. 제1부에서는 가족치료의 발달 및 이론적 배경, 제2부에서는 가족치료의 모델, 제3부에서는 가족치료 실천, 그리고 제4부에서는 가족치료의 교육과 연구, 제5부에서는 한국문화와 가족치료를 골격으로 하고 있다. 우리들의 대부분이 가족치료에 아직 큰 발을 디뎌보지 못했음에도 불구하고 그 중요성 때문에 감히, 그도 방대한 규모의 저서를 집대성화 하려고 한 점은 "우리가 우리를 용서해 준 것 같이 우리를 용서해 주기를" 바라는 우리의 우둔한 야심에서 비롯되었을 것이다.

이 책이 나오기까지 연구에 참여해 주신 여러분들께 지면을 통하여 다시 한번 감사의 뜻을 전한다. 특히, 전문적 식견을 가지고 편집에 임해 준 엄예선 교수, 언제나 씩씩하게 폭넓은 시각을 갖게해 준 김성이 교수, 책이 제 때에 출간되지 못할까 늘 노심초사하며 일을 추진시켜 준 김미혜 교수, 항상 인지적 및 행동적으로 민첩하게 협조하여 준 양옥경 교수, 그리고 이 모든 일을 학과장의 위치에서 가능하게 하는데 박차를 가하여 주었을 뿐 아니라 어려울 때 마다 도움을 준 정영순 교수께 심심한 사의를 표한다. 마지막으로 이런 과정의 뒤안길에서 남모르게 원고교정, 재촉, 출판사 왕래, 잡일 등 일상생활의 리듬마저 깨고 잠도 여러달 설치며 수고를 아끼지 않은 이정은 조교를 비롯하여 함께 애써 준 대학원생들에게 고마운 마음을 전한다.

가족치료가 인간복지에 기여할 수 있다고 보며, 이것이 받아들여질 수 있는 학문적 풍토와 실천의 장이 이제부터라도 좀 더 활발히 열려지기를 바란다.

눈오고 바람도 불었던 구십오년 이월 열닷셋날

이화여자대학교 인문관 4층에서

편집위원장 이 정 숙

목 차

제 1 부

가족치료의 발달 및 이론적 배경

제 1 장

가족치료의 역사적 배경

이 정 숙*

사회사업방법론의 기초가 되는 케이스워어크(casework)의 초점은 점차 개인으로부터 가족으로 전환되고 있는 추세에 있다. 이러한 변화에 대한 가정(assumption)은 가족의 개념에 대한 새로운 인식에서 기인되었다. 즉, 가족을 "단순한 개인들의 집합체가 아니라, 그 자체의 생명, 구조, 그리고 규제(規制)를 가지는 하나의 역동적인 실체(an dynamic entity)로 이해하게 된 것이다. 가족내의 어느 한 구성원의 행동은 다른 전체의 구성원들에게 영향 혹은 행동장애를 일으키기 쉬워서 가족의 항상성(family homeostasis)에 변화를 가져오게 한다(Beatam. Sherman, and Leader, 1966, p. 75)"는 개념을 받아들이게 된 것이다.

오늘날 알려져 있는 가족치료는 한 경로에 의해서 독점적으로 발전된 것이 아니며, 가족에 관련된 이론과 기법(technique)을 개발하고자 했던 사회사업학, 정신의학, 심리학, 사회학, 인류학, 그리고 기타 인접 학문으로부터의 공헌이 컸던 것이다. 가족의 역동성을 인정하고 가족구성원들을 함께 치료한다는 가족의 새로운 임상적 개념은 1940년대 말 이래 꾸준히 발전해오고 있다(이정숙, 1976, p. 38). 가족치료가 학문인가, 개입방법인가, 기법인가, 혹은 분야인가 하는 토론은 불문에 부친다고 하더라도, 그것이 상황속의 인간에게 전문적 도움을 주고자 하는 사회사업학에서 지적 시각(intellectual lens), 개념(concepts and subconcepts), 그리고 기법(skills and techniques)으로써의 활용가치는 물론이고, 이른바 '도움'이라는 차원에서 '누구에게,' '어떤 맥락에서,' '무엇을,' 그리고 '어떻게'와 관련되는 바는 지대하다.

본고에서는 이러한 맥락에서, 가족치료의 역사적 배경에 초점을 한정시켰다. 따라서 본고에서는 과거, 현재, 그리고 미래에 맞물리는 연속선상의 시간의 길이를 의식하는 동시에, 역사의 흐름속에서 가족치료의 뿌리를 여러 학제 간 협동의 경로에서 고찰해 봄으로써, 임상사회사업학에서의 잠재가능성을 가늠해 보고자 한다. 그리고 본고는 여러 학제 간 노력의 일환으로, 정신분석이론과 일반체계이론의 접목 가능성을 제시하면서, 정신분열증 클라이언트와 그 가족, 부부상담 및 아동지도상담, 그리고 집단치료를 매개 개념들로 검토한 뒤에, 가족치료의 발전사를 시기별로 접근함으로써, 임상사회사업학에서 차지하는 가족치료의 위상을 제시할 것이다. 가족치료의 역사를 조명해 보기 위하여 가족치료의 뿌리를 사회적 상황 및 사건에 따라 변화할 수 밖에 없는 가족의 취약성, 변화하고 있는 가족의 개념, 그리고 그 결속력을 향상시키기 위해 발전된 여러 학제 간 이론들, 특히 정신분석 이론과 일반체계이론,

* 이화여자대학교 사회사업학과 교수

그리고 가족치료의 발전에 영향을 준 정신분열증 클라이언트와 그 가족, 부부 및 아동지도상담, 그리고 집단치료를 다루어 보고자 한다.

제1절 가족치료의 역사적 뿌리

가족치료 역사상 과학적 노력이 언제 비롯되었는지, 그 시발점을 정밀하게 추적하는 일은 용이치 않다. 그러나 세계 제2차대전, 한국의 6.25동란, 그리고 원폭의 후유증 등으로 인한 가족의 결속력 연구(Guerin, Jr. Ed. 1976, p. 2)와 동시에 가족의 결속력을 강화시키기 위한 노력이 활발히 전개되기 시작했다. 가족치료자들은 가족구성원들 중 1명 이상에게 정신적 장애(psychological disturbance)를 발병, 유지시키는 가족의 역할에 관심을 두게 되었다. 전쟁의 후유증 상태에서 가족간의 돌연한 재결합은 사회적, 대인적, 문화적, 상황적 등의 맥락에서 정신건강 전문가들의 도움을 필요로 하는 사회적 문제를 표출할 수 밖에 없었다. 정신건강 전문가들은 개인의 문제해결이 익숙해짐에 따라 점차 가족의 문제까지도 효과적으로 해결할 수 있을 것이라고 기대하게 되었다. 가족구성원들은 전쟁기간에 결혼을 늦추거나 혹은 서두는데서 야기되는 스트레스를 경험하게 되었다. 또한 전후의 베이비 붐 그 자체도 스트레스의 가중요인이 되었다. 변화하고 있는 성행위의 인습(sexual mores)과 더불어 이혼에의 점증적 수용은 새로운 자유 대 새로운 갈등을 동시에 초래했다. 새로운 직종, 새로운 교육의 기회, 저당권 설정에 불과해진 취약한 전후의 가족형태는 기존의 가족에게 새로운 긴장을 야기시키게 되었다. 무엇보다 가장 중요하게 부각된 것은 원폭의 후유증에 대한 기본적 보장문제와 더불어 가족이 핵화 시대로 진입하게 된 사실에 있었다.

전후 심리적 개입은 개인중심에서부터 좀더 방대한 사회적 및 교육적 배경을 가진 사람들을 포함시키기에 이르렀다. 여러 학제로부터의 전문가들, 즉 임상심리학자들(clinical psychologists), 정신의료사회복지사들(psychiatric social workers), 부부상담자들(marriage counselors), 그리고 목회상담자들(pastoral counselors)이 종전 정신과 의사들이 제공했던 정신치료(psychotherapy)와 유사한 도움을 주기 시작했다. 정신치료의 대상으로 간주되었던 문제의 규정은 부부 불화(marital discord), 별거 및 이혼, 비행, 고부간의 문제(problems with in-laws), 더 나아가 입원을 필요로 하지 않는 다양한 형태의 정서장애를 포함하기까지 확대되었다. 여러 학제로부터의 대부분의 임상전문가들이 개인적 치료만을 계속하여 제공하고자 했던 반면, 다른 일부 임상전문가들은 변화를 필요로 하는 가족구성원들 간의 의사거래(transactions)와 가족관계를 주시하기 시작했다. 결과적으로 좀더 많은 수의 임상전문가들이 문제적, 역기능적, 혹은 부적응적 행동의 변화를 목적으로 가족의 구조 및 상호작용의 유형을 변화시켜야 한다는 사실을 인식하기 시작했다. 과거 30여년간 광범위하고 다양한 행동과학과 여러 전문적 다학제로부터 임상전문가들이 가족의 기능을 보다 잘 검토하고 좀더 잘 이해하는 개입절차에 참여하게 되었다.

Goldenberg & Goldenberg는 가족치료의 출현배경을 다음과 같은 과학적 및 임상적 단계들로 분류하여 설명했다. 그 단계들은 ① 정신분석적 치료로부터 정서적 문제, 더 나아가 단위로써의 가족 전체에게로의 확대, ② 전체와 부분간의 관계에 비중을 두는 일반체계이론의 도입, ③ 가족구성원 중 한명의 정신분열증 발병 및 그런 가족구성원들의 역할에 대한 병원학적 연구, ④ 아동지도상담소 및 부부상담분야의 발전, 그리고 ⑤ 집단치료와 같은 새로운 임상기법에 대한 점증의 관심을 포함한다(Goldenberg & Goldenberg, 1983). 이러한 추세하에서 가족치료에 미친 여러 학제간의 역사적 뿌리를 이해할 필요가 있다.

(표1) 가족연구에 기여한 행동과학 및 학제(disciplines)

학 제	연 구	대표적 연구자
<인류학> 문화인류학 사회인류학 민족학	· 문화적 및 부분 문화적 가족의 형태 및 기능 · 문화간 비교가족형태 · 민족적, 인종적, 그리고 사회적 지위별 가족의 차이 · 원시사회, 개발도상의 사회, 그리고 산업사회	Ruth Benedict Allison Davis Clyde Kluckhohn Oscar Lewis Ralph Linton Helen and Robert Lyn Margaret Mead Meorge Murdock W. Lloyd Wamer
<상담학> 상담이론 임상실천평가	· 부부 및 가족관계에 있어서의 대인관계의 역동성 · 개인, 부부, 그리고 가족상담의 방법 및 평가	Rollo May Emily Hartshorne Mud James A. Peterson Carl Rogers
<인구학>	· 가정생활의 다면에 대한 센서스 및 관련 통계 · 횡단적, 종단적, 그리고 기술적 연계 써베이 · 출생율, 가족계획 및 인구 억제	Donald Boque Hugh Carter Harold Christensen Ronald Freedman Paul Glick Philip Hauser P.K. Whelpton
<경제학>	· 소비자 행위, 마아케팅, 그리고 동기조사 · 보험, 연금, 그리고 가족의 복지욕구 · 생활기준, 임금척도, 경제사회적 지위	Robert C. Angell Howard Bigelow Milton Friedman John Kenneth Galbraith John Morgan Margaret Reid

학 제	연 구	대표적 연구자
<교육학> 유아교육 초등교육 중고등교육 대학교육 부모 전문가	· 발달유형 · 교육방법 및 평가 · 가정생활교육 · 동기와 학습 · 결혼준비 · 성교육	Catherine Chilman Cyril Houle Harold Lief Nevitt Sanford Ralph Tyler James Walters
<사학>	· 가족의 역사적 뿌리 · 가족패턴의 기원 · 미래의 가족에 대한 예측 · 사회의 가족에 대한 영향력 · 사회적 추세 및 적응(adaptations)	Arthur Calhoun Franklin Fraier Bernard Stem Edward Westermarck Carle Zimmerman
<가정학>	· 실천에 대한 평가 및 교육적 결과에 대한 측정 · 가정의 식생활 습관과 영양상태 · 가정관리 실천 · 가족구성원들 간의 관계	Muriel Brown Irma Gross Paulena Nickell Evelyn spindler Alice Thorpe
<인간발달학> 아동발달 사춘기 발달 중년기 및 노년기	· 특성발달 · 아동의 성장 및 발달 · 발달의 정상화 및 차별화 · 인지학습의 성격 · 문화간 변용(variations) · 인성발달 · 노년기의 사회적 역할	Nancy Bayley Urie Bronfenbrenner Erik Erikson Dale Harris Robert Havighurst Lois Barclay Murphy Bernice Neugarten Jean Piaget
<법학>	· 입양 및 아동보호 · 아동보호 및 복지 · 이혼 및 부부해체 · 결혼 및 가족법 · 친권 및 책임 · 성적 통제 및 성행위	Paul Alaxander John Bradway Harriet Daggett Marie Kargman Harriet Pilpel Max Rheinstein
<정신분석학>	· 정상 및 이상행동 · 임상적 진단 및 치료 · 인성의 근원 · 발달단계 · 정신병의 치료	Natha Ackerman Erik Erikson John Flugel Irene Josselyn Harry Stack Sullivan
<심리학> 임상적 발달적 사회적	· 포부 및 자기개념 · 충동, 욕구, 그리고 배고픔 · 대인적 상호작용의 역동성 · 학습이론 · 정신건강 · 치료적 개입	dRosalind Dymond Gerald Guin Robert Hess Eleeanore Luckey Frederick Stodtbeck John Whiting

학 제	연 구	대표적 연구자
<공중보건학>	· 병원역학(epidemiology) 및 면역 · 가정보건 및 예방의학 · 임산부 및 영아의 보건 · 유독성 물질 연구 · 소아건강교육 · 비뇨기 질환	Cecelia Deschin Nicholson Eastman Earl L. Koos Niles Newton Clark Vincet
<종교학>	· 결혼 및 가족에 대한 교회의 시책 · 다종교를 가진 가족 · 이종교도 간 결혼 · 사랑, 섹스, 결혼, 이혼 그리고 종교적 맥락에서의 가족	Stanley Brav Roy Fairchild Seward Hiltner John L. Thomas John C. Wynn
<사회사업학> 가족개별 사회사업 집단사회사업 사회복지	 · 가족의 욕구사정 · 가족부조를 위한 건설적 프로그램 계획 · 가족기능 측정	Dorothy F. Beck L.L. Geismar James Hardy Charlotte Twole
<사회학>	· 구혼 및 배우자 선정 · 가족의 형성 및 기능 · 사회변동이 가족에 미치는 영향 · 가족의 위기 및 해체 · 가족의 성공력 예측 · 가족에 미치는 사회계급의 영향	Ernest W. Burgess Ruth S. Cavan Harold Christensen Reuben Hill Judson Laris Marvin Sussman

* 자료 : Duvall, 1977. 학제간 가족학파를 모두 열거한 것은 아님.

1. 정신분석론(Psychoanalysis)

Freud에 의해 발달된 정신분석이론 및 일련의 치료기법은 전후 미국의 정신의학계를 지배하는 이데올로기가 되었다. 전쟁 직전 유럽의 심리학자들과 정신분석 중심의 정신과 의사들이 나치체제를 벗어나기 위해 이주민들의 홍수 속에 끼어 대거 미국으로 건너왔다. 미국의 대중들은 20세기 초반 이래 Freud 사상에 매우 수용적이 되었다. Freud학파의 임상전문가들이 미국에 도착하자마자 정신분석이론은 사회학자들과 정신의료 사회복지사들 간에는 물론이고 의료전문가들, 학자들, 그리고 지역사회 임상심리학자들 사이에서 그 어느때 보다도 더 큰 호응을 얻게 되었다.

Freud는 특히 증상적 행동의 발전에 있어서 개인의 인격형성에 미치는 가족관계의 영향을 깊이 인식하고 있었다. 예컨대, Freud는 말이 자신을 물까 두려워 한 나머지 거리에 나가기를 거부했던 5세의 유명한 Little Hans의 사례연구를 통하여, Hans의 행동을 오이디프스 컴플렉스(Oedipus complex)와 관련된 불안의 전이라고 가정했다. 즉 Freud는 Hans가 어머니와의 성행위(sexuality)를 무의식적으로 열망했지만 아버지가 이에 적대심을 품을 것을 두려워함과 동시에 아버지에게 경쟁심과 적대심을 느꼈다고 믿었다. Freud는 Hans가 말 위에서 땅으로 떨어지는 것을 목격하고, 소년 역시 아버지를 상해하고자 했기 때문에 그가 말 위에서 떨어지는 광경은 아버지와 무의식적으로 관련된다고 믿었다. Freud는 Hans가 아버지에 대해 느끼는 거세공포증(fear of castration)을 말에 물릴 것이라는 공포증(phobia)으로 무의식적으로 전이시킨 것으로 보았다. Hans는 아버지를 말로 전이시켰기 때문에 내적 위험을 외적 위험으로 돌릴 수 있었다. 그의 공포증은 그 유발작용에서부터 대리대상(a substitute object)으로 전이되었다. 1909년 Hans는 Freud의 지도감독 하에서 의사였던 그의 아버지로부터 치료를 받은 후 종결되었다(Freud, 1955).

역사적으로 Little Hans의 사례는 기법적 중요성은 물론이고 개념적 중요성도 가진다. Freud는 이 사례를 통하여 개념적으로 아동기의 심리성적 발달(psychosexual development)과 관련된 그의 초기적 이론과 불안에 압도당하지 않으려는 방어벽으로써의 전이(displacement)와 같은 자아의 방어기제(defense mechanisms) 개념을 정교화시킬 수 있었다. 더우기 Hans 사례는 초기의 특정 단계에서 해결되지 못한 문제는 공포증(phobias)과 같은 신경증적 행동을 유발할 수 있다는 Freud의 신념을 뒷받침해 주었다. Bloch와 LaPerriere가 기법적으로 지적한 바와 같이 Hans사례는 아동분석 및 가족치료 양면의 역사상 최초의 사례라고 볼 수 있다(Bloch & K. LaPerriere, 1973). 그러나 주목할 것은 Freud가 아동이나 가족과 함께 일하기 위해서 사례를 선정한 것이 아니라 의사인 Hans의 아버지로 하여금 Freud의 지도감독(supervision) 하에서 자신의 아들을 치료하도록 독려하기 위해서 Hans를 선정했다는 사실에 있다. 임상적 개입은 개인중심적으로 초점화되어 결국 Hans는 공포증으로부터 벗어날 수 있었다.

Freud의 간행 논문들 중에서 Little Hans 및 유사한 사례들로부터 어떻게 가족관계가 Freud식의 정신분석적 사고에 풍부한 진단적 도움을 제공하기에 이르렀는가를 알 수 있다.

1905년 Freud는 정신분석자들은 "정신질병에 대한 신체적 호소내용과 증상군에 관련하여 클라이언트들의 인간적 및 사회적 환경에 가능한 한 전적으로 최대의 관심을 기울여야 할 책임이 있으며, 무엇보다도 클라이언트의 가족환경에 관심을 두어야 할 것"이라고 기고한 적이 있다(Freud, 1959, pp.25-26). 그러나 Freud는 실제에 있어서 개인 중심의 치료를 선호했다. 따라서, 그의 이론이나 기법은 가족내에서의 대인적이나 의사거래적 양상을 재구조화하려 하기 보다는 오히려 심인적(intrapsychic) 갈등의 해결을 강조하고자 하는 면이 강했다. Freud는 동시에 한 가족구성원 이상의 사람들과 만나기를 강력히 반대했었기 때문에, 그는 가족의 구성원들을 분석하는 긍정적인 사정을 여러해 동안 금기시 했었다. 따라서 그는 정신분석자들 사이에 교조주의적 원칙론자로 알려졌다(Broderick & Schrader, 1981).

사실 Bowen은 치료자-클라이언트 관계의 분리 혹은 클라이언트의 친척과의 관계가 치료자를 혼란시키기 때문에, 정신분석적 원칙의 적용이 초기 가족치료 운동을 지연시켰을 수도 있었을 것이라는 점에 주목했다. Bowen은 몇몇 병원들은 한 치료자로 하여금 클라이언트의 심인적(intrapsychic)인 과정을 다루게 하면서, 다른 치료자는 실제적 문제 및 행정적인 절차를 처리하게 한 반면에 제3의 치료팀 구성원으로서의 사회복지사는 친척들과 면접을 하게 했다. Bowen은 그의 초기경험에서 팀 구성원들이 각기 독특한 전문적인 영역의 경계선을 긋는데 실패했었기 때문에 "부적절한 정신치료(inept psychotherapy)"를 초래했을 것이라고 보았다. 따라서 그는 1950년대에 와서 가족구성원들을 하나의 집단으로 치료적으로 간주하기 시작했다(Bowen, 1975).

정신분석자이자 소아정신과 의사였던 Ackerman은 가족연구에 정신분석적인 이론을 적용시켰다. Ackerman은 Bulletin of the Kansas Mental Hygience Society에 최초로 기고한 논문에서, 가족을 역동적인 심리사회적 단위로써 간주하고 가족의 역할을 강조했다. Ackerman은 생물학적으로 충동적인 개인(정신분석적 개념)과 사회적 환경(체계개념) 간의 부단한 상호작용의 개념을 30년 이상 적용했다. 그 후 Ackerman은 심인적인 어휘를 가족 및 좀더 큰 사회체계에 확대, 적용시켰다(Ackerman, 1937). Ackerman의 사망 직후 출간된 논문에서, 그는 아래와 같은 내용을 집약적으로 수록했다.

> "25여년의 기간을 통하여 나는 행동문제에 대한 중심을 개인의 내적인 삶으로 부터 점차 가족의 구성원으로, 지역사회내의 가족으로, 그리고 가장 최근에는 사회적 공동체로 확대시켰다(Ackerman, 1972, p. 449)."

Ackerman은 여러 사람들로부터 가족치료 운동의 원조(the grandfather)로 간주되고 있다. 가족치료에 미친 다른 정신분석적 영향은, Adler의 연구에서 찾을 수 있다. Adler는 초기에는 Freud의 동료였다. 그는 1900년대초 Vienna에서 아동지도상담 운동을 일으키는데 기여했다. Adler는 개인의 목표지향 행동은 그런 행동을 표출시키는 환경 혹은 사회적 맥락에 대한 이해 없이는 충분하게 이해될 수 없다고 주장했다. Adlder의 형제경쟁(sibling rivalry), 가계도(family constellation), 그리고 생활양식(style of life)과 같은 개념들은 인간의 행동에 영향을 미치는 가족의 역할의식(roleawareness)을 반영해 준다. Freud와 마찬가지로 Adler가 모든 가족들의 치료에 임하지는 않았었다고 하더라도, 그는 그의 동료들 중의 한명인 Dreikurs로 하여금 미국의 아동지도상담소를 가족상담소로 확대시키도록 하는데 영향을 미쳤다(Lowe, 1982). 이러한 움직임으로 인해, 가족상담소의 프로그램은 교사교실(classes for teachers), 부모교육 연구집단(parent education study group), 편부모집단(single-parent groups), 조부모집단(groups for grandparents)에 이르기까지, 성인-아동간의 이해심 및 협동심을 촉진시키기 위한 일련의 노력으로 조직화되고 있다(Dinkmeyer & McKay, 1976).

마지막으로, 미국 정신과 의사인 Sullivan은 정신분석 훈련을 받았을 뿐 아니라 사회학과 사회심리학의 영향을 받기도 했다. 1920년대 후반에 비롯된 경력을 통하여, Sullivan은 인성발달에서 점유하는 대인관계의 역할을 강조했다. Sullivan은 인간이야말로 근본적으로 사회적 상호작용의 산물이며, 따라서 인간이 어떻게 기능하는가를 이해하기 위해서는 대인관계의 여러 상황에서 상대적으로 재연되는 지속적인 행동양상을 연구할 것을 제안했다(Sullivan, 1953, p. 110). Sullivan은 대부분 정신분열증 클라이언트들을 상담하면서, 과도기적 사춘기의 청소년들에게 빈번하게 나타나는 정체감의 혼미가 가정생활에 결정적인 영향을 미칠 뿐 아니라 더 나아가 정신분열증까지도 자아낸다는 사실을 주목했다(Perry, 1982).

후일 가족치료 분야에서 탁월한 인물이 된 Jackson과 Bowen은 모두 Sullivan과 그의 동료 Fromm-Reichmann의 지도감독하에서 훈련을 받았던 인물들이다.

2. 일반체계이론(General Systems Theory)

1940년대 생물학자 Bertalanffy가 최초로 고안한 일반체계이론은 모든 행동과학의 적절한 모델, 즉 살아있는 모든 체계들을 포함시키려는 통합적인 이론적 모델(a comprehensive theoretical model)을 구축하기 위한 그의 노력에서 비롯되었다. Bertalanffy의 주요 기여는 관련성이 없어 보이는 것을 고찰하고, 어떻게 그런 것들이 상호 관련성이 있는 좀더 큰 체계의 구성요소들을 나타내는가를 이해하기 위한 준거틀(a framework)을 제공한 데 있다(Bertalanffy, 1968).

한 체계는 상호작용의 상태에 있는 구성 부분들의 복합체(a complex)이다. 각 부분을 고립된 별개의 것으로 보거나 단순히 하나의 실체(entity)를 보완하기 위한 부분들의 합으로 보기 보다는, 오히려 이 이론은 부분들간의 관계 그리고 다양한 구성요소들이야말로 전체 체계의 기능을 이해하는데 가장 큰 도움이 된다는 점을 강조했다.

Bertalanffy는 어떤 일이 어떻게 일어나는가를 이해하기 위해서 각 부분이 기여하는 바를 단순히 합산할 것이 아니라, 한 체계의 구성요소들 간에서 일어나는 의사거래과정(transactional process)을 반드시 규명해야 한다고 보았다.

일반체계이론은 체계들이 조직된 방식과 그 부분들 간의 상호의존성에 따라서 그들을 분류하고자 한다. 따라서 이 이론은 과학적 지식 및 통합적(holistic) 사고방식의 새로운 접근방법을 설명해 준다. 체계에 대한 전통적인 연역적 관점(문리학으로부터 유래된)은 어떻게 A가 B의 원인, B가 C의 원인, C가 D의 원인... 등이 되는지, 복잡한 관계를 1차적 방정식으로 분석하고 보다 덜 복잡한 고리형의 순환적 인과반응(cause-and-effect reactions)으로 분류하여 설명하고자 한다. 체계이론은 새로운 인식론(epistemology)을 제시한다. 즉 체계이론은 대상을 규정하는 것이 구조가 아니라 부분들의 상호작용 양상에 따라 결합되는 조직이라고 본다. 따라서 한 체계의 구성부분들은 부분들의 상호관계 보다는 덜 중요하다(Segal & Bavelas, 1983). 즉 A가 B의 원인이 될 수 있지만, B 역시 B에게 영향을 주는 A에게 영향을 주는 등, 이런 식으로 순환적 인과관계(circular causality)가 성립될 수 있다는 입장이다. 더우기 인간 유기체는 구조에는 물론이고 과정에 관여하고 있기 때문에 시간이 경과함에 따라서 여러가지 양상이 형성되고 지속됨을 발견할 수 있다.

행동과학자인 Miller는 모든 살아있는 체계들을 개방체계들의 특수한 하위부분들로 간주했다. 그의 원칙에 따르면, 생물학적 및 사회과학적으로 기술되는 모든 현상들은 7개의 위계수준을 가지는 총체적인 쉐마에 따라 배열될 수 있다. 그 7개의 위계수준은, ① 초국가적 체계(supranational system)로 유럽지역사회, 유엔, 위성 의사소통망(satellite communication network)이 그 대표적 예이고, ② 사회체계(societal system)로 1개 국가, 국가의 큰 부분이 해당되며, ③ 조직체계(organizational system)로 기업체, 사회적 기관, 전문가협회가 해당되고 ④ 집단체계(group system)로 가족, 작업팀, 리크리에이션집단, 동물집단이 해당되며, ⑤ 유기체적 체계(organismic system)로 개별적 인간, 동물, 혹은 식물이 해당되고, ⑥ 기관체계(organ system)로 신경계 및 소화계가 해당되며, 그리고 ⑦ 세포체계(cell system)로 신체내의 개별세포들이 해당된다. 즉 복합성의 질서가 증진됨에 따라서 수준들은 세포들, 기관들(세포들로 구성), 유기체들(독립적인 생활형태), 집단들(가족들, 분과위원회들), 조직체(대학교, 다국적 기업체, 도시), 사회 혹은 국가, 그리고 초국가적 체계들로 분류될 수 있다. 따라서, 한 수준 위의 상위체계는 그 아래의 모든 하위수준들을 포괄하며, 아래 하위수준에 있는 체계들에게 환경을 제공해 준다. Miller의 논문은 세포들이 태고로부터 무수히 진화해왔기 때문에 진화의 전반적인 방향은 그 어느때 보다도 더 거대한 다양성을 지향하고 있을 것이라는 입장을 취하고 있다(Miller, 1978).

어떤 사물도 그리고 누구도 고립상태로 존재하지 못한다. 세계는 체계들 내의 체계들로 구성되어 있다. 정서적 장애인은 가족체계에 있어서의 한 하위체계의 한 부분이지만, 전체로써의 가족체계는 장애인에 의해서 영향을 받으며 그리고 그에게 영향을 주기도 한다. 사회복지기관에서 치료를 받고자 하는 역기능적 가족들은 기관 조직체계의 구성요소들이다. 따라서 그런 가족들은 정부재원(government funds)의 할당, 가족상담 등, 연구비(training grants)에 영향을 미친다. 인간은 여러 기관 하위체계들(a system of organ subsstems) 중의 한 체계이며 좀더 큰 쉐마의 부분인 유기체(an organism)이기도 하다. Bloch와 LaPerriere가 제공한 우울증 여성의 예를 생각해 보기로 하자. 어떤 수준에서 그 여성의 증상적인 행동이 최대로 이해될 수 있으며 그 개입이 가장 효과적일 수 있는가? 기관(器官)수준의 체계에서 그 여성의 우울증은 월경주기 동안의 홀몬의 변화와 관련될 수 있을 것이다. 좀더 구체적으로, 유기체 수준에서는 그 여성이 공격적인 충동을 처리하는 방식, 집단 수준에서는 가족에 관여하는 방식, 그리고 사회적 수준에서는 여성들에게 강력한 충동을 억압하는 사회화의 과정과 각기 관련될 수 있을 것이다(Bloch & LaPerriere, 1973). 따라서 가족치료자는 그 여성의 여러 문제영역을 진술하게 하고 변화를 촉진시키기 위한 효과적인 방법을 제공하기 위하여 가족 수준에서 개입하는 다양한 입장을 취할 것이다.

비록 체계라는 사고가 가족치료의 모든 양상에 침투된다고 하더라도, 여기서 강조하고자 하는 바는 가족치료 운동에서 체계이론이 점유하는 역사적 유의성에 있다. 정신분석 혹은 정신분석의 정신병리적 중심과 대조적으로, 일반체계이론은 개인을 '병든(sick)'이나 '건강한(well)'과 같은 개념들이 합리성을 가지지 않는, 그런 체계내에서 추진력을 가지는 복합체적인 존재로 간주한다. 한 개인에게 나타나는 증상은 체계(즉 가족, 지역사회, 혹은 대규모의 사회)가 역기능적이 되었다는 사실만을 의미한다. 가족치료자는 클라이언트와 거리를 두는 정신분석자와는 반대로, 좀더 직접적으로 개입하는 경향이 있을 뿐 아니라 가족체계의 한 참여자가 되기도 한다. 가족치료가 강조하는 바는 한 개인의 해결되지 않은 심인적 갈등에 비중을 두기 보다는 오히려 여러 수준들을 망라하는 다인과론(multiple causality)에, 그리고 과거

보다는 오히려 현재에 비중을 둔다. Watzlawick, Beavin, 그리고 Jackson은 정서적으로 장애를 받은 개인에게 초점을 둘 때, 그런 개인의 심리적(개인의 신비한 black box속에서 무엇인가 진행되고 있을 수 밖에 없는) 본성에 관한 연구에 불가피하게 관여하게 된다는 사실을 주목했다(Watzlawick, Beavin, & Jackson, 1967). 여하간 개인의 장애행동, 타인들의 그런 행동에 대한 반응, 그리고 그런 상호작용이 일어나는 맥락의 영향만 보더라도, 초점은 체계 부분들 간의 관계로 전환되고 있다는 것을 발견하게 된다.

3. 정신분열증 클라이언트와 그 가족에 대한 연구

가족구성원 중에서 정신분열증 클라이언트를 만드는데 장애가족 환경은 어떤 역할을 수행하는가? 정신분열증 클라이언트 어머니의 특성을 최초로 연구한 Lidz와 Lidz는 모자관계에서 심각할 정도의 부적절성(inadequacies)과 심리사회적인 장애가 있음을 발견했다(Lidz & Lidz, 1949, pp.332-345). 좀더 구체적으로, Fromm-Reichmann은 정신분열병원적 어머니(schizophrenogenic mother)라는 신용어를 만들어 지배적, 냉담한, 거부적, 소유적, 그리고 죄책감 유발적 어머니와 수동적, 무관심적, 그리고 무감정적 아버지와의 결합이 남성후손(아들)에게 혼돈 및 부적절한 감정을 유발하여 궁극적으로는 정신분열증 클라이언트가 되게하는 원인을 제공한다고 했다(Reichmann, 1948, pp.253-273). 1950년대까지 확대된 이러한 가족병리 연구는 병원적(pathogenic) 어머니, 부적절한(inadequate) 아버지, 그리고 남아의 정신분열증 간의 1차적 인과관계를 설정하고자 했다. 이와 같은 가족에 대한 심리학적 분석은, ① 가족이 장애받은 개인을 지지하고 있는 역기능적 체계로 인지되는 사회학적 관점, ② 서로 영향을 주고 있는 개인들의 집단으로써의 가족에의 좀더 광범위하고 체계적인 심리사회적 접근, 그리고 ③ 이 양자에 의해 보완되었다(Waxler, 1975, pp.38-47). 이런 양상으로 가족환경 및 정신분열증 클라이언트의 병원학에 대한 연구가 시작되었다.

1950년대 중반기 정신분열증 영역에서 행해진 가족연구의 주요 시발점은 캘리포니아주 Palo Alto의 Bateson, Yale의 Lidz, 그리고 The National Institute of Mental Health의 Murray Bowen(그 후 Lyman Wynne)으로부터 유래되었다. 이 연구자들은 처음에는 독자적으로 일했기 때문에, 적어도 그 후 10년이 경과되기까지는 서로 다른 사람의 연구를 충분히 인식하지 못했었다. Guerin은 가족치료 개척자들 중의 다수가 가족과 정신분열증에 관한 연구에 1차적인 초점을 두었다고 했다(Guerin, Jr., 1976).

1952년 Bateson은 Palo Alto Beterans Administration Hospital에 적을 두고 인간들과는 물론이고 동물들과의 의사소통의 패턴 및 역설(paradox) 연구를 위해 연구비를 지급받았다. 그는 곧 Haley, 당시 의사소통을 연구하고 있었던 대학원생이며 문화인류학 훈련을 받았을 뿐 아니라 한때 화공학도(chemical engineer)였던 Weakland, 그리고 그 후 정신과 의사로 정신분열증 클라이언트들과 일한 경험이 있는 Jackson과 합세했다. 그들은 여타 의사소통 현상들 중에서 가족내에서의 병리적인 의사소통 패턴과 가족구성원 중 정신분열증 클라이언트를 만들어 내는 관계를 연구하기 시작했다. 좀더 구체적으로, 그들은 의사소통의 모순적인 방법 때문에 정신분열증 클라이언트의 이상야릇하고 불합리한 행동이 형성되며, 이런 식으로 필수적인 의사소통이 불가능해 진다고 가정했다.

그로부터 4년 후 Bateson, Jackson, Haley, 그리고 Weakland는 가족구성원 중에서 정신분열증 클라이언트를 유발시키는 상황을 설명하기 위하여 이중구속 개념(double-bind concept)을 도입했다. 이들의 공동 논문에 의하면, 이중구속 상황은 한 개인(흔히 아동)이 사실이 아닌 모순된 메시지를 평가하지 못하게 하는 동일 인물로부터 습관적으로 모순된 메시지를 받을 때, 생존에 위협을 받는다고 인지하고 있는 개인이 어떤 반응을 강요당한다고 느낄 때, 그리고 개인이 선택하는 반응이 무엇이건 간에 실패를 운명적으로 느낄 때 발생한다 (Bateson, Jackson, Haley, & Weakland, 1956, pp.251-264). 그들의 논문에서는 아래와 같이 유해한 예를 인용했다.

> 급성 정신분열증 에피소드로부터 꽤 잘 회복한 한 청년이 병원에서 어머니의 방문을 받았다. 그는 어머니를 만나 너무나 기쁜 나머지 무의식적으로 어머니를 얼싸안았다. 어머니의 표정이 굳어지자 청년은 어머니를 안았던 자신의 팔을 풀었다. 이어 어머니는 "너는 나를 더이상 사랑하지 않니?"라고 반문했다. 아들은 순간 당황하여 얼굴을 붉혔다. 어머니는, "아들아, 그렇게 쉽게 당황해하고 감정까지 두려워할 필요는 없을텐데," 라고 말했다(ibid., p. 259).

위의 예에서 어머니의 수면에 잠겨있는 메시지의 연쇄를 주목하라. "건드리지 마"("떨어져"). "내가 어떻게 반응하건 너는 너의 감정에 솔직하지 마."("좀더 가까이 와"). "내 행동의 모순에 도전하지마." "넌 내 사랑이 없이는 생존할 수 없으니까."

동일한 중요인물로부터 가까이 오라는 권유와 멀리 떨어지라는 강요의 양면적 메시지에 포함된 애증의 표현에 직면할 때, 그 개인은 다른 두 메시지를 바르게 판별하려 하는 노력이 불가능해질 수 밖에 없는 상황에 말려들게 된다. 아버지로부터의 처벌밖에는 만족할 만한 반응이 불가능할 뿐 아니라 진퇴양난의 의사소통의 딜레마를 평가할 수 밖에 없는 그런 상황의 아동은 혼돈될 수 밖에 없다. 즉 반응은 거부를 유발하며 반응의 실패는 애정의 상실을 유발한다. 반응을 해도 저주받고 반응을 하지 않아도 저주를 받는 상황에서 아동은 이중적으로 속박을 받을 수 밖에 없다. 만약 중요인물(예컨대, 부모)이 동시에 다른 두 모순적인 메시지를 거부한다면, 이런 경우의 아동은 더 혼돈을 할 뿐이다. 이런 의사소통의 유형이 일단 성립되면, 아동에게는 그런 연쇄작용의 초기단계 혹은 그 실마리만으로도 공황반응(panic reaction) 혹은 분노반응(rage reaction)을 일으킬 충분한 조건이 된다. Bateson과 그의 동료들은 이런 종류의 불가능한 상황의 반복적이고 연장적인 메시지의 전형적인 결과는 아동이 다른 두 불일치적인 메시지에 반응을 함으로써 유해하게 도피하고 처벌하는 방법을 배우게 된다고 했다. 아동은 자기보호 수단의 왜곡된 방식으로 모든 관계에 대처하는 것을 배우게 될 뿐 아니라 더 나아가 자신의 의사소통과 타인의 의사소통의 진정한 의미를 이해할 수 있는 능력마저 상실당하게 된다. 바로 이 지점에서 아동은 정신분열증적 행동을 나타내기 시작하게 된다. 따라서, Bateson 연구팀은 정신분열증 클라이언트야 말로 가족 의사소통의 실패에서 파생된다는 점을 강조했다.

Bateson과 그의 동료들이 서부 연안에서 가족과 정신분열증 클라이언트를 연구하고 있었던 같은 시기에 Lidz는 동부 연안(Baltimore, 그 후 Connecticut주의 New Haven)에서 한명 또는 그 이상의 자녀들에게 정신분열증의 유발에 영향을 미친`가족의 역할에 관한 연구를 출간하기 시작했다(Lidz, Comelison, Fleck, & Terry, 1957, pp.241-248). 이들의 연구는 비록 과도기에서 그 개념들이 어느 정도 확대되었다고 하더라도, 가족에 대한 정신분석적 개념의 적용을 여실히 반영했다. 예컨대, Yale Psychiatric Institute의 Lidz와 그의 동료들은 구강기적 고착을 재인식했다. 정통적인 정신분석이론은 정신분열증 발병의 1차적 요인을 질병의 한 측면만으로 제한시켰다. 그런데 Lidz 등에게는, 정신분열증은 가족이 전인적인 인성발달의 필수요건을 공급하는데 실패하는 데서 오는 "결핍증(deficiency disease)"으로 간주되었다. 좀더 세부적으로, 그들은 부모(주로 어머니)의 억압된 인성발달이 아동으로 하여금 양육욕구를 충족할 수 없게 한다고 본다. 이에 아동은 심각한 불안정감을 가지고 성장하기 때문에 자율성을 성취할 수 없게 된다. 그들은 또한 부부간의 갈등으로 인한 불안정한 부부관계는 아동에게 빈약한 역할모델을 제시한다고 가정했다. 결과적으로 아동은 가족 외부의 타인들과의 상호작용 및 독립적인 성인생활을 위해서 필요한 대처기술을 습득하는데 실패하게 될 것이라고 간주된다. Lidz는 사회적 체계로써의 가족보다는 오히려 부모의 정신역동성이 아동의 정신분열증적 행동에 1차적인 책임의 소재가 된다고 보았다.

Lidz와 그의 동료들은 만성적인 부부불화의 두 유형을 정신분열증 클라이언트 가족의 주요 특성으로 기술했다. 부부분파(marital schism)는 각 부모가 자신의 문제에 몰두되어 배우자의 역할과 양립되고 호혜적이 될 수 있을 정도로 가족 내에서 만족한 역할을 만들어내지 못하는 불협적인 관계를 의미한다. 따라서 각 부모는 상대방, 특히 아동의 가치를 비하시키는 경향이 있을 뿐 아니라 자녀의 충성심, 애정, 동정, 그리고 지지를 얻고자 경쟁까지 하는 경향이 있다. 부부는 각기 자존감이나 상호 존중감을 느끼지 못하고 자녀가 상대방 배우자와 같은 행동을 하며 자랄 것이라고 두려워할 수도 있다. 이혼이나 별거는 부부분파 이상으로 가족의 정신병리에 위협적 요건이 된다.

부부왜곡(marital skew) 유형은 부부관계가 위협받지 않는다고 하더라도 상호 파괴적이며 정신분열증 후손을 만드는 가족들에서 발견된다. 한쪽 부모에게 심각한 심리적 장애(정신증과 같은)가 있는 경우가 주로 이에 해당된다. 흔히 의존적이고 심약한 편부모는 상황을 받아들이고 가족의 상황이 정상적임을 자녀에게 가급적이면 암시하고자 한다. 그들의 실제적 경험에 대한 부정은 좀더 큰 현실에 대한 왜곡을 초래할 수 있다. Lidz와 그의 동료들은 남아 정신분열증 클라이언트는 지배적인 어머니, 아직도 다른 가족구성원들의 욕구를 충족시키지 못하면서 아동의 생활에 방해가 되는 정서적 장애 어머니가 있는, 그런 왜곡된 가족들에서 주로 발견된다는 결론을 내렸다(ibid.). 왜곡된 가족은 어머니의 아동양육에 동조할 수 없거나 아동에게 적절한 남성역할 모델을 제시할 수 없는 아버지를 가지고 있는 경우가 대부분이다.

만약 부부왜곡이 흔히 남아에게 정신분열증의 선행조건이 된다면, 부부분파는 흔히 여아에게 정신분열증의 선행조건이 된다. 이 지점에 바로 부부불화가 존재하며 각 부모는 특히 딸의 지지를 바라는 경향이 있다. 딸의 사랑과 지지를 경쟁적으로 획득하고자 하는 노력에 있어서, 아버지의 어머니에 대한 비난은 딸로 하여금 부인 및 어머니로서의 성인역할을 수행해 낼 능력에 회의를 품게 함은 물론이고 여성으로서의 동일감에 대한 딸의 정체감 혼미까지도 유도하게 된다. 한쪽 부모를 즐겁게 하는 일은 다른 쪽 부모의 거부를 의미한다. Shean은 사례연구를 통하여 부모와의 불협으로 인해 파생되는 아동 행동의 다양화는 가족의 속죄양(scapegoat)이 되게하는 첩경이 된다고 하였다(Shean, 1978). 불행히도 그런 다양성은 아동 자신의 발달욕구를 희생시키게 된다. 1950년대 초 캔사스주 Tepeka의 멘닝거연구소에서 최초로, 그리고 그 후 워싱턴 근처의 The National Institute of Mental Health에서, Bowen은 가족을 하나의 단위로써 연구하기 위하여 가족구성원들을 입원한 정신분열증 클라이언트들과 함께 있도록 독려했다. Bowen은 특히 공생적 모자 상호작용(symbiotic mother-child interaction)을 확인하는데 관심이 컸다. Bowen은 그 후 Jackson이 편집한 저서에서 최초로 정신분열증의 원인에 관련된 다양한 가족이론을 소개했다. 그는 정신분열증 클라이언트 가족들이 빈번히 Lidz의 부부분파에 관한 연구와 유사한 상호작용 유형을 보여주었다고 하였다. Bowen은 부모간에 현저한 정서적 거리감(emotional distance)을 두는 상황을 정서적 이혼(emotional divorce)이라는 용어로 표현했다. 그는 이런 종류의 관계를 지나친 밀착감과 지나친 거리감 간의 동요로 설명했다. 결국 이런 관계는 부모가 상호 불안을 회피하기에 충분한 정서적 거리를 유지하고자 하는데서 비롯된다. 즉 그들은 '희생을 무릅쓰는 평화'에 안주하고자 하는 것이다. 공통적 갈등영역에서의 부모의 연합은 특히, 아동에게 심리적 장애의 징조를 유발하는 것과 관계가 있다. 그것은 마치 부모가 장애아동을 무력하고 결핍된 상태에 머물게 하면서 상호관계를 유지하고자 하는 격이기 때문이다. 이와 같은 부모의 연합은 아동이 자율성을 해결하기 위하여 분투하고 있는 시기, 특히 질풍노도와 같은 사춘기에 더욱 스트레스를 경험하게 한다. 이 때가 바로 정신분열증적 행동이 최초로 나타나는 전형적인 시기이다(Bowen, 1960). Bowen은 가족구성원들 간의 투사과정에서 정신분열증 클라이언트가 확인되기 까지는 적어도 3세대의 기간이 소요된다고 했다. 그는 만약 정신분열증 클라이언트의 한쪽 부모 혹은 양쪽 부모가 그들의 부모들과 심각한 정서적 갈등을 경험했기 때문에 고통을 받고있을 뿐 아니라 미성숙하기까지 하다면, 지금 그들의 후손을 유사한 방법으로 갈등상황에 처하게 한다고 하였다.

The National Institute of Mental Health 가족연구부의 지도자였던 Bowen의 뒤를 이은 Wynne은 그의 연구 초점을 정신분열증 클라이언트가 있는 가족의 불분명하고(blurred), 모호하며(ambiguous), 혼돈된(confused) 의사소통 유형에 두었다. Lyman과 그의 동료들은 일련의 연구에서 그런 가족들의 사회적 조직(social orgarnization)에 관심을 두었다(Wynne, Ryckoff, Day, & Hiresch, 1958, pp.205-220). 예컨대 이 연구자들은 가족의 되풀이되는 단편적 및 비합리적 양식의 의사소통을 관찰하면서, 그런 가족의 유형은 정신분열증적 구성원으로 하여금 주변에서 일어나는 사건들을 불분명하거나 왜곡된 방식으로 해석하게 하는 경향이 있다고 가정했다. 따라서 그러한 의사소통의 왜곡된 해석, 혼돈 내지 빈번한 불가해성(bafflement)은 가족 내외에서 정신분열증 클라이언트의 사회적 및 대인관계의 취약성을 고조시킨다. Wynne은 어떻게 가족구성원들이 상호 은밀하게 거리를 감추는가를 설명하기 위해 실제로는 그렇지 않은 상호적, 개방적, 그리고 이해적 관계의 양상을 의미하기 위하여 거짓상호성(pseudomutuality)이란 용어를 사용했다. 거짓상호성은 가족구성원들 모두가 무의미하고 공허한 감정을 방어하기 위하여 고안된 공동의 책략(manoeuvre)이다. 거짓상호적 가족환경에서 성장한 개인은 정체감을 발전시키는데 실패한다. 이러한 정체감의 실패는 가족 외부에서의 성공적인 상호작용 및 가족체계 내에서의 중요한 참여에 방해를 준다. Wynne 등은 정신분열증 클라이언트는 가족 밖에서의 경험의 의미를 정확하게 이해하는 스스로의 능력에 회의를 품게되어 경계선이 견고한 유사한 가족체계에 안주하고자 한다고 했다(ibid.).

이러한 모든 연구는 주로 미성년의 가족구성원이 정신분열증으로 진단된 가족들을 망라한 횡단적 연구였다. 공통의 기본적 가정(assumption)은 가족관계의 결함은 일반적으로 정신장애(mental disorders)의 주요 원인이며 그런 가족역동성의 차별적 유형은 정신병리의 각 범주에서 발견될 수 있다. Goldstein이 관찰한 바와 같이 불행하게도 이러한 가정을 검증하는데 있어서의 주요 장애는 정신분열증과 같은 정신장애가 가족체계에 영향을 미친 오랜 후에 비로소 가족들이 연구되었다는 점에 있다(Goldstein, 1988, pp.283-299).

위와 같은 연구의 제한점에도 불구하고, 정신분열증의 불가해한 원인을 규명하고자 하는 상당한 열망이 새로운 임상연구 분야에 의해 자극되었다. 다수의 정신분열증 클라이언트들과 가족연구자들이 1957년 미국예방정신의학협회 주최의 여러 학제간 전국대회에서 최초로 만났다. 이때까지만 해도 별도의 기구는 형성되지 못했었지만, 소집단의 연구자들은 나름대로 다른 사람들이 연구한 것을 서로 배웠다. 그 후 여러가지 분야로부터의 혼합된 개념들이 정신분열증 클라이언트들과 그들의 가족에 관한 연구에 집대성화 되었다(Boszormenyi-Nagi & Framo, Eds., 1965). 10년 전에 시작된 임상 중심의 가족연구는 드디어 가족치료 분야를 위한 집단사회사업을 고안하게 되었다.

4. 부부상담과 아동지도상담

가족치료의 선구자들이었던 부부상담 및 아동지도상담 분야는 심리적 장애가 개인의 심인적 갈등으로부터는 물론이고 개인들 간의 갈등으로부터 유래된다는 개념에 토대를 두었다. 이를 위한 효과적인 개입은 치료자가 고통을 받는 부부관계 및 부모-아동 관계(parent-child pair)를 동시적으로 돕는데 있었다.

만약 사람들이 언제나 타인들로부터 조언을 받을 준비가 되어 있거나 조언을 받고자 한다고 가정한다면, 비공식적인 부부 상담은 결혼제도가 있는 한 분명히 존재해왔을 것이다. 그러나 전문적인 부부상담자에 의한 공식적인 상담은 의사들인 Abraham과 Stone이 1929년 뉴욕에 부부상담소를 개설했을 때로 소급해야 한다. 1930년 인간의 유전성을 전공한 생물학자 Popenoe가 LA에 미국가족관계연구소를 창설하여 부부간의 적응문제를 돕는 것을 필두로 예비부부 상담프로그램을 제공했다. 1932년 가족교육자 Mudd는 The Marriage Council of Philadelphia를 출범시켰으며, 그 후 이 분야에 첫 교재를 간행했다(Mudd, 1951). 1941년 Mudd의 격려하에 부부상담이라는 새로운 여러 학제 간 분야에 관심을 가진 다양한 전문가들 - 사회복지사, 의사, 변호사, 그리고 교육자 뿐 아니라 심리학자, 사회학자, 그리고 성직자 - 이 함께 결속하여, 미국부부상담자협회(AAMC: the American Association of Marriage Counselors)를 결성했다. 이 기구는 부부상담소를 인증(認證)하고 전문적인 윤리강령을 제정하는 동시에 부부상담 훈련 및 그 실천기준을 발전시키는 일을 했다(Broderick & Schrader, 1981).

Gurin, Veroff, 그리고 Feld는 사람들이 어떤 전문적인 도움을 요청하는가를 확인하기 위하여 전국적 규모의 서베이를 했다. 그들은 적어도 7명 중 1명이 부부관계 및 가족문제로 전문적 도움을 요청한다는 사실을 발견했다. 그럼에도 불구하고 1960대 중반까지 전문적인 도움의 요청에 반응할 수 있는 획기적인 연구 조차 수행되지 못했을 뿐 아니라 이에 상응하는 지배적인 이론들도 발전되지 못했으며, 또한 인정을 받을 만한 주요한 인물도 부각되지 못했었다. 1970년대에 와서 상황은 점차 변화하기 시작했다. Olson이 부부상담 및 가족치료가 개인에 초점을 두기 보다 부부관계에 초점을 둔다는 의미에서 양자의 결합을 독려했는데(Olson, 1970, pp.77-98), 이는 가족치료에 있어서 통합적인 시각을 발전시키게 하는 전기를 제공해 주었다고 할 수 있다.

1970년 AAMC회원들이 가족치료에의 관심을 고조시킴에 따라, AAMC는 1978년 그 명칭을 현재의 미국부부-가족치료협회(the American Association of Marriage and Family Therapy)로 변경시키게 되었다. 따라서 1975년 출간되기 시작한 AAMC의 부부 및 가족상담 정기 간행물도 1979년 부부 및 가족치료지로 개칭되었다.

정확하게 무엇이 부부상담, 혹은 좀더 잦은 빈도의 부부치료라고 불리우는가? 부부상담은 만성적인 정신치료(psychotherapy)와 달리, 단기적인 성격을 가지고 있으며, 손상된 인간관계를 개선하고자 하고, 과거를 재구조화 하기 보다는 오히려 현재(here-and-now)의 문제들에 접하고자 한다. 부부상담은 심인적인 의미를 정밀하게 탐색하는 정신치료와는 달리 현실적인 문제들을 다루며 고통을 받고 있는 부부들에게 자기 의사결정 과정을 촉진시키기 위하여 상담지도(guidance)를 실시했다. 1950년대 부부상담의 심인적 관점은 문제가 관계의 맥락에서 파생된다는 가족연구(family research)의 관점과 결합하여 체계관점에서 제공되었던 초기 상담의 경향을 대치하기 시작했다. 부부치료는 문제의 역동성 및 배우자들 간의 신경증적 상호작용에 초점을 두면서 좀더 방대한 관점을 제공하기에 이르렀다. 특히, 어떻게 한 상대방이 다른 상대방에게 병리 혹은 증후(symtomatology)를 초래시키는가가 강조되기 시작했다(Nichols, 1988). 오늘날 부부치료자들은 부부 및 가족체계의 맥락에서 부부관계의 정서적, 인지적, 그리고 행동적 양상을 다루고 있다.

부부관계의 향상을 위하여 도움을 추구하는 대부분의 사람들은 가족평형(the family equilibrium)상 불균형을 초래하는 위기의식(부정, 이혼에의 위협, 아동양육에 대한 의견의 불일치, 금전문제, 성적 불능 문제, 비효과적인 의사소통유형, 권력 및 통제력의 갈등과 같은)에 대처하고자 했다. 부부는 각기 상이한 경험 및 기대와 목표, 그리고 상대방에 대한 각기 상이한 관여도를 가지고 치료에 참여했다. 양방은 아마도 어느 정도 부부관계에 남아있고자 하거나 혹은 전문적 도움을 청구하지 않을 수도 있지만, 부부관계에 함께 남고자 하는 결정은 상당할 정도로 다양할 수 있었다. 대부분의 부부치료는 단기적, 문제-초점적, 그리고 실용적인 경향이 주류를 이루었다. 치료자는 부부관계를 상담하는 과정에서 남편 혹은 아내로서의 각 개인의 인성, 역할인지, 기대, 의사소통의 유형, 언어적 의사소통의 분열적(disruptive) 및 불일치적 유형, 그리고 문제해결 단위로써 함께 기능할 수 있는 부부의 능력 및 결정능력을 고려했다(Cromwell, Olson, & Fournier, 1976).

부부상담은 전통적으로 실천된 바와 같이 협동적인 접근(collaborative approach)으로 실시되는 경향이 있었다. 즉 각 배우자를 다른 상담자와 만나게 했다. 각 상담자는 상호 협력하여 담당 클라이언트가 자신의 갈등상황을 어떻게 보는가와 그 배우자가 다른 상담자에게 같은 상황을 어떻게 보고했는가를 비교할 수 있었다. 따라서 Martin과 Bird는 상담자가 이중 관점을 취한다는 사실을 강조하기 위하여 이런 방법을 '입체적 치료(sterescopic therapy)'라고 했다(Martin & Bird, 1963, pp.123-127). 이와 같은 접근이 한 개인만을 보는데서 파생되는 부부문제의 함정을 어느정도 극복하게 하는 반면에, 진행되고 있는 양방관계를 직접적으로 관찰할 기회는 상실될 수 밖에 없었다. 입체적 치료가 부부문제의 해결기간을 아무리 훌륭하게 단축시킨다고 하더라도, 각 상담자는 필연적으로 부부관계에 제한적 관점을 가지게 될 뿐 아니라 부부의 상호작용이 어떤 것이건 간에 일관성있는 관점을 가지지 못하게 하는 결과도 초래할 수 있었다(Bodin, 1983).

한 상담자는 특수접근(less-common approach)인 동시적 상담에서 배우자 양방을 다 상담하지만, 그들을 한명씩 별도로 만나기도 했다. 그리고나서 상담자는 부부들이 어떻게 동일 사건의 양면을 경청하고 기능하는가를 종합해야 했다. 정신분석자 Mittelman은 이런 절차를 열망했던 초기의 주창자였으나, 그는 치료자가 각 배우자로부터 얻은 정보를 편견없이 분류, 종합할 것을 제언했다. 상담자는 또한 한 배우자가 그 상대방에게 알리지 않았으면 하는 비밀을 보장해야 하는 문제에 직면했다(Mittleman, 1948, pp.182-197). 따라서 대부분의 배우자들은 별도로 상담을 받게 되었다.

부부상담의 초점이 부부관계의 변화로 전환됨에 따라서, 부부들은 동참적 치료회의(conjoint therapy sessions)에서 함께 상담을 받아야 한다는 현실을 점차 분명하게 수용하게 되었다. Jackson은 부부가 동시에 동일한 장소에서 동일한 치료자와 상담을 하는 상황을 설명하기 위하여 동참적 치료(conjoint therapy)라는 용어를 사용하게 되었다(Jackson, 1959). 1960년대 말경 Olson은 집단으로써의 부부치료자들이 부부관계의 이해 및 변화에 1차적인 초점을 두고 동참적 부부치료를 선호했다는 점에서 탁월했다(Olson, 1970, pp.77-98). Nichols와 Everett은 오늘날 협동적이고 동시적인 상담은 거의 행해지지 않고 있으며, 동참적 부부치료가 부부 불화를 치료하는데 가장 폭넓은 기법이 된다고 보았다(Nichols & Everett, 1986).

역사적 발달의 관점에서 볼 때, 아동상담 운동은 20세기 초반까지 아동기에 대한 체계적 연구를 거의 행하지 못했었음을 주목할 수 있다(Kanner, 1962, pp.97-102). 1900년 이전의 소아정신의학 문헌을 주의깊게 조사한 Rubenstein은 정상적 아동기의 심리적 및 발달적 측면의 자료조차 발견할 수 없었다. 그는 '정신적으로 결함이 있는' 준정상적(subnormal) 지능을 가진 아동과 관련을 가진 극히 제한된 연구 외에, 오늘날 아동심리학 및 소아정신의학 분야로 알려진 연구가 1900년까지 간행된 바가 없었음을 발견하게 되었다(Rubenstein, 1948, pp.314-321).

20세기 초의 주요한 사회개혁과 아동의 법적 지위의 변화가 아동의 의무교육, 아동노동 금지법, 그리고 아동의 권리를 보다 폭넓게 존중하게 하는 결과를 초래했다. 이에 대한 필연적인 결과로써 정서장애 아동을 돕고자 하는 전문가집단(groups of experts) 형성에 대한 관심이 높아지기 시작했으며, 이에 따라 아동상담운동(the child guidance movement)은 그 어느때 보다도 각광을 받기 시작했다(Rosenblatt, 1971). 1909년경 정신과 의사 Healy는 아동상담소의 전신인(현재는 청소년연구소) 시카고 청소년정신병리연구소를 창설했다. Healy는 특히, 청소년 비행문제에 전념했다. 1917년 Healy는 보스톤으로 옮겨 Judge Baker상담소를 설립하고 비행아동의 진단적 평가 및 치료에 혼신의 노력을 기울였다(Goldenberg, 1983). 1924년 아동의 정서적 질병의 예방을 위해 노력을 해왔던 모체가 미국예방정신의학협회(the American Orthopsychiatric Association)를 조직하기에 이르렀다. 비록 아동상담소들이 전후까지 대부분 폐소되었다고 하더라도, 그 소수는 아직도 미국 도처의 주요 도시에 존재하고 있다.

Healy에 의한 주요 혁신은 아동 및 그 가족 양방을 사정하기 위하여 전공을 달리하는 여러 학제의 전문가들의 팀을 형성한 데 있다. 즉 면접, 심리검사, 그리고 생애사 작성을 통하여 아동을 정밀하게 사정하고 도와주고자 하는 정신과 의사, 임상심리학자, 그리고 정신의료사회복지사로 구성된 팀을 활용하는 임상실천이 아동지도상담소의 전문적 기준이 되었다. 치료에 있어서도 일방의 부모 혹은 양방의 부모를 포함시켰다. 정신과 의사는 임상적 판단을 하고 정신치료를 실시하는데 주 책임을 가졌으며, 임상심리학자는 교육 및 치료프로그램을 개발하는 책임을 가졌고, 정신의료사회복지사는 가족의 사회적 환경을 향상시키기 위하여 부모를 다른 기관들과 연계시키는 책임을 가졌다. 치료가 아동에게 실시된 경우 부모 역시 치료를 위해서 정규적으로 아동지도상담소를 방문해야 한다는 데에 학제 간 팀접근의 공통점이 있었다. 두 치료자들이 빈번히 상호 협의하는 협동적 접근은 아동지도상담소에서는 재래적인 것으로 돌려지게 되었다. Cooper는 정서적 장애아동의 부모와 직접적으로 일할 때, 다음의 3가지 목표를 가질 것을 제안했다. 그들은 ① 치료과정에서 아동의 성장을 지지할 부모와 제휴를 수립하는 일, ② 아동의 경험 및 가족의 상황에 관한 적절한 정보를 수집하는 일, 그리고 ③ 아동의 성장 및 발달을 도모할 수 있도록 환경을 변화시키는 일이었다. 이러한 개입의 유형은 아동의 장애가 일방 혹은 양방의 부모와의 상호작용에서 발생할 경향이 있기 때문에 치료적 변화야말로 그런 상호작용의 본질을 최상으로 변화시켜야 한다는 입장에 의거해야 했다. 더우기 아동지도상담소는 후의 더 심각한 장애의 진전을 예방하기 위하여 아동 및 가족의 정서적 문제에 조기 개입한다는 원칙을 기본으로 했다.

5. 집단치료(Group Therapy)

집단치료는 20세기 초 이래 여러 형태로 실천되어 왔으나, 그 확장의 주요 계기는 세계 제2차대전 기간 및 그 직후 임상서비스의 필요성에서 기인되었다. 정신치료에 있어서 집단치료가 최초로 활용된 계기는 1910년 경에 심리극(psychodrama)을 창안하기 위하여 극적 및 치료적 기법을 결합시킨 바 있는 오스트리아계 정신과의사 Moreno에게 돌릴 수 있다. 그의 심리극 기법은 현재까지도 사용되고 있다. Moreno는 클라이언트의 심리적 문제를 유발시켜 왔을 수도 있는 다양한 인간관계의 상황을 치료적 과정에서 재연하게 하는 것이 필요하다고 믿었다. 치료자와 클라이언트의 1대1 상황하에서는 이런 기법을 수행하기 어려웠기 때문에, Moreno는 치료자의 역할에서 클라이언트로 하여금 관중 앞에서 자신의 주요한 생활사건을 연기하도록 무대를 활용하게 했다. 이러한 심리극에서 여러 사람들이 클라이언트의 생활에서 주요인물들(보조자아들)로 부각되도록 되어있다. 치료자는 어떤 중대한 국면에서 클라이언트로 하여금 연기자들 중의 1명과 역할을 바꾸도록 지도감독하여 그 클라이언트가 어떻게 다른 사람이 자신을 보는가에 대하여 좀더 깊은 인식(awareness)을 갖도록 할 수 있었다. 1925년 Moreno는 미국에 심리극을 들여왔으며, 드디어 1931년 '집단치료(group therapy)'라는 용어를 만들어 냈다(Gazda, 1975).

집단과정에 대한 관심은 영국인 정신분석자 Klein이 개발한 이론에 자극을 받아 1930년대 런던의 Tavistock연구소를 중심으로 크게 각광을 받게 되었다. 여러 치료자들이 집단개입 기법을 실험하기 시작했다(Bion, 1961). 그들은 특히 과거의 원인을 설명하려 하거나 유년기의 외상적 경험을 재구조화하려 하기 보다는 오히려 현재의 문제(problems 'here-and-now')를 다루는데 비중을 두었다. 이와 때를 같이하여 Slavson은 뉴욕시의 유대계후견인평의회(the Jewish Board of Guardians)에서 집단활동을 하기 시작했다. 그는 이런 활동으로부터 장애아동 혹은 사춘기의 청소년이 그들의 갈등, 충동, 그리고 전형적인 행동패턴을 집단환경에서 행동화하도록 격려받는 독특한 집단활동 치료기법을 개발했다(Slavson, 1964). 그의 접근은 정신분석, 집단활동, 그리고 진보적인 교육으로부터의 개념에 의거했다. 이러한 Slavson의 노력에 힘입어 1943년에 미국집단치료협회(the American Group Psychotherapy Association)가 결성되었다.

장애아동 및 사춘기의 청소년들과 함께 일할 훈련받은 치료자들의 부족과 함께 세계 제2차대전 동안의 돌연한 정신의학적 인과관계의 도래는 집단치료와 같은 좀더 단기적이고 효율적인 치료기법에 대한 관심을 증대시켰다. 전쟁 직후 인간관계훈련집단 혹은 때로 '정상인들을 위한 치료'로 불리우는, T-집단이 Maine지역 Bethel의 The National Training Laboratory(: NTL)에서 시발되었다. T-집단의 초점은 집단토론 및 역할수행 기법에 두어졌다. 따라서 T-집단은 그 참가자들에게 대인관계의 환류정보(feedback information)를 제공하기 위한 교육적 노력의 일환으로 그들로 하여금 집단과정에 좀더 깊은 이해를 가질 수 있게 할 뿐 아니라 그들의 태도 및 가치를 점검하고, 타인들에게 좀더 감수성을 가질 수 있도록 고안되기도 했다. 이와같은 T-집단을 서부 연안에서는 경우에 따라 감수성훈련집단

(sensitive-training group)이라고도 불렀다. 1860년대 미국, 특히 캘리포니아주 Big Sur지역의 Esalen Institute 중심 다양한 인간성장연구소(growth centers)의 자극하에 인간잠재성 발달운동의 일환인 조우집단(encounter group)이 다수 중상층의 사람들에게 즉각적인 호응을 받게 되었다. 현시점에서 비록 전통적 집단치료, NTL집단들, 그리고 적게는 조우집단들이 병립적으로 존재해 왔다고 하더라도, 그 열망은 상당히 약화되었다(Goldenberg & Goldenberg, 1983). 집단치료 실제의 기본전제는, 소집단은 변화의 매개체로 행동할 수 있으며 따라서 집단의 구성원들에게 강력한 영향력을 발휘할 수 있다는 원칙에 의거한다. 치료집단은 단순한 개인들의 집합이나 부분들의 합계 이상의 중요한 실재의 한 단위이다. 바꾸어 말하면, 집단은 지위와 역할의 집합체이며 개인들의 집합체가 아니라는 의미이다(Back, 1974, pp.39, 367-387). 집단치료에 대한 Tavistock적 시각에 따르면, 집단을 마치 일정 기능을 성공적으로 수행하지 못하고 있기 때문에 상처를 받고 있는 장애인 클라이언트처럼 대우하는 격이라 할 수 있다. Tavistock집단에서 지도자는 집단이 좀더 균형, 조종, 그리고 상호보완 등의 방식으로 기능할 수 있도록 좀더 생산적인 활동을 효과적으로 달성할 수 있게 할 수 있어야 한다고 했다.

현재 집단치료가 실시되고 있는 바와 같이(Yalom, 1985), 대부분의 집단들은 지도자와 5명-10명 사이의 성원들로 구성되고, 주당 최소한 1회에 걸쳐 1-2시간의 회의를 가지며, 성원들은 집단치료자와 둥글게 앉아서 서로 보고 이야기한다. 비록 어떤 여건 하에서는 동질적인 집단들이 형성된다고 하더라도(예컨대, 여성의 의식배양집단들, 강간희생자들로 구성된 집단들, 아동학대 부모집단들), 대부분의 경우 집단들은 이질적으로 형성된다. 참가자들이 집을 떠나 2주 이상 만나는 NTL집단에서는 조직적인 차원에서 지역사회계, 비즈니스계, 그리고 정부계의 지도자들을 훈련시키는데 초점을 둔다. 이러한 지도자들의 훈련은 1946년 Bethel에서 시작된 이래 현재 세계의 도처에 이르기까지 확대되어 왔다. 조우집단은 초기 10여년에 비하여 많은 사람들을 유인하지 못하고 있다고 하더라도, 여러 대도시 지역에서 아직도 이용도를 인정받고 있다. 개인치료에 비하여 집단치료가 가지는 장점은 아래와 같다(Goldenberg, 1983).

① 치료자가 클라이언트에게 경청하기 보다는 오히려 타인들과 상호작용을 하고 있다고 간주하고 클라이언트가 일상생활에서 타인들과 의사거래하는 방식과 관련하여 제3의 정보를 제공해 줌으로써 일상생활에서 좀더 현실감을 가지게 해준다.

② 클라이언트가 자신만이 타인들을 경청하는 유일한 존재는 아니라는 것을 배운다. 이런 방법으로 클라이언트로 하여금 고립감과 왜곡된 자기의식을 포기할 수 있도록 격려하여 사회적 고립감을 감소하게 한다.

③ 집단의 응집력(우리의식)이 클라이언트에게 신뢰감을 증진시켜 타인들로부터 보다 큰 지지와 보살핌을 받는다고 느낄 때 비로소 집단구성원들은 자기수용을 증대시킬 가능성이 있다.

④ 신규 집단회원들이 기존 회원들을 관찰하고 그들의 성공적인 적응기술을 관찰할 기회를 가짐으로써 성공적인 대처기술(successful adaptation skills)을 모방할 수 있다.

⑤ 집단상황은 사랑, 좌절, 비애, 혹은 분노 등 긍정적 및 부정적인 감정을 표현하게 한다.

이런 상황에서 클라이언트는 자신의 감정을 어느 누구로부터도 손상받지 않는다는 것을 타인들의 반응으로부터 배우면서 긴장이완을 경험함으로써 환류를 통하여 상호 좀더 깊은 감정을 교환할 수 있다.

⑥ 타구성원들에게 감정이입, 온정, 수용, 지지, 그리고 진실성을 제공하여 클라이언트로 하여금 타인들을 돕는 호혜적인 기회를 가지며 자존감을 고양시킬 수 있도록 한다.

⑦ 클라이언트들이 스스로와 타인들의 인간적인 동기와 행동을 이해하기 위하여 좀더 조절능력을 가지게 함으로써 보다 큰 통찰력을 얻을 수 있게 한다.

이상 집단치료가 가지는 장점은 집단치료의 독특한 장점을 열거한 것이며 그렇다고 해서 개인치료가 반드시 단점만을 가지고 있거나 열세하다는 의미는 아니라는 점을 덧붙일 필요가 있다. 이미 토론된 바와 같이 가족치료는 학제 간의 협동에서 뿌리를 내리게 된 또 하나의 방법론이고 개념의 재정의인 동시에 그것을 열망하는 역사의 증언이기도 하다.

제2절 가족치료의 역사적 발달

위의 역사적 뿌리에서 살펴본 바와 같이, 다양한 가족운동이 1950년대를 시점으로 가족치료 분야에 보다 큰 통합과 성숙을 가져오게 했다. 다음에서는 가족치료의 역사적 발달을 시기별로 접근해 보고자 한다.

1. 이륙단계 : 1950년대

가족치료운동의 가장 역사적인 서베이에서는 1950년대가 가족치료의 맹신적인 시기였다는 점에 합의한다(Broderick & Schrader, 1981). 가족치료의 이론들과 접근방법들이 맞물리는 것 같았다. 이러한 개념들이 확실히 임상실천 보다는 임상연구에 기울이게 하는 요인으로 작용했다. 가족, 특히 한 구성원이 증상을 가진 가족에 대한 관찰은 다만 연구의 전략으로 제시되었을 경우에만 정당화될 수 있기 때문이다. 치료자가 치료기반으로써 가족에 대한 관찰을 하려고 하는 경우, 자신의 클라이언트 이외의 다른 어떤 구성원과의 관계를 가지려 할 때 직접적인 도전을 받아야 했다.

이를 요약하면 다음과 같다. 첫째, 가족치료는 과학적으로 방어가 가능한 연구목적을 위해서 수행되었다. 둘째, 가족치료에 대비하는 가족연구는 기존의 정신치료에 잘 반응하지 못하는 정신분열증과 같은 임상적 문제를 중심으로 행해졌다(Segal & Bavelas, 1983). Wynne이 주목하는 바와 같이, Palo Alto의 Bateson의 정신분열증 클라이언트의 의사소통 연구프로젝트, New Heaven의 Lidz와 그의 공동연구자들의 연구, 그리고 장애아동의 시설치료(residential treatment)를 위하여 정신분열증 클라이언트의 부모들을 입원시키고자 했던 Bowen의 야심적인 노력 등은 모두가 연구동기에서 비롯되었던 만큼 연구중심적이 되었다.

Wynne의 NIMH에서의 정신분열증 클라이언트 연구는 실험적 치료의 활용에 도움이 되었다(Wynne, 1983, pp.113-117). 이러한 노력이 치료적 기법의 발달을 인정하는 증거가 되었다는 의미에서 가족연구의 성공을 반영했다고 할 수 있다.

1952년 American Psychiatric Association의 회의에서 정신분석가인 Midelfort는 정신과 클라이언트들과 그 가족의 치료에 관한 최초의 논문을 발표했다. 후에 저서로 확대된 이 논문은 Midelfort의 경험과 정신과병원 내외에서의 클라이언트들 및 친척들과의 가족치료 결과를 기술하고 있다(Midelfort, 1957). 그의 개척적 노력은 불행하게도 지리적 위치(Wisconsin주 La Crosse에 위치한 루터란교회)의 취약점으로 인해 연구소 혹은 훈련소와 연계를 가지지 못했을 뿐 아니라 주류적 활동 및 의견과 기법의 교환으로부터의 철저한 고립때문에 무효로 돌아갈 수 밖에 없었다.

Massachusetts주 Worcester지역 Clark University의 심리학자 Bell은 가족치료에 기여한 또 한명의 주요한 인물이지만 크게 인정을 받지는 못했다. Bell은 명성을 얻기보다는 귀납적 및 행위중심의 연구자요 혁신자로서 새로운 아이디어와 실천에 좀더 큰 관심을 가졌다. Bell은 1951년 런던의 Tavistock Clinic을 방문하는 동안 Bowlby의 가족치료실험에 자극을 받아 아동의 행동문제에 가족치료 기법을 적용하고자 했다. Bell은 영국의 탁월한 정신과 의사인 Bowlby의 영향을 받아 클라이언트의 치료는 가족구성원 전체를 치료할 때 비로소 가능하다고 가정했다(Bell, 1975). Bowlby의 가정은 그 후에 잘못된 것으로 증명되었다. 사실 Bowlby는 문제아동과 상담하면서 부수조치로 때에 따라 가족회의(a family conference)를 열었을 뿐이었다. Bell은 Bowlby의 기법에 영향을 받았다. 그는 미국에 돌아오자마자 한 아동을 상담하면서 정규적인 가족회의 기법을 적용했다. Bell의 치료활동은 그로부터 10년동안 보급되지 않았다(Bell, 1961). Bell의 개척자적인 논문은 가족치료의 시초를 반영하며, 1958년 Ackerman의 교제와 때를 함께하여 각광을 받게되었다. 그들은 모두 비정신분열증 클라이언트 가족들을 상담했다는 공통적 특성을 가지고 있다.

Bateson 지도감독하의 Palo Alto집단은 Erickson의 임상적 지혜에 지대한 영향을 받았다. 사실 Erickson은 불사조와도 같은 존재의 정신과 의사로 정신치료자들과 최면치료자들 사이에서 비범한 관찰력과 치료적 마법을 발휘한 인물이었다. 그의 천부적인 재능은 자발성, 클라이언트의 독자성에 대한 기민하고 주도적인 심독, 저항적인 개인에게 접근하는 절묘한 기술, 그리고 동시에 여러 수준에서의 설득력있는 의사소통의 기술적인 활용으로 나타났다. 그의 역설적 교육기법(paradoxical instruction)의 활용은 의사소통 가족치료 접근에 영향을 받았으며, 특히 Haley의 후속적인 전략적 기법(strategic techniques)에 영향을 받았다.

정신과 의사인 Whitaker는 세계 제2차대전이 발발했던 시기에 Tennessee주의 Oak Ridge에서 일했다. 그는 거기서 여러가지 혁신적인 기법을 개발했다. 공동치료자(cotherapist)의 활용, 클라이언트의 치료에 다세대의 가족구성원들을 참가시키기, 클라이언트들과 팔씨름을 하는 등, 신체적인 상호작용을 위시한 고도의 적극적인 기법을 사용했다. 그는 후에 그런 기법을 '정신치료의 불합리성'이라고 했다(Whitaker, 1975, pp.1-16). Whitaker의 기법은 증상의 불합리성을 확대, 클라이언트에게 불합리성을 표현, 때로는 치료자가 수단으로 자신의 불합리한 행동 또는 창조광(創造狂)의 역할을 표출하는 방식이었다. Whitaker의 자아활용방법은 치료과정에서 우연하게 진행되는 것이 아니라, 클라이언트의 가족으로 하여금 보다 안도감을 가지고, 좀더 사랑하며, 가족구성원들 상호간에 좀더 친밀한 관계를 가지도록 돕기위해 의식적으로 계획되었다는 점에 독자성이 있다. Whitaker는 아트란타의 Emory대학교와 그 후 매디슨의 Wisconsin대학교에서 불합리한 기법을 신중하게 계획했음에도 불구하고, 1950년대 이후에 와서야 비로소 가족치료의 대가적 인물로 간주되었다. 더 나아가 그는 가족치료 과정에 확대가족 구성원들을 포함시킴으로써 보다 큰 인정을 받게 되었다.

1957년까지 가족운동은 미국의 가족연구자들 및 가족치료자들이 각기 상대방의 업적을 배우기 시작하는 방식으로 전국적으로 표면화 되었다(Guerin, Jr. 1976). 전문가회의에서의 관심은 주로 정신분열증으로 입원한 구성원이 있는 가족들에게 집중되었다. 이에 Jackson은 정신분열증의 원인에 대한 상당수의 가족관련 연구물을 한권으로 편집, 출간하였다(Jackson, Ed., 1960). 이 시기까지 정신분열증은 물론이고 많은 수의 다른 중증 장애가 소위 병원적 가족(pathogenic family), 즉 파괴적 가족환경에서 유래된다고 간주되었다(Zuk & Rubenstein, 1965).

Jackson은 1950년대말 Palo Alto에 Mental Research Institute(: MRI)를 창설했다. 곧 Satir, Haley, Weakland, Watzlawick, Bodin, Fisch가 그 스텝진으로 합세했다. 그로부터 1년 후, Ackerman은 뉴욕에 Family Institute(: 1971년 그의 사후 Ackerman가족치료연구소로 개칭)를 만들었다. 동부와 서부를 대표한 이 두 연구소들은 가족치료 분야에서 획기적인 역할을 수행했다.

2. 도약단계 : 1960년대

1960년대 초는 가족치료에 대한 호기심이 크게 강화된 시기였다. 폭증적인 수의 임상실천자들이 가족치료를 단지 치료방법을 가산한다는 의미에서가 아니라 정신장애의 원인 및 개선책을 개념화하는 하나의 새로운 방법으로 생각하기 시작했다. 따라서 많은 수의 가족치료자들이 가족 전체를 대상으로 일하기 시작했다. 개인중심의 치료자들은 '확인된 클라이언트(identified patient)'야 말로 가족불화의 희생자였다는 사실을 인정하기는 했지만, 가족구성원을 따로 만나기를 선호했다. 1950년대의 어떤 이론적 연구결과 조차 망각한 채, 개인중심의 가족치료자들은 단순히 가족의 환경 및 상황에 주로 정신역동적인 기법 및 개념들을 확대, 적용했을 뿐이었다.

가족중심의 시각을 좀더 선호하는 치료자들은 개인치료 이상으로 가족의 맥락에서 치료에 임했다. 이들은 역기능적인 가족패턴은 변화될 필요가 있다는 사실을 인정하기 시작했다. 가족중심의 치료는 그 초점을 개인의 인지, 감정, 혹은 행동 대신, 가족의 구조 및 성원들의 상호작용에 두었다. 따라서 이런 방법을 사용하는 가족치료자들은 그 치료목표를 개인의 변화로부터 가족구성원들 간의 역동적 행동의 변화로 전환시키고 있다. 동시에 가족치료 프로그램이 새로운 형태의 외래환자 재활시설(예컨대, 지역사회정신건강센타 등)을 중심으로 수행되었으며 도시의 신빈민가족도 대상으로 포함시키게 되었다. 따라서 가족치료는 이미 정신분열증으로 입원한 클라이언트들과 그 가족의 치료 틀에서 벗어나게 되었다(Zuk, 1981).

1960년대 초반의 몇가지 주요한 가족운동의 역사적 사건은 가족치료 분야를 통합시키는 상아탑을 직접적으로 반영해주는 것이나 다름이 없었다. 1962년 Ackerman과 Jackson은 가족치료분야의 정기 간행물, Family Process를 Jackson의 편집하에 최초로 발간했으며, 그것은 아직도 세계 도처의 도서관에서 상당한 영향력을 발휘하고 있다. 이 간행물은 그 초기로부터 가족치료 연구자들과 치료자들에게 상호 아이디어를 교환하고 가족치료분야에 동일감을 가지게 했다. 이에 첨가하여 몇개의 미국 굴지의 전국대회가 조직되었다. 1964년도의 대회는 역기능적 가족을 이해하기 위하여 체계이론을 적용시키는 문제를 다루었다(Zuk & Boszormenyi-Nagy, Eds., 1967). 심리학자 Framo에 의해 조직된 1967년의 대회는 가족연구자들, 이론가들, 그리고 가족치료자들 간의 전문적 대화를 자극, 유치시켰다(Framo, 1972).

전문적 명성을 얻게 된 가족치료는 대부분 정신의학 및 심리학 대회의 친숙한 주제가 되었다. 그 이후 Bowen이 회고한 바와 같이, 수십명의 가족치료자들이 전체 가족을 대상으로 하는 새로운 개입기법을 제시하는데 열정적이었다(Bowen, 1976). 이러한 '실천으로의 도약'은 연구결과에 충분한 근거를 두거나 진지한 개념적 틀에 의거하는 절차를 비약하는 결과를 초래했다. Bowen이 '치료적 복음주의(therapeutic evangelism)'라고 칭하는 임상적 열정에 영향을 받아, 다수의 가족치료자들은 개별정신치료(individual psychotherapy)로부터 유사한 개념들을 차용하면서 가족의 딜레마를 해결하고자 했다.

이 시기 동안은 이론 및 연구를 통한 실천에 비중을 두었다. 그러나 한 가지 주목할 만한 예외는 도시빈민가족에 대한 연구를 시범사업으로 시도한 Minuchin의 Wiltwyck School Project였다(Minuchin, Montalvo, Guerney, Jr., Rosman, & Schumer, 1967). Minuchin은 이 프로젝트에서 뉴욕의 흑인들 및 푸에르토리코계 비행청소년들을 위한 성공적인 개입을 목적으로 적절한 임상기법을 발전시켰다. Minuchin은 대부분 부(father)나 부격의 인물(father figure)이 부재한 그런 역경의 불안정한 빈곤가족들에 대한 이정표적 연구로부터 구조적 가족치료접근을 개발했다. 그의 구조적 가족치료는 가족문제가 형성되고 유지되는 사회적 환경이나 맥락에 유념하는 문제해결 중심의 실제적인 접근방법이다. 1965년 Minuchin은 흑인빈민가의 중심지에 위치한 Philadelphia Child Guidance Center의 소장이 되었으며 저소득가족을 위한 개입기법에 초점을 두었다. 그의 스탭진에는 초창기 Wiltwyck의 Montalvo와 Rosman, 그리고 1967년 그들과 합세한 Palo Alto의 Haley가 있다. Philadelphia Child Guidance Center는 이와 때를 함께하여 전통적인 아동지도상담소(child guidance clinic)로부터 좀더 규모가 큰 가족치료연구소(family-oriented treatment center)로 전환했다. 1960년대 말까지 필라델피아연구진은 거식증 클라이언트들에게 특별한 관심을 가지고 신체적 증상을 가진 가족들을 대상으로 Minuchin의 초기 경계선(boundaries) 개념 및 신체적 역기능의 문제를 가진 가족의 하위체계들 간의 상호관계를 적용했다.

이와 같은 고도의 생산적인 가족치료 역사의 이정표적 시기에 서부 연안의 MRI는 정신분열증 외의 비행, 학습부진, 신체화 증상, 부부갈등과 같은 역기능적 행동을 표출하는 가족들에게 그 초기의 연구결과를 확대, 적용시켰다(Bodin, 1981). 1964년 Satir의 Conjoint Family Therapy 출간과 그의 세계 도처에서의 전문가회의 및 워크샵 시범이 맞물려 가족접근은 인기의 상승세를 타게 되었다. 1960년대말 Satir가 캘리포니아주 Big Sur의 에살른연구소의 소장이 되기 위하여 자리를 떠남에 따라, MRI의 성격은 변화하게 되었다. Haley는 필라델피아로 옮겨갔으며, Jackson은 결국 1968에 세상을 떠났다. 비록 MRI가 계속해서 가족의 상호작용 패턴에 초점을 두었다고 하더라도, 단기가족치료 프로젝트가 나름대로의 신뢰를 받아 1967년에 시발되었다. 이와 같은 가족치료에의 실용적이고, 단기적이며, 팀중심적 접근은 1차적인 책임을 가진 치료자가 일방경(one-way mirror)으로부터 가족치료의 장면을 관찰하고 있는 다른 치료자들과 협의를 가진다. 단기치료는 가족구성원들이 과거에 일관성있게 선택한 해결책이 그들의 문제행동을 강화시켰을 뿐이었기 때문에, 가족구성원들로 하여금 문제를 유발시키는 식의 반응에 변화를 주고자 한다(Watzlawick, Weakland, & Fisch, 1974).

1960년대 동안 미국 외에서도 가족치료가 발전했다. 런던의 정신분석적 중심의 가족치료 연구소에서 Skynner는 정신역동적 가족치료의 단기 시각에 기여했다(Skynner, 1971). 영국인 정신과 의사 Howells는 치료적 개입을 계획하는데 필요한 단계로 가족진단 체계를 고안했다(Howells, 1975). 서독의 경우, Stierlin은 사춘기의 분리(separation) 패턴과 이와 관련된 가족 특성의 패턴에 주목을 집중시켰다(Stierlin, 1972).

이태리의 경우 Selvini-Palazzoli는 소아정신분석 훈련을 받았으나 거식증 아동의 정신분석에 낙담하고 Bateson과 Palo Alto집단이 제시한 새로운 병원학에 매료되었다. 그는 순환성을 강조하는 체계적 접근으로 시야를 전환시키면서 저항적인 사례들을 좀더 성공적으로 다룰 수 있었다. 1967년 Selvini-Palazzoli는 Milan에 가족연구소를 설립했다. 이 연구소는 궁극적으로 가족치료의 분야, 특히 한달 간격을 두고 10회간 계속되는 '장기적 단기치료'라는 점에서 세계적으로 영향을 미쳤다(Selvini-Palazzoli, 1980).

3. 혁신적 기법 및 자체검증 단계 : 1970년대

이 시기 가족치료의 기법은 1970년대의 선구적인 가족치료 이론과 연구로 이어졌다. 따라서 1970년대 초반은 여러가지 가족치료 접근의 확산기로 간주되었다. 그들은 ① 다중가족치료(multiple family therapy)로 여러 가족들을 동시에 치료하기(Laqueur, 1976), ② 다중충격치료(multiple impact therapy)로 2일간 정신건강 전문가팀과 집약적이고 위기중심의 계속적인 상호작용을 통하여 가족들을 함께 치료하기(McGregor, Ritchie, Serrano, & Schuster, 1964), ③ 망치료(network therapy)로 클라이언트 가정에 친구들, 이웃들, 그리고 고용주들을 위시하여 확대가족집단을 참가시켜 모두를 동시에 치료하기(Speck & Attneave, 1973), 그리고 ④ 입원한 클라이언트 혹은 속죄양이 된 가족구성원 대신에 가족위기치료(family crisis therapy)를 통하여 외래 클라이언트의 입장에서 가족을 치료하기(Langsley, Pittman, Machotka, & Flomengaft, 1968, pp.143-150) 등이다. 행동심리학자들은 부모들로 하여금 효과적인 아동양육을 촉진시키고(Patterson, 1971) 부부불화(Jacobson & Martin, 1976, pp.540-556) 및 가족의 역기능(Liberman, 1970, pp.106-118)을 해결하기 위한 치료적 전략을 제안하기 위하여 '행동관리 기술'을 가르치는 등 가족에 관련되는 문제들에 관심을 돌리기 시작했다. 새로운 비디오테이프 테크놀로지의 이용은 가족치료자들에게 후속적 연구를 위해서나 혹은 연구의 목적을 위해서 진행중인 가족치료 장면의 녹화를 가능하게 했다(Alger, 1976). 1970년대 비교적 새로운 분야의 가족치료는 최초로 자체검증에 임하게 되었다. 소위 GAP(Group for the Advancement of Psychiatry) 보고서는 임상의들이 심인적인 과정에 대한 전통적인 정신분석을 강조하는 데서 오는 제한점의 인식은 물론이고 증상 및 갈등의 형성에 있어서의 가족의 역할에 대한 점증적인 인식을 받아들이는 내용이 수록되어 있다. GAP의 가족치료자 표본조사 보고서는 비록 실무진에 부부상담자, 목회자, 의사, 소아정신과 의사, 간호사, 사회학자 등이 포함되어 있었다고 하더라도, 가족치료자들은 주로 정신의학, 심리학, 그리고 사회사업학을 전공한 전문가들이라는 사실을 발견했다. 당시 대부분의 가족치료자들은 젊은이들로, 개별치료의 결과에 불만을 가지고 있으면서 치료개입에 좀더 효과적인 방법을 탐색하고 있었다. 그 구체적인 대안으로, 당시 290명의 가족치료자들을 대상으로 8개 범주에 걸쳐 1차적 및 2차적 치료목표를 설문지법으로 응답하게 하는 조사연구를 했다. 그 8개 범주는 ① 의사소통의 향상, ② 자율성 및 개별성의 향상, ③ 감정이입의 향상, ④ 좀더 신축성있는 지도력, ⑤ 역할합의의 향상, ⑥ 갈등의 경감, ⑦ 개인적 증상의 향상, 그리고 ⑧ 개별적 과업수행의 향상으로 구성되어 있다. 이러한 조사결과에 주요하게 나타난 결과는 응답자들의 90%가 의사소통의 향상을 1차적 목표로 하고 있었으며, 이것을 2차적으로라도 목표로 하지 않는 응답자는 단 한명도 없었던 점이다. 이것을 좀더 세부적으로 설명하면, 8개 범주별로 1차적 및 2차적 치료목표 비율(%)이 각기 ① 90%:9%, ② 87:12, ③ 71:25, ④ 66:30, ⑤ 64:30, ⑥ 60:35, ⑦ 56:38, 그리고 ⑧ 50:45 순이었다. 이런 사실은 가족치료의 어떤 목표도 포기된 부분은 없으나, 가족의 부분적 변화보다는 의사소통의 향상과 같은 가족의 전체적 변화가 필요함을 지적해 주었다.

1970년 GAP은 가족치료자들로 하여금 그들이 영향을 받는 주요 인물을 순위별로 응답하도록 했다. 그들이 선호했던 가족치료 대가들은 Satir, Ackerman, Jackson, Haley, Bowen, Wynne, Bateson, Bell, Boszormenyi-Nagi 순으로 나타났다.

Beels와 Ferber는 많은 수의 유수한 가족치료자들이 가족회의를 지휘하면서 자신들의 가족을 치료하는 비디오테이프와 필름을 연구하는 것을 관찰했다(Beels & Feerber, 1969, pp.280-332). 그들은 치료자의 가족과의 관계의 맥락에서 지휘자들(conductors)과 반응자들(reactors)의 두 유형을 구분했다. 지휘자로서의 치료자들은 가족집단의 중심에서 적극적, 공격적, 그리고 생동적 지도자들이었다. 그들은 반응적이기 보다는 오히려 주도적이었고, 의견을 제기하는데 열망적이었으며, 그들의 가치체계를 표출하는데 직접적이었다. Ackerman, Satir, Bowen, 그리고 Minuchin은 이러한 유형에 해당된다. 반응자로서의 치료자들은 덜 과장된 인성(personality), 혹은 보다 더 미묘하고 간접적인 인성을 나타냈다. 그들은 가족이 그들에게 제시하는 바에 반응하거나 가족구성원들 간의 의견차를 좁히면서 가족집단 과정을 관찰하고 명확화했다. Beels와 Ferber는 반응자들을 다시 분석자와 순수자로 분류했다. 전자는 전이 혹은 역전이와 같은 정신분석적 관점에서 비롯되는 바를 개념화하는 경향이 있는 반면에 후자는 가족을 규칙통치체계(rule-governed system)로 간주하는 경향이 있었다. Whitaker, Wynne, Boszormenyi-Nagy, 그리고 Framo는 분석적 반응자들이고, Haley, Jackson, Watzlawick, Zuk은 체계순수주의 반응자들이다. Beels와 Ferber는, 각 유형의 치료자는 가족회의(family sessions)를 지휘하고 통제하며, 가족구성원들을 가능한 한 새로운 방식으로 상호관련시키는데 효과적이 된다고 주장했다. 지휘자들은 방법이 좀더 직접적이지만, 가족구성원들의 상호작용적 행동패턴을 변화시키기 위하여 가족의 새로운 경험을 창조하는데 반드시 성공적일 필요는 없었다.

치료자의 개입에 대한 다른 형태의 분석은 1970년대 초기 University of California at Santa Cruz에서 수학자 Bandler와 어학자 Grinder의 연구로 어떻게 임상가들이 일관성있게 나름대로의 바람직한 치료결과를 달성, 정복하는가를 측정하고자 했던 노력에서 비롯되었다. 그들은 신경언어적인 프로그램에 관한 연구에 기초해서, 모든 행동은 자율신경계의 과정이 언어적 모델과 전략으로 표현되며 정돈되고 연발될 뿐 아니라 체계의 구성요소들이 특수한 결과(프로그램화)를 조직하는 과정의 그런 신경계통적 과정으로부터 유래된다고 가정했다(Dilts, Grinder, Bandler, Cameron-Banddler, & DeLozier, 1980). Bandler와 Grinder는 이전에 미처 분석되지 못했던 치료자의 의사소통 패턴을 명확화하고 체계화하는데, 그리고 어떻게 클라이언트들이 감관에 의거한 진술("나는 당신이 무엇을 의미하는지 알겠어요"; "나는 당신의 도움에 감동했어요"; "당신이 내가 한일에 감사하다고 말해줄 때, 나는 기뻤어요.")과 행동적 단서(예컨대, 눈놀림)를 통하여 생각하고 느끼는 바를 어떻게 나타내는가를 발견하게 하는데 특히 도움을 주었다(Bandler & Grinder, 1975). NLP 실천가들은 클라이언트의 행동을 변화시키는데 예비적 도움이 될 뿐 아니라 개인의 정서적 상태와도 관련되는 언어패턴 및 신체언어 분석력을 배웠다. 근년에 이르러 NLP는 최면치료자들과 가족치료자들에 의해 사용되는 기법으로는 물론이고 세일즈맨들과 지배인들을 위한 다목적의 자기향상 프로그램으로도 발전했다.

이러한 일련의 자체검증적 노력은 가족치료의 효율성에 관한 결과조사의 형태로 시도되었다. 1970년대 말 그러한 연구의 필요성이 일반적으로 인정되었다. 그럼에도 불구하고 Wells와 Dezen은 대부분의 가족치료 접근방법들은 어떤 면에서 가족치료 분야의 주요 인물들과 동일시하는데 불과했으며 경험적 검증방법을 거치지 않았을 뿐 아니라, 그런 필요성조차 망각한 것 같다고 지적했다(Wells and Dezen, 1978, pp.251-274; 266). Gurman과 Kniskern이 말한 바와 같이(Gurman & Kniskern, 1981.) 1970년대 말에 와서 가족치료는 다소 향상되었다고 하더라도 그 효과 면에서는 아직도 계속적이고 체계적인 평가를 요하는 시점에 있었다고 할 수 있다.

4. 성장 및 전문화 단계 : 1980년대

1980년대에 와서 수많은 징조들이 가족치료 분야의 성장 및 발달을 기록하여 가족치료는

30세 이상의 성년기에 접어들었다고 할 수 있게 되었다. 10년 전만 하더라도 가족치료 자체의 전문지로는 Family Process 밖에 없었으나, 1980년대에 와서는 24여개의 정기간행물이 나왔으며, 그중 절반이 영어로 출간되었다. 한때 가족치료연구소를 손가락을 사용하여 셀 수 있었다면, 이 때에 와서는 미국에서만도 300개소 이상의 가족치료연구소들이 생겼다. 현재는 세 전문기구가 가족치료의 이해관계를 대표한다. 그 첫째는 AAMFT(미국부부 가족치료협회: the American association for Marriage and Family Therapy)이고, 둘째는 AFTA(미국가족치료협회: the American Family Therapy Association)이며, 셋째는 DFPAPA(미국심리학협회 가족심리학분회: the Division of Family Psychololgy of the American Psychological Association)이다.

미국 부부 가족치료협회(AAMFT)는 1970년 1000명 미만에 불과했으나, 1979년 7500명 이상, 그리고 1989년에는 16,000명의 회원증가로 대규모로 급부상하게 되었다. AAMFT는 부부 및 가족치료 훈련프로그램을 인가하고, 승인된 지도감독자들로서 자질을 훈련받은 사람들에게 수료증을 발급하기 위한 기준을 발전시키며, 회원들을 위한 윤리강령을 제정하고, 부부 및 가족치료자들을 위한 주별(州別) 자격증 및 수료증을 적극적으로 추진하는 권위를 가지고 있다. 이 외에 AAMFT는 주정부 및 연방정부 수준에서 공공정책(예컨대 아동보호, 부모휴가, 의무적인 최저 의료보험과 같은 가족문제 관련)을 옹호하고자 하는 정신건강단체들 및 유관 가족단체들과의 제휴에 가세했다.

1977년에 창설된 AFTA는 1980년대 말까지 약 1000명의 회원을 가진 소규모의 기구로, 가족치료를 부부상담이나 부부치료로부터 구분시키고, 오직 가족치료의 현안문제에만 관여하는 이익집단으로 자체의 범위를 제한시켰다. 최연소집단인 DFPAPA는 1986년에 수립되었다. 가족심리학은 가족치료의 임상적 강조점 이상의 폭넓은 시각을 제공해주며, 부부 및 가족범위 내에서의 관계망(relationship networks)에 특별한 관심을 집중시키게 되었다.

가족치료는 캐나다, 영국, 이스라엘, 홀랜드, 이태리, 오스트리아, 서독 등지에서 적극적인 훈련프로그램 및 대회개최 등과 함께 1980년대에 국제적인 현상으로 부각하고 전문화에 더욱 박차를 가하기에 이르렀다. 서독 하이델버그대학교의 기초 정신분석연구과정 가족치료학과의 제10주년을 기념하기 위한 하이델버그 대회가 1985년 25개국으로부터 2000여명이 참석한 가운데 성대히 거행되었다. 1987년 체코 프라하에서 개최된 가족치료대회에는 세계 각국으로부터 2500명 이상이 참석했으며, 1989년 헝가리 부다페스트 가족치료대회에서도 비슷한 양상을 보였다(Stierlin, Simon, & Schmidt, Eds., 1987)는 사실은 미국에서 시작된 가족치료가 전문화 및 국제화에로까지 성장을 거듭하고 있음을 반영해주고 있다.

5. 가족치료의 통합단계 : 1990년대

1990년대에 와서 가족치료 훈련은 가족치료연구소로부터 좀더 전문적인 연구를 추구하는 학생들이 주류를 이루는 대부분의 대학교 대학원 임상프로그램의 통합적인 한 부분이 되었다. 미국 도처에서 가족치료 워크샵이 매월 성황리에 거행되고 있다. 가족치료 전문직은 해마다 전국 각처에서 자신들의 활동을 시범하는 비권위자들(less luminaries)은 물론이고 Minuchin, Whitaker, 혹은 Haley와 같은 수퍼스타들을 탄생시키고 있다.

가족치료가 40년 전에 급진적 운동으로 간주되었던 때와는 달리, 그것은 현재 독자적이고 중요한 정신건강 분야로써 그 기반을 확고하게 자리잡게 되었다. 가족치료는 광범위한 문제를 해결하기 위한 선택적인 치료가 되었다. 따라서 관계중심의 서비스를 위한 대중의 인식과 수요가 극적으로 증가하고 있다. Olson, Russell, 그리고 Sprenkle이 관찰한 바대로(Olson, Russell, & Sprenkle, 1980, pp.973-993), 부부 및 가족치료는 그 시대, 그 문화, 그 사조를 그대로 반영하고 있다.

Olson 등은 또한 가족치료라는 이 새로운 분야의 성장 및 수용으로부터 당연히 정신건강 전문직이 중요한 결과로 수반되었다는 점을 주목했다(ibid.). ① 부부상담 및 가족치료 간의 전통적인 구분이 퇴색되었기 때문에 이제는 부부 및 가족치료를 통합된 하나의 분야로 기술하는 것이 좀더 정확해졌다. ② 가족치료 분야가 충분한 통합성과 그 위상을 성취했기 때문에 오늘날 사회복지사들은 자신들을 사회사업학(사회복지학)에 동일시하는 이상으로 가족치료자들로 생각하기 쉽다. ③ 가족치료의 개입은 결혼부부, 동거부부, 계부모가족, 동성애부부, 부모와 사춘기자녀의 2인관계, 혹은 그 관계가 어떤 것이건 간에, 관계를 개선시키고자 하는 경향이 있다. ④ 가족치료의 개입은 혼전 상담으로부터 이혼상담 및 구류해소 상담(custody-resolution counseling)에 이르기까지 모든 국면의 관계에 적절한 것으로 사료된다.

이와 같은 관계의 맥락에서 문제치료에의 강조는 현재의 가족치료분야를 특징지어준다. 가족치료의 실천은 가족치료와 가족연구의 새로운 상호관련성은 물론이고 체계이론의 수용에 따라 이론적으로 지지를 받게 되었다. 예컨대 가족이론에 대한 관심의 재개는 1950년대 가족치료의 초기에 선호했던 유형의 임상적 연구의 관찰에 따라 대부분 자극을 받았다(Wynne, 1983, pp.113-117).

대부분 최초의 가족치료자들은 그 분야에 계속 적극적인 자세로 남아 그 권위를 지켰다. Thaxton과 L'Abate는 지난 30년간을 회고하며 가장 큰 영향을 미친 인물들로 Ackerman, Boszormenyi-Nagy, Bowen, Framo, Haley, Jackson, Minuchin, Satir, Whitaker, 그리고 Zuk을 들었다(Thaxton & L'Abate, 1982, pp. 359-362).

1988년 900명의 가족치료자들을 표본조사한 Rait의 서베이에 따르면, 그들 중 거의 1/3 가량이 그들의 이론적 정향을 절충적이라고 응답했으며, 분명히 규정된 이론적 개념을 취하고 있는 가족치료자들에게 가장 인기가 높은 모델은 최초 Minuchin에 의해 개발되었으며 필라델피아 아동지도상담소의 연구와 관계가 있는 구조적 가족치료(structural family therapy)였다. 부부문제 및 부모와 사춘기자녀 문제가 약물 및 알콜남용 문제를 가진 클라이언트들이 제시하는 가장 빈번한 호소였고 다음으로는 학교문제가 가장 공통적이었다. 전반에 걸친 Rait의 서베이 연구결과는 "현재의 가족치료가 단일 체제와는 거리가 멀었으며, 따라서 소수의 신념과 임상방법들만이 광범위한 수용에 접근할 수 있었다(ibid., p. 56)".

1990년대의 도전은 사회 및 문화의 다원성에 따라 가족치료의 다양한 접근방법들을 통합하면서 각 접근방법을 각기 다른 표적인구를 위하여 사용할 것이 요구되는데 있다.

제3절 한국의 가족치료 발달

한국 임상사회복지 분야에서 가족치료이론이 소개되고 실무기법으로써 사용된 역사는 일천하다(이명홍, 1993, p. 1). 가족치료가 사회복지의 독점적인 방법론이 아님은 미국의 경험에서 이미 언급된 바 있거니와 한국에서도 예외는 아니다. 그러나 사회복지가 가족을 중심으로 도움을 주어왔기 때문에 가족치료방법에 시야를 집중시키게 된 것은 다른 어떤 학문에 못지않게 당연할른지도 모른다.

한국의 사회복지학계의 교수들이 대부분 구미, 특히 미국의 대학원 석사과정에서 가족치료 과목을 이수한 관계로 가족치료가 생소한 분야는 아니였음에도 불구하고 이 과목의 개설은 오랫동안 지연되었다. 그 이유는 한국이 가부장적인 유교문화권에 속해있었기 때문에 가족의 문이 외부에 쉽사리 개방되지 않았었거나 대가족의 상부상조 기능에 의하여 자체 내에서 문제해결이 가능했다는 믿음이 지배적이었던 데에서 찾을 수 있다.

한국에서의 가족치료에 대한 관심은 산업화 및 핵가족화의 사회변동에 수반하여 1960년대에서 부터 태동되기 시작했다. 이 시기에 가족치료라는 개념이 서서히 알려지게 되었다. 그러나 가족치료가 최초로 일반에게 널리 알려지게 된 것은 1977년 Virginia Satir의 저서, Conjoint Family Therapy: A Guide to Theory and Technique가 역서(김만두 역, 1977)로 출간되면서 부터였다. 1979년 가족치료가 이화여자대학교 대학원 사회사업학과 전공선택과목으로 개설되었는데(이명홍, Op. Cit.) 대학원생들로부터 호응을 받기 시작했다. 1970년대 말엽이 가족치료의 도입단계였다면, 1980년대는 석사학위 논문이 다량으로 배출되는 등 가족치료에 대한 관심이 팽창했던 시기였다. 이 시기 가족치료의 특징은 임상경험 보다는 지적인 관심의 측면이 강했다고 할 수 있다. 가족치료이론 및 이론들이 대학원생들에게 원서로 읽혀졌으며, 따라서 그들에게 상당할 정도로 지적 자극과 관심을 유발시키게 되었다. 바로 이 초기에 이화여대 사회사업학과 이명홍 교수는 이화여대 대학원 사회사업학과에서 최초로 가족치료를 강의한 교과과정의 개척자였다.

1970년대 가족치료를 주제로 한 논문으로는 김선심(1975)과 김경희(1977)의 연구논문과 안향림(1975)과 한인영(1979)의 석사학위 논문들이 있다.

1980년대에는 가족치료에 대한 연구가 이전보다 더 활발하게 진전되었다. 대표적으로 이명홍(1980, 1985), 김효남(1984), 그리고 박성수(1985)의 연구논문을 들 수 있으며, 석사학위 논문제출자들 중에는 강은옥(1983), 원혜경(1984), 김정현(1985), 그리고 박정애(1986)를 들 수 있다.

박사학위 논문제출자로는 송성자(1985)와 엄예선(1987)을 들 수 있다. 전자는 국내에서, 그리고 후자는 미국에서 훈련받았는데 양자가 공히 한국가족을 대상으로 연구했다는 의미에서, 그리고 한국 가족치료의 발전에 일익을 담당하고 있다는 점에서 그들의 연구와 활동은 주목할만 하다.

1980년대 중반 이후부터는 사회복지계에 서서히 가족 및 가족치료 운동이 실무를 통하여 전개되기 시작했다. 그 이전이 이론탐색의 시기였다면, 그 이후부터는 이론을 현장에 적용시키는 노력으로 이어졌다. 미군후송병원을 비롯하여 Family Life Education Center, 서울대학병원, 연세대학병원, 적십자병원, 고려대학병원, 개업신경정신과 등지에서 가족상담 및 가족치료가 행해지기 시작했다. 한편 이화여자대학교 사회복지관은 1984년 이래 가족치료실을 개설하였을 뿐 아니라 수차례의 연구모임을 가졌던 것이 가족치료에 관심을 가지고 있었던 학자들 및 실무자들에게 가족치료연구 및 실천에 박차를 가하게 하는 계기를 제공했다.

이미 가족치료가 이론적 및 실천적으로 팽창하고 있었던 시기에 미국 혹은 외국으로부터 저명한 가족치료자들에 의해서 수행된 워크샵은 한국 가족치료발전에 기념비적인 이정표를 이룩했다. 1985년 7월과 10월의 2회에 걸쳐 일리노이대학교 교수였던 최복림은 이화여자대학교 사회사업학과 주최로 '구조적 가족치료이론 및 실제', 그리고 1994년 2.21-25사이 같은 주최로 San Diego 사설 가족치료자가 된 최복림은 '한국문화와 가족치료'라는 주제의 워크샵을 통하여 참여자들에게 가족치료 실시에 대한 깊은 이해와 가르침을 주었다. 1988년 여름 당시 오하이오주립대학 교수였던 이부덕은 동일 주최 하에서 10회의 워크샵을 가지고 다양한 가족치료 이론 및 적용방법을 지도하여 가족치료에 좀더 실질적인 관심과 흥미를 진작시켰다. 1985년 이래 밀와키단기가족치료소(Milwaukee Brief Family Therapy Center)의 김인수와 Steve de Shazer소장부부도 다양한 주최의 워크샵으로 한국에 가족치료를 알리고 훈련시키는데 크게 기여했다. Harry Aponte는 1993년 6.14-26 사이에 한국가족치료학회 주최로, 그리고 1994년 6.22-25 사이에 한국가족사회사업연구회, 대한의료사회사업가협회, 한국정신의료사회사업학회의 3자 공동주최와 삼성복지재단의 후원으로 2회에 걸쳐, '임상사회복지사 자신의 이해와 현대사회의 질병'이라는 주제하에서 가족치료계에 지적 자극과 통찰력을 가지게 하는 등 한국에 가족치료의 붐을 일으켰다. 그는 위와 유사한 맥락에서 1995년 6월경 다시 가족치료워크샵에 초청될 계획에 있다. 1994년 4.29-30 사이, 한국가족치료학회 주최로 초청된 카나다의 정신과 의사 John Banmen은 'A Counseling Practicum Using the Satir Model'이란 주제로 워크샵을 가져 참가자들에게 좋은 반응을 받았다.

가족치료운동을 기구별로 보면, 1984-1987년 가족치료연구회(이명홍 외), 1988년 한국가족치료학회, 1992년 한국가족치료연구소(임종렬), 1993년 가족치료연구소(김종옥), 그리고 1994년 한국가족치료사회사업연구회 등의 발족으로 분류된다. 한국가족치료학회는 학제 간 회원으로 운영되고 있고 가족치료를 위하여 가족치료자 자격증이 있어야 함을 필수요건으로 하고 있다. 반면 한국가족사회사업연구회는 미국의 경우와 같이, (임상)사회복지사 자격증을 가족치료의 필요충분요건이 된다고 본다.

현재에 와서는 가족치료의 역서 및 저서를 시중서점에서 쉽게 발견할 수 있을 정도에 이르렀다. 앞으로 한국가족치료가 여하히 발전하느냐 하는가는 교과과정, 실습, 실천기관, 그리고 이 시대 사회복지계가 변화하고 있는 사회에서 전문가로써 사회적 변화의 초첨을 어디에 둘 것인가에 대한 이견과 의견의 수렴은 물론이고 연구하고 실천하는 풍토에서 어떤 이론(들)을 가지고 어떻게 전개되느냐에 달려있다고 보아야 할 것이다.

결 론

본고에서는 가족치료의 역사적 배경을 이해하기 위하여 현대 가족치료의 다양한 역사적 뿌리와 그 역사적 발달을 단계별로 고찰해 보았다. 정신분석론은 Freud가 추론한 바와 같이 인성발달에 있어서의 가족관계의 역할을 임상 영역으로 인정한 것은 놀라울만 하지만, 치료의 기법을 개인중심적으로 보았던 것에 주목할 필요가 있다. Ackerman은 가족연구에 정신분석적 이론을 적용시켜 가족치료의 창시자가 되었다. Adler와 Sullivan 역시 가족치료의 발달에 영향을 미쳤다. 생물학자 Bertallanffy가 제안한 바의 일반체계이론은 가족과정을 통치하기 위한 환류기제와 자체규제적인 전체 가족체계를 구성요소들로 하여 외관적으로는 무관해 보이는 현상을 가족에 적용시켜 어떻게 부분들이 전체를 형성하며, 부분들이 어떻게 조직되고, 그들이 어떻게 상호작용하는가에 초점을 두고 기술했다. Bateson과 그의 동료들의 이중구속적 상호작용, Lidz의 결혼분파와 결혼왜곡, Bowen의 공생적 모자관계, 그리고 Wynne의 거짓상호성 등은 정신분열증의 원인에 작용하는 역기능적 가족의 역할을 개념적으로 설정하고 가족의 다른 상호작용 패턴을 연구하기 위한 단계를 설정하는데 도움을 주었다. 부부상담 및 아동지도상담은 부부, 부모-자녀 같은 가족구성원들의 2인 관계를 치료에 포함시킴으로써 개별 클라이언트의 치료에 두었던 전통적인 강조점을 변화시키게 되었다. 소집단에 의해 활용되는 집단치료는 치료적 혜택을 위해 진행되며 전체 가족과의 치료를 위한 모델을 제공했다.

정신분열증 클라이언트를 가진 가족들에 대한 조사 중심의 연구에 자극을 받아, 가족치료운동은 기세를 얻어 1950년대에 미국 전역에 가시화되었다. 1950년대의 개척적인 가족치료자들은 1960년대에 와서 역기능적인 행동의 개념화 및 치료의 새로운 방식에 매력을 느낀 개인중심의 치료자들과 합세했다. 이 시기 여러 임상자들은 가족에 관한 초기의 연구결과를 대부분 망각한 채 쉽사리 실천으로 도약했다. 임상자들은 이런 실천과정에서 전체 가족과의 개입을 위한 새로운 여러가지 전략을 창안했다. 이에 부합되는 가족치료 발전이 세계의 도처, 특히 구라파에서 야기되었다. Selvini-Palazzoli의 이태리 Milan에서의 거식증 아동들과의 체계적인 가족치료는 특히 주목할 만 하다.

가족치료 기법은 이론 및 연구를 앞서면서 1970년대까지 계속되었다. 부차적인 혁신적 치료기법들이 가족관련 문제를 위한 행동적 접근을 필두로 도입되었다. 가족치료 분야는 급속도로 성장하고 있었으며 이에 따라 자체인식 및 자체검증에 목표를 둔 여러가지 노력이 시도되었다. 1980년대 부부치료 및 가족치료는 모두 단일분야라고는 할 수 없었다. 여러 학문들로부터의 실천자들은 '가족치료자'를 그들의 1차적인 전공과 동일시했다. 오늘날 문제치료는 개인들을 별도로 치료하기 보다는 관계의 맥락에 치료의 비중을 둔다는 데 그 특징이 있다. 가족이론과 임상가족연구 및 가족치료실천의 연계에 대한 관심이 점차 재생되고 있다. 1990년대의 도전은 다양한 가족치료의 접근방법들을 통합하는 데 있을 뿐 아니라 상이한 표적인구를 위해서 필요한 기법들을 결합하여 적용시키는 데 있다.

외국에서 유래된 한국의 가족치료는 1960년대에 태동하여 1970년대부터 미국에서 교육을 받은 사회복지 전공인들에 의하여 적극적으로 도입되기 시작했다. 1980년대는 여러 역서, 학위논문, 저서, 사례집, 그리고 관련 논문들이 출간되기 시작했다. 1990년대를 전후하여 가족치료 워크샵이 활발히 진행되기 시작했을 뿐 아니라 부분적으로 제도적 발달이 비롯되기 시작했다. 그러나 아직 그 완숙도와 통합력은 사회복지 발달과 맥을 함께 할 것이 분명하다. 시행착오 없는 학문이 없듯이 혹은 과학의 발전이 없듯이, 가족치료도 임상사회복지의 한 방법으로 좀더 적극적으로 실시될 수 있도록 문화에 부응하는 가족치료 실시, 교과과정의 개발 혹은 대학교육의 후속기구와 대학 외에서의 훈련과정의 개발, 지도감독의 전달체계 확립, 사례 및 과학적 조사연구 등이 사회복지 역사의 긴 안목에서 볼 때 반드시 거쳐야 할 경로인것 같다.

아직 가족치료가 사회복지 및 임상사회복지와 통합되어 하나의 전체이면서 부분이 될 수 있는 여건이 성숙할 때, 그 전망을 가늠할 수 있을 것이다. 따라서 오늘날의 한국 가족치료는 한국인들의 깊은 수심을 측정하고 암초를 피할 수 있도록 도울 수 있는 사회사업계의 부단한 연구와 노력 여하에 달려있는지도 모른다. 가족치료가 개인주의의 서양 풍토에서 큰 효력을 보이고 있다면, 그것이 가족주의의 한국 풍토의 고유성에 부합되게 올바르게 정착되기만 한다면 서양권 이상으로 잘 발전될 수 있을 것이다(엄예선, 1994). 과학적 검증, 효과측정, 그리고 한국인의 정서에 맞는 예술적인 노력만이 현재 및 미래의 모든 사변을 가늠할 수 있는 역사의 열쇠가 될 것이다.

참 고 문 헌

< 한국편 >

강은옥, (1983), *가족치료에 있어서 Bowen의 이론과 그 적용에 관한 연구*, 이화여자대학교 대학원 사회사업학과 석사학위논문.

김경희, (1977), "가족과 가족치료에 관한 소고", *이화여자대학교 사회복지관논집*

김만두 역, (1977), *가족치료의 이론과 실제*, 서울: 한국사회복지연구소, Satir, Virginia (1967). Conjoint Family Therapy: A Guide to Theory and Thechnique

김선심, (1973), "케이스워어크에 있어서 가족치료에 관한 연구", *몽산 하상락 교수 송수논문집*, 서울: 남산당.

김정현, (1985), *부부치료에 있어서 의사소통 가족치료 이론적 접근: Virginia Satir의 이론과 치료기법을 중심으로*, 이화여자대학교 대학원 사회사업학과 석사학위 논문.

김효남, (1984), "한국 가족치료에 있어서 Minuchin의 구조적 가족치료이론의 적용 가능성", *대학원 논문집*, 숭전대학교.

박경애, (1986), *정서장애아에 대한 가족체계적 접근*, 서울대학교 대학원 사회복지학과 석사학위논문.

박성수 외, (1985), *아동의 부적응 행동과 가족치료*, 한국행동과학연구소.

송성자, (1985), *한국 부부간의 의사소통 유형과 가족관계에 관한 연구: 의사소통 가족치료 이론을 중심으로*, 숭전대학교 대학원 사회사업학과 박사학위논문.

안향림, (1975), *가족치료를 통한 가족역동에 관한 연구*, 이화여자대학교 대학원 사회사업학과 석사학위논문.

엄예선, (1994), *한국가족치료개발론*, 서울: 홍익제.

원혜경, (1984), *Jay Haley의 전략적 가족치료에 관한 연구*, 이화여자대학교 대학원 사회사업학과 석사학위논문.

이명홍, (1985), "가족치료의 기본원리와 Growth Oriented Approach에 관한 연구," *한국사회복지학회지*, 한국사회복지학회.

_________, (1980), "가족치료이론 개요와 Minuchin의 구조적 가족치료", *한국사회복지학회지*, 한국사회복지학회.

_________, (1993), "사회복지적 측면에서 본 한국의 가족치료현황과 쟁점", *한국가족치료학회지*, 한국사회복지학회.

_________, (1986), "우리나라 가족치료 현황과 임상사례를 통해 본 가족치료모델 활용에 관한 연구," *논총*, 제49집. 이화여자대학교 한국문화연구원.

이정숙, (1976), "가족치료의 발달에 미치는 정신분열증의 영향", *논문집*, 제7집,성심여자대학.

한인영, (1979), *가족치료에 있어서 Bowen이론과 Minuchin이론의 비교연구*, 이화여자대학교 대학원 사회사업학과 석사학위논문.

< 외국편 >

Ackerman, N. W. (1937), "The family as a social and emotional unit." *Bulletin of the Kansas Mental Hygiene Society*, 12(2).

_________, (1972), "The growing edge of family therapy." In C. Segal & H. Kaplan (Eds.), *Progress in group and family therapy*, New York: Brunner/ Mazel.

Alger, I. (1976), "Multiple couple therapy." In P. J. Guerin, Jr. (Eds.), *Family therapy: theory and practice*, New York: Gardner Press.

Back, K. W.(1974), "Intervention techniques: Small groups". In M. R. Rosenzweig & L. A. Porter (Eds.), *Annual Review of Psychology*, 39.

Bandler, R., Grinder, J. (1975), *The structure of magic*(Vol. I). Palo Alto, CA: Science and Behavior Books.

Bateson, G. (1958), *Naven*(2nd ed.). Stanford, CA: Standford University Press.

Bateson, G., Jackson, D. D., Haley, J., & Weakland, J. (1956), "Towards a theory of schizophrenia." *Behavioral Science*, 1.

Beels, C., & Ferber, A. (1969), "Family therapy: A view", *Family Process*, 8.

Bell, J. E. (1961), *Family group therapy*(Public Health Monograph No. 64), Washington, DC: U.S. Government Printing Office.

_________, (1975), *Family therapy*, New York: Aronson.

Bertalanffy, L. von. (1968), *General systems theory: Foundation, development, applications*, New York: Braziller.

Bion, W. R. (1961), *Experiences in gorups*, New York: Basic Books.

Bloch, D. A. & LaPerriere, K. (1973), "Techniques of family therapy: A conceptual frame", In D. A. Bloch (Ed.), *Techniques of family psychotherapy : A primer*, New York: Grune & Stratton.

Bodin, A. M. (1981), "The interaction view: Family therapy approaches of the mental Research Institute." In A. S. Gurman & D. P. Kniskern (Eds.), *Handbook of family therapy*, New York: Brunner/Mazel.

_________, (1983), *Family Therapy*, Unpublished manuscript.

Boszormenyi-nagy, I., & Framo, J. L. (Eds.). (1965), *Intensive family therapy: Theoretical and practical aspects*, New York: Harper & Row.

Bowen, M. (1960), "A family concept of schizophrenia", In D. D. Jackson (Ed.), *The etiology of schizorphrenia*, New York: Basic Books.

_________, (1975), "Family therapy aften twenty years", In S. Arieti, D. X. Freedman, & J. E. Dyrud (Eds.), *American handbook of psychiatry V: Treatment* (2nd ed.). New York: Basic Books.

Broderick, C. B., & Schrader, S. S. (1981), "The history of professional marriage and family counseling", In A. S. Gurman & D. P. Kniskern (Eds.), *Handbook of family therapy*, New York: Brunner/Mazel.

Cromwell, R. E., Olson, D. H., & Fournier, D. G. (1976), "Diagnosis and evlaulation in marital and family counseling", In D. H. Olson (Ed.), *Treating relationships*, Lake Mills, IA: Graphic.

Dilts, R., Grinder, J., Bandler, R., Cameron-Bandler, L., & DeLozier, J. (1980). *Neuro-linguistic programming*(Vol. 1). Cupertino, CA: Meta Publications.

Dinkmeyer, D., & McKay D. (1976), *Systematic training for effective parenting*, Circle Pines, MN: American Guidance Service.

Framo, J. L. (1982), "The integration of marital therapy with sessions with family of origin", in A. S. Gurman & D. P. Kniskern (Eds.), *Handbook of family therapy*, New York: Brunner/Mazel.

Freud, S. (1955), "Analysis of a phobia in a five-year-old boy (1909)", *The Standard edition of the complete psychological works of Sigmund Freud*(Vol 10). London: Hogarth.

________, (1959), "Fragments of an analysis of a case of hysteria (1905)", *Collected papers*(Vol. 3). New York: Basic Books.

Fromm-reichmann, F.(1948), "Notes on the development of treatment of schiphre-nics by psychoanalytic psychotherapy", *Psychiatry, 11.*

Gazda, G. M. (1975), "Group psychotherapy and group counseling: Definitions and heritagel", In G. M. Hazda (Ed.), *Basic approaches to group psychotherapy and group counseling*, Springfield, IL: Charles C Thomas.

Goldenberg, H. (1983), *Contemporary clinical psychology*(2nd ed.). Pacific Grove, CA: Brooks/Cole.

Goldenberg, I., & Goldenberg, H. (1983), "Historical roots of comtemporary family therapy", In B. B. Wolman & G. Stricker (Eds.), *Handbook of family and marital therapy*, New York: Plenum.

Goldstein, M. J. (1988), "The family and psychopathology", In M. R. Rosenzweig & L. W. Porter (Eds.), *Annual Review of Psychology, 39.*

Guerin, P. J., Jr. (1976), "Family therapy: The first twenty-five years", In P. J. Guerin, Jr. (Ed.), *Family therapy: Theory and practice,* New York: Gardner Press.

Gurman, A. S., & Kniskern, D. P. (1981), "Family therapy outcome research : Knowns and unknowns. In A. S. Gurman & D. P. Kniskern (Eds.), *Handbook of family therapy*, New York. New York: Brunner/Mazel.

Howells, J. G. (1975), *Principles of family psychiatry*, New York: Brunner/ Mazel.

Jackson, D. D. (1959), "Family interaction, family homeostasis, and some implications for conjoit family therapy", In J. Masseman (Ed.), *Individual and family dynamics*, New York: Grune & Stratton.

_________, (Ed.). (1960), *The etiology of schizophrenia*, New York: Basic Books.

Jacobson, N. S., & Martin, B. (1976), "Behavioral marital therapy", *Psychological Bulletin, 83.*

Kanner, L. (1962), "Emotionally disturbed children: A historical review", *Child Development, 33.*

Kim, Yea Sun Eum, (1987), *Korean families and family therapy: Projection of a therapeutic paradigm for Korean urban middle-class families,* Frankfurt: Peter lang.

Langsley, D. G., Pittman, F. S., Machotka, P., & Flomenhaft, K.(1968), "Family crisis therapy: Results and implications", *Family Peocess, 7.*

Laquerur, H. P. (1976), "Multiple family therapy", In P. J. Guerin, Jr. (Ed.), *Family therapy: Theory and practice*, New York: Gardner Press.

Liberman, R. P. (1970), "Behavioral approaches to family and couple therapy." *American Journal of Orthopsychiatry, 40.*

Lidz, R., & Lidz T. (1949), "The family environment of schizophrenic patients." *American Journal of Psychiatry, 106.*

Lidz, T., Cormelison, A., Fleck, S., & Terry, D. (1957), "The intrafamilial environment of schizophrenic patients: II. Marital schism and marital skew", *American Journal of Psychiatry, 114.*

Lowe, R. N. (1982), "Adlerian/Dreikursian family counseling", In A. M. Horne & M. M. Ohlsen (Eds.), *Family counseling and therapy*, Itasca, Il: F. E. Peacock.

MacGregor, R., Ritchie, A. N., Serrano, A. C., & Schuster, F. P. (1964), *Multiple impact therapy with families*, New York: McGraw-Hill.

Martin, P. A., & bird, W. H. (1963), "An approach to the psychotherapy of marriage partners: The stereosopic technique", *Psychiatry, 16.*

Midelfort, C. F. (1957), *The family in psychotherapy*, New York: Viking Press.

Miller, J. G. (1978), *Living systems*, New York: McGraw-Hill.

Minuchin, S., Montalvo, B., Guerney, B. G., Jr., Rosman, B. L., & Schumer, F. (1967), *Families of the slums: An exploration of their structure and treatment*, New York: Basic Books.

Mittelman, B. (1948), "The concurrent analysis of married couples", *Psychoanalytic Quarterly*, 17.

Mudd, E. H. (1951), *The practice of marriage counseling*, New York : Association Press.

Nichols, W. C. (1988), *Marital therapy: An intergrative approach*, New York: Guilford Press.

Nichols, W. C.. & Everlett, C. A. (1986), *Systemic family therapy: An integrative approach*, New York: Guilford Press.

Olson, D. H. (1970), "Marrital and family therapy: Integrative reviews and critique", *Journal of Marriage and Family Counseling, 4.*

Patterson, G. R. (1971), *Families: Application of social learning to family life*, Champaign, Il: Research Press.

Perry, H. S. (1982), *Psychiatrist of America: The life of Harry Stack Sullivan*, Cambridge, MA: Harvard University Press.

Rosenblatt, B. (1971), "Historical perspective of treatment modes", In H. E. Rie (Ed.), *Perspectives in child psychiatry*, Chicago: Aldine-Atherton.

Rubenstein, E. (1948), "Childhood and mental disease in America: A review of the literature before 1900", *American Journal of Orthopsychiatry, 18.*

Satir, V.M. (1964, 1967), *Conjoint family therapy*(rev. ed.). Palo Alto, CA: Science and Behavior Books.

Selvini-Palazzoli, M. (1980), "Why a long interval between sessions? The therapeutic control of the family-therapist suprsystem", In M. Andolfi & I. Zwerling (Eds.), *Dimensions of family therapy*, New York: Guilford Press.

Shean, G. (1978), *Schizophrenia: An introduction to research and theory*, Cambridge, MA: Winthrop.

Skynner, A. C. R. (1981) "An open-systems, group analytic approach to family therapy", In A. S. Gurman & D. P. Kniskern (Eds.), *Handbook of family therapy*, New York: Brunner/Mazel.

Speck, R. V., & Attneave, C. L. (1973), *Family networks*, New York: Pantheon.

Steierlin, H. (1972), *Separating parents and adolescents*, New York: Quadrangle.

Stierlin,H., Simon, F. B., & Schmidt, G. (Eds.). (1987), *Familiar realities: The Heidelberg Conference*, New York: Brunner/Mazel.

Sullivan, H. S. (1953), *The interpersonal theory of psychiatry*, New York: W. W. Norton.

Watzlawick, P., Beavin, J. H., & Jackson, D. D. (1967), *Programatics of human communication*, New York: W. W. Norton.

Watzlawick, P., Weakland, J. H., & Fisch, R. (1974), *Change: Principles of problem formation and problem resolution*, New York: W. W. Norton.

Waxler, N. (1975),"The normality of deviance: An alternative explanation of schizophrenia in the family", *Schizophrenia Bulletin, 14.*

Wells, R. A., & Dezen, A, E. (1978), "The results of family therapy revisited: The nonbehavioral methods", *Family Process, 17.*

Whitaker, C. A. (1975), "Psychotherapy of the absurd: With a special emphasis on the psychotherapy of aggression", *Family Process, 14.*

Wynne, L. C. (1983), "Family research and family therapy: A reunion?", *Journal of Marital and Family Therapy, 9.*

Yalom, I. D. (1985), *The theory and practice of group psychotherapy* (3rd Ed.). New York: Basic Books.

Zuk, G. H.(1981), *Family therapy: A triadic based approach* (rev. ed.), New York: Human Sciences Press.

Zuk, G. H., & Boszormenyi-Nagy, I. (Eds.). (1967), *Family therapy and disturbed families*, Palo Alto, CA: Science and Behavior Books.

Zuk, G. H., & Rubenstein, D. (1965), "A review of concepts in the study and treatment of families with schizophrenics," In I. Boszormenyi-Nagy & J. L. Framo (Eds.), *Intensive family therapy: Theoretical and practical aspects*, New York: Harper & Row.

제 2 장

현대 가족치료의 경향

정 진 영*

오늘날처럼 복잡 다양한 세계 속에서 사는 현대인들은 자칫하면 자기 자신의 존재 가치를 잃어버리거나 자신의 주체성을 상실하고 마냥 휩쓸려 살아가기가 쉽다. 종교가 주로 인간의 문제를 해결해 주고 사회 질서를 잡아주던 시대는 이미 지나가 버렸고 대신에 날로 더해가는 넘쳐나는 지식과 새로운 기술의 발명들이 개인의 생활양식을 변화시켜가고 있다. 이러한 현대 사회 속에서 새삼 가족의 중요성이 인식되기에 이르렀고 늘어나는 가족의 문제를 종교의 힘이 아닌 전문적인 상담의 기술과 치료 방법을 적용해서 해결하기에 이르렀다.

본 장은 현대 가족의 형태가 어떻게 변화했으며 앞으로 어떤 방향으로 변화될 것인지를 예측해보고 가족치료가 임상사회사업 방법들 중 하나의 방법으로 어떻게 발달되어 왔으며 현재 어떠한 가족치료 모델들이 있는가를 문헌연구를 통해서 살펴보았다. 그리고 한국의 가족치료의 흐름과 더불어 이 분야에 대한 미래의 전망들을 검토해보았다. 그리하여 미래의 가족형태와 가족문제에 합당한 치료 모델들이 나와야 할 것이다. 본 장이 앞으로 보다 더 깊고 전문적인 연구와 실천을 위한 기초 자료로써 사용되기를 바라마지 않는다.

제1절 가족의 변화

1. 가족의 재발견

인간사회의 기본적인 단위는 개인인가 또는 가족인가? 물론 개인이 존재하므로 가족이 존재하고 가족이 존재함으로 인해서 개인도 그 존재가능성이 있는 것이다. 일찌기 하나님이 인간을 창조하실 때 아담을 먼저 창조하셨다. 아담을 지으시고 에덴동산에 살게 하신지 하루도 못되어 "사람이 독처하는 것이 좋지 못하니 내가 그를 위하여 돕는 배필을 지으리라(창 2:7-18)" 하시고 여자를 만드셨다. 그리고 하나님은 "남자와 여자를 창조하셨고 그들이 창조되던 날에 하나님이 그들에게 복을 주시고 그들의 이름을 사람이라(창 5:2-3)" 일컬으셨다. 이와같이 가족은 인류역사가 시작된 이래 애초부터 어떤 형태로든지 존재해 왔으며 개인과 가족은 불가분의 관계에 놓여있는 것이다. 이것은 마치 우리가 오랫동안 이 지구에 살면서

* 서울여자대학교 사회사업학과 교수

숨쉴 수 있는 공기와 마실 수 있는 물과 사람의 몸을 따뜻하게 해주는 태양과 각종 식물을 길러 먹을 수 있는 흙으로 인하여 우리가 생명을 유지할 수 있으면서 그것들은 당연히 존재하는 것으로 여기고 그 중요성을 인식하지 못했었던 것과 같은 것이리라. 그후 공기가 오염되기 시작하고 물이 오염되고 흙이 죽어가는 것을 보고 새삼 그 중요성을 인식하게 되고 오늘에 와서는 자연환경의 보전을 위해서 각종 규제와 법규 및 자연보호 운동과 이를 위한 각종 조직이나 단체들이 생겨나기에 이르렀다. 이와 마찬가지로 인간은 오랜 역사를 통해서 가족 중심의 사회를 이어왔다. 그러다가 산업화 사회로 접어들면서 노동력 있는 개인의 도시로의 이동현상과 가족의 분리, 전쟁으로 인한 이산가족의 형성, 이혼과 사별 등으로 인한 가족해체 현상의 증가 및 핵가족화와 같은 가족구조의 변화는 여러 학자들로 하여금 가족의 중요성에 대한 새로운 관심을 불러 일으키게 되었고 새삼 '가족'이라는 일차집단이 인간의 정상적인 성장과 발달에 얼마나 중요한가를 재인식하기에 이르렀다. 아무리 시대가 변화하고 가족의 구조와 기능이 시대의 변화에 따라서 달라진다 할지라도 변하지 않는 가족의 구조와 기능은 존재한다. 그것은 자녀의 생산과 양육 및 정서함양 욕구에 대한 충족일 것이다. 일찌기 Solokin이란 사회학자는 1920년대에 서구사회에서 나타나는 사회현상을 관찰하고 미래에는 가족이 붕괴점에 도달할 것이라고 우려하였다. 그는 당시 서구사회를 향하여 사회와 문화의 근본적인 형태가 되는 가족제도가 해체되지 않을까하는 위기에 대한 경고를 했었다. 그러나 이와 같은 그의 예측은 들어맞지가 않았다.

미국에서 사회보장법 개정이후, Title Ⅳ의 개정법에 의해 모자가족을 부조해 주는 AFDC라는 정책은 가족을 무시한 국가의 법률이 가족에 미치는 영향이 얼마나 큰가를 말해준다. 예를 들면 AFDC의 정책이 모자가족만을 도와주기로 했기 때문에 보호대상자들이 표면상으로는 모자가족을 유지한 채 은밀히 남편 또는 남자친구를 만나고 있고 두세번째의 임신을 하고있는 사례가 증가하였기 때문이다. AFDC의 정책이 비록 결혼관계는 아니더라도 자녀를 낳을 경우 아이의 아버지를 포함하는 가족이 자녀양육에 크나큰 자원이 될 수 있는 기회를 상실하도록 만들었다는 점에서 실패한 정책이 되었다. 또한 미국에서 1960년대 초에 존슨대통령이 빈곤타파 전쟁을 선포하고 O.E.O.라는 국가조직을 만들었던 배경은 1962년의 사회보장법 개정을 위시해서 개별사회사업의 방법이 공적부조 프로그램의 운영에 지배적인 과업이 되도록 하였다. 그 이유는 당시만해도 빈곤의 원인이 그들의 심리적인 결함과 개인의 단점에 기인한다는 이론이 압도적이었으며 빈곤자들에 대한 치료는 사회사업가에 의한 심리적인 치료를 통해서 개인을 재활시키고 변화시키는 것이 가장 적절한 방법이라고 믿었기 때문이었다. 그래서 공적부조 기관 내에 개별사회사업부를 확장하고 이에 대한 자원을 연방정부가 제공하기에 이르렀다. 그 결과는 빈곤율은 감소되었지만 공적부조 수혜자의 수는 급격히 증가했다. 그리하여 연방정부와 주정부가 개인의 서비스를 위한 개별사회사업비를 삭감하고 대신에 효과적인 프로그램 운영에 우선순위가 주어지게 되었다. 이 시기에 개인만을 치료해서는 완전한 재활이 될 수가 없다는 것을 경험한 많은 사회사업가들이 가족을 단위로 한 집단치료에 더 많은 관심을 기울이게 되었고, 이것은 미국에서 그동안 어느 정도 소홀히 다루었던 가족의 중요성에 대한 재발견과 더불어 가족을 중심으로 한 사회사업과 가족치료의 필요성에 대한 인식을 가져오게 되었다.

2. 가족형태의 변화

그러면 현대의 가족은 과거에 우리 조상들이 생각하고 인식해왔던 가족의 개념으로부터 어떻게 달라졌을까? 역사적으로 볼 때 산업화 이전의 사회에서 가족은 자급자족을 위한 하나의 경제적 단위였고 가족구성원이 모두 생산에 필요한 노동력의 제공자였다. 가족의 개념에 관해서 이광규는 "가족이란 결혼과 혈연이란 관계로 결부된 사람들이 이룩한 사회집단이며 동거동재(同居同財)의 공동체이고 생식과 양육의 기능을 가진 생활공동체이다"라고 말하고 있다(이광규, 1992, 27).

가족의 유형에는 여러 가지 유형이 있겠지만, 그 가운데에서도 가장 대표적인 유형이라고 생각되는 것이 핵가족(nuclear family) 또는 부부가족(conjugal family)과 직계가족 및 확대가족이 있다. 부부가족은 부부와 그들의 미혼자녀로 구성된 가족을 의미하며, 직계가족은 부부와 혼인한 아들과 그 자녀들 및 미혼의 자녀가 함께 동거하는 가족이고, 확대가족은 결혼한 자식들이 전부 그 부모와 동거하는 가족, 즉 부모와 아들 부부들과 아들들이 낳은 자녀들과 함께 사는 가족을 의미한다. 따라서 부부가족이란 2세대 가족이고, 직계가족은 3세대 가족 이상, 확대가족은 3세대 이상의 직계와 방계가족을 포함한다. 다시 말해서 형제자매가 결혼하여 부모와 한 집에 같이 사는 가족이 확대가족이다. 1990년에 경제기획원의 가구통계에 의하면 1세대 가구가 전체 가구수의 10.7%, 2세대 가구가 66.3%, 3세대 가구 12.2%, 그리고 4세대 이상 가구가 0.3%였다(표1). (표1)에 보면, 2세대, 3세대, 4세대 이상의 가구비율은 감소추세이고 자녀없는 1세대 가구수는 증가추세이다. 이처럼 현대에는 여러 형태의 가족들이 있다는 것을 알 수 있다. 전체 가구 또는 세대의 수도 인구의 증가와 더불어 증가했고 특히 근래에 핵가족화 현상으로 2세대 가구가 거의 70%를 차지하고 있다는 것을 알 수가 있다(표2).

(표1) 각 세대가구의 분포(%)

	1세대가구	2세대가구	3세대가구	4세대이상	단독가구	비혈연가구
1975년	6.7	68.9	19.2	0.9	4.2	-
1990년	10.7	66.3	12.2	0.3	9.0	1.5

물론 가구와 가족의 개념은 좀 다르다. 가족은 혈연관계를 고려한 것이고, 가구는 혈연관계를 고려하지 않은 주거의 공간과 가계의 협력을 기준으로 한 '식구'를 의미한다. 이것은 세대와도 유사개념이다. 따라서 출가한 자녀는 가족원이지만 가구원은 아니다(이광규, 1992, 34). 본 논문에서는 가족을 한 집에 사는 가구와 세대를 가족의 개념 속에 포함시켰다.

한국이 근대화되면서 나타난 급격한 사회변동은 인구의 증가와 가구 수의 증가 및 인구의 이동현상과 도시집중화 현상을 가져왔고 이것은 경제발전과 더불어 전통적인 가족생활 구조와 기능의 변동에도 큰 영향을 주었다(표2).

1980년대를 거치면서 핵가족형태는 증가하고 가족 구성원의 양육과 건전한 발달을 도모하는 핵가족의 역할은 계속 강화되어 가고 있다. 그렇지만 현대사회에는 핵가족뿐만이 아닌 다양한 가족의 형태들이 존재하게 되었다는 것도 인정하지 않으면 안된다. 예를 들어 현대의학의 발달로 인공수정을 해서 아기를 낳는 경우가 있다. 어느 조사에 의하면 한국에서 인공수정에 의해 아기를 낳는 여성이 증가하고 있어 경기지역에만 3,000여명에 이른다 한다. 이러한 대리부모들이 법적으로 부모가 될 때 가족의 규정에 대한 의문을 제기하게 된다. 즉 가족은 부모와 그 친자녀들로 구성되어야만 하는가? 아니면 대리부모와 아이들이 사는 가정도 가족이라고 할 수 있는가? 또 하나의 경향은 미국에서는 이미 60년대에 시작된 것으로써 남녀가 한집에 같이 살고 자녀를 낳아 기르면서도 결혼은 안한 관계이다. 엄밀히 따져 이들도 가족이라고 할 수가 있는가? 동성연애자들끼리 동거하는 가구도 가족인가? 또한 모자가족과 부자가족, 할머니와 손자가 사는 가족 등 오늘날은 다양한 형태의 가족이 존재하게 되었다. 따라서 21세기에는 다양한 가족 형태들이 당면하고 있는 여러가지 문제들에 대처할 수 있는 가족정책이 필요하다는 것을 알 수 있다. 앞으로 이것은 단지 미국의 경향만이 아닌 세계적인 추세가 될 것으로 기대된다. 21세기에는 부모와 자녀간의 혈연관계로만 구성된 핵가족 형태 이외에도 전통적인 3세대 가족형태나 확대가족의 형태도 증가할 것이고 그 외에 모자가족, 부자가족, 조부 또는 조모와 손자들만 사는 가족, 양부모나 의부모와 그 자녀들의 가족, 독신가구 등등 다양한 형태의 가족들이 더 많이 나타날 것으로 기대된다.

경제기획원과 여성개발원의 조사에 따르는 가구 또는 세대를 가족의 개념에 포함시킬 때, 다음과 같은 가족의 형태가 존재한다는 것을 알 수 있다. 그러므로 본 장에서는 이미 밝혔듯이 가구, 세대 등을 가족의 개념에 포함시켰다.

가족의 형태 :

1) 부부가구
2) 독신가구
3) 2세대가구
4) 3세대가구
5) 4세대가구
6) 여성가구(이혼, 사별, 이별로 인함)
7) 남자가구(부인 없이 남자가 자녀와 함께 사는 가구를 의미함)
8) 조부모와 손자가구
9) 친척하고만 사는 가구

(표2) 한국의 사회경제적인 변화 추이

	1960	1975	1993
인 구	22,208,000(1995)	34,707,000	44,056,000
평 균 수 명		59.8(남1970) 66.7(여1970)	67.7(남1991) 75.7(여1991)
총 가구 수	3,801,947	6,761,239	11,377,000
평균 가구원 수		5.1명	3.7명(1990)
1인당 GNP	$ 67.00	$ 594.00(1975)	$ 7,466(1993)
인구 이동율		26.4	20.5(1992)
여성 경제활동 참가율	26.8(1960)	40.4	47.3
평균 초혼 연령	남 25.4 여 21.6 (1960)	남 27.4 여 23.6	남 28.6 여 25.5
결혼 수		282,557쌍	326,415쌍(1992)
이혼 수 이혼율(1000명당)		 0.5%	41,511쌍 0.9%
국민 평균 연령		24.8세	29.5세(1990)
영아사망아율 (1000명당)	45.4%(1960)	32.0%(1970)	12.8%(1990)
기혼여성 일인당 평균 출산수		4.0명(1970)	1.8명(1991)
기혼여성 취업율	36.9%(1970)	43.1%	46.8%

* 자료 : 한국통계연감,1980 - 1993,통계청,대한민국
여성관련 사회통계 및 지표, 1985, 1994, 여성개발원
한국의 사회지표,1980,1993,통계청,대한민국

10) 친척과 함께 사는 가구
11) 형제와 함께 사는 가구
12) 친구 또는 타인과 함께 사는 가구
13) 집단가족(group family)
14) 이혼가족
15) 재혼가족(재혼해서 배우자의 자녀와 동거)
16) 동거가족(남녀동거)

경제발전으로 인한 생활수준의 향상은 다양한 가족의 형태를 만들어냈고 빈곤의 개념을 변화시켰다. 1960년대에 미국의 사회보장청이 빈곤가족을 규정짓는 데 기본선을 정하기 위해서 여러 가지 가족의 필요에 대한 재정적인 지출의 조사를 실시 했었다. 그러나 조사결과 124 종류의 가족의 형태가 확인되었다(W.F. Anderson, B.J. Friden, 1977, 134).

이상과 같이 법적인 가족의 문제를 떠나서 다양한 형태의 가족들이 현 사회에는 존재하고 있다는 것을 알 필요가 있다. 그러나 다양한 가족형태에도 불구하고 한국에서는 소득이 높아져 갈수록 핵가족인 2세대 가족이 증가할 것으로 보이며 이와 더불어 전통적인 3세대 가족의 형태도 계속 유지될 것으로 전망된다. 가족치료의 대상은 위에서 열거한 여러 형태의 가족이 전부 대상이 되어야 할 것이다. 치료자가 인식해야 하는 가치는 모자세대 또는 부자세대도 하나의 가족의 형태로써 그러한 가족도 그 가족의 구성원들이 안녕과 복지를 누릴 권리가 있다는 것이다. 그리고 치료자는 그 가족이 외부적인 지지망을 확보하고 있고 공사립의 제도적인 장치를 통해서 기본적인 필요를 충족하기만 한다면 그 가족내에서 개인은 얼마든지 성장 양육될 수 있다는 믿음을 갖고 가족을 대해야 할 것이다.

3. 가족생활주기의 변화

가족이 그 구성원의 정서발달을 위한 기본적인 단위라면, 가족생활의 주기는 가족생활을 영위하는 동안에 그 구성원들이 성장발달하고 경험하는 생활의 경로를 통해서 각 단계마다 겪어야 되는 사건들의 연속이라고 할 수 있다. 다시 말해서 가족생활의 주기란 3세대 또는 4세대를 구성하는 구성원들이 함께 생활하는 동안에 경험하는 하나의 복잡한 과정이다(Walsh, 1983, 169). 인생에 주기가 있는 것과 마찬가지로 가족생활에도 주기가 있고 그 주기는 동시에 변화해 간다. 예를 들어 가족 내에서 1세대가 노년기로 접어들 때 2세대는 품안을 떠나는 자식들로 인해 섭섭해한다. 3세대는 이제 성년으로 접어들어 짝을 찾고 결혼을 하고 새로 태어난 아기는 4세대로서 가족체계 내에서 새로운 구성원으로 자리잡아 간다는 것을 의미한다. 이러한 가족생활의 주기는 시대가 바뀌면서 변화해왔다. 옛날에는 평균수명이 짧았고 자녀를 많이 낳았기 때문에 막내가 결혼할 때에 그 부모는 노인이 되어 있었다. 그러나 오늘날에는 수명의 연장과 자녀수의 제한으로 인해서 막내의 결혼 후 배우자의 사망시기까지가 상당히 오랜 기간이 되었다.

현대의 가족계획은 우리 사회를 극적으로 변화시켰다. 다시 말해서, 가족계획은 출산률의 저하와 성에 대한 태도의 변화, 고용구조의 변화, 남녀의 역할변화와 생활방식의 변화를 가져오고 있다. 이혼의 증가와 더불어 재혼도 증가하고, 모자가족과 단독세대도 증가하고 있다. 맞벌이부부의 숫자도 증가하고 있고 무자녀가족, 결혼하지 않고 그냥 사는 동거가족의 수도 증가하고 있다.

자녀의 수가 많고 인간의 수명이 길지 않았던 시대에 가정주부와 어머니의 의무가 여자들에게 있어 일생 동안의 직업이었다. 가족계획은 자녀의 수와 출생시기에 대한 통제를 가능하게 만들었으며 여러가지 현대적 가전제품들은 주부들의 시간과 에너지를 다른 일, 즉 집 밖의 일에 사용할 수 있게 해 준다. 그 결과 주부가 가사와 아동양육에 전적으로 매달리는 기간은 점점 줄어들게 되었다. 오늘의 현실은 결혼하고 20년 내지 25년이 지나면 부부만이 가정에 남게 되고, 부부만이 살아야하는 기간은 수명의 연장으로 점점 더 길어져가고 있다(Gilbert, 1983, 169-179).

미국의 통계에 의하면 남편은 밖에 나가 돈벌어오고, 부인은 가정주부이면서 두 자녀를 돌보는 '전형적인 미국 가족'의 수는 해마다 감소 추세를 보이고 있어 이는 전체 미국 가족 가운데 7%만을 차지하고 있고, 부부만의 가족으로 맞벌이를 하는 부부가족이 현재는 훨씬 더 많은 비율을 차지하고 있다 한다(Glick & D.R. Kessler, 1980, 22). 이러한 추세는 21세기에도 계속될 전망이다.

가족의 존재 이유가 전통적으로는 자녀양육의 의무와 경제적인 상호의존의 필요였으나, 오늘날 가족의 유대는 부부간의 인간관계를 더 중요시하게 되었고, 만일 인간관계가 유지되지 않으면 그 가족은 해체되기 쉽다. B.E. Cogswell은 부부가 인간관계 유지에서 실패했을 때 헤어질 자유가 있고 그 결과로 여러 형태의 다양한 가족이 생겨나며 다양한 형태의 가족도 모두 사회적 지지를 받아야 한다고 말해 핵가족 뿐이 아닌 다양한 가족 형태를 인정하고 있다(Cogswell, 1975, in Gilbert, 1983, 정진영 역, 1993). 그후 카터 대통령이 가족에 관한 백악관회의(WHCF)를 공식적으로 발표한 내용 속에 이혼과 사생아의 증가 문제를 다루면서 미국 가족생활의 다원화 현상을 인정할 것임을 약속하였다(Gilbert, 1983, 정진영 역, 1993).

한국에서도 여성의 고용시장 참여율이 1975년 40.4%에서 1993년에는 47.3%로 증가하고 있다. 평균 초혼연령은 1960년대에 경제가 어려웠을 때에는 낮았었으나 경제성장을 초래하면서 점차로 높아지는 경향이다.

오늘날 부부의 모습은 여성들이 고용시장에 점점 더 많이 진출하면서 가부장 권위주의 가족에서 부부중심의 핵가족으로 바뀌어지고 있다. 법적인 기반만 하더라도 한국의 민법 제827조에 부부간의 가사 대리권으로 "부부는 일상의 가사에 관하여 서로 대리권이 있다"고 명시되어 있으며, 제833조에는 "부부의 공동생활에 필요한 비용은 당사자 간에 특별한 약정이 없으면 부부가 공동으로 부담한다"고 되어 있어 부부간에 동등권을 주장하기에 이르렀다(법전, 1993).

4. 미래의 가족

그러면 미래 21세기의 신세대 가족은 어떠한 가족생활의 주기를 이룰 것인가? 이에 관한 해답은 가족을 연구하는 학자에 따라서 다를 것이다. 그러나 가시적인 것은 가족의 생활주기는 보다 융통성있게 움직여나갈 것으로 본다. 남자는 더이상 가장으로서의 권위를 지키지 못할 것이고 부부 역할상의 경계도 흐려질 것이다. 특히, 돈도 같이 벌고 아이도 같이 기르며 가족의 구성원도 핵가족만이 아닌 '인척모델(kinship model)'이 꽤 인기를 얻을 것이며, 그러한 가족내의 개인 구성원은 여러가지 방면으로 다른 구성원에게 지지기반을 만들어 줄 것이라고 믿는다. 가족생활은 보다 더 자유로와질 것이며 활동에 있어 선택의 여지도 더 많아질 것이다. 이러한 현상은 앞으로 한국가족의 생활주기도 점차로 선진국형으로 변화되어 갈 것을 말해준다.

한국의 경우 최근 인구조사에서 드러난 두드러진 특징은 부부중심의 핵가족이 증가되고 있는 현상이다(표1). 90년 인구 총조사에 따르면 부부와 미혼자녀만으로 이루어진 2세대 핵가족이 전체가구의 66.3%를 차지하고 있다. 그중에서도 가족 구성원이 2명에서 4명인 가구가 전체의 62.4%로 핵가족의 대부분이 부부와 한 두 자녀로 이루어졌음을 보여준다. 이처럼 부부중심 가족은 집안일에 대한 여러가지 결정과 저축, 소비, 자녀교육 등에서 부부가 대등한 의사결정권을 갖게 된다. 그러나 이러한 새로운 가족형태는 자녀의 양육문제로 위기를 맞게 되었고 자녀를 돌볼 사람을 구하기 어려운 현실 때문에 시부모와 함께 살거나 친정으로 밀고 들어가는 부부들이 많아졌다(조선일보, 1993. 1. 1.). 앞으로 1997년까지 모든 공공기관에 탁아소를 설치하는 일이 법제화된다면 이러한 부부들의 자녀양육 문제는 완화될 전망이지만 부모가 자녀들에게 전념하는 시간은 점점 줄어들어 가족관계에 관한 문제는 계속 증가할 것으로 보인다(조선일보, 1994. 6. 4.).

이미 언급한 것처럼, 이혼은 증가할 것이고 법적으로 결혼하지 않고 그냥 동거생활을 하는 가족도 증가할 것으로 기대된다. 그밖에 독신가족, 모자가족, 부자가족 등도 증가할 것이다.

제3의 물결의 저자 Alvin Toffler는 공업화 사회에서는 자본주의 사회이건 사회주의 사회이건 간에 핵가족의 출현이 있었고, 일본을 포함한 동양의 조상숭배와 다세대 가족들도 핵가족으로 분열된 것이 제2의 물결시대의 가족의 특성이었다고 설명했다. 그리하여 공업화사회에서 사는 젊은이에 있어서는 핵가족과 공장 스타일의 학교체계가 산업사회 내에서 개인의 역할을 감당하도록 준비시키기 위한 하나의 통합적인 단일체계를 형성했었다. 그렇지만 이미 시작된 제3의 물결시대에서는 핵가족이 표준가족으로써 보편화되어 있던 경향이 점차로 없어지고 가족의 형태와 기능이 다양해진다고 주장하였다(A.Toffler, 1980).

미래에는 반드시 결혼이나 혈육으로 이루어지지 않았더라도 심리적 사회적으로 그 구성원에 중요한 일차집단이 되어줄 수 있는 집단으로 구성된 가족도 많이 생겨날 것이며, 그 안에서 구성원들은 아이들에 대한 친근감과 정서적인 지지와 동반자와 역할모델이 되어줄 수가 있을 것이다. 그러나 이처럼 다원화된 가족들이 나타나게 될 때, 나타나는 문제도 많아질 것이다. 그 문제들이란,

① 부모가 자녀들에 대해서 역할모델이 되어줄 수 없을 때, 그 자녀들은 누구에게서 올바른 어른이 되는 길을 배울 것인가? 그들은 또래친구나 TV 및 기타 매스컴에 더 많이 의존할 것이다.

② 결혼을 했건 안했건 간에 자녀들에게 가족, 또는 부모로서의 적절한 역할과 기능수행에 혼동을 가져올 것이며, 많은 사람들이 소외감과 이탈감으로 인해서 전문가의 도움을 필요로하게 될 것이다.

③ 개인의 자유는 인공임신중절 수술의 자유를 가져다주고 시험관 아기의 생산은 독신자도 아기를 가질 수 있는 자유를 허용하게 되어 이에 대한 법적인 기반이 강화되어야 할 것이다.

이상으로 보아 가족치료에 대한 욕구는 증가할 것이며 클라이언트 집단들도 다양해질 것이

다. 종래의 전통적으로 내려오던 가족제도는 그대로 유지될 것이지만 가족형태의 변화와 가족생활주기의 변화로 인해서 가족치료자는 그 대상가족이 어떠한 기능을 어느 정도로 수행하고 있으며 그 가족을 돕기 위해서 어떠한 대내적 가족구성원의 도움이 필요한가를 검토해야 될 것이다.

제2절 현대 가족치료 이론의 경향

1. 가족치료의 발달과정

가족치료는 왜 오늘날 각광을 받게 되었고 어떻게 그 이론이 발전했으며, 다른 개별치료나 집단치료 또는 집단심리 치료방법과 어떻게 다른가? 그리고 앞으로 가족치료의 모델이 나가야 할 방향은 무엇인가? 여기에 대한 해답은 쉬운 일이 아니다. 왜냐하면 임상적 치료가 처음에는 개인을 중심으로 시작이 되었고, 이것이 점차로 집단과 가족, 지역사회로 발전되었기 때문이다. 이러한 경향의 시작은 치료자들이 개인을 대상으로 하는 1:1의 치료에 한계를 느끼고 가족의 중요성을 인식하면서부터일 것이다. 이것은 1969년에 미국에서 다니엘 모이니한이 복지에 대한 가족의 역할을 중요시한 가족정책을 주장했었다. 그는 복지로 인하여 가족구성원들이 서로에게 책임을 지는 일이 약화되어 가족구성체가 무너져 버리고 취약한 가족의 형태를 지속시키는 결과를 낳을 수 있다고 말했다(D. Moynihan, 1968, 3-29, 김한주 역, 114).

지난 수세기동안 사회적인 고통과 개인문제의 발생이 가족에서부터 비롯된다는 인식은 동서양을 막론하고 공통적인 것이었으나 개인의 정신병이나 정신병리적인 문제는 오랫동안 주술이나 종교, 신체적인 문제를 통해서 치료하려고 했었다. 20세기 초에 와서 Freud가 개인의 정신병적인 증상의 진전이 병리적인 가족에서 우러나온다는 것을 강조했지만 아직도 개인의 정신병리적인 치료는 1:1의 치료기술로만 고칠 수 있다고 믿었다. 그 후 1940년대에 와서야 Fromm과 Lizman이 정신병리적인 어머니를 가진 "취약한 아이"가 정신분열증을 불러일으킬 수 있다고 가정하기에 이르렀다. Litz 같은 정신분석가도 정신병리적 증상의 발전에 있어서 클라이언트 아버지의 역할이 중요하다는 것을 발견했었다(R. Litz, T. Lidz, 1949, in Glick & D.R. Kessler, 1980, 4). 그러나 그들은 가족이나 배우자를 동시에 만나서 합동치료를 한다는 것은 생각하지 못하였다.

그 후 정신과 의사들이 행하는 정신분석적인 치료의 장 이외에서는 결혼상담이나 목회상담, 기타 상담자들이 부부를 함께 면접하는 사례도 있었으나 그리 흔한 일은 아니었다. 1950년대에 들어서면서 Ackerman이 청소년을 치료하는 데 가족을 함께 만나는 치료방법을 사용하기 시작했고, Litz나 Bowen은 가족 내에서 일어나는 상호작용과 정신분열증의 관계를 연구했으며, Bateson과 그의 동료 그리고 Wynne과 그의 동료들은 정신분열증 환자의 가족내에 일어나는 의사소통의 유형을 집중적으로 연구하였다(Ackerman, 1966, Lidz, etal., 1958, Bowen, 1960, Wynne et al., 1958, in Ibid, 1980, 4-5).

1960년에 와서야 현대적인 가족치료 분야와 가족치료 기술이 뚜렷이 나타나기 시작했다. 그리고 많은 사람들이 이를 배우는 데 관심이 있었고, 이 기술을 사용하기를 원하였다. 그 증거로 캘리포니아주의 심리학자들이 실시한 조사에서 90%의 치료자들이 이전에는 개인치료를 시행했었는데 지금은 60%가 가족치료를 행하고 있고, 30%만이 집단치료를 행하고 있었다. 그 후 1970년대에 위기개입의 기술과 단기적 치료방법이 나타나면서 이 치료방법들이 가족의 문제해결에 이바지하기에 이르렀기 때문에 광범위한 정신과적 문제에 대한 가족치료의 적용은 더욱 활발해졌다.

현재 이미 다른 여러 가지 치료기술들이 많이 개발되어 사용되었으며 가족치료 기술은 비교적 새로운 분야라고 말할 수 있다. 그 이유는 이미 개인을 대상으로 한 정신치료와 집단심리치료나 정신의학적 치료기술이 먼저 발달되었기 때문이다. 그러나 오늘날과 같이 다양하고 다원화된 가족구조들이 존재하는 사회속에서는 가족으로 인한 스트레스와 문제들이 많이 일어나서 가족치료 기술의 발달은 필연적인 결과라고 말할 수가 있을 것이다. 한 조사에 의하면 정서적인 문제로 인해서 전문가의 도움을 구해야겠다고 마음먹는 사람들의 가장 큰 문제가 결혼관계였고 다음이 가족문제였다(Ibid., 5). 가족치료가 유행하기 시작한 과정은 1960년대 말에 Family Process라는 저널이 나온 이후 1979년에 미국가족치료협회(American Family Therapy Association)가 조직되었고, 이어서 국제적인 가족치료지(The International Journal of Family Therapy)가 발간되면서 더욱 박차를 가하기에 이르렀다.

그러면 가족치료자들이 현재 어느 분야에서 일하고 있으며 가족치료의 기술은 다른 심리치료나 집단치료와 어떻게 다른 것일까? 가족치료자들은 모든 사회복지 기관내에서 가족문제를 가지고 오는 클라이언트를 대상으로 일할 뿐만 아니라 정신과 병원, 개인상담소, 종교기관에서 가족치료, 부부치료, 가족사회사업, 가족상담이란 이름으로 가족치료를 행하고 있다.

최근에는 건강분야에서 가족치료의 효과를 높이 평가하기에 이르렀다. 우리나라에도 사람들이 건강에 대한 관심이 높아지면서 주거지역마다 헬스클럽이 우후죽순처럼 생겨났고, 사우나와 더불어 각종 운동클럽들이 특히 젊은층 인구집단을 끌어들이고 있다. 현 세대들은 자기성장에 관심이 있을 뿐만 아니라 보다 건강하고 아름다운 인생과 부부생활을 영위하기 위해서 예방 프로그램에 적극적으로 참여하고자 하는 의욕을 갖고 있기 때문이다. 미국에서는 결혼관계의 강화와 가족지지를 위한 집단들이 종교기관이나 기타 조직의 후원 아래 전국적으로 형성되었는데 부부치료자와·가족치료자들이 이러한 건강과 관련된 예방프로그램에서 지도적인 위치를 차지하고 있다(M. B. Thomas, 1992, 3).

그러면 부부치료와 가족치료가 건강분야에서 특히 어떤 문제들을 다루는 데 효과적인가? 문헌에 의하면 가족치료는 결혼관계에서 일어나는 갈등과 고통, 이혼에 대한 적응, 자녀들의 행동장애, 식욕감퇴, 식욕과다, 약물중독, 우울증, 정신분열증, 기타 역기능적인 행동에 특히 효과가 크다고 말하고있다(M. B. homas, 1992, 3).

이상과 같이 건강에 관계된 문제와 그에 효과가 크다고 알려진 가족치료의 유형은 다음 (도표1)과 같다.

(도표1) 질병 또는 문제와 효과적 가족치료

문제 또는 질병	효과적 치료
결혼의 고민	행동결혼치료,인지결혼치료,관계강화치료,정서적 중심의 결혼치료
이혼	중재
아동기 반사회적 행동과 행동질환	행동보호자훈련, 행동가족치료
아동기 정서적 행동적 문제	구조적 가족치료, 행동가족치료
아동기 경련	구조적 가족치료
식욕부진과 거식증	구조적 가족치료, 체계적 가족치료
아동과 성인의 정신신체병	구조적 가족치료
학교문제	가족치료
청소년비행	행동적-체계적 가족치료, 기능적 가족치료, 구조적 가족치료
약물중독	구조적 가족치료
배우자의 알콜중독	결혼과 가족치료
우울증	전략적 결혼치료, 입원환자가족 중재
정신분열	정신교육적 가족집단, 가족중심 경영, 입원환자가족 중재
다양한 성격질환	결혼/가족치료
성문제	행동적 성치료
가족충돌	단기 가족치료

* 자료 : M.B.Thomas,An Introduction to Marital and Family Therapy,N. Y., Merill,1992,14-15

2. 가족치료와 심리치료

다음으로 가족치료와 심리치료와의 차이점은 무엇인가에 관한 설명이 필요하다.

가족치료에서는 일차적으로 가족을 하나의 체계로써 간주하고 그 체계내의 어느 개인이 가족체계나 부부관계 또는 부모 자녀관계를 방해하는 상황을 치유하도록 계획되어진다. 그러므로 가족체계가 변화에 저항하는 상황을 다루는 데에는 가족치료가 특히 유용하다. 그러나 심리치료에 있어서는 개인이 스스로 보다 나은 생활을 영위할 수 있도록 치료계획이 세워진다. 개인이 또래집단과의 관계에서 적응하지 못하고 만족스러운 사회관계를 유지하지 못할 때에는 집단치료 방법을 사용한다.

가족치료모델과 개인치료모델의 차이는 가족모델이 개인의 성격발달과 문제증상의 형성과 치료의 성공을 가족기능의 결과로 보는 반면, 개인의 심리치료모델은 주로 개인의 역동적이고 심층심리적인 자아기능의 결과로 보는 것이다(Glick & Kessler, 1980, 10).

가족치료는 개인의 정신역동 치료에서처럼 기술적인 용어, 예를 들어 '감정전이'와 같은 수식적이고 학술적인 용어를 흔하게 사용하지 않는다. 왜냐하면 이러한 용어를 사용하다가는 치료상황에서 그 말의 진정한 의미가 왜곡되기 쉽기 때문이다. 개인의 정신역동 치료방법을 훈련받은 치료자는 '감정전이'가 가족내에도 존재하며 이것을 가족치료에 이용할 수 있다고 말한다. 그렇지만 가족치료에서는 '감정전이'란 말 대신 '연합', '관계' 또는 '의사소통의 일치성'이라는 말을 더 많이 사용한다.

1930년대에 Sullivan과 Horney는 개인의 문제가 그의 심층심리에서 비롯되기 보다는 대인관계에서 비롯된다는 믿음을 갖게되었다. 가족치료는 넓은 의미에서 가족 내의 의사소통의 유형을 이해하고 이를 변화시키려고 노력한다. 개인의 심층심리적인 변화가 먼저인가 또는 성공적인 가족치료의 결과로 개인의 성격구조가 변화되는가에 대해서 아직도 논란의 여지가 많다. 가족치료는 분명히 가족 내에서 일어나는 상호작용의 유형과 가족의 구조와 기능을 변화시키는 것이지 개인의 성격구조를 변화시키는 것이 목적이 아니다. 따라서 가족의 변화로 인해서 개인의 성격이 변화하는 것은 별문제인 것이다.

그러면 오늘날과 같은 다원화된 가족의 형태와 가족의 기능에 가족치료자는 어떻게 대처해야 하는가? 가족치료자는 전통적인 가족치료기술 이외에도 새롭게 등장하는 가족에 알맞는 모델을 개발해야 하는 동시에 끊임없는 연구와 실천이 필요할 것이다. 예를 들면 모자가족이라도 그의 환경적인 지지망이 튼튼할 때 얼마든지 건전한 가족생활을 영위할 수가 있다는 것을 잊지말아야 할 것이다. 다음은 가족치료와 다른 심리사회적인 치료를 비교해 놓은 것이다.

(도표2) 가족치료와 기타 심리사회적 치료와의 비교

유 형	목 표	초 점	치료자역할	주요문제	참여자	치료시간과 빈도	전체치료 기간
가족치료	증진된 가족의 기능	가족 의사소통연합과 역할	적극적, / 참여관찰	결혼문제, / 부모자녀문제	가족단위, 1-2명의 치료자	1.5시간씩 9주	6개월-2년
개인심리치료(정신분석)	성격의 재구조	과거의 무의식 감정전이	수동적, / 비지시적	무의식	클라이언트 1, 치료자1	1시간씩 50주	2-5년
정신분석 지향의 정신치료	성격의 수정	현재방어기제 모방	적극적, / 참여관찰	방어의 부적응양식	클라이언트 1, 치료자1	1시간씩 1-2주	6개월-2년
단기 정신치료	증상제거	기능의 회복	지시적, / 권위적	관계의 심한 스트레스, 붕괴	클라이언트 1, 치료자1	1시간씩 1주	1-10주
집단 정신치료	사회적 기능증진	집단참여와 피드백	다양	부족한 또래그룹관계	클라이언트 6-8, 치료자 1 -2	1.5시간씩 1주	6개월-2년
Milieu 치료	중요 사회적 행동의 수정	적절한 사회적 경험	적극적, / 참여관찰	병원의 사회적 환경	10-30 클라이언트 10-30 staff	합숙(전업 또는 부분)	3개월-2년

자료 : I.D.Glick & D.R.kessler,marital and Family Therapy(2nd),Grune & Stratton,1980,8-9

제3절 가족치료의 모델

1. 가족치료 모델의 분류

우리는 위에서 가족치료와 기타 정신분석이나 심리사회적 치료의 근본적인 차이를 설명했고, 현대의 가족치료자는 사회변동과 가족의 변동에 따라서 새로운 모델을 계속 개발해야 한다고 했다. 여기에서는 가족치료모델이 과거에는 어떻게 분류가 되었었고 현재에는 어떻게 분류되어야 하는가에 관해서 검토해 보기로 한다.

가족치료의 역사가 오래지 않은 만큼 여기에서는 Levant이 분류한 Haley의 풍자만화모델(1962)과 GAP모델(1965-66), Beels과 Ferber의 반이론적 모델(1969), Foley의 종합모델(1974), Guerin의 세계관적인 모델(1977) 및 최근에 개발된 역사모델과 구조모델, 그리고 행동모델(실험가능한)을 소개하고자 한다.

1) Haley의 풍자만화모델

Haley는 처음 약한 증상을 지닌 아동 클라이언트의 가족에 관심을 두고 세개의 학파를 설명했는데, 그 첫째가 John Elderkin Bell이 개발한 가족치료의 품위학파(The dignified School of Family Therapy)로 치료자는 가족갈등 내에 아무에게도 편을 들지 않는다. 두번째는 Nathan W. Ackerman이 개발한 가족진단의 정신역동학파로 치료자는 각각의 가족구성원을 각각 다른 때에 편을 들어 그들을 여러 방향으로 끌어내어 때로 치료실에서 도망나가기를 바라기까지 이끈다. 세번째는 Charles Fulweiler가 시도한 녹음장치를 해놓고 가족구성원으로 하여금 서로 대결하게 내버려두어 이를 관찰실에서 관찰만 하는 방법이 있다. Haley는 그 후 정신분열증 클라이언트로 인해서 크게 혼란스런 가족에 대해서 두가지의 학파를 설명했다. 그 하나는 대모학파(The Great Mother School)로 이는 Virginia Satir가 시도했던 치료방법으로 치료자가 모든 가족구성원에 대해서 사랑을 나타내고 보다 다정하고 친근한 분위기를 조성하려고 시도하는 일이었다. 두번째 학파는 스톤월학파(The Stonewall School)로 이는 Don D. Jackson이 시작한 것으로 가족구성원의 머리를 혼들게 만드는 방법이었다. 즉 치료자는 가족구성원에게 그들의 행위가 절대적으로 옳거나 그르다고 주장한다. 다시 말해서 사랑은 미움이고 비판은 칭찬이라고 하고 가출은 집에 머무는 일이다라고 반대로 주장한다. 그리하여 구성원들로 하여금 이를 바로잡게 만들어주는 방법이다.

끝으로 Haley는 네 가지의 다음과 같은 학파를 설명했다.

① Eyebrows학파(R. D. Laing) : 두 사람의 치료자가 가족을 공격하는 일

② 형제애학파(Brotherly Love School) : 이는 필라델피아에 있는 정신치료소에서 일하는 Friedman과 그의 동료들의 시도로써 두 사람의 치료자가 가족을 그들 집에서 만나 그 가족이 각각 자기 일을 하도록 하면서 가족의 생활양식을 받아들이려고 하는 일이다.

③ Total Push with Tall Country학파 : 이는 McGregor와 그의 동료들이 Texas에서 개발

한 복수적 감화치료 프로그램(Multiple impact therapy)으로 가족구성원 모두가 개인적으로 또는 소집단 토의를 통해서 집중적인 치료과정을 경험하도록 만든다.

④ Whole Damn Maelstrom학파 : 이는 Murray와 Bowen이 미국정신건강연구소에서 개발한 것으로 정신분열증 클라이언트 뿐만 아니라 그의 가족 전부를 병원에 입원시켜 치료해주는 방법이다.

Haley의 이론을 정리하면 다음 (표3)과 같다.

(표3) Haley의 이론

1. 약한증상 가족	2. 보다 심한 증상 가족	3. 복합문제 가족
1) The Dignified School (John Elderkin Bell)	Great Mother School (V. Satir)	Eyebrows School (R.D. Laing)
2) Dynamic Psycho-dynamic School of Family Diagnosis (N. Ackerman)	The Stonewall School (D.D. Jackson)	Brotherly Love School (Friedman 외)
3) Chuck It and Run School (Charles Fulweiler)		Total Push in the Tall Country School (McGregor 외)
		Hospitalize the Whole Damn Maelstrom School (M. Bowen)

2) GAP모델(Group for the Advancement of psychiatry)

GAP모델은 GAP위원회가 1965년부터 1966년에 걸쳐 조사한 것을 보고서로 낸 것인데, 그 보고서에서 세가지의 이론적인 입장을 확인하고 있다. 하나는 "A위치", 두번째는 "Z위치", 세번째는 "M위치"이다. "A"위치는 개인에 초점을 맞추어 그로 하여금 가족의 스트레스 요인에 대처하도록 돕는 방법으로 흔히 과거사, 정신과적인 진단, 감정의 표현, 통찰력의 개발 등을 중심으로 다룬다. "Z"유형은 가족을 하나의 체계로 보고 개인의 증상을 그 가족체계의 역기능적인 현상으로 보아 치료자는 과거보다는 현재 가족의 상호작용 속에서 불유쾌한 감정을 만들어내는 관계를 해결하려고 노력한다. 끝으로 "M"위치는 이상의 A위치와 Z위치의 중간에 위치한 치료자로서 정신역동과 가족체계 두개의 개념을 통합한 개념이다. 그러나 이 두개의 개념들 즉 정신역동의 이론과 가족체계이론을 통합해서 하나의 종합적인 이론을 만들어 낸다는 일은 아직도 요원한 것 같다. 앞으로 이 양대 접근방법에 대한 이념적인 투쟁이 나타날 것이다. 그러나 이미 어느 치료자는 정신역동을 더 좋아하고 또 다른 치료자는 가족체계이론을 더 좋아하고 있어 이러한 경향은 계속될 것이다.

3) Beels과 Ferber의 반이론적 견해

Beels과 Ferber(1969)는 가족치료자들을 분류하는데 치료자의 성격유형 특히 지배적인 국면에 관심을 기울였다. 이들은 치료상황에서 "지휘자"와 "반응자"로 구별을 했다. 즉, 지휘자적인 성격은 지배적이고 지도력이 있어 청중을 사로잡는데 비해서, 반응자의 성격은 그렇지 못하고 대중적인 성격이 아니라는 것이다. 그래서 치료자의 이러한 성격에 따라서 치료받는 사람이 치료자로부터 큰 영향을 받는다는 것이다. 지휘자적 성격과 반응자적 성격은 치료자의 카리스마의 정도에 기인한다. 그래서 지휘자에 속하는 치료자와 반응자에 속하는 치료자들을 분류했는데 지휘자에 속하는 치료자들은 Ackerman과 Satir, Bowen과 Minuchin, McGregor, Paul과 Bell등이 이에 속하고, 반응자의 그룹에는 Wynne과 그의 집단, Nagy, Framo와 그의 동료, Whitaker, Jackson, Haley, Zuk와 같은 사람들이라고 말하고 있다(Levant,1984,76).

(표4) 가족치료 이론의 경향

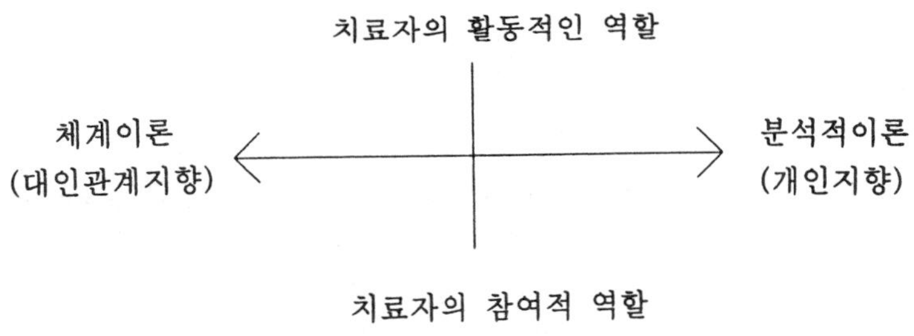

* 자료출처 : Foley가 치료자를 분류한 양극면적 모델(Foley,1974,in Levant, 1984, 77에서 재인용)

4) Foley의 통합론

Foley(1974)는 당시의 5명의 지도적 위치에 있던 가족치료자들을 비교해서 양극적인 모델로 만들었는데 이는 위의 (표4)와 같다.

위의 표에서 Foley는 가족치료이론의 경향을 체계이론과 개인의 분석이론으로 구분하고 거기에 따르는 치료자의 역할을 그렸는데, 누가 어느 국면에 속하고 있고 현재의 경향은 어느 편인가에 관한 설명은 하지 않았고 또한 이론을 지나치게 단순화시킨 감이 없지 않다고 여겨진다.

5) Guerin(1976)의 GAP모델의 재고

Guerin은 가족치료 학파를 포괄적으로 검토하고 그들의 이론의 체계를 분류하려고 노력했으며, 그 분류의 기점은 기존의 GAP모델을 사용했다. 그는 치료자들을 2개의 기본 집단으로 나누었다. 즉 정신역동적인 집단과 체계집단이었다. 그리고 이 두 집단 내에서 행하는 다양한 접근방법을 분류했다. 그 내용은 다음과 같다.

(도표3) Guerin의 분류법

개인정신역동적 가족치료자	가족체계 치료집단
Belll, J. E　가족집단치료	Haley, Watzlawick　의사소통・체계집단가족치료
Wynne, L. & Beels, C.　정신역동적집단치료	Weadland　의사소통・체계집단가족치료
Ferber, A.　경험적 하위집단	Minuchin　구조적 가족치료
Whitaker, C.　경험적 하위집단	Bowen　Bowen의 이론
Ackerman, N.　Ackerman 타입	Scheflen　일반체계적 가족치료
Zwerling, I.　Ackerman 타입	

6) Ritterman의 세계관적 모델

Ritterman은 가족치료 이론을 철학적인 세계관에 따라서 분류하려고 시도했다. 그는 의사소통학파와 구조주의학파를 검토했는데, 의사소통학파는 뉴톤과 갈릴레이식 세계관으로 환원적이고 기계적인 세계관이며, 구조주의학파는 절충적이고 유기적인 세계관을 가지고 있다고 말했다(Levant, 1984, 79). 한편, Levant (1980)은 Ritterman의 모델에 보다 더 광범위한 가족치료 이론들을 포함시키려고 시도했으나 별로 성과를 거두지 못했다.

2. 가족치료 이론의 새로운 분류

GAP 보고서가 1970년에 나온지 15년이 지난 후 가족치료 이론은 계속적인 연구와 이론의 정립과정을 거쳐 드디어 세개의 학파로 분류되기에 이르렀다. 이는 먼저 번에 연구되었던 것처럼 미리 개념적인 틀을 정해놓고 거기에 끼어 맞추려고 노력했던 것과는 달리 풍부한 자료와 경험을 바탕으로 귀납적인 분석방법을 사용해서 어떤 결론에 도달하려는 시도였다. 결과적으로 나타난 치료모델은 ① 역사적인 분석모델, ② 구조적 과정적 모델, ③ 실험적인 모델이었다. 이 세 가지의 이론적 모델을 다시 다섯 가지의 기본적 특성으로 분류해서 나누었다. 그 다섯 가지의 특성을 나타내는 지표들은 다음과 같다.

1) 시간에 관계된 변수
2) 치료의 핵심
3) 치료자의 역할
4) 치료기관

5) 기본적인 이론적 배경

이상의 분류법을 도표로 표시하면 다음 도표4와 같다.

(도표4) 가족치료 학파의 새로운 분류체계

	역사적모델	구조/과정모델	경험모델
시간	몇세대를 거친 가족의 과거역사	최근의 일을 포함한 현재 (예:제시된 문제의 역사)	가장 가까운 시기내 현재. 여기,지금과 같은 현실
치료변화의 초점	상위세대에 대한 애착에서 개인을 해방시킨다	가족의 구조나 기능을 변화시키는 사회조직	가족구성원에 대한 감정의 경험
치료자의 역할	최소의 활동-가족으로부터 개인을 분리시켜 그가 가진 애착을 해석해 주거나 다른 방도를 코치해준다	적극적-지시적-유형의 변화,치료중에 행동에 대한 처방을 제공	적극적만남-진실한 참여,가족경험의 반영
치료기간	장기간	단기간	간헐적
근본적인 이론적 배경	정신분석	체계이론 학습이론	실존이론 상황이론
대표적인 가족치료학파	정신역동 (Ackerman, Framo, 기타) 세대간-조직 (Boszormenyi-Nagy)	의사소통체계 (Jackson 외), 문제해결(Haley), 단기이론(Watzlawick 외), 구조이론(Minuchin), 역설이론(Palazzoli), 삼각이론(Zuk), 문제중심체계(Epstein 외), 통합적이론(Duhls), 전략적이론(Rabkin 외), 구조-전략적이론(Stanton, Andolfi),행동이론(Patterson 외), 기능이론(Alexander)	형태이론(Kempler 외), 실험적(Whitaker 외), 클라이언트중심(Van der Veen, Levant), 인도주의적인 의사소통(Satir), 상징적 상호작용(Hurvitz), 합리적-감정적(Ellis), 관계분석(O'Connor)

* 자료 : R.F.Levant,Family Therapy,N.J.:Prentice Hall,1984

1) 역사적 모델

먼저 역사적인 모델에서는 가족내의 개인이 지니고 있는 윗세대에 대한 지나친 애착이 다음 세대에까지 전달된 것이라는 정신역동의 체계에 특별한 관심을 기울인다. 그러한 애착의 원인을 노출시키고 통찰력을 키워 부적절한 애착을 서서히 포기하도록 만든다. 치료는 개인에 대한 정신분석 지향적인 치료와 비슷하다. 그렇지만 정신분석적 치료에서 더 발전하여 정신역동적인 면에서 대상관계 이론에 중점을 둔다. 자기애적인 관계, 자기애적인 두사람간의 관계 등이 흔히 사용되며 가족구성원들의 이러한 왜곡된 관계를 개선해주는 것이 목적이다. 즉 그가 과거에 가졌던 그릇된 대상관계가 내면화되어 현재의 가족관계에서 그릇된 관계를 가져온다고 보고 이를 발견해서 치료해주는 것이다.

2) 구조적·과정적 모델

구조적 과정적 치료모델은 가족을 하나의 체계로 보고 체계 자체가 개인에게 어떤 역기능적 증상을 낳거나 증상을 유지시켜준다고 진단될 때, 체계를 재정리해 줌으로써 역기능적인 증상을 제거해주는 치료방법이다.

구조적 과정모델은 본래 미국의 서부에 설립된 정신연구소(Mental Research Institute)에서 정신분열증 클라이언트의 가족을 중심으로 그 가족내의 의사소통 관계를 연구하는 Bateson의 연구 프로젝트에서 발달된 것이며 당시 Jackson의 지도하에 Satir, Haley, Weakland와 Watzlzwick 등에 의해서 개발되었다(Levant, 1984, 83). 그 후 의사소통체계 가족치료가 더 개발되어 구조적 과정적 모델은 단기 문제중심치료(Watzawick, Weakland, Bodin, Fisch)와 문제해결적 치료(Haley)와 구조적 가족치료(필라델피아 아동임상 진료소에서 활동한 Minuchin과 그의 동료들)가 포함이 되었고, 또한 Milan, Italy Group(Mara Selvini Palazzoli와 그의 동료들)과 Zuk의 삼각적 치료, 몬트리얼 대학교의 Epstein과 그의 동료들의 문제중심 체계적 치료, 보스톤의 Duhls에 의한 통합적 치료 등이 포함되었다. 그 후 최근에 나타난 행동주의적인 가족치료(Patterson, Stuart 및 기타)와 절충적인 구조적-전략적 치료 그리고 구조적, 전략적, 행동적인 절충적 접근방법(Rabkin, Alexznder)등으로 이어나갔다.

구조적 과정적 모델은 가족의 구조가 동일감, 대상관계, 결탁(Collision), 연합(Alliances) 및 역할관계에서 나타나며 이러한 구조들이 어떻게 형성되었나를 중요시한다. 가족구조 내에서 각 구성원은 각자가 해결해야 할 과제들 즉 믿음과 자기존중, 가지통제와 친근감 등이 발달되는데 이것은 각자가 역할의 설립과 수행을 함으로써 발달한다. 그릇된 가족구조는 역할수행의 빈곤에서 나오며 구성원의 행동상의 문제 증상 및 발달의 지연 등을 가져온다는 것이다. 따라서 치료자는 가족체계의 역기능적인 요인들을 진단해서 이를 완화시키기 위해 개입한다.

3) 경험적 모델

경험적 가족치료모델은 형태심리학과 경험주의 및 클라이언트 중심의 가족치료 학파와 Satir의 인도주의-의사소통 접근방법을 포함한다. 현재 시도되고 있는 새로운 접근방법으로는 Hurvitz의 상징적 상호작용, Ellis의 합리적-감정적 접근방법과 O'Connor의 관계분석적 접근방법이 있다. 가장 잘 알려진 형태적 가족치료의 실천가이자 이론가는 남가주에서 연구소를 운영하며 한때 Friz Perls의 동료였던 Kempler일 것이다. 최근에는 Hatcher와 Kaplans, Ranbin 같은 사람들도 이 대열에 끼고 있다.

경험적 가족치료의 방법은 본래 Whitaker와 그의 동료들에 의해서 아트란타에 있는 에모리대학교에서 개발되었는데 1965년 이후에는 위스콘신대학 의과대학에서 이어졌다. 경험적 가족치료의 접근방법은 가장 반이론적이며 특히 심리역동적인 이론을 반대한다. 이 학파는 대부분이 고도로 발달된 직관적인 형태의 치료이며 어디까지나 실천가들은 우편뇌반구열광자(right-hemisphere craziness)라고 이름짓는 파에 속한다. Warkentin, Malone, Napier, Felder, Keith 등도 이 학파에 속하고 있다(Levant, 1984, 84).

4) 가족생활주기를 이용한 가족치료

가족의 생활주기를 이용한 가족치료의 방법은 1973년 Haley와 Solomon의 문헌에 처음 사용이 되었다. Haley는 그의 "Uncommon Therapy"라는 책에서 Milton Erickson이 사용한 훌륭한 정신과적인 치료기술을 제시하고 그것을 가족생활주기의 단계를 중심으로 하여 개념적으로 조직화시켰다. Haley는 가족생활주기를 여섯 단계로 나누었고 한 단계에서 다음 단계로 넘어가는 과정이 가족의 스트레스가 가장 높은 시기라고 믿었다. 그래서 가족생활주기가 다음 단계로 넘어가는 과정에서 방해를 받거나 정상패도에서 탈선하여 다음 단계로 넘어가는데 어려움을 겪거나 진행이 중지되었을 때, 가족구성원 중의 한사람이 문제증상을 일으킬 가능성이 가장 많다는 것이다. 따라서 그들의 가족생활주기를 다시 진행하게 하는 방향으로 치료적인 노력을 기울여 그 가족이 정상적인 발달단계를 계속할 수 있도록 해야된다는 것이다(E. Carter & M. McGoldrick, 1980, 8).

Solomon은 "가족치료에 대한 발전적, 개념적인 명제(A Developmental, Conceptual Premise for Family Therapy)"라는 논문에서 Duvall이 사용한 인생주기의 8단계를 다섯 단계로 나누고 각각의 발전단계와 과제가 모든 가족에게 적용되기 때문에 이를 가족진단의 기본으로 사용할 수 있으며, 거기에서 치료계획이 발전될 수 있다고 주장한다(Ibid., 8).

따라서 가족치료자들은 가족생활이 한 단계에서 다음 단계로 옮겨가는 과정이 자동적으로 넘어가는 것이 아니라고 본다. 왜냐하면 가족의 감정적인 측면은 다음 단계로 넘어가는 것을 촉진하지 않는다고 보기 때문이다. 그러므로 가족생활주기는 가족진단과 치료적인 준거틀을 세우는데 하나의 강력한 파라다임이 되는 것이다. 그러면 가족생활주기에는 어떠한 단계들이 있는가? 이에 대해서는 Carter와 McGoldrick이 연구한 가족생활주기의 단계를 도표로 표시한 것이 있다. 그것은 다음 (도표5)와 같다.

5) 미래의 가족치료의 방향

그러면 미래의 가족치료에는 어떠한 이론들이 가장 유용하게 적용될 것인가? 이제까지 설명된 가족치료 이론들이 계속 적용되겠지만 특히 사회학습이론 또는 행동치료와 일반 체계이론들이 더욱더 인기있는 치료법으로써 사용될 것이며 개인지향적인 치료보다는 가족을 단위로 한 치료가 이루어질 것이다. Olson과 Sprenkle은 Roger식의 클라이언트 중심의 치료방법을 반대하고 있다(Olson and Sprenkle, 1976, 1979, in Hansen, J.C. & L'Abate, L., 1982, 307).

일반체계이론은 그동안 사회사업계 뿐만 아니라, 모든 사회과학분야에서 적용되어 왔다. 그러나 이 체계이론에 대한 한계가 연구되면서 근래에는 힘의 이론의 적용이 증가하고 있는 실정이다. 체계이론은 일단 체계가 형성되면 그 자체가 생명력을 지니고 있기 때문에 좀체로 변화하려고 하지 않는 특성을 가지고 있다고 설명한다. 체계는 말하자면 오뚜기와 같은 성질을 지니고있다. 그리하여 가족체계의 유형도 그것이 정상이건 비정상이건 간에 일단 형성되면 계속 그러한 유형을 유지하려고 한다. 치료자들은 가족체계 속의 내부체계로 파고들어 내부구조를 변화시키려 한다. 또한 체계적 접근방법은 그 체계를 구성하는 요인들이 복잡하게 얽혀있기 때문에 모든 변수들을 측정한다는 것이 불가능해진다. 그러나, 가족치료 분야에서 연구와 조사는 입력과 과정과 산출이라는 측면에서 계속되어야 할 것이다. 연구의 방향으로는 평가조사, 자기관찰을 시도한 보고와 객관적인 관찰에 의한 연구 및 절충적인 치료방법에 관한 연구, 다원화된 치료방법 등이 개발될 것이며 장기간의 치료보다는 명백한 계약하에 이루어지는 단기치료가 유행할 것이다. 예를 들어 구조화된 사회적 기술훈련 프로그램, 자기주장훈련, 의사소통훈련, 만남의 훈련, 공평한 싸움, 문제해결 접근방법, 성에 관한 치료 등이 더욱 활성화될 것으로 기대된다.

21세기에는 가족형태의 변화와 가족기능의 변화, 가족생활주기의 변화, 가족생활 스타일의 변화 등으로 인해서 가족치료의 대상도 전통적인 핵가족만을 대상으로 하지 않으며 다양한 유형의 가족이 치료대상이 될 것이다. 이미 시작된 부자 또는 모자가족, 재혼가족, 동거가족, 맞벌이부부가족, 별거가족, 확대가족 등 현대의 다원화된 가족들에 대한 적절한 치료방법들이 개발되어야 할 것이다.

최근에는 그동안 가족치료 분야에서 무시되어 왔었던 부부간 또는 남녀간의 성차별을 중심으로 힘의 균형을 초점으로 치료하는 방법이 관심을 받고 있으며 이것은 여권론자들 뿐만 아니라 성역할의 개념이 변화되는 데에 따르는 힘의 분배와 균형을 위한 치료방법의 개발과 더불어 일반화될 것으로 기대된다.

(도표5) 가족생활주기의 단계들

가족생활주기의 단 계	감정적인 과정의 이행 : 주 요 원 칙	가족이 발전하는 과정에서 요구되는 가족의 위치내에 나타나는 이차적인 변화
1. 중간 가족 상호 구속되지 않은 청년기의 단계	부모를 수용 자녀들의 분리	가. 혈연가족과의 관계에서 자신을 분화시킨다. 나. 또래친구들과 친근한 관계의 발전 다. 일터에서 자신을 설립
2. 결혼을 통한 가족의 합치 : 신혼부부 단계	새로운 가족체계에 대한 의무 수행	가. 결혼체계의 형성 나. 시가와 친가가족 및 기타 친척들과 친구들이 배우자를 받아들이는 가족관계의 재단결
3. 자녀가 생긴 가족단계	가족체계 내에 새 구성원을 수용	가. 결혼체계 내에 자녀가 들어설 자리를 마련하도록 적응한다. 나. 부모로서의 역할수행 다. 부모가 되는 것과 조부모의 역할을 포함하는 확대가족 관계의 재단결
4. 사춘기 자녀를 둔 가족의 단계	자녀들의 독립성을 인정해주기 위해 가족 경계의 융통성을 증가시킴	가. 청소년들이 가족체계의 안과 밖을 드나드는 것을 허용하기 위해서 부모자녀 관계를 변화시킴 나. 중년기의 결혼과 직업문제에 중심을 둔다. 다. 차츰 노년세대에 처한 사람들에게 관심이 쏠리기 시작함.
5. 자녀들이 집을 떠나는 단계	자녀들이 가족체계에서 자유로이 나가고 들어오는 것을 수용함	가. 둘만의 관계가 되는 결혼체계의 재타협 나. 성장한 자녀와 부모 사이에 성인 대 성인 관계의 발전 다. 며누리, 사위 및 손자녀를 포함한 가족관계의 재단결 라. 부모 또는 조부모의 사망이나 신체장애에 대한 대처
6. 노년기의 가족단계	세대에 합당한 역할로 변화하는 것을 수용	가. 신체적, 생리적인 변화에 당면해서 자신 또는 부부의 기능과 관심을 유지시킴. 나. 새로운 가족관계 또는 사회적인 역할을 탐색함 다. 중년세대에게 보다 중요한 역할을 감당하도록 지지 라. 노인의 지혜와 경험을 이용할 수 있도록 가족체계 내에 자리를 만들어준다. 노인들에게 지나친 간섭을 않고 그들을 지지해주는 일 마. 배우자와 형제들, 기타 친구들의 사망에 적응. 그리고 자신의 죽음을 준비

* 자료 : Carter, E., McGoldrick, M., The Family Life Cycle. Gardner Press, Inc., New York, 1980, 17.

제4절 한국의 가족치료의 경향

한국 사회사업분야에서 가족치료라는 말이 공식적으로 몇몇 학자들에 의해서 거론되기 시작하고 이 분야에 관심을 두고 연구하기 시작한 것은 1977년 김만두에 의해서 Virginia Satir 저 가족치료의 이론과 기술이 번역되고, 이어서 1981년에 김수지와 김정인에 의해서 V. Satir의 저서가 가족정신건강이라는 이름으로 번역되면서부터이다(엄예선, 1994, 14). 그리고 1979년 이화여자대학교 사회사업학과 대학원에서 가족치료 과목이 개설된 것이 가족치료 교육의 시초라고 볼 수가 있다. 그 후 가족치료 연구에 대한 획기적인 계기는 1984년 3월 이화여자대학교 부설 사회복지관에서 이명홍을 중심으로 몇몇 교수와 대학원생들을 중심으로 형성된 가족치료 연구회였다. 당시까지만 해도 한국에서 가족치료에 관심이 있는 학자들은 주로 개별사회사업이나 집단사회사업 등을 가르치고 있는 교수들과 임상사회사업을 전공하는 대학원생들이었다. 이와 때를 같이해서 정신과에서도 1980년대에 들어서면서 가족치료에 관심을 두기 시작했다. 당시의 가족치료 이론들은 사회사업학이 미국에서 교육받은 학자들에 의해서 처음 도입되었던 것처럼 미국의 이론들을 중심으로 이루어졌지만, 사례는 한국 사례를 사용해서 거기에 이론을 적용시키는 사례조사의 형태로 이루어졌다. 이 모임이야말로 한국에 가족치료 방법을 도입하고, 정착시키고, 발전시키는 데 개척자의 역할을 했다고 본다. 그 후 이 가족치료 연구회는 1988년 10월에 가족치료학회의 발족으로 이어져 오늘에 이르게 된 것이다.

그러면 한국에서 오늘의 가족치료학회 회원은 누구이며, 어떤 방향으로 가고있으며, 미국의 가족치료학회(American Family Therapy Academy)와 어떻게 다른가 하는 것을 설명할 필요가 있다.

보통 '치료'라는 말의 의미는 사전에 보면 "병을 치료하고 치유하는 의료행위의 분과"라고 되어있다(Webster's Dictionary, 1964, 1511). 그래서 가족치료자라 함은 가족의 병을 치료해주는 전문가라는 뜻이 된다. 미국에서는 가족치료를 시작한지 거의 반세기가 지났지만 아직도 가족치료가 독자적인 전문직인가 아니면 정신건강 전문인들이 사용하는 하나의 세부전공분야인가를 놓고 논란을 벌이고 있는데(엄예선,1994,), 한국에서 가족치료가 도입된지 10여년 밖에 되지 않은 상태에서 이러한 문제를 논할 여지가 없을 것 같다.

한국에서 그동안에 전통적으로 밟아오던 학회 생성의 과정을 살펴볼 때, 하나의 학회가 탄생하려면 먼저 학문적인 훈련의 장이 되는 대학에서 전문분야가 뚜렷이 있어야 하고, 그에 따르는 학회가 탄생해야 되고 훈련된 인력을 내보낼 시장이 있어야 한다. 또한 하나의 직업이 전문직으로 인정받으려면 그에 따르는 전문직의 특성이 있어야 할 것이다(Epstein, Irwin, 1970, Greenwood, Earnest, 1957, Meyer, Henry J., 1966, Gilbert Neil, Specht, Harry, 1976, Bucher Rue, Strauss Anslem, 1965, Encyclopedia of Social Work, 1965,김덕준 외, 1970, 정진영, 1977).

한국에서는 이에 대한 뚜렷한 한계가 없고, 어떤 배경을 가진 사람들이 어떤 전문직을 가져야 하는가에 대한 경계가 희박한 것 같다. 1984년에 가족치료연구회가 모였을 때, 그당시

회원으로 사회사업 이외에 가정학, 교육학, 아동복지학 등등의 배경을 갖고 있으면서 가족치료에 관심이 있는 사람들을 받아들이는 오픈 멤버쉽제도를 사용했었다. 그 동기의 밑바닥에는 아마도 가족치료는 하나의 치료기법이며, 그것이 사회사업 서비스의 차원에서만 다루어지지 않아도 괜찮다는 생각들이 있었을지도 모른다. 그러나 당시에 다루어지는 사례들은 현장에서 특히 정신과에서 사회사업을 실천하고 있는 사회사업가가 수집한 사례들이었다. 그러면 왜 '치료자'라는 말이 한국에서는 매력적인 언어로 여겨질까?

미국에서 1960년대에 정신건강센터 설립을 위한 준비 위원회 임원들의 배경은 정신과 의사, 심리학자, 사회사업가와 교육자 및 다른 전문직들이 포함되어 있었는데 거기에 목회자는 포함되지 않았다. 그 이유는 종교와 정신건강은 별개의 영역으로 여겨 목회자는 치료팀에 참여할 수가 없다는 것이었다(박종삼, 1992, 69). 그러나 엄밀히 말해서, '치료'와 '상담','목회상담'은 엄연히 그 사용하는 모델이 다르다. '치료'라는 말은 어디까지나 '의료모델' 또는 'Disease model'을 적용하는 것이고, '상담'이란 하나의 돕는 과정(Helping Process)으로 주로 '조언을 주는 것', '고민, 생각 등에 관한 의견을 교환하는 것', '비밀보장을 해주는 것'이라는 의미가 더 깊다(Webster's Dictionary, 1964, 336). 그러나 사회사업에서는 엄격하게 사회사업의 철학을 적용해 클라이언트를 책임지고, 그가 겪고있는 사회심리적인 문제를 해결하도록 도와주고, 치유해주는 데 다양한 기법을 사용하고 있다. 사회사업이 1960년대까지는 사례에 대해서 'Diagnosis', 'Treatment'란 말을 많이 사용했었다. 그러다가 1960년에 Szatz(1960)의 논문이 발표되고 현대의 정신병이 신체적으로 상한 부분을 고치는 의료적인 문제가 아니라, 그의 생활상의 문제로 인해서 나오는 것이라는 인식이 강하게 작용하기 시작하면서 사회사업에서 사용되는 언어도 'Assessment', 'Evaluation'과 같은 언어로 변화되기에 이르렀다. 그렇지만 정신의학계에서는 정신치료(Psychotherapy)에서 치료자(Therapist)와 환자라는 말을 당연히 사용하고 있다. 가족치료라는 말도 정신과 의사들의 의료행위 가운데 하나의 기법으로 여겨 의사들이 가족치료를 사용하기 시작한 것이다. 그리고 지금까지 내려오는 대부분의 가족치료에 관한 기법과 문헌은 대부분이 미국의 정신과 의사들에 의해서 사용되었고, 특히 기존의 정신분석적 치료에 반대하는 정신과 의사들에 의해 발전되어 오늘에 이르고있다(엄예선, 1994, 77).

그런데 정신과 의사들이 클라이언트를 진단하고 치료하려면 심리학자와 사회사업가의 도움없이는 아무것도 할 수가 없게되어 있다. 즉 사회사업가가 클라이언트의 가족사항과 가족환경 등을 조사해서 Case study, Social study를 한 자료를 제공해야 하고, 심리학자는 심리학자대로 자기 영역에 속한 심리검사와 거기에 필요한 소견표를 제출한다. 따라서 한 클라이언트를 진단할 때, 의사와 사회사업가와 심리학자가 한 팀이 되어 진단에 필요한 자료를 놓고 의견을 교환하여 합동으로 진단을 하게된다. 그러므로 클라이언트의 정신 사회적 진단은 엄밀히 말해서 정신과 의사만의 영역은 아닌 것이다. 미국에서 1960년대에 전국적으로 설립된 수백개에 이르는 지역사회 정신건강 센타도 보건소나 지역의료의 성격이 아니고, 어디까지나 인간복지기관으로 여겨지고 인간복지의 기능을 수행해왔다(Hazenfeld, 1985). 이와 같이 진정 사회사업가들이 가족치료의 발달에 끼친 영향은 큰 것이다.

사회사업가들이 독립적인 가족치료자로서 역할을 할 수 있게 되었던 계기는 이미 언급했듯이 자격있는 사회사업가들이 개인 사무실을 두고 개인 사회사업의 실천이 가능해지기 시작하면서 부터이며 그 이후 가족치료는 사회사업의 독자적인 치료방법으로 각광을 받기에 이르렀다.

가족치료가 임상사회사업의 분야 가운데 한가지 기법인가? 아니면 독자적인 하나의 전문직인가 하는 문제는 엄예선의 한국가족치료 개발론에 상세하게 그 찬반 의견들이 설명되었다 (엄예선, 1994,).

현재까지 가족치료의 발전과정을 살펴보면, 가족치료가 독자적인 분야라기보다 정신과 의사들, 사회사업가 또는 심리학자들이 쓰는 치료법들 가운데 한가지 기법으로 간주되는 경향이 짙다. 한편 가족치료를 하나의 독자적인 전문직으로 보는 사람들도 많이 있다.

1979년에 Hansen과 L'Abate의 조사에 의하면 미국에 전국적으로 약 4만명에 이르는 사람들이 자신을 '가족치료자'로 간주하고 있다. 그 가운데 많은 사람들이 전문가협회 회원으로 들어있는 사람들이다. 그들이 소속되어 있는 조직들은 다음과 같다.

① The American Association for Marriage and Family Therapy(AAMFT)(1942년에 조직되었음)
② 미국 정신의학회(American Psychiatric Association)
③ 미국 심리학회(American Psychological Association)
④ 미국 사회사업가 협회(National Association of Social Workers)

기타 초 분야적 조직에 가입되어 있는 사람들도 있다. 그 조직들이란, American Personnel and Guidance Association, American Orthopsychiatric Association 등이다.

그리고 1977년에 조직된 American Family Therapy Academy가 가장 강력한 전문가 집단의 역할을 하고 있으며, 그 회원수가 1983년 940명에 달했었고 해마다 증가추세에 있다. 기타 가족치료자들이 가입되어 있는 전문가 조직들은 American Association of Marriage Counselors, American Group Psychotherapy Association, American Institute of Family Relation 등이 있다.

한국에서도 현재 가족치료에 대한 관심도가 사회사업에서 뿐만 아니라 인간을 대상으로 일하는 타 학문 분야들, 즉 교육심리학이나, 간호학, 아동복지학, 가정관리학, 대학상담학 분야에서 높아지고 있으며 초학문적으로 가족치료학회가 1988년에 발족된 이후 독자적으로 가족치료사의 자격증을 발급하기 시작했다. 미국 캘리포니아주의 경우를 보면 면허를 가진 임상사회사업가나 심리학자, 정신과 의사는 면허를 따기 위한 훈련중에 있는 가족치료사를 훈련시킬 자격이 있으나 면허를 소지한 가족치료사가 임상 사회사업가, 심리학자 혹은 정신과 의사를 훈련했을 경우 그러한 훈련은 면허를 발급하는 주정부 당국에 의해 인정받지 못한다.

제5절 사회사업이 가족치료에 끼친 영향

사회사업 철학과 방법론들이 가족치료의 발전에 크나큰 공헌을 했다는 것을 부인할 사람은 아무도 없을 것이다. 실로 사회사업이라는 학문이 없었다면 오늘의 가족치료도 발전할 수가 없는 것이다(Nichols, M. P. & Schwartz, R. C., 1991, 20). 미국에서 가족에 대한 사회사업 서비스를 시작하게 된 것은 개별사회사업의 역사가 시작된 이래 가족에 대한 전문적인 서비스도 같이하면서 부터이다. 그러나 당시에는 사회사업학문에 정신분석이론이 전적으로 받아들여지면서 모든 문제를 개인을 중심으로 치료하는 의료모델, 또는 진단학파가 압도적으로 우세하여 가족을 도와주더라도 가족 전체의 가족체계적인 접근방법 보다는 개인을 중심으로 치료하는 개별사회사업이 발달되었다. 자선조직협회(Charity Organization Society)가 1877년에 조직된 이후 '과학적인 자선사업'은 가족을 돕는 방법에 발전을 가져오기에 이르렀고 이것이 오늘의 사회사업 전문화가 시작된 계기인 것이다. 특히, 1922년에 Mary Richmond가 "What is social casework?"이란 논문을 발간한 이후 개별사회사업은 전문사회사업을 대표하는 치료적 모델로 자리를 잡아가기에 이르렀다. 한편, 자선조직협회(COS)는 그동안 세가지의 변화에 도전을 받아서 그 조직이 변화되지 않을 수 없었는데, 그것은 현재 국가적인 협회조직의 운동과 둘째, 사회보장제도의 시작과 더불어 공적부조 제도에 대한 도전과 세째, 전문사회사업가를 훈련시키는 교육제도의 확립에 대한 압력이었다(Compton, 1990, 400). 그리하여 1911년에 National Association of Societies for Organizing Charity의 조직은 그 이름을 1912년에 American Association of Societies for Organizing Charity로,1917년에는 American Association for Organizing Charity로 바꾸었고, 이어서 1919년에는 American Association for Family Social Work으로, 1930년에 Family Welfare Association of America로 바꾸었다가, 1945년에 Family Service Association of America로 변경하여 오늘에 이르게 되었다(Axinn & L. Herman, 1975, 141).

하나의 직업이 전문직으로써 인정을 받으려면 그 첫째 조건이 전문직들이 모이는 학술조직이 있어야 하고, 그 전문직을 길러내는 교육기관이 있어야 하고, 전문가들이 연구한 학술지가 정규적으로 나와야 한다. 미국의 사회사업이 가족을 돕는 것을 중심으로 이루어졌다는 것은 COS의 이름이 Family Service Association of America로 바뀌어 오늘에 이르렀다는 것만 보아도 알 수가 있다. 1920년 3월에 COS가 "가족"이라는 학술지를 내기 시작했고, 이것이 오늘날에는 "Social Casework"이란 이름으로 현재까지 계속 나오고 있다. 또한 Family Service Association은 국가적인 모조직이 있고, 각 지방조직을 회원조직으로 가입시키고 있는데, 회원조직의 자격을 얻으려면 일정한 사업규모가 있어야 하고 회원이 되는 가입절차를 밟아서 회원조직이 될 수가 있다. Family and Children's Service, Jewish Family Service, Lutheran Social Service, Catholic Social Services 및 기타 가족사회사업 기관들이 자기들 자체의 모조직이 있으면서 전체 모조직인 Family Service Association 회원조직으로 가입하고 있다. 1976년 현재, 전국적으로 300개가 넘는 순수 민간조직들이 Family Service Association에 가입하고 있으며, 여기에서 집중적인 가족사회사업을 실시하고 있다. 그리하여 년 15만 가족들이 각

기관에서 그들의 결혼문제와 부모자녀문제, 개인의 심리치료와 성격발달문제 및 기타 가족의 역동문제 등에 관한 서비스를 받고있다(Kamerman, S.B., & Kahn, A., 1976, 11).

아마도 가족치료라는 말이 나오기 시작한 것은 미국의 커다란 두개의 사회사업 조직의 모체인 COS와 Settlement House 운동이 일어나면서 서비스 프로그램이 다양하게 개발되고, 2차 세계대전 이후에 미국사회가 경제적으로 풍요로와지면서 전문사회사업이 가족사회사업과 개인의 성장발달에 더욱 관심을 쏟게 된 결과일 것이다. 그리하여 가족치료는 사회적인 선을 이루는 문턱이라고 믿게 되면서 더욱 보편화되었고, 여기에 정신과 의사들이 속속 가족치료를 행하기 시작하면서 더욱 박차를 가하기에 이르렀다고 볼 수가 있다. 더우기 개인이 면허증을 갖고, 개인사회사업을 할 수 있게 되면서 가족치료나 임상사회사업은 더욱 많은 사람들로부터 꼭 필요한 서비스 분야라고 여겨지고 있다.

한국에서 전문사회사업의 시작은 아동복지를 비롯하여 빈곤가족에 대한 전문적인 도움이 시작되면서부터였다. 가족에 대한 관심은 이미 1966년에 김영모가 "가족복지사업의 평가연구"라는 제목으로 중앙대학교 사회사업학회 논문집에 발표한 것이 있고, 1978년에 이명홍이 사회복지신문에 Ecomap의 기법을 처음으로 소개하면서 가족체계와 환경과의 관계의 중요성이 인식되었다. 1983년 경주에서 한국사회사업대학협의회 세미나가 "가족과 사회복지"라는 주제 아래 개최되었다. 이는 한국의 사회복지가 6·25사변 이후 고아와 과부에 대한 복지욕구가 대부분이었던 시절이 있었던 이후 전문사회사업기관들이 고아와 과부보다는 가족복지에 관심을 두기 시작했다는 것을 말해준다.

제6절 가족치료에 대한 미래의 전망

한국에서 가족치료가 하나의 자격증을 가진 전문직인가 아니면 사회사업방법론 가운데 하나인가 하는 문제는 아직도 논란의 여지가 많이 남아있어 앞으로의 연구과제이다. 왜냐하면 학문하는 사람들이 각자 자기들의 고유한 학문적인 주체성을 찾으려고 노력하기 때문이다. 현재 가족치료학회에는 여러 학문분야에 소속된 사람들이 회원으로 가입되어 있고 사회사업의 전공자이면서 그리고 사회사업학회에 소속되어 있으면서 가족치료학회에도 소속되어 있다. 가족치료학회가 발족된 이후, 가족사회사업 연구회가 발족되어 독자적인 가족치료 워크샵이 1994년 6월에 실시되었다. 이미 앞에서 언급한 것처럼 가족치료의 발전에 사회사업가들의 공헌이 매우 컸고, 또한 크나큰 영향을 미쳤다. 또한 위에서 언급했듯이(참조 P.29) 현대사회사업에서는 '치료'라는 말을 잘 사용하지 않는다. 왜냐하면 '치료'는 주로 의료모델의 적용을 피하였고, 의사들의 약물치료나 또는 의료행위를 우선으로 여기는 경향이 있기 때문이다. 대신에 가족을 중심으로 한 사회사업 또는 '가족사회사업'이란 말을 사용한다. 미국의 사회사업대학원의 교과과정에서는 '가족치료'라는 말을 사용하지 않는다. 대신에 ① "개인을 중심으로 한 대인 실천(Interpersonal Practice with Individuals, 이것은 종래의 Casework 이었음)", ② "집단을 중심으로 한 대인 실천(Interpersonal Practice with Groups, 이는 종래의 집단사회사업 이었음)" 그리고 ③ "가족을 중심으로 한 대인 실천(Interpersonal Practice with Families)"란 말을 사용하고 있고, 이 세개의 과목이 임상사회사업의 핵심을 이루고있다(The University of Michigan, School of Social Work Curriculum). 가족치료는 어디까지나 가족을 중심으로 한 대인치료인 것이다.

그리고 가족치료의 원리는 개별사회사업보다는 집단사회사업의 전통과 원리를 많이 적용하고 있다. 똑같은 클라이언트의 문제를 다루더라도 정신과 의사들은 "환자를 치료한다"라고 말하고 있고, 사회사업가는 "클라이언트를 돕는다"라고 말하고 있다. 또한 기타 상담자는 "상담한다"라고 말한다. 1983년에 "Family Centered Social Work"이란 책을 발간한 Ann Hartmann도 오랫동안 "가족을 중심으로 한 대인실천"이란 과목을 가르치고 있던 교수였다. 그의 책에서 '치료'라는 말은 찾아볼 수가 없다. 단지 의사들이 가족치료에 관한 논문과 책들을 많이 쓰면서 사회사업계에서 동시에 그것을 참고로 하기에 이르렀던 것이다. 또한 미국가족치료학회(AFTA)에 사회사업가들이 많이 가입하면서 '가족치료'라는 말이 보편화되었다.

한국에도 1994년에 가족사회사업연구회가 발족되었다. 이것은 사회사업가들의 본래의 주체성과 전문성을 찾는 데에 큰 도움이 되리라고 여겨진다. 그리하여 가족치료가 가족사회사업의 분야로써 발전되어야 하며 또한 가족사회사업은 임상사회사업 가운데 하나로써 발전되기를 기대한다.

결 론

현대 가족은 다양한 형태로 변화되어가고 있다.

본 장에서는 법률상으로나 혈연관계에 의한 가족뿐만 아니라 동거가족과 세대 등도 가족의 개념에 포함시켰다. 가족치료의 가치는 모든 형태의 가족이 대상이 되어야 하며, '결손가족'이라는 편견이 없어야 하며, 어떠한 종류의 가족이라 할지라도 그 가족이 외부적인 지지망을 확보하고 있고 기본적인 필요가 충족되기만 한다면 개인은 그 가족내에서 얼마든지 훌륭하게 양육될 수가 있다는 믿음이 있어야 한다.

다음으로 가족치료의 발달과정과 더불어 가족치료와 심리치료의 차이도 비교 분석했다. 가족치료 모델의 분류는 Haley(1962)의 풍자만화모델(1962)과 GAP모델, Beels와 Ferber (1969)의 반이론적 모델을 소개했고 이어서 Guerin(1962)과 Ritterman의 세계관적 모델을 거쳐서 역사적인 분석모델과 구조-과정모델 및 경험적 모델의 세 가지로 새로운 분류 체계가 성립되어 오늘에 이르고 있다는 것을 설명했다. 또다른 가족치료의 모델로써 가족생활주기의 단계들을 이용한 가족치료의 모델을 분석했다. 끝으로 한국 가족치료의 발달과정을 설명했다. 오늘날 사회사업이 아닌 다른 인접 학문분야들 특히 정신과 분야에서 가족치료 기법을 많이 연구하고 클라이언트의 치료에 사용하게 되었는데 이에 관한 이론적인 근거와 더불어 가족치료가 사회사업에서 비롯되었고 가족을 중심으로 한 가족 사회사업의 기법으로 오랫동안 실천되어 왔었다는 것을 증명하고자 노력했다.

그러므로 가족치료를 마치 독자적인 전문분야로 받아들여 이것만을 고집하고 '가족치료자'라는 명찰을 달기 원한다면 이는 가족치료의 역사성을 무시한 위험한 처사라 아니할 수가 없을 것이다.

참 고 문 헌

김영모, (1966), "가족복지사업의 평가연구", *사회복지연구*, 창간호, 중앙대학교, 사회사업학회,8-26.

대한민국법전, (1993), 현암사.

엄예선, (1994), *한국가족치료개발론*, 홍익제.

이광규, (1992), *한국가족의 구조분석*, 일지사.

정진영, (1977), *사회사업의 전문화*, 서울여자대학 논문집.

한국사회사업(복지)대학 협의회 세미나 보고서, (1983.2.), 20-22.

Alvin Toffler, (1980), *The Third Wave*, New York: William Morrow and Company, Inc.

Axinn, June., & Levin, Herman. (1975), "A History of the American Response to Need", *Social Welfare*, NewYork, Harper & Row.

Carter, Elizabeth A., & McGoldrick, Monica. (1980), *The Family Life Cycle: A Framework for Family Therapy*, New York: Gardner Press, Inc.

Compton, B. R. (1980), *Introduction to Social Welfare & Social Work*, The Dorsey Press, Ill.

Moynihan D. (1968), 3-29, in T. Meenaghan and R. Washington, *Social Policy and Welfare*, 1980, 김한주 역, 법문사, 1983.

Gilbert, Neil (1983), *Capitalism and Welfare State*, 정진영 역, 1993.

Glick I.D. & Kessler D.R. (1980), *Marital and Family Therapy*, (2nd), Grune & Stratton, Inc.

Ch1. The Field of marital and Family Therapy

Ch2. The Contempory Context of Family Therapy

Goldenberg, I. & Goldenberg, H. (1990), *Counseling Today's Families*, Brooks/Cole Publishing Co., Calif.

Hansen, J. C. & L'Abate, L. (1982), Approaches to Family Therapy, NY: Macmillan

Ch16. Family Therapy:Present Status and Future Conditions

Hartman, Am., & Laird,Joan. (1983), *Family-Centered Social Work Practice*, New York: The Free Press.

Hasenfeld, Y. (May/June 1985), "Community Mental Health Centers as Human Service Organization", *American Behavioal Scientist*, Vol. 28, 655-668

Horney, K. (1967), "Pathological Patterns", American Sociological Review, 1: 221-230, 1936, American Sociological Association, in Millon, Theodore., *Theories of Psychopathology*, W.B. Saunders Co., Philadelphia & London, 198.

Kamerman, Sheila B., Kahn, Alfred, J. (1976), *Social Service in the United states*, Policies and Programs, Philadelphia: Temple University Press.

L'Abate L.(ed.) (1985), *The Handbook of Family Psychology and Therapy*, Vol. 1, III: Dorsey Press.
Ch46. The Status and Future of Family Psychology and Therapy

Michael Nichols, (1984), *Family Therapy*, NY: Gardner Press.
Ch2. The Past and Future of the Family

Nichols, M. P., & Schwartz, R. C. (1991), *Family Therapy, Concepts and Method*, Second Eds., Allyro and Bacon,Boston.

Ronald F. Levant, (1984), *Family Therapy: A Comprehensive Overview*, NJ: Prentice-Hall.
Ch3. The Field of Family Therapy:An Orientation

Sullivan, H.T. (1967), "The Modified Psychoanalytic Treatment of chizophrenia", American Journal of Psychiatry, 88; 519-540. 1931-1932, American Psychiatric Association, in Millon, Theodore, *Theories of Psychopathology*, W.B. Saunders Co., Philadelphia & London, 217

Szasz, Thomas S. (1960), *The Myth of Mental Illness*, American Psychologial Association, 15: 113-118.

Thomas, M. B.(1992), *An Introduction to Marital and Family Therapy*, NY: Merrill
Ch1. Setting the Context: Toward Health

Walsh, Froma Ed. (1983), *Normal Family Processes*, The Guilford Press, New York.

제 3 장

가족치료 이론

성 민 선*

가족 전체를 관심의 대상으로 하는 가족치료의 바탕이 되는 이론은 가족 전체에 대한 개념적 이해와 가족 전체가 어떻게 작동하는가에 대한 이해의 기초를 제공할 수 있어야 한다. 보다 구체적으로는 가족치료의 개입 목표인 역기능적 가족 행동 또는 증상이 어떻게 생성되고 어떻게 변화될 수 있는가를 설명할 수 있어야 한다. 이러한 이론은 가족의 기능을 설명하는 하나의 역동적인 틀을 제공함으로써 실제적인 가족치료의 전략을 제공할 수 있게 된다.

가족치료에 영향을 끼친 가장 중요한 이론으로는 사회체계이론(社會體系理論)을 들 수 있다. 사회체계이론이 바탕이 되어 가족 내의 역기능이나 증상을 단선적(單線的) 인과론이 아닌 순환적(循環的) 인과론으로 보는 가족치료가 가능했기 때문이다(김종옥, 1985).

본 장에서는 사회체계이론의 기본 개념들과 하나의 사회체계로써의 가족의 특성을 고찰한 다음 체계이론에 바탕을 둔 주요 가족치료 학파들을 간단히 소개한다.

제1절 사회체계이론

체계(system) 또는 체계이론(systems theory)은 그 용어를 쓰는 사람들 간에 항상 같은 의미로 사용되지는 않는다. 체계이론은 Von Bertallanffy의 일반체계이론(general system theory)과 Weiner의 인공두뇌학(cybernetics)으로 대표된다. 이들 두 이론들은 오늘날 널리 쓰이는 사회체계이론의 기초를 제공하며 다양한 수준의 체계를 이해하는데 필수적인 도구로 활용되고 있다.

1. 일반체계이론

일반체계이론은 오스트리아 태생의 생물학자 Ludwig von Bertallanffy가 창시한 이론이다(현승일, 1990). 그는 생물학에서 유기체론적 생각을 발전시켰고, 자연 및 사회에서의 여러 현상들이 궁극적으로는 유질동상(類質同相, Isomorphism)의 동일한 원리에 의해 움직인다고 믿었다. 그는 체계를 "상호관계에 있는 요소들의 집합"으로 정의함으로써 체계의 의미에 전

* 카톨릭대학교 사회복지학과 교수

체성 혹은 통일성을 부여하였다. 일반체계이론은 바로 이 전체성에 관한 하나의 일반 과학이다.

1) 전체성(Wholeness)

Bertallanffy에 의하면 여러 요소들로 이루어진 합성체는 합산적(合算的), 구성적(構成的)일 수 있다. 합산적 합성체는 서로 고립된 요소들의 합(合)이다. 구성적인 합성체는 요소 간의 관계가 내포되어 있어서 합성체 내의 특정한 관계가 어떠하냐에 따라 전체가 달라진다. 따라서 합성체의 특징을 이해하기 위해서는 구성 부분 뿐만 아니라 부분간의 관계도 알아야 한다. 조직체의 특징은 따로 떨어져 존재할 수 있는 개인의 특징을 가지고서는 파악될 수 없다는 의미에서 전체(全體)는 부분(部分)들의 합(合)보다 크다. 부분들의 과정과 관계가 보다 큰 응집력있는 실체(entity)를 만들기 때문이다. 이 때문에 합성체의 특징은 구성 요소들의 특징과 비교해 볼 때 새롭고, 의외의 것으로 보인다.

Buckley는 체계를 상호영향을 끼치는 상호의존적인 부분들이 일정기간 이상 서로에게 연결되어 있으면서 어떤 안정성을 나타내는 하나의 인과망으로 본다(Buckley, 1967).

Koestler(1979)는 하나의 전체를 홀론(holon)이라 하여 그 안에서 하나의 체계는 보다 큰 상위체계의 부분임과 동시에 다른 하위체계에 대한 상위체계가 된다고 하였다. 관찰하고자 하는 체계를 초점체계라 한다면 그 초점체계는 상위체계와 하위체계로 연결되어 이들이 다함께 하나의 전체를 이룬다는 것이다.

2) 개방성(Openness)

Bertallanffy는 유기체들은 근본적으로 개방체계임을 밝히고 있다. 살아있는 체계는 열역학적으로 개방적이어서 그들의 경계를 넘어서 에너지를 교환해야 하며 정보를 전달해야 한다. 이들은 끊임없는 투입(投入)과 산출(産出)을 통하여 자체를 유지하거나 혹은 구성요소들을 생성 또는 파괴하면서, 화학적 및 열역학적 평형(平衡)상태와는 구별되는 소위 안정상태(安定狀態)를 유지한다.

평형상태란 체계의 경계 밖으로부터 에너지의 유입 없이, 체계가 유지를 위해 자체의 에너지를 쓰기만 할 때 나타나는 엔트로피(entropy)로 인해 체계의 에너지 교환 과정이 정지되어 있는 것을 말한다. 이와 같이 환경으로부터 격리된 체계는 폐쇄체계이다.

체계가 투입을 받고 그것을 처리하며 결과를 산출할 때 변화 대신 기본적인 성격을 유지하려는 노력을 항상성(恒常性, Homeostasis)이라 한다. 항상성은 체계가 안정을 유지하려는 기제이다. 개방체계로써의 인간은 점변진화(漸變進化, anamorphosis), 혹은 점차 높은 형태의 수준으로 변화를 한다. 점변진화는 욕구를 만족시키고 환경에 적응하는 외에, 혁신적이고 창조적이 되면서, 성장하고 변화하려고 하는 체계의 경향이다. 즉 각 인간은 변화와 항상성, 사이의 소위 안정상태(steady state)라고 하는 균형을 발달시킨다. 능동적인 인간 유기체는 안정을 유지하기 바라면서 동시에 변화를 추구한다. 생활주기가 어떤 때냐에 따라 다른 때보다 더 많은 변화 또는 안정을 추구할 수 있다. 중년기의 개인이 삶이 한정되어 있고 시간이 얼마 안남았다는 것을 깨닫기 때문에 생활양식에 중대한 변화를 만들면서도 안정을 주는 어떤 일과를 여전히 하려고 하는 것이 그 좋은 예다.

3) 상호성(Reciprocity)

체계는 시너지(synergy)를 소유할 수 있다. 시너지란 체계가 자신을 유지하기 위해 스스로 창조해내는 에너지를 뜻한다. 체계가 시너지를 만들지 않으면 밖으로부터 에너지를 공급받아야 하고 그렇지 못하게 되면 엔트로피가 일어난다. 시너지는 엔트로피를 거부한다는 의미에서 넥엔트로피(negentropy)라고도 한다. 인간은 시너지가 있음으로 해서 결혼이나 집단에서 관계를 유지, 강화하고 서로 자극을 주며 유대를 형성할 수 있다. 이러한 유대는 체계내의 상호작용 없이는 성취되지 않는다(Payne, 1991).

체계의 한 부분이 변화하면 그 변화는 다른 부분들과 상호작용하여 결국 다른 부분들에도 변화를 가져온다. 이러한 상호성의 결과를 동귀결(同歸結, equifinality)과 다중귀결(多重歸結, multifinality)이라 한다. 동귀결은 상이한 최초의 조건과 상이한 방식으로도 동일한 귀결에 이르는 것이다. 조건과 방법이 달라도 같은 결과가 나타나는 것을 뜻한다. 반면 다중귀결은 비슷한 환경들이 다른 결과를 가져오는 것을 의미한다. 이러한 현상들은 개방체계에서의 부분들이 다른 방법으로 상호작용하기 때문에 생기는 것이다. 상호작용이 없는 폐쇄체계라면 최종의 상태는 최초의 조건에 의해 확실히 결정된다. 최초의 조건이나 과정이 변화하면 최종의 결과 역시 변화한다.

2. 인공두뇌학(Cybernetics)

인공두뇌학 이론은 부분들에 관한 것이라기 보다는 체계의 작동과 구조화에 관한 것이며 이 점에서 일반체계이론과 깊이 연관되어 있다(Marcus, 1979). 그러나 일반체계이론과 동일한 것은 아니다. Bertallanffy에 의하면 인공두뇌이론은 체계에 관한 일반이론의 일부로써, 체계와 환경 사이 그리고 체계내에서의 의사소통(정보의 이동)과, 환경에 대한 환류(還流) 기능에 근거한 제어체계에 관한 이론이다. 생물학에서 혹은 다른 기초과학에서 인공두뇌이론은 차단과 흐름의 도식을 통해 규제장치의 공식 구조를 묘사하는 데 사용되고 있다. 비록 실제적인 장치가 알려지지 않고 설명되지 않았을 때라도 규제장치는 인식될 수 있다. 그래서 체계는 오직 투입과 산출에 의해서만 정의되는 검은 상자(기능은 알려져 있지만 속의 장치는 알려지지 않은)로 이해된다.

1) 환류고리(Feedback loops)

인공두뇌이론은 체계가 환류고리에 의해 스스로를 규제한다는 의미를 나타내기 위해 Nobert Weiner(1954)가 처음 쓴 개념이다. 그와 그의 동료들은 환류개념을 크게 일반화시켜서 물리학과 생물학 뿐 아니라 사회과학에서도 널리 쓰게 했다. 인공두뇌이론의 기본 요소는 수신기(receptor), 분석기(analyzer), 실행기(effector), 그리고 하나의 환류고리이다. 자극(또는 정보)이 수신기에 의해 접수되면 분석기로 보내져서 분석기에서는 수신기로부터의 입력을 처리하고 의사를 결정하면 실행기는 센터의 결정을 시행하여 하나의 산출을 방출하는 반응을 보인다. 산출은 환류고리를 통해 수신기에서 점검되어 후속적인 반응의 수정을 가능하게 한다(Nichols, 1984).

적극적 환류(positive feedback)는 체계가 새로운 행동을 받아들여 변화를 수용하는 일탈확장(逸脫擴張)의 역할을 한다. 소극적 환류(negative feedback)는 항상성을 특징짓고 관계의 안정을 유지하는 일탈감소(逸脫減少)의 역할을 한다. 적극적 혹은 소극적 환류는 정보가 체계에 들어와 작용을 할 때 체계가 그때까지의 안정을 깨고 일탈을 향해 움직이려는 경향을 증대 또는 감소시키느냐에 따른 구분일 뿐, 어떤 것이 더 바람직하다는 의미는 없다.

인공두뇌이론은 의사소통이론(communication theory)과 정보이론(information theory)에 밀접하게 연관되어 있다. 인공두뇌이론이 기제를 통제하는 것을 강조한다면, 의사소통이론과 정보이론은 메시지를 강조한다(Nichols, 1984). 인간의 의사소통의 이해에 인공두뇌이론이 유용한 것은, 전달되고 수신된 모든 정보가 순환과정을 통해 처음의 출처에 회송되어 오류를 수정, 교정하거나 그 뒤의 정보를 변화시키는 잠재력을 가진다는 것이다. 환류는 그 자체가 '끝'이 아니라 끝을 향한 '수단'일 뿐이다(Marcus, 1979).

2) 의사소통이론(Communication theory)

인공두뇌학의 영향을 받은 인류학자 Bateson은 삼라만상이 인공두뇌학적 체계로 구성되어 있으며 일련의 인과관계로 얽혀있음을 강조하였다(서석봉, 1989). 그는 Whitehead와 Russell이 사용한 논리형태(論理形態, logical types)란 개념을 도입하여 삼라만상이 어떻게 복잡하게 얽혀있는가를 설명하고 있다. 삼라만상은 계층체계(階層體系)로 이루어졌으며, 같은 부류의 계층에 속하는 것이 하나의 논리형태를 이룬다. 또한 상위계층에 속하는 논리형태는 더욱더 포괄적인 특성을 지니고 있어서 하위계층에 속해있는 논리형태를 설명해 줄 수 있지만 하위계층의 논리형태는 상위계층의 논리형태를 설명하는 데 한계가 있다. 그는 메타라는 용어를 사용하여 계층적 논리형태를 설명한다. 의사소통과 관련해서 예컨대 언어가 있으면 그 이면에 메타언어 및 메타에 대한 메타언어가 있다는 식이다. Bateson은 외관상 지시적(指示的, denotative)인 수준의 의사소통을 메타 언어적(metalinguistic) 수준과 메타의사소통적(metacommunicative) 수준으로 나누었다. 전자는 언어화된 직접적 또는 간접적 메시지를 뜻하고, 후자는 대화가 내포하고 있는 주 관심사와 대화자들 사이의 관계를 의미한다.

인공두뇌학의 영향을 받은 인류학자 Bateson은 동료들과 함께 이중구속(二重拘束, double-bind) 개념을 제시하였다. 이중구속이란, 메타 수준, 즉 서로 다른 수준에서 언행이 불일치되는 모순되는 메시지를 줄 때 어떤 메시지가 어떤 성격을 가지고 있는지 분간하거나 해석하는 것을 불허하는 상황과 관련된다. 그런 상황이란 어떤 사람이 무슨 반응을 하더라도 '자기 모순에 빠질 수 밖에 없는' 상황을 말하며 그런 상황에 처한 사람은 정신분열증적 증세가 생길 것이라고 가정한다.

제2절 가족체계의 특성

가족에 대한 체계론적 사고는 가족이 하나의 단위로써 환류구조를 가지고 정보처리가 가능한 체계의 한 종류(Bateson, 1972)라는 관점을 제공한다. 가족은 시간과 공간을 넘어 서로 연결되어 있는 가족구성원들이 계속적인 상호작용을 나누면서 하나의 전체로 조직된, 살아있고 지속적인 실체이다. 가족은 또한 오랜 시간에 걸쳐 발전되고 유형화된 관계, 과정들, 구조들 그리고 규범을 갖는 정서적 단위이다. 따라서 가족의 한 부분에 어떤 변화가 발생했다면 그것은 그 부분과 관련된 다른 부분에도 변화를 불러일으키는 것이 불가피하다(Goldenberg & Goldenberg, 1991).

1. 하위체계(subsystems)

가족은 상호의존적 하위체계, 또는 커다란 체계 내에서 상호작용하는 조그만 체계들의 복합체로 구성되어 있는 하나의 살아있는 체계이다. 하위체계는 전체로써의 하나의 체계안에서 특정한 기능 및 과정을 수행하도록 배당된 부분들이다(Goldenberg & Goldenberg, 1991). 하위체계들은 부모의 연합(parental coalition), 형제체계, 부모-자녀 이인군(二人群), 그리고 각 구성원을 대표하는 개인 하위체계를 포함한다.

하위체계들은 다른 하위체계 그리고 하나의 전체로써 보다 큰 체계와 구분되는 경계(boundaries)를 가지고 있다. Minuchin(1974)은 경계는 하위체계 구성원들로 하여금 부당한 방해없이 그들의 과제를 잘 수행할 수 있도록 하는 반면에 하위체계 그리고 그밖의 사람들 사이의 접촉이 허용될 만큼 개방될 수 있도록 충분히 잘 정의되어야 한다고 주장했다.

경계가 지나치게 경직된 경우는 보다 큰 체계와 의사소통이 이루어지지 않아 고립될 수 있다. 반면, 경계가 지나치게 산만한 경우는 다른 하위체계 또는 전체로써의 체계와 너무 빈번한 의사소통으로 인해 하위체계만 보다 큰 체계에 밀착(密着)되어 양자를 분리하기 어려워진다. 경계를 보는 한 방법은 누가 무엇에 대해 누구에게 말을 하는가를 묻는 것이다.

조직은 가족체계 내에서 사람들이 관련을 맺는 지속적인 방법을 뜻한다. 구조는 많은 의미를 갖는다. 핵가족, 편부모가족, 확대가족 같은 다양한 가족배열을 뜻할 수 있고, 연쇄적 명령의 의미를 가질 수도 있다. 가족치료의 구조적 접근은 가족의 구성 원자와 하위체계가 어떻게 연결되었는가에 의미를 부여한다. Minuchin(1974)은 세가지 형태의 가족구조를 설명했다. 첫째는, 부모와 자녀 사이에 융통성있는 경계를 가진 가족구조이다. 이 경우는 자녀의 성장과 자아 분화에 지지적이면서도 부부 사이에 연합이 이루어진다. 두번째는, '부모화된 자녀(parentified child)'의 구조이다. 이는 부모의 한편과 자녀 사이의 경계가 명확하지 않은 경우로 부부가 상대방에게 보다는 자녀와 연합하여 자녀가 부 또는 모의 위치에 서게 됨을 의미한다. 세번째의 구조는 부, 모, 그리고 자녀 사이의 경계가 산만하여 자녀가 제3자로 부부관계에 말려들게 되는 '삼각(triangulated)관계의' 구조이다. 부모화된 구조나 삼각구조에서는 자녀의 에너지가 소모되어 자아 분화(分化)와 성장에 방해를 받게 된다.

2. 규칙(Rules)

가족은 규칙에 의해 지배되는 체계이다. 가족성원들간의 상호작용은 일정한 유형의 원칙을 따른다. 각자는 가족의 상호작용을 통해서 자신에게 허용된 것 또는 기대되는 것을 배울 수 있다(Goldenberg & Goldenberg, 1991). 가족의 규칙은 말로 진술되지 않은 것들이 많지만 가족이 하나의 단위로 어떻게 기능하는가를 특징짓고 규정하는 것은 바로 그러한 가족의 규칙들이다.

가족 상호작용이 어떤 지속적인 규칙에 의거하고 있다는 사실을 최초로 발견한 학자는 Jackson(1965)이었다. 가족규칙은 사람들의 행동을 유형화시키는 방법을 제공한다. 그래서 Jackson에게는, 규칙은 미래의 상호작용 유형의 안내를 제공함으로써 가족생활을 지배하는 원칙이 된다.

Jackson은 결혼대상(結婚代償, marital quid pro quo)이란 개념을 채택하여 부부관계에 있는 두 사람이 서로 주고받는 잘 정의된 규칙을 묘사하였다. 더 나아가 가족생활에서 작용하는 중복원리(重複原理, redundancy principle)가 있음을 발견하였다. 그것은 가족생활에서 서로를 다룰 때 가능한 행동 대안들이 많이 있으나 구성원들이 이용하는 것은 어떤 규칙 또는 자주 되풀이되는 유형들에 한정되어 있음을 뜻한다. Jackson은 가족원들 간에 상호적인 연속을 결정하는 것은 개인의 욕구나, 충동, 또는 성격이 아니라 이러한 규칙들이라고 하였다.

Satir(1967)는 역기능적인 가족은 역기능적인 규칙을 따른다고 주장했다. 역기능적인 규칙들이란 대부분 내밀한 규칙들로써 그것들은 대부분 감정의 교환이 관계되어 있어서 가족에게 고통을 야기시키는 것이다. 그러한 규칙들은 성장과 성숙을 둔화시키기 마련이다.

3. 개방체계(open system)와 폐쇄체계(closed system)

밖으로부터 그리고 밖으로의 정보 흐름의 수준이 높은 체계를 개방체계라 하고, 경계선이 쉽게 넘나들 수 없는 것을 폐쇄체계라 한다면, 가족체계는 전적인 개방체계도 폐쇄체계도 될 수 없다.

그러나 더 개방적일수록 가족체계는 보다 더 적응적이고 변화의 가능성이 높다. 그런 체계는 생존력이 강할 뿐 아니라, 새로운 경험을 받아들이면서 무용한 상호작용 유형을 변경시키거나 사용하지 않도록 하는 경향이 있다. 그런 체계는 넥엔트로피를 가졌다.

개방체계에서 가족의 조직은 목표지향성과 방향성으로 특징지워지고 환류는 가족의 지향성을 유지한다. 개방적인 가족체계는 침투가능한 가족의 경계를 통해 가족 밖의 지역사회와의 교환에 허용적이다. 가족원들은 자유롭게 말하고 느끼며 생각한다. '나'의 입장이 존중되고 개별화가 장려된다. 개방체계의 성원은 개별적인 자아이며, 자아가 가족간의 관계에 반영될 수 있고, 자아를 지역사회, 국가, 심지어는 세계의 부분으로 인지할 수 있다. 가족체계 내에서 자신과 다른 사람들 사이의 경계에 대한 인식은 자아의 분화가 다른 사람들을 희생시키지 않고도 가능하다.

반면, 폐쇄체계는 외부 세계로부터의 양육(nurturing)의 기회를 허용하지 않는다. 그것은 경직된 경계를 가졌고 상대적으로 엔트로피의 위험성이 있다. 그런 체계들은 부적응적인 적응을 하게 되고, 외부 세계와의 교환을 단절하여 결국 투입이 불충분하여 역기능적이 된다(Goldenberg & Goldenberg, 1991).

가족 구성원들은 정서적 욕구를 충족해줄 수 없는 다른 가족원에게 의존한다. 모든 대가를 치러야 '우리'라는 감정이 유지된다. 폐쇄체계의 구성원들은 가족 내에서 안정된 관계를 추구하며, 변화를 피하고, 정서적 에너지를 보존하고자 한다. 결국 구성원들은 독특한 자신이기 보다는 가족의 다른 사람과 비슷하게 된다.

모든 가족은 개방체계와 폐쇄체계의 연속선 상에 위치한다. 스트레스가 있을 때 그리고 시간이 지나면서, 가족들은 다소간 개방 또는 폐쇄체계가 되면서 어느 한편의 끝에 가깝게 움직여 나간다.

가족치료자는 가족을 보다 개방체계로 움직이도록 격려하는 것이 중요하다. 치료자가 첫 몇 회기 중 던져야 할 질문은 다음과 같다 : 이 체계는 어느 정도 개방적인가, 현재의 스트레스 자극 전에 가족체계는 얼마나 폐쇄적이었는가 ; 현재의 위기가 가족에게 미치는 영향은 무엇인가, 그것은 점차 개방적인가 아니면 폐쇄적인가 ; 과거의 특별한 사건들, 예컨대 사망, 질병, 이혼 또는 다른 상실이 체계를 보다 개방적 또는 보다 폐쇄적으로 만들었는가.

4. 가족 항상성(Family homeostasis)

체계로써 가족은 안정된 상태로 돌아가는 경향이 있다. 행위가 있는 곳엔, 체계의 균형을 위해 가족 내에 반응이 일어난다. 이러한 체계의 조정기제는 Bateson(1972)에 의해 강조되었다.

화학반응 비슷하게, 체계는 평형을 회복하기 위해 기능한다. 그러나 항상성은, 음식을 먹고 소화하여 신체의 화학적 평형을 이루는, 신진대사 기능의 균형을 뜻한다. 그러나 반대로, 건강한 가족에는 집안을 움직여 나가며 일상을 결정하는 항상성적인 기제와 더불어 성장(점변진화)을 이끄는 불균형이 있다. 점변진화와 항상성의 균형은 개방체계의 안정상태를 나타낸다.

치료를 받으러 오는 가족들에게서 흔히 긴장을 감소시키기 위한 항상성적인 과정이 강조되고 있음이 발견된다. 이는 창조적인 성장에 방해가 되는 것이다. 가족들은 때로는 똑같은 상호작용 유형을 되풀이하고 같은 일상을 유지하며 '고착된(stuck)' 상태에 머무르려 애를 쓴다. 예컨대 10대의 자녀를 융통성 없이 어린아이처럼 밤 8시에 자도록 강요한다든지 결혼관계에 갈등이 있는 부부가 자녀의 식욕과다 증상에 초점을 맞추는 행동은 모두 가족체계의 항상성을 유지하려는 것이다.

가족체계는 동귀결적(equifinal)이다. 가족원 한사람을 희생양으로 삼은 가족을 보면 문제가 어디에서 시작되었건 늘 그 한사람이 잘못한 것으로 귀결된다. 체계를 평형과 항상성에 이르게 하는 가족 안에서의 이러한 뿌리깊은 상호작용 유형은 되풀이되어 같은 결과에 이른다. 가족에게 치료를 받게 하는 어려운 문제를 제일 많이 만드는 것이 이 동귀결성의 원리이다. 가족의 희생양인 확인된 클라이언트는 가족치료를 요한다. 그는 가족의 고통을 특별한 방법으로 느껴야하는 처지에 놓이게 되고 가족 긴장시 언제나 비난의 대상이 된다.

5. 순환성(circularity)과 환류고리(feedback loops)

가족에 대한 체계 접근으로부터 파생된 가장 유용한 개념 중 하나는 순환적 인과율이다. 가족중 누군가가 무엇을 하거나 어떤 것을 말하면 그것은 다른 가족원이 반응케하는 자극이 되고, 이 자극은 다른 가족원에게 추가적으로 역동적인 반응을 유발시킨다. 순환적 인과율 유형은 단순한 자극-반응, 원인-결과의 단선유형 보다 한층 복잡하다. X가 Y의 원인이라는 원인-결과를 부인한다. 이 경우 비난은 희석된다. 직선적 사고에서는 어떤 사람이 사건의 원인을 제공한다고 본다. 따라서 원인의 제공자는 비난을 받게 되고 그로 인해 비난자는 자신의 행동들에 대해서는 책임을 지지 않아도 되도록 되어있다.

체계접근은 왜 보다는 무슨 행동을 하느냐에 초점을 둔다는 것을 강조함으로써 직선적 사고와 대비된다(Bowen, 1978). 왜에 대한 걱정을 하기보다는 무엇이 일어났는가(무엇이, 어떻게, 언제, 어디에서에 관한 사실)가 가족치료의 열쇠가 된다.

Milan가족치료는 실제로 가족체계의 순환성 특성을 최대화 하기 위해 순환적 질문을 활용한다. 가족에 어떤 행위가 일어나면 예측할 만한 반응들이 일어날 것이다. 무엇을, 언제, 어떻게 그리고 누구와 함께... 등에 관해 질문함으로써 사실적 자료를 수집한다. 그로부터 가족치료자는 상호작용의 연속을 추적할 수 있다.

상호작용은 의사소통의 양식 또는 환류고리 형태로 일어난다. 환류고리는 예측 가능한 경로로 연속으로 되풀이된다. 환류고리는 어떤 형태의 상호작용을 안정시키거나 감소 또는 증대시키는 작용을 한다. 가족에서의 적극적 혹은 긍정적 환류는 변화를 유도한다. 예를 들면 자녀가 제안을 하고 부모가 그것을 인정하고 칭찬하는 경우 자녀는 계속 제안을 하도록 격려되고 부모는 자녀가 가치있는 제안을 할 수 있다고 보게 된다. 반대로 소극적 또는 부정적 환류에서는 안정성을 유지한다. 부모가 자녀의 제안을 거부하거나 야단을 치면 자녀는 더이상 제안을 하지 않게 될 것이고 부모는 자녀가 가치있는 아이디어를 가지지 못했다고 보게 될 가능성이 있다. 소극적 환류의 가장 흔한 예는 성숙과 독립을 지향하는 자녀들의 행동을

'정신나갔다' 또는 '나쁘다'고 보는 많은 가족들의 경향에서 발견된다(Watzlawick, et al., 1967).

성장과 변화가 일어나기 위해서는 적극적 환류도 있어야 하지만, 함께 사는 모든 가족들은 발달적 그리고 환경적 스트레스에 직면하여 평형을 유지하기 위해 어느 정도는 소극적 환류를 쓰지 않으면 안된다.

가족치료자는 체계의 한 구성원에게 다른 행동을 선택하도록 장려하여 환류고리가 중단되도록(방해받도록) 개입할 수 있다. 이 과정을 넥엔트로피라고 할 수 있다.

제3절 사회체계이론과 가족치료

1. 체계론적 가족치료

체계론적 시각은 인간과 환경을 하나의 전체적이고 통합된 개방체계로 보아 상호 순환적인 상호작용을 통해 서로를 형성하고 영향을 주는 것으로 본다. 따라서 인간 행동을 이해하는 데도 종전처럼 왜, 그리고 무엇이 잘못됐는가 하는 일방적이고 단선적인 원인규명을 지양하고 체계 내외에서의 관계, 전체와 부분간의 관계, 상호작용, 또는 전후관계와 맥락에 초점을 두게 된다.

가족치료는 가족체계의 맥락 안에서 관계를 수정하려는 시도이다(Foley, 1994). 가족치료는 가족이 나타내는 역기능이나 가족원의 증상적 행동을 특정한 가족원의 속성으로 보기 보다는 잘못된 관계의 결과로 보는 입장을 취한다.

가족치료에 대한 이같은 시각은 가족치료 운동 그 자체가 가족을 하나의 살아있는 사회체계로 보는 체계이론의 산물이었음을 그대로 반영하는 것이다. 가족에 관한 상이한 측면들은 여러 가족이론 중 어느 하나로 더 잘 설명이 되겠지만, 체계이론은 가족이 겪고 있는 변화의 원인이나 결과를 모두 상호관계에 있다고 보기 때문에 가족치료가 체계이론에 바탕을 두게 된 것은 결코 우연만이 아니다.

가족치료는 체계이론을 성숙시켰던 시대적 환경과 가족치료의 필요성을 깨달았던 창의적이고 카리스마적인 선구자들의 순환적인 상호작용의 산물이다(Hartman & Laird, 1987).

혹자는 가족치료를 "치료의 또다른 종류가 아니라 사람들과 그들의 문제에 대한 하나의 전체적인 사고방식(Nichols, 1984)", 즉 개인 대신 가족을 생각하는 방식 그 자체로 보고있기도 하다. 이같은 시각은 가족을 개인들의 단순한 집합이 아닌, 그 부분들의 합으로 환산될 수 없는, 하나의 역동적인 전체라는 관점에 기인한다. 이러한 시각에서 보면 가족 구성원이 나타내는 증상이나 행동은 곧 가족 전체를 대표하는 것이고, 그러한 행동의 변화를 위해서는 가족 전체가 상호작용의 유형을 변화시켜야 한다.

체계이론은 그만큼 가족치료의 골격으로 적용되어 왔고, 대부분의 가족치료자들이 체계이론의 우산안에 모여있는 것(Freud, 1988)은 자연스러운 현상이다.

1970년대까지만 해도 가족치료 분야에서 분명히 소수 견해였던 체계론적 관점(Guerin, 1976)이 가족치료의 중심으로 옮겨온 데는 두가지 발전이 이루어졌기 때문이었다. 그 하나는 Bateson에 의한 캘리포니아의 의사소통 이론가들의 작업이고, 다른 하나는 Bowen의 작업이었다. 그러나 사람들은 저마다 다 다르게 체계란 말을 쓴다. Guerin(1976)은 체계정향을 대표하는 개념 또는 접근방법을 일반체계(General systems), 구조적 가족치료(Structural family therapy), 전략적 가족치료(Strategic family therapy), 그리고 Bowen 가족이론과 치료(Bowenian family systems theory and therapy) 란 명칭으로 설명하고 있다.

Goldenberg와 Goldenberg(1991)는 가족치료의 이론적 모형을 가족정신역동론, 가족 의사소통이론, 구조적 가족이론, 그리고 가족행동이론 등 네 가지로 나누고 있고, Foley(1994)는 대상관계이론, Bowen이론, 구조적 가족치료, 그리고 의사소통이론으로 역시 넷으로 나누고 있다. 이들 가운데 특히 체계이론과 관련이 깊은 이론들은 Bowen이론, 구조적 가족치료이론, 그리고 의사소통이론이다.

체계이론을 바탕으로 하는 가족치료는 가족체계의 어떤 측면을 사정과 개입의 중심지로 볼 것이냐는 차이에 따라 치료접근과 전략은 다르지만 공통점도 가진다(Hartman and Laird, 1987).

첫째, 인간의 행동은 개인만이 아니라 개인이 처한 환경과의, 특히 가족과의 순환적 상호작용 유형에 크게 영향을 받는다고 본다. 거의 모든 가족치료 모델에서 생활경험(Life experience)은 변화의 주요 자원으로 고려된다. 가족회기에서 순환적 인터뷰, 실연, 구조적 움직임, 의사소통 연습, 가족조각, 특정과제 수행, 또는 일방경 뒤로부터의 메시지, 또는 단순히 함께 얘기하는 것 등을 통해 가족은 스스로 새로운 방식을 경험하고 변화의 가능성에 직면하게 된다.

둘째, 가족은 오랜 시간에 걸쳐 발달된 꽤 지속적인 유형들, 과정들, 구조들, 그리고 규범들을 갖는 자기규제적, 항상성적, 인공두뇌학적 체계이다. 따라서 이러한 체계에서는 개인 특성보다는 전체로써의 가족 그리고 가족원 사이의 다양한 상호작용이 중시된다. 가족치료자들은 가족의사소통의 실제적 내용 보다는 관계체계 내의 구조와 과정에 더 유의한다. 가족이 무엇에 대해 말하느냐는 서로 어떻게 말하느냐 보다 덜 중요하다. 따라서 감정보다는 가족구성원 상호에 대한 반응으로 나타나는 행동과 상호작용이 중시된다.

셋째, 문제행동이나 개인의 증상은 잘못된 구조, 조직, 또는 의사소통의 결과 혹은 부적절하거나 긴장이 있는 생태학적 관계의 결과로써 가족체계의 응집력을 유지하는데 중요한 기능을 하며, 부적응적인 행동은 가족의 반응에 의해 잘못 강화된 결과로 본다.

넷째, 치료자는 가르치고 도전하고, 재구조화하고, 조각하고 지시하고 코치(coach)할 수 있다. 변화의 자원은 가족관계의 강력한 체계안에 있고, 가족과 가족치료자를 포함해서 새로 조성된 생태체계 내에 있다. 가족치료자들은 가족과 자신들을 포함하는 생태체계의 부분이 되며, 그 생태체계에 의해 자신들도 변화한다(Keeney, 1979).

체계이론이 가족치료에서 특히 의미가 있는 것은, 가족치료자가 가족체계에 개입하여 구축하는 생태체계(ecosystem)에서의 생활경험이 변화의 주요 자원이 된다는 점이다. Keeney와

Ross(1985)는 치료자가 가족의 변화를 돕는 과정을, 치료자가 '의미있는 소리' 또는 새로운 의사소통을 소개하여 가족이 보완적인 변화와 안정의 유형을 재조직할 수 있게 하는 것이라고 하였다. 가족치료자는 '변화시키지' 않는다. 치료자는 가족이 '새로운 현실을 구축하는데'에 참여함으로써 변화를 선택할 수 있는 하나의 맥락을 창조하도록 돕는다.

2. 가족치료 학파들

가족치료의 선구자들은 각기 다른 접근, 강조, 관점들을 가지고 다양한 가족치료 학파들이 형성되는데 영향을 끼쳐왔다(Hartman & Laird, 1987). 가족치료에 이론이 필요치않다는 이론을 가진 사람도 있다. Whitaker(1976)는 좋은 치료자는 직관적이며, 효과적인 치료에는 '진실된 자신이 되는 것' 만이 필요하고 이론은 '파괴적'이라고 주장한 바 있다.

그러나 가족치료 각 학파는 각기 독특한 이론적 바탕이나 개입 방법을 발달시켜 왔고 (Freud, 1988), 대부분의 가족치료자들은 잘 정의된 이론적 접근을 그들의 가족치료에 쓰고 있다.

다음에서는 앞에서 언급한대로 체계이론에 바탕을 두고있는 Bowen이론과 구조적 가족치료, 그리고 의사소통이론을 살펴본다.

1) Bowen이론

Bowen의 가족체계이론(family systems theory)은 정신분석과 정신분열증과 관련된 개념들을 중심으로 발전했다. Bowen은 1950년대 이후 체계개념에 바탕을 두고 정서적 역기능에 관한 이론을 발전시켰다. 그는 3, 4세대에 걸친 가족, 특히 삼각(triangulation)관계, 부부 간의 융합(marital fusion), 상호성(reciprocity)에 주의를 기울이면서 변화의 장(場)으로써 출생가족(family of origin)의 관계를 제시했다.

그는 체계는 다음의 여덟 가지 서로 관련있는 개념들을 포함한다고 하였다. 그들은 삼각관계(관계가 있는 두사람 중 한사람이 스트레스가 생겼을 때 제삼자와 연합하는), 자아의 분화(분산의 정도), 핵가족의 정서체계(한 세대안에서의 기능유형들), 가족 투사과정(핵가족 체계가 한 아동에게 손상을 입히는 매카니즘), 정서적 차단(출신 가족과의 관계), 다세대간 전수(병리가 세대간에 어떻게 전달되는가), 형제의 출생순위(세상을 보는 관점을 결정하는), 그리고 사회적 퇴행(사회의 문제가 가족에서 발견되는 문제와 거의 비슷하다고 하는) 등이다.

Bowen이론의 목적은 개인이 그의 가족으로부터 분화된 확고한 자아를 수립하도록 돕고자 하는 데 있다. 가족치료자는 코치가 되어 가족원들이 서로에게 부착되지 않도록 가르친다. 감정은 덜 강조되고 사고는 강조된다.

Bowen의 치료가 지향하는 중심 목적은 개인이 체계에 속박되어 반사(反射)행동을 하는 것이 아니라, 체계에 반응(反應)할 수 있는 위치에 서게하는 데 있다. 반사행동은 상대편이 자기를 통제하려 할 때 그 상대편이 원하는 행동을 함으로써 조종되는 상태인 반면, 반응은 상대편의 입장을 고려하되 그것 때문에 자신의 행동이 결정되는 것이 아닌 자유로운 상태이다.

Bowen이론의 가장 큰 공헌은 두 사람 사이에 불안의 수준이 높아질 때, 체계의 균형유지를 위하여 제삼자를 끌어들이는 삼각관계가 모든 정서체계의 기본적 장애가 된다고 밝힌 것이다.

2) 구조적 가족치료

Minuchin은 다른 선구자들 보다 10년이나 늦게 가족치료를 시작했지만, 그의 혁신적 방법이 가져온 광범위한 영향력은 그를 개척자의 대열에 들게 하였다. Minuchin은 Wiltwyk School에서 비행청소년의 가족을 다루는 과정에서 구조적 가족치료(structural family therapy)를 발전시켰고 'Families of the slum'(1967)을 출간하였다. 그후 그는 Philadelphia Child Guidance Clinic에서 Haley, Walters, Aponte, Montalvo 그리고 다른 사람들과 가족치료훈련소를 개설하였다. 그는 박탈적 환경속에 사는 해체가족들과 일하면서 가족 자체의 구조와 조직 뿐 아니라 가족과 생태학적 환경간의 관계를 강조하였다. Minuchin은 빈곤 가족을 다루었기에 전통적인 치료방법보다는 가족구조를 재구조화하는 단기적 방법을 고안하였고 또한 가족들을 포함시켰다.

Minuchin의 목적은 가족원들의 제휴구조와 연합을 변화시켜서 서로에 대한 경험을 변화시키고자 하는 것이다. "가족치료자는 체계에 합류하여 자신을 체계를 형성하는데 사용한다. 치료자는 체계의 구성원의 위치를 바꿈으로써 그들의 주관적인 경험을 바꾼다(Minuchin, 1974)".

구조적 가족치료에서는 과거보다는 현재의 가족구조에 더 많은 관심을 나타내며, 기존의 행동을 강화시키는 경향이 있으며 현재 진행되고 있는 상호작용에 초점을 둔다. 그는 가족구조가 가족 부적응의 문제를 불러일으킨다고 본다. 즉 가족이 기능을 하기 위해 증상을 가진 사람을 필요로 하는 만큼, 현재의 구조를 바꿈으로써 가족의 역기능을 변화시키고자 하는 것이다.

3) 의사소통이론

Bateson의 의사소통 프로젝트는 Jackson, Haley, Satir에 의해 더 발전되었는데, 그는 가족의 역기능을 규명하기 위해 의사소통과 구조적 모델(communication and structural model)을 이용했다. 여기서 나온 것이 전략적 치료(strategic therapy)와 가족의 구조적 치료(family structural therapy)이다.

서부의 Palo Alto에서 Bateson은 가족, 특히 정신분열증 클라이언트가 있는 가족의 의사소통을 연구하여 'Toward a theory of schizophrenia'(1956)를 발표하였다. 여기서 그는 이중구속(double-bind) 개념을 소개했고, 정신분열증이 가족 내의 역설적 의사소통 유형에 대한 적응적인 반응으로 이해해야 함을 제언했다.

Bateson의 의사소통이론에 기반을 둔 가족치료는 세 종류로 분류된다.

첫째는, Palo Alto의 Mental Research Institute 팀에 의한 가족치료이다. 그들은 현재 진행되고 있는 행동이 문제들을 일으키며 이것이 변화된다면 문제들은 그 성격이나 유래 또는 기간과 상관없이 해결되거나 사라질 것으로 보았다. 이 접근의 목적은 체계의 규칙을 바꾸는 데 있다. 그 방법으로는 증상을 지시한다든지 역설을 사용할 수 있다

두번째는, 이태리의 Milan학파가 있다. 이들은 다른 학파들 보다 현대의 인공두뇌학적이고 체계적인 사고에 가장 가깝게 어울리는 것으로 지적되고 있다. Milan학파는 그들의 목적을 가족의 환류주기(feedback cycles), 사람들의 인지 지도(map), 그리고 체계가 형성해 왔던 전체 유형속에 존재하는 모든 제약들의 성격을 변화시키는 데 두고 있다(Freud, 1988).

Milan학파의 치료의 주요 원칙들은 다음과 같다: ① 증상적 행동에 반영되는 전체의 생태를 파괴할 필요가 있고, 그것을 유지하는 환류주기를 방해하는 것, ② 가족원들이 새로운 차이를 만들도록 돕고, 이 과정을 통해서 그들의 어떤 신념체계를 바꾸게 하는 것, ③ 가족들이 문제해결 노력에 쓸 수 있는 현실에 대한 대안을 소개해 주는 것, ④ 가정(assumptions) 만들기와 순환적 질문 뒤에, 치료적 중립(neutrality)을 지키는 것 등이 Milan학파가 접근하는 가족치료의 가장 중요한 원칙이다(Tomm, 1984).

세번째는, 뉴욕의 Ackerman Institute for Family Therapy 중심의 가족치료이다. 이들은 Milan학파와 비슷한 접근을 하면서도 다른 의사소통학파들 보다 과거를 더 많이 이용한다. 증상의 발생을 중시하며 그 증상을 현재의 행동들과 연결시키는데 노력을 기울인다.

3. 체계이론의 장단점

체계이론은 그것이 심리접근 보다는 환경의 변화를 강조하고 포괄적이고 절약적이며 다학문 분야들에서 사용 가능한 공통의 언어를 제공한다는 장점을 지니고 있다(장인협 외, 1994). 체계이론은 다양한 수준들 사이의 연결을 만들고 파악하는데 큰 도움이 되며, 단선적인 결정론적 원인-결과론을 배제하고 순환적 인과론을 가능케 해줌으로써 개인의 증상 또는 행동에 따른 낙인을 줄일 수 있게 하였다(Payne, 1991). 순환적 인과론은 가족구성원이 연쇄적으로 행동하고 반응하는 것을 전제로 한다. 이와 같은 넓은 초점은 체계모델이 가지고 있는 장점이다. 특히 동귀결성 개념의 제공으로 다양한 에너지의 흐름이 체계를 다양한 방법으로 다양하게 변화시킬 수 있는 이론을 제시하여, 가족치료자들이 같은 목적을 달성하기 위해 다양한 방법들이 있다는 사실을 각성시켜 주고 있다.

반면, 체계이론은 설명적이기보다는 해설적이며 추상적이고 모호한 면이 없지 않아 왜 그런 연결들이 존재하는가, 왜 일들이 일어나는가에 대해 설명하지 않기 때문에 그것을 실증적으로 증명하기가 어렵다(Payne, 1991). 실제로 문제나 증상의 발생을 설명하거나, 변화가 어떻게 일어난다는 것을 설명해 주는 이론으로써는 부족하며 너무 일반화된 이론이기 때문에 특수한 상황에 적용시키기가 어렵다는 비판을 받는다.

Guerin(1976)은 Otto Kernberg와 같은 유능한 정신분석 학자들도 인간행동을 이해하고 맥락을 변화시킬 힘을 동원하기 위해, 체계이론을 큰 사회적 맥락에 적용하는 것에 대해 말하지만, 개입 수준에서는 원인-결과를 말하는 개인 이론과 그에 상응하는 기술 차원에 머물고 있다고 지적한 바 있다.

그리고 사람들마다 생각하는 체계와 체계이론이 다르기 때문에 가족치료의 통일된 이론으로 받아들이는 데 문제가 있다. 많은 가족치료자들은 체계이론에서 강조하는 '항상성' 개념에도 회의를 가져왔다. 정지보다는 변화 또는 끊임없는 움직임이 가족의 특징이라는 것과 가족이 고정적이고 규범적인 구조 또는 조직으로 되돌아가는 식으로 자체적으로 규제하지 않는다는 것을 주장해 왔다(Hartman & Laird, 1987). 특히 인공두뇌학 개념에 크게 의존하는 Milan학파는 체계란 기본적으로 변화 발전하지만 단지 안정된 것으로 나타나는 것 일 뿐이라는 관점을 강조한다.

결 론

본 장에서는 가족치료의 이론적 기반이 되는 일반체계이론과 인공두뇌학 등 대표적인 체계이론을 가지고 가족치료의 성격을 살펴보았다.

가족은 하나의 전체적인 단위로써 그 안에 자기 규제적이고 항상성적인 인공두뇌학적 체계를 가진 하나의 사회체계이다. 가족은 의사소통을 통해 유지되며 환류고리를 사용하여 정보를 처리한다. 가족은 적극적 환류를 통해 변화를 지향하면서 동시에 소극적 환류를 통해 안정상태에 머물고자 한다.

가족구성원은 지속적인 상호작용을 하면서 서로를 형성해 나가기 때문에 한 부분에 어떤 변화가 발생하면 그것은 그것과 관련된 다른 부분에도 변화를 불러일으키는 것이 불가피하다.

가족의 역기능은 개인이나 다른 가족원에게 있는 것이 아니라 그들이 특정한 방법으로 맺고있는 상호의존적 관계에 있다. 체계이론은 가족속의 개인의 행동을 단선적 인과관계로 보지 않고 순환적 인과관계로 보게 함으로써 개인의 증상 또는 행동에 따른 낙인을 줄일 수 있게 한다.

체계이론은 동귀결성 개념의 제공으로 다양한 에너지의 흐름이 체계를 다양한 방법으로 다양하게 변화시킬 수 있다는 이론을 제시함으로써 가족치료자들이 같은 목적을 달성하기 위해 다양한 방법을 사용할 수 있는 가능성을 가지고 있다는 점을 각성시켜 주고 있다.

다양한 가족치료 학파들은 체계이론에 바탕을 두고 나름대로 독특한 가족이론과 개입 방법을 임상적인 가족치료 이론으로 발달시키고 있다. 보다 조작적 정의가 될 이러한 이론들은 치료자들이 역기능적 가족을 어떻게 기능적으로 변화시키는가에 관한 실질적인 방법을 제시해 준다. 대표적인 이론은 Bowen이론, 구조적 가족치료, 그리고 의사소통이론이다.

체계이론은 설명적이기보다는 해설적이기 때문에 실제의 구체적 상황에 적용하는데 어려움이 있다. 그러나 Nichols가 잘 지적했던 것처럼, 가족치료가 눈에 보이는 상호작용에만 관심이 있고 가족구성원 개인의 개인적, 내적 경험을 무시한다고 생각하는 것은 큰 오해이다. 체계이론은 인간행동의 어떤 특수한 부문 등에 관한 정밀한 지식들을 대신할 수는 없으며 (Nichols, 1984; 장인협 외, 1994), 심리학적 이론과 상충되는 것이 아니다. 따라서 현명한 가족치료자는 관계에 바탕을 둔 가족접근 만큼, 개인에 바탕을 둔 심리적 접근에도 친숙하고 이 두 이론을 통합시킬 수 있어야 한다. 가족치료자는 개인 발달 뿐 아니라 가족생활주기 이론에도 친숙해야 하고, 사회적으로 변화하는 가족의 개념, 역할과 한 문화 속의 하위문화와 그에 따른 사람들의 삶의 양식에 대해서도 올바른 인식을 가지고 있어야 한다.

참 고 문 헌

김종옥, (1985), *가족치료의 이론과 기법 - 체계론적 가족치료 이론을 중심으로*, 아산, 통권 제31호, pp. 96 - 109.

서석봉 역, (1989), G. Bateson, *마음의 생태학*, 서울: 민음사.

장인협 외 역, (1994), I. Carter & R. E. Anderson, *인간행동과 사회환경*, 서울: 집문당.

장혁표 외 역, (1988), I. Goldenberg & H. Goldenberg, *가족치료의 이론과 실제*, 서울: 중앙적성.

현승일 역, (1990), L. von Bertallanffy, *일반체계이론*, 서울: 민음사.

Bateson, G., Jackson, D.D., Haley, J., & Weakland, J. H. (1956), "Toward a Theory of Schizophrenia," *Behavioral Science*, 1(4), 251-264..

Bateson, G. (1972), *Steps to an Ecology of Mind*, New York: Ballantine Books.

Bertallanffy, L. von (1950), "The Outline of General System Theory," *British Journal of Philosophy & Science*, III, 23-29.

Bertallanffy, L. von (1968), *General Systems Theory*, New York: Braziller.

Bowen, M. (1966),"The Use of Family Theory in Clinical Practice," *Comprehensive Psychiatry*, 7, 345-374.

Bowen, M. (1978), *Family Therapy and Clinical Practice*, New York: Jason Aronson.

Buckley, W. (1967), *Sociology and Modern Systems Theory*, Englewood Cliffs, N. J. : Prentice-Hall.

Foley, V. (1994), "Family Therapy," in R. J. Corsini(ed.), *Encyclopedia of Psycology*(pp. 9-11), 2nd edition, Vol 2. New York: John Wiley & Sons.

Freud, S. (1988), "Cybernetic Epistemology," in R. A. Dorfman(ed.), *Paradigms of Clinical Social Work*(pp. 356-387), New York: Brunner/ Mazel.

Goldenberg, I., & Goldenberg, H. (1991), *Family Therapy An Overview*, 3rd edition, Brooks/Cole Publishing.

Guerin, P. (1976), "Family Therapy: The First Twenty-five Years," in P. Guerin(ed.), *Family Therapy: Theory and Practice*(pp. 2-22), New York: Gardner Press.

Hartman, A., & Laird, J. (1987), "Family Practice," in NASW, *Encyclopedia of Social Work*, 18th edition, pp. 575-589.

Hoffman, L. (1981), *Foundations of Family Therapy*, New York: Basic Books.

Jackson, D. D. (1965), "Family Rules: Marital Quid Pro Quo," *Archives of General Psychiatry*, 12, 589-594.

Keeney, B. (1979), "Ecosystemic Epistemology: An Alternative Paradigm for Diagnosis", *Family Process,* 18(2), 117-129.

Keeney, B. P., & Ross, J. M. (1985), *Mind in Therapy. Constructing Systemic Family*

Therapies. New York: Basic Books.

Koestler, A. (1979), *Janus: A Summing Up*, New York: Random House.

Marcus, L. (1979), "Communication Concepts and Principles," in F. Turner (ed.), *Social Work Treatment: Interlocking Theoretical Approaches*, 2nd edition(pp.409-429).

Minuchin, S. (1974), *Families & Family Therapy,* Cambridge, Mass. : Harvard University Press.

Nichols, M. (1984), *Family Therapy: Concepts and Methods*, New York: Gardner Press.

Payne, M. (1991), *Modern Social Work Theory*, Chicago: Lyceum Books.

Satir, V. (1967), *Conjoint Family Therapy*, Palo Alto, Cal.: Science & Behaivor Books.

Thomas, M. B. (1992), *An Introduction to Marital and Family Therapy*, N. Y.: Merrill.

Tomm, K. (1984), "One Perspective on the Milan Systemic Approach: Part I. Overview of Development, Theory, and Practice," *Journal of Marital and Family Therapy,* 10, 113 - 125.

Weiner, N. (1954), *The Human Use of Human Beings,* New York: Doubleday, AnchorBooks.

Whitaker, C. (1976), "The Hinderance of Theory in Clinical Work," in P.J. Guerin(ed.), *Family Therapy: Theory and Practice*(pp. 154-164), New York: Gardner Press.

제 4 장

개인발달과 가족생활주기

배 태 순*

가족체계는 시간의 흐름에 따라 움직이며 이동하는 하나의 사회적 체계이다. 가족생활주기는 그 가족체계내의 가족구성원들의 개인발달과 그들의 체계로 들어옴(entries)과 나감(exits)을 지원하기 위해 관계체계를 재조정하는 중심적인 주요과정을 나타낸다.

본 장에서는 먼저 가족생활주기가 가족치료의 유용한 준거틀이 된다는 치료자와 가족생활주기와의 관계를 언급한다. 가족의 발달단계인 가족생활주기의 설명에 들어가기 전에 개인발달에 관한 고찰이 있으며, 개인발달은 아동기 및 사춘기와 성인기로 구분하여 설명된다.

가족생활주기와 그 단계에 관한 절은 가족생활주기가 이론적으로 형성되기 까지의 과정과 가족체계의 불안의 흐름에 관하여 논한다. 가족체계의 긴장은 가족이 가족생활주기의 전환(transition)에 대처하는 과정중에 발생하는 발달적 긴장과 가족의 전(全) 세대에 걸쳐 내려오는 수직적인 세대전환적 긴장이 있다. 이러한 가족의 긴장은 자주 가족생활주기의 파열을 초래하며 증상과 역기능을 유발시킨다. 가족구성원의 자격과 그에 따른 지위 및 기능은 선택의 여지가 없다. 그러므로 만약 가족구성원들이 마치 가족관계를 선택적인 것처럼 행동하여 관계를 차단시킨다면 자신들의 정체감에 해를 초래하게 되며, 이것은 순환적인 패턴으로 다수세대의 구성원들에게 영향을 미치게 된다. 따라서 가족의 발달과 더불어 구성원들간의 지위변화는 반드시 수반되어져야 한다. 가족생활주기의 단계들은 첫째, 독립된 젊은 성인 단계로써 타인(他人)과 결합하기 전에 원가족과 정서적 독립이 적절히 성취되어야 하는 과업이 주요과업이다. 둘째, 신혼부부 단계로써 결혼을 통한 두 가족들의 합침으로써 양 가족체계에서의 관계와 지위변화를 위한 협상이 이루어져야만이 결혼성공의 확률이 높다 하겠다. 신혼부부는 원가족과 독립적이면서도 연결된 하나의 하위체계를 형성할 수 있어야 한다. 셋째, 어린 자녀를 둔 단계는 부부간의 친숙함을 유지하면서 자녀를 위한 여지(space)를 제공해줄 수 있어야 한다. 세대간의 경계를 수용하며 자녀의 표현력을 발달시킨다. 넷째, 사춘기 자녀를 둔 단계는 성인과 아동의 혼합인 사춘기 자녀의 성장의 고통을 수용하며 자녀의 독립성 증가를 위해 가족경계의 융통성을 늘려야 하는 과업을 가진다. 다섯째, 자녀가 집을 떠나는 단계는 자녀 독립 단계로써 자녀를 떠나게 함으로써 자녀의 자율성 확립을 돕는다. 가장 많은 수의 가족구성원들의 나감과 들어옴을 처리하게 되는 단계이며, 새로운 영역이나 역할을 개척

* 경남대학교 사회복지학과 교수

해 봄으로써 부부관계의 강화를 위한 노력이 동원되어야 할 때이다. 여섯째, 노년기 단계로써 은퇴나 배우자를 상실하는 것, 조부모의 역할 및 질환과 신체적 쇠퇴에 의한 의존성의 해결 등이 이 단계의 주요 과업이라 하겠다. 노년세대의 가족구성원이 최대한으로 기능할 수 있도록 지원하여야 하며, 노년세대는 자신의 힘과 제한에 대해 현실적으로 수용하여, 필요할 때는 의존적이 될 수 있도록 자신을 허용하여야 한다.

마지막으로, 첫 결혼이 유지되지 못하는 이혼 및 재혼하는 가족이 다시 안정을 되찾고, 복합적인 수준에서 발달적으로 진전하기 위한 가족생활주기 단계들을 고찰해 봄으로써 본 장을 마감한다.

제1절 치료자와 가족생활주기(family life cycle)

한 개인이 시간의 흐름에 따라 그 발달주기를 가지듯이, 가족도 그 자체가 정서적 발달의 한 기초단위(basic unit)로써 발달적 과업을 가졌다는 관점이 가족생활주기의 틀을 제공한다 하겠다. 즉 가족은 각 부분들을 합한 것 이상이며, 시간의 흐름에 따라 움직이는 하나의 정서적인 체계(emotional system)로써 그 발달단계와 과정늘은 이해되고 예측될 수 있다. 따라서 이 가족생활주기는 치료자가 가족의 임상적인 문제를 가족의 발달적 과정, 즉 걸어온 진로와 현재 성취하려는 과업과 앞으로 가려는 미래의 범주내에서 볼 수 있도록 도와준다. 가족생활주기는 가족치료의 유용한 준거틀(framework)을 제공해 주며, 치료를 받는 임상가족들은 가족발달단계의 전환적 상황에 있는 보통 일반가족들이라는 개념을 제공해주게 된다(Carter & McGoldrick, 1980).

가족생활주기는 여러 발달단계(developmental stages)로 구성되어져 있으며, 가족의 긴장은 한 단계에서 다음 단계로 옮기는 전환점(transition point)에서 가장 높다. 따라서 가족구성원의 증상(symptom)은 가족이 가족생활주기의 한 단계에서 다음 단계로 옮기는 전환에 어려움이 있다는 신호이며, 치료는 그 단계로 복귀하는 것에 방향이 주어져야 그 가족의 정상적인 발달적 진전을 지속시킬 수 있게 된다(McGoldrick & Carter, 1982).

가족은 하나의 사회적 체계(social system)이므로 체계로써 작용하는 독특한 원칙이 있으며, 동시에 가족은 개인들(individuals)로 구성되어져 있으므로 개인의 성장발달과 가족은 서로 영향을 받게 된다. 따라서 가족생활주기는 여러 세대에 걸친 다수세대 가족구성원들의 동시적인 개인 발달과, 하나의 사회적 체계로써의 가족 그 자체의 발달과의 상호작용을 나타낸다.

그러므로 본 장에서는 먼저 아동기(兒童期)와 성인기(成人期)의 개인발달에 관한 고찰을 간단히 피력한 후에, 가족생활주기(family life cycle)의 단계들(stages)에 관해 설명하고자 한다.

제2절 개인 발달(individual development)

1. 개인의 발달 과정 : Freud의 심리성적 단계와 Erikson의 심리사회적 단계

한 개인의 정서적·사회적 발달에 관한 연구는 심리학자들에 의한 아동발달 심리학과 성인발달 심리학을 들 수 있겠다. 이중 Freud(1856-1939)의 심리성적(psychosexual) 발달단계로 본 아동의 정서적 행동발달 과정과, Erikson(1950)의 심리사회적(psychosocial) 발달단계로 본 아동기와 성인기의 사회행동 발달과정이 가장 잘 알려진 개인발달 연구이다. 이후 Gould(1972, 1978)와 Levinson(1978)의 성인발달에 관한 연구가 더해짐으로 해서 생활주기(life cycle)를 밟아가는 개인의 발달과정에 대한 이해의 폭이 넓어졌다.

Freud는 그의 정신분석이론을 통해 인간의 행동은 타고난 생리적인 충동(biological impulses)에 미친 초기의 환경적 영향력이라는 면에서만 이해되어질 수 있으며, 이중에서 가장 기본적인 충동이 성적(性的) 본능(sexual instinct)이라고 믿었다. 그는 성적 충동은 탄생때부터 줄곧 활동적이며 처음에는 성적 에너지인 리비도(libido)가 산만하여 초점이 없지만, 서서히 어떤 특정적인 목적과 대상에 집착되어 간다고 한다(Nichols, 1984). Freud는 일련의 심리성적 발달단계에 의해 아동발달 과정을 전개시켰는데, 그 단계를 구순기, 항문기, 남근기(생식기), 잠복기, 성기기(사춘기) 등으로 나누었다.

Erikson(1950)은 심리사회적 발달단계로 본 삶의 주기를 8단계로 나누었으며, 이것은 Freud가 인간행동의 생물학적인 면만 강조함으로써 사회생활을 이해하는 데에 부족했던 공백을 채워주었다. Erikson은 성기기(genital stage)에서 끝나는 Freud의 정신분석적 심리성적 단계를 훨씬 상회하여 삶의 주기의 성인단계의 주요과업까지 계속 고려한다.

본 장에서는 개인의 운동발달이나 인지발달보다 개인의 정서적 사회적 발달에 초점을 두어 Freud, Erikson, Levinson의 연구에 기초한 개인발달의 과정을 살펴보고자 한다.

1) 아동기(childhood) 및 사춘기(adolescence)

(1) 구순기(oral stage) :

처음 태어나서 2세 정도까지의 기간은 Freud에 의하면 구순기(oral stage)로써 신생아의 최초의 쾌락적 행동은 빠는 것과 먹는 것에 전념되어 있다. Freud는 빠는 것은 타고난 즐거움이며 이것은 성적(性的)이라고 한다. 이 시기에 수동적인 빠는 쾌락을 경험할 수 있는 적절한 기회가 주어지지 않은 신생아는 이 단계에 고착될 수 있으며, 이 후에 특히 긴장시에 수동적이며 의존적 형태의 행동으로 후퇴하게 된다(Nichols, 1984).

Erikson(1950)에 의하면, 이 기간은 완전의존기(complete dependency)로써 보호와 사랑을 잘 받았던 아동은 자신과 타인에 대한 기본 신뢰감(basic trust)을 갖는 과업을 성취하게 된다. 반면에 이 단계에서 잘못 취급되었던 아동은 환경은 근본적으로 자신에게 나쁘다는 불신감을 갖게 된다.

(2) 항문기(anal stage) :

2세부터 3세까지는 Freud에 의하면 항문기(anal stage)로써 이 기간 동안에 아동은 최초의 사회적 의무인 배변훈련(toilet training)에 직면하게 된다. 아동은 자신의 욕망과 충동을 조정하여야 하며, 대소변을 통제하는 것을 배움으로써 부모를 즐겁게 하는 것에 대해 굉장한 쾌락을 갖게 된다. 부모의 배변훈련에 대한 지나친 엄격함은 항문기에 고착을 유도하게 되며, 보류(withholding, retention)와 분출(letting go, expulsion)에 대한 갈등을 가지게 된다. 이 단계에 고착된 개인은 인색함과 고집 등의 특징이 있다(Lidz, 1976).

Erikson(1950)은 이 기간에 아동은 특별히 배변과 관련된 장의 조절(bowel control)보다도 일반적인 근육조절(muscular control)의 획득에 더 강조를 두게 된다고 한다. 이러한 자기통제(self-control)를 배우면서 아동은 지속적인 자율성(autonomy)을 적절히 획득한다는 것이다. 반면에 이 과정에서 자기가치감을 상실하고 수치를 느끼게 되면, 자신에 대한 의심(doubt)과 수치감(shame)을 갖게되며 퇴거(withdrawl)와 냉담(apathy)을 유도하게 된다.

(3) 남근기(phallic stage) :

Freud에 의하면 대략 3세부터 6세까지는 생식기 혹은 남근기(phallic stage)로써 아동들은 생식기에 손을 대봄으로써 생식기에 쾌락적인 감각이 있다는 것을 발견하게 된다. 이러한 자신의 성(性)에 대한 증가된 지식을 가지고 아동은 이제 이성(異性)의 부모에 대한 성적 감정이 솟는 것을 경험하게 된다. 소년은 어머니를 소유하고 그의 라이벌인 아버지를 물리치기를 소망하며, 소녀는 아버지를 소망하며 어머니를 질투하는 오이디프스 갈등(oedipus complex)을 경험하게 된다. 이러한 소망이 비현실적이라는 것이 분명해지게 됨으로써 아동은 이런 소망을 억압(repress)하는 것을 배운다. 그리고 동성(同性)부모와 동일시(identify)함으로써 이런 소망을 대치한다. 소년은 아버지와 같은 사람이 됨으로써 미래에 어머니와 같은 사람을 소유할 수 있는 사람이 되겠다는, 좀 더 현실적인 목적을 추구하게 된다. 아동은 이전에 증오했던 그리고 (보복을 받을까) 두려워했던 동성(同性)부모와 동일시함으로써 힘을 얻고, 부모의 통제를 내면화하며 좀 더 현실중심적이 되어 간다(Lidz, 1976; Nichols, 1984).

Erikson(1950)은 이 기간 동안에 부모의 애정과 지원을 받은 아동은 가정에서 새로운 역할을 개발하려고 주도를 시작한다고 한다. 이 시기에 아동은 실험과 새로운 것을 만드는 창조에 기쁨을 갖는다. 그러나 가족통제가 너무 엄격하면 아동은 깊은 죄의식(guilt)을 경험하고 독립성(independence)과 주도성(initiative)을 향한 그의 소망을 막게 된다.

(4) 잠복기(latency) :

Freud에 의하면 오이디프스 갈등이 해결된 후 아동은 잠복기(latency) -대략 6세~12세-로 들어가며, 사춘기(puberty)까지 성적 충동이 비교적 잠재상태에 있게 된다. 이 기간에 아동은 가정 외(外)의 학교나 친구에게 더 초점을 맞추기 시작한다.

Erikson(1950)에 의하면 이 시기에 아동은 특히 배우는 것에 관심이 있다고 한다. 학교에서 인정, 선망, 애정 등을 갖는 것은 성취에 좌우된다는 것을 깨닫게 되며, 성취를 위해 아동은 근면성(industry)과 능력(competence)을 획득하여야만 한다. 그러나 아동이 불안감으로 행동에 구애를 받거나, 너무 지나치게 엄하게 비난받으면 아동은 자신감을 잃고 열등의식(inferiority)을 느끼게 된다.

(5) 사춘기(adolescence) :

Freud에 의하면 사춘기(puberty)와 더불어 성기기(genital stage) -대략 12세~18세- 가 시작되면, 다시 깨어난 성적 감정(sexual feelings)은 부모 대신 또래(peers)에게 초점을 맞춘다고 한다. 10대 초기에는 대부분의 아동들은 일차적으로 동성과 관련하지만, 10대 후반에는 이성에 관심을 갖고 데이트를 시작하며 지속적인 관계와 성숙한 성(性)을 위한 기초를 닦게 된다(Lidz, 1976; Nichols, 1984).

Erikson(1950)에 의하면 사춘기에 발생하는 생리적 및 성적(性的) 변화는 사춘기 청소년들에게 당혹감을 초래하며, 이전의 의심과 갈등이 새로이 나타나며, 청소년은 자신을 포함해서 모든 것을 질문하게 된다. 대항과 반항은 보통이며, 소속에 대한 욕구는 또래집단의 가치(values)에 맹목적으로 집착하는 결과를 초래한다. 이 단계의 주(主)과업은 자신의 수용과 성공적인 개인간의 관계를 성취하는 것이며, 정체감 위기(identity crisis)의 해결과 새로운 수준의 통합과 지속(continuity)이다. 정체감 위기를 해결하지 못하면 자신의 사회적 및 성적 역할에 대한 산만과 혼돈을 경험하게 되는 정체감 산만(identity diffusion)을 갖게 되며, 이것은 비행과 성적 분방함을 포함하는 비적응적인 행동패턴을 유발하게 된다.

2) 성인기(adulthood)

가족치료자는 대부분 아동을 위한 클리닉에서 일하며, 대부분의 가족은 아동에 초점을 둔 문제를 제시한다. 그러므로 치료자는 성인발달보다도 아동발달 단계에 더 친숙한 경향이 있다. 가족문제의 경우 아동들의 발달적인 긴장(developmental stress)에 대해서 먼저 생각하게 되기 쉽지만, 부모의 발달적 긴장에 대해서 고려하는 것은 이에 못지않게 중요하다(Nichols, 1984).

Levinson(1978)은 10년간 40명의 남자를 집중적으로 면접하는 것에 기초하여, 초기 및 중기 성인기에 중점을 둔 성인 발달의 전형적인 패턴을 연구했다. Levinson은 성인기를 초기, 중기, 후기로 나누고, 이 단계 사이의 전환점(transition points)은 삶의 주기의 중요한 시점(時點)으로써, 사람들은 이전의 삶의 구조(life structure)를 수정하고 다음 단계의 성숙에 적절한 삶의 구조로 발전시킨다고 표현한다. 전환점은 다음 단계가 새롭게 되느냐, 혹은 침체되느냐를 결정짓는 원천이 된다 하겠다.

Levinson(1978) 연구의 중요한 관찰중의 하나는 성숙한 성인(成人)이 되는 것은 일반적으로 알려졌던 것보다 훨씬 더 오래 걸리며 더 복합적이라는 것이다.

(1) 성인 초기(early adulthood) - 성인 초기 전환기(17세-22세), 성인세계 진입기(22세-28세), 30세 전환기(28세-33세), 정착기(33세-40세)

성인 초기 전환기는 대개 17세부터 22세까지 지속되며 성인세계로 이동하는 시기이다. 청소년이 부모로부터 너무 일찍 분리하면 그의 가족에게 정서적으로 매이게 된다. Levinson(1978)은 연구대상자들이 20대에 부모와의 관계를 점점 느슨하게 하며, 30대에 접근하면서 그들의 부모에게 더 무관심해지고 멀어지게 되는 것을 발견했다.

이 시기는 Erikson(1950)에 의한 성인기의 세 단계 중 첫 단계이다. 사춘기에 정체위기감을 해결하고 자기정체감을 형성한 젊은 성인은 타인(他人)과 진정한 친숙함(intimacy)을 성취하기 위해 전진할 수 있게 된다. 동시에 젊은 성인은 자신의 본질(essence)에 해가 되는 사람이나 힘으로부터 자신을 멀리할 수 있는 능력도 성취하여야 한다. 그러나 타인과의 친밀을 자아상실(ego loss)에 대한 두려움으로 인해 피한다면, 이것은 깊은 고립감(isolation)과 그에 따른 자기심취(self-absorption)를 유도하게 된다.

Levinson(1978)은 젊은이가 20대 초반까지 사춘기의 불확실성을 종결시키며, 그 이후 안정적인 삶의 과정으로 들어간다는 일반적 견해에 대해 의혹을 제기했다. 그의 샘플은 대부분 20대에 중요한 개인적 위기를 겪었고, 30세가 가까울 때까지 안정된 삶의 구조를 성취하지 않았다(Nichols, 1984).

대략 22세에서 28세까지에 대부분의 젊은이들은 성인세계로 들어가게 된다. 이 시기에 처음엔 탐색하다가 20대 후반부에는 안정된 삶의 구조를 탐색하고 창출한다. 결혼이나 직업(career)과 같은 구속되는 선택도 이 시기에는 임시적인 특성을 띈다. 이러한 선택의 만족스런 해결은 Erikson의 성인기의 둘째 단계에 적절하게 된다.

Erikson(1950)은 정체감을 성공적으로 확립하고 친밀한 관계를 성취한 사람은 미래세대(next generation)를 확립하고 기르려는 소망을 갖게 되며, 이것은 자녀생산과 양육으로 표현되며, 또한 다른 형태의 창작과 사회봉사에도 적용된다고 한다.

Levinson(1978)은 30세의 전환은 28세에서 33세까지 지속하며, 이 때는 임시적이며 탐색적인 20대의 특성이 끝나는 시기라고 한다. 결정과 책임(commitment)은 실제이며 현실이라는 것을 느끼며, 변화를 원하면 이 때에 하는 것이 좋다는 것을 깨닫게 된다. 삶의 구조를 탄탄하게 만드는 작업은 긴장스러우며, 따라서 '30세의 위기'는 보통이다.

남자가 33세가 되면 Levinson(1978)에 의하면, 다음의 4개의 주요과업을 다소 성공적으로 처리해왔을 것이라 한다 : 즉 ① 꿈을 형성하고; ② 자신을 이끌어줄 선생(mentor)과의 관계를 형성하고; ③ 직업을 형성하고; ④ 결혼과 가족을 형성하는 과업이다. 그는 형성(forming)이라는 단어를 의도적으로 사용했는데, 이것은 과업은 창조적이며 지속적인 것이지, 한번 선택되어지는 그런 간단한 것이 아니라는 것을 강조하기 위해서였다. 꿈을 실현하려고 노력할 때 지원해주는 선생(mentor)은 일부 부모이기도 하며 일부 동료이기도 하여, 젊은 성인에게는 아동기 때의 부모와 거의 같을 정도의 중요한 존재라는 것이다. 선생의 중요한 특성을 내면화함으로써 젊은 성인의 성격은 풍성하게 된다고 한다. Levinson(1978)은 직업은 20대 초반에 간단히 결정해서 계속 종사하게 되는 것이 아니며, 직업형성은 복합적인 과정으로써 성인 초기의 많은 부분으로까지 확대된다는 것을 발견했다.

성인 정착기(33세-40세)에 이르면 사회에서 직업을 확립하고 진급을 향해 일하며, 남자는 일과 가족 두개의 구심점을 중심으로 생활이 회전한다. Levinson(1978)은 이때에 자기 자신이 되어가는 느낌과 다른 사람들에게 선생(mentor)으로서 행동할 수 있다는 느낌은 성인 성숙에 필수적인 부분이라고 한다.

(2) 성인 중기(middle adulthood) - 성인 중기 전환기(40세-45세), 성인 중기 진입기(45세-50세), 50세 전환기(50세-55세), 성인 중기 정점기(55세-60세)

Levinson(1978)은 40세-45세에 발생하는 성인 중기 전환기를 성인 초기와 중기 사이의 다리로써 토론했다. 이 시기에 해결되어야 할 극단적인 것은 젊음과 늙음이다. 성인 중기에 성인은 젊은 특성을 포기하여야 하며 늙는 것에 대해 긍정적인 즐거움을 찾아야 한다. 인간은 생존을 넘어서 그들의 생애가 어떤 의미를 가진다는 것에 관심이 있으며, 다음 세대 자녀들의 복지 뿐만이 아니라 그들의 에너지를 투자한 회사, 대학, 도시 등의 미래에 대해서도 관심이 있다.

Erikson(1950)은 이러한 생산성(generativity)을 중년 성인기의 주요한 성취로 간주했다. 반대로 생산성을 위한 능력을 개발시키지 못한 사람들은 마치 자신들이 자신의 유일한 자녀인 것처럼 자신들에게 흠뻑 빠지는 침체감(stagnation)이나 개인적 빈곤함(personal impoverishment)을 갖게 된다는 것이다.

Levinson(1978)의 연구는 성인 중기 진입기(45세-50세)에 끝나지만, 그는 성인 후기를 성인 후기 전환기(60세-65세)와 성인 후기(65세 이후)로 표현했다.

(3) 성인 후기(late adulthood) - 성인 후기 전환기(60세-65세), 성인 후기 (65세 이후)

Erikson(1950)은 성숙한 삶의 최종적인 성취를 고결성(integrity)으로 표현한다. 잘 살았던 인생은 내적인 평온함과 개인적인 중요성에 대한 확신을 준다. 고결성의 성취는 자신의 하나밖에 없는 삶(one's own and only life)을 있는 그대로 수용하는 자아통합(ego integration)을 의미한다. 부당한 후회나 비난 없이 과거는 지났고 바꿀 수 없다는 지혜를 가지고 수용하게 된다. 자신의 살아온 삶을 있는 그대로 수용할 수 없는 사람들은 성인 후기 -노년- 에 절망(despair)에 빠지게 된다. 이들은 죽음을 두려워하며, 그들의 인생이 낭비되었다고 느끼며, 자기증오와 후회, 타인들에 대한 신랄함(bitterness)을 가지고 인생을 끝낸다.

은퇴(retirement)는 성인 후기의 주요한 전환이다. 재정적으로 안정되고 은퇴를 선택한 사람들에게는, 은퇴는 일의 세계로부터 물러나서 다양한 여가 관심을 즐기는 기회로 이용하게 되겠지만, 은퇴로 인해 편안한 삶의 수준을 영위할 수 없는 사람들에게는 은퇴는 타격이다.

Lidz(1976)는 노년에 적응하기 위해 어느 정도 일선에서 뒤로 물러나는 것은 필수적이라 하더라도, 계속 생산적으로 활동하는 노인들이 가장 행복한 노인들이라고 믿었다. 신체적 및 경제적 제한은 수용되어야 하지만, 그래도 노년은 아직 성장(growth)과 만족(satisfaction)의 시기이다.

노년기에 나이가 더 많아짐에 따라서 여생에 관한 희망은 남은 생(生)을 존엄성(dignity)을 가지고 마감하며, 자신을 스스로 계속 돌볼 수 있기를 바라며, 남에게 유용(useful)하기를 바라며, 남들이 고마와하는 대상이 되기를 바란다(Lidz, 1976).

성인 후기의 성인들은 인생의 끝에 가까와지지만, 그들은 아직도 가족에게는 지대하게 중요한 구성원이다.

제3절 가족생활주기와 그 단계(stages)

1. 가족생활주기의 이론적 형성

가족이 개인과 마찬가지로 생활주기(life cycle)를 가졌다는 관점은 처음 사회학분야에서 태동되었으며, 이것은 1948년의 회의 발표에서 Reuben Hill과 Evelyn Duvall이 가족구성원들 간의 상호의존성을 중시하면서 부터였다. 즉 그들은 가족을 아직도 개인생활주기들(individual life cycles)의 집합이라는 개념을 뛰어넘지 못했으나 한 가족의 3세대(three generations) 구성원은 각자의 발달적 과업을 가지고 있으며, 이것의 성공적인 수행은 다른 가족구성원의 성공적인 과업수행에 달렸으며, 또한 그것에 공헌하기도 하는 상호의존적이라는 주장을 한 것이다. 그 이후 1950년에 Duvall이 단순히 개인의 집합체가 아닌 전체인 하나로써(as a whole)의 가족이 그 발달적 과업을 가졌다는 최종단계를 결혼과 가족이라는 워크샵에서 전개시켰다(Carter & McGoldrick, 1980). Duvall(1977)은 가족생활주기를 8단계로 나누고 각 단계의 발달과업을 요약했다. 그 이후 Duvall의 8단계로부터 다양하게 가족발달 단계들이 발전되어 왔지만, 한결같이 가족구성원의 가족체계의 들어옴과 나감에 관련된 사건들이 언급되고 있는데, 이것은 기본적으로 결혼, 자녀탄생과 양육, 자녀의 떠남, 은퇴, 죽음 등을 내포하는 것이라 하겠다.

사회학자들이 1950년대 초반 가족을 하나의 발달적 단위로 규정하고 있을 때와 같은 시기에 이후에 가족치료라고 알려지게 된 분야의 창시자들 -Bowen, Ackerman, Jackson, Satir 등- 도 유사하게 가족을 하나의 단위(unit)로써 정신적 치료를 실험적으로 하고 있었다. 이 임상가들 및 연구자들은 치료하는 가족들을 제 위치로 돌려보낼 수 있는 정상적 가족발달 모델의 필요성에 직면하게 된다. 가족생활주기가 가족치료 임상가들의 유용한 준거틀로써 명확하게 언급된 것은 1970년대의 가족치료 문헌에서 부터였다. 그러나 묵시적으로는 오랫동안 가족생활주기가 대부분의 가족치료 접근방법들의 기본적 가정이었던 것은 사실이다(Carter & McGoldrick, 1980).

최초로 가족치료 문헌에 가족생활주기와 그 임상적 의미를 직접적으로 언급한 것은 Jay Haley의 1973년 저서와, 같은 해 Michael Soloman의 논문에서였다. Haley는 그의 저서 Uncommon Therapy에서 6단계의 가족생활주기를 묘사했으며, 가족의 긴장(stress)은 한 단계에서 다음 단계로 옮기는 전환점에서 가장 높은 것으로 믿는다고 피력하였으며, 가족구성원의 증상은 이러한 가족생활주기의 진전에 어떤 방해가 왔을 때 생기게 된다는 것이다.

Soloman(1973)도 그의 논문을 통해 Duvall의 8단계 가족생활주기를 다섯단계로 축소하고, 이러한 발달단계와 그 단계에 따른 과업은 모든 가족에게 해당되는 것임으로 가족생활주기는 진단적인 기초로써 사용되어 치료계획을 개발할 수 있다고 제시했다.

Minuchin도 1974년 그의 저서 Families and Family Therapy를 통해 가족발달주기는 가족을 하나의 체계로 보는 것에 기초한 관점의 중요한 요소로 표현했다. 즉 치료를 받는 가족들은 새로운 환경에 적응하는 고통을 겪는 전환적 상황(transitional situation)에 있는 보통가족들이라는 것이다.

최근에는 많은 가족치료자들이 Haley-Erikson이론이 정한 노선을 따르는데, 이것은 문제를 가족생활주기로 부터의 탈선으로 간주하여, 치료는 가족을 다시 본 궤도에 올려놓는다는 관점이다. 이 체계적인 변화는 가족체계 그 자체를 변화시켜야 하는 굉장한 도약을 요구한다. 따라서 치료자가 만나는 가족들은 그 정서적인 형태(emotional pattern)가 다음 발달단계로 넘어가는 것을 후원하지 못해 변화가 자동적으로 오지 못하는 가족들이다(Carter & McGoldrick, 1980; Goldenberg, 1991).

2. 가족체계의 긴장 - 발달적 긴장과 세대전환적 긴장

가족의 의미는 어떤 특정한 한 세대나 어떤 한 핵가족(nuclear family)으로 제한되지 않는다. 가족은 적어도 3세대의 전(全) 가족정서체계(family emotional system)를 의미하며, 핵가족은 3세대의 정서체계 내에서 과거와 현재의 관계에 반응하는 하나의 정서적 하위체계(subsystem)로써 간주된다(Walsh, 1982).

한 가족의 불안(anxiety)의 흐름은 수평적인 것과 수직적인 것으로 나누어 볼 수 있다. 수평적인 흐름의 불안은 가족이 시간의 흐름에 따라 전진(前進)할 때에 발생하는 긴장에 의한 불안을 포함하는 것인데, 이러한 긴장은 가족이 가족생활주기의 변화의 전환(transition)에 대처하는 과정에서 발생하게 된다는 것이다(Carter & McGoldrick, 1980).

가족체계의 긴장은 가족생활주기의 전환에서 오는 예견할 수 있는 가족의 발달적 긴장(developmental stress)과 예견할 수 없는 사건들 모두를 내포하게 되는데, 예상치 않은 죽음, 장애아(障碍兒)의 출생, 만성질환, 전쟁 등과 같은 예견할 수 없는 사건들은 가족생활주기의 과정을 파열시킬 수도 있게 된다.

한 가족체계의 수직적인 흐름의 불안은 전(全) 세대에 걸쳐 전해 내려온 타인과 관련하고 기능하는 형태(pattern)를 내포하며, 가족의 태도, 금기, 기대감, 별명, 성장하면서 맡겨진 문제 등을 말한다 하겠다. 즉 수직적인 불안은 이미 사람들에게 주어진 것으로써, 이것을 가지고 무엇을 하느냐가 그 이슈가 된다(Cater & McGoldrick, 1980).

이러한 가족의 전(全) 세대에 걸쳐 내려오는 수직적인 세대전환적(trans-generational) 긴장이 가족체계에 미치는 영향력은 굉장하다. 따라서 과거의 세대로부터 물려 내려오는 수직적인 긴장이 가득한 가족에게는 미소한 수평선상의 발달적인 긴장도 가족체계에 막대한 파열을 초래할 수 있게 된다. 즉 모든 정상적(normative)인 변화가 어느 정도의 긴장을 유발하지만, 이러한 발달적인 긴장이 세대전환적인 긴장과 맞부딪칠 때에 엄청난 불안감이 발생하게 된다(Carter & McGoldrick, 1980; McGoldrick & Carter, 1982).

가족생활주기의 전환점에서 발생하는 불안감이 지대할수록 그 전환은 더 어렵게 되거나 혹은 더 역기능적이 된다. 이것은 치료자에게는 가족의 현재의 생활주기에서 오는 긴장의 정도 뿐만 아니라, 이러한 긴장이 시간적 흐름에 따라 가족에게 내려온 가족의 테마(themes), 삼각관계, 별명(labels) 등과 어떻게 연관되어졌나 하는 것을 사정 및 평가하여야 한다는 것을 시사한다 하겠다.

가족생활주기 전환점에서 발생하기 쉬운 가족의 긴장은 자주 가족생활주기의 파열을 초래하며 증상과 역기능을 유발시킨다.

Hadley와 그 동료는, 증상은 가족구성원의 첨가(addition)와 상실(loss)이라는 가족의 발달적 위기(developmental crises)와 가장 중요한 상관관계를 갖는 것을 발견했다(Hadley, Jacob, & Spitz, 1974). 생활주기의 사건들이 장기간(長期間)에 걸친 가족발달에 지속적인 영향력을 미치고 있다는 증거가 늘어나고 있으며, 수년 간에 걸친 한 장기연구는 초기의 상실이나 생활주기의 파열이 이후의 증상발달과 수없이 연결되었음을 발견했다(Thomas & Duszynski, 1974). 이 연구는 Bowen(1978)이 가족의 현재의 역기능을 이해하기 위해 가족발달상의 어려웠던 사건이나 전환점들에 초점을 맞추면서, 여러 세대에 걸친 가족생활주기 패턴을 통해 가족체계를 살펴보는 그의 임상방법을 지원한다 하겠다.

과거의 세대로부터 내려오는 긴장과 가족생활주기를 통과하면서 경험하는 긴장 외(外)에도 가족에게는 지금 이 시대(時代)의 이 장소에 사는 긴장이 있다. 즉 여성해방이 가족관계에 미치는 영향력이나 증가하는 이혼율, 성해방, 환경파괴, 자원부족 등이 역사의 이 시점에서 생활주기를 통과하는 가족에게 미치는 영향과 범주도 무시할 수 없다. 굉장하게 빠른 속도의 변화가 오늘의 가족에게 미치는 긴장을 깨달아야만 한다(Carter & McGoldrick, 1980; McGoldrick & Carter, 1982).

가족들이 생활주기의 전진(前進)을 하지 못할 때에는 주로 시간에 대한 관점이 결여되어 있다. 즉 현재나 과거 혹은 미래의 어느 한 곳에만 고착되어 있으며, 생활(life)은 가족관계와 가족범주(family context)의 지속적인 이동(motion)과 변천(transformation)을 의미한다는 것을 잊고 있는 가족들이다. 따라서 치료는 삶은 여기에서 저기로의 과정과 이동이라는 느낌을 다시 심어주는 작업을 포함하게 된다.

3. 가족구성원의 자격(membership)과 지속적인 지위(status)의 변화

가족이 다른 체계들과 기본적으로 다른 특성은 그 구성원의 자격(membership)에 있다. 즉 가족은 다른 조직들과는 달리 새로운 구성원을 오직 탄생, 입양, 결혼에 의해서만 수용한다. 체계를 완전히 떠나는 것은 죽음에 의해서만 가능하다. 구성원의 파면과 사퇴가 가능한 기업조직과 달리 가족만이 이러한 제한점에 구속받는다 하겠다. 이러한 구성원 자격에 대한 특성으로 인해 가족생활주기는 가족구성원의 나감(exit)과 들어옴(entry)에 관련된 사건들이 언급되고 있으며, 따라서 결혼, 자녀탄생, 자녀의 출가, 죽음 등이 가족생활주기의 중요한 전환점이 된다(Carter & McGoldrick, 1980).

가족구성원은 시간의 흐름에 따라 변화하며, 다른 구성원과의 지위(status)도 이에 상응하여 변화하게 된다. 다른 가족구성원과의 지위변화와 더불어 그 구성원에 대한 기능의 변화도 수반하게 된다. 이러한 지위와 기능의 변화를 혼돈할 때에 가족생활주기의 전진(前進)은 어렵게 되며 가족은 역기능적이 된다. 이것은 가족구성원이 자신이 가진 이상의 권력이나 지위를 가졌다고 잘못 생각할 때 발생한다. 예를 들면 어머니가 자신의 아들은 정말 결혼하는 것이 아니며 따라서 아들에 대한 그녀의 지위(status)는 변하지 않았다고 가장한다면, 이것은 그녀의 며느리를 무시하고 아들과의 독단적인 관계추구의 형태로써 나타날 수 있게 된다(Carter & McGoldrick, 1980; McGoldrick & Carter, 1982).

가족구성원의 자격과 그에 따른 지위 및 기능은 선택할 여지가 없다. 전 세대에 걸쳐 복잡하게 얽힌 가족의 인연은 바꾸어질 수가 없다. 즉 가족체계의 중요한 가치는 관계(relationship)에 있으며, 이러한 가족관계는 대치될 수 없다. 이런 연유로 가족구성원들이 가족관계를 마치 선택적인 것처럼 행동하여 관계를 차단(cut off)시킨다면, 자신들의 정체감에 해를 초래하며 또한 정서적 및 사회적 범주(context)도 좁히게 되는 해도 따르게 된다(McGoldrick & Carter, 1982).

4. 가족생활주기(family life cycle)의 단계들(stages)

가족생활주기의 전환은 가족 전 체계의 변화가 요구되는 과업이다. 가족생활주기는 세대간의 연결성(generational interconnectedness)이 그 일관적인 테마라 할 수 있겠다(Meyer, 1980). 가족생활주기의 단계들은 시간의 흐름에 따라 움직이며 이동하는 가족체계와, 그 체계 내의 3세대 혹은 4세대 가족구성원들의 개인 발달과 또한 그들의 체계로 들어옴(entry)과 나감(exit)을 지원하기 위해 관계체계(relationship system)를 재조정하는 중심적인 주요 과정을 피력한다 하겠다. 가족생활주기 단계를 피력함에 있어서, 본 장에서는 가족생활주기가 구혼이나 결혼으로 시작하여 배우자의 사망으로 끝나는 사회학적인 해석과 달리한, Carter와 McGoldrick(1980)의 가족생활주기 틀에 의한 여섯 단계를 포함하기로 한다.

1) 독립된 젊은 성인 단계

가족을 요람에서 무덤까지 계속 작동하는 정서적인 단위(emotional unit)로 간주할 때, 독립된 젊은 성인 단계로부터 가족생활주기가 시작되게 된다. 이 단계의 주(主)과업은 젊은 성인이 삶의 목적을 설정하고, 새로운 가족 하위체계를 형성하기 위해 다른 타인과 합치기 전에, 정서적으로 분리된 정체감(separate emotional identity)을 개발하여 '나 자신(self)'이 되어야 한다. 즉 이 단계에 원가족(family of origin)과의 정서적 독립이 적절히 성취되어야 한다. 이 원가족과의 종결을 성취했느냐의 여부가 직업 및 배우자 선택 등과 관련하여 이후의 모든 가족생활주기 단계들에 대해 가장 깊은 영향을 끼치게 된다(Meyer, 1980).

이 단계에 젊은 성인이 그의 원가족과 정서적으로 분화(differentiation)를 잘 할수록 가족생활주기를 통한 수직적 긴장, 즉 세대전환적 긴장은 더 적게 된다. 이 단계에 원가족과 분화를 하지 못한 젊은 성인은 이후의 배우자 선택도 원가족을 기쁘게 하기 위해서나 혹은 비웃기 위해서 선택하기가 쉽게 된다. 이 경우에 신혼부부는 독립적이면서도 연결된 하나의 하위체계(subsystem)가 되기 어렵게 된다(Carter & McGoldrick, 1980).

이 단계의 과업은 젊은 성인이 원가족과 정서적으로 차단하거나 원가족 외(外)의 대리적인 정서적 피난처로 도피하지 않으면서 원가족과 분리하는 것을 요구하게 된다. 젊은 성인이 원가족으로부터 취할 것과 자신을 위해서 무엇을 변화시킬 것인가를 정서적으로 정돈할 때이다. 그러므로 결혼은 원가족과 정서적으로 독립적이 되려는 과업에 대해 이미 많은 진전을 했다는 것을 인지시키는 것이지, 이제 이 과업을 시작하려는 것을 상징하는 것이 아니다(McGoldrick & Carter, 1982).

이 단계에서 부모와 젊은 성인은 각자 서로를 보완할 수 있는 성인으로 간주하여야 하며, 여기에 기초하여 지금까지와는 다른 덜 상호의존적인 관련성을 가져야 한다. 이러한 지위변화에 대한 어려움은, 부모가 젊은 성인 자녀의 의존성을 부추기거나 혹은 성인 자녀가 계속 부모에게 의존적이거나 또는 성인자녀가 부모나 가족으로부터 멀리 떨어져 나가는 형태로 나타나게 된다. 성인 자녀가 부모와의 관계를 대응적으로 차단하는 것은 원가족으로부터의 독립이 아니라 오히려 사실상은 정서적으로 구속되었다고 볼 수 있으며, 결코 정서적 관계를 해결한 것은 아니라 하겠다(Nichols, 1984).

부모와 젊은 성인 자녀가 성인 대 성인으로서의 지위변화를 갖기 위해서는 서로 존중하는 개인적인 형태의 관련성이 요구되는데, 이것은 자녀는 부모에 대해 부모가 아닌 것이나 하지 못한 것에 대해 질책하지 않으며, 동시에 자녀는 자신을 희생하면서까지 부모의 기대나 소망에 부응할 필요가 없음을 뜻한다(McGoldrick & Carter, 1982).

이 단계에서 치료자는 젊은 성인에게는 체계에서의 지위와 역할변화를 성취할 수 있는 새로운 방법에 부모와 다시 참여할 수 있도록 유도한다. 동시에 부모에게는 자신들의 자녀가 성인으로서 지위가 새로와졌음을 깨닫게 하고, 자녀가 독립적이 되도록 허용하는 것을 돕는 것에 초점을 맞추어야 한다. 각자에게 필수적인 체계적인 변화, 즉 지위와 역할변화를 할 수 있도록 돕는 데에 초점을 두게 된다.

2) 신혼부부 단계 : 결혼을 통한 가족들의 합침

부부가 된다는 것은 가족생활주기의 전환중에서 가장 복잡하고 어려운 전환이다. 결혼은 서로 적응하는 어려운 과업을 요구하며 발달되고 개선되기 위해 계획적인 노력이 요구되는 전환이지, 가장 쉽고 기쁨이 넘치는 꿈의 나라로 들어가는 전환이 아니다. 동물과 달리 인간의 짝맺기는 두개의 거대하고 복잡한 체계의 합침이다. 즉 두개의 확립된 가족체계의 변화와 각각의 체계내에 하나의 하위체계의 형성을 뜻한다(McGoldrick, 1980; Goldenberg & Goldenberg, 1984).

이 단계에서 신혼부부는 원가족(family of origin)과 독립적이면서도 연결된 하나의 하위체계 형성을 위해 원가족과의 지위변화 및 관계변화를 가져야만 한다. 결혼은 젊은 성인의 지위(status)에 관한 문제를 해결해 주는 것이 아니라, 변화하는 가족지위에 대한 복합적인 과정(complex process)을 뜻한다(McGoldrick, 1982).

배우자 선택에 있어서 원가족과 분화를 잘 하지 못한 개인은 배우자를 통해 자신의 결점(deficiency)을 보완할 것을 추구한다. 이것은 배우자와 자신의 차이를 부인하며 서로의 독특성을 인정하지 않는 것으로써 이후의 의사소통에도 심각한 곡해(distortion)를 초래하게 된다. 결혼은 자신이 원하는 것을 이미 혼자서 해결해 본 성숙한 두사람의 결합이어야 한다(McGoldrick, 1982; Nichols, 1984).

결혼은 부부가 언제 식사하고 자며, 휴가를 어떻게 보내느냐 등과 같은 수많은 개인적인 문제를 재협상하여야 할 뿐만 아니라, 그들의 부모, 형제, 친구, 친척들과도 관계를 재협상하도록 요구하게 된다. 부부의 원가족들도 외부인에게 체계를 개방하여 이제 그들의 가까운 정식 가족구성원으로서 받아들여야 하는 긴장을 갖게 된다. 이것은 가족 경계의 변화를 요구하며 우선순위들에 대한 협상이 이루어져야 함을 뜻한다.

사실 이 단계의 전환점에서 요구되는 협상의 어려움으로 인해 결혼전(前) 상담이 필요하다 하겠다. 이 협상은 성적(性的)인 문제나 남녀간의 차이점, 혹은 자녀를 갖느냐의 여부 등에 대한 것이 아니라, 양 가족체계에서의 관계와 지위변화를 위한 협상이어야 결혼성공의 확률이 더 높게 된다. 결혼실패의 주(主) 원인은 가족지위(family status)를 재협상하지 않기 때문이라 하겠다(McGoldrick & Carter, 1982).

가족지위의 변화에 어려움을 겪는 주 이유는 새로운 하위체계인 신혼부부를 둘러싼 경계가 부족한 데에 기인된다. 이것은 양쪽 원가족의 지나친 간섭과 신혼부부가 그 간섭에 대한 제한을 하지 못하는 경우와, 혹은 원가족과 단절하고 둘만의 관계를 가지는 두 경우 모두에 해당된다 하겠다. 원가족과 너무 밀착되면 새로운 체계에 대한 규정을 짓지 못하고 이 새 구성에 대한 의미를 수용하지 못하게 된다. 원가족과 단절된(cut-off) 경우는 부부간의 경계가 희미하게 되며 서로에게 지나친 정서적 의존을 기대하게 되는 해를 초래하게 된다(Goldenberg & Goldenberg, 1991).

치료자는 이 경우 부부가 가진 성(性), 시간, 재정 등의 문제에 관한 점진적 변화의 세부사항보다도, 체계자체를 다시 규정지을 수 있도록 돕는 것이 더 유용하다. 즉 원가족과의 관계를 변화시킨다는 체계적인 변화가 필요하다.

3) 어린 자녀를 둔 단계

부부가 부모가 됨으로써 처음으로 영구적인 하나의 체계(하위체계)를 만들게 된다. 즉 만약 자녀가 없는 부부가 헤어진다면 체계가 남지 않지만, 자녀가 있게 되면 부부 중 한사람이 떠나도 그 체계는 계속 남게 된다. 따라서 상징적으로 현실에서는 자녀를 갖게 되는 이 전환이 가족생활주기의 주요 전환이라 하겠다(McGoldrick, 1991).

가족생활주기의 이 단계에서는 성인은 이제 한세대 앞서 가며 자신의 후세대를 돌보는 세대가 되었다는 자각이 요구되는 때라 하겠다. 자녀가 태어난 후에도 부모는 결혼관계의 친숙함(intimacy)을 유지함으로써 자녀를 위한 여지(space)를 갖게 되며, 또한 결혼관계에 공백(vacuum)이 생기는 것을 피하게 된다. 즉 분화가 잘 이루어진 부모는 상대방의 독특성(uniqueness)을 인정해 주며 친숙함을 유지할 수 있음으로 해서, 자녀에게 여지를 제공해 줄 수 있는 자녀발달에 호의적인 좋은 환경을 조성할 수 있게 된다(Bradt, 1980).

이 단계의 문제는 자녀를 돌보는 책임수행에 관해 부부간에 문제가 있을 때나, 혹은 자녀에게 부모로서 행동하기를 거부하거나 행동하지 못할 때에 발생하게 된다. 이 단계에서 부모는 자녀에게 제한(limit)을 정하고 필요한 경우 권위(authority)를 사용해야 하며, 동시에 자녀가 발달해감에 따라 자신을 표현할 수 있도록 허용하여야 한다.

이 단계에서 부모가 자신의 자녀와의 세대경계(generation boundary)를 수용하지 않는 경우에 자녀와의 문제가 나타나게 된다. 즉 부모는 자녀와의 적절한 세대경계를 유지하며 적절한 부모의 권위를 행사함으로써 자녀에게 가족의 구조상에 어떤 질서가 있다는 안정감을 주게 된다. 부모가 자녀를 버릇없이 키우거나, 자녀의 비위를 맞추거나, 혹은 자녀를 끊임없이 비난하는 것 등은 모두 부모가 가족생활주기의 이 단계에서 자신들에게 요구되는 가족지위(family status)의 새로운 변화를 인식하지 못했음을 반영하는 것이라 하겠다(McGoldrick & Carter, 1982).

부모는 자녀세대와 관련하여 책임과 과업을 가진 부모세대라는 관점으로 자신을 볼 수 있어야 한다. 이것은 부모와 어린 자녀 사이의 동등한 '힘의 투쟁(power struggle)' 같은 것은 있을 수가 없다는 것을 뜻한다. 즉 부모자녀 관계는 동등한 사람들 사이에 있을 수 있는 관계가 아니며, 자녀세대가 부모세대의 보호와 지도가 필요한 그런 사이의 관계이다.

부모가 어린 자녀와 세대간의 경계, 그에 따른 책임과 권위에 대한 가족지위 변화를 갖지 못할 때에, 가족은 계속 문제를 갖게 되고 그 발달적 진전을 갖지 못하게 된다.

4) 사춘기 자녀를 둔 단계

자녀가 아동기와 성인기 사이의 사춘기가 된 이 단계에서는 가족내의 자녀에 대한 규정과 자녀와 관련한 부모의 역할에 대한 규정을 새로이 하여야 할 때이다. 사춘기 자녀는 아동기의 의존성을 벗어나서, 가족의 지원과 연결을 갑작스럽게 끊지 않으면서 가족체계로부터 바깥 세상을 경험하는 것을 배우게 된다. 부모에게 이것은 자녀에 대한 통제(control)를 서서히 포기하고 자녀의 독립성의 증가에 적응하기 위해 가족경계의 융통성을 더 늘려야 한다는 것을 뜻한다(Nichols, 1984). 부모는 이제 더이상 사춘기 자녀에게 완전한 권위를 유지할 수 없게 된다. 사춘기 자녀는 친구나 새로운 아이디어를 가정에 끌어들임으로써 가족을 새로운 가치관에 개방시킬 수도 있게 된다.

이 단계에서 자녀를 이전 단계의 관점으로 보고 자녀의 모든 면을 통제하려고 할 때에 가족은 주기의 궤도에서 벗어나 진전을 못하게 되는 가족문제에 봉착하게 된다.

사춘기의 성장의 고통은 부모에게 소요를 일으키며 부모 사이와, 부모와 사춘기 자녀 사이의 갈등을 초래하게 된다. 사춘기 자녀가 부모의 권위를 시험하며 부모가 얘기하는 것은 아무것도 수용할 만한 것이 못된다는 듯이 행동할 때에, 부모의 안정적인 연합이 자녀와의 불가피한 갈등을 효과적으로 대처할 수 있게 해준다(Ackerman, 1980; Nichols, 1984).

사춘기 자녀를 둔 가족은 어린 자녀를 둔 가족과는 질적으로 다른 경계(boundary)를 자녀와 수립하여야 한다. 사춘기 자녀는 성인과 아동의 혼합(mix)으로써 경계는 침투가 가능하며 융통성이 있어야 한다. 즉 사춘기 자녀는 혼자 일을 처리할 수 없을 때는 체계내에서 부모에게 의존적이다가, 준비가 되면 점점 더 많은 독립성을 가지고 체계외의 바깥 세계를 실험해 보곤 한다. 이것은 모든 가족구성원들에게 이 사춘기 자녀와 관련하여 새로운 지위(status)를 가져야 함을 뜻함으로 특별한 긴장감을 유발시킨다 하겠다(Ackerman, 1980). 이 시기에 부모가 자신의 직업이나 결혼에 대한 실망, 확대가족과의 문제 등의 다른 긴장에 직면하고 있다면, 사춘기 자녀의 독립성에 필요한 안정적인 지원을 제공하기가 어렵게 된다. 이때 사춘기 자녀는 확대가족(extended families)과도 독립적인 관계를 형성하려고 함으로, 이러한 새로운 관계 패턴을 지원하기 위해 부모와 조부모 사이의 적응도 요구된다(McGoldrick & Carter, 1982)

이 사춘기 자녀 단계에서의 가족의 문제는 크게 두 경우로 볼 수 있다. 사춘기 자녀의 부모가 더이상 성공적으로 될 수 없음에도 불구하고, 자신이 원하는 것을 자녀에게 하도록 요구하는 경우이다. 혹은 부모가 자녀가 원하는 것은 무엇이든지 하게 하고, 자녀에게 필요한 권위는 전연 행사하지 않는 경우라 하겠다. 이 경우에 자녀는 지나치게 독립적이 되어 성인같이 행동하든가, 혹은 계속 미성숙하게 되어 독립적으로 기능하며 발달적으로 진전할 수 없게 된다(McGoldrick & Carter, 1982).

치료자는 이러한 상황에서 사춘기 자녀의 부모가 자신들에 대한 견해를 적절히 변천시켜서 자녀세대의 독립을 증가시켜 줄 수 있도록 도와주어야 한다. 가끔 사춘기 자녀의 부모는 아동이 모두 떠났을 때인 다음 단계에 직면하는 것에 대한 두려움으로 인해, 사춘기 자녀 단계에 필요한 정서적 전환을 하지 못하게 된다.

5) 자녀가 집을 떠나는 단계 : 자녀 독립 단계

이 단계는 현대 가족들의 가족생활주기 단계들 중에서 가장 긴 단계가 되었는데, 이것은 적은 숫자의 자녀와 길어진 수명 때문이라 하겠다. 이 단계는 시간적으로 가장 긴 단계임에 비례해서 또한 가장 문제가 많은 단계라고 할 수도 있다. 이전의 자녀수가 많은 까닭에 활동적인 성년 시절을 거의 자녀양육으로 할애하던 시절과는 달리, 이제는 은퇴 훨씬 이전에 자녀들이 집을 떠나게 됨으로 해서 부부는 자녀양육 외(外)의 함께 할 수 있는 다른 활동들을 추구해야만 하게 된다(McCullough, 1980).

자녀를 떠나게 함으로써 부모는 자녀가 분리된 사람으로서 자율성을 확립하는 것을 돕게 된다. 자녀없이는 상실감이나 해체감(disintegrated)을 느끼는 부모는 자녀의 독립을 막게 되거나, 혹은 허탈감과 우울증에 빠질 수도 있게 된다. 이것은 특히 자녀양육에만 에너지를 집중시켜서 자녀가 집을 떠난 후 필요없는 존재로 느끼며, 직업전선에서 새로운 직업을 위해 준비하지 않았던 여성의 경우에 더 뚜렷하게 나타난다 하겠다. 부모가 자신들의 원가족과 자율성, 책임감, 관련성 등의 문제를 처리하는 과정에서의 성공의 정도가 이제 성장한 자신들의 자녀들과 이러한 문제를 다루는 성공여부에 결정적인 영향을 미치게 된다(McCullough, 1980).

이 단계의 가장 중요한 특징은 가족생활주기의 전 단계들 중에서 가장 많은 수의 가족구성원들의 나감(exits)과 들어옴(entries)을 처리하게 된다는 것이다. 이것은 성장한 자녀가 집을 떠나는 것으로부터 시작해서 그들 배우자와 자녀들의 들어옴으로 진행된다(McCullough, 1980). 또한 이 단계는 조부모가 아프게 되거나 사망하게 되는 때이기도 하다.

이 단계에서 부모는 의미있는 새로운 활동들을 발견하여야 하는 어려움과 더불어, 손자의 탄생으로 인해 조부모의 위치로 옮기는 지위변화에 대처하여야 한다. 동시에 자신들의 부모가 고령으로 의존적이 되어 자신들이 돌보아야 할 책임을 가지게 됨으로 해서, 그들과 다른 형태의 관계에 대처하여야만 한다. 따라서 이 단계는 특히 힘든 시기라 하겠다.

이 단계에서 성공적인 가족은 이 단계를 결실과 완성의 시기로 보고, 새로운 영역이나 역할을 개척해 봄으로써 부부관계를 강화하고 확장하는 제2의 기회로 간주하게 된다. 이제는 자녀양육의 책임이 없음으로 이 단계에서 혼인관계의 재구조화는 필수이다. 즉 두사람만의 결혼관계의 강화와 이것을 위한 노력과 투자가 반드시 생겨나야 한다. 이러한 것이 따르지 않는 경우에 막내 자녀에게 매달리게 되거나, 혹은 이것이 가능하지 않으면 부부관계는 거의 허탈감(emptiness)으로 채워지게 된다(McCullough, 1980; McGoldrick & Carter, 1982)

치료자는 이 단계에서 부부가 새로운 노력을 동원해야 하는 시기임을 느낄 수 있도록 도와주어야 한다. 즉 가족생활주기의 이 단계에서 부부는 새로운 기회를 가졌으며, 그들의 결혼과 미래의 삶을 재협상하는 과정이 그들 앞에 놓였다는 것을 깨닫도록 도와주어야 한다.

6) 노년기 단계

이 단계에서 성공적인 전환을 위해 가족이 다루어야 할 문제는 은퇴, 배우자 상실, 조부모 역할, 질환 및 의존성 등을 들 수 있겠다.

은퇴는 이 단계의 부부에게 하나의 중요한 교두보(milestone)와 적응을 대표하며, 은퇴와 더불어 가족은 직장과 관련된 위치와 사회망(social network)을 잃게 된다. 은퇴는 당사자에게는 물론 공백을 초래하지만, 은퇴 이전까지 어떤 균형을 유지해왔던 결혼에도 특별한 긴장을 유발시키게 된다. 은퇴 이후 은퇴한 배우자의 가정내(內)의 합류가 주요과업이다. 부부는 역할관계를 재구성하고 상호만족을 줄 수 있는 관심과 활동을 개척함으로써 부부관계를 강화시키며 미래를 위해 더 잘 대비할 수 있게 된다. 은퇴가 가져오는 재정적인 불안감이나 재정적 의존에 대한 염려 등도 노년기 가족의 어려움이다(Walsh, 1980).

이 단계에서는 친구나 친척들의 죽음에 의한 상실로 인해 무척 힘든 단계라 할 수 있겠는데, 이 중에서 특히 배우자의 상실은 가장 힘든 적응을 요구한다. 그동안 부부로서 생활해오던 삶을 이제는 혼자 재조직을 하여야 되며, 더구나 주위의 상실로 인해 배우자의 상실을 대치해 줄 수 있는 관계의 수도 더 적다는 데에 이 단계의 어려움이 있다. 이 전환에서의 심리사회적 과업은 상실을 애도하며 미래의 기능에 재투자하는 것이라 하겠다(McGoldrick & Carter, 1982).

이 단계에서 조부모가 된다는 것은 양육책임 없이도 특별한 관계를 가질 수 있는 기회를 제공한다. 조부모가 됨으로서 생존에 대한 소망도 이룩시켜 주며 동시에 자신의 죽음도 수용토록 도와 준다. 조부모와 손자는 부모자녀 관계에 내재한 책임감, 의무, 갈등 등이 없으므로 특별한 관계를 즐길 수가 있다(Walsh, 1980). 이것이 가끔 부모와 조부모 사이의 갈등에서 손자를 삼각관계에 처하게 만들기도 한다.

이 단계에서는 세대적으로 적합한 가족역할 관계 즉 지위변화를 재규정하고 재통합하도록 치료자가 도와주어야 한다. 이 단계에서 지위변화의 어려움은 다음의 경우에 반영된다. 즉 노년세대의 가족구성원이 자신의 권력의 어떤 부분을 포기하는 것을 거부하는 경우나, 혹은 노년기 가족구성원이 자신을 포기해서 자녀세대에게 완전히 의존하는 경우이거나, 혹은 자녀세대가 노년세대의 약화되어 가는 힘을 수용하지 않거나, 혹은 노년세대를 완전히 무능하고 중요하지 않은 존재로 취급할 때에 이 단계가 요구하는 적절한 지위변화를 하지 못한 것이라 할 수 있겠다(Walsh, 1980).

질환은 대부분 노년세대의 하나의 주된 관심사이다. 노년세대의 의존성(dependency)에 관한 문제는 질병의 경우에서처럼 능력의 쇠퇴를 경험하거나 두려워함에 따라서 세대간의 관계에 정면으로 돌출하게 된다(McGoldrick & Carter, 1982).

노년세대는 자신의 힘(strength)과 제한에 대해 현실적으로 수용하며 필요할 때는 의존적이 될 수 있도록 자신을 허용하여야 한다(Walsh, 1980). 자녀세대는 자녀의 역할을 수용해서 늙어가는 부모를 위해 자신이 적절히 할 수 있는 책임을 받아들여야 한다. 노년세대 부모가 지나치게 자녀에게 의존적이 되면, 자녀는 불안감으로 인해 더 많은 것을 해주게 되는데, 이것이 부모를 더 무기력하고 무능하게 하는 악순환을 유발하게 된다. 그러므로 이 단계에서 노년세대 가족구성원이 최대한으로 기능할 수 있도록 지원하는 것은 중요하다.

아무리 노년세대의 가족구성원이 신체적으로 힘이 약화된다고 하나, 다음 세대와 역할이 진정 뒤바뀌어진다고는 할 수 없다. 왜냐하면 부모세대는 인생을 먼저 산 경험을 가졌으며 다음 세대들에게 계속 앞으로 올 생활단계들의 모델이 되어주기 때문이다. 성공적인 노년세대의 적응은 자신의 나이, 역사, 삶의 경험에 대해 프라이드(pride)를 가지게 된다(Walsh, 1980).

치료자가 노년세대가 아닌 클라이언트가 자신이나 자신의 자녀를 위해 치료를 받으러 왔을 때도, 가족체계의 노년세대 구성원에 대해 물어보는 것은 중요하다(Walsh, 1980; Nichols, 1984). 치료자는 부모세대와 자녀세대가 지위변화를 깨달을 수 있도록 도와주며, 달라진 지위에 의한 현재의 위치에 서로 맞는 관계를 해결해 나감으로써, 가족이 발달적으로 진전해 나갈 수 있도록 돕게 된다. 이러한 재협상된 세대간의 관계는 개인의 정체감과 자기가치감에 필수적인 요소인 세대적인 지속성과 연결(generational continuity and connectedness)을 제공해 주게 된다(McGoldrick & Carter, 1982).

5. 이혼 및 재혼(remarriage)가족의 가족생활주기 단계

지금까지 위에서 살펴본 가족생활주기 단계들은 처음 결혼한 후 그 결혼이 파열되지 않은 가족(intact families)에 관한 가족발달 단계들이다. 따라서 여기서는 첫 결혼(first marriage)이 유지되지 못하는 이혼가족과 이혼 후 재혼하는 가족의 생활주기 단계들을 간단히 살펴보도록 하겠다.

이혼하는 가족의 경우, 이혼은 위에서 설명한 전통적인 가족생활주기 단계에 방해가 오며, 가족구성원 자격의 변화 등과 관련하여 전(全) 가족생활주기 단계에 걸쳐서 불균형(diseqilibrium)을 발생시킨다. 다른 가족생활주기의 단계와 마찬가지로, 이혼하는 가족이 발달적으로 진전하기 위해서는 관계지위의 변화와 중요한 정서적 과업을 마쳐야만 한다. 이 단계에서 해결되지 않은 정서적 문제는 다른 단계와 마찬가지로 미래의 관계에 방해물로 작용하기 때문이다(McGoldrick & Carter, 1982).

따라서 이혼하는 가족이 다시 안정을 되찾고 좀더 복합적인 수준에서 발달적으로 진전하기 위해서는, 가족생활주기 단계의 하나 혹은 둘의 여분의 단계들(additional stages)을 더 거쳐야 할 필요가 있게 된다. 즉 이혼 후 재혼하지 않는 가족의 경우는 가족생활주기 단계의 한 단계, 재혼하는 가족의 경우는 이혼과 재혼의 두 단계가 가족의 발달단계에 더 요구된다(McGoldrick & Carter, 1982; Goldenberg & Goldenberg, 1991).

이혼하는 가족의 경우, 특히 정서적 긴장이 정점을 이루는 시점은 다음의 시기라 하겠다: 별거나 이혼을 하겠다고 결심한 때; 이 결정을 가족과 친지에게 알릴 때; 재정과 아동양육권 및 아동면접권(custody & visitation) 등을 토의할 때; 실질적으로 헤어질 때; 실질적 법적인 이혼이 발생할 때; 전(前) 배우자가 재정이나 자녀의 일로 접촉할 때와 전(全) 가족구성원 각자의 생활주기 전환 시; 각자 새로운 삶을 재구축하는 것에 대해 초기 적응을 할 때 등이다(Carter & McGoldrick, 1980; McGoldrick & Carter, 1982).

이혼하는 가족의 경우 각 배우자는 결혼과 상대 배우자에게 투자했던 희망, 꿈, 계획, 기대감들을 다시 찾아야 하며, 이것은 상실한 것에 대한 애도와 상처, 분노, 수치, 죄의식, 상실

등의 감정을 다루는 것을 요구한다 하겠다.

Cater와 McGoldrick(1982)은 절연(cutoffs)은 정서적으로 해로운 것이므로 이혼하는 배우자들이 계속 협조적인 부모로서 관련하며, 자녀와 자녀의 친부모 및 조부모의 접촉을 가능한 한 최대로 허용하도록 돕는 것이 최선이라는 주장을 그들의 임상경험을 바탕으로 하고 있다. 미국의 경우, 이혼하는 가족이 새로운 가족구조에 재적응하고 다음의 가족발달단계로 전진하는 데에는 최소한 2년간의 기간과 많은 노력이 요구된다고 한다.

재혼으로 전환할 때에는 아래의 경우에 정서적 긴장이 정점을 이룬다: 새로운 관계에 대한 약속을 할 때; 재혼계획을 가족과 친지들에게 알릴 때; 실질적으로 재혼하고 재혼가족(stepfamily)이 형성될 때; 재혼가족의 생활이 실제 실천될 때 등이다. 또한 재혼으로 전환시의 가족의 정서적 과정은 새로운 결혼과 가족에 투자(investment)하는 것에 대한 두려움과; 자녀와 확대가족 그리고 전(前) 배우자의 적의적(hostile)이거나 노여운 반응에 대처하는 것; 새로운 가족구조에서의 다수역할, 관계, 경계에 대한 불확실성; 자녀에 대한 염려나 죄의식이 새로 생김과 전(前) 배우자에 대한 옛날 감정(긍정적 혹은 부정적인)의 재등장 등의 정서적 과정을 포함한다 하겠다(McGoldrick & Carter, 1982).

따라서 치료자는 재혼가족이 새로운 형태의 가족구조를 만들 수 있도록 도와주어야 하며, 이것은 다음의 지침을 수행할 수 있도록 돕는 것이라 하겠다. 즉 옛날의 가족구조를 포기하고 새로운 형태의 복합성을 수용하며, 가족구성원들이 구성원으로서의 자격(membership)에 대한 변화를 허용하기 위해 융통성 있는(permeable) 경계를 유지하며, 자녀들이 자신들의 양육하지 않는(non-custodial) 친부나 친모와 또 그들의 조부모와 다른 확대가족들과도 관계를 유지하고 접촉을 계속할 수 있도록, 친부모와 계부모간 및 조부모들 사이의 의사소통을 자유로이 할 수 있도록 노력하는 것 등이다(Carter & McGoldrick, 1980; McGoldrick & Carter, 1982).

이혼과 관련된 분노와 복수 등의 감정이 적절히 해결되지 않고 잔존한다면, 이것은 재혼가족이 통합하여 발달적으로 진전하는 것을 수년간 혹은 끝까지 방해할 수 있게 된다.

결 론

가족은 어떤 한 세대나 한 핵가족으로 제한되지 않으며, 적어도 3세대의 전(全) 가족정서체계를 의미하며 핵가족은 3세대의 정서체계내에서의 하나의 하위체계로써 간주된다.

가족은 그 자체가 하나의 사회적 체계로써 시간의 흐름에 따라 변화하는 체계로써의 특성을 가지고 있다. 동시에 가족은 개인들로 구성되어져 있음으로 체계내에서의 개인들의 성장발달과 가족은 서로 영향을 받게 된다. 따라서 가족생활주기는 여러 세대에 걸친 다수세대 가족구성원들의 동시적인 개인발달과, 하나의 사회적 체계로써의 가족 그 자체의 발달과의 상호작용을 나타내는 것이라 하겠다.

그러므로 가족생활주기 단계들은 시간의 흐름에 따라 움직이며 이동하는 가족체계와, 그

체계내의 3세대 혹은 4세대 가족구성원들의 개인발달과, 그들의 들어옴과 나감을 지원하기 위해 관계체계를 확장·축소·재조정하는 중심적인 주요과정을 설명한다.

가족의 긴장은 가족생활주기의 한 단계에서 다음 단계로 옮기는 전환점에서 가장 높으며, 가족구성원의 증상은 가족생활주기의 진전에 어떤 방해가 왔을 때 생기게 된다. 가족생활주기의 전진을 하지 못하는 가족들은 주로 시간에 대한 관점이 결여되어 있으며, 삶은 가족관계와 가족범주의 지속적인 이동과 변천을 의미한다는 것을 잊고 어느 한 시점에만 고착되어 있다.

그러므로 가족생활주기의 각 단계마다 지속적인 가족관계와 지위의 변화라는 체계적인 변화가 수반되어야만이 가족발달이 진전되게 된다. 이러한 정서적 과업이 가족생활주기 단계의 전환시에 따르지 않을 때 가족생활주기의 파열을 초래하며 증상과 역기능을 유발시킨다.

따라서 가족생활주기는 치료자가 가족의 임상적인 문제를 가족의 발달적 과정, 즉 걸어온 진로와 현재 성취하려는 과업과 앞으로 가려는 미래의 범주 내(內)에서 볼 수 있도록 도와주는 가족치료의 유용한 준거틀로써의 역할을 하게 된다. 가족구성원의 증상은 가족이 가족생활주기의 다음 단계로 옮기는 전환에 어려움이 있다는 신호이며, 치료는 가족을 가족생활주기의 본 궤도에 다시 올려놓는 것에 방향이 주어져야 그 가족의 정상적인 발달적 진전을 지속시킬 수 있게 된다.

가족생활주기의 전환은 가족 전(全) 체계의 변화가 요구되는 과업이다. 가족체계의 중요한 가치는 관계에 있으며, 가족구성원들이 가족관계를 선택적인 것처럼 행동하여 관계를 차단시킨다면 자신들의 정체감에 해를 초래하며 또한 정서적 및 사회적 범주도 좁히게 되는 해도 따르게 된다.

가족생활주기는 세대간의 연결성이 그 일관적인 테마라 할 수 있겠는데, 그것은 세대적인 지속성과 연결이 개인의 정체감과 자기가치감에 필수적인 요소이기 때문이다.

참 고 문 헌

송성자, (1987), *가족관계와 가족치료*, 홍익재.

Bowen, M. (1978), *Family Therapy in Clinical Practice*, New York: Aronson.

Bradt, J. O. (1980), "The Family with Young Childern", In E.A. Carter & McGoldrick(Eds.), *The Family Life Cycle: A Framework for Family Therapy*, New York: Gardner Press.

Carter, E. A. & McGoldrick, (1980), "The Family Life Cycle and Family Therapy: An Overview", In E.A. Carter & McGoldrick(Eds.), *The Family Life Cycle: A Framework for Family Therapy*, New York: Gardner Press.

Duvall, E. M. (1977), *Marriage and Family Development*, New York: Lippincott.

Erikson, E. H. (1950), *Childhood and Society*, New York: Norton.

Goldenberg I. & Goldenberg, H. (1991), *Family Therapy an Overview*, (3rd), Brook/Cole Publishing.

Gould, R. (1978), *Transformations: Growth and Change in Adult Life*, New York: Simon & Schuster.

Hadley, T., Jacob, T., Milliones, J., Caplan, J., & Spitz, D. (1974), "The Relationship between Family Developmental Crises and The Appearance of Symptoms in a Family Member", *Family Process*, 13 pp. 207-214.

Haley, J. (1973), *Uncommon therapy: The Psychiartric Techniques of Milton H. Erickson*, New York: Norton.

Levinson, D. (1978), *The Seasons of a Man's Life*, New York: Knopf.

Lidz, T. (1976), *The Person*, New York: Basic Books.

McCullough, P. (1980), "Launching Children and Moving on", In E.A. Carter & McGoldrick(Eds.), *The Family Life Cycle: A Framework for Family Therapy*, New York: Gardner Press.

McGoldrick, M. (1980), "The Joining of Families through Marriage: The New Couple", In E. A. Carter & McGoldrick(Eds.), *The Family Life cycle: A Framework for Family Therapy*, pp. 167-195, New York: Gardner Press.

McGoldrick M. & Carter, (1982), "The Family Cycle", In Walsh, F.(Eds.), *Normal Family Process*, New York: Guilford.

McGoldrick, M. (1991), "Women through The Family Life Cycle", In McGoldrick, M., Anderson C., and Walsh, F.(Eds.), *Women in Families: A Framework for Family Therapy*, pp. 200-226, New York: Norton.

Meger, P. H. (1980), "Between Families: The Unattached Young Adult", In E. A. Carter & McGoldrick(Eds.), *The Family Life Cycle: A Framework for Family Therapy*, New

York: Gardner Press.

Minuchin, S. (1974), *Families and Family Therapy,* Cambridge, Mass.: Harvard University Press.

Nichols, M. (1984), *Family Therapy*, New York: Gardner Press.

Solmon, M. A. (1973), *A Developmental Conceptual Premise for Family Therapy. Family Process,* 12, pp. 179-188.

Thomas, C. G. & Duszynski, D. R. (1974), *Closeness to Parents and the Family Constellation in a Prospective Study of Five Disease States: Suicide, Mental Illness, Malignant Tumor, Hypertension, and Coronary Heart Disease,* The Johns Hopkins Medical Journal, 134, pp. 251-270.

Walsh, F. (1980), "The Family in Later Life", In E. A. Carter & McGoldrick (Eds.), *The Family Life Cycle: A Framework for Family Therapy,* New York: Gardner Press.

Walsh, F.(Eds.), (1982), *Normal Family Process,* New York: Guilford.

제 5 장

사회사업과 가족치료

이 부 덕*

사회사업과 가족치료는 불가분의 관계를 가지고 있다. 가족치료 시초의 기반을 이룬 전문 사회사업의 실천영역은 지금에 이르기까지 사회사업 실제의 중심을 이루고 있으며 가족을 단위로 돕고 연구하는 활동 등 앞으로도 계속 사회사업의 실천에 큰 비중을 차지하게 될 것이다. 본 장에서는 가족치료의 이론과 실제에 기여한 사회사업의 역사적 배경을 살펴본 후 그 중심적인 이론을 비교하고 실제 적용 범위를 검토하는 과정에서 사회사업의 가치체계, 목적, 교육내용과 가족치료에 함축되어 있는 관련분야와 특성을 살펴봄으로써 현재의 추세가 지니는 성격과 앞으로의 방향을 제시하고자 한다. 끝으로 미국에서 경험된 문제점과 도전적인 면을 지적하고 한국적인 상황에 참고가 될 수 있는 필자의 의견을 나누고자 한다.

제1절 가족치료에 기여한 사회사업의 공헌

가족치료에서 가장 중요시하는 연구대상의 관계적 역학, 환경적인 구성원의 발달상의 욕구와 생활주기의 위기적 특징을 포함한 조직적 이론의 이해를 중심으로 광범위한 세팅에서 전문적인 활동을 시작한 것은 사회사업이 약 1세기 동안 관여한 역사적 배경에서 입증된다. 가족치료에 미친 사회사업은 어느 전문분야에서 보다 먼저 그 기반을 세우는데 전초적인 역할을 감당한 것이다(Siporin, 1980, 11 ; Scherz, 1953, 343).

1. 초기 사회사업의 가족중심적 실천영역(Family Centered Casework)

1) 초기 사회사업가들은 구빈사업, 지역조직화 운동과 제1차 세계 대전시 군인 가족들을 돕는 적십자의 Home Service 등을 어려운 상황속에 처해 있는 개인, 가정, 집단, 그리고 지역사회를 가장 잘 도울 수 있도록 만들었다. 그 과정에서 가족 전체를 대상으로, 특히 결혼한 부부와 부모를 포함한 자녀들이 사회사업의 대상이 된 것이다. 비록 지금의 이론적 체계하에서 관련적인 용어들을 구사함이 미급했다 하더라도 실제의 관점과 Casework 과정에서 개발한 진단 및 치료과정은 그때나 지금이나 큰 차이가 없다. 초기 극빈자 구호사업은 주로 사회

* Loyola University School of Social Work 교수

경제적 조건과 환경적인 요인에서 문제의 이해와 해결책을 구함에 관심을 두었으나 Home Service Casework은 빈곤수준을 넘어 개인과 가족들의 심리적인 면까지를 서비스 영역으로 삼았다.

2) 가족(The Family)이란 주제로 사회사업의 첫 전문 잡지가 1884년 출간되는 등 사회사업의 실제 영역에 가족을 중시한 점과 가정방문을 통한 가정 내부의 가족관계와 특히 부부를 함께 면담(Conjoint interviewing)하도록 우호방문가를 훈련시킨 점은 특기할만 하다.

특히 Mary E. Richmond(1917, 158) 여사는 그의 저서 『Social Diagnosis』 에서 부부관계의 개선은 대부분 아동의 정서적인 문제를 푸는 선결책이라고 전제하고 결혼 및 가족상담을 통하여 역사적 배경을 사정하도록 이미 가족중심의 사회사업의 이론적 근거를 제시하였다. 20세기 초기의 사회사업 전문직을 일칭 '가족을 돕는 집단사업(groupwork with families)'이라고 평가하기도 했다.

3) 미국 적십자사의 군 가족을 돕는 Home Service 제도는 세계 1차 대전 기간중 국가의 지원과 전문 사회사업가들의 맹활약으로 사회개량으로 취급되어 왔던 극빈자 구호사업의 영역에서 군 가족의 경제적, 심리적, 가족관계의 문제 영역으로 Social Service의 폭을 넓히게 되었다. 이것은 우연한 일이 아니었다. 3,700개 지회와 산하기관을 통하여 1,500지역을 대상으로 업적을 남긴 군가족 사회사업가들의 노력에 기반이 된 것은 그간 축적된 Casework의 이론과 기술이 공신력을 가져올 수 있을 만큼 효력이 있었기 때문이다. Mary E. Richmond와 Poter Lee를 위시하여 유명한 사회사업이론 및 실천가들의 저서활동, 교육 및 훈련 그리고 정책자문 활동을 통하여 사회사업의 전문적 기여를, 특히 가족 중심 복지를, 사회학적, 심리학적 이론의 뒷받침과 실제의 기술과 임상원칙을 결부시켜 사회사업의 통합적인 접근의 기초가 이루어진 것도 이때라고 사료된다. Watts(1964, 308)는 "군인가족이 겪는 어려움은 단순히 부양자의 부재에만 제한되어 있지 않다는 인식은 대단한 발견이 아닐 수 없었다."라고 하면서 그 시기의 중요한 사회사업 실제의 전환점을 주목하기도 했다. 이때의 경험은 전국적인 각성과도 시기를 같이하여 전후 사회변동에 직접 간접으로 영향을 받는 가족체계에 관심을 돌리기 시작함으로써 Family Service 기관이 사회사업의 중심영역으로 기틀을 세우게 되었다. 전시에 미국 적십자사의 기구산하에 확산되어 있는 Home Service는 전후 민간 지역으로 Family Service Agency로 그 명칭이 바뀌어지고 전자는 Volunteer중심, 후자는 Professional 중심으로 각각 발전을 하게 되었다. 인간행동의 깊은 통찰력과 환경의 영향에 연결된 정서부분 그리고 문제해결에 있어서 치료자와 클라이언트간의 치료적 관계에 대한 이해(Richmond, 1919)는 그 후 25년간 체계화시킨 사회개량의 새로운 아이디어를 Home Service가 실험해 보았다.

4) 정신분석학적 이론의 개별 사회사업에 미친 영향은 사회사업의 이론적 체계를 세우는데 큰 영향을 미친 것은 사실이다(Jarrett, 1920; Siporin, 1980). 비록 사회사업이 상황속의 개

인을 이해하는 paradigm을 초기에서 지금까지 기본으로 하고 있지만 2차 세계대전이 시작된 1940년까지는 정신분석이론에 뒷받침한 개인심리상담과 부부상담을 병행하는 실제형태를 가족상담기관에서 택했으며 오늘의 가족치료가 결혼관계를 초점으로 하고 있는 것과 마찬가지로 심리학적 접근의 기반을 사회학적 정신분석학적 이해를 통합하는 실제영역에 가장 많은 지혜와 기술을 개발하였다고 본다(Siporin, 1980). 그럼에도 불구하고 근자의 가족치료 분야에서 이러한 중요한 배경적 context를 바르게 평가함 없이 외면한 것은 시정을 요해야 할 것이다(Siporin, 1980; Bardhill & Sanders, 1988). 뿐만 아니라 소위 가족치료 이론과 실제의 거두(Ackerman, Bowen, Jackson, Haley, Minuchin 등)들도 사회사업으로부터 적지 않은 영향을 받은 것을 시인하는 점(Siporin, 1980; Ackerman, et., 1961; Nicols & Schwartz, 1991)은 가족단위를 중심으로 사회사업을 발전시켜 온 여러 선구자들*의 공적을 잊어서는 안될 것이다.

5) 세계 2차 대전으로 사회경제적 변동이 미친 영향은 사회과학과 행동과학으로 하여금 사회 전반적인 조직에 대한 역학적 이해와 정신건강의 지역적 안배를 고려하지 않을 수 없도록 하였다. 이 시기에 가족 케이스워어크의 실천영역에도 일반체계이론과 심리학적 접근의 통합이 이루어졌고 가족을 전체의 단위로 조직체의 힘(strength)과 획일성 및 단합에 관심을 두어 균형있는 가족의 기능을 도모하도록 가족구성원의 역할수행, 가족관계의 유지에 초점을 맞추게 되었다(Siporin, 1980, 13). 이러한 배경은 1950년대와 60년에 가족치료 운동이 열리는 틀을 제시한 것이며 결혼부부, 전체가족, 연관된 환경요소에 대한 개인, 부부, 가족, 집단상담의 다면적 접근이 전국에 확산된 가족사회사업기관에서 실시되고 있었다*. 시카고에 있는 Jewish Family & Community Sevices의 지도감독관으로 있었던 Scherz(1953, 343)는 "What is Family Social Work?"이라는 제목하에 가족중심의 케이스워어크를 정의하기를;

---

* Marry E. Richmond(1919)를 위시해서 Harriot Mowrer(1935), Florence Hollis(1949), Gorden Hamilton(1940), M. Gonberg 와 F. Leavinso(1951), R. Scher(1953), S. Sherman(1967), V. Satir(1967), P. Papp(1977), R. Bardhill(1973), S. Sherman(1981), M. McGoldrich(1988, 1989), C. Anderson(1988, 1989), F. Walsh(1982, 1988, 1989), R. Stuart(1975, 1976, 1977, 1980), C. Madanes(1980, 1981, 1984), H. Aponte(1976, 1979, 1987), L. Hoffman(1980), M. Ho(1987), G. Hearn(1969), A. Hartman, J. caird(1983), 그 외의 수많은 사회사업가들이 가족치료의 이론개발과 실제 영역에 기여를 많이 해 왔다.

* 필자도 1966년 Florida주립대학 사회사업 석사과정에서 Ackerman(1958)의 Psychodynamics of Family Life를 교과서로 사용했다. 2학년 실습은 Fort Lauder Dale의 Family Service Agency에서 마쳤으며 1968년 석사논문을 "The Relationship between the Level of social Functioning and social class in three Family service Agencies in southeast Florida"란 제목으로 제출하였고 그때만 하더라도 가족 사회사업 기관에서 주로 전국적으로 결혼 및 가족치료 사회사업을 주로 실시하고 있었다. 1968년에서 78년 동안 North Carolina주 Winstin - Salem시에 위치한 가족 상담기관에서 일할 때 Virgina satir의 인기는 대단했으며 그의 [Conjont Family Therapy](1967) 책은 가족치료의 성서처럼 사용되었다.

The family as a unit for the purpose of helping the family members attain the best personal and social satisfaction of which they are capable, in family-centered casework, the improvement of the social functioning of the family unit is achieved by direct or indirect treatment of indivisual family members, so planned, balanced, and controlled that benefits accrue to the total group.

Family casework agencies always have been concerned with the impact of life's circumstances on the family as a whole and with what can be done to help families achieve maximum effectiveness in handing both everyday and critical life problems.

이상의 기술된 내용은 50년대의 가족치료 사회사업의 입장을 잘 묘사하고 있으며 40년이 지난 지금의 가족치료 정의와 실천 내용과도 큰 차이가 없다고 본다.

Ackerman(1961) 역시 뉴욕 가족사회사업 기관에서 정신의학의 이론적 통합을 실제에 적용한 가족의 역학이론을 제시한 것도 사회사업 실천현장에서 얻은 자료의 분석에 토대를 둔 것이다. 역사적인 안목에서 볼 때 1950년대 이후 가족치료 운동이 특수한 이론과 임상을 토대로 가족을 연구 단위로 본격적인 조사활동과 훈련과정을 개발한 것은 사실이나 전체의 비중에 비추어 볼 때 가족들을 현장에서 치유하고 돕는 일련의 과업은 역시 사회사업의 중심영역으로 그때의 전문 교육과정과 현장 훈련과정에서도 잘 나타나 있다. 가족치료의 이론적 뒷받침이 되어 왔던 사회학적 정신분석학적 분야에서 인공두뇌학(Cybernetic), 체계이론(Systems Theory)과 정보이론(Information Theory)을 도입한 것은 1950년대 이후의 일이므로 비록 사회사업의 공헌이 실제 영역에서 기술개발, 이론적용, 통합접근책에 기여는 많이 했어도 깊은 연구활동에서 얻은 지식체계의 개발에는 타전문가들(정신의학, 심리학, 인류학 등)에 비해 뒤떨어진 것은 사회사업이 광범한 영역에 관여한 점과 전문교육의 교과과정이 인가규정에 의한 규제와 박사 과정에서 가족치료에 중점을 둔 진보적 이론의 개발을 적극적으로 추진하지 못한 점과 사회사업 전문 조직체의 특수분야별 자격 체계가 타전문 discipline에 비해 구체화되지 못한 요인들이 과거 과반세기 동안 가족치료의 주역에서 점점 후진으로 뒷걸음치게 되었다(Sipiron, 1980).

6) 1950년대 정신의학이 가족복지 기관에 미친 영향은 주로 사례의 사정(assessment)과 치료과정에 필요한 지식제공이었다. 정신병리 현상의 이해와 개인의 행동적 적응 능력과 관계면에 나타난 역학의 정신분석학적 이해가 결혼 및 가족관계를 치료하는 사회사업가들에게 계속 교육의 일환으로 Consultation과 Supervision을 통한 Interdisciplinary 협동 모형을 제시한 것이다*. 결혼 및 가족상담이 이 시기에 와서 사회사업 기관이 치유중심적 접근에 치중하

* 미국의 child guidance clinic이 주로 아동정신과 어학과 발달심리학 중심으로 아동치료에 치중했고, 가족관계 부모의 결혼관계는 주로 가족 사회사업가들에 의해 Family service Agency setting에서 행해지면서 interdisciplinary Case Consultation을 이 시기에 많이 하게 되었다.

고 있을 때 예방차원에 중점을 둔 Family life Counseling 운동이 다른 형태로 확산하게 되었다. 1960년대 와서 systems level에서의 생각이 Intrapsychic Paradigm으로 부터 서서히 옮겨 파급되면서 관계의 상호작용에서 나타나는 역학적인 현상이 가족관계의 차원에서 새로운 이해와 접근책을 도입하게 되었고, 이때 개인의 행동변화에 초점으로 둔 실제(practice)가 조직자체의 변화를 촉구하는 획기적인 paradigm의 전환을 가져오면서 부부와 가족전체를 대상으로 관찰하고 연구하는 노력이 정신분열증 가족(Bowen, 1966)과 극빈지역 범죄가정(Minuchin, 1974)을 포함해서 가족사회사업 차원에서도 점차적으로 새로운 이론을 도입하기에 이르렀다.

Multiple Client Interviewing(Schertz, 1962; Couch, 1969), Family group Casework (Bardhill & Ryan, 1969), Conjoint Family Therapy(Satir, 1964) 등 조직론적 이론 정립이 이미 1967년에 가족치료 사회사업가들에 의해 실시되었다. 미국 결혼 및 가족치료자 협회가 부부치료(Marital Therapy)를 가족치료(Family Therapy)의 한 부분으로 예속시킴으로 조직적 통합 · 뿐 아니라 개념상의 한계도 분명해지면서 예방(family life) 차원과 치료(family treatment) 차원이 병합되어 오늘날까지 가족치료가 보다 확산된 Multidisciplinary 영역으로 발전을 보게 되었다.

2. 사회사업의 이론적 공헌

1) 이미 언급된 바와 같이 사회사업의 공헌은 가족치료의 기반을 세우는 데서 부터 교과과정의 개발, 임상영역의 실험, 이론적 뒷받침과 가족치료 방법 및 기술개발면에 이르기까지 지대한 공헌을 남겼을 뿐만 아니라 사회사업의 가치철학에 따른 개인의 의사결정과 가족관계의 기본적 안정도모는 Richmond(1917)의 「사회진단」에서 결혼관계의 역할을 이해함 없이 가족의 기능을 간과할 수 없고 또한 가족이 연관된 사회환경의 유기적 관계 이해 없이 개인의 문화를 소급할 수 없는 상호 연결체계로써의 사회진단을 이론화한 것 역시 가족치료 제이론을 통합하는 차원에서 보더라도 가장 근원적인 가족치료의 원리가 아닐까 사료된다. 대표적인 인물로 잘 알려진 Satir(1967, 1971)의 인간행동에 대한 깊은 통찰력, 대인관계의 치료적 개입, 가족치료자들의 임상훈련과 지구가족에 대한 인도적 접근은 누구도 그의 충격적인 영향을 능가하지 못할 만큼 컸기에 그를 '가족치료의 어머니'로 칭하기도 한다. Satir의 이론적 공헌은 인간성장에 저해되는 요인은 가족관계 차원에서 이해하고 개인(Identified-Patient)이 점유하고 있는 가족내의 기능적 역할이 어떠한 증세와 결과를 가져오는지를 가족들로 하여금 잘 이해하도록 한 점에도 있다. 특히 확인된 클라이언트(I.P)의 증세가 가족의 역기능을 대리하고 가족 조직의 현상유지를 뒷받침한다는 가설은 높이 평가되어 있다. 가족치료를 개괄적으로 쓴 「Family Therapy : An Overveiw」의 저자 Goldenberg 부부(1991)도 가족생활주기 이론을 가족치료 개념에 적용하여 원가족의 관계, 가족구조 형태의 특성, 주기에 따른 가족의 특수욕구 및 발단상의 과제 등을 정립한 Carter & McGoldrich(1988)의 공헌을 인정하였다. 특히 가난한 가족들을 진단하고 돕는 가족치료의 전략적인 면에 기여해 온 Aponte(1976, 1979, 1987)는 사회적인 요인이 가족의 역기능(의존화, 무기력화, 편견화 등)에 미치는 영향에

대해 생태구조론(ecosystems)적 접근을 통해 가족구성원이 당하는 사회 불평등의 저해요소를 사정(assessment)하고 사회제도의 모순에 도전하면서 클라이언트들에게 힘을 부여하여 사회환경의 상호연관된 체제의 부분들을 문제해결을 위해 재조직하는 전략을 개발시킨 점은 사회사업이 중요시하는 사회개량 advocacy 역할을 Ecologidal Systems Approach(Auerswald, 1968)의 틀에서 잘 표현하였다고 본다. 전략적 가족치료에 기여한 사회사업가들 중 특히 Peggy Papp (1976,1981,1984), Lynn Hoffman(1981), 또는 Cole Madanes(1980, 1981, 1984) 등을 들 수 있는데, Papp은 가족정서 체계를 이해하는 구체적 표현(sculpting) 방법을 통하여 가족관계의 역할과 정서적인 현상을 진단하고 이해하는데 큰 성과를 거두었다. 가족의 치료적 변화에 대한 저항을 임상차원에서 해소하는 전략적 방법내용에는 "Greek Chorus"에서 얻은 문제해결 유도기법을 적용한 것은 널리 알려져 있다. 저항심리를 역으로 유도하여 그 힘을 새로운 치유방향으로 전환시키는 가족치료 형태는 Madenes 역시 그의 남편인 Jay Haley와 함께 문제해결 접근책의 가족치료에 적용하였다. 특히 아동들의 증상적 문제들을 치유하는데 있어서 의사소통의 다양한 기법을(Dramatization, Pretending, Make-believe 등) 사용하여 부모를 보호하는 아동의 역기능적 행동과 신체적 증세들을 관계 역학에 도전하면서 해소시키는 가족치료 개발은 현재 널리 통용되고 있다(Madenes, 1980). Hoffman 역시 Milan학파의 면담기법을 응용하여(즉 가족면담 과정에 Circular Questioning 기법을 이용) 문제의 중립화(neutrality)를 피하는 과정에서 상호관련된 문제의 역학을 풀어나가는 가족치료를 널리 소개하는데 공헌을 했을 뿐만 아니라 실제로 가족치료 인터뷰 진행 내용을 소개하고 관찰된 현상, 치료개입의 이론적 배경과 치유적 변화 과정을 이해할 수 있도록 좋은 자료(책과 비디오테이프)를 내어 전략적 치료영역을 더욱 견고히 하였다(Hartmen & Laid, 1987).

2) 여성의 지위향상과 인권신장의 물결을 타고 가족치료의 제이론과 임상영역의 여성적 입장에서 재조명해 보는 운동이 최근에 와서 급격히 사회사업가들에 의해 이루어지고 있다. 대표적인 인물로써 Walter, Carter, Papp와 Silverstein(1988)는 가족관계에 숨겨져 있는 여성들에 대한 구조적인 모순과 문화적 처우에 대한 신랄한 비판과 함께 가족문제에 제기되는 불평등과 인격 격화에서 오는 심리현상, 갈등관계 및 치료자의 gender orientation이 치료관계나 과정에 미치는 문제점들을 간파하여 사회문화 역사적 편견이 아직도 여성들의 성역할(gender role), 경험, 성장과정에 얽혀있는 저해 영역에 이르기까지 얼마나 큰 영향을 미치고 있는가를 민감하게 다룬 점과 근자에 사회 문제로 등장되고 있는 가정폭행, 성추행 문제와 여성이 가정의 사회적, 경제적 역할 등에 인륜적 시각을 조명한 것은 특기할 만하다.

3) 다종족 사회에 제기되고 있는 인구변동의 추세는 미국의 민권운동의 영향과 소수민족의 동질문화에 대한 결속과 최근에 급증된 이민집단의 주류사회 통합과정에서 빚어지고 있는 인종분규, 의사소통의 언어문제, 문화충돌 등으로 인해 유럽계 백인의 가치체계, 행동규범, 관습과 경험에 토대한 가족치료의 이론과 기술이 과연 일방적으로 통용되어야 하는가 하는 의문을 제시하게 되었고 특히 사회사업이 주창하는 인간의 존엄성과 문화환경의 만족한 수용원

칙을 뒷받침한 전문교육과 사회사업 실제로 인하여 가족치료 영역에도 다수민족의 문화에 적합한 가족치료 모델이 사회사업가들에 의해 제시되고 있다(Ho, 1987).

3. 사회사업 전문교육과 가족치료의 특수훈련

사회사업가를 기관 중심에서 훈련한 초기부터 교육 프로그램의 중심내용에 Family & Marriage Counseling을 준비하도록 하였다. 1898년 뉴욕 자선조직화 사회사업기관에서 사회사업(Philanthropic Work) 하계 대학을 개설했을 때 "The Treatment of Needy Families in Their Own Homes"의 과목이 포함되었고 그 이후 사회사업 교육의 중심 교과과정에 가족치료(Family Treatment) 과목을 널리 채택하였다. 1931년 실시된 조사에 의하면 Family Casework 과목이 전국 사회사업 프로그램에 유일하게 공통 필수과목으로 되어 있었고 Field에서도 그 분야를 지지했다. 1929년 Milford Conference에서 지금까지 현장 위주의 과목 배정을 방법 중심으로 교과과정의 틀을 확장함에 따라 casework의 대상을 개인, 부부, 가족집단으로 구분하여 일반적인 실제 casework 방법은 대학원의 첫 학년에서 가르치게 되고, 2학년에 와서 가족치료를 특수전공으로 채택하게 하였다*. 특수 전공분야의 교육추세는 임상사회사업을 전공하고 있는 사회사업학생 들은 대개 결혼한 부부와 가족집단을 대상으로 한 direct practice 과목들을 택하고 있으며 실습도 그 분야에서 받도록 되어 있다. 1975~76에 전국 사회사업대학을 대상으로 실시한 결혼 및 가족치료 과목들이 교과과정의 중심을 이루긴 했어도 61%에 해당하는 학교에서 Family Therapy 과목과 41%에 해당하는 학교에서 전문 분야(Marriage Therapy) 과목을 학생들이 요구했다고 지적하고(Weber, 1979), 비록 이 분야에 일반적인 과목 배정이 있었으나 학교에서나 사회사업 실제 분야에서 가족치료를 Specialization으로 인정하지 않았기 때문에 이 분야에 종사하는 많은 사회사업가들은 Interdisciplinary 기관인 미국 결혼 및 가족치료 협회(American Association for Marriage & Family Therapy)에 * 속하여 저들의 전문적인 기능에 대한 인정과 자격증을 획득하게 되었다. 1979년 현재 이 단체에 속한 회원구성을 보면 사회사업가가 불과 20% 정도였다. 이미 타분야의 전문가들이

---

* Social casework 저자인 Gorden Hamilton(1959)이 NewYork대학(지금의 콜럼비아)에서 가족치료를 가르쳤고 Florence Hollis도 1955년부터 Smith college에서 결혼상담 과목을 가르쳤다(Siporin, 1980, 15). 그리고 지금 대부분 사회사업 대학원에서는(필자가 가르치고 있는 시카고 Loyola대학을 포함) 결혼과 가족치료 과목들을 필수 또는 선택과목으로 채택하고 있다.

* 필자가 1971년 AAMFT 임상회원이 된 것도 가족치료 사회사업에서 2년이상 인준된 지도감독자로부터 결혼 가족치료의 임상실무에 대한 지도감독을 받았고 또 MSW degree를 필하면서 가족치료 사회사업 기관에서 실습을 받은 경력들이 자격규정에서 인정을 받았기 때문이다. 1944년에는 Illinois주에 처음으로 Marriage and Family Therapist 라이센스 제도가 도입되어 AAMFT의 clinical member에게 시험을 칠 수 있는 자격을 주었고, 합격시 주 licence를 얻게 되었다. 현재 미국의 30여 주에서 결혼 가족치료자에 대한 자격인정과 라이센스 제도를 택하고 있으며 불원간 미 전역에 자격증 없이는 Marriage & Family Therapist라는 Title로 practice를 못하게 된다.

계속 결혼 및 가족치료 분야에 인준 전문교육 이수와 특수 자격규정에 준한 임상훈련 및 실천 경력을 가지고 Licenced Marriage & Family Therapists로 전문영역을 구축했다.

제2절 가족치료 사회사업의 중심적 이론

1. 현재 가족치료의 이론적 근거는 여러 학문의 기여를 함축하고 있다. 가족을 단위로 연구하고 분석과 치료의 대상으로 보는 조직이론의 접근책은 어느 학파에서나 가족치료 paradigm의 중심이 되고 있다. 마찬가지로 사회사업의 paradigm도* Ecosystems 접근을 예방적인 차원과 치유적인 차원에서 '상황속의 개인'의 개념을 기본으로 가족문제를 이해하고 (assessment) 해결하는데(treatment) 환경적 요소(사회문화, 경제정치 구조)와 개인의 personality 접근책을 적용해왔다(Hearn, 1969, Hartman & Laird, 1983, Laird & Allen; 1983, German, 1979). 이차적 변화의 추구는 치료의 목표가 된다.

2. 가족치료의 기본이 되는 부부관계의 역학적 이해는 가족치료의 기본을 이루는 개념이다. 이미 언급했듯이 사회사업의 가족중심 실제의 기반이 된 이론적 뒷받침도 Mary E. Richmond(1919)를 위시해서 많은 사회사업가들이 결혼상담 및 치유면에 이론 및 실제 기술개발 영역에 지대한 기여를 해왔다(Hollis, 1949; Mower, 1935; Satir, 1967; Stuart, 1975, 1976, 1977, 1980)

3. 가족치료에서 중시하는 원칙은 개인의 건전한 성장이 가족관계의 원활한 의사소통과 정서처리에 의해 촉진된다는 신념에 두고 있다(Bowen, 1966). Casework의 관계 원칙을 잘 정립한 Biestek(1957)의 『Casework Relationship』은 가족치료 사회사업에 있어서도 전문 실제의 윤리적 기강을 이루어 주었으며, 특히 conjoint interview와 부부관계 역학, 역할의 기능적 수행, 집단과정과 동반자의 상호작용(Dyadic interaction)의 중요성은 사회사업 실제에 오랫동안 강조되어 왔다(Hamilton,1940; Goldberg & Levenson, 1951; Satir, 1971; Siporin, 1980)

4. 인간의 행동 패턴과 가족생활주기에 따른 역할변동 및 성장과제를 돕는 필요한 자원과 또한 저해되는 제반 요소를 이해하는 것은 가족치료에 있어 이론적 기초를 이루는 것이다 (Goldberg & Goldberg, 1991). 사회사업의 전문 교과과정에서 Human Growth & Social

* Ecosystem Model은 사회사업이론과 실제에 많은 뒷받침이 되고 있다. 특히 G. Hearn(1969)의 Holistic concept, C. Germain(1979, 1980)과 A. Gitterman(1980)의 Life model은 많이 인용 되고 있으며, A. Hartman과 J. Laird(1983)의 Family centered Social Work Practice 역시 ecomap과 genogram을 병용해서 환경적 요소를 가족관계에 결부시켰다.

Environment 과목은 필수 전공이 되었을 뿐만 아니라 Biopsychosocial Perspective에서 전인적 이해를 도모하고 예방적인 차원과(social policy), 치료적인(practice) 양면을 공히 다루는 사회사업의 철학적 오리엔테이션은 교과과정 인가규정에서 명시되어 있고 전문교육 실시에서와 실제 세팅에서도 계속 강조되고 있다. 특히 가족이 필요한 자원 활용에 있어서 사회사업은 오랫동안 이면에 제도적인 뒷받침과 실제 경험의 기반이 잘 개발되어 있다(Siporin, 1980, 15).

5. 의사소통의 이론은 결혼 및 가족치료에 있어서 주요한 기본이 되고 있다. 개인, 부부, 가족 및 집단 상담에 있어서 관계 역학으로부터 이해되는 의미(metacommunication)를 찾아 문제가 내포하고 있는 연관된 요소들을 재정리하면서 해결책을 구하는 인공두뇌학(Cybernatic) 이론은 인과의 직선적인(linear) 접근 보답과정을 중시하는 circular 질의 방법을 채택하여 조직이론의 equal finality 개념을 적용하고 있다(Papp, 1976, 1977, 1980). 사회사업 교과과정에서 임상의 기본이 되는 인터뷰 이론과 방법을 실습지에서 사용하는 process recording을 통하여 클라이언트들과의 인터뷰 내용과 과정에 대한 평가를 하고 couple 및 Family Therapy 실기 연습 등으로 전문 교육과정에서 많은 현장 실기시간이 소요되고 있다 (Siporin, 1980).

6. 가족치료에서 심리적 내면적 현상(biopsychogence)과 사회적인 외면적 현상의 통합적 (context of interpersonal structure) 이해와 상호작용의 치료방법(interactional treatment) 채택을 원조과정(helping process)에 적용하고 개인과 가족 전체의 균형을 유지하기 위해 가족 성원 간의 정서적 보완관계에 치중해야 한다(Ackerman, 1961; Mitchel, 1959). 사회사업가들은 개인이나 가족 또는 지역사회가 지니고 있는 존엄성, 독자성, 실현성을 높이 평가하는 반면 그들 간의 상호의존적이고 상호보완적 관계를 인정하고 있다(Siporin, 1980).

제3절 사회사업의 목적과 가족치료의 실제 적용범위

1. 사회사업의 목적

Pincus와 Minahan(1973, 8)은 첫째 대상자들의 문제해결과 적응 능력을 증진시키고, 둘째 자원과 서비스 및 기회를 제공하는 조직체에 연결시키고, 셋째 이러한 조직체의 효율적이고 인도적인 운영을 신장하며, 넷째로 사회정책 개발과 발전을 가져오도록 하는데 사회사업의 목적이 있다고 정의하였다. 가족관계의 문제를 포함한 제반 문제에 사회사업은 주의를 기울이고 있으며 변화를 가져오기 위해서는 사회환경에도 관여해야 한다고 주장한다. 특히 클라이언트를 위한 Advocacy 역할은 사회사업의 가치를 준수하는 면과 직결된다. 개인의 자기실현과 사회경제적 정의를 위해서 클라이언트를 위한 Change agents로써 사회사업가들은 개인이나 가족, 집단 및 지역사회를 대상으로 돕는 과정에 있어서 그들에게 힘을 부여하는데 노력해야 하고, 만약 사회제도나 환경이 저해되는 경우 그러한 조건들을 변화시킬 수 있도록 관여해야 한다. 그렇기 때문에 단순히 가족치료에서 가족 조직체 내부의 부부관계, 가족기능 차원에만 치료목표를 세우는 것은 진단에 있어서나 치료차원에 있어서 제한된 개입을 하게 되는 것이므로 타전문분야에서 다루는 가족치료의 오리엔테이션보다 훨씬 폭넓은 범위와 자원활용 면에 사회사업은 관심을 갖는 것이다.

2. 가족치료의 실제적 적용범위

가족 중심의 사회사업 실제(Hatman, 1983)는 거의 1세기를 지내는 동안 구빈사업, 자선조직 사업, 군가족 보호사업, 결혼 및 가족상담, 가족 집단사업, 가족 casework, 가족치료의 과정을 거치면서 여러 형태와 셋팅에서 사회사업가들에 의해 실시되어 왔고, 지금도 다양한 치료방법과 이론적 접근으로 가족치료 활동을 계속하고 있다. 가장 많은 부분을 차지하고 있는 분야는 역시 Child & Family Service며, 두번째로는 Mental Health Field로, 전자는 주로 사회사업가들에 의해 실천되며, 후자의 셋팅에는 다른 전문인들과 interdisciplinary 접근을 하고 있다. 최근에는 사회사업가들이 개인 기업으로 주 Licence를 뒷받침하여 동업을 하거나 자영을 하는 추세가 더해가고 있다. 그 외에도 학교 셋팅, 기업체, 군관계 기관, 병원 등 여러 곳에서 가족치료를 적용하고 있다. 여기에서는 대표적인 분야만 소개하고자 한다.

1) 가족복지 차원에서의 가족치료

미국에서 가장 많은 임상사회사업가들이 19세기부터 발족된 가족복지기관(Family Service Agency)에서 결혼 및 가족치료 사회사업을 실시하고 있다. 매 2년마다 전국 가족복지 기관장 협회가 전국대회를 열어 학술대회와 행정관리에 대한 업무 협조, 정책 심의 등 기타 많은 관심부분의 이슈와 현안점을 논의하고 있다. 또한 가족상담 기관의 임상사회사업가들의 대부분은 미국 결혼 및 가족치료 협회에 임상회원으로 활약하고 있으며 대학원 학생들의 전문 실습지로 후계자 양성에도 기여하고 있다. 초기 경제기능 강화에 주력하는 service에서 가족관계의 갈등을 해소, 환경적응에 필요한 심리상담, 자녀들의 지도, 기타 환경의 영향으로 입은 제반문제를 다루며, 주된 방법으로는 통합적 접근(intergrational approach)을 이론적 적용에는 다양하나 취사선택(eclectie)을 가장 많이 하고 있다(Pearmutter, 1988, Siporin, 1980). 사회사업은 사회변천에 따른 각종 문제를 취급함으로 개인, 가족 및 지역사회 차원에서 제기되는 심리적, 관계적, 환경적 욕구와 갈등의 해결을 요구하게 된다. 취급되는 분야가 있었기 때문에 다목적을 가지는 것이 특징이다(Erickson, 1987). 최근 한 조사에 의하면(Genovese, 1993) 현재 가족복지 시설에서 주로 하고 있는 임상사회사업가들의 업무대상 중 37%가 결혼 및 가족치료로 되어 있다. 그리고 결혼 및 가족치료에 있어서 단기 치료(6개월 이내)가 장기요법보다 더 비중이 높았고, 전자에 언급된 바와 같이 통합적 이론 적용이 강세를 보였다. 특히 결혼 상담에 있어서 주된 문제의 영역은 권력다툼(power), 혼외관계(affair), 성관계의 문제(sexual difficulties), 애정관계 (intimacy), 주의 환기(attention getting)를 위한 경쟁, 결혼 목적에 대한 가치관의 문제 등으로 되어 있다.*

2) 정신건강센터 병원 및 Research clinic을 포함한 보건 셋팅

가족치료의 이론 개발과 임상훈련 및 연구활동을 국가의 지원과 의료기관의 후원으로 주로 정신의학, 심리학과 더불어 정신분열증 클라이언트의 가족, 의학적 질병과 결부된 클라이언트 가족, 기타 스트레스와 관련된 각종 문제 가족이 일반 의료진료소, 가족의학 진료소, 아동병원 등 보건시설 중심에서 타전문과들과 Interdisciplinary로 가족치료를 제공하는 사회사업가들은 임상실제 이외로 조사활동, 훈련 및 컨설테이션을 겸하고 있다. 초기에 가장 유명했던 Mental Research Institute(Palo Alto, California소재)는 Satir를 포함 Batson, Jackson Haley, Weakland, Riskin, Watzlawick, Bodin, Fisch 등 가족치료의 지도자들을 배출했다(Goldenberg and Goldenberg, 1991). Washington. D.C. 소재 Walter Reed 육군 의료병원 아동정신과의 아동 및 가족치료 전문 훈련과정(2년)은 60년대 개설되어 Bardrill같은 가족치료의 사회사업 선각자를 포함해서 많은 임상사회사업가들을 배출했다. 그 외에 각처에서 유사한 기관의 특별훈련 및 조사기관에서 사회사업가들의 공헌이 지대했다.

3) 학교 셋팅에서의 가족 진단 및 가족 사회사업

학교는 대단히 중요한 사회제도의 하나로 성장과정에 있는 자녀들의 지적, 정서적 발육이 건전한 시민으로 육성되도록 교육목표를 세울 뿐만 아니라 사회환경이 미치는 영향을 학생들이 잘 감수할 수 있도록 능력을 기를 수 있도록 돕는 기능이 포함되어 있다. 이러한 역학적인 관계는 사회사업가들로 하여금 개인, 가정, 학교, 사회의 context에서 생태학적 이론과 통합적인 문제해결 접근을 사회사업 실제에 적용하게 한다. 특히 가족관계와 발육과정에 미치

---

* 한국적인 상황에서 결혼 및 가족상담 기관의 부재로 비교하기 어려우나 엄예선(1987)과 송성자(1987) 두 저자의 한국 가족문제 검토 부분에서 대략 가족 문제의 성향을 참작할 수 있다. 전자는 결혼문제의 원인 차원에서 혼전 준비결핍, 종속적 부부관계, 애정결핍, 대화의 문제, 중년부인의 문제, 한국 남편의 문제, 공유가치와 목표의 결여, 재정 문제, 부정 문제, 학대 등으로 요약하고, 후자인 경우 한국가정법률상담소 이혼사례 원인분석에 의거 이성관계, 애정결핍, 성격차이, 경제문제, 신체 및 정신건강, 성적불만, 유기, 친족관계, 자녀문제, 기타 등으로 광범위한 부분에서 부부간의 갈등이 문제시되고 있는 것을 알 수 있다. 한국에서도 종합사회복지관의 설치가 전국적으로 확산되어, 미국의 C.O.S에서 Family Service Agency로 변천된 발전적 요령을 어느 정도 지역문화에 맞추어 답사하면 가족복지사업과 가족치료의 기능이 충분히 사회사업에 의해 개발되고 발전되어 질 수 있다고 본다. 특히 사회변동에 따른 이혼 및 가족체계의 가속화로 빚어지는 사회문제에 대처하는 전문기관의 준비가 시급하게 요청되어지고 있다.

는 학교 교육제도를 포함한 사회환경의 영향을 이해함 없이, 또한 가족 관계의 역학이 자녀의 학교생활에 미치는 면을 고려함 없이 단면적인 문제해결(예를 들면 교우관계, 학업부진의 문제 등)을 시도하는 것은 전체를 통합해서 이해하려는 사회사업가들에게는 극히 부분적인 측면만 다루는 접근이 될 것이다. 부모의 결혼 불화, 자녀지도의 문제, 가정내 폭행, 주위 환경의 우범성, 빈곤과 사회편견이 미치는 영향, 질병 및 가치성장에 저해되는 위기나 스트레스는 학생의 학습부진, 행동상의 문제, 성격형성과 정신과적 문제에 직접 간접으로 영향을 미치기 때문에 예방적인 차원과 치유적인 차원, 양면적 접근으로써 연관된 사회제도간에 중재적 개입을 통한 필요한 변화와 문제해결이 모색되도록 생태학적인 가족치료 활동을 사회사업가는 제시하게 되는 것이다(Aponte, 1976). 이 접근은 메디칼 모델과 달리 새로운 문제와 욕구에 대응하는 프로그램 개발과 서비스를 보다 상황에 따라 적절히 제시해야 하기 때문에 여러 종류의 자원, 제도와 기술 등을 사용한다(Siporin, 1980, 20). 미국의 사회사업가 협회는 이미 전국적으로 사회사업가들의 자격과 수준 유지를 위한 가족진단적 치료에 대한 과목을 포함한 전문훈련을 계속 받도록 권장하고 있다. 최근에 와서 학교 사회사업가들이 가족 중심으로 다루는 임상적 접근이 많이 파급되고 있다. 특히 마약, 성문란, 갱단, 총기 난사사건, 자살 등 범죄성향이 점점 난폭해지고 있는 사회와 학교의 ecology를 체계 차원에서 지역중심으로 다루지 않으면 힘들기 때문에 가족단위는 학교 사회사업 실제에 기본적인 대상이 되고 있다. 교사, 행정관, 카운셀러 등 타기관과 긴밀한 협조체제하에 사회사업가는 좋은 영향력을 나타내며, 단기 가족치료모델을 많이 사용하고 있다.

4) 군가족 후원센타와 지역중심의 가족복지사업

사회사업의 가족중심 social service가 초기 가족사회사업의 전국적인 확산에 기여한 역사를 이미 서두에서 살펴보았다. 1970년 초기 의무징집 제도가 폐지되고 지원제가 도입됨으로써 병력의 인구구조가 결혼한 병력으로, 장기복무 형태로 변화를 가져왔다. 근무지 이동이 빈번하고 해외파병 현지주둔으로 파생된 국제결혼, 가족의 이면화, 전시 가족간의 분리, 경제적 어려움 등 많은 환경적 스트레스가 가족관계와 가정생활 조건에 이르기까지 지장이 있음을 감안하게 되자 미 의회로부터 많은 예산의 지원을 얻어 1980년대에 채택한 군가족 정책의 시행이 미 전역과 해외 군기지에 이르기까지 가족복지센타를 세워 예방사업과 치유사업을 주도, 군인사회사업가들에 의해 실시되었다. 특히 아동학대, 부녀자학대, 빈번한 이동으로 인한 가족의 불안정, 이질 문화환경의 적응문제, 전쟁과 군이동으로 가족에 주는 충격, 이산 군가족들의 재결합문제 등을 다루기 위해 제도적인 가족사회사업의 연구활동, 정책개발, 특수교육 및 훈련, 전자정보 시스템의 기술개발, 지구 전역의 연계적 referral system 장치 , 국제적 대문화간의(cross-cultural) 부부 및 가족 상담의 개발 등 폭넓은 가족치료 활동과 사회사업의 실제에 많은 사회사업가들이 영입되었다*. 특히 가족옹호대책(family advocacy)은 육해공군

* 필자는 1971년 미 육군 사회사업 장교로 임관하여 7년간 현역 복무기간 중 미8군 병원 정신위생진료

해병대 산하 지휘관들에게 중요한 관심영역으로 되었고, 가정폭행 예방조치(service contreat) 사업도 필요에 따라 증강하고 있다. V.A.병원 의뢰진료소에서도 상여군 가족들을 대상으로 가족치료 사회사업을 제공한다.

그 외에도 법정과 산업단체를 포함한 여러 field에서 가족치료 사회사업을 실시하고 있으나 이상 네 분야의 특성만을 소개하였다. 최근에 국가차원에서 관심을 가지고 있는 아동 가정보호사업 중 family preservation 운동이 사회사업가들에 의해 고조되고 있다. 범죄, 정신질환, 행동상의 문제는 친가에서 양육을 포기하거나 임시 가외 수용을 위탁하는 경우 원가족 재결합의 문제를 대단히 도전하고 있다. 위기중재, 단기치료, 계약의뢰의 방법도 적용되고 있다. 재활차원에나 복합적인 생태환경적인 요인과 재원의 효과적인 조정 없이 법적 조치나 일방적인 위탁사업만으로 가족계획과 가족자체의 기능 강화를 통한 원가족 보유가 어렵다는 경험을 미국의 아동복지 사회사업가들은 실토하고 있다.

제4절 가족치료에 대한 사회사업의 현황과 방향

1. 가족치료에 대한 사회사업의 현안

사회사업 교육의 현실이 안고 있는 교과과정의 인가 방침에 준한 제한 전문교육의 어느 특정한 분야에 한하기 보다 사회사업이 지금까지 사회교량적인 차원의 commitment와 인간 행동의 변화에 치중하는 direct practice에 치중하는 양면적 수용과 통합을 이룸에 있어서 한계적 의미 설정의 어려움이 수반되고 있는 것은 사실이다. 한편 지난 과반세기 동안 가족치료 영역에 있어서 급증되고 있는 집중된 전문적 관심과 노력은 이미 미국의 결혼 및 가족치료 협회를 통한 이 영역의 전문교육과 훈련 및 자격 규제의 운동은 과거의 가족치료 실제가 사회사업을 포함한 임상심리학 정신의학 목회상담학을 비롯 이들의 일부분적인 sub-specialty의 수준과 한계로부터 급속도로 벗어나고 있다. 그 실례로 American Association for Marital and Family Therapy 회원들의 전문적인 배경을 살펴봐도 약 20년 전에는 사회사업가들이 다수를 이루었지만 최근 몇년 사이에 급증된 신회원들의 배경을 보면 이미 미국내에 특수학과로써 결혼과 가족치료자를 양성하는 전문교육 프로그램들이 인가 기

소에 책임 사회사업가로(1972-1975) 있는 기간, 결혼 및 가족치료 활동을 국제결혼 가족을 중심으로 실시했으며, 이 기간 이화여자대학교 대학원 사회사업실습생(3명)들을 지도했으며 처음으로 한국 육군 의무감실에 군의료 사회사업을 소개하고 영관급 장교 3명을 OJT요원으로 현장훈련을 실시하였다. 미8군 병원에서는 그 결과 한미 양 언어로 가족치료를 실시할 수 있는 전문요원을 임용하고 계속 실습지도를 할 수 있는 기회를 만들 수 있었다. 그후 한국 군의관 장교로 R.O.T.C. 사회사업가들이 등용될 수 있는 제도로 개발되었다. 이대 사회사업과에 과장으로 계신 이명홍교수님의 관심과 학구적 공헌이(이명홍, 1986, 1987) 가족치료에 있었던 점은 한국에 가족치료의 씨앗을 심은 좋은 계기가 아닐 수 없었다.

준에 따라 대부분 주에서 실시되고 있는 Marital & Family Therapist License를 획득할 수 있는 자격이 부여되고 있다. 이러한 추세는 과거의 Mental Health Discipline Core를 이룬 사회사업, 심리학, 정신의학의 독점적 실제 영역을 도전하였을 뿐만 아니라 정부와 민간단체로부터 과거의 의학적 모델에서, 병리현상을 치유하는 제도에서 인가의 생태학적 조직의 이론과 관계적 역학에서 발생되는 제반 문제가 보다 광범위하게 정의된 정신건강의 개념하에 가족 결혼 치료자들도 동등한 자격에서 practice할 수 있도록 제도적인 뒷받침을 얻기 위해 이미 의회와 로비활동을 전개해 오고 있는 사회문제의 근간을 이루고 있는 가족관계의 영역을 이론적인 기반과 실제 원리 적용과 제도적인 뒷받침의 통합적 노력이 없이 재래적인 관념과 방식으로 일관된 사회사업의 실제적인 접근은 '코에 걸면 코걸이, 귀에 걸면 귀걸이' 식으로 변화되고 있는 현실적 안목에서 보아 극히 근시안적일 뿐만 아니라 그 영향력의 한계와 공신력마저도 우려하지 않을 수 없다. 그러므로 다음 몇가지 참고적인 제안을 급변하고 있는 한국적 상황에 비추어 사회사업이 취할 수 있는 전략을 제시하고자 한다.

사회사업의 목적이 예방적 차원과 치료적 중재와 재활적 영역을 내포하는 사회문제 해결을 한국적인 상황과 국제적인 context에 시대에 따라 그 초점과 범위를 현실적으로 설정해야 할 것이다. 이 과제는 다분히 인구의 특성과 사회경제 개발의 과정적 안목에서 문제의 틀을 개념적으로 정립해야 할 뿐만 아니라, 통합적 이론의 체계화와 실제영역의 경계 설정, 교과과정의 개발 및 현실성 practioner들의 자격인준 규제와 공신력을 위한 제도적 뒷받침이 선행되어야 할 것이다. 미국 사회사업이 전초자로써 중요한 개념과 그 field를 일선에서 개척함에 기여한 공은 크나 사회변천에 따른 전문 실제의 적용이 포괄적이 못되었기 때문에 특히 예방차원에 있어서 family life education, family welfare policy, 그리고 communication based family service가 이론적인 뒷받침에 있어서나 제도적인 일관성을 추진함에 있어서 사회사업의 영향력을 미치는데 유력치 못한 결실들이 이미 전자에서 언급된 바 있듯이 사회사업의 목적과 기대에 비해 그 실제 영역이 개인의 적응영역에 제한을 둔 점과 변천되고 있는 병리적 현상에 대한 특수적인 지식과 기술을 소요되는 분야를 집중적으로 연속적인 교육을 통한 자격준비와 또 실제분야에서 계속 훈련과 승진적 기회의 체제가 미약함으로써 결혼 및 가족치료에 대한 사회사업의 선두적 초기의 image가 복귀되기 까지는 사회사업의 전반적인 교육과 실제의 재정립이 시대적으로 요청되고 있다. 특히 여러 분야에서 결혼 및 가족치료 영역에 기여하고 연계적 관계를 실천 분야에서 관여하고 있기 때문에 사회사업이 계속 추구하고 있는 건전한 가족의 육성을 통한 개인의 안정과 구성원의 개인적 잠재력 개발을 위해서는 다른 분야의 전문가들과 더불어 가족치료에 대한 계속적인 공헌을 도모해야 할 것이다.

2. 앞으로의 방향

「The third wave」의 저자인 Alvin Toffler(1980)는 산업후 시대의 제삼 문화권에 돌입된 현대사회는 가족붕괴의 현실을 개인의 불찰로 돌리기보다 사회제도의 복합적인 문화충격으로 기인된다고 보았다. 가족기능의 보완적 체제 전문 가족치료, 가족교육, 가족 중심 사회사업의 도움을 불가피하게 했고 따라서 사회의 제도적 뒷받침을 가진 전문사회사업은 가족동지에 대한 계속적인 관심과 책임있는 반응을 변천되고 있는 사회의 환경적 상황속에 처해있는 개인, 가정, 지역사회에 보여야 할 것이다. Siporin(1988, 21, 23)도 사회사업의 실제와 교육이 역사적인 발전의 중요한 교차로에 임하고 있기 때문에 선택해야 할 중요한 과제가 앞에 놓여져 있다고 보고 우선 가족(결혼)치료의 제공이 사회사업의 기초 영역으로 풍부하고 오랜 전통을 지닌 사실을 보다 크게 인정해야 할 뿐 아니라 학부 대학원 사회사업 교과과정의 중심부에 결혼 가족치료 과목이 사회사업 전문교육 시설에서 부터 설치되었다는 사실을 널리 알려야 된다고 역설했다. 또한 그는 그러기 위해서 사회사업 교육 프로그램이 결혼 가족치료에 연관된 과목들을 분명히 명시해야 하고 수료증서에 표시해야 할 것과 박사과정을 포함한 교과과정의 프로그램 수준에 따라 과목의 내용도 기술되어 있어야 한다고 지적했다. 나아가서 그간 부진했던 전문 사회사업 조직체가 결혼 가족치료 분야를 특수전공으로 인정하고 공인하는 제도를 통하여 소요 expertise와 윤리적 commitment가 훈련 및 교육과정 이후 높은 가치기준 위에 세워지도록 일반에게 알려야 할 것이라고 거듭 강조했다. 그러기 위해서는 사회 사업 전문 교육 프로그램을 사회사업 전문단체와 가족 복지기관과 손을 잡고 실제 특수전공(specialization)으로 Family theory를 학교 허가를 얻어 시급한 기한내에 기반을 세워야 할 것이다. 사회사업이 human service 영역에 지도력을 행사하려면 전통 뿐만 아니라 특수능력을 소유한 결혼 가족치료 분야의 전문가로써 자긍심을 가지고 리더쉽을 가져야 할 것이다. 특히 학생들로 하여금 가족치료의 지식, 기술, 태도를 습득시키는 교육적 과정이라 자신들의 원가족 관계의 분석을 genogram을 사용, 자신의 성숙에 도움이 되고 실제 터득에 좋은 참고가 되도록 도와주고 사회조직 환경의 역학적인 관계성을 ecomap 사용을 통하여 이해가 잘 되도록 도와줄 때 현 사회의 소용돌이 속에서 겪는 사람들의 욕구에 더욱 민감히 반응을 보일 수 있을 것이다(Siporion, 1980, 23).

사회사업은 그 궁극적인 목표를 인간의 전인적 개발과 전 생활주기를 통한 가족관계의 안정과 평등사회의 정의가 실현되는 공공사회복지를 지향하기 때문에 모든 사회제도의 기본이 되는 정서체제인 가족관계의 정상화를 꾀하는 노력은 변동하는 사회의 역할 속에서도 계속 사회사업의 기본적인 목표가 되어야 할 것이다. Mary E. Richmond(1917, 34)는 20세기 초에 이미 선견적인 예시를 사회사업가들에게 전했을 뿐만 아니라 21세기를 향하는 지구인들에게 경각심을 불러주고 있다. 가족은 우리의 운명을 좌우하는 중추적인 제도로 존속할 것이다. 사회사업가들은 다른 전문인들과 함께 심각히 응해야 할 때가 왔다고 본다.

결 론

사회사업의 기본적인 입장은 가족의 안정이 개인의 잠재력 개발과 사회성의 원활한 발전에 직결되어 있기에 전인적 수용을 도모하기 위해서는 가족치료의 사회사업적 제공이 우선되어야 한다고 보았다. 역사적인 전통에서나 현재의 실천 영역에서도 그 입장이 현저히 나타나고 있다. 사회사업의 전문 교육과정에 있어서도 결혼과 가족치료에 관한 과목 개정은 처음부터 중심 과목으로 실시되었고 사회사업 실제에 있어서도 가족 개별사업, 가족 집단사업, 가족 중심의 사회사업 실제 등으로 불려졌고, 사회사업 역사의 진화과정에서도 그 비중과 아이덴티티가 가족사회사업(가족치료)에 얽혀져 있음을 인지하게 되었다. 그 보기로는 초기 사회사업의 전문지의 타이틀 역시 「 The family 」였고 그 다음 「 Social Casework 」으로 오랫동안 바뀌었다가, 최근에 다시 「 Families in the contemporary society 」로 원대 복귀한 것을 들 수 있다. 정신분석학의 이론적 매혹에 빠진 사회사업가들은 오랫동안 의학적 모델로 가족의 문제를 진단하고 치료하는 실제 영역의 개발은 많았지만 조직이론을 기반으로 특수 전문분야로써 가족치료 영역을 확장시켜 나가는데 있어서 뒷걸음쳐 온 이면의 여러가지 잇슈를 검토해 보았다. 가족치료의 이론정립에 있어서나 특수분야로 실제에 있어서 꾸준한 기여를 해왔음에도 불구하고 타전문분야에 비해 그 공적이 잘 인정되지 못한 점이 시정되어야 하고, 현재의 교과과정에 나타나고 있는 부분적 전공 추세와 사회사업 전문기관의 소극적인 입장에서 사회사업의 가족치료에 있어서 지도적 영향력을 더이상 손실하기 이전에 현시점에서 주요한 결정을 내려야 하는 역사적 기로에 서있는 현안점을 살펴보았다. 그리고 보다 적극적인 수용으로 새로운 조명의 틀 안에서 사회사업이 관여해 온 지역중심의 가족치료 사회사업 제도를 통한 사회사업의 기여, 이론적 발전과 기술발명의 적용, 인력수급, 전문교육의 교과과정 및 실습지 강화, 임상적 접근의 모델개발 면을 살펴보았다. 끝으로 가족치료에 대한 사회사업의 commitment는 Mary E. Richmond의 비젼에서 그 역사의 명맥을 정확히 잡은 M. Siporin의 역사조명에서 불변없이 정도를 밟아 인간 가족의 건전한 육성에서 사회사업의 완성이 이루어지도록 전문적인 자격과 인정이 갖추어져야 할 것이다.

참 고 문 헌

Ackerman, N., Beatman, F. & Sherman, S. (1961), *Exploring the Base for Family Therapy,* NY: Service Association of America.

Aponte, H. (1976), "The Family-School Interview; An Eco-structural Approach", *Family Process*, 15, 303-312.

_________, (1979), "Diagnosis in Family Therapy", in *Social Work Practice; People and Enveronments,* C. Germain(ed.), NY: Columbia University Press.

_________, (1987), "Treatment of Society's Poor; An Ecological Perspective on the underorganized family" in *Family Therapy Today,* P. J. Guerin, Jr,(ed.), NY: Gardner Press.

Auerswald, E. (1968), "Interdisciplinary Versus Ecological Approach", *Family Process*, 7, 202-215.

Bardhill, D. R. & Sanders, B. E. (1988), "Marriage and Family Therapy and Graduate Social Work Education" in *Handbook of Family Therapy Training and Supervision,* H. A. Liddle, D. C. Breunlin, and R. C. Schwartz, (eds.), NY: Guilford Press.

Biestek, F. P. (1957), *The Casework Relationship,* Chicago: Loyola University Press.

Bowen, M. (1966), "The Use of Family Therapy in Clinical Practice", *Comprehensive Psychiatry*, 7, 345-74.

Carter, B. & McGoldrick, M. (1988), "Overview; The Changing Family Life Cycle - A Framework for Family Therapy", in *The Changing Family Life Cycle: A Framework for Family Therapy*, B. Carter and M. McGoldrick, (eds.), NY: Allyn & Bacon.

Couch, E. (1969), *Joint and Family Interviews in the Treatment of Marital Problems*, New York: Family Service Association of America.

Erickson, G. (1987), "Family Services", in *Encyclopedia of Social Work*, National Association of Social Workers (ed.), Washington, DC: NASW.

Genosese, M. (1993), *Marital Counseling in Social Work: Exploring the Relation between Education and Practice* (Unpublished Dissertation), Chicago: Loyola University of Chicago.

Germain, C. (1979), Introduction: Ecology and Social Work", in *Social Work Practice; People and Environments*, C. Germain (ed.), NY: Columbia University Press.

_________ and Gitterman, A. (1980), *The Life Model of Social Work Practice,* NY: Columbia University Press.

Goldenberg, I. & Goldenberg, H. (1991), *Family Therapy; An Overview,* Pacific Grove, CA: Brooks/Cole.

Gomberg, M & Levinson, F. (1951), *Diagnosis and Practice of Social Casework*, M.

Gomberg and F. Levinson (eds.), NY: Family Service Association of America.
Hamilton, G. (1940), *Theory and Practice of Social Case Work,* NY: Columbia University Press.
Hamilton, A. & Laird, J. (1983), *Family Centered Social Work Practice,* NY: The Free Press.
Hearn, G. (1969), "Progress Toward an Holistic Conception of Social Work", in *The General Systems Approach: Contributions of Social Work,* G. Hearn (ed.), NY: Council on Social Work Education.
Ho, M. (1987), *Family Therapy with Ethnic Minority Families,* Newbury Park, CA: Sage.
Hoffman, L. (1981), Foundations of Family Therapy, NY: Basic Book.
Hollis, F. (1949), *Women in Marital Conflict,* NY: Family Service Association of America.
Janzen, C. and Harris, O. (1986), Family Treatment in Social Work Practice, Itasca, IL: F.E. Peacock.
Jarrett, M. (1920), "The Psychiatric Thread Running Through All Social Work", *Proceedings,* Chicago: National Conference on Social Welfare, 587-593.
Laird, J. & Allen, J. A. (1983), "Family Theory and Practice", in *Handbook of Clinical Social Work,* A. Rosenblatt, D. Waldfogel (eds.), San Francisco: Jossey-Bass.
Lee, D. B. (1968), *The Relationship between the Level of Social Functioning and Social Class in Three Family Service Agencies in Southeast Florida* (Unpublished Thesis), Florida State University.
Lee. M. H. (1986), *A Study on the Development of Family Therapy and Its Models Utilized in Korean Social Work Setting,* 1974-1986 (Research Report No. 49, Special Edition in Korean), Seoul: Korea Cultural Institute.
_________, (1987), *A Book of Family Treatment Cases* (in Korea) Seoul: Ewha Womans University Family Studies Seminar.
Madanes, C. (1980), "Protection, Paradox and Pretending", *Family Process,* 19, 73-85.
_________, (1981), *Strategic Family Therapy,* San francisco, CA: Jossey-Bass.
_________, (1984), *Behind the One-Way Mirror: Advances in the Practice of Strategic Therapy,* San Francisco, CA: Jossey-Bass.
McGoldrick, M. (1988), "Ethnicity in Family Life Cycle", in *The Changing Family Life Cycle: A Framework for Family Therapy,* B. Carter and M. McGoldrick (eds.), NY: Gardner Press.
_________, Anderson, C. and Walsh, F. (1988), *Women in Families: A Framework for Family Therapy,* NY: Norton.
Minuchin, S. (1974), *Families and Family Therapy,* Cambridge, MA: Harvard University Press.

Mitchell, B. (1959), "Family Interviewing in Family Diagnosis", *Social Casework,* 140, 381-384.

Mowrer, H. (1935), *Personality Adjustment and Domestic Discord,* NY: American Book.

Nichols, M. & Schwartz, R. (1991), *Family Therapy: Concepts and Methods,* Boston: Allyn and Bacon.

Papp, P. (1976), "Family Choreography", in *Family Therapy: Theory and Practice,* P. Guerin (ed.), NY: Gardner Press.

_________, (1977), *Family Therapy: Full Length Case Studies,* NY: Gardner Press.

_________, (1980), "The Greek Chorus and Other Techniques of Family Therapy", *Family Process,* 19, 45-58.

Pearlmutter, L. (1988), "A History of Marital Therapy in Social Casework and the Family Agency, in *Families in Transition: Tulane Studies in Social Work,* 17, 43-53.

Pincus, A. & Minahan, A. (1973), *Social Work Practice: Model and Method,* Itasca, IL: F.E. Peacock.

Rich, M. (1956), *A Belief in People,* NY: Family Service Association of America.

Richmond, M. E. (1917), *Social Diagnosis,* NY: Russell Sage Foundation.

Satir, V. (1967), *Conjoint Family Therapy*, Palo Alto, CA: Science and Behavior Book.

_________, (1971), *People Making,* Palo Alto, CA: Science and Behavioral Science Book.

Scherz, F. H. (1953), "What Is Family Centered Casework?", *Social Casework*, 34, 343-349.

Schwartz, R. (1983), "Behavioral Contracting With the Families of Delinquents", *Journal of Behavioral Therapy and Experimental Psychiatry*, 2, 1-11.

Shcrman, S. M. (1967), "Family Therapy as a Unifying Force in Social Work", in *Expanding Theory and Practice in Family Therapy*, N. Ackerman, F. Beatman, & S. Sherman (eds.), NY: Family Service Association of America.

Siporin, M. (1980), "Marriage and Family Therapy", *Social Casework*, 61, 11-21.

Song, S. J. (1987), *Family Relations and Family Therapy* (in Korean), Seoul: Hong-Ik Publisher.

Stuart, R. (1975), "Behaviroal Remedies for Marital Ills", in A. S. Gurman and D. G. Rice (eds.), *Couples in Conflict*, NY: Jason Aronson.

_________, (1976), "An Operant Interpersonal Program for Couples", in *Treating Relationships*, D. H. Olson (ed.), Lake Mills, IA: Graphics.

_________, (1977), *Behavioral Self-Management: Strategies, Techniques and Outcomes*, NY: Guilford Press.

_________, (1980), *Helping Couples Change: A Social Learning Approach to Marital Therapy*, NY: Guilford Press.

Toffler, A. (1980), *The Third Wave*, New York: William Morrow.

Uhrm, Y. S. (1987), *Korean Families and Family Therapy*, Frankfurt am Main: Verlag Peter Lang.

Walsh, F. (1982), *Normal Family Process*, NY: Guilford.

_________, (1988), "The Family in Later Life", in *The Changing Family Life Cycle: A Framework for Family Therapy* (2nd ed.), B. Carter & M. MaGoldrick (eds.), NY: Gardner.

Walter, M., Carter, B., Pagg, P. and Silverstein, O. (1988), *The Invisible Web: Gender Patterns in Family Relationships*, NY: Guildford.

Watts, P. A. (1964), "Casework Above the Poverty Line: The Influence of Home Service in World War One on Social Work", *Social Service Review*, 38, 303-315.

Weber, G. (1979), *Family Therapy Education in Schools of Social Work: A National Survey* (Unpublished Dissertation), University of Nebraska.

제 2 부

가족치료의 모델

제 1 장

구조적 가족치료

한 혜 빈*

1970년대에 구조적 가족치료는 가장 인기있고 영향력있는 치료의 접근법 중의 하나로 떠올랐다. 이와 같은 가족치료의 급부상은 그것이 진단과 치료를 위한 명확한 지침을 제공하는 아주 기본적인 구조와 체계를 가지고 가족을 묘사해내고 있기 때문이다. 이 접근법의 가장 큰 특징은 치료의 목적으로 가족내의 구조적 변화를 강조하는 데 있다. 그것은 개인변화, 가족체계, 가족역동을 탁월하게 이해한 가족치료자로 하여금 가족의 재구조화를 행하는 능동적인 대행자가 되도록 한다(Colapinto, 1982). 사실 가족치료는 매우 어려우며 결코 단순하지 않다. 따라서 초보적인 가족치료자는 가족생활을 구성하는 복합적인 상호작용 하에서 미로와 수수께끼에 직면한 것과 같은 어려운 경험을 하는 수가 종종 있다. 구조적 가족치료는 그러한 난해한 상호작용들의 근거와 의미를 깨우쳐 주는 명백한 틀을 지니고 있다. 물론 가족구조를 구성하는 정서적인 경계선과 하위체계 간의 연합·결탁들은 추상적인 개념이다. 그럼에도 불구하고 이러한 개념들을 사용하는 것은 가족치료자들로 하여금 체계적이고 조직된 양식으로 치료과정에 개입할 수 있게 해 준다. 이것은 가족을 체계로써 그의 상호작용·과정·형태를 고찰하도록 한다. 그러나 이 접근법도 그 실천과정에 있어서 치료자의 성격과 가족의 특별한 구조를 반영하지 않을 수는 없다(Aponte & Van Deusen, 1981).

Minuchin은 1960년대에 처음으로 가족들을 보기 시작했으며, 이론가라기 보다는 임상가로서 알려졌다. 그 후 그는 특별히 많은 치료자들에게 훈련 프로그램을 가르침으로써 극적인 명성을 얻게 되었다. Minuchin은 가족구조이론과 가족치료 기술을 개발하였다. 가족치료를 받으러 오는 대부분의 가족들은 문제해결의 대안을 가지고있지 않았다. Minuchin의 치료는 가족구성원 등이 경직되거나 밀착된 관계로부터 벗어날 수 있도록 도움을 제공했으며, 구조적 가족치료 분야를 개척하는데 매우 성공했다.

제1절 이론의 주요인물

구조적 가족치료의 창시자인 Minuchin은 아르헨티나에서 태어나서 자랐다. 그 후 이스라엘 군대에서 외과의사로 복무하였으며, 미국으로 건너가 뉴욕시 유대보호원에서 아동정신의

* 서울신학대학교 사회사업학과 교수

학 훈련을 받았고 William Alauson White Institute에서 정신분석학을 공부하였다. 연구를 마친 후 Minuchin은 난민아동을 돕기 위하여 팔레스타인으로 갔는데 이 기간 동안 그는 가족에 깊은 관심을 갖게 되었다. 그가 미국으로 돌아가서 비행소년을 위한 Wiltwyck 학교에서 직업을 갖게 되었을 때, 그는 동료들에게도 클라이언트만이 아닌 가족들에게 관심을 갖고 바라보자고 제안하였다. 이 기간에 Ackerman이나 Jackson 같은 다른 가족치료자들은 중산층 가족들과 함께 가족치료 작업을 하고 있었다. 그런데 기존의 접근들은 가난한 가족의 복합적인 문제에는 적합하지 않아 보였다(Michael Nichols, 1984, 470).

그러므로 Minuchin은 이러한 빈곤가족의 복합문제에 접근할 수 있는 새로운 기술과 개념을 개발해야 하였고 그 가운데 하나가 실연(實演-enactment;문제성있는 결과들을 치료로 끌어들여—가족원들이 면담과정에서 직접 행동하도록 하여—치료자가 관찰하고 변화시키는 기법)이었다. 이러한 최고의 기술은 구체적이며 행동지향적이고 지금까지도 구조적 가족치료의 특징으로 남게되었다.

Wiltwyck에서 가난한 가족들과 함께 한 Minuchin의 임상경험과 새로운 개념의 성공적 적용은 "슬럼의 가족들" 이란 책을 쓰게 하였다. Minuchin의 평판은 높이 올라갔으며, 1965년에는 필라델피아 아동임상클리닉의 책임자가 되었다. 12명도 안되는 소수의 직원으로 출발한 이 임상진료소는 필라델피아의 흑인 빈민가에 위치하였다. 이렇게 조촐한 시작을 한 Minuchin은 10년 후 그가 은퇴할 때에는 그의 진료소를 300여명의 직원과 펜실바니아종합대학 캠퍼스에 인접한 현대적이고 정교한 아동임상진료소로 발전시키기에 이르렀다.

Minuchin의 동료로는 Montalvo, Haley, Rosman, Aponte, Walters 등이 있고 이들은 모두 구조적 가족치료에 중요한 역할을 맡고 있다. 또한 그 외에도 차세대의 구조적 가족치료자들이 미국과 전세계에 널리 퍼져있다. 최근까지도 구조적 가족치료 개입방법은 가장 영향력있으며, 널리 실습·훈련되고 있다고 볼 수 있다(Michael Nichols, 1984, 471).

제2절 이론적 형성(D.S. Becvar & R.J. Becvar, 1993)

구조적 가족치료의 이론적 우수성은 임상가로서의 Minuchin의 명성에 여실히 나타나 있다. 필라델피아 아동임상클리닉 훈련프로그램에서 제공한 Minuchin의 이론은 단순하고 실용적인 면에서 탁월했다.

어떤 임상가들은 이론을 가지고 조급한 경향이 있다. 그들은 이론을 단지 추상적인 개념으로 간주하면서, 조속한 기술습득을 위하여 때론 이론을 무시하기도 한다. 그러나 이론이 없으면 당신은 실패하고 말 것이다. 예를 들어서 이것은 개별치료 때 종종 일어나는데, 치료자들은 결과적으로 수동성에 빠지기 쉽다.*

* 치료자인 당신은 매주 남편이 그의 부인에 대하여 불평하는 것은 무관심하게 들을 수 있다. 남편이 불평하는 것으로부터 어느정도 안심을 하게되면 수동적인 치료자가 더 이상 해 줄 것이 없어진다.

또는 초보적인 치료자는 가족문제의 내용에 사로잡히는 경향이 있는데 그 이유는 그들이 가족역동을 관찰하고, 가족을 도울 수 있는 기본 이론을 갖고있지 않기 때문이다. 그에 반하여 구조적 가족치료는 가족간의 상호작용 과정을 분석하기 위한 청사진과도 같다. 구조적 가족치료는 치료의 일관된 전략을 위한 기초를 제공해준다. 세가지의 이론적 기본 개념이 구조적 가족치료의 필수적인 구성요소인데, 첫째로 구조, 둘째로 하위체계, 셋째는 경계선이다(D. S. Becvar, R. J. Becvar, 1993).

1. 구조(structure)

구조적 가족치료는 가족내 상호작용의 형태에 초점을 둔다. 이것은 체계의 기본구조와 조직을 이해하는 실마리를 제공한다. Minuchin에게 있어서 구조란 보이지 않는 일련의 기능적 요구이다. 이것은 가족원끼리의 상호작용법과 연속성·반복·예측되는 가족행동 등을 조직하며 이 개념이 우리들로 하여금 기능적인 의미에 있어서 가족이 나름대로 고유한 구조를 갖고 있다고 생각할 수 있게 한다. 가족의 상호작용 형태를 고찰하는 것은 어떻게 가족이 조직되며 가족구조는 어떻게 유지되는지를 알 수 있는 정보를 제공해준다.

가족은 반복되는 상호작용의 형태 속에서 가족원들의 행동을 통제한다. 이 형태는 가족원들이 언제 어떻게 누구와 연관되어 있는지를 묘사한다. 이 구조와 형태가 부지불식(不知不識)간에 가족원들에게 규칙들을 부과하고, 무의식적으로는 그들의 상호작용과 특성까지도 규정한다.

가족의 구조는 강제로 구속되는 두 가지의 일반체계에 의하여 지배된다고 볼 수 있다.

첫번째의 구속체계는 일반적인 것인데 모든 가족은 아동에게 더 큰 권위를 행사하는 위계구조를 갖는다는 점이다. 이 구조의 중요한 면은 상호적이며 보완적인 기능이다. 이 기능은 가족들이 해야하는 역할과 기능을 구분해준다. 예를 들어서 굉장히 유능한 부모인 경우에 다른 부모들은 상대적으로 무능력하게 묘사된다. 만일 아주 착한 아동이 있다면, 다른 아동들은 상대적으로 덜 착하게 될 것이다. 마찬가지로 부모들은 과잉간섭 대 방관적, 완고함 대 개방적과 같이 상대적으로 비춰진다.

이 일반적 구속체계는 상호성과 보완성의 구조이다. 가족구성원들은 가족역할에 대한 의식없이도 가족균형을 유지하고 그 기능을 계속 보유한다. 이 역할은 균형을 이룬 것처럼 보이며, 합리적인 보충 — 즉 가족원의 묘사나 은유가 없이도 사람들을 가족원의 역할이 합리적이며 보완적인지 상대방의 역할이 균형을 이루는지를 평가할 수 있다 — 으로 볼 수 있다.

두번째의 구속체계는 특별한 가족의 특유한 것이다. 가족의 특유한 규칙과 형태는 서서히 형성·진화된 것인데 그 특성이 만들어진 과정은 현재의 가족력에서는 보이지 않는다. 가족의 구조는 역할·규칙·양식을 규정한다. 이 구조적 특징에 대한 이해는 가족을 오랫동안

단지 동정적으로 들어주면 되는 것이다. 그러나 내담자들은 해결책을 원한다. 가족들은 문제와 위기에 대해서 토로하고, 그들이 무엇을 해야할 지에 관해서 듣기를 원한다(Nichols, 1984, 472).

지켜본 후에야 가능하다. 구조를 이해하기 위하여는 하위체계 간의 가족과정을 관찰해야 하며 그것이 현 가족원간의 경계선을 묘사한다.

2. 하위체계들(subsystems)

구조적 가족치료는 가족이 배우자 하위체계, 부모 하위체계, 형제 하위체계 등의 세가지 하위체계로 구성되어 있다고 본다. 이 하위체계 간의 규칙은 위계질서이다. 이 이론은 세대간의 적합한 경계선을 주장한다. 다음에는 이 규칙을 구성하는 각 하위체계를 개별적으로 살펴보려고 한다.

1) 배우자 하위체계(spouse subsystem)

이 체계는 두사람이 결혼하여 새로운 한 가정을 이루면서 형성된다. 이 하위체계는 적응과 조화, 배우자 간의 역할의 타협이다. 그러한 적응은 각 배우자가 자란 출신 가정에서 어느 정도까지의 자립을 획득했을 때에야 가능하다. 각 배우자는 출신 가정에서 보고 배운 배우자의 역할 경험에 밀착되어 있으므로, 새로운 가정에서 협상하고 적응하는 데에는 어려움을 겪는다. 사실 출신 가정에서의 경험만으로는 배우자와의 새로운 역할을 성공적으로 보충하고 타협할 수 있기에는 부족하다.

배우자 하위체계에서 상호보충성이란 논리적으로 모든 행동이 상호보충된다는 것이다. 예를 들어 성역할의 경우에 전통적인 결혼관에서는 남편은 밖의 직장일에 아내는 가사일에 종사하는 것이 일반적이다. 특히 결혼 초기에 이와 같은 배우자 간의 상호역할이 형성된다. 이미 형성된 역할은 변화할 수는 있지만 다른 것에 비해서 반영구적이며 변화가 쉽지 않다. 가족 삶의 성공적인 길은 협상과 적응이다. 어디에 집을 정하며, 어떻게 꾸미며, 아내는 때때로 혼자있고 싶은지 등등 초기과정의 타협과 적응이 가족이 기능적으로 형성되는지 그 여부를 결정하는 중요한 도구이다. 이 타협과 적응은 출신가족의 규칙과 형태에서 비롯하여 아직 형성되지 않은 상대방의 수준까지도 맞추어 진다. 여기에서 매우 중요한 것은 배우자체계는 상대방의 잠재적 재능과 취미를 개발할 수 있는 상호보완적 욕구를 지닌다는 것이다. 그러나 어떤 배우자도 자신의 개별성을 상실해 가면서까지 완전히 적응만 할 수는 없다. 결혼생활이란 양측에서의 상호교환이며 각자는 개인으로 남되, 상대방의 성격・자원・유일성에 적응하면서 서로의 입지를 존중하는 것이다.

2) 부모 하위체계(parental subsystem)

아이가 태어나면 부모체계가 형성된다. 만일 배우자체계가 이미 성공적으로 타협・적응되었다면, 그 기술은 부모 하위체계의 발전에도 유용하게 사용될 것이다.

아기의 출생과 더불어 새로운 과제가 생겨났고, 가족의 기능은 새로운 상호보완적인 측면이 요구된다. 예를 들어서 부모역할에서는 서로 다른 스타일과 선호도에 모두가 새롭게 타협하도록 해야한다. 부모 하위체계가 생겼지만 배우자 하위체계도 기본적으로 지속되면서 부모역할과는 다른 체계로 기능한다. 배우자는 함께 싸우고 놀고 사랑하며 시간을 보낸다. 부모체계는 아동양육에 관한 기능이며 과제이다. 따라서 배우자체계 안에는 아동과 아동에 관한 과제는 포함되지 않는다.

부모 하위체계에서 각 배우자는 아동부양과 안정성의 균형을 제공하기 위해서 상호보충의 도전을 받는다. 부모체계에는 책임이 있으며, 여기에서 중요한 도전은 어떤 것에 대하여 어떻게 할 것인가이다. 부모는 아동의 각 발달단계에 따른 요구에 타협·적응해야 한다. 예를 들어서 어떤 부모는 세살박이 아동의 부모이고, 어떤 부모는 사춘기 아동의 부모라면 전자는 큰 보호와 관심이 필요하고, 후자는 독립심과 책임감이 필요하다고 볼 수 있다.

가족의 전환기에는 가족구조에 도전하고, 새 구조에는 타협과 적응을 할 것이 요구된다. 아동은 부모체계로부터 부모가 책임지고 요구하는 메세지를 받게된다. 가족은 민주주의 사회가 아니며 아동들은 부모와 평등하거나, 또래집단이 아니다. 이것이 권위의 기본이며, 따라서 아동들은 권위에 대처하는 방법을 배우게 되고, 나아가서 평등하지 않은 권위의 상황에서 상호작용하는 법을 배운다.

3) 형제 하위체계(sibling subsystem)

이 형제체계는 아동으로 하여금 아동이 되도록 하며, 또래집단과의 관계를 실험하게 한다. 이상적인 부모라면 형제들끼리 타협할 수 있는 능력(경쟁하고, 차이점을 발굴하고, 서로를 지지할 수 있는)을 존중해야 한다. 그것은 어른에게 매인 구속감이 없이 아동들끼리 실험할 수 있는 사회 실험장이다. 또한 아동들은 성장단계의 변화와 타협하기 위하여 부모와 연합하는 것을 배운다.

하위체계는 가족체계가 그 구조에 관계되는 기능을 완수하도록 돕는다. 즉 하위체계의 각 개인은 차별적인 권력이 있고, 그는 역할에 합당한 기술을 개발하는 것이다. 하위체계 간의 관계는 가족의 구조를 정의한다. 기능적 가족의 하위체계 간의 질서는 권위의 위계질서라는 개념으로 나타날 수 있다.

하위체계 구성원 간의 관계는 연합의 개념이며 경계선 안에서의 상호작용이다. 배우자, 부모, 형제간의 연합·제휴는 서로가 서로를 보호하도록 해준다. 각 개인은 상이한 자아정체감을 갖고 있으며, 각 개인은 상대방에 비교하여 자기의 위치를 인식한다. 하위체계 간의 연합과 명확한 경계선은 가족의 안정과 복지수준을 높인다.

3. 경계선(boundaries)

앞에서 구조와 연관된 하위체계·위계질서·제휴·협상·적응 등을 논의하였다. 이제는 경계선인데 이 경계선은 직접 보이지는 않는다. 그러나 개인과 하위체계 간에 그리고 구성원과 가족 간에 허용할 수 있는 접촉의 양과 종류는 이 경계선으로 구분된다.

Minuchin에 의하면, 경계선이란 개념은 규칙과 하위체계 간에 선호되는 관계이다. 각 하위체계는 독자성과 기능, 관계의 형태를 지닌다. 그리고 하위체계 간의 독자성과 기능, 관계의 형태는 서로간의 관계에 의해 지배된다. 하위체계 간의 상호역동은 이 경계선이 명확한지, 밀착되어 있는지, 분리되어 있는지에 따라서 다르다.

1) 명확한 경계선(clear boundaries)

하위체계 간의 이상적인 배열은 명확한 경계선이다. 이 경계선은 경직된 경계선이나 혼동된 경계선과는 대조된다. 명확한 경계는 명확하면서도 융통성이 있다. 명확한 경계가 있는 곳에서 가족원들은 지지받고 건강하게 양육되며 어느 정도의 자율이 허락된다. 이 이론은 지지·양육·포용 등을 제시하면서 다른 한편으로는 사회적 실험에의 자유·개별성·그 자신만의 자아정체성 등을 인정한다.

가족의 구조·규칙·역할 등은 변화된 상황에 맞추어 새로운 구조화가 필요할 때에는 변화할 수 있으며, 생활의 각 장면은 삶의 실험이다. "Each scenario is an experiment in living"이라는 것을 보여준다. 새 구조에 필요한 협상·적응·실험들은 가족들이 '옳다, 됐다'고 느낄 때까지 계속된다(Becvar, 1993, 194).

결과적으로 명확한 경계선은 하위체계간의 상호작용과 의사소통을 증진시키며 변화를 유발시키기 위하여 협상과 타협을 계속한다. 그리하여 가족의 안정성을 유지하는 것이다. 부모와 아동은 서로에게 포함되면서도 다른 한편으로는 개별적이고 독립적이다. 서로 독립성과 자율성을 허락하고 키워주는 이 조화된 모순(?)이야말로 구조적 치료에 대한 명확한 해석이라고 볼 수 있다(Ibid, 195).

2) 경직된 경계선(rigid boundaries)

경직된 경계선을 설명하기 위하여 하위체계에는 가족 외의 다른 체계도 포함된다. 경직된 경계란 체계 간의 강하게 분리된 상태를 말한다. 가족원들은 체계 내에서 서로 고립되어 있으며, 지역사회내의 지지체계로부터도 멀리 떨어져 있다. 분리된 개인과 가족은 비교적 자율적이나 고립되어 있다. 이것이 극단화되면 역기능적이 되는 것이다.

경직된 경계선의 상황에서는 아동은 스스로의 삶의 현장에서 혼자 싸우는 것을 배우고 부모의 관심이나 원조없이 협상하며 스스로를 보호하는 것을 터득한다. 부모는 부모대로 아동은 아동대로 서로간에 타협·협상할 여지가 거의 없으며 하위체계 간의 경계도 너무 엄격하다.

이 경계선에서는 극도의 위기나 심각한 스트레스의 경우에만 겨우 상호지지가 가능하다. 즉 "네가 알아서 해라", "나를 방해하지마! 내가 알아서 다 할테니까!"와 같다. 배우자·부모·아동은 각각 자신의 일과 과제에만 너무 깊이 몰두하고 있기 때문에 상대방을 지지하고 관심을 나눌 겨를이 거의 없다. 그러므로 구성원들은 원하는 정서적인·경제적인·육체적인 지지와 욕구, 희망하는 상호작용을 가족 외의 다른 체계에 의지하고 있다고 볼 수 있다.

3) 혼돈된 경계선(diffused boundaries)

혼돈된 경계선은 가족의 밀착된 관계에 기인한다. 이 경계선은 경직된 경계선과는 대조된다. 이 경우 모든 사람은 모든 사람의 일에 관여하며, 필요하지 않은 경우에도 지지하는 등 극도의 혼란스러운 상태이다. 부모는 너무 허용적이며, 하위체계 간의 필요한 구분과 경계는 이미 실종되었다. 혼돈된 경계선을 가진 가족은 너무 많이 타협하고 적응한다. 그리고 아동과 부모, 양측은 모두 자립과 자율 그리고 실험성이 상실되었다. 배우자체계는 거의 부모체계의 기능에만 헌신적이고, 부모는 그들의 시간과 정력을 아동들에게 모두 바치고있다. 결과적으로 아이들은 부모에게 너무 의존적이며 그들 자신의 능력을 개발하지 못한다. 이러한 어린이들은 사회적 실험을 두려워하는 경향이 있으며, 결과적으로 성공과 실패를 매우 두려워한다. 그들은 부모의 요구와 요청을 거절하고 싶을 때에는 불안과 두려움을 숨기기 위하여 때로 불손해 질 수도 있을 것이다.

그들은 어떤 감정이 자기들의 것이고, 어느 것이 타인의 것인지 구분하지 못한다. 아동들은 스스로 안정되고 편안하지 않으며, 가족 외의 타인과는 문제있는 관계를 맺는다. 이런 사람이 결혼해서 자신의 새 가정을 꾸미면, 새 배우자와의 협상과 타협에 문제가 생긴다. 자신의 출신 원가족에 밀착되어서, 만일 새 배우자가 원가족에서처럼 지지와 양육을 제공해주지 못한다면 결혼 후에도 원가족에게 계속적인 지지와 양육을 요구하고 의존한다.

이상적인 명확한 경계선은 경직된, 혼돈된 경계선도 아닌 균형을 유지하는 것이다. 타협과 협상도 균형을 이루어야만 한다. 혼돈된 경계선의 가족은 흔히 너무 많은 면에서, 너무 많은 협상·적응·양육·지지가 있다. 그러나 경직된 경계에서는 극도의 스트레스 상황에서만 지지와 양육이 최소로 주어지고, 대부분 독립과 자율이 지배한다.

모든 가족내에서는 기대하든, 기대하지 않든지 간에 변화가 일어나는데, 현대의 가족은 가족구조의 필연적인 변화를 요구하기 때문이다. 그러므로 명확한 경계선의 가족은 보다 더 변화-개인적인·하위체계 간에·사회변화 등-에 적응하고 다루기 쉬우며, '생활의 각 장면은 삶의 실험'이라는 새로운 시나리오를 가족이라는 유기체에 계속적으로 던져준다.

제3절 정상적 가족 발달

가정에 대한 일반적인 환상은 정상적 가족의 삶은 조화되어 있고 문제가 없다는 것이다. 그러나 이것은 하나의 이상적인 신화에 불과하다. 정상적인 가족들은 생활속에서 야기되는 문제를 가지고 끊임없이 갈등하고 있다. 비정상적인 가족과 정상적인 가족을 구분하는 것은 문제의 유무에 달린 것이 아니라 기능적 가족구조에 달려있다. 정상적인 남편과 아내는 서로

서로에게 맞추는 법을 배워야하며, 자녀 양육하는 것 · 부모를 대하는 것 · 문제들을 처리하는 것 · 공동체에 적응하는 것을 배워야한다. 이러한 갈등의 특징은 전개된 양상이나 상황적 위기에 따라 변한다. 정상적 가정의 삶은 평온하지만도 않고 문제가 없는 것도 아니다. 그럼에도 불구하고 평온하고 정상적인 상태의 지속에 대한 신화는 텔레비젼 배우에 의해 단지 몇 시간 동안 지속될 뿐이다(Minuchin, 1974, 50).

두 사람이 결혼할 때 새로운 연합을 위한 구조는 적응과 경계(범주) 만들기를 요구한다. 첫째 우선권은 일상의 무수한 세부조항을 처리하기 위한 상호 적응이다. 각 배우자들은 자신이 편안한 경계선에서 관계를 고정하려고 애쓰며 상대방에게 적응하라고 압박한다. 각자는 상대방의 기대와 요구에 적응할 수 있어야 한다. 그들은 기본적이며 주요한 일에서 함께 동의해야 한다. 말하자면 어디에 거주할 것인가, 언제 아이를 가질 것인가 등이다. 일상적인 일에 있어서도 서로 동의하는 것이 마찬가지로 중요하다. TV에서 무엇을 볼 것이며, 저녁식사로 무엇을 먹을 것이며, 언제 잠잘 것이며 그리고 침대에서 무엇을 해야할 지를 조정하는 것 등에서도 그렇다. 흔히 아주 사소한 것이 가장 큰 문제를 야기할 때도 있다. 때로 부부는 누가 쓰레기를 치우며 옷을 빨 것인가에 대해서도 흥분하며 말다툼을 할 수도 있다.

서로에게 적응하는 데 있어서만이 아니라, 부부는 그들을 외부와 분리시키는 경계에 대해서도 서로 의견을 나누어야 한다. 만일 이들이 작업중에 자꾸 서로를 부른다면 이 부부 사이에는 일종의 혼돈된 경계가 있음을 암시한다. 만일 이들이 별도의 친구를 갖지도 않고 밖에서 독립적인 활동을 하지도 않고 이들이 개별적인 인격으로 보다는 단지 한 쌍으로만 자신들을 바라본다면 마찬가지 결과가 생기게된다. 반대로 이들이 함께하는 시간을 거의 갖지 못한다면, 말하자면 침실을 따로 갖고, 휴가를 따로 갖고, 다른 통장을 가지고 있고, 각자가 결혼생활 보다는 경력이나 외부활동에 더욱 투자를 많이 한다면 이들 사이에는 매우 경직된 경계가 형성된 것이다.

전형적으로 부부는 밀착 혹은 분리의 정도가 각기 다른 가정출신으로 이루어진다. 각 배우자는 출신 원가족에 존재했었던 것과 같거나 비슷한 방식에 더 편안함을 느끼는 경향이 있다. 이러한 기대가 다르기 때문에 신혼에서 가장 어려운 면이 될 수 있는 갈등이 잇따라 일어난다. 남자들은 친구들과 포카놀이를 하고 싶어하지만, 이런 경우 여자들은 소외된 것 같은 느낌을 갖는다. 여자는 영화를 보면서 남편의 손을 잡고 속삭이고 싶어하지만 남자는 화면에만 집중하고 싶어한다. 남자의 주요 관심은 일에 있고 여자의 주요 관심은 결혼생활에 있다. 각자는 상대가 비정상이며 비합리적이며 자기에게 지독하게 상처를 준다고 생각한다(Nichols, 1984, 477).

부부들은 나아가서 자신들을 자신들의 출생가정으로부터 분리하고, 새로운 부부만의 경계를 이루어야만 한다. 이제는 각자가 자라났던 가정은 두번째 위치로 밀어내고 새로운 자신의 결혼가정을 우선으로 해야 한다. 이것은 신혼부부와 그들의 부모에게 있어서도 매우 어려움이 요구되는 조정이다. 그러나 출신 가정은 이들의 새로운 결합을 수용하고 지지함에 따라 쉽게 변할 수 있다.

자녀들의 증가는 새 가정의 구조를 지배적인 부모 하위체계와 자녀 하위체계로 변하게 한다. 배우자들은 아이들에 대해 상반된 형태의 헌신을 보이는 것이 일반적이다. 여성은 임신과 함께 남편과 아이 중에서 그 하나에 헌신하기 시작한다. 왜냐하면 자기 뱃속에 있는 아이는 하나의 피할 수 없는 실체이기 때문이다. 반대로 남편은 아이가 태어날 때에야 비로소 아버지가 된 느낌을 가질 수 있다. 많은 남성들은 유아가 자기들에게 충분히 반응할 줄 아는 정도가 된 후에야 비로소 아버지의 역할을 수용한다. 이렇듯이 정상적인 가정일지라도 아이는 부부에게 스트레스와 갈등을 가져다 줄 가능성이 있다. 여성의 삶은 보통 남편보다 급진적인 변화를 요구받는다. 여성은 많은 희생을 치르게되고 평상시보다 남편으로부터 더 많은 도움을 필요로한다. 그러나 남편은 자기의 일만을 계속하며 새로 태어난 아이는 끊임없는 관심을 요구한다. 비록 남편이 아내를 도우려고 애를 쓴다 할지라도 남편은 아내의 어떤 요구들에 대해서는 비정상적이며 비합리적이라고 화를 내기가 쉽다.

가정은 아이들의 정신적인 욕구를 돌보아야 한다. 그리고 그들에게 문화를 전달시킨다. 아이들은 가정에서 개인과 공동체에 속한 이중적인 정체성을 발전시켜 나간다. 그리고 소속감과 존재의식은 분리된다. 즉 홍길동은 홍씨 가문이면서 또한 길동이라는 개인이다. 그는 가족의 부분이지만 하나의 독특한 개인이다.

아이들은 나이에 따라서 다른 스타일의 양육을 필요로 하고, 유아는 주로 먹을 것과 보호를 필요로 한다. 나이를 먹은 아이들은 지도와 통제를 필요로 한다. 청소년은 독립성과 책임감을 필요로 한다. 두살 먹은 아이에 대한 훌륭한 교육도 다섯살이나 혹은 열 네살 먹은 아이에게는 완전히 부적당할 수 있다. 정상적 부부는 이렇게 전개되는 도전에 잘 발맞추어 나간다. 가정은 새로운 요소들, 즉 아이들의 성장과 발전에 맞추기 위해 가정의 구조를 수정, 변화해 나간다. 또한 외부적 환경에 맞추기 위해서도 구조를 수정, 변화해 나간다.

Minuchin은 가족치료자들에게 가정의 증대되는 고통을 병리적으로 보는 실수를 하지 말 것을 경고한다(Ibid,478). 정상적인 가정도 가족구성원이 성장하고 변화함에 따라 불안과 분열을 경험하기 마련이다. 많은 가정이 변화하는 상황 속에서 도움을 요청한다. 이때 가족치료자들은 이들이 새로운 환경에 적응하기 위해 가족의 구조를 수정하고 있는 중이라는 것을 명심해야 한다.

모든 가족은 체계에 스트레스를 주는 상황에 직면한다. 비록 정상적 가족과 비정상적 가족 사이에는 뚜렷이 구분되는 차이가 없다 할지라도 정상적 가족은 변화하는 상황 속에서 적응하기 위해 가족의 구조를 수정하는 경향(변화할 수 있는 힘)이 있다는 것을 유념해야 한다. 그리고 비정상적 가족은 더이상 기능적이지 않는 구조에 밀착되거나 경직성이 심화되는 경향이 있다.

제4절 이상행동의 발전(Nicols, 1984, 479-485)

가족체계는 연속성을 보장할 수 있을 만큼 충분히 안정적이어야 한다. 그러나 또한 변화하는 상황에 적응하기 위해서 충분히 융통성이 있어야 한다. 융통성이 없는 가족구조가 상황적 도전에 적절하게 대응할 수 없을 때 이상행동이 발생한다. 가족이나 혹은 가족구성원 중의 하나가 외부적 스트레스에 직면하여 성숙의 전환점에 이르렀을 때 구조에 있어서 적응을 위한 변화가 요구된다.

구조적 가족치료자들은 구조적인 문제들을 도표화하기 위해서 몇 가지 다양한 상징을 사용한다. 그리고 이러한 도표들은 어떠한 변화가 요구되는지를 분명하게 해준다. 다음 (그림1)은 가족 구조를 도표화하기 위하여 사용된 몇 가지 상징들을 보여준다.

(그림1) 가족 구조에 대한 상징들(Minuchin, 1974, p53)

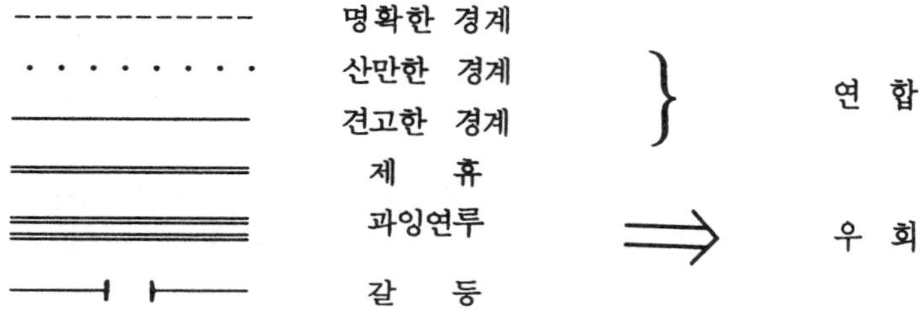

가족치료자들에 의해 관찰된 중요한 문제는 부모가 자신들의 문제를 해결하지 못하고 그 관심의 초점이 아이에게 전환될 때 나타난다. 그러한 부모는 아마도 아이의 탄생이 자기들을 위해 새로운 관심의 초점을 제공한다고 느낄지 모른다. 그래서 서로에 대해 염려하는 대신에 그들은 아이에 대해 지나치게 관심을 두며 염려한다. 이것이 아버지와 어머니에게서는 비록 긴장이 해결된 듯이 보이더라도 피해자는 아이이며 비기능적인 가족구조의 산물이다.

(그림2) 갈등을 우회하는 수단으로써의 속죄양 아동(확인된 클라이언트) (Becvar, 199)

부모는 아이를 통하여 서로 논쟁을 계속한다. 아버지는 어머니가 너무 방임적이라고 말하고, 여자는 남편이 너무 엄격하다고 말한다. 아이를 돌보는 일로 아내가 남편을 비판하게 될 때 남편은 아마도 뒤로 물러설 것이고 이것은 또한 더 큰 분리를 야기하게 된다. 그 결과는 어머니와 아이 사이에 세대를 초월한 밀착이 형성되고, 이것은 아버지를 소외, 배제시킨다 (그림3).

(그림3)

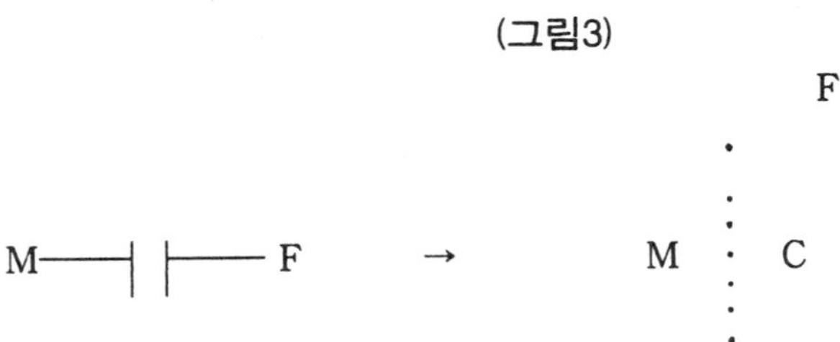

어떤 가족들은 아이들이 어릴 때에는 꽤 잘 기능한다. 그러나 자라나는 아이들의 훈육과 통제의 필요에는 잘 맞추지 못하게 된다. 아이들의 건강에 대해 염려할 이유가 생겼다거나, 그들의 건강을 얻을때까지 많은 시간을 기다려야만 한다면, 또한 자신들의 아이들을 가질 수 없어서 마침내 양자를 들여오게 될 것을 결정하는 부모들은 적절한 한계를 정하는데 매우 어려움을 갖게될 것이다. 이들은 자신들의 아이들에게 너무 헌신적이고 밀착되었기 때문에 혼돈된 경계를 지닌 채 적절한 통제를 가할 수 없게 된다(그림4).

(그림4) 아이들에게 밀착된 부모들(Parents Enmeshed With Children)

밀착된 가족에서의 유아는 특별한 보호를 받는다. 이들의 부모는 자녀들을 껴안고 사랑하고 많은 격려를 한다. 이러한 부모들은 자녀들을 돌보는데 너무 피곤해서 자신들을 위한 시간이나 외부의 관심을 위한 시간을 가질 수 없을지라도 이 체제는 성공적이라고 말할 수 있다. 그러나 자녀를 너무 애지중지하는 부모들이 자녀들에게 규율에 순종하고 어른의 권위를 존경하도록 가르치지 않는다면 아이들은 아마도 학교에 들어갈 준비가 성공적으로 되지 못할 것이다. 자기자신의 방식을 고집함으로써 이들은 난폭하고 고립될 수 있다. 이런 상황의 몇가지 가능성 있는 결과로 이 가정에 가족치료가 필요하게 될 것이다. 말하자면 아이들은 학교에 가는 것을 두려워 할 것이다. 그리고 아이들의 두려움은 자신들을 집에 남아있도록 허용한 부모의 이해로 인하여 증대될 것이다(그림5).

(그림5) 학교 공포증

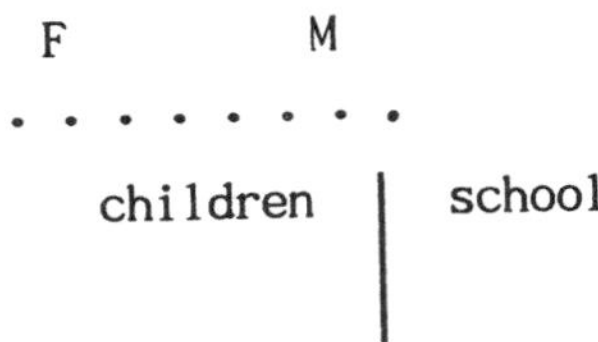

이런 경우는 학교 공포증으로 불리워지게 될 것이고, 만일 부모가 아이들로 하여금 집에 며칠간 더 머물도록 허용한다면 아이를 참호로 둘러싸게 되는 경우가 될 것이다.

그런 가정의 아이들은 학교에 가도 다른 사람들과 적응하는 것을 배우지 않았기 때문에 다른 학교 친구들로부터 거부될 것이다. 이런 아이들은 종종 우울한 채로 때로는 고립되어 있는 채로 남게될 것이다. 다른 경우에 있어서 자신들의 부모들과 밀착되어 있는 아이들은 학교에서 따로 훈련해야 하는 문제가 발생한다. 그리하여 학교당국은 클리닉과 접촉을 시작할 것이다.

가족 구조에 있어 구조적인 조정을 필요로 하는 주요한 변화는 이혼하거나 홀로된 배우자가 다시 결혼하게 될 때도 발생한다. 이런 '혼합된 가정'은 자신들의 경계를 재조정하거나 혹은 전환기적 변화의 갈등을 경험하게 된다. 여자가 이혼을 하게 되면 그녀와 아이들은 이혼한 배우자를 제외하고서 명확한 관계를 형성하는 구조에 재적응하기를 배워야 한다. 그러나 어머니는 아버지와 아이들의 접촉을 허용해야 한다. 그런 다음 여자가 재혼을 하게 되면, 그 가족은 새로 결혼한 남편이자 의붓 아버지가 참여하도록 구조화 되어야만 한다(그림6).

(그림6) 이혼과 재혼

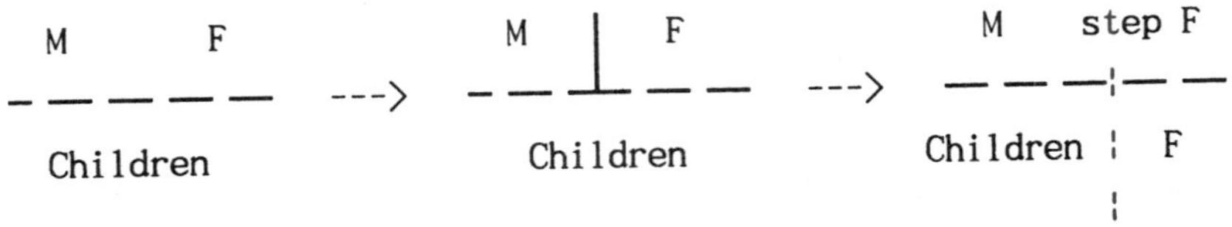

M F ---> M F ---> M step F
Children Children Children F

때때로 어머니와 아이들은 의붓 아버지를 동등한 동반자로서 새로운 부모 하위체계로 허용하는 것이 어렵게 느껴지게 될 것이다. 변화된 규율이 형성되고 서로가 적응하는 것을 배우기까지 어머니와 아이들은 긴 시간을 필요로 할 것이다. 새로 들어온 남편은 아이들의 양육에 대해 생각을 주고 받는 새로운 파트너로서라기 보다는 이미 형성된 양식을 배워야 하는 아웃사이더로서 대우를 받게 될 것이다(그림7).

(그림7) 의붓 부모를 받아들이는 데 실패

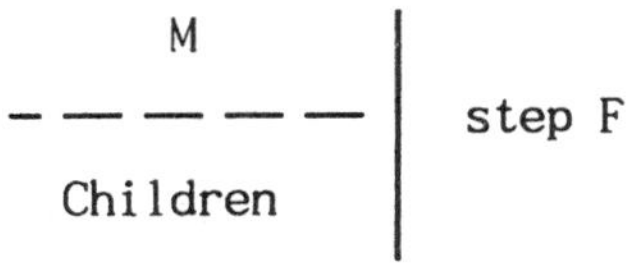

M

– – – – – –

Children

step F

어머니와 아이들이 의붓 아버지를 흡수하기 위해 요구된 수정안에 가족구조를 변화, 조정하지 아니하고 자신들이 익숙한, 이미 형성된 양식을 그대로 유지하기를 고집할수록 새 남편은 더욱 좌절하게 되고 분노하게 될 것이다. 그 결과는 자녀학대나 혹은 부모사이의 계속적인 논쟁으로 이어지게 될 것이다. 가족치료가 빨리 시작되면 될수록 변화에 적응하도록 돕는 일도 쉬워지게 될 것이다. 더 오래 끌면 끌수록 구조적 문제는 더욱 경직될 것이다.

구조적 가족문제의 중요한 점은, 한 사람의 증상은 그 사람과 다른 사람과의 관계를 반영할 뿐 아니라 그 관계는 가족내의 다른 관계와의 기능임을 반영하고 있다. 만일 16세 된 철수가 우울해한다면 그가 그의 어머니와 밀착되었다는 것을 아는 것이 도움이 된다. 어머니가 그에게 완전한 순종을 요구하고 그에게 자신의 생각을 발전시킨다거나 혹은 외부의 관계를 발전시키는 것을 거부한다는 것의 발견은 그의 우울을 이해하는데 도움을 준다(그림8).

(그림8) 철수가 어머니와 밀착된 기능으로 생긴 내적 성향(Nichols, 483)

아버지와의 이탈 또는 외부적 관심과의 이탈

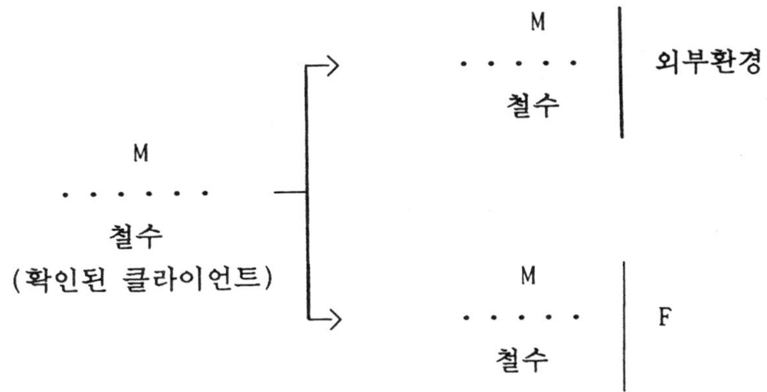

제5절 치료의 목표

구조적 가족치료자는 가족의 문제가 역기능적 가족의 구조에 의해 유지된다고 믿는다. 그러므로 치료는 가족 구조의 변형을 지향하게 되고, 결과적으로 가족은 문제를 해결할 수 있게 되는 것이다.

치료의 목표는 가족구조의 변화이다. 문제해결은 이 체계적 목표의 부수적인 생산물일 뿐이다. 구조적 가족치료자는 가족구성원이 그들의 구조를 변화시키도록 돕기 위하여 가족체계에 합류한다. 경계선을 변화시키고 하위체계를 재정렬하며, 치료는 가족구성원의 행동과 경험을 변화시킨다.

치료자는 문제를 직접 해결하는 것이 아니다. 그것은 가족구성원들의 해야 할 몫이다. 치료자는 가족기능을 수정하도록 도와주고, 결국 구성원들은 그들의 문제를 스스로 해결하게 되는 것이다.

구조적 가족치료는 정신치료의 역동과도 같다. 증상과 재해결이 찾아지고, 그 자체로는 종결(end)이 아니며, 마지막 구조적 변화의 결과이다. 분석가들은 클라이언트 마음의 구조를 수정한다. 구조적 가족치료자는 클라이언트 가족의 구조를 수정한다.

체계의 변화와 가족 기능의 고양은 내적으로 상호 연관되어있는 목표처럼 보인다. 증상을 바꾸는 가장 효율적인 방법은 가족구조와 형태를 바꾸고 그것을 유지시키는 것이다. 효과적인 기능적 가족은 가족원끼리 상호 지지하는 체계이다. 이 체계가 증상을 해결하고 개인의 성장을 격려하면서 가족원끼리 상호 지지하는 것이다.

단기목표는 일시적으로 증상을 강화시키는 데, 특별히 거식증같이 생명을 위협하는 증상의 경우는 확실히 나타난다(Minuchin, Rosman and Baker, 1978). 그럴때면 행동기법, 제시, 조작 등의 기법이 잠정적인 증상의 제지를 위하여 사용된다. 결과적으로 가족체계의 구조변화가 성취된다면, 증상은 해결되고 변화되는 것이다.

가족의 목표는 그들의 구조적 역기능이 무엇인가에 의하여 또는 표현된 문제에 의하여 규정된다. 모든 가족은 유일하며, 공동의 문제가 있고 나름대로의 특수한 구조적 목표가 있다. 가족의 일반적이고 가장 중요한 목표는 효과적인 위계질서의 창출이라고 볼 수 있다.

부모들에게는 의무와 책임감이 기대되고, 모든 아이들에게는 똑같지는 않지만 일반적으로 결속력있는 하위체계로써 기능하도록 부모를 돕는 것이 기대된다. 밀착된(enmeshed) 가족의 목표는 각 개인을 개별화하고 하위체계의 경계를 강화하는 것이다. 한편 분리된 가족은 경계를 보다 느슨하게 융통성이 있도록 하며, 상호작용을 증진시키는 것이다.

제6절 행동변화의 조건

구조적 가족치료는 가족구조를 수정할 수 있는 가족 상호작용의 대안적 형태를 개방시킴으로써 행동을 변화시킨다. 그것은 새로운 구조를 창출하는 것이 아니고 잠재되어 있는 것을 활성화시키는 것이다. 일단 한 면이 활성화된다면 동면(冬眠)의 에너지가 기능적이 되고, 그것은 강화되며 결과적으로 가족 구조는 변화된다. 새로운 상호작용 형태가 규칙적으로 반복되고, 효과가 예측 가능하며 새롭고 더욱 기능적인 구조로 안정화시킨다.

치료자는 가족에 합류함으로써 변화를 만든다. 융통성과 변화는 동면(冬眠)중인 구조적 대안을 활성화시킨다. 합류는 치료자를 가족안에 들어오게 하고, 자신들의 적응된 형태를 적용해 보게 하며, 가족구조의 재구조화된 개입을 하게 한다. 만일 치료자가 밖에 남아있거나, 개입이 너무 고통스러우면 가족은 치료자를 거부하게 된다. 만일 치료자가 너무 가족에 밀착되어 있거나, 또는 너무 동조적인 개입을 사용한다면 가족은 이전의 상호작용으로 오히려 역행할 것이다. 그렇다면 더이상의 구조적인 변화는 기대할 수 없게 되는 것이다.

가족 내에 변화가 일어나기 위해서는 가족원들은 먼저 치료자를 수용해야 한다. 이러한 상황과 정도의 변화(때로는 상상 이상의)는 스트레스를 높이고, 가족 항상성에 불균형을 야기한다. 또한 한편으로는 구조적 변화의 대안을 향하여 가족을 열어놓게 된다.

가족에의 합류와 적응은 재구조화의 전제조건이다. 가족에게 합류하기 위하여, 치료자는 가족원의 수용을 전달하고 그들의 행동방식을 존중해야 한다. Minuchin은 치료자에게 문화인류학자처럼 치료대상 가족의 문화를 연구하고 합류할 것을 권하고 있다(Nichols, 1984, 484).

가족의 문화에 합류하기 위해서는 치료자는 뜻밖의 요구와 신청에도 적응할 수 있어야 한다. 만일 부모가 아동문제로 원조를 요청한다면, 치료자는 그 문제에 관한 아동의 관점을 미리 질문해서는 안된다. 이것은 부모에 대한 존중심의 결여로 비추어져서, 오히려 치료자를 거부하게끔 할 수도 있다. 치료자가 성공적으로 가족에 합류한 이후에야 비로서 재구조화의 시도는 성공적으로 이루어진다. 가끔씩 극적인 대면이 이루어지기도 하고 가족들은 변화될 도전을 받는다. 구조적 가족치료자는 가족들이 진술하는 문제를 재구성(reframing)하여 체계적으로 모형화함으로써 행동의 변화를 시도한다. 가족은 문제를 개인의 기능이나 외부의 힘으로 정의한다. 구조적 가족치료자는 이 문제들을 가족 구조의 기능으로 재정의한다. 치료자는 이 형성을 추적(tracking)해 올라가고 그들에게 익숙한 내용으로 설명하며, 결과적으로 그들이 보여주는 방식으로 치료자는 원숙하게 문제의 형성을 재경험하고 그래서 가족구조를 이해한다.

사실, 모든 정신치료자들은 재구성을 사용한다. 클라이언트는 개인이건 가족이건 간에 그들 문제의 원인을 관점 —그 관점은 문제해결에 전혀 도움이 안되거나, 문제해결을 저해하는데도 불구하고— 을 갖고 본다. 치료자는 새롭고 건설적인 관점을 가족원들에게 제공한다. 구조적 가족치료자를 유일하게 만드는 것은 치료과정에서 실연(enactment)하면서, 재구성을 하게 하는 것이다. 즉 즉각적인 치료과정에서 가족의 상호작용을 보면서 수정해 나가는 것이다. 비록 이것은 간단해 보이지만, 치료에 있어서 매우 중요한 의미를 포함하고 있다. 치료자가 다루어야 하는 것은 과정에서의 행동이며, 과정에서의 가족역동이다.

삶에는 두 가지 형태가 있다. 구조적 가족치료가 초점을 두는 자료들은 실연과 자동적인 행동의 인과관계이다. 실연은 치료자가 가족으로 하여금 그들이 문제를 다루는 특수한 형태를 치료자에게 보여주게끔 자극할 때에 일어난다. 실연은 일반적으로 치료자가 어떤 하위체계로 하여금 특수한 문제를 토론하도록 할 때에 시작된다. 그들이 그렇게 할 때, 치료자들은 비로소 가족 과정을 있는 그대로 관찰하게 된다.

실연을 할 때에는 다음과 같은 조작이 요구된다. 치료자는 인과관계(sequence)를 정의하거나 인지한다. 즉 치료자는 엄마가 딸에게 이야기할 때 아들이 자리를 뜨는 것을 목격한다. 치료자는 즉각 상호작용을 실연한다. 예를 들어 치료자는 어머니에게 이것을 당신의 아이들에게 그 자리에서 꼭 이야기하라고 한다. 이것은 가장 중요한 것인데 치료자는 가족이 실연하도록 만든다. 만일 어머니가 자녀들에게 그런 방식으로 이야기하지 않는다면 그녀는 주요 결정에 대해서 적합한 책임을 갖고있지 않다. 치료자는 계속해서 가족들의 실연을 원조한다.

모든 치료자들은 가족들에게 새로운 대안을 창조하도록 한다. 많은 가족치료자들에게서 행해지는 보편적인 실수들은 다만 보이는 것을 단순히 비판하고 명명함으로써 진정한 변화를 위한 대안을 제시하지 못하는 것이다.

실연결과에 부가해서 구조적 가족치료는 눈앞에 보여지는 가족구조의 자동적 행동의 결과에 대해서 관찰과 수정을 가하려고 주의하게 된다. 즉 실연을 하는 것은, 연극을 지시하는 것과 같다고 볼 수 있다. 자동적인 결과는 감독의 지시 없이 그냥 행동에 무의미한 조명을 비추는 것과 같다. 사실, 치료과정의 아주 초기에 그러한 결과를 관찰하고, 수정함으로써 치료자는 가족의 일상적인 비생산적 행동에 빠져드는 것을 피할 수 있다. 초기 면접에서 실연이 일어나자마자 문제행동을 다루는 것도, 치료자에게 면접과정을 조직하도록 하고, 그 과정에 중점을 두어 수정할 수 있다.

원숙한 치료자는 면접 전에 가능한 가족구조를 예상할 수 있다. 예를 들어서 치료자가 가족이 과잉행동 아동때문에 진료소에 오게되었다는 것 밖에 모르면서도, 가족구조를 예측하고 치료 초기에 일어날 수 있는 결과를 예상하여, 그 이상행동은 어머니와의 밀착된 아동의 역기능임을 상기한다. 어머니와 아동과의 관계는 위계질서의 문화적 결여의 산물이다. 즉 부모와 자녀가 또래로 연결되어 있고, 더우기 어머니의 과잉간섭은 남편과의 정서적인 거리감에서 기인한다고 볼 수 있다(Nichols, 1984, 488).

제7절 기법(M.B.Thomas, 1992, 327-330)

1. 합류(joining)

각 가족마다 특정의 분위기가 있다. 합류란 그 가족의 분위기를 파악하여 동조하는 것이다. 만일 그 가족이 우울해 한다면, 치료자도 매우 슬픈 기색을 보이고 자신의 우울을 표현함으로써, 가족들의 분위기에 동조하는 것이다. 모방(mimesis)도 합류의 하나로써 치료자가 가족원과 같이 같은 행동이나 내용을 약간 과장되게 표현하는 것이다(Minuchin 1967; Thomas 1992. 327).

2. 실연 형성(enactive formulation)

치료과정의 주로 초기에 치료자는 가족들 간의 상호작용을 좀 늦추고 소음을 줄인다. 그 다음에 "우리는 아이의 소음 때문에 서로 들리지가 않는군요. 아이들을 어떻게 조용히 좀 시켜 주세요."하고 지시적인 방법을 사용한다(Minuchin, 1967). 이러한 실연형성은 주로 면담 초기 십분 안에 이루어지며, 치료자는 가족이 하는 것처럼 같은 행동, 말씨로 말한다. 가족들은 치료자의 요구대로 그것을 보여주어야 한다. 후반부에 이것을 실연이라고 정의하고, 가족원들로 하여금 과정중에 행동을 완수하도록 격려한다. 그럼으로써 가족구조는 재구조화된다. 치료자는 핵심을 말하면서 행동을 취한다. 즉 "나는 여기에 없는 것 같군요"라고 말하면서 좌석을 바꾸고, 가족들만 있는 것처럼 느끼며 행동이 일어나도록 하고 관찰한다.

3. 가족의 의사소통 규칙에 도전(challenging the communication rules of the family)

치료자는 면접 중에 의사소통을 위한 새로운 규칙을 세운다. 각 가족원은 그들이 말할 대상을 지정해야 하고, 다음에는 그 사람의 반응을 요구한다.

어떤 가족은 언어를 사용해서 어떻게 의사소통해야 하는지, 어떻게 문제해결을 해야 하는지를 전혀 모르고있다. 대부분의 상호작용은 역기능적 가족의 내용이기 보다는 그 관계에 기초하고 있다. 때문에 치료자의 노력은 그 차이를 구별해주는 것이다. 예를 들어서 치료자는 가족원들의 이야기를 들어줄 수 없었음을 지적한다. 그 이유는 그 사람의 대화하는 방식이 -내용이 아니라- 항상 소리를 질러대기 때문에 치료자는 도저히 들을 수가 없었던 것이다.

4. 재구성(reframing)

재구성이란 부정적인 행동에도 긍정적인 암시를 부여하는 것이다. 예를 들어서 아들에게 공부하라고 항상 고함을 치는 어머니도, 어머니의 입장에서는 고함이 아니라 아들을 향한 관심의 표현이라는 암시인 것이다. 재구성은 대인관계의 중요한 기술이다. 모든 행위에는 긍정적인 면과 부정적인 면이 있다. 행위를 수용하게 될 때, 그 문제행동은 감소할 수 있다.

5. 재명명(relabelling)

부인이 남편한테 너무 조정(manipulated)당하고 있다고 불평한다면, 오히려 남편이 너무 짐을 많이 지고 있다고, 재명명하면서 치료과정 중 부정적인 형용사를 긍정적으로 재명명한다.

6. 가족구조의 변화(challenging the structure of the family)

치료자는 가족의 기존 상호작용의 통로에 순응할 지, 또는 역행할 지를 선택해야 한다. 또는 통로 자체를 제거할 수도 있다. 예를 들어서 남편에게 절대로 말을 걸지 않는 아내의 경우에 치료자는 아내에게 남편과 직접 대화할 것을 지시한다(필요하면 아들을 시켜서 한다). 이 때 관찰자들이 밖에서 관찰할 수 있는데 면담 후에 증언할 수 있다. 또는 하위체계가 다른 하위체계를 관찰할 수도 있고 이때에 부모의 결탁(확인된 클라이언트가 포함되는)이 아주 중요하며 때로는 지역사회의 원로 등이 치료를 돕기위하여 치료에 함께 참여할 수도 있다.

7. 과제수립(task setting)

예전의 균형이 깨진 후에 재구조화된 가족원들에게 치료자는 치료과정 중 재구조화된 상호작용을 강화시키기 위하여 과제를 준다.

8. 가족 오찬(the family lunch)

Minuchin과 Rosman, Baker는 거식증 증세의 가족들과 점심을 함께 함으로써 부모들로 하여금 먹는 것을 실연하도록 한다.

제8절 치료이론과 결과의 평가(Nichols, 1984, 501)

구조적 가족치료의 결과에 대한 조사연구는 1967년부터 Minuchin과 그의 동료에 의하여 처음으로 실시되었다.

심인성질환의 아동(Sargent, 1983a, 1983b)과 Stanton의 약물중독연구에서는 효과적인 구조적 가족치료가 무엇인지를 잘 보여주고 있다(Stanton 등, 1979).

슬럼가의 가족에서 Minuchin과 그의 동료들은 저소득 가정의 구조적 특징을 묘사하고, 이 인구 집단에의 효과적인 가족치료를 증명하였다. 치료 전에 클라이언트 가족의 엄마들은 과잉통제 혹은 통제미달 상태로 밝혀졌다. 양쪽 다 어린이들은 정상통제 가정내의 어린이들보다 훨씬 더 손상을 받고 있었다. 이와 같은 관찰이 밀착 또는 분리된 어머니의 기본적 문제를 형성한다. 치료 후에 엄마들은 덜 통제하였으며, 보다 명확해지고 확고해졌다. 치료는 분리된 가족의 경우에 밀착된 가족의 경우보다 더 성공적임이 밝혀졌다(Nichols, 1984, 501).

중증 심인성질환의 아동에 대한 구조적 가족치료의 효과성 연구는 물리적인 치료의 수치가 확인해 주었다(Minuchin, Rorman, Baker, 1978). 그들의 1978년 연구는 어떻게 가족 갈등이 심인성 당뇨병 아동의 케톤액을 증가시키는가를 보여준다. 조사는 세 집단의 가족을 심인성 아동가족, 행동장애 아동가족, 정상아동가족으로 나누어 세 집단의 부모 스트레스 면접에 따른 아동들의 반응을 비교하였다.

기본적으로 아동은 면접자리에 참석시키지 않고, 부모들만 가족문제에 대해서 토론했다.

정상적인 부모는 대결의 최고 수준을 보였고, 심인성 부모는 넓은 범위의 갈등 회피태도를 보였다. 마지막으로 치료자가 부모들의 갈등정도의 수준을 높였을 때(이때 아동들은 일방경 밖에서 관찰하고 있었다), 부모는 다투었고 심인성 어린이만 정말 슬픈듯이 보였다. 아동들의 근심과 걱정 · 슬픔 등은 혈액내의 케톤액과 직접 상관관계가 있다. 이 면접의 마지막 단계에서 클라이언트들은 부모와 연관되어 있었다. 정상과 행동장애 부모는 이전과 같은 상태로 계속되었는데, 심인성 부모가 그들의 갈등을 우회하자 -즉 아동들의 문제를 토론에 끌어들인다든가, 또는 주제를 부모로부터 어린이들에게 돌리든가 함으로써- 그렇게 하자마자 심인성 부모의 무지방산 수준은 곧바로 떨어졌고, 아동의 수준은 상대적으로 급등했다.

위의 연구는 가족치료 임상연구 결과에 확신을 주었으며 부모들 사이에 스트레스를 통제하는 데에 심인성 아동이 사용되고 있음을 여실히 증명한다.[3)]

1978년에는 구조적 가족치료에 의해서 치료되고 있는 53개의 거식증 클라이언트 가족사례의 결과를 요약 발표했다. 즉 43 케이스는 크게 호전, 2 케이스는 진전, 3 케이스는 변화없음, 2 케이스는 더 나빠짐, 3 케이스는 탈락했다. 특히 중증아동의 경우에 인종적인 변인은 제외되었는데도 불구하고 , 이 경우에 30%에 달하는 치사율에 비해서 90% 이상의 높은 치유율을 보였으며, 더우기 종료과정에서의 긍정적 결과는 몇년간 더 지속되었다(Nichols, 1984, 502).

구조적 가족치료는 심인성 천식과 심인성 당뇨병의 경우에 특히 효과가 있음이 입증되었다(Liebman, Milman & Todd, 1975).

또한 Stanton과 Todd의 연구에서의 증상 감소는 현저하였으며, 긍정적 변화의 수준은 다른 조건보다 두배 이상이었으며, 이러한 긍정적 효과는 종료 후 6-12개월 간이나 지속되었다.

즉 구조적 가족치료는 청소년 범죄, 거식증 가족, 약물중독 가족, 저소득 가족, 알콜중독 가족 등에게 효과가 있는 것으로 연구 조사결과 밝혀졌다.

결 론

구조적 가족치료는 역기능적인 가족구조를 재구조화 함으로써, 나타난 문제를 해결할 수 있도록 한다. 그렇기 때문에, 가족 전체의 출석을 요구하며 치료자는 가족의 상호작용에 중점을 두면서 가족구조와 사회문화적 환경, 나아가 생태계까지도 기능적 체계로 보고 관찰한다.

치료과정에서 치료자는 역기능적 구조와 기능적 구조를 구별해야 한다. 고통당하고 있는 가족은 병리적으로 취급받아서는 안되며, 구조적 문제가 있는 곳에서 치료의 목표는 효과적인 위계질서 구조를 창출해내는 것이다. 이것은 잠재적인 구조를 활성화한다는 의미이며, 새

---

* Minuchin의 1967년 연구에서 11가정 중 7가정이 6개월에서 1년간의 가족치료 후에 좋아진 것으로 나타났다. 50% 이상의 가정이 성공률을 보였고 분리 정도가 심화된 가정은 하나도 없었다 (Nichols, 1984, 502).

로운 구조를 만든다는 것은 아니다(Nichols, 1984, 504).

구조적 가족치료자는 함께 일하는 가족원으로서 유도되는 것을 재빨리 감지하고,가족원이 익숙한, 몸에 밴 방식대로 행동하여 함정을 마련하는 것을 막는다. 한번 가족들의 신임을 얻으면, 치료자는 가족의 상호작용을 증진시킨다. 그들이 혼돈된 역할을 하더라도 이러한 관점에서 가족 내에서 무엇이 일어나는 지를 고찰하며, 진단을 내리고, 문제를 포착하고, 그것을 지지하는 구조를 파악한다.

이러한 진단은 경계선과 하위체계를 구분해서 이루어지며, 이차원적인 지도(map)로 개념화하고, 변화를 안내하는 길로 사용한다. 치료자들이 성공적으로 합류하고 진단하고 잠재적 구조를 활성화하는 기술을 사용하여 연합, 결탁된 힘을 변화시키고 하위체계 내에 혹은 하위체계 외에 힘을 성공적으로 변화시켰다고 할 때에, 이 재구조화의 기술은 구체적이며 강력하고 때로는 드라마틱하기도 하다. 그러나 이 성공은 합류하고 사정하는 고도의 기술적 힘에 기본적으로 의존한다.

구조적 가족치료의 매력은 치료기법의 이론과 기술에 기인하고 기본 입장은 전술한 바와 같은 조사와 훈련 프로그램에 의해서 강화되어왔다.

구조적 가족치료는 전략적 가족치료에 강한 영향을 미쳤을 뿐만 아니라, 모든 가족치료에 기본적인 공헌을 하고 있다. 그 이유는 가족을 치유하는 치료모형으로써 만이 아니라, 모든 사람들의 인간관계에서 가장 중요한 에센스와 인간관계의 구조를 체계적으로 지적해주고 있기 때문이다.

인간체계의 기본 구조는 무엇인가. 그것은 경계선과 힘 그리고 제휴 또는 연합인 것이다.

참 고 문 헌

Aponte & Van Deusen, (1981), "Structural family therapy", In *Hand book of family therapy*, A. S Gurman & Kniskerm (Eds), N.Y.:Brunner / Mazel

D. S. Becvar & R. J. Becvar, (1993), *Family Therapy,* 2nd, Allyn and Bacon.

J. Colapinto (1982), "Structral family therapy", In *Family Counseling and therapy*, Horne & M. M. Oblsen(Eds), Itasca, IL : F.E. Peacock.8

I. Goldenberg & H. Goldenberg, (1991), *Family Therapy an Overview(3rd),* Brook/ Cole Pub.

Minuchin, Rosman, Baker, (1978), *Psychosomatic families; Anorexia nervosa in context,* Cambridge, MA: Harvard University Press.

Minuchin S. & Fishman, (1981), *Family Therapy Techniques*. Cambridge, MA: Harvard Univ. Press.

Nichols, (1984), *Family Therapy,* NY: Gardner Press

Stanton & Todd, (1979), "Structrual family therapy with drug addicts", In *The family Therapy of drug and alcohol abuse.* E. Kaufman & P. Kaufman (Eds.), N.Y.: Gandner Press

H. B. Thomas, (1992), *An Introduction to Marital and Family Therapy,* NY: Merrill.

제 2 장

의사소통 가족치료모델
(Communications Family Therapy)

김 연 옥*

의사소통 가족치료모델은 1950년대 후반 캘리포니아의 Palo Alto에서 Bateson에 의해 주도된 정신분열증 연구프로젝트, Jackson이 이끄는 Mental Research Institute(이후 MRI로 약칭)에 관여한 연구자들(이후 Palo Alto 집단으로 칭함)이 정립한 의사소통이론에 기초하고 있다. 정신건강분야에서 의사소통에 관한 관심은 새로운 것이 아니다. 정신분열증을 처음으로 체계적으로 연구하기 시작한 Kraepelin이나 Bleuler도 정신분열증 클라이언트에게서 발견되는 왜곡된 의사소통 현상에 관심을 기울였으며, Freud 또한 신경증적인 의사소통에 숨겨진 의미에 관심을 보였었다. 그러나 의사소통이론이 이들과 다른 점은 의사소통의 내용이 아니라 의사소통의 과정, 형태에 초점을 두어 이를 학문적으로 정립했다는 것이다.

인류학, 커뮤니케이션, 민속학, 사회심리학, 교육학, 화학 등 다양한 학문적 배경을 가진 Palo Alto 집단의 Bateson, Satir, Jackson, Haley, Watzlawick, Weakland 등이 구축한 의사소통이론은 처음부터 치료를 목적으로 연구된 것은 아니었으며, 의사소통과 정신분열증 간의 관계에 대한 학문적 관심에서 출발되었다. 이 연구에서 도출한 이중구속(double bind)이나 가족항상성(family homeostasis)과 같은 개념은 당시 대단히 획기적으로 받아들여졌다. 이러한 개념들을 역기능적 가족을 돕는 데에 활용하는 과정에서 의사소통모델이 하나의 가족치료모델로 발달하게 된 것이다. 이들 개념들은 후에 다른 가족치료모델에도 강력한 영향을 주면서 가족문제를 설명하는 보편적 개념이 되었다.

의사소통모델이 여타의 가족치료와 구별되는 특성은 전적으로 가족에게 초점을 두는 점과 가족성원의 문제를 가족의 상호작용이라는 새로운 관점에서 조망한다는 점이다(Nichols, 1984, p. 393). 이러한 특성은 심리치료 대상을 개인에서 가족으로 확대 발전시킨 행동주의 가족치료나 정신분석적 가족치료와는 매우 다른 것이었다. 이러한 의사소통 관점은 결과적으로 임상사회복지의 관점을 단선적 인과론적 관점에서 순환적 상호작용론적 관점으로 변화시키는 데에 중요한 기여를 하였다. 50년대 후반까지 임상사회복지는 정신분석학의 영향으로 단선적 인과론적 시각에 기초하여 문제를 개인적 병리로 보는 경향이 지배적이었으나, 의사소통이론은 문제를 개인보다는 체계와 관련된 것으로 보는 대안적 관점을 제시한 것이다(Hansen & L'Abate, 1982, p. 92; Walsh, 1983, p. 467).

* 전북대학교 사회복지학과 교수

의사소통 가족치료모델은 1950년대 이후 30여년동안 발전을 거듭해오는 과정에서 학자에 따라 강조점을 달리한 다양한 모델로 분화, 발전하였다. 의사소통 가족치료의 발전과정을 살펴보면 MRI을 중심으로 활동한 상호작용적 의사소통모델, 인본주의 경향을 강하게 띠면서 Satir 특유의 모델로 발전된 경험적 가족치료모델, Haley와 Madanes에 의해 발전된 전략적 가족치료, Selvini-Palazzoli, Prata, Boscolo, Cecchin 등에 의해 대표되는 체계론적 모델 등으로 발전하였다(Goldenberg & Goldenberg, 1991, pp. 184-185). 이 모델들은 모두 Palo Alto집단에 의해 도출된 의사소통이론의 패러다임에 근거했다는 점에서는 공통되며 이론과 치료적 기법에서 서로 자유로이 영향을 주고 받았다. 따라서 결과적으로 의사소통 가족치료의 이론적 전제가 여러 다양한 가족치료모델로 확산되어 발전하면서 고유의 의사소통 가족치료모델은 사라진 결과가 되었다. Nichols(1984, p. 394)는 이러한 의사소통이론의 특성과 변화과정을 "의사소통 가족치료는 성공으로 인해 죽어버렸다(died of success)"라는 극적인 표현을 통해 지적하였다. 본고에서는 초기의 고유한 의사소통 가족치료에 초점을 두고 관련 학자들과 이론, 치료기법 등에 대하여 논하고자 한다.

제1절 주요학자에 대한 설명

의사소통 가족치료의 중요개념, 이론적 틀, 치료적 기법 등은 Palo Alto 집단의 여러 학자들의 연구결과로 이룩된 업적들이다. 그 중 대표적 학자들에 대해 살펴보면 다음과 같다.

1. Gregory Bateson

Bateson은 정신분열증 연구프로젝트를 이끌면서 의사소통이론 구성에 기여한 인류학자이다. 그의 연구는 치료적 관심보다는 인간행동을 설명하는 일반적 모델을 찾으려는 학문적 호기심에서 출발하여 이중구속 등 의사소통이론의 중요개념 도출에 기여하였다. 또한 Jackson을 도와 MRI설립에 공헌하여 결과적으로 치료적 측면에도 간접적인 기여를 하였다.

그는 정신분열증 클라이언트 가족전체를 분석대상으로 관찰하여 그때까지 정신의학자들이 치유 불가능한 신경증으로 간주하던 정신분열증을 의사소통분석을 통하여 재해석하였다. 그 결과 Bateson은 의사소통이 가족 간의 관계를 규정한다는 것과 규정된 관계가 항상성을 유지하려는 가족 본래의 속성에 의해 확고해진다는 결론을 도출하였다(Nichols, 1984, p. 394).

2. Don Jackson

Jackson은 MRI를 중심으로 치료에 초점을 두고 의사소통 가족치료모델을 개발하고 확산시키는 데에 기여한 중요한 공로자이다. 그는 원래 Freud와 Sullivan의 이론 경향이 강한 스탠포드대학교에서 정신분석의 훈련을 받았으며, 1951년 Palo Alto에 있는 원호병원에 자문으로 임명된 것이 Bateson의 정신분열증 연구프로젝트에 참여하는 계기가 되었다.

Jackson은 1954년 Bateson, Haley, Weakland, Fry 등으로 구성된 Palo Alto의 정신분열증 클라이언트의 의사소통 연구팀에 정신의학 자문으로 참여하게 되었다. 그는 이 연구의 결과를 집대성하여 1959년에 Bateson, Haley, Weakland와 공동 저서 "정신분열증에 관한 이론"을 출판하였다. 또한 1959년 Palo Alto에 MRI 설립을 주도하였으며, 이곳을 중심으로 Satir, Haley, Weakland, Watzlawick 등과 함께 가족치료모델을 연구하였다. 그의 획기적 업적은 Palo Alto연구팀과 함께 발전시킨 이중구속(double bind)개념 외에 항상성(homeostasis) 개념이 있다.*

3. John Weakland

Palo Alto의 의사소통연구에는 매우 다양한 학문적 배경을 가진 학자들이 참여하였지만 그 중에서도 이 집단에 참여하기 전까지의 Weakland의 경력은 더욱 독특하다. 그는 원래 화학을 전공하여 산업분야의 연구에 참여하다가 사회학과 인류학으로 관심이 전향되면서 그의 학문적 연구주제가 중국문화, 가족, 성격, 정치적 행동 등으로 변화되었다.

1954년부터 1960년까지 Palo Alto 집단에 참여하는 동안 그는 M. Erikson, Jackon과 더불어 최면술, 정신병리적 행동, 가족치료 등을 연구하였다. Palo Alto연구팀의 의사소통에 관한 연구는 서론에서 밝힌 바와 같이 학문적인 관심에서 시작되었고 문제가족의 치료는 원래 연구계획에 포함되지는 않았었다. 그러나 정신분열증 클라이언트 가족의 의사소통을 연구하면서 이들 가족의 문제와 고통을 해결하는 데에 연구진 일부가 관심을 보이기 시작하였으며, 이러한 의도에서 개발된 치료모델이 '단기치료(brief therapy)'이고 Weakland는 이러한 치료활동의 주도자 중의 하나였으며 1959년부터는 개인적으로 단기가족치료(brief family therapy)를 실시하였다. 최근에는 MRI에서 임상인류학자, 가족치료사로서 활동하고 있으며 단기치료센타에도 관여하고 있다. 1974년 그는 Watzlawick, Fisch와 함께 저술한 '변화(Change)'에서 단기치료를 체계화하였다.

4. Paul Watzlawick

Watzlawick은 오스트리아의 비엔나 태생으로서 언어학, 커뮤니케이션, 문학, 철학 등 다양한 학문적 호기심과 경력을 가지고 있다. 그후 쮸리히에 있는 Jung연구소에서 심리치료에 대한 연구와 정신분석가로서의 훈련을 받고 이 분야에 대한 탐색을 계속하다가 정신분석적 심리치료 결과에 대한 회의와 실망으로 정신분석적 경향에서 벗어나 1960년에 MRI연구팀의 일원이 되었다.

Watzlawick는 특히 의사소통이 행동에 미치는 영향(pragmatics)에 주된 관심을 보였으며

* 이론적 틀 부분을 참고.

치료는 '문제해결중심'이었다. 그는 특히 MRI의 단기치료에 관심을 가졌는데 이 단기치료의 특징은 클라이언트의 현재의 구체적인 문제를 치료하는 것으로 이것은 Watzlawick이 치료경험에서 발견한 사실, 즉 작은 문제의 해결이 가족의 다른 전반적인 문제에 긍정적으로 영향을 미친다는 발견에 근거한 것이다. 그는 클라이언트의 문제를 잘못된 현실인식에 기인한 것으로 보았다. 즉 현실인식이란 클라이언트가 맺는 세상과의 관계이며 세상에 대한 클라이언트의 이미지라는 것이다. 그리고 이러한 관계와 이미지는 그의 언어를 통해 표출된다. 따라서 그의 문제를 해결하기 위해서는 그의 현실인식을 수정할 필요가 있고 이러한 수정은 구체적으로 그의 언어를 수정하는 것을 통해 가능하다는 것이다. 따라서 클라이언트의 언어, 의사소통방법을 변화시키는 것이 치료의 주된 기법이었다(Hansen & L'Abate, 1982, pp. 89-95). 그 후 그는 계속해서 MRI의 단기치료센타에서 연구와 치료를 지속하였다.

5. Jay Haley

1950년대에 Haley는 Bateson의 정신분열증 연구팀에 참여하여 정신분열증 클라이언트와 그 가족들에 대한 면접을 통해 의사소통을 연구하여 유명한 이중구속의 개념을 도출하는 데에 기여하였다. 그는 1962년부터 1967년까지는 MRI에서 연구하였으며 이러한 연구를 통한 그의 주된 관심은 의사소통을 통한 인간관계에의 권력과 통제에 있었다. 1963년 발표한 저서 '심리치료의 전략'에서 모든 인간관계는 관계규정을 통제하려는 투쟁이라고 주장하였으며 사람의 병리적 증상도 다른 사람을 통제하는 수단이 된다고 보았다. 따라서 그의 가족치료에 대한 개념과 전략 및 치료기법 등은 관계를 변화시키는 세력전술이었으며(송성자, 1987, p. 189) 치료자가 클라이언트와의 관계에서 완전한 주도권과 통제권을 갖는 것을 치료의 중요한 조건으로 삼았다.

그는 최면요법치료와 역설적 치료기법을 연구한 Erikson의 영향을 크게 받아 최면적이며 역설적인 기법연구에 몰두하기도 하였고, 그 후 구조주의 가족치료사인 Minuchin의 영향으로 가족위계, 연합 등 가족구조와 관련된 주제에 관심을 갖기도 하였다. 1974년에는 부인 Cloe Madanes와 함께 워싱턴 D.C.에 가족치료센타를 설립하였다. Haley의 이론적, 치료적 특성은 그가 발전시킨 전략적 가족치료모델로 집대성되었다.

6. Virginia Satir

교육학과 사회사업학의 학문적 배경을 가진 Satir는 MRI연구팀에 참여하기 전에 이미 가족치료의 실시와 교육에 오래동안 종사하고 있었다. MRI에 참여한 후에는 의사소통이론의 기본적 개념의 정립과 발전에 공헌하였다. 그녀는 특히 모든 행동은 의사소통이며 의사소통은 메시지전달과 메시지에 대한 메시지인 메타커뮤니케이션의 두 차원으로 이루어짐을 주장하였다.

그녀는 이론보다는 가족치료 실시나 교육에 관심이 있었으며 MRI에서 가족치료에 대한 교육을 처음으로 실시한 인물이기도 했다. 그 후 Satir는 에살렌성장센타(Esalen Growth Center)의 책임자가 된 후에 형태심리학, 감수성 훈련, 마사지, 댄스치료 등등 전통에서 벗어난 다양한 치료기법들을 흡수하면서 경험적 가족치료모델을 발전시켰다. 인본주의적 가치가 농후한 그의 이론은 인간의 성장과 정서, 자기가치를 강조하였으며, 가족의 의사소통유형이 이러한 개인성장에 영향을 미친다고 보았다. 따라서 이러한 의사소통을 지배하는 가족규칙과 가족의 사회와의 연결 및 관련성 등을 주요한 치료주제로 삼았다(Satir, 성 민선역, 1991, P. 15).

제2절 이론적 틀

의사소통이론의 기본적 명제와 이에 기초한 중요개념을 논의하면 다음과 같다.

1. 의사소통이론의 기본 명제

1) 사람들은 행동하지 않을 수 없듯이 의사소통 또한 하지 않을 수 없으며 모든 행동은 의사소통이다(Bacvar & Bacvar, 1993, p. 217).

의사소통은 언어 이외에도 침묵, 자세, 손짓, 발짓 등의 움직임과 정지 등 여러 가지 수단을 통해 이루어지며, 이 모든 것은 나름대로 어떤 의미를 전달하며 이 의사소통의 수신자에게 영향을 미치고 수신자는 여기에 '반응하지 않을 수 없게된다'(Watzlawick, Beavin, & Jackson, 1967, Hansen & L'Abate, 1982, p. 86에서 재인용; Satir, 1967, 김 만두 역, 1986, p. 117에서 재인용). 예를 들어 남편이 퇴근하여 집에 돌아온 후에 언제나 TV만 보는 경우, 아내는 남편이 자신을 사랑하지 않는다는 메시지를 매우 강하게 들을 수 있다. 이럴 때 메시지는 말을 통해 전해 듣는 것이 아니라 남편의 태도인 비언어적인 의사소통의 통로를 통해 전달받는 것이다.

2) 모든 의사소통에는 '내용(report, digital)'과 '관계(command, analog)'차원의 두차원이 있으며, 내용측면은 정보를 전달하고 관계측면은 정보가 받아들여지는 방법을 전달한다(Hansen & L'Abate, 1982, p. 86).

의사소통이란 정보만을 전달하는 것이 아니라 의사교환자들의 관계를 규정한다. 예를 들어 남편이 아내에게 "목마르다"고 했다면 이것은 "물이 먹고싶다"는 정보외에 "아내가 물을 갖다줄 것"이라는 의미도 내포되어 있고, 이것을 통해 아내와 남편의 관계가 드러나는 것이다. 생활속에서는 이러한 관계가 언제나 인식되는 것은 아니다. 또한 관계에 대해 관련자가 이의를 제기하지 않으면 문제가 되지 않지만 이의를 제기할 경우에는 문제가 된다. 위의 예에서 아내가 기꺼이 심부름을 하면 문제가 없지만, 그러한 자신의 역할과 남편과의 관계에 대해 불만스러워 하게 되면 이들의 관계는 문제가 되는 것이다.

3) 모든 체계는 '규칙'에 의해 규정되며 이러한 규칙으로 인해 '항상성'이 유지되고 그 결과로 체계가 보존된다(Hansen & L'Abate, 1982, p. 217).

의사소통의 command부분을 통해 반복되어 드러나는 관계에 대한 메시지는 가족의 규칙*으로 패턴화된다(Jackson, 1965, Nichols, 1984, p. 400에서 재인용). 즉 반복되는 상호작용이 규칙으로 발전하고 가족은 이러한 규칙에 의해 통솔, 유지된다. 가족규칙은 외부인에 의해서만 관찰이 가능할 뿐 가족성원들은 미처 이러한 가족규칙을 의식하지 못하며, 이런 상태에서 가족항상성이 유지된다(Jackson, 1967, Nichols, 1984, p. 400에서 재인용). 이러한 가족체계의 항상성기제로 인해 스트레스나 위기상황에 놓였을 때 가족은 가족내부의 기존의 균형상태로 회귀하려고 하고 변화를 거부하게 된다. 즉 가족은 규칙에 의해 지배되고 변화에 보수적인 체계인 것이다. 가족치료에서 변화와 문제해결에 저항하는 가족을 흔히 접하게 되는데 이 또한 가족의 항상성을 고수하려는 한 예가 된다. 항상성에 관해서는 뒤의 행동장애발달 부분에서 더 상세히 언급된다.

4) 모든 행동과 의사소통은 '상황(context)'안에서 검토되어야 하며 상황에 대한 고려없이는 완전한 이해가 있을 수 없다(Bacvar & Bacvar, 1993, p. 217).

상황에 대한 이해를 의사소통이론의 가장 핵심적 전제로 생각한 Watzlawick은 "현상은 그 현상이 발생한 상황에 대한 충분한 관찰없이는 절대로 이해될 수 없다"고 주장하였다(Hansen & L'Abate, 1982, p.86). 그는 상황을 이해하기 위해서는 독립된 행동 하나 하나 보다는 체계를 구성하는 부분들 간의 관계에 관심을 두어야 함을 강조하였다. 이를 위해 의사소통형태, 특히 의사소통이 행동에 미치는 영향에 그의 연구의 비중을 두었다. 왜냐하면 관계란 의사소통을 통해 명확히 드러나기 때문이다(Hanesn & L'Abate, 1982, p.86).

의사소통이론에서 문제란 개인이 아니라 관계상의 역기능의 문제이며 이것은 잘못된 의사소통에서 드러난다. 따라서 문제에 대한 이해는 개인 내면의 심리적 역동성에 대한 분석이 아니라, 상황안에서 다른 사람과의 상호작용과 의사소통의 연구를 통해 이루어 진다(Goldenberg & Goldenberg, 1991, p. 184). 다시 말해 인간의 문제는 상황적, 상호작용적인 것으로 이해되고 따라서 문제에 대한 이해는 상황에 대한 이해가 되는 것이다. 그러므로 질문

---

* Jackson은 체계를 유지시키는 규칙에는 감추어진 규범(covert norms), 명백한 가치(overt values), 규범과 규칙을 변화시키는 규칙(metarules)등의 3가지로 나누었다. 이러한 규칙을 규정하는 과정을 조정(calibration)이라고 명명하였는데 이것은 가족들이 상호간에 인정할 수 있는 행동을 결정하는 것을 의미한다. 따라서 문제가 있는 가족이란 조정이 필요하다는 것을 의미하며 metarule이 부족한 가족을 의미한다.

은 '왜'가 아니라 '무엇', 즉 사람들의 현재 진행중인 상호작용과 그들의 관계를 규정하는 방법에 초점이 주어진다. 이를 위해 진단적 추론보다는 사람들의 상호교환에 대한 치료자의 관찰이 더욱 중요한 기술이 된다.

5) 의사소통은 끊어짐이 없이 이어지는 순환적 상호교환의 연속이다(Hansen & L'Abate, 1982, p.86).

의사소통은 시작과 끝이 없이 순환적으로 상호작용하며 교환되는 것이다. 그럼에도 불구하고 사람들은 이러한 의사소통의 시작과 결과, 혹은 원인과 결과를 각자의 인식틀에 의해 각기 다르게 판단한다(Becvar & Bacvar, 1993, p. 217). 의사소통 이론가들은 이것을 상황을 서로 다르게 표현한다고 하였다. 이 표현이 대화자 간에 각기 상이할 수 있고 이 상이성이 클수록 상호 갈등의 소지가 크다. 간단한 예로 술마시고 늦게 귀가하는 남편에게 잔소리하는 아내를 향해 남편이 "이렇게 바가지를 긁으니까 늦게 들어오지"라고 하자 아내는 "이렇게 매일 술마시고 늦게 들어오니까 잔소리를 하는 거야"라고 응답하는 경우 이들 각자는 동일한 현상의 시작과 결과를 서로 다르게, 즉 서로 반대로 이야기하는 것이다.

그러나 의사소통이론에 따르면 현실의 연속된 행동은 순환적으로 상호작용하기 때문에, 단선적인 원인과 결과로 파악하는 것은 불합리하고 부적절한 것이다(Goldenberg & Goldenberg, 1991, p. 184). 의사소통이론에서 보면 위의 예에서 드러난 부부의 행동이 상대방 행동의 원인이 됨과 동시에 결과가 되는 서로 상호작용하는 순환의 관계로 파악되기 때문에 이러한 갈등상황이 어디서부터 비롯되었는가는 별로 중요한 관심거리가 아니다. 이들에게 중요한 것은 '지금 여기에서(here and now)' 어떻게 상호작용하고 있는가, 어떻게 의사소통을 하고 있는가 하는 점이다.

6) 의사소통유형은 의사소통이 일어나는 상황내의 환류로 인해 반복되고, 따라서 문제 또한 유지된다(Becvar & Becvar, 1993, p. 217).

가족은 두 가지 과정, 즉 부정적 환류(negative feedback)와 긍정적 환류(positive feedback)에 의해 하나의 체계로써 구조를 유지하고 기능한다. 살아있는 모든 체계는 고정화된 구조없이는 생존할 수 없는데 부정적 환류는 외부의 영향으로부터 가족체계를 보호, 유지하는 기능을 한다. 반면에 부정적 환류가 지나치면 기존의 가족체계를 고수하고 변화를 거부하는 기능을 하게 된다(Nichols, 1984, p.402). 예를 들어 아이가 취학함과 동시에 친구들과 지내는 시간이 많아질 때 이를 반대하여 야단친다면 이것은 아이에게 부정적 환류를 주는 것으로 아이는 친구들과 보내기 보다는 집에서 보내는 시간을 택하게 되고 그 결과 아이의 취학과 관계없이 가족은 이전의 모습 그대로를 유지하게 되는 것이다. 이것은 부정적 환류가 지나쳐서 환경의 변화에 적절하게 적응하지 못하여 결과적으로 가족에게 부정적인 영향을 미치게 된 경우이다.

체계는 구조를 유지하고 보존하는 것도 중요하지만 변화하는 환경에 적응하여 변화하는 것도 필요하다. 그러므로 건강한 가족이라면 긍정적 환류기제가 반드시 필요한 것이다. 긍정적 환류란 체계를 외부의 영향에 대응하여 변화를 통해 적응토록 하는 기제이다(Nichols, 1984, p. 402). 위의 예를 보면 아동의 사회적 생활을 허용하고 긍정적으로 수용하며, 가족이 그것에 맞추어 변화하는 것은 긍정적 환류에 의한 것이다.

2. 의사소통이론의 주요 개념

1) 역설적 의사소통(paradoxical communication)

앞에서 설명하였듯이 의사소통은 동시에 여러 경로를 통해 일어나는데 이러한 경로를 통한 메시지가 언제나 일치하는 것은 아니며, 한 경로의 메시지를 다른 경로의 메시지가 수정, 보완, 강화, 부정하기도 한다. 문제는 메시지 간의 '상호불일치'이다. 즉 입을 통해 하는 말과 어조나 표정에서 드러나는 의미가 서로 다른 메시지를 전달하는 경우가 종종 있다. 예를 들어 말로는 반갑다고 하면서 눈으로는 전혀 냉담한 표정을 지을 수 있는 것이다. 이럴 경우에 의사소통의 수신자는 어떤 메시지를 따를 것인지 혼란된다. 이와같이 메시지 간에 상호 모순되고 일치되지 않는 것을 역설적 의사소통이라고 한다(Goldenberg & Goldenberg, 1991, pp. 185-186). Watzlawick은 역설적이란 "연관된 전제의 단계를 올바르게 밟아서 연역하였을 때 직면하게 되는 모순"이라고 정의하였다(Hansen & L'Abate, 1980, p. 87).

2) 이중구속(double bind)

Palo Alto집단의 연구결과인 이중구속은 역설적 의사소통의 대표적 유형이다. 이중구속이란 한 사람이 다른 사람에게 논리적으로 상호 모순되고 일치하지 않는 두가지 메시지를 동시에 전달하는 것을 의미한다(김성천 역, 1987, pp. 33-34). 예를 들어 "자율적이 되어라"라는 명령의 경우 이 명령에 따라 자율적이 되면 결과적으로 자율성을 잃게 되고, 이 명령을 거부하면 거부자체는 자율적이지만 결과적으로는 자율적이 되지 않는 상호모순된 상황에 놓이게 되는 것이다. Bateson등 초기의 의사소통 이론가들은 정신분열증 클라이언트의 가족에게서 이러한 상호모순된 의사소통이 매우 빈번한 것을 발견하였다. 즉 가족들의 상호모순된 메시지는 아동을 어떠한 메시지에도 반응할 수 없는 혼란된 상황에 놓이게 함으로써 결국 정신분열적으로 반응할 수 밖에 없게 된다는 것이다.

3) 가족항상성(family homeostasis)

항상성이란 가족이 어떠한 상황에서도 안정성을 유지하려는 속성을 의미하며 항상성은 가족내에서 발전시킨 상호작용유형에 의해 지속된다는 것이다. 따라서 가족은 이러한 상호작용유형에 의해 유지되며 이것은 일종의 규칙과 같은 기능으로 가족을 유지시킨다고 하여 가족을 규칙에 의해 이끌어지는 집단으로 본다. 의사소통 가족치료의 목적은 항상성을 지속하려는 가족규칙을 밝혀내어 항상성을 와해시킴으로써 가족내에 새로운 가족균형을 발전시키고자 하는데 있다.

4) 대칭적 관계(symmetrical relationship)와 보완적 관계(complementary relationship)

의사소통유형에 의해 드러나는 관계에는 대칭적 관계(symmetrical relationship)와 보완적 관계(complementary relationship)가 있다(Bacvar & Bacvar, 1993, p. 217). 이것은 Bateson이 발전시킨 개념으로써 후에 Jackson이 가족의 상호작용패턴을 설명하는 데에 적용하였다. 전자가 평등에 기초한 관계라면 후자는 평등하지 않은 관계를 의미한다. 그렇다고 어느 관계가 보다 안정적이거나 우월하다고 할 수는 없으며(Goldenberg & Goldenberg, 1991, p. 187) 양자 모두 병리적으로 발전할 가능성을 가지고 있다.

보완적 관계란 의사교환자가 우월-열등의 관계에 놓여 있어 한쪽이 다른 한쪽을 보완하는 관계를 의미한다. 예를 들면 한사람이 공격적이면 다른 한사람은 순응적이고, 이 순응적인 태도는 한쪽의 좀더 공격적인 태도를 유발시키고 이것은 또한 더욱 순응적인 태도를 유발시키는 관계가 보완적 관계이다. 보완적 관계가 경직되는 경우에 병리적인 관계로 발전하게 된다(Hansen & L'Abate, 1982, p. 87).

대칭적 관계 또한 평등성에 기초하기는 하지만 병리적인 관계로 발전할 위험이 있다. 즉 의사교환자 한쪽의 반응이 다른 쪽에 영향을 주고 이것이 다시 한쪽의 반응을 상승시키는, 즉 대칭적 상승(symmetrical escalation)의 효과를 가져오게 되어 언쟁, 싸움으로 발전하게 되는 경우이다(Goldenberg & Goldenberg, 1991, p. 187). 예를 들면 부부 중의 한쪽이 "지리산이 가장 멋있는 산이야" 하면 다른 한쪽이 "말도 안돼, 설악산이 훨씬 더 멋있지"라고 대응하고, 이에 대해 먼저의 한쪽이 "너야말로 말도 안돼, 네가 산에 대해 뭘 알고 하는 소리야"라는 대응을 하면서 점점 경쟁적인 관계로 발전하게 되는 것이다. 이러한 의사교환을 통해 전달되는 것은 산에 관한 정보가 아니라 상호간의 지배력이나 영향력인 것이다.

제3절 정상적 가족발달

우선, 의사소통 가족치료모델에서는 정상적인 가족을 부정적 환류와 긍정적 환류 과정의 적절한 조화로 유지되는 기능적 체계로 보았다(Nichols, 1984, p. 402). 이 두 가지 환류가 적절히 작용하여 가족의 구조를 보존, 유지함과 동시에 환경의 변화에 적응하여 가족구조를 변화해 나갈 때 가족은 정상적으로 발달하게 되는 것이다.

어느 가족이건 가족주기에 따라 스트레스나 위기상황에 봉착하게 된다. 결혼, 출산, 퇴직 등이 그 예이다. 이러한 전환기에는 가족의 항상성이 위협받게 되는데 이때 변화를 거부하여

기존의 균형상태를 고집하게 되면 외부의 변화요구에 적절히 대응하지 못함으로써 가족 내부에 스트레스가 쌓이고 이것이 다시 변화를 요구하는 악순환의 과정에 놓이게 된다. 정상적 가족이라면 환경의 변화에 적응하여 긍정적 환류기제를 사용하여 자신들을 변화시키는 방법을 택하게 된다. 이때 긍정적 환류는 의사소통을 통해 이루어지며 의사소통은 명확한 것이 특징이다. 정상적 가족의 예를 들면 일정시기가 되어 독립적인 삶을 원하는 자녀는 그러한 욕구를 분명하고 명확하게 부모에게 전달하고 부모는 자녀의 말을 경청하고 욕구를 수용하여 가족관계를 변화시키는 방향을 택하게 된다.

한편, Satir는 건강한 가족이란 의사소통이 직접적이며 명백한 가족이라고 설명하였다(Satir, 성민선 역, 1991, p. 16). 이러한 가정의 의사소통내용은 일관성이 있고 비판적이지 않으며 감정은 자연스럽게 표출된다. 가족규칙 또한 유연하고 변화에 탄력있게 적응하여 항상 새롭게 거듭나며 역기능적인 규칙은 과감히 수정, 폐기된다. 가족의 구성원들은 솔직하게 자신들의 욕구를 표현하고 이것은 유연한 관계속에서 자연스럽게 수용되고 해결됨으로써 한 개인으로서의 건강한 성격과 자기가치를 발전시킬 수 있게 된다. 이러한 건강한 가족관계 속에서 가족원의 개별성, 성장, 발달은 자연스럽게 촉진된다(Becvar & Becvar, 1993, p. 223).

Wynne과 그의 동료들은 건강한 가족에서는 부모들의 명확하고 논리적인 의사소통방법이 자녀들의 건강한 의사소통을 개발하는 데에 매우 큰 영향을 미친다고 주장하였다(Nichols, 1984, p. 403). 이런 부모의 자녀들은 주의력이 있고 대화에 초점이 있으며 과업중심적이고 생각과 느낌을 명쾌하게 전달하는 능력이 있다고 하였다. 동시에 이들은 어머니의 의사소통능력이 아동의 학업성취와도 밀접히 관련되어 있음을 보고하면서 부모의 의사소통의 중요성을 강조하였다(Nichols, 1984, p. 403).

제4절 행동장애 진행

1. 행동장애와 가족항상성

의사소통이론에 따르면 행동장애는 무엇보다도 잘못된 의사소통에 기인한다. 따라서 문제행동은 병리적인 개인의 증상이 아니라 병리적인 가족체계의 증상이다. 병리적 가족은 매우 역기능적으로 상호 밀착되어 있고 매우 견고하게 항상성을 유지하는 의사소통유형을 가지고 있다. Palo Alto 집단의 의사소통 이론가들은 정신분열증은 가족전체의 장애라고 전제하면서 한 개인이 보이는 정신분열증적 증세는 메시지를 전달하는 의사소통방법의 하나라고 보았다(Nichols, 1984, p. 404). 즉 가족체계의 의사소통유형이 한 가족성원으로부터 정신분열적인 의사소통을 유발시킨다는 것이다. 이러한 증상은 가족체계의 항상성을 유지하는 의사소통의 한 방법으로써(Nichols, 1984, p. 404), 문제증상은 가족항상성을 유지하기 위해 부여된 역할이다.

2. 병리적 의사소통 유형

의사소통 이론가들은 행동장애를 유발시키는 병리적 의사소통유형을 제시하였다. 그 유형으로는 다른 사람이 말하는 것을 부정하는 것, 다른 사람의 메시지를 무시하는 것, 의사소통차원의 혼란, 예컨대 언어적 메시지와 비언어적 메시지의 혼란, 현상의 시작과 결과에 대한 견해 차이*, 대칭적 관계가 의사소통의 상승 작용으로 유발되는 경쟁관계, 경직된 보완적 관계, 역설적인 의사소통 등이 있다(Nichols, 1984, p. 406). 이러한 의사소통유형은 모두 역기능적인 가족체계에 기인하고 결과적으로 병리적 의사소통의 하나로 문제행동을 유발시킨다.

병리적 가족에게서 가장 많이 보이는 의사소통유형은 역설적인 의사소통인데, 역설적인 의사소통이 이중구속의 형태를 띄면 더욱 유해한 영향을 미치게 된다. 이중구속의 예를 들어보자(Janzen & Harris, 김성천 역, 1987, pp. 330-34). 친구집에서 자고 싶은 소년이 어머니에게 허락을 구했을 때 어머니는 "너도 알다시피 네가 친구와 같이 지내기를 엄마가 원한단다. 그러니 이 큰 집에서 나 혼자 있게 될 것을 걱정하지 말아라"라고 대답하였다. 어머니의 대답에는 친구와 어울리는 것은 바람직하니까 '가라'는 메시지와 어머니 혼자 있는 것이 두려우니 '가지 말라'라는 두가지 상반된 메시지가 담겨있다. 이런 상황에서 소년은 어떤 메시지를 따를 것인지 딜레마에 빠지게 된다. Nichols(1984, p. 407)는 이러한 딜레마 상황을 악몽에 비유했다. 악몽에서 벗어나기 위해서는 꿈에서 깨어나는 것 밖에는 아무런 방도가 없듯이 이러한 딜레마에서 벗어나는 유일한 길은 상황에서 벗어나는 것이다. 그러나 꿈에서는 깰 수 있지만 가족관계라는 상황에서는 벗어날 길이 없다. 유일한 방법은 메시지의 이중성을 지적하는 것, 즉 메타커뮤니케이션이지만 대화자들은 미처 이러한 이중구속을 인식하지 못하기 때문에, 그리고 이중구속의 메시지를 전달하는 Haley의 주장에 따르면 관계규정의 주도권을 지닌 사람이 메타케뮤니케이션을 허용도, 거부도 하지 않기 때문에 메타커뮤니케이션이 일어나지 않을 수 없다. 따라서 이중구속의 메시지에 반응해야 하는 수신자가 택할 수 있는 유일한 길은 '정신분열증'*을 보이는 길일 뿐인 것이다. 즉 증상은 역기능적인 상황에 대한 논리적 대응인 것이다(Becvar & Becvar, 1993, p. 223).

3. 역기능적 부부관계

Satir는 위의 개념들에 의견을 같이하면서도, 특히 부부관계가 자녀들에게 미치는 영향을 강조하였다. 부부 간에 문제가 있을 때 의사소통은 간접적이며 불명확해지고 자녀를 문제의 부부관계 속으로 끌여들이게 된다. 부부 간의 의사소통의 모순, 각 부모가 자녀에게 하는 의사소통간의 상호모순 등으로 자녀는 역기능적인 의사소통유형을 배우게 되고 자존감도 낮아지게 되면서 문제행동이 유발될 수 있다는 것이다.

---

* p. 8의 punctuation에 대한 설명을 참고.
* 여기서 정신분열증이란 이중구속의 의사소통에 대해 유일하게 가능한 의사소통방법이 문제행동이라는 것을 상징하기 위하여 사용되었다.

제5절 치료목표

문제를 한 개인의 문제로 보기보다는 관련된 두사람 이상의 역기능적인 관계로 보고, 이러한 역기능적 관계가 잘못된 의사소통에서 기인하는 것으로 보는 의사소통모델은 치료의 초점을 가족간의 의사소통유형에 두고, 가족의 역기능을 의사소통 측면에서 규명하며, 가족의 의사소통유형과 방법을 변화시키고 향상시키는 것을 치료목적으로 하였다(Nichols, 1984, p. 407; Hansen & L'Abate, 1982, p. 92).

치료적 개입을 위해 선결되어야 하는 과제는 가족체계의 상호작용유형을 밝혀내는 것이다. 즉 치료자는 상호작용의 체계에서 무엇이 진행되고 있으며 또한 어떻게 하여 그러한 방식으로 상호작용이 진행되는가를 관찰하여 그것들을 효과적으로 변화시키는 방법을 모색하는 것이다(Hansen & L'Abate, 1982, p. 92). 이 모델에서 치료자들은 문제가족의 증상을 변화를 요구하는 메시지로 이해한다. 그리고 이 증상을 지속시키는 행동을 관찰을 통해 규명하고, 이러한 선행 행동이 밝혀지면 이 행동을 다른 행동으로 대치시킴으로써 증상이 더이상 지속되지 않게 하는 것이다(Nichols, 1984, p. 407). 이러한 변화를 통해 관계를 변화시키고 나아가 가족규칙, 가족체계를 변화시키는 것이 궁극적 목표이다.

의사소통유형의 변화를 통한 체계변화를 Watzlawick은 이차적 변화라고 불렀다(송 성자, 1987, p. 207). 이와 대응되는 일차적 변화란 체계는 그대로 유지되면서 그 하위체계 내의 변화만을 의미하는 것으로 근본적인 질적 변화가 아니라 양적 변화를 가리킨다. 따라서 아들의 도벽을 고치기 위해 처벌의 강도를 높여가는 아버지의 경우가 일차적 변화에 해당된다. 이 경우 부자간의 상호작용 구조는 전혀 변화됨이 없이 계속 남아있게 된다. 반면에 이차적 변화라는 체계변화는 급진적인 질적 변화를 야기한다. 왜냐하면 가족의 항상성을 와해시켜 새로운 균형상태를 창출함으로써 가족의 문제해결을 시도하기 때문이다.

제6절 행동변화의 조건

Nichols(1984, pp. 408-411)는 의사소통이론에서의 행동변화의 조건을 논의하였는데 그 주장의 요점을 정리하면 다음과 같다.

첫째, 의사소통이론에서 모든 행동은 의사소통이고 따라서 문제행동은 간접적이며 은밀한 의사소통의 한 형태로써 변화의 필요성을 제시하는 것이다. 즉 가족성원 중에 나타나는 증상은 변화가 필요하다는 메시지를 전달하는 의사소통이다.

둘째, 역기능적인 의사소통은 외부의 힘에 의해서만이 변화될 수 있다.

앞에서도 언급했듯이 의사소통은 다차원에서 여러가지 방법으로 이루어지며 차원간에, 방법간에 일관성과 일치성이 결여될 때 병리적 모순, 역설, 이중구속 등의 문제가 발생된다. 여기서 중요한 점은 이러한 모순은 체계 내부에서는 인식이 안되고, 설혹 인식된다 하더라도 변화의 힘은 내부에 없다는 것이다.* 왜냐하면 대화자들이 모순적 의사소통이 발생하는 상황

(context)안에 갖혀 있기 때문이다. 따라서 이것을 변화시킬 수 있는 것은 외부로부터 가해지는 힘과 영향이며 이 역할을 치료자가 담당하는 것이다.

셋째, 치료방법은 상담 이상의 것, 즉 인지적 개입 이상의 것이 되어야 한다. 물론 초기의 의사소통 이론가 중에는 Jackson처럼 인지적 방법에 관심을 보인 사람들도 있었다. 그러나 의사소통이론이 더욱 분화-발전하면서 제기된 것은 문제나 증상이 이미 개인의 통제권 밖에 있으며 거의 자동적이기 때문에(Watzlawick, Beavin, and Jackson, 1967, Nichols, 1984, p. 409에서 재인용) 문제에 대한 이해나 통찰력은 전혀 변화에 도움이 되지 않는다는 것이다. 따라서 변화를 위한 개입은 좀더 전략적이어야 한다는 것이다.

네째, 치료개입의 시의성은 치료효과에 절대적 조건이다.

균형상태의 가족항상성이 오랫동안 지속되어온 가족은 변화에 저항적인 반면에 위기상황에 놓인 가족은 변화에 좀더 순응하는 경향이다. 그러므로 치료자는 가족상황에 대한 면밀한 관찰을 통해 개입시점의 선택에 주의하여야 한다.

다섯째, 치료는 가족의 안정성과 균형성을 와해시키도록 긍정적 환류를 개입시켜야 한다.

가족성원에서 보이는 증상은 가족의 균형을 유지하는 데에 부정적 환류로 기능한다. 즉 가족이 변화를 거부하는 데에 증상이 이용된다는 것이다. 따라서 가족이 변화를 지향하도록 긍정적 환류를 개입시키는 것이 가족체계 변화의 절대적 조건이다.*

제7절 기법

의사소통 가족치료의 기법은 크게 두 가지로 분류되다. 첫째, 병리적 의사소통을 지적하여 수정시키는 방법과 둘째, 변화유도를 위한 조작(manipulation)적 기법이다. 의사소통 가족치료모델의 초기기법은 명확한 의사소통규칙의 교육, 가족의 의사소통유형의 분석과 해석 등의 직접적인 기법이었다. 그러나 점차 변화에 대한 가족들의 저항에 직면하게 되면서 역설적 개입, 보상 등과 같은 좀더 조작적이며 기교적인 방법들이 개발되었다. 이 기법들을 좀더 자세히 살펴보면 다음과 같다.

1) 직접적 기법

이 기법은 클라이언트의 문제해결 의지와 통찰력에 의존하는 방법으로써, 의사소통이론에 기초하여 치료를 처음으로 시도한 Haley와 Jackson이 초기에 적용한 치료기법이다. 이 방법은 인식의 변화가 변화의 시작이라는 전제에서 많이 사용되던 해석기법인데, 치료의 효과는 클라이언트의 협조에 크게 좌우된다. 특히 Satir는 의사소통상의 문제점을 지적함으로써

---

* 앞의 병리적 의사소통 부분 참고.
* 앞의 의사소통이론의 기본 명제 부분 참고.

의사소통을 개선, 향상시키는 기법을 많이 사용하였다(Nichols, 1984, p. 409). 동시에 새로운 언어로 의사소통방법을 교육하며 새롭게 학습한 규칙에 따라 가족 성원들 간에 진정한 만남을 이루게 하는 기법도 Satir 특유의 기법이다(Goldenberg & Goldenberg, 장혁표, 제석봉, 김정택 공역, 1988, pp. 218-219).

2) 역설적 개입

역설적 개입(paradoxical intervention)이란 병리적 가족의사소통의 가장 일반적인 형태인 역설을 치료의 도구로 이용하는 것이다. 역설적 기법의 기본적 원리는 일반적으로 지금까지 개인이 조정할 수 없는 것으로 인식되었던 증상을 의식적으로 조정하도록 하는 것이다(송 성자, 1987, p. 210). 역설적 기법에는 다음과 같은 기법이 있다.

(1) 역설적 명령(paradoxical injunction) 혹은 증상처방(prescribing the symptom)

이 기법의 예를 들면 환청이 있는 정신분열증 클라이언트에게 계속 소리를 들으라고 함으로써 그의 통제 밖에 있었던 환청을 그의 통제권 안으로 끌어들이는 것이다. 이러한 치료법이 역설적으로 보이는 이유는, 치료자가 변화를 돕는다면서 제안하는 것이 바로 변화하지 말고 문제행동을 계속 유지하라는 지시이기 때문이다. 이러한 명령을 통해, 클라이언트가 증상을 포기함으로써만 벗어날 수 있는 치료적 역설상황을 만드는 것이다(Haley, 1963, 1-410 재인용). 이러한 증상처방을 치료적 이중구속(therapeutic double-bind)이라고 칭하기도 한다(Nichols, 1984, p. 410). 이러한 역설적 기법은 바로 가족이나 개인이 변화를 위한 도움을 청하면서도 동시에 변화에 저항하는 양가감정을 이용한 것이다.

증상처방 기법을 적용할 때는 주의가 필요하다. 특히 성적 비행이나 약물남용, 자살문제, 방화 등과 같은 파괴적 행동에는 이 기법을 적용해서는 안되며, 클라이언트가 아닌 다른 가족성원의 자존심이나 감정을 해치고 무시하게 되는 경우에도 증상처방을 해서는 안된다(L'Abate, Ganahl, Hansen, 1986, Thomas, 1992, p. 343에서 재인용).

(2) 재명명(relabeling)

재명명 기법 또한 역설적 개입의 한 유형이다. 이것은 재구성(reframing)과 유사한 개념으로써 이미 벌어진 상황에 대하여 다른 언어를 사용하여 이에 대한 이해와 느낌, 생각이 바뀌도록 도와 가족을 변화시키는 방법이다(Goldenberg & Goldenberg, 1991, p.190; Thomas, 1992, p. 348). 특히 증상의 긍정적인 측면을 강조하는 것이 이 기법의 특징이다. 예를 들어 가족간의 심한 언쟁을 '서로 간의 관심과 배려'라고 재명명하는 것인데, 이것은 서로간에 정서적으로 연결되어 있고 관심이 있을 때 언쟁도 있을 수 있다는 생각에서 착안된 것이다(Thomas, 1992, p. 343).

3) 보상(quid pro quo)

Jackson에 의해 발전된 이 개념은 부부치료에 많이 적용되는 기법으로써 관계를 형성함에 있어서 '주고 받는' 원리에 근거한 것이다. 이 기법은 부부치료에서 치료자가 각 배우자에게 상대방에게 무엇을 원하는지를 질문하고 그 상대방이 기꺼이 배우자가 원하는 것을 해주게 함으로써, 배우자간의 관계를 '보상(quid pro quo)'의 규칙으로 규정하는 기법이다(Thomas, 1992, p. 342).

제8절 치료이론 및 결과평가

대부분의 가족치료모델이 치료자들의 치료경험을 개념화시켜 하나의 이론적 모델로 발전시킨 것과는 반대로, 의사소통 가족치료는 이론적 탐구에서 시작하여 후에 치료적 모델로 발전하였다는 점에서 특징적이다. 지금까지 살펴본 바대로 의사소통모델의 기초가 되는 연구는 정신분열증 클라이언트 가족에서 보이는 병리적 의사소통이었으며, 이러한 연구를 통해 유명한 이중구속, 가족항상성 등의 개념이 유추된 것이다. 이러한 개념들은 대단히 획기적인 것으로써 여타의 가족치료모델에서도 중요개념으로 활용되고 있다.

그러나 이론적 결함이라면 이러한 개념들이 경험적으로 검증되지 않는 하나의 은유와 같은 개념으로서만 의미가 있다는 점이다. 왜냐하면 이러한 연구결과가 경험적이며 실증적인 연구작업을 통한 것이 아니라, 연역적으로 추론한 개념들을 정신분열증 클라이언트 가족에게서 확인하는 과정을 밟았기 때문이다(Nichols, 1984, p. 418). 또한 의사소통의 혼란이 반드시 정신분열증을 야기시킨다는 것도 추후의 연구들에 의해 지지되지 않았으며 치료결과에 대한 경험적 검증작업 또한 매우 미흡한 단계이다. Nichols(1984, p. 419)에 따르면 1984년 현재까지 이 모델의 치료 결과를 경험적으로 평가한 연구는 단 한건*에 불과한데 이 연구조차 통제집단에 대한 신뢰성의 문제로 연구결과에 대한 신뢰도가 낮은 형편이다. 이와같이 결과평가에 대한 경험적 검증 작업이 활발히 이루어지지 않은 것은 가족치료분야의 전반적인 경향인데, 의사소통 가족치료 또한 이러한 흐름에서 예외가 아니며 이에 대한 관심과 노력이 필요하다고 보겠다.

결 론

의사소통 가족치료모델에 대해 지금까지 살펴본 것을 간략히 정리하면 다음과 같다. 의

---

* 1974년 Weakland, Fisch, Watzlawick, Bodin이 연구지 Family Process에 발표한 "Brief therapy: Focused problem resolution"이다.

사소통 가족치료모델은 가족의 의사소통에 관한 과학적인 이론적 탐구-Bateson이 이끈 정신분열증 연구프로젝트와 Jackson이 설립한 MRI를 중심으로 한-에서 유추된 개념들이 치료적 목적으로 적용되는 과정에서 발전된 가족치료모델이다. 이중구속이나 가족항상성 등은 이 연구팀에 의해 발전된 매우 획기적인 개념으로써 의사소통 가족치료의 중심개념일 뿐만 아니라 다른 가족치료모델에서도 가족문제를 설명하는 개념틀로 확산되었다.

의사소통 가족치료모델은 문제를 개인적인 병리로 파악하지 않고 가족성원간의 역기능적인 상호작용으로 보았다. 이러한 관점이 사회사업 전체에 가지는 의미는 매우 큰데, 왜냐하면 1950년대까지 정신분석학의 영향으로 인해 단선적인 인과론적 관점이 지배적이던 사회사업의 관점이 순환적 상호작용론적 시각으로 전향하는데 크게 영향을 미쳤다.

의사소통가들이 지적하는 역기능적인 의사소통이란 다른 사람이 말하는 것을 부정하는 것, 다른 사람의 메시지를 무시하는 것, 의사소통차원의 혼란, 현상의 시작과 결과에 대한 의견차이, 대칭적으로 상승하는 경쟁적 의사소통, 지나치게 경직된 보완적 관계, 역설적인 의사소통 등이다.

의사소통 가족치료의 치료목표는 이러한 역기능적인 의사소통을 변화시켜 가족관계와 구조를 변화시키는 것으로써 여기에는 잘못된 의사소통을 지적, 교육, 수정하는 기법으로부터 변화에 저항하는 심리를 이용하여 좀더 기교적이며 조작적인 역설적 개입 등 다양한 치료기법들이 개발되었다. 의사소통의 이론적 패러다임에 근거하면서도 학자에 따라 이론적 강조점이 달라지면서 그에 따라 치료기법도 다양하게 분화되고 발전함에 따라 전략적 가족치료, 경험주의적 가족치료, 체계적 가족치료 등으로 발전하였다.

그러나 의사소통 가족치료모델에서 많이 지적되는 한계점은 가족간의 상호작용을 강조하면서도 분석이나 치료과정에서 흔히 제 3자에 대한 고려없이 두사람만의 상호작용에만 초점을 두었다는 점이다. 또한 이 모델의 기초가 되는 중요 개념들에 대한 경험적 검증작업이 결여된다는 점과 개입의 치료효과를 증명할 만한 실증적 자료가 절대적으로 부족하다는 점이다. 의사소통 가족치료모델이 가족치료에 효과적으로 적용되기 위해서는 이러한 점들이 극복되어야 할 것이다.

참 고 문 헌

송 성자, (1987), *가족관계와 가족치료*, 서울: 홍익재.

송 성자, 정 문자 (1994), *경험적 가족치료*, 서울: 중앙적성출판사.

Becvar C. S. & Becvar R. J. (1993), *Family Therapy*, (2nd ed.), Allyn and Bacon.

Goldenberg, I. & Goldenberg, H. (1991), *Family Therapy; An overview (3rd ed.)*, Monterey: Brooks/Cole Publishing Company.

__________, (1985), *Family Therapy; An overview (2nd ed.)*, Monterey: Brooks/Cole Publishing Company, 장 혁표, 제 석봉, 김 정책 공역, (1988), *가족치료*, 서울: 중앙적성출판사.

Hansen, J. & L'Abate L. (1982), *Approach to Family Therapy*, NY: Macmillan.

Jackson, D. (1965), "Family Rules: The Marital quid pro quo", in *Archives of General Psychiatry*, 12.

Janzen, C. & Harris, O. (1980), Family Treatment in Social Work Practice , Illinois: F. E. Peacock Publishers, Inc., 김 성천 역 (1987), *사회사업실무에서의 가족치료*, 이리: 원광대학교 출판국.

Laird, J. & Allen, J. (1983), "Family Theory and Practice" in *Handbook of Clinical Social Work*, A. Rosenblatt & D. Waldfogel (ed.), San Francisco: Jossey-Base Publishers.

Nichols, M. (1984), Family Therapy, NY: Garnder Press.

Satir, V. (1967), *Conjoint Family Therapy; A Guide to Theory and Technique*, Palo Alto: Science and Behavior Books, Inc., 김 만두 역 (1986), *가족치료의 이론과 기술*, 서울: 홍익재.

__________, (1972), *People Making*, Palo Alto: Science and Behavior Books, Inc., 성 민선 역 (1991), *사람만들기*, 서울: 홍익재.

Thomas, M. (1992), *An Introduction to Marital and Family Therapy*, NY: Merrill.

Walsh, F. (1983), "Family Therapy: A Systematic Orientation to Treatment" in *Handbook of Clinical Social Work*, A. Rosenblatt & D. Waldfogel (ed.), San Francisco: Jossey-Base Publishers.

Watzlawick, P., Beavin, J., & Jackson, D. (1967), *Pragmatics of Human Communication*, NY: Norton.

제 3 장

전략적 가족치료 모델 (Strategic Family Therapy)

양 승 은*

전략적 가족치료모델은 의사소통 가족치료로부터 비롯되어 그 전통을 가장 잘 이어받은 것으로, 최근의 가족치료 이론 가운데서 가장 흥미롭고 활기찬 이론이다. 전략적 가족치료자들은 가족체계의 의사소통 이론을 출발점으로 삼아 반복되는 행동의 연쇄과정(repeated sequence of behavior)과 의사소통 유형에 관심의 초점을 둔다(Nichols, 1984, 425). 전략적 가족치료이론은 방법지향적이며, 문제행동을 분석하는데 있어 상당히 지적(intellectual)이지만(Nichols, 1984. 425), 클라이언트에게 통찰력(insight)을 갖게 하기 위한 의도로 행동을 조작하지는 않는다(Becvar, 1993. 240). 따라서 이들의 치료목적은 문제에 대한 통찰력의 변화가 아니라 특정한 행동을 변화시키는 것이다(Madanes, 1981. 21). 가족치료에 대한 다른 여러 접근방식들은 개별치료 이론으로부터 갈라져 나왔지만, 전략적 치료는 일반체계이론(general system theory)과 인공두뇌이론(cybernetics)에 이론적 근거를 둔 순수한 가족치료 전통으로부터 발전되어졌다(Nichols, 1984. 425).

전략적 치료자들은 문제를 지속시키는 행동(problem-maintenance)에 대해 체계적인, 즉 순환적인(circular) 관점을 가지며, 변화에 대해서는 전략적인, 즉 계획된(planned) 태도를 취한다. 그들의 분석은 체계이론에 근거하나 개입은 철저하게 실용적(pragmatic)이다. Haley는 Milton Erikson 학파의 개입전략을 설명하면서 '전략적 치료'라는 용어를 사용하였다. Haley는 모든 관계를 권력(power)과 통제(control)의 개념을 적용하여 설명한다(Foley, 1982, 80). 그는 가족 내의 드러나지 않은 연합관계, 위계구조질서, 의사소통유형, 행동의 연쇄과정 등에 초점을 맞추고 현재에 나타난 증상을 해결하기 위하여 명확한 목표를 설정한다(Madanes, 1989. 19). 이러한 접근방법은 증상의 세부적인 것까지 중요시 여기는 반면, 가족과 가족원들의 총체적인 성장이나 복지에 대한 본질적인 관심은 적다(Nichols, 1984. 426).

1970년말, 전략적 치료의 지대한 영향으로 가족치료 분야는 전략적파와 비전략적파로 양극화되었다. 이 두 접근방법의 신봉자들은 심각한 감정적인 논쟁에 빠지기도 했다. 즉 비전략적 치료자들은 전략적 치료자들이 지나치게 냉정하고 조작적이며 권력(power)과 기법(technique)을 지나치게 강조한다고 비난을 한다. 이에 비하여 전략적 치료자들은 비전략적 치료자들이 체계적이지 못하고 단선적(linial) 사고를 하며, 순환성(circularity)의 중요성을 파

* 경기대학교 강사, 이화여자대학교 종합사회복지관 상담실 상담전문위원

악하지 못하는 사람들이라고 반박한다(Nichols, 1984. 426).

전략적 가족치료모델은 학자에 따라 다양한 명칭으로 불리워진다. 보다 엄격히 구분짓는다면 Jackson의 의사소통이론, Watzlawick의 단기치료, Haley와 Madanes의 전략적 치료, Milan 학파의 체계론적 치료 등으로 분류되는데, 많은 학자들이 이들 모두를 전략적 가족치료모델로 간주하는 것은 공통적으로 전략을 사용하여 제시된 문제를 해결하기 때문이다(Tomas, 1992. 361). Goldenberg & Goldenberg(1991)와 Nichols(1984)는 MRI 의사소통이론, Haley와 Madanes의 전략적 치료, Milan의 체계론적 치료를 전략적 가족치료모델 유형으로 분류한다. 그러나 본서에서는 의사소통 가족치료이론, 전략적 가족치료이론, 체계론적 가족치료이론을 구분하여 소개하고 있으므로, 본 장에서는 전략적 가족치료모델의 전반적인 이론적 개념을 설명하고, 치료기법은 Haley와 Madnanes의 접근방법으로 제한하고자 한다.

제1절 주요학자에 대한 설명

1950년대에는 가족치료 운동의 분위기가 형성, 전국적으로 확산되면서 주로 정신분열증 클라이언트를 가진 가족에 대한 연구가 활발히 진행되었다(Goldenberg & Goldenberg, 1985. 119). Haley의 활동은 Bateson의 정신분열증 가족연구팀에 참여하면서 시작되었는데, 그는 Bateson, Weakland와의 공동연구를 통해 가족치료의 중심적 개념이 된 '이중구속(double bind)' 이라는 개념을 의사소통이론을 적용하여 발전시켰다(Hansen & L'Abate, 1982. 101). Bateson은 정신분열증의 병리와 증상이 이중구속 가설로 설명될 수 있다고 생각하였다(Foley, 1974. 13). 이같은 이중구속 가설은 정신분열증 클라이언트 발생 가정의 상호작용에 대한 가장 과학적인 이론 중의 하나로 발달해왔다(Goldenberg & Goldenberg, 1985. 100).

이 시기 Haley의 이론적 배경은 주로 의사소통이론이었다. 한편, Haley는 최면치료를 하는 Milton Erikson의 연구에도 참여하였는데, 당시 그의 역할은 Erikson 이론의 개념과 이론에 대한 해석을 하는 정도에 불과했다.

1960년대 초기는 가족치료에 대한 학문적 호기심이 고조되던 시기였다. 많은 치료자들이 가족치료에 대한 지대한 관심을 나타내었다. 이때부터 가족치료는 정신장애의 원인을 설명할 수 있는 새로운 치료법으로 인정받게 되었다(Goldenberg & Goldenberg, 1985. 112). 개인 위주의 치료를 하던 치료자들이 역기능적 행동치료에의 새로운 접근방법인 가족치료 접근에 동조하게 된 것이다(Goldenberg & Goldenberg, 1985. 119). 이러한 시대적 분위기에 따라 1962년 Ackerman과 Jackson이 Haley를 편집자로 삼아 처음으로 이 분야의 전문잡지인 Family Process를 발행하였다(Goldenberg & Goldenberg, 1985. 102). 당시 Haley는 Jackson의 의사소통과 역할이론에 영향을 받아 가족원들 사이의 드러나지 않은 연합관계(covert coalition)에 대하여 관심을 갖고 임상적 연구에 몰두하였다(Hansen & L'Abate, 1982. 102). Haley는 Mental Research Institute(MRI)에 소속되어 Jakson과 함께 활동하다가 Philadelpia 아동지도센터에 가서 Minuchin, Montalvo와 함께 일을 했다. Haley는 그곳에서 아동지도센터의 소장과 Pennsylvania 대학 정신의학과 임상교수를 10여년 간 역임했다. Minuchin과의 합류는 서로에게 생산적인 도움이 되었다. Minuchin이 그의 저서 "Family and Family Therapy(Minuchin, 1974)"에 소개된 이론들을 정립하는데는 Haley의 영향이 컸고, Haley 역시 가족을 구조적 관점에서 이해하게 된 것은 Minuchin의 영향이라고 인정하였다(Nichols, 1984. 428). Haley는 가족을 체계로 보는 관점을 더욱 발전시켰으며, 이와 관련된 저서로써 1967년 Hoffman과 함께 "Technique of Family Therapy"를, 1971년 "Changing Family: A Family Therapy Reader"를 발간하였다.

1970년대는 가족치료를 정립시키고 치료방법과 이론에 관한 유형을 찾아보려는 시도가 일어나면서 새로운 혁신적인 기법이 소개되던 시기였다(Goldenberg & Goldenberg, 1985. 191). 이 시기에 Haley는 다시 Milton Erikson의 영향을 받아 전략적 치료자로 전환하게 되었다(Hansen & L'Abate, 1982. 104). 그의 첫 저서인 "Strategy of Psychotherapy(1963)" 제3장은 Erikson의 지시적 치료방법을 자세히 소개하고 있다(Thomas, 1992. 362). 그는 여기에서 문제를 명백히 규정하고 그 해결을 위해 역설기법과 지시기법을 사용하는 새로운 기법을 제시하고 있다.

Haley의 전략적 이론을 이해하기 위해서 그의 이론과 접근법에 지대한 영향을 미친 Erikson의 '최면치료'의 원칙과 기법을 살펴보아야 한다. Haley는 Erikson의 마술적인 최면기법을 그대로 치료에 이용하거나 제시하지는 않는다. 그는 치료자와 클라이언트와의 관계를 최면술사와 그의 클라이언트 사이에서 일어나는 관계와 비슷한 것으로 보고 이러한 치료자와 클라이언트와의 관계를 활용하는 치료기법에 초점을 둔다(Foley, 1974. 85). 즉 치료자와 클라이언트 사이에는 권력다툼이 있으며 누가 이 권력을 잡느냐가 치료결과를 좌우한다는 것이다. Haley의 주된 관심은 권력과 통제이며 이러한 권력과 통제가 치료에 미치는 의미를 파악하는 것이다(Haley, 1973. 20). 따라서 그의 저서들은 주로 사람이 어떻게 권력을 획득하고 어떻게 사용하는가에 초점을 맞추고 있다(Foley, 1974. 69). 1973년 Haley는 Erikson을 분석한 저서 "Uncommon Therapy"를 발간하였다(Nichols, 1984. 427). 여기서 그는 역설의 사용과 치료적 의미의 권력다툼(power struggle)에 대한 설명을 많이 하고 있다. Haley는 치료자가 치료에 대한 이와같은 접근의 책임을 맡으며, 치료의 진행에 대한 결정을 내리기 때문에 전략적 접근이라고 부른다(Foley, 1974. 86). Haley의 전략적 치료기법은 Erikson의 최면 개념에서 영향을 받아 저항을 처리하는 방법, 지시와 은유적 언어의 사용, 역설적 개입, 시련기법을 제공하며, 변화를 위한 내면적 통찰은 유도하지 않는다.

Haley는 1976년까지 Philadelphia의 아동지도센터에서 Minuchin, Madanes 등과 함께 일하다가 Washington D.C로 옮겨왔다. 그는 Maryland 의과대학의 강사를 역임하면서 그의 아내였던 Madanes와 함께 가족치료소를 운영하였다. 저자가 가족치료훈련을 받았던 1991년에서 1993년 이 두사람은 이혼한 상태였지만, 치료, 치료자문, 훈련프로그램, 워크샵 등을 합리적이고 조화롭게 운영하고 있었다. Madanes는 심리학을 전공하였다. 그녀는 Haley와 함께 Maryland에 있는 가족치료소를 현재까지 운영하고 있다. Madanes는 역설적 접근의 다른 유형인 위장기법(pretend technique)을 개발해냈다. 이 기법은 환상, 놀이, 은유적 언어 등을 이용하여 일치되지 않는 가족의 이중적 위계구조를 재구조화하는 치료방법이다(Thomas, 1992. 373-74). 그녀는 "Strategic Family Therapy"(1981), "Behind One Way Mirror"(1984), "Sex, Love and Violence"(1990) 등의 저서를 통해 새로운 기법의 이론과 실제 적용사례를 소개하고 있다.

제2절 이론적 틀

전략적 치료자들은 이해(understanding)보다는 변화(change)에 더 많은 관심을 갖는다. 따라서 그들은 주로 이론(Theory)보다는 치료적 방법(Therapeutic method)에 관해 저술한다(Hansen & L'Abate, 1982. 105). 전략적 접근법의 특징은 문제해결을 위해 새롭고 기발한(novel) 전략을 고안하는 것이며(Nichols, 1984. 430), 다른 이론보다 단순하고 실용적이다(Haley, 1990. 12). 전략적 치료자의 작업은 가족기능에 관한 새로운 이론을 발전시키기 보다는 특정 행동의 연쇄과정을 관찰하고 변화시키는 것과 관련이 있다.

전략적 치료의 이론적 토대는 Von Bertalanffy의 일반체계이론(general system theory)과 인공두뇌이론(cybernetics)이다. 이론의 주요개념은 사회적 상황과 관련지어 증상을 바라보는 관점, 가족항상성, 이중구속, 치료적 역설(therapeutic paradox), 가족체계의 순환성, 개인의 문제를 해결하기 위한 체계로 발전시키는 필요성 등이다 (Nichols, 1984. 431).

전략적 치료모델에서는 개인의 문제를 가족이 겪는 어려움의 발현이라고 믿으며, 증상은 가족간의 의사소통유형에 의해 나타난다고 보았다. 이들은 문제행동을 어떤 가족체계의 역기능을 반영하는 사회현상으로 보며, 이러한 체계를 수정함으로써 치료가 가장 잘 된다고 믿는다(Weakland, Fisch, Watzlawick and Bodwin, 1974;재인용). 그러나 전략적 치료자들은 의사소통 가족치료자들과는 달리 확인된 클라이언트의 증상을 가족체계에 있어서 필연적으로 중요한 측면이라고 여기지 않는다. 따라서 그들은 항상 체계에 대한 기초적인 정밀조사가 필요하다고 강조하지도 않는다. 이러한 접근법은 전략적 치료자들이 단기적으로 개입하여 직접적으로 문제유지 행동에 관련된 체계의 단면들만 공략(attack)하도록 한다. 즉 전략적 치료자들은 가족을 기초부터 새롭게 재구성하는 대신 문제를 지속시키는 행동의 연쇄과정에 관심을 둔다. 여기에는 이러한 연쇄적 행동을 예견하고 궁극적으로 이것을 수정하기 위한 목적이 있다(Nichols, 1984. 431).

전략적 치료자들은 가족을 인공두뇌 체계와 유사한 상호관계적 체계(interpersonal system)라고 본다. 그들은 가족이 동물이나 기계에서 나타나는 일차적인 자기교정 과정을 가진 단순인공두뇌(cybernetics), 즉 안정과 변화의 과정이 순환적으로 반복되어 나타나는 체계라고 여긴다. 다시 말해 가족체계는 직선적이라기 보다는 순환적이며 복잡하게 서로 맞물린 환류와 셋 혹은 그 이상의 사람들이 관련된 규칙적 연쇄과정 속에서 반복되는 행동들로 이루어진다고 보는 것이다. Haley는 순환적 원인론(circular causality)과 셋 혹은 그 이상의 사람이 관련된 체계에 대한 개념을 강조한다(Hansen & L'Abate, 1982. 103). 또한 그는 치료단위가 개인에서 가족, 확대가족, 이웃 및 친척, 나아가서는 전문적인 체계를 포함하는 보다 넓은 사회체계 안에서 진단하고 치료해야 한다고 여긴다(Haley, 1976. 4). 왜냐하면 그는 증상을 분리된 행동(digital)이 아니라 계속되는 연쇄적 과정의 한 부분(analogic)이라고 여기기 때문이다. 따라서 전략적 접근법에서는 다른 가족원들은 물론 치료자와의 관계까지도 포함하므로 관련된 대상이 다양하다(Nichols, 1984. 435). Haley는 치료자 자신도 문제와 관련된 사회적 단위의 한 부분으로 여겨야 한다고 보았다(Becvar, 1993. 245).

원인에 대한 직선적 관점에서는 사건 B는 선정된 사건 A에 의해 야기된 결과이어야 한다. 만일 하나밖에 안남은 과자가 과자그릇에서 없어졌다면 누군가 그것을 먹었다고 자신있게 이야기할 수 있다. 이러한 직선적 모델은 대개의 물리적 화학적 행동들은 설명할 수 있지만, 사회적 행동을 설명하기에는 유용하지 않다. 따라서 전략적 치료자들은 순환적 모델을 갖고 대인관계에 얽힌 사건들을 설명한다. 그리고 그들은 행동의 반복되는 연쇄과정에 관심의 초점을 모은다. 이러한 관점에서 볼 때 증상은 어떠한 특정한 사건에 의하여 직선적으로 기인되는 것이 아니라, 악순환되는 상호작용의 한 부분으로 지속되는 것이다. 따라서 전략적 치료자들은 이러한 악순환의 유형들을 차단시키고, 악순환이 되풀이되는 기존의 행위들을 대체하는 새로운 행동유형을 창조함으로써 증상을 제거하고자 한다. 이에 관련된 예를 하나 들어보겠다. 스미스 부인이 남편에게 구타를 당한 후에 폭주를 하는 것 같아 보인다면, 이 때 치료자들은 남편의 구타 때문에 그녀가 술을 마셨다고, 또는 반대로 그녀가 술을 마셨기 때문에 남편이 그녀를 때렸다고 추론하지 않는다. 그 대신 구타와 음주를 파괴적인 가족게임 안에서 상호적인 행동으로 여긴다. 이렇게 하여 전략적 치료자들은 가장 변화를 일으키기 쉬운 부분에 관련된 연쇄과정을 자유롭게 차단시킬 수 있게 된다. 이 사례에서 치료자는 이 부부에게 남편의 구타란 아내를 길들이기 위한 자연스런 방법이라고 말할 지 모른다. 터무니없는 이러한 해석은 아내를 화나게 해서 결국 그녀는 알콜중독에 빠지는 대신 되받쳐서 싸우게 된다(Nichols, 1984. 430).

전략적 치료자들은 문제의 원인보다는 무엇이 그 문제를 야기시키는가에 관심을 갖는다. 문제는 시작된 경위와는 상관없이 대개 클라이언트의 최근행동과 다른 사람과의 상호작용에서 비롯된다. 전략적 치료자들은 이러한 문제를 지속시키는 행동들을 발견하고 수정하려고 한다. 문제를 지속시키는 행동이 변화될 때 그 문제는 해결될 것이다.

전략적 치료자들은 3인군의 문제유지 연쇄과정에 초점을 맞춘다. Murray Bowen(1966)은 삼각관계를 가족체계의 기본 골격구조라고 최초로 설명하였다. Haley는 삼각관계란 잠재적인 병리적 현상으로 가족체계를 갈등과 분리상태로 유도한다고 여긴다. 삼각관계는 서로 다른 세대의 사람들로 구성되며, 이들은 같은 세대의 다른 한 가족원에 대항하여 연합관계(coalition)를 형성하고, 이러한 연합을 부정하면서 관계를 계속 유지할 때 병리적 상황을 초래한다고 여긴다(Froma, Walsh, 1982. 19). 이런 현상을 Thomas는 '병리적 삼각관계'라고 불렀다. 이와 관련지어 Haley는, 증상을 가진 가족원의 문제의 심각도는 그가 몇 개의 병리적 삼각관계에 관련되어 있는가에 따라 결정된다고 본다(Thomas, 1992, 364). 그러나 연합관계는 대개 드러나지 않기 때문에 치료전략은 일반적으로 이러한 연합관계를 노출시키고, 새로운 범주를 짓거나 균형을 깨뜨려야 한다. 이런 의미로 볼 때 전략적 기법은 매우 직선적이다(Nichols, 1984. 434).

Haley에 의하면 전략적 기법의 요령은 행동의 연쇄과정이 초기에 보여지는 것보다 복잡할 수도 있다는 사실을 감지하는 것이라고 한다. 예를 들어 우리는 아이의 탈선행위를 어머니와의 상호작용에 관련된 것으로 알고 있다. 그러나 이 둘만의 관계를 강조하는 관점으로는 사례에 대한 이해를 충분히 할 수 없다. 왜냐하면, 어머니의 행동은 아이는 물론 남편의 반응에 의해 차례로 영향을 받기 때문이다.

Haley는 전형적인 연쇄과정에 대해 아래와 같이 설명한다(Haley ,1976, 106).

① 아버지가 무능하여 불행해지고 위축감을 느낀다.
② 아이는 비정상적 행동을 한다.
③ 어머니는 무능해지고 비효율적으로 아이를 다루게 되자 아버지가 자녀의 문제에 관여하게 된다.
④ 아버지는 활발해지고 자녀를 효율적으로 다루며 무능력한 상태에서 벗어나게 된다.
⑤ 아이가 정상적 행동을 보인다.
⑥ 어머니는 점차 활발해지고 남편과 자녀를 더욱 효율적으로 다루며, 남편과 자녀에 대해 더 큰 기대와 요구를 한다.
⑦ 아버지는 다시 무능해지고 당황해져서 불행과 위축을 느끼면서 같은 주기가 되풀이된다.

이러한 연쇄과정에 대한 단계별 분석은 여러 문제행동에서 가능하며, 이를 통해 문제유형 및 치료목표가 설정될 수 있다. 그러나 이러한 반복주기는 아이의 정신 내적 문제와 관련이 없을 뿐만 아니라 심지어는 모자 사이의 상호작용까지도 관여하지 않는다. 대신 Haley가 강조하듯이, 우리는 행동을 적어도 세 사람 혹은 그 이상의 관계 속에서 이해해야 한다. Haley는 심지어 부부체계까지도 이군보다는 삼군관계로 이해해야 한다고 주장한다. 결혼한 부부라고 해서 완전히 독립된 관계를 형성하는 것은 아니다. 따라서 결혼으로 맺어진 이군의 관계는 제 삼자에 의해서 안정적인 관계가 된다. 이 제 삼의 인물은 부모, 자녀, 친구, 심지어는 치료자가 될 수도 있다.

가족은 본질적으로 끊임없이 변화하고자 하는 동시에 안정과 항상성을 유지하는 기능을 가진 체계이다. 전략적 치료자들은, 병리적 가족은 가족의 안정을 위한 항상성 유지를 변화와 변형보다 더 중요하게 여기는 체계라고 여긴다. 또한 문제를 일으키는 가족원들은 그들의 행동을 변화하는 상황에 적응시키기 위해 수정하지 않는다. 오히려 변화에 적응하기보다는 더 이상 기능적이지 못한 엄격하고 융통성이 없는 연쇄과정을 따른다. 심각한 문제를 가진 가족원일수록 이런 현상의 체계안정(status quo)을 위해 더욱 많은 에너지를 소비하는 것이다.

전략적 치료자들은 가족이 갖고 있는 문제해결의 연쇄과정을 변화시킴으로써 증상을 제거하고 체계의 변화를 일으키는데 초점을 둔다. 전략적 치료자들은 변화의 개념을 일차적 변화(first order change)와 이차적 변화(second order change)로 나눈다. 일차적 변화는 체계

자체는 변화하지 않고 내적 개조(internal reshuffling)만을 일으킨다. 다시 말해, 문제가 발생했을 때 그것을 해결하고자 하는 시도로써, 상식적인 수준의 문제의 해결책이다(Hoffman, 1981. 48). 이는 단선적, 단계적, 기계적으로 나타나고 양적인 변화를 의미한다. 그러나 이차적 변화는 체계 자체가 변화되어 체계의 수정(systemic alteration)을 가져온다. 즉 이차적 변화는 문제해결을 위해 근본원리를 다루며 급진적이고 비논리적이며 변화과정에는 역설적인 요인들이 포함된다. 예를 들어 백일몽을 앓고 있는 사람이 가출이나 폭력에 대한 꿈을 꿈으로써 그 위험에서 벗어나려는 시도를 한다면, 이것은 일차적 변화이다. 그러나 그가 잠을 깸으로서 백일몽의 내용들을 극복했다면 이차적 변화가 일어난 것이다. 그러나 대개의 가족원들은 문제해결시 스스로 일차적 변화에 국한하려는 경향이 있다(Nachols, 1984. 435).

제3절 정상적 가족발달

Don Jackson은 "정상의 신화(The Myth of Normality)"라는 논문에서 정상적인 개인이 없는 것처럼 더이상 정상적인 가족은 존재하지 않는다고 밝혔다(Jackson, 1967;재인용). 즉 그의 요지는 어떤 사람이 한 가정을 보고 정상적이라고 말한다면, 그것은 아마도 가족생활의 한 단면을 두고 하는 말이지 가족 전체의 상호작용에 대해 언급한 것은 아니라는 것이다.

전략적 치료자들은 정상적 가족발달에 관한 연구를 활발히 하고 있지 않으나, 정상적인 가족들이 증상의 유발을 어떻게 모면해 왔는지에 관한 연구는 끊임없이 하고있다. 정상적 가족들은 변화하는 상황이 요구하는 바에 따라 그들의 기능을 조절할 줄 알고, 일상생활의 어려움이나 발달단계의 전환점에 적응하기 위하여 그들의 상호작용을 수정할 줄 안다. 또한 그들은 일상생활의 곤란에서 야기되는 심각한 문제발생을 억제할 줄도 안다(Nichols, 1984. 436).

Haley는 구조주의적 관점에서 정상적 가족에 관해 정의를 내린다. 그는 정상적 가족들은 세대간의 경계를 명확히 지으려고 하며 은밀히 결탁된 연합관계가 형성되는 것을 기피한다고 여긴다. Haley는 역기능적 가족은 가족원간에 세대간의 연합관계가 있거나 삼각관계에 놓여있는 등 위계구조가 혼란한 가족이라고 본다(Haley, 1980. 21). 위계구조의 혼란이란 세대를 무시하여 세력(power)이 위계구조 안에 순위가 다르게 놓여있거나, 한 세대간의 연합일 경우 세대차이를 무시하고 종적인 결속을 하는 상황을 말한다. 또한 세대간의 연합을 부정하거나 숨기는 경우에 문제가 가장 심각하다(Haley, 1976. 120). 이런 관점에서 볼 때 정상적인 가족들은 위계구조에 혼란이 없고, 이는 문화적 습관과 일치하고 사회적으로 인정된 위계구조를 따른다(Stanton, 1981. 361).

Haley는 정상적 가족들의 관계는 상호보완적이고 균형적이라고 본다. 정상적 가족과 역기능적 가족 사이의 중요한 차이는 상이성(differences), 연합관계(alliances), 권력다툼(power struggle)에 대한 반응에 달려있다. 정상적 가족들은 이러한 상황을 너그럽게 관용하는 반면, 역기능적 가족들은 그들의 가족신화(family myth)에 반대하여 일어나는 상황들을 은닉하거나 혼란시킨다는 점이다. 이점은 특히 정신분열증 가족들에게서 명백히 드러나는데, 그들의 관계는 항상 유사보완적이거나(Pseudo complementary) 유사균형적(Pseudo symmetrical)이다(Nichols, 1984. 436).

가족은 가족생활주기에 따라 단계적으로 발달한다. 건강한 가족은 가족발달 단계의 주요한 전환점에 따라 분명한 위계구조를 정립할 줄 안다. 그러나 가족이 가족생활주기의 새로운 단계로 전진할 때 그 구조 속에 똑같은 상태로 남으려고 하면 가족원들, 특히 독립하려는 가족원은 고통을 겪게된다. 예를 들면 부모는 마지막 자녀가 집을 떠남으로써 형성되는 부부관계, 즉 새로운 2인 구조를 강조하는 변화보다는 여전히 자녀에게 모든 에너지를 쏟게 된다(Madanes, 1980;재인용). 이처럼 가족이 생활주기 단계를 거칠 때 구조가 적절하게 변화하지 않으면 가족내 의사소통 역시 불분명한 위계구조 때문에 영향을 받는다. 따라서 종종 10대 청소년은 가족위계구조 측면에서 볼 때, 사실은 자신을 돌보지도 못하는 불안정하고 낮은 위치에 있는데도 부모에 대해 우세한 위치에 있게 된다(Tomas, 1992. 375).

정상과 비정상을 전략적 가족치료 관점에서 논하는 것은 거의 명사모순이다. 이는 전략적 치료자들은 가족유형의 형태와 문제를 가진 가족원의 유무에 상관없이 가족유형의 정상성, 결합력, 적합성을 보기 때문이다. 모든 행동은 가족체계 내에서 완벽하게 논리적이고, 모든 가족은 정상이나 비정상이라기 보다는 기능적인가 역기능적인가로 간주되기 때문이다(Becvar, 1993. 234). 수백명의 가족을 관찰한 Haley는 가족유형이 너무 다양해서 그 누구도 감히 정상적 가족의 기능을 적절하게 표현할 수 없다고 이야기한다(Haley, 1976). 결론적으로 전략적 치료자들은 문화적 합의에 의해 기능적 혹은 역기능적 가족의 유형을 설명할 수 있다. 그러나 이러한 문화적 합의는 가족의 논리나 일관성에 상관없이 이루어진다. 그러므로 전략적 치료자들은 가족을 기능적이거나 역기능적이라고 분류할 수 없고 그들 실무의 기초가 되는 이론과 논리적으로 일치할 수 없다(Becvar, 1993. 235).

제4절 행동장애 진행

전략적 치료모델에서는 행동장애의 진행을 molar와 molecular의 두 관점으로 비유하여 설명한다. molar의 관점은 역기능적 가족의 일반적인 특성에 적용되는 것이고, molecular의 관점은 구체적인 어려움들이 문제가 되기까지 잘못 다뤄진 과정과, 그 문제를 해결하려는 노력에도 불구하고 이러한 문제가 지속되는 이유를 설명하는 것이다(Nichols, 1984. 437).

가족은 체계로써 설명된다. 이러한 체계론적 관점에서 Jackson은 항상성 개념을 사용하여 병리적 가족체계의 속성에 대해 융통성이 부족하고 지나치게 완고하다고 설명한다(Foley, 1974. 70). 다시 말해 병리적 가족은 가족체계의 항상성 유지를 위해 고집스럽게 집착하려는 성향이 있다는 의미이다. 이런 병리적 가족은 과거의 방식에만 집착하며 변화하는 상황에서는 더이상 견디지 못한다. 어떤 한 젊은 부부는 서로의 독립과 자유를 인정하면서 이런 바탕위에서 성공적이고 자유로운 결혼생활을 영위할 수도 있다. 그들은 각자 휴가를 보내고 각자

경력을 쌓으며 심지어는 혼외정사에도 관대해질 수 있다. 그러나 이렇게 지나치게 독립적인 부부는 아이의 출생에 의해 더이상 그러한 가족체계를 유지할 수 없게 된다. 왜냐하면, 부모 둘 다 많은 시간을 가정 밖에서 보내는 경우 그 아이는 제대로 양육되어질 수 없기 때문이다. 만일 부부중 한사람이 상대방의 더 많은 정서적 지지나 책임감 없이 아이들을 양육한다면 아마도 정서적으로 과도한 부담을 느끼게 될 것이다(Nichols, 1984. 437.).

실제로 관찰된 모든 행동들은 주로 사회적 관계가 지속되는 체계 안에서 일어나는 현재의 의사소통상의 상호작용에 따라 구조화되고 지속된다(Nichols, 1984. 437). 그러나 병리적 가족들은 좁은 행동의 범주로만 허용하는 엄격한 반복적인 연쇄과정을 벗어날 수 없게 된다. 이러한 융통성 부족으로 가족원들은 다양하게 반응할 수 없게 된다. 그들은 변화보다는 현재의 규칙과 상호작용 구조에 엄격하게 매달리려는 시도를 한다(Thomas, 1993. 364). 이처럼 증상을 가진 가족들은 변화된 환경에의 적응이 어렵기 때문에 문제를 일으키는 것이다(Stanton, 1981. 363). 그들은 특히 생활주기상의 특정한 전환점에 고착되기 쉽다. 예를 들어 Haley(1980)는 정신분열증 가족의 부모들은 자녀들이 집을 떠날 수 있도록 하는데 심한 곤란을 겪는 사람들이라고 지적하였다(Tomas, 1992. 365).

증상이란 클라이언트가 처한 상황과 그의 수행 기능에 따라 이해되어야 한다. 병리적 가족내의 증상이란 가족생활을 조정하는 항상성의 기제로써 기능한다(Stanton, 1981. 363). 예를 들어 적대감 이외에는 서로에게 느끼는 다른 상호감정이 없는 부부라도 문제를 가진 아이에 대한 걱정으로 인해 결합하고 헤어지지 않을 것이라는 점이다. 이 경우 아이의 증상은 안정적인 가족을 보존하기 위해 필요한 것이다. 또 다른 병리적 가족의 일반적 특성은 가족의 위계질서 조직이 부적절하다는 점이다(Stanton, 1981. 362). Haley는 기능적 가족이란 세대간의 경계가 위계구조에 따라 적절하게 조직된 체계라고 본다(Becvar, 1993. 235). 위계구조 내의 지위가 불분명하다면 역할을 규정짓기 위한 갈등상황이 빚어지게 된다(Nichols, 1984. 438). 예를 들어 어떤 아이가 분노발작(temper tantrums)을 일으키는 것은 불분명한 위계질서에서 나타나는 징후이다. 아이들이 떼를 부리고 악을 써서 그들의 의사를 관철시킨다면 그 가족은 부모가 중요한 의사결정을 내리지 못하는 문제를 가진 것이다.

겉으로는 위계질서에 따라 적절하게 조직된 가족처럼 보이는 가족들이지만, 암암리에 어느 한쪽 부모와 자녀가 연합하여 부부간의 결속을 약화시키기도 한다. 이러한 세대간의 연합은 가족문제를 일으키기 쉬우며, 특히 그들이 연합을 인식하지 못할 경우 더욱 그러하다. 따라서 연합관계가 은밀할수록 증상은 더욱 심각해진다(Hoffman, 1976).

자녀들중 한명이 문제를 일으키는 경우, 부모중 한사람이 더 많이 걱정하고 더 깊게 관여한다. Haley는 세대간 연합관계(cross-generational coalition)의 파괴적 특성을 강조하고, 이러한 건전하지 못한 노선을 차단시키는 다양한 방법들을 설명한다. 즉 치료자는 부모가 물러설 것을 기대하면서 부모-자녀의 밀착된 관계를 훨씬 더 강화하여 이러한 부모-자녀의 이군관계를 파괴시킬 수 있다. 다른 방법은 치료자가 부모의 이군관계에 초점을 맞춰 서로의 차이점을 말하도록 유도함으로써 그들 스스로 잠재된 갈등을 해결하도록 돕는 방법이다. 이 경우 치료자는 아이를 삼각관계 안에 재배치시킨다. 마지막 방법은 치료자가 자녀와 부모의 그리 중요하지 않은 관계에 초점을 두고 그 부모들이 자녀와 더불어 흥미있는 과제를 해내도록 하거나, 부모에게 자녀훈육을 담당시키는 것이다(Nichols, 1984. 438).

병리적 가족들이 지닌 만성적 문제의 특성은 가족의 조직이 엄격하고 완고하게 짜여져 있다는 점이다. 많은 가족들이 명확한 위계구조를 가지고 있지 않지만, 가족들이 환류에 반응하여 그들의 기능을 수정하지 못할 때 첨예한 가족문제가 전개된다. 가족은 규칙적인 유형으로 상호작용하고 이를 바로잡는 환류를 하는 체계이다. 가족도 모든 체계와 마찬가지로 가족의 기능에 대한 규칙을 갖고 있다. 만일 그 규칙이 깨어진다면 기존의 상황을 재확립하기 위한 환류가 생겨날 것이다. 이처럼 모든 행동 자체가 의사소통이 되며, 이들은 또 다른 의사소통의 형태로 환류를 자극한다. 만일 가족원중 한명이 문제행동을 일으킨다면, 그의 행동은 가족체계의 항상성을 보존해 오던 규칙을 유지하기 위하여 병리적 상황을 이끌어 온 다른 가족원들의 반응에 의해 강화된다. 이와 같이 가족규칙의 변화가 일어나지 않는 한 증상은 계속 유지된다. 이러한 관점에서 볼 때 "그 클라이언트에게 무슨 문제가 있지?"라고 묻는 것은 타당하지 않다. 이보다는 "문제를 일으키고 있는 상호작용의 체계 안에서 지금 무슨 일이 일어나고 있지?"라고 묻는 것이 적절하다(Weakland, 1976; Nichols, 1984. 439;재인용).

정신건강 전문가들은 흔히 문제를 해결하는 역할을 하는 것만큼 그들 자신이 문제를 만들어내는 역할을 하기 쉽다(Stanton & Schwartz, 1954 :Nichols, 1984, 439,재인용). 치료자들은 지도자의 권위를 가지고 무의식적으로 부모의 권한을 인수하여 부모를 은근히 비난하면서 무능력함을 느끼도록 한다. 또한 그들은 불쾌한 진단명을 써서 현재의 문제를 악화시킨다. 문제를 규명할 필요는 있지만, 종종 진단적 병명을 내리는 것은 그 문제를 더욱 악화시키기도 한다. '우울증' 대신 '게으름'이란 표현은 문제해결접근을 더욱 용이하게 하며, '정신분열증'의 진단명 대신 '일의 수행능력상의 곤란함' 이란 표현은 변화를 쉽게 가져올 수 있다(Madanes, 1989. 20).

Watzlawick, Weakland, Fisch는 문제해결을 위한 잘못된 시도가 증상유발을 초래하는 즉각적인 원인이 된다고 지적한다. 그러나 불행히도 증상은 단지 상황을 더 악화시킬 뿐이다. 대개 가족들은 우선 그 증상을 야기시킨 시도를 배가시킴으로써 그 증상에 반응한다. 이것은 마치 연료를 가지고 화재를 진압하려는 결과로 끝난다. 예를 들어 16세된 자녀를 자퇴시킬 정도로 자녀의 문제행동을 공감하고 이해하는 부모라면, 자녀가 늦게 잠자리에 들고 하루종일 집 주위를 배회하더라도 더욱 그를 이해하고 공감하게 된다. 이와 마찬가지로 증상을 제거하기 위한 노력은 오히려 증상을 지속시키기도 한다. 소위 해결책이 바로 문제가 되는 것이다(Nichols, 1984. 439).

불분명한 위계구조 안에서 완고하고 엄격하게 조직된 가족들은 생활변화에 적응하기가 힘들다(Nichols, 1984. 439). 심지어는 정상가족들도 결혼, 출생, 자녀의 사춘기 시기, 죽음 등과 같은 과도기적 사건들로 인해 적지 않은 스트레스를 받게 된다. 그러나 그들이 심한 긴장감 없이 이러한 고통들을 견딜 수 있는 것은 변화에 적응할 수 있는 능력을 지녔기 때문이다.

병리적 가족은 상황을 더욱 악화시키는 해결책을 가지고 문제를 처리하려고 한다. 이러한 가족은 안정과 변화에 엄격한 규칙과 균형만을 유지하려고 한다(Becvar, 1993. 235). 바로 이 점이 전략적 치료자들이 행동장애를 설명하는 일반적인 준거틀이다.

제5절 치료목표

모든 치료의 유일한 목표는 제시된 문제를 해결하는 것이다. 그래서 Haley는 바로 이 점에 목표를 두고 초점을 모은다. 어떤 전략적 치료자들은 제시된 문제의 해결을 위해서는 체계의 변화가 필요하다고 주장하나, Haley는 체계의 변화보다는 가족체계의 구조변화 자체가 중요한 치료목표라고 말한다(Haley, 1976). 한편 어떤 전략적 치료자들은 오로지 증상제거만을 강조한다. 이와 관련지어 Fisch는 가족의 내재적 구조변화의 필요성을 강조하는 Haley를 비판한다. 왜냐하면 임상가의 목표는 제시된 문제를 해결하는 것이지, 가족구조를 재배치하거나 개선하는 게 아니라는 것이다. 그럼에도 불구하고 그들은 이런 변화로써 도미노적 효과에 의한 가족기능의 개선을 기대하고 있다(Nichols, 1984. 441).

전략적 치료자들은 문제해결의 주요 목표달성을 위하여 중재적 목표(mediate goal)를 설정하여 문제를 지속시키는 반복적 연쇄과정을 변화시킨다(Selvini palazzoli, et al., 1978: Watzlawick, et al., 1974; Nichols, 1984 .442, 재인용). 그리고는 증상을 유발시키는 암유적 의사소통방법을 차단시키고 보다 나은 방법으로 반응할 수 있도록 가족구성원의 의사소통유형을 변화시킨다(Haley, 1976. 89).

가족의 변화보다 문제의 해결을 강조하는 것은 가족이 병들어 있다기 보다는 고착되어 있다고 믿는 것에 기초를 둔다. 따라서 치료계획은 가족원들이 위기를 극복하여 다음의 성장발달단계로 나아가도록 고안되며(Nichols, 1984. 442), 치료목표는 가족원들이 개인의 생활주기에 따라 다음 단계로 나아갈 수 있도록 돕는 것이 된다(Thomas, 1992, 365). Haley는 젊은 사람들이 독립을 위해 집을 떠나는 때가 가장 쉽게 상처를 받는 시기라고 한다. 전략적 치료자들은 이러한 청소년의 과도기적 시기에 초점을 두고 문제를 일으키는 상호간의 반복적이고 연쇄적인 행동을 사전에 예방한다. 이 시기는 새로운 대안을 찾는 것 뿐 아니라 복잡성의 문제를 제기한다.

문제가족들이 그들의 문제를 해결하기 위해 문제상황에 적용시키는 해결책 등은 좋은 의도로 시작했다가도 역기능을 하는 경향이 있다. 그러나 일단 이러한 행동이 변화되면 현재의 문제가 해결되고 주요 목표가 쉽게 달성된다(Nichols, 1984. 442).

제6절 행동변화의 조건

전략적 치료는 실용적이고 증상 중심적인 이론이다. 이 이론의 강력한 지지자인 행동주의 치료자들은 통찰과 이해는 문제해결을 위해 필요하지 않으며 심지어는 아무런 관련조차 없다고 여긴다. '왜'라는 질문은 멋진 토론을 유도하지만 대개 해결책을 제시하지는 못한다. 따라서 문제에 대해 '왜'라는 질문은 소용이 없고, 이보다는 문제를 유지시켜온 상황이 무엇이었는가에 대한 질문을 제기해야 한다. 예를 들어 Haley는 사람들에게 잘못한 것에 대해 이야기를 해주는 것은 그들의 변화에는 도움이 안되고 오직 저항만을 조장한다고 지적한다. Haley는 감정의 정화적 표현도 마찬가지라고 여긴다. 그는 다른 어떤 방법보다도 행동의 변화가 감정이나 인식의 변화를 일으키는 것이지, 감정이나 인식의 변화가 행동의 변화를 일으키는 것이 아니라고 믿는다(Nichols, 1984. 442).

전략적 치료자들은 현재 발생하고 있는 행동의 연쇄과정과 가장 명확하게 제시된 문제의 해결에 초점을 맞춘다(Madanes, 1989. 21). 그들의 주요 관심은 계속적으로 증상을 유지시켜온 가족의 상호작용을 변화시키는 것에 있지만, 이처럼 문제가 되어온 상호작용들은 가족원들이 증상에 관해 토론을 할 때 가장 잘 관찰될 수 있다고 간주한다.

전략적 치료의 주요기법 중의 하나는 전략적 책략(tactical maneuvering)이며 전략적 치료자들은 사회적 상황을 중요시 여긴다. 그들은 그가 처한 사회환경 안에서 개인의 문제를 돕는다. 즉 사회집단과의 맥락 속에서 적용되는 치료전략은 클라이언트의 사회적 지지망을 고려하여 세워진다(Madanes,1989. 19). 예를 들면 어떤 소년이 학교에 등교하기를 거부할 때에 전략적 치료자는 문제를 가진 소년, 또래집단, 친구, 가족, 학교 선생님 모두를 치료전략 안에 포함시킨다(Haley, 1976. 4).

전략적 치료이론도 다른 모든 치료형태와 마찬가지로 문제를 개별화한 이론적 배경에 기초를 둔다. 이 이론에서는 문제가 상호작용의 반복적인 연쇄과정을 통해 지속적으로 야기되며, 치료자들은 관찰을 통해 변화를 찾아내고 그리고는 연쇄과정에 수정을 가한다. 대부분의 전략적 치료자들은 문제를 해결하기 위해서 가족체계의 재구성이 필요하다고 보지는 않는다(Watzlawick, et al., 1974;재인용). 그들은 오히려 문제를 유지시켜온 연쇄과정을 수정하는 비교적 작은 목표를 설정하도록 강조한다. 이렇게 작지만 의미있는 변화야말로 가족체계에 긍정적 영향을 미치는 파급적 효과를 가지고 있다고 여기기 때문이다(Nichols, 1984, 443).

전략적 치료자들은 문제행동을 유지하는 연쇄과정의 변화는 가족원들이 자기들끼리 사용해 온 의사소통방식에 의해 영향을 받는데, 이는 그들의 방식대로 치료자들에게도 반응하기 때문이다. 이러한 변화는 암시적이거나 간접적인 방법에 의해 영향을 받을 수도 있다(Haley 1976, 127). 또한 Haley는 변화란 단번에 생기기 보다는 오히려 단계적으로 이루어진다고 여긴다. 따라서 치료자들은 먼저 문제를 유지시키고 있는 상호관련된 연쇄과정을 감지해내야 한다. 이러한 연쇄과정은 처음 보기 보다 장기적이고 복잡한 것으로 밝혀지기도 한다(Nichols, 1984. 443). 대개 이러한 연쇄과정은 적어도 세사람 이상이 관련되어 있다.

전략적 치료자들은 클라이언트의 치료에 직접적인 책임을 진다. 그리고 그들은 치료를 기술적인 문제로 보며, 이는 문제의 해결을 위해 합리적 치료전략을 요구한다고 생각한다. 문제해결이 원만하게 진행되지 않을 때, 전략적 치료자들은 클라이언트보다는 치료자 자신을 비난한다(Nichols, 1984. 443).

전략적 치료자들은 의료적 모델을 따르지 않는다. 의사들은 병의 증후군을 밝혀내고 병의 원인을 찾기위하여 클라이언트의 증상을 자세히 연구하고 기술한다. 병의 원인을 찾아내는 것이 치료책을 모색하는 첩경이기 때문이다. 이와 반대로 전략적 치료자들은 문제의 원인 탐색에는 관심이 적다. 오히려 그들은 그 문제를 지속시키고 조직하는데 관련된 요인들을 찾아내고자 한다. 상호관계의 흐름에는 출발점이란 없다(Weakland, 1976;재인용). 따라서 문제를 원인과 결과로 규정짓는 직선적 모델(linear model)은 부적절하며, 이러한 해결책은 주로 환류의 악순환을 차단시키는 문제에 귀결된다(Nichols, 1984. 444).

Watzlawick, Weakland, Fisch(1974)는 의미있는 그러나 조심스럽게 일어나는 변화에 관한 다양한 사례연구에서, 의도적으로 시도된 해결에는 결정적인 행동들이 문제 그 자체보다는 해결책의 시도에 적용되었다는 것을 발견했다. 일차적 변화는 상식수준의 전략들에 의해 이루어지나, 이차적 변화는 종종 비상식적이고 비논리적인 수준에서 이루어진다. 전략적 치료자들은 대개 상식수준의 변화시도를 하지 않는다. 왜냐하면 상식수준의 해결 접근방법은 일반적으로 전에도 시도되었고 치료받으러 오기 이전에 이미 실패를 경험했을 가능성도 있기 때문이다(Rabkin, 1977;재인용). 따라서 치료에 있어 변화목표는 문제에 대해 해결책을 시도하는 것이다.

Haley는 문제를 유지하는 연쇄과정의 수정에 대해 세 단계의 접근책을 제시한다.

첫째, 문제를 유지시키는 연쇄과정을 알아보는 것이고 둘째, 치료목표는 반드시 클라이언트와 치료자 사이의 동의를 거쳐 설정되어야 하며, 마지막으로 해결책은 문제를 명명하는 데 있어서 변화와 관련된 해결책이 적용된다. 소위 재정의(reframing)라는 것은 사실들을 변화시키지 않고 그와 관련된 의미를 변화시키기 위하여 개념적이고 감정적인 관점을 변화시키는 과정으로 이루어진다. 다시 말해 상황은 변하지 않아도 그와 관련된 해석은 변화될 수 있다는 관점이다. 예를 들어 자녀가 미쳤기 때문에 반사회적 행동을 하여도 이를 방임하는 부모가 있다면, 바로 이런 행동이 문제를 일으킨다는 사실을 파악한 치료자는 아이의 문제행동을 미쳤다(crazy)는 개념보다는 나쁜 행동(bad)이란 개념으로 재정의할 것이다(Nichols, 1984. 444).

전략적 치료자들은 적당한 동기부여를 중요시할 뿐 아니라 그만큼 복잡하다고 생각한다. 그들은 인간의 문제행동을 사회적 맥락 속에서 다루기 때문에 여러 차원의 동기를 다뤄야만 한다(Haley, 1976. 55-56). 즉 개인들 내적 혹은 상호적인 차원, 드러나지 않은 차원 또는 치료자의 말에 기꺼이 따르는 협력의 정도에 따라 동기화가 다루어져야 한다(Nichols, 1984. 445).

전략적 치료이론의 결정적인 기술은 지시를 내리는 것이다. 지시나 과제는 치료장면 안팎에서 행할 수 있도록 고안되며 직접적이거나 역설적일 수도 있다(Madanes, 1989. 24). 대체로 전략적 치료자들은 치료시간보다는 치료시간 사이사이에 과제를 통해 많은 문제를 다루기 때문에 오히려 치료장면에서는 적극적이지 않다(Nichols, 1984. 445). 과제는 변화가 이해(understanding)보다는 행동(action)에 의해 일어난다는 신념을 토대로 고안되어져야 한다. 따라서 과제들은 그 사례에 맞도록 주의깊게 주어져야 한다. 즉 과제들은 치료시간 사이에 수행되도록 지시되는데, 이는 치료시간에서 비롯된 것이 가정에서도 똑같이 일어나는가를 확인하기 위해서이다. 가족문제란 가족이 상호관계에 의해 지속되어 온 것으로 간주되기 때문에 대개의 과제들은 전체 가족에 관련되도록 구상된다(Nichols, 1984. 446; Haley, 1976. 57-58). 과제들은 가족체계의 변화를 위해 사용되는 도구이며 그리하여 가족원들 스스로 자신의 문제를 처리할 수 있게 해준다.

제7절 기법

전략적 치료자들은 대개 가족 전체를 다루지만 항상 그런 것은 아니다. MRI 그룹에서는 개인이나 부부를 만나거나, 문제를 지닌 아동의 부모가 원한다면 그 부모만 만날 수도 있다. Rabkin은 작고한 Erikson처럼 주로 개인들을 만난다(Nichols, 1984. 447). 반면 Haley의 경우 전 가족이 다함께 첫 면담에 오도록 부탁을 한다. 그러나 첫 면담시 모든 사람을 참석시키도록 강조한다고 해서 모두 참석하지 않으면 치료를 할 수 없다는 의미는 아니다. Haley는 첫 면담에 한사람 혹은 여러 사람, 가족들을 참여시키거나 친구들이나 문제와 관련된 다른 전문가들까지 참여시키기도 한다(Haley, 1976. 10-14).

전략적 치료자들의 공통된 원칙 중의 하나는 상식적인 문제 해결책은 효과가 없다는 것이다. 이는 역기능적 체계에 묶인 사람들은 그 문제를 지속시키는 것을 알아내기 위해 그 상황으로부터 충분한 거리를 두고 떨어져있을 수 없기 때문이다. 따라서 이들의 변화를 시도하기 위한 노력은 같은 것을 계속적으로 반복하는데 제한되어 있다. 이러한 이유로 전략적 치료자들은 통찰(insight)이나 인식(awareness)이 행동변화에 유용하지 않다고 여긴다. 바로 이 점이 그들이 자주 치료적 역설(therapeutic paradox)에 의지하는 이유이다. 그들은 저항하는 것처럼 보이게 하면서, 이해를 소용없는 것으로 보며, 클라이언트들이 그들이 금지당했던 것이면 무엇이든지 하도록 기대한다. 이해를 돕기 위해 예를 들어보겠다. Watzlawick, Weakland, Fisch(1974)는 한 젊은 부부가 아직도 그들을 어린애 취급하여 무엇이든 다 해주려는 부모의 태도로 괴로와하는 사례를 제시한다. 남편의 월급은 먹고 살만 했음에도 불구하고 이들 부모는 계속 돈을 보내주고 지나치게 선물을 사준다거나 심지어는 식당에서 음식값의 일부조차도 지불하지 못하게 하는 등 계속 어린애 취급을 하였다. Watzlawick의 치료팀은 이 부부가 반대심리를 이용하여 지나친 사랑을 베푸는 부모와의 문제를 해결하도록 도왔다. 치료팀은 이 부부에게 팽팽하게 부모에게 맞서는 대신, 무기력하고 의존적인 태도를 취하라는 과제를 주었다. 그렇게 해서 그 부모들은 환멸을 느끼고 포기할 것으로 기대하였다. 이 접근방법은 효율적이고 성공적이었다. 치료팀은 미리 이 부부가 부모에게 독립적이 되길 원한다는 간청을 하여도 소용없다는 것으로 간주했기 때문에 이들은 즉시 역설적 전략을 사용하였던 것이다(Nichols, 1984. 447).

전략적 치료자들은 우선 문제에 대해 묻고, 그 다음 어떤 해결책이 시도되었는지를 묻고는 곧 그 해결책을 역으로 시도한다. 서로 인사를 나누고 치료상담에 대한 설명을 한 후 치료자는 실제로 치료자의 도움을 구하게 만든 문제에 대해 묻는다. 다음에는 가족들에게 그 문제에 대해 구체적이고 자세한 용어로 설명하도록 요구한다. 이때 각자에게 말할 수 있는 기회를 주고는 문제를 명백히 한다. 그 후 치료목표를 설정하는데, 치료자는 가족들의 제안을 수용하고 제시된 불만에 초점을 맞춘다. 전략적 치료자들은 직면(confrontation)이나 상황설명(explanation)을 기피하는데, 이는 클라이언트의 저항을 최소화하기 위해서이다. 문제해결을 위한 주요기법은 과제를 할당하고 방향을 제시해주는 것으로써 이는 대부분 역설적 개입이며, 이들은 주로 치료면담시간 외에 이루어진다.

전략적 치료자들은 가족상호작용의 연쇄과정에 관한 객관적인 환류를 받기 위하여 일방경(one way mirror) 뒤에 있는 '관찰팀'을 활용한다(Thomas, 1992. 376). Haley와 Madanes는 일방경 뒤에서 치료상황을 관찰팀과 함께 지켜보면서 인터폰을 이용하여 그때 그때 지시를 주고 지도감독을 한다.

그들은 공동치료자가 안정감을 주는 데 기여할 뿐 경제적 낭비라고 지적하면서, 전적으로 일인 치료를 주장한다.

이상은 전략적 치료자들의 일반적인 치료기법에 대한 것이다. 저자는 전략적 치료자중 Haley와 Madanes의 이론적 모델로 제한하여 구체적인 기법들을 소개하고자 한다.

1. 초기면접

Haley는 치료가 적합하게 잘 마무리되려면 제대로 시작해야 한다고 믿는다. 즉 해결할 수 있는 문제를 찾아내고, 문제를 만들게 된 필연적인 사회적 상황을 찾아내는 것이 그 방법이다(Haley, 1976. 9). 따라서 그는 초기면접을 치료의 전 과정이 복합화되어 있는 중요한 단계라고 보고 첫 면담에 많은 시간비중과 관심을 둔다.

초기면접 과정은 4단계로 이루어 진다(Haley, 1976, 9-47).

1) 사회적 단계(The Social Stage)

가족이 면담을 하기 위해 들어오면 각자 원하는 대로 자리를 잡도록 한다. 치료자는 먼저 자신을 소개한 후, 가족 한사람 한사람에게 말을 걸어 이름을 듣는다. 이를 통해 가족 개개인의 반응과 가족 모두에게 관련된 중요한 상황을 파악할 수 있게 된다. 만약 가족중 한사람이 문제에 대해 이야기를 시작하면 치료자는 각자에게서 사회적 반응을 파악해 내기까지 그를 잠시 저지시킨다.

대개의 가족은 자신들의 문제를 인정하지 않을 뿐더러 치료자의 권위나 지시를 기꺼이 받아들일 준비가 되어있지 않기 때문에(Nichols, 1984, 452) 이 단계에서 치료자는 내 집을 찾아온 손님을 맞이하듯 정중한 태도로 가족 모두가 편안함을 느낄 수 있도록 한다.

변화를 시도하기 위해서는 가족의 협조를 얻어야 할 필요가 있으므로 가족의 분위기를 주시해야 한다. 가족들은 평소보다 명랑한 척 하기도 하고 불쾌하거나 화가 나 있거나 절망상태에 있을 수 있다. 치료자는 가족과 인사를 나눌 때 가족의 이런 분위기를 느낄 수 있게 된다. 따라서 치료자는 이러한 가족 분위기에 맞도록 노력해야 한다.

치료자는 가족들이 방안으로 들어올 때 부모-자식관계를 주시해보고 부모가 자식을 어떻게 대하는지에 유의한다.

이 단계에서는 가족중 누가 치료자에게 지나치게 가까와지려고 하는가를 주목해야한다. 부모중 한쪽이 치료자와 너무 빠르게 밀착하려고 한다거나 거리를 두고자 한다면, 치료기간동안 이러한 치료자에 대한 태도가 문제가 될 수 있기 때문이다.

초기면담에서는 정보를 얻는 일도 중요하지만, 임시적인 가설을 세우는 작업이 필요하며, 치료자는 자신이 관찰한 가설을 가족에게 알려서는 안된다. 왜냐하면 충분한 정보수집 없이 내린 치료자의 가설이 틀릴 수도 있고, 그의 판단이 옳다고 하더라고 가족이 인정하고 싶지 않은 사실을 인정하라는 것이어서 이런 행동은 가족의 방어적 태도를 자극하여 치료에 쓸데없는 어려움만 생기게 하기 때문이다(Haley, 1976. 19-36). 이 단계에서의 대화는 주로 치료자에게 향한 것이고 사고의 해석이나 감정 표현이 강조되지 않는다(Goldenberg & Goldenberg, 1991. 195).

2) 문제단계(The Problem Stage)

치료자는 가족이 치료장소에 온 이유와 문제의 성질을 질문함으로써 사회적 단계에서 문제단계로 넘어간다(Goldenberg & Goldenberg, 1985. 256).

가족의 상황을 묻기 전에 치료자는 먼저 자신이 가족에 대해 알고있는 것이 무엇이며 가족 모두를 오게 한 이유에 대해 설명한다(Nichols, 1984. 452). 치료자가 자신의 위치를 밝힐 경우 가족원들은 자신의 입장에 대해 말하기가 쉬워지기 때문이다. 가족이 폐쇄적이라고 느껴지면, 이미 전화로 약속을 정할 때 이야기를 들어 알고있다고 강조한다. 이는 누군가가 이미 문제를 누설했으며 치료자가 그 내용을 알고있다는 사실을 알게되면서 폐쇄적 태도가 누그러질 수 있기 때문이다.

첫번째 질문을 누구에게 하는가가 중요하다. 가족이 제시된 문제와 연관이 가장 적은 듯한 가족원에게 제일 먼저 질문을 하며, 가족을 치료에 다시 데려올 영향력이 가장 큰 사람에게 질문을 한다. 이는 그를 존중함으로써 지속적인 가족의 참여와 관심을 촉진시킬 수 있기 때문이다(Nichols, 1984. 452). 문제아동에게 제일 먼저 이야기를 시켜 가족이 치료를 받으러 온 이유에 대해 물어보는 것은 바람직하지 못하다. 왜냐하면 아이는 자신이 너무 위협받고 있다고 느낄 수 있으며, 치료자가 가족 모두가 여기에 온 것에 대해 자신에게 책임을 묻고있는 것처럼 받아들일 수 있기 때문이다. 따라서 문제 아동에게는 나중에 질문을 하는 것이 좋다(Haley, 1976. 25).

이 단계의 중요한 과제는 문제에 초점을 명백히 맞추는 것이다. 치료란 가족관계를 언급함으로써 그 관계를 변화시키는 것이 아니라, 문제를 해결할 수 있는 새로운 행동을 찾아내어 그 관계의 어딘가를 변화시키는 것이기 때문이다. 따라서 치료자는 문제에 대해 언급을 하기 전에 관계에 관한 토의를 하지 않는다. 예를 들어 어떤 부모는 13세된 소녀가 이웃집에서 돈을 훔쳤다고 함께 치료를 받으러 왔다. 아이 어머니는 치료자에게 전화로 이 사실을 알린 상태였다. 그녀는 최근에 재혼을 하여 그 소녀도 계부와 살고있다고 말했다. 그러나 가족면담시 누구도 이 문제에 대해 말하기를 주저했다. 치료자가 가볍게 가족과 이야기를 나누자 계부는 계부 역할이 힘들고 아내가 원하는 아이의 훈육방법이 무엇인지 모르겠다면서 자신의 고민거리를 이야기했다. 결국 지도감독자는 인터폰을 통해 치료자에게 가족이 치료를 받기 위해 가져온 문제가 무엇인가를 먼저 물어보도록 충고하였다. 치료자가 질문을 하자 소녀는 울기 시작했으며, 가족들은 계부를 가족원으로 받아들이는 것에 대해 각기 다른 방식으로 말을 하였다. 그러나 중요한 것은 관계에 대한 대화가 아니고 소녀가 도둑질한 이유와 어떤 행동을 해야할 것인가에 관한 것이다. 이와 관련지어 Haley는 문제를 경청하는데 있어 주의사항을 다음과 같이 제시한다(Haley, 1976. 27).

첫째, 치료자는 문제에 대해 서로 다른 관점에서 보도록 돕기 위해 어떤 해석이나 비평을 해서는 안된다.

둘째, 치료자가 충고를 해달라고 요청을 받더라도 이 단계에서는 어떤 충고도 해서는 안된다. 이럴 경우 "어떻게 해야 하는가를 말씀드리려면 제가 상황에 대해 좀 더 알아야 겠습니다"라고 말한다.

셋째, 누가 무엇에 대해 어떻게 느끼는가를 물어서는 안되며 단지 사실(facts)과 의견(opinions)만을 수렴해야 한다.

넷째, 치료자는 도와주려는 진심어린 태도를 보여야 한다.

3) 상호작용 단계(The Interaction Stage)

문제에 대해 가족원들이 서로 의견을 나누도록 격려하는 단계로 가족의 상호작용유형을 관찰하는 단계이다. 이 단계에서는 치료자가 면담의 구심점이 되던 것을 멈추어야 한다. 흔히 가족원들은 서로 대화하는 것으로 시작했다가도 치료자에게로 방향이 옮겨지게 되는데(Thomas, 1982. 367) 치료자는 가족원끼리 이야기하도록 방향을 전환시켜야 한다. 가족의 상호작용을 격려하는 또다른 방법은 치료자가 가족중 두사람의 대화를 돕기 위해 제 삼자를 그 대화에 끼도록 하는 것이다. 예를 들어 어머니와 아들이 논쟁을 벌일 경우 "모자가 해결을 잘 할 것 같지 않군요. 좀 도와주시는게 어떻겠습니까?"라고 말하면서 아버지를 참석시키고 이들의 상호관계를 관찰한다. 이런 접근은 나중에 치료자가 가족의 문제를 해결하는데 어떤 개입방법이 최선인지를 알게 해준다(Thomas, 1992. 367; Haley, 1976. 39).

이 단계에서 가장 도움이 될 수 있는 방법은 가족이 제시하는 문제를 치료실에서 실제로 해보도록 하는 것이다(Thomas, 1992. 367). 지금까지는 정보수집을 위해 대화에 초점을 맞추어 왔지만, 치료자는 문제에 관해 대화만을 나누기보다는 문제를 치료실에서 행동으로 옮기도록 시도한다. 예를 들어 아이의 불장난이 문제라고 치료받기를 원한다면, 치료자는 금속 재떨이에다가 불장난을 하도록 시킨다. 그러면 온 가족의 반응 뿐만 아니라 아이가 어떻게 성냥을 다루는가를 확실히 알게 된다(Haley, 1976. 38).

상호작용 단계에서 치료자의 역할은 가족원들이 자기들끼리 이야기하도록 북돋우는 것이다. 이런 과정을 통해 치료자는 가족 안에 존재하는 연쇄적 행동의 유형을 관찰할 수 있다. 따라서 상호작용관계가 효과적으로 진행되면 가족구조도 분명해진다(Nichols, 1984. 453).

4) 목표설정 단계(The Goal-Setting Stage)

지금까지의 단계를 통해 가족의 주요문제가 명백해지면, 치료자는 가족이 기대하는 변화에 대해 알아야 한다. 치료자는 가족원들에게 어떠한 변화가 의미있게 일어나기를 원하는가를 묻는다. 이때 치료자는 비유적이 아닌 구체적이고 행동적인 질문을 해야 한다. 가족이 제시하는 문제가 몇번이나 반복해서 일어났고, 가족이 원하는 변화목표는 무엇인지에 대해 질문한다. '언제', '어디서', '얼마나 자주' 등의 개방질문을 통해 문제를 규정하고 구체적인 변화목표를 설정한다. 목표가 분명할수록 문제를 해결하거나 증상을 경감시키는 과정에 대한 평가가 용이하고 치료효과도 크기 때문이다(Goldenberg & Goldenberg, 1985. 257).

2. 지시의 사용(use of directives)

지시는 Haley의 전략적 치료에 있어 핵심적 역할을 한다. 이는 종종 처방(prescription)이라고 불려지기도 하며, 치료자가 직접적이거나 간접적인 방법으로 가족에게 내리는 일종의 지시사항(orders)이다(Thomas, 1992,. 362). 지시를 내리는 목적은 다음과 같다.

첫째로, 치료의 주 목표는 사람이 과거와 다르게 행동하도록 하여서 다른 주관적 경험을 하도록 하는 것이다.

둘째로, 지시는 치료자와의 관계를 강화시키는데 이용된다. 과제를 주게 되면 클라이언트는 다음 치료시간에 올 때까지 치료자를 생각하면서 지시를 지키거나 어기거나 택일을 하게 되므로 치료자의 존재가 중요시된다.

셋째로, 지시는 정보수집에 사용된다. 치료자가 어떠한 것을 하라고 했을 때 그들이 보이는 반응을 감지하여, 그들 자신이 원하는 변화가 일어났을 때 어떻게 반응할 것인가에 대한 정보를 얻을 수 있다. 이때 치료자는 지시한 과제를 클라이언트나 가족원이 수행하든지, 잊든지, 실패하든지 간에 이를 통해 새로운 정보를 얻을 수 있다(Becvar, 193. 243; Haley, 1976. 49).

지시의 방법에는 두 가지가 있다.

첫째, 치료자가 바라는 어떤 것을 가족이 수행하도록 하는 방법과

둘째, 치료자가 바라지 않는 어떤 것을 오히려 하도록 일러주는 방법이다. 이 방법에서 치료자는 그들이 반발심에서 변화되기를 바라기 때문이다.

1) 직접적 지시(straightward directives)

직접적 지시에는 충고, 직접적 제안, 지도(coaching), 더욱 고통스런 시련을 주는 것 등이 있으며, 이는 치료자가 바라는 대로 가족들이 그 지시를 수행함으로써 문제를 해결하는 기법이다(Goldenberg & Goldenberg, 1991. 196).

(1) 지시의 유형

직접적 지시에는 두 가지 유형이 있다.

첫째, 치료자가 가족에게 어떤 일을 중지하라고 말함으로써 가족내의 행동변화를 시도하는 것이다. 예를 들면 아버지와 아들이 이야기할 때 어머니가 간섭한다면, 어머니에게 간섭하지 말라고 할 수 있다. 치료자는 어머니에게 하고 있는 행동을 중지하라고 말함으로써 가족내의 행동의 변화를 시도하려는 것이다(Haley, 1976. 52). 이 지시가 성공적이기 위해서 치료자는 상당한 위치에 있는 사람이거나 명성이 있어야한다. 왜냐하면 다른 사람의 행동을 중지하도록 요구하는 것은 참으로 어려운 지시중의 하나이기 때문이다. 가족이 제시하는 문제가 심각할수록, 중지하라는 지시를 반복해서 내리든지, 손을 저으면서 과장된 표현으로 다른 이야기와 함께 메세지를 보내야 한다(Goldenberg & Goldenberg, 1991. 196).

둘째, 치료자가 가족원들에게 평소와 다른 행동을 하게끔 지시하는 유형이다. 여기에는 두가지 방법이 있다. ① 훌륭한 충고와 ② 가족 내에 존재하는 행동의 연쇄과정을 변화시키기 위한 지시이다(Haley, 1976. 53).

가족에게 훌륭한 충고를 주는 것은 유용하지 않다. 그 이유는 클라이언트나 가족들은 이러한 충고를 다른 사람에게서 들어왔지만 그것을 실행에 옮길 수가 없었기 때문이다. 문제를 지닌 사람들은 일반적으로 자신의 행위에 대해 이성적 통제능력이 부족하기 때문에 이러한 충고는 도움이 안된다(Nichols, 1984. 454).

치료자의 계획을 실현시키기 위해서 치료자는 가족내에 존재하는 연쇄과정을 변화시킬 수 있는 어떤 행위를 지시함으로써 가족간 서로 대하는 방법을 변화시키는 것이 바람직하다. 예를 들어 어머니가 딸과 귀가시간을 놓고 계속 싸우고 있을 때, 치료자는 아버지에게 이 문제에 관여해 보라고 지시를 내릴 수 있다. 이 지시는 가족 내에서 일어나는 연쇄과정을 변화시키게 될 것이다.

(2) 동기부여의 지침

지시나 과제를 잘 진행하도록 하기 위해서는 동기부여가 중요하다. 가족에게 동기를 부여하고자 할 때, 그 과제를 해낼 경우 가족이 원하는 목표가 성취될 것이라는 점을 확신시켜 주어야 한다(Tomas, 1992. 371). 가족에게 동기를 부여하는 방법은 과제의 성격이나 가족의 성격, 치료자와 가족간의 관계에 따라 다르다. 동기부여의 지침은 다음과 같다.

첫째, 가장 보편적인 방법으로 과제를 이행하도록 가족들을 설득한다.

둘째, 가족원간에 목표에 대한 갈등이 있는 경우 과제를 이행함으로써 각자에게 돌아갈 이득에 대해 설명해 준다.

셋째, 가족들이 치료자가 내린 과제를 잘 따르지 않을 것 같으면 각자에게 지금까지 시도해 보았지만 문제해결에 실패한 것에 대해 이야기하도록 유도한다. 이런 과정을 통해 치료자는 전에 시도되었던 방법을 파악하게 되어 재차 가족원들에게 그들이 실패했던 시도를 다시 요구하지 않게 된다. 그러면, 가족원들은 자신들이 실패했던 것을 하나씩 나열하면서, 그들이 시도했던 것을 다 실패했다는 사실을 깨닫게 되므로 현 치료자가 하는 것을 경청할 수 있게 된다.

넷째, 가족원들에게 그들의 상황이 얼마나 가망이 없는지에 대해 이야기하도록 고무시킨다. 치료자는 그들의 절망감을 강조함으로써 동기를 부여하는 것이다. 아울러 그들의 절망적 상황을 미래로 투사하여 무엇인가 시도하지 않으면 미래도 암담하다는 이야기가 나오게 할 수도 있다.

다섯째, 치료시간에 작은 과제를 착수하게 되면 집에서도 과제를 하도록 동기를 자극하게 된다. 규모는 작지만 이미 해보았던 일이므로 거창한 일로 여기지 않게 된다.

여섯째, 지시한 과제에 관한 한 자신이 전문가라는 입장으로 치료자의 권위를 활용한다. 또한 치료자가 가족의 일을 잘 아는 듯이 행동한다면 그들은 지시를 좀 더 잘 따라줄 것이다. 때로는 사람들이 치료자가 틀렸다거나 그 방법이 효과가 없다는 것을 증명하려고 한다. 이 때 치료자는 "여러분은 제가 부탁드린 일이 어리석다고 느끼시겠지만, 그대로 실천해 주시기 바랍니다."라고 단호하게 말하는 것도 한 가지 방법이다(Thomas, 1991. 371; Haley, 1976. 54-57).

(3) 과제 제공시의 주의사항

가족원들에게 동기가 부여되고 나면 치료자는 분명한 지시(instructions)를 주어야 한다. 과제를 지시할 때 치료자는 아래의 사항에 주의해야 한다.

첫째, 과제의 지시는 제시하듯이 말하는 것(suggested)보다 명확하게 주어져야 한다. 예를 들어 "여러분이 이러한 일들을 할 수 있겠는지 생각해 보셨는지요?" 라고 하는 것보다 "저는 여러분이 이렇게 해주기를 바랍니다."라고 말하는 것이 낫다(Haley, 1976. 57). 정확하고 실제적인 지시를 내려야하는 또다른 이유는 가족들이 과제를 수행하지 않았을 경우 치료자는 가족의 저항이나 애매하게 주어진 과제때문이 아니라는 것을 확실히 하기를 바라기 때문이다(Thomos, 1992. 371).

둘째, 지시를 내릴 때는 모든 가족원을 참여시켜야 한다.

가족면담에 전가족이 참여해야 하는 것처럼, 과제를 줄 때도 전 가족에게 골고루 할 일이 돌아가게 해야 한다. 가족을 모두 참여시키는 것은 가족이 한 단위라는 것을 강조하기 위한 목적도 있다.

셋째, 과제는 일상적인 일과 같이 구성해야 하며 지시하는 과제에 대해 가족의 동의를 얻을 수도 있다(Bodin, 1981).

L'Abate, Ganahl, Hansen(1986)은 가족원들이 엄격(rigid)하고 저항이 심할수록 보다 허용적이고 머뭇거리는 태도가 바람직하고, 가족의 위계조직이 무질서하고 혼란에 빠져있을 경우에는 권위적인 태도가 효과적이라고 말한다. 동의는 지시를 준 다음 "그 계획을 이행해 보

시겠습니까?", "당신의 생각은 어떻습니까?"라는 질문을 통해 얻을 수 있다(Tomas, 1992. 370).

넷째, 주어진 과제를 재검토시킨다.

주어진 과제가 복합적이면 가족이 해야할 과제를 검토시키는 것이 바람직하다. 이런 과정을 통해 과제가 완전히 이해되었는지 확인할 수 있다. 가족은 과제를 재검토하는 과정에서 때로 과제를 회피하려고 할 수도 있다. 가능하다면 재검토 과정에 이어 자신들이 생각하기에 회피할 수 있는 방법이라고 여겨지는 것에 대해 토론이 되어야 한다(Haley, 1976. 59; Thomas, 1992,. 371).

(4) 과제의 보기들

실제 문제상황에서 Haley가 지시하는 과제의 보기들을 요약해 보았다.

문 제 상 황	과 제 내 용
① 결혼생활에 문제를 느끼는 경우	남편에게 : 아내를 위해 멋진 일을 계획해서 아내를 놀라게 해주라고 한다. 왜냐하면 남편이 아내가 기대하지 못하는 행동을 하기 위해서는 아내에 대한 세심한 배려를 해야 하기 때문이다. 아내에게 : 남편이 하는 일은 무엇이든 간에 고맙게 받아들이라고 지시한다.
② 아들과 지나치게 밀착된 경우	아버지에게 : 아내가 받아들이지 않을 만한 사소한 일을 아들과 함께 하도록 지시한다. 아들에게 : 아들에게도 어머니가 원하지 않는 어떤 일을 아버지와 함께 해보라고 지시한다. 어머니가 분명히 원하지 않는 일을 아버지와 아들이 할 경우, 어머니로서는 그것을 조정하기가 힘든 일이 될 것이며, 아들과 어머니는 밀착관계에서 벗어날 수 있게 된다.
③ 자녀의 나이차이를 인정하지 않고 자녀들을 똑같은 나이로 대하는 어머니의 경우	어머니에게 : 아이들 각자에게 20분 정도라도 시간차이를 두어 취침시간을 정하라고 지시한다. 이 과제는 어머니가 자녀들을 나이에 따라 다르게 대할 수 있도록 해 준다.
④ 야뇨증이 있는 딸을 편들면서 아내에게 맞서는 남편의 경우	아버지에게 : 딸이 잠자리에 오줌을 눌 때마다 아버지가 요를 빨도록 하게 한다. 이 과제는 아버지와 딸을 떼어놓거나 야뇨증을 치유할 수 있다.
⑤ 가족 모두가 돌아가면서 서로 말을 가로채는 경우	가족에게 : 모자를 돌리게 하여 그 모자를 잡는 사람만이 말을 하도록 한다. 혹은 말하는 좌석을 정해놓고 거기에 앉은 사람만이 말을 하도록 지시한다. 이런 과제들은 의사소통의 경로를 변화시킨다.
⑥ 서로 애정표현을 하고 싶지만 어떻게 하는지를 모르는 부부의 경우	부부에게 : 어떻게 애정표현을 하는 것인지를 자녀에게 가르치기 위하여 1주일에 3차례, 오후 5시부터 7시까지 서로의 애정을 분명하게 표현하도록 한다.

문 제 상 황	과 제 내 용
⑦ 부모와 10대의 딸 사이에 심각한 삼각관계가 형성된 경우	아버지에게 : 딸을 멋진 레스토랑에 데리고 가서 점심을 사주면서 딸이 남 앞에서 잘 처신해 볼 수 있는 기회를 주도록 한다. 어머니에게 : 이럴 경우 딸에게 입고 나갈 옷을 챙겨주거나 레스토랑을 선택해 주도록 한다. 이러한 지시는 아버지와 딸을 더욱 밀착시키는 것처럼 보이지만, 실제로는 세대간의 선을 긋는 결과를 낳는다.
⑧ 취직시험 응시를 두려워 하는 경우	본인에게 : 취직시험에 합격해도 다니지 않을 만한 곳에 취직면접을 하도록 권유한다. 이를 통해 그는 안전하게 취직면접 연습을 하게 된다.
⑨ 우울한 사람의 경우	본인에게 : 활동적인 사람이 되게 하기 위해 사소한 일을 하도록 과제를 준다. 과제가 하찮은 것일수록 화를 더 내게되어 덜 우울해 지도록 할 수 있다.

* (Haley, 1976. 60-63 : Thomas, 1992, 372)

과제를 내준 다음 가족이 과제를 제대로 수행했는가에 대해 반드시 치료시간에 물어봐야 한다. 가족이 과제를 이행했다면 칭찬해 주어야 한다. 만일 과제를 이행하지 않았다면 관대히 넘어가서는 안된다. 가족들에게 그 과제가 매우 중요한 것이었는데 그것을 이행하지 않았다는 것은 그들 자신을 위해 유감스러운 일이라고 거칠게 말을한다. 가족이 면담시 그 문제에 대해 거론을 하면, 치료자는 그들이 과제를 이행했더라면 이런 문제는 생기지 않았을 거라고 반복해서 말한다. 그들이 다시 시도할 기회를 원하더라도 치료자는 기회는 이미 지나갔다고 거절해야 한다(Thomas, 1992. 371). 이러한 태도는 다음번에 그들에게 기회를 주었을 때 그들이 기꺼이 그것을 하도록 하는 방향으로 상황이 돌아가게 한다(Haley, 1976. 64).

2) 은유적 지시(metaphoric tasks)

Haley는 직접적 지시의 다른 형태로 은유적 지시를 사용한다. 치료자가 어떤 가족의 변화목표와 요구를 분명히 밝히는 것만이 최선은 아니다. 사람들은 때로 그들이 지시를 받았다는 사실을 의식하지 못할 때 좀 더 흔쾌히 지시를 따르게 된다(Haley, 1976. 65). 따라서 이 기법은 가족이 자신들의 문제를 밝히는 것을 수치스럽게 생각하거나 토론하기를 원하지 않을 때 특히 많이 사용된다(Becvar, 1993. 243).

은유란 어떤 것과 비슷한 것에 대해서 이야기하는 것이다. '연만큼 높다'라는 표현은 연이 높이 떠있는 것 만큼이나 '높다'는 것이다. 무대 위의 연극은 인생에 대한 은유의 일종이다. 연극에서 일어나는 일이 인생에서 일어나는 일과 비슷하기 때문이다. 이처럼 치료자는 가족들이 특정한 방법으로 행동하기를 바랄 때 종종 그들이 원하는 것과 비슷하게 행동하도록 한다. 그러고 나면 그들은 '자발적으로' 행동하게 된다(Haley, 1976. 65).

예를 들어 성문제를 가진 부부가 그들의 문제에 대해 말하기를 난처해 할 경우, 치료자는 그들이 함께 식사하는 방법에 관해 물어볼 수 있다. 아이들 없이 단둘이만 저녁식사를 한 적이 있는지? 치료자는 이런 질문을 통해 성적 행위와 유사한 먹는 행위의 양상에 대해 이야기 한다. "부인은 음식맛을 즐기기 위해 천천히 먹는 반면 남편은 빨리 먹어치울 수도 있습니다."라고 말해본다. 혹은 "어떤 남편들은 요리가 맛있다고 칭찬해 주는데, 또 어떤 남편들은 무관심하기 때문에 부인들이 노력을 전혀 하지않게 되지요"라고 성적인 행위와 비슷한 식사 행위들에 대해 이야기를 해 본다. 만약 부부가 치료자의 말을 성적인 것과 연관짓는 것 같으면 성적인 화제와 밀접하게 관련된 것이 아닌 주제로 옮겨간다. 왜냐하면 의식적으로 연관짓는 것은 바람직하지 않기 때문이다. 그리고 나서 치료자는 부부에게 함께 저녁식사를 해보라는 과제를 자연스럽게 줄 수 있다. 그 부부는 어느날 함께 즐거운 저녁식사를 하도록 한다. 상대의 기호차이를 인정하고 있음을 보여주면서 문제를 거론하지 말고 오직 즐거운 일만 나타내라고 한다. 아내는 남편의 식욕을 돋우려고 애쓰고, 남편은 아내를 기쁘게 해 줄 일만 하도록 한다. 그 저녁식사가 잘 되어가면 그 분위기는 성관계까지 이어질 가능성이 있다(Haley, 1976. 66-67: Thomas, 1992. 371).

은유적 지시를 사용한 접근방법이란 치료자가 가족의 어떤 행동을 변화시키겠다는 목표를 선택한 후, 그 다음 변화되기 원하는 행동과 유사한 행동으로써 가족이 좀더 쉬운 행동을 선택한다. 그러고 나서 치료자는 그들의 사고방식에 대한 정보를 얻고 영향을 주기 위하여 선택된 행동에 대해 이야기를 나눈다. 마지막으로 치료자는 그 분야에 관련된 과제를 주는데, 이는 그 분야 뿐 아니라 실제로 변화시키고자 하는 행동까지도 변화를 줄 수 있게 된다.

3) 시련기법(The ordeal Technique)

Haley는 다른 형태의 지시로써 시련치료(ordeal therapy)를 사용한다. 이 기법은 Milton Erikson의 최면기법과 유사한 점도 있지만 일치하지는 않는다(Becvar, 1993. 244). 이 기법의 마술적 책략은 클라이언트에게 증상 자체가 지닌 고통과 동일하거나 더 힘든 시련을 체험하도록 과제를 주어 그 증상을 포기하도록 하는 것이다(Haley, 1984. 6). 전형적으로 시련은 그 사람에게 이득이 되는 것들, 즉 운동, 숙제, 독서, 다이어트 혹은 자기개발을 위한 활동 등으로 선택하는 것이 중요하다. 그러나 이와 같은 시련들은 다른 사람을 위해 희생하거나 도움이 될 수도 있다(Tomas, 1992. 373). 시련들은 클라이언트가 할 수 있는 것이어서 합법적으로 그것을 거역할 수 없는 것들이어야 한다. 더 나아가 그러한 시련들은 클라이언트나 다른 사람에게 해를 끼쳐서도 안된다(Haley, 1984. 6-7). 따라서 치료자는 클라이언트 자신에게 이득이 되지만 행동으로 실천하기에는 다소 어려움이 있는 행동을 증상이 있는 그 시기에 해보도록 지시한다. 예를 들어 비판만 일삼는 시어머니에게 보다 친절히 대하라는 지시는 클라이언트에게 힘든 시련임이 틀림없지만, 결과적으로 이것은 클라이언트의 증상을 제거하는 데 충분한 과제일 것이다(Becvar, 1993. 244).

Haley는 시련치료의 과정을 6단계로 서술한다(Haley, 1984. 13-17). 모든 계획된 치료와 마찬가지로 시련치료도 단계별로 조심스럽게 진행해야 한다. 그 단계는 다음과 같다.

첫째, 문제가 명확하게 규정되어야 한다.
둘째, 개인은 문제를 제거시키기를 원하고 이와 관련된 동기를 가져야한다.
셋째, 치료자는 고된 고통을 주는 시련 등을 선택해야 한다.
넷째, 시련을 주는 지시는 합리적인 것이어야 한다.
다섯째, 시련 경험은 증상적 행동이 없어질 때까지 계속되어야 한다.
여섯째, 이러한 시련 경험은 사회적 상황 속에서 이루어 진다.

Haley의 시련기법은 직접적 지시이다. 즉 이 방법은 문제를 명확히 규정한 후 증상이 재발될 때마다 구체적인 고된 시련을 겪도록 과제를 주는 것이다(Haley, 1984. 7). 예를 들어 TV 야간 쇼 프로그램에서 이야기를 시작하려면 불안해지는 남자에게 자정에 일어나서 100번 이상의 힘든 운동을 하고는 다시 잠자리에 들라고 지시한다. 그 연습이 본인에게는 근육통이 생길 정도로 힘든 것이었다면 불안은 사라지게 된다(Tomas, 1992. 373). 이러한 직접적 지시는 그 지시를 받을 때 클라이언트의 의견에 상관없이 문제행동을 개선시키는 것이어야 한다. 불면증이 있는 클라이언트에게 밤새워 책을 읽으라고 지시하는 것은 책을 읽다가 자게될 수도 있고, 그 책을 읽는 것만으로 그칠 수도 있다. 이처럼 어떤 결과이던 간에 개인에게 이득이 되면, 이러한 해결책은 증상의 재발시 그 문제를 효과적으로 다룰 수 있다는 확신을 주게 된다(Haley, 1984. 10).

한편 시련기법은 역설적 지시이기도 하다. 고된 시련이 증상적 행동 그 자체가 될 수 있기 때문에 역설적인 것이다. 즉 치료 받기를 원하는 문제행위를 계속하도록 권유하는 것이다. 예를 들어 우울증을 극복하기를 원하는 사람에게 날마다 정해진 시간에 집중적으로 우울에 빠져보라고 한다면 그는 그 시간에 우울에 빠지는 일보다는 다른 일을 선택하게 된다(Haley, 1984. 10). 다른 예로 글을 쓰는데 불안을 느껴 방해를 받는 사람의 경우이다. 그는 또한 여자친구와의 데이트조차 수줍어했다. 치료자는 그에게 글을 쓸 수 없게 된 다음날부터 일주일동안 그 여자와 데이트를 해야하는 역설적 지시를 내렸다. 이 지시는 그로서는 고된 시련이었지만 그는 날마다 한 페이지의 글을 쓰게 되었다(Tomas, 1992. 373). 이처럼 역설적 개입에 있어 중요한 것은 자발적으로 발생하는 증상을 비자발적인 행동이 되도록 만드는 것이다. 사람들이 도와줄 수 없는 행위들(충동적으로 마구 먹는 일이거나 식사를 거부하는 것)을 의도적으로 해야만 한다면, 이런 행위는 사람을 고통스럽고 불안하게 만든다. 그러나 이런 행위들에 의미를 부여하게 되면 증상은 더이상 재발되지 않는다(Haley, 1984. 11).

4) 역설적 지시(paradoxical tasks)

직접적 지시나 은유적 지시는 가족들이 치료자의 지시를 따라주기를 바라면서 사용하는 기법이다. 그러나 역설적 지시는 가족들이 치료자의 지시에 저항하도록 하여 변화를 일으키려는 독특한 기법이다. Haley는 역설적 개입(paradoxical intervention)을 사용하여, 교묘하게 지금까지의 역기능적 행동(old dysfuntional behavior)을 포기하게 만든다. 이를 역설적 지시라고 부르는 이유는 치료자가 준 과제를 통해 가족이 변화되지 말라고 요구하지만, 실제로는 이것이 그 가족을 변화하도록 이끌기 때문이다(Goldenberg & Goldenberg, 1985. 197).

안정된 상태에 있는 가족은 변화에 대하여 저항을 한다(Haley, 1976.68). 만약 가족이 위기에 처해있다면 그 상황은 너무나 불안정하여서 그들이 안정되기를 원하므로 쉽게 치료자의 지시를 따르게 된다. 따라서 Haley에 의하면 역설적 지시는 비교적 안정된 가족에게 유용한데, 이는 그들이 지시를 잘 따르지 않기 때문이다(Nichols, 1984. 454).

그러나 가족이 안정상태에 있는데 치료자가 변화를 요구한다면, 치료자는 안정을 포기하고 어떤 새로운 것을 찾으라는 요구를 하는 것으로, 가족이 치료자의 지시에 저항을 하게 되는 것이다. 치료자가 제시된 문제를 가진 사람의 상황에 변화를 가져오기 위해서는 가족을 다소 불안정한 방향으로 움직여야하며, 정도 차이는 있겠지만 저항에 부딪치게 된다. 역설적 지시란 이 문제를 다루기 위해 고안된 것이다(Haley, 1976. 68).

Haley는 가족이 도움을 요청하면서도 도움을 주면 이에 저항한다고 여겼다. 그 결과 치료자와 가족간에 권력다툼(power struggle)이 일어난다. 즉 치료자는 가족의 변화를 도우려고 하지만 이것은 가족의 안정된 균형(homeostatic balance)을 깨뜨리는 것이다. 가족은 치료자가 실패하도록 만들려고 하면서도, 자신들에게 무엇인가 잘못된 점이 있다는 사실을 알기 때문에 계속해서 치료를 받는 것이다(Goldenberg & Goldenberg, 1985. 197).

대개 문제를 제시한 가족이나 개인이 처음 역설적 지시를 받게되면 격분하여 극단적인 반응을 보인다. 그러나 이러한 반응은 가족체계를 변화시킬 수 있는 좋은 신호가 되므로 저해하기보다는 오히려 장려하는 것이 나으며, 치료자는 이런 반응을 예상하고 사전에 준비해야 한다. 또 역설적 지시에 대해 가족이 의문을 제기할 때 치료자는 가족에게 스스로 증상을 통제하기 위한 것이라고 설명하고 지시를 줄 수 있다. 즉 가족이 증상을 변화시키고자 노력한다면, 증상이 가족을 통제하는 것이 아니라 가족이 증상을 통제하는 것이라고 설명해주는 것이 바람직하다.

치료에서 역설이 일어나는 상황은 다음과 같다.

① 치료자는 변화가 일어나도록 호의적인 체계(framework)를 수립한다.
② 치료자는 클라이언트로 하여금 그가 늘 해오던 행동을 그대로 계속하도록 허용한다.
③ 치료자는 클라이어트의 행동이 변화되지 않는 한 계속해서 시련(ordeal)을 겪도록 한다.

Haley는 역설적 개입과정을 8단계로 분류하였다(Thomas, 1992, 373; Haley, 1976. 72-76).

첫째, 가족과 치료적 관계를 형성한다.
둘째, 문제를 명백히 규명한다.
셋째, 목표를 분명히 설정한다.
넷째, 치료계획을 세운다.

치료자는 문제에 대한 접근법을 가족에게 납득이 가도록 설명해야 한다. 이것은 역설적 지시를 근거있는 합리적인 것으로 만드는데 도움이 된다.

다섯째, 그 문제에 대해 현재 가족원이 가지고 있는 권위를 조심스럽게 약화시킨다.

여섯째, 역설적 지시를 내린다.

일곱째, 반응을 관찰하고 일상적인 문제행동을 장려한다.

여덟째, 변화가 계속될 때 그 긍정적 변화에 대해 오히려 당황해하고 이를 인정하는 것을 피한다.

일반적으로 역설적 접근에서는 클라이언트의 변화가 보일 때 치료자는 그 변화에 대해 염려하고 부정적인 반응을 보인다. 변화는 일시적인 것이며 다시 재발될 것이라고 말한다(Nichols, 1984. 455). 그리하면 가족은 변화가 일시적인 것이 아님을 증명하기 위해 계속 변화를 지속할 것이다. 다른 한편으로 치료자는 변화가 너무 빠르면 혼란에 빠지기 쉬우니 원상태로 퇴행하라고 요구를 한다. 그러나 그렇게 되지 않기 위해 가족은 저항을 보일 것이며 바로 이것이 치료자의 목표인 것이다.

역설적 접근은 두개의 메시지를 전달하는 두 측면을 가지고 있다. 즉 '변화하라'는 것과 메시지의 틀을 벗어나지 않는 범위 내에서 '변화하지 말라'는 것이다(Haley, 1976. 68). 다시 말해 변화시켜야 할 목표를 설정한 후, 변화시키고자 하는 행동을 그대로 유지하라고 권유한다. 예를 들어 지배적인 아내에게는 가정에서 계속해서 모든 일을 자기 마음대로 하게 한다. 학교에 가기를 거부하는 딸에게는 집에 머물러 있으라고 한다. 공공연히 자위행위를 하는 청소년에게는 그것을 계속하게 하지만 얼마나 자주하고 있는지, 어느날 그런 행위를 가장 즐겼는지에 대해 기록을 하라고 말한다. Haley는 할 일 없이 싸움만 하는 부부에게 집에 가서 세시간 동안 싸우라고 말하기도 한다. 이러한 제안은 하나의 통제(control)가 된다. 아무리 지배적인 아내라 하더라도 치료자가 만사를 하고싶은 대로 처리하라고 하면 더이상 그렇게 하지 않으며, 그녀가 치료자의 지시에 저항을 느끼게 되면 그녀는 덜 지배적인 사람이 된다.

Haley는 증상이란 원래 대인관계에서 어떤 이익을 취하기 위해 나타났기 때문에 이제 그 증상이 불이익을 가져다주면 사라질 것이라고 생각한다. Haley는 부부의 경우에도 싸움을 그만둘 것이라고 한다. 사람들은 남들이 계속 싸우라고 하면 오히려 싸우고싶지 않기 때문이다. 이처럼 Haley는 치료적 역설을 이용하여 변화를 가져오는 전문가이다(Goldenberg & Goldenberg, 1985. 197-198).

치료자가 역설적 지시를 사용하기 위해서는 기술을 향상시키고 연습을 해야만 한다. 아무리 문제가 암담하고 심각하다 하여도 그 문제들에 대해 놀이를 하듯이 장난기 섞인 방식으로 생각할 수 있어야 한다. 또한 치료자는 가족들이 보이는 간접적 저항을 잘 견뎌내야 한다. 역설적 지시를 받은 가족은 과거의 치료자들에게 했던 태도와는 전혀 다르게 행동하기 때문이다.

역설적 지시를 고안하는 것은 비교적 단순하다. 치료자는 가족들이 서로 어떻게 대하는가를 관찰하여 그대로 행동하도록 지시하는 것이다. 여기에서 중요한 것은 혁신적인 과제를 고안해야 한다는 점이다.

5) 위장기법(The Pretend Technique)

역설적 개입(paradoxical intervention)은 주로 치료자의 지시를 거부하는 가족원들의 저항을 압도하여 그 증상들이 행동으로 나타나는 것을 방지하기 위하여 고안된 기법이다. 그러나 많은 치료자들은 이러한 접근법의 사용을 불편해한다. 그 이유는 그들은 역설적 개입을 위해 계속적으로 저항을 자극시켜야 하는 직면(confrontation)상황을 불편해하기 때문이다.

Madanes(1981)는 이와 유사한 목적을 가졌지만 보다 부드러운 위장기법(pretend technique)을 사용한다. 긴장상황을 조성하고 반항심을 유발시키는 대신, 그들은 놀이를 즐기는 기분으로 저항을 우회시킨다(Nichols, 1984. 455). 하나의 전략은 증상을 나타내는 아이에게 증상을 가진 것처럼 행동하라고 요구하고, 부모를 격려하여 돕는 것처럼 행동하라고 지시한다. 이제 이 아이는 실제의 증상을 포기할 수 있다. 다시 말해 증상을 갖고있다는 위장(pretending)만으로도 충분한 것이다. 사람은 실제로 공포증에 시달리거나 심한 분노를 느끼면서 동시에 그 행동을 위장시킬 수는 없기 때문이다. 더우기 부모의 걱정도 위장된 것이기 때문에 전체 가족상황은 심각한 싸움에서 연극적이고 가상의 게임으로 변형된다. 예를 들어 보겠다(Madanes, 1981. 77-80). 어머니가 10살 된 아들의 야경증(night terrors)때문에 치료를 원했던 사례이다. 그 가정에는 두명의 큰 딸들과 어린 남동생이 있었다. Madanes는 그 아들이 가난하고 영어를 거의 못하며 두명의 남편을 잃은 어머니를 걱정하고 있다고 생각했다. 아들이 야경증을 갖고 있었으므로 치료자는 모든 가족원에게 그들의 꿈을 묘사하도록 요구했다. 단지 어머니와 아들만이 악몽을 꾸었다. 어머니의 악몽은 누군가가 집을 침입하는 것이고, 아들의 악몽은 마녀가 자신을 공격하는 것이었다. 아들이 악몽을 꿀 때 어머니는 무엇을 했냐는 Madanes의 질문에 어머니는 아들을 자신의 침대로 데려가 하나님께 기도하라고 말했다고 하였다. 어머니는 아들의 악몽이 귀신이 한 일이라고 생각했다. 치료팀은 아들의 야경증은 어머니가 느끼는 공포의 은유적 표현이며 어머니를 도우려는 시도라고 추측했다. 아들이 두려워하는 한 어머니는 아들을 돕기 위해 강해야만 했다. 따라서 그녀는 자신을 걱정할 수조차 없었다. 불행하게도 어머니는 아들을 보호하려는 동안 그에게 하나님과 귀신에 대해 이야기를 하여 아들을 무섭게 하였다. 어머니와 아들 모두 비생산적인 방법으로 서로를 도왔던 것이다.

그래서 Madanes는 다른 가족원들은 집에 있고, 어머니는 누군가 침입할 것을 두려워하는 것처럼 행동하고, 아들은 이러한 어머니를 보호하라고 지시했다. 이런 방식으로 어머니는 실제로 도움을 필요로 하는 대신에 아들의 도움을 필요로 하는 체 하여야 했다. 처음에 가족은 이 장면을 연기하는 것이 어려웠는데, 왜냐하면 어머니가 아들이 돕기 전에 가상적 도둑을 공격하려 하였기 때문이다. 이렇게 어머니는 자신을 돌볼 능력이 있다는 것을 전달하였다. 그녀는 아들의 보호가 필요하지 않았다. 아들이 도둑을 공격하는 연기를 한 후, 그들은 연기에 대해 토론하였다. 어머니는 자신을 방어할 능력이 있었기 때문에 그녀의 역할을 연기하는 것이 어려웠다고 설명하였다. Madanes는 가족을 집으로 보내면서 이 각색을 일주일동안 매일 저녁 반복하라는 과제를 주었다. 만약 아들이 잠자다가 소리를 지르기 시작하면 어머니는 그를 깨워 그 장면을 다시 연기하도록 하였다. 이것은 아무리 밤이 늦었거나 그들이 아무리 피곤하든지에 상관없이 중요한 것이라고 하였다. 아들의 야경증은 완전히 사라졌다.

Madanes(1984)는 특정문제를 지닌 특정가족을 위해 적합한 전략을 선택하는 방법에 대해 논하였다. 전략을 구성하는 데는 9가지 차원을 고려하는 것이 중요하다: ① 자발적 행동 대 비자발적 행동(voluntary versus involuntary behavior) (비자발적 행동을 자발적인 것으로 재정의하는 것(reframing)은 커다란 차이를 가져온다); ② 권력 대 무력감(power versus helplessness) (증상을 가진 가족원은 가족 내에서 매우 권력있는 위치에 있을 수 있다); ③ 평등 대 위계구조(equality versus hierarchy) (이중 위계구조가 존재하는가?); ④ 사랑 대 증오(love versus hostility) (적대적 행동은 사랑에 대한 갈망으로 정의될 수 있다); ⑤ 이타주의 대 이득(altruism versus gain) (문제행동은 부모를 보호하려는 행동 즉 자기 이익보다는 이타적 동기로써 재구성될 수 있다); ⑥ 문자적 연쇄과정 대 은유적 연쇄과정(literal versus metaphorical sequences) (증상을 둘러싼 상호작용의 연쇄과정은 다른 가족원간의 유사한 상호작용에 대한 은유일 수 있다); ⑦ 의존 대 자유(dependence versus freedom) (부모에 대한 의존은 이 세상에서 혼자라는 것으로 재정의될 수 있고, 자유롭기를 주장하는 사람은 사실은 자녀나 배우자에게 매우 의존적인 사람으로 말할 수 있다); ⑧ 저항 대 협조(resistance versus commitment) (제지와 다른 유형의 역설적 개입은 저항하는 가족에게 유용하다); ⑨ 치료자의 약함 대 강함(weakness versus power of the therapist) (치료자가 가족에 대하여 강력한 위치에 있을 때는 직접적인 지시가 가장 유용하고, 약한 위치에 있을 때는 간접적이나 역설적인 기법이 가장 유용하다).

이상의 9가지 차원을 활용한다면, 치료자는 Madanes의 전략들을 효과적으로 선택할 수 있다. 치료자가 확실히 가족에게 권위와 권력이 있다면, 직접적인 지시가 사용되어야 하고, 반면 치료자가 가족이 지시를 따라줄 것인가에 대해 확신이 없다면 더 간접적인 접근법이 사용되어야 한다. 제시된 문제가 9가지 차원에 따라 분석될 때, 제시된 문제의 차원과 가장 잘 조화되는 전략이 사용될 수 있다. 성공적인 문제해결은 치료자가 문제를 규명하는 방법에 의해 영향을 받는다. Madanes의 접근법은 치료자의 사례에 대한 사고과정을 돕는다(Tomas, 1992, 337; Madanes, 1984. 139-149).

제8절 치료이론 및 결과평가

체계론적 관점에서 문제행동을 보는 Haley는 가족치료의 평가란 단지 증상의 유무에 근거해서는 안되고 체계내의 변화에 근거해야 한다고 주장한다. 이 관점은 가족치료운동의 주류 의견과 일치하나, MRI의 단기치료센터 소장인 Richard Fisch에 의해 신랄하게 비판받았다. Fisch는 Haley가 오래된 정신분석학적 '빙산공식(iceberg formulation)', 즉 증상은 단지 보다 깊이 내재하는 혼란의 표시일 뿐이고, 이 기본적 갈등이 변화되지 않는 한 증상이 다시 나타나거나 다른 것으로 옮겨진다는 이론을 변형하여 사용한다고 비난하였다(Nichols, 1984,

464).

Haley(1980)는 전략적 가족치료접근에 대한 공식적이고도 엄밀한 치료결과 연구가 부족한 이유는 통제집단이 있는 잘 고안된 연구를 후원하는 연구자금이 부족하기 때문이라고 주장한다. 그러나 그는 전략적 접근법의 효용성을 입증하기 위하여 덜 엄밀한 연구결과들을 제시한다. 그는 정신분열증 클라이언트 가족의 열 네가지 사례연구에서 29%의 실패율을 보고하였는데, 이 실패율은 젊은 성인들이 재입원하거나 인생에서 실패한 것을 의미한다고 해석하였다. 또한 그는 치료종결 후 2년에서 4년동안 이들에 대한 추적조사(follow-up study)를 실시하였다. 연구 결과 Haley는 빈민도시 지역에서 취업이 어려울 경우에 지역사회가 치료의 결과에 영향을 미칠 수 있다고 언급하였다(Thomas, 1992, 380).

Haley(1980)는 가족치료연구소(19% 재입원 실패율)와 Maryland 대학병원 정신의학과(22% 재입원 실패율)의 클라이언트들 가운데 3개월에서 6개월 동안 사후치료를 받은 클라이언트집단을 대상으로 두번째 연구를 실시하였다. 이 클라이언트집단은 식사거절증, 자살, 정신증, 폭력, 알콜중독, 약물남용, 공포증, 노출증 클라이언트들로서 구성되었다. 약물/알콜 사례들에서 더 높은 실패율이 나타났는데, 50%의 재입원 실패율을 보였다.

전략적 치료의 효용성에 대한 많은 사례연구들이 있다. Haley와 Madanes의 저서에는 실제로 전략적 기법들을 성공적으로 사용한 구체적 사례들이 많이 소개되고 있다. Haley와 Madanes 외에도 다수의 치료자들이 이 기법의 성공적 사례를 보고하였다. 예로서 Stone과 Peers(1986)는 다른 치료기법으로는 효과가 없었던 문제행동을 지닌 고등학교 남학생들에게 학교상담가가 시련(ordeal)기법을 사용한 성공적 사례를 보고하였고, Rabin(1985)은 강박장애를 가진 16세 소녀의 성공적 사례를 발표하였다. 또한 O'Conner는 구토증세를 호소하는 10세 소년의 사례(1983)와 편두통을 호소하는 10세 소녀에 대한 성공적 사례(1984)를 보고하였다(Tomas, 1992, 380-81).

한편 Haley 자신이 실시하지 않은 간접적 연구보고가 있다. Alexander와 Parsons는 매우 주의깊게 통제된 연구에서 비행집단의 치료는 행동중심 가족치료가 내담자 중심의 가족치료, 절충적-역동적 치료 혹은 치료를 받지 않은 통제집단보다 더욱 효과적이라는 보고를 하였다(Parsons and Alexander, 1973; Nichols, 1984. 463 재인용). 체계적 접근치료를 받은 집단의 경우 재범율이 반으로 줄었는데 비해, 나머지 세집단 간에는 유의미한 차이가 없었다. 더우기 3년간의 추적조사는 형제들 사이의 문제 발생률이 가족체계 치료의 경우 유의미하게 낮다는 것을 보여주었다. 이 치료는 Haley와 Watzlawick가 기술한 체계론적 접근법을 적용한 것으로, 전략적 치료의 효용성을 강력하게 지지해준다.

마지막으로 Stanton은 약물중독치료를 위해 Minuchin의 구조적 접근법과 Haley의 전략적 접근법을 함께 적용시켰다. 그는 이 치료접근법의 효용성을 설득력있게 증명하였다(Stanton and Todd, 1979). Stanton의 접근법은 Haley의 접근법과 같이 전략적 기법을 전술로써 사용하여 구조적 이론에 의해 지시된 전체 전략을 증가시켰다. Stanton의 연구결과는 매우 인상적이다. 가족치료의 경우 헤로인 금단기간이 메타돈 유지 프로그램(Methadone maintenance program)보다 두배나 되었기 때문이다(Nichols, 1984. 464).

이런 소수의 연구가 간접적으로 실험적 지지를 하고 있음에도 불구하고, 전략적 가족치료는 심리적인 문제에 대해 치료효과가 있으면서도 증거가 불충분한 접근법으로 남아있다. 물론 설득력있는 연구적 지지가 부족한 것은 학문적 환경에서 개발되고 연구된 행동치료를 제외하고는 대부분의 치료에도 해당된다. 그럼에도 불구하고 유용성에 대한 임상적 관찰과 사례보고는 전략적 모델에 대한 상당한 열광을 계속적으로 일으키고 있다.

결 론

전략적 가족치료 모델은 의사소통이론에서 비롯되어 일반체계이론, 인공두뇌이론을 이론적 근거로 하며, Erikson의 '최면치료'의 영향을 받아 다양한 치료기법들이 발전되었다. 전략적 가족치료자들은 문제를 반복되는 행동의 연쇄과정과 그들이 처한 사회적 상황과 관련지어 규명한다. 따라서 그들의 접근방법은 문제중심적이고 실용적이다. 그들은 인식과 이해를 돕기보다는 가족체계의 변화에 초점을 맞춘다.

Haley의 주된 관심은 권력과 통제이며, 그는 이러한 권력다툼을 치료자와 클라이언트의 치료적 관계로 활용한다. 또한 그는 가족의 의사소통유형과 위계구조에 초점을 맞추며, 치료자의 역할로는 증상을 유발시키는 암유적 의사소통방법을 차단하고, 그 가족에게 적합한 위계구조를 재정립하는 것이다. 따라서 치료목표는 제시된 문제를 해결하기 위하여 지속되는 행동의 연쇄과정을 수정하고 가족원들이 개인의 생활주기에 따라 다음 단계로 나아갈 수 있도록 돕는 데에 있다. 이와 같은 변화를 위해 Haley는 지시를 사용한다. 이러한 지시방법에는 직접적 지시, 은유적 지시, 역설적 지시, 시련기법 등이 있다. 한편 역설적 지시의 다른 형태로서 Madanes에 의해 개발된 위장기법은 환상, 놀이 등을 이용하여 일치되지 않는 가족의 이중적 위계구조를 재구조화시키는 방법이다. 역설적 지시는 가족이 치료자의 지시에 저항하도록 하여 변화를 일으키려는 독특한 방법이다. Haley는 가족에게 준 지시를 통해 가족이 변화되지 말라고 요구하지만, 실제로는 바로 이런 지시가 그 가족이 변화하도록 이끌기 때문에 역설적 지시라고 부른다.

Haley의 전략적 가족치료기법은 단기적 개입이며 초기면접을 강조한다. 치료자가 변화에 전적인 책임을 지며, 상호간의 연쇄적 행동에 관한 객관적인 환류를 받기 위해 공동치료자보다는 일방경 뒤에 있는 관찰팀을 활용한다.

전략적 가족치료모델은 문제해결을 위해 가족의 과거사를 중요시 여기지 않고 현재, 그리고 지금의 상황에서 증상을 이용하여 가족의 위계구조를 재정립하는 데 집중한다. 따라서 이러한 접근방법은 부모의 권위와 체면을 유지하면서 존경을 매개체로 활용하여 가족의 변화를 시도하기 때문에 삼강오륜을 중요시 여기는 한국의 문화적 특성에 적합한 기법이라고 생각한다. 또한 가족의 문제행동을 긍정적으로 재정의하고 가족의 긍정적 측면을 강조하면서 부모의 죄책감을 자극시키지 않는 측면은 아직 가족치료 분위기가 형성되지 못한 한국사회에서 가족 모두가 치료에 참여하도록 유도하기에 활용 가능한 이론이라고 여겨진다. 따라서 보다 체계적이고 계획된 사례적용을 통해 한국 문화적 특성에 맞는 다양한 치료전략들과 지시들의 개발이 필요하다고 생각한다. 이를 위해서는 치료자들이 임상 연구를 수행할 수 있도록 체계적인 훈련과 교육이 필요하며, 아울러 이를 위한 전문적 훈련기관이 마련되어야 하겠다.

참 고 문 헌

Becvar, D. & Becvar, R. (1993), "Strategic Approach" in *Family therapy* (2nd). Allyn and Bacon.

Bodin, A. (1981), "The Interactional View: Family Therapy Approaches of the Mental Research Institute" in Guerin, S. & Kniskern, P. (ed), *Handbook of Family Therapy,* New York: Brunner/Mazel Publishers

Foley, V. (1974), *An Introduction to Family Therapy*, New York: Grune & Stratton.

Goldenberg, I. & Goldenberg, H. (1985), *Family Therapy An Overview* (2nd), California: Brooks/Cole Publishing Company.

__________, (1991), "The Communication/Strategic Approach to Theory and Practice" in *Family Therapy An Overview* (3nd), California: Brooks/Cole Publishing Company.

Haley, J. (1973), *Uncommon Therapy*, New York: W. W. Norton & Company, Inc.

__________, (1976), *Problem-Solving Therapy*, New York: Harper-Colophon Books.

__________, (1984), *Ordeal Therapy*, San Francisco: Jossey-Bass Publishers.

__________, (1990), *Strategies of Psychotherapy* (2nd), New York: The Triangle Press.

Hansen, J. & L'Abate, L. (1982), *Approaches to Family Therapy*, New York : Macmillan Publishing Co.,Inc.

Hoffman, L. (1976), "Breaking in the homeostatic cycle" in P. J. Gverin (ed.), *Family Therapy,* New York: Gardner Press.

__________, (1981), "A Conceptual Framework for System Change" in *Foundation of Family Therapy*, New York: Basic Books, Inc.

Madanes, C. (1989), *Strategic Family Therapy*, San Francisco, London: Jossey Bass Publishers.

__________, (1990), *Behind the One-Way Mirror*, San Francisco, Oxford: Jossey Bass Publishers.

Nichols, M. (1984), "Strategic Family Therapy" in *Family Therapy*, New York: Gardner Press.

Rabkin, R. (1977), *Strategic Psychotherapy*, New York: Basic Books.

Stanton, M. D. (1981), *Handbook of Family Therapy*, Alan S. Gurman, D. D. Kniskern (ed.), New York: Brunner/Mazel Inc.

Tomas, M. B. (1992), "Strategic Therapy" in *An Introduction to Marital and Family Therapy*, New York: Merrill.

Walsh, F. (1982), *Normal Family Process*, New York: The Guilford Press.

제 4 장

체계론적 가족치료 모델 ; 밀란모델 (Systemic Family Therapy ; Milan Model)

이 은 주*

역사적으로 가족치료는 주로 미국에서 발달되었다. 그러나 이태리의 정신과 의사 Mara Selvini Palazzoli는 정신분석적 개인치료로 만족하지 못하고 부부와 가족을 포함하는 다른 종류의 치료방법을 실험하였다. 그와 동료들은 이태리 밀라노의 '가족연구센터'에서 치료와 연구를 하였기에 밀란집단 혹은 밀란팀이라고 불리며, 이들의 모델은 밀란모델, 혹은 밀란학파라고 불린다. 이들은 가족치료의 새로운 패러다임의 혁명적 방법의 창시자로서 인정을 높이 받고 있다(Thomas, 1992, p.387).

밀란모델은 Bateson의 인공두뇌학적 인식론에 대한 연구 프로젝트(1952-1962)에 이론적 기반을 두고 있다. Bateson의 연구에 근거한 가족치료 모델들은 Mental Research Institute의 의사소통/상호작용모델, Haley와 Madanes의 전략적 모델, 그리고 본고에서 다루고자 하는 Mara Selvini Palazzoli가 이끄는 이태리 밀라노에서 발달된 체계론적 밀란모델이다 (Goldenberg & Goldenberg, 1985, p 199). 이 세 모델은 문제에 대한 개념구성이나 접근방법에 상당히 유사한 점이 많다. 그 중에서도 특히 Haley의 전략적 가족치료와 체계론적 모델은 동일시되기도 한다(Laird & Allan, 1983, p.183). 그런 의미에서 Nichols(1984) 및 Gurman & Kniskern(1981)은 가족치료의 모델들에 대한 분류에서 체계론적 모델을 전략적 모델 안에 포함하여 설명하고 있다.

그러나 체계론적 모델은 이들과 공통되는 기반을 공유하면서도 확실히 구별되는 혁신적이고 창조적인 접근법을 개발함으로써, 매우 역기능적인 가족에 대하여 높은 치료효과를 보여주고 있다. 이런 점에서 Thomas(1992)와 Hansen & L'Abate(1982)는 가족치료의 모델 분류에서 체계론적 모델을 전략적 모델과 구분하여 체계론적 모델에 별도의 장을 할애하고 있다.

밀란모델은 Bateson의 순환론적 인식론에 개념적으로나 방법론적으로 가장 일치되는 모델을 정립하였으며, Bateson의 체계이론을 가장 순수하고 구체적으로 적용한 학파이다. 그때문에 이 접근법이 '체계론적' 가족치료라고 불리워지게 된 것이다(Goldenberg & Goldenberg, 1985, p.199; Thomas, 1992, p.389-90). 예를 들어 차이(행위에서의 차이, 관계에서의 차이, 가족원들이 사건을 어떻게 다르게 인지하고 해석하는지의 차이)를 체계론적 관점

* 이화여자대학교 사회사업학과 강사

으로 탐구하려는 노력, 가족원들을 연결시켜 주는 관련성 및 규칙을 알아내려는 노력, 가족게임에 대한 접근 등은 Bateson의 인공두뇌학적 체계이론의 실천적 적용이다. 또한 밀란집단이 개발한 순환적 질문법은 체계이론의 순환성 개념에 의한 기법이다.

이들은 그동안 치료가 어려웠던 사례들, 특히 신경증적 거식증과 정신분열증에 도전하여 가족전체를 클라이언트로 포함시키면서(체계론적 관점), 주로 역설적 기법에 기초한 여러 창조적 기법을 활용하여 빠르고도 극적인 치료적 성공을 거두었다. 본고에서는 가족치료의 전략적 모델과 중복된다고 생각되는 부분은 가급적 생략하고, 밀란모델의 독특한 접근방법에 보다 초점을 맞추어서 기술하고자 한다.

제1절 주요학자에 대한 설명

밀란집단의 가장 대표적 인물은 Mara Selvini Palazzoli이다. 밀라노의 내과의사였던 그녀는 거식증 클라이언트를 치료하기 어렵다는 데에 관심을 가지게 되었고, 전공을 바꿔 스위스로 가서 정신과 의사 및 정신분석가가 되었다. 그녀의 치료기술은 거식증 클라이언트에 대한 치료성공율을 높여 주기는 했지만, 치료에는 여전히 긴 기간이 소요되었고 완전한 치료도 되지 않았기 때문에 만족하지 못했다. 좀 더 효과적인 치료를 위한 노력 과정에서 그녀는 이태리에서 최초로 부부치료와 가족치료를 시행하게 되었으며, 이러한 과정 속에서 밀란집단이 생성되고 발전되었다.

밀란팀의 발전과정의 단계는 다음과 같이 시기별로 구분하여 설명된다(Tomm, 1984a, p.114-17; Thomas, 1992, p.387-89).

제 1 단계 : 1967년 Mara Selvini Palazzoli가 밀라노에 가족연구센터 창설

초기에 이 센터는 거식증 클라이언트에 대한 치료에 있어서 여전히 정신분석적 모델을 사용하였으며, 뉴욕시에서 정신분석 및 정신의학의 훈련을 마친 Lougi Boscolo를 합류시켰다. 아직 가족 전체를 치료에 참여시킬 용기는 없었으므로 가족의 하위체계를 따로 만났다.

제 2 단계 : 1971년경 미국의 단기치료 접근법 적용

1971년에 Mara Selvini Palazzoli는 정신분석으로부터 벗어나서 미국의 Mental Research Institute의 기법을 도입하였는데, 특히 Watzlawick, Beavin, Jackson의 관점 및 기법을 그의 접근에 통합하였다. 그는 정신분석적 훈련을 받은 정신과 의사들과 팀을 만들었는데 이들 4명(Mara Selvini Palazzoli, Luigi Bolcolo, Guiliana Prata, Gianfranco Cecchin)이 바로 밀란집단 혹은 밀란팀으로 알려지게 된 사람들이다. 이 팀은 주로 거식증 클라이언트를 목표집단으로 하여, 나중에는 정신분열증 클라이언트도 포함하여, 가족을 항상적(homeostatic) 체계로 보아 접근하는 독특한 치료법을 개발하였다.

제 3 단계 : Bateson의 연구 적용

그런 연후에 팀은 독자적인 가족치료 방법을 개발하였다. 이 기간인 1975년에 팀은 '역설과 반역설(Paradox and Counter Paradox: A New Model in the Therapy of the Family in Schizophrenic Transaction)'이라는 책을 출간하였는데, 이 책은 그들의 방법을 가장 분명하고 통합적으로 보여주며, 제목 그대로 역설적 처방에 관해서 상세히 설명하고 있다. 이 책은 전세계의 가족치료이론과 실천에 즉각적이고도 꾸준한 영향을 주었다(Freud, 1988, p.363). 이 기간에 Gregory Bateson의 책 '정신생태학의 단계들(Steps to an Ecology of Mind)'이 이 팀의 사고에 깊은 영향을 주었다. 그의 인공두뇌학의 순환성 개념 및 '인식론적 실수'의 개념은 깊은 감명을 주었으며, 이를 기반으로 순환적 질문법이라는 면접 방법이 개발되었다. 이전 단계에서는 가족을 주로 항상적 체계로 보았지만, 이 단계에서는 가족체계를 끊임없이 진화발전하는 것으로 보았다.

제 4 단계 : 1980년 팀이 두 집단으로 분리됨

거의 10년에 걸쳐서 가족치료의 새로운 체계론적 사고를 창출하고 혁신적 개입기법을 창안하였던 밀란팀은 분리되었다. 이들 중 Mara Selvini Palazzoli와 Guiliana Prata는 치료와 연구에 초점을 두었다. 이들은 모든 가족에게 적용할 보편적인 일정한 처방을 개발하는 데에 관심을 기울였다. 예를 들어 부부가 함께 외출하면서 귀가할 시간만을 아이들에게 말해주고 부부가 무엇을 하는지 어디로 가는지는 말해주지 않는 비밀 과업을 주는 처방은 보편적으로 모든 가족에게 긍정적 결과를 가져온다는 데에 흥미를 가졌고, 이러한 보편적 처방의 개발에 노력을 기울였다.

한편 Luigi Boscolo와 Gianfranco Cecchin은 이들과 의견을 달리하여 융통성있는 처방, 즉 가능한 여러 대안적 처방을 각 가족에 맞게 사용해야 한다는 입장을 유지하였다. 이런 입장과 관련하여, 그들은 치료자들을 일방경 뒤에서 두 집단으로 나누어서 이 두 집단 각기 별도로 대안적 가설을 만들고 치료모임이 끝난 후 함께 의논하는 방식을 취하였다. 또한 치료뿐만 아니라 훈련에도 노력을 기울여서 이태리의 북부에서 여름 연수과정을 주관해 왔다.

제 5 단계 : Selvini Palazzoli의 정신병 과정에 관한 연구

Mara Selvini Palazzoli는 성장과 변화를 계속하였다. 최근 그녀는 Prata와 분리하여 따로 소규모의 연구팀과 함께 정신병 사례들에 대한 심층적 연구에 집중하여, 정신병이 어떻게 발전하는지에 대한 모델을 발전시켰다.

밀란모델은 오늘날 이태리 뿐만 아니라 세계의 여러 나라에 보급되었다. 밀란팀은 1977년에 Ackerman Institute의 후원으로 미국을 방문하였으며, 이 모델은 미국에 활발하게 확산되었다. 미국에서 밀란팀 방법의 가장 선구자 겸 대표적 인물은 Lynn Hoffman이며, 그 외 Peggy Penn, Olga Silverstein, Gillian Walker 등도 밀란모델에 기반을 둔 치료를 행하고 있다(Nichols, 1984, p.429). 그밖에 영국에서는 David Campbell과 Rosalind Draper가, 카나다에

서는 Karl Tomm이, 호주에서는 M. White가 이 모델을 시행하고 있는 대표적 인물이다(Freud, 1988, p.376).

제2절 이론적 틀

밀란모델의 이론적 기반은 일반체계이론, 의사소통이론, 인공두뇌학이다(Hansen & L'Abate, 1982, p.146; Laird & Allan, 1983, p.183). 이 세 이론은 상호 긴밀히 연결되어 있으며, 밀란학파는 이 이론들을 매우 논리적인 방법으로 실천에 연결시켰다(Tomm, 1984a, p.117).

밀란모델에 가장 큰 영향을 미친 학자는 이들에게 인공두뇌학이라는 사상적 기반을 제공한 Bateson이라고 할 수 있다. 인공두뇌학은 20세기의 시대정신에서 성장한 인식론으로써, 그 중심원리는 모든 삶, 현상, 조직, 행동유형들의 상호의존성과 상호연결성이다(Freud, 1988, p.360). 이에 기반을 둔 Bateson의 정신병리에 대한 완전히 새로운 해석, 그리고 '행위에는 여러 다른 수준들의 의미가 있다'는 생각은 이 학파에 강력한 영향을 미쳤다(Campbell & Draper, 1985, p.1).

또한 밀란모델은 Palo Alto 집단(특히 Haley 와 Jackson)의 방법과 이론, 그리고 Watzlawick과 그 동료들의 혁신적 사고로부터 깊은 영향을 받아서, 개인보다는 상황(가족)에 초점을 두고 있으며, 규칙지배의 과정을 중요시한다. Haley의 정신분열증 가족을 상호작용적 체계로 보는 연구방법, 그리고 각 가족은 새로운 개입방법을 창조할 필요가 있다는 개념 등은 밀란집단의 사고를 확장하는 데에 공헌하였다. 그리고 밀란모델이 사용하는 긍정적 내포의미(positive connotation)와 재해석(reframing)의 기법은, Montalvo와 Haley가 제안한 바 병리적 아동의 부모에 대한 비난을 피하는 것과 관련된 것이다(Hansen & L'Abate, 1982, p.147).

이러한 기본 이론과 인접학파의 영향을 기반으로 하여 밀란모델은 나름대로의 개념들을 정립하였는데, 이제부터는 이에 대하여 개념 중심으로 간략히 알아보고자 한다.

1. 정신은 사회적이다(The mind is social)

정신현상은 사회현상을 반영한다는 전제에 기반을 두고, 정신적 문제는 사회적 상호작용 유형을 반영한다고 간주한다. Selvini Palazzoli의 입장은, 모든 행동을 그의 감정이나 내면과 연결짓지 말고 가족체계의 행동의 연속과정의 일부로 이해하는 것이 보다 유용하다는 것이다. 부부를 예로 들면, 한쪽은 떠날 준비가 되어 있고 다른 쪽은 의존적이고 결혼에 매달리는 것처럼 보일 때, 이것이 그 개인들에게 내재한 정신적 자질이라고 생각하는 것은 잘못이라고 본다. 이 둘은 같은 게임에서의 공모자이며 각각은 서로의 위치를 규정하므로, 변화는 이 두 사람 안에서가 아니라 관계 내에서 일어나야 한다고 본다(Nichols, 1984, p.459-60).

2. 규칙지배

가족규칙은 밀란모델이 가족기능을 이해하는 데 있어서 중요한 개념이다. 각 가족은 일련의 고유한 규칙들에 의해 유지되고 지배된다. 가족원들은 상당 기간에 걸쳐서 일련의 유사 소통 유형과 규칙을 발전시킨다. 이러한 규칙 및 의사소통의 유형을 Selvini Palazzoli는 '가족게임'이라고 칭하였다(Laird & Allan, 1983, p.183).

3. 의사소통의 원리

밀란모델은 의사소통의 다음 세 원리를 정립하여 발전시켰다. 첫째, 의사소통을 하지 않는 것은 불가능하다. 밀란집단은 이 개념을 활용하여, 가족이 치료자의 지시를 따르는 데에 실패했을 때에도 가족이 지시를 따랐던 것과 마찬가지로 많은 중요한 정보를 제공하고 있다고 본다. 둘째, 의사소통은 두 수준, 즉 내용수준(보통 언어적)과 의미수준(비언어적)에서 일어난다. 셋째, 모든 의사소통 교환은 대칭적이거나 보완적이다.

메시지에 대한 반응은 다음의 세 가지이다. 첫째, '인가(confirmation:나는 너의 메시지를 받았고 나는 너에게 동의한다)', 둘째, '거부(rejection: 나는 너의 메시지를 받았고 너에게 동의하지 않는다)', 셋째, '비인가(disconfirmation: 너는 존재하지 않는다)'이다(Hansen and L'Abate, 1982, p.147). 이에 대하여는 나중에 언급될 '정상적 가족발달' 및 '행동장애 진행' 부분에서 보다 자세히 설명될 것이다.

4. 순환적 인식론

정신적 사건을 순환적으로 인식하기 위해서는 환원주의에서 총체주의로의 사고의 전환이 필요하다. 예를 들어 아내가 우울하면 아이가 말썽을 피우고, 아이가 말썽을 피우면 남편이 화를 내고, 남편이 화를 내면 아내가 우울하다는 식으로 행동의 의도보다는 행동의 결과에 대하여 통합적 이해를 하는 것이다. 그럼으로써 어느 사람에게가 아니라 행동패턴에 관심을 가지게 되므로, 치료자는 훨씬 덜 판단적이 되고 중립적이 된다. 따라서 가족이나 치료자가 변화를 향한 대안을 보다 자유롭게 탐색할 수 있다. 순환적 패턴은 인공두뇌학적 환류의 특색인데, 밀란접근법에서 더욱 복잡해진다. 왜냐하면 치료자도 역시 그 가족의 패턴의 일부라고 봄으로, 가족의 순환적 패턴과 치료자 간에도 순환적 패턴이 있다고 보기 때문이다. 이는 인공두뇌학의 인공두뇌학, 또는 제2의 인공두뇌학이라고 설명된다(Tomm, 1984a, p.119).

5. 시간 케이블

시간은 밀란모델에서 매우 중요한 차원이다. 의사소통이론에 기반한 다른 접근법들처럼 현재 문제가 가족기능을 어떻게 돕고 있느냐를 관찰하고 질문하는 것도 물론 중요하지만, 밀란모델에서는 과거와 미래에도 관심을 갖는다. 시간 케이블이란 문제의 맥락이 시간이 지남에 따라 어떻게 증상과 협동하여 진화하는지를 보여주는 구조이다. 시간에는 다음의 다섯 측면이 있다고 본다. 즉 현재의(지금 여기), 증상발생의(증상이 처음 발생했을 때), 역사적(증상의 발생이전), 미래의(이 문제에 관하여 미래에 무엇이 일어날 것인지), 신화적(종종 세대간의 가족주제) 측면이다. 이 개념은 순환적 질문법에서 활용되는데, 치료자는 시간의 이 다섯 측면에 걸쳐서 각 가족원의 차이점을 질문함으로써 가설을 형성하는 데에 필요한 정보를 얻게 된다. 그럼으로써 차이는 확실히 드러나고, 이를 통해 가족원이 자기의 인지도를 변화시킬 수 있게 된다(Thomas, 1992, p.390-91).

6. 차이

Bateson은 상호작용은 '차이'에 의해서 야기된다는 점을 강조하였다. 차이는 늘 관계이며, 관계는 늘 상호성 때문에 순환적이다. 예를 들어 '한 아동이 공격적'이라는 것은 '그 아동이 다른 아동에 비하여 더 공격적'이라는 것이다. 따라서 인간의 성격적 특질보다는 인간간의 차이를 상황속에서 강조해야 한다고 보는 것이다(Tomm, 1984a, p.119). 이런 맥락에서 Bateson은 차이의 차별, 즉 사건이 어떻게 서로 다른가를 강조했다. 이에 근거를 두고 밀란집단은 차이를 비판적이 아닌 방법으로 지적하는 순환질문법을 개발하였다. 이에 대하여는 추후 언급될 '면접의 3원칙'중의 순환성에서 보다 상세히 설명될 것이다.

7. 진화하는 체계

밀란모델에서는 초기에는 가족을 안정되거나 항상적이라고 보았다가 나중에는 변화하고 진화하는 체계라고 보게 되었다. 이는 개입방법에 큰 차이를 가져왔다. 만약 가족을 안정되어 있다고 보면, 치료는 보다 지시적이 된다. 반면 진화한다고 보면, 병리적인 가족은 다만 어느 점에서 '고착되어' 있을 뿐이라고 보므로, 따라서 치료란 가족이 계속 진화할 수 있도록 증상이외의 다른 '해결책'을 발견하도록 도와주는 것이 된다(치료자의 중립적 입장). 이렇게 볼 때, 변화하는 체계에 대하여 치료가 추구하는 것은 기존의 변화패턴을 변화시키는 것, 즉 '변화의 변화'이다(Tomm, 1984a, p.120-121 ; Tomm, 1985, pp.34-36; Thomas, 1992, p.390).

8. 행위수준과 의미수준

밀란모델은 Russell의 논리적 유형에 대한 Bateson의 변형을 적용하였다. Russell의 논리적 유형에는 '행위'와 '의미'라는 두 수준이 있는데, 의미는 상황으로부터 나온다고 본다. 그러므로 상황 속에서 행위에 의해 보내진 메시지에 특별한 주의를 기울였다. 치료적 변화 역시 의미수준 혹은 행위수준으로 접근한다. 행위는 의미와 연결되어 있기 때문에, 치료자는 행위변화를 가족의 인지도(가족이 세상을 지각하는 방법)의 변화를 통하여 접근한다. 이렇게 볼 때 변화달성에 있어서 정보는 행위보다 중요하다(Thomas, 1992, p.392). 여기에서 정보란, 연결된 자료나 관계와 행위에 있어서의 차이를 보여주는 것(Campbell, Reder, Draper, & Pollard, 1983, p.45)이다.

Tomm은 이러한 변화접근 방법을 직접적 방법(재해석)과 간접적 방법(의식 처방)으로 나누어 설명하고 있다(1984a, p.121). 즉 직접적 방법으로써 긍정적 내포의미 및 순환적 질문법을 통하여 새로운 의미를 체계에 도입하며, 간접적 방법으로써 의식(rituals)을 통하여 새로운 행동을 처방한다. 이렇게 함으로써 가족이 새로운 의미를 자기들 스스로 발견할 수 있도록 의미수준의 변화를 추구할 수 있다. 이렇게 볼 때 변화의 변화는 질적 변화로써, 불연속적 단계로 급격하고 극적으로 일어난다. 이에 대하여는 추후 '기법' 부분에서 보다 상세히 논의될 것이다.

제3절 정상적 가족발달

밀란학파가 다른 학파와 구별하여 정상적 가족을 특별히 어떻게 특징적으로 개념화했는지에 대하여는 명확한 설명이 없다. 대별할 때 밀란학파는 전략적 가족치료모델에 포함될 수 있으므로, 여기에서는 전략적 가족치료모델에서 정상적 가족발달에 대하여 어떻게 보는지에 대하여 우선 살펴보고자 한다.

가장 특징적인 것은 전략적 가족치료자들은 인간의 다양성을 너무나 존중하기 때문에 정상적 가족생활의 유형을 분명히 기술할 수 없다고 본다는 것이다. 따라서 이들은 정상적 가족발달이나 건강한 가족보다는 역기능적 가족에 대하여 더 많이 기술하고 있다. 즉 그들은 정상가족에 대한 명확한 개념 규정보다는, 가족의 증상이 어떻게 발달하는가, 그리고 이를 어떻게 하면 피할 수 있는가를 논의한다. 이를 통해 정상가족과 역기능적 가족을 비교함으로써, 정상가족에 대한 개념을 간접적으로나마 언급하고 있다(Stanton, 1981, p.363; Nichols, p.1984, p.436). 이들의 논점을 간략히 기술하면 다음과 같다.

첫째, 우선 전략적 치료자가 정상적 가족과 역기능적 가족의 차이를 가장 명확히 설명한 분야는 가족의 발달적 생활주기이다. 정상적 가족은 가족발달주기상의 과도기나 일상생활의 어려움에 있어서 상호작용을 수정하여 잘 적응할 수 있는데 반하여, 역기능적 가족은 자기를 변형시켜서 다른 기능 방법을 향해 돌연한 비약을 하기가 어렵다고 본다(Stanton, 1981, p.363-64; Thomas, 1992, p.393).

둘째, 밀란모델의 견해로는, 정상적 의사소통의 기반은 수준들간에 일치하는 메시지를 보내는 것, 그리고 받는 사람이 이를 인가하거나 거부하는 것이 융통성있게 이루어지는 것이다. 건강한 의사소통은 '인가'와 '거부'사이를 융통성있게 왔다갔다 한다. 정상적 가족에서의 관계는 보완적일 수도 있고 대칭적일 수도 있으며, 그들은 이를 이해하고 받아들인다는 점이 강조된다. 이렇게 볼 때 정상적 가족은 차이, 연합, 심지어는 세력투쟁도 인정하고 참아낼 수 있다. 반면, 병리적 가족은 가족신화에 거슬리는 어느 상황도 감추고 신비화한다고 본다

(Selvini Palazzoli et al., 1978, Paradox and Counterparadox를 Nichols, 1984, p,436에서 재인용; Hansen & L'Abate, 1982, p.147-49).

셋째, 세대간의 위계질서의 중요성에 대하여는 Haley와 밀란모델 사이에 의견 차이가 있다. Haley는 구조적 가족치료모델에서처럼 정상적 가족은 부모세대와 자녀세대 사이의 경계를 존중하며 가족의 위계구조를 강조하고, 세대간의 은밀한 연합은 피해야 한다고 본다. 반면 밀란모델에서는 가족 연합을 개방적으로 인정하는 것이 필요하다고 본다(Nichols, 1984, p,436).

제4절 행동장애 진행

1. 규칙지배의 측면

앞에서 살펴본 바와 같이, 밀란모델에서는 가족원의 증상은 그 체계(가족)에 그순간 최선의 가능한 방법으로 봉사하는 것으로 본다. 도대체 그렇다면 역기능적 가족은 자기 성원을 희생시키지 않고도 기능할 수 있는 좋은 방법을 왜 가질 수 없는 것일까?

이에 대하여 밀란집단은 가족 '규칙'의 개념으로 그 대답을 찾는다. 즉 가족규칙이 너무 완고하여 가족이 자연스러운 변환점을 협상할 수 없거나 규칙에 대한 메타커뮤니케이션을 할 수 없는 경우에 가족은 역기능적이 된다(Martin, 1985, p.16). 전통적으로 '병리적'이라고 진단된 성원이 있는 가족은 병리적인 상호작용과 규칙으로 유지된다고 할 수 있다. 그렇다면 개인의 병리적 행위는 단지 가족의 병리적 교호작용이나 병리적 '가족게임'의 일부일 뿐이다. 그 파괴적 반복적 연속작용 속에서 가족원 중 아무도 가족의 자기영속적인 '게임'으로부터 벗어날 수 없다.

2. 의사소통/ 상호작용의 측면

의사소통에 있어서 가족원간의 주요 반응양식(게임의 의사소통유형)이 만약 '거부'라면, 가족은 완고하게 '대칭적'이 된다. 거식증 가족의 경우에서 많이 발견된다. 만약 주요 반응양식이 '비인가'라면 가족은 완고하게 고착되고 변화에 저항적인 병리적 의사소통 체계를 발달시킨다. 정신분열증 가족의 경우에서 많이 발견된다. '비인가'의 경우 가족의 주요 규칙은 아무도 관계를 규정하지 않는다는 것이며, 관계는 항상 의사(pseudo)보완적이고 의사(pseudo)대칭적이다. 이렇게 볼 때 밀란집단의 생각은 Haley의 개념, 즉 정신질병의 모든 형태(역기능적 증상)는 자기 가족의 일탈적이고 비논리적인 의사소통 규칙에 대한 적응의 결과라는 개념과 공통된다. 결과적으로 밀란집단은 아동이 보이는 문제는 거의 모든 사례에서 부부관계 문제의 표현이라고 본다(Hansen &, L'Abate, 1982, p.148-49).

3. 시간의 흐름에 따른 정신병의 발달 모델

Selvini Palazzoli는 정신분열증 가족과 거식증 가족에서 병리가 발달되는 게임의 과정을 최근 다음과 같이 정리하였다(Thomas, 1992, pp.392-93).

1) 정신분열증 및 다른 정신병 클라이언트 가족의 경우:

① 결혼생활에서의 교착상태가 발달한다(양 배우자 중 하나는 능동적이고 하나는 피동적이며, 영원히 서로 도전하지만 결코 명확한 교환이나 협상을 통해서 싸움을 일소하지 않음)

② 아동이 은연중의 유혹 및 모호한 약속을 통하여 게임에서 수동적인 부나 모의 볼모가 된다.

③ 아동은 능동적 부모에게 이상한 행동을 나타낸다. 이는 수동적인 부나 모가 능동적 배우자에게 어떻게 반항해야 할지를 보여주는 수단으로써 기능한다.

④ 수동적 부나 모는 능동적 배우자와 함께 아동을 벌하는 데에 참여한다. - '방향전환(volte face)'

⑤ 아동은 수동적 부나 모가 진실로 자기에게 관심이 없었다는 것을 깨닫고 이를 배신으로 느끼며, 정신병적 행위로 응답한다.

⑥ 각 부부는 개별 전략을 고안함으로써 아동의 증상을 중심으로 조직된다. 이는 게임의 진행을 유지시키고 부부의 만성적 교착상태를 강화시킨다.

2) 거식증 클라이언트 가족의 경우:

교착상태는 거식증 클라이언트의 부모의 결혼생활에서도 나타난다. 가장 흔한 경우는 바가지 긁는 아내 및 이에 부적절하게 반응하는 말없는 남편, 혹은 지배적인 남편과 자신을 순교자로 생각하는 아내이다. 양쪽 경우 다 아내는 아버지의 역할을 적절히 수행하지 못한 남편에게 분노를 품고있다. 아무도 가족의 지도자 역할을 맡지 않고, 상대방이 가족을 대표하여 행동하기를 기대하지 않는다. 또한 가족원은 관계에 대한 어떠한 제안도 거절한다. 거식증의 발전과정의 6단계는 다음과 같다.

① 부모가 교착상태의 게임을 한다.

② 아동(주로 딸)은 엄마와 특별히 같은 편이 됨으로써 혹은 아버지의 귀염받는 딸이 됨으로써 부모의 게임의 볼모가 된다.

③ 딸은 엄마로부터 버림받고 나서 아빠에게 간접적으로 유혹받는다. 혹은 은연중에 근친상간적 태도로 계속 아빠의 사랑스런 아이로 남아있는다.

④ 딸은 자기를 정서적으로 유기한 엄마와 달라지기 위하여, 혹은 엄마에게 반항하는 수단으로 다이어트를 시작한다.

⑤ 아빠는 엄마와 연합한다-방향전환-그리고 딸은 부모에게 반항하기 위하여 더 적게 먹는다.

⑥ 가족원은 체계를 유지하기 위하여 고안된 전략을 사용한다. 병리적 가족에서 아동과 부모간의 특별한 관계는 오직 상대 배우자의 관심과 애정을 끌기 위한 방법일 뿐이다.

제5절 치료목표

앞에서 살펴본 바와 같이, 밀란모델에서는 문제행동을 유지하는 병리적 상호작용은 기본적 규칙의 지배를 받는다고 본다. 따라서 전통적 치료는 게임을 하는 '사람'을 변화시키려고 하는 반면, 밀란모델은 게임의 '규칙'을 변화시키려 하는 것이다. 그러므로 치료의 목표는 확인된 클라이언트를 체계가 더이상 필요로 하지 않으며 더이상 게임을 안해도 되도록, 체계를 '변형'시키는 것이다. 즉 치료의 목표는 반복되는 행동유형을 관찰함으로써 체계의 규칙을 식별하고 게임을 밝혀내어 규칙을 변화시킴으로 체계를 변화시키는 것이다(Hansen & L. Abate, 1982, p.148; Laird & allan, 1983, p.183-84; Goldenberg & Goldenberg, 1985, p.201).

만약 중심되는 기본적 가족규칙을 하나라도 변화시킨다면, 병리적 행위는 재빨리 사라질 수 있을 것이다. 여기에서 중요한 것은, 반복되는 병리적 항상적 유형을 관찰함으로써 중심점(nodal point)을 찾는 것이다. 중심점은 체계의 유지에 필수적인 기능들이 가장 많이 수렴하는 점으로써, 가족 나름대로의 잠정적 해결책이다. 만약 중심점을 향해 개입하면 최소의 에너지로 최대의 변화를 체계에 일으킬 수 있기 때문에 중심점은 개입의 표적이 된다(Hansen & L'Abate, 1982, p.148; Laird & Allan, 1983, p.185).

다음은 거식증 딸을 가진 부모와의 면접에서 나타난 중심점의 예이다.

> "모 : 나는 우리 딸이 미니스커트를 입도록 절대 허용하지 않아요. 아이 아빠가 미니스커트를 싫어한다는 것을 저는 알기 때문이지요. / 부 : 저는 언제나 제 처를 후원해 왔지요. 제 처에 반대한다는 것은 옳지 않다고 느끼거든요(Selvini Palazzoli, 1978, p.208을 Goldenberg, 1985, p.201-202에서 재인용)."

여기에서 이들의 고유한 규칙은 부모 각각이 가족의 지도권을 주장하면서도 동시에 이를 부인하는 것이며, 이것이 중심점이라는 것을 알 수 있다. 따라서 이 규칙이 개입의 표적이 된다. 어떤 규칙을 변화시켜야 하느냐에 대한 선택과정, 즉 중심점을 찾는 과정은 점진적인 가설성립을 통해서 발전된다. 따라서 밀란접근방법에서 정확하고 올바르게 목표된 가설을 세우는 일은 잘 조직된 개입을 위하여 필수적이다(Martin, 1875, pp.15).

이렇게 가족체계 내의 패턴 및 규칙을 변형시킨다는 일반적, 보편적 목표는 가지고 있지만, 밀란모델의 치료자는 특정한 목표를 주장하지 않는다. 따라서 치료목표는 가족과 협상되지 않는다. 변화를 달성하는 방법은 가족의 인식론(가족원이 가진 인지도)을 바꿈으로써 그들이 변화에 대해 자유롭도록 해주는 것이다. 즉 가족이 문제를 해결할 수 있는 자기자신의 방법을 발견하도록 하는 것을 목표로 하고 있다(Thomas, 1992, p.392-93; p.415). 이러한 목표는 단기전략적 가족치료에서의 목표인 행동변화와 다르다.

가족은 종종 구체적 충고나 지시를 원하지만, 밀란모델에서는 가족의 이러한 희망을 따르는 것을 치료적 실수라고 본다. 왜냐하면 이미 친구, 친척, 다른 전문인들이 충고나 지시를 많이 했지만 효과가 없었을 것이기 때문이다. 그러나 충고나 지시를 하지 않는 보다 중요한 이유는, 지시는 가족의 자율성을 침해하고 자유를 속박하기 때문이다. 밀란모델의 목표는 가족의 자율과 자유를 강화하는 것이다. 또한 가족의 생활주기상의 과도기에 있어서 그들이 증상 말고 다른 해결책을 발견하는 능력, 자유로이 변화할 수 있는 능력을 강화시키는 것이다. 이렇게 되면 치료자는 중립적 입장을 견지하며, 여기에 가족의 저항이 있을 수 없다(Tomm, 1984b, p.264). 이에 대해서는 면접의 3원칙 가운데 '중립성' 부분에서 계속 설명될 예정이다.

또한 밀란모델에서는 발생하는 것을 가족에게 해석해주지 않는다. 왜냐하면 통찰력의 발달은 변화가 발생한 다음 일어날 수 있다고 보기 때문이다. 오히려 의식(consciousness)이 변화보다 앞서면 가족의 의식이 저항에 활용될 수 있기 때문에 변화에 저항할 수 있다고 본다. 이런 점에서 볼 때, 밀란팀은 치료적 접근을 짧은 시간 내에 응축시키고자 한다. 그들이 추구하는 변화는 투약이 아니라 수술과 같다고 여겨진다(Nichols, 1984, p.459).

제6절 행동변화의 조건

밀란모델은 다른 모델들에 비하여 치료의 진행이 독특하다. 또한 면접의 3원칙은 밀란모델의 특징의 기반이다. 이는 행동변화의 조건과 관련되므로, 여기에서는 이에 관하여 살펴보고자 한다.

1. 치료의 진행

1) 매 치료모임의 구성

매 치료모임이 일방경과 팀 접근을 활용하여 다음의 표준화된 5단계로 실행된다는 것은 밀란모델의 특징이며, 이들의 주요 공헌 중의 하나일 것이다. 이는 '가족과 치료자(들)이 다 하나의 체계'라는 밀란팀의 믿음을 재확인시켜 주는 것이다(Tomm, 1984b, p.253).

(1) 밀란팀은 처음에 전화로 접수를 받으면, 여기에서 얻은 정보 및 논점을 첫 면담 전에 전체 팀과 토의한다. 이와 유사하게 팀 회의는 치료모임 전마다 매번 열리는데, 여기에서 치료자들과 관찰자들은 지난번 면담을 돌이켜보고 다음 면담의 전략을 계획한다.

(2) 실제 치료모임에는 보통, 함께 살고있는 가족 전부가 참여하며, 치료자는 1명이나 2명(보통 남성과 여성)이 참여한다. 여기에서 구체적 정보 및 가족의 상호작용 스타일이 평가된다. 반복적 유형은 비밀 규칙이 있다는 것을 나타내는 것이다.

(3) 치료모임 동안 팀의 나머지는 일방경 뒤에서 치료의 진행을 관찰한다. 모임 중에 때때로 관찰자들은 치료자를 불러내어 제안을 하거나 의견을 나누고 치료의 진행을 논의할 수 있다.

(4) 이러한 전략회의가 끝나면, 치료자는 다시 가족에게 돌아가서 간단한 의견을 말하고 가족이 떠나기 전에 과업을 준다. 과업은 보통 역설적 처방이다.

(5) 치료모임이 끝난 후 이번 모임에 대하여 팀 회의를 갖는다(Hansen and L'Abate, 1982, p.153-54; Stanton, 1981, p.382; Tomm, 1984b, pp.253-57).

2) 접수과정

접수과정에서의 밀란모델의 특징은 전화기록이 중요한 사정도구가 된다는 것이다. 따라서 비서가 전화접수를 받지 않고 반드시 치료자가 받는다. 또한 접수시 통화시간을 극도로 제한하는 다른 많은 모델들과는 달리, 밀란모델에서는 통화시간이 최소한 15- 30분이다. 그 이유는 가족이 처음에 정보를 어떻게 주는가, 전화한 이유를 무엇이라고 설명하는가, 목소리 및 태도가 어떠한가 등에 대한 정보가 가족문제 및 추후 그들의 반응에 대한 초기 가설을 세우는데, 또 첫 면접에 누구누구(예를 들어 확대가족의 성원)를 포함할지를 결정하는 데에 중요한 단서가 되기 때문이다(Tomm, 1984a, p.122; Thomas, 1992, p.395).

3) 의뢰원(다른 정신건강 전문인이나 기타 사회관계에서의 사람들)과의 관계

다른 모델과는 달리 밀란모델은 치료자와 의뢰원과의 관계에 각별한 관심을 기울인다. 밀란모델이 주장하는 바는, 첫 치료모임에서 가족이 왜 여기에 의뢰되어 왔는지, 의뢰원과 가족과의 관계는 어떠하였는지(즉 가족에서의 의뢰원의 역할), 의뢰원은 치료팀으로부터 무엇을 원하는지에 대하여 가족과 논의하는 데에 상당시간을 할애해야 한다는 것이다. 왜냐하면 치료자와 의뢰원 모두가 가족과 한 체계라고 보기 때문이다(Staton, 1981, p.385).

4) 치료모임의 빈도와 횟수

밀란집단은 이 점에 있어서 매우 구체적이고 명확하다. 이 접근법은 '길고도 짧은 치료'라고 일컬어진다. 왜냐하면 비교적 적은 횟수로 만나기 때문에(일반적으로 약 10회로 계약함) 짧다고 말할 수 있지만, 간격이 약 한달이므로 치료기간은 거의 1년이라는 긴 기간이 소요되기 때문이다. 이렇게 한달이라는 긴 간격을 가지게 된 이유는 원래 많은 가족이 치료를 위하여 밀라노에 오려고 먼 여행을 해야 했으므로 더 자주 오는 것이 힘들었기 때문이었다. 그러나 치료팀은 자신들의 개입방법(대체로 역설적 처방의 형태)이 성과를 보는 데에는 결과적으로 이러한 긴 간격이 보다 효과적이라는 것을 알게 되었다. 왜냐하면 가족규칙의 변화과정은 연속적으로 일어나므로, 어떤 변화가 체계 전체에 연속적으로 파급되어 후속변화가 통합되기

위하여는 시간이 필요하기 때문이다. 이 간격기간을 '부화(incubation)'기간이라고 할 수 있다. 이 한달의 간격동안 가족이 원한다 해도 치료자와 접촉하는 것은 억제된다. 왜냐하면 가족이 더 자주 만나기를 요청한다는 것은 가족이 빠른 변화를 겪고있음을 의미하며, 따라서 치료자와의 만남을 통해서 이전 개입의 효과를 무효화시키려고 시도한다고 보기 때문이다. 밀란팀은 가족의 '게임'이나 '규칙'에 굴복하지 않으려 단호하게 노력한다(Stanton, 1981, p.383; Laird and Allan, p.185; Tomm, 1984a, p.122-23).

2. 면접의 3원칙

밀란집단의 가족면접에는 세가지 원칙이 있다. 이 세 원칙은 인공두뇌학에 이론적 기반을 둔 실천적 측면으로써, 서로 긴밀하게 연결되어 있다(Hansen & L'Abate, 1982, p,157; Goldenberg & Goldenberg, 1985, pp.202-203; Martin, 1985, pp.12-13; Nichols, 1984, pp.460-61; Selvini Palazzoli et al., 1980; Tomm, 1984b, pp.257-63).

1) 가설 세우기(hypothesizing)

가설이란, 왜 일이 이렇게 되었으며 왜 가족체계는 이렇게 행동하는지에 대한 추정에 기초를 둔 설명이라고 정의된다(Campbell, 1983, p.44). 가설은 가족으로부터 나오는 정보를 조직하고 왜 증상행위가 이 가족에서 이 시점에 나타났는지를 이해하는 것을 돕는다. 만약 첫 면담전에 가설을 미리 수립하지 못하고 면담에 임하면, 치료자는 수동적인 정보수집자 밖에 되지 못하며, 가족나름의 상황해석이 치료자에게 주입될 수 있다. 이러한 일이 일어나는 것을 방지하기 위하여 팀은 면담 전에 계획 회의를 갖고 가설을 개발한다. 가설을 세우는 근거는 전화접수에서 얻은 정보, 인터뷰 중 나타난 행동(특히 상호작용유형), 유추(analogic)자료(가족이야기, 은유, 비밀, 단서) 및 팀의 이전경험이다. 가설의 목표는 가족에 대한 '진실'을 밝히려는 것이 아니라, 가족에 대하여 팀이 그 순간 만들 수 있는 가장 '유용한' 설명을 해보는 것이다(Tomm, 1984b, p.258). 가설은 하나만 있는 것이 아니라 많은 대안적 가설이 있을 수 있다. 일단 가설이 성립되면, 치료자는 가설을 가족원에게 직접적으로 말하지 않는다. 대신 치료자는 가설을 확인하거나 다른 가설을 만들기 위해 많은 질문을 한다. 가설이 맞는지를 알아보기 위한 첫번 단계는 문제에 대한 가족 자체의 가설, 즉 가족이 자신들의 현 상황을 어떻게 설명하는지를 알아보는 것이다. 많은 경우 가족의 가설은 단선적이므로, 치료자는 이를 순환적 전체 상황으로 연결시켜 보려 노력한다(Tomm, 1984b, pp.258-59; Ugazio, 1985). 만약 가설이 틀린 것으로 판명되면, 추후 면담에서 수정될 수 있다.

2) 순환성(circularity)

순환면접은 정보, 차이, 순환성을 강조하는 Bateson의 생각에 기반을 두고 있으며 순환적 인과론의 실천적 표현이다(Thomas, 1992, p.391-92). 순환적 질문의 두가지 근본 가정은 첫째, 정보는 차이에 있으며 둘째, 행동의 의미는 그 상황에서 파생된다는 것이다(Tomm, 1984b, p.259). 순환적 면접은 문제를 개인의 증상 문제로부터 각 성원이 서로 관계하는 방법의 문제로 재개념화하며(Hartman & Laird, 1987, p.584), 이를 통해 치료자는 가족을 직접적으로 심문하거나 도전하지 않고도 관계를 깊이 탐구할 수 있다. 치료자는 이미 세운 임시가설을 중심으로 하여 어느 한사람에게 너무 많은 시간을 보내지 않도록 주의하며, 각 성원에게 질문을 함으로써 상호작용의 원을 그려본다.

Tomm은 순환적 질문을 다음의 4가지 유형으로 분류하여 설명하고 있다(자세한 설명과 질문들의 예는 Tomm, 1984b, pp.259-62를 볼 것).

(1) 차이에 관한 질문: 이는 모든 질문의 기본틀을 구성하는 효과적인 진단 및 치료기법으로써, 사건 및 관계에 대한 지각의 차이를 말해준다. 우선 '공간의 차이에 관한 질문'에는 사람간의 차이, 관계간의 차이, 생각·지각·가치·믿음의 차이에 관한 질문 등이 있다. 또한 '시간의 차이에 관한 질문'에는 과거의 다른 시점에서의 어떤 사건 간의 차이, 과거와 현재의 차이, 현재와 미래의 차이, 미래의 다른 시점에서의 어떤 사건 간의 차이에 관한 질문이 있다. 현재와 과거에 대해서 같은 사람에게 같은 질문을 함으로써 논리적인 원주(arcing)의 효과를 만드는 것이 중요하며, 이러한 과정은 가족원이 차이를 통합하는 것을 도와준다(Thomas, 1992, p.402).

(2) 가설적 질문: 미래지향적 질문을 가설적 질문이라고 한다. 이는 가족이 의미와 행동에 있어서 대안적 가능성을 생각하도록 자극하는 데에 특히 유용하다. 미래는 아직 일어나지 않았으므로, 미래에 관한 질문은 창조성을 허용해 주며 의사소통에서의 가족규칙을 따르지 않는다. 따라서 미래에 관한 질문은 고착된 가족원을 개방시켜 줄 수 있다. 또한 어떤 논점에 대한 생각의 일련의 차이에 순서를 매기도록 하는 질문도 할 수 있다. 다른 성원에게는 그 사람의 순서매김에 대한 동의 여부를 물을 수도 있다(Tomm, 1984b, p.260).

(3) 행동의 효과에 관한 질문: 이는 가족원의 상호작용과정 중의 행동 간의 연결성 및 연속과정에 관한 질문이다. 이러한 질문의 초점은 관찰된 '행위' 및 이에 대한 가족원의 '반응'(순환적 역동접근)에 있지, 의도나 느낌(심내적 접근)에 있지 않다(Nichols, 1984, 461). 질문은 임의로 물어보는 것이 아니라 논리적 순서로 물어본다. 이런 방식으로 얻은 정보는 개입이 이루어질 수 있도록 상호작용의 순환의 원을 완성하는 것을 목표로 한다.

(4) 3인군 질문: 이는 밀란 스타일의 면접에서 매우 특질적인 것으로써(Martin, p.120; Tomm, 1984b, p.261), 한 사람(제3자)에게 다른 두사람간(2인군)의 관계에 대해 '그 두사람이 있는 자리에서' 물어보는 것이다. 이러한 질문을 통하여 제3자는 2인군의 참여자보다 이들에 대하여 객관적인 기술을 할 수 있으며, 2인군이 자기들의 행동을 방어해야만 하는 상황에 놓

이지 않게 함으로써 저항을 최소화하여 준다(Stanton, 1981, p.373). 또한 3인군 질문은 3인군의 역동도 밝혀준다. 만약 아이에게 부모의 관계에 대하여 물었을 때, 아이가 "엄마와 아빠는 말다툼을 많이 해요. 왜냐하면 아빠가 항상 집에 늦게 오기 때문이지요"라고 한다면, 아이는 부모의 관계에 관해서, 그리고 세대간의 연합에 관해서 말하는 것이다(Nichols, 1984, p.461). 3인군 질문의 변형으로 '마음읽기' 질문도 있는데, 어떤 가족원이 침묵을 지키거나 그 자리에 참석하지 않은 경우, 다른 사람에게 그 사람이 무슨 말을 했을 것 같은지를 생각해 보라고 요청하는 것이다.

이밖에도 순환적 질문의 변형은 끝없이 많다. 여기에서 주의해야 할 점은 너무 많은 질문은 가족이나 치료자를 혼란스럽게 할 수 있다는 것이다. 따라서 가설의 인도를 받아야 한다. 왜냐하면 가설은 치료자의 질문패턴에 질서와 일관성을 주기 때문이다(Tomm, 1984b, p.261).

이와 같은 Tomm의 분류와는 다른 방식으로, Thomas는 Iowa대학의 Fleuridas, Nelson, and Rosenthal의 순환적 면접에 대한 안내를 소개하고 있다. 이들은 순환적 질문을 크게 ① 문제 규정, ② 상호작용의 연속과정 ③ 분류/비교, ④ 개입의 네 영역으로 분류하여 각 영역마다 현재, 과거, 미래/가설에 관한 시간차원의 질문으로 다시 나누고, 각 시간 차원마다 차이, 동의/비동의, 설명/의미에 관한 질문으로 분류하여, 이들을 상세히 설명하고 있다 (Thomas, 1992, pp.402-410 참조).

3) 중립성(neutrality)

중립성의 원칙이란 가족과 관련된 치료자의 태도 혹은 일반적 행동패턴이며, 가족을 안정된 체계가 아닌 진화하는 체계로 보는 인공두뇌학적 인식론에 기반을 두고 있다(Thomas, 1992, p.394). 중립적 입장이란 아무도 비난하지 않고 다만 현재 체계가 어떻게 그러한지를 이해하려 할 뿐이다. 그러나 이는 비활동이나 무관심, 냉정, 무시 등을 내포하지 않는다. 치료자는 통제되고 지성적이고 분석적인 입장을 취하며, 개인 감정이 섞이지 않은 매우 진지한 태도로 면담을 진행한다.

Tomm에 의하면, 중립성에는 다음의 세 차원이 있다(1984b, pp.262-263).

(1) 사람에 대한 중립성: 이는 가족원 중 누구와도 연합 맺는 것을 피하고자 하는 노력을 말한다. 중립성의 순수한 결과는 가족의 어느 누구도 편들지 않고 아무도 비난하지 않으며 가족 모두가 체계 유지에 공헌하고 있다고 보게되는 것이다. 치료팀은 자기 느낌이 어떻든지 간에 가족원 간에 균형잡힌 지지를 보인다(Nichols, 1984, p.461). 그러므로 구조적 가족치료자처럼 체계의 균형을 깨기 위하여 전략적으로 일부 성원과 '합류'하지 않는다. 이러한 중립적 입장으로 인하여 치료자는 순환적 질문법을 통해서 가족에 보다 쉽게 영향을 미치며 (Thomas, 1992, p.394), 변화달성에 있어서 '가족게임'에 말려들거나 무능해지지 않고 최대한의 힘을 발휘할 수 있게 된다(Goldenberg & Goldenberg, 1985, p.202).

(2) 생각, 믿음, 목표 가치에 대한 중립성: 치료자는 가족과 어떤 가치에 대해서는 공감하거나 반감을 가지므로 이 차원의 중립성을 지키기는 어렵다. 그러나 일단 가족이 이야기하는 모든 것을 들어주는 차원으로, 또한 가족이 믿는 가치(예를 들면 말다툼은 나쁘다)에 순환적 질문을 통하여 간접적으로 도전하는 차원으로 중립성을 달성할 수 있다.

(3) 행동변화에 관한 중립성: 앞의 치료목표에서도 살펴보았듯이, 치료자는 가족을 위해 구체적 목표를 세우지 않는다. 물론 치료자는 인간을 돕기를 원한다. 그러나 치료자가 가족의 변화에 과도하게 개입하면 오히려 가족의 변화능력이나 치료성과에 부정적 결과를 초래한다고 본다. 그러므로 밀란모델의 목표는 초변화(metachange), 즉 변화의 변화이다. 다시 말해서 가족의 변화능력을 변화시키는 것, 즉 변화를 향한 가족의 자유를 강화시키는 것이다. 이는 가족은 변화하지 않을 자유도 가져야 한다는 의미를 내포한다. 중립성이 의미하는 바는 치료자가 구체적 행동결과에 대하여 동의하거나 반대하는 의견을 가지는 것을 피한다는 것이다. 만약 치료자가 지시적이라면 가족이 치료자에 저항할 우려가 있는데, 중립적이라면 가족은 저항할 것이 없는 것이다. 치료자는 가족의 구체적 행동을 규정하지 않으며 가족이 자기 치유능력을 발견하고 가족 나름의 해결책을 발견하도록 돕는다. 왜냐하면 중립적 입장의 치료는 가족의 인지도를 변화시켜서 자유로이 패러다임을 변화시키도록 해주는 것이기 때문이다. 이렇게 볼 때 '치료자는 누구편인가?', '치료자는 무엇이 옳다고 생각하는가?', '치료자가 우리 가족에게서 바라는 변화는 무엇인가?'에 대하여 가족이 답할 수 없을 때, 치료자의 중립성은 성공적으로 달성된 것이다.

제7절 기법

밀란팀은 그들의 트레이드 마크라고 할 수 있는 매우 독창적 기법을 고안하였다. Tomm은 이 기법들을 크게 '재해석'과 '의식'의 두 영역으로 분류한다(Tomm, 1984b, p.264). 여기에서는 이러한 분류를 기반으로 하여 그 내용을 설명하고자 한다.

1. 재해석(긍정적 내포의미)

본질적으로 병리적 가족체계 내에는 역설이 존재하며, 가족은 이미 치료자에게 역설적으로 접근한다. '우리 가족내의 이 사람은 문제가 있지만, 우리 가족은 아무 문제가 없어요', 또는 '이 아이의 증상을 변화시켜 주시오, 그러나 우리 가족은 변화시키지 마시오'라는 가족의 메시지는 바로 가족의 모순적 패턴, 즉 역설이다. 이 두가지 의미, 두가지 요구는 동시실현이 불가능한 이중구속 메시지이므로 가족치료자는 역설적 상황에 놓이게 된다.

이 혼란스러운 규칙(역설)을 변화시키려는 노력과정에서 만약 치료자가 직접적인 개입을 한다면, 이는 저항을 야기하기 쉽다. 왜냐하면 가족은 자기네 규칙에 대한 도전을 물리치려고 하기 때문이다. 따라서 밀란모델에서는 이러한 역설은 치료적 이중구속, 즉 반대역설(counterparadox)에 의하여만이 해소될 수 있다고 본다. 즉 가족의 역설에 대하여 치료자는 반대역설로 대응하는 것이다(Stanton, 1981, p.384; Hansen & L'Abate, 1982, p.151;Laird and Allan, 1983, p.185). 반대역설이란 본질적으로 가족체계에 존재하는 역설에 대한 메타커뮤니케이션으로써, 가족의 병리적 역설에 대한 확인, 승인, 처방이다. 반대역설은 구체적으로 증상에 대한 재해석과 증상처방의 기법으로 표현된다.

재해석이란 증상 및 다른 가족원의 행동의 의미를 다시 해석하는 것인데, 주로 긍정적 내포의미의 형태를 띄고 있다. 즉 증상의 의미를 '만약 그 증상이 없었다면 일어났었을 훨씬 더 위협적이고 침울한 다른 문제에 대한 해결책'이라고 '긍정적' 혹은 '좋은' 것으로 의미부여하는 것이다. 이는 가족에게는 매우 놀라운 일이 된다. 전에 다른 종류의 치료를 받아보았던 가족은 긍정적 내포의미를 사용한(즉 증상의 기능적이고 바람직한 면을 인정하여 준) 치료자에 대하여, 자기들 및 자기들의 대단한 투쟁을 진정으로 '이해해 준' 최초의 사람이라고 느낀다(Stanton, 1981, p.377). 이에 따라 변화를 일으키려는 침입자(치료자)에 대한 가족의 방어태세가 수그러지게 된다. 가족은 자율적으로 행동하고 밀란팀은 이 자율을 존중한다. 따라서 가족의 저항 없이 가족의 병리적 게임의 고유한 규칙(역설)을 깨뜨리게 된다. Haley와는 달리, 밀란모델에서는 저항과 도전을 야기하는 처방을 내리지 않는다. 처방은 증상에 대한 비난보다는 명백한 승인으로 나타나므로, 가족이 '그들 자신'의 해결책을 찾는 것을 돕는다. 긍정적 내포의미의 가장 큰 기능은 가족의 저항을 야기시키지 않고 변화를 향한 가족의 힘(모든 살아있는 체계에 본질적으로 존재하는 변화능력)을 활성화할 수 있다는 것이다. 그렇지 않다면 가족은 분개하거나, 부정적이 되거나, '우리는 완전히 실패했습니다' 유형의 우울증적 책략으로 치료자를 무력하게 만들 것이다(Hansen & L'Abate, 1982, p.147).

이러한 긍정적 내포의미는 체계론에 바탕을 둔 전략적 접근방법에서, 많은 가족치료자들이 사용하고 있지만, 특히 밀란 팀이 이를 창조적으로 적용하였다(Stanton, 1981, p.396; Hartman and Laird, 1986, p.584). MRI의 단기 가족치료방법과 다른 점은 MRI에서는 가족이 시도했던 해결책을 문제라고 간주하는 반면, 밀란모델에서는 문제를 바로 '해결책'이라고 간주하고 있다는 점이다(Tomm, 104b, p.264). 여기에서 매우 중요한 것은 긍정적 의미가 부여되는 것은 증상행동 그 자체가 아니라 증상 행동과 가족의 다른 행동과의 '관련성'이다. 가족은 늘 서로를 위해 노력하며 각 가족원의 행동은 좋은 '의도'에 기인하는 것이고 이 좋은 의도는 가족집단의 응집력을 보존하려는 공통의 목표를 향한 것이라고 전체의 의미를 재해석한다(Campbell, 1983, p.45; Tomm, 1984b, pp.264-65).

따라서 증상을 가진 성원 뿐만 아니라 모든 가족원에게 지금 행하고 있는 것을 계속 행하도록 하는 명령, 즉 가족이 당분간은 변화하지 않는 방향으로의 역설적 처방이 동반된다. 일반적으로 증상을 처방하는 것을 역설적 처방이라고 하는데, 이는 보다 정확하게 말하면 치료적 역설, 즉 반대역설인 것이다(Hartman & Laird, 1987, p.584). 긍정적 내포의미 및 증상처방은 치료모임의 마지막 부분에서 가족에게 읽어준다. 예를 들면 "네가 먹기를 거절하는 것은 좋은 일이야. 왜냐하면 네가 안 먹으면 너의 부모님은 네가 죽을까봐 걱정하시지. 그러면 부모님은 이에 대하여 함께 이야기하시지. 너를 위해 무엇을 할 수 있는지에 대해서 말이야. 부모님은 전보다 지금 훨씬 더 많이 이야기하시지. 그건 좋은 일이야. 왜냐하면 네가 곧 기숙사로 떠날 때를 대비하는 것이 부모님께는 필요하기 때문이지. 그래서 너는 먹지 않기로 결심함으로써 이런 식으로 부모님을 돕기로 결심한 것이지. 그러니까 우리는 네가 당분간 이렇게 계속해야 한다고 본단다"(Tomm, 1984b, p.264-65; Thomas,1992, p.411).

그러나 이는 가족을 모순으로 은근히 집어넣는다. '왜 가족응집같은 좋은 것을 유지하기 위해서 가족원의 증상행동같은 것이 필요한가?' 반대역설은, 가족은 무언가 다른 것을 하라는 권고에 저항할 것이라는 것을 인정하면서 이 저항을 가족 스스로를 향하여 되돌리는 것이다. "현재의 문제를 계속하라, 즉 변화하지 말아라. 만약 문제가 없어지면 더 큰 문제가 일어날 것이다". 문제행동(예를 들면 먹는 것을 거부하는 것)이 긍정적으로 재해석되고 치료자가 이를 처방할 때 가족의 관점으로는 이는 좋기도 하고 나쁘기도 하며, 해야 하기도 하고 하지 말아야 하기도 한다. 이러한 치료적 이중구속에 대한 가족의 반응은 증상의 불가피성을 받아들이든가, 아니면 변화의 위험을 받아들이든가 해야 한다(Campbell et al, 1983, p.44). 이러한 역설에서의 모순의 불합리성은 가족으로 하여금 그들의 기존의 믿음에 내재한 어떤 가정에 '의문'을 갖도록 한다. 이로써 이들은 새로운 의문을 통하여 그간의 속박적 가정으로부터 벗어날 수 있는 계기를 갖게되는 것이다(Tomm, 1984b, p.265). 이는 밀란모델의 가장 특색있고 창조적인 면 중의 하나일 것이다(Stanton, 1981, p.383).

2. 의식(rituals)

의식을 처방한다는 것은 밀란모델 특유의 중요 개입기법이다(Thomas, 1992, p.411; Stanton, 1981,p.385). 의식이란 가족원들이 여태까지 해왔던 '게임'의 규칙을 변경시키기 위하여 고안된 일련의 행동을 단순히 말로 하는 것이 아니라 실행에 옮기도록 처방하는 방법이다(Stanton, 1981, p.384; p.462). 즉 치료자가 가족체계의 규칙을 알아낸 다음에, 이 낡은 규칙을 깨기 위해 사용할 수 있는 또 하나의 기법이 의식 처방이다. 재해석은 가족에 부적절한 '명확성'이 있을 때 역설을 통하여 혼란을 도입하는 것이라면, 의식은 가족에 지나친 '혼란'이 있을 때 명확성을 도입하는 효과를 가지고 있다(Tomm, 1984b, p.266).

치료자는 가족원의 행동을 변화시킴으로써 가족의 인지도나 행위의 의미를 변화시키기를 원한다. 의식을 처방할 때 치료자는 의식이 행해지는 장소, 시간, 반복 횟수, 누가 무엇을 어떤 순서로 말하거나 행하는가 등을 세부적으로 말해주어야 한다. 의식은 반드시 역설적 행위일 필요는 없다. 그러나 가족구조를 변경시키기 위하여 고안된 요소가 자주 포함된다(Stanton, 1981, p.384).

다음의 예는 가족의 평상시의 상호작용 유형을 차단하고 부모가 할 수 있는 '최선의' 훈육기법을 달성하기 위하여 부모간의 경쟁을 활용하는 의식의 처방으로써, 밀란모델의 의식처방을 예로 들 때 통상적으로 인용되는 대표적 예이다. 이 의식의 표준화된 형태는 거의 모든 증상에 활용될 수 있으며 모든 가족원을 포함할 수 있다. 이는 치료모임이 끝날 때쯤에 치료자가 불러주어 가족원 각각이 받아쓰게 한다(Stanton, 1981, pp.384-85; Thomas, 1992, p.411; Hansen & L'Abate, p.155; Tomm, 1984b, p.267). 즉 월, 수, 금요일 몇 시부터 몇 시 까지(가족이 다 집에 있는 시간이라야 함) 아동 클라이언트가 무엇을 하든지간에, 남편이 완전하게 그 아동에 대한 모든 것을 결정할 권한을 가진다. 아내는 거기에 없는 것처럼 행동해야 한다. 반면 아내는 화, 목, 토요일에 그러한 권한을 가지며 남편은 거기에 없는 것처럼 행동해야 한다. 일요일에는 그동안 해왔던 방식대로 임의로 행동하기로 한다. 각 배우자는 자기가 책임지기로 한 요일에 상대방이 간섭한 것을 기록할 책임이 있다. 혹은 기록하는 과제를 자녀들 중 하나에게 부여할 수도 있고, 혹은 아동 클라이언트가 기록할 수 있다면 그에게 부여할 수도 있다.

이 의식처방의 기능은 다음과 같다. 우선, 치료자의 목표를 치료자가 실제로 말하지 않고도 게임의 규칙이 변화하여, 부모간의 이중메시지로 인한 아동의 혼란이 감소한다. 또한 아동의 행동변화로 인하여 부모가 훈육 일치의 필요성을 깨달을 수 있다. 아울러 부모가 서로 간섭하는 것이 감소되는데, 여기에는 치료자의 승인을 얻으려는 부부간의 경쟁이 이용된다.

비록 가족이 의식을 하루밖에 따르지 않는다 하더라도(이는 가장 역기능적인 정신분열증 가족에게서 자주 일어난다), 치료자는 가족에 대한 귀중한 정보를 얻을 수 있다. 즉 가족이 의식이라는 과제와 관련하여 무엇을 했는가를 토의하는 과정에서 가족의 핵심 상호작용의 연속과정, 문제의 본질, 가족게임의 규칙이 드러난다. 이는 후속 개입을 어떻게 할 것이냐를 결정하는 데에 도움을 준다(Thomas, 1992, p.411; Stanton, 1981, p.385).

제8절 치료이론 및 결과 평가

1. 공헌

첫째, 밀란모델의 강점과 공헌점 중의 하나는 이론과 실천 간의 일치이다. 그들은 임상실천에서 Bateson의 이론적 틀을 실행하는 데에 최대한으로 노력하였다. 이 학파의 논리는 거의 수학이라고 할 수 있다. 이 접근방법을 쓰는 이태리인들의 훈련은 매우 엄격하고 길다. 대부분의 훈련생들이 의학과 정신의학의 훈련을 마쳤을 뿐만 아니라 4년의 정신분석과 3년의 가족치료 훈련 프로그램을 마쳤다. 훈련이 길다는 것은 치료자들이 중립적 입장을 견지하며 수준높은 개입을 하는 데에 도움을 준다. 그들은 체계이론의 논리적 방법과 틀을 사용하면서, 짧은 시간내에 정확한 가설을 세울 수 있는 분석기술을 훌륭하게 조화시켰다(Thomas, 1992, p.413).

둘째, 순환적 질문, 긍정적 내포의미(특히 가족신화에 관한), 의식 등의 기법은 밀란모델의 중요한 공헌이다. 특히 순환적 질문을 통하여 미묘한 차이를 분명히 드러내는 것은 어느 학파를 막론하고 유용한 기법이 되었다. 또한 밀란모델에서 사용되는 몇몇 의식, 예를 들면 부부가 어떤 구체적 조건에 의해서 함께 시간을 보내도록 격려하는 의식은 실제로 대부분의 가족에서 효과적이라고 생각되고 있다(Thomas, 1992, p.413). 이러한 기법은 다른 방법으로는 실패했던 극도로 역기능적인 가족에 대하여 높은 치료효과를 보였으며, 이렇게 고도로 효과적인 기법을 창안한 용기와 창조성은 높은 평가를 받아야 한다(Hansen and L'Abate. p.157).

셋째, 합동치료 및 치료자/관찰자 팀의 효과적 활용 역시 이 학파의 공헌이다. 치료자와 팀은 의뢰원과 함께 생태체계의 일부로 간주된다. 이는 가족에게는 유리하다. 왜냐하면 4명의 지혜가 1명의 지혜보다는 낫기 때문에 보다 높은 치료적 효과를 기대할 수 있기 때문이다(Hansen & L'Abate, 1982, pp.157-158; Thomas, 1992, p.413-14).

2. 제한점

첫째, 합동치료팀 체제는 강점인 동시에 제한점으로도 작용한다. 왜냐하면 치료자 및 기관 편에서 볼 때 시간과 경비가 많이 들기 때문이다. 우선 시간면에서 볼 때, 4명의 치료자가 치료모임에서 소요하는 시간은 물론이거니와, 그 이외에도 기록을 다시 읽는 시간 및 개입전략을 세우고 기록하는 시간이 많이 소요된다. 이렇게 볼 때 기관에서 한 치료자가 통상적인 숫자의 클라이언트를 다루어야 할 경우, 이 접근법을 활용할 시간이 없을 것이다. 또한 경제면에서 볼 때도, 일방경과 합동치료팀을 활용하는 것은 비싼 경비를 요한다. 클라이언트 편에서 볼 때도 비싼 치료비가 제한점이 된다. 즉 일회당 2시간 반에 최소한 3인 혹은 4인의 치료자가 포함되는데, Thomas는 한 가족이 한번 방문 당 600불-800불의 치료비를 지불해야 한다고 계산하고 있다(1992, p.414).

둘째, 밀란모델의 혁신적 공헌과 창조성 및 효과성을 절대로 부인하지는 못한다고 하더라도, 모아진 증거의 대부분은 주관적이며 검증이 충분하지 않다는 점이 지적되고 있다. 즉 이들의 치료성과를 지지할 경험적이고 객관적인 자료가 부족하다는 것은 약점이라고 할 수 있다(Hansen and L'Abate, 1982, p.158). 그러나 이 약점은 이후 밀란모델의 치료성과를 객관적으로 검증하려는 노력이 계속됨으로써 어느 정도 보완되고 있다.*

---

* (1) 1978년 palazzoli와 동료들은 개선된 개별사례들을 요약 발표하였으며, 1989년에는 지난 8년간의 290 사례들의 결과에 대한 보고서를 출판하였다. 그 중 신경증적 거식증이 93 사례, 다양한 타입의 정신분열증이 49사례였다. 이 클라이언트들 중 149 가족에게 밀란 팀의 일정한 처방이 주어졌는데, 이 사례들 대부분에서 치료적 성과가 발견되었다. (2) Stierlin and Weber는 가족치료가 종결된 42사례의 거식증 클라이언트가족에 대하여 최소 2년을 사후 연구하였다. 치료기간 동안 가족은 8개월에 걸쳐서 평균 6회를 만났는데, 치료시초에 현저한 섭식장애를 보인 클라이언트는 80.95%였으나 사후조사에서는 47.6%의 사례에서만 나타났다. 클라이언트의 약 1/4에서 체중의 증가가 있었고 반 이상이 규칙적인 생리주기를 가지고 기능을 잘 하고 있는 것으로 나타났다. (3) Bennun의 20 가족의 연구에서는 Selvini Palazzoli의 접근방법이 문제해결접근방법보다 이차적 변화를 가져오는 데에 보다 효과적이라고 주장되었다. (4) Anderson, Danielsen, Sonnesyn and Sonnesyn의 연구에서는 클라이언트 가족을 면접한 6번의 비디오테잎을 분석한 결과, 순환적 질문은 가족의 불안정한 관계에 개입하여 가족변화에 영향을 주었음이

셋째, 다른 역설적 치료모델들과 공통적으로, 기법의 조작적인 책략 및 치료자의 냉정함에 대한 비난이 늘 있어 왔다(Hansen and L'Abate, 1982, p.157-58).

넷째, 그들의 기법이 극적으로 효과가 있기는 하지만, 새로운 치료자에게 이를 가르치는 것은 매우 어렵다는 점이 지적되고 있다. 아마도 이 접근법이 창조적인 천재성을 요구하기 때문일 것이다. 또한 요구되는 이론적 통합의 수준도 너무 높아서 초보자가 이 모델을 활용하는 것은 상당히 무리이다. 그러므로 밀란모델의 훈련생들은 경험많은 치료자들 합동팀의 매우 세밀한 지도감독을 필요로 한다. 이렇게 볼 때, 치료자 양성에 소요되는 시간과 경비와 노력이 엄청나다는 것은 제한점으로 지적될 수 있다(Stanton, 1981, p.399).

결 론

밀란모델의 특징은 이와 상당히 유사한 Haley의 전략적 치료 및 Watzlawick의 단기치료와 비교해 봄으로써 보다 분명하게 드러날 것이므로, 여기에서는 이 비교를 결론에 대신하고자 한다.

첫째, 밀란모델에서는 치료자의 역할이 중립적인 반면, 단기치료에서는 다소 지시적이며, 전략적 모델에서는 통제적이며 능동적이고 매우 강력하다.

둘째, Haley의 접근법에서는 위계구조가 나타나는데 다른 접근법들에서는 아니다.

셋째, 밀란모델에서는 상호작용적 행동의 변화가 아니라 가족의 인지도, 즉 정보를 변화시키기를 바라며, 실제로 구체적 행동의 목표가 없다.

넷째, 시간차원에서 볼 때 단기 및 전략적 치료에서는 현재에 초점을 맞추는 반면, 밀란모델에서는 과거, 현재, 미래 시간에 다 관심을 갖고 있다.

Nichols는 밀란모델에는 처음부터 끝까지 게임 같은 것이 있다는 점을 지적하고 있다. 이 모델의 창시자인 Selvini Palazzoli는 병리적 가족의 기능이 대단히 복잡하다는 데에 강한 인상을 받았으며, 이 싸움에서 가족이 자기를 이길지라도 실망하거나 물러서지 않고 부단히 노력하였다. 그녀는 팀의 실무에 책임을 지기는 하지만 가족의 변화에 대한 책임을 전적으로 받아들이지는 않는다. 대신 그녀는 자기의 일을 진지하고 헌신적으로 추구한다. 또한 그녀는 오직 최선을 다할 뿐이라는 체념도 함께 가지고 있다. 왜냐하면 변화는 치료자의 몫이 아니라 가족의 몫이며, 그들의 삶 역시 치료자의 삶이 아니기 때문이다(1984, p.463). 결론적으로 이러한 태도와 창조성, 그리고 팀의 대단한 응집성은 매우 병리적인 가족과의 고된 치료를 좌절하지 않고 견디게 하여, 밀란모델이라는 독창적 학파를 이룩한 것이다.

밝혀졌다(Thomas, 1992, pp.412-13).

참 고 문 헌

Cambell, David, Peter Reder, Rosalind Draper, & Danuta Pollard, (1983), "Working with the Milan Method: Twenty Questions," *occasional papers of family therapy* No.1, London: Institute of Family Therapy

Campbell, David & Rosalind Draper, (1985), "Creating a Context for change: an Overview," in *Applications of Systemic Family therapy - The Milan Approach*, David Campbell & Rosalind Draper(eds.), London: Grune & Stratton, Inc.

Freud, Sophie (1988), "Cybernetic Epistemology," in *Paradigms of Social Work*, Rachelle A. Dorfman (ed), New York: Brunner/mazel.

Goldenberg, Irene & Herbert Goldenberg, (1985), *Family Therapy: An Overview*, 2nd edition, Monterey: Brooks/Cole.

Hansen, J. C. & L. L'Aate, (1982), *Approaches to Family therapy*, NY: Macmillan.

Hartman, Ann & Joan Laird (1987), Family Practice, in *Encyclopedia of Social Work*, 18th ed. National Association of Social Workers, Maryland: Silverspring, pp.575-89.

Laird, Joan & Jo Ann Allan, (1983), "Family Theory and Practice," in *Handbook of clinical Social Work*, Aaron Rosenblatt, Diana Waldfogel (eds.), San Fransisco: Jossey-Bass Publishers.

Martin, Freda (1985), "The Development of Systemic Family Therapy abd Its Place in the Field," in *Applications of Systemic Family therapy -The Milan Approach*, David Campbell & Rosalind Draper (eds.), London: Grune & Stratton, Inc.

Nichols, Michael (1984), *Family therapy*, New York: Gardner Press.

Selvini Palazzoli, Mara (1978), *Self-Starvation*, New York: Aronson.

________, Luigi Boscolo, Gianfranco Cecchin, & Giuliana Prata, (1978), *Paradox and Counterparadox: A New Model in the Therapy of the Family in Schizophrenic Transaction*, New York: Jason Aronson.

________,(1980), "Hypothesizing-Circularity-Neutrality: Three Guidelines for the Conductor of the Session," *Family Process*, Vo.19, No.1, pp.3-12.

Stanton, M. Duncan (1981), "Strategic Approaches to Family Therapy." in *Handbook of Family Therapy*, Alan S. Gurman & David P. Kniskern (eds.), New York: Brunner/Mazel.

Thomas, M. B. (1992), *An Introduction to Marital and Family therapy*, New York: Merrill.

Tomm, Karl (1984a), "One Perspective on the Milan Systemic Approach: Part I. Overview of Development, Theory, and Practice," *Journal of Marital and Family Therapy*, Vol.10, No.2, pp.113-25.

________, (1984b), "One Perspective on the Milan Systemic Approach: Part I. "Descriptions of Session Format, Interviewing Style and Interventions," *Journal of Marital and Family Therapy*, Vol.10, No.3, pp.253-71.

________, (1985), "Circular Interviewing; A Multifaceted Clinical Tool," *Applications of Systemic Family therapy-The Milan Approach* David Campbell & Rosalind Draper(eds.), London: Grune & Stratton, Inc.

Ugazio, Valeria, (1985), "Hypothesis Making: The Milan Approach Revisited", in *Applications of Systemic Family therapy--The Milan Approach*, David Campbell & Rosalind Draper(eds.), London: Grune & Stratton, Inc.

제 5 장

경험주의적 가족치료모델

이 영 분*

경험주의적 가족치료 접근은 개인심리학에 그 뿌리를 두고 있다. 1960년대는 조우집단(encounter group), 감수성 훈련, 그리고 인간 잠재력의 성취에 강조를 두는 시기였다. 이 때의 초점은 '지금 여기'의 경험에 있었으며, 목표는 개인의 감정을 표현할 수 있도록 하는 것 뿐만 아니라 개인의 감정과 만나는 것이다. 이 시각은 심리학자들과 가족치료자들로 하여금 개인 및 가족의 성장과 발달을 촉진시키고자 하는 욕망을 반영하게 한다.

경험주의적 가족치료의 특징은 개인주의, 개인적 자유, 그리고 자기성취이다. 건강하다는 것은 자발성 및 창의성의 강조와 더불어 정상적인 변화과정의 촉진을 의미한다. 반대로, 역기능은 자극을 거부하고 감정을 억제하는 결과로 나타난다. 따라서 치료의 주된 목적은 성장이며 특히 감수성의 영역과 감정을 나누는데 있어서의 성장이 중요시된다.

경험주의적 가족치료의 기법은 예술에서 차용된 것으로 심리극, 역할극, 그리고 조각의 방법들을 포함하고 있다. 사실상 어떠한 행동이든 그것이 치료자에게 편하게 느껴지면 그것은 수용될 수 있다. 강조점은 치료 상황에서의 경험에 있으며, 따라서 가정에서의 과제는 규칙이라기 보다는 예외에 속하게 된다.

당연히 경험주의적 접근은 비논리적 경향이 있다. 이 접근은 치료자 개인에 달려있으며, 치료자가 어떻게 현재 주어진 문제에 대해 비교적 구속당하지 않고 자발적인 태도로 반응하는가 하는 치료자의 능력에 달려있는 것이다. 그러므로 치료자의 전략은 그의 개인적 인식에 따라 특이할 수 밖에 없다. 그러나 이러한 특별한 치료 방향과는 달리 공유된 합의가 있는데, 치료 방향은 무엇보다도 가족구성원 개인과 그들의 개인적 개발에 있다는 것이다.

경험주의적 가족치료의 대표자들로는 Carl Whitaker, Walter Kempler, Virgnia Satir, David Kantor와 Fred and Bunny Duhl 등을 들 수 있다. 이론가이며 치료자인 이들은 기본적인 인식에 있어서 큰 대조를 보여주고 있다. 그러나 바로 이 대조를 통해 가족치료에 대한 경험주의적 접근이 어떤 것인가를 보여주는데 큰 도움이 되고 있다. Whitaker의 기초는 정신역학(psychodynamic)에 있는 반면, Kempler의 기초 시각은 형태심리학으로부터 왔다. 그러나 이 둘의 공통점은 치료의 경험적 성장을 강조한다는 것과 변화 과정을 위한 인간 상호작용의 중요성에 초점을 두고 있다는 것이다.

경험주의적 접근은 처음 소개되었을때 보다 점차 그 인기가 계속 떨어지고 있다(Nichols,

---

* 건국대학교 사회복지학과 교수

1984). 그 이유는 경험주의적 가족치료가 덜 효과적이라기 보다는 이 모델을 학습하는데 어려움이 있기 때문이다. 그럼에도 불구하고 이 접근은 우리에게 치료적 절차의 시각을 제공해줄 수 있게 될 것이다.

경험주의적 가족치료의 특성이란 ① 성장의 철학 ② 감정과 의미 표현의 강조 ③ 치료중 치료자가 나누는 사적인 감정과 사고 ④ 고통을 자연스러운 성장의 일부분으로 받아들이는 과정 ⑤ 치료에서의 행동중심 기법 ⑥ 대화과정의 지지와 가족구성원 간의 갈등해소 장려 ⑦ 상실이나 죽음에 대한 애도 ⑧ 통일이나 균형으로 이끄는 발달된 건강에 대한 가르침 ⑨ 각자가 자신을 책임지는 것 등이다.

제1절 주요학자에 대한 설명

경험주의적 가족치료자들 중 대표자는 Carl Whitaker라 할 수 있다. 그의 치료 목적은 가족이 경직되어 민감하게 반응할 수 없는 가족의 유형을 느슨하게 만드는 것이다. 이러한 접근이 그 당시에는 지나치게 인습 타파적이긴 했지만 Whitaker는 가족치료를 구축해 나가는데 있어 존경과 찬미를 받을만 하다.

Whitaker는 Emory대학에서 심리학 과장으로 일했고 1955년 Atlanta Psychiatric Clinic을 설립했다. 그는 여기서 경험주의적 가족치료를 만들고 많은 도전적인 논문들을 발표했다. 1965년 이후 Whitaker는 Wisconsin 의과대학에서 일했고 Madison에서 개업했다.

경험주의적 가족치료자 가운데 두번째로 중요한 인물은 Virginia Satir이다. 사회사업가인 그녀는 1951년 자신의 가족치료소에서 가족들을 치료하기 시작하였으며, 1955년에는 Illinois 정신의학 기관에서 가족의 역동성을 가르치는 동시에 정신분열증 클라이언트 가족에 대한 연구에 관심을 가지기 시작했다.

그녀는 Don Jackson과 Mental Research Institute를 설립하였고 그곳에서 최초로 가족치료 훈련프로그램을 고안했다. 그 후 세계 각국에서 가족치료 워크샵을 하고 Atlanta Network 훈련집단을 형성하였다. 사람들이 그녀를 '가족치료의 콜럼버스'라고 부른 것은 이러한 배경 때문이다. Satir의 치료는 감정표현에 중점을 둔다. 그녀의 접근은 가족들을 치료기간 동안 연습과 활동에 참여시키는 경험적인 것이다.

또 다른 경험주의적 가족치료자는 Walter Kempler이다. Kempler는 가족치료의 개척자중 한사람이며 그의 접근법을 Gestalt 경험주의적 가족치료라고 한다.

Kempler는 1948년 Texas 대학에서 일반의 학위를 받고 일반의로 일했다. 그후 1959년 California 대학에서 정신의학 수련의 과정을 완료했다. 그는 몇년 간의 개인적 실습을 통해 가족에 대한 흥미를 발전시켰고, 광범위한 집필과 출판작업을 하였으며 가족치료 필름도 제작하였다. 그는 미국과 북유럽을 여행하며 교육과 훈련을 통해 그의 가족치료 지식을 공유했다. Gestalt 업적과 일관된 Kempler적 접근은 실존 심리학, 철학, 그리고 현상학에 근원을 두고 있다.

치료는 인식의 확장, 개인적 책임감의 수용, 직접적이고 살아있는 자신의 삶을 수행할 수 있도록 인식된 개개인들의 통합화에 초점이 맞추어졌다. Kempler 역시 '지금 여기'의 개념을 강조했다. 즉 과거는 지나갔고 미래는 아직 오지 않았으므로 오직 현재만이 변화될 수 있다는 것이다. Whitaker처럼 Kempler는 가족이 개인의 성장발전의 열쇠를 쥐고 있다고 믿는다. 치료자와 내담자간의 대면, 상호간의 만남과 상호작용이 곧 치료의 과정이다. 그리고 그 과정에서 두려움과 기대, 어떤 장애와 저항들이 표현되며 이를 통해 개인의 변화가 일어난다고 본다.

Kantor and Lehr는 경험주의적 가족치료 접근법에 영향을 주는 가족과정의 이론을 개발했다.이 이론은 가정에서 연구된 정상 및 문제가족에 관한 연구 결과이다. 이들은 19개의 가족을 대상으로 실험했으며 그 결과에 근거하여 가족내의 거리감에 대한 중요성을 증명했다. 공간적 은유는 Kantor와 Lehr가 가족을 묘사하기 위해 사용한 기본적 방법이었다. 공간은 가족구성원간의 친밀함과 거리감을 조종하고 지역사회와 가족의 경계를 짓기 위해 사용된다. 그들의 연구에서 중요하게 생각하는 공간변수 때문에 Kantor와 Lehr는 가족조각이나 그밖의 행동지향적 기법과 같은 공간을 활용하는 경험주의적 가족치료 기법의 개발에 영향을 주었다.

Fred와 Bunny Duhl과 함께 Kantor는 Boston Family Institute를 창립하였다. 그후 그는 Cambridge Family Institute를 설립하여 가족치료자들을 훈련시키고 가족에 대한 연구가 이루어지도록 도왔다. 최근 Kantor Family Institute를 독자적으로 운영하며 계속적인 훈련과 연구 및 실천을 통해 이론과 실천의 연결에 기여하고 있다.

또 다른 경험주의적 가족치료자는 Boston Family Institute의 설립자인 Fred와 Bunny Duhl로 그들은 경험주의적 가족치료에서의 표현기법들을 소개하고 있다.

그들은 의사소통에서의 비언어적 의미를 활용하는데, 예를 들어 공간화, 조각, 역할극, 인형극 등이 있다. 그들의 접근을 다양한 자원들의 합성물인 통합적 가족치료라고 부르는 것은 심리극, 경험주의적 정신치료, 인지심리학, 구조적 가족치료, 행동심리치료 등의 합성물이기 때문이다. 이들이 경험주의적 가족치료에 속하는 이유는 그들의 작업이나 개념때문이라기 보다는 치료기법에 대한 공헌 때문이다.

경험주의적 가족치료는 실존주의적 및 인본주의적 심리학에서 출발했기 때문에 경험주의적 가족치료접근의 특징은 개인의 내적 경험을 드러내고 가족이 자유롭게 상호작용할 수 있도록 고안된 기법을 활용한다는 것이다. 그밖에도 비교적 이론적이지 않다는 특징을 지닌다.

제2절 이론적 틀

Whitaker가 경험에 강조를 두는 것과 일관되게도 그의 가족치료에 대한 접근은 실제적이며 비이론적이다.

그의 책 "The Hindrance of Theory in Clinical Work"(1976)에서 이론의 위치에 대해 매

우 잘 표현했다. 이 논문에서 Whitaker는 심리치료에서 직관과 창조성에 대한 이론의 냉담한 영향력에 대해 묘사했다. 이론은 신참자에게는 유용하나 고유한 치료자 자신이 되기 위해서는 가능한 한 이론을 포기하는 것을 충고하고 있다. Whitaker는 이론이나 기법보다 개방성과 자발성을 요구하는 것이 더 중요하다고 주장하고 있다. 사실상 부족한 이론화와 체계적 모델을 세우는 것을 고의적으로 거부하기 때문에 사람들은 그의 스타일을 이해하기 힘들고 더우기 모방은 거의 불가능한 것이다. 그의 주장은 이론 대신 개인의 경험에 대한 신뢰, 그리고 치료과정을 통해 확실하고 순수한 반응 태도를 보일 수 있는 능력을 사용하자는 것이다.

Whitaker는 치료를 하나의 성장과정으로 본다. 그것을 통해 치료자와 클라이언트는 서로 함께 나누게 되며 또한 서로 이익을 얻게 되는 것이다. 치료는 친밀하고 상호적이며, 수평적인 경험으로 그 안에서 두사람 모두 취약하며 어느 누구도 서로에 대한 책임을 지지 않는다. 치료는 직관적이다. 즉 치료는 보호적인 환경내에서 불안을 고조시키는 데에 목적을 두며, 비유, 자유연상 그리고 환상을 통해 진행된다. 치료는 경험적이며, 심내적이고, 모순적이다.

Whitaker의 치료 목적은 개개인의 성장을 돕는 것과, 그들이 가족내의 상황속에서 그렇게 성장할 수 있도록 돕는 것이다. 그러므로 건강한 가족과 건강한 가족관계가 통찰이나 이해보다는 훨씬 더 중요하게 생각되어지는 것이다. 가족은 하나의 통합된 전체로 이해되어진다. 그리고 이 전체에 대한 소속감이 있을 때 개인의 자유와 가족으로부터의 분리가 생길 수 있는 것이다. 가족의 힘은 개인이 성장할 수 있도록 도와줄 수 있는 매우 중요한 수단인 것이다. 그러므로 Whitaker의 가족치료 접근에 있어서 건강과 정상의 문제는 매우 중요하게 다루어진다.

Satir는 행동이론보다 현상학이론의 영향을 많이 받았으며, 이론적 배경은 자아심리학, 행동이론, 학습이론, 의사소통이론, 일반체계론에 기초하고 있다. Satir의 주요관심은 심리분석에 근거를 둔 자기개념과 자기존중에 있으며, 가치체계와 자기확신, 신념 및 철학을 중요시하였다. Satir의 가족치료 및 성장모델의 주요개념은 가치체계, 자기존중감, 가족규칙, 의사소통유형 및 생존유형에서 찾아볼 수 있다. 그는 가족체계 내에서 가족성원들이 자신과 다른 가족성원들에 대하여 어떻게 느끼고, 어떻게 반응하는가 하는 정서적 수준과 감정적 수준에 관심을 두었으며, 인간의 잠재능력에도 많은 관심을 가졌다.

Satir는 정직하고, 직접적이며, 명확히 의사소통하는 방법을 발전시켰고, 가족구성원들이 자기존중감을 발전시킬 수 있도록 융통성이 있으며 합리적인 가족규칙을 갖게 하는 지침을 계속 발전시켰다.

경험을 통한 성장을 중요시하는 Satir는 Gestalt기법, 심리극, 대면기법, 의사소통훈련들을 잘 조화시킨 접근법을 사용한다. 그리고 조각, 비유, 역할극, 심리극, 유우머, 접촉 등의 기법을 사용함과 동시에 내면에서부터 우러나오는 정서적 지지와 따뜻함을 보여 주고, 가족구성원들이 직접적이며 정직한 의사소통을 하도록 격려하며, 그들이 서로 모험을 하고 감정을 나누도록 격려하였다. 이와 같이 직접적이며 '지금 여기'에서의 만남을 통하여 성숙한다고 믿는다.

Kempler는 이론화란 다른 사람과 관계를 갖도록 하기 위해 경험을 조직화하는 수단 즉 행동묘사의 준거틀이라고 본다. 그는 이론의 유용성에 대해 Whitaker처럼 회의적이었다. 그러므로 그는 적극적이고 자발적인 그리고 기존의 형태와는 다른 스타일의 치료를 지지했다. 동시에 그는 그의 접근에 대한 몇가지 기본적 개념의 윤곽을 잡았다. 예를 들면 그는 '지금 여기'의 경험과 인식의 독특한 조화인 심리학적 현실에 관해 언급했다. 그는 이 지각이 정확하게 우리의 경험을 묘사하든 아니든 간에 인식에 의해 우리 자신과 우리 주위의 세상을 지각할 수 있다고 본다. 그러나 우리의 지각은 보편적으로 우리 주위의 것들과 다르기에 치료의 기본 목표 중 하나는 지각의 개인적 차이를 인식하도록 촉진하는 것이다. 치료는 직접적이고 개인적인 경험의 기회, 즉 성장의 열쇠를 제공한다. 차이가 있는 인식에 대해 이야기하거나 교육을 받는 것보다 가족구성원은 더욱 생산적인 상호작용을 하도록 격려받아서 그들의 지각을 변화시킨다. 그러나 일차적인 것은 개인이고 그 다음이 전체로써의 가족이다. 결국, 경험주의적 가족치료의 목표는 가족내의 각 구성원들의 통합이고 이는 각자 개성에 대한 인식, 존중, 표현으로 정의된다(Kempler, 1982).

Kempler의 치료모델에서는 클라이언트가 효과적 만남의 경험을 공유하도록 돕는다. 불완전한 만남의 경험은 심리적으로 잘못된 개념을 갖게 하기 때문에 인간의 상호작용 과정에서 나타나는 감정을 표현할 수 없게 한다. 이를 치료하기 위해서는 현재의 만남을 통해 과거나 혹은 미래를 드나들면서, 이해하고 반복해서 대화하며 잘못 형성된 불안을 처리한다. 더우기 직접적인 인간 상호간의 경험은 정신건강을 회복하는 열쇠이다(Kempler, 1982). 이러한 경험이야 말로 '지금 여기'의 경험으로 신뢰할 수 있는 책임있는 행동의 표현으로 본다.

Kantor와 Lehr는 그들의 가족과정유형이론에서 나타난 가족체계와 가족유형에 대한 설명으로 가장 유명하다. 다음은 Kantor와 Lehr의 이론적 개념들이다.

① 가족체계(family system) : 가족체계는 상호 인과관계에 영향을 주는 다른 사람들이 모인 집단이다. 각 구성요소는 다른 구성요소와 일정 기간동안 안정된 형태로 관계한다. 환류고리는 가족체계 내의 특성인 목적지향 활동을 밑받침해 준다.

② 하위체계(subsystems) : 가족체계에는 서로 각기 상호작용할 뿐만 아니라 외부와 상호작용을 하는 세개의 하위체계가 있다. 즉 개인체계, 대인관계적 체계, 가족단위로의 체계이다.

③ 접점현상(interface phenomena) : 접점은 두개나 그 이상의 하위체계나 혹은 체계가 만나는 지점을 말한다. 가족 활동은 가족 자체와 가족내 두사람 사이의 대인적 하위체계와 개인적 하위체계간의 접점을 포함한다.

④ 거리조정(distance regulation) : Kantor와 Lehr의 이론에 있어 가장 중요한 핵심점은 거리조정이다. 각 가족구성원에게는 부여된 상호관계 내에서, 그리고 전체로써의 가족내에서 각자가 원하는 이상적인 거리가 있다. 어떤 사람이 전혀 다른 가족체계에서 성장한 다른 사람을 만나 결혼을 한 경우 자동적으로 갈등이 따르게 된다. 새 가족을 형성한다는 것은 이들 사이에 알맞는 거리를 성립하고 어떻게 조정할 것인지를 의미한다.

⑤ 전략(strategies) : 전략은 반복되는 상호작용형태의 과정이다. 전략은 가족체계가 만

든 목적을 향한 의도적 움직임이다. 각 가족구성원들은 자유가 약간은 허용되지만 자기의 역할을 인식하고 전략의 결과에 대한 책임을 진다

⑥ 목표차원(target dimensions) : 가족구성원들이 추구하는 목적을 목표차원이라고 한다. 여기에는 감정, 세력, 그리고 의미의 차원이 있다.

⑦ 접근차원(access dimensions) : 가족은 목표달성에 접근하기 위해 각 가족이 상호 조정하는 물리적 차원이 있다. 이 차원에는 공간, 시간 에너지의 접근차원이 있다.

⑧ 가족과정유형(family process types) : 각 가족에게는 그들간의 거리감을 어떻게 조절하는지에 대한 그들만의 방법이 있다. 세가지 가족과정 종류로 개방형 가족, 폐쇄형 가족, 그리고 임의형 가족이 있다. 폐쇄형 가족체계의 목적은 전통을 통해 안정을 찾고자 하는 것이다. 가족구성원들은 갈등이나 분쟁이 있을 때에도 그들의 관계에 신용을 지키려고 노력한다. 개방형 가족체계의 목적은 합의를 통한 의견수렴이다. 그들의 이상은 감정적 책임감과 확신이다. 임의형 가족체계의 목적은 직관을 통한 탐구의 달성이다. 그들의 이상은 즉흥성이다.

⑨ 역할담당자(parts to be played) : 가족이나 다른 사회집단 구성원들이 할 수 있는 역할에는 4종류가 있다. 즉 주동자(mover), 추종자(follower), 반대자(opposer), 방관자(bystander)이다.

경험주의적 가족치료 작업의 기초가 되는 것은 좀처럼 언급되지는 않지만 개인과 가족의 성장을 증진시키는 최상의 방법은 감정과 자극을 자유롭게 한다는 전제이다. 방어감정을 감소시키고 깊은 수준의 경험을 드러내 놓으려는 노력은 이 기본적인 가정에 기초를 두고 있다.

제3절 정상적 가족발달

Whitaker에게 있어 건강한 가족이란 스스로 잠재능력을 발휘하는 가족 또는 살아가면서 부딪치는 문제나 좌절에도 불구하고 성장하는 가족을 의미한다. 그러한 가족들을 유형화하는 과정들이 비교적 은밀하고 비언어적이긴 하지만, 그 과정들의 속성은 비슷한 경향이 있다. 비슷한 속성이란 모든 사람이 다 포함된다는 것과 전체에 대한 인식이 있다는 것이며, 차이점이란 가족의 안전을 유지시켜 주며 변화를 유도하는 지도자와 통제체계로써의 기능을 한다는 것이다(Keith & Whitaker, 1982). 덧붙여서 건강한 가족은 때와 장소를 이해할 능력이 있으며 시간과 공간을 통해서 그들이 앞으로 발전할 수 있다는 인식을 가지고 있다. 세대간의 분리가 유지될 때에는 역할 융통성을 사용할 수 있으며 이때에는 가족구성원 모두가 각기 다른 역할을 다양한 시간에 해볼 수 있게 된다. 굳어진 삼각관계 유형은 없으며, 마음대로 합류하거나 빠져나갈 수 있다. 가족은 가족 고유의 신화, 언어적 역사, 또는 일련의 이야기 등 그 가족만의 심내적 측면을 가지고 있다. 건강한 가족체계는 또한 개방적이며 그 조직내의 다른

체계들과의 상호작용도 준비되어 있다. 그리고 어느 한 구성원도 항상 문제의 모든 책임을 지지는 않는다. 그러므로 각 구성원은 다른 시점에서 바람직하게 행동할 수 있다.

건강한 가족이라고 아무런 증상이 없는 것은 아니지만 협상의 과정을 통해서 문제들을 해결해 간다. 더 나아가 건강한 가족은 집단으로써 더 강해지게 된다. 각자의 역할과 다른 구성원들의 역할을 수행해보는 그 자체가 치료적이 된다. 그렇게 함으로써 가족이 더욱 유연해지고 정상적으로 된다(Keith & Whitaker, 1982).

Kempler에 의하면 건강한 가족은 개인 구성원들이 그들의 정체성과 욕구를 표현하고 그들의 자율성을 인식하고 다른 구성원들과 다르다는 것을 받아들이고 현 시점에서 기능할 수 있도록 지지적인 상황을 제공한다. 이것은 가족안에서 경험하는 만남이 우리의 능력과 행동에 가장 커다란 영향을 미친다는 것이다. 개인은 그의 심오한 차이점을 통해 가장 중요한 대처 경험을 하게 된다.

Satir는 정상가족이란 그 구성원들이 서로의 성장을 돕는 가족이라고 정의하였다. 개인 가족구성원들은 서로의 의견을 귀담아 듣고 사려깊게 존중한다. 그리고 그들이 모두 가치있고 사랑받고 있다고 느끼게 하며, 애정을 자유롭게 주고 받는다. 어떤 것도 언급될 수 있다. 즉 기쁨, 성취 뿐 아니라 실망, 공포, 상처, 비판들까지 모두 언급될 수 있다(Satir,1972). Satir는 또한 기능적이고 건강한 가족의 특성으로 융통성과 건설적인 문제 해결을 든다. 성장하는 부모는 변화의 불가피성을 깨닫고 그것을 받아들이고 창조적으로 사용하고자 노력한다.

일반적으로 경험주의 가족치료자들은 가정을 다른 사람들과 경험을 나누는 장소로 기술한다. 기능적인 가족은 넓은 범위의 경험을 지지하고 격려한다. 또한 가족구성원들에게 그 자신이 될 자유를 제공하고 가족의 연대감 뿐만 아니라 개인적 사생활도 지지한다.

제4절 행동장애의 진행

경험주의적 관점에서는 외부의 자극을 거부하고 감정을 억압하는 것이 가족문제의 근원이라고 본다. 역기능적인 가족은 자기방어와 회피 속에 굳게 잠겨있다(Kaplan and Kaplan, 1978). 그들은 만족이 아닌 안전을 찾는다고 한다. 그들은 잃지 않으려 하기 때문에 결코 얻을 수 없다.

이러한 가족은 인식과 선택을 통해 기능하기 보다는 자동적으로 기계적으로 기능한다. 그들이 드러내는 불평은 많지만 근본적 문제는 감정과 욕망을 억누르는 것이다.

Whitaker에 의하면 역기능적 가족은 자기보호적이며 위험한 일을 수행하려 들지 않는다. 그들은 자발적이고 자유롭기보다는 경직되어 있고 기계적이다. 그들은 대결과 개방적 갈등이 가족을 파괴하게 된다는 신념을 갖고 있다. 그러므로 역기능적 가족은 계속적으로 성장하지 못하게 된다. 오히려 생활주기상에 필요한 것들이나 외부적 사건이 변화를 필요로 할 때, 이 가족은 그 지점에 고착된다.

경험의 기회를 갖지 않으면 자율성과 친밀성이 결여되어 곤경에 처하게 된다. 그리고 이 결과는 심내적 문제와 상호적 인간관계의 문제에서 모두 나타난다. 가족내의 역기능성은 자녀가 배우자 중 누구를 모델로 삼을 것인가 하는 싸움의 결과로 나타날 수도 있다. 그러므로 치료의 목적은 가족구성원들로 하여금 곤란에 빠지지 않을 수 있는 체계로써, 그리고 개인으로서의 경험을 모두 할 수 있도록 도와주는 것이다. Whitaker는 가족들이 치료를 받으러 오는 이유가 그들이 서로 가까와지는 능력과 개별화하는 능력이 부족하기 때문이라고 말한다. 가족들의 경험을 위한 잠재력을 용이하게 해 줌으로써 가족구성원들은 그들의 최대한의 잠재력을 풀어주는 방법으로 서로를 보다 잘 보살필 수 있게 된다.

Kempler의 역기능적 가족이란 개인적 책임과 통합때문에 가족 전체에 대한 충성심과 일치감이 어떤 장애를 갖게 되는 것이라고 한다. 개인은 자신의 감정을 표현하지 못해서 가족간의 친밀성을 갖지 못한다(Nichols, 1984). 주 원인은 경험으로부터의 소외이다. 가족구성원 서로에 대한 인식이 부족하고 서로에 대해 갖는 느낌이 적기 때문에 서로가 많은 이야기를 하지 않는다. 다른 가족구성원들과 경험을 충분히 나누지 않았기 때문에 그들 자신의 경험은 진정한 경험이 될 수 없다. 따라서 증상은 긴장된 과정으로 나타난다. 즉 가족간의 과정은 상호작용에 참여하는 사람이나 그 시점에 적합하게 전개되지 못한다. 그리하여 서로간의 상호작용에 고착되고 양극이 막다른 지점에서 진동하는 흐름과 같은 것이다.

Satir가 의미하는 역기능적 가족이란 정서가 말살된 분위기의 가족이다. 이런 가족은 냉담하며 그들은 강요된 정중한 분위기에서 생활한다. 이런 가족은 지루함과 슬픔을 느낀다. 따뜻한 우정이란 거의 없고 가족은 단지 의무적으로 또는 습관적으로 함께 살 뿐이다. 부모들은 자녀들에게서 재미를 못느끼며 자녀는 자신에게 가치를 부여하지 않게 되고 부모를 보살피는 것을 배우지 못한다. 가족간의 활동 결핍으로 가족구성원들은 서로 피하게 되고 결국 가족 밖의 일에 몰입한다.

제5절 치료 목표

경험주의적 가족치료자들의 목표는 안정이 아니라 성장이다. 증상의 감소, 사회적 적응 등도 중시되지만, 내면의 경험과 표현 행동이 일치하는 통합의 증가, 선택에 대한 보다 많은 자유, 덜 의존적인 것, 경험을 확대하는 것 등은 기본적인 가족치료의 목표이다(Nichols, 1984). 물론 가족들이 제시하는 고통스런 증상은 치료가 실시되는 시발이 되지만 실제 문제는 정서적인 갈등인 것이다. 따라서 목적은 각 가족구성원들이 상호간에 그들의 욕구와 감정에 좀 더 관심을 갖게 하며, 가족내에서 서로의 감정을 나누도록 하는 것이다.

Kempler에 의하면 치료의 목표는 인간 상호간의 그리고 심내적 단계에서 보다 효과적인 만남을 경험하는 기회를 제공하는 것이다. 효과적인 치료적 만남에서는 '지금 여기'의 행동과정에 초점을 맞춘다. 그러므로 이 접근에서는 클라이언트가 효과적인 만남을 공유하도록 돕는다. 불완전한 만남의 경험은 심리적으로 잘못된 개념을 갖게 한다. 즉 불완전한 만남은 인간 상호작용의 과정에서 나타나는 감정을 표현할 수 없게 한다. 그러므로 현재의 만남을 통해 과거나 미래를 드나들며 서로 이해하고 되풀이 이야기하며 잘못된 불안을 처리하도록 한다.

Satir는 개인의 성장을 최대의 목표로 본다(Satir & Baldwin, 1983). 치료의 목표는 가족구성원의 성장인데 이 성장은 가족체계의 건강과 통합내에서 이루어진다. 구체적으로 이를 위해서는 ① 가족이 희망을 찾고 미래에 대한 꿈을 갖게 하고 ② 가족 간에 협력하는 과정과 기술을 강화시키고 ③ 각 개인은 선택할 수 있으며 선택의 결과를 책임질 수 있다는 것을 인식시키고 ④ 가족구성원 개개인과 가족체계의 건강을 개발시키는 것이다.

가족은 증상으로 표현하는 갈등형태가 자기자신과 가족구성원의 성장을 방해하며 서로에게 고통을 주는지를 알아야 한다. 그후 의사소통기술과 자부심의 증가를 통해 문제를 해결하고 새로운 방향으로 관계형태를 끌어가도록 해야 한다.

Whitaker의 치료목표는 가족구성원들에게 부분으로써 소속감을 가지게 하는 동시에 독립된 개인으로서의 자유를 인식하도록 하는 것이다(Whitaker & Keith: 1981). 이러한 포괄적인 목표인 소속감과 개별화를 성취하기 위해서 치료자는 다음 치료과정의 목표들을 시도한다.

① 증상을 확장하고, 상호간의 스트레스를 증대한다.
② 가족 연대감을 발전시킨다.
③ 확대가족의 윗 세대와 관계를 개선한다.
④ 지역사회의 접촉을 증가시킨다. 특히 문화집단과의 접촉을 증가시킨다.
⑤ 가족의 기대와 가족의 경계를 이해한다.
⑥ 세대 간의 분리를 증가시킨다.
⑦ 가족과 구성원들의 역할 수행법을 격려한다.
⑧ 지속적인 합류, 분리, 재합류의 순환적 모델을 제공한다.
⑨ 개별성의 신화에 직면한다.
⑩ 가족구성원들이 그들 자신이 누구인지를 더 알도록 격려한다.

Duhl과 Duhl(Duhl, 1981)은 능력과 복지와 자부심을 확대시키는 것을 치료의 목표라고 한다. 자신과 타인에 대한 인식의 폭이 넓어지면 기계적이고 고정화된 습관 대신에 융통성있는 행동이 증가된다고 생각한다. 그는 행동변화를 확장된 경험의 결과로 보기 때문에 부모와 협력하여 명백한 행동목표를 세운다.

대부분의 가족치료자들은 가족기능 향상이라는 방대한 목표달성이 개인들의 성장과 감수성의 증진을 통해 이루어진다고 생각하여 경험의 가치를 매우 중요시한다.

따라서 경험주의적 가족치료에서는 가족구성원들 각자가 정서적으로 느끼는 것을 느끼고 진정한 인간으로서 다른 사람과의 관계를 경험하고, 정서적으로 메마른 것을 다루기 시작하도록 돕는 것을 목표로 한다.

제6절 행동 변화의 조건

변화는 모든 사람에게서 가능한 것이다. 어떠한 변화를 표면적으로는 볼 수 없다고 해도 내면에서의 변화는 항상 가능하다. 어떤 수준에서 변화는 자연적이고 계속되기도 한다. 자동적인 차원에서의 변화는 지속적이며, 의식적인 차원에서의 변화는 때로는 좀더 잠재적이거나 보이지 않는 것들일 수 있다.

Satir는 치료적 변화는 행동적인 것만이 아니고, 내면의 과정에서 훨씬 더 일치적이 되는 것, 좀더 많은 선택의 자유를 갖는 것, 좀더 책임있게 되는 것이라고 주장하였다.

많은 개인들과 가족들은 오랜동안 생존 수준에서 기능을 하고, 변화는 불가능하다고 믿어 왔다. 치료 받으러 오는 사람들은 고통을 가지고 오고, 현상을 유지하기 위하여 치루어야 하는 대가는 너무 크고, 감정은 매우 난처한 상태에 있다. 의식적인 변화란 다른 감정을 발전시키고, 다르게 기대하고 인식하며, 감정을 다른 방법으로 처리하며, 좀더 기능적인 방법으로 극복하려고 노력하는 것을 말한다. 이러한 노력은 과거와 다르게 행동을 하게 하는데, 행동은 내면에 깔려있는 복잡한 것들을 표면화한 가시적인 것들이다.

효과적인 가족치료는 치료체계와는 구별되는 강력한 개입을 필요로 한다. 경험주의적 가족치료자들은 정서적 경험이 치료 변화를 일으키는 중대한 방법이라고 생각한다. 정서적 경험은 치료자와 클라이언트와의 참만남 속에서 시작된다. 실존적인 참만남은 심리치료적 과정 내의 필수적인 힘으로 여겨진다. 이러한 참만남들은 상호 협조적이 되어야 한다. 치료자들은 전문가의 역할을 상실하지 않고 가족과 먼 거리를 유지하지 않고, 가족에 대한 자신의 개인적인 영향을 이용하여 변화를 촉진하는 진실한 사람이 되어야 함을 강조한다.

상담중에 감정표현과 친밀감의 경험이 중요하기 때문에 불안을 자극하고 이것을 귀하게 여긴다. 경험주의적 가족치료자들은 자극을 하든지 아니면 따뜻하게 지지하는 것 중의 하나를 사용한다. 이런 방법으로 치료자는 가족이 최소한 일시적으로 그들을 좀더 불안하게 만드는 위험한 상황을 감수하도록 돕는다. 이를 통해 가족들이 보호와 방어적 유형을 제거하도록 하며 진정으로 서로에게 개방적이도록 한다.

경험주의적 가족치료가 다른 가족치료와 다른 점은 그들은 변화를 위해서는 가족의 상호작용을 증대하는 것으로는 충분치 않다고 믿는 점이다. 대부분의 다른 접근에서는 대인적인 관계에 초점을 두고 시작한다. 이들의 목표는 가족구성원이 서로 개방적이 되어 그들 마음속의 것들을 서로에게 말할 수 있도록 돕는다. 아마도 그들은 이미 의식된 것만을 나누게 될 것이다. 결과적으로 가족구성원들은 서로에게 얼마 안되는 비밀을 알게되지만 그들 스스로 계속 무의식적인 요구와 감정의 형태로 비밀을 유지할 것이다.

반면 경험주의적 가족치료자는 가족 개개인의 경험수준을 증가시킴으로 좀더 정직하고 친밀한 가족 상호작용을 만들 수 있다고 믿는다. 경험주의적 치료과정에서는 가족들은 할 이야기가 많기 때문에 서로 좀더 많은 것을 이야기할 것이다.

경험주의적 가족치료가 치료적 변화의 수단으로 확장된 개인경험을 강조하면서 치료에 가능한 한 많은 가족성원들이 포함되기를 주장하기 시작하였다. Whitaker는 삼세대와 함께 일하는 것이 중요하다고 믿는다. 그는 부모, 자녀, 조부모, 이혼한 배우자들을 포함한 더욱 큰 가족망과 적어도 두번의 만남을 강요한다. 이 확대가족을 초대하여 그들이 치료를 지지하도록 돕고 이를 통해 또다른 정보를 얻고 왜곡된 것들을 수정할 수 있다.

많은 가족이 참석했을 때 바람직한 치료기회가 증가되는 것 이외에 큰 가족집단 안에서의 작은 변화는 한 하위체계에서의 큰 변화 보다도 더욱 강력한 영향을 가지는 것 같다. 가족치료는 체계를 변화시키는 것이야말로 개인을 변화시키는 가장 효과적인 방법이라는 것을 전제로 하므로 다세대집단은 변화의 가장 큰 잠재력을 갖고 있다고 본다.

제7절 기법

Kempler에 의하면 경험주의적 가족치료는 어떤 치료기법을 갖고 있다기 보다는 사람을 갖고 있다는 것이다. 이 경구는 치료자 인성에 따른 치료적인 힘을 강조하고 있음을 잘 요약한다. 그의 언급에 의하면 대부분의 경험주의적 임상가들은 치료자가 문제해결을 위해 무엇을 할지에 대한 것 보다는 그들 자신이 어떤 사람이냐를 믿는다. 만일 치료자가 경직되어 있다면 치료는 너무나 냉정하고 전문적이어서 경험적 성장을 위해 필요하다고 여겨지는 강렬한 정서적 분위기를 만들어낼 수 없을 것이다. 반면에 만약 치료자가 생기가 있고 잘 깨닫고 또 감정이 풍부한 사람이라면 그는 가족내의 이러한 잠재력을 일깨울 수 있을 것이다.

그러나 치료자 자신이 누구이든 간에 그들은 어떤 것을 해야만 한다. 그들이 행하는 것이 구조화되거나 신중하게 계획된 것이 아닐지라도 그것은 그럼에도 불구하고 서술될 수 있다. Kempler를 포함해 몇몇 치료자들은 많은 구조화된 기법을 사용한다. 치료적 기법의 활용에 따라 경험주의적 치료자들을 두 집단으로 분류한다. 한 집단은 치료 면담에서 정서적 강도를 자극하기 위해 가족조각과 안무같은 구조화된 방법을 사용한다. 다른 한 집단은 Carl Whitaker같은 치료자로 클라이언트와 그들 스스로의 자발성과 창조성에 의존한다. Whitaker가 사용하는 기법이란 가족과의 '합류(joining)'로 대체로 거리감이 있는 아버지와 처음 합류한다. 또한 가정에서의 '과제(homework)'를 부여하기도 한다. 무엇보다 중요한 기법은 경험주의적 치료의 주된 특징적인 기법중의 하나인 치료자 '자신의 활용(use of self)'이다. 그밖에도 다음과 같은 기법을 사용한다.

① 증상을 성장을 위한 시도로 재정의하기
② 상상적인 대안에 대해 얘기하도록 격려하기
③ 상상을 사용하여 개인 내적 문제를 대인적 긴장으로 전환하기
④ 가족구성원의 아픔을 확대하기
⑤ 치료 면담에서 어린이와 놀기
⑥ 사람에게 직면하기 위해 감정을 사용하기
⑦ 가족이 일으키는 우발적인 일차적 과정을 공유하기
⑧ 가족 역할을 해보기

⑨ 사랑과 적대감을 반대가 아닌 조화된 감정으로 보기

한편 Satir나 Duhl, Kantor 등은 대체로 좀더 구조화된 기법을 사용하고 있다. Satir는 다음의 기법들을 활용한다(Satir & Baldwin, 1983).

① 가족조각(family sculpture) : 가족구성원은 물리적 위치나 몸짓을 통해서 서로의 친밀도나 의사소통과 같은 관계를 나타낸다. 동작이 첨가되면 가족 조각은 스트레스 표현의 무용이 된다.
② 연극(drama) : 가족구성원들은 가족이나 개인의 생활에서의 한 장면을 연출한다.
③ 은유(metaphor) : 한 단어가 다른 생각을 표현하기 위해 사용되며 그 생각은 비유에 의해 논의된다.
④ 재정의(reframing) : 문제시되는 태도와 이에 대한 긍정적 산물 뒤에 숨은 좋은 의미를 재정립한다.
⑤ 유머(humor) : 때로 가족 조각에서의 자세가 웃음을 자아내게 된다. Satir는 학습을 위해 편안한 분위기를 유지하도록 가벼운 유우머감각을 사용한다.
⑥ 접촉(touch) : Satir는 가족구성원과 초기단계에 악수를 한다든가 하는 접촉을 사용한다. 비언어적 지지가 되는 접촉은 가족들이 원하는 범위내에서, 경계선을 넘지 않도록 한다.
⑦ 의사소통 입장(communication stances) : Satir는 가족구성원에게 회유형, 비난형, 초이성형, 산만형 중 하나의 입장을 취하도록 한다. 가족구성원들은 각 입장에 대한 감정을 서로 나누고 서로의 입장에 대해 반응한다. 이렇게 하여 가족구성원들은 효과적인 의사소통방법을 배우고 어떻게 합리적이 되는지를 알게 된다.
⑧ '나'의 표현('I' statement) : Satir는 가족에게 그들 자신의 감정을 갖도록 격려한다. 일반적으로 사람들은 수동태로 표현하곤 한다. 예를 들어 "그 일은 혼란스럽다"라고 말하는 대신 "내가 혼란스럽다"라고 말하도록 하는 등 일인칭 주어를 사용하도록 한다.
⑨ 모의 가족(simulated family) : 보통 워크샵 참여자들은 가족내의 바람직한 의사소통 방법과 입장을 배우기 위해 모의 형태의 가족이 되어 연기하게 된다.
⑩ 치료도구로써의 밧줄(rope as therapeutic tools) : 가족구성원의 수 만큼의 밧줄을 준비하여 각자의 허리에 묶어 서로간의 관계를 상징한다. 밧줄 끝으로는 다른 구성원의 허리를 묶는다. 구성원들은 밧줄을 보고 경직된 관계 및 연결상태를 인식하게 된다. 대부분의 경우 엉킴도 생기게 된다. 치료자는 경직되고 엉킨 밧줄을 풀기 위해서 어떻게 해야 하는지 묻는다. 만약 밧줄을 어떻게 풀 수 있는지 말로 할 수 있다면 이것을 일상생활에 적용시키는 법도 배우게 되는 것이다.
⑪ 관계의 해부(anatomy of relationship) : 결혼에서의 무의식적 계약은 가족 조각과 역할 놀이에서 명백하게 나타난다. 계약에 대한 대안적 가능성들이 수행되고 배우자는

계약들에 대해 언급한다. 예를 들어 만약 부인이 남편에게 의지하기 위해 결혼을 했으면 그녀는 남편 뒤에 서서 그의 목을 안고 기대는 자세를 취한다. 두사람 모두 그들의 느낌을 말로 표현한다. 그후 부인은 더 강하게 남편의 목을 안고 그에게 기댄다. 다시 그들의 느낌을 표현하도록 한다. 다음에는 역할을 바꾸어 해본다. Satir는 이 기법을 부부가 최근의 관계를 어떻게 보고 앞으로 관계가 어떻게 될지를 알 수 있도록 하기 위해 사용한다.

⑫ 가족 재구축(family reconstruction) : 이 기법은 Satir의 변화에 대한 이론과 철학을 가장 잘 나타내 준다. 재구축의 중심인물(Star)은 인간으로의 부모와 자아로의 분리에 관한 왜곡된 사고가 어디서부터 시작됐는지를 찾게 한다. Satir는 지도자로서 중심인물에게 각 사건에 대해 묻기 위해 이 연대기를 사용한다. 중심인물은 또한 3대에 걸친 가족들의 이름과 그들의 성격을 5-6개의 형용사로 묘사하여 가족도를 만든다. 중심인물은 미리 지도 아래 그들의 영향력의 원을 준비한다. 이것은 중심인물을 가운데 두고 그가 성장하면서 맺었던 관계를 수레바퀴의 살로 나타내는 원이다. 살이 두꺼울수록 그 관계가 더 중요한 것이다. 지도자는 중심인물이 무엇을 준비했는지 이야기를 나눔으로써 서로간에 믿음을 쌓는다. 가족 재구축에 있어 어떤 장면이 가족에 의해 연기될지는 지도자가 결정한다. 적어도 3개의 장면이 각 재구축에서 연출된다 : ㈀ 중심인물의 부모에 대한 가족력, ㈁ 부모의 만남에서 현재까지의 역사, ㈂ 자녀의 출생, 특히 중심인물의 출생. 지도자는 여기에 다른 장면들을 첨가할 수도 있다.

치료자가 어떤 기법을 활용하든지 간에 경험주의적 치료자는 '지금 여기'에서 강한 경험이 되어야 한다는 확신을 가지고 있다. 그들이 어떤 구조화된 장치를 사용하든지 혹은 그들 자신의 충동을 사용하든지 간에 모든 경험주의적 치료자들은 그들이 치료하는 가족과 함께 성실한 개인적 만남의 창조를 목표로 한다. 그러므로 그들의 기법은 가족들이 방어를 줄이고 정서적인 자발성과 성실성을 키워나갈 수 있도록 고안된 것이다.

제8절 치료이론 및 결과 평가

경험주의적 접근법의 주요한 기여는 무엇보다도 가족구성원 개개인과 가족의 전반적 발달을 통한 성장을 강조한 점이다. 삶이란 고통스럽고 관계란 어려운 작업이지만 의사소통과 창조성과 책임감을 통해 개인은 분리되면서 동시에 큰 소속감을 갖는다.

또다른 공헌은 행동 중심의 기법들이다. 예를 들어 조각, 의사소통 입장, 가족의 재구축, 은유 및 시간과 공간의 혁신적 활용 등이다. 또한 감정과 일차적 과정을 강조한 점이다. 감정이 개방적으로 표현될 수 있고 충동을 더 잘 통합하게 한다.

다른 접근과는 달리 치료자는 개인의 감정과 반응을 가족과 직접적으로 공유하도록 격려한다. 치료자는 치료과정에서 성숙한 인간이며 가족을 위해 촉진적 모델이 된다.

이러한 강조점 때문인지 Johnson and Greenberg는 경험주의적 접근이 친밀성과 부부간의 적응성을 증가시키고 표적이 된 불평들을 감소시키는 데는 인지행동적 문제해결 접근보다 훨씬 효과적임을 입증했다(Thomas, 1992).

효과적 결과의 요인은 자발적이고 친밀한 상호작용과 높은 수준의 경험들이 치료 면담에서 수행된 점이라는 것이 연구결과 드러났다. 이러한 것들이 우리가 알게 된 유일한 결과에 관한 연구이다.

경험주의적 가족치료자들은 그들의 이론이나 결과들을 입증하는데 그다지 관심이 없다. 그들의 저서는 주로 영향력있는 정서적 경험을 제공하는 것과 관련된 것들이다. 정서적 표현과 상호작용이 변화를 창출한다는 생각은 어느정도 당연시된다.

경험주의적 정신치료자들 중 가장 업적이 많은 연구자이며 학자인 Alvin Mahrer 조차도 정신치료의 결과에 대한 연구는 실천가들에게는 쓸모없다고 믿는다(Nichols, 1984). 그는 이러한 연구 대신에 치료내에서의 결과에 대해 연구할 것을 추천한다. 즉 어떤 치료적 개입이 클라이언트의 행동에 바람직한 결과를 가져오는지에 관한 것이다. 그러나 아직 경험주의적 가족치료에 대한 경험연구들은 없다.

경험주의적 가족치료자들은 변화란 측정하기 어려운 작은 방식으로 나타난다고 믿는다. 그러므로 치료결과는 어떤 일화와 같은 것이다. 즉 치료를 거쳐간 클라이언트들의 언급이라든지 처음에는 실패한 가족이었으나 후에 치료에서 도움을 받았다고 보고하는 가족들로부터 임상적인 성공은 확실시된다.

치료자의 만족 또한 치료 성공의 증거인데 치료가 실패하면 치료자는 지치고 씁쓸하고 불쾌하고 죽고싶은 심정이 되기 때문이다.

가족과의 건설적이고 창조적 경험을 통한 치료자 자신의 변화도 치료적 과정이 가족에게도 유용했다는 확인으로 나타날 수 있다.

결 론

경험주의적 가족치료는 가족구성원들의 변화에 의해 가족이 변화하도록 고안되었다.

가족치료자들은 가족을 체계로써 보다는 개인들의 집단으로써 인식하고 취급하며 감수성을 증가시키고 인식을 넓히는 것이 치료의 본질적인 목적으로 본다.

개인 내적인 변화에 초점을 두는 것과 더불어 경험주의적 가족치료의 독특성은 문제해결과는 반대로 성장을 위해 헌신한다는 점이다. 개인적인 성장과 자기 충족은 일단 방해와 방어가 감소되면 자연적으로 출현하는 고유한 인간의 경향으로 보여진다. 그러므로 치료는 가족구성원들 내에서, 그리고 그 사이에서 방어가 감소되는 것을 목적으로 한다.

새로운 경험을 소개하고 즉각적인 경험을 강화하기 위해 치료자들은 수없이 많은 구조화되고 표현적인 기법들 뿐만 아니라 그들 자신의 생동감있는 인성을 사용한다. 조우집단(encounter group)의 지도자처럼 경험주의적 가족치료자들은 강력한 정서적 인식과 표현을 위해 촉진 대행자의 역할을 한다. 치료는 실존적 만남으로 볼 수 있고 치료자의 적극적 참여와 자발적인 참여로 행해진다.

경험주의적 가족치료는 실존적이고 인본적인 그리고 현상학적인 사고에서 유추된다. 이러한 사고는 개인이 자유와 자기표현을 통해 그동안 문화로 인해 약화된 자신의 영향력을 회복시킬 수 있다고 본다. 결국 이 접근법은 체계적으로 개념화된 가족역동에 따르는 대신 여러 다른 접근법에서 개념과 기법들을 빌어온다.

경험주의적 가족치료의 가장 좋은 점은 사람들이 그들 자신의 잠재적 생명력을 발견하도록 돕는 것이다. 경험은 현실적이고 그것은 하나의 사실이다. 치료는 사람들이 부인할 수 없는 정당성을 지닌 그들 자신의 진실한 경험에 도달하도록 촉진하는데 기반을 두고 행해진다. 더 나아가 이러한 개인적인 발견이 가족내에서 이루어질 때 진실로 가족관계는 생기있게 될 수 있다.

경험주의적 치료에 있어서 강조점은 이해가 아닌 경험이며, 경험주의적 실천가는 통찰과 이해의 사용에 대해 양가적 태도를 가지는 것처럼 보여진다. 대부분의 치료자들은 치료시의 비이성적 힘을 강조한다. 그래서 인간본성의 지적인 측면은 감정의 측면에 종속적인 것이 된다.

경험주의적 가족치료의 주된 기여 중의 하나는 우리가 체계 속에서 개인의 모습을 상실하지 않게 하는 것이다.

참 고 문 헌

Becvar, D. S.& Becvar, R. J. (1993), *Family Therapy,* 2nd, Allyn and Bacon.

Duhl, B. S.& Duhl, F. J. (1981), "Integrative family therapy", In A. S. Gurman & D. P. Kniskern(Eds.), *Handbook of family therapy*, New York: Brunner/Mazel.

Goldenberg, I. & Goldenberg, H. (1991), *Family Therapy An Overview,* 3rd, Monterey, Brooks/Cole Publishing.

Hansen, J. C. & L Abate, L. (1982), *Approaches to Family Therapy*, New York: Macmillan.

Kantor, D & Lehr, W. (1975), *Inside the Family,* San Francisco, Jossey-Bass Inc.

Kaplan, M. L. & Kaplan, N. R. (1978), "Individual and family growth: A Gestalt approach", *Family Process.*

Keith, D. V.& Whitaker, C. A. (1977), "The divorce labyrinth, In P.Papp(Ed.), *Family therapy: Full length case studies*, New York:Gardner Press.

Kempler, W. (1968), "Experiential Psychotherapy with families", *Family Process.*

Kempler, W. (1981), *Experiential Psychotherapy with families*. New York: Brunner/Mazel.

Laing, R. D. (1967), *The politics of experience*, New York: Ballantine.

Mahrer, A. R. (1982), *Experiential psychotherapy: Basic practices*, New York: Brunner/Mazel.

Nichols, M. (1984), *Family Therapy*, New York: Gardner Press.

Papp, P. (1976), "Family choreography", In P. J. Guerin(Ed.), *Family therapy: Theory and practice*, New York: Gardner Press.

Satir, V. M. (1967), *Conjoint family therapy*, Palo Alto, Calif.: Science and Behavior Books.

Satir, V. (1972), *People making*, Palo Alto, Calif.: Science and Behavior Books

Sullivan, H. S. (1953), *The Interpersonal theory of psychiatry*, New York: Norton.

Thomas, M. B. (1992), *An Introduction to marital and family therapy*, New York: Merrill.

Whitaker, C. (1976a), "The hindrance of theory in clinical work", In P. J. Guerin(Ed.), *Family therapy: Theory and practice*, New York: Gardner Press.

Whitaker, C. A. (1976b), "A family is a four-dimensional relationship", In P. J. Guerin (Ed.), *Family therapy: Theory and practice*, New York: Gardner Press.

Whitaker, C. A. & Keith, D. V. (1981), "Symbolic-experiential family therapy", In A. S. Gurman, A. Kniskern D (Eds.), *Handbook of family therapy*, New York: Brunner/Mazel.

제 6 장

행동적 가족치료

문 선 화*

인간이 사회를 형성하면서 각각의 개인은 자신들이 만들어 놓은 그 구조 속에 어떻게 적응하며 조화를 이루어 나가는 가에 대하여 항상 관심의 대상이 되어왔다. 사회구조에 잘 적응한다는 것은 개인이 지닌 행동의 건강한 기능에 속한다고 보았다. 건강한 행동기능의 주제(Thomas, 1992, 285)는 행동과학이 결혼 및 가족치료의 접근에 가까이 하는 계기가 되었다. 행동과학의 관점은 인간의 행동이 선천적으로 주어지기 보다는 반복되는 행위에 의하여 습득되고 유지되며 그럼으로써 그것이 그의 어떤 행동형태가 된다. 비록 그의 행동이 어떤 문제적 범주에 속한다고 할지라도 그것이 학습에 의하여 습득되었다고 믿는 것이다. 이는 인간의 행동이란 고착되었다기 보다는 끊임없는 반복과 인지에 의하여 표면화되고 아울러 변화된다는 사실이며, 행동은 주어진 순서에 따라서 나타나는 것이 아니기 때문이다.

인간간의 상호작용에서 표현되어지는 행동은 그가 지니고있는 생각과 느낌 그리고 상대방에 대한 인지의 차이에서 달라질 수 있다. 가족 간의 행동의 표현은 그것이 가족 외의 사람에게 표현되는 것과는 좀더 차이가 있다고 본다. 이것은 가족이라는 공동의 정서적 관여가 각 구성원에게 기대하는 것과 더불어 무의식적인 흐름이 그 각각의 가정 내에 존재하고 있기 때문이다. 다시 말하면, 어떤 아이가 행동상의 문제가 있어서 행동수정을 받아야 된다고 하였을 때, 먼저 그 아이의 부모와 함께 의논할 뿐만 아니라, 그 아이를 둘러싼 환경 혹은 그 가정내에 존재하는, 그럼으로써 그 아이의 행동에 영향을 주는 의식적, 무의식적 사실들을 알아야 한다. 모든 가정은 부부에 의하여 창조된 독특한 그 무엇이 있으며, 그 속에서 가족구성원은 성장되며, 때로는 긍정적으로 혹은 부정적인 인간이 되기 때문이다.

1960년대 말부터 행동학습원리를 사용한 방법이 인간의 치료에 도입되기 시작하였고, 부모를 포함한 행동적 가족치료가 1970년대부터 관심을 불러 일으키며 오늘에 이르렀다. 이 가족치료는 학습이론에 근거한 행동수정모형을 가족의 문제에 적극적으로 도입시킨 것으로써 인간을 환경에 의하여서만 영향을 받는 중간적 블랙박스로 본 것이다. 이는 인간의 행동이란 그들 자신의 행함이라는 반응에 의하여서만 결정되고 있으며, 아울러 이 행동이란 이미 학습된 행동적 연결고리에 저장된 기억들이 어떤 자극-즉 보상, 벌, 접촉된 사건들에 의하여서 반응하는 것이라는 것이다(Thomas, 1992, 286). 그러므로 행동주의 학자들에 의한 행동적 가족치료는 부적응적인 행동은 배운 행동이지만, 배우지 않을 수도 있었다는 것이다. 그러나 인간

* 부산대학교 사회복지학과 교수

은 일생을 통하여 배우는 것이므로 적응적 행동을 새로 일으킬 수도 있다는 전제에서 시작된다.

행동적 가족치료는 학자들의 접근방식에 따라서 그 포함되는 범위가 다양하다. Falloon(1991)은 행동적 부모훈련을, Gurman & Kniskern(1981 & 1991)은 행동적 부모훈련과 행동적 부부훈련을, Nochols(1984)와 Becvar & Becvar(1993)는 행동적 부모훈련, 행동적 부부훈련, 그리고 conjoint sex therapy를, Golderberg & Goldernberg(1991)와 Thomas(1992)는 각각 기능적 가족치료와 인지적 가족치료를 포함시켰다. 이 장에서는 행동수정이나 학습이론의 배경과 같이 행동적 부모훈련과 행동적 부부훈련을 중심으로 하였음을 밝힌다.

제1절 행동주의 가족치료의 발달과 이론가들

행동주의는 보통 실험실에서의 조건반사(classical conditioning) 실험에 의한 Pavlov의 공헌에 의한다. 그의 실험은 먼저 동물에 대한 것이었으나 후에는 비정상적 행동을 하는 인간에 대한 실험도 보고되었다. 그의 노력은 Watson에 의하여 보다 구체적으로 인간의 문제적 행동에 대한 수정에 임상적으로 적용되었고 이것은 보다 구체적으로 Jones에 의하여 성공적으로 해결된다. 이러한 일련의 성공은 특히 1930년대와 40년대에 임상적으로 확대되고 적용되나 실무에의 적용에는 여전히 제한점이 남아 있었다. 그러나 1960년대에 이르러 가정내의 문제아동에 대한 접근이 시작되었고, 여전히 가족을 포함시키기 보다는 개인에 초점을 두었으나 가족구성원 모두가 문제아동에 대한 일차적 환경으로써 영향을 미친다는 사실을 인지하게 되었다. 학습이론의 관점에서 학자들은 가족이 자극과 반응의 가장 중요한 자원이라는 것, 그리고 다른 가족구성원의 강화를 통한 자극과 반응이 아동의 행동을 만들어내고 이끌어냄을 주목하게 되었다. 그러므로 문제적 성격의 수정에는 가족구성원 모두의 참여가 유도되었고 이를 보다 효과적으로 수행하기 위한 부모 혹은 부부간의 훈련이 시도되었다. Patterson과 Brodsky(1966)는 복잡한 문제-심한 욕설, 발로 걷어차기, 소리지르고 물어뜯으며, 오줌을 질질 싸는-를 가진 남자아이에 대한 부모의 반응을 수정함으로써 이 아이가 사회적으로 적절한 행동을 할 수 있게 되었다고 보고했다.

Patterson은 심리학자로서 행동적 부모훈련의 가장 뛰어난 공헌을 하였다(Hansen & L'Abate, 1982; Nichols, 1984; Thomas, 1992). 그의 Oregon Social Learning Project는 행동적 가족치료에서 가장 알려진 접근이며, 이는 행동주의와의 결합 그리고 미량분석적 연구의 좋은 표본이라고 할 수 있다. 이것은 또한 아동과 관련된 문제들을 가족이 함께 풀어나가기 위하여, 연구자들의 초점은 클라이언트의 저항과 관련된 변수, 혹은 성공적인 치료의 결과 등 그 과정에 두었다. 그는 100명이 넘는 아동과 그 가족들과 함께 일을 하였고, 그 결과로 "Living with Children"이라는 교과서를 부모들이 아동들의 적응적 행동을 변화시키는데 사용하도록 만들었다. 그는 부모들에게 사회학습과 긍정적·부정적 강화에 대하여 가르쳤다. 특히 그는 사회적 강화로써 미소, 등을 두들겨 주기, 칭찬, 포옹, 인정, 관심을 보여주는 것 등을 포함시켰으며 매우 조심스러운 강화의 사용과 부모들의 치료자에의 의존도를 감소시킬 수 있도록 가르쳤다.

Stuart는 사회사업가로서 현재 문제에 봉착한 가족들이 긍정적 가정환경을 증가시키는데 초점을 둔 개입전략을 개발했다. Stuart의 행동계약(contingency contracting) 접근은 기분좋은 행동의 호혜적 교환을 증진하는데 초점을 두었다. 이 접근은 결혼한 부부라는 한쌍으로서 그들 가족내에 존재하고 있는 우울하고 상처를 준 관계들이 서로 긍정적으로 상호작용패턴을 받아들일 수 있도록 하는데 초점을 둔 것이다. 그는 각 가정내에 있는 항상성의 균형을 보다 효과적으로 유지하고 변화시키기 위하여 각 구성원이 현재 가족내에서 갈등을 일으키고 있는 다른 구성원에게 우선 무조건 긍적적이며 보상적 태도를 보일 것을 제안한다. 이는 다른 사람을 즐겁게 함으로써 자신도 즐거워진다는 단순원리에서 출발한다. 그의 이 '주고 받기' 접근방법은 가족구성원들이 이전부터 있는 다른 사람의 충족되지 않은 요구 뿐만 아니라 만족할 만한 행동 등에 초점을 둠으로써 각자가 변화 매개자로서의 잠재력을 구축하도록 돕는데 있다. 이는 우리의 긍정적 베풂이 그 받는 사람에 의하여 호혜적 반응을 가져오리라는 바램에서이다. 이러한 결과는 그 가족내에 있던 갈등을 제거시킬 수 있으며, 상호긍정적 기류가 최대화되며, 아울러 각 가족구성원은 먼저 자신의 문제행동을 변화시킴으로써 다른 사람의 변화에도 책임감을 갖게되는 것이다(Falloon, 1991, 67).

Liberman은 위에서 언급한 두 선구자 Patterson(심리학자로서 주로 아동과 함께 일해왔다), Stuart(사회사업가로서 주로 결혼한 부부의 문제를 다루었다)와는 달리 정신과 의사로서 주로 성인 정신병 클라이언트와 일했다. 그가 1970년에 발표한 "가족과 부부치료를 위한 행동적 접근법(Behavioral Approaches to Family and Couple Therapy)"는 이 방면의 역사적 전환점이 되는 논문으로서, 가족구조 내에 조작적 조건형성(operant conditioning) 체제를 접목시킨 것이다. 이 논문에서는 조작적 조건 형성 체제를 사용하여 네개의 각각 다른 증상 - 우울증, 만성두통 클라이언트, 사회적 부적응자, 비참한 결혼상태 등을 치료한 것을 소개하고 있다. 그의 개입은 Bandura와 Walters의 1963년도 행동계약 전략과 조작적 조건형성의 학습개념을 모방하였다고 밝히고 있다. 다시 말하면, 그의 개념은 현재 문제의 증상을 나타내는 클라이언트들과 가족의 상호작용 패턴간의 기능적 관계를 자세히 사정함으로써 이들을 협력적 치료체계를 사용하는 기술에 바탕을 두었다. 특히 그의 사정은 가족중 성인의 구성원들과 느슨하게 조직된 연속적 면접을 통하여 광범위하게 이루어졌다. 그는 행동변화에 대한 도표를 사용하였지만 이것을 가족들 스스로가 작성하도록 하였으며, 치료목표는 문제적 증상의 소멸뿐만 아니라 가족구성원의 질적 삶의 향상에 두었다. 특히 그의 업적은 연속적인 교육세미나로써 알려진 '심리교육적 접근(psychoeducational approach)'이다. 그의 접근은 이와같은 교육프로그램에 클라이언트와 그의 가족을 동시에 포함시켜 주된 정신장애의 본질과 처우에 대하여 설명하고 이러한 증상을 지닌 가족과 함께 생활하기 위하여 어떻게 문제에 직면하고 개입할 지를 훈련시키는 것이다(Falloon, 1991, 68).

제2절 이론적 구조

1. 기본적 개념들

가족치료에서의 행동주의적 접근은 잘 발달된 이론이라기 보다는 기술에 가깝다고 본다. 이 부분에서는 기초적 행동수정의 기본개념과 원리들을 설명하고자 한다.

1) 가설의 설정

행동주의적 가족치료가 가능하기 위한 이론적 가설을 먼저 제시하고자 한다. 이는 지금까지 개인의 행동에 초점을 두고 개인의 문제에 대한 가족의 관여는 문제를 지닌 개인에 대하여 심리역동적 제재나 환경을 인위적으로 조작시키는 매개였으며 문제해결의 동등한 참여자가 아니었던 가족구성원을 치료에 공동으로 포함시키고자 하는 행동주의자들의 노력을 합리화시키기 위한 제시라고 볼 수 있다. Goldenberg(1983, 221)에 의한 행동주의적 치료접근은 아래와 같은 기본 가설에 의하여 설정되었다. ① 모든 행동은 그것이 정상적이든 비정상적이든간에 그것은 학습의 동등원리에 의하여 같은 방법으로 습득되었고 유지된다. ② 행동장애자들은 어떤 암시된 근원적 원인이나 보이지 않는 동기 등을 추정할 필요도 없이 학습된 부적응적 패턴을 표시하는것이다. ③ 어떤 증상과도 같은 부적응적 행동이란 원래부터의 선천성 장애인가 혹은 병으로 인한 것인가를 밝히기보다는 그 자체가 장애다. ④ 그러한 장애가 학습된 정확한 상황이나 조건들을 밝히는 것이 목적이 아니다. 그러한 환경이란 대개 돌이킬 수 없는 상태이므로 초점은 현재의 바람직하지 못한 행동을 유지시켜주는 상황을 보다 정확히 분석하는 것이어야 한다. ⑤ 학습되었다고 간주되는 부적응적 행동은 배우지 않은 행동과 구분할 수 있으며, 따라서 새로이 학습된 행동패턴과 교체될 수 있을 것이다. ⑥ 치료는 과학적 심리학의 임상실험 결과의 적용이 포함된다. 이러한 적용의 방법은 아주 세분화되어 있고, 객관적으로 평가되었으며, 쉽게 본뜰 수 있게 발달시킨 것이다. ⑦ 사정은 치료의 계속으로 간주된다. 즉 치료의 효과성이 지속으로 평가되고, 개입에 필수적인 기술이 각각의 문제에 대하여 개별적으로 작성된 것을 의미한다. ⑧ 행동적 치료는 과거를 재구성하기 위한 추적이나 시도라기 보다는 지금 현재의 문제에 주력한다. 치료자는 바람직하지 못한 행동을 강화시키는 현재의 환경적 자극을 클라이언트가 깨닫고 변화함으로 그의 행동에 대안을 주는것에 보다 관심이 있다. ⑨ 치료효과는 측정 가능할 정도의 행동적 변화를 평가하는 것이다. ⑩ 더 진보된 치료적 기술에 대한 연구는 행동주의 치료자들에 의하여 지속적으로 수행된다.

2) 개념정의

① 고전적 조건화(classical conditioning) : 우리가 익히 알고 있듯이 이것은 무조건적인 자극(음식)과 무조건적인 반응(침을 흘리는)이 연결되어서 조건반응(종)과 하나의 짝

을 이루는 것이다. 종소리와 동시에 음식이 주어질때 침을 유발시킨다. 지속적으로 음식과 종의 동시 사용은 결국 음식이 주어지지 않는다고 할지라도 침을 흘린다. 이 과정은 의식통제의 한계를 넘어선 자율신경계와 관련된다.

② 조작적 조건형성(operant conditioning) : 대상물이 자발적으로 행동에 관계되어서 이루어지는 과정을 의미한다. 반응의 빈도는 행동에 따르는 결과에 의하여 통제된다. 조작이란 하나의 원인이다. 긍정적 결과는 긍정적 강화라 부르며, 그러한 조건에 의하여 그 빈도가 증가되는 것을 묘사한다. 만일 대상자의 행동이 벌에 의한 것이라면, 반응은 혐오적(매)행위 혹은 긍정의 철회(반칙) 때문이거나, 혹은 만약 그것이 무시된다면, 이는 겉으로 나타내지는 것이 멈출때까지 행동의 빈도는 줄어 들게 되는데 이를 소멸(extinction)되어간다로 부른다.

③ 강화(reinforcement) : 강화는 어떤 행동에 즉각적으로 대응하는 어떤 결과의 사용과 그 빈도를 증가시키기 위하여 그 행동에 가해지는 효과를 의미한다. 그러므로 그러한 효과를 증가시키기 위하여 사용되는 행위를 강화제(reinforcer)라 부른다. 긍정적 강화(positive reinforcement)는 어떤 행동에 따른 반응이 좋아하는 결과(어떤 보상이나 긍정적 강화제)를 가져옴으로써 그 행위의 빈도가 증가하는데 목적이 있다. 한 학생이 시험준비를 충실히 한 결과 “A”를 받았을 때 그는 계속 좋을 결과를 위하여 열심히 공부를 한다. 이와 같은 맥락에서 Kazdin(1984)은 아이가 자기 전에 울면 대개 엄마가 와서 관심을 보여줌으로써 이 아이는 자기전에 우는 습관을 갖게된다. 부모로부터의 이러한 관심과 주의의 환기는 긍정적 강화제가 된다고 보았다. 즉 사람 간의 포옹, 미소, 선물, 그리고 관심과 애정의 표현 따위는 어떤 행동의 증가를 유발시킴으로 모두 긍정적 강화라고 볼 수 있다. 부정적 강화(negative reinforcement)는 혐오적 자극-고통, 기분 나쁨 따위를 피하기 위하여 바람직한 행동을 하는 것이다. 잔소리를 피하기 위하여 집을 떠나는 남편이 그 좋은 예이다.

④ 식별학습(discrimination learning) : 어떤 한 조건이 하나의 상황에서 발생하고 다른 곳에서는 발생하지 않는 반응이다. 이것은 선택된 행동들이 어떤 특별한 상태에서 일어나려고 하였을 때는 매우 중요한 개념이다. 식별학습이란 각각 다른 상황에서는 벌이나 강화체제에 해당되는 것을 식별하는 것이다. 어린아이가 놀이터에서는 잘 뛰고 달리므로 상을 받으나 교실에서는 그 반대인 것이다.

⑤ 일반화(generalization) : 이것은 식별학습과 관계된 과정이다. 이는 다른 상황에서 달리 행동을 하는 것이 아니라 배운 행동을 다양한 상황에서 잘 활용할 수 있게 하는 것이다. 즉 치료과정에서의 직업을 구하기 위한 면접시험 연습은 실제 면접시험에 잘 적응되도록 전이되어야 하는 것과 같다.

⑥ 사회학습이론(social learning theory) : 사회학습이론은 행동의 결과에 연관된 클라이언트의 규칙이나 체제인식의 중요성으로 묘사된다. 이 개념은 인지과정으로 알려져 있으며, 대리적 학습이나 모방과 관계되어 있다. 이는 사람들이 다른 사람이나 어떤 사건을 통하여 새로운 행동을 배울 수 있다는 것이다. 그런고로 이를 변화시키기 위

하여서 클라이언트는 자신의 행동에 구애받거나, 또 어떤 직접적 보상이나 벌을 주는 따위의 경험이 필요없을 수도 있다. 단지 이들은 상상하였거나 기대된 것을 암시할 뿐이다. 강화체제로서의 환경적 영향은 아직까지도 매우 크다. 그런고로 다른사람을 직접 혹은 대체적 매체(비디오 같은 종류)로써 관찰하는 것은 학습의 효과로서 혹은 행동변화에 충분할런지도 모른다.

⑦ 일차적, 이차적 강화제와 벌(primary and secondary reinforcement sandpunishments): 강화와 벌은 우리가 생리적 혹은 자연적이라고 믿고자하는 것과 학습을 통하여 습득되는 것 간의 차이를 설명하는 것이다. 일차적 강화제는 음식일런지도 모른다. 그리고 이차적 강화로써 등을 두드리거나, 이차적 벌로써 호되게 꾸짖을 수도 있다. 이차적 강화나 벌은 종종 사회학습을 통하여 습득된다고 믿는 것이다.

⑧ 강화계획(reinforcement schedule) : 이 계획은 한 행동의 강화체제의 기초와 행동과 결과간의 관계를 설정하는 차이를 설명하는 것이다. 지속적인 긍정적 강화제의 사용은 바람직한 행동이 발생하는 매번마다 보상을 하는 과정을 의미한다. 간헐적인 보상계획은 비규칙적 계획에 따른 긍정적 반응이며, 행동이 만족스럽게 유지된다는 것을 의미하나, 대상자가 결국은 더 이상 보상이 없으리라는 믿음으로 이끌어 가게 된다.

⑨ 행동형성(shaping) : 행동형성은 먼저 어떤 복잡한 행동을 여러 개의 하부구조로 나눈 다음 이러한 하부행위가 보상과 벌의 체제를 사용하여 결과적으로는 하나의 바람직한 행동을 유발시키도록 하는 것이다. 이는 교사가 학생에게 얌전히 앉아서 말하고 싶은 것은 손을 들어서 표시하고, 말하기 전에 교사가 부르기를 기다리는 것들이 목표행동이라면 모든 것을 한꺼번에 하기 전에 우선 얌전히 앉도록 시도하는 것이다. 이 과정은 최대한의 성취를 위하여 시도된다.

⑩ 효과적 계약하기(contingent contracting) : 계약한다는 것은 쌍방간의 바람직한 행동으로의 변화를 위한 협상의 과정이다. 이것은 상호작용을 위한 명백한 규칙으로써 정의된다. 계약은 무협오와 개방된 협상아래서 이루어진다. 이것은 행동이 누구에 의하여, 어떤 상황 아래서 수행되는지, 계약서상에 명기되어 있는 각자가 얻게될 명확한 보상 등이 확실해야만 한다. 특히 이 계약은 서로가 긍정적 교환과 각자의 행위에 대하여 보상을 한다는 동의하에 시작된다. 이외에도 많은 개념들이 있으나 여기에서는 가족치료와 관계된 것을 주로 골랐다.

2. 행동문제의 본질

행동상의 문제는 환원주의적 모델의 관점보다는 구조적 관점들로부터 매우 다양하게 보여지고 있다. 구조적 관점에서는 어떤 증상이란 순환적이고 복합적 원인의 관계조직의 한부분이지 정신질병이나 개인병리적 현상은 아니다(Henggeler & Borduin, 1990, 18). 행동의 조직적 개념화는 Keeney(1979)가 말한대로 어떤 한부분의 증상이 다른부분의 증상으로 유도하는 속성이 있음으로 매우 어려우며, 또한 어떤 증상의 해소는 다른 증상을 야기시킬 수도 있기 때문이다. 그러므로 치료자는 문제해결의 개입을 위하여서는 반드시 전체적으로 관련된 체계를 포함시켜야만 된다. 이는 어떤 한 가정에서 아동의 정서적 문제와 부모들 간의 불협화음이 있을 때, 전통적 치료방법을 도입한 치료자가 치료의 초점을 아동에게만 두었을때는 정서장애의 문제는 어느 정도 해결되었으나, 여전히 그 가정에는 변하지 않은 가족체계상의 문제가 남아있는 것이다.

만일 증상이 정서적 혼란이 아니라면 원인은 어디에서 발생하는 것일까? Minuchin(1974) 등은 행동문제란 일반적으로 일상적 상황에서 발생하는 스트레스, 생의 전환기, 혹은 위기 등이 가족구성원 간에서 제대로 해결되지 않을 때 발생한다고 믿었다. 이는 모든 개인과 가족들은 단계적으로 생활상에서, 변화의 적응과정에서 정상적 문제를 겪게 된다. 예를 들면 결혼은 정서적 관여나 나눔 뿐만 아니라 삶의 방식에 따라서 많은 적응이 요구된다. 그리고 아이가 태어나면 또다른 적응이 필요하게 된다. 서로 살아가기 위하여서는 더이상 자신만의 영역을 지킬 수가 없게 된다. 결국 가족구성원들은 시간이 감에 따라 실질적인 적응이나 가족기능의 원활한 소통을 위하여 자신의 행동이나 관계를 변화하거나 수정하여야 되는 국면에 처하게 된다. 이러한 변화의 전환점에 처했을 때 대부분의 가족들은 이 정상적 위기를 잘 극복하여 더욱 성장하고 상호간의 적응력을 강화시키나, 어떤 가족들은 이 전환이 길어지고 가족체계의 통합이 위기를 겪게 된다.

문제행동은 때로 기능적 목적을 지니고 있기도 한다. 아동의 그릇된 행동은 때로는 갈등에 처한 부모들을 단결시키고 불안한 집안 분위기를 유지시키는데 공헌하기도 한다 (Henggeler & Borduin, 1990, 19). 그러므로 문제행동은 가족체계에 대하여서 때로는 장점이 되기도 한다. 극단적인 예로 Hanson & Henggeler(1982)는 묵인된 가족내의 근친상간은 가족해체나 가족내 폭력으로 부터 가족을 유지시켜주고 있음을 발견했다.

아동기의 공격성은 단기적 관점에서 볼 때 고도의 기능적 문제가 될 수 있으나 이것이 청소년이나 성인의 경우에는 매우 심각한 문제를 야기할 수 있다. 공격성은 일차적으로 아동으로 하여금 환경을 지배하게 만든다. 아동이 공격적 행위를 취함으로써 부모를 당황하게 만들고, 이를 무마하려는 부모의 태도가 아동 자신의 요구를 성취시킨다. 대개 또래집단에서 매우 공격적인 아동의 위치가 우위에 서게 만들며, 때로는 지역적 특성이 그 아이로 하여금 공격적 행위를 하게끔 유도한다.

불안(anxiety)은 대개 열등감이나 우울과 함께 나타나기도 한다. 이러한 증상을 나타내는 아동과 청소년은 말하기를 거부하거나, 일상생활에서 흔히 겪는 일들을 회피하려는 경향이 있다. 더구나 여러 사람 앞에 서야할 때면 극도의 긴장감이나 신경질적인 태도를 나타내기도 하며, 전반적으로 자신감이 결여되었다고 보여진다. 이러한 아동들은 대부분 강한 위험에 처할 것이라는 기대감, 신체적 긴장과 불편을 느끼고, 사고가 비합리적이며, 불안스런 상황을 되도록이면 회피하려 한다. 심각한 불안장애와 우울증으로 진단된 아동 및 청소년은 약 2%에서 4%라고 보고되고 있으나 우리나라와 같이 입시로 인한 불안적 상황에 놓인 청소년에게는 더욱 높을 수도 있다고 보아야 한다. Cullinan과 Epstein(1990, 169)은 나이가 들어가면서 여학생에게서 좀더 많은 불안장애가 일어난다고 보았다.

아동학대(child abuse), 부모의 심리병리적 현상, 가족내에 존재하는 갈등과 가족구조 부재는 많은 경우 아동의 우울증(depression)과 연결되어 있었다(Kauffman, 1989, 360-361). 즉 부모가 우울증일 때 자녀에게 전달되는 심각한 상관관계가 있음을 보여주었는데 이는 가족과정에서 전달된다고 보여진다. 부모로 부터 역할모델을 학습할 때 아동은 은연중에 부모의 우울증적인 성격을 답습하게 된다. 특히 심한 우울증에 빠진 어머니들은 대개 부모역할의 결여가 심하므로 자녀에게 올바른 부모로서의 역할을 수행할 수 없을 뿐만 아니라 문제를 이전시키기도 한다. 이러한 것은 Johnson(1986, 87)의 Jason이라는 10살된 아동의 예에서 잘 나타나 있다. Jason이 두살때 여동생이 태어났다. 그리고 부모의 별거와 이혼이 뒤따랐으며, 아이들은 아버지의 보호와 양육 아래 있게 되었다. 세살때 심한 병을 앓게 된 여동생은 병원에 늘 있어야만 했으며, 네살인가 다섯살때 친어머니가 이 아이들을 몰래 데려갔다. 여섯살때 아버지는 재혼을 하였으나 8개월후에 다시 이혼하였다. Jason이 소아정신과에 의뢰되기 6개월전에 이 아이는 삼촌이 훈련시키는 말에 의하여 실명이 되는 현장에 있었으며, 3개월후에 Jason이 가장 따르는 숙모가 자살하는 것을 경험하게 된다. 다시 말하면 이 아동과 같이 아동의 수준에서는 도저히 극복하기 어려운 사건들의 발생은 장기적으로 볼 때 현재의 상황은 더욱 나빠지고, 부정적 자기개념을 발달시키도록 만드는 것이다.

이를 정리하면, 가족치료에서 일반적으로 문제행동이라고 보여질 수 있는 범위는 ① 가족상호작용의 형태와 아주 긴밀하게 연결되어 있으며, ② 이러한 행위가 많은 경우 정상적생의 스트레스적 사건이나 발달적 전환기에서 발생되나 이의 해결이 매우 빈약하게 이루어졌을 때, ③ 기능적 요소가 포함되어진 것들이다.

3. 정상적 가족발달

많은 행동주의학자들은 현재 문제시되고 있는 행동을 분석하는데 과거사에 대해서는 별로 관심을 두지 않는다. 이러한 결과로 행동주의 가족치료자들은 정상적혹은 비정상적 행동의 대두에 대해서도 별 언급이 없다. 반면에 그들은 현재 발생하고 있는 행위의 정확한 묘사에 그들의 관심을 집중시키며, 따라서 그들의 대부분의 건강한 가족관계의 묘사를 곤경에 처한 가족의 상황으로 부터 추론해 낸다. 행동교환모델(behavior exchange model, Thibaut and Kelley, 1959)에 의하면, 좋은 관계란 한사람의 주고 받음이 균형을 이룬다는 것이다. 다른 말로 하면 좋은 관계란 그 값에 해당되는 높은 비율의 혜택을 받는 것이다. 물론 이러한 일반적 사항들이 가족 생활에서 적절하게 이루어진다는 것은 무리일런지도 모른다. 그러나 행동주의자들은 그들의 경험적 연구에서 이것이 실제 가족생활의 만족도와 연결이 됨을 발견하였다. 즉 Weiss와 Issac(1978)은 부부간의 애정, 의사소통, 아동양육이 만족한 결혼생활로 이끄는 가장 중요한 요소라고 보았다. 이들 이전의 학자들도 애정보다는 부부 간의 상한 심정을 불러 일으키는 것이 더욱 결혼만족도를 떨어뜨린다고 보았다. 그러므로 좋은 관계란 되도록이면 좋은 행동을 유지·교환하며 나쁜 감정을 최소화하고 긍정적 강화의 조절하에 있는 것이다.

행동주의자들은 명백한 행동에 초점을 두기 때문에 가족생활에 보탬이 되는 것은 분명하고 확실하게 일어난 일을 중심으로 보는 경향이 있다. 그래서 가족생활의 만족이나 안정에 때로는 상당히 중요한 원천이 되는 무의식적 측면은 무시할 수도 있다. 더 나아가 행동교환 모델은 가족 외의 관계들과 비교함으로써 부부 간에 제공될 수 있는 비용편익 보상비율까지도 수준비교 혹은 평가를 하고있는 것이다. 이러한 행동적 편견은 개인이 지닌 가치에 대한 자기평가의 중요성을 경시하고 있다고 보여지며, 결국 어떤 사람은 자신이 보다 좋은 것을 가질만한 처지가 아니라고 여김으로써 비용부담에 따른 낮은 보상에 만족해하는 것이다. 거기에 가족생활의 기대치에 대한 치료자 자신의 평가는 위에서 언급한 모델과 이상적 부부상에 의하여 영향을 받는다. 임상실무경험은 어떤 사람들은 그들의 결혼한 상대자가 매우 긍정적 보상을 실현시켜줌에도 불구하고 불만을 표하는 것을 보게 된다. 이러한 부류의 사람들은 아마도 그들의 배우자의 명백한 행동보다는 자신이 꿈꾸었던 결혼생활의 방식을 더 기대하기 때문일 것이다. 사회학습이론에 따르면 다른 가족구성원에 의하여서 제공되어지는 자극 뿐만 아니라 이러한 자극을 인지하는 것도 고려되어져야 하기 때문이다. 인지적 변인에 대한 관심의 고조는 아마도 앞으로 행동주의 치료자들이 이러한 것을 고려할 것을 제안한다.

효과적 의사소통도 좋은 관계의 측면으로써 또한 행동주의자들에 의하여 고려되어지고 있다. 좋은 의사소통은 행동에 대하여 가능한 자극통제가 주어짐으로 이것이 보상과 즐거움을 증가시키는 것이다. 명확한 의사소통은 가족구성원들로 하여금 행동적 결과나 사건중에서 이를 구별할 수 있도록 하며, 이를 이해하고 서로 협조할 수 있도록 만든다. 가족구성원이 꼭 모든일에 동의를 하지 않는다고 할지라도 이해하는 태도를 가지고 좋은 청취자가 되는 것이 무엇보다 중요하다고 본다.

치료에 참가하는 많은 가족들이 그들 자신이 문제로 부터 자유로와지고 싶다고 표현하며, 치료자가 그들을 위해서 문제를 해결해줄 것을 기대한다. 불행하게도 문제는 삶의 일부분이며, 건강한 가족도 문제가 없다고 할 수 없다. 다만 문제가 발생했을 때 그것에 직면할 줄 아는 능력이 요구되는 것이다. 이를 인식한 치료자는 문제해결 기술과 갈등을 해소시킬 수 있는 능력이 성공적 결혼의 범위임을 인식시켜야 한다(Jacobson amd Margolin, 1979). 좋은 관계에서 각자는 갈등에 대하여 솔직하고 직접적으로 말할 수 있어야 한다. 또 각자는 염려가 되는 그 행동에 대하여서만 토의할 수 있어야 하며, 덧붙여 각자는 다른 사람의 견해에 대하여 기꺼이 이해할 수 있어야만 한다.

문제가 발생하거나 상황이 변할 때는 가족들도 행동을 변화할 줄 아는 기술이 요구된다. 어떤 행동주의자들은 결혼의 성공을 결정짓는 가장 중요한 요인으로서 의사소통기술을 꼽기도하며(Markman, 1979), 어떤이는 성적만족감을 강조하기도 한다(Master and Johnson, 1970). 많은 사람들은 만일 사람들이 잘 조화될 수 있고 또 서로 사랑한다면 좋은 가족관계란 자연적으로 일어나는 것이라고 확신한다. 다시 말하면, 이들 행동주의자들은 부부간 그리고 가족간에 관계형성기술을 발전시켜야 함을 누누히 주장하는 것이다. 이들이 믿는 것은 좋은 결혼이 하늘에서 만들어져서 내려오는 것이 아니라 효과적 처리능력을 배움으로써 습득된다는 것이다. Jacobson(1981, 561)은 부부가 높은 신뢰를 서로 주고 받음으로써 좋은 관계를 묘사하였다. 즉 성공적인 부부관계는 매일의 애정생활을 잘 유지하는 것이다. 부부가 긍정적인 주고 받음으로 빈번히 요구되는 새로운 역무에 대하여 그들의 강화력을 넓히는 것이다. 부부의 강화력이 빈약하고 다양성이 결여되면 이들은 잘못된 충족을 헤어나기 위한 선에만 머무른다. 이런한 결과는 그들의 상호작용이 이미 전에 있었던 강화의 가치까지도 고갈시키게 된다. 성공적 부부란 그들 공동의 활동에서 발생하는 피할 수 없는 강화침식작용까지도 이겨냄으로써 새로운 공동의 관심을 발달시키고, 그들의 성적만족을 고취시키며, 각자가 서로의 관심을 지속시킬 수 있는 그러한 의사소통을 개발하는 것이다.

다른 가족치료 이론가들과 마찬가지로, 행동주의자들도 적응력, 융통성, 변화를 강조하나, 이들이 더욱 관심을 가지는 것은 이러한 것들이 어떤 인성적 속성이라기 보다는 학습된 기술이라는 것이며, 더욱이나 이것은 규칙의 자극통제하에 있는 관계이며, 무엇이 규칙이냐라는 합치가 된 그곳과 관계되어진 것이다. 더 나아가 규칙은 운신의 폭이 좁은 것이 아닌 포괄적이고 융통성있는 것이어야 된다는 것이다. 이러한 행복한 관계에서 보상은 댓가를 필요로 하고, 사회적 강화는 공평하고 높은 수준의 분배를 의미한다. 결과적으로 이러한 관계는 부정적 강화, 벌, 강압적 상황이 아닌 긍적적 통제하에서 형성됨을 기억해야 한다.

4. 행동장애의 출현 및 가족구조에서의 문제점

1) 행동장애의 출현

행동장애라는 표현은 우리사회에서 그다지 익숙한 용어는 아니라고 본다. 무엇을 행동장애라고 부를 수 있을까? 누구와 함께 있든지 상관없이 물건을 집어던지고, 소리를 지른다고 하여서 그 아동이 장애라고 할 수는 없다. 또 주위의 시선이나 사건에 전혀 관심을 나타내지 않고 혼자의 세계에 빠져들어 갔다는 사실만으로 장애라고 할 수는 없다. 물론 다른 아동과 비교하여 그 아동의 정신적·신체적 연령에 적합하지 않은 행동을 하며, 정서적으로 손상을 입었거나 부적응적 행동을 하는 아동을 행동장애아라고 할 수 있으나 그 형태는 보다 다양하게 나타날 수 있다. 즉 학교에서 학생으로서 하여야 할 진도에 대하여 무시하거나 조직적 학습을 할 수 없고, 수업시간이나 놀이에서 다른 친구들과 전혀 대화나 관계를 맺을 수 없는 아동; 극도의 공격성, 협박, 불복종, 파괴적 혹은 안절부절 하는 아동; 의사표시를 함에 있어서 극도의 공포, 너무 부끄러워하고, 죄의식이나 자신감 결여 등을 나타내는 아동들을 보통 경증의 행동장애 증상으로 본다. 이것이 심화되면 이상한 몸짓이나 행동을 하고, 언어장애를 수반하며, 자기관리의 기본적 기술의 결여, 그리고 기초적 인지력의 장애를 가져온다. 보통 행동장애의 출현을 설명함에 있어서 생물학적 상황(biological conditions)과 심리학적 상황(psychological conditions)으로 나누고 있다(Cullinan and Epstein 1990, 160-162).

2) 생물학적 상황(biological conditions)

최근의 조사는 아동의 성격이 어떻게 부모로부터 물려받은 유전적 인자에 의하여 영향받는가를 재연구하기 시작했다. 유전자는 우리 몸에서 상상 이상의 화학적 연결반응을 조정하고 있으며, 결국 이러한 연결의 파괴된 고리에서 만들어진 손상된 유전자는 심한 장애적 기능의 원인이 된다. 염색체의 손상은 심각한 신체적·행동적 문제를 야기시키는 요인이 되기도 한다. 장기간에 걸처 실시된 한 연구는 먼저 인간적응에 미치는 효과가 타고났느냐 양육에 의한것이냐에 차별을 두고 조사한 바, 어떤 행동장애 유형에는 유전이 점차적으로 영향을 주는 요소로써 밝혀졌다.

많은 사건들이 출생과 출생전·후에 걸쳐서 발생함으로 뇌기능 손상이나 비정상적 자율행동의 기능장애와 같은 뇌장애를 유발한다. 뇌장애와 행동장애 간의 관계는 연구자들로 하여금 좌절과 당혹감을 갖게 한다. 직접적 결정에 가장 큰 장애는 뇌장애자에 대한 사정절차에서의 기술적 부적절함이다. 그럼에도 불구하고 몇가지 중요한 사실은 ① 자폐증과 같은 중증의 행동장애자들은 뇌장애와 직접적으로 관계되어졌으며, ② 다루기 힘든 과다행동(hyperactivity)도 여러 가지 사실로 미루어 볼 때 뇌장애 때문이라고 할 수 있으나, ③ 대부분의 행동장애자들은 뇌장애라고 볼 수 없을 뿐만 아니라, 뇌장애자의 대부분은 행동장애를 나타내지 않는다는 사실이다.

조사에 의하면 필수적 영야상태의 결핍이나 특수한 식이체질에 의한 중증이며, 만성적 결함은 신체적·정신적 장애를 유발시킬 뿐만 아니라 동시에 행동장애도 유발시키는 것이다. 일반적으로 특수교육가들은 아동들의 과다 행동들은 필요한 당분의 부족이나 과다에서 비롯된다고 보지만 과학적 입증은 되지 못하고 있다.

3) 심리학적 상황(psychological conditions)

가족은 아동 및 청소년의 발달과 사회화에 가장 큰 영향을 미치는 장으로서 인식되어 있다. 그래서 조사와 연구는 주로 행동장애의 가능한 원인으로서 가족기능과 구조에 초점을 맞추고 있다. 행동장애와 관련된 주된 가족변인으로서는 ① 부모중 어느 한쪽의 부재, ② 부모간의 갈등, ③ 특히 정신병적 증세나 반사회성 행동장애를 가진 부모, ④ 형제관계, ⑤ 부모의 적대심, 보호태만, 학대 등, ⑥ 지속적이지 못하고 극도의 느슨한 훈육방법 등을 꼽을 수 있으나 이런 요인들이 결코 행동장애의 충분한 근거를 다 설명해 줄 수는 없다고 본다. 이러한 변인들이 아동 혹은 청소년의 성·연령·사회경제적 상태 등과 맞물려서 나타난다고 본다. 실질적으로는 이러한 가족변인이 각각 하나의 행동장애를 유발시키는 요인으로써 활동한다는 점이다.

4) 사회구조에서의 문제점

다음으로는 정상적 혹은 비정상적 사회화가 가족 이외의 요소인 친구, 학교, 메스 미디아, 사회경제적 불균형, 그외의 여러 가지에 의하여 이루어질 수도 있기 때문이다. 특히 친구

간의 관계는 아동발달, 친구선택의 기회, 사회적 지위, 자기이해, 개인적 성숙, 사회에의 적응 등의 중심적 역할을 하는 것이다. 행동장애아들을 보면 많은 경우 친구관계가 어려우며, 결과적으로 학교나 친구들과의 사이도 빈약하므로 만족한 학교생활을 하지 못하게 되는 것이다. 그러나 때로는 강한 친구관계가 일탈행동을 조장함으로써 행동장애자가 되는 수도 있다.

Kauffman(1989)은 학교에서 교사들이 학생에 대한 개인성의 무시, 부적절한 기대감, 교사의 부적당한 교재의 선정과 수업진행, 그리고 부적합한 역할과 일과 등은 학생으로 하여금 행동장애아가 되게끔 한다고 보았다. 다시 말하면, 학교는 어쩌면 행동장애아를 예방하고 교정할 수 있는 장소일 수도 있다는 것이다.

사회경제적으로 혜택을 받지 못한 것도 직접적인 것은 아니나 행동장애에 한 몫을 하고 있다고 본다. 즉 가난, 소수집단, 가족붕괴, 교육기회의 결핍, 비행이나 범죄에의 노출, 그외의 필요한 혜택의 결여 등은 행동장애를 유발시킬 가능성을 지니고 있으며, 위기적 요소로 작용한다고 보아야 할 것이다. 예를 들면 대개 가난한 집의 아동들은 다른 아이들이 이미 가정이나 기타의 장소에서 배운 기본적 기술이나 적응력을 알지 못한 채 국민학교에 입학하게 된다. 교사들은 별다른 의식없이 이 아동들을 교육지진아나 행동장애아로 만들게 되는 것이다.

T.V.나 다른 매개체들은 그 어느 시대의 아동들보다 더 큰 영향력을 가지고 아동과 청소년의 사회화에 역할을 하고 있다. 특히 문제점으로 지적할 수 밖에 없는 것은 이러한 매체들을 통한 성의 심각한 노출이나 폭력에 아동들이 무방비 상태가 된다는 것이다. 관심있는 단체는 사회의 경각심을 일으키며, 연구자들은 이 매체들을 통한 범죄의 전염을 보고하고 있다.

개인이 환경이나 다른 사람으로부터 받는 스트레스도 성장 중의 아동이나 청소년의 행동에 장애적 요소가 된다. 소위 stressors라고 불리우는 신체적, 사회적, 심리적 사건들 -사고, 가장 가까운 사람의 상실, 목표달성 (입학시험같은)에 대한 두려움- 은 우리에게 많은 변화를 준다. 즉 숨쉬기가 어려워지는 등의 신체적 변화를 불러 일으키기도 하며; 주의력의 산만, 문제해결 능력, 언어구사, 일의 수행력 등을 감소시키며; 때로는 공포, 분노 등과 같은 강렬한 감정적 상태를 유발시킨다. 스트레스는 행동장애의 주된 개념인 심리교육적 상황인 갈등순환(conflict cycle)의 주된 요인이라고 보여진다.

제3절 행동적 가족치료의 기법

1. 행동적 부모훈련(behavioral parent training)

아동을 중심으로 접근해왔던 심리치료는 지난 30년간 가족을 포함시킴으로써 놀랄만한 성공을 가져왔다. 즉 Behavioral Parent Training(이하 BPT)은 가장 널리 효과적이고 인기있는 개입방법으로써 받아들여지고 있다. 행동주의는 지금까지 다른 방법들과의 교류에 상당히 망설여 왔으나 실무와 이론분야에서 BPT의 요구가 증가되었다. 왜냐하면 증가하는 문제에 대하여 이를 수용할 만한 전문가의 수요가 부족했으며, 개별적 1대1의 접근방법이 그렇게 효과적이지 못하다는 벽에 부딪친 것이다(Gordon & Davidson, 1981, 517-518). Gordon과 Davidson은 이러한 이유를 첫째, 전통적 치료방법은 본질적으로 조작된 분위기에서 이루어지며, 매우 간단하고 접촉이 빈번하지 않다는 것과, 아동이 직접적으로 영향을 받는 생의 경험에서 떼어내어서 이루어진다는 것이다. 둘째, 치료자는 아동이 치료에 포함되어야하는 실제문제 그리고 자연적 분위기에서 일어나는 부모-자녀간의 상호작용을 관찰하거나 경험하는 일이 매우 드물다. 반면 치료자는 부모로부터의 아동의 문제나 상황을 청취하거나 보고에 의존하게 된다. 셋째, 이러한 제한적 정보는 결과적으로 치료자가 부모에게 줄 수 있는 처우방법이나 조언이 결코 유용한 것이 될 수 없음을 보여준다. 마지막으로 치료의 효과성에 대한 평가는 행동변화의 객관적 척도의 미비로 어려움에 봉착하게 된다(518). 이러한 결과의 대안으로써 BPT의 발달이 유도되었다. 이 방법은 사회학습이론에 근거한 원리와 경험적 방법에서 비롯되었다. 즉 대부분의 아동의 행동은 자신의 환경 내에서의 경험에 의하여 만들어지고 유지된다는 것이므로, 행동의 변화가 요구된다면 그의 환경에서 시작되어야 한다는 것이다. 이는 부모가 쥐고 있는 막대한 영향력이 아동의 환경과 그의 행동까지도 조정하고 있다는 것이다. 그러므로 이 접근법은 아동행동을 조정하고 수정하는 데 사회학습이론의 원리의 효과적 사용을 위하여 부모훈련기술을 발달시킨 것이다. 다시 말하면 지금까지 치료의 대상이 아동이었던 것에서부터 부모의 행동이 전문가의 개입 초점으로 바뀌게 된 것이다.

1) 역기능적 가족에 대한 행동치료모델

(1) Dyadic model(양자적 모델)

치료의 요청은 아동에 의하여 발사되는 장애적 행동으로 인하여 혹은 아동이 자신의 연령에 맞지 않은 행동을 수행함으로 걱정에 쌓인 성인에 의하여 이루어진다. 아동이 심리적 개입을 요청하는 경우는 없다고 보아야 할 것이다. 이는 아동의 가정내 위치 혹은 미성년으로 인한 열등적 지위로 인하여 대부분의 치료 요청은 아동을 부모들의 수준에 맞게 교정해줄 것을 요구받는다. 이 dyadic model은 아동의 문제를 다른 사람과의 상호작용의 본질에 대한 그 문제로서 재구성한다. 이 모델은 아동과 부모와의 어떤 잘못된 상호작용이 어려움의 뿌리라고 확신하는 것이다. Patterson과 Reid(1970)는 부모-자녀간의 상호작용의 발달과 유지를 설명하기 위하여 호혜성(reciprocity)과 억압성(coercion)의 개념을 도입했다. 호혜성은 가족구성원간의 긍정적/부정적 상호작용의 교환이 형평성있게 이루어지는 과정으로서 묘사될 수 있다. 다시 말하면 부모가 아동에게 높은 정도의 부정적 감정을 표출하면 그 만큼의 부정적 감정을 아동으로부터 얻게 된다는 것이다. 긍정적 호혜성도 마찬가지다. 즉 아동이 자발적으로 장난감을 주워담아서 칭찬을 하게되면 그만큼 아동의 순종은 강화되는 것이다. 그런고로 긍정적 강화는 일방적(unidirectional)이지는 않다. 행동에 영향을 주려는 억압성은 벌(punishment - 예를 들면 어떠한 행동에 따라서 그 행동의 제발될 확률을 감소시킬 수 있는 자극)과 부정적 강화(negative reinforcement - 예를 들면 어떤 바람직한 행동을 유발시키기 위하여 그들이 싫어하는 대상물의 제거)로써 개념되고 있다.

Dyadic model의 평가는 가족과 아동간의 상호관계의 본질에 관한 자료수집으로 시작되며, 이는 이들간에 존재하는 보다 합법적 관계의 규명에 있다. 즉 원인과 결과에 따르는 기능적 분석을 시도함으로써 치료자는 치료개입을 수행할 수 있다. 이 Dyadic model의 치료는 체계적 부모훈련의 형태로써 부모가 문제행동을 끄집어내고, 그러한 상황을 관찰, 조사할 수 있게끔 훈련을 받고, 서로간에 강화할 수 있는 상호작용을 유발할 사회학습이론의 원리를 체계적으로 도입하는 것 등이 포함된다(Clark-Hall, 1978). 이 모델은 덜 복잡하고 교육적 성격을 띠고 있으나, 부모의 지속적인 관찰이 유지되지 못하거나 부모가 거절을 할 경우 이루어지기 어렵다.

(2) Broad-based model

역기능적 가족에 대한 broad-based model은 부모-자녀간의 명백한 상호작용의 차원을 넘어선 요소에 영향을 주는 것을 제안한다. 이것은 위에서 언급한 dyadic model의 원리와 개념에 속하나, 아동-부모 간의 상관관계를 지형학적 차원에 제한시키는 것이 문제가 있다고 보는 것이다. 이 모델은 몇 가지 논점을 제기한다. 먼저 많은 경우 개인내에서 작용하는 방해적 요인들이 보통 부모들이 훈련을 받은 후에 지적된다는 사실이다. 다음으로는 여러가지 방해되는 요인들이 초기단계에서 나타난다고 할지라도 이것을 시정할 준비가 시초에는 제외될 경우가 많다는 것이다. 이는 아동의 일탈적 행동에 대한 그들 자신의 대처방안이 별로 없기 때문이다. 마지막으로 임상이 지속되는 동안 초기 치료계약의 한계를 넘어선 시점에서 이루어지는 경우가 많기 때문이다. 이 broad-based model은 부모-자녀간의 문제를 넘어선 가족내부에 존재하는 문제까지도 대상이 되나, 치료에서는 그러한 요소가 있음을 인정하면서도 직접적 부모의 훈련에서는 배제될른지도 모른다.

이 broad-based model은 가족체계 내에서 빌생하는 광범위하고 다양한 상호작용을 시험하기 위하여 각 가족구성원의 행동을 평가한다. 즉 부모의 행동이 아동의 문제적 행동에 영향을 미치고, 각자가 지닌 어떤 신념이나 개인적 사건들이 가족체계에 존재하고 있기 때문이다.

(3) Social Systems model

많은 가족치료 전문가들은 아동의 일탈행동이 가족내에 존재하는 부모간의 문제 때문에 발생한다고 믿는다. 이에 대하여 행동주의 가족치료 연구자들은 부모들의 문제가 꼭 아동의 문제를 야기시킨다고는 보지 않았다(Oltmanns, Broderick,& O'Leary, 1978). 이들은 부모의 문제가 있는 아이나 없는 아이나 비슷하게 치료에 의뢰됨을 보았다. 부모의 문제는 아동의 문제와 연결이 될 수도 안될 수도 있는 요건이며, 그것이 문제의 원인이나 결과 어느 쪽에 더욱 영향을 미치는 지도 명확하지가 않았다. 즉 부모들의 문제가 아동의 일탈적 행동을 유발시키는 것에 기여를 할 수도, 혹은 아동의 문제가 부모의 문제를 유발시킬 수도 있다고 본다. 이 모델은 단순한 이원적 모델의 차원을 넘어서 가족을 다루는 것이다. 그리고 가족을 치료에 포함시키는 것에 있어서 가족만을 대상으로 하는 것이 아니라 그들을 둘러싼 모든 하위체계 즉 ① 아동의 레파토리에 입력된 다양한 행동, ② 아동의 일차적 집단, 어머니, 아버지, 형제자매, ③ 연관지워져 있는 지역사회체계, 학교, 소년원, 보호관찰소 등을 고려하는 것이다.

2) 부모훈련에 있어서의 행동사정

Keefe, Kopel, Gordon(1978) 등은 행동사정을 위한 다음과 같은 다섯단계를 설명했다. ① 문제발견(problem identification) ② 문제사정 척도와 기능적 분석틀(measurement and functional analysis) ③ 클라이언트에 맞는 치료방법의 선택(matching treatment to client) ④ 치료진행상의 사정(assessment of ongoing therapy) ⑤ 치료의 평가(evaluation of therapy)

(1) 문제발견(problem identification)

제일 먼저 치료자가 하여야 할 일은 문제발견에 매달려야 한다. 현재 나타난 문제 하나하나를 끄집어내고, 그 문제에 대하여 반응하는 특성을 알아내야 하며, 문제의 줄거리를 밝히고, 적절한 통제변수를 발견하고, 행동수정을 위한 임시적 목표를 설정해야 한다. 이 단계에서는 문제아동의 가장 밀접한 보호자와 행동에 대한 임상적 면접을 실시함으로 시작된다. Gordon과 Davidson(1981, 521)은 문제발견을 위한 면접에서는 양부모가 함께 참여하며, 대신에 아동을 출석시키지 않는 것이 바람직하다고 제안한다. 이는 아동의 주의를 끌 수도 있는 행동, 그리고 첫만남에서 제기될 수 밖에 없는 자녀의 문제에 대하여 마음내키지 않을 수도 있기 때문이나, 치료자는 때로 잘 알려지지 않은 가운데 부모-자녀간의 자연스러운 관계를 관찰할 수도 있다. 그리고 부모는 늘 아동의 문제에 대하여 어려움을 느껴왔으나, 문제행동을 자세히 열거하기보다는 단지 너무 부끄러워 한다거나, 너무 사납게 대들고, 모든 것을 싫어하고, 도대체 다루기가 힘들고 등등으로 표현한다. 그러므로 부모들의 문제가 관찰되고 가늠되기도 한다. 아동의 문제는 환경의 기능에서 빚어지는 결과이므로 치료자는 문제를 보다 세밀히 밝혀내고 부모의 반응 양상을 알아내고 부모의 통제변수가 무엇인가를 결정하기 위하여 어떤 특정한 날을 예로 들게 하든가, 하나의 특정한 사안을 놓고 부모-자녀 상호간의 반응을 일일이 모으는 것도 매우 효과적이라고 본다(Gordon & Davidson, 1981, 524). 보다 객관적으로 행동을 밝히기 위하여 행동척도(예를들면 「한국가이던스」에서 나온 적성검사, 다면적인성검사 등)의 사용이 있다. 이러한 과정을 통하여 치료자는 행동수정이 필요한 일시적 목표설정을 함으로써 이 단계를 마무리짓는다.

(2) 문제사정 척도와 기능적 분석틀(measurement and functional analysis)

이 단계는 임상 행동접근의 매우 본질적 요소로써 실질적 인간문제에 대한 과학적 기초 방법론으로 적용되는 이점이라고 보여진다. 그러나 이 단계가 종종 부적절하게 부모들에게 보여지는 것은 그들 자신의 지속적이지 못한 반응과 부정적 상관관계에 너무나 집착해 있는 특성 때문이다. 보다 효과적인 BPT가 되기 위하여서는 먼저 부모들 자신이 아동의 칭찬받을 일, 무시할 일, 야단칠 행동 등의 발생/비발생을 구분할 수 있는 훈련을 먼저 받아야 한다. 동시에 아동들의 행동에 대하여 긍정적/부정적 관심, 무관심 등으로 반응하는 자신들의 행동에 대하여 의식적일 수 있어야 한다. 그러므로 체계적 BPT는 아동의 행동과 부모들의 행동 혹은 반응이 적절하게 조화(match)될 수 있도록 부모들을 훈련하는 것이다. 이를 위하여 먼저 첫번째 단계에서 발견한 문제에 대하여 이해가 깊이 되어있어야 하며, 이를 근거로 부모들이 아동의 실제적 상황을 관찰한 것을 직접 기록하도록 하는 것이다. 예를 들면 삼단계 사건발생기록(three-term contingency)을 하도록 한다. 이것은 기능적 분석의 한 방법으로써 문제행동의 발생동기(선행요인-antecedents), 아동이 그 상황에 대처하는 반응의 설명(행동-behavior), 즉각적으로 아동의 반응에 따르는 사건(결과-consequences)가 될 수 있는 상황의 단계를 관찰, 기록하는 것이다. 이러한 과정을 통하여 부모들은 문제행동에 대한 어떤 통찰력을 기르게 된다. 또다른 보다 실질적 방법으로는 아이의 떼쓰는 것이 하루에 몇번인가, 정해진 시간내에 아동이 혼자서 놀 수 있는 비율은 얼마인가, 아동이 혼자서 숙제를 할 수 있는 시간은 과연 몇분인가 등을 재고 기록하는 것이다.

(3) 클라이언트에 맞는 치료방법의 선택(matching treatment to client)

모든 인간이나 가족은 그들 나름대로의 어떤 틀을 가지고 있다. BPT는 치료의 구조나 방법, 절차 등에 의하여서 진행된다고 할지라도 어느 정도의 융통성을 지니지 않으면 안된다. 즉 부모들을 치료에 맞추는 것이 아니라 치료를 부모의 수준에 맞게끔 디자인하여야 한다고 본다. 부모훈련을 위한 치료방법의 선택에서 고려되어져야 하는 항목들로서는:

① 어느정도의 환경적 통제가 가능한가를 먼저 평가하여야 한다(Gordon & Davidson, 1981, 526). 전문가는 이들 가족이 지닌 문제의 발견 뿐만 아니라 해결을 위하여 그들에게 개입하는 것이다. 그러므로 이들이 지닌 능력과 더불어 나타나지 않는 내용도 발견할 수 있어야 한다.

② 부모간에 존재하는 개인적 문제는 협동적 작업이 시작되기 전에 미리 배제시켜야만 한다. 만일 이 가정의 부모들이 서로 싫어하면서도 자녀들이나 사회적 체면때문에 결혼생활을 유지시키고 있다면 이러한 가정은 부모훈련에 포함시키는 것이 어렵다고 본다(Miller, 1975, 98).

③ 부모들도 인간이기 때문에 성격상 여러 가지 역기능적 요소가 있겠으나, 개인내에 존재하는 방해적인 요소들 즉 우울증이나 불안증세 등은 BPT를 효과적으로 수행하려는 그들의 능력을 제한시킬 수도 있다(Miller, 1975).

④ 아동의 자원 동원이나 동기 등은 개입의 또다른 효과를 기대한다. 아동 자신의 자기

통제능력은 치료의 효과를 배가시키는 역할을 할 것이다(Gordon & Davidson, 1981, 527).

⑤ 치료진행상의 사정(assessment of ongoing therapy) 및 치료의 평가(evaluation of therapy) : 진행과정을 통하여 지속적인 사정을 수행한다는 것은 BPT의 가장 중요한 요소이다. 그리고 사정과 평가는 분리된 두개의 과정이 아니라 동시에 존재하는 것임을 유념해야 한다. 초기에 사용되었던 면접, 행동관찰 기록, 부모와 치료자간에 오가는 계약, 행동척도의 재사용 등은 다양한 정도를 지니고 지속되고 유지되어야 한다. 이것은 첫째는 이 BPT의 기술이 제대로 활용되고 있는가를 살펴보고 계속 사용에 대한 결정을 해야하기 때문이며, 둘째는 절차의 정확도의 결정을 위한 것으로서 이러한 기술의 사용이 과연 바람직한 결과를 기대할 수 있을 것인가에 대한 효과성 때문이며, 셋째는 적절한 기술의 사용에도 불구하고 결과가 기대치 이하라면 결과와 결정과정 사이의 새로운 환류작업을 위한 자료를 가지고 새로운 절차를 구상하여야 되기 때문이다(Gordon & Davidson, 1981, 528).

Alexander와 Parsons(1973)는 가족이 행동계약(contingency contracting)의 원리를 배우는 동안은 쉬운 주제를 가지고 시작하기를 권고한다. 하찮은 문제를 쉽게 해결하면 가족들은 더욱 어려운 문제에 직면할 용기가 생기기 때문이다. 어떤 부모들은 그들이 어차피 할 일이지만 억지로 한다는 인상을 주지 않고 자녀와 협상하기를 꺼려한다. 사실 이런 부모들은 합법적 근거를 가지고 있으며, 이들은 협상적일 수 없으나 부모의 특권으로 협상이 될 수도 있는 규칙간에 존재하는 차이를 이해하도록 도움이 주어져야 한다.

BPT는 위에서 열거한 것 외에 예방적 교육차원에서 일반적 아동훈련프로그램으로 사용되기도 한다. 이러한 경우 프로그램은 조작적 행위에 대한 일반원리에서 부터 특별한 문제에 대처할 수 있는 기술까지 다양하게 포함한다. 이것은 우선 사회학습이론에 대한 소개에서 시작된다. 그리고 부모들은 행동을 하나하나 끄집어내도록 지도되며, 그중에서 수정이 필요한 한 두개를 선택한다. 목표행동의 전후를 분석할 수 있도록 배운 후에 부모들은 반응의 빈도와 간격을 측정하는 것을 배운다. 이러한 프로그램의 대부분은 목표행동의 반응을 그리고 재는 방법도 지도받는다. 또한 부모들은 규칙을 정하고 강화하는 것이나 필요한 지속성을 유지시키는 것도 배우게된다. 대부분 바람직한 행동을 증가시키기 위한 기술은 부수적으로 사용된다. 긍정적 강화의 사용을 위한 훈련은 부모들이 실제로 사용하는 강화재의 빈도와 범위를 증가할 수 있도록 돕는다. 더 나아가 자녀의 행동을 증가시키기 위하여 부모들은 shaping, modeling, instructing, prompting 등을 통하여 새로운 행동을 발달시키도록 배운다.

3) 치료자의 역할

행동수정에서와 마찬가지로 치료자는 부모들이 문제를 밝히며, 행동계약에 따른 접근이 용이할 수 있게 도와주기 위하여 이 방면의 아주 유능한 전문가로서의 역할을 수행한다. 그러므로 치료자는 라포(rapport)의 성립, 부모나 가족중 변화가 요구되는 행동에 대한 분석, 행동변화 접근방식의 설계, 그리고 실제에 적용하는데 부모들이 이를 추진하고 실천할 수 있도록 그들의 행동을 강화시키는 것이다.

치료자는 대개 치료의 시작이나 끝, 혹은 중간에라도 필요하다면 질문지를 이용한다. 덧붙여, 부모들로 하여금 치료중이나 치료가 끝난후 행동을 관찰하고 기록할 수 있도록 돕는다. 특히 관찰은 행동의 기록 뿐만 아니라 훈련프로그램의 효과성과 연결되어서 후에 적극적이고 목적이 포함된 환류로서도 사용된다.

2. 행동적 부부치료(Behavioral Marriage Therapy)

대부분의 심리치료는 먼저 기술이 발달한 후 과학으로의 접근을 시도했으나 행동적 부부치료(이후 BMT)는 이와는 반대로 먼저 과학적 접근을 한 후 기술로 이전됐다. 즉 이미 발전된 학습이론을 결혼한 부부의 문제에 응용을 시도한 것이다. 직선적으로 조작적 조건기법을 적용시키는 것이 보통이었고(Goldstein, 1971), 당시의 치료자들은 가족의 상호 인간간의 역동성에 대해서조차 미숙한 상태였다. 그 이후로 BMT는 인기있는 치료로써 더욱 다듬어졌으며 치료자들은 결혼생활의 역동성 뿐만 아니라 치료관계의 역동성에 대해서도 인식을 하기 시작했다. Lieberman(1972, 332)은 긍정적 치료관계 형성의 구축하고 유지하기 위한 중요성을 다음과 같이 썼다.

> "치료자와 그의 도움을 받는 사람간의 긍정적 치료동맹 없이는 개입의 성공을 기대하기는 어렵다고 본다. 수행가능한 동맹은 변화의 자극제가 된다. 학습이라는 측면에서 치료자와 클라이언트간의 긍정적 관계는 치료자로 하여금 사회적 강화자로서 그리고 모델로서의 역할을 하도록 한다. 다시 말하면 적응적 행동의 구축과 비적응적 행동을 구별할 줄 알게 만드는 것이다. 치료자란 효과적 강화자로서 그리고 클라이언트 자신에게는 자신이 가치있고 받아들여질 수 있으며, 따뜻한 자긍심을 갖도록 하는 모델이기 때문이다."

행동치료의 다른 형태의 하나로써 부부치료-결혼생활치료는 정성을 들인 구조적 사정과정으로 시작된다. 이 과정은 보통 임상적 면접, 특별히 선정된 목표행동, 표준결혼생활 평가설문지 등을 포함시킨다. 예를 들면 Locke-Wallace Marital Adjustment Scale은 부부가 지니고 있는 결혼만족도의 다양한 항목에 대한 질문을 함으로써 이들간의 염려되는 문제성의 묘사나 양을 표현하는 것이며, Oregon Marital Studies Program은 한주간 동안 부부간의 만족/불만족을 서로 기록하여 치료에 포함시키는 것이다.

사정은 결혼생활의 장점과 약점, 그들 상호간에 교환된 보상과 처벌의 방법등을 표출하는 것으로 고안되었다. 이것은 이들간의 의사소통을 통한 문제에 직면하는 능력, 상호간 강화의 질적 수준, 관계에서 사용된 행동의 문제점 지적기술, 성관계, 아동양육, 집안경제 관리능력, 역할분담, 의사결정과정 등을 평가하는 것이다.

면접은 목표행동을 좀더 세분화하여야 한다. 즉 사정도구를 먼저 사용하는 것이 편리하다. 물론 초기 접촉에서 문제의 원인을 어느 정도 감지하고 있었을지라도 도구를 사용한 보다 정확한 문제의 본질을 찾는 것이 필요하다. 그러나 대부분의 BMT치료자들은 부부의 상호작용의 관찰이나 설문지에 더욱 관심을 표명하여 면접자체를 소홀히 하는 편이다(Jacobson & Margolin, 1979). 다음의 표는 Jacobson이 치료전 사정을 위한 요약이다.

(표1) Jacobson's Pre-treatment Assessment for Marital Therapy

가. 부부관계의 장점과 기술

① 이들 관계의 주된 장점은 무엇인가?
② 특히 무슨 자원이 이들 부부로 하여금 현재와 같은 관계를 성립할 수 있는 상황을 가지게 되었다고 설명할 수 있는가?
③ 각자를 강화시키기 위한 개인의 현재의 능력은 무엇인가?
④ 부부 개인의 어떤 행동이 서로에 의하여 가장 높이 받아들여지는가?
⑤ 현재 부부가 함께 참여하는 활동이 있는가?
⑥ 그들이 공유하고 있는 공동관심사는 무엇인가?
⑦ 관계의 본질적 문제를 해소시키기 위하여 이 부부가 대결하는 기술은 무엇인가: 문제해결, 보조와 이해, 사회적 강화를 효과적으로 제공하는 능력, 성적 만족도, 아동양육과 부모적 역할, 경제적 살림살이, 가사분담, 가족 외의 사람들과의 상호작용에 있어서의 기술 등은?

나. 현재문제

① 무엇이 이들의 주된 불평인가, 그리고 이러한 불평들이 어떻게 노골적 행동으로 나타나고 있는가?
② 이들 부부 각자가 정한 기준에서 볼 때 무슨 행동이 너무 자주 혹은 부적절한 때에 일어나는가?
③ 도대체 무슨 상황이 이러한 행동들이 일어나게 하는가?
④ 이러한 행동들이 계속 유지되게끔 만드는 강화제들은 무엇인가?
⑤ 이 두사람의 입장에서 볼 때 결코 바람직한 시점이 아닌 때에 발생하거나 또는 필요한 때에는 하지 않는 행동은 무엇인가?
⑥ 무슨 상황 아래서 이러한 행동이 출현되기를 이 부부는 기대하는가?

⑦ 최근에 이러한 행동에 대한 결과는 무엇이었으며, 언제 발생했나?
⑧ 어떻게 현재의 문제가 계속하여 발전되었는가?
⑨ 현재의 결정과 정권자는 어떻게 만들어졌나?
⑩ 다방면에 걸친 관계와 연관하여 누가 중요한 결정을 할지에 대한 일치가 이 집안에 존재하는가?
ⓐ 무슨 종류의 결정이 단일적이라기 보다는 집합적으로 만들어 졌는가?

다. 성과 애정

---

① 이 부부는 육체적으로 서로 가까운가?
② 근래에 이들 부부가 성생활의 제반 수준에 대하여 만족스럽지 못한 면이 있는가?
③ 만일 성이 문제라면, 서로가 성적으로 만족했던 때는 언제였는가?
④ 현재의 문제와 연관이 되었다고 여겨지는 성적 불만족은 무엇인가?
⑤ 현재 이들의 불만족스러운 문제가 성생활이 아닌 다른 신체적 애정과 관련되어 있는가?
⑥ 이 부부중 한쪽 혹은 양쪽이 결혼 외의 성관계를 가지고 있는가?
⑦ 만일 이것이 사실이라면, 그중 어느 한쪽이 이를 알고있는가?
⑧ 혼외정사와 관련된 전력이 이들 부부에게 있는가?

라. 장래에 대한 전망

---

① 이 부부는 그들의 관계증진을 위하여 치료를 받기를 원하는가, 아니면 별거 혹은 관계가 유지되어야 할지 아닌지를 결정하려고 하는가?
② 이 부부가 현재의 문제에도 불구하고 부부로 남아있기를 원한다면 그 주된 이유는 무엇인가?
③ 이혼을 향하여 이 부부는 무슨 절차를 밟고 있는가?

마. 사회환경에 대한 사정

---

① 현재 관계에 대한 부부각자의 대안이란 무엇인가?
② 이러한 대안들이 각자에게 얼마나 소용가치가 있는가?
③ 그들의 환경(부모, 친척, 친구, 일의 동료, 자녀)이 현재 관계의 유지에 협조적인가, 해체를 조장하는가?
④ 이들의 자녀중 누구라도 정신적 고통을 겪고 있는가?
⑤ 자녀에게 있어서 가족해체에 따라 미칠 결과는 무엇인가?

바. 부부의 개별적 기능

① 부부중 어느 한쪽이 심각한 정서적이거나 행동적 문제를 표출하고 있는가?
② 부부중 어느 한쪽이 정신과적 병력을 지니고 있는가? 있다면 그 병명은 무엇인가?
③ 부부 공동 혹은 단독으로 치료에 포함된 적이 있는가? 어떤 종류의 치료였으며, 그 결과는?
④ 부부 각자의 사사로운 과거의 경험은 무엇인가?
⑤ 현재와 다른 관계는 어떤 것이 있는가?

* 자 료 : Nichols, Family Therapy, 1984, 326-326에서 재인용

이러한 사정분석 도구를 이용하여 부부의 문제를 분석한 치료자는 이 부부에게 사회학습이론에 근거한 관계의 분석 결과를 제시한다. 이렇게 하는 것은 치료자가 이들 부부가 긍정성을 강화시키며, 긍정적 기대와 협동이 유지되도록 안간힘을 쓰는 것이다. 결혼한 부부들은 그들의 목표를 부정적으로 얘기할 때가 많다. 즉 "나는 그이와 더 이상 다투고 싶지 않아요"라든가 "그녀는 너무 잔소리가 심해요" 등이다. 대부분이 상대방의 가속화되기를 바라는 행동을 구체적으로 묘사하는데 어려움이 있다. 이런 것들을 도와주기 위하여 Azrin과 그의 동료들(1973)은 한주간 동안 서로에게 유익되었다고 여겨지는 행동을 기록해올 것을 숙제로 주었다. 다음번 모임때 이들은 이 리스트를 가지고 서로가 긍정적 환류의 주고받음의 중요성을 경험하게 하였다.

쓰라린 결혼생활은 부부간의 긍정적 강화의 주고 받음의 결여라고 보는 까닭에, 주된 치료개입은 서로간에 상처를 주는 일을 줄이고 긍정적 통제를 증가시키는 것이다. 이러한 개입은 진료소에서의 의도적 역할수행과 가정에서 주어진 과제를 가지고 상호간에 역할형태를 대치함으로써 증진될 수 있다고 본다. 두번째의 주된 개입방법은 의사소통기술을 증가시킴으로 그들간에 존재하는 문제해결능력을 동원하는 것이다. 이를 위하여 Stuart(1975)는 문제성있는 부부를 위하여 다섯단계의 BMT개입방법을 개발하였다. 첫째, 부부들에게 모호하고 불평조의 행동보다는 자기 자신을 보다 명확하게 표현하는 방법을 가르쳐야 한다. 둘째, 부부들에게 상대방을 상하게 하는 행동에 대신에 긍정적 태도가 강화된 새로운 행동교환 절차를 가르쳐야 한다. 셋째, 부부는 그들의 의사소통을 원활히 하게끔 도움을 받아야 한다. 넷째, 부부는 명확하고 효과적인 권위의 나눔과 결정을 내릴 수 있도록 서로 격려받아야 한다. 다섯째, 부부는 치료를 통하여 습득한 의미의 유지와 확장을 위하여 자신들의 장래에 일어날 수 있는 문제의 해결방법을 배워야 한다.

Stuart(1980)는 이러한 개입방법을 보다 발전시켜서 BMT의 치료를 효과적으로 수행하기 위한 개입기술을 소개했다. 이것은 7단계로 나뉘어진다.

① 필요한 사정도구의 작성과 치료에 필요한 기본적 규칙에 대한 소개 : 그는 이 단계에 필요한 것은 과거에 대한 사정이 아니라 현재 그들이 지니고 있는 문제와 그들이 변화하기를 바라는 문제를 발견하기를 충고한다.

② "관심을 주는 날(caring day)" 연습 : 이것은 하나의 실행 프로그램으로써 부부 각자가 서로 이러이러했으면 하는 행동을 명확하게 표현하는 것이다. 이것은 굉장한 기대가 아니라 매일 매일의 생활에서 일어나는 아주 작은 일이며, 이러한 행동으로 말미암아 현재의 갈등이 된 원인적인 것은 제외시키는 것 등이다. Stuart가 제안한 규칙은 약 18가지이며, 치료자는 이것을 냉장고나 경대 위에 붙여놓고 서로가 잊지않고 기억하며, 지킬 수 있도록 도와준다.

③ 의사소통 기술 : 부부가 적극적 경청, 무슨 요구를 하고 싶을때 '나'라는 말로 시작하도록 하는 것, 긍정적 환류, 잘한 행동에 대한 아낌없는 칭찬 등등을 배우는 것이다.

④ 행동계약

⑤ 의사결정 기술 : 이것은 흔히 부부사이에 일어나는 힘의 균형에 대한 연습이다. 부부간에 어떤 일은 누가 결정권을 가지는가를 명확히 할 수 있도록 연습을 하는 것은 그들이 미래에 발생가능한 갈등을 감소시킬 수가 있는 것이다.

⑥ 갈등극복훈련 : 만일 부부가 의사결정 과정에 대한 합의와 의사소통의 기술을 습득하였다면 갈등은 쉽사리 해결될 수 있을 것이다. 중요한 것은 어떤 문제가 발생했을때 "나중에..."라는 생각을 버리고 지금 여기서 함께 맞닥뜨리는 것이 더욱 필요하다고 추천한다.

⑦ 치료로 부터 성취한 결과의 유지기술 : Stuart는 이것을 유지할 수 있는 방법으로써 각 개입에 대한 합리화와 그 원리를 이해하고 있다면, 이 치료과정을 통하여 배운 모방기술을 이후에라도 재사용할 수 있다면, 치료후에 어느 한쪽이라도 결혼의 상호작용을 사정할 수 있으며 어떻게 행동변화가 가능한가를 스스로 이해하며 상대방에게 가르킬 수 있다면, 치료후에 흔히 나타나는 감정의 고저에 대하여 부부중 어느 한쪽이라도 다른 한쪽을 도와줄 수 있다면, 환경과 가능한 도구들을 알고 있으며, 서로에게 바람직한 행동이 계속될 때 보상이나 그 외의 적극적이고 긍정적 태도를 보여준다면 이 부부는 성공적 치료를 받았다고 믿었다.

제4절 행동적 가족치료의 효과

Falloon(1991)과 Thomas(1992)는 몇 가지의 예를 제외하고는 이 이론과 개입방법이 효과적이라고 보았다. 이는 행동수정을 통한 가족치료가 가족 내에 있는 어떤 특정한 문제를 변화시키고자 하는데 그 목적이 있으며, 그 문제에 대한 특수한 개입전략을 적용하는데 목표가 확실하기 때문이라고 보았다. 모든 가족이나 개인은 치료자에게는 하나의 독특하고 개성있는 존재로 고려되어지며, 각자에게 주어지는 모든 개입방법이 그 문제만을 목표로 계획되어지고 가장 효과적인 성취를 목표로 추진되기 때문이다. 그러나 각 가족집단의 특수성에 대하여 너무 단순화한 접근경향은 임상적 효과성을 감소시키기도 하였다. 그러나 대부분 이 치료방법은 변화 매개자로서의 몇개의 기술들이 실험적 효과는 있다고 나타났다.

Falloon은 특히 구조적 문제해결방법과 의사소통훈련이 지닌 단계적 학습구조의 혼용은 비행청소년 가정과 정신분열증 클라이언트 가정의 가족간의 상호작용을 성공적으로 시도하는데 확실한 역할을 보였다고 하였다. 이러한 방법들을 필요에 따라서 함께 사용하는 것은 가족의 행동패턴의 변화가 현재 그 가족이 지니고 있는 심각성을 우선 감소시켜야 할 필요가 있을 때이다. 부모행동의 변화는 대개 부모훈련의 종료후에 곧 치료에 대한 감각의 사라짐과 함께 나타나는 현상으로써 이는 가족 행동이 안정된 상태로 가고 있음을 보여주는 것이다. 이러한 현상은 주로 사회학습원리에 의한 훈련, 필요한 자료를 인쇄물로 준비할 때, 부모에 의한 모니터와 자기강화의 사용, 또는 부모들이 자신의 문제를 깨닫고 스스로 문제해결집단에 참여할 때 보다 효과적이었다. 부모훈련에서 부모들이 보다 효과적으로 'time-out'과정을 적용시키기 위하여서는 많은 모방과 역할연습을 거친 후에 실제로 사용할 수 있게 된다. 행동수정과 학습원리를 통한 가족치료는 교육에 기초한 부모훈련이므로 부모들이 혼동되지 않은 상태에서 가족간의 삶의 질을 향상시키기 위한 가족구성원들의 장점이나 긍정적 측면을 보려는 시각을 게을리 해서는 아니된다(Falloon, 1991, 87).

Jacobson, Follette 그리고 Elwood(1984)는 행동적 부부치료의 연구결과들을 면밀히 분석 검토한 결과, 불행한 부부생활을 하고 있다는 이들이 이러한 가족치료를 받음으로써 그들의 스트레스가 많이 해소되고 결혼생활을 지속할 수 있었으며, 다른 어느 부부치료보다 더 많은 치료자들이 이 방법을 선호하고 있음을 보았다.

더구나 이 치료접근은 치료자의 역할이 대부분 중심이 됨에도 불구하고 개인적 성향, 즉 인성, 정신건강, 전문적 배경 등이 그렇게 크게 영향을 미치지 않았다. 단지 이 일에 대한 치료자가 받은 훈련의 질적 정도와 이일을 수행하려는 끊임없는 노력의 지속성이 중요한 치료자의 특성을 결정짓고 있었다(Falloon, 1991, 87).

제5절 가족치료에서 행동적 모델의 공헌과 한계점

행동적 모델의 가장 큰 공헌으로는 이 치료가 연구와 조사에 크게 중점을 두었다는 점이다. 위에서도 언급했듯이 이 모델에 관심을 치료자들이 그들의 실행과 효과를 치료 자체에 머물지 않고 이것을 연구와 조사에까지 확대시켰다는 점이다. 이는 원래 행동주의가 실험실에서 동물을 대상으로 한 실험에서 시작되었고, 그것이 가족이나 부부 혹은 결혼생활 치료로 이어지면서도 계속 연구에 관심을 기울였기 때문이라고 본다.

또하나의 공헌은 치료자들이 그들의 치료적 모델을 개발하면서 그 개입의 치료순서를 발달시킨 것이라고 본다(Thomas, 1992, 311-312). 즉 치료자들은 문제를 가진 부부가 치료자에게 찾아와서 문제를 호소하면 치료에 앞서 먼저 문제를 사정한다. 어쩌면 이 모델에서는 사정이 가장 큰 중심을 이루고 있는지도 모른다. 문제의 사정과정을 통하여 치료자는 문제의 발견 뿐만 아니라, 이 가족-부부-이 지니고 있는 의사소통방법, 문제해결과정 등을 발견할 수 있으며, 어떤 행동모델의 기술을 이들에게 적용할 지도 결정짓게 된다. 그리고 치료의 종료는 그들이 치료를 통하여 습득된 기술의 유지와 자신들이 직접 치료의 효과를 평가하도록 돕는 것이다.

특히 행동수정에서 사용되는 많은 기본적 기술들이 사용됨으로써 이들 가족 혹은 부부가 자신의 행동을 점검하고 혹은 서로 격려함으로써 그들 자신의 변화를 직접 관찰하고 격려하며, 때로는 이해도 가능하게 되는 것이다. 예를 들면 위에서 언급한 'caring days' 같은 것도 주위에서 쉽사리 고칠 수 있는 것을 서로 발견하여 서로 격려하며 고칠 수 있도록 순서있게 진행해 나가기 때문이다.

그러나 이 치료방법은 마치 일직선상에 늘어선 것이나 다름없는 한계를 지니고 있다. 이 모델의 치료자들은 문제를 지닌 개인들의 행동을 논리적으로 함으로써 목표를 설정할 수 있다고 하나, 인간의 행동이나 사고가 서로 떼어서 볼 수 없으며, 이것들은 항상 뒤엉켜있음을 우리는 알고 있다. 행동주의자들의 공식인 S-O-R, 즉 사람은 그 자신내(O)에서 과정화할 수 있는 어떤 자극(S)에 반응(R)한다는 것인데 이는 지극히 일렬로 늘어선 하나의 방향만을 의미하고 있다고 본다. 이에 대하여 Bandura도 인간이 자기 스스로 자신의 갈 바를 알 수 있으며, 한 방향보다 더 많은 곳을 향할 수 있는 능력이 있으며, 대부분 스스로 자기 규율을 세울 수 있는 존재이므로 S-O-R모델과 이 모델의 지속성에 의문을 품기도 했다. 그러므로 그는 이것을 보다 효과적으로 응용하기 위하여서는 이 모델이 상호 독립적이어야 한다고 제안했다.

다른 한계점은 문제의 재발이 거의 일년후에 나타난다는 것이다. Thomas (1992, 312-313)는 Epstein과 Baucom(1988)의 연구를 인용하면서 치료를 받은 부부의 대부분이 일년후에는 그들의 인지적 재구성의 효과가 급격히 저하되고 있다고 보았다. 이는 이들 부부들이 객관적 평가자들에 의하면 매우 성공적인 부부생활을 하고 있는 것처럼 보이나 실제로 그들은 부부관계의 만족도가 대단히 낮고, 의도적 행동조절에 대한 유지가 어려운 것을 호소한다고 하였다. 그럼에도 불구하고 이 치료방법은 오늘날 가족치료에서 많은 각광을 받고있다. 특히 아동의 행동이 배워간다는 과정이며, 잘못 배운 행동도 있으나 그곳에는 더 배울 여지가 있기 때문에 공동의 노력으로 새로운 것을 줄 수 있다는 믿음 때문이다.

결 론

행동주의적 가족치료에는 부모훈련, 부부생활 치료, 부부성관계 치료, 인지적 행동치료, 그리고 기능적 행동치료 등이며 이것이 서로 분리된 것이 아니라 인간 문제에 대한 치료에 있어서 행동주의적 접근을 공유하고 있다고 본다. 단지 이 장에서는 부모훈련과 부부생활과 관련된 행동적 가족치료를 다루었다.

행동주의적 가족치료는 특히 실험실에서 이루어진 연구에 기초한 관계로 치료의 효과나 진행에 대하여 활발한 연구와 조사가 이루어지고 있다. 특히 이 모델들은 어떤 특수한 전문분야를 요구하기 보다는 행동주의적 접근에 관한 훈련을 받고 치료의 효과를 확신하는 전문가들이라면 활용할 수 있는 방법이며 기술이라고 본다.

심리학자로서 아동의 행동수정에 특히 관심을 가졌던 Patterson에 의한 행동적 부모훈련은 부모들로 하여금 아동들의 행동을 직접 관찰할 수 있는 기회의 제공과 자녀 문제의 소재가 가족 모두에게 있음을 보여준 것이다. 사회사업가로서 Stuart는 특히 부부관계의 원리를 의식화하려고 노력했다. 그리하여 그는 개입방법에 대한 순서를 일일이 열거하며, 그에 필요한 연습의 실질적 프로그램까지 제공하였던 것이다.

행동주의적 가족치료가 하나의 일직선상에 늘어선 것과 같은 기본개념을 가졌다고 보여지나 여전히 많은 관심과 실제에의 적용이 시도되는 것은 이 모델이 지니고 있는 효과성 때문이라고 본다. 물론 어떤 학자는 문제의 재발이 거의 일년 후에 나타난다고 하였으나 아동의 경우 새로운 행동의 학습이라는 측면에서는 어떤 행동이 교정되어 일년간 유지되었다는 것은 이미 그 행동이 그 아동에게 내면화 되었음을 가르킨다고 볼 수 있다.

참 고 문 헌

Cullinan, Douglas and Epstein, Michael H. (1990), "Behavior Disorders", in Haring and McCormick (eds.), *Exceptional Children and Youth*(5th ed.).

Falloon, I. R.(1991), "Behavioral Family Therapy", in Gurman and Kniskern (eds.), *Handbook of Family Therapy Vol. II*, NY: Brunner/Mazel Publishers.

Gordon, S. B. and Davidson, N. (1981), "Behavioral Parent Training", in Gurman and Kniskern (eds), *Handbook of Family Therapy,* NY: Brunner/Mazel Publishers.

Henggeler, Scott and Borduin, Charles (1990), *Family Therapy and Beyond,* Brooks/Cole Publishing Co.(CA)

Jacobson, Follette, and Elwood(1984), "Outcome Research on Behavioral Marital Therapy: A methodological and conceptual reappraisal", in Hahlweg & Jacobson (eds.), *Marital Interaction: Analysis and Modification*, NY: Guilford Press.

Jacobson, N. S. and Margolin, G. (1979), *Marital Therapy: Strategies Based on Social Learning and Behavior Exchange Principles*, NY: Brunner/ Mazel.

Johnson, J. H. (1986), *Life Events as Stressors in Childhood and Adolescence,* Sage Publications (Beverly Hills, CA)

Kauffman, James M. (1989), *Characteristics of Behavior Disorders of Children and Youth* (4th ed.), Merrill Publishing Co.(Cols, OH)

Keefe, F. J., Kopel, S. A., and Gordon, S. B. (1978), *A Practical Guide to Behavioral Assessment*, NY: Springer.

Miller, W. H. (1975), *Systematic Parent Training*, Champaign, ILL: Research Press

Oltmanns, T. F., Broderick, J. E., and O'Leary, K. D. (1978), "Marital Adjustment and the Efficacy of Behavior Therapy with Children", J. of *Consulting and Clinical Psychology*: 45, 724-729

Patterson, G. R. and Brodsky, M. (1966), "Behavior Modification for a Child with Multiple Problem Behaviors", J. of *Child Psychology and Psychiatry*: 7, 277-295

Patterson, G. R. and Reid, J. B. (1970), "Reciprocity and Coercion: Two facets of social system", in Neuringer and Michael (eds.), *Behavioral Modification in Clinical Psychology*, NY: Appleton-Century-Crofts.

Stuart, R. (1969), "Operant Interpersonal Treatment for Marital /discord", J. of *Consulting and Clinical Psychology*: 33, 675-682

Stuart, R. (1980), *Helping Couples Change*, NY: Guilford Press.

Thomas, M. B. (1992), *An Introduction to Marital and Family Therapy*, NY: Merrill Publishers.

제 7 장

정신분석학적 가족치료모델

오 창 순*

정신분석은 본질상 정신내적 이론(intrapsychic theory)이자 개인치료이고, 가족치료는 사회체계이론(social systems theory)이자 가족집단 관계(therapy of family group relationship)의 치료이다. 따라서 정신분석과 가족치료의 결합은 상당히 역설적으로 들린다(Nicolas, 1984). 그렇다면 정신분석적 가족치료라는 용어의 사용은 가능한가? 어떤 학자들은 정신치료와 가족치료의 결합은 사실상 불가능하다고 주장하고, 어떤 학자들은 정신분석학적 가족치료라는 용어의 적합성에 의문을 갖고 정신분석지향 가족치료(psychoanalytically oriented family therapy: Thomas, 1992), 또는 정신역동적 가족치료(psycodynamic family therapy; Goldenberg & Goldenberg, 1991)라는 용어로 대치하기도 한다. 그 용어들 간의 함축된 의미에는 다소간 차이가 있지만 여기서는 이들 모두가 정신분석을 근간으로 하는 가족치료라는 점에서 정신분석학적 가족치료의 범주로 취급한다.

우리는 가족치료자들의 정신분석에 대한 반감에도 불구하고, 가족치료 운동의 진두에 정신분석학적으로 훈련받은 많은 임상가들이 있음을 확인할 수 있다. 그들 대부분은 관계에 대한 구성개념을 구축하는 대신 종래 개인의 심층심리를 포기하여 왔다. 특히 가족치료 운동의 초기에는 본능적 욕동의 무의식적 변화에 초점을 두던 것에서 차츰 가족의 현실과 사회적 상호작용에 관심을 기울였다. 이런 사회적 강조를 설명하는 개념들 중에 대표적인 것으로는 Litz(1957, 1965)의 "결혼 분리(marital schism)"와 "결혼 왜곡(marital skew)", Wynne(1958)의 "의사상호성(pseudomutuality)" 그리고, Bowen(1966)의 "정서적 융합(emotional fusion)" 등을 들 수 있다.

제1절 주요학자에 대한 설명

정신분석은 처음에 형성된 기본 개념들을 새로운 것들로 대체하지 않은 채 필요에 따라 수정, 보완해 가는 보수적인 학문이다. 그러므로 정신분석학적 가족치료의 주요학자들에 대한 연구는 정신분석의 시조인 Freud로부터 시작해서 그의 가족에 대한 개념을 검토하는 것이

* 적십자병원 의료사회사업실 실장
이화여자대학교 사회사업학과 강사

적절하다고 본다.

Freud는 임상적인 연구방법들을 개발해 가면서 클라이언트와 일대일 관계(one-to-one basis)에서 개별적인 치료형태를 기본으로 하였다. 그러나 그의 이론적 개념들과 인간의 본질에 대한 가정은 일찌기 가족치료 선구자들의 이론구축에 커다란 영향을 미쳤다. 즉 그들 대부분의 이론들은 Freud의 이론에서 파생되어 나와 Freud의 이론을 지지하는 것과 반대하는 것 사이의 어디엔가 위치하고 있다.

Freud는 개인의 역동을 이해하는 도구로써 초기 가족관계의 중요성을 강조하였다. 그러나 그 강조는 가족 그 자체가 아니라 가족환경이 어떻게 본능적 표현의 발전에 영향을 미치는가에 있었다. 그는 가족을 집단관계의 발달을 위한 실제 무대로써가 아니라 개인이 자신의 성격을 개발시키는 매개체로 보았다. 즉, 그에게 있어 가족이란 아이가 자연스럽게 갖게 되는 충동들을 사회적으로 받아들일 수 있는 방식으로 조절하고 그것을 적당한 방향으로 돌리는 방법을 배우는 배경으로써의 의미를 갖는다. 왜냐하면, 그는 대부분의 학습은 출생 직후부터 일어나고, 또한 그 시기의 성적 좌절이 고도의 불안을 야기시키며, 이 중요한 상호작용들은 억압된 무의식으로 남는다고 보았기 때문이다. 따라서 그는 가족내의 실제적 상호작용 보다는 치료자에 대한 전이관계에서 일어나는 비합리적인 환상적 투사를 강조하였다. Little Hans 같은 증상적 아동을 치료하면서도 그 아동의 가족을 다루는 것 보다는 무의식적 오이디푸스 컴플렉스를 분석하는 데에 더 관심을 기울였다. 또한 아동의 발달심리를 연구할 때에도 가족 역동 그 자체 보다는 개인의 성격발달에 미치는 가족의 영향에 초점을 맞추었다.

그의 이론의 전체적 흐름은 타고난 본능에 우선권을 두고 있다. 이것은 생물학적 핵을 극적으로 부각시키고 부모와 가족이 포함되는 사회적 역할을 감소시키는 것이다. 다시 말하면, 태어난 첫해의 인성을 영원히 형태화시키려는 반면 또다른 차원인 사회적 참여의 중요성에 대해서는 경시한다. 이런 점들 때문에 가족치료자들로부터의 도전을 받게 되는 것이다. Ackerman은 Freud의 이론체계 해석은 어린시절의 가족으로부터 성인시절의 가족으로 변이의 통로를 추적할 수 있는 통일된 체계를 보여주지 못하고 있다고 비판한다(Ackerman, 1958).

Nathan Ackerman은 정신분석학적 가족치료자들 중의 가장 대표적인 인물로서 후에 '가족치료의 시조'로 불리게 된다. 그는 정통 정신분석가로 훈련을 받고 Menningers Child Guidance Clinic의 소아정신과 의사로 일하고 있었다. 처음에 그는 아동만을 다루고, 어머니는 사회사업가에게 담당하였으나 1940년대 이후부터 어머니와 아동을 함께 면담하고, 더 나아가 전가족을 면담하는 실험을 시작했다. 이 실험을 통해 그는 전 가족을 보는 것에서 파생되는 효력을 인식하기 시작하면서 가족을 가장 적절한 진단 및 치료의 단위로 보게 되었다(Nichols, 1984). 그는 인간은 혼자 살 수 없으므로 그들을 고립해서 다루어서는 안된다는 것을 강조하고, 무의식에 대한 정확한 이해는 의식적 경험의 맥락과 가족의 현실, 사회적 상호작용 내의 역동성에 대한 이해를 필요로 한다고 보았다(Foley, 1974). 그는 가족 역기능을 가족원들 사이에서 일어나는 역할보완성의 실패이자 지속적으로 해결되지 않고 있는 갈등의 산물로 본다. 따라서, 그의 치료 목적은 그같이 서로 얽혀있는 병리들을 풀어나가는 데 둔다

(Goldenberg & Goldenberg, 1991).

정통 프로이드학파의 학자들은 그들이 다루는 개인들이 정적인 환경 속에서 살고있는 것으로 가정한다. 그들은 무의식의 분석을 주 기법으로 하고, 꿈과 환상을 무의식으로 가는 왕도라고 생각하므로 실제 가족환경에 대한 것들에 주목할 필요는 없다고 본다. 그러나 Ackerman은 가족환경이 거의 안정되어 있는 것이 아니고, 독립적이지도 않으며, 예측할 수도 없다는 것을 깨달았다. 따라서 가족환경을 무시하지 않고, 가족적인 맥락에서 사람을 다루는 것이 더 나은 변화를 가져올 수 있다고 믿게 되었다. Ackerman이 처음에 발표한 논문들이 지금은 그때에 비해 그다지 인상적이지 못하지만 당시 심리내적인 관점이 거의 절대적이던 시대에 관심을 대인관계적 관점으로, 특히 가족체계 관점으로 돌릴 수 있게 한 것은 놀라운 업적이었음을 부인할 수 없다. 그는 1957년에 뉴욕시의 유태인 가족서비스(Jewish Family Service) 내에 Family Mental Health Clinic을 개설했다. 1958년에는 가족의 진단과 치료를 목적으로 한 첫번째 저서인 「가족생활의 정신역동(Psychodynamics of Family Life)」을 출판하였고, 1960년에는 Family Institute(지금은 The Ackerman Institute임)를 창설했다. 또한, 1962년에는 Don Jackson과 함께 지금까지 가족치료분야에 가장 영향력있는 잡지인 "가족과정(Family Process)"을 발간하였다(Foley, 1974, M. B. Thomas, 1992).

Ackerman 이외에도 Don Jackson, Theodore Lidz, Jon Bell, 그리고 Murray Bowen과 Lyman Wynne 등 가족치료 선구자들이 정신분석이론에 근거한 기법들을 개발하였다(Goldenberg & Goldenberg, 1980). 치료자들은 부부에 대한 동시분석과 가족들에 대한 직접관찰을 통해 가족이 상호연결된 심리내적 체계들의 집합임을 알게 되었다. 이런 발견은 가족에 대한 정신분석적 견해의 중요한 특징으로 남는다. 예일대학의 Lidz, NIMH의 Bowen과 Lyman Wynne은 정신분열증 가족들에 대한 직접관찰을 통한 연구에 대인관계 정신의학을 적용시켰다. Litz(1973)는 가족의 불합리성이 직접 아이에게 전달된 두가지 형태의 가족 상호관계를 제시하였다. 그 하나는 가족의 감정생활이 한쪽 배우자에 의해 지배되는 경우로 그는 이를 결혼왜곡(marital skew)이라 부른다. 예를 들면 지배적이고 증오에 찬 부인과 수동적이고 의존적인 남편으로 구성된 결혼관계이거나, 폭군적이고 자기애적 남편과 겁많고 유순한 부인으로 구성된 경우 등이다. 어느 경우에나 약한 쪽의 배우자가 상대배우자에 대한 증오감을 그 상대가 좋아하는 아이에게 옮기는 역할을 함으로써 아이에게 증상을 유발시킨다. 또 다른 형태인 결혼분리(marital schism)에서는 결혼생활 중에 부부가 서로 실망하여 각자 고립된 생활을 하며, 배우자 대신 아이에게만 의지하려고 함으로써 가족이 두 패로 갈라지게 되고, 아이들은 자기가 속하지 않는 편의 부모에게 죄책감을 느끼게 된다. 요컨대 부모간의 숨겨진 불만, 억압된 부정적 감정 등이 아이의 독자적 성장을 막는다는 것이다. Wynne(1958)도 의사상호성(pseudomutuality)이라는 개념으로써 가족이 겉으로는 의사소통이 잘되는 것처럼 보이나 사실은 개개인의 독립된 발전을 두려워하고, 또한 이를 막기 때문에 아이의 정상적 발전을 질식시킨다는 사실을 설명하였다. 이들의 문제는 가족이라는 테두리를 유지하기 위해 가족원들에게 좁고 위축된 역할을 강요하여 피상적인 공존을 기도하는 데 있다. 그는 이러한 가족관계의 병적인 측면이 내면화되면 경험의 단절과 지리멸렬, 주체성의 혼미, 감각과 의사소통의 장애를 초래한다고 주장한다. 또한 가족원 간의 부적합한 소외 또는 밀착도 결과적으로 개체에게 방향 상실감을 안겨주며, 정신분열증에서 볼 수 있는 사고 특징들을 드러내는 가족관계의 장애를 반영한다고 보았다. Bowen은 1946년 부터 54년 까지 켄자스주 메닝거병원에서 정신분열증 클라이언트에 대한 정신분석을 시도하였었다. 그러나 클라이언트가 병원에서 증상의 개선을 보이다가도 퇴원하여 가정으로 돌아간 후에 증상이 재발되어 재입원을 하는 일이 되풀이되는 것을 보고 가족이 개인에게 미치는 영향력에 주의하기 시작하였다. 처음에 그는 스스로의 이해를 높이기 위하여 자신의 가족을 대상으로 정신분석학의 이론을 적용시켜서 이해하려고 하였으나 딜레마에 빠지게 되고, 이같은 경험이 후에 정신분석학에서 독립하여 가족체계라는 관점에서 스스로 납득할 수 있는 이론을 형성시킨 계기가 되었다. 그는 정신분석은 정신보건 전문가들에 의해서 지금까지 받아들여지고 있는 두가지 기본개념을 제공해 주었다고 주장한다. 그것은 첫째, 개인의 정서장애는 타인들과의 관계에서 생겨난 것이고 둘째, 가장 효과적이고 보편적인 치료관계는 그 장애를 다루는 데 있다는 것이다(Goldenberg & Goldenberg, 1980). Symbiosis라는 용어의 사용에서 알 수 있듯이 그는 처음에 단연코 정신분석적이었지만 누구보다도 일찌기 체계적인 관점으로 전환하였다. 그의 모자공생(mother- patient symbiosis)이라는 가설은 그의 사고방식이 정신분석에서 대표되는 개인중심의 관점에서 비롯된 것임을 알 수 있다. 이 가설은 모친의 결함있는 자아가 성장하는 유아의 자아를 침해한 결과 후년에 가서도 그 자녀가 독립하는 일이 감정적으로 불가능하게 된다는 것이며, 이와 같은 공생관계가 장차 정신분열증의 발병에 기여하는 기본적인 과정이라는 제안이다(Bowen, 1978). 그러나 그의 최근의 견해는 Bertalanffy의 일반체계이론이 아닌 이전의 정신분석적 사고를 보여주고 있다(Goldenberg & Goldenberg, 1980, 112).

Bowen과 Wynne은 둘다 가족치료 실천에서 중요한 공헌을 하였으나, 그들의 업적에 대한 초기의 영향은 주로 정신분열증의 전달에 대한 연구에 제한되었다. 그들의 정신분석학적 관련연구는 병리적 의사소통, 역할 그리고 사고 등이 부모의 정신병리 및 자손의 정신분열증과 어떻게 연결되고 있는지를 보여주고 있다.

영국에서는 Henry Dicks가 1940년대에 Tavistock Clinic에 가족정신과(Family Psychiatric Unit)를 만들었다. 거기에서 그는 이혼법정에 의뢰되었던 부부들을 다루었다. 처음에는 그들의 화해를 시도하는 데에 정신의료사회사업가 팀을 활용하였으나, 1960년대 부터는 스스로 대상관계이론을 적용하여 결혼갈등을 이해하고 치료하기 시작하였다. 또한 Tavistock의 John Bowlby는 동참적 가족면담(conjoint family interview)을 개인정신치료의 부수품이라고 주장하고 청소년 클라이언트의 치료를 원활하게 하기 위해 부모들을 치료에 끌어들였다. 그러나 유감스럽게도 이 사례에 대한 보고는 많은 다른 것들과 같이 가족치료의 임상실험의 한 예로는 기록되지만, 거기에 대해 주목하거나 계속적인 영향의 흔적을 찾기 힘들다.

헝가리 태생의 Ivan Bogzormenyi-Nagy 역시 정신분석가로서, 1948년 미국으로 이민한 후에 1957년에 Eastern Pennsylvania Psychiatric Institute(EPPI)를 창설하고, 거기에서 또다른 중요한 가족치료센타를 발전시켰다. 그는 과거세대의 삶과 가족원 개개인의 과거가 가족원들의 현재 기능에 미치는 영향에 초점을 두었다. 그의 이론을 따르는 EPPI의 동료들과 연구원들로는 David Rubenstein, James Framo, Geraldine Spark, 그리고 Ross Speck 등이 있다.

정신분석을 지향하는 치료의 중요한 특징은 과거에 대한 강조, 특히 아동기에 아이와 중요한 타인(특히, 부모와 부모상)간에 일어났던 일에 대한 강조이다. 따라서 가족역동에 대한 정신분석적 이해의 주요 진전들은 어머니와 아동을 동시에 분석하기 시작했던 아동분석가들에 의해 이루어졌다. 그 한 예는 초자아 결함(superego lacunae)의 전달에 대한 Adelaide Johnson의 설명이다. 그는 비행아나 정신병리자의 성격에 나타나는 초자아의 결함은 그들 부모의 유사한 결함에서 비롯된 것이라고 본다. 이런 식으로 보면 일부 반사회적 행동도 부모에 대한 무의식적 동일시나 조절되지 않는 충동의 행동화로 생각할 수 있다. 가족치료 모델에서 개인의 의사소통, 불안 그리고 대인관계에 관한 Harry Stock Sullivan의 이론이 발달하기 시작한 것은 1950년대 이후이다. Sullivan도 정신분석의 훈련을 받은 의사였으나 차츰 정통 정신분석에서 벗어나 두가지 새로운 기본적인 주장을 중심으로 대인관계이론을 제시하였다. 그 두가지란 첫째, 인간은 타인과 의사소통을 하지 못하면 항상 불안하기 때문에 정서적으로 병들게 되는 존재라는 것이고 둘째, 인간은 분리된 존재로서가 아니라 관계 속의 존재로서 보아야만 가장 잘 이해될 수 있다는 것이다. 그의 이 이론과 그에 따른 철학은 사회과학과 정신의학의 가교 역할을 하였다. 그의 대인관계이론은 의학적인 지식이나 이해에 관한 것이 아닌 사회심리학적 이론을 전제로 한다. 비록 그는 가족을 직접 다루지는 않았지만, 아동에게 불안과 불안정감이 전달되는 데 있어서 어머니의 역할을 강조하였다.

Helm Stierlin(1977)은 정신분열증의 위험도가 높은 청소년군에 관한 다른학자들의 연구결과를 토대로, 위임(delegation)이라는 개념을 설정하여 위임을 받는 사람(delegator)과 맡는 사람(delegate)간의 관계에서 정신분열증으로 진전되는 데에 결속(binding)과 배척(expelling)이라는 두가지 양식이 상호작용하고 있음을 밝히고 있다(이정균, p.155). Robbin Skynner(1976)는 체계이론을 정신분석적 발달단계, 대상관계의 단계 및 집단과정의 발달단계와 통합시켰다. 그의 접근의 특징은 경험의 교정적 실행에 기본을 두는 데 있다. 그는 관계의 어려움을 가진 성인들은 아동기 결함과 관련된 투사적 체계의 형태로 타인들에 대한 비현실적 기대를 발달시켜 왔음을 주장한다. 즉 조화롭지 않은 투사체계를 가지고 있는 배우자들은 결혼생활에서 잃어버린 경험을 충족시키고, 아동기의 결함을 상대 배우자에게서 보충받으려 한다는 것이다. 이것이 불가피하게 좌절되면 부부는 이를 아이에게 투사하기도 하는데 그 경우 아이는 증상을 일으키게 된다. 따라서 그의 치료노력은 배우자 간의 불화를 촉진시킴으로써 아이에게의 투사를 차단시켜 각각이 보다 분리적이고 독립적이 되게 하는 데 있다.

그밖에, 정신분석이론과 가족치료를 통합시켜온 사람들로는 Boszormenyi- Nagy, I. & Spark, G.(1983), Framo(1965), Robbin Skynner, William Meissner (1978), Nathan Epstein, Henry Grunebaum, Whitaker 그리고 Clifford Sager 등이 있다.

제2절 이론적 틀

이미 앞에서 언급했듯이, 정신분석이론은 주로 개인과 그들의 본능적 욕동에 관한 연구이고 가족치료는 사회적 관계에 대한 연구이다. 그리고 역설적인 듯한 이 둘 사이의 결합을 가능케 해주는 교량은 정신분석적 대상관계이론(object relations theory)이다(Nichols, 1984).

대상관계이론은 대인관계의 기원과 본질에 관한, 그리고 과거의 관계들에서 비롯되어 현재의 대인관계에 영향을 미치고 있는 정신내적 구조에 관한 정신분석적 연구라고 규정할 수 있다(Dictionary, 1987). 정신분석은 모든 가족상호작용을 대상관계의 측면에서, 즉 초기의 부모-아동 상호작용의 내면화된 잔재로 개념짓는다. 친구, 애인, 배우자, 그리고 부모로서 기능하는 능력은 대체로 아동기의 부모와의 관계에 의해 좌우된다. 이같은 내면화된 대상의 무의식적 잔존이 자아(Self)의 핵심을 형성한다. 따라서 대상관계이론은 초기의 대인경험에서 생겨난 자아상(self image)과 대상상(object images)의 형태가 남아 있는 정신구조에 강조점을 둔다.

많은 이론가들이 정신분석을 기초로 하여 대상관계이론을 구축해왔다. 대상관계이론의 뿌리는 Freud의 오이디푸스 컴플렉스의 발견과, 그것이 전이와 저항을 통해 치료에 어떻게 영향을 미치는가에 있다. Melanie Klein은 유아기의 공격역할에 대한 관찰을 통해 대상관계에 대해 관심을 갖게 되었다. 그의 이론은 유아가 그에게 제일 의미있는 대상, 즉 어머니와의 관계를 발달시켜나가는 것에 대한 관찰에서 비롯되었다. 그녀는 Freud의 정신생리학적 용어와 개념을 어린아이의 정신생활과 결합시킴으로써 정신역동적 대상관계에 대한 사고를 개발시켰다(Segal, 1964).

Spitz와 Bowlby는 유아와 아동의 관찰에서, 아동이 지속적으로 한명의 대상에게 갖는 신체적 애착에의 깊은 욕구를 관찰하였다. 그리고 이 원초적 욕구가 부정되면 그 결과는 의존성 우울증(anaclitic depression)에 빠지게 될 수도 있음을 강조하였다. 애착은 개인역동을 결정하는 중요한 요인이다. Bowlby(1969)에 의하면, 애착은 단순히 젖을 먹이는 것에서 비롯된 이차현상이 아니라 인간, 동물 모두에서 나타나는 기본욕구이다. 누구나 안정감있는 성인이 되려면, 유아기에 안정되고 사랑받는 인간적 애착의 경험이 선행되어야 한다. 이런 경험이 없는 사람들이 성인이 되면 충분한 지지를 받을 때는 편안함을 느끼게 되나, 지지가 부족할 경우에는 과도한 취약성을 보이게 되고, 지나친 의존성이 만성화되기 쉽다. 이것은 정신분석으로 설명되는 응집된 가족(enmeshed family)의 발생에 대한 정신분석학적 설명이기도 하다. Spitz는 모성박탈(mothernal deprivation)의 결과와 관련해 고아원이나 수용소의 아이들이 정상적인 가정에서 자란 아이에 비해 병에 잘 걸리고, 쉽게 사망하며, 자라서도 키가 작으며 체중도 적게 나가고, 정서적으로 불안하며, 저능아가 많음을 관찰하였다. 그는 모성이 아이의 성장발달에 필수적임을 강조하고 모성결핍의 중대한 문제점을 지적하였다(이정균, p.523).

Margaret Mahler(1952)도 정신분열병 아동들을 관찰하고, 이들에게 나타난 어머니에 대한 과도한 애착이 오히려 사회화 능력을 막고있다는 사실에 유의하여 분리-개별화(separation-individuation) 과정의 필수적인 역할을 설명했다. 그녀는 생후 1개월 까지의 자폐기(autistic phase)는 유아가 주로 자신의 신체적 욕구와 감각에 관심을 갖는 것으로, 그 다음 공생기(symbiotic phase)는 약 생후 2개월 부터 6개월까지 지속되는데, 이 시기에 보호를 충분히 받으면 받을수록 아이의 자존감은 더욱 높아지는 것으로 설명한다. 3세경부터 아이는 어머니로부터 분리하는 과정을 겪으면서 차츰 어머니와의 공생적 융합(symbiotic fusion)을 포기해 나가게 되는데 이같은 과정을 제대로 넘기지 못한 정신분열증 아이나 성인은 모자간의 공생적 유아기 정신병으로 말미암아 어머니와 분리해야 할 때, 심한 장애를 일으킨다고 하였다.

생물학에 대한 강조에서 대상관계에 대한 강조로 변화시킨 것은 Horney, Fromn, Sullivan 같은 미국학자들의 저서에서도 볼 수 있다. 그들의 분석차원은 심층분석적이라기 보다는 훨씬 더 사회적이고 문화적이다. Harry S. Sullivan (1953) 은 그의 대인관계이론에서 개인들이 대인관계 상황에서 기능하는 방식을 강조하였다. 그는 그것을 한 개인이 본능적 충동을 어떻게 처리하는가 하는 것보다 더 중요하다고 생각하였다. 그는 모든 대인관계 상황에서 참석자들은 각자 과거에 타인들과 가졌던 관계에 기본을 두고 상호작용한다고 보고, 특히 초기 모자관계의 결정적인 중요성을 자아체계(self-system) 또는 자아역동(self- dynamism)의 측면에서 지적하고 있다. 그의 이론에 따르면, 아이는 환경에 좌우된다. 아이는 안정과 만족을 찾고, 부모의 불안을 일으키는 행동들을 거부함으로써 부모와의 대인관계에서 비롯된 자아체계를 발전시킨다. 아이는 어머니가 포근하게 보살필 때 기분좋게 느끼고, 어머니가 애정에 대한 욕구를 거절하거나 좌절시키면 불쾌감을 느끼며, 극도의 고통이나 좌절에 노출될 때는 그 불안을 피해 해리반응을 일으키기도 한다. 결국 이러한 행동들이 자아역동(self-dynamism: good me, bad me, and not me)을 만든다. 또한 이것은 미래의 대인관계 상황에 대한 반응의 일부가 된다.

Erickson(1956, 1963)은 사회적 역할에 따라 투입(introjection)과 동일시가 자아정체감(ego identity) 형성의 기본이 된다는 것을 이론화시켰다. 그는 사회화 형성과정의 설명에서도 프로이드이론의 본능적 기초를 결코 버리지 않았다. 그는 성적, 공격적 욕동의 영향을 인정하고, 구강기 발달의 중요성을 받아들였다. 그리고, 그는 무엇보다도 모자관계에서의 기본신뢰의 중요성을 강조하고 기본신뢰를 발달시키기 위하여 유아는 신체적인 편안함, 불필요한 불안, 좌절 및 거절로부터의 보호가 필요함을 역설하였다.

대상관계이론을 이해하기 위해서는, 그것이 정신내에 있는 대상이 아니라 대상에 대한 환상이라는 것에 유념하는 것이 중요하다. Edith Jacobson(1964)은 대상은 결코 있는 그대로 정확하게 인지할 수 없다고 지적한다. 즉 인지된 것은 그 대상에 대한 주관적인 경험을 반영하는 표상일 뿐이라는 것이다. 대상관계는 그 객체가 주체에 대해 어떻게 행동하느냐 뿐 아니라, 그 주체가 어떻게 인지하고 그 다음 그 행동을 어떻게 통합시키느냐에 따라 결정된다.

제3절 정상적 가족발달

정상적 가족발달과 비정상적 가족발달과의 구별에 대해서는 정신분석학적 가족치료자들이 다른 학파의 가족치료자들에 비해 덜 명확하다. 정신분석자들은 주로 정신병리에 관심을 갖긴 하지만 또한 정상적인 인격발달에도 관심을 둔다. Freud는 임상적 현상과 정신병리적 진행을 정상과 비정상의 성격발달을 재추적하기 위한 출발점으로 삼는다. 그러므로, 여기에서 묘사되는 정상적인 가족발달로의 많은 사건들이 행동장애를 일으키는 잠재력을 가지며, 행동장애로 묘사된 사건들의 대부분은 또한 정상적인 것과 마찬가지라는 것에 유념해야 한다. 정신분석적 견해에서는 가족발달의 운명이란 대체로 가족을 형성하고 있는 개인 가족원들의 초기 성격발달에 좌우되는 것으로 본다. 배우자들이 성숙하고 건강한 성인이라야 그 가족은 건강하고 조화롭게 될 것이다.

정상발달에 대한 정신분석모델은 대상관계이론, 애착이론, 그리고 자아이론 등에서 끌어낸 개념들로 이루어져 있다(Thomas, 1992). 대상관계이론의 첫단계는 대상부재 단계(objectless stage)이다. 이를 Freud(1905, 1959)는 최초의 자기애(primary narcissism)로 표현하고, Mahler(1952)는 자폐성(autistic)이라고 부른다. 신생아의 반응은 조건반사에 한정되어 있으나, 유아경험을 형성하고 타인들의 영향을 조직화시키면서 점차로 감각, 지각 및 기억을 발전시킨다. 그후에 자아와 대상과의 관계에 의해 완전한 성장과정을 밟는다. 대상관계이론에서는, 좋은 대상관계를 통해 정신적 완전을 이루고 보존하는 것이 심리적 적응의 열쇠라고 한다. 정신분석모델에 따르면, 심리적인 안녕을 좌우하는 세가지는 본능의 충족, 원초적 욕동에 대한 현실적 조절, 그리고 독립적인 정신구조이다.

유아의 자아발달에 필요한 양질의 양육과 충분한 안정감을 제공하는 부모의 능력은 그들 스스로가 어느 정도 안정감을 느끼느냐에 좌우된다. 만일 어머니와의 초기관계가 안정되고 애정이 있으면, 유아는 점차 어머니를 포기할 수 있게 되고, 한편으로는 어머니의 사랑을 유지함으로써 좋은 내적 대상을 형성하게 된다. 이 과정에서 대부분의 아동들은 상실에 편안하게 대처하기 위해 과도기적 대상(transitional object: 어머니는 분리된 대상이고 시야에서 벗어날 수 있다는 것을 아이가 깨닫기 시작할 때 아이들이 매달릴 수 있는 부드러운 장난감이나 담요)을 받아들일 수 있다(Winnicott, 1965).

좋은 대상관계는 신뢰감과 안정감 및 성공적으로 분화된 주체감을 가져오는 효과가 있다. 유아기에 형성된 주체감은 오이디프스기, 사춘기, 그리고 청소년기로 이행하면서 계속해서 풍부해지고 변화된다. 그러나, 주체감의 추구가 청소년기에서 끝나는 것은 아니다(Erickson, 1959). 주체감은 성인기의 경험, 특히 사회관계, 직업경력, 가족생활 등에 의해 계속해서 형성된다(Levinson, 1978).

초기의 어머니와 아이간의 애착은 건전한 발달에 아주 중요하다(Bowlby, 1969). 고정된 한명의 양육대상에 대한 밀접한 신체적 근접성과 애착은 아동기와 성인기의 건전한 대상관계의 전제조건들이다. 유아는 정상적인 자폐적 공생단계를 지난 후인 약 6개월째에 긴 분리-개별화 시기로 들어가고(Mahler, Pine, and Bergman, 1975), 8개월이 되면 낯가림(stranger anxiety)을 경험하기 시작하는데, 지나친 낯가림은 어머니에게서 분리되는 것에 불안을 느낀다는 표현이다(Spitz, 1965). 유아는 엎드리고 기기 시작하면서 처음에는 어머니로 부터 떨어져 나가는 것을 시도하였다가 곧 다시 되돌아 온다. 그러나 어머니가 안전한 항구처럼 항상 거기에 있다는 자각이 들면 분리의 연습을 계속한다. 분리-개별화의 성공적인 완성을 위한 필요충분조건은 좋은 어머니의 믿음있고 애정어린 지지이다. 어머니도 아이의 성장하는 독립성을 받아들이기 위하여 분리와 철회(withdrawal)를 견뎌내는 능력을 갖고 있어야 한다.

Kohut(1977)의 자아이론은 분리-개별화 단계가 강하고, 좋고, 응집력있는 자아형성에 결정적인 요소임을 설명하고 있다. 정신분석 견해에서는 가족발달의 운명이 대체로 가족을 형성하는 개인들의 초기 성격발달에 의해 좌우되는 것으로 본다. 만일 배우자가 건강하고 성숙한 성인이라면 그 가정은 건강하고 조화롭게 될 것이고 그렇지 못할 경우 가족병리가 나타난다는 것이다.

제4절 행동장애의 진행

정신분석자들의 강조가 본능에서 대상관계로 바뀜에 따라 유아의 의존성과 불안정한 자아발달이 핵심문제가 되었다. 정신분석학적 가족치료자들은 행동장애의 근원을 부모가 유아와 처음으로 상호작용하기 시작하는 출생 후 몇달 동안에서 찾아낸다. 정신분석과 비정신분석 가족치료자들 간의 차이는, 비정신분석적 가족치료자들은 사람들 간(between)의 상호작용의 본질에서 병리를 밝혀내려고 하는 데 비해 정신분석학적 가족치료자들은 상호작용하는 사람들 내(within)에서 병리적 성향을 밝히려고 한다는 데 있다.

병리적 대상관계의 영향에 대한 현재의 정신분석적 사고의 대부분은 경계선 성격장애와 자기애적 성격에 대한 Otto Kernberg(1966)와 Heinz Kohut(1971)의 연구에서 나오고 있다. 경계선 성격장애의 치료에서 Kernberg은 그의 클라이언트가 처음에 리비도적인 또는 공격적인 충동을 표현하고, 곧바로 그 다음 순간에는 그 반대의 태도로 행동하는 등 갈등의 보완적인 면을 교대로 표현한다는 사실에 주목했다. 그는 그것이 자아분열(ego splitting)때문에 일어난 자아상태의 뚜렷한 구획화(compartmentalization)라고 추론했다. Kernberg 입장의 본질은 경계선 병리란 대상관계의 장애라는 것이다. 과도한 분노가 그것을 일으키며 분열(splitting)은 그에 대한 방어이다. 흔히 분노가 유발될 때 증오하는 인물의 이미지가 어머니의 초기 이미지와 부합된다. 과대자아(grandiose self)의 발달은 Kohut(1971)에 의해 설명되어 왔다. 그에 의하면 자기애적 인격 역시 의존성에 대한 병리적 방어로부터 나온 대상관계 장애이다.

개인 뿐 아니라 가족도 일반적인 발달단계를 갖고 고착과 퇴행을 겪는다. Skynner(1981)에 따르면, 가족은 한 세대에서 다음 세대로의 일반적인 발달단계를 거친다. 이 과정에서 겪게되는 발달적 실패는 가족유전의 일부이다. 예를 들어 충분한 양육을 받지 못한 여성은 그녀 자신이 이 역할에서 실패하기 쉽다. 발달적 실패의 징후는 흔히, 성적 또는 공격적 행동화로 나타나는데, 그같은 증상들은 자주 대상관계 문제의 뿌리를 이해하기 어렵게 만든다. Skynner(1981)는 혼란된 가족들의 주요 특징을 산만한 대인경계, 불명확한 주체성, 현실과 반대되는 환상으로부터의 만족, 분리와 상실에 대한 대처의 어려움, 과거의 관계상태를 유지하려는 시도 등에서 찾는다. 대상관계 관점에서는 병리적 대상에 대한 함의 뿐 아니라 부적절한 분리와 개별화 역시 잘못된 성인적응의 중요한 결정인자로 본다. 분리의 어려움은 지속적인 문제를 야기시킨다. 또한 자아의 응집감과 주체성의 분화감이 개발되지 못하면 가족에 대한 끈질기고 강한 정서적 애착이 일어난다. 부모에 대한 이같은 의존과 애착은 가족생활과 사회생활을 개발시키기 위한 개인의 능력에 불리하게 작용한다.

개인과 마찬가지로 가족도 변화상의 문제점들을 완전히 해결하지 않은 채 다음 발달단계로 넘어가기도 한다. 따라서, 가족생활주기 중 한 단계나 그 이상에서 부분적인 고착이 생길 수도 있다. 스트레스를 받으면 가족은 과거의 갈등을 재경험할 뿐 아니라 과거의 대처패턴으로 돌아가기 쉽다. 따라서, 정신분석학적 가족치료자들은 현재의 문제 뿐 아니라 고착점과 퇴행적인 대처패턴을 알아내는 것도 중요하게 생각한다.

제5절 치료목표

정신분석을 지향하는 가족치료의 한가지 목표는 가족원에게 성숙한 방어기제의 사용을 증가시키는 것이다. 치료자가 해석을 사용하여 교육적인 반응을 보여주고 방어를 지적해감에 따라 가족원들은 무의식적 방어기제에 대해 점점 깨닫게 되고, 그것들을 분석하고 의식적으로 통제하는 것을 배울 수 있다(Thomas, 1992, p.236).

정신분석을 지향하는 가족치료의 중요한 또다른 목표는 각 가족원들이 개별화(individualation)를 이루도록 해주는 것이다. 역설적이지만 개별화가 증가되면 친밀한 관계를 맺는 능력도 증가된다(Simon, Stielin, & Wynne, 1985, p. 236).

정신분석적 가족치료자들도 증상완화라는 위기해결을 치료의 목표로 삼을 때가 있다. 이 경우 증상완화를 유일한 목표로 받아들이는 정도는 다른 가족치료자들과 상당히 유사한 경향이 있다. 비록 흔하지는 않지만 일부 정신분석적 가족치료자들은 노골적으로 위기지향 가족치료에 몰두하기도 한다(Umana, Gross, and McConville, 1980). 그들은 방어를 분석하고 억압된 욕구와 충동을 밝혀내는 데에 초점을 두기 보다는 오히려 방어를 지지해주고 의사소통을 명확화시키는 데 더 초점을 둔다.

가족이 증상완화에 대해서만 동기화되었을 때, 치료자는 가족원들이 치료를 중도에서 포기하지 않도록, 그리고 그들이 실패했다고 느끼지 않도록 종결하고자 하는 결정을 지지해야만 한다. 어떤 정신분석학적 가족치료자들은 의도적으로 단기치료를 계획한다. 이런 경우에는 개인 단기 역동치료에서 처럼 치료를 위해 구체적인 초점을 선정하고 탐색분야를 좁히는 것이 필수적이라고 여겨진다. 단기 정신분석학적 가족치료로 유명한 대표적인 인물은 런던 Maudsley Hospital의 Christopher Dare이다.

무엇보다도 정신분석학적 가족치료의 궁극적 목표는 가족원들이 과거의 무의식적 이미지 보다는 현재의 현실에 기본을 둔 전인적인 건전한 인간으로 서로 상호작용할 수 있도록 가족원들의 성격을 변화시키는 데 있다. 치료의 목표가 성격변화에 있다고 말하는 것은 쉽다. 그러나 '변화'가 무엇을 의미하는 것인가를 자세하게 설명하기는 어렵다. 가장 흔히 추구하는 변화의 종류는 분리-개별화(Katz, 1981), 또는 분화(Skinner, 1981)이다. 두 용어 모두 가족으로 부터의 개인의 독립과 성장을 강조한다. Akerman은 "가족치료의 목표는 증상을 제거하거나 성격을 환경에 적응시키도록 돕는 데 있는 것이 아니라, 오히려 새로운 삶의 방식을 창조하는 데 있다"라고 말한다. 이 목표를 달성하기 위해 Akerman은 가족들이 감정을 자유롭게 표현하도록 돕고, 역할이 너무 엄격하거나 유동적이지 않도록 균형을 이루게 한다(Foley, 1974).

개별치료자들은 개별화를 흔히 물리적 분리로 생각한다. 따라서 청소년들을 보다 독립적이 되도록 하기 위하여 대부분의 치료자들은 그들을 가족과 분리해서 다룬다. 반면에 가족치료자들은 정서적 성숙과 자율성을 획득하는 최선의 방법은 가족안에서의 정서적 결속을 찰고(working through: 지금까지의 행동과 상호작용을 새롭고 보다 생산적인 방식으로 바꾸는 것)하는 데 있다고 본다. 정신분석 가족치료자들은 개인을 가족과 분리시키지 않고 가족을 모아서 각 개인이 관계를 가지면서도 독립적일 수 있는 방식으로 서로 작용하는 법을 배우도록 돕는다.

제6절 행동변화의 조건

앞에서 설명한 바 대로, 정신분석치료는 통찰(insight)을 통해 성격변화를 경험하고 성장하게 된다. 정신분석학적 가족치료에서 가족원들은 그들의 심리적 생활이 의식적 경험보다 크다는 것을 이해하고 받아들이게 됨으로써 통찰을 확대시켜 나간다. 치료를 효과적으로 하기 위해, 개별치료에서 처럼 해석을 전의식적 재료에 한정시키기도 한다. 그러나 어떤 통찰에 도달하든 간에 찰고가 이루어져야 한다(Greenson, 1967).

어떤 학자들은 정신분석치료는 통찰에 의해서라기 보다는 방어를 축소시킴으로써 효과를 본다고 주장하기도 한다(Kohut, 1977). 이런 관점에서는, 가족원들이 그들의 무의식적 욕구와 억압된 성욕, 공격성을 표현하고 만족시키는 것이 통찰보다 더 중요할 수 있다. 그러나 대부분의 치료자들은 어떤 입장을 취하든 관계없이 이 두가지, 즉 통찰력을 키우고, 억압된 충동을 표현하도록 고무시키는 일을 함께 사용한다. Framo(1970, p.158)는 "만일 치료자가 가족원들간의 현재의, 즉각적인 상호작용만 다루고자 한다면 깊은 또는 의미있는 변화를 겪을 수 없다."고 말한다.

본래 가족은 그들의 내밀한 감정의 노출을 방어하게 된다. 그러나 정신분석 가족치료자들은 숨겨진 무의식적 재료들, 즉 과거에서 비롯된 재료들을 들춰내려고 한다. 치료받는 가족과 치료자들 사이에 상충되는 욕구가 존재할 수도 있기 때문에 치료자들은 먼저 신뢰의 분위기를 만들어 내면서 아주 서서히 문제를 다루어 나간다. 가족치료에서 클라이언트들은 자기 보호에 대해서 뿐 아니라 공중에 대한 노출에 대해서도 우려하는 경향이 있기 때문에 치료자들은 그들에게 안정감을 제공해야 한다. 그같은 안정감은 분석을 위해 재료들을 드러내는 것에, 또한 가족 상호작용에서 이 자료를 찰고하는 데도 필요하다. 일단 안정된 분위기가 마련되면 분석적 가족치료자는 투사기전을 확인하고 그것을 부부관계에 적용시킨다.

전이(transference) 또한 정신분석학적 가족치료의 필수적인 것으로 여겨진다. 가족원들은 과거의 가족관계에 대한 억압된 이미지들을 치료자와의 상호작용 뿐 아니라 가족원들과의 현재의 상호작용으로 드러내게 된다. 어떤 면에서는 전이개념이 개인치료에만 관련되는 것처럼 보일 수도 있다. 그러나 반복적인 과거 패턴의 재경험과 표출을 통해 개인은 이런 상호작용들을 객관적으로 보기 시작하면서, 치료자의 도움으로 반복되는 병적 순환과정을 파괴할 수 있게 된다. Nagy(1972, p.378)는 가족치료가 개인치료보다 전이를 활용하기에 훨씬 더 생산적인 분야라고 한다.

치료를 위해 전가족을 불러 모음으로써, 정신분석 치료자는 전이반응의 횟수를 증가시키지만 그 강도에 대해서는 관심을 보이지 않는다. 치료자에 대한 전이는 일어나지만 가족이 함께 자리를 같이 하기 때문에 개별치료에 비해 그 강도는 약하다. 더구나 치료자의 무관심(aloofness)과 모호성(ambiguity)도 개별치료보다 뚜렷하지 않다. 전이는 대부분의 정신분석 가족치료자에게 가족의 정서체계를 이해하게 하는 작업모델이 된다. 정신분석 준거를 사용하는 일부 가족치료자들은 전이를 기본으로 상호작용을 보완한다.

가족치료에서 고려해야 할 것은 누구를 치료에 포함시키느냐와 누구에게 도움의 초점을 두느냐이다. 어떤 접근법에서는 예를 들면 전략적 접근법과 행동치료 접근법에서는 가족을 동시에 볼 때라도 확인된 클라이언트를 돕는 데에 초점을 둔다. 그러나 정신분석적 가족치료자들은 가족을 하나의 유기체로써 돕기 보다는 개개인의 성장과 성숙을 돕는데 더 의미를 둔다. 따라서, "결혼갈등을 느끼는 개인이나 부부를 돕기 위해서는 배우자 각각이 보다 높은 성격발달을 이루도록 도와야한다(Blanck, 1967, p.160)". 여기서 '보다 높은 성격발달'의 본질은 구조적 면과 대상관계적인 두 면에서 규정되고 있다.

다시 말하면, 정신분석에서 목표하는 개인의 성장은 가족원들이 서로에게 가진 병리적 애착을 극복하는 등의 대상관계의 개선을 통해서 이루어질 수 있다. "정신분석은 분열된 자아(split-ego)를 재통합하는 것이며, 잃어버린 전체성(wholeness)을 회복하는 것이다(Guntrip, 1971, p.94)." 분열된 자아는 생의 초기에 잘못된 대상관계에서 비롯된 것으로, 처음에는 정신치료로, 그 다음에는 바람직한 대상관계로 해결한다(Michael Nichols, 1984, p.210).

제7절 기법

고전적 정신분석에서는 분석에 의해 치료적 변화가 이루어진다. 정신분석학적 가족치료에서도 이것은 마찬가지이다. 그러나 가족치료를 행하는 정신분석가들은 엄격한 분석기법이 아닌 다른 기법들을 포함시키는 경향들이 있다. 그러나 정신분석적 치료틀이 대부분의 다른 진단적 틀과 구별되는 것은 가족원 개개인의 심리내적 역동을 이해하는 데 있다. 치료기법을 다른 접근에서 끌어냈을 때 조차도 정신분석의 이해는 가족역동에 대한 종합적인 심상을 발전시키는 점에서 유용하다.

치료자는 가족에게 변화를 시도하게 하기 전에 먼저 그들에 대한 이해를 시도한다. 사실상, 정신분석 개념의 대부분은 개인, 혹은 이인군(dyad)에 관한 것이다. 그러나, 정신분석 가족치료자들은 그보다 더 큰 관계체제를 다루어야만 하기 때문에 가족원 개개인의 심리내적 생활 뿐 아니라 가족의 상호간의 역동도 고려해야 된다.

비분석적 임상가들은 가족을 평가(assessment)할 때 그들의 의식적인 희망과 기대를 제시하고, 의사소통과 상호작용에 초점을 두는 경향이 있다. 그러나, 정신분석 입장에서는 그같은 묘사는 단지 표면만을 다루는 것으로 생각한다. 그보다는 무의식적 힘이 가족생활의 핵심을 형성한다고 본다.

가족평가에 대상관계이론을 적용시켜 Dicks(1967)은 결혼관계를 평가하는 세가지 준거를 제시하였다. 즉, 사회.문화적 배경과 관심의 공유, 자기와 배우자의 역할에 대한 의식적인 기대, 그리고 무의식적인 자아상과 대상상(object- image)간의 합치성 등이 그것이다. Dicks는 만일 부부가 이 세가지 중 두가지에서 조화를 이루고 있다면 그들은 지속적인 갈등에 직면할 때 조차도 함께 지낼 수 있겠지만, 만일 이 세가지 중에 두가지가 일치되지 않는다면 그 결혼은 이혼으로 끝날 가능성이 높다고 말한다.

Ackerman은 가족치료자의 최우선적인 진단과업은 가족원들 내의 감추어진 갈등을 알아내는 데 있다고 설명한다. 그는 가족사정의 기준을 위한 유용한 도구로써 가정방문을 권고하면서, 이 비공식적 방문중에 가족의 상호작용패턴, 역할, 그리고 가정의 정서적 풍토에 관심을 기울여야 한다고 주장한다. 예비적인 정신분석 사정이 끝나면 치료자는 누구를 치료에 포함시킬지를 결정해야 한다. Ackerman(1961)은 한지붕 밑에 사는 모든 사람들을 첫 면담에 출석시킬 것을 주장했다. 그 다음 면담부터는 경우에 따라 일부나 전가족원을 출석시켜도 된다. 오늘날 정신분석 가족치료자들은 모든 가능한 가족원들의 결합을 대상으로 한다. 그러나, 가장 흔한 것은 부부의 치료이다. 대부분의 정신분석 임상가들은 가족중에서도 성인중심을 강조한다. 그 이유는 그들의 언어적, 지적 수준 때문이다.

대상관계 관점에서 보면, 결혼은 숨겨진, 내면화된 대상간의 상호거래(trans- action)이다(Dicks, 1963). 이 내적 대상은 부부 상호작용의 무의식적 근거에 대한 해석으로 자각하게 된다. 내면화된 대상의 어떤 측면들은 의식적이어서 즉각적으로 표현되며 쉽게 검증된다. 이 측면들은 의식적으로 지각된 부모모델에의 직접적인 동일시, 또는 부정적인 image에 대한 과잉보상을 근거로 한다. 의식적으로 이루어진 대상 이미지는 치료기법과 상관없이 출현할 것이지만, 무의식적 이미지를 출현시키는 것도 비지시적 탐색양식에 의존한다.

정신분석학적 가족치료자는 자유연상을 사용한다. 그들은 이 기법을 무의식적 재료들을 표면으로 끌어올리는 최선의 방법이라고 생각한다. 이 기법을 통해 치료자들도 궁극적으로 중요한 재료, 특히 저항과 전이를 해석하기 시작한다. 먼저 가족원들에게 치료자의 지도에 따라 그들의 관심에 대해 자유롭게 이야기하게 한다. 이는 다른 가족치료자들이 하는 것과 다르지 않게 보일 수도 있지만, 정신분석 가족치료자들은 다른 학파의 임상가들 보다 훨씬 더 비지시적이며, 아주 최소한의 개입만 한다. 이것은 그들이 질문을 하지 않는다거나 그들의 관심이 선택적이지 않다는 것을 말하는 것은 아니다. 요점은, 그들은 가족원들의 사고나 감정의 자발적인 흐름이 그들의 기저에 흐르는 관심에 관한 중요한 실마리를 제공한다고 확신한다는 데 있다. 일단 가족이 그들의 문제를 논의하기 시작하면 대부분 정신분석치료자들은 가족의 대화가 자발적인 흐름으로 멈추어질 때까지 논평이나 질문은 삼간다(Dicks, 1967). 그들은 클라이언트에 의해 드러난 특수한 재료들에 대한 해석을 제한할 뿐만 아니라 해석의 횟수까지도 제한한다. 해석의 횟수는 한 면담에 두번 또는 세번이 전형적이다. 분석자의 나머지 활동은 대부분 비지시적으로 재료를 끌어내는 데 전념한다. 정신분석 가족치료자들은 대체로 이 기본접근을 따른다.

면담은 전형적으로 치료자가 가족원들에게 현재의 경험, 생각, 느낌들을 토론하게 함으로써 시작한다. 첫면담의 전형적인 서두는 "두분께서 지금까지 겪고 있는 문제들에 대한 토론을 시작해 보시겠어요?"이다. 그 다음 면담에서는 치료자는 말없이, 또는 "오늘은 어디에서부터 시작하시겠습니까?"라는 말로 시작한다. 그 다음 치료자는 상체를 뒤로 젖히는 등 뒤로 물러난 자세에서 가족끼리 이야기하게 하고, 가족간의 의사소통을 자발적인 흐름에 맡긴 채 최소한도의 지시나 개입만을 한다.

최초연상과 자발적인 상호작용이 막히면, 부드럽게 개입하며 내력, 사람들의 생각과 느낌, 다른 가족원들의 견해에 대한 생각들을 끌어낸다. "당신의 아버지는 당신의 문제에 대해 어떻게 생각하시죠? 그는 그것들을 어떻게 설명합니까?" 이 기법은 분석치료자의 가정(assumption)과 투사에 대한 관심을 강조한다. 현재의 가족갈등의 역사적 뿌리가 밝혀진 후에는 가족원들이 아동기에서 부터 재현된 과거의, 그리고 흔히는 왜곡된 이미지를 어떻게 계속시키는가에 대한 해석을 내린다. 그같은 해석의 자료는 실제 아동기 기억에 대한 묘사에서 뿐 아니라, 치료자나 다른 가족원들에 대한 전이반응에서도 나온다.

가족에 대한 개인적 영향을 실제로 자각한 정신분석 가족치료자는 Nathan Ackerman이다. 그가 권하는 기법은 성(sex) 및 공격과 관련된 숨겨진 갈등들을 표면화시키기 위해서 가족방어를 간파하는 것이다(Ackerman, 1966). 그는 무엇보다도 가족에 대한 깊은 개인적 헌신과 개입을 주장한다. 전통적으로 말이 없고 냉담한 분석자와는 달리 Ackerman은 상당히 개방적이고 사적인 태도로 가족과 접촉한다. 접촉을 시도한 후에, 그는 자신을 솔직하게 드러내면서 감정에 대해 개방적이고 솔직한 표현을 조장한다. 그 자신의 생각과 느낌에 대한 자발적인 자기노출이 가족원들도 그렇게 하도록 만든다. Ackerman은 따뜻하면서도 카리스마적인 성격을 사용하고, 또한 가족비밀과 그들의 방어 뒤에 숨은 갈등을 표면화시키기 위해 의식적이며 신중한 직면기법도 사용한다.

Ackerman은 치료자는 각 가족원들의 정신내적 사건들에 대한 투사의 반응에서 그 자신의 생각과 느낌을 깨닫게 되고(역전이), 가족을 건전하게 이끌 수 있는 정서와 생각을 함께 나눔으로써 치료가 진행된다고 보았다. 그는 가족치료자의 자아(self)는 가족이 연주하고자 하는 정교하게 조율된 악기와 같다고 보고, 가족치료자의 기능을 다음과 같이 요약하였다. 즉 치료자는 가족원끼리 뿐 아니라 치료자와 가족원들간의 의사소통과 감정이입을 발전시키고, 직면과 해석을 사용하여 저항을 드러내어 불안, 공포, 죄의식, 분노, 수치감 및 갈등의 정도를 줄여주며, 가족원들을 위해 현실검증기계의 역할을 한다. 또한 치료자는 건전한 가족기능의 모델이자 교육자로서의 역할과 라포 성립의 중요성도 강조한다.

원래 정신분석 가족치료자들은 가족 대화속에 드러나지 않는 것들의 대부분은 의식적으로 억제하는 것이 아니라 무의식속으로 억압된다는 것을 강조한다. 이 재료에 대한 접근은 저항으로 보호되며, 그것이 겉으로 드러날 때에는 흔히 전이의 형태로 나타난다. 실제로 정신분석치료의 목표는 현재의 전이에서 저항을 극복하고 과거를 찰고하는 데 있다고 말할 수 있다.

저항은 치료를 가로막거나 방해하는 의식적이거나 무의식적 행위이다. 다른 가족들과 문제에 대한 솔직한 논의는 흔히 고통을 수반하기 때문에 대부분의 가족원 각자는 그것을 할 수 있는 한 피하려고 한다. 대부분의 정신분석 가족치료자들은 저항이 출현하는 초기에 그 저항에 대한 해석을 통해 갈등을 다룬다. 그 이유는 가족치료에서의 저항은 공모의 형태로 나타나기도 하고 개별치료에서 보다 훨씬 더 뚜렷한 행동으로 표현되기 때문이다. 저항의 흔한 형태로는 가족문제에 직면하는 것을 피하기 위해 개별치료나 분리면담을 찾는 것이다. 저항을 해석하는 기법은 주로 저항의 본질과 의미에 관심을 주어 통찰을 촉진시키는 것이다. 그러므로 저항은 뚜렷하게 드러날 때에라야 비로소 해석이 된다. 가장 효과적인 해석은 치료자가 내리기 보다는 클라이언트로부터 끌어내는 것이다(Nicolas, 1984).

제8절 치료이론 및 결과의 평가

일반적으로 정신분석자들은 그들의 작업을 실험적 표준을 사용하여 평가하려는 시도에 반대해 왔다. 이는 정신분석을 중심으로 하는 가족치료자들도 마찬가지이다. 왜냐하면 정신분석학적 가족치료의 궁극적 목표 역시 증상의 감소가 아니며, 그것을 성공의 척도로 볼 수도 없기 때문이다. 또한 무의식적 갈등의 유무는 가족원들이나 외부 관찰자들에게 명백하게 보이는 것이 아니고, 분석이 성공적인가 아닌가도 주로 치료자의 주관적인 임상판단에 달려있기 때문이다. 물론 정신분석 임상가들은 치료자의 관찰이 이론과 실천을 평가하는 수단으로 아주 타당하다고 간주한다. Blanks(1972, p.675)는 정신분석 이론을 기술적으로 채택하는 임상가들은 자신들이 방법론이나 조사결과를 임상적으로 확인을 할 수 있기 때문에 치료이론이나 결과를 의문시하지 않는다고 주장한다. 그는 이것을 흔히 실험자들이 과학적 방법의 판단기준을 반복실험이라고 하는 주장에 대한 타당성과 비교한다.

이같은 견해의 또다른 예는 Robert Langs의 저서에서도 찾을 수 있다. Langs는 치료자의 공식화에 대한 궁극적 시험은 개입의 기본으로 치료자의 인상(impression)을 사용하는 데서 찾을 수 있다고 말한다. 그는 이 개입의 타당성과 효과를 결정하는 것은 의식적이고 무의식적인 클라이언트의 반응이라고 주저없이 말한다. 즉 진정한 타당성은 클라이언트의 인지적 영역과 대인관계 영역에서 나오는 반응에 있다는 것이다(Thomas, 1992).

그렇다면 과연 치료의 타당성이나 효과의 척도는 클라이언트의 반응인가라는 의문이 생길 수 있다. 그 대답은 그럴 수도 있고 아닐 수도 있다. 왜냐하면 클라이언트의 반응들은 여러 가지 해석이 가능할 수 있기 때문이다. 특히 타당성은 직접적이고 명백한 반응에서 뿐만 아니라 무의식적으로 상징화된 파생물들에서도 찾을 수 있다. 가끔 치료자들은 정신분석적 가족치료의 성과에 대해 보고하기도 하지만, 그것들은 주로 통제되지 않은 사례연구의 경우이다. 그같은 비공식적인 보고의 하나는 Dicks가 Tavistock Clinic에서 행한 정신분석 부부치료의 성과에 대한 보고로, 거기서 그는 임의추출된 표본사례의 성공적인 치료율이 72.8 %에 이른다고 주장하고 있다.

결 론

가족치료를 개발하고 실천한 첫번째 집단은 정신분석적으로 훈련받은 임상가들이었다. 그들은 개인역동의 이해에 가족의 중요성을 인식하고 부터, 개인 심층심리를 포기하고 관계에 대한 구성개념을 구축하여 정신분석과 체계이론의 통합을 모색하였으나, 그 결과는 정신분석과 체계이론의 진정한 통합이라기 보다는 오히려 절충적 혼합으로 나타나고 있다.

정신분석학적 가족치료는 그 이론과 결과의 평가를 클라이언트의 반응에 대한 치료자의 주관적 평가에 의존하고 있다. 정신분석학적 가족치료자들은 치료자의 클라이언트에 대한 주관적 관찰이 이론과 실천을 평가하는 수단으로 아주 타당하다고 주장하고는 있지만, 치료자들의 관찰능력이 동일하지 않은 것을 고려할 때 객관적인 평가도구의 개발이 과제로 남아있다.

참 고 문 헌

Ackerman, N. W. (1958), *The psychodynamics of family life*, New York: Basic Books.

Ackerman, N. W. (1966), *Treating the troubled family*, New York: Basic Books.

Barnhill, L. R. & Longo, D. (1978), "Fixation and regression in the family life cycle," *Family Process*, 17, 469-478.

Blanck, G. & Blanck, R. (1972), "Toward a psychoanalytic developmental psychology," *Journal of the American Psychoanalytic Association.*

Blanck, R. (1967), "Marriage as a phase of personality development," *Social Casework.*

Boszormenyi-Nagy, I. (1967) "Relational modes and meaning," In G. H. Zuk & I. Boszomenyi Nagy, (Eds.), *Family therapy and disturbed families*, Palo Alto: Science and Behavior Books.

Boszormenyi-Nagy, I. & Spark, G. (1983), *Invisible loyalties: Recirocity in inter-generational family therapy*, New York: Harper and Row, 1973.

Boszormenyi-Nagy, I. & Ulrich, D. N. (1981), "Contextual family therapy," In A. S. Gurman & D. Kniskern, *Handbook of family therapy*, N.Y.: Brunner /Mazel.

Bowen, M. (1965), "Family psychotherapy with schizophrenia in the hospital and in private practice," In I. Boszomenyi-Nagy & J. L. Framo(Eds.), *Intensive family therapy*, New York: Hoeber.

Bowlby, J. (1969), *Attachment and loss*,Vol. 1, New York: Basic Books.

Broderick, C. B. & Schrader, S. S. (1981), "The history of professional marriage and family therapy, In A. S. Gurman & D. Kniskern,(Eds.), *Handbook of family therapy*, New York: Brunner/Mazel.

Dicks, H. V. (1963), "Object relations theory and marital studies," British Journal of Medical Psychology, 36, 125-129.

Dicks, H. V. (1967), *Marital tensions*, New York: Basic Books.

Flugel, J. (1921), *The psychoanalytic study of the family*, London: Hogarth Press.

Foley, V. D. (1974), *Introduction to Family Therapy*, Grune & Stratton, Inc.

Framo, J. L. (1970), "Symptoms from a family transactional viewpoint," In N. W. Ackerman(Ed.), *Family therapy in transition*, Boston: Little Brown

Freud, S. (1905), "Fragment of an analysis of a case of hysteria," *Collected papers*(1959), New York: Basic Books.

Freud, S. (1923), *The ego and the id*, Standard Edition 19(1961), 13-66. London: Hogarth Press.

Goldenberg & H. Goldenberg (1991), *Family Therapy: An Overview*, Brooks/Cole Publishing.

Greenson, R. R. (1967), *The theory and technique of psychoanalysis*, New York International Universities Press.

Guntrip, H. (1971), *Psychoanalytic theory, therapy, and the self*, N.Y. : Basic Books.

Kernberg, O. F. (1966), "Structural derivatives of object relationships," *In International Journal of Psychoanalysis*, 47, 236-253.

Kernberg, O. F.(1976), *Object-relations theory and clinical psychoanalysis*, New York: Jason Aronson.

Kohut, H. (1977), *The analysis of the self*, New York: International Universities Press.

Lidz, T. Cornelison, A., & Fleck, S. (1965), *Schizophrenia and the family*, N. Y.: International Universities Press.

Mahler, M., Pine, F. & Bergman, A. (1975), *The psychological birth of the human infant*, New York: Basic Books.

Meissner, W. W. (1978), "The conceptualization of marriage and family dynamics from a psychoanalytic perspective," In T.J. Paolino, & B.S. McCrady (Eds.), *Marriage and marital therapy*, New York: Brunner/Mazel.

Michael Nichols (1984), *Family Therapy*, New York: Gardner Press.

Nadelson, C. C.(1978), "Marital therapy from a psychoanalytic perspective," In T. J. Paolino & B. S. McCrady(Eds.), *Marriage and marital therapy*, N. Y.: Brunner/Mazel.

Sager, C. J. (1981), "Couples therapy and marriage contracts," In A. S. Gurman & D. P. Kniskern(Eds.), *Handbook of family therapy*, N. Y.: Brunner/Mazel.

Skynner, A. C. R. (1976), *Systems of family and marital psythotherapy*, New York: Brunner/Mazel.

Skynner, A. C. R. (1981), "An open-systems, group analytic approach to family therapy," In A. S. Gurman & D., Kniskern(Eds.), *Handbook of family therapy*, New York: Brunner/Mazel.

Spitz, R. E. (1965), *The first year of life*, New York: International Universities Press.

Stein M. I.(Ed.), *Contemporary psychotherapies*, Glncoe, Illinois: The Free Press.

Stierlin, H. (1977), *Psychoanalysis and family therapy*, New York: Jason Aronson.

Sullivan, H. S. (1953), *The interpersonal theory of psychiatry*, New York: Norton.

Wynne, L. C.(1965), "Some indications and contraindications for exploratory family therap y," In I. Boszormenyi-Nagy & J.L. Framo (Eds.), *Intensive family therapy*, New York: Hoeber.

Wynne, L. C. (1971), "Some guidelines for exploratory family therapy," In J. Haley (Ed.), *Changing families*, New York: Grune & Stratton.

제 8 장

세대간 가족치료 모델

최 선 화*

이 장에서는 세대간 가족치료 모델을 사용한 대표적인 학자인 Bowen, Framo, Boszormenyi-Nagy를 중심으로 이들의 이론적 배경과 가족발달에 관한 관점 및 치료기술을 소개하고자 한다. 그 중에서도 국내에서도 가장 많이 알려지고 이들의 원조격이라고 할 수 있는 Bowen의 이론을 중심으로 살펴보았다.

제1절 주요 학자들

1. Murray Bowen

Murray Bowen은 펜실베니아에서 대가족의 장남으로 태어났다. 그는 단순히 인간을 돕고자하는 동정심에서 보다는 사람들이 가지는 복잡한 문제에 흥미를 가져 의학공부를 선택했다. 의대에서는 신경학에서 신경외과로 관심이 변했다. 그 후 군에 5년간 복무하는 동안, 많은 정신적 문제가 있음에도 불구하고 여기에 대한 대안이 없다는 것을 알고 정신과를 택했다. 정신과에서는 정신분열증의 수수께끼에 관심을 가졌고 정신분석 훈련을 받았다. 그래서 정신분열증을 정신분석적으로 접근했다. 그러나 정신분열증 클라이언트에 대한 연구에서 정신분석 이론이 클라이언트들이 경험하는 감정적 문제를 설명하는 기초는 되지만 정서적으로 심각한 문제를 가진 클라이언트의 치료에는 효과적이지 않다는 것을 발견하고 정신분열증 클라이언트의 치료를 위해서 가족체계이론을 정립해 나갔다.

Bowen의 가족에 대한 특별한 관심은 Menninger Clinic에 있던 1940년대에 시작되었다. 그는 정신분열증으로 발전하는 모자 공생관계에 특별한 관심을 가졌다. 정신분열증은 미해결된 모-자 공생관계의 결과로써 미성숙한 어머니는 자신의 감정적 욕구를 채우기 위해서 아이와 공생관계를 맺는다는 것을 발견했다. 그 후 1954-59년 National Institute of Mental Health에서 가족이 함께 사는 것을 관찰하면서 연구한 정신분열증 가족에 관한 유명한 연구를 실시했다. 그 결과 모자간의 감정적 강도는 Bowen이 가정했던 것보다 강했고 이러한 감정적 강도가 모자관계를 넘어서 전체 가족관계를 특징지우며 아버지와 형제들도 가족문제를

* 부산여자대학교 사회사업학과 교수

만들고 유지하는데 중요한 역할을 한다는 것을 발견했다. 이렇게 모든 가족구성원들의 상호기능이 명확해지자 모자 공생관계에서 전체 가족을 감정적 단위로 보는 관점으로 확대시켰다. 그 후 1959년에는 Georgetown대학으로 옮겨 정신분열증보다 정도가 약한 클라이언트를 보면서 포괄적인 이론으로 발전시켰으며 가족치료 운동의 지도자로서의 명성을 얻게 되었다.

Bowen의 가족치료에서의 이론적 기여는 자아발달과 과거를 중요시하는 정신분석적 접근, 현재 상호작용하는 단위로써의 가족에 관심을 두는 체계적 접근 사이의 교량적 역할이다. 또한 그는 가족을 다세대적 현상으로 보았으며 다세대에 걸친 가족체계의 분석을 통해서 현재 가족의 문제를 파악하려고 했다. 그는 치료적 개입과 가족의 발달에 관한 포괄적이고 일관성있는 이론이 부족하다는 것을 염려하여 가족치료를 위한 이론 정립에 지속적인 관심을 가졌다.

2. James Framo

Framo는 정신분열증을 치료하는데 가족치료를 활용한 연구작업에 13년동안 Boszormenyi-Nagy와 함께 활동한 심리학자로서 1950년대 후반부터 가족치료에 기여했다. 정신분석학적으로 훈련받았지만 그는 정신분석학이 직선적이고 닫혀진 체계로 보는 반면 그의 원가족적 접근은 열려진 체계적 접근으로 정신 내적인 면과 상호교류적인 요소를 연결시켰다는 것을 강조했다. 원가족으로부터 생겨난 정신 내적 갈등은 현재의 중요한 타자와의 상호교류에서 반복된다. 정신 내적 요소와 가족 상호교류간의 연결이 가족구성원의 대상관계이며 원가족에서 부모와의 상호작용을 통해서 무의식적으로 받아들여진 것이다.

3. Ivan Boszormenyi-Nagy

Boszormenyi-Nagy는 맥락치료(contextual therapy)라고 부르는 치료학파를 만들었는데 이 학파는 다세대적 관점, 즉 맥락을 강조한다. 한사람을 만나든 가족을 만나든 간에 사람과 그들의 관계, 즉 맥락간의 끝임없이 변하는 바른 연결이 강조되었다. 맥락치료의 목적은 자아분화, 자아강화, 자아존중감에 대한 안정감 등을 증가시키는 것이다. 치료의 성공적인 결과는 치료자가 개인과 중요한 타자들간의 대화가 이루어지도록 하며 촉진시키는 것에 달려있다고 보았다.

제2절 이론적 틀

1. Bowen의 이론

Bowen이론의 핵심은 가족의 분화(individuality)와 통합(togetherness)이다. 그는 가족을 하나의 감정적 단위로 보았으며 상호 맞물린(Interlocking relationship) 관계로 다세대간의 분석과 역사적 관점을 통해서 이해되어야 한다고 보았다. 그는 개인적 역기능의 원인으로 감정적 단위인 가족의 역할을 강조했다. 가족구성원들은 자율적인 심리적 개체로써 기능하기 보다는 가족관계 체계내에서 사고하고 느끼고 행동하게 된다. 그래서 세대를 걸친 가족구성원의 기능이 질서있게 예측 가능한 과정을 거친다는 것을 가정했다.

그는 가족을 핵가족과 확대가족 - 그들이 함께 살든 이미 고인이 되었든 간에 - 으로 구성된 정서체계로 보았다. 살아있든 고인이 되었든 간에 모든 가족구성원들은 핵가족의 정서체계 속에 지금 여기에 살아 존재하며, 그래서 그 가족의 독특한 양상을 띄게 된다. 이 점에서 정서체계로써의 가족은 보편적이며 다세대적 현상이다. 그래서 비록 핵가족과 함께 치료를 한다 해도 그 이전 세대 가족의 정서체계가 그대로 살아서 반영되고 있기 때문에 이전 세대도 치료과정에 큰 부분을 차지하게 된다.

그는 성숙하고 건강한 인성으로 분화되기 위해서는 가족에 대한 미해결된 감정적 애착이 수동적으로 받아들여지거나 반발적으로 거부되기 보다는 해결되어야만 한다고 보았다. 그의 중요한 개념들을 살펴보면 다음과 같다.

1) 자기분화

자기분화는 Bowen 이론에서 핵심적 개념으로 가족에서의 유일한 문제는 정서체계와 지적체계를 분화하는데 실패한 것으로 보았다. 자기분화는 정신내적이고 인간관계적 개념으로 자신과 타인의 구분, 정서과정(feeling process)과 지적과정(intellectual process)을 구분할 수 있는 능력과 확고한 자기(solid self)와 거짓 자기(pseudo self)의 구분이다. 확고한 자기는 지적이고 합리적이며 대안적인 고려를 통해서 신념, 의견, 믿음 등의 삶의 원칙을 가진다. 그러나 거짓 자기는 감정적 압력에 기반해서 선택하며 결정과 선택에 일관성이 없고, 이러한 사실을 인식하지 못한다. 자기분화가 잘 이루어진 사람은 자신의 감정으로부터 분화되어 있고, 가족체계의 정서로부터 분화되어 있으며 가족의 정서적 혼합(fusion)으로부터 벗어날 수 있다. 이들은 유연하고 적응력이 강하며 자율적이다. 또한 자신의 감정과 타인의 감정을 이해하며 객관성과 감정적 거리를 유지할 수 있다. 자기분화가 되지 못한 사람은 분명하게 생각하는 능력이 부족하기 때문에 감정적으로 반발하기 쉽고, 자신의 감정만을 느끼며 다른 사람의 감정을 모르고, 융통성이 없으며 자신을 위해서 다른 사람에게 감정적으로 의지한다. 분화되지 못한 사람은 미분화된 가족 자아(undifferentiated family ego self)상태로 '뒤엉키고' '혼합된 감정적 일체' 상태에 있어 자율적인 정체감을 가지기 어렵다. 모자 공생관계는 이러한 개념의 가장 강도가 높은 상태다. 가족내에서의 개인의 분화는 두가지 요인에 의해서 영향을 받는다. 첫째는 그 개인의 부모가 얼마나 그들의 출생 가족으로부터 정서적으로 분화되었는가 하는 것과 둘째는 그 개인이 차지하는 가족안에서의 위치와 부모, 형제, 자매들과 어떤 관계를 맺고 있는가 하는 것이다. Bowen은 자기분화 상태를 척도로 구분해서 0-100까지로 표시했다.

(1) 0-25 : 감정에 지배당하고 관계에서의 만족과 안전만이 생활의 목적이며 관계체계에 문제가 생기면 신체적, 정신적 질병과 역기능을 유발한다. 이들은 적응력이 부족하고, 긴장하기 쉽고, 융통성이 적으며 정서적으로 의존적이다. 자신을 타인과 분화시키지 못하고 가족을 지배하는 감정에 쉽게 빠져든다.

(2) 25-50 : 이들은 불안이 낮을 때는 기능을 잘 하지만 불안이 높을 때는 낮은 자기분화 상태를 이룬다. 생활이 관계 지향적이며 정서적, 신체적, 사회적 역기능의 문제를 유발한다.

(3) 50-75 : 지적체계가 충분히 발달하여 불안이 증가해도 정서체계의 지배를 받지 않는다. 독립적으로 의사를 결정하며 자율적으로 자기를 지키고 기능한다.

(4) 75-100 : 가상적 개념일 뿐이다.

2) 삼각관계

사회집단에서 세사람은 안정적 인간관계를 맺을 수 있는 최소한의 단위다. 두사람 관계에 문제가 없을 때는 안정되지만 불안이 일어나게 되면 약한 사람이 삼각관계를 만들어 안정을 되찾으려 한다. 그러나 삼각관계는 긴장을 완화시키기는 하지만 두사람간의 문제의 해결을 방해한다(Michael Nichols, 1984). 이러한 전형적인 예가 부부간에 긴장이 발생하게 되면 아이에 초점을 맞춤으로 해서 긴장이 해결되는 것은 아니지만 분산되게 된다. 그래서 서로 싸우기 보다는 아이에게 그들의 에너지와 관심을 쏟게 된다. 그러나 불행하게도 미해결된 긴장이 클수록 이러한 삼각관계는 부모중 한사람의 아이에 대한 애착이 더 강해지게 하며 그래서 아이에게 어떤 증세를 일으킬 수도 있다. 가족관계에서 삼각관계가 지속적으로 반복되면 가족구성원들은 개인으로 분화되기 보다는 서로간의 상호작용에서 고정적인 역할을 맡게 된다. 부-모-자 삼각관계는 가족체계에서 가장 흔한 삼각관계의 형태다. 가족의 분화가 낮을수록 삼각관계를 만들려는 노력이 강해지나 삼각관계를 만드는 것이 항상 긴장을 해소시키지는 않으며 4가지의 가능성이 있다. 첫째는 아이의 출생으로 결혼생활에 불화가 생기는 경우와 같이 두사람의 안정된 관계가 깨어질 수도 있다. 둘째는 성장 후 자녀가 떠나버리는 것과 같이 제3자가 떠남으로써 두사람 사이에 문제가 발생할 수도 있다. 셋째는 아이를 낳음으로써 부부관계가 향상되는 것과 같이 갈등적 관계가 해결될 수도 있다. 네째는 항상 한편을 들던 사람이 없어짐으로 해서 갈등적 관계가 호전될 수도 있다.

3) 핵가족 정서체계

Bowen은 그들 가족과의 분화의 정도가 비슷한 사람끼리 배우자로 선택하게 되며 이들은 관계에서 혼합의 정도가 높게 되어 분화가 낮은 가족을 만들게 된다고 한다. 결과적으로 핵가족 정서체계가 불안하게 되어 긴장을 낮추고 안정을 찾기 위해서 많은 방법을 사용하게 된다. 핵가족과의 감정적 혼합이 클수록 불안과 잠재적 불안이 커지며 싸움이나 거리감 형성을 통해서 이 문제를 해결하려 든다. 가족체계의 주도적인 정서기능에 의해서 신체.정서적 역기능, 결혼갈등, 아동의 심리적 손상 등이 나타나게 된다. 핵가족의 감정체계는 다세대적 현상으로 개인은 결혼 상대의 선택과 다른 중요한 관계에서 원가족에서의 형태를 되풀이하며 아이에게 그 형태를 전한다. 이러한 문제의 강도는 미분화의 정도, 원가족으로부터의 감정적 단절 정도 그리고 체계내에서의 긴장 정도에 달려 있다. 이 상태는 원가족과의 상호작용을 바꿈으로써 분화가 생기고 반발이 줄어들게 된다.

4) 가족 투사과정

부모가 그들의 미성숙함과 분화의 부족을 자녀에게 전하는 과정이다. 부부간의 감정적 혼란은 결혼 갈등이나 정서적 거리감으로 이끈다. 일반적인 예가 원가족으로부터 감정적으로 단절된 남편이 부인을 차갑고 거리감을 가지고 대하게 되면 부인은 아이에게 집착하게 된다. 그래서 남편으로부터 멀어지고 아이에게 정서적 에너지를, 특히 한 아이에게 바치게 되는데 주로 장남이나 장녀 또는 막내, 자신과 닮은 아이 또는 결함이 있는 아이에게 집착하게 된다. 투사과정의 표적이 된 아이는 부모에 대한 애착이 강하고 자아분화가 덜 되게 된다. 남편은 자신의 불안을 덜기 때문에 부인이 아이에게 전념하는 것을 지지한다. 이러한 어머니의 투사과정은 자녀에게 정서적 손상을 낳고 그래서 결함이나 만성 질병, 무능성 등이 유발된다. 부모의 관심 대상이 되는 아동이 다른 형제보다 더 가족 정서체계와 혼합되며 그래서 가족의 감정적 긴장에 더 약하게 된다. 가족의 투사과정은 부모의 미성숙과 미분화 정도 그리고 가족이 경험하는 스트레스와 불안의 수준과 관련된다.

5) 정서적 단절

부모와의 관계에서 과거에 해결하지 못한 정서적 애착을 처리하는 과정으로 지금의 자신의 삶을 위해서 과거로부터 자신을 분화시키는 방법으로 격리, 위축, 멀리 떠남, 부모에 대한 거부 등의 방법이 있다. 불안이 높고 정서적 의존이 높은 사람에게서 단절이 일어나며 이들은 대화가 피상적이고 짧다. 부모와 조부모간의 정서적 단절은 부모와 아동간의 단절을 증가시킨다.

6) 다세대 전수과정

자녀들의 자아분화 정도가 현재 속해있는 세대에서만 형성된 것이 아니고 여러 세대를 거치는 동안에 전개되어 온 투사과정에서 형성된다는 것이다. 한사람의 심각한 역기능은 여러 세대에 걸친 가족 정서체계 기능의 결과로, 가장 큰 손상을 받은 자녀를 추적해 보면 가장 낮은 계보를 볼 수 있고 정신분열증이 나오기까지는 최소한 3대가 관련된다. 이러한 다세대 전수과정은 비슷한 분화 정도의 배우자를 선택함으로써, 그리고 자녀에게 낮은 분화를 가져오게 하는 가족투사 과정을 통해서 일어난다. 어느 세대나 가족의 혼돈에 가장 깊이 관여한 아동이 자아분화의 수준이 더 낮게 되며 가장 덜 관여한 아동이 높은 분화를 이룬다. 문제를 가진 아동은 그 아동의 부모간의 관계의 산물이다. 그 부모의 문제는 조부모의 문제로써 몇 세대를 거슬러 올라가게 된다.

7) 자녀의 위치

가족내에서 형제 자매의 위치에 따라 특정한 고정된 성격을 갖게 된다는 것이다. 이러한 성격을 예측하는 데는 많은 변수가 작용하지만 일반적인 지식과 그 가족의 특성을 합하면 어떤 아이가 그 가족의 정서과정에서 차지하는 역할을 예측할 수 있고 다음 세대에서의 가족의 형태도 예측할 수 있다.

8) 사회적 퇴행

가족에 대한 이론을 사회적 영역으로 확장한 것으로, 사회적 정서 기능으로 고질적인 스트레스와 지속적인 불안 상황에서는 개별화하려는 노력이 약화된다.

2. Framo의 이론

Framo의 이론적 특징은 다음과 같다.

1) Framo는 모든 인간 존재는 대상이 필요하다. 즉 다른 존재와의 친밀한 사회적 인간관계가 필요하며 이것이 삶의 기본적 동기라고 했다.

2) 아동은 어머니와 아버지가 대표하는 것을 무의식적으로 받아들이며 다른 대상들이 어린 시절의 경험을 통해서 더해지고 수정된다.

3) 사람들이 짝을 찾는 이유는 자신들의 잃어버린 부분을 회복할 수 있기 때문이며 무의식적인 동일화를 통해서 재경험할 수 있기 때문이다. 사람들은 원가족에서의 미해결된 갈등을 재창조할 수 있는 대상과 결혼한다.

4) 부모들은 아이들에게 그들이 무의식적으로 받아들인 것을 투사한다.

5) 성인들이 원가족과 만날 때는 무의식적으로 받아들인 것에 대한 잘못된 인식이 쉽게 변한다. 사람들은 그들의 부모가 그들이 생각했던 사람이 아니라는 것을 알게 되며, 있는 그대로를 인식하고 그들이 사망하기 전에 화해한다.

3. Boszormenyi-Nagy의 이론적 개념들

1) 공정의 원부 : 다세대간의 기대구조와 행동구조는 공로의 원부로 불리기도 하는데 이것은 2인관계의 양쪽에서 축척된 빚과 공로 계산서다. 공로의 근원 중 하나는 자신의 존재를 소유하는 것이다. 아이는 자신의 존재에 대해서 어머니에게 빚을 지고 있다. 부부나 친한 친구와 같은 동등한 관계에서도 다른 사람의 기여로 긍정적인 이익을 얻은 만큼 빚을 진 것이다. 비동질적인 관계에서도 부모는 아이를 양육한 것에 대한 빚을 갚기를 기대하지 않지만 아이는 다음 세대를 양육함으로써 빚을 갚을 것이 기대된다.

2) 자격 : 아동의 양육과 같은 양호에 대한 공덕의 보장이다. 자격을 얻는 만큼 자유를 경험할 수 있는 부가적 이익이 주어진다. 책임있는 양호와 자율성은 함께 한다.

3) 위임 : 부모나 조부모는 아이가 집안의 어떤 과업을 이루기를 기대한다. 아이는 그대신 자아존중감을 갖게 된다.

4) 충성 : 3인관계에서 개인은 자신이 얻은 이익에 기초해서 다른 한사람을 더 좋아한다.

5) 공적에 의한 신뢰 : 각 가족구성원의 진정한 자기이해에 대한 상호 고려와 각자가 보여준 양호에 기초한 각 가족구성원에 대한 신뢰

6) 책임 : 자신의 태도에 상관없이 자신의 행동의 결과에 대해서 책임이 있다는 실존적 개념

7) 공정 : 가족의 보호, 사랑, 인정과 같은 물질적이고 비물질적인 자원의 분배가 현재의 세대와 세대간을 걸쳐서 공평하게 나누어진다.

8) 면제 : 아이가 과거의 부모의 정서적 빚에 대해서 용서하려는 노력으로, 부모를 용서하려는 모든 노력은 어른과 아이가 다른 사람과의 관계에 긍정적인 행동을 보일 수 있도록 자유롭게 해준다.

9) 상호주관적 혼합 : 공생적인 가족에서는 주체와 객체의 위치가 명확하지 않다. 가족은 '우리'속에 갇혀있으며 분리된 경험을 하지 못한다.

제3절 정상적인 가족의 발달

정상과 비정상은 연속선상에 있다. Bowen은 1950년대에 정상 가족을 연구하는 동안 정신분열증 가족에서 나타나는 많은 증상을 정상 가족도 가지고 있다는 것을 발견했다. 정신분열증, 신경증 또는 정상이라는 분리된 범주는 없다. 그러나 모든 가족은 정서적 혼돈에서 분화까지의 연속선상에 다르게 위치한다. 그는 모든 가족은 차이점보다는 공통점이 더 많다고 믿었다.

Bowen은 최상의 가족 발달은 가족구성원이 상대적으로 분화되고 불안이 낮고, 부모가 그들의 원가족과 좋은 정서적 연결을 가졌을 때 일어난다고 보았다. 보통 사람들은 불안과 갈등을 피하기 위해서 그들의 부모나 형제와의 접촉을 줄인다. 그들 가족과의 연락이 없어지면 사람들은 불화가 있었던 것을 잊어버리고 부정한다. 그러나 어디를 가든지 간에 친밀한 관계에서의 어려웠던 문제들이 취약함이라는 형태로 남아서 그들을 사로잡는다. 그들은 가족 갈등에서 그들이 기여한 부분을 무시하기 때문에 새로운 관계에서 이러한 현상이 재현되는 것을 막지 못한다.

정서적으로 단절된 가족에서는 문제가 즉각적으로 드러나지 않지만 다음 세대에서는 결국 나타나게 된다. 과거로부터 물려받은 것 중 다른 하나는 부부간의 정서적 애착이 그들 각각의 원가족에서 각자가 지녔던 것과 같다는 것이다. 그래서 Bowen은 원가족에서 먼저 형성된 자율적인 성격의 분화는 정상적인 가족의 발달에 대한 묘사이며 치료적 개발을 위한 처방이라고 했다.

Fogarty는 잘 적응한 가족의 특성은 다음과 같다고 했다.

1) 그들은 균형이 잡히고 변화에 적응한다.
2) 정서적 문제는 각 개인적 요소와 함께 전체 집단에 존재하는 것처럼 보인다.
3) 그들은 세대를 넘어서 모든 가족구성원과 연결된다.
4) 그들은 문제를 풀기 위해서 혼란과 거리감을 가장 적게 사용한다.
5) 각각의 2인관계는 그들간의 문제를 처리할 수 있다.
6) 차이는 받아들여지고 장려된다.
7) 각각은 다른 사람과 함께 사고와 감정 수준을 처리할 수 있다.
8) 그들은 각자가 그들의 내부로부터 그리고 다른 사람으로부터 무엇을 얻는지를 안다.
9) 각자는 자신들의 공백을 허락한다.
10) 긍정적인 감정적 기분을 유지하는 것이 무엇이 옳고 무엇이 보편적이라는 것보다 우선이다.
11) 각각의 구성원들은 좋은 가족이라고 여긴다.
12) 가족구성원들은 각자를 환류와 교육의 자원으로 사용하며 감정적으로 의존하지 않는다.

Bowen의 체계에서는 잘 적응된 사람의 상징은 합리적 객관성과 개별성이다. 분화된 사람은 사고와 감정을 구분할 수 있고 핵가족과 확대가족을 함께 접촉하면서도 독립적이다. 아이들은 부모 모두와 개별적인 관계를 가진다. 아이들은 자신의 개인적인 생각과 느낌을 부모 모두와 나눈다. 부모 또한 그들의 개인 내적인 생각과 느낌을 나누며 부부간에도 이러한 관계를 가진다. 그러나 가족구성원 개인이 직업이나 인생의 목적을 추구함에 있어서 개인은 삼각관계에서 벗어나며 가족의 반대에도 정서적으로 관여하지 않는다. 가족의 반대는 예상된 것이며 개인이 분화되었다는 증거다. 개인의 분화 정도는 가족의 역사와 주로 관련된다. 그러나 가족치료 과정을 통해서 높은 분화의 수준을 달성하는 것이 가능하다.

Laqueur모델에서의 정상적인 가족은 정서적, 인지적으로 자유롭고 열려진 의사소통을 한다. 그러나 가족이 어떻게 발달하는지는 묘사하지 않았지만 그들은 효율적인 집단처럼 기능한다고 보았다. 가족구성원 어느 누구도 다른 사람으로부터 소외되지 않고 어느 누구도 지배적이거나 통제하지 않는다. 정상적인 가족을 묘사하기 위해서는 개인을 넘어서 가족과 지역사회를 보아야 한다. 정상적인 가족과 지역사회는 무엇이 지역의 복지를 위협하든지간에 일상의 일들을 서로 나눈다. 또한 인정받은 독립성으로 특징지워진다. 구성원들은 연결되어 있고 관여한다. 구성원들은 서로 도울 수 있고 또 돕는다.

Framo의 건강한 기능에 대한 관점은 다음과 같다.

1) 부부는 원가족을 떠나기 전에 개발한 자신에 대한 감각을 가지며 언제 의존해야 하는지를 알고 있다. 각 가족구성원의 자율성이 장려된다.
2) 부부는 그들이 원가족으로부터 무의식적으로 받아들인 것을 이해하고 있으며 결혼에 대한 불합리한 기대도 알고 있다. 로멘틱한 사랑보다는 사실에 근거한 성숙한 사랑의 가치를 더 받아들인다.
3) 부부는 아이와 서로에 대해서 실질적인 기대를 가진다.
4) 서로서로가 다르지만 서로의 현실적 욕구를 채워준다.
5) 발생하는 문제를 해결하기 위해서 분명하고 정직하게 대화할 수 있다. 위기를 유연하게 대처할 수 있다.
6) 성관계를 점점 더 즐긴다.
7) 가족내에 분명한 세대간의 경계선이 있다.
8) 원가족보다는 현가족(배우자와 자녀)에게 더 충실하다.
9) 부부는 자신, 배우자, 자녀라는 명확한 우선순위를 가진다.
10) 부부는 그들의 일과 아이와 전반적인 삶을 즐긴다.
11) 각 배우자는 그들의 부모와 성인 대 성인의 관계를 나눈다. 조부모와 손자녀의 관계를 장려한다.
12) 가족은 친구와 외부 사람과의 관계에 대해서 개방적이다.

Boszormenyi-Nagy의 건강한 기능에 대한 관점은 다음과 같다.
현재와 다세대간의 관계에서의 공적과 빚에 대한 대화를 다시 시작하는 가족은 건강함으로 나아간다. 가족간의 대화를 통해서 그들의 양호에 대한 자격을 얻게 되면 그들은 분리되고 개별화될 수 있다. 대화를 통해서 가족구성원들은 각자의 진정한 존재를 보게 된다. 상대방이나 가족구성원에게 자신이 무의식적으로 받아들인 것에 맞추려고 하거나 자신의 심리적 욕구에 맞추려고 하기 보다는 원가족에서부터 반복되어 온 형태를 보게되며 그들의 진정한 자아를 받아들이게 된다.

제4절 비정상적인 행동의 발달

Bowen에 따르면 경하든 심하든, 행동장애는 한 세대에서 다음 세대로 전해진 정서적 혼돈의 결과라고 했다(Michael Nichols, 1984). 감정이 지적 사고를 지배하고 합리적 기능과 자신감을 손상시킨다. 혼돈의 정도가 클수록 원초적인 감정의 힘에 의해서 더 지배받는다. 정서와 사고간의 혼돈이 클수록 다른 사람의 감정적 반발에 더 깊이 관여한다. 감정적 혼돈은 명확하게 표현되거나 또는 반발적으로 거부된 강도높은 상호 관련성과 의존 애착으로 구성된다. 애착을 갖고 의존하는 사람 그리고 거리감을 갖고 소외된 사람 모두는 정서적 혼돈에 똑같이 메달려 있다. 그들이 원가족에서 차지하는 위치에 감정적으로 메여있는 한은 개인적인 성장은 방해받는다.

정서적 혼돈은 분화의 반대다. 혼돈된 사람은 확고한 신념과 믿음이 없다. 그들은 다른 어떤 목적보다 수용과 인정을 추구한다. 그래서 합리적인 사고보다는 감정에 기반해서 결정을 내린다. 이러한 사람은 좋은 인상을 만드는 것이 가장 중요하며 미분화된 사람들은 독단에 빠져있거나 불평이 많을 가능성이 높다. 그래서 그 자신의 생각을 과장하거나 다른 사람을 공격하지 않고 조용히 말하기가 힘든다.

정서적 혼돈으로부터 발생한 증상은 호전적이거나 정서적으로 거리감을 갖는 불행한 결혼생활, 배우자 중 한사람의 역기능, 아동에게 문제가 투사되는 것 등이다. 이러한 증상을 가질 때, 성인의 관점을 끈기있게 주장하는 대신에 대부분의 사람들은 상처받고 위축된다. 이것이 정서적 단절이다. 성인의 수준으로 그들의 관계가 전환되기를 끈기있게 기다리는 대신에 그들의 부모를 대할 수 있는 유일한 방법은 그들로부터 벗어나는 것이라는 결론을 내린다. 불행히도 이것은 문제해결에 관한 환상을 제공하는 것에 불과하다. 긴장을 최소화하기 위해서 부모로부터 단절된 사람들은 유아적 행동을 수정하지 않고 계속한다.

Laqueur는 장애를 받은 가족을 7가지 형태로 구분했다.

1) 가장 심하게 장애를 받은 가족은 각 구성원들이 완전히 고립된 형태다.
2) 세대에 의해서 나누어진 형태로 부모와 아이들간에 아무런 중요한 상호작용이 없다.
3) 성에 의해서 나누어진 형태로 아버지와 아들이 한편이 되고 딸과 어머니가 한편인 경우다.
4) 공생적 짝을 이룬 형태로 둘은 강력하게 혼합되지만 그 나머지는 서로 서로로부터 그리고 짝을 이룬 두사람으로부터 단절된다.

5) 한사람 특히 어머니가 지배적인 경우
6) 한사람이 속죄양이 되어 집단의 다른 사람으로부터 명확하게 추방되는 경우
7) 위계질서가 융통성이 없고 견고한 경우

제5절 치료 목표

인간관계에서 개적인 분화를 이루는 것이 목적이다. 그래서 치료는 한단계 한단계 개적 분화를 가져오도록 돕는다. 가족구성원들은 분화하려는 구성원을 이전의 혼합된 상태로 되돌리려는 강한 압력을 행사할 수 있다. 이 때 치료자의 개입이 결정적으로 중요하게 된다 (J.C.Hansen & L.L'Abate, 1982). 치료자가 임상에서 치료하는 가족의 감정체계에 휘말리지 않을 수 있는 능력을 개발하기 위해서는 치료자 본인이 자기 가족의 감정체계로부터 분화하려는 노력과 그가 도움을 주려는 가족의 감정체계로부터 분화하려는 노력이 필수적이다.

가족치료에서의 진단은 불안의 정도와 체계의 역기능의 정도를 이해하고 특정한 증상이 어떻게 진행되어 왔는지를 이해하며 현재와 과거의 가족 정서체계를 파악한다. 진단은 세부분으로 이루어진다. ① 제시된 문제, ② 핵가족, ③ 확대가족. 이 세부분에서의 역사적 자료를 수집한다. 자료의 분석을 통해서 확대가족에서 미분화가 어떻게 처리되고 있는지를 결정할 수 있다. 즉 결혼생활의 갈등, 부부나 자녀 또는 다른 문제를 통해서 드러날 수 있다. 치료자는 아이의 문제일 때도 두 성인의 기본적인 문제가 문제이며 아이는 문제의 원인이 아니라는 가정을 받아들이게 한다(I.Goldenberg & H.Goldenberg, 1991).

초기면접은 보통 가족 사정작업으로 이루어진다. 치료자는 먼저 가족이 묘사하는 증상에 대해서 들어보며 문제를 명확하게 이해하기 위한 질문을 한다. 이때 치료자의 태도는 호기심을 가지고 가족으로부터 배우려는 태도를 취한다. 이어서 가족의 역사에 관한 정보 - 수세대에 걸친 분화에 관한 정보를 수집한다. 먼저 부부에 관한 것으로 이들의 연애, 결혼, 자녀, 직업, 이사, 최근의 변화 등에 관한 정보를 수집한다. 이러한 정보를 통해서 치료자는 현재 가족의 불안 정도, 과거와 현재의 스트레스, 정서체계가 어떻게 작동하는지에 대한 파악을 한다. 세번째는 확대가족에 대한 정보수집으로, 출생, 사망, 직업, 교육정도, 결혼, 이혼, 병력, 형제들이 사는 곳에 관한 정보를 모운다. 이러한 정보는 가계도를 통해서 잘 요약된다. 뒤이어 불안을 없애기 위한 삼각관계에 개입한다. 그 후에 개인 가족구성원의 분화를 이루는데 초점을 맞춘다. 확인된 클라이언트에게 '나 전달법'을 사용하게 하며 '나 전달법'을 통해서 지적과정과 정서과정을 구분하도록 한다. 한 사람의 변화는 가족 전체에 반영될 것이다. Bowen의 치료는 탈삼각관계의 원리라고 할 수 있다. 탈삼각관계는 '나 전달법'과 치료자가 다른 사람과 혼합되려는 의도를 끝없이 좌절시킴으로써 이루어진다. 치료시간은 통제되고 이지적이며 부부는 서로에게 직접적으로 말하기보다는 치료자에게 말하게 함으로써 긴장을 줄이고 대결을 피한다. 각자는 자신의 생각을 표현하며 해석은 피한다. 치료자의 조용한 질문은 감정에서 벗어나서 문제를 생각하게 만든다. 그래서 관계 문제에서 각자의 부분에 초점을 맞추도록 한

다. 가족구성원 중 가장 잘 분화된 구성원을 택해서 일정기간 동안 치료함으로써 정서적 혼합에서부터 가족구성원들이 벗어나도록 돕게 한다. 치료가 진전됨에 따라 치료자는 부부가 각각 그들의 원가족과 분화되기 위해서 원가족을 방문하도록 격려한다. 치료가 진전되고 있다는 것은 그들의 원가족과의 삼각관계에서 벗어날 수 있는 정도에 의해서 판단된다. 즉 그들 자신의 생각과 느낌을 가지며 부정적인 반발을 하지 않는 것으로 판단된다.

가족의 변화는 ① 정서과정의 변화에 의해서, ② 분화 정도에 의해서 평가된다. 변화를 나타내는 신호로는 ① '나 전달법'을 얼마나 자주 사용하는가의 정도로 알 수 있다. 왜냐하면 지적체계와 정서체계가 구분되고 있다는 것이 '나 전달법'으로 나타나기 때문이다. ② 증상의 변화를 통해서 볼 수 있다. 증상이란 가족에 깔려있는 문제의 표현이다. 치료는 적게는 5-10회, 많게는 20-40회 이루어진다.

치료자의 역할은 ① 코치의 역할로서 확인된 클라이언트와 과정에 개입한다. ② 가르치고 계획한다. Bowen은 치료를 받으려 온 가족에 대한 관심을 표현하고 가족과 연결할 수 있는 능력을 가짐으로써 가족에 변화를 가져올 수 있다고 했다. 치료자들은 직접적인 감정표현보다는 가족사를 통해서 자료를 모음으로써 삼각관계 밖에 존재할 수 있다. 또한 객관적인 어조를 강조하며 점차적으로 체계개념과 다세대 전수과정을 소개하고 전문적인 논문을 읽게 할 수도 있다(J.C.Hansen & L.L'Abate). 치료자가 자신의 원가족으로부터 높은 수준의 분화를 이루어야 하며 더 많이 분화된 치료자일수록 치료가 더 성공적이다. 치료자는 재미있고 친절하며 사교적이고 긴장하지 않는 사람으로 차분함과 객관적인 태도의 본보기가 될 수 있는 사람이어야 한다. 부부가 동등하게 문제를 제기해야 하며 치료자는 한편을 들어서는 안된다. 삼각관계에 휘말리지 않고 차분함을 유지함으로써 치료자는 가족에게 삼각관계에서 벗어나는 것을 예로 보여줌으로써 도울 수 있다. 치료자는 감정적 표현보다는 인지적 통찰력에 초점을 맞추며, 전 과정을 통해서 감정적 거리를 유지해야 한다. 이런 점에서 이론과 객관성은 치료자로 하여금 바른 태도를 유지하게 한다.

제6절 행동변화를 위한 조건

Bowen은 불안이 낮을 때, 행동이 아닌 이해를 통해서 변화가 일어난다고 했다. 대부분의 가족치료자들은 정서적 긴장이 가족관계의 구조에 의해서 나타나며 그 긴장이 가족관계의 성격에 의해서 유지되거나 해소된다고 한다. 전략적, 구조적 치료가들은 이해가 아니라 행동의 변화가 핵심이며 그러한 변화는 불안이 높고 갈등이 표면화될 때 일어나기 쉽다고 한다. 그러나 Bowen은 불안은 정서적 혼합을 낳기 때문에, 변화는 이해와 고요함 속에서의 분화와 차분한 분위기를 요구한다고 믿었다. 또한 의미있는 변화는 전가족이 함께 함으로써 일어난다고 믿지 않았다. 대신에 변화는 전가족에 영향을 미칠 수 있는 개인이나 부부에 의해서 일어난다고 믿었다. 그의 치료 프로그램은 안에서 밖으로 나간다고 할 수 있다. 개인적이고 사적 과정인 자아분화는 인간관계를 변화시키고 전 가족체계를 바꾸어 놓을 수 있는 도구가 된다. 그러나 많은 가족치료자들은 개인은 의미가 있다고 여기지 않으며 그들의 기본 가정은 개인을 사회적 맥락의 결과로 본다. Bowen도 그러한 사실을 인정하지만 잘 동기화된 개인은 전체 가족보다 더 잘 변화할 수 있다고 생각했다. 그래서 치료과정은 원을 그리게 되는데 개인의 자아분화는 가족체계를 변화시키고 가족체계의 분화는 개인의 분화를 심화시킨다. 개인을 통한 가족치료는 가족중 한사람이 높은 수준의 개인적 분화를 이루면 개인적 변화를 통해서 다른 가족구성원들도 분화가 가능할 것이라는 것이다. Bowen은 개인에게 삼각관계에 대해서 가르치고 나서 그들의 원가족으로부터 삼각관계에서 벗어나도록 코치했다. 그래서 객관성이 증가하고 감정적 반발이 줄어들게 한다. 그러면 이들이 이루고있는 전체 구조에 치료적 영향을 다시 미칠 수 있다고 보았다.

제7절 치료 기술

1. Bowen

Bowen은 동일한 목적을 달성하기 위한 다양한 방법을 주장했다. 치료가 핵가족, 부부, 개인, 또는 여러 가족 집단을 포함하든지 간에 가족의 체계를 바꾸기 위해서 모든 노력이 결집된다. Guerin은 누가 치료과정에 참여해야 하는지를 결정하는 가족의 관점에 대해서 다음과 같이 추천했다. 만약 그들이 결혼생활의 문제로 본다면 부부는 자녀를 포함시키지 않기를 원할 것이다. 자녀 중 한 아이의 문제라면 부모와 아이가 포함되어야 한다. 가족구성원 중 한 사람이 개별적으로 치료를 받을 수 있지만 전 가족이 치료의 영향을 받을 것이다.

1) 부부와의 가족치료

Bowen은 가능한 한 부모나 부부치료를 선호했다. 치료 시간은 의미를 지닐 만큼 활발하면서도 객관적일 만큼 차분해야 한다. 일이 조용하게 진행되면 갈등적 느낌들이 더 객관적으로 처리될 수 있을 것이다. 그리고 부부들도 서로에 대해서 합리적으로 말할 수 있을 것이다. 그러나 감정이 사고를 능가하면 더 많이 생각하게 하고 덜 느낄 수 있는 질문을 하여 서로에게 대답하기 보다는 치료자에게 대답하게 하는 것이 상책이다. Fogarty는 명백한 갈등이 있을 때 치료자가 통제하는 것이 필요하다고 강조했다. 그렇지 않다면 부부의 상호작용이 파괴적일 것이기 때문이다. 그들이 집에서 처럼 치료시간에 싸운다면 그들은 변화가 불가능하다고 확신할 것이다. 싸우는 부부의 갈등을 최소화하는 한 방법은 주제를 바꾸는 것이다. 서로를 공격한다면 주제를 아이나 확대가족으로 바꿀 수 있다. 그래도 조용히 말할 수 없다면 치료자에게 직접 말하게 함으로써 싸움을 통제할 수 있다. 같은 일을 가지고 몇 년 동안이나 싸운 부부가 그들이 치료자에게 이야기할 때 서로의 입장을 처음으로 듣게 되는 것을 발견하고서 놀라곤 한다. 대답할 준비를 하지 않고 듣는 것이 훨씬 더 쉽다. 그래도 안되면 각각을 다른 시간에 분리해서 만나라고 Fogarty는 추천한다.

일반적인 믿음과는 달리 부부는 서로에게 얘기함으로써 문제가 해결되지는 않는다. 변화는 서로 대화하고 서로에게 귀를 기울이고 그래서 상대방에게 요구하기 보다는 개별적으로 변할 때 변화가 일어난다. 일반적으로 사람들은 문제를 일으킨 상대방의 잘못만을 보기 때문에 가족구성원들로 하여금 그 내용만이 아니라, 과정을 보게 하고 다른 사람을 탓하기 전에 자신이 문제 발생에 기여한 부분을 보게 함으로써 결과적으로 변화가 오도록 하는 데는 특별한 기술이 요구된다. Guerin은 가족구성원이 가족체계에서 자신의 역할을 볼 만큼 충분히 거리를 얻기 위한 방법으로 '대치된 이야기(displacement story)'가 효과적이라고 한다. 이것은 비슷한 문제를 가진 다른 가족의 얘기를 하는 것이다.

부부 각각이 분화된 자아로서의 위치를 취하도록 돕기 위해서 치료자가 '나 위치(I-Position)'를 취하는 것이 유용하다. 치료자가 가족과의 관계에서 자율적인 위치를 취할수록 가족이 서로에게 그렇게 하는 것이 쉬워진다. 그래서 결국은 가족들이 조용하게 자신이 믿는 것을 얘기하고 다른 사람을 공격하지 않고 행동할 수 있게 된다. 감정적 반발이 조용히 가라앉고 어느 누구도 반박하거나 적대적이지 않게 되면 양쪽 모두가 좀 더 높은 수준의 분화를 이루게 된다.

Kerr는 핵가족에서의 인간관계 문제가 토의되는 동안 치료자는 원가족에서의 비슷한 문제에 대해서 질문을 해야 한다고 한다. 비슷한 형태가 반복되고 있다는 것을 인식하게 되면 그들 자신의 정서적 반발을 인식하기가 쉬울 것이다.

2) 한사람과의 가족치료

Bowen은 그 자신의 가족으로부터 분화하는데 성공했기 때문에 높은 동기를 가진 한사람이 전 가족을 변화시킬 수 있다는 것을 확신했다. 그래서 한사람과의 가족치료가 그의 실천에서의 큰 부분을 차지했다. 그는 이 방법을 부부중 한사람이 치료받는 것을 꺼려하거나, 가족으로부터 멀리 떨어져 있는 경우, 부모가 치료에 참여하려 하지 않으려는 경우에 적용했다. 개인과 함께 치료할 때도 가족과 치료할 때와 같이 분화가 목적이다. 개인들과 일할 때의 초점은 확대가족과의 신경증적인 정서적 관계를 해결하는 것이다.

정서적으로 단절되었다는 확실한 두가지 표시는 가족의 중요성을 부정하는 것과, 과장되게 독립성을 드러내는 허울이다. Bowen의 치료는 확대가족과의 정서적 접촉의 빈도와 강도를 높이는 것이다. 확대가족에서 자아의 분화를 가져오기 위한 전제조건은 ① 어떻게 가족체계가 기능하는가에 대한 지식, ② 변화하려는 강한 동기이다.

3) 가계도

실질적인 변화의 과정은 확대가족에 대해서 알게 됨으로써 시작된다. 가계도는 가족에 대한 도표로써 가족수와 그들의 관계를 나타낸다. 가계도에는 나이와 결혼 날짜, 사망일 등의 중요한 사건이 포함된다. Bowen은 ① 모든 가족의 이름과 나이, ② 중요한 사건들, ③ 중요한 사건에 대한 설명, ④ 여러 세대에 관한 정보 등이 포함되어야 한다고 했다.

과거와 현재 세대의 강점을 강조함으로써 특히 가족구성원들이 그들의 세대를 넘어서 도달할 수 있는 주제에 의해서 동기화됨으로써 자존심을 키울 수 있다.

2. Framo의 치료기술

1) 부부치료에 대한 강조 : 아이의 문제일 지라도 가족 모두로 부터 정보를 수집한 후 가능한 한 빨리 부부치료로 넘어간다.

2) 초기사정 : 부부와의 면접을 반대 성을 가진 보조치료자와 함께 실시한다. 의뢰된 곳, 제시된 문제의 성질, 인구학적 자료, 결혼생활과 관계에 대한 질문, 원가족, 형제와 부모와의 관계 등에 대한 질문을 한다.

3) 부부와 공동치료 : 부부와 신뢰할 수 있는 관계를 만드는 것이 목적이다. 부부와의 상호교류, 대상관계, 원가족간의 연결을 제시한다. 보조치료자는 질문, 반성, 지지, 도전, 직면, 반대, 지시 등을 사용한다. 부부 각각은 어떤 기대와 행동유형이 무의식적으로 받아들여졌고 상대에게 투사되었는지를 보기 시작한다. 이러한 연결이 형성되면 원가족을 이해하고 만나는 것의 중요성을 이해하기 시작한다.

4) 부부 집단치료 : 공동치료가 끝나면 원가족에 대한 모임을 하기 위해서 세쌍의 부부와 집단치료를 준비한다.

5) 원가족 모임 : 부부 각각이 보조치료자와 참여한다.

6) 치료 종결 : 배우자 각각이 원가족 모임을 마치면 종결한다.

3. Boszormenyi-Nagy의 주요 치료기술

1) 편들기 : 치료자는 각 가족구성원에게 자기 입장에서 가족에 기여한 부분을 말하도록 한다. 맥락치료의 성공을 위해서는 치료자가 각 구성원의 편을 듦으로써 여러 방향에서의 부분성이 유지되는 것이 핵심이다.

2) 재합류 : 가족구성원이 자격을 얻기 위한 노력으로 상호 대화에 참석한다.

3) 신용 : 치료자는 가족구성원들이 가족을 위해서 일한 것을 인정한다. 치료자는 가족중에서 가장 많은 상처를 받은 사람부터 인정해 준다.

4) 자원활용을 위한 동기 : 치료자는 상호 비방 보다는 상호 책임을 갖도록 힘을 북돋아 준다. 가족이 지금 곤경에 처해있는데 가족을 위해서 무엇을 할 수 있는가를 물어본다.

5) 치료의 목적 : 맥락치료의 주 주제는 가족과 개인간의 불화는 정서적 영역에서의 자격과 성취간의 불균형에서 생겨난다고 본다. 맥락치료는 상호 신뢰와 이해, 책임을 증가시키는 비지시적 대화를 통해서 다세대간의 공정의 원부에 균형을 맞추는 것이다.

6) 치료자의 역할 : 치료자는 적극적으로 개입하며 가족구성원들이 점진적으로 책임을

받아들이게 하는데 책임을 진다.

7) 진단과 사정 : 첫 면담에서 가족 내에서의 바른 관계의 측면에 대해서 사정한다. 가족의 공적의 원부에 대한 의견을 나누면서 각 구성원의 빚과 공적을 평가해 본다. 사정은 전 과정에 포함되며 그 일부분이다.

요 약

Bowen은 가족을 다세대적 현상으로 보았으며 다세대적 분석을 통해서 현재 가족 문제를 파악하려고 했다. 그는 개인의 역기능의 원인으로 가족의 역할을 강조했으며 가족은 감정적 단위로 상호 맞물린 관계에 있다고 보았다.

그는 성숙하고 건강한 인성으로 분화되기 위해서는 가족과의 미해결된 감정적 애착이 해결되어야 한다고 보았다. 중요한 개념으로는 자기분화, 삼각관계, 핵가족 정서체계, 가족 투사과정, 정서적 단절, 다세대 전수과정 등이 있다.

Bowen 가족치료의 목표인 분화는 '나 전달법'을 사용해서 지적 과정과 정서적 과정을 구분하게 하며 삼각관계에서 벗어나게 함으로써 이루어진다.

James Framo와 Ivan Boszormenyi-Nagy도 가족치료에서의 다세대적 관점을 가졌고 원가족과 분화를 강조했다.

참 고 문 헌

M. B. Thomas, (1992), *An Introduction to Marital and Family Therapy*, NY: Merrill. Gurman & Kniskern, Handbook of Family Therapy

Michael Nichols, (1984), Family Therapy, NY: Gardner Press.

D. S. Becvar & R. J. Besvar, (1993), *Family Therapy*, 2nd, Allyn and Bacon.

J. C. Hansen & L. L'Abate, (1982), Approaches to *Family Therapy*, NY: Macmillan.

Ronald F. Levant, (1984), *Family Therapy: A Comprehensive Overview*, NJ: Prentice-Hall.

I. Goldenberg & H. Goldenberg, (1991), *Family Therapy An Overview*, (3rd), Brooks/Cole Publishing.

제 9 장

다중가족치료모델 (Multiple Family Therapy)

양 옥 경*

다중가족치료모델은 집단치료기법을 여러 가족들의 치료에 적용시킨 것으로 4-6 가족을 대상으로 60-75분간의 치료모임(session)을 갖는다. 이 치료법에서는 클라이언트들과 그들의 가족을 다같이 보며, 이때 가족은 부모, 형제, 배우자, 자녀 모두를 포함한다. 이들은 1주일에 1번, 1시간 30분 동안 치료자, 공동치료자, 그리고 치료자의 훈련생인 관찰자들과 함께 치료모임을 갖는다. 치료모임은 직장을 가진 가족원들도 참여할 수 있도록 저녁시간에 하는 것이 바람직하며, 장소는 20-30개의 의자가 타원형으로 놓일 수 있는 크기의, 환기가 잘되는 방이면 충분하다.

다중가족치료의 집단은 열린 집단이다. 따라서 치료를 원하는 가족은 언제나 집단에 들어올 수 있으며 또한 어떤 이유로 집단을 떠날 수 있다. 열린 집단의 형태로 가족을 치료하는 다중가족치료는 유일하게 상위체계(외부세상이나 사회)를 치료적 관계속에 들어오도록 허용하는 독특한 치료방법이다. 개별치료나 개별가족치료에서는 치료자와 클라이언트가 자신들을 외부세상으로 부터 닫은 상태에서 하게된다. 따라서 이런 치료에서 "외부"로 부터의 정보는 오직 클라이언트의 지각을 통해서만 들여올 수 있으며 치료자는 이 정보의 적합성을 확인할 직접적인 방법이 없었다. 그러나 다중가족치료에서만은 유일하게 다른 가족집단의 형태로서 사회를 허용한다. 치료자는 가족 내 클라이언트도 관찰하지만 상위체계 속의 가족체계도 관찰한다. 즉, 정보의 유입이 확실하게 개방되어 있는 살아있는 체계인 것이다. 다중가족치료모델은 모델개발의 이론적 근거를 체계이론에 두고 있다.

이와같은 기본적인 특성을 갖는 다중가족치료모델에 관하여 본 장에서는 역사적 배경을 살펴보고, 모델의 이론적 근거가 되고있는 체계이론을 점검한 후, Laqueur가 제시하고 있는 모델의 치료과정에 관하여 상세히 설명하고, 모델을 평가하기로 한다.

제1절 역사적 배경

다중가족치료는 1950년 뉴욕 주립병원에서 시작되었다(Laqueur, 1976). Laqueur가

* 이화여자대학교 사회사업학과 교수

Creedmore 주립병원에서 17병상을 담당하면서 인슐린코마(insulin coma) 치료를 하고 있었을 때 우연히 시작하게 되었다. 그 후 주로 젊은 정신분열증 클라이언트들로만 100여명 수용되어 있는 병동을 맡게되면서 Laqueur는 다중가족치료를 본격적으로 발전시키기 시작하였다.

시대적으로 볼 때, 이 당시는 정신질환자의 상태에 대해서 알려진 것이 거의 없던 시절이었다. 이때 Laqueur는 자신의 입원클라이언트가 주말에 외박하여 가족에게 돌아갔다가 병원으로 되돌아왔을 때 그들의 상태가 더욱 나빠지는 것을 발견하고는 가족들을 세심히 관찰하기 시작하였다. 가족들은 그당시 일요일의 면회시간이 끝난 후 비공식적으로 질문에 답해주는 미팅에 참석하고 있었으며 미팅후에도 가족들은 집에 돌아가지않고 병원 잔디나 휴게실 등에서 자기들끼리 미팅을 지속하였다. 그러나 의사와 가족간의 미팅은 클라이언트들이 이 미팅에서 의사와 가족이 자신들에 대한 비밀얘기를 한다는 의혹을 품게되면서 클라이언트도 포함하는 형식의 미팅으로 바뀌어 진행되었다. Laqueur는 이 미팅을 공식화하기 위한 방법으로 "보조심의회(Auxiliary Council)"를 조직하였다(Hansen & L'Abate, 1982, p.246). 이 심의회는 입원클라이언트를 포함하는 4-5 가족으로 구성되었으며 1주일에 1시간의 공식적인 미팅을 가졌다. 또한 필요한 경우 Laqueur는 개별가족상담도 하였다.

Laqueur가 100명 단위의 병동 1개를 전담하게 되면서 그는 입원조건으로 클라이언트가족이 가족모임에 참석하는 것을 제시하였으며, 따라서 이 모임에 기꺼이 참석할 수 있는 가족을 둔 클라이언트들만이 입원되었다. 이렇게 몇년간 진행하다가 숫자가 너무 많아지자 Laqueur는 가족들을 4-5개 가족의 몇개 집단으로 나누어 진행하였다.

다수의 가족들을 하나의 집단에서 치료하는 이 방법은 시간과 인력을 절약하는 장점이 부각되었다. 뿐만 아니라 한 가족을 개별적으로 치료하는 것보다 몇몇 가족을 한 집단에 놓고 그들의 상호교류가 가족들의 행동변화를 더욱 조속히 유도하는 것을 발견하게 되었다. 이것은 다중가족치료의 어떤 구조적 요소(mechanism)가 가족의 구성원으로 하여금 의사소통을 향상시키는 것을 좀 더 쉽게 하였을 것이라는 추측을 자아내는데, 이 구조적 요소란 가족이 집단을 구성하여 치료받을 때 하나의 가족이 항상 주의집중의 중심에 놓여있을 때보다 훨씬 더 허용적인 분위기에서 새로운 행동을 시도해보는 것을 쉽게 만들었을 것이라는데 귀결된다. Laqueur는 다중가족치료를 "가족의사소통의 연습장(a sheltered workshop in family communication)"이라고 말하였으며, 다중가족치료의 목적으로 "가족들이 자기 스스로를 도울 수 있도록"하는 것을 들었다(Laqueur, 1976; Goldenberg & Goldenberg, 1991; Becvar & Becvar, 1993).

다중가족치료를 시작하게 된 배경을 간단히 설명하면 다음과 같다(Hansen & L,Abate, 1982, p.246).

첫째, 다중가족치료의 발달은 클라이언트가 그들의 가족으로 돌아갔을 때 가족에 적응하지 못하고 상태가 더욱 악화되어 오는 것을 보고는, 퇴원 후 클라이언트가 가족에 잘 적응할 수 있도록 돕고자 하는데서 연유하였다. 클라이언트가 가족에게 돌아갔을 때 질병의 증상에 있어 심한 퇴행을 초래하는 경우, 이같은 현상에 가족의 책임을 부여하는 것이다. 클라이언트의 가족이 클라이언트의 정신분열증에 부분적 책임이 있다는 생각에 근거하여 가족을 치료하기 위한 수단으로 가족을 집단으로 치료해오다가 다중가족치료를 시작하게 되었다.

둘째, 병원에 치료자의 수가 부족하게 됨에 따라 한 가족마다 치료자가 배당되지 못하게 되는 사태에 이르게 되었다. 이에 한명의 치료자가 몇 가족을 한자리에서 동시에 만날 수 있는 방법을 모색하게 되었고 다중가족치료모델은 그 문제를 쉽게 해결해 주었다.

다중가족치료가 최초로 글로 발표되어 소개된 것은 1963년이었다. 그 이후로 인슐린코마 치료는 미국에서 완전히 배제되었고 다중가족치료는 계속해서 발전하였다. Laqueur외에 Liberman, Wheeler, Sanders 등도 다중가족치료모델을 활용하였으며, 이들은 특히 부부치료에 적용하여 효과를 보았다. 그 대상면에서도 심한 정신분열증 클라이언트에서 부터 기타 다른 다양한 증상을 갖고있는 가족에게 널리 확대되어 활용되고 있으며, 병원, 지역사회 정신건강 센타(community mental health centers), 교정기관, 약물중독 재활기관, 그리고 정신과 의사의 오피스 등에서 활용되고 있다(Laqueur, 1976, pp.405-406).

다중가족치료모델의 창시자로서 가장 널리 알려진 사람은 Hans Peter Laqueur이다(Hansen & L'Abate, 1982, p.245). Laqueur는 1909년 독일의 Koengsberg에서 태어났다. 암스테르담 대학에서 정신의학 교육을 받았으며, 제2차 세계대전 당시 아르헨티나의 부에노스아이레스에서 네덜란드 군병원의 대령으로 근무하였다. 전쟁후에는 Columbia 대학에서 수련을 받았으며, Vermont 대학, Mt. Sinai 의과대학, Adelphi 대학에서 교수직을 가졌었다. 그는 뉴욕의 La Fargue Clinic, Mt. Sinai Hospital, Morningside Community Center, West Queens Child Guidance Center, 그리고 Creedmore 주립병원에서 임상경험을 쌓았다. 그가 사망할 당시에는 Vermont의 Waterbury 주립병원에서 근무하고 있었다. Laqueur는 1979년 그의 생애를 마감하였다.

Laqueur는 다중가족치료의 이론적 근거로서 절충적 체계접근(eclectic systems approach)을 활용하였다(Hansen & L'Abate, 1982, p.245). 그는 '통찰력'에 따른 행동변화에 초점을 두면서 인본적-실존적(humanistic-existential) 감각을 갖고 절충적 체계접근을 사용했다. 그의 절충적 체계접근은 Von Bertalanffy의 일반체계이론의 영향을 받은 것이며, 다중가족치료를 실제에 적용시킬 때는 Kurt Lewin의 장의 이론(field theory)의 영향을 받아 가족의 상호교류의 현장묘사* 에 중점을 두었고, 치료기법으로는 Satir가 사용했던 연습과제들과 비슷한 과제들을 활용하였다.

제2절 이론적 틀

다중가족치료를 설명하는 가장 좋은 이론은 일반체계이론이라고 할 수 있다(Laqueur, 1976, pp.408-409). 이 치료법의 창시자인 Laqueur는 정신질환자의 가족을 이해하는 데 있어 Von Bertalanffy의 일반체계이론의 영향을 많이 받았다. 일반체계이론은 체계들의 특이한 종

* 가족의 상호교류 현장묘사 기법에 관해서는 뒤에서 상세히 설명하고 있다.

류, 구성요소들의 특성, 그리고 그들 간의 관계나 힘을 고려하지 않고 일반적으로 '체계'라고 특징지워지는 것의 고유한 성질(Properties), 원칙(principles), 그리고 법칙(laws)을 설명하기 위한 이론이다(Von Bertalanffy, 1981, pp.109-120). 여기서 체계란 서로 상호작용하는 성분들의 조직화된 하나의 복합체를 의미한다. 체계는 정지한 것이 아니라 새로운 상황에 적응하기 위하여 항상 움직이는 것으로 에너지의 유입과 유출의 유통을 걸러주는 경계(boundary)안에 존재한다. 체계는 항상 어떤 일정한 상태를 유지하도록 짜여져 있어서, 규칙적인 양상(pattern)을 갖고 있으며, 변화 등 그 움직임이 예측 가능하고 따라서 잘못되었을 때 고치기가 쉽다. 각 개인은 더 큰 체계인 가족의 하위체계이며, 이것은 또다른 더 큰 체계인 지역사회, 사회, 그리고 환경이라고 하는 상위체계의 하위체계이다. 따라서 다중가족치료 집단은 하위체계인 가족의 집합이며, 그 자체는 개별적인 가족의 상위체계로써 사회나 환경을 대변하고, 개별적인 가족과 치료팀은 각각 가족구성원과 치료자, 공동치료자, 그리고 훈련생 등의 하위체계로 구성되어 있다.

살아있는 체계는 실체(being)가 되기 위해 변화하는 역사를 갖고 있으며, 그 실체가 성장하고 지식과 기술을 확장하고 환경에 대응하는 능력을 증폭시키는 제한된 시간을 위해 존재하는 역사를 갖고 있고, 그들의 기능을 다 채운 후에는 탈출하기 위해 멈추는 역사를 갖고있다. 이와같은 역사는 가족들에게 그리고 다중가족치료 집단 전체에 골고루 적용된다. 기능하고 있는 모든 체계는 하위체계의 구성이 아무리 복잡하게 얽혀있더라도 에너지의 유입과 유출, 중앙처리계(central processing unit(cpu)), 그리고 환류고리(feedback loop)를 갖고있다. 가족체계는 사건, 정보, 그리고 에너지의 유입을 그의 구성원인 하위체계와 환경인 상위체계로부터 받는다. 그리고 이 에너지의 유입을 생산적이고 창조적인 성장, 또는 최소한으로는 체계(가족)와 하위체계(가족구성원)가 살아남을 수 있도록 확실히 아는 행동(output)으로 옮긴다. 가족의 의사결정 도구는 어떤 형태이든지 간에 - 가족회의, 비공식적인 가족원의 자문 등 - 아마 가족체계의 중앙처리계(cpu)를 통하도록 될 것이다.

따라서 다중가족치료 집단은 에너지의 유입과 유출, 중앙처리계를 갖고 있는 하나의 체계라고 여겨진다. 여기서 에너지의 유입은 인간과 도움이 필요한 관계로 이해되며, 중앙처리계는 치료팀, 종종 공동치료자들로 행동하게 되는 가족원과의 협조하에서의 치료팀이고, 그리고 유출은 가족들과 개별적인 구성원들의 더 나은 기능을 의미한다.

다중가족치료에서는 개인, 가족, 또는 전체 다중가족치료 집단의 비기능(Malfunctioning)을 분석하되 체계내의 혼돈된 상태에 초점을 두고 그 비기능 상태를 교정하기 위한 방법을 모색한다. 체계의 비기능이 발생하는 경우는 다음과 같다(Laqueur, 1976, pp.408-409).

① 에너지의 유입이 너무 강렬하거나 부족할 때, 또는 체계의 기능과 상관이 없거나 체계의 기능에 소용이 없는 에너지가 유입될 때
② 중앙정보처리계가 제대로 기능하기 위한 자료나 정보를 갖고있지 못할 때, 또는 자료나 정보는 있으되 그것을 조직화하고 지각/승인/조사/계획하는 도구를 갖고있지 못할

때

③ 에너지 유출의 통로가 방해되거나, 뒤틀리거나, 혹은 잘 작동되지 못할 때

④ 환류된 정보가 불충분하거나 틀렸을 때, 혹은 너무 많거나 반복적이거나 오해되었거나 하였을 때

⑤ 에너지, 사건, 그리고 정보가 너무 많거나, 너무 적거나, 혹은 다른 종류일 때

⑥ 에너지, 사건, 정보 등이 하나의 하위체계에서 다른 하위체계로 방해요소를 전달하였을 때

이와같은 체계의 비기능적 상황은 체계에 무리하게 부담을 주거나, 시간조절이 불합리하게 되거나, 외적인 또는 내적인 감지기에 부적절한 반응을 야기하거나, 구성부분간의 마찰을 일으키거나, 잘못된 우회로를 제공하거나, 또는 지나치거나 부족한 반응을 야기시키는 등 체계내에 긴장을 야기시킬 수 있다.

하나의 체계안에서는 체계의 어떤 한 부분도 체계의 다른 부분에 영향을 미치지 않고는 움직일 수 없다. 치료자는 이것을 명심하여야 하며, 항상 다중가족치료 집단과 집단내 개개인 가족들을 그의 마음속에 체계로써 기억하여야 한다. 그러면 그는 체계를 방해하는 문제들, 환류, 지각, 승인, 관계, 그리고 반응을 위한 계획을 분석하는 체계분석가의 역할을 수행할 수 있다. 또한 체계내의 비기능을 수정하기 위한 새롭고 뚜렷한 그리고 가능성있는 제안을 할 수 있는 체계분석가의 역할도 수행하게 될 것이다.

다중가족치료가 다른 가족치료와 두드러지게 다른 점은 바로 이 체계의 개념 기반이며, 상위체계로써의 사회가 추상적 개념으로만이 아니라 실제로 집단내에 존재한다는 것이다. 다중가족치료에서는 사회가 클라이언트의 가족이 아닌 다른 여러 가족에 의해서 존재하게 되며, 이 가족들은 클라이언트와 클라이언트 가족에 대해 공감을 나누면서도 그들의 운명에 직접적으로 관여되어있지 않기 때문에 객관적인 견해를 제공할 수 있다. 치료자는 그의 가족체계의 맥락속에서 클라이언트를 직접적으로 관찰할 수 있을 뿐 아니라, 그의 가족체계와 가족의 상위체계인 다중가족치료 집단과의 관계를 관찰할 수 있다. 이것이 다중가족치료 집단을 진정한 정보유입을 위한 열린 체계로 만드는 것이다(Laqueur, 1976, p.409).

제3절 가족치료가 필요한 가족의 유형

다중가족치료모델을 소개하면서 Laqueur는 가족치료가 필요한 혼돈된 가족의 유형 및 특징을 다음의 7가지로 정리하였다(Laqueur, 1976, p.407).

① 가족구성원 각기 모두가 다른 모든 구성원에 대해 자신을 철저히 버린 가족; 가족구성원 각자는 자기 자신의 세계에 살면서 다른 사람과의 의사소통이 불가능하다고 생각하거나 최소한 어렵다고 생각한다. 따라서 그들은 서로간에 날씨같은 사소한 것 이

외의 다른 아무것에 관해서도 얘기할 수 없는 사람들이다.

② 가족구성원이 나이 또는 세대의 차이에 의해 분리되어 있는 가족; 부모는 부모끼리 자녀들은 자녀들끼리 의사소통을 할 뿐, 두 세대간에는 서로 공유하는 부분이 거의 없으며, 따라서 의사소통도 없다.

③ 성별에 의해 분리되어 있는 가족; 아버지와 아들이 한편이고 엄마와 딸이 한편이 되어 각자 별도의 하위체계를 이루고 있으며, 이 두 하위체계 간에는 거의 의사소통이 없다.

④ 2명만이 1쌍을 이룬 가족; 가족구성원 중 2명만이 한쌍을 이루고 있을 뿐, 다른 구성원들은 아무런 쌍을 이루지도 않고 서로 관계도 맺지않는다.

⑤ 1명의 사령통제탑(control tower)을 갖는 가족; 가족구성원 중 한사람이 사령통제탑인 경우로 보통 엄마인 경우가 많다. 의사소통이 이 사령통제탑을 통해서 진행되며 구성원 간의 직접적인 의사소통은 회피된다. 그러나 이 사령통제탑은 "사랑하고 애정을 보이는" 기능도 갖고 있다.

⑥ 1명의 희생양을 갖는 가족; 가족구성원들 모두 대충 다 좋은 의사소통 패턴을 갖고있는데, 오로지 한명만이 제외가 되는 경우이다. 희생양이 되는 이 구성원은 가족 중 오직 한명만의 구성원과 매우 미약한 관계를 갖게되는 경우가 많다.

⑦ 매우 강렬한 위계관계를 갖는 가족; 예를 들면 할아버지가 가족의 맨 꼭대기에 앉아 있으면서 치료에는 전혀 나타나지 않는 경우를 들 수 있다.

이상에서 소개하고 있는 가족의 특징은 의사소통과 관련된 것들로 한 가족에게서 모두 관찰될 수도 있다. 마지막으로 Laqueur는 이상적인 가족에 관해서도 언급하고 있는데, 가족구성원 모두가 서로간에 모든 주제를 갖고 이성적으로나 정서적으로 자유롭게 의사소통할 수 있는 가족이 이상적인 가족이다.

제4절 기본골격 및 치료목표

1. 기본골격

다중가족치료는 4-6명의 클라이언트와 그들 가족의 집단으로 구성되어 있으며, 1주일에 1번, 두명의 공동치료자와 만나며, 참관자로서의 가족치료 훈련생들을 포함할 수 있다(Becvar & Becvar, 1993, p.287). 입원하고 있거나 퇴원하여 외래치료를 받고있는 정신분열증 클라이언트와 그의 가족이나 가까운 친척을 포함하는 집단을 구성하여 치료가 시작된다. 일반적으로 4-6명의 클라이언트와 그 가족들이기 때문에 총 인원수는 4-5인 가족 기준으로 약 20여명이 된다. 치료자는 체계이론에 입각하여 치료를 하며 클라이언트의 증상치료가 주목적이 아니므로 클라이언트와 가족을 구분하지 않는다. 단 전체가족의 왜곡된 상호교류, 의사소통 양상에 치중하여 이에 따른 가족의 비기능에 초점을 둔다. 다중가족치료의 목적은 가족들의 의사소통 개선과 관계향상이며 따라서 궁극의 목적은 가족의 기능향상이다. 다중가족치료모델은 클라이언트의 정신질환을 가족에게 책임지우는 형식이 되는데, 클라이언트를 둔 가족은 질병을 유발시키는 행동양상을 갖고 있으므로 치료자는 이를 파악하여 가족이 변화할 수 있도록 도와주어야 한다는 것이다. 따라서 치료자는 가족들로 하여금 질병을 유발시키는 일정한 행동양상을 찾아내는데 적극적으로 참여하도록 해야 한다. 이를 위하여 가족치료자는 가족들로 하여금 가족치료자의 '공동치료자'가 되도록 하며 그래서 서로를 도와 변화를 위한 가능성을 찾아내고 새로운 방법으로 문제를 대처해나가는 방법을 찾아내도록 돕는다(Laqueur, 1976, pp.405-407).

다중가족치료모델의 집단 형태는 열린 집단이다. 치료가 되어 떠나는 가족의 자리는 새로운 가족으로 채워진다. 가족들은 치료의 횟수에 상관없이 변화의 정도에 따라서 집단을 떠날 수 있다. 집단에 들어올 수 있는 가족의 선발기준에 대해서 Laqueur와 Lansky는 각자 의견을 달리하고 있다. Lansky는 가족선택의 규정을 다음의 4가지로 정하고 있다(Lansky et al., 1978, p.247). 첫째, 가족들이 동질성을 가져야 한다. 둘째, 2세대 이상의 가족구성원은 허용하지 않는다. 셋째, 클라이언트가 병리학상 현실감이 있는 사람이어야 한다. 넷째, 감정이입을 위해 가족문제의 공통성이 있는 가족이어야 한다. 반면에 Laqueur는 가족들이 무작위로 선택되면 될수록 좋다고 주장한다. 그는 여러 종류의 시도 끝에 다중가족치료는 가족집단의 구성을 사회경제수준, 인종, 종교, 정치적 성향, 나이, 그리고 기타 다른 특성들에 구애받지 않고 무차별적으로 선택되는 것이 가장 바람직하다고 결론짓고 있다(Laqueur, 1976).

다중가족치료의 특징은 사회의 존재, 즉 상위체계의 존재이다. 확인된 클라이언트와 가족이 상호작용해야만 하는 다른 가족들의 형태로서 상위체계를 말한다. 가족치료자의 역할은 오케스트라의 지휘자의 역할과 같은 것으로, 이 역할을 하기 위해서는 독창성, 융통성, 진취성, 그리고 적시적기를 잘 포착할 수 있는 감각을 갖고 있어야 한다.

2. 치료목표

다중가족치료의 목적은 다음의 4가지로 정리할 수 있으며, 클라이언트의 병리를 치료하는데 목적이 있다기 보다는 기본적으로 가족의 의사소통향상, 역할의 명료화, 그리고 기능향상 등에 그 초점을 두고 있다(Hansen & L'Abate, 1982, pp.249-250).

Laqueur는 다중가족치료의 첫번째 목적을 가족들의 의사소통을 개선하고 좀더 향상된 관계를 유도하는 데 두었다. 이 목표는 클라이언트로 지목된 사람의 개인병리를 치료하자는 것이 아니라 방해된 관계와 방해요소에 초점을 맞춘다. 가족들의 향상된 의사소통을 목적으로 하는 것은 가족치료자가 잘못된 의사소통을 교정해주려고 정보를 자유롭게 흐르도록 하는 시도에서도 찾아볼 수 있다.

두번째 목적은 가족들로 하여금 클라이언트와 가족간의 상호이해를 통해서 가족의 역할을 좀 더 잘 이해하도록 하는데 있다. 이와같은 목적은 가족에게 자기분석의 기능을 더 잘 발달시키도록 하는데 도움을 준다.

세번째 목적은 가족의 기능을 변화시키는 것이다. Laqueur는 가족은 자신의 행동패턴을 바꾸기를 원한다고 느꼈다. 가족은 사랑하거나 비판적이거나를 막론하고 다른 사람들의 솔직한 감정을 인내할 수 있는 방법을 배울 필요가 있으며, 유혹이나 걱정에 적절히 대처하는 방어기제에 관해서도 배울 필요가 있다.

마지막으로 네번째 목적은 가족과 부부간의 역할에 관한 것이다. 가족생활의 영역내에서의 역할 뿐 아니라 직장에서의 동료관계에서나, 가정교육에서의 부모의 역할을 보여주는 것이 바로 그 목적이다. 다중가족치료를 통해서 이들은 다른 가족들이 보여주는 지지적인 역할을 관찰하게 되고, 혼돈된 역할을 명료화시킬 수 있으며, 따라서 잔소리와도 같은 명령은 스스로 조정되고, 희생양의 역할을 하는 가족성원 또한 가능한 한 최소한으로 고립되게 될 것이다. 또한 가족성원중에 '미친'사람이 있다는 가족전체의 스티그마 역시 감소될 수 있다.

치료의 목적이 당연히 가족들이 호소하는 문제로 부터 파생됨에도 불구하고 Laqueur는 모든 가족은 비슷한 문제를 갖고있다고 보았다. 따라서 클라이언트, 가족, 치료자, 그리고 기관의 목표 모두가 전체에게 도움이 되는 최적의 것이 될 수 있도록 서로 유사한 것으로 설정될 필요가 있다.

제5절 치료과정

1. 개입단계

다중가족치료의 개입단계를 Laqueur는 3단계로 구분하였다. 1단계는 초기 관심을 보이는 단계이고, 2단계는 치료에 저항을 보이는 단계이며, 마지막으로 3단계는 변화를 보이는 관통(working through)의 단계이다(Hansen & L'Abate, 1982, pp.251-252; Laqueur, 1976, pp. 411-412).

1) 1단계: 초기관심

가족들에게 치료의 1단계인 초기 관심의 단계는 구원에 대한 일종의 안도의 단계이다. 비록 비현실적이긴 하지만 거기에는 "무엇인가 될 것이다"라는 기대가 있으며 이것은 희망의 불꽃을 피워준다. 가족들은 그들의 고통스런 상황을 해결하기 위해 무엇인가 진행되고 있는 것을 보면서 초기 안도의 느낌과 함께 증상의 완화까지도 경험하게 된다. 이것은 치료에 대한 비현실적인 기대 때문에 오는 마술과도 같은 안도이다. 그러나 또한 그들은 다른 가족들이 고통받는 것과 향상되는 것을 동시에 관찰할 수 있으며 이에 따라 치료에 대한 희망의 불이 당겨진다.

반면에 치료자는 가족의 부정(denial)에 부딪히기도 한다. 왜냐하면 가족 자신들이 클라이언트 질병의 원인으로 비난받게 됨에 따라 이를 부정하기 위해 아마도 집단내 분열을 초래하기도 한다. 이는 가족적 구조나 가족내 클라이언트의 위치에 따라서 다른 형태를 띨 수 있다. 결국 클라이언트의 문제가 전체 가족의 문제임을 사실상 깨닫게 되면 그들은 지도자가 요구하는 변화에 저항하게 된다. 그러나 가족이 클라이언트의 문제를 가족문제로 인정하게 됨과 동시에 가족구성원이 새 행동을 시도해보는 것을 안전하게 느끼게 되면, 참된 변화가 발생할 것이다. 그리고 이런 가족은 또한 다른 가족에게 모델의 역할을 할 수 있게 된다.

2) 2단계: 치료에의 저항

가족은 태도와 행동의 변화가 확인된 클라이언트 뿐 아니라 가족원 전체에게 동시에 요구되고 있음을 감지하기 시작한다. 이때 가족은 자신들의 상처나 불안이 노출되는 것에 관한 초기 두려움이 두각을 나타내기 시작하며 치료가 정착되는 것에 대해 저항을 보이기 시작한다. 이들은 "우리들 중 누가 과연 변할 수 있을까"에 관한 의구심, 그리고 "그나마 갖고 있었던 우리들 끼리의 최소한의 좋은 관계"를 잃어버릴 것에 관한 두려움을 경험하게 된다. 이러한 경험들은 자신들의 닫힌 문을 열고 그들 삶 속에 내재해 있던 "잠자는 개"를 직면하라는 요구를 받을 때마다 강하게 느끼게 된다.

이때 가족들은 종종 논쟁적이 되거나 주저주저하게 되며 주어진 과제에 대해 마지 못해 행하는 등 일련의 행동양상들을 보이게 된다. 이 시기에 이들은 또한 죄의식, 패배감, 그리고 무력함을 느끼게 된다. 이때 가족은 집단 상호관계의 증가, 가족구성원간의 직접적 의사소통 등을 시험해보게 된다.

말로만 변화를 얘기하는 것보다 정서적인 반응양상을 순수하게 변화시켜야 한다. 그러기 위해 각 개인들은 우선 가족내에서, 그리고 가족집단에서 신뢰를 얻어야 한다. 위험의 고비를 넘고 다른 사람에게 도움을 요청하는 것이 안전하다는 신뢰를 가질 수 있어야 한다. 또한 자신의 요청에 대해 다른 사람이 긍정적으로 반응할 것이며, 자신의 가족 내에서 보여오던, 그래서 이미 익숙해진 반응, 즉 퇴행, 부적절함, 또는 거부의 반응을 보이지 않을 것이라는 신뢰를 갖는 것이 중요하다. 상호수용에 대한 실패의 두려움을 포기할 때만이 2단계에서 나와 3단계로 서서히 들어갈 수 있다.

3) 3단계: 관통(Working Through)

마지막 단계인 3단계에서는 의미있는 변화들이 발생하기 시작한다. 참된 개방과 증가된 신뢰로써 가족들은 자신들의 깊은 문제를 인식하기 시작하며 또한 그 문제들을 다룰 수 있는 능력을 갖게된다. 그들은 앞에 열려있는 다양한 차선책들을 인식하는 데 좀더 관대하고 융통적이 된다. 3단계에서 가족들은 고통을 겪고있는 다른 가족을 도울 수 있게 되며 역할모델과 비유의 기법에 의해 그들을 가르칠 수 있게 된다.

이렇게 세 단계로 이루어지는 다중가족치료는 각 단계가 몇 회동안 진행되는지, 총 횟수는 몇인지에 대해 정해진 것은 없다. 다만 Laqueur는 매 회를 4개 부분으로 나누고 진행하였던 것으로 기록만이 있을 뿐이다(Hansen & L'Abate, 1982, p.251). 첫번째 부분은 치료자가 가족집단에게 지난 시간의 주제를 다시 다루겠는지 아니면 새로운 주제를 원하는지를 묻는 것으로 시작한다. 두번째 부분은 치료자가 토론에서 형성되기 시작하는 공통의 분모를 발견하고 그것에 대한 정의를 내리면서 들어간다. 세번째 부분에서는 치료자가 공통분모와 집단토의 내용을 개관하며, 네번째 부분은 집단을 마치려는 요약이다.

2. 치료기제 및 치료기법

Laqueur는 치료기제(Mechanisms)로써 10가지를 소개하고 있다(Laqueur, 1976, pp.412-414). 이 치료기제는 Hansen & L'Abate에 의해서는 치료 진행과정(process)으로도 묘사되고 있으며 이들은 10개 기제를 8개로 축소 설명하고 있다(Hansen & L'Abate, 1982, pp.250-251). 여기서는 Laqueur가 설명하는 10가지 치료기제를 기본으로 설명하고자 한다.

1) 상호교류 상황의 묘사

Laqueur가 Kurt Lewin의 장의 이론(field theory)에서 영향을 받아 가족치료에 적용시킨 개념이다. 클라이언트와 가족이라는 하위체계와 환경이라는 상위체계간의 전체적인 상호교류에 치료의 초점을 둔다. 치료자는 클라이언트와 가족이 전체적인 상황에서 그들의 관계를 이해하도록 도움을 주고자 노력해야 하며 치료집단에 참석한 가족들로 하여금 지금 변화가 진행되는 상황에서 질병과 건강이 얼마나 중요한지 인식하도록 하여야 한다. 다중가족치료에서는 한 가족내에서의 상호교류에만 국한하는 것이 아니라 여러 가족들 간의 상호교류를 볼 수 있다. 따라서 치료자는 1:1의 관계보다는 체계내에서 선택할 수 있는 다양한 치료적 개입을 갖도록 노력해야 한다. 그러므로 이 치료에서 상호교류의 형태를 사용할 때 치료자가 활용가능한 치료적 접근의 폭과 다양성은 한 개인 클라이언트와 개인 가족과의 이차원적인 의사소통보다 훨씬 더 넓다.

2) 가족내적 비밀암호 깨기

심하게 손상된 성원을 갖고있는 가족은 일반적으로 언어적이거나 비언어적인 가족 내적 의사소통의 비밀암호를 이미 개발해놓고 있다. 이 암호들은 종종 비밀스럽거나 토론되어서는 안되는 위험한 영역에서의 토론을 마감하는데 사용되는 일종의 방어기제이다. 가족들은 그동안 대화하는 과정에서 상대방이 서로에게 보내는 암호의 신호를 판독하는 데 시간을 다 보내왔다. 그러나 치료자는 이 암호의 내용이나 암호의 신호를 즉각 이해하지 못하여 이에 적절한 대처를 하지 못하는 경우가 종종 있다. 이 때 치료자는 집단 내에서 치료자를 제외한 채 진행되는 대화의 방향을 이해할 수 없거나 혼돈할 수 있다. 왜냐하면 그는 가족들이 보내는 메세지의 비밀스러운 의미를 인식하지 못하기 때문이다. 반면에 다른 가족들은 그들 자신들의 경험으로 인하여, 이 암호를 이해할 수 있을 뿐 아니라 암호를 깨는데 도움을 줄 수 있게 된다. 치료자는 종종 다른 가족들이 해주는 설명의 도움으로 이들 가족의 교류의 참의미를 밝혀내도록 함으로써 이와같은 방어적인 과정을 단축시킬 수 있다.

3) 경쟁

체계인 가족과 하위체계인 개별 성원간의 경쟁은 체계의 내적인 힘의 분배에 변화를 불러일으키며 이는 하나의 가족과 할 때보다 다수의 가족과 함께 할 때 훨씬 더 빨리 일어난다. 또한 가족간의 경쟁도 가족을 더욱 건강하고 긍정적인 관계로 이끄는 데 좋은 메카니즘으로 작용한다. 가족의 위치에 대한 위협이 경쟁을 강화하고 이는 다시 치료의 꽤 이른 시점에서도 가족원들간의 생산적인 관계를 이끌어내게 된다. 나중에는 경쟁의 자리를 협동이 대신하게 된다.

4) 치료신호의 확대와 조절

민감한 클라이언트는 치료자로 부터 치료를 위한 어떤 신호를 잡아서 자신의 가족을 자극하기 위해 그 신호를 확대시킬 수 있다. 이같은 치료신호의 확대는 그의 가족을 통해서 치료자의 치료신호에 아직 반응하지 않고 있는 다른 가족들에게 까지 확대되고 조절될 수 있다. 이는 개별가족치료에서 단지 치료자에 의해서만 변화를 꾀하라고 지적받는 것보다 다른 가족에 의해 은연중에 자연스럽게 자극받는 것이라서 덜 직접적이면서도 더 강한 인상을 가족집단에 주게 된다.

5) 비유적 상황에 의한 학습

다중가족치료 집단의 구성원은 집단 속에서 비유적인 갈등상황을 관찰할 수 있는 기회가 많으며 그와같은 예들로부터 배울 수 있는 기회도 많다. 다른 사람들도 자신과 같았었다는 것을 아는 것은 갈등을 다루는 새로운 방법을 배우는 데 있어 아주 중요한 매개체가 된다. 이런 상황은 다양한 구성원이 많은 갈등들을 제시하는 다중가족치료 집단에서만 유일하게 일어날 수 있다. 또한 구성원 수가 적은 작은 집단에서 더 많은 관심의 초점이 되는 것보다 많은 구성원을 갖고 있는 집단이라면 덜 위협적일 수 있다.

6) 시행착오를 통한 학습

다중가족치료 집단은 그 구성원들에게 위협적이지 않은 소우주, 즉 치료집단에서 새로운 행동양상을 배우고 시험해보고 그것들을 강화하여 자신의 것으로 만들 수 있는 유일한 기회를 제공한다. 단 이 새로운 행동들은 집단의 인정을 받은 것이어야 하며 따라서 집단이 인정하지 않으면 버릴 수 있는 것이어야 한다. 이 집단은 많은 권위의 인물들 - 치료자, 아버지, 어머니 등 - 이 한자리에 나타난다는 것이 특징이다. 치료과정에서 클라이언트와 다른 권위 인물 간의 관계는 비유와 동일시를 통한 이해의 비교적 비공포적인 과정에 의해서 급격히 진전될 수 있다. 이 때 활용될 수 있는 가장 좋은 기법은 역할극이다. 권위인물과 클라이언트 간의 관계에 대한 새로운 통찰력이 역할극을 통해서 달성될 수 있다. 예를 들면, 갑 가족의 아들로 하여금 을 가족의 아버지 역할을 하게하여 그와 같은 상황에서 부모의 역할에 대한 이해를 갖도록 하는 것이다. 이같은 역할극을 통해 갑 가족의 아들은 자기자신을 위해 새로운 통찰력을 성취했을 뿐 아니라 그 과정을 지켜보는 다른 자녀들에게도 새로이 얻은 통찰력의 일부분을 전수시킬 수 있을 것이다. 이런 과정을 반복하면서 클라이언트와 가족은 건강한 행동 및 의사소통 양상을 익히게 된다.

7) 동일시를 통한 학습

다중가족치료는 동일시를 위해 많은 기회를 제공한다. 아버지는 다른 아버지를 통해서 배우며, 어머니는 다른 어머니를 통해서, 그리고 자녀들은 다른 가족의 자녀들을 통해서 배운다. 다중가족치료에서 경험하는 동지애는 실존적이고 상황적인 문제에 대처하도록 각각을 돕는다.

8) 역할모델의 활용

집단에서의 치료자는 한 가족의 건강한 측면을 잡아서 다른 가족들의 행동을 변화시키는 동기로 기능하도록 모델과 도전으로 활용한다. 즉, 어떤 부분에 있어서는 어떤 한 가족이 집단에 대해 치료자의 공동치료자 역할을 할 수 있다는 뜻이다. 이것을 위한 잠재력은 집단 내 가족들이 치료의 각각 다른 단계에 있으면서도 하나의 집단으로 존재하는 열린 집단이라는 사실에 의해서 강화된다.

9) 흥분 자극요소 개발

대부분의 가족들에게서 표출되는 행동변화에 대한 저항을 깨기 위해 다음과 같은 질문은 도움이 된다. “사람들은 그들의 새로운 경험을 어떻게 세계에 대한 그들의 전망속에 통합시키며 미래의 행동을 준비할 것인가?” 정보이론은 극쇠소의 발생가능성을 갖지만 결국은 발생하는 그런 사건들이 가장 높은 정보의 가치를 갖는다고 주장한다. 신경계에 흥분을 불러일으킬 수 있는 신호의 새로운 양상이나 새로운 연쇄발생은 높은 정보의 가치를 갖는다. 다중가족치료의 언어로 번역하자면, 그들이 평상시에 해오던 행동과 구별되는 새롭고 더욱 현실적인 형태의 가족행동은 치료자에 의해 기술적으로 사용된다면 전체 집단을 위해 자극의 초점으로 역할할 수 있다. 그런 점에서 유머, 그림, 혹은 비디오의 사용은 매우 성공적일 수 있다.

10) 가족을 공동치료자로 활용

다중가족치료는 열린 집단이기 때문에 치료과정과 발전과정의 여러 단계에 있는 가족들이 참여하여 하나의 치료집단을 형성하게 된다. 따라서 더 진보되어 있거나 한발 앞선 가족들은 종종 의식적으로나 무의식적으로 또는 직접적으로나 간접적으로 자신들을 공동치료자로서 제공하게 된다. 다만 치료자가 어떻게 이 기회를 활용하는가 하는 것이 그의 기술의 지표라 할 수 있겠다. 앞서 설명한 방법의 어떤 것이든지 가족들은 다른 가족을 돕기위해 치료적인 방법으로 활용될 수 있다.

이와 같이 다양한 치료기제를 통한 다중가족치료에서 치료자들이 활용할 수 있는 치료기법 또한 다양하다. Laqueur는 Satir의 연습과제 기법을 활용하였으며, 그 예로써, 예-만약(yes-if), 예-그러나(yes-but), 예-그리고(yes-and) 등과 등을 맞대고(back-to-back), 팔장을 낀채(arm locking) 등의 연습과제를 한다. Luber & Wells는 7회에 걸쳐 치료하는 과정에서 숙제(homework), 조각기법(sculpting), 탐색(exploring), 세대간 가족패턴(multigenerational family patterns), 시짓기(poetry) 등의 기법을 활용하였다고 보고하였다(Luber & Wells, 1977).

3. 치료자의 역할

다중가족치료자의 자격요건으로 Laqueur는 독창성(originality), 융통성(flexibility), 진취성(initiative), 그리고 적시적기를 잘 포착할 수 있는 감각(sense of timing)의 4가지를 들고 있다(Laqueur, 1976). 첫째, 치료자는 새로운 상황을 다루는 데 있어 독창성이 있어야 한다. 둘째, 치료자는 특이한 집단 비기능의 경우에 적응할 수 있도록 융통성이 있어야 한다. 셋째, 치료자는 결정적인 상황에서 앞서는 사용되지 않았던 접근방법을 선택할 수 있는 진취성을 보여야 한다. 넷째, 치료자는 적시적기를 잘 포착할 수 있는 감각이 있어야 한다.

이와같은 자격요건을 갖춘 다중가족 치료자의 역할은 마치 오케스트라의 지휘자의 역할과 같은 것이다(Hansen & L'Abate, 1982, pp.249-252). 그는 각 가족의 구성원들이 각각 어디로 가고있는지 알아야 하며, 단기와 중장기 목표를 구별하여 세워놓아야 한다. 모든 가족을 공동치료자로 활용하는 다중가족 치료자는 클라이언트를 클라이언트로서 취급하지 말아야 하며 클라이언트와 가족을 구분하지 말고 하나의 전체(체계)로 보아야 한다. 치료자는 비건설적인 수다와 얘기가 계속되면 개입하여 막아야 하는데 이미 이런 상황에까지 도달했다는 것 자체가 치료자의 역할이 충분히 발휘되지 못하였다는 의미이기도 하다.

치료자의 역할을 세분하여 살펴보면 다음의 4가지로 요약된다.

① 가족내 구성원간의 의사소통을 방해하는 방해요소를 밝혀내는 역할.
② 가족구성원들간의 인지적이라기 보다는 정서적인 교환의 특징을 알아내고 인식하는 역할.

③ 적대감, 불안, 분노, 무기력함, 좌절, 당혹함, 그리고 단념 등을 밝혀내는 역할.
④ 이것을 개인에게 지적해주고 집단에 존재하고 있는 같은 성향을 가진 구성원들을 밝혀내 주는 역할.

치료자는 이와같은 역할을 충분히 발휘하면 좋은 치료시간을 가질 수 있다. 모든 가족을 참여시키기 위해 치료자는 집단 구성원 전체가 경험하고 있는 공통점을 집어서 토론을 시작하는 것이 좋다. 특히 이때는 인지적인 것 보다 감정적이고 정서적인 문제를 거론하는 것이 바람직하다. 이후에는 가족들간에 대화를 갖도록 자연스럽게 유도한다. 이때는 가족의 자기이해를 높이기 위해 역할극, 심리극, 예술치료 등을 활용할 수 있다.

제6절 평가

Laqueur는 가족치료의 효과를 평가하는 기준으로 다음의 9가지를 제시하고 있다(Laqueur, 1976, pp.414-415).

① 가족의 삶을 정서적, 경제적, 정치적, 그리고 도덕적으로 더 복잡하고 어렵게 만드는 환경 안에서도 가족이 더 나은 기능과 창조적인 운영을 하는지의 여부.
② 가족구성원들간에 상호 연결이 더 잘되고 서로간의 존경이 있는지의 여부.
③ 가족구성원의 단점에 대해서도 높은 수용력을 보이고 서로간의 장점을 활용하는지의 여부.
④ 매일매일의 생활 자체를 즐길 수 있는 능력의 유무.
⑤ 가족구성원들끼리 열정을 보이며 서로 더욱 사랑하고, 이해하며, 지지하고, 협동할 수 있는 능력의 유무.
⑥ 통찰력이 더욱 깊어지고 판단력이 더욱 향상되었는지의 여부.
⑦ 새로운 정보에 대해 얼마나 개방할 수 있는지 그 정도의 폭.
⑧ 가족 내에서 서로간에, 친구 사이에, 그리고 환경과의 만족스럽고 오래 지속될 수 있는 관계형성 여부.
⑨ 현명함, 유머감각, 그리고 타인을 돕고자하는 의지의 유무.

이 평가기준에서도 보듯이 다중가족치료는 클라이언트라고 지목된 사람의 병리를 변화시키는 것에 목적을 두지 않고 가족들이 자신들을 돕고 가르치도록 설계된 프로그램이다. 다만 자신들의 변화를 통해서 클라이언트의 병이 낫도록 하는 것이다. 여러 가족을 동시에 봄으로써 비용이 매우 절감되는 비용-효율성(cost-efficient)이 높은 치료방법으로 평가받고 있는 다중가족치료는 클라이언트의 재입원률을 낮추는 데도 효과적이라고 보고되고 있다(Hansen & L'Abate, 1982, p.254).

Benningfield는 다중가족치료에 관한 보고서 25개를 검토하여 이 치료법의 결과효과에 대한 평가내용을 보고하였다(Benningfield, 1978). 그가 검토한 보고서들이 효과 평가의 기준으로 제시한 것은 재입원율이다. 그러나 25개 보고서 중 단지 3개만이 실험적 자료를 제공하였을 뿐 나머지는 치료자의 임상적 소견이나 관찰에 의한 것이다. 그러나 결론은 모두 다중가족치료가 효과적인 치료방법이라는 것이었다.

Laqueur는 25년간 1,500가족을 다중가족치료모델을 적용하여 치료하였다. 그는 이들중 오직 몇몇 가족만이 이 형태의 치료법이 맞지 않았다고 하였는데, 그 이유는 그 가족 내에 너무도 강한 비밀이 존재하고 있었기 때문이라고 설명하고 있다. 그러나 이런 가족이라도 그 비밀 자체에 초점을 두지 않고 비밀을 갖고있는 것이 자유로운 경험의 교류나 의사소통에 방해물이라는 것을 주지시키면서 접근하여야 한다고 Laqueur는 또한 강조하고 있다(Hansen & L'Abate, 1982, p.255).

Laqueur가 치료한 가족들은 의사소통의 향상을 보였으며, 재입원의 빈도와 입원기간을 감소시켰고, 가족들이 서로간에 더 잘 이해하기 위하여 가족내적 관계를 재구성하는 효과를 보였다. 다른 가족치료법을 사용하는 다른 가족치료자들이 제공하는 그들 나름대로의 결과효과평가를 비교해보면 다음과 같다(Hansen & L'Abate, 1982, pp.254-255).

<표1> 가족치료자별 치료효과 평가

	변화가 없거나 더 나빠짐	약간 향상	절대적 향상
Laqueur	15%	18%	67%
Bowen	33%	42%	8%
Haley	58%	42%	
Minuchin	71%		29%

그러나 다중가족치료가 모두 장점만 있고 항상 효과적인 것만은 아니다. 이 치료방법이 안고있는 문제점을 다음의 3가지로 요약해 보았다.

첫째, 치료결과의 효과성을 측정할 수 있는 정밀한 측정도구의 부족, 또는 미개발의 문제이다. 이는 다른 가족치료방법, 그리고 기타 임상사회복지의 방법들이 직면하고 있는 문제라고 할 수 있다.

둘째, 치료기간에 관해서는 다른 치료자가 치료하는 클라이언트의 치료기간과 비교하기 어려운 점이 있다. 한 가족이 대상이 아니고 가족집단이 치료대상일 뿐 아니라 집단 자체가 열린 집단이어서 치료기간을 액면 그대로 비교하여 평가한다는 점에 많은 제한이 있다.

셋째, 결과에 대한 실험연구가 부족할 뿐 아니라 결과평가를 대부분 치료자의 임상적 소견이나 관찰에 근거하고 있다. 이 또한 첫번째 문제와 마찬가지로 다중가족치료만의 문제라기 보다는 모든 가족치료 방법과 임상사회복지 방법의 문제이며 아울러 조속히 풀어야 할 당면과제라고 할 수 있다.

결 론

다중가족치료모델은 1950년에 Laqueur에 의해 정신분열증 클라이언트를 치료하면서 개발되어 오늘에 이르고있다. 이 모델은 구조적 가족치료모델이나 기타 다른 모델들 보다 우리들에게 덜 친숙한 것이지만 비슷한 문제를 가진 가족들간의 지지와 이해가 도움이 될 수 있는 장기적인 문제를 갖고있는 가족들에게 매우 유용한 모델이라고 할 수 있다. 일반체계이론에 근거를 두고 집단 치료기법을 적용시켜 발전시킨 다중가족치료모델은 보편적으로 4-6명의 입원 또는 외래 클라이언트와 그들의 가족을 대상으로 한다. 주로 정신분열증 클라이언트들이 대상이 된 이 가족치료는 일주일에 1번 90여분의 치료시간을 가지며, 치료자, 공동치료자, 훈련생 등이 치료모임을 함께 한다.

치료자는 다양한 가족들의 토론을 이끌고, 각 가족들의 가족 내.외의 상호교류 패턴을 지적하며, 매 치료모임 끝에는 지금까지 어떤 일이 있었는지를 검토해주는 조종자의 역할을 담당하게 된다. 치료모임이 진행되는 동안 가족들은 한가족이 한가족으로서 뭉쳐앉을 필요는 없으며 자리바꿈이 매우 자연스럽게 진행된다. 치료가 진행되는 동안 비데오 촬영은 강력히 추천되는 사항인데 이는 치료모임 중 특히 중요한 부분에 대해 즉각적으로 방영하여 가족원 스스로가 다시 자신들을 볼 수 있도록 할 수 있기 때문에 치료의 중요한 한 부분이 된다. 뿐만아니라 치료자와 공동치료자, 그리고 훈련생들을 훈련시키거나 평가를 하기위한 좋은 자료를 제공해 준다.

이와같은 특성을 갖는 다중가족치료는 클라이언트의 재발률과 가족의 의사소통 향상에 있어 매우 효과적이라고 평가받고 있다. 또한 이 모델은 개별 가족치료모델들에 비해 매우 경제적인 것으로 평가되고 있다.

현재 다중가족치료모델은 다양한 유형의 가족을 치료하는데 사용되고 있다. 예를 들어 교도소 수감자, 문제청소년, 약물중독 등의 문제를 가진 가족을 치료하는 데 널리 활용되고 있다. 또한 치료장소도 병원 뿐 아니라 교정기관, 낮병원, 지역사회 정신건강센터, 아동보호센터 등에서 사용되고 있다.

그러나 아직까지 이 치료모델의 효과성이 실험연구를 통해 과학적으로 증명되지 못하였으므로 후학들은 앞으로 다음의 질문들에 좀 더 객관적이고 과학적인 해답을 구하는데 노력을 기울여야 할 것이다.

① 다중가족치료는 어떤 인구집단에게 가장 적합한가?

② 다중가족치료는 가족을 치료에 앞서서 준비과정으로 또는 치료 후 치료에서 얻은 것을 소화하는 것을 돕기위한 사후관리를 위해 결연(conjoint)이나 개별치료의 부속치료로서 유용한가?

③ 다중가족치료는 어떤 종류의 가족에게는 적합하고 다른 종류의 가족에게는 그렇지 않은가?

④ 다중가족치료는 결연가족치료(conjoint family therapy)보다 더 효과적인가?

⑤ 다중가족치료의 성공을 위한 가장 "핵심적인 요소"는 무엇인가?

참 고 문 헌

Becvar, D. S. & R. J.Becvar, (1993), *Family Therapy*, 2nd ed., Allyn and Bacon.

Benningfield, A. B., (1978), "Multiple Family Therapy Systems", *Journal of Marriage and Family Counseling*, Vol.4, pp.25-34.

Goldenberg, I. & H. Goldenberg,(1991), *Overviews on Family Therapy*, (3rd ed,), Brooks/Cole Publishing, pp.253-255.

Guerin, P. J., (1976), *Family Therapy*, N.Y.:Gardner Press.

Hansen, J. C. & L. L'Abate, (1982), *Approaches to Family Therapy*, N.Y.: MacMillan, pp.245-257.

Lansky, M. R., C. R. Bley, G. G. McVey, & B. Brotman, (1978), "Multiple Family Groups as a Aftercare", *International Journal of Group Psychotherapy*, Vol.28, pp.211-225.

__________, (1970), "Multiple Family Therapy and General Systems Theory", *International Psychiatry Clinics*, Vol.7, pp.99-124.

__________, (1972), "Mechanisms of Change in Multiple Family Therapy", in C. Sager & H. Kaplan (eds. by), *Progerss in Group and Family Therapy*, New York: Brunner/Mazel, pp.400-415.

Laqueur, H. Peter, (1976), "Multiple Family Therapy", in P. J. Guerin (ed. by), *Family Therapy*, N.Y.:Gardner Press, pp.405-416.

__________, (1977), "Family Therapy(Multiple) and General Systems Theory" in B. B. Wolman (ed. by), *International Encyclopedia of Psychiatry, Psychology, Psychoanalysis and Neurology*, New York: Aesculapius Publishers, pp.312-324.

Luber, R. & R. A. Wells,(1977), "Structural Short-term Multiple Family Therapy: An Educational Approach", *International Journal of Group Psychotherapy*, Vol.27, pp.43-57.

Von Bertalanffy, Ludwig, (1981), *A Systems View of Man*, (ed. by), P. A. LaViolette, Boulder: Westview Press.

제 10 장

다중충격 가족치료 모델 (Multiple Impact Family Therapy)

박 인 선*

가족을 돕는 기법중의 하나인 다중충격치료는 미국 연방정부의 지원을 받은 텍사스대학 의료부의 청년발달연구계획의 가족심리치료연구로부터 발달된 것이다. 청년발달계획은 1952년에 10대 청소년과 그 가족들을 치료하고 연구하기 위해 텍사스대학 의료부에 조직된 외래환자 진료소에서 시작되었다. 이 연구계획의 목적은 10대 청소년이 있는 가족들의 문제를 해결하는데에 특별히 적합한 단기치료를, 사춘기에 발생하는 급격한 행동변화를 활용하여, 발달시키는 것이었다(MacGregor et al., 1964).

연구팀들이 10대 청소년들을 특별히 적합한 연구대상으로 본 이유는 아동기 후기와 사춘기의 청소년들이 급격한 성격통합을 경험하게 되기 때문이었다. 이들로 인해 겉으로 드러난 가족위기는 결과적으로 그 가족으로 하여금 변화를 원하도록 만드는데, 가족의 변화하고자 하는 욕구가 강할수록, 효과적인 치료개입도 최소화될 수 있다고 보았다. 연구팀은 매주 한번씩 치료자와 만나게 되는 전통적인 치료에는 시간상, 거리상, 그리고 경제적 사정상 많은 부모들이 제대로 참여하지 못한다고 보고, 이러한 가족들을 위한 집중적이고 단기적인 치료법을 개발하게 된 것이다. 이들은 신경증적 증세를 보이는 10대 청소년, 그의 부모 또는 다른 의미있는 가족이나 지역사회의 구성원들이 만일 다학문적인 치료팀과 연이어서 2일동안 집중적으로 만날 수 있게 된다면, 앞에서 언급한 가족집단치료의 장애물은 제거될 것이고, 가족들 스스로의 자기재활과정(Self-Rehabilitation Process)도 그 기간동안에 동기유발될 수 있을 것이라고 생각하였다.

다중충격치료와 다른 형태의 가족치료 사이의 두가지 뚜렷한 차이점은 다학문적팀을 활용한다는 것과 공식적인 치료작업시간을 집약시킨다는 것이다. 다중충격치료에서 전형적인 다학문적치료팀은 사회복지사, 정신과 의사, 그리고 심리학자로 구성되며, 그들 각자는 각 학문의 훈련생을 동반한다. 치료팀에는 간혹 지도감독자와 같은 경험이 많은 다른 다중충격치료자가 포함되기도 한다. 사례를 의뢰한 개인(예를 들면, 의사, 목사, 정신건강 전문가 등)도 치료팀과 가족 전원이 함께 하는 전체 회의나 치료자와 가족이 일대일로 만나는 개별면접에 참석하도록 초대되기도 한다. 치료팀의 구성원들은 치료과정 동안에는 부모 앞에서 각자가 서로를 자문으로 활용한다. 치료팀은 2일내지 3일동안 하루에 6시간 내지 8시간을 연속하여

* 대한사회복지회 아동복지부 부장

한 가정과 작업하게 되는데, 이들은 가족을 집단으로, 개인별로, 그리고 두명 이상의 치료자들이 함께하기도 하는 등 다양한 상황에서 만난다(MacGregor et.al. 1964).

다중충격치료의 기법은 집단치료방법과 개별치료방법을 조화있게 사용하는 것이다. 축적되어가는 치료적 효과를 제대로 이용하기 위하여, 다양한 회의와 면접들이 빠른 시간안에 여러번 이루어지고, 가족들은 집단상황에서의 '충격(Impact)'과 개별상황에서의 '해제(Release)'를 연이어 경험하면서 자기 재활과정을 가동시켜서 스스로 개방체계로 이동하도록 유도된다.

제1절 주요 치료자의 소개

청년발달연구계획의 연구책임자는 Robert MacGregor이었고, 부책임자는 Harold Goolishian과 Eugene McDanald, Jr.이었다. 이 외에 고정적인 팀 구성원으로는 Anges Ritchie, Franklin schuster, 그리고 Alverto Serrano가 있었다. 이들 모두는 연구계획 당시 텍사스대학 의료부에 소속되어 있었으며, 치료팀 안에서 각기 다른 역할들을 수행하였다.

Robert MacGregor는 심리학 박사로, 대인관계이론과 가족이 사용하는 방어기제를 가족내의 노동력 분할로 보는 관점에 중점을 둔다. 연구책임자로서 그는 치료팀 구성원들의 재능을 제대로 인식하여 안배하는 지도감독자의 역할과 자료분석의 역할, 그리고 다중충격치료를 홍보하고 설명하는 역할을 맡았다. 그는 1970년대에 Illinois Department of Mental Health의 가족치료 고문으로 가게되어 이 연구를 떠났다. 그는 Team Family Methods Association의 회장을 역임한 바 있다.

Harold A. Goolishian도 심리학 박사로, 10대 청소년의 급격한 변화에는 단기치료가 가장 적합하다는 것을 주장하였고, 특히 10대 청소년이 그의 정체감을 찾도록 돕기 위해, 치료자 중 한명이 10대 청소년의 입장을 대변하면서, 10대 청소년 앞에서, 다른 치료자와 논쟁을 벌이는 기법을 도입하였다. 그는 또한 각 학문의 치료자로 하여금 훈련생을 동반하도록 함으로써 미래의 치료자를 효과적으로 훈련시키도록 하는 인턴쉽 방법을 가족치료에 도입하였다. 이 연구가 확장됨에 따라, 그는 다른 팀 구성원들이 행정적 의무에 대한 부담없이 임상 연구에 전력을 기울일 수 있도록 행정적인 임무를 맡았고, 실질적인 지도감독자의 역할을 담당하였다. 1981년에 텍사스대학에서 은퇴한 후 세명의 동료와 함께 Galveston Institute를 창설하였고, 클라이언트가 사용하는 언어가 의미를 창조해내는 과정에 새롭게 관심을 기울였다. 끊임없이 치료이론과 기법을 개발하려고 노력한 그는 "한 이론을 열정을 가지고 대하라. 하지만 결혼하지는 말아라"라는 말을 남겼고, 1991년 11월 10일 67세의 나이로 사망하였다.

Eugene C. McDanald, Jr.은 정신과 의사로, 다학문적인 접근이 최상의 치료효과를 창출한다는 것을 믿고, 그의 신념을 실천에 옮겼다. 그는 연방정부의 지원을 요청하는 연구계획서를 작성하였고, 텍사스대학 의료부가 이 연구에 관심을 갖도록 하는데 중요한 역할을 담당하였다. 다중충격치료의 임상적, 이론적 근거를 견고하게 하기 위하여, 연구가 진행되는 동안 치료팀들에 의해 이루어지는 모든 새로운 혁신을 검증하는 역할을 수행하였고, 임상적으로는 다중충격치료 둘째날에 그를 도와주는 Dr. Grace Jameson과 함께 정신의학적 자문 제공자의 역할을 담당하였다.

Anges M. Ritchie는 사회복지사로 클라이언트 앞에서 다른 치료팀 구성원에게 의식적이고 해석적인 보고를 하는 역할을 담당하였다. 치료과정중에는 객관적이고 냉정한 관찰자로서 치료팀 각자의 역할을 상세히 기술하고, 치료자가 매 단계에서 항상 현실을 기초로 할 수 있도록, 필요시에는 가족에 대해 수집된 실질적인 정보들을 근거로 제시하는 역할을 담당하였다.

Franklin P. Schuster, Jr.는 정신과 의사로 치료기법과 자료평가기법의 발전에 기여하였다. 그는 네가지 미성숙한 반응을 개념화하였고, 생생한 보고서를 작성하는 능력이 탁월하였다. MacGregor는 한 기법을 반복하는 것을 선호한 반면에, 그는 매 사례마다 새로운 기법을 사용할 것을 주장하여, 둘 사이에 많은 논쟁이 있었고, 이러한 논쟁은 다중충격치료를 발전시켰지만, 결국 그는 1959년에 연구팀을 떠났다.

Alberto C. Serrano는 정신과 의사로 1959년부터 연구팀의 일원으로 일하였고, 가족의 상호작용 과정내에서 각자의 기능 구분에 관심을 기울였다. 그가 이 연구의 최종보고서를 주로 작성하였다. 그는 계속해서 새로운 가족들을 만나고, 새로운 팀들을 훈련시키면서, 후에 발견되는 증거들을 가지고 이론을 검증하는 일을 하였다. 임상에서 그는 주로 10대 청소년을 면접하였고, 이들을 대변하여 적극적인 역할을 주도하곤 하였다.

제2절 다중충격치료의 중심사상

다중충격치료를 이끌어가는 3가지 중심사상이 있다. 첫째, 이들은 부모의 특정한 상호작용패턴이 10대 자녀의 특정한 형태의 발달중지(Developmental Arrest)를 발생시키거나 유지시킨다고 믿는다. 실제로 10대 청소년의 부적응 유형들은 각각의 유형들이 부모와 가족 간의 특정 상호작용 모드와 관련되어져 있음이 확인되었다. 각 사례에서 보면, 사춘기 발달은 가족내에서 의사소통을 제한하고 성장과 상호병립할 수 없는 역할을 가족구성원들에게 반복하도록 함으로써 서로를 착취하는 관계에 의해 방해되어진다. 즉 10대 클라이언트의 문제행동은 가족이 성장을 불가능하게 하여 중지된 발달의 한 표현이라고 본다.

둘째, 이들은 치료팀이 위기상황에 있는 가족토론에 적극적으로 참여하여, 치료팀 내의 또는 치료자와 가족간의 치료적인 상호작용내에서 건전한 대인간의 상호작용 모델을 보여줌으로써, 가족내의 발달중지력을 일시적으로 차단시킬 수 있다고 믿는다. 치료팀은 효과적인 의사소통의 시범을 보여서, 가족이 대인관계 속에서 그리고 가족구성원 속에서 겪는 어려움의 해결을 촉진하는 과정속에 참여하고, 그러한 과정의 증인이 된다. 가족 앞에서 치료팀의 구성원들이 서로 정직한 태도로 상호작용을 하면, 가족으로 하여금 스스로의 상호작용을 좀더 통찰력을 가지고 객관적으로 보도록 도울 수 있다고 믿는다.

셋째, 이들은 치료팀이 가족에게 가족 나름대로 변화를 만들 수 있는 능력이 있음을 존경하고 있다는 메세지를 보내면, 그러한 메세지는 가족의 자기평가와 자기재활과정에 호의적인 영향을 미친다고 믿는다. 곤경 속에 있는 가족전체 또는 각각의 가족구성원들에 대한 존경의 메시지는 10대 청소년의 행동이 가정과 지역사회라는 주어진 환경 속에서 의미를 갖는다는 것을 지적함으로써, 그리고 각자에게 가족위기에 대한 그의 견해를 설명하도록 함으로써 전달되어진다. 가족의 성장잠재력은 가족구성원들이 그동안 반복되어 온 문제들을 이해하게 되면 향상되는 것으로 보며, 치료적인 지도감독이 없어도 시간이 흐르면 개선될 것으로 기대된다. 치료팀은 가족으로 하여금 다중충격치료에서 새롭고 의미있는 상호작용패턴들을 실행해 보도록 하며, 이러한 경험에서 획득한 통찰력을 계속하여 사용하도록 공손히 도전한다. 다중충격치료는 전통적인 정신분석모델을 따르지 않으므로, 기대되는 통찰력이 2일 동안의 치료과정에서 나타나지 않는다 하더라도, 일단 가족이 치료팀과 함께 경험한 새로운 유형의 상호작용을 시도할 기회를 갖기만 한다면, 시간이 흐른 후에 나타날 수도 있다고 본다.

제3절 치료적 초점과 목적

다중충격치료는 단기집중치료로 간단한 심리치료적 개입을 통하여 본래 가족이 가지고있는 자기재활과정을 가동시키는 것을 목적으로 한다. 치료팀과 가족사이에 대인간의 상호작용과 신뢰하는 태도가 발달되어야 자기재활기능을 격려하는 치료팀의 노력을 가족이 받아들이게 된다. 우선 치료팀은 가족의 현재 상황과 변화잠재력에 대한 존경을 전달하면서 가족생활의 착취적인 부분을 수용해야 하는데, 이것은 가족에게 조용한 영향을 미치며, 치료팀에 대한 가족의 신뢰를 향상시킨다.

다중충격치료는 통찰력 치료는 아니다. 다중충격치료의 목적은 바람직하지 않은 행동을 억누르기 보다는 오히려 건강한 행동을 불러일으켜서, 가족의 자유롭고 자연스러운 성장과정을 시도하는 것이다. 부분적으로는 통찰력을 격려하고, 반복되었지만 보상받지 못했던 행동유형들을 인식하게 하고, 그것을 분석하는 도구들을 제공하고자 노력하기도 한다. 그러나 다중충격치료는 가족이 내부갈등을 자세히 이해했을 때 보다는 오히려 가족이 미래를 내다보고 미래를 향해 개방적으로 될 때 변화가 발생할 수 있다고 믿는다. 다중충격치료는 가족들의 제한되어 있는 정서를 경제적으로 분배하도록 하는 것 보다는 오히려 성장에 필요한 조건들을 유지시키고 확보하는 것에 중점을 둔다. 다중충격치료의 목적은 가족으로 하여금 공모와 세력이라는 전략의 균형상태를 유지시키는 폐쇄체계로부터 가족구성원들이 적당한 발달과업에 참여할 수 있도록 허락하는 개방체계로 이동하도록 돕는 것이다. 폐쇄된 가족체계는 정보를 차단시키기 때문에, 치료팀의 참여 자체가 가족에게는 새로운 경험으로, 가족의 폐쇄체계에 도전하는 것이 된다.

다중충격치료의 목적에는 치료팀 구성원들로 하여금 건전한 상호작용과 의사소통유형의 시범과 본을 보이도록 하는 것도 있다. 이들은 가족이 그들의 실수를 인식하고 공개적으로 의논하는 것을 배우도록 도와준다. 치료팀의 구성원들은 그들 스스로가 자기비판적일 수 있다는 것과 집단 안의 타인으로부터의 지적을 존경심을 잃지 않고도 수용할 수 있다는 것을 보여주면서 가족에게 의사소통기술을 가르친다. 신뢰와 존경의 분위기를 지닌 집단이라는 장(場)은 가족구성원들로 하여금 공개적이고 정직한 의사소통에 대해 가지고 있는 두려움을 감소시키도록 도와준다. 치료팀과 가족이 모두 모여서 하는 회의(이하 전체회의라 한다)에서 치료팀은 가족구성원들의 태도에 의해 야기되는 감정들을 치료팀 구성원 스스로가 상당한 정도로 표현하는 것을 허락함으로써 건전한 의사소통기술의 본을 보인다. 치료팀의 한 구성원이 다른 구성원의 미숙한 해석을 공개적으로 비판함으로써 가족을 보호해 줄 수도 있다. 가족의 한 구성원이 전체회의에서 개인적인 일의 표현을 어려워할 때에는 치료자와 가족구성원이 일대 일로 만나는 개별회의에서 표현하도록 할 수도 있다. 치료팀은 가족구성원들의 발달중지의 원인이 된 몇가지 결정적인 사회-심리적인 논점들에 대해 통찰력을 가지고 작업을 하는데, 이러한 모든 활동들이 건전한 의사소통방법에 대한 가족의 자각을 향상시킨다.

치료팀이 의사소통에서 강조하는 것은 가족구성원들로 하여금 그들의 불충분하고 왜곡된 의사소통유형을 인식하게 하는 것이다. 치료팀은 확인된 클라이언트(norminal patient)가 반복하고 있는 상호작용유형을 스스로 인식하는 능력에 주의를 기울인다. 10대 청소년과의 개별적인 면접에서 치료자는 그가 자신의 행동을 가족유형과 의미있게 관련된 것으로 보도록 돕는다. 치료자는 비이성적으로 보이는 행동이 사실은 타인의 욕구를 제대로 이해하지 못한 결과일 수 있다는 것을 지적해주기도 한다. 또한 가족유형이 10대 청소년의 현재와 미래에 미치는 영향을 인식하도록 하고, 그와 부모와의 관계 성격이 어떻게 부모의 욕구를 채워주고 있는지에 대해서 해석해 주기도 한다. 이러한 공개적이고 직접적인 접근은 10대 청소년으로 하여금 가족내의 행동유형들과 가족과정 내에서의 그의 역할을 인식하도록 돕는다.

다중충격치료의 초점은 10대 자녀가 아니라 그의 부모에게 있다. 치료 첫날, 치료팀은 가족과 명목상의 클라이언트가 아직도 진단적으로 연구되어야 한다는 근거를 가지고, 부모가 걱정하고 있는 10대 자녀의 문제에 관해 부모와 의논하는 것을 미룬다. 부모에게는 10대 자녀를 철저하게 평가하고 시험해 볼 필요가 있다는 말이 호소력을 가지며, 그들로 하여금 치료팀이 그들의 개인적인 삶에 주의를 기울이는 것을 수용하게 한다. 10대 자녀의 행동으로 인해 촉진된 위기는 부모로 하여금 그들이 자신들의 삶에서 잃어버린 것들을 정확하게 재경험하게 하는 방식으로 부모에게 영향을 미친다. 이러한 상황은 부모로 하여금 그들 자신의 표현되지 않은 문제와 욕구들을 다루는 것에 대한 저항감을 감소시키도록 만든다. 치료팀은 부모의 행복을 방해하는 소위 방해유형에 대해 먼저 의논하고, 점차 그들의 10대 자녀에게 가장 좋은 것이 바로 부모들이 가질 수 있는 혜택이 된다는 신념에 대해 의논할 때까지 대화를 갖는다. 부모가 확인된 클라이언트보다 서로에게 더 많은 투자를 하고 정서적으로 더 가까울 때 확인된 클라이언트는 호전된다. 부모가 정서적으로 이혼상태에 있을 때에는, 어떠한 방법도 성공할 수가 없다(MacGregor, 1962).

다중충격치료의 목적과 초점은 많은데, 그 모든 목적들이 2일 동안에 달성되는 일은 드물다. 그러나 2일 동안에 가족이 보유하고 있는 자원들이 가동되어지기만 하면, 다중충격치료의 목적들은 다중충격치료의 개입으로부터 몇일 후 또는 몇개월 후까지 가족들에 의해 계속해서 점진적으로 달성되어진다. 대개의 경우 다중충격치료는 한정적인 치료가 아니고, 가족으로 하여금 이전의 가족유형이 주었던 제한된 보상에 대해 새롭게 자각하도록 함으로써, 이전의 가족유형으로 되돌아가는 것을 저지하는 입장에 도달하도록 돕는 하나의 시도이다(MacGregor, 1967).

제4절 진단적 기본틀

가족은 한 개인이 하나의 독특한 사람이 될 수 있는 장을 제공한다. 그러나 어떤 가족도 그 구성원들의 모든 욕구를 채워줄 수는 없다. 가족구성원들은 사회적으로 적합한 기술들을 발전시키기 위하여 가족 외부로부터 다양한 자극들을 필요로 한다. 가족이나 또는 가족 내의 특정인이 가족구성원들의 모든 욕구를 들어줄 수 없는 무능력에 대해 방어적일 때, 그 가족은 외부자극의 차단을 원하게 될 수 있다. 이런 상황이 일어나면 외부의 영향은 환영받지 못하게 되며, 가족은 상대적으로 폐쇄적이고, 반사적인 체계로 운영된다. 이런 체계는 정서결핍, 비융통성, 그리고 고정된 세력을 유지시키려 하거나 다른 가족구성원들을 착취함으로써 만족을 얻으려하는 내적 에너지의 지출 등으로 특징지워지는 왜곡된 환경을 말한다. 이러한 가족체계에서는 외부와의 건설적인 접촉이나 성장을 도모할 수 있는 새로운 경험, 질문, 또는 탐구 등을 금지시키고자 하는 공모가 발생된다. 이러한 가족들의 신경증적 평형은 착취당한 10대 자녀의 행동이 가족과 사회에게 참을수 없는 것이 되었을 때 깨어진다. 이러한 위기가 바로 가족으로 하여금 도움을 요청하게 하고, 현재 가지고 있는 자기재활력을 가동시키도록 하는 시점이 되는 것이다. 이러한 가족내의 변화는 그들이 상대적으로 신경증적 폐쇄체계로부터 벗어나 외부세계와 서로간에 좀더 자유로운 의사소통을 하는, 상대적으로 공개된 체계로의 균형을 이룸으로써 이루어진다. 치료팀은 가족과 상호작용하면서 개방적이고 정직한 의사소통의 본을 보임으로써, 폐쇄적인 입장으로부터 개방적인 입장으로의 가족의 이동을 촉진시킬 수 있다.

한 가족의 의사소통유형을 분석하는 것은 가족구성원들로 하여금 그들이 방어적으로 폐쇄시킨 가족체계를 유지하고 있는 방법들을 스스로 평가하도록 돕는다. 그러한 분석이 발생되고 가족에 의해 수용되어지게 하기 위해서, 치료팀은 먼저 그 가족이 가족구성원의 욕구를 들어주는데 있어서 열등한 부분들이 무엇인지를 먼저 추정하고, 그러한 추정 하에서 치료상황을 고려하여야 한다. 그 후 치료팀은 가족내에서 반복되어 온 착취적인 기능의 지속을 가능하게 해 온 공모를 약화시켜야 한다. 치료팀은 건전한 의사소통상의 상호작용을 본보이고, 가족구성원들이 변화라는 위험을 감수할 만한 보호적인 장을 제공하여야 한다(MacGregor, 1967).

가족이 병리적인 상호관계유형 안에서 다른 사람들에게 개입하려는 경향을 이해하고자 한다면, 치료팀이 그들간의 의사소통에 문제를 일으키는 것이 진단적 가치를 가질 수도 있다. 또한 치료팀 구성원의 수적 증가는 치료팀의 구성원들이 보다 더 가족과정에 깊숙히 개입하는 것을 가능하게 한다. 동료들간의 주의깊은 상호 감독 역시 치료적인 관점을 희생시키지 않고도 가족역동 속으로 안전하게 들어가도록 해준다.

다중충격치료 연구팀은 사례들이 의뢰될 당시에 받아오는 전통적인 진단들, 예를 들면 사춘기 부적응, 사회병리적, 행동장애, 또는 청소년비행과 같은 그런 진단들은 사례들 간의 다양한 차이점을 나타내지 못한다고 보고, 이들 나름대로의 진단적 기본틀을 연구해냈다. 그 결과 이들은 확인된 클라이언트들이 4가지 가족유형중의 하나에서부터 온 것으로 확인할 수 있었다. 4개의 가족유형들은 각각 신경증적 증상을 가진 10대 청소년들의 행동에서 명백하게 나타나는 특정단계의 발달중지와 연계되어 있다. 발달중지의 가장 원시적인 단계(Type A)는 10대 청소년이 영아기 기능을 하는 것(Infantile functioning)인데, 이것은 정신분열증적 반응으로 나타난다. 발달중지의 두번째 단계(Type B)는 10대 청소년이 아동기 기능을 하는 것(Childish functioning)으로, 독재적이고 거의 정신병리적이거나 또는 거의 정신병적인 반응들로 나타난다. 발달중지의 세번째 단계(Type C)는 10대 청소년이 소년기 기능을 하는 것(Juvenile functioning)으로 신경증적 또는 위협적 행동으로 나타난다. 발달중지의 네번째 단계(Type D)는 10대 청소년이 사춘기 이전의 기능을 하는 것(Preadolescent functioning)으로, 성격장애나 반항적인 행동으로 나타난다. 이들은 위의 4가지 가족유형을 가족증후군(Family syndrome)이라고 표현하였다.

가족구성원들의 가족내의 기능은 가족의 정서적인 기능 또는 긴장에 대한 가족구성원들의 미성숙한 반응들에 따라 도식적으로 나타낼 수 있다. 그러한 도식은 가족구성원들을 도전적, 수동적-도전적, 수동적-의존적, 또는 정서적 불안정 등의 방식으로 기능적으로 표현될 수 있다. 이러한 미성숙한 상호작용의 반대가 되는 건강한 상호작용모드는 지도력, 비판력, 협동, 그리고 자발성이다. 가족구성원의 극도로 미성숙한 행동의 감소와 미성숙한 상호작용모드로부터 건강한 모드로의 이동, 다시 말하면 정서적 불안정에서 자발적으로, 도전적에서 지도적으로, 수동적-의존적에서 협동적으로, 그리고 수동적-도전적에서 비판적으로의 대치는 모든 가족구성원들의 자유와 성장을 증가시킨다.

발달중지의 특정 단계로 특징지워지는 가족증후군은 가족증후군별로 특정화된 가족구성원들의 가족내 기능을 가지고 있는데, 이러한 가족증후군과 가족구성원의 기능의 결합을 가족집합(Family Constellation)이라고 한다. 가족집합의 전형적인 도식은 다음과 같다.

Type A (영아기적 기능)

정서적 불안정	도전적
아버지	확인된 클라이언트
잘 기능하는 형제	어머니
수동적-의존적	수동적-도전적

Type B (아동기적 기능)

정서적 불안정	도전적
확인된 클라이언트	어머니
잘 기능하는 형제	아버지
수동적-의존적	수동적-도전적

Type C (소년기적 기능).

정서적 불안정	도전적
아버지	아버지
윗형제 확인된 클라이언트 동생	어머니 수동적-도전적
수동적-의존적	

Type D (사춘기 이전 기능)

정서적 불안정	도전적
확인된 클라이언트	어머니
형제	아버지
수동적-의존적	수동적-도전적

이러한 가족기능의 도식적 표현은 치료팀으로 하여금 치료적인 개입을 계획하고 치료의 진전에 따른 가족내 기능의 변화와 좀더 성숙한 행동으로의 이동을 구상하도록 도와준다. 진단의 한 부분으로써 가족집합의 개념은 사례를 보다 세밀하게 구별할 수 있도록 해준다. 가족집합에 대한 도식이 그려지면, 치료팀은 가족내의 역할과 기능면에서 그들이 행사할 융통성이라는 관점을 가지고 앞으로의 치료계획을 구상한다. 이것은 예를 들면 아버지는 요청되어질 때에는 지도력을 발휘할 수 있을 것인가? 그는 도전적인 입장을 포기하고 필요한 시간에는 돌보는 입장을 받아들일 수 있을 것인가? 그는 정상적인 범주내에서 예측하지 못한 행동을 한다든가, 아니면 자연스러운 장난기를 표현할 수 있을까? 하는 것 등이다. 이러한 융통성의 범위에 따라 치료적 노력을 이끌어내어야 한다.

이외에 다중충격치료에서는 진단적인 기본틀로 모성, 부성, 그리고 형제관계의 노동력의 구분과 가치양도의 유형도 연구한다.

이들 10대 청소년의 증상적인 행동들은, 도와주고자 하는 가족의 능력을 능가하는 발달과업을 이겨내고자 하는 그들의 시도를 반영하는 것이다. 다중충격치료에서는 이러한 가족단위의 발달중지단계를 진술해내고자 한다. 인테이크 과정 중에 가족유형을 4가지 가족증후군 중의 하나로 진단하는 것은 치료팀의 조정작업에 도움을 준다. 각 가족의 증후군은 각기 다른 치료적 목적을 시사하는 것이므로, 인테이크 시간에 이루어지는 작업이 매우 중요하다.

제5절 인테이크와 정보수집

치료팀에게 의뢰된 후의 첫번째 주요 단계는 인테이크 회의로 여기에서 다중충격치료를 받을 것인지를 가족이 결정하게 된다. 인테이크 회의에는 확인된 클라이언트인 10대 자녀, 부모 및 형제와 의뢰기관의 직원이 포함된다. 치료팀은 가족구성원들과 전체회의를 하기 전에, 먼저 의뢰기관의 직원과 간단히 의논하는 시간을 갖는다. 이때 의뢰기관으로부터의 정보들이 검토되어지고, 전체회의와 개별회의를 위한 임시계획이 만들어진다. 인테이크 회의를 위해 준비된 배경정보들을 기본으로 하여 가족의 상호작용에 대한 신중한 추측도 수립된다.

인테이크 회의는 그 자체가 심사하는 시간이 아니고, 진단적 치료적 기능을 가지고 계획하는 시간이다. 치료팀은 한시간의 일차 전체회의와 그 후에 이어지는 개별회의와 중복회의(두명이상의 치료자와 한 가족구성원이 만나는 것) 등의 다양한 회의에서 개인과 가족의 생활사적인 자료들을 수집한다.

일차 전체회의를 시작할 때, 의뢰기관의 직원은 확인된 클라이언트와 의뢰 사유로 주의를 기울이기 전에 가족들을 소개한다. 이시간은 치료팀에게 가족의 상호작용유형을 추측하게 하고, 그러한 상호작용의 장점과 단점에 대한 실마리도 제공해 준다. 치료팀은 가족구성원들로 하여금 그들의 문제를 진술하고 자기재활적 과정을 가동시키도록 하기 위하여, 문제의 비판적인 국면을 강조하기도 한다. 이렇게 함으로써 가족은 문제를 명료화하게 되고 그 상황에 대한 가족사고(Family thinking)를 시작하게 된다. 시험적으로 문제가 형성되고, 의료적 또는 심리적 검사나 약물치료에 관한 진단적 치료적 측정들도 제안되어진다.

일차 전체회의 후에는 일련의 개별회의가 뒤따른다. 부모 또는 형제들이 개별회의로 흩어지기 전에 서로를 만날 수도 있다. 개별회의에서는 가족구성원들이 전체회의에서 경험했을 수도 있는 긴장을 완화하도록 돕는다. 여러 개의 개별회의 후에 최종적으로 전체회의를 다시 소집하는데, 이 자리에서 다양한 가족치료법들이 소개되고, 다중충격치료의 가능성이 검토된다. 만일 가족이 2일 동안의 다중충격치료에 동의하게 된다면, 이들이 진료소에 오는 약속이 만들어질 것이고, 다음 약속까지 가족의 기본적인 문제들에 대해 좀더 많은 관찰을 하고 오라고 요구되어질 것이다. 이때 치료팀은 가족이 스스로를 연구하고 처리할 능력이 있다는 것에 대한 확신을 공개적으로 가족에게 표현한다.

어떤 가족에게는 가족 내의 자기재활력을 강화하는 작업이 인테이크 회의 동안에 충분히 가동되어지기 때문에, 2일간의 전 과정이 필요하지 않은 경우도 있다. 단지 몇 시간의 치료적 인시간속에서 새로운 방법으로 생각하고 관찰하는 방법을 추구하기 시작하는 가족들이 여기에속한다.

결국 인테이크 시간은 단순히 정보를 수집하는 단계에 불과한 것은 아니다. 가족치료가 인테이크 회의에서부터 시작된다고 볼 수도 있으며, 만일 자기재활과정이 가동된다면 일단 가동된 자기재활과정은 다음 약속까지의 시간 동안에 가정에서도 계속될 것이며, 2일간의 다중충격치료의 경험에 의해서 좀더 촉진되어질 것이다.

인테이크 회의는 다중충격치료 시간에 공식적으로 포함된 것은 아니나, 치료과정중에서 중요한 단계인 것은 틀림이 없다.

제6절 개입과 치료

다중충격치료에서 쓰이는 주요 개입전략과 기법은 치료기간 동안에 활용되는 일련의 회의 결과들에 대한 단계적 검토라는 맥락에 중점을 둔다.

다중충격치료 첫날의 일차 전체회의 전에 치료팀은 간단하게 브리핑시간을 갖는다. 치료팀은 인테이크 자료들을 검토하고 가족역동을 추측해보며, 각자의 선입견과 각 가족구성원에 대한 역전이 태도도 연구한다. 치료적 목표들과 가족집합을 도표로 칠판에 그려서 각 치료자들로 하여금 각자의 전술과 가능한 사건 과정에 대해 분명한 사고를 갖도록 돕는다. 치료팀중 누가 가족구성원중 누구를 개별회의와 중복회의에서 만날 것인지와 그 순서에 관한 임시 계획들도 세워진다. 이 모든 것을 토대로 하여 임시 치료일람표가 작성된다. 이 치료일람표는 매 단계 검토되며 필요시마다 재작성된다. 일람표의 예를 보면 다음 표와 같다.

* 일람표: 존스씨 가족, 다중충격치료 첫째날

9 : 00	자료팀 브리핑 회의				
9 : 30	전 체 회 의 (목사는 10시에 참여)				
11 : 00	사무실 1	사무실 2	사무실 3	사무실 4	놀이방
	Mr. Jones와 Dr. MacGregor, Dr. Y, 그리고 목사	Mrs. Jones와 Mrs. Ritchie		Peter와 Dr. Serrano	Paul과 의과대학 재학생
11 : 30	Mr. Jones와 Dr. Y, 목사 및 Dr. Serrano	Dr, Macgregor와 중복회의			
12 : 00	점 심 과 오 찬 회 의				
2 : 00	Mrs. Jones와 Dr. MacGregor 그리고 Dr. Serrano	Mr. Jones와 Mrs. Ritchie	Peter와 목사	Paul, Peter, Mr. T와 심리검사	
2 : 30	Mrs. Jones와 Dr. Serrano	Dr. Y와 중복회의	Dr. MacGregor와 중복회의		
3 : 30	치료팀과 중복회의				Peter 와 Paul
4 : 00	전 체 회 의				

* 일람표 : 존스씨 가족, 다중충격치료 둘째날

9 : 00	치 료 팀 회 의				
9 : 30	전 체 회 의				
10: 00	사무실 1	사무실 2	사무실 3	사무실 4	대기실
11 : 00	Peter와 Dr. Serrano 그리고 Dr. Y	Paul과 Mrs. Ritchie	Mrs. Jones와 Dr. MacGregor	Mr. Jones와 목사	
11 : 30			Mrs. Ritchie와 중복회의	Peter와 Dr. Y Dr. Serrano 중복회의	Paul
12 : 00	점심 및 자문과 함께 하는 오찬회의				
2 : 00	Peter와 Dr. Y Dr. Serrano	Paul과 Mrs. Ritchie	Mr. Jones와 Dr. MacGregor	Mrs. Jones와 목사	
2 : 30	Paul과 Mrs. Ritchie 중복회의				
3 : 00	Paul과 Peter와 Mrs. Ritchie			Dr. Y와 중복회의	
4 : 00	전 체 회 의				

첫날 치료팀의 브리핑회의 후에 열리는 일차 전체회의에서 치료팀은 긴급성을 언급하고 진료소에 가족들이 오게 된 이유를 가족들로부터 듣는다. 어디에나 "길을 트는 사람(ice breaker)"이 있게 마련인데, 그 사람이 그 가족의 기능에 대한 해석을 가하면, 치료팀이 논의하는 식으로 진행된다. 그 후에 가족 내의 방어적인 의사소통에 대한 논의와 10대 자녀의 위협에 대한 논의가 뒤따른다. 첫날의 일차 전체회의는 치료팀으로 하여금 그 가족의 전반적인 상호작용유형에 대해 증인이 되게 한다. 이 회의 동안에는 가족구성원들간에 소설교환(사실이 아닌 것들을 주고받는것)이 빈번히 발생되는데, 이 때문에 가족구성원 개개인의 긴장이 고조된다.

일차 전체회의 후에는 개별회의가 있어서 전체회의시간 동안에 축적된 긴장들을 환기시킬 수 있는 기회를 가족구성원들에게 제공한다. 대개의 경우 전형적으로 부모들은 전체회의가 그들의 방어적인 입장을 누군가로 하여금 평가하도록 했다는 압박감을 갖는다. 치료자는 한쪽 배우자가 다른 배우자와의 만남에 대비하여 어떤 준비를 하는지를 보면서 그들 관계에 대한 아이디어를 가질 수 있게 된다.

10대 자녀와의 면접은 되도록 짧게 한다. 단지 치료자는 그가 자신의 행위를 가족행동과 의미있게 관련지어 보도록 도와준다. 10대 자녀와의 면접을 일찍 끝내면서, 그 치료자는 아버지 또는 어머니와 진행되고 있는 면접에 참여해도 좋은지를 전화로 문의한 후 그쪽으로 가서 중복면접을 시작한다.

그 중복면접은 뒤에 참여한 치료자에게 한쪽 부모와 면접하고 있던 치료자가 그동안 한쪽 부모로부터 알게 된 것들을 요약-설명하는 식으로 시작된다. 그 부모는 치료자의 요약을 들으면서, 요약된 내용이나 치료자의 해석에 대해 코멘트하거나, 명료화 또는 비판하는 기회를 갖는다. 뒤에 참여한 치료자는 그가 면접한 10대 자녀의 입장에서 이러한 정보가 의미하는 바를 지적한다. 다시말하면, 한쪽 부모와 면접하고 있던 치료자는 그의 임시 클라이언트 앞에서 그의 입장을 대변하며, 그에게 의견을 표현할 기회를 주는 것이고, 후에 참여한 치료자는 이에 반응하여 자녀의 입장을 대변하는 것인데, 이러한 의사소통을 통해 한 가족구성원의 행동이 다른 가족구성원의 행동에 대한 반응이라는 것을 클라이언트에게 보여줄 수 있게 된다.

첫날 오전의 개별회의 후에는 점심시간이 있다. 가족은 자유롭게 스스로의 점심을 같이 또는 혼자서 먹을 수 있다. 치료팀은 점심시간에 오찬회의를 갖고 가족구성원들에 대한 각자의 태도를 서로 인식하는 시간을 가지며, 오후의 전략이 검토된다.

첫날 오후에도 개별면접의 횡단적 환기가 계속된다. 오전에 한쪽 배우자를 면접한 치료자는 다른 배우자가 그 배우자에게 얼마만큼이나 많은 자원이 되어줄 수 있는지와 그 배우자가 가족의 불건전한 상호작용에 얼마나 기여하고 있는지를 알아내기 위하여 다른 배우자를 면접한다. 또는 오전에 부 또는 모와 각각 면접했던 치료자들이 함께 부모를 동시에 면접할 수도 있다. 부모와의 작업은 결혼생활에서 반복되어온 문제들과 가정내에서의 의사소통상의 문제점들에 초점을 둔다. 이 시간동안에 확인된 클라이언트와 형제들은 진단적 심리검사를 받는다.

2차 전체회의로 첫날의 활동을 종결한다. 2차 전체회의에서는 가슴아픈 일이기는 하나 그 가족의 손상된 상호작용과 의사소통에 대한 치료팀의 시연(試演)이 있다. 이를 통해 가족은 현재 위기에 대한 올바른 이해를 발전시키게 된다. 가족과 개인문제의 영역이 확인되고, 인식하지 못하고 있던 정서적 성장의 잠재력들이 드러나기 시작한다. 가족구성원들 사이에서 그들의 분리된 자질들에 대한 자각이 생기게 됨에 따라, 기존의 가족유형을 유지하기 위해 필요로 했던 공모가 그 효력을 잃어가게 되기 때문에, 가족사이의 불편함이 고조된다.

둘째날은 좀더 많은 변화가능성을 가지고 첫째날 오후의 면접유형들과 유사한 방식으로 진행된다. 물론 둘째날도 치료팀의 브리핑회의로 시작된다. 이 시간에 치료팀들은 다시 한번 그들의 선입견과 역전이 현상 등을 검토하고, 보다 많이 수집된 정보들을 재검토하여 치료팀 구성원별로 개별적인 치료목적과 앞으로의 가족구성원과의 상호작용을 감당할 자신의 능력을 평가하면서, 새로운 일정표를 작성한다. 둘째날의 일차 전체회의는 브리핑회의의 결과에 따라 간략히 진행되거나 생략된다.

둘째날의 개별회의에서는 보다 많은 중복회의를 시도한다. 각각의 가족구성원들은 각자 자신의 관점에서 자기 자신의 견해를 가지고 가족의 입장에 대해 비판하거나, 그의 견해를 보다 분명히 표현하도록 격려된다. 가족구성원들이 가족유형과 기능을 이해해나가는 정도와 건전한 상호작용을 하기위해 가동시키는 자기재활력의 정도에 따라 일정표의 계획은 변경될 수도 있는데, 이러한 계획상의 변화는 가족들이 보는 앞에서 이루어진다.

둘째날의 2차 전체회의는 사실상 최종 회의가 되는데, 이 시간에는 현재와 가정으로 돌아갔을 때 직면해야 할 문제들에 대한 가족들의 우려에 중점을 두며, 6개월과 18개월 후에 있을 사후면접에 대한 동의를 받는다. 가족들이 다중충격치료를 좀 더 받고 싶다는 의사를 표현할 수도 있는데, 이 때 치료팀은 가족들의 자기재활과정이 가동되었음을 인식시키고, 또 그러한 능력이 있음에 대해 존경을 표현하면서 다중충격치료의 연장을 될 수 있는대로 피한다. 가족들이 그들의 가족역동에 대한 이해를 부분적으로나마 가지고 떠난다면, 다중충격치료에서 가동된 자기재활과정은 유지되고 향상될 수 있기 때문이다. 가족이 필요이상으로 불안해할 경우에 한하여, 적어도 24시간 내지 48시간은 가족들 나름대로 자기재활과정을 가동시켜보라고 권유하고, 그 후에도 도움이 필요하면 연락을 하도록 한다.

제7절 치료자의 역할

다중충격치료의 기본적인 치료효과는 상대적으로 폐쇄된 체계속에서 방어적으로 기능하는 가족과 상대적으로 개방된 체계인 치료팀과의 결합으로부터 나온다. 치료팀의 기능은 폐쇄된 가족체계를 성장할 수 있는 개방체계로 효과적으로 이동하도록 하는 것이다. 치료팀은 가족체계와 더불어 가족체계 안으로 참여함으로써 이러한 변화를 일으키고자 한다.

치료팀이 효과적으로 가족체계속으로 끌려들어가기 위해서는 두가지 단계가 필요하다. 첫번째 단계에서 치료팀은 가족으로 하여금 확인된 클라이언트의 문제행동이라는 것이 그러한 상황하에서 그가 취할 수 있는 최선의 전략이라는 것을 보게하여야 하고, 실제로 문제가 되는 것은 확인된 클라이언트의 문제행동이 아니라, 그 상황이라는 것도 보게하여야 한다. 다음 단계에서는 치료팀의 한 구성원으로 하여금 몇가지 가족역동 관련 주제들을 내놓도록 하고, 치료팀의 다른 구성원은 그가 내놓은 역동적 주제의 의미에 대해 방어적인 가족구성원들을 도울 것임을 보여주어야 한다. 그리고 치료팀의 또다른 한 구성원은 중립적인 입장으로부터 이동하여 가족교환의 참여자로서 적극적으로 깊이 관여하기 시작해야 한다. 그 치료자는 다른 치료자가 객관적인 관찰자로서 그를 관찰하고, 필요시에는 그에게 자신의 관점을 제공할 준비를 하는 동안에, 현재 교차되고 있는 가족갈등과 공모를 직접적으로 경험한다. 이러한 경험과 가족과 함께 하는 다른 상호작용을 통하여, 치료팀은 가족구성원간의 상호작용, 그들의 왜곡된 현실, 그리고 서로 지배하고 착취하고, 통제하고자 하는 그들의 투쟁을 첫날 2차 전체회의에서 가족에게 재반영하여 되돌려줄 수 있게 되는 것이다.

개방체계로서 치료팀은 가족의 기존유형이 어떻게 보이는지를 예를 들어 보여줌으로써 가족에게 가르쳐주고, 그 과정을 공개적으로 분석할 능력을 가지고 있어야 한다. 전체회의는 마치 자기 연마의 도제훈련과도 같다. 치료팀은 개별적인 책임감, 친밀감, 그리고 지도력 등에서 있을 수 있는 문제를 다루는 방법의 본을 보여주어야 한다. 치료팀은 서로 존경하는 관계속에서도 의견이 다를 수 있고, 그것을 솔직하게 의논할 수 있음과 역할의 융통성과 대인관계적 적응력의 융통성도 시범으로 보여줄 수 있어야 한다.

각 치료자의 개별적인 학문적 정체감은 다중충격치료의 성공에 의미있는 요인이 된다. 자신이 의미있는 사람이 될 수 있는 유일한 방법이란 가족의 한 구성원이 되는 길밖에 없다고 생각하기 때문에 가족과의 이탈을 두려워하는 10대 청소년에게, 치료자는 개별적인 정체감을 가진 개별적인 인간으로서의 모델을 제공해주어야 한다. 10대 청소년을 대상으로 한 집단치료에서는 과도한 집단정체감은 오히려 도움이 안될 수도 있음을 염두에 둔다.

개별적인 치료자들은 또한 가족구성원들이 하고자 하는 구두적 비구두적 언어를 경청하여야 하고, 보호적인 개입역할도 제공하여야 한다. 치료팀은 가족구성원들이 그가 의도한 것보다 더 많이 자신을 노출시켰을 때, 그의 체면을 살릴 수 있도록 도와주어야 한다. 이러한 행동들은 치료팀에 대한 가족의 안도감을 강화시킨다. 또 다중충격치료에서는 어느 가족구성원이든지 언제든지 적어도 한명의 치료자가 그의 입장을 다른 치료자에게 대변하여 주기때문에, 특정 가족구성원은 특정 치료자와의 개별면접시간에 좀 더 솔직하게 반응하게 되는데, 이로 말미암아 정확한 치료목적의 수립이 빠른 시간 안에 가능하게 된다.

그러나 다중충격치료에서 치료자의 역할중에 가장 중요한 것은 각 치료자가 그의 학문을 대표하는 전문가이면서 동시에 팀의 일원이어야 한다는 것이다. 치료팀의 구성원이 되려면, 서로간에 대인관계적 전문가적 자질에 대한 확신이 있어야 한다. 치료팀의 각 구성원들은 자신이 다른 구성원들과 어떤 점에서 차이가 나는지를 가족을 만나기 전에 확실히 인식하고 있어야 한다. 다중충격치료는 개별치료와 집단치료의 조화를 기본으로 하기 때문에, 치료팀의 구성원들은 각자의 학문에 정통해야 할 뿐만 아니라, 개별심리치료와 집단심리치료 모두에 대해서도 경험이 있어야 한다. 치료팀의 각 구성원들은 팀의 일원으로서 동료의 의견을 마음을 열어놓고 경청할 수 있어야 하고, 그들의 의견을 고려할 수 있어야 하며, 행동의 결과를 예측할 수 있어야 한다. 때때로 그들은 주고받는 협상을 할 줄 알아야 하는 것이다. 모든 작업을 클라이언트를 앞에 두고 하기 때문에, 팀의 구성원들은 각자의 역할에 대한 융통성을 증폭시킬 줄 알아야 한다. 개별치료에 익숙한 치료자에게는 환자가 보는 앞에서 그가 한 면접내용이나 인상, 또는 해석을 다른 치료자에게 제공해야만 하는 중복회의가 가장 어려울 것이다. 그러나 개별치료자의 사례에 대한 소유욕이야말로 다중충격치료에서는 가장 큰 위협과 장애물이 된다.

제8절 비판과 평가

다중충격치료는 신경증적인 10대 청소년을 데리고있는 가족들을 대상으로 하는 단기적이고 집중적인 가족치료이다. 이것은 특히 기존의 다른 치료들이 확인된 클라이언트와 그 가족을 돕지 못하는 상황에서 유용하게 사용되며, 개별심리치료에 저항하는 10대 청소년들에게 특별히 적합한 방법이다. 이것은 집중적인 시간을 사용하지 않더라도 호의적으로 해결될 수 있는 사소한 문제들을 다루는 방법으로는 가장 현명한 것은 아니지만, 다중충격치료를 사용함에 있어서의 금기사항은 알려진 바가 없다.

이 접근법의 제한점중의 하나는 가족역동과 치료적 전략을 수립하기 위해 요구되는 시간에 있다. 필요한 가족배경 자료를 수집하는데 거의 하루종일이 소요된다. 그렇지만 사실 기존의 다른 가족치료에서도 시간을 집약적으로 소비하지 않을 뿐, 필요한 정보수집에 더 많은 시간이 걸리기도 한다. 또다른 제한점은 다중충격치료를 행하기 위해 필요한 치료자의 수에 있다. 다중충격치료에서는 최소한 가족구성원의 수와 같거나 그보다 많은 수의 치료자들을 필요로 하며 치료자들간의 성(性)의 안배도 고려하도록 권장되고 있다. 한 진료소가 이러한 접근법을 사용한다는 것은 시간적으로나 인적으로 상당한 것이다. 대개의 진료소들은 여러명의 치료자들을, 더군다나 학문 배경과 성에 있어서도 안배를 하여, 그렇게 오랫동안 함께 시간을 같이 하도록 스케쥴을 짠다는 것이 어려울 것이다. 이것이 다중충격치료의 가장 큰 약점인 동시에 가장 큰 장점이 되기도 한다.

가족에게 직접적이고 집중적인 서비스를 제공하는 것 외에, 다중충격치료는 다른 기관에 의해 치료받은 적이 있는 가족들을 대상으로 진단적 연구나 치료조언 등을 제공하는데 활용될 수 있다. 또한 교사, 사회복지사, 임상심리학자, 결혼상담자, 심리학자, 정신과 의사 등의 대인봉사 전문직 종사자들을 대상으로 가족역동을 가르치는 훈련매체로써의 역할도 하며, 창조적이고 치료적인 직장내 훈련방법으로써도 적합하다.

다중충격치료의 강점은 치료팀을 건전한 집단기능의 한 모델로 활용한다는 것과 가족내에서 관찰되는 행위들에 대한 설명적 이론들을 발전시키기 위해 다학문적인 집단의 창조적인 능력을 활용한다는 것이다. 다학문적 팀 접근은 가족역동에 관해 여러 관점을 제공하며, 치료에 대한 다양한 아이디어를 제공할 수 있다. 각각의 가족구성원들이 치료팀의 구성원들을 개별면접에서 돌아가면서 모두 만나볼 수도 있기때문에, 가족구성원은 다른 가족치료에서보다 자신과 긍정적인 관계를 맺는 치료자를 만날 가능성이 높을 수 밖에 없으며, 이러한 가능성은 역으로 치료자에게도 성립된다. 치료자가 단지 한사람일 때에는, 치료자가 혼자서 각각의 가족 구성원들과 관계를 맺을 수 밖에 없으며, 혼자만의 진단과 치료절차에 의지해야만 하는 것과 비교해 볼 때, 다중충격치료의 성과는 훨씬 효과적일 가능성이 높다.

1964년의 사후보고서에 의하면, 6개월과 18개월 후에 실시한 사후 연구결과, 연구에 참여하였던 62가정중 38가족에게서 긍정적인 결과가 빠른 시간 내에 발생되었고, 11가족에게서 느린속도로 긍정적인 결과가 나타난 반면에, 13가족에서는 그 결과가 부정적이었던 것으로 보고되었다. 느린속도로 긍정적인 결과를 나타낸 가족에는 정신분열증적 증세가 문제가 되었던 Type A에 속했던 6가족이 모두 포함되어 있었다. 여기에서 긍정적인 결과라는 것은 가족의 자기재활과정이 유지되거나 향상되어 건전한 상호작용이 가능해지고 확인된 클라이언트에게서 문제증상들이 감소되는 것을 의미한다.

1988년에 Timmons는 정신과 병동에 입원중인 10대 청소년들을 대상으로, 기존 가족치료접근법과 다중충격치료의 효과를 집단비교하였다. 그 결과 두 접근법 모두 효과가 없는 것으로 나왔다. Timmons는 입원환자의 경우에는 어떤 접근법이든 가족치료가 별로 효과가 없는 것으로 보인다고 결론지었다. 이외에 1991년과 1992년에 Asa Hallstrom은 여러가지 심각한 심리적 사회적 문제를 가진 스웨덴 아동들을 대상으로 다중충격치료의 장기적인 효과를 2년과 9년 후에 연구한 것을 발표하였다*.

다중충격치료의 가족내의 자기재활과정이라는 개념이나, 가족집합이라는 진단틀의 개념화, 그리고 인턴쉽과 중복회의라는 착상과 도입은 감탄할 만하다. 그럼에도 불구하고, 다중충격치료가 텍사스대학과 다른 임상 실무에서 여전히 활용되고 있기는 하지만 다중충격치료에 대한 평가는 사실상 30년 전에 이루어진 것 하나밖에 없는 실정이므로 재평가가 필요하다 하겠다.

* Hallstrom의 연구는 영어판이 없어서 연구결과를 알리지 못하는 것을 유감으로 생각한다.

참 고 문 헌

Goolishia, Harold A. & Harlene Anderson,(1987), "Language Systems and Therapy: An Evolving Idea", *Journal of Psychotherapy*, Vol.24, pp.529-38.

__________, (1992), "Strategy and Intervention Versus Nonintervention: A Matter of Theory?", *Journal of Marital and Family Therapy*, Vol.18, No.1, pp.5-15

Hallstrom, Asa(1991), "Multiple Impact Familjeterapi(MIT), familjebehandlings-modell i glesbygd. Uppfoljning med HSRS 2 ar efter behandlingen". *Nordisk-Psykiatrisk-Tidsskrift*, Vol. 45(4). pp.287-97

__________, (1992), "Multiple Impact Family Treatment(MIT): Long-term evaluation by means of tailored target criteria(TTC)", *Nordic Journal of Psychiatry*, Vol. 46(4), pp.245-56

Hansen, H. C. & L. L'Abate, (1982), "The Multiple Impact Theory of Robert MacGregor and the Youth Development Porject", *Approaches to Family Therapy*, NY: MacMillan, pp.259-70

MacGregor, R. (1962), "Multiple Impact Psychotherapy with Families", *Family Process,* Vol.1, pp.15-29

__________, (1967), "Progress in Multiple Impact Therapy", *Expanding Theory and Practice in Family Therapy*, N. Ackerman, et.al. eds., New York: Family Service Association of America, pp.47-58

__________, et.al. (1964), *Multiple Impact Tehrapy with Families*, New York: McGrawHill

McDaniel, S, H, & Kenneth J. Gergen, (1993), "Harold A. Goolishian", *AmericanPsychologist*, Vol. 48, No.3, March, p.292

Timmons, Carolyn Williamson, (1988), "A Comparison of Multiple Impact Therapy and Frequent Family Therapy in the Inpatient Treatment Setting", Dissertation of Texas Woman's University, *Dissertation Abstracts International*, Vol. 49, No.10, April, p.2939-A

제 11 장

사회적 지지망 가족치료모델

이 원 숙*

제1절 사회적 망 가족치료 학자

사회적 망 치료팀은 3-4명으로 구성되며, 가족문제 해결을 위해 가족과 의미있는 타자들(친척, 친구, 이웃 및 지역사회주민 등)을 포함하는 사회적 망을 활성화시키게 된다. 사회적 망 가족치료는 전문치료자가 문제해결을 주도해 나가는 것이 아니라, 사회적 망의 자발적 해결을 활성화시키는데 주안점을 두고 있다. 보편적으로 사회적 망 가족치료는 40명에서 100명 정도의 망 구성원을 관여시키는 대규모적 치료접근법이다.

치료접근법에 있어서, 사회적 망 가족치료를 받을 가족의 확대가족망이 있으나 역기능적일 때, 확대가족체계의 성원들과 다른 의미있는 타자간의 의사소통을 증진시킴으로써 역기능을 감소시키는데 초점이 주어진다. 이와 같은 의사소통의 증진은 공식적 확대가족망에서 해결되지 않은 가족문제 뿐 아니라 새로운 문제들을 드러나게 한다. 사회적 망 가족치료는 가족성원들이 새롭고 보다 생산적 관계유형을 발달시키도록 돕는다. 그러나 이 접근법이 위기를 즉각적으로 해소하지 못할 경우, 부수적 서비스와 도움이 제공되어질 필요가 있다. 확대가족망의 규모가 극히 제한되거나 부재할 경우, 사회적 망 가족치료는 위기시기에 일시적 사회적 지지망으로 기능할 수 있는 친구, 이웃, 지역사회, 주민 등을 포함하여 대체가족망(substitute family network)을 구축할 수도 있다.

사회적 망 가족치료를 발달시키는데 기여한 대표적 학자로는 Ross Speck, Carolyn Attneave 그리고 Uri Rueveni를 들 수 있다. 이 중 Speck과 Attneave는 자신들의 삶의 경험으로부터 망 치료에 관한 아이디어를 얻게 되었다. Ross Speck은 캐나다 온타리오의 작은 마을에서 어린 시절을 보냈는데, 커다란 확대가족과 함께 생활하였다. 그는 4세대로 구성된 확대가족과 이들의 상호작용에서 사회적 망 개입의 원초적인 형태를 경험했다고 하겠다.

그는 사람들을 돕는데 대한 관심 뿐 아니라 자신과 타인들에 대한 호기심 때문에 정신의학을 전공하게 되었다고 설명하였다. 그는 정신분석기관에서 정신분열증 클라이언트 가족에 관한 조사연구를 실시하게 되었다. 여기에서 그는 일대일의 치료보다 가족치료에서 보다 성공적인 경험을 하게 된다. 약 20%의 사례에서 핵가족 범주를 넘어선 영역에서 문제가 발생한 것으로 나타났다. 1964년까지, 그는 여러 방식으로 의미있는 타자들을 가족치료에 관여시

* 강남대 사회복지학과 교수

키게 되었다. 그는 Elizabeth가족과 사회적 망(family and social network, 1957)의 영향을 받아 정신분열증 클라이언트 가족의 사회적 망을 대상으로 치료적으로 접근하게 되었다. 그는 1966년 최초로 40명으로 구성된 정신분열증 가족망을 소집하였고 9개월간 치료하였다. 이 장기적 개입은 사회적 망 가족치료의 실천적 토대가 되었고, 그 후 보다 구체적 망개입 방법이 계속적으로 연구되었다(Hansen & L'Abate, 1982).

Carolyn Attneave는 텍사스 주 엘파소(El Paso)에서 인디언 혈통을 가진 어머니와 텍사스출신 아버지 사이에서 태어났다. 그녀의 가족은 친척들과 가깝게 지내지 않았으며, 자주 이사를 다녔다. 대신 그녀는 부모님과 가까운 관계를 유지하였고 부모의 친구들을 '숙모'와 '삼촌'이라고 불렀다.

그녀는 자주 이사를 다녔던 관계로 30살이 될 때까지 한 지역사회에서 2년 이상을 살았던 적이 없었다고 기억한다. 이로 인해 그녀는 여러 하부문화와 접하고 그들의 다양한 관계를 배우게 되었다. 이런 과정에서 그녀는 각 지역사회와 조직들의 유사성과 차이를 규명할 수 있게 되었고, 역할, 패턴 및 관습 등에 관한 관찰은 잦은 이사에도 불구하고 새로운 지역사회에 쉽게 적응하는데 도움이 되었다.

그녀는 5개의 대학을 다녔고 이 과정에서도 사회적 패턴에 관한 관찰을 지속하였다. 이러한 삶의 경험은 그녀가 심리학과 사회학을 전공하도록 하였다. 그녀는 직업도 몇차례 바꾸었다. 즉, 학교 상담선생에서, 임상 아동치료 그리고 궁극적으로 가족치료에 정착하였다.

Attneave는 여러 인종과 문화집단을 다양하게 경험한 것 이외에도 장애인 집단을 접촉하였다. Attneave는 여러 집단과의 경험을 통하여 사람들이 서로의 삶에 자극을 주고, 상호성장을 도모할 수 있는 관계를 구축하도록 돕는데 목적을 두었다. 이는 문제상황 해결을 위해 지역주민으로 구성된 치료팀을 개발하도록 하였다. 치료팀은 가족뿐만 아니라, 목사, 스카우트 지도자, 이웃, 상인, 친척을 포함하곤 하였다. 그러나 당시 그녀의 아이디어는 전문적 경향에서는 벗어나 있었다. Attneave와 Speck이 만나게 되면서, 이들은 아이디어를 나누고 사회적 망 가족치료에서 재종족화(retribali -zation)라고 불리우는 개념을 탐구하였다(Hansen & L'Abate, 1982).

Uri Rueveni는 사회적 망 가족치료를 Ross Speck의 치료팀으로서 경험하기 시작하였다. Rueveni는 피츠버그대학, 미시간 주립대학에서 교육을 받았다. 그 후 필라델피아에서 일하면서 사회적 망 가족치료를 발전시키고 이에 관한 논문을 발표하였다.

제2절 사회적 망 가족치료의 초점 및 목적

사회적 망 가족치료는 핵가족 뿐 아니라 확대가족에 관심을 표명하고 있으며, 나아가서 친구와 이웃까지 포함하기도 한다. 보다 구체적으로, Rueveni(1979)는 사회적 망이 가족성원들의 삶 속에서 중요한 위치를 차지하는 사람들 - 흔히 이들은 지속적 관계를 유지하고 있는 - 로 구성된다고 한다. 따라서, 사회적 망에는 가족, 친척, 친구, 이웃 그리고 지역사회 주민을 포함할 수 있다. Speck과 Attneave는 사회적 망을 묘사하는데 '종족(tribe)'이라는 용어를 사용하였으며, 이는 초기 사회적 망 연구가 사회인류학자에 의해 종족이나 부족 등을 단위로 사회적 유대 연구에서 출발하였던 것을 반영하고 있다(이원숙, 1992). 이들은 사회적 망을 인간이 직면하고 있는 곤경에서 벗어날 수 있는 창의적 해결책을 제공할 수 있는 잠재적 자원으로 보았다.

Speck과 Attneave는 전통적으로 정신장애 증상으로 규정된 대개의 행동이 사회적 망과 자원으로부터 소외됨으로써 파생되었다고 지적한다. 그들은 때로 전체 사회적 망이 개인이나 가족을 희생양으로 만들면서 병리증상을 야기시키거나 영속화시킨다고 하였다. 사회적 망 가족치료는 가족에 관한 개념이나 역기능적 행동원인보다는 고통을 경험하는 개인과 가족을 위해 사회적 망 구축을 통하여 재종족화(retribalization) 해주는데 초점을 두고 있다.

사회적 망 가족치료에서는 구체적 목적과 일반적 목적이 설정되어진다. 구체적 목적은 해당 가족성원이 해결하고자 하는 문제의 본질에 따라 달라진다. 치료사는 가족과의 예비모임에서 이들의 관심사와 문제를 파악한 후 구체적 목적을 결정하게 되는데, 이는 그 후 사회적 망 집회를 거치면서 수정되어 질 수 있다. Rueveni(1979, p. 7)는 사회적 망 가족치료 개입의 일반적 목적을 아래와 같이 열거하였다.

1. 사회적 망에의 신속한 연계, 친숙성 및 참여 의사를 촉진시키는 것이며, 이는 관여 및 에너지 수준을 향상시키게 될 것이다.
2. 가족성원의 문제와 관심사를 나누도록 하고 격려하는 것이며, 이는 사회적 망 구성원의 관여 수준의 증진 및 다양한 관점의 교환을 허용하게 될 것이다.
3. 가족과 확대가족망 간의 커뮤니케이션을 촉진시키는 것이며, 이는 사회적 망 행동대원들(network activists)의 필요성을 강조해 준다.
4. 사회적 망 가족치료가 난관에 봉착했을 때, 직접적 개입을 제공해주고 어려움의 본질에 관해 보다 심도있게 규명하도록 할 것이며, 이는 위기해결에 기여할 것이다.
5. 임시 지지집단(temporary support groups)의 발달 및 형성을 보조할 것이며, 이는 자원자문으로서 기여하도록 할 것이다.

사회적 망 가족치료의 일반적 목적은 앞으로 살펴보게 될 6개의 치료단계와 밀접하게 연관되어진다. 위의 목적을 성취하기 위하여, 치료사와 망 치료팀은 사회적 망 구성원을 관여시킴으로써, 사회적 망을 위기해결을 위한 행동에 동원하게 될 것이다.

Speck과 Attneave에 의하면, 사회적 망이 서로의 문제를 해결하도록 잠재력을 자극하고 반영하며 초점을 제공해 주는 것이다. 그들은 망 개입이 결속을 강화시키고 굴레를 느슨하게 풀어주며, 새로운 통로를 열어주고, 새로운 인식을 촉진시키며, 잠재적 장점을 활성화시키고, 병리를 환기시키도록 도와줌으로써, 각 개인의 사회적 매트릭스(social matrix)안에서 삶을 지탱해주는 공동체가 구축될 수 있다는 신념을 가지고 있다.

사회적 망 가족치료의 초점은 치료사가 아니라 망 구성원이 치료를 제공하도록 하는데 있다. 다시 말해서, 이는 망 구성원이 문제해결에 필요한 잠재력을 가지고 있으며, 전문가는 이를 발휘하도록 개입한다는 것을 함의한다. 나아가서, 사회적 망 가족치료에서는 개입이 종결된 후에도 망 구성원들이 지속적으로 상호 지지하도록 시도한다.

사회적 망 가족치료의 초점은 망 구성원 각자의 문제에 대한 인식을 토대로 한다. 전문가는 망 구성원들이 문제상황에 관한 다양한 아이디어를 의사소통하도록 돕는 접근법을 통하여 이해와 해결책을 모색하도록 한다. 사회적 망 가족치료의 목적달성을 위한 과정과 기법은 통찰력과 해석을 위주로 하는 것이 아니고, 직접적인 활동을 핵심으로 하고 있다. 그리하여, 모든 사회적 망 구성원들을 우선적으로 사회적 망 개입과정에 관여시키고, 그 후 이들이 문제해결을 위해 무엇인가 기여하도록 조장한다.

제3절 사례선정 및 진단

사회적 망 가족치료가 적합한 사례는 어떤 기준에 의해 선정되어야 할 것인가? 이 망 개입이 모든 사례에 적합한 것은 아니다. 물론 모든 사람들이 사회적 망에 속해 있으며 이의 내재적 잠재력을 활성화시키면 도움이 되겠으나, 이는 고통과 스트레스를 경감시키기 위한 가장 효율적, 경제적 혹은 바람직한 방식이라고 할 수는 없다. 사회적 망 가족치료는 문제를 해결하는 한가지 접근법일 뿐이며, 비교적 선별적으로 사용되고 있다. 다시 말해서, 가족치료를 필요로 하는 대부분의 사례에 사회적 망 가족치료를 사용할 수는 있으나, 망 개입 전문가들 조차도 모든 사례에 이 접근법을 적용하지는 않는다.

실제로 Speck과 Attneave는 위기와 절망감이 사회적 망 가족치료를 선택하는 일차적 특성이라고 지적한다. 사회적 망 가족치료는 가족문제 혹은 관심사가 다른 치료적 개입에 의해 수정되기 어려운 경우에 가장 적합하다고 보여진다. 과거 개별적 치료 혹은 가족치료를 받았으나 별다른 효과를 거두지 못했던 개인 혹은 가족은 망 개입에 마지막 희망을 기대할 수 있다. 사회적 망은 개인 및 가족의 어려움을 극복하는 충분한 에너지를 결집시킬 수 있는 뛰어난 접근법이라 하겠다. 사회적 망 구성원의 문제해결과정에의 관여는 각 가족성원이 절망적 상황을 대처하는 방식을 모색하는데 필요한 사회적 지지를 제공해 준다.

사회적 망 가족치료가 적합한 사례는 첫째, 스트레스와 고통이 다른 사람과의 관계를 통하여 중재되어질 수 있는 것 그리고 둘째, 사회적 매트릭스(social matrix)가 이용 가능할 것이라는 두가지 요인을 만족시켜야 한다(Hansen & L'Abate, 1982). Speck과 Attneave에 의하면, 무엇보다도 전문가는 사회적 매트릭스의 유무 그리고 가족의 스트레스 정도를 고려하여 사회적 망 가족치료의 적용 여부를 결정해야 한다. 세번째 요인으로는 가족이 전체 단위로서 문제를 해결하고자 하는 동기를 들 수 있다. Rueveni(1979)는 가족이 하나의 단위로서 문제를 해결하고자 하는 관심 혹은 동기가 미흡한 경우 망 개입이 거부될 것이라고 경고한다.

대상가족 선정의 또다른 요인으로는 자기선택(self-selection)이 있다. 간혹, 사회적 망 가족치료에 관한 소문을 듣고 가족이 스스로 이를 요청할 수 있다. 이 경우 가족과 친구 등 사회적 망 구성원을 문제해결에 참여시키는 데 따른 저항을 피할 수 있다. 때로 가족성원 중 일부는 사회적 망 가족치료를 희망하나 다른 일부 성원이 이에 동의하지 않을 경우가 있다. 사회적 망은 어느 특정 가족성원을 위해 소집되는 것이 아니며 전체 가족의 협조적 노력이 필요하다는 점을 고려할 때, 가족성원간의 합의의 부재는 문제시된다. 이 경우, 치료팀은 가족에게 투표를 통해 사회적 망 가족치료를 받을지 여부를 다수결로 결정하도록 제안할 수 있다. 대조적으로, 가족에 따라서는 사회적 망을 소집하기 어렵다고 느끼거나 혹은 그런 의사가 전혀 없을 수도 있다. 이들은 가족문제와 이에 수반된 고통스러운 감정을 노출시키는 것보다는 개별적 치료를 선호할 수 있으며, 이들의 선택은 존중되어져야 할 것이다.

실천적 관점에서, 사회적 망 가족치료를 적용할 것인가의 여부는 가족력 조사 및 가족에 대한 이해를 토대로 하게 되며, 이는 대체적으로 예비모임에서 이루어진다. 예비모임은 가정에서 소집되는 것이 바람직한데, 이는 가정이 가족의 자연적 주거지일 뿐 아니라, 필요시 친척과 친구가 소집될 수 있는 장소라는 개념을 강화시켜주기 때문이다. 또한 가정이 가지고 있는 또다른 장점은 병원이나 사회복지기관 혹은 다른 임상기관보다 편리하며 스티그마가 적은 장소라는 점이다.

예비모임은 치료자와 치료팀이 가족의 관심사 혹은 문제를 이해하고 친숙해지도록 한다. 이 모임은 또한 가족성원이 치료팀의 기대와 익숙해지도록 하며, 사회적 망 가족치료 과정을 축약된 형태로 경험하도록 하며, 앞으로 치료과정에서 자신들의 역할을 이해하도록 돕는다. 일반적으로 예비모임은 약 2시간 지속되며 핵가족이 참석하고, 확대가족망은 아직 포함하지 않는 경향이 있다. 만약 예비모임에 핵가족 이외에 다른 친척이나 친구가 참석하는 것이 바람직하다고 간주되면, 치료팀 지도자와 가족이 공동으로 이를 결정하게 된다(Hansen & L'Abate, 1982).

보다 구체적으로, 예비모임은 사회적 망 구성원이 적게 참여한다는 점을 제외하고는 사회적 망 가족치료의 치료과정과 동일하다. 이 모임의 목적은 가족망의 동원이 최적의 개입접근법인지를 결정하는 것이다. 이 모임의 초기단계 동안 재종족화(retribalization)과정이 발생하며, 여기에서 가족성원들은 치료팀을 만나고 서로 알게 된다. 그 후 치료팀 지도자는 모임의 목적을 간략히 설명하고, 의뢰기관이 있을 경우 이 기관에서 해당 가족에 관해 제공한 정보를 가족과 나누게된다. 치료팀 지도자는 가족성원들에게 치료과정에 관련된 구체적 결정들을 내리기 위해서 보다 많은 정보가 필요함을 설명한다. 치료팀은 가족성원에게 문제상황의 본질 및 범위에 관한 감정을 진솔하게 표현하도록 격려한다. 이 활동과정에서 가족성원들의 의견차이가 드러나게 되고 분극화(polarization)단계로 접어들게 된다. 가족성원들은 누구의 잘못인가, 누가 갈등을 고조시키는지, 누가 원망을 품고 있는지, 누구 편에 섰는지, 누가 희생양이 되었는지 등에 관해 각기 자신의 관점에서 이해하고 있다. 치료팀은 여러 관점들을 통해서 역기능적 관계를 규명할 수 있다. 가족성원은 일반적으로 갈등상황을 유발하는 평소의 행동패턴에 따라 기능할 것이며, 치료팀은 이 과정에서 가족성원이 경험하는 좌절감을 민감하게 인식해야 한다.

예비모임에서 가족이 전체 지지망을 활성화하지 않고도 문제가 해결될 수 있다고 느끼게 되면, 이 모임은 일시적으로 동원될 수 있다. 치료팀은 그간 가족 성원들이 문제를 해결하기 위해 시도하였던 개별적 혹은 집합적 노력들을 규명할 필요가 있다. 치료팀은 가족의 저항감과 절망감을 탐색함으로써 가족에 관한 정보수집을 지속해 나간다. 일반적으로 가족성원들이 그동안의 어떤 해결책도 효과가 없었고 앞으로도 그럴 것이라고 부정적으로 느끼는 우울단계가 있다. 치료팀은 가족성원간의 관계의 본질을 사정하고 절망감의 저변에 깔려 있는 생각과 감정을 표현하도록 돕는다. 때로 가족들이 노출하기 꺼리는 가족비밀이나 정보가 있는데, 치료팀은 이런 유형의 정보를 스스로 노출시킬 수 있도록 지원하게 된다. 이는 바로 이런 경험이 가족들로 하여금 우울단계에서 벗어나 축소-난관돌파(mini-breakthrough)단계로 옮겨가도록 하는 촉진역할을 하기 때문이다. 이 난관돌파는 위기가 종결되었음을 함의하는 것이 아니고, 오히려 치료팀과 가족이 사회적 망의 소집이 최선의 행동노선인지를 결정하는데 기여하게 된다. 사회적 망 가족치료 개입이 바람직한지의 여부는 예비모임에서 치료팀과 가족이 합의하게 된다.

때로, 치료팀 혹은 가족이 여러 대안을 보다 충분한 시간적 여유를 가지고 논의해야 할 필요가 있다고 느끼게되면, 최종적 의사결정을 유보할 수 있다. 치료팀은 가족의 준비태세가 갖추어지지 않았거나, 문제해결을 위한 동기가 아직 미흡하기 때문에 사회적 망 가족치료 개입이 적정하지 않다고 판단되면, 가족성원들에게 다른 접근법을 시도해 보도록 권고한다. 한편, 사회적 망 가족치료가 가장 적합한 개입접근법인 것으로 판단되었으나 가족성원들이 이를 주저하고 있다면, 치료팀은 가족에게 치료과정에 따른 제반 단계에 관한 정보를 제공한다. 가족은 문제해결을 위해서 사회적 지지망을 소집하는데 따른 함의를 논의할 시간적 여유가 필요할 수도 있다.

치료팀과 가족이 사회적 망 가족치료에 합의하게 되면, 치료팀은 각 가족성원이 가족, 친구 등의 사회적 망 구성원 목록을 작성하도록 돕는다. 사회적 망 소집일이 결정되면, 가족은 사회적 망을 소집하고 망 개입을 실시할 최종 준비를 갖추게 된다.

치료팀은 가족에게 어떠한 방식으로 사회적 망 구성원을 모임에 초대할지에 관련하여 도움을 제공한다. 전형적인 초대방식에는 ① 전화, ② 전화와 병행하여 초대편지 발송, ③ 초대편지가 있다. 초대내용은 가족문제에 관한 간략한 진술과 문제해결을 위해 망 구성원이 모임에 참여해야 할 필요성을 포함한다. 여기에서는 초대된 망 구성원이 모임의 성공여부에 영향을 미치는 중요한 사람으로 간주되고 있으며, 참석할 경우 성공적 문제해결에 크게 도움이 될 것임을 밝히도록 한다. 또한 망 구성원이 사회적 망 가족치료 과정에 관해 이해할 수 있도록 안내자료를 배부 혹은 우송하는 것이 바람직하다. 간혹 사회적 망 모임을 비디오로 촬영할 계획을 세웠다면, 망 구성원에게 사전에 이의 가능성을 알리고 이에 관한 동의를 얻어야 한다.

제4절 사회적 망 가족치료의 단계

사회적 망 가족치료는 일련의 사건들이 순차적으로 발생하는, 다시 말해서 일종의 패턴을 나타내고 있다. 치료단계에 대한 이해는 사회적 망을 구성하는 많은 망 구성원들과의 과업성취를 보다 용이하게 한다. 보다 구체적으로, 치료단계에 대한 이해는 인간관계의 무한한 가능성에서 초래되는 다양한 변화와 상황의 전개 혹은 반전에서 전체적 맥락을 파악하도록 한다. 대체적으로 사회적 망 가족치료 개입을 통해 가족의 사회적 망이 대처 경험을 공유하고 전문적 도움 없이도 안정된 상태에서 기능하려면, 약 6번 정도의 집회가 적절하다고 보고되고 있다. 본 장에서는 Speck, Attneave, Rueveni의 사회적 망 가족치료 개입단계를 살펴보고자 한다 (Hansen & L'Abate, 1982).

1. 재종족화 단계(retribalization)

첫번째 집회의 전략은 가족과의 예비모임에서 수집되었던 정보를 토대로 수립된다. 팀 지도자는 사회적 망이 소집됨에 따라 하부집단들과 이들의 분위기에 관해 치료팀으로부터 신속한 환류를 제공받을 필요가 있다. 치료팀은 집회장소에 먼저 도착하여 가족과 망 구성원들을 관찰함으로써, 이들의 관계 뿐 아니라 이들간의 제휴나 감정들을 파악한다. 집회에 참석한 망 구성원들은 아직 왜 그들이 이 집회에 왔는지를 명확히 이해하지 못하고 있으나, 가족의 고통을 우려하고 있다. 또한 이들 망 구성원은 자신들이 앞으로 감당해야 하는 부담이 어느 정도인지에 관심을 가지고 있다. 이 단계에 있어서, 팀 지도자는 망 구성원들의 초기 두려움을 제거하고 감정을 문제에 집중시키는 기술을 적극 활용해야 한다.

보다 구체적으로, 팀 지도자는 사회적 망이 소집되면 우선 자신을 소개하고 문제를 개략적으로 보고하고, 망 개입 접근법을 설명하는 책임을 지닌다. 팀 지도자는 망 구성원들에게 망의 목적과 망 구성원이 관여되어야 하는 필요성을 간략하게 이해시키도록 한다. 다음으로, 망 구성원들과 가족성원간의 관계를 규명하는 시간을 가지게 된다.

팀 지도자는 소개시간을 통해 망 개입에 따른 모든 단계의 청사진을 보여주게 된다. 팀 지도자는 사회적 망 구성원들에게 특정 문제들에 초점을 두게 될 것이며, 이 과정수행은 때로 어려움과 피곤함이 수반되기도 하며, 적극적 망구성원은 전면에 나서서 개혁적 과업을 수행하게 될 것이며, 망 구성원이 과정 수행중 피로가 축적되면 보다 에너지가 충만한 다른 망 구성원과 대체하도록 할 것 등을 주지시킨다. 또한 망 구성원들에게 몇 번의 집회를 가지게 될 것인지, 그들에게 무엇이 기대되는지 등에 관한 정보가 제공될 것이다. 이런 논의는 사회적 망이 우호적이고 동지애적 분위기를 형성하고 있을 때 위기상황의 재종족화에 초점을 두게 한다.

위와 같은 논의는 망 구성원이 현재 무엇이 진행되고 있는지 이해하도록 하며, 목적과 방향감각을 제시해주게 된다. 초기단계에서는 신속한 연계, 친숙성 증대, 참여의지의 강화, 관여수준의 향상 등이 시도되어 진다. 처음에는 망 구성원들이 주변을 오가며 새로운 망 구성원과 접촉하고, 한동안 서로 만나지 못했던 옛 구성원들과 다시 유대를 맺게 된다. 소개가 끝난 후, 팀 지도자는 망 구성원의 결속력을 높이기 위해 간단한 인간관계 훈련을 실시한다. 인간관계훈련은 그동안 가족성원을 고립시켰던 일상적인 사회적 장애와 방어를 깨뜨릴 수 있는 열정과 행동력을 고취시킨다. 이 훈련에서는 신체적 에너지 발산을 허용하는 활동들이 - 예를 들어, 위아래로 점프하기, 손뼉치기, 고함지르기, 원형으로 둘러서서 함께 노래하기 등 - 효과적이다.

때때로 문제를 가진 본인, 가까운 가족 혹은 어느 특정 망 구성원이 이들 인간관계훈련을 위한 활동에 참여하기를 주저할 수 있다. 치료팀은 망 구성원 중간 중간에 위치하여 참여를 주저하는 주변적 망 구성원들을 전체 사회적 망에 통합시키고자 노력하게 된다. 전체 망 구성원이 모두 인간관계훈련에 참여하게 되면, 이는 망 구성원에게 하나의 집단에 속해있다는 소속감을 심어주고, 팀 지도자에게 상황을 통제하는 지위를 부여하게 된다. 이와 같은 인간관계훈련은 3분 - 10분 정도의 짧은 시간동안 진행될 뿐이지만, 망 구성원들에게 일체감과 상호연대감을 형성시켜준다.

이 시점에서, 팀 지도자는 토론과 대화를 위해 사회적 망을 구조화시킨다. 팀 지도자는 망 구성원들을 몇개의 집단으로 구분한다. 개입현장에서 널리 사용되는 집단형성 방법은 몇개의 동심원으로 나누는 것이다. Rueveni는 직계가족이 중심원에 위치하도록 권장한다. Speck과 Attneave는 만약 팀 지도자가 가족 내 분열패턴을 이해하고 있다면, 가족성원들을 이 패턴에 따라 각기 다른 동심원에 위치하도록 하여 분극화 단계를 가속화시킬 수 있다고 지적한다.

치료팀은 가족성원이 자신들이 보는 관점에서 위기의 본질이 무엇인지 그리고 사회적 망으로부터 무엇을 기대하는 지를 진술하도록 격려한다. 가족성원들이 위기상황에 관한 주관적 인식을 설명함에 따라, 망 구성원들은 각 가족성원의 주관적 입장을 보다 잘 이해할 수 있게 된다. 가족성원들의 위기상황에 관한 주관적 관점이 각기 상이하므로, 대개의 문제들은 가족성원들에 의해 표출되어진 각기 다른 인식과 감정에 따라 분극화된다. 또한 망 구성원들이 특정 가족성원의 입장을 옹호하게 됨에 따라 다음 단계인 분극화 단계로 접어들게 된다.

2. 분극화(polarization)단계

이 단계 동안, 망 구성원은 가족성원과 직접적으로 관여하게 된다. 다시 말해서, 망 구성원들은 위기의 본질에 관한 관점과 감정을 가족성원과 나누게 된다. 이런 과정에서, 치료팀은 망 구성원들에게 각자 가장 지지하고 싶은 가족성원 가까이에 앉도록 제시한다. 일부 망 구성원은 어느 한 편을 택하는 것을 곤란해 하지만, 편가르기는 지속적 관여에 도움이 될 수 있다.

여러 하부집단들이 문제를 전체 사회적 망이 모여있는 곳에서 논의하도록 함으로써, 팀 지도자는 의견차이를 이용하여 각 집단을 분극화할 수 있다. 그리고 나서 이런 의견차이는 통합되고 즉각적으로 다시 분극화시킴으로써 전체 사회적 망이 복합적 수준에서 개념과 대인관계를 다루지 않을 수 없도록 한다. Speck과 Attneave(1973)는 의견차이가 흔히 세대간에 존재한다고 보며, 이에 따라 하부집단은 세대차에 따라 - 사회적 망의 젊은 구성원들끼리, 그리고 노인 구성원들끼리 - 분극화된다고 제시한다. 분극화는 전체 사회적 망보다 소규모의 하부집단에서 보다 긴밀한 상호작용이 가능하기 때문이다. 치료팀은 다양한 의견을 반영하는 경쟁적 분극화를 유도하고, 이들 중 일부분을 해결하는 것이 중요하다. 분극화 단계에서 광범위한 문제를 논의하는 것은 전체 사회적 망이 가족의 곤경을 해결하기 위해서 다루어야 할 주요 문제를 선정하고 이에 초점을 맞추는데 도움이 된다. 각 하부집단은 다른 하부집단과 상호작용할 수 있는 기회를 차례로 가지게 될 것이며, 이 경우 다른 하부집단들을 방해하지 않고 경청하도록 지시되어진다. 그 후 다른 하부집단들에게도 발언을 비평할 수 있는 기회가 제공된다.

이 단계에 있어서, 전문적 문제해결사로서 치료팀의 과업은 망 구성원들의 의존심을 가지는 것을 단념시키고, 보다 적극적 참여와 서로 다른 관점의 교환을 촉진시키는데 있다. 치료팀은 위기에 관한 다양한 아이디어를 교환하는 과정에서 사회적 망의 행동대원을 발견하게 된다. 행동대원은 위기해결을 위한 협동적 노력을 주도적으로 추진하는 망 구성원을 의미한다. 사회적 망 행동대원은 누군가가 일시적으로 책임을 담당해야 할 필요성을 인식하고, 치료팀의 지지를 받으면서 이 과업을 수행하게 된다. 사회적 망에서 행동대원이 숫적으로 충분히 확보되면, 사회적 망은 다음 단계인 동원단계로 옮겨가게 된다. 치료팀은 문제해결을 위한 행동을 보다 구체화시켜서 소집단들이 문제에 관한 논의를 발전시키도록 한다.

3. 동원(mobilization)단계

동원단계에서는 분극화 과정에서 형성된 에너지가 집약되기 시작한다. 치료팀 지도자는 이 에너지를 동원하여 건설적 방향으로 지도해 나간다. 팀 지도자는 사회적 망의 행동대원들이 과업을 추진하도록 자극하고, 사회적 망의 관심이 요청되는 주요 영역을 제시할 수 있다. 또한 팀 지도자는 전체 사회적 망에게 다른 부수적 과업과 이를 어떻게 실행할 수 있는지를 제안하도록 한다. 일반적으로 규모가 큰 사회적 망에서는 대여섯명의 행동대원이 문제를 실제적으로 해결하고자 시도하게 될 것이다. 이 경우, 팀 지도자는 이들 행동대원들이 어려운 과업에 직면하게 되면 초기저항, 자포자기 그리고 절망을 경험할 수 있다는 점에 유의하여야 한다.

4. 우울(depression)단계

동원단계가 지나면서 활동의 일시적 소강상태가 나타나며, 이 단계에서 망 구성원들은 즉각적 해결책을 발견하지 못한데 대해 실망하게 된다. 또한, 이 단계에서 일부 망 구성원들은 자신들의 공헌이 받아들여지지 않는다고 간주하고, 이에 대해 좌절감을 느끼기도 한다. 다른 망 구성원들도 위기해결이 기대했던 것보다 장기화되면서 실망감을 느낀다. 이 기간은 긴장감, 지겨움, 좌절감으로 특징지워진다.

이 단계 동안, 치료팀은 망 구성원들이 좌절감을 느낀다는 사실을 인정하도록 돕고, 이의 극복을 위해 보다 많은 노력을 경주하도록 격려한다. 치료팀은 가족문제에 대한 망 구성원들의 인식을 개선시킬 수 있는 기법들을 활용할 필요가 있다. 이런 기법에는 조각하기, 게스탈트 만남, 심리극 등이 있으며, 이들 기법을 효과적으로 사용하기 위해서, 치료팀은 시간감각과 기술을 갖추어야 한다. 치료팀은 행동대원이 사회적 망을 난관돌파를 위해 동원하도록 도와야 한다. 우울단계는 행동대원들이 확고한 의지를 가지고 난관돌파를 위해 개혁적 해결책을 시도하거나, 사회적 지지 획득을 위해 다른 망 구성원을 모집할 수 있을 때 종결되어 진다.

5. 난관돌파(breakthrough)단계

난관돌파 단계에서는 가족문제를 해결할 수 있는 방책이 있으며 망 구성원들의 노력이 헛되지 않을 것이라는 느낌과 함께 문제해결을 위한 활동이 증대되고 낙관론이 우세해진다. 치료팀 지도자는 그간 치료팀이 행사해 왔던 행동의 주도권을 사회적 망으로 이양한다. 이 단계에서는 지지집단의 형성이 시작되기도 한다. 치료팀은 망 구성원들이 문제해결을 위한 활동에 기꺼히 봉사하고자 하는 지지집단을 규명하도록 돕는다. 망 구성원들은 소규모 지지집단들을 형성한다.

이들 소규모 지지집단은 특정 문제영역에 관련된 과업을 설계하고 다음 집회에서 대변인을 통해 그 내용을 보고한다. 일단 소집단 과정이 진행되면, 치료팀은 직접적 개입을 중단할 수 있다.

6. 소진 및 사기진작(exhaustion and elation)

집회가 후반기에 접어들면, 망 구성원들은 그들에게 할당된 과업을 수행하기 위해 함께 모여서 노력한다. 각 소집단은 어느 정도 만족감과 성취감을 경험할 때 모임을 종결한다. 대체적으로 이 단계에서는 기운이 소진되나 사기는 진작되어진다.

이들 일시적 지지집단의 활동과 헌신적 노력은 위기해결에 중요한 요인이다. 이들 집단은 각 가족성원에 대한 도움을 계속 제공한다. 지지집단은 각 구성원들이 나름대로 기여할 수 있도록 구체적 목적을 추구한다. 그리고 나서 집단성원들은 다음번 집회에서 전체 사회적 망에게 그간의 진전상황을 보고한다. 지지집단 성원들은 다음 집회가 열릴 때까지의 기간 동안 가족성원들 그리고 필요시 치료팀과 전화로 접촉을 계속한다. 지지집단은 위기해결을 위해 다른 대안들을 논의, 계획, 수행해 나간다. 지지집단은 사회적 망 개입 종결 후에 모일 수 있는 집회를 계획한다. 지지집단은 개별적으로 가족성원과 접촉을 가지고, 지속적으로 대안들을 모색해 나간다. 지지집단의 행동대원은 지도자로서 기능하며, 가족성원들이 문제를 해결하도록 돕는데 시간과 노력을 제공한다. 그러나, 지지집단이 이와같은 헌신적 노력을 장기간 유지한다는 것은 매우 어려운 일이다. Rueveni에 의하면, 대개의 지지집단은 위기가 해소됨에 따라 관여수준이 낮아지며, 이는 3주부터 3개월까지 다양하게 나타난다.

망 개입과정은 각각의 집회에서 이와 같은 6단계가 순차적으로 발생한다. 만약 사회적 망이 3번 혹은 6번 집회를 가지게 되면, 각 집회는 이 동일한 6단계 과정을 거치게 될 것이다. 그러나, 각 단계에 소요되는 시간과 에너지는 집회마다 상이하게 나타난다. 즉, 초기 집회에서는 대개의 시간과 에너지가 재종족화, 분극화 단계에 집중될 것이다. 초기 집회가 종결될 무렵 첨예화된 분극화단계에서 동원단계로 접어들게 될 것이다. 한편 후기집회에서는 우울단계가 아직 상당히 영향을 미치고 있으나, 사회적 망은 난곤돌파단계와 현실적 수준에서 재종족화에 초점을 두게 될 것이다. 치료팀은 진행과정을 주의깊게 관찰함으로써, 사회적 망이 우울단계에 고착되어 있거나 혹은 저항하고 있다고 판단되면 단계의 지속적 순환을 촉진시켜 주어야 한다. 때로 사회적 망은 분노, 희생양 그리고 저항 등의 반응을 보이는데, 이는 치료팀에게 문제해결의 책임을 넘기고자 하는 시도이다.

재종족화, 분극화, 동원 그리고 난관돌파는 행동지향적 단계들이다. 그러나 우울단계는 구성원들이 상황에 대처할 수 있어야 한다는 느낌에도 불구하고 상황을 해결하지 못하고 있다는 무력감이 반영되어진 분위기이다. Speck과 Attneave(1973)에 의하면 우울감은 6단계의 과정을 거치면서 희망과 교차되면서 나타나는 경향이 있다. 사실상, 우울단계는 주기적으로 반복되는 분위기이며, 재종족화, 분극화 및 동원의 3단계를 거치면서 축적된 현상이다. 우울단계는 그 자체로서 4번째 단계를 대변하며, 치료팀의 관심이 최대로 요청되는 단계이다. 치료팀은 집단으로 하여금 문제해결이 뜻대로 진척되지 않는데 따른 실패감을 받아들이지 않도록 하고, 상황에 현실적이고 효과적으로 대처하도록 격려해 주어야 한다.

난관돌파단계에서는 저항과 우울감이 사라지고 사회적 망의 목적이 달성됨을 의미한다. 각 집회에서 소규모의 난관돌파현상이 발생하며, 이를 재순환시키는 것이 치료팀의 주요 과업이다.

7. 종결로서의 재종족화

난관돌파단계에서 체계의 모든 부분에 지지가 제공되고, 개인들의 행동과 삶의 양식이 변화되고 위기가 해소됨에 따라, 만족감과 사기가 높아진다. 망 구성원들은 사회적 망의 활동과 자신들에 대해 호감을 느끼게 된다. 사회적 망은 문제해결의 경험을 나눔으로써 보다 응집력있는 체계로서 거듭나게 되며, 재종족화는 보다 현실화되는 것이다. 이와 같이 의기양양했던 분위기가 가라앉으면서 자연적 휴면상태에 들어가게 된다. 이 자연적 휴면상태는 정상적으로 나타나는 기력소진이나 휴식과 유사하다. 전화통화, 소집단 모임, 사회적 행사 준비, 아이디어의 교환 등은 보다 비공식적 방식으로 지속되게 된다. 일단 재종족화가 시작되고 성공적 문제해결 경험을 공유하는 과정에서 더욱 강화되면, 사회적 망은 지속적으로 기능하게 된다. 이제 사회적 망의 치유효과가 재생성되었으므로, 이를 다시 상실하지 않도록 유의해야 한다. 사회적 망은 치료팀과의 공동 노력에서 패턴을 회복한 후, 이를 영속화하는 메카니즘을 발달시키게 될 것이다. 그리하여 사회적 망은 그 자체로서 변화매개체가 되는 것이다.

제5절 치료자의 역할

Speck과 Attneave(1973)는 사회적 망 가족치료가 한명의 치료자가 아니라 치료팀이 개입해야 한다고 지적한다. 어느 한 개인이 망 개입의 전체 과업을 수행한다는 것은 사실상 불가능하다. 치료팀은 5-6명으로 구성되어지나, 경우에 따라 상호 신뢰할 수 있고 호흡이 잘 맞는 2-3명으로 구성되기도 한다. 치료팀은 지도력이 있고, 행동계획을 수립하고, 개입과정을 완성시키는 역할을 수행할 수 있는 경험있는 지도자를 필요로 한다. 치료팀 지도자는 집회를 지휘해 나가고, 대규모 집단 상황을 다룰 수 있는 기술을 지녀야 하며, 사회적 망의 관심과 에너지 흐름을 통제할 수 있는 능력을 갖추어야 한다.

치료팀원들은 사례가 접수되면 즉시 관여를 개시해야 한다. 팀원들은 사례의 수락여부 결정의 토대가 되는 자료수집에 관여하게 된다. 치료팀이 공동으로 자료수집에 참여함으로써, 해당 가족의 사회적 상호작용에서 나타나고 있는 스트레스 유형과 정도를 보다 잘 평가할 수 있다. 도입단계에서의 이와같은 공통 경험은 치료팀이 협동체로서 기능할 수 있도록 하며, 어느 특정의 치료자가 아니고 전체 치료팀이 모두 앞으로 소집되어질 사회적 망의 역사와 사회적.문화적 요인을 이해할 수 있는 기회를 제공한다. 만약 일부 팀 성원이 치료팀에 나중에 합류하게 될 경우, 인식적 및 정서적 자료를 제공하고, 역할 할당을 분명히 하고, 팀 전체의 개입전략에 대한 개념을 통일시킬 필요가 있다. 이는 팀 성원들이 치료 중간에 망 구성원들과 개별적으로 접촉할 경우, 일관된 방식으로 반응하는데 도움이 된다.

1. 팀 지도자 및 치료팀의 역할

치료팀 지도자의 역할은 유능한 토론지도자의 역할과 매우 유사하여, 방향을 제시하고 다른 참여자들이 책임을 수행해 나가도록 지도하는 것이다. 팀 지도자는 시간감각과 감정이입, 정서적 감정, 집단분위기와 저류(group mood and undercurrents)에 관한 감각을 필요로 한다. 관심을 집중시키는 능력 이외에, 팀 지도자는 어려운 상황을 관리해 나가고, 스트레스를 가진 개인들을 이해하는 능력을 갖추어야 한다. 팀 지도자는 예리하면서도 감정이입적으로 책임을 위임할 수 있는 능력이 필요하다. 개입과정에 있어서, 팀 지도자는 자신에게 책임을 집중시키는 것이 아니라, 사회적 망 구성원에게 책임을 분산시키도록 시도해야 한다.

팀 지도자에게는 집단역동과 집단과정, 심리극 테크닉, 그리고 가족역동에 관한 경험 및 기술 등이 요청된다. 팀 지도자는 팀 성원을 선정하고, 가정방문시에 지도력을 제공하며, 치료팀의 개입전략 수립시 조정역을 수행할 책임이 있다. 일단 사회적 망 집회가 시작되면, 팀 지도자는 개입과정에서 발생한 사건에 부합되는 구체적 개입전략을 실시하게 된다. 구체적 개입전략은 현재 진행중인 단계, 팀 성원으로부터의 환류 그리고 개인적 임상경험 등에 의거하여 결정되어 진다. 예를 들어, 사회적 망이 우울단계에 있으면, 팀 지도자와 팀 성원들은 난관돌파를 위한 구체적 사회적 망 테크닉을 계획한다. 실제 팀 지도자와 팀 성원들은 사회적 망 집회동안 사회적 망 소집자(network convenors), 사회적 망 동원역(network mobilizer),

사회적 망 편성가(network choreographer), 사회적 망 자문역(network resource consultant)으로서 기능하게 된다(Rueveni, 1979).

1) 사회적 망 소집자(network convenors)

사회적 망 소집자의 역할은 1차적으로 가정방문 혹은 재종족화 단계에서 요구되어진다. 사회적 망 소집의 책임은 1차적으로 가족성원에게 주어지지만, 치료팀 지도자는 자원체계로서 기능하며, 가족지도 작성, 친척.친구.이웃 등의 망 구성원 목록작성 등을 보조해 준다. 확대가족의 소집이 생존해 있는 가족성원이 거의 없어서 차질이 생기면, 팀 지도자는 친구 망 혹은 친구의 친구 망 소집을 고려하도록 돕는다. Rueveni는 팀 지도자가 사회적 망 과정에 참여할 의사가 있는 이웃을 모집하는 사례를 제시하고 있다.

또한, 망 소집자의 역할은 사회적 망 집회의 시작단계에서도 관찰되어진다. 재종족화 단계에 있어서, 팀 지도자는 망 구성원에게 상호작용하고 서로 친숙해질 수 있는 기회를 제공한다. 팀 지도자는 재종족화단계를 가속화시킬 수 있는 일련의 언어적, 비언어적 인간관계훈련을 실시한다. 이는 망 구성원들에게 발구르기, 함께 노래하기 등 에너지를 촉발시키는 활동, 그리고 나서 손잡고 눈감고 원으로 둘러서기와 같은 보다 이완적 활동으로 기획된다. 팀 지도자의 역할은 사회적 망의 에너지 수준을 증대시키고 망 과정에의 준비를 갖추어주는 망 소집자의 역할과 같다. 이 기간동안에 그리고 아마도 망 과정 전반에 걸쳐, 치료자는 의식 거행자 역할(the role of celebrant)을 담당하는 것으로 인식되어진다. 의식 거행자 역할은 치료의식을 주도하는 목회자에게 주어지는 전통적 역할을 의미한다.

2) 사회적 망 동원역(network mobilizer)

사회적 망 동원역은 집회에서 사회적 망이 행동하도록 동원하는 역할이다. 팀 지도자와 팀 성원은 자기노출, 갈등적 관점의 교환, 열린 대화에 최대로 참여하도록 자극, 격려할 수 있어야 한다. 이 과정에 있어서, 팀 지도자는 수동적이거나 비관여적 태도를 취할 수 없으며, 오히려 어느 한편에 서거나, 가족 혹은 하부집단 성원에게 도전을 하거나, 분명한 의사소통과 고통스러운 감정 혹은 비밀의 노출을 격려한다. 동원단계에 있어서, 팀 지도자는 사회적 망 행동대원이 과업수행을 개시하면, 보다 심도있게 위기를 탐구할 수 있도록 지지를 제공한다.

3) 사회적 망 편성가(network choreographer)

가족편성은 물리적 배치를 통해 가족관계를 재조정 내지 재편성함으로써, 핵가족과 확대가족에 적극적으로 개입하는 방법이다. 가족편성은 치료팀 지도자가 가족체계를 공간적, 시간적, 그리고 운동적 측면에서 조명하도록 한다(Papp, 1976). 사회적 망이 한 단계에서 다음 단계로 발전하도록 돕기 위해서, 팀 지도자는 핵가족과 확대가족 간의 상호작용을 인식해야만 한다. 이들 두 체계 중 어느 한 체계의 구성원이 과정진행 도중에 곤란에 직면한 것으로 보일 때, 팀 지도자 혹은 팀 성원은 망 구성원에게 관여수준을 높이고, 위기규명의 기회를 제공하도록 사회적 망을 동원할 수 있는 적극적 테크닉을 주도할 수 있다. 적극적 개입 테크닉에는 직접적 만남(direct encounter), 가족조각(family sculpturing), 그리고 심리극(psychodrama)이 포함된다. 이들 기법들은 망 구성원들에게 역기능적이고 자기파괴적 패턴을 재구조화하고 재편성할 수 있는 장을 제공해 준다. 그 후 이들 패턴은 지지적인 사회적 망에서 검토되어진다. 지지적 사회적 망은 신뢰감을 토대로 대인적 관심이 공개적으로 의사소통될 수 있는 허용적 분위기를 제공해 준다.

4) 사회적 망 자원 자문역(network resource consultant)

사회적 망 가족치료과정에 있어서, 치료팀 지도자와 팀 성원은 가족문제를 다루는 대안적 행동노선을 모색하기 위하여 지지집단의 형성을 격려한다. 일반적으로 팀 성원은 지지집단 형성 초기에 주도적 지도력을 발휘하지만, 개인적으로 희망하지 않는 한 이 집단의 적극적 성원으로 활동하도록 요구되지는 않는다. 이들 지지집단은 대체적으로 첫번째 사회적 망 집회가 종결될 무렵에 형성되며 집회와 집회 사이에 그리고 때로는 망 집회가 종결된 후에도 여러 차례 모임을 가진다. 팀 성원은 행동대원과 지지집단성원이 여러 문제를 해결하고자 분투할 때, 이들에게 망 자원 자문역할을 해주게 된다.

5) 사회적 망 전략가(network strategists)

치료자에게 요청되는 다양한 역할에는 효과적 전략가의 역할이 포함된다. 치료자의 배경과 준거틀은 치료자가 구사하는 임상적 전략에 영향을 미치게 된다. 사회적 망 가족치료의 팀 지도자로 일하는 치료자는 가족 위기해결을 위한 여러 개입전략을 발달시키는데 다양한 기술을 활용할 것이다. 치료팀 지도자는 효과적인 전략가가 되기 위해서 적극적 참여자가 될 필요가 있다. 팀 지도자는 사회적 망의 신속한 동원을 지향하며, 이를 위해서 개인적 및 전문적 기술과 능력을 적극 활용할 필요가 있다.

모든 치료팀 성원들은 어느 정도 지도력을 위한 기술을 필요로 하지만, 자신의 특수한 기술로 공헌할 수도 있다. 만약 사회적 망이 여러 세대의 가족을 포함하고자 한다면, 치료팀에 젊은 팀 성원과 할아버지 이미지를 가진 팀 성원을 포함시키는 것이 유용하다. 이는 사회적 망 구성원들이 각기 적합한 치료팀 성원에게 동일시하고 상호작용하도록 한다. 더우기, 치료팀 성원은 사회적 망이 하부집단으로 나누어지는 경우 세대집단(generation group)에 적절히 섞여서 도움을 제공할 수 있다.

Speck과 Attneave(1973)는 치료팀 성원 중 한명이 대체적으로 희생양으로 선정되어진다고 지적한다. 이 희생양 팀성원은 사회적 망 혹은 이의 하부집단이 팀 지도자에게 분노를 느끼거나, 혹은 신뢰감의 결여로 좌절을 경험할 때마다 전화로 항의를 받게 된다. 치료팀 성원들은 이 역시 과정상 중요한 역할임을 인식하고, 개인적 비난으로 받아들이지 말아야 한다.

사회적 망 가족치료는 다른 가족치료 접근법에 비해 드물게 사용되어지며, 주로 위기상황에 적용되는 경향이 있다. 치료팀은 경험있는 지도자를 주축으로 하여, 사회적 망 가족치료에 참여해 본 경험이 있는 한 두명의 팀 성원으로 구성된다. 때로 치료팀에는 이 접근법에 관심을 가진 2-3명의 초심자를 포함하기도 한다.

치료팀 성원은 비언어적 만남 테크닉(nonverval encounter technique)에 관한 기술을 필요로 한다. 팀 성원은 대개 사회적 망에 분산 배치되어, 모든 망 구성원을 과정에 포함시키는 촉매자로서 기능하면서, 팀 지도자의 지도방향에 따라 반응해 나가게 된다.

2. 사회적 망 행동대원

사회적 망 행동대원은 사회적 망의 하부집단에서 자발적으로 지도력을 발휘하는 구성원들이다. 이들 행동대원은 자연스럽게 사회적 망의 효과성을 - 특히 집회와 집회 중간시기에 - 향상시키는데 기여한다. 이들은 사회적 망에서 일어나는 현상을 망 구성원들에게 전문적 용어가 아니고 평범한 일상적 용어로 커뮤니케이션할 수 있다. 행동대원들은 치료팀의 활동과 사고를 사회적 망 자체에 집중시키도록 보조해준다. 행동대원은 사회적 망이 행동하도록 동원하고, 이의 실행을 조직할 수 있는 구성원들이다. 행동대원은 사회적 망 가족치료에서 핵심적 역할을 수행한다. 이들은 헌신적이며, 대안을 제공할 의사를 가지고 있으며, 가족성원이 그들의 삶에서 생산적인 변화를 추구하도록 돕는데 적극적으로 참여한다(Rueveni, 1976). 사회적 망 행동대원은 확대가족과 이웃에 내재해 있는 자원을 활용하는데 중요한 역할을 수행한다. 행동대원들은 커뮤니케이션 통로를 열어주고, 주의깊게 경청하며, 대안적 해결책을 탐구한다. 이들은 사회적 망 가족치료의 성공여부에 결정적 역할을 할 수 있다. 나아가서, 이들은 흔히 망 개입이 종결된 후에도 가족성원에게 지속적으로 관여하고, 필요시 지지를 제공해 준다는 점에서 사회적 망 개입의 효과가 일상의 삶에 연결되도록 한다.

제6절 사회적 망 가족치료 기법

치료팀 지도자와 치료팀 성원은 사회적 망의 위기해결을 돕기 위하여 다양한 기법을 구사한다. 사회적 망 가족치료에서는 다른 치료접근법에서 개발된 여러 기법들을 사용한다. Rueveni(1985)는 재종족화 단계, 분극화 단계 및 동원단계에 따른 기법을 구분하고 있다.

1. 재종족화 단계의 기법들

재종족화 단계에서 사용되는 기법들은 모든 사회적 망 구성원의 참여수준을 증진시키고자 시도한다. 이 기법에는 언어적 및 비언어적 활동이 있으며, 이것들은 재미있으면서도 구성원들이 에너지 수준을 증진시키고 서로 친숙해졌다고 느끼도록 하는 효과를 가진다. 사람들이 돌아가면서 자신을 소개하고 기본적인 정보를 나누도록 한다. 망 구성원들은 이런 활동들이 어린애 같다고 느낄 수 있으며, 일부 구성원은 참여를 거부하기도 할 것이다. 팀 지도자와 팀 성원들은 망 구성원이 이들 활동에 참여하지 않을 수 있는 권리를 인정해 주어야 한다. 이들 구성원들은 이 활동에 마지막까지 참여하지 않을 수도 있고, 마음을 바꾸어 도중에 참여할 수도 있다. 팀 지도자와 팀 성원들은 이 활동에 참여하여 모델을 제시하고, 이 활동들이 성인에게도 적합한 행동임을 보여주는 것이 중요하다.

1) 사회적 망 연설(network speech)

사회적 망 개입은 대체적으로 치료팀 지도자가 자신과 팀 성원을 소개하고 가족의 위기 문제 해결을 지향해야 한다는 개략적 설명으로 시작된다. 팀 지도자는 가족이 위기에 봉착해 있으며, 치료팀은 문제해결을 위해 사회적 망의 도움이 필요하다고 발언한다. 팀 지도자는 사회적 망 구성원들의 관여, 나눔, 개방 그리고 지지가 중요하다는 점을 강조한다.

2) 서로 인사 나누기(milling)

서로 인사나누기는 재종족화 단계를 시작하는데 사용되는 기법으로서, 망 구성원들이 가능한 한 많은 망 구성원을 접촉하도록 한다. 대개의 경우 망 구성원에게 몇 분 정도의 시간을 주고 서로 인사를 나누고, 정보를 교환하고 다른 망 구성원 옆으로 재빨리 이동하도록 한다. 망 구성원들은 때로는 빨리 때로는 느리게 이동하도록 요청받게 될 것이다. 어떤 경우에는 망 구성원들에게 단지 악수를 하고, 등에 손을 얹고 함께 움직이도록 하기도 한다. 또 다른 경우에는 다른 망 구성원에게 말을 걸도록 하거나 혹은 조용히 서로 인사 나누는 활동을 계속하도록 하기도 한다.

3) 고함지르기, 손뼉치기(screaming, whooping and clapping)

고함지르기, 손뼉치기 등의 활동은 망 구성원들이 불안과 에너지를 방출하는데 도움이 된다. 이를 위해 망 구성원들에게 동시에 소리를 지르도록 지시하는 데, 대개 상대방을 정해서 상대방과 이름을 서로 교환하고 나서 상대방의 이름을 소리높여 부르게 한다. 때때로, 망 구성원들에게 소리지르는 것과 동시에 위 아래로 점프하도록 요청하기도 한다.

4) 원형운동(circle movements)

망 구성원은 손을 마주잡고 원형을 만들고 중심방향으로 그리고 다시 바깥 방향으로 움직인다. 때때로 동심원을 여러개 만들고 반복적 동작을 실시한다. 때로 원형운동은 노래소리, 허밍소리 혹은 "와와" 소리내기 등을 포함하기도 한다.

5) 가족 노래(family song)

가족에게 가장 좋아하는 노래를 선택하게 하고 이를 전체 사회적 망이 함께 부르도록 한다. 손벽을 치거나 몸을 좌우로 움직이면서 노래하기도 한다. 때로 좋아하는 여러개의 노래를 연속으로 부르기도 한다.

6) 사회적 망 뉴스 시간(network news time)

사회적 망이 한번 이상의 집회를 가지게 되면, 지지집단들과 다른 망 구성원들은 두번째 집회부터 먼저번 집회에서 발생한 사건을 나눔으로써 시작한다. 치료팀 지도자와 팀 성원은 소문을 통해서 들은 것을 나누고, 다른 망 구성원들과 지지집단의 대변자들과 이를 나누도록 격려한다. 이 기법은 전체 망 구성원들이 나누어야 할 커뮤니케이션과 정보교환을 활발하게 한다. 이는 또한 환기의 출처가 되고, 집회 사이에 일어났던 사건들을 확인시켜 주는 기능을 수행하며, 잘못 해석된 커뮤니케이션을 수정시하는데 기여하기도 한다.

2. 분극화 단계의 기법

분극화 단계의 기법은 망 구성원들이 구체적 문제에 신속히 관여하도록 고안된 것이다. 분극화 단계가 자연적으로 발생하지 않을 경우, 아래의 기법들이 사용되어질 수 있다.

1) 내부원-외곽원(inner-outer circle)

핵가족성원들에게 내부원에 앉아서 문제에 관해 발언하도록 요청할 수 있다. 이들 뒤편으로 외곽원을 형성하여 가족의 발언을 경청하도록 한다. 가족성원들이 자신들의 입장을 밝힌 후에, 외곽원의 망 구성원들과 자리를 바꾼다. 그리고 나서, 외곽원으로부터 내부원으로 자리가 바뀐 망 구성원들이 핵가족의 발언에 관한 그들의 생각과 감정을 나눈다.

2) 빈 의자(the empty chair)

빈 의자기법은 내부원에 의자 한개를 놓고, 희망하는 성원은 누구든지간에 이 자리에 가서 전체 사회적 망에게 진술을 하도록 하는 것이다. 첫번째 희망자가 진술을 마치면 자리에서 떠나고, 다른 희망자에게 동일한 기회가 제공된다.

3) 누구 편이니(whose side do you take)?

이 기법은 망 구성원이 문제상황에 있는 성원에게 지지를 제공하도록 고안된 기법이다. 망 구성원들은 자신이 가장 가깝게 느끼는 사람 옆에 가서 앉거나, 혹은 그들이 신뢰할 수 있는 사람 옆에 앉거나, 혹은 "누구 편이니?" 혹은 "누구를 지지하니?"라고 말하도록 요청되어 진다. 성원들은 누가 문제를 가지고 있는지?, 문제가 하나가 아니고 더 있는지?, 가족에게 비밀이 있는지? 등의 질문을 받을 수도 있다. 이런 발언들은 토론을 활성화시키고 문제를 보다 높은 수준까지 탐구하도록 한다.

4) 성원의 물러서기(removing a member)

사회적 망이 다른 망 구성원을 배제하고 한 성원만을 집중적으로 공략할 때 희생양이 발생할 수 있다. 치료팀 지도자는 이 상황을 전체 사회적 망에게 진술하고 주제를 바꿀 것을 제시하거나 혹은 다른 가족성원들이 과정에 관여할 것을 제시한다. 이런 노력이 의미있는 변화를 가져오지 않으면, 팀 지도자는 관심의 초점이 되었던 개인에게 방 뒤편으로 물러서거나 혹은 팀 성원과 함께 방을 잠시 떠나있도록 요청할 수 있다. 만약 희생양 과정이 심각해지면, 성원들은 요청받기 전에 임의로 방을 떠날 수 있다. 그들에게 떠나지 말 것을 요청해서는 안되며, 이는 이들이 떠나게 된 사건을 보다 집중적으로 탐구할 수 있도록 기여하기 때문이다. 대체적으로 방을 떠난 성원은 사회적 망에의 관여를 저항할 수 없으므로, 잠시 냉각 시간을 가진 후 집회로 되돌아오게 된다.

5) 부재성원과의 커뮤니케이션(communicating with an absent member)

가족의 의미있는 성원이 부재중일 때, 치료팀 지도자는 둘 혹은 그 이상의 가족성원들에게 부재 가족성원에 대한 그들의 감정을 커뮤니케이션하라고 격려할 수 있다. 특히 부재 가족성원이 위기상황에 크게 관여되어 있다면, 이 감정의 커뮤니케이션은 더욱 중요하다. 가족성원은 부재 가족성원이 빈 의자에 앉아있다고 상상하면서 부재 성원에게 이야기할 수 있다. 다른 망 구성원들도 부재 성원과 대화를 함으로써 이를 도울 수 있다. 어떤 상황에서는 가족관심사를 익숙히 아는 망 구성원이 부재성원의 역할을 하면서 대화를 해나갈 수 있다. 경우에 따라서, 부재 성원과 특정 관심사와 관련하여 전화로 통화할 수도 있다.

3. 동원단계 기법

이 기법들은 동원 및 우울단계에서 직접적으로 도전(congrontation)하기 위해서 사용되어진다. 이런 도전은 강한 감정의 표현을 야기하며, 효과적이고 생산적인 사회적 지지망의 효과를 가져오게 된다.

1) 직접적 도전(direct confrontation)을 증진시키는 것

직접적 도전은 중요한 과정이며, 치료팀 지도자는 망 구성원들의 감정표현을 돕기 위하여 여러 기법을 사용할 수 있다. 망 구성원에게 의자에 올라서서 자신이 도전하고자 하는 가족성원에게 이야기할 수도 있고, 혹은 한 성원은 의자에 올라서고 다른 성원에게는 무릎을 꿇고 올려다 보도록 요청할 수도 있다. 의자에 올라선 성원에게는 자신이 도전하고자 하는 사람에게 크게 말하거나 혹은 고함치라고 하고, 다른 가족성원들에게는 의자 주변에 둘러서서 도전하는 성원에게 지지를 제공하도록 요청한다. 의자에 올라선 사람과 도전받은 사람의 위치를 서로 전환시켜 보는 것이 적절하다. 다른 기법은 두 성원이 떨어진 채로 마주 서서 상대방의 눈을 들여다보고, 각기 상대방을 향해 말없이 걸어오면서 비언어적 방식으로 감정을 표현하도록 하는 것이다. 이는 팀 지도자가 주저하는 성원으로 하여금 다른 사람에게 도전하도록 돕는데 유용하다. 그러나, 이 도전은 분노와 실망 뿐 아니라 다정함과 부드러움을

전달하는 매개체임을 인식해야 한다.

2) 가정으로 부터의 유리(disengagement from home)를 자극하는 것

이 기법은 개인이 가정을 떠나는 것, 적어도 문제해결의 일환으로서 일시적으로, 유리를 경험하고 인정하도록 돕는 기법이다. 원 깨뜨리기 기법은 망 구성원들에게 서로의 팔을 붙잡아 꽉 짜여진 원을 형성하도록 요청하는 한편, 원 내부에 있는 성원에게는 이를 깨고 밖으로 나가도록 하는 기법이다. 이 원 깨뜨리기 기법은 가정으로부터의 상징적 유리를 대변할 수 있으며, 전체 사회적 망이 활동하도록 동원하는데 도움이 된다.

3) 로프 기법(rope technique)

다른 유리 기법은 로프의 한 끝을 한 가족성원의 허리 그리고 다른 한 끝을 다른 성원의 허리에 묶는 기법이다. 그리고 나서 치료팀 지도자는 그들이 함께 묶여있음으로써 어떻게 보여지는지를 해석하고, 그들에게 이 관계에 따른 긴장에 관해 질문한다. 이 상황은 사회적 망의 다른 사람들이 그들의 관계에 관해 언급하고 이를 변화시킬 수 있는 제안을 하도록 자극할 수 있다.

4) 죽음의 의식(death ceremony)

이 죽음의 의식은 가족성원의 유리 혹은 상실 문제를 다루는 강력한 기법이다. 한 개인이 의자에 앉거나 혹은 마루에 눕도록 선정되어지고 자신이 죽었다고 상상하도록 한다. 이 사람에게 이불을 덮어 씌우고 다른 성원들에게 그의 죽음을 애도하도록 요청한다. 그 후, 성원들에게 그들의 감정과 경험을 나눌 수 있는 시간을 제공해준다. 이 기법은 과거 사망한 가족 성원에 관련된 감정을 유발할 수도 있다.

5) 가족을 조각하기(sculpting the family)

가족을 조각하는 것은 성원들이 서로에게 가지고 있는 특별한 감정을 묘사할 수 있도록 자신들을 공간적으로 배치하도록 요청하는 기법이다. 각 가족성원은 다른 성원이 조각되어진 위치를 변경하고 자신이 인식하는 바에 따라 조각할 수 있다. 또한, 사회적 망의 의미있는 타자들은 그들이 가족을 어떻게 보는지 혹은 그들 자신이 가족과 어떤 관계에 있는지를 보여주는 조각에 참여하기를 희망할 수 있다.

6) 역할극(roleplaying)

사회적 망의 성원들은 자신이 희망하는 역할을 선택함으로써, 위기 상황에서 특정의 역할을 연기할 수 있다. 가족성원 혹은 다른 망 구성원들이 위기상황을 연기함으로써, 사회적 망은 문제상황에 관해 보다 나은 이해와 감정을 가질 수 있으며, 나아가서 이는 해결을 위한 보다 나은 통찰력을 제공해 줄 수 있다.

7) 역할 전환(role reversals)

가족성원들에게 다른 사람의 인식을 연기하기 위한 시도로써 다른 가족성원의 역할을 할당할 수 있다. 역할전환은 다른 사람들이 힘겹게 분투하고 있는 감정과 문제를 조명하는데 유용한 기법이다. 이는 부모와 자녀들에게 있어서 자신들의 행동이 상대방에게 어떻게 보여지는 지를 묘사해주는 훌륭한 기법이다.

제7절 임상사례

본 장에서는 임상사례를 Speck(1985)이 제시하고 있는 임상사례를 중심으로 살펴보고자 한다.

Jones부인은 가족문제로 사회적 망 가족치료팀을 찾아왔다. 그녀는 14세의 딸 Betty의 행동을 통제할 수 없었다. 그녀는 Betty를 여러 정신의학자에게 데리고 갔지만, 그녀가 비협조적이었고 자신의 문제를 정신과의사의 탓으로 돌렸으며 처방된 약 복용을 거부하였다. 마침내, 가족 전체가 비타민 치료요법을 받게되었고, 의사는 Betty가 정신분열증과 저혈당증이라는 진단을 내렸다.

본 치료팀은 Jones가족을 전부 만났다. 이 가족에 관해 살펴보면, Jones부인은 40대 부인으로 매우 젊어 보여서 오히려 자녀들과 비슷해 보인다. 자녀들은 Jane 17세, Bill 15세, Betty 14세, Jerry 12세 그리고 Dorothy 9세이다. Jones부부는 최근 이혼하였고, Jones씨는 다른 도시에서 재혼할 예정인 여자와 살고있었다. 이 가족의 특징적 양상은 모든 가족이 희망이 없다고 느끼고 기진맥진해 있는 상태라는 것이다. Betty는 몇달 전에 학교를 그만 두었다. 그녀는 목욕하기를 거부했고, 가족과 같이 식사를 하지 않았고, 밤새 자지 않고 있다가 낮에는 수면을 취하겠다고 다른 가족에게 조용히 해 달라고 요구하였으며, 아무 곳에나 썩은 음식물을 버려 두었고, 집안 아무 곳이나 쓰레기를 던져 놓았다. 때때로 그녀는 어머니 혹은 Dorothy를 공격하였다. 가족치료 모임에서, Betty는 내뱉은 침으로 눈을 비빌 때를 제외하고는 머리카락으로 얼굴을 가린 채, 가족에 관해 중얼거리거나 혹은 불평하면서 앉아있곤 하였다. Jane과 Bill은 가족에 관해 많은 이야기를 해 주었고, 부모같은 태도로 행동하였다. Jane과 Bill은 가족 내의 긴장과 소동을 견딜 수 없다고 말했다. 이 둘은 나가서 살기를 원했다. Jerry는 아버지한테 가서 살고싶어 했다. Dorothy는 Betty를 무서워하였지만 엄마와 함께 지내기를 원했다.

약 6번의 가족치료 모임이 열렸다. Jones씨는 한번의 모임에 참석하였다. Jones씨는 Betty를 이해하지 못했고, Jones 부인이 옛날 집을 자주 비웠으며 게으른 주부라고 비난하는 경향이 있었다. 그는 말이 많고 거부를 많이 하였으며, Betty가 정신장애 증상을 보이고 있다는 것을 인정할 수 없었다. 그도 또한 아이들 같았다.

가족 해체의 정도와 가족이 전체적으로 기진맥진한 상태에 있으므로, 각 가족성원에게 사회적 지지체계를 구축시켜 주기 위해서 사회적 망 가족치료 개입이 제시되었다. 또다른 요인으로는 이들 가족이 3시간이나 운전을 해야 하는 거리에 살고 있었으며, Betty의 공격적 충동 때문에 운전이 위험을 수반해야 했다.

4시간에 걸친 사회적 망 가족치료모임을 Jones 부인의 가정에서 개최하기로 계획하였다. Jones부인과 나머지 가족성원에게 그들이 아는 사람들 중에서 그들의 집에 와서 곤경에서 벗어나도록 도와줄 수 있는 모든 사람의 목록을 작성하도록 요청하였다. Jones씨는 그의 재혼한 부인과 함께 초청되었고 참석하기로 동의하였다. Jones씨의 누이도 초대되었다. Jones부인은 그녀의 부모와 몇몇 자매를 초대하였다. Jones부인, Jane과 Bill은 그들의 친구들을 초대하였다. 약 10일 후에 모임이 열렸을 때 , 60명 이상의 사람이 초대되었다.

치료팀은 6명으로 구성되었다. Ross Speck이 팀 지도자였고, Uri Rueveni는 인간관계훈련 전문가, Joan Speck과 Mira Rueveni은 집단과정 자문역으로서 그리고 젊은 심리학자는 훈련생으로서 그리고 과정자문역으로서 참여하였다. 그 외에 촬영전문가가 참여하였다.

치료팀은 Jones부인의 가정에 저녁 7시에 도착하였고, 이는 모임시작 30분 전이었다. 이미, 몇 명의 사회적 망 구성원이 도착해 있었다. 치료팀은 집을 둘러보았고 거실과 식당을 모임장소로 선정하였다. 치료팀은 참석하기를 거부하고 차고에 숨어있는 Betty를 만났다. 그녀는 밖으로 출구가 나 있는 지하실에서 모임에서 하는 이야기를 들어보겠다고 하였다. 치료팀성원 한명에게는 모든 참석자로 부터 비디오 촬영에 대한 수락서를 받도록 하는 임무가 부가되었다. 참석자 중 부부 한쌍은 자신들은 정치가라는 이유로 촬영을 거부하였다. 이들은 Jones부인과 의논한 끝에 떠나게 되었는데 설사 남아있더라도 도움이 될 지 의문스러웠다.

저녁 7시 45분까지는 60명이 도착하였고, 치료팀은 모임을 시작하기로 결정하였다. 팀 지도자는 Jones부인 가족이 정서적으로 고갈되었다는 것, 친구, 이웃, 친척이 여러 가족성원들을 도울 수 있는 방식을 생각하기 시작해야 한다는 것, 각 가족성원을 위한 지지위원회가 설정되어야 한다는 것, 그리고 Jones부부의 이혼을 보다 효과적으로 다룰 수 있도록 도와야 한다는 것 등을 지적하였다. (이 때 Jones씨가 예고없이 나타나서, Jones부인의 가사능력을 비평하였고, 집안 사진을 찍고 이를 공중보건소에 보내겠다고 위협하였다.)

사회적 망 구성원은 각기 자신과 그들의 관계를 사회적 망에게 소개하도록 요청되었다. 그리고 나서, Jones가족은 가운데 앉아서 그들 가족에게 무엇이 문제인지 그리고 그들이 사회적 망 가족치료로부터 무엇을 기대하는 지를 말하도록 요청받았다.

Betty는 차고에 남아있었고 후에 지하실로 다소 가까이 다가왔다. 치료팀은 놀라고 적대적인 14세 소녀에게 장시간의 모임동안 한가운데 앉아있도록 강요하지 않기로 결정하였다. 그녀는 의심할 것 없이 탈출하려고 시도할 것이며, 그 결과 사회적 망은 하나의 기능적 사회체계로써 통합되기 보다는 오히려 분열될 가능성이 컸다.

Jerry는 학교에서 더럽다고 놀림을 당하는 것이 견딜 수 없다고 말하고, 아버지 집이 마음에 드는지 보기 위해서 거기에 가서 살 기회를 갖기 원했다. Jane은 Betty와 한 집에서 사는 것이 불가능하다고 느끼고, 캘리포니아 혹은 대학에 가서 살기를 원했다. Bill은 우유와 쥬스를 병채로 마시고 집에서 냄새가 진동하게 만드는 Betty가 지겨워졌다고 말했다. 그 또한 나가서 살기를 원했다. Dorothy는 Betty만 아니라면 집이 괜찮다고 말했다. Jones부인은 더이상 Betty가 하는 짓을 견딜 수 없으며 Betty를 학교에 보내고 싶어했다. Jones씨는 Betty의 문제는 과장이 되었고 Jones 부인이 너저분하게 가사일을 하는 것이 진짜 문제라고 말하였다.

분극화 단계가 시작되었다. Rueveni박사는 Jones에게 비일관된 발언에 관해 도전하였다. 분극화는 Betty가 아픈지 그리고 Jones씨가 가족문제를 비난하는 것과 관련하여 발생하였으며, 그리고 나서 Jones 부부의 미해결된 이혼에 초점이 모아졌다. 이 시점에서, 전체 사회적 망에게 이 모임에서 그동안 일어난 일에 대한 그들이 반응이 무엇인지를 질문하였다. 대다수 사회적 망 구성원은 Jones부인에게 지지적이었고, 일부는 Jones씨에게 적의를 보였다. Jones씨의 재혼한 부인은 매우 화가 나서 Jones씨 편을 들었고 Jerry를 그들 편으로 끌어들이려고 하였다.

몇 명의 사회적 망 구성원이 Betty의 학교 혹은 새 거주지에 관해 제안을 하였다. 이는 동원단계를 가동시켰다. 이 시점에서 치료팀은 사회적 망 구성원에게 Jones 가족 7명 중 한 명을 택하고, 그 한명에게 어떤 보조가 필요한 지에 관해 보다 구체적으로 논의할 수 있게 소집단을 형성하라고 요청하였다. 소집단은 그 후 1시간 동안 각기 다른 방에 가서 모임을 가졌고, 치료팀은 이 집단에서 저 집단으로 옮겨다녔다. 각 집단의 대표자를 선출해서 모임 결과에 관해 요약된 형식으로 전체에게 보고하도록 하였다.

여러 시간의 힘든 논의가 지속되자, 분극화와 동원단계에서의 노력이 좌절감과 과업해결의 어려움을 가져오자, 우울-저항감이 팽배해졌다.

집단들의 보고에서 개개 가족성원을 도울 수 있는 여러 다른 대안들이 제안되었다. 집단들은 다음 몇 주동안 조언과 도움을 줄 수 있는 위원회로써 행동하겠다고 자원하였다. 숙모가 Betty를 그녀의 집에 데리고 가겠다고 하였다. 모임에 참석하였던 변호사는 Jones 부인에게 Jones씨가 아무 때나 집안에 쳐들어와서 참견하지 않도록 하려면 법적 도움이 필요하다고 제시하였다. 선생님은 Betty가 중학교 2학년 시험을 준비하도록 돕겠다고 하였다. 예술가는 Betty에게 미술 레슨을 주겠다고 하였다. 다른 가족성원에게도 여러 도움이 제시되었다. Jones부부의 미해결된 이혼은 Jones씨의 재혼조차 위험하게 할 수 있다고 지적되었고, Jones씨와 재혼한 부인이 부부상담을 받는 것이 좋다고 추천되었다.

모임이 종결되어 갈 때, Betty가 모임에 나타났고(그녀를 위한 소집단과 만난 후에), 몇 사람에게 피자먹으러 가자고 제안하였다. 치료팀은 이 시점에서 Jones가정을 떠났으나, 사회적 망은 거의 새벽 2시까지 남아서 의논을 계속하였다.

3개월 후에 사후모임에서, Betty는 숙모집에 가서 10주를 지냈으나, 너무 많은 문제를 일으키고 비협조적이었기 때문에 시설보호가 알선되었다. 나머지 Jones가족은 훨씬 편안해 졌다. Jane은 대학을 시작했고 나머지는 학교에 되돌아 갔다. Jones씨는 훨씬 더 행복해 보였고 재혼이 안정된 것 같았다.

결 론

사회적 망 가족치료는 핵가족 뿐만이 아니라 확대가족, 친구, 이웃 등 의미있는 타자를 포함하는 사회적 망을 활성화시킴으로써, 특정 가족이 가지고 있는 문제를 해결하고자 하는 접근법이다. 나아가서, 사회적 망 가족치료는 일단 사회적 망이 활성화되고 보다 원활하게 사회적 지지를 제공하는 영속적 매카니즘이 발달되면, 가족에게 새로운 위기상황이 닥쳐오더라도 보다 용이하게 대처할 수 있을 것이라고 본다.

사회적 망 가족치료는 모든 가족치료 사례에 적용될 수는 있으나, 가족의 사회적 망을 치료과정에 개입시키는 어려움으로 인해 비교적 제한되게 적용되어 왔다. 그럼에도 불구하고, 이 접근법은 다른 가족치료 접근법으로 별 효과를 거두지 못하였던 어렵고 복잡한 사례에서 아주 좋은 결과를 가져오기도 한다는 점에서 관심을 모으고 있다.

보다 최근, 사회적 망 가족치료 이외에도 사회적 지지망을 매개로 한 다양한 개입기법이 개발되고 사회사업 실천에 적용되고 있음을 고려할 때, 전체 사회적 지지망 개입기법과의 연계적 맥락에서 이해한다면 보다 실천적 유용성이 커진다 하겠다.

참 고 문 헌

이원숙, (1992),*사회적 망.사회적 지지와 임상적 개입의 이론연구*, 이화여대 박사학위청구논문.

Becvar, D. C. Becvar, R. J. (1993), "The Modalities of *Family Therapy*," Family Therapy, 2nd, Allyn and Bacon, pp. 279-292.

Hansen, J. C., & L, Abate, L. (1982), "The Family Network Intervention of Ross Speck, Carolyn Attneave, and Uri Rueveni," *Approaches to Family Therapy*, New York: MacMillan, pp. 271-293.

Speck, Ross V. (1985), "Social Networks and Family Therapy," in Schwartzman, J.(ed.), *Families and Other Systems*, New York: Guilford Press, pp. 63-83.

Attneave, C. (1969), "Therapy in Tribal Settings and Urban Network Intervention," Family Process, Vol 8, pp. 192-210.

Papp, P.(1976), Family Chereography, in Guenn, P.,9(ed.) *Family Therapy; Theory and Practice*, New York: Gardner Press, pp. 326-329.

Rueveni, U. (1977), "Family Network Intervention: Mobilizing Support for Families *in Crisis", International Journal of Family Counseling*, Vol 5, pp. 77-83.

Speck, R., and Attneave, C. (1973), *Family Networks*, New York: Vintage Books.

제 12 장

가족치료이론과 임상의 통합적 과제

박 종 삼*

제1절 이론통합의 개념

개인심리치료에서는 치료자가 환자와 상호관계를 맺고 치료를 진행시킬 때 수동적인 자세를 취해도 많은 경우 좋은 치료결과를 얻게되는 경우가 있다. 그러나 이런 수동적 태도와는 정반대로 어떤 형태의 치료접근을 하든지 부부치료(merital therapy)나 가족치료에서는 치료자가 매 치료과정마다 능동적 행동과 직접적 통제로 이끌어 가야만 된다(Napier & Whitaker, 1973; Whitaker, 1976). 만일 이런 능동적 개입을 하지 않는다면 가족성원들이 치료과정을 독점하여 상호간의 언쟁과 싸움이 과열되고, 이로써 경험이 없는 가족치료자는 매우 당황하게 될 것이다.

Haley(1969)는 "치료자로서 실패하는 기술(The Art of Being a Failure as a Therapist) "이라는 다섯가지 모토(moto)를 다음과 같이 기술하였다.

역동적 실패를 보장하는 다섯가지 B's
① 수동적이 되라(Be Passive)
② 비활동적이 되라(Be Inactive)
③ 성찰을 하라(Be Reflective)
④ 침묵을 지켜라(Be Silent)
⑤ 주의하라(Beware) <p.61>

사실 위기에 처한 가정은 가족치료자가 자기들을 위하여 무엇을 하고 있는지 확실히 알기를 원하고 있으며, 이는 가족치료에서 중요한 요인이다(Napier, 1976; Haley, 1980). 그러므로 가족치료자는 실제적인 임상에 돌입하기 이전에 의미있는 치료계획과 마음으로 무엇을 어떻게 실시하겠다는 분명한 계획이 서 있어야 한다(Freed, 1982). 그러한 추상적인 마음의 구도(構圖)를 이론(theory)이라고 부른다. 초보적 가족치료자가 이런 자신의 이론을 소유하고 있다는 사실은 그에게 치료자에게 필요한 자신감을 부여해 준다. 비록 초보자가 오랜 경험을 통하여 수개월 내지 수년 내에 자신의 개인적 이론이 변경된다고 해도 어떤 시점에서 이론을

* 숭실대학교 사회사업학과 교수

갖고있다는 것은 치료자에게 큰 도움이 된다.

1. 이론이란 무엇인가?

이론이란 어떤 현상을 기술하거나 설명하는 일련의 상호연관된 개념들(concepts), 구조개념들(constructs) 또는 생각들(ideas)이라고 정의할 수 있다. 이론을 활용하여 미래에 어떤 일이 일어날 것인지에 대한 가설이나 학문적 추측은 전문가들이 할 수 있다. 이런 추측된 결과들은 조사분석될 수 있다. 그리고 여기에서 나온 결과들은 이론(theory)을 구성하는 개념, 구조개념, 생각들을 수정하는 데 활용할 수 있다. 마치 우리 머리속에 그려지는 도로지도(road map)와 같이 하나의 가족치료 이론은 가족치료자들로 하여금 현재의 문제를 지닌 가족이 어떻게 변화(치료)되기를 바라며, 그 이론의 효용성을 평가하는 계기가 된다(Friesen).

새로운 가족치료 이론을 개발한다든가 또는 몇개의 이론들을 새로운 이론으로 통합하게 되는 방법이나 요인들은 다양하다. 한가지의 방법을 고찰해보자. 사회과학 영역에서는 이론들을 개발할 때 귀납적으로(inductively) 접근하는데, 이는 실제 사회에서 사람들이 관찰한 사실들(개념, 구조개념, 생각 등)에 기초하여 이론들을 정립하는 방법이다. Piaget의 인지이론의 정립은 그가 자신들의 자녀들이 말하고 행동하는 것을 관찰하는 방법에 의해서 이루어졌다. Freud의 사회심리발달이론도 자신의 환자들을 장기간 치료하여 관찰한 자료에 입각하여 정립되었다.

가족치료 이론을 정립하게 하는 여러 가지 요인들을 들 수 있다. 첫째, 무엇이 건전한 가족인가라는 생각(ideas)은 이론가들이 성장, 발달한 문화에 의하여 영향을 받게 된다. 한가지 예로써 리비도(libido;성적에너지)라는 개념은 Freud의 성격이론을 이루는 중요한 요인 중의 하나인데 이 개념은 사람들 사이에서 보수성을 지니며 성적 개방을 허락하지 않았던 독일문화권에서 생겼던 것이다. 그러므로 Freud의 견해에 따른다면 성적 에너지를 억제한다는 것이 부적응을 야기시킨다고 믿었다. 가족치료에서 밀란학파(Milan School of Family Therapy)에 따른다면 모든 것을 가장 잘 알고 신비한 능력으로 치료를 할 수 있는 권위적 인물로서 이태리 문화권에서 볼 수 있는 의사의 역할처럼 가족치료자의 역할은 객관적이고 중립적인 권위를 지녀야 한다는 것이다.

둘째로, 이론은 표적집단을 치료하는 과정이나 결과에서 도출되기도 한다. 한가지 예로써 Minuchin(1974)은 도시중심의 가족들을 치료하고 또 비행청소년의 가족을 치료하는 과정에서 그의 유명한 구조적 가족치료이론(structural theory of family therapy)을 발전시켰다. 그의 이론을 형성시킨 개념들은 그의 임상에서 직접 관찰된 것이었고, 이런 표적집단을 상대로 실험연구된 결과이었다. 그럼으로써 Minuchin의 가족치료이론은 비행청소년의 가족이나 도시중심의 가족의 문제를 치료해주는 데 효력을 발휘하게 된다.

셋째, 가족치료 이론의 정립은 그 이론을 주창하는 이론가의 철학이나 생활사에서 유래될 수 있다.

어떤 사람이 인간의 본질(본성)을 볼 때 선한가, 악한가, 중립인가, 또는 이런 것들의 혼합인가 등 어떻게 보느냐에 따라서 가족에서 행동하는 개인의 이해도 달라지게 된다. 이론가의 세계관은 그의 이론정립에도 반드시 영향을 미친다.

2. 이론들의 통합과제

현재 가족치료 이론은 대단히 많고 다양하다. 대부분의 가족치료 이론은 독립적으로 정립되었고 각 이론을 추종하고 옹호하는 세력도 만만치 않다. 그러므로 가족치료이론들 중 어느 특정한 가족치료 이론을 선택하여 사용하는 가족치료자는 다른 이론들을 수용하려고 하지 않는다. 그럼에도 불구하고 각 이론은 현실의 한면만을 나타내고 있다. 두사람이 눈앞에 펼쳐진 같은 들녁을 바라보면서도 한사람은 푸른 풀들에 그의 시선을 주목하게 되는가 하면 또 한사람은 나무들에 주의를 집중시키게 된다. 그런데 풀과 나무를 함께 볼 수 있는 방법은 무엇이겠는가라는 질문이 있게 된다. 곧 이론의 통합과제가 제시된 것이다.

본 장의 내용을 구성하는데 기반이 된 M.B.Thomas의 "결혼 및 가족치료의 개론"(An Introduction to Marrital and Family Therapy,1992)의 접근방법은 일생을 통하여 한가족이 더 건전하게 되는데 초점을 맞추면서 건강과 병리의 계속적 나선형의 상호활동(Spiral interplay)과, 양극의 화해를 전제로 하고 있다. 가족치료자나 특히 초보자는 동양사상에서 보는 음양설의 양극과 같은 역동성을 충분히 인지하고, 전문 가족치료의 맥락에서 균형을 유지하도록 배워야 할 것이다. 지나치게 건강만을 강조하여 무리하게 가족에게 압력을 가하려고 한다면 그 가족은 어딘가에 가족병이 약간은 존재하여야 할 것이다. 인간이 된다는 것은 역설들(paradoxes)을 수용하면서 살아나가는 것이다. 가장 뚜렷한 역설은 모든 인간은 죽음을 피할 수 없다는 사실인데 역설적으로 그 죽음의 사실을 인정한다는 것은 현실을 더 의미있게 해준다는 것이다.

3. 당신의 독창적 가족치료란 무엇인가?

하나의 인간이란 그 자신의 일부로 소유하고 있는 가치들 ,신념들, 사상들, 감정들, 그리고 행동목록 등에 의하여 규정지워지는 현실의 구조에 의하여 한계가 지워지는 하나의 개인일 따름이다(Keeney,1987). 이런 요인들은 어떤 개인이 세상을 관찰하는 안경과 같은 역할을 하게된다(Dell,1987). "변화의 심미(Aesthetics of Change)"라는 저서에서 Keeney(1983)는 기술하기를 인간은 그들이 마음속에 만들어 놓은 추상적 사고들과 자료를 수집하는 방법 사이에서 이루어지는 변증법적 과정에 따라서 세계를 체험하게 된다고 하였다. Keeney는 인식론자에게 어떻게 인지할 수 있느냐라고 질문한 가족치료자의 대화를 들어 설명하였다. 인식론자가 대답하기를 "Kuan Tsu가 한번은 말하기를 '인간이 알고자 하는 것은 저것(that)(예:외부세계)이다. 그러나 그의 알고자하는 방법은 이것(this)(예:그자신)이다. 그가 어떻게 저것(that)을 알 수 있겠는가?' 이것(this)을 완성하는 방법뿐이다(pp.200-201)."

가족치료에 대한 독창적인 이론을 구성함으로써 우리는 미래의 클라이언트-가족에게 그 이론을 사용하게 될 것이며 이런 과정은 곧 우리 자신인 "이것 (this)"을 완성시키는 일이 된다. 어떤 이론적 생각들을 선택한다는 말은 다른 이론들을 배제시킨다는 것이다. Hiddle(1982)은 어떤 하나의 이론적 입장을 취한다는 것은 그 입장에 적합하지 않는 자료들을 무시하거나 발견하지 못한다는 사실을 지적하고 있다. 그럼에도 불구하고 우리가 배제시킨 이론들의 입장은 그 나름대로의 효율성을 지니고 있을 것이며 현실의 일부를 나타내고, 또한 제한된 적용성을 계속해서 지니고 있게 될 것이다(Capra,1975).

제2절 이론들의 분류와 통합시도

현재 가족치료자들의 제 2세대를 이루는 치료자들의 중요한 과제는 과거 25년간에 걸쳐 개발된 치료이론들의 독창적 접근방법들을 분류하고 통합하는 일이며, 이 과제는 이미 진행되고 있다. 가족치료 이론이나 방법을 분류하고 또 통합한다는 제목의 문헌이 약 50여개에 이르고있다. 그러므로 이 제목만을 갖고도 한권의 책을 저술할 수 있다고 본다. 이런 문헌들은 가족치료의 연구자들이나 지도자들이 분류와 통합이라는 과제가 얼마나 중요한 것인지에 대한 관심을 표명하고 있음을 밝혀주고 있다.

M. B. Thomas(1992)는 이론들을 분류하고 통합하는 세개의 체계를 선택하여 설명하고 있는데, 그것은 Sluzki, Schultz 그리고 L'Abate의 분류체계들이다. 이것에 부과하여 Kegan(1982)의 연구에 기초하여 새로운 모델을 제시하고자 한다.

1. Sluzki의 분류체계

Sluzki(1983)는 치료의 체계적 모델들을 분류했는데 ; 단기적(brief), 구조적(structural), 전략적(strategic) 그리고 Milan의 치료이론을 세개의 집단으로 구분하였다. 즉 (1) 과제지향적 집단, (2) 구조지향적 집단, (3) 세계관 집단(world-view group;Weltanschaung)으로 분류했다. Sluzki는 단기 가족치료학파(Watzlawick외 다수)를 과제지향적 범주에 포함시켰는데, 그 이유는 이 학파에 속하는 치료자들은 치료과정 동안에 관찰될 수 있는 반복성을 지닌 상호활동적 단계들에 초점을 맞추기 때문이다. Minuchin의 구조학파와 Haley의 전략학파로 구성된 두개의 모델은 구조지향적 범주에 속하게 되는데 그 이유는 두 학파가 모두 가족치료에서 위계(hierachies)와 경계(boundaries)를 강조하기 때문이다. 밀라노팀의 제도적 접근은 세계관 집단(world-view group)에 속하게 되는데, 그 이유는 이 학파의 치료자들은 가족이 치료현장에 갖고 오는 인지적 지도(cognitive map)에 초점을 두기 때문이다.

이런 분류는 임상가로 하여금 유사한 전체의 준거틀 속에서 각 학파의 차이점들을 볼 수 있게끔 한다. Sluzki가 이론들을 분류하였을때 어떤 특정한 가족에 맞는 임상적 실천기술을 선택할 수 있는 통합된 이론들의 한가지 모델을 개발하려는 노력은 하지않았다. 그의 분류체계가 체계적 모델들을 학습하는 지침으로 도움이 되는데, 그 이유는 유사한 이론적 뿌리에서 나타난 이론들 사이의 상이점들을 지적해주기 때문이다.

2. Schultz의 제2 순위 모델(A second-order model)

Schultz(1984)는 가족체계 안에서 이루어지는 정신병리의 수준에 기초하여 가족치료 이론을 통합하기 위한 혁신적인 제 2순위 모델을 제시하였다 (도표1 ; 자료출처 : M. B. Thomas-1992, p.175).

Vaillant(1977)의 네 수준의 사회심리적 기능을 활용하여 Schultz는 제안하기를 가족치료의 교류분석이론들(transactional theories; Singer, 1977; Wyune, 1977)은 정신증 차원의 기능을 지닌 가족에게 더 적절하며 ; 구조적 접근(Minuchin, 1974 : Minuchin & Fishman, 1981)은 기능적으로 미숙한 수준에서 활동하는 가족에게 적합하고 ; 전략적 이론(Watzlawick, Weakland, & Fisch, 1974; Haley, 1973)은 신경증적 차원에서 기능하는 가정에 좋을 것이라고 하였다. 정신분열증을 지닌 성원이 있는 가족은 정신증적 차원에서 기능할 것이다.

가족성원들의 증상이 상이한 차원의 기능을 하는 경우 Schultz(1984)는 가장 낮은 수준의 기능에 적합한 치료접근을 갖고 개입한다고 했다.

도표1.

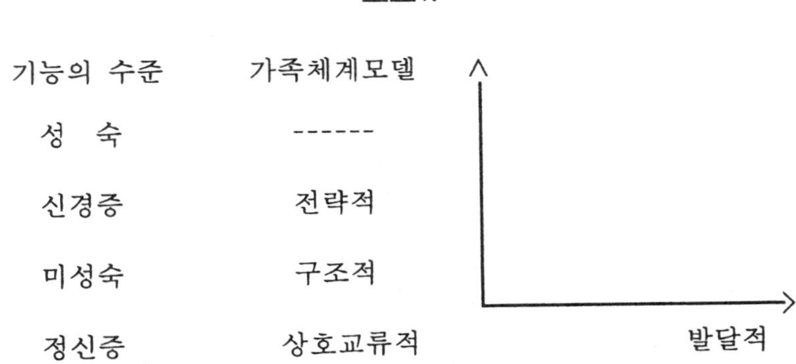

치료가 진전됨에 따라서 기능의 수준은 상승될 것이며, 이때 그 다음 높은 단계의 기능에 해당한 기법을 사용한다. 밀라노학파의 체계적 모델은 정신분열증 케이스에 유용하다. Bowen의 모델은 경계성 기능이라고 불리우는 미성숙(immature)과 정신증 사이에 해당되는 가족에게 적합하다. 행동과학적 접근은 미성숙 수준의 가족에게 사용될 수 있고, 인지적 행동적 접근과 정신분석은 신경증에 적합하다. 발달차원의 모든 가족에게 적용되었다. 위기개입의 경우 위기 이전의 기능수준에 복귀하도록 전략적 기법을 가족치료에 사용할 수 있다. 이에 첨가하여 Schultz는 가족 밖의 스트레스로 표현되는 제3의 차원을 도표2와 같이 제시해주고 있다(자료; M. B. Thomas, 1992. p176).

도표2.

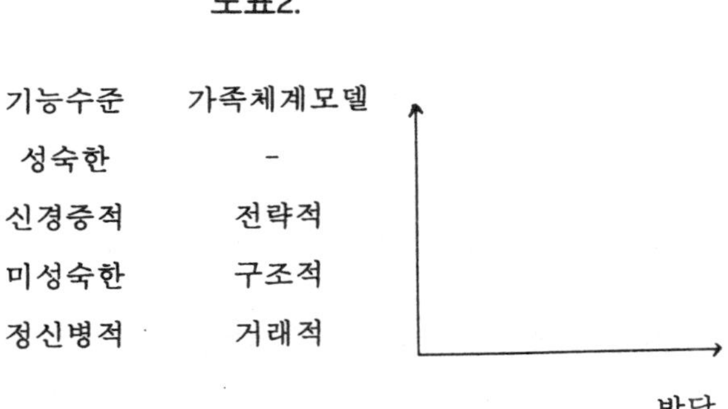

3. L'Abate의 가족치료의 절충적 체계모델

L'Abate(1986)는 절충적인 E-R-A-AW-C 모델(도표2 참조)에 입각하여 가족치료이론들을 통합하였다. 이 절충적 모델은 가족치료 개입은 감정적, 합리성, 활동, 인식, 맥락(context) 등 다섯개의 독특하면서도 상호연관된 영역에서 가능하다고 본다. 가족이 가장 접근할 수 있는 영역에 먼저 개입하고 그리고 순위대로 체험에서 가장 접근하기 어려운 영역을 향해 개입해야 한다. L'Abate는 이런 손상은 발달단계에 따라서 나타나는데 감정이 가장 접근하기 어렵고 행동은 가장 쉽게 접근될 수 있다. 그러므로 L'Abate는 치료자들이 집에 가서 할 과제를 준다든가 행동을 조작하는 과제를 먼저 하고 후에 합리성에 초점을 맞추어야 한다고 지시하고 있다. 이런 후에 친밀과 관련된 정서(감정)의 영역으로 옮길 수 있다. 한 영역에 영향을 미치면 그 영역들의 상호관계성이나 중첩성 때문에 다른 영역에도 영향을 미친다.

L'Abate(1981)는 지나치게 언쟁을 하는 부부의 예를 들어서 설명하고 있다. 그는 더 싸우라고 격려했고(처방-행동조작) 또 격일로 싸움을 하되 싸움시작은 부부가 순번대로 하라고 지시했다(의식-ritual). 이 결과 이 부부는 싸움을 덜하게 되었고 스트레스도 적게 받게 되었다. 그 후 치료적 개입은 우선순위, 자기정의(self-definition)등 합리적 발달에 초점을 맞추었다. 그다음 친밀감을 개발할 수 있도록 감정을 표출하는 '나 전달법(I message)'을 사용하도록 치료개입을 하였다.

체계적 가족치료에서 L'Abate(1986)는 가족치료의 여러 다른 학파와 연계를 시키면서 그의 모델을 더 정교화시켰다. 그의 초기 이론정립과는 대조적으로 활동(activity) 구조적 전략적 학파(Minuchin, Watzlawick, Hally, Madanes and Selvini Palazzoli)보다는 행동학파(Jacobson, Liberman, Patterson, Stuart, Thomas, Weiss)에 의하여 나타나고 있다. 구조적 적략적 학파는 최초의 이론에서는 행동영역으로 대표되었는데 Adler와 Alexander가 함께 한 수정된 모델에서는 상황영역(context domain)으로 대표된다.

감정성의 영역은 인도주의 및 경험주의 이론가들(Gordon, Guerney, Levant, Whitaker, Satir)에 의하여 대표되고 합리성 영역은 Ackerman, Bowen, Framo, Stierlin 등이 포함된 정

신분석 이론가들로 대표된다. 인식 영역은 신체적 촉감에 초점을 두는데 게스탈트 이론가(Perls)와 Watts, Selman과 동양철학자들이 여기에 속한다.

이런 절충적 모델에서 L'Abate는 치료착수(engagement), 기술훈련(skill training), 종결(termination), 그리고 사후지도(follow-up)등 네가지 단계를 제안하고 있다(도표3).

도표3. 체계적 가족치료

단 계	주요 치료적 강조점들	개 입 모 델	과 업 할 당
1. 치료착수	위기해결 증상해소 관계형성	맥락적 활동들 "변화" 활동 과거의 문제들	증상처방 개별화된 과제 우울증 SHWA들 과제할당지
2. 기술훈련	교섭의 학습 감정적인 주고받기	합리성의 "성장" 현재의 문제	교섭 SHWA들 과제할당지
3. 종 결	해결되지 않은 일의 해결 친밀감 문제 상실과 떠남	감성 "존재" 미래의 문제	친밀감 SHWA들 과제 할당지
4. 사후지도	효과의 유지 다른 긍정적인 행동으로의 확산	다양한 모델들	개선의 확인과 증거

시초단계에서 상황영역(징후에 대한 처방 등)과 활동영역(행동적 계약 등)의 입장에서 시도되는 치료적 개입은 집에서 할 과제를 제시해 줌으로써 변화를 초래케하려고 했다. 치료의 중간단계에서는 클라이언트들이 그들의 인간관계에서 문제를 일으키는 상호활동적 형태에 대한 해석과 가족 내 세대간의 주제들을 분석하기 위하여 가계도(genograms)를 사용함으로써 합리성의 영역에서부터 하는 치료개입이 강조되고 있다. 이 단계에서는 현재의 문제가 초점이 된다. 최종적으로 종결단계에서는 친밀에 관한 문제, 유기되고 상실되었다는 감정, 그리고 있을 수 있는 미래의 문제를 취급함으로써 정서적 영역이 우선순위로 부각된다.

네번째 사후지도(follow-up) 단계에서는 가족이 지금까지 치료의 결과로 획득한 장점들을 지지하기 위하여 몇 개 또는 모든 가족치료 양식을 사용한다.

가족치료의 영역이나 일반사회 전반에서는 궁극적 현실을 보다 넓게 파악할 수 있는 메타이론(meta-theory)이 필요하다(동양의 도(道)사상과 같은 이론이 한 예(例)이다). 그 외에도 L'Abate의 가족 강화(marital enrichment;, L'Abate,1986; L'Abate & Weinstein,1987), 그리고 결혼 강화(marital enrichment;,L'Abate & McHenry,1983)와 함께 가족치료 접근(L'Abate,1986;L'Abate,Ganahl, & Hansen, 1986)을 활용하여 가족 생활교육,가족 강화훈련, 가족치료 접근들을 통합시키는 작업은 매우 중요하고 또 어려운 과제이다. 그러나 이런 통합 작업을 시도하는 가족치료자는 별로 없다.

제3절 번개고동(貝) : 가족치료이론의 동시-진화나선 (The Lightning Whelk: A Co-Evolutionary Helix of Family Therapy Theories)

"라이트닝 휄크(번개고동, Lightening Whelk)"란 그 도표의 형태가 조가비의 일종인 번개고동(貝)과 흡사하다는 뜻에서 명칭된 것으로, 가족치료이론들을 분류하는 삼차원적 발달방법을 상징하는 것이다(도표4). 이런 분류법은 인간은 그들의 환경(문화) 속에서 시간이 경과함에 따라 고등형태의 생명으로 동시에 진화되어 간다는 전제에 기초하고 있다. 인간은 능동적이며 문화와 통합의 과정을 통하여 의미를 만들어 나간다. 옛 틀에 박힌 우리의 정체가 새롭게 진화되는 과정에서 인간은 '낡은 자아(old self)'의 상실을 체험하게 된다. 그러므로 매 진화단계가 진행될 때마다 성장과 함께 고통과 상실을 체험하게 된다 그럼에도 불구하고 유기체는 방어와 순종, 중심의 되찾기 등의 과정을 통하여 보다 더 훌륭한 통합체가 되도록 전진하며 이런 새로운 통합체의 구조가 활동할 수 있는 평형의 위치를 찾게 된다.

Kegan(1982)에 의하면 여섯가지 질적으로 다른 단계가 있다고 한다. 그것들은 결합적(incorporative), 충동적(impulsive), 제국적(imperial), 그리고 개인관계적(interindividual) 단계들이다. 인간은 일생동안 긴장속에 살고 있는데 소속과 자율성 사이에서의 창의적 운동이다.

"라이트닝 휄크"이론(도표4)에 따르면 가족치료의 이론은 가족 내의 개인의 발달단계와 견줄 수 있다. 개인들과 가족들은 하나의 이원적 단계에서 또 다른 하나의 단계로 이동하는데 보존(holding on)과 방출(letting go)그리고 재통합을 할 수 있는 유지(staying put)를 통하여 이동하게 된다. 예를 들어서 분화(differentiation)의 최저 수준은 정신분열이다. 체계치료와 단기치료 방법은 정신분열이나 분화의 극단적 저수준에서 기능하는 사람들에게 유효하며, 이는 합병(incorporation)의 단계에 속한다. 그런 가족들은 위기에 처했을 때 구심성 형태로 뒤죽박죽이 되는 경향이 있다. 그 다음 균형의 단계는 약물남용자를 들 수 있다. 구조적 그리고 전략적 가족치료가 이런 환자들에게는 유용한데 이런 클라이언트들은 충동적 수준의 균형단계에 있는 사람들이다. 그들은 가족 내의 긴급 상황의 때에 원심성 방법으로 문제에 대처한다.

도표4.

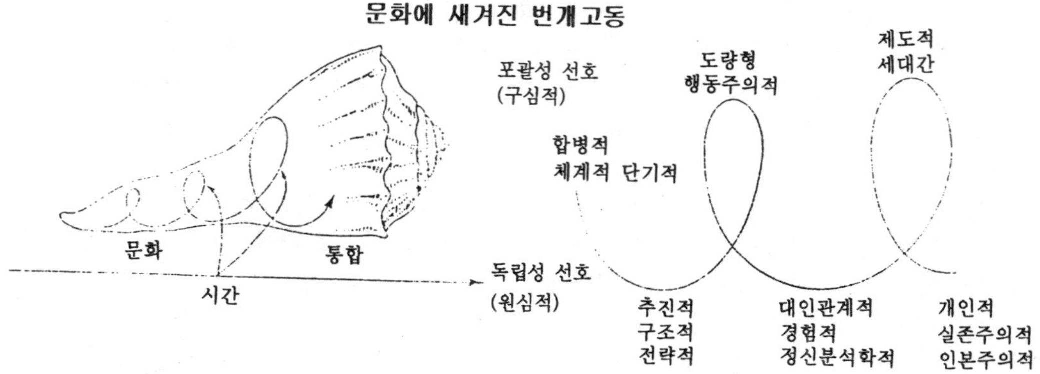

발달단계의 상위로 이동하면, 다음 균형의 수준 곧 제국적(위엄적) 단계인데 이때 클라이언트들은 행동적 문제를 갖고 있다. 여기에서는 행동적 가족치료가 가장 효율적이다. 이런 가족들은 스트레스하에서 더욱 구심성 양태를 사용하면서 더욱 엉키게 된다.

다음 발달단계는 대인관계(interpersonal)의 수준이다. 경험학파의 가족치료는 클라이언트로 하여금 그들의 감정을 인식하고 표출하게 한다. 이는 마치 정신분석학적으로 지향된 가족치료가 방어의 해석에 초점을 맞춤으로써 사회적 맥락에 적합하게 공격성과 성적 감정을 표현할 수 있게 하는 것과 같다. 이런 가족은 외적 내적 스트레스에 봉착하게 될 때 원심적 양태를 사용하고 있다.

그 다음 단계에서는 인간이 그들의 제도들과 동일시하고 성취한다. 출생한 가족들에 대한 강조와 가계도를 사용하는 Bowen형태의 가족치료와 같은 세대간의 접근방법이 효율적이다. 제도 수준에서 기능하는 가족들은 스트레스하에서 구심적 형태를 사용하며 포함되기를 원하고 있다. 가장 높은 단계의 발달은 사람들이 서로 대화를 나눌 수 있는 대인관계적(interpersnal) 수준이다. 실존주의적, 인도주의적 가족치료 접근방법은 치료자나 클라이언트들이 그들의 순발성(spontaneity) 속에서 그들 스스로가 되도록 격려한다. 이런 가족들은 스트레스하에서는 원심적 형태를 사용한다. 하나의 균형잡힌 수준에서 다른 수준으로 이동한다는 것은 가족성원들이 확인, 상치, 지금까지 학습된 것들의 재통합 등을 겪게되는데, 이것은 마치 가족 내에서 구심력, 원심력과 평행되는 문화와 통합의 과정이 된다.

Beavers(1977)가 제시한 가족기능의 도표를 재고찰해 보면 "리이트닝 헬크"이론과 중첩되는 점이 많다. 예를 들어서 헬릭스(helix)이론은 그의 연구결과를 나타내는 이차원적 그림의 모양과 유사하게 보인다.

Beavers의 모델에 따른다면 가장 역기능적인 가정은 정신분열증 환자(구심적)와 식욕감퇴 환자(원심적)로써, 이들은 결합적, 충동적 균형의 수준을 반영하고 있다. 이 모델에서는 중도 구심성 가족들은 행동상의 문제를 소유하고 있다. 또한 중도 원심성 가족들은 경험적 그리고 심리역동적 접근에 의하여 치료되는 신경증적 문제를 갖고있다. Beavers모델에서 적당(적절)한 가족이란 세대간 접근을 통하여 유익하게 될 것이며 그들의 출생가족에서 그들이 분화되는 사실에서 의미를 찾게될 것이다.

가장 적당하게 기능하는 가족들은 대화가 존재하는 실존적, 인도주의적 학파의 가족치료를 통하여 성장하도록 격려를 받게될 것이다.

"라이트닝 헬크"의 가족치료 이론의 분류는 전문 임상가를 위해 이론들과 기술들을 통합시키는 방법으로 활용될 수 있다. 이 모델은 그런 통합에 영향을 끼치기 위하여 여러가지 대안적 방법으로 사용될 수 있다. 예로써 신삐아제학파(neo-Piagetian)에 입각한 가족의 발달단계를 사정할 수 있고, 가족치료를 위한 기술은 가족의 발달 수준 정도에 입각하여 선택될 수도 있다. 또다른 하나의 접근은 순환적 질문을 갖고 순환적 면접을 사용하거나 모든 가족에게 단기치료모델에서 사용하는 인테이크(intake) 면접양식을 사용하는 것이다.

첫번째 치료접근 처방을 실시한 후 치료자는 가족의 반응을 보아서 다음에는 어떤 치료모델을 처방할 것인가를 결정할 수 있다. 이것은 Shazer유형의 '조합(cooperation)'과 유사한 것이다.

사실에 있어서 Shazer(1985)에 의하여 발전된 조합하는 양식(style of cooperation)은 확인(confirmation; 도청된 과제를 수행하기), 모순(contradiction; 도청된 과제와 반대되는 것을 하기), 그리고 재통합(reintegration; 아무것도 하지않기, 모호해지기, 예측된 것보다는 약간 다른 것을 하기) 등과 관계가 있는 것으로 본다. 가족의 반응을 관찰하는 또 하나의 방법은 가족 성원의 발달단계(수준) 등을 결정하는 것이다. 만일 그들이 높은 수준의 균형에 처해있다면 그 수준에 상응되게 기술을 선택할 수 있을 것이다.

또 하나의 가족반응을 사용하는 방법으로 문제가 해결될 때 까지 그 수준에 머물러있는 것이다(단기적, 체계적 기법). 가족치료의 모든 케이스들 중 절반 이상에서 볼 수 있듯이 만일 다른 문제들이 생기게 되면 그 다음 높은 단계와 관련이 있는 기법을 사용할 수 있다. 예를 들어서 Stanton(1981)은 라포(rapport)를 초기에 형성하기 위하여 구조적 기법을 사용하여 구조적 기법과 전략적 기법을 통합시켰다. 그 후 증상이 감소될 때까지 전략적 접근을 사용하였고 후에 구조적 기법을 다시 사용하였다. 그러므로 라이트닝 휄크(Lightening Whelk)이론에 따라서 치료자는 변화가 생길 때까지 최저 수준의 기법을 사용하고, 치료자가 보아서 진전이 있고 또 가족이 원한다면 그 다음 발달단계에 해당되는 기법을 사용하여 다음 단계의 문제를 치료하게 된다.

수년간 정신분석학자들이 성공적으로 사용한 또 하나의 방법은 클라이언트를 조심스럽게 선택하는 것이다. 예를 들어서 치료를 받겠다고 나선 클라이언트의 25%만이 정신분석치료에서 도움이 된다고 평가하고 있다. 만일 가족이 최저 수준의 발단단계에 처해있기 때문에 정신분석으로 부터 아무런 치료의 도움이 되지 못하는 경우 그런 가족은 밀라노학파의 가족치료기법이나 그 가족의 발달수준에 준하여 기법을 사용하는 가족치료자에게 의뢰해야 할 것이다.

또 하나의 접근은 임상가가 모든 새로운 클라이언트들에게 가설을 설정하기 위하여 체계적 순환질문을 던질 수 있는 통합적 임상모델을 정립하는 것이다. 그리고 그런 처방들이 잘 수행되었다고 하면 어떤 전략적 경계형성 위계기법(strategic boundary-making hierachical techniques)이 집에서 실천될 수 있는 전략적 지시와 함께 사용될 수 있다. 행동지향적 기술습득 훈련들은 그다음 치료과정(session)에서 사용할 수 있다. 가족문제가 해결됨에 따라서 가족조각기법(family sculpture)이나 게스탈트훈련 등의 체험적 기법들을 카타르시스와 정화작용(abreation)을 자극하기 위한 심리역동적 해석과 함께 사용할 수 있다.가족성원들이 정신역동적 문제점들을 해결해 나감에 따라서 자신의 출생한 가족에게 관심을 갖기 시작하게 되면 가계도(genogram)를 그리도록 할 수 있다. 그 가족과 치료가 계속됨에 따라서 치료는 동등한 입장에 있는 사람들이 함께 노력하는 '팀워크(team work)'의 형태를 갖게 된다.

Lelow(1987)는 각자가 어떻게 가족치료를 위한 통합적 접근방법을 창출할 것인지에 대하여 몇개의 제안을 하고 있다. 가족치료의 통합적 접근방법과 관련된 네가지 이론적 예를 비교적 상세히 제시하였다.

이런 맥락들을 참조하여 각자가 자기 나름대로의 독창적 가족치료 이론을 통합적으로 정립하는 과제를 실천해 보아야 한다.

제4절 각자의 치료이론 구성

Aradi와 Kaslow(1987) 여러 가족치료 이론들에 속한 다양한 요소들을 통합시키려는 최선의 방법들 중의 하나는 설명적, 진단적, 치료적, 예후적, 평가능력에 따라서 이론들을 분석하고 자신의 성격을 분석하고 치료대상의 가족을 분석하는 것이라고 역설하고 있다(도표5는 이런 변수들에 대한 치료자 자신의 측정도가 명시되어 있다). 다른 말로 해서, 개인이나 상호활동 또는 두 영역 모두에서 어디에 역기능이 존재하는가?, 그리고 그 역기능은 절대적으로 과거에 연유되어 있는가?, 현재에 연유되어 있는가?, 또는 비교적 미래와 연관되어 있는가(설명적 효력)?, 그 사정과 진단의 역할은 치료과정에서 어떤 것인가(진단적 효력)?

어떻게 치료가 변화를 초래시키고 있는가? 예를 들어서 그 치료는 단기인가 장기인가? 특수한 치료목표가 있는가? 일반적 목표인가? 치료로 인한 변화가 치료자에게 있게끔 구성되었는가? 또는 자신들의 변화를 위해 가족성원들이 능동적으로 참여하게끔 구성되어 있는가(치료적 효력)? 인간의 본질에 관한 견해는 무엇이며 문제를 제기하는 과정은 어떤 것인가(예후적 효력)? 이런 접근방법이 어떻게 평가될 수 있으며 여러 표적집단의 효능성에 관한 어떤 연구들을 할 수 있겠는가(평가적 효력)?

이런 형태의 치료가 미래의 문제를 예방할 수 있으며 다시 말해서 가족의 기능이 증진되었는가 또는 가족의 문제증상들만이 감소되었을 뿐인가(예방적 효력)?

(도표5) 자기 평가 양식 : 치료자의 성격과 다양한 이론들을 짝짓기

설명적 힘

비기능이 개인내에 존재함 ----- 둘 다에 해당 ----- 비기능이 상호작용적으로 존재함
과거에 초점을 둠 ----- 현재에 초점을 둠 ----- 미래에 초점을 둠
비기능이 절대적임 -------------------- 비기능이 상대적임

진단적 힘

사정 :

없음 ----- 간헐적 ----- 지속적
비공식적 ----- 둘 다에 해당 ----- 공식적
치료와 분리됨 -------------------- 치료에 통합됨

진단의 관심사 :

없음 ----- 개별행동들 ----- 행동유형들 ----- 통일된 구성체들

치료적 힘

단기치료 ----- 기간은 클라이언트의 욕구에 의해 결정됨 ----- 장기치료
과정이 구체적이고 구조적 -------------------- 흔히 치료자에게 달려있음
치료자가 변화에 책임을 짐 ----- 쌍방이 함께 책임짐 ----- 가족이 변화에 책임을 짐
치료자는 지시적이 아님 ----- 스타일이 다양함 ----- 치료자는 지시적임
치료자의 행동이 계획된 것임 -------------------- 치료자의 행동이 즉흥적
통찰이 필요함 -------------------- 통찰이 불필요함
개인적 성장 ----- 기분이 나아짐 ----- 기능이 향상됨 ----- 문제해결

예후력

비기능의 자연적 과정 :

악화 ----- 알려지지 않음/변화 없음 ----- 향상

인간조건에 대한 관점 :

비관적 ----- 중립적 ----- 낙관적

향상을 위해 치료가 필요하지 않음 ----- 알려지지 않음 ----- 향상을 위한 치료가 필요함

평가적 힘

접근책은 수치화가 불가능 -------------------- 접근책의 수치화가 가능
경험적 연구는 가치가 없음 -------------------- 경험적 연구는 가치가 있음
접근책이 조사연구에 기초하지 않음 -------------------- 접근책이 조사연구에 기초함

예방적 능력

무시됨 ----- 간접적으로 다루어짐 ----- 직접적으로 다루어짐
건강에 대한 이상적인 모델이 되지 않음 --------------- 건강에 대한 이상적인 모델이 장려됨

가족치료가 가장 효능적인 결과를 초래시키기 위해서는 다음 세가지 요소가 잘 조합되어져야 한다.

그것들은 이론의 특성, 특정한 가족의 욕구, 그리고 치료자의 성격과 사용하려고 선택된 이론과의 일치성(congruence) 등이다. 이와같은 섬세한 조합을 성취하기 위해서 치료자는 자

신에 대한 지식을 갖고있어야 한다. Aradi 와 Kaslow(1987)가 개인들 자신에 대하여 어떻게 생각하고 중요한 문제점들에 대해서 개인적으로 어떤 입장을 취하는지를 알기 위해 개발된 자기 평가양식을 사용할 수도 있다. 그러한 내성적(introspective) 과정은 치료자 자신에 대한 보다 좋은 이해와 가족을 사정하는데 더 효율적인 방법을 제시해 준다.

이상과 같은 건전하게 다양한 가족치료를 분류하고 통합하려는 노력들을 살펴보면서 Liddle(1982)은 가족치료자들이 가족치료를 응시하고 조사할 수 있는 산봉우리를 찾아야 한다고 제안하고 있다. 그렇게 함으로써 가족치료자는 인식론적 선언을 정립할 수 있다. 그것은 그 임상가에게 필요한 임상적 결정을 도와주는 개인이론이 정립된다는 것이다. 예를 들어서 가족치료자는 인간의 본질을 어떻게 보고있으며 치료를 어떻게 정의하는지; 치료의 목표; 치료자의 역할; 그리고 치료자가 변화를 어떻게 정의하고 초래시키려고 하는지; 건강한 가족과 역기능적 가족에 대한 개인의 정의; 그리고 개인의 치료접근방법이 어떻게 평가되겠는지 등에 대하여 분명하게 설명하여야 한다.

이런 제안들에 따른다면 다양한 이론들은 다음과 같은 요점들로 비교 고찰될 수 있을 것이다.

(1) 어떤 이론의 역사적 발달
(2) 모델에서 일하는 건전한 가족기능
(3) 이론과 관련된 이론적 중심 개념들
(4) 치료의 목표들
(5) 진단과 사정의 활용
(6) 치료자의 기능
(7) 치료적 접근과 관련된 기법
(8) 최초의 치료과정 진행방법
(9) 치료의 단계별 진전과정
(10) 모델에서 치료결과 측정방법
(11) 주어진 이론모델의 공헌과 제한성

각 이론에 대한 상세한 설명에 근거하여 치료자들은 각 이론에 대한 연구와 이해가 있어야 하고, 각 이론의 독특성을 음미할 수 있어야 할 것이다. 동료 및 치료가족과 함께 치료자(훈련자)는 여러 이론들의 기법을 선책하여 사용할 수 있어야 한다. 이것은 각자가 하나의 산봉우리를 찾아 올라가서 자기의 표적 가족집단과 어떻게 치료를 할 것인지 자신의 독특한 이론을 개발하고 가족을 치료함에 있어서 전문가적 기능의 기반이 될 수 있도록 기록해야 하는 도전을 받아들여야 할 것이다.

여러 가족치료 이론들을 여러 차원에서 비교한 자료는 M.B.Thomas,의 An Introdu-ction to Marital and Family Therapy(NY:Merrill,1992) pp.190-201(도표4, 도표5)에 제시되어 있으며, 가족치료 이론을 통합시키려고 하는 가족치료 이론가에게는 좋은 자료가 될 것이다.

이 자료들은 가족치료자가 자신의 독특한 이론을 개발하려고 할 때에도 좋은 자료로 활용될 수 있다. 어떤 이론을 선택하거나 적용하든지 간에 가족 발달단계에 관한 철저한 이해와 전 생애를 통한 개인의 발달에 관한 확실한 지식을 갖춘다는 것은 효율적인 가족치료를 위해 절대로 필요한 조건이 된다.

치료자가 가족치료에 개입할 이론을 개발한 후 그 이론을 처음 사용하려고 한다면 부자연스럽고 불안하게 느끼게 될 것이다. 그러나 시간이 지남에 따라서 주어진 이론에 필요한 기술들은 자동적으로 사용될 수 있기까지 발전될 것이며 치료자는 클라이언트의 변화와 성장을 촉진시키도록 자신을 더 효율적으로 치료에 사용할 수 있게될 것이다. 치료자는 자신의 여러가지 취약점을 겸손히 받아들이며 진정한 인간으로 돌아가 치료에 임하게 될 때 클라이언트와의 친밀관계가 형성될 것이며, 또한 좋은 치료의 결과도 기대할 수 있다 (Kaslow,Cooper, & Linsenberg, 1979). Whitaker(1976)는 치료자가 인간으로 계속해서 성장발달할 수 있는 일련의 규칙을 제시해주고 있다.

효율적인 치료자가 되기 위한 필요조건들 :

(1) 모든 의미있는 타자들은 두번째 좌석으로 옮겨라!
(2) 어떻게 사랑하는지를 학습하라.
갓난아기와 놀아라! 그 아기가 세살쯤 되면 무조건적 긍정적 사려는 아마도 사라져 버릴 것이다.
(3) 당신의 충동에 대해서는 경의를 개발하며 당신의 행동순열들(behvior sequences)에 대해서는 의심을 가져라!
(4) 아이들보다는 배우자를 더 즐기고, 배우자와 같이 있을 때에는 아이와 같이 되라!
(5) 역할구조를 의식적으로 파괴하고 또 그것을 반복하라!
(6) 당신이 택하는 입장에서 후퇴하거나 전진할 수 있는 것을 학습하라!
(7) 당신의 무력(impotence)을 당신의 가장 강력한 무기처럼 잘 지켜라!
(8) 안전감을 갖고 미워할 수 있는 자유를 누리기 위하여 장기적 인간관계를 가져라!
(9) 죽을 때까지 성장해야 한다는 사실을 직시하여 수용하라. 생활에서 만성적 모순감을 개발시켜라(자신과 주위의 사람과 함께). 그리고 경험세계를 초월할 수 있도록 학습하라. 만일 선교사가 되어야겠다는 열정을 줄이면 그만큼 식인종에게 잡혀먹힐 기회는 줄어들 것이다.
(10) 당신의 일차과정생활(본능적)을 개발하라. 안전하게 느끼는 사람과 미쳐버리는 사귐을 가져라. 전문가 집단과 잡담을 할 수 있는 기회를 구조화하라. 그렇게 하면 전문영역에서 쓰다 남은 전문쓰레기를 갖고 당신의 배우자를 남용하지는 않을 것이다.
(11) Plato는 말하기를 "죽는연습을 하라"(p164).

참 고 문 헌

Michael Nichols, (1984), *Family Therapy*, NY: Gardner Press. Ch 12. Comparative Analysis.

M. B. Thomas, (1992), *An Introduction to Marital and Family Therapy*, NY: Merrill. Ch 6. The Challenge of Intergrating Theory and Practice.

제 3 부

가족치료 실천

제 1 장

초 기 과 정

한 인 영*

가족치료를 실천함에 있어서 초기과정 뿐만 아니라 각 단계마다 치료자 자신이 어떤 훈련을 받았는지에 따라 실천기법이 다양하리라고 본다. 즉, 정신역동적 기법, 의사소통 기법, 구조적 기법, 행동주의 기법, 전략적 기법 등 매우 다르다. 본 장에서는 특정 기법을 인용하지 않고 일반적인 관점에서, 특히 초기 과정에서 이루어지는 첫 번째 면접과 관계형성 및 문제의 사정, 그리고 치료목표를 설정할 때의 유의점을 살펴보고자 한다. 여기서는 기법에 대한 이론적 설명을 지양하고 실천에 치중하고자 한다.

초기과정이란 가족치료를 실시하는 첫 상담이 이루어지기 위해서 약속을 맺는 때부터 서너 번의 상담을 통하여 진단과 목표설정이 이루어지기까지의 과정을 말한다. 초기과정은 치료의 전체 기간이 장기적일 경우 더 여러 번의 상담기간을 할애할 수도 있겠다. 1절에서는 첫 번째 상담에 초점을 맞추어 처음 접촉 시의 유의점, 첫 번째 상담시의 유의점, 관계형성의 기술, 치료계약 맺기 등을 다루었고, 2절에서는 가족의 문제를 사정하고 진단하는 제반 대책과 도구를 소개하였다. 3절에서는 치료계획을 설정하기 위하여 사정의 내용을 목표로 전환시키는 방법과 위기가족에 대해 언급하였다.

제1절 초기 상담과정

1. 첫 상담 전의 접촉

공식적으로 첫 상담이 있기 전에 가족원과 치료자가 갖는 접촉은 어느 기관에서 가족치료가 이루어지는가에 따라 매우 다르다.

오늘날 가족치료는 정신병원의 입원실, 학교의 상담원 사무실, 종합병원의 외래 클리닉, 종합복지관의 사회사업가 사무실, 그리고 치료자 자신의 개인 사무실 등 다양한 장소에서 실시되고 있다. 그러므로 첫 상담이 있기 전의 접촉은 일률적으로 언급하기 어렵다. 사무원이 모든 약속을 정해 놓고 치료자는 아무런 사전 접촉이 없이 첫 상담에 임하는 수도 있다. 또 이때에 미리 주어진 서류에다 가족이 해당되는 사항의 정보를 써 놓아서 어느 정도의 사전

---

* 이화여자대학교 사회사업학과 교수

지식을 갖게 되는 경우도 있다.

그러나 전화나 직접 대면으로 가족원의 한사람과 사전 접촉을 하여 첫 번째 약속을 만드는 경우 치료자는 세심한 주의를 해야 한다. 왜냐하면 한사람이 주는 정보만을 많이 갖고 있으면 편견이 생길 우려가 있기 때문이다(엄예선, 1994, 262). 그러므로 되도록 간략하게 약속시간, 상담료 등을 알려 주는 것이 적합하다.

2. 첫 번째 상담

첫 번째 상담시간에는 가족원들이 긴장되어 있을 수가 있으므로 먼저 약간의 사교적인 대화를 하는 것이 좋다. 초기의 사교적인 몇 마디 대화는 가족원의 불안감을 해소하는 데 도움이 되며 아때에도 치료자는 가족에 대한 사정을 시작할 수 있다. 사교적인 대화가 곧바로 심각한 주제로 연결되는 수도 있으나, 일반적으로 치료자는 간단히 자기 자신을 소개하고, 가족원을 일일이 소개받은 후에, 몇 가지 필요한 공적 사항을 언급한다. 즉 상담시간의 길이는 어떠하고, 치료비는 얼마이며, 치료비의 지불 방식, 상담의 빈도, 비밀보장성, 의뢰한 사람에 대한 언급, 전화 대화가 있었을 경우 그 가족원과의 대화확인 등이다. 이와 같은 절차가 끝나면 치료자는 곧바로 문제가 무엇이며 가족의 욕구가 무엇인가를 묻고 그들이 구하는 바를 잘 표현하도록 도와준다. 가족치료 상담에 왜 오게 되었는가를 묻는 것은 가족으로 하여금 자유로이 의사를 표명할 수 있는 기회를 제공한다. 문제에 대한 언급이 충분히 토의되고 나면 치료자는 가족에게 가족치료를 통해서 기대하는 바가 무엇이며 치료의 결과에 대해 가족이 어떻게 희망하고 있는지를 유추해 낸다. 또 치료자는 치료를 성공적으로 개입하기 위해서 치료자로서 무엇을 기대하고 있는지를 설명해 준다.

일반적으로 가족치료자는 상담시간을 일주일에 한번씩 갖고 50분에서 90분 동안 상담을 하게 되며, 필요에 따라서 일주일에 한번 이상 만나기도 한다. 정신과 입원병동 내에서는 가족을 위한 상담이 더 자주 있기도 한다. 그러나 일주일에 한번씩 만나는 것이 보편적이다. 때로는 일주일에 한번 대신 한달에 한번 만나는 것이 전략적으로 치료에 더욱 효과적일 수도 있다. Pulazzoli라는 치료자는 한달에 한번씩 가족을 보고 그 중간에는 우편으로 '처방전'을 보내는 방법을 쓰기도 한다. 거리가 먼 관계로 집중적인 방법을 쓸 때도 있다. 즉, 이삼일간에 걸쳐서 전체 가족, 개인, 가족 내의 모자간, 부녀간 등등을 따로 만나고 이 때에 정신과 의사와 사회사업가, 심리학자들이 함께 치료팀으로 참여할 수도 있다(Glick & Kessler, 1980, 119). 또 주말에 전체 가족이나 가족원 일부를 장시간 동안(8시간 내지 12시간) 만나서 치료하는 방법도 있다(Glick & Kessler, 1980, 146). 이것은 멀리 떨어져서 살고 있는 가족인 경우, 또는 가족들이 모두 바빠서 한자리에 모일 수 없는 경우에 사용하기도 한다. 교통 문제가 있는 도시에서는 한번 만났을 때 50분 동안 만나는 정규적인 상담보다 길게 시간을 책정할 수도 있다.

치료에 누구를 포함시켜야 하는가는 참으로 중요한 명제다. 일반적으로 가족 모두를 오게 하여 치료를 시작하는 것이 바람직하다고 임상가들은 말하고 있다(Glick & Kessler, 1980,

112). 가족 모두란 한 지붕 아래 사는 사람일 경우도 있고 대가족까지 다 포함시키기도 한다. 더욱이 한 가족이 아니더라도 가족에게 많은 영향을 미치는 동거인이거나, 동창, 친척들을 포함시킬 수 있다. 때때로 어린아이들을 가족치료 상담(session)에 참여시킬 것인가 하는 문제가 있다. 대부분의 가족치료자들은 적어도 한번은 유아나 아동들을 상담시간에 포함시키면 진단에 도움이 된다고 말하며, 특히 아동들은 솔직하고 개방적이기 때문에 가족치료에 많은 도움이 될 수가 있다. 또 어린이들이 참석하면 적합한 행동을 유지하도록 부모 노릇을 하려고 하기 때문에 치료자로서는 분노의 상황에서도 부모들이 적절한 행동을 하도록 통제하는데 매우 도움이 된다. 치료 시간에 아동을 오게 할 때는 치료자는 크레용이나 백지, 장난감 등을 준비하는 것이 바람직하다(Glick & Kessler, 1980, 115).

치료자는 치료시간 동안의 의사소통은 자유로이 허락하는 반면 행동상의 제한점 등 기본 규율을 설명해 주는 것이 좋다. 즉 폭력이나 지나친 비난의 언사, 욕하는 행위 등은 허락되지 않는다고 말하고 특히 상담실 안에서 이야기한 내용을 빌미로 집에 가서 싸움을 하지 않아야 한다고 규정해 준다. 또 상담자가 비밀보장의 원칙을 가진다는 것을 언급해 준다(엄예선, 1994, 266).

가족이 지나치게 의사소통을 비효율적으로 하여 파괴적이고 상호지지적이지 못할 경우 초기과정에서 의사소통 기법의 몇가지 규칙을 가르치는 것도 효과적이다. 즉, 비난을 줄이기, 남의 생각을 짚어서 말하지 않기, 여러 주제를 동시에 말하지 않기, 상대방의 말을 도중에 방해하지 않기 등의 기본적인 의사소통 기법을 가르쳐 주어 가족의 의사소통 효과를 높이도록 한다.

또 상호지지적이지 못한 가족원의 의사소통을 재구조화하는 방법으로서 Broch과 Barnard는 화난 사람, 지독한 사람, 여우같은 사람, 앙심 품은 사람 등의 표현을 상처받은 사람, 우울한 사람, 외로운 사람, 혼자 있는 사람 등의 표현으로 재조명하는 것이 바람직하다고 하였으며, 나쁘다는 표현을 슬픔을 갖고 있다는 표현으로 바꾸어서 표현하게 하였다(Broch & Barnard, 1988, 10).

Nelson은 의사소통시 비난을 일삼는 가족은 자신들이 문제가 있다는 것을 쉽게 인정하기 때문에 치료자의 개입이 쉽다고 했으며 가족원이 서로 비난을 퍼부을 경우 인지중심적 개입과 행동중심 개입을 함께 사용하여 두 비난자를 서로 띠어놓도록 위치를 바꿔 앉게 하거나, 서로 논쟁한 후 서로 입장을 바꾸어 상대방의 역할을 하게 한다. 또 쟁점이 되는 것과는 전혀 다른 주제를 가지고 잠시 이야기하도록 유도하는 것도 비난을 감소시키는 방법이다(Nelson, 1983, 93).

또 가족치료자는 첫 시간에 가족치료 자체에 대해 간단히 설명하는 것이 좋다. 왜냐하면 대부분의 경우 가족들은 이러한 치료과정을 통해 무엇이 이루어져야 하는지를 모르는 경우가 많고 본인이 어떻게 행동해야 하는지 몰라 어색하게 생각하기 때문이다. 그러므로 치료자는 다음과 같이 말함으로써 가족치료를 소개할 수 있다.

"가족치료에 대해 잠깐 설명할까요. 어느 가정이나 규율이 있어서 용납이 안되는 일이 있고 용납이 되는 일이 따로 있게 마련이지요. 또 가족 안의 식구마다 역할이 달라서 각자 자기의 역할이라고 생각되고 기대되는 대로 생활하는데, 그러다가 문제가 발생하면 지금까지 가졌던 규율과 역할이 변해야 할 필요성이 생기는 것입니다. 가족치료시간은 크게 둘로 나눌 수 있는데요, 첫째는 가족의 역사, 규율, 역할 등을 알아내어 무엇을 고쳐야 되는지를 의논하는 시간이고, 둘째는 실제로 그와 같은 변화를 치료시간에 함께 경험해 보는 것입니다. 특히 강조하고 싶은 것은 가족치료란 가족의 문제를 공유하는 것이지 한사람에게 전가하지 않는다는 것이고 모두 다 변해야 한다는 점입니다."

치료자는 또 가족치료가 개인의 정신내적 역동을 갖고 치료하거나 가족 내의 한 개인과 치료자와의 관계성에 초점을 맞추는 작업이 아니고 가족을 하나의 체계로 본다는 점을 잘 설명해 줄 필요가 있다. 여기에 대해서 Broch와 Barnard는 모형 자동차를 예로 들어서 다음과 같이 설명한다.

"가족은 마치 여기 놓여 있는 모형 자동차 같아서 각 부품이 서로 연결되어 있습니다. 한쪽을 움직이면 모든 부품이 다 움직이게 됩니다.

가족도 마찬가지로 서로 연결되어 있어서 가족 중의 일원이 변화되면 나머지 가족들도 변화에 적응하게 되고 변화하게 됩니다. 만약 가족 중의 한사람이 복권에 당첨되면 나머지 식구들도 갑자기 들어온 큰 돈 때문에 영향을 받을 것입니다. 마찬가지로 지금 직면한 문제도 가족원 모두에게 영향을 미치며 식구들이 모두 조금씩 변화하게 되는 것입니다.

이런 관점에서 볼 때 이 문제가 발생한 이후에 모두가 변화되었으므로 가족치료에서는 문제의 원인은 누구에게 있다고 한사람을 비난하지 않으며, 모두 다 변화하게 되고 또 그래야 할 책임이 있습니다. 그래서 가족이 모두 참여하는 것이 가족치료입니다. 어디엔가 도착을 하려면 모형 자동차의 모든 부품이 움직여야 하듯이 가족이 모두 움직여야 합니다. 아시겠지요? (Broch & Barnard, 1988, 16)"

이와 같은 설명을 통해서 Broch와 Barnard는 가족이 가족생활에 대해 새로운 관점을 갖게 되고 가족원 각자가 변화해야 할 책임이 주어지며 가족치료에 온 가족이 참여해야 한다는 것을 잘 묘사해 주고 있다.

치료자는 가족이 문제를 어떻게 보고 있는지를 말할 기회를 주어야 한다. 가족의 문제에 대해서 가족원마다 모두 다르게 인식하고 있을 수도 있고 문제가 있다는 점은 확실한데 표현은 할 수 없을 정도로 모호한 개념을 가질 수도 있고 문제에 대해 지나치게 추상적으로 표현하거나 과장하거나 너무 축소시키기도 할 것이다. 이때에 치료자는 가족과 함께 문제를 재정의하고 구체화하고 해결 가능한 정도로 쪼개어 정의 내림으로써 가족은 치료자에게 신뢰감을 갖게 된다. "이 치료시간을 통해서 나는 기적이 일어나기를 바란답니다. 남편의 마음이 내게서 아주 떠났거든요." 라고 문제를 말하는 부인은 일상생활에서 남편이 직장 후에 곧장 귀가하고 아이들과 일주일에 두번 시간을 가져 주기를 바란다는 식의 구체적 제안을 할 수 있도록 유도하여 문제에 대한 재조명을 하게 한다.

3. 관계형성

가족치료 뿐만 아니라 모든 종류의 상담과정에서 치료자와 내담자의 우호적 관계(rapport) 성립이 매우 중요함은 충분히 강조되어 왔다. 좋은 관계는 치료자와 내담자 사이에 신뢰감과 조화의 감정이 생기는 상태를 말한다. 치료 초기에 신뢰감이 형성되면 치료의 전체 과정에 매우 효과적인 영향을 미치며 관계형성은 진단에 필요한 좋은 정보를 얻는 데에도 필수적이다. 왜냐하면 긍정적인 관계가 형성되면 가족들은 저항감 없이 자발적으로 말하게 되어 중요하고도 개인적인 자료나 가족의 체계에 관계되는 자료를 제공하려는 동기가 생기기 때문이다.

관계형성을 위해서는 치료자 자신의 얼굴표정이 너무 딱딱하거나 긴장되어 있지 않아야 한다. 치료자가 편안하고, 관심이 있어 보이며, 특히 어떤 내용을 듣고 나서 이해심 있어 보이면 가족들도 편안해 하고 안심을 하게 된다. 치료자가 찡그리거나 못마땅해하는 표정을 짓거나, 냉담하고 비판적인 모습으로 한 곳만 응시해서는 안되며 자주 따뜻한 시선을 교환하고 내용에 따라 고개를 끄덕여 주고 미소를 띠어 주도록 한다. 다시 말해서 잘 집중하면서도 이해심이 있는 태도여야 한다.

이것은 감정이입이라고 표현할 수도 있는데 치료자가 감정이입이 부족한 경우, 치료적인 기술이 있음에도 불구하고 가족이 치료를 그만둘 수도 있다. 그러므로 치료 목표만 생각하여 가족원을 강요하고 감정이입(empathy)이 부족한 분위기를 조성하면 자애적 성격을 가진 부부나 가족원은 치료자의 기대에 못 미친다고 생각하여 치료를 조기에 중단하기도 한다.

또, 가족들의 겉모습이나 목소리, 태도 등에 주목하여 치료자는 적절한 반응을 보여야 한다. 그러나 초기에는 아직 가족의 역동성을 분명하게 파악하지 못했으므로 중립적인 태도를 보이는 것이 바람직하다. 가족의 일원이 지나치게 다른 가족을 비난할 때에 너무 빨리 수용적인 태도를 취하면 적합한 진단을 내리기 어렵기 때문이다. 그럴 때에는 한쪽 편을 들지 말고 이해가 간다는 내용의 언급을 해 주는 것이 좋다.

예를 들면 부부 중 아내가 "우리 시어머니 때문에 못 살겠어요. 우리 내외 사이에 일일이 간섭하시거든요. 정말 못 참겠어요." 라고 말했을 때 치료자는 곧 그녀와 동맹관계를 맺어 시어머니 비난에 참여하기 보다는 그녀의 분노에 대한 이해심을 보여주면서 "정말 힘드시겠어요." 라고 언급하는 것이다.

총괄적으로 말해서 치료자는 동정적(sympathetic)이며 무비판적이며, 클라이언트와 가족에게 존경을 갖는 태도를 보여야 한다.

가족들과의 우호적 관계(rapport) 성립을 위해서는 치료자가 자기의 감정에 민감하여야 한다. 특히 치료자는 가족 전체나 가족원 한명이 원인 모르게 불쾌한 감정을 불러일으키는 경우 이에 유의해야 한다. 언어 표현이 지나치게 상스러워서인가? 위생이 철저하지 않은 것인가? 향수를 너무 진하게 뿌린 탓인가? 또는 그들이 말하는 내용이 치료자 자신의 배경과 흡사해서인가? 등을 자문해 보고 치료자는 내담자 가족이 문제를 이야기하는 동안 자신의 감정변화를 인지함으로써 불유쾌한 감정이 표출되지 않도록 해야 한다. 치료자의 태도 변화로 인하여 가족이 적절한 정보를 말하지 않을 염려가 있기 때문이다.

치료자는 또 가족원들이 사용하는 언어수준을 잘 경청하여 전문용어를 피하고 가족원들과 비슷한 언어를 사용하는 것이 우호적 관계(rapport)성립에 도움이 된다. 십대가 있는 경우 그들이 흔히 쓰는 은어를 흉내내어 쓸 수도 있으나 여기에 대해서는 찬반론이 엇갈린다. 즉 십대들이 친근하게 느낄 수도 있으나 치료자를 우습게 볼 수도 있기 때문이다.

치료자는 관계성립을 위해서 권위적인 이미지를 부각하여 내담자 가족의 문제를 해결하기 위한 제반 결정을 내려 주고 판단해 주는 역할을 할 것인지 또는 평등한 입장에서 함께 의논하고 문제를 풀어 나가는 입장일지를 결정해야 한다. 일반적으로 서양에서는 후자를 선호하는 경향이 있으나 한국에서는 어느 정도의 권위를 가져야 할 것으로 생각되며 이에 대해서는 좀 더 많은 연구가 필요하다. 엄예선은 치료자가 치료를 진행하는 동안 상황에 따라서 때로는 잠정적인 자세로 임하기도 하고 권위적인 자세를 취해야 할 때도 있다고 하였다. 또 가족체계 속에 깊숙이 개입하여 일할 때도 있고 객관적인 관찰자의 입장을 취해야 할 때도 있다는 것이다(1994, 279).

관계성립을 위해서는 어느 정도의 경계를 유지하는 것이 바람직하다. 특히 가족간의 관계가 매우 밀착되어 있는 경우 치료자는 가족과의 경계를 유지하는 데 힘씀으로써 모범을 보이게 된다. 그러기 위해서는 호칭을 공식적으로 하여 치료자에 대한 호칭은 물론이요 내담자 가족을 부를 때에도 '김선생님 부부'라든가 또는 남편의 직책을 사용하여 '김부장님'이라고 부르는 것도 좋다.

가족치료를 받으러 온 가족 중에는 치료자의 사생활이나 개인 신상에 대해 문의하는 경우도 있다. 이 때에는 그들이 치료자와 동등성을 갖기를 원하거나, 본인들에게 주어졌던 질문을 회피하기 위한 경우가 많으므로 그 때에 알맞게 대처해야 한다. 지나치게 치료자 자신에 대해 노출할 필요도 없고, 너무 비밀스러워 할 필요도 없으며 왜 문의하는가를 파악하여 적절히 대처하면 관계성립에 도움이 된다.

4. 치료계약

치료의 계약을 맺는 일은 앞으로 지속될 상담의 목표를 정하고 가족원이 지속적으로 치료받으러 오도록 계약을 맺는 것이며 매우 중요한 요소라고 하겠다. 치료자는 가족의 방어기제를 완화시키고 가족이 달성하기에 적합하고 실행이 가능한 목표를 설정하여야 한다. 가족이 지속적으로 치료를 받으러 오게 하기 위해서는 무엇보다도 비협조적인 가족 성원의 협조를 얻기 위해 노력해야 하고 가족이 받아들일 수 있는 방법으로 가족치료에 대한 생각을 갖게 해야 한다. 즉 확인된 클라이언트가 가족의 도움을 필요로 하고 있다든가 겉으로 드러나지 않은 문제를 치료자가 알고 있지만 치료자로서 조심스럽게 다룰 것임을 가족이 알게 한다. 가족이 치료받는 것을 두려워하는 이유는 실패할 것에 대한 우려이거나 통제의 상실을 두려워하는 경우가 많다. 치료자는 가족이 변화할 수 있으며 치료자가 도움을 주게 될 것임을 언급해야 한다.

가족을 지속적으로 치료에 오도록 유도하기 위해서는 가족의 방어기제를 완화하는 일이 매우 중요하다. 치료자는 문제를 재조명하고, 일반화시켜 주면서 방어기제를 완화시킨다.

예를 들어서 만성적으로 부조화된 부모자녀 관계를 문제가 있는 가족에 대해 언급할 때에 치료자가 청소년기로 접어든 새로운 상황에 대해 부모측과 자녀측이 적응하는 방법을 모르는 것 뿐이라고 지적해 주는 것을 말한다. 이것은 지금까지의 만성적 문제를 새로운 상황에 대한 적응과정으로 재조명하여 방어기제를 완화시킨 것이다.

가족이 문제의 이유를 실제와는 매우 다르게 표현하고 나쁜 친구들 때문이라든가, 학교 자체의 제도가 잘못되었다는 등의 외부적 요인으로 돌릴 때 치료자는 그런 요소들이 영향을 미쳤을 수도 있음을 동의해 주면서 그 점에 대해 가족이 어떻게 대처해 나갈지를 연구해 보아야 한다고 말해 주는 것도 방어기제를 완화시키는 한 방법이다.

또 치료자는 문제를 일반화해 주고, 이와 같은 문제를 가진 사람들은 '나쁜 사람'이거나 '미친 사람'이 아니며 이런 문제는 우리가 늘상 겪는 인생 문제라고 말해 주는 것도 좋다. 또 "요즘 세상에 부모 노릇 하기가 얼마나 어렵습니까."라든가 "고등학교 3학년짜리가 있는 가정에서는 흔히 있는 일이지요."등의 언급은 문제를 일반화시킨 예다(Nelson, 1983, 88).

치료자와의 의사소통이 잘못되어 뭔가 비난받고 있다고 느낄 경우 가족원의 방어기제가 높아져서 가족은 원인 모를 분노감, 죄책감, 긴장감, 이상한 행동들로 반응을 나타낼 수 있으므로 치료자는 가족원의 비언어적 변화에도 주목해야 한다.

가족의 방어기제 중에서도 부정(denial)은 문제에 대한 책임을 부인하고 도움을 필요로 하고 있다는 사실도 부인하며 치료자의 말의 중요성도 부인한다. 물건을 훔친 아들의 행위에 대해서 단순한 악동의 장난 정도로 생각하거나 아이의 문제를 고치려면 온 가족이 함께 변하려고 노력해야 한다는 치료자의 말에 대해 "글쎄 당신만 좀 아이한테 잘해 주면 아무 문제없다고 상담선생님도 그러시잖아요?"라고 남편에게 해석해 주고 있는 아내는 치료자가 말한 것의 중요성을 부정하고 있는 것이다. 때로는 가족이 치료자의 말을 아무런 반응 없이 수긍하여 자기들이 변화해야 한다는 사실을 부정하고 있는 경우도 있다.

문제 자체를 부정하거나 치료자의 말의 중요성을 부정하는 가족에 대해 치료자가 제대로 개입하지 못하면 이들은 치료에 다시 오지 않을 수가 있다. 치료자가 좀 더 지지적으로 대함으로써 가족원의 부정을 해결할 수 있을 때도 있다. 또 아들의 절도 행위가 단지 장난꾸러기 행동이라고 생각하는 아버지에게 어느 정도 일리가 있는 이야기지만 남들은 아들의 행동에 대해 생각을 달리할 가능성이 크고 앞으로 더 문제에 봉착할 것이라고 말해주고 아버지가 아들에게 장난을 좋아하면서도 책임있는 아이가 되도록 가르쳐야 할 것이라고 말해 준다. 또는 이 문제에 대해 엄마 쪽에서 몹시 걱정하고 있으니까 그녀의 걱정을 덜어주기 위해 아빠가 할 수 있는 일이 무엇인가를 이야기해 보게 하는 것도 한가지 방법이다(Nelson, 1983, 96).

방어기제가 완화되었으면 치료자는 가족과 함께 목표에 대해 간단히 언급한다. 초기에는 치료자가 상담을 마치면서 그 시간의 대화 내용을 요약해 주고 가족이 받아들일 만큼의 결론을 내려 주는 것이 매우 효과적이다. 가족 치료의 계약시에 반드시 중요한 것은 가족이 모두 치료를 통해 무엇을 얻기를 원하는지를 분명히 하고, 그러기 위해서 다음 단계가 무엇인가를 정하는 일이다. 치료자와 가족이 앞으로 무엇을 성취할 것인가에 대해 목표와 방향이 일치하면 할수록 좋다. 그러나 가족이 원하지 않는 상태에서 치료자가 강제로 이끌어 갈 수는 없다.

때로는 가족의 방어기제가 매우 높을 경우 치료자는 가족의 문제가 매우 복잡하다고 말해 주고 가족 모두가 이 문제에 대해 좀 더 심사숙고해 보아야 할 것이라고 말해 주는 정도로 그쳐야 한다. 그런 경우에는 첫 번째 상담의 끝에는 단지 다시 다음번 치료에 와서 좀 더 이 문제를 파악해 보자고 제안하는 것이 고작이다. 종종 가족은 좀 더 문제를 확실히 파악해 보기 위해서 혹은 이와 같은 치료가 효과가 있는지를 알아보기 위해 시험적으로 다시 오기도 한다.

가족이 지금까지 문제시되어 온 모든 문제의 전부나 일부를 해결하는 것으로 목표를 세우고 계약을 맺는 경우에는 계약과정이 간단하지만 가족 내의 성원마다 성취하고자 하는 목표가 다를 때는 중재를 통해 목표가 조정된다. 예를 들면 십대 소년이 부모의 기대를 줄이는 것을 목표로 하고 부모는 십대 소년의 성적이 올라가는 것을 목표로 삼을 경우, 소년의 성적이 일정수준 이상 되도록 노력하는 동안 부모는 잔소리를 하지 않는 것을 서로 협상하게 할 수 있다. 남편이 일찍 귀가하는 것을 원하는 아내는 남편이 집에 있는 동안 바가지를 긁지 않기로 약속함으로써 둘 다 만족한 치료 목표를 세울 수 있다(Nelson, 1983, 103-104).

엄예선은 가능한 한 첫 1-3회 상담 이내에 상담 목표를 세우고 목표가 달성되었는지를 측정할 수 있는 구체적인 행동상의 기준에 대한 상호 동의가 있어야 한다고 주장하고 있다(1994, 267).

치료의 목표와 개입계획에 대해서는 다음 절에서 좀 더 언급하고자 한다.

제2절 사정

올바른 사정은 좋은 치료계획을 세우는 데 필수적이다. 임상가들은 가족치료의 초기과정 중에 무엇을 사정해야 하는가에 대해 많은 연구를 하였다.

치료 초기에 치료자는 가족을 오게 한 주요 문제보다도 일반적으로 정보가 필요함을 인지시키고, 부모에게는 직업이나 거주지 상황, 친지와의 관계성, 실직이나 사망과 같은 과거 사건에 대한 정보를 얻고, 자녀들에게는 그들의 학교생활, 취미, 친구관계 등을 묻는다. 이와 같은 보편적인 이야기를 하는 동안 가족은 편안한 마음을 가지게 되고 관계형성에도 도움이 된다(Nelson, 1983, 84).

엄예선(1994)은 사정시 치료자가 가족원들에게서 직접 알아내야 할 정보를 다음과 같이 지적하였다. 1) 가족이 상담을 통해 무엇을 얻고자 하는가, 2) 왜 지금 이 시점에서 상담을 구하는가, 3) 어떤 과정을 거쳐 상담을 받기로 결정했는가, 4) 제시하는 문제가 무엇이고 이것을 누가 어떤 방법으로 제시하는가, 5) 과거에 상담 받은 경험이 있었다면 그것은 어떻게 도움이 되었고 어떻게 도움이 되지 않았는가, 6) 문제해결을 위해 그동안 무슨 시도를 했으며 지금은 가족상담 이외에 어떤 다른 시도를 하고 있나, 7) 최근 몇 년간에 가족 내의 죽음이나 실직 등의 위기가 있었는가, 8) 가족원들의 현재의 건강상태 및 각 가족의 체질적 특성은 어떤 것인가, 과거의 질병경력이 있는가, 9) 무엇을 각 가족원의 장점으로 보는가, 10) 문제의 원인을 무엇으로 생각하는가, 11) 의뢰인과의 관계는 어떤 것인가, 12) 누가 이 가족에게 얼마나 큰 긍정적 혹은 부정적 영향을 주어 왔는가(p.270-271).

Broch & Barnard는 가족의 기능 중에서도 여섯 가지 분야에 대해 언급했으며 이 관점에 비추어 사정에 초점을 두어야 한다고 하였다. 즉, 1) 가족의 역할 분담 상황, 2) 감정표현 정도, 3) 상호의존성과 개별성, 4) 권력행사 패턴, 5) 의사소통방법, 6) 하위체계 등이 그것이다. 가족이 건강하고 성숙한 경우에는 그들의 역할 분담이 분명하면서도 융통성이 있고 가족 간의 역할의 변화가 가능하며 역할이 상호보완적이고 보조적이라고 보았다.

또 감정표현이 긍정적이고 가족원이 서로의 감정에 민감하며 감정표현이 자유롭고 명확한 것이 바람직하다. 건강한 가족 내에서는 부정적인 감정도 표현하도록 허락되고, 유우머와 웃음, 따뜻함을 느끼게 하는 표현이 많으며 해결 안된 적개심을 공공연히 표출하는 일은 없으며 각종 감정의 기복이 표현되도록 권장되고 가족은 그와 같은 감정 기복을 잘 감당한다.

상호의존성 및 개별성은 가족이 개인에게 인정해 주는 자치성이나 개별성의 정도를 말하는 것이다. 바람직한 개별화가 이루어진 가족에서는 개개인의 오락활동이나 사교활동에 개별적으로 참여하며 개인적인 문제를 가족원끼리 의논하여 지지해 주고 가족원이 다른 가치관을 갖는 것도 허용해 준다. 그러나 건강한 가족은 가족 내의 재정문제, 종교, 성윤리, 직업, 가족 간의 충성심에 있어서는 일치된 가치관을 갖는다. 가족원간의 경쟁보다는 협동에 치중한다. 또 가족의 질서가 무너지지 않는 한도 내에서 가족원이 아닌 사람과의 친밀한 관계를 맺는 것이 허용된다. 각자가 자기의 행동이나 감정에 대해 책임을 진다. 의견의 차이가 용납되며 토론을 통해서 동의가 이루어진다.

권력은 가족원이 서로에게 영향을 미치는 정도, 상대방을 조종하는 정도를 말한다. 가족원간에 권력의 배분이 어떻게 되어 있나를 보는 것은 가족의 기능과 상호작용유형을 이해하는데 매우 도움이 된다. 권력 배분이 잘된 가족은 의사결정을 여럿이 함께 하며 사태에 따라 지도자 역할을 하는 사람이 바뀌나, 권력의 기본 골격은 부모체계에 집중되어 있으며, 강제나 압박을 통해서가 아니고 설득을 통해 가족의 규율이 지켜지게 되며 폭력 등은 용납되지 않으며 적대적 행위나 난동 행위는 거의 없고 갈등은 개방적으로 곧 해결된다. 부부체계를 제외하고는 가족원간의 동맹관계가 개방적이고 단기적이다.

의사소통은 가족간에 언어적, 비언어적 정보교환기술이며 바람직한 의사소통을 하는 가족은 많은 양의 정보를 주고받으며 언어표현과 비언어적 요소가 일치되는 메시지를 전달하며 침묵보다는 여러 차원의 토론에 임하며 대체로 긍정적인 차원에서 의사를 소통하고 갈등을 효과적으로 해결하도록 격려하는 말을 할 수가 있게 된다.

가족의 하위체계가 어떻게 구성되어 있으며 이러한 하위체계들이 가족의 전체 체계에 어떤 영향을 미치는지는 매우 중요한 요소이며 바람직한 하위체계를 구성하는 가족은 부모 하위체계, 부부체계, 형제자매 하위체계의 경계가 분명하다. 또 각 하위체계는 알맞은 기능을 행사한다. 각 하위체계끼리의 정서적 유대관계가 돈독하며 하위체계를 구성하는 개개인의 유대도 돈독하다. 부모 하위체계는 권한을 가장 많이 갖고서 가족을 이끌고 하위체계 내의 각 개인은 분담된 활동에 참여한다. 하위체계 간에 동맹관계가 발생하기는 하나 단기적이다(Broch & Barnard, 1988, 22-25).

Nelson은 초기면접시에 수립했던 자료들을 재검토해야 하며 이것이 사정에 좋은 자료가 된다고 하였다. 즉 가족성원들이 각자 한 개인으로서 갖는 용모, 신체적 특징, 복장, 태도, 건강상태, 역할수행능력 등을 파악해야 한다고 했다. 또 그들의 지적 상태와 인지능력, 욕구조절 능력, 심리적 방어기제 사용 등도 파악해야 한다고 하였다.

그녀는 또 가족의 상호작용, 외부 환경적 자원, 시간적 관점에서 살펴보아야 한다고 주장하였다. Nelson에 의하면 가족의 상호작용에 대한 정보는 필수적이다. 금전관리, 가사일, 자녀훈육 등과 같은 가족 기능을 해결하기 위한 가족의 상호작용이 어떠하며 가족이 문제라고 생각하고 있는 사태를 해결하기 위해 어떻게 노력하고 있는지를 알아야 한다. 가족의 친밀감과 거리감 정도, 동맹관계를 갖고 있는 가족성원 간의 관계, 의사소통기술 정도 등을 파악할 수 있다. 가족이 분노를 어떻게 표출하는가 하는 문제와 또 권력의 배분도 중요한 자료가 된다.

가족에게 영향을 미치는 환경적 요소, 즉 가까운 친구나 친척, 학교 교사, 직장의 동료, 종교 집단에서 만나는 사람들, 이웃 등의 주요한 환경적 요소에 대한 정보는 중요하다. 특히 시댁이나 처가와의 관계는 한국 가족에서는 매우 중요한 환경적 요소라 할 수 있으며 매우 지지적인 자원이 되기도 하고 스트레스의 원인이 되기도 한다. 또 종교나 기타 무속신앙이 미치는 영향도 잘 점검해 보아야 한다.

가족기능이 시간적 차원에서 변화하지 않았는가 알아보는 것도 도움이 된다. 즉 현존하는 문제가 삼 년 전에 발생했다면 그 시기에 가족 상황에 어떤 변화가 있었는지 알아야 한다. 자녀들이 십대로 성장하면서 신체적으로 변화할 뿐 아니라 독립성을 추구하고자 할 때 이와 같은 가족 성원의 욕구와 능력의 변화에 대해 가족들도 변화하고 대처해야 한다. 또 대학으로 입학해서 기숙사로 들어가 버렸을 때나 아들이 군대에 입대했을 때 다른 가족원에게 강하게 영향을 미친다. 이와 같이 개인과 가족을 생애주기단계와 시간적인 차원에서 사정해 볼 수 있다(Nelson, 1983, 109-116).

사정에서 또 필요한 요소 중의 하나는 가족들이 직면하고 있는 욕구나 요구, 스트레스는 무엇이며 가족이 현재 어떻게 대처하고 있으며 어떤 자원과 장점을 가지고 있는가를 분석하는 일이다.

또 더 나은 대처 방안을 갖지 못하게 하는 방해요소를 파악하는 것이 사정의 기술이다. 즉 환경적 요소는 못 미치는데 가족은 완벽을 요구하는 경우가 있을 수 있다. 또 단순히 해결방법을 모르는 경우도 있다. 치료자가 이와 같은 방해요소를 적절히 파악하면 좋은 치료계획을 세울 수 있다.

또 Broch와 Barnard는 사정의 도구로써 자기보고식 테스트, 비유적 언어 사용, 순환적 질문법 등을 제시하였다(Broch & Barnard, 1988, 42-43).

자기보고식 테스트는 가족치료자가 내담자 가족의 요구와 임상실천에 적합한 도구를 선택하여 내담자 가족이 작성하게 하는 방법으로써 이것을 작성하는 동안 자신들의 어려움에 대해 새로운 인식을 가질 수가 있고, 치료 분위기를 객관화하고 조직화할 수 있으며 스스로를 개방할 수 있는 기회를 제공한다는 장점이 있다. 치료자는 각 가족의 문제 상황에 알맞는 사정도구(instrument)를 선택하도록 노력해야 한다.

은유법 사용은 사정시에 내담자 가족에게 자연스럽고 편안한 경험이 되게 하여 치료자와의 의사소통 통로를 열어 놓게 한다. 예를 들면 자동차 회사의 기계기술자로 일하는 남편이 집안일에는 매우 무관심할 경우 치료자는 다음과 같은 은유를 사용할 수 있다.

"자동차를 좋은 상태로 오래 유지하려면 정기적으로 오일 교환도 해야 하고 튠업도 해야 하지요. 정기적인 점검을 하지 않으면 결국 자동차에 큰 문제가 발생하게 됩니다. 부부관계도 마찬가지지요. 정기적인 관심과 배려가 없으면 큰 문제가 발생합니다. 자동차의 정기적인 점검과 비슷하게 본다면 집안에서 정기적으로 부인과 자녀에게 해줄 수 있는 일이 무엇일까요?"

또 치료자의 비유를 가족원들이 배워서 자기의 문제를 묘사할 때에 비유적 언어를 쓰도록 한다. 은유법 사용은 치료과정으로 자연스럽게 유도하는 데도 효과적이다.

순환적 질문 기술은 직접적으로 자신을 표현하는 데 어려움이 있는 내담자에게서 정보를 이끌어 내는 데 적합하다. 대답을 하지 않는 십대 소년에게 추궁하는 대신 그의 누나에게 질문하면 누나는 그가 대답하리라고 생각되는 대답을 하게 되는 것이다. 이것은 애초에 말을 하지 않고 있던 사람에게 자극제 역할을 하여 누나의 대답을 수정해 주거나 동의하게 된다.

O'Brian과 Bruggen(1985)이 제시한 순환적 질문에 대해 Broch와 Barnard가 인용한 것을 예로 들면 다음과 같다. 즉 가족간의 관계에 초점을 둔 것과(예 : 부모님은 관심을 어떻게 표시하시니?) 순서분류적인 것(예 : 형제 중에 누가 가장 곤란을 당하는 사람이지요?), 시간에 관계된 것(예 : 어머니 행동이 할머니 돌아가신 이후에는 어떻게 달라졌나요?), 불참석한 가족원에 관한 것(예 : 남편이 이 자리에 계셨다면 이 문제에 대해 뭐라고 하셨을까요?) 등으로 분류하였다. 순환적 질문을 효과적으로 사용하면 정보를 빨리 얻어낼 수 있으며, 직접적인 대화를 하지 않는 가족 규칙을 무너뜨리지 않으면서도 정보를 수집할 수 있고 수줍어하는 가족원에게 당황스런 느낌을 주지 않으면서도 대화할 수가 있게 된다. 순환적 질문은 사정을 위해서 뿐만 아니라 가족이 새로운 인식을 갖도록 유도하는 개입방법이 될 수도 있다(Broch & Barnard, 1988, 43).

Thomas는 가족치료의 초기 사정 때에 적절한 정보를 수집하기 위해서 여러 가지 스케일(scale)을 제안하였으며 그 중에서도 특히 치료계획을 세우고 효과적인 개입을 위해서 꼭 필요한 정보를 포함시킨 총괄적인 양식을 만들었다. 여기에서 Thomas의 양식을 소개하고자 한다(Thomas, 1992, 430-432).

가 족 치 료 계 획 양 식

가족원의 이름과 연령 ______________________________
____

의뢰된 이유 ______________________
가족의 발달주기의 단계 ______________________
가족의 발달단계에 대한 묘사 ______________________________
____

위기상황사정 : (체중감소 또는 과체중가, 취침의 양상, 우울한 감정, 흥미를 잃음)
____

자살의도, 타살의도, 술, 마약 남용 정도, 학대여부에 대한 사정
____

치료받은 경력 ______________________________
____

과거 기록에 대한 신청을 본인들에게 허락하도록 요청했는가 ______________
이번 치료에 대한 기대 ______________________________
DSM-Ⅲ-R 의 진단명 ______________________
의료진에게 의뢰할 필요성 예________ 아니오 ________ 무슨 과에 ______________
다른 의뢰가 필요한가 예________ 아니오 ________ 누구에게 ______________
______________ 의뢰이유는 ______________________________
가족관계에 대한 과거력
부부관계 ______________________________
원 가족 ______________________________
각 자녀 ______________________________
(적합한 경우 여기에다 genogram을 그린다)

하루일과 ______________________________
가족의 주요 주제(theme) ______________________________
가족의 정서적 분위기 ______________________________
상담시간 중의 상호작용 패턴 ______________________________
주요 방어기제 ______________________________
가족의 장점 ______________________________
문제점 ______________________________
가설 ______________________________
가족의 구조에 대한 도표

목표 기법/전략

____

서명 ______________________ 날짜 ______________________

제3절 치료계획설정

1. 치료계획 세우기

효과적인 치료계획은 문제를 가진 가족을 어떻게 최선으로 도울 수 있는지에 대한 생각과 목표와 의미들에 대해 협상하는 것을 말한다.

가족치료의 치료목표를 세우는 데 있어서 모든 가족에게 공용되는 이론이나 척도가 없으므로 각 가족마다 하나의 새로운 가설을 가지고 '실험'해 보는 자세로 임해야 하며 문제를 금방 해결할 수 있다고 장담하지 말고 좀 더 장기적인 효과를 가져올 수 있는 가족의 구조 및 기능 변화에 주력하도록 해야 한다(Glick & Kessler, 1980, 110).

또 치료목표는 처음부터 분명히 세워야만 하는 것은 아니다. 오히려 모호한 상태로 치료를 진행하다가 후에 명확한 목표가 드러나기도 하며 무엇보다도 가족들이 스스로 목표를 세우도록 권장함으로써 치료자가 지나치게 권위적으로 목표를 강요하지 않도록 하는 것이 바람직하다. 그러나 가족이 매우 역기능적이고 혼란되어 있을 경우 치료자가 좀 더 적극적으로 개입하여 치료계획을 설정할 수도 있다.

Glick & Kessler는 일반적으로 말해 가족치료자들이 세 가지의 광범위한 치료목표를 갖는다고 했다. 즉 가족성원들간의 사고와 감정의 의사소통을 촉진하는 일, 혼란되고 비타협적인 역할과 동맹을 변화시키는 일, 그리고 가족의 분쟁과 갈등에 가장 잘 대처할 모델을 보여주는 역할 모델로서의 척도, 그릇된 신화로부터 탈피시켜 주는 교육자로서의 목표를 들고 있다.

① 의사소통을 원활히 하도록 돕는다. 치료자는 가족이 생각과 느낌을 개방적이고 직접적으로 표현하며 분명한 의사소통을 하도록 돕는다. 묻어 두었던 느낌을 표면화함으로써 정서적 냉전상태에서 보다 기능적인 가족관계를 고양시킨다.

② 고착된 역할관념과 역기능적인 밀착관계를 변화시킨다. 이 가족원의 개별성과 자치성을 높이고 보다 융통성 있는 가족관계가 유지되며 가족원간에 골고루 일이 분담되고 지도자 역할을 하는 가족원이 지나치게 고착되어 있지 않게 된다.

③ 새로운 잠재성을 발견하게 한다. 치료자는 말로나 행동으로 좀 더 나은 부모역할은 어떻게 하는 것인가를 모델링하여 보여 주거나 그릇된 신화를 나타내어 가족이 그 잠재성을 볼 수 있도록 교육시킨다. 이것을 통해 무엇보다도 가족의 상호작용유형을 변화시킨다(Glick & Kessler, 1980, 108).

치료목표를 세울 때는 치료의 내용 못지 않게 그 과정이 중요하다. 이전에는 가족이 들고 오는 문제의 내용을 가지고 치료하고 목표를 세웠으나 좀 더 체계적인 견해가 발달하면서 가족간의 상호관계유형을 좀 더 자세히 보게 되었고 이것을 과정(process)이라고 표현한다.

내용(content)과 과정(process) 문제를 너무 의식적으로 이분화시키려 하지 말고 일반적으로 특정 내용을 이야기하면 자연히 상호작용유형이 드러나고 과정에 초점을 맞출 수 있게 된다. 그러므로 치료자는 때로 의사소통을 원활히 하거나 가족원의 감정교환에 중점을 두는 등의 과정에다 목표를 두게 되는 수가 많다. 그런 기술이 고양된 후에 문제된 내용을 다루는 경우도 있다. 또는 특정한 내용을 다루다가 좀 더 일반적인 '과정'에 초점을 맞추는 경우도 있다(Glick & Kessler, 1980, 109).

치료계획을 세움에 있어서 치료자는 가족원이 해결을 원하는 문제를 치료 가능한 목표로 바꾸고 가족원이 문제해결을 위해서 어떤 변화를 가져야 하는가, 또 치료가 제대로 이루어지려면 어떤 조건이 부합되어야 하는가를 조정하게 된다. Nelson은 치료의 목표를 세 가지로 분류하였다. 즉, 최종 목표(final goal)와 수단적 목표(instrumental goal), 조장적 목표(facilitative goal)이다.

최종 목표는 가족이 문제에 대해 궁극적으로 달성하기를 원하는 바라고 볼 수 있다. 치료자는 가족과 의논도 없이 더 낫다고 생각하는 목표를 세우거나 목표 이상의 것을 성취하려는 태도를 지양해야 한다. 또 최종 목적을 달성하기 위해서 일련의 작은 목표로 쪼개어 다루기 용이한 단계로 목표를 정하기도 한다. 그렇게 하면 달성하기도 쉽고, 문제가 작아 보이고, 문제에 대해 인식하기도 쉬우며 새로운 대처 기능을 배우는 데 도움이 되기 때문이다. 예를 들어서 가족원이 서로 사이좋게 잘 지내기를 바란다는 최종 목표를 가진 가족원은 서로간의 차이점을 해결할 방도를 찾는다는 것과 의사소통 방법을 새로 개발하는 것과 배운 것을 실천에 옮긴다는 소목표를 정할 수가 있는 것이다.

최종 목표를 달성하기 위해서 직접 돌진하는 경우는 드물다. 그러므로 치료자는 가족원이 당면한 문제를 완화시키기 위해서 가족원의 기능이나 상황에 어떤 변화를 가져와야 하는가에 대해 치료자가 갖는 가정(hypotheses)에 의존하게 되며 이것을 수단적 목표라 부른다. 예를 들면 버릇이 없고 몹시 다루기 힘든 십대 소년이 좀 더 협조적인 태도를 갖게 만드는 것이 최종 목표이고, 그것을 달성하기 위해서 치료자는 부모 쪽에서 좀 더 분명하게 본인들의 기대감을 아들에게 전달하는 것이 필요하다고 가정하는 경우가 있다. 이때에 수단적 목표는 부모의 분명한 의사소통기술 증진이라고 할 수 있다. 또 이 소년이 친구가 별로 없는 것과 교사의 억울한 비난에 대한 분노가 비행의 원인이라면 친구를 몇 명 사귀는 일이 두 번째의 수단적 목표가 될 수 있고, 학교 교사에게서 비난 받는 상황을 해결하는 것이 세 번째의 수단적 목표가 될 수 있다.

최종 목표와 마찬가지로 수단적 목표도 소목표로 잘라서 성취할 수도 있다. 부모가 명확히 의사를 전달한다는 수단적 목표를 다시 소목표로 나눈다면 부모가 대화의 필요성을 인식한다든지, 부부사이에 자녀에 대한 다른 기대치를 갖고 있는데 이것을 일치시킨다는 등의 소목표를 세울 수 있다.

조장적인 목표는 치료가 진행되기 위해 필수적인 조건들을 이행하게 하는 것이다. 즉 가족원이 상담시간에 참석하는 일은 조장적 목표이다. 또 행동이 불법적이어서 감옥에 갈지도 모르는 비행청소년은 감옥에 가지 않는 것을 조장적 목표로 삼을 수 있다. 조장적인 목표는 가족이 상담치료를 제대로 활용하지 않거나 상담에 대해 가족원의 협조가 안 이루어질 때 목표의 우선순위에서 첫 번째로 꼽히게 된다. 특히 치료의 초기에는 조장적 목표를 중시해야 한다(Nelson, 1983, 137-140).

Nelson에 의하면 치료자는 치료계획을 세울 때 지식 위주의 개입과, 행동 위주의 개입방법 사이에서 어떤 방법을 가족들에게 제안할 것인가 하는 것과, 또 많은 목표들 중에서 어떤 목표를 먼저 달성할 것인가를 생각해 보아야 한다고 하였다. 목표 달성을 위해 효과적인 개입방법을 정하고 또 환경적 요소에 개입할 것인지도 결정한다.

지식 위주의 개입은 가족이 특히 문제가 발생된 원인은 본인들이 어찌할 바를 몰라서라고 생각할 경우에 특히 효과적이다. 또 환경적인 요소에 대해 어떻게 대처해야 할지를 모르는 경우에도 마찬가지다. 때로는 치료자가 가족이 다만 이 분야에 대해 몰라서 문제가 발생한 것 같다고 제안함으로써 가족의 반응을 볼 수 있고, 보다 지식적인 개입을 하더라도 받아들일 준비가 되어 있는지를 파악할 수 있다. 이와 같은 개입방법을 실시할 때에 가족이 지루해 하고 적대감을 표출하며 가족 내의 역기능적 유형이 증가하면 이 개입방법이 실패하고 있음을 알 수 있다.

또 감정을 회피하기 위해서 인지적 방법으로 대처하는 가족원에게는 지식 위주의 개입은 적절하지 않다.

그러면 행동 위주의 개입방법은 언제 유용한가. 치료자가 너무 위협적이거나 예의에 어긋나는 태도만 보이지 않는다면 일반적으로 가족들은 치료자가 시키는 대로 별 무리 없이 의자를 옮겨 앉는 등의 행동적 개입에 잘 적응한다. 자기를 너무 많이 노출하게 되는 조각기법 같은 행동을 부담스러워 하는 가족은 지식 위주의 개입으로 시작하여 덜 부담스러운 행동을 사용하는 개입으로 전환할 수 있다. 대체적으로 지식 위주의 개입이 성공적이지 못할 때 행동 위주의 개입에 잘 반응을 보이게 된다.

치료목표가 때로는 환경이 주는 스트레스를 줄이고 자원을 높이는 것일 경우 치료자는 환경에 대한 개입을 고려해야 한다. 치료자는 이때에 가족원이 사생활이 침해된다고 느끼지 않는지를 확인하고 환경적 개입의 효과를 저울질해 보아야 한다(Nelson, 1983, 145-148).

치료계획을 세우는 데 있어서 치료자는 가족들에게 몇 가지 다른 형태의 치료형태를 제안할 수 있다. 즉 개인이나 집단치료와 가족치료를 동시에 권하는 경우도 있고 가족치료만 권하는 경우도 있고 가족 내의 하위체계를 치료 대상으로 삼는 경우도 있다(Nelson, 1983, 140-144).

십대의 청소년이나 나이든 독신이 문제에 대한 대처 능력을 변화시켜 가족과의 경계를 높이고자 할 때나, 또는 자위행위 등과 같은 사적인 내용을 이야기해야 할 때 개별치료가 필요하다. 이때에는 앞으로의 독립 생활을 위해 개별치료가 필요하다고 설명함으로써 혼자만이 가족 중에서도 문제 많은 인간으로 취급되지 않도록 치료자가 유도해야 한다. 또 다른 가족들도 후에 개별치료를 갖게 될 것이라고 말함으로써 일반화시킬 수도 있다.

가족 전체가 참여하는 가족치료시에 하위체계만을 참석시키는 치료로 대치시키거나 하위체계와 전체의 치료를 병행해서 해야 할 때가 있다. 특히 자녀교육 방법을 잘 모르는 부부에게 부모로서의 연합관계를 만들고 적절한 훈육방법을 가르칠 계기가 되게 하기 위해서 부모체계만을 치료대상으로 삼는 경우가 그 예다. 또 부모 자녀 간에 적절한 연합관계를 형성하기 위해 하위체계 치료를 할 때도 있으나 역기능적인 경계를 강화시키지 않도록 주의해야 한다.

또 개인의 문제가 가족원과의 감정 및 욕구, 과거사나 환경 등과의 연계가 없거나 매우 적을 때는 개인치료나 집단치료를 주로 하고 가족치료를 가끔씩 병행하는 방법도 있다. 가족치료를 선호하는 임상가들은 일단 가족을 모두 보면서 문제가 왜 존재하는가를 사정하는 동안 적절한 형태의 치료계획을 세울 수가 있다(Nelson, 1983, 140-144).

치료자는 이와 같은 개입전략과 치료목표를 가족들과 상의하여 우선순위를 정하여야 한다. 치료자는 전문가로서의 책임을 갖고 적절한 목표와 방법을 선택하기도 하고 가족으로 하여금 적절한 목표와 방법을 선택하도록 하는 융통성도 가져야 한다. 치료자는 전문가로서 어떤 방법이 효과적이고 목표를 잘 성취하게 하는지 알고 있으므로 이를 가족에게 교육시켜 비현실적인 그들의 기대와 오해에서 비롯된 불안을 없애주고 실제에 있어서 어떻게 해야 할는지를 준비시켜야 한다.

또 가족이 동의하지 않았거나 목표 자체가 합당치 않아 목표의 성취가 어려울 때 치료자는 재평가할 준비가 되어 있어야 한다. 엄예선은 치료자가 상담의 방향을 항상 검토해 보고 올바른 방향으로 진행되도록 개입하라고 조언했으며 특히 한국 가족을 위한 상담의 방향을 다음과 같이 제시하였다. ① 제시된 문제의 해결, ② 가족의 문제해결 능력의 증진, ③ 가족 내에서 가장 중요한 집행체계의 강화, ④ 개인 가족원들의 자아분화 성취와 잠재력 개발, ⑤ 기능적인 가치체계의 개발 등이다(1994, 275).

치료자는 한국 가족에게 적합한 치료계획과 개입방향을 설정하도록 유념해야 한다.

2. 위기가족

초기과정 중에서 가족치료자는 가족 전체나 가족원 한 명을 다른 전문가에게 의뢰해야 할 경우가 종종 있다. 또 일반적인 초기과정을 거치지 않고 위기개입을 해야 할 경우도 있다. 즉 자살 의도를 가진 가족원이 있는 경우, 타살 의도를 가진 가족원이 있는 경우, 정신병의 조증현상이 자주 발생하는 가족원이 있는 경우, 알콜이나 마약을 남용하는 가족원이 있는 경우, 폭력을 행사하는 가족이 있는 경우 등이다. 이때에 치료자는 정신병원에 보낼 것인가, 보호처에 보낼 것인가, 다른 치료자에게 의뢰할 것인가, 법적인 조치를 취할 것인가 등을 계획하고 실행하게 된다.

우울증을 나타내는 가족원은 정신과 의사에게 의뢰하여 항우울제 복용이 필요한지의 여부와 자살 가능성을 미연에 방지하도록 조처해야 한다. 타살 의도를 가진 가족원이나 조증 클라이언트는 경찰등 관계기관에 협조를 의뢰하고 정신과 의사에게 의뢰하여야 한다. 또 알콜이나 마약의 문제가 있는 경우 현재 증세가 진행되고 있다면 그 문제를 먼저 치료받게 하여야 하며 이미 치료를 받아 재활 상태에 있는 경우에는 재발되지 않게 재활치료를 겸하도록 한다.

가족 중에서 우울증을 비롯한 정신병적 질환 또는 알콜 중독에 대한 인식이 부족하여 적절한 치료시기를 놓치는 경우도 있으므로 가족치료자는 가족원들을 교육시키고 클라이언트를 유도하여 정신과 의사를 찾게 하고 합당한 치료로 증세가 어느 정도 안정되면 정신과 의사의 개인치료와 함께 가족치료를 병행할 수도 있다.

가족 중에 신체적 학대가 있는 경우 피학대자에 대한 보호와 법적인 조치가 우선되어야 한다. 분노 조절이 어느 정도 가능한가, 폭력의 유형이 어떤 형태인가, 행동 변화에 대한 동기가 어느 정도인가를 사정한 다음에 가족치료에 임하는 것이 좋다. 가족 내에 성적 학대가 있는 경우에도 피학대자에 대한 보호 및 법적 절차가 우선되어야 한다.

Thomas는 다른 전문가에게 의뢰해야 할 가족 중에 성적 문제를 가진 부부를 포함시켰다. 즉 부부 중에서 성적인 역기능이 있는 경우 정서적이고 상호작용적인 문제라고 판단하기 전에 신체적이고 기능적인 결함이 있는지를 먼저 점검해야 하므로 산부인과나 비뇨기과 의사에게 의뢰하여야 한다고 하였다(Thomas, 1992, 432).

결 론

이 장에서는 가족치료자가 치료의 초기 상담과정에서 유의해야 할 제반 사항을 살펴보았다. 즉 첫 상담이 있기 전의 접촉, 첫 상담시의 유의점, 초기 과정에서의 관계형성과 치료계약 맺기 등을 비롯하여, 가족의 문제를 사정하고 진단하는 제반 대책과 도구를 소개하였다. 또 치료계획을 설정하기 위하여 사정의 내용을 치료목표로 전환시키는 방법과 치료목표 설정에 대한 여러 학자들의 의견을 제시하였다. 이 장에서는 또 자살의도나 알콜중독 등과 같은 위기가족에 대하여서는 일반적인 초기 과정을 거치지 않고 위기개입 테크닉을 사용하거나 다른 전문가에게 의뢰해야 한다는 점을 강조하였다. 이 장에서는 특정 기법을 인용하지 않고 일반적인 관점에서 초기 과정에 대하여 언급하였으므로 앞으로 좀 더 기법 중심의 연구와 한국인 가족에게 적합한 초기 과정에서의 유의점에 대하여 더욱 활발한 연구가 요망된다고 하겠다.

참 고 문 헌

엄예선, (1994), *가족치료의 초기과정을 이끄는 방법*, 한국사회복지학 통권 제23호, 서울: 한국사회복지학회

Broch & Barnard, (1988), *Procedures in Family Therapy,*

Glick, I. D. & Kessler, D. R. (1980), *Marital and Family Therapy(2nd)*, Grune & Stratton, Inc

Nelson, Judith. (1983), *Family Treatment An Integrative Approach,* New Jersey: Prentice-Hall, Inc.

Thomas, M. B. (1992), *An Introduction to Marital and Family Therapy*, New York: Merill

제 2 장

중 기 과 정

권 진 숙*

가족치료에서 중기과정은 변화를 위한 주된 작업이 행해지는 단계라고 볼 수 있다. 따라서 가장 중요한 것으로 간주한 변화, 즉 목표가 무엇인가에 따라서 중기과정 동안 치료자가 어떤 작업을 행할 것인가가 달라진다. 대개는 지속적이고 불만스러운 대인관계의 양상과 태도, 최근 혹은 현재 일어나고 있는 나아진 상호작용의 예들이 계속적으로 토론되어 진다. 오래된 역기능적 연합, 규칙, 신화 그리고 역할모델 등이 도전받게 된다. 그리고 그것들을 위한 가능한 대안이 제시되어 진다. 사고, 감정, 상호작용의 새로운 습관을 갖게 되는데는 시간이 걸리며 많은 반복적인 실천이 요구된다. 동시에 변화에 대한 저항도 생기게 되는데 그 문제도 다루어져야 한다.

이 단계에서는 또한 확인된 클라이언트에게 몰려 있던 초기 관심이 전체 가족으로 옮겨진다. 일반적으로 확인된 클라이언트는 가족이 좋아지기 전에 먼저 좋아진다(Glick, 1980, 156).

한편 가족치료는 중기단계로 옮겨감에 따라 치료의 속도는 느려지나 그 깊이는 더해간다. 따라서 많은 경우 원 가족에서 다루어지지 않았던 초기 대상관계(early object relations)를 드러내기 위해 정신분석적인 방법으로 다루어져야 할 감정이 나타나게 된다. 이때 인본주의적/경험주의적/실존주의적 개입이 그 가족 상황 속에서의 의미를 알기 위해 사용되어진다. 치료자는 또한 장기적 변화(long-term change)로 이끄는 가치, 신념 등의 변화를 위해서 인지-행동적 접근법을 사용할 수도 있다. 그러나 이러한 개입들은 초기의 체계적, 전략적, 구조적인 움직임에 비하면 덜 극적일 수도 있다. 그래서 중기과정에서 치료자는 수렁에 빠지기도 하고 지루해지기도 한다.

McGuire(1985)는 가족이 부정적인 견해를 표시할 때는 치료의 초점과 윤곽을 유지시키기 위해 자신감과 지도자로서의 기량을 보여주고 또한 그 사례에 대한 새로운 아이디어와 지지를 얻기 위해 선배 동료로 부터 지도감독을 받으라고 충고한다. 다양한 전략과 기법을 적절하게 사용하기도 하면서 자신감을 잃지 않고 가족을 잡아두는 것은 치료의 전 과정을 통해 치료자를 시험하는 부부나, 치료를 위해 긴 중기과정이 필요한 나약한 부부에게는 특히 중요하다.

치료가 중기단계로 잘 진행되고 있다는 것을 알 수 있는 한가지 징후(indication)는 가족

* 이화여자대학교 사회사업학과 강사

원이 양가감정을 표면화하는 것이다(Nelson, 1983). 따라서 치료자는 각 성원의 참석과 참여에 대해 인식하고 있을 필요가 있다. 치료에 대한 양가감정의 노골적인 표현은 건강하다는 표시이기도 하다. 가족원이 치료자에게 직접 그 감정을 말할 수 있을 때, 그리고 어떤 문제의 해결을 위해서 스스로 노력할 때 그러한 불평은 경험이 적은 치료자에게는 당황스럽고 좌절이 되지만 실제로 그 가족은 중요한 치료적 향상을 보이고 있는 것이다.

중기과정에서 발생하는 또다른 변화로는 구조와 발달상의 문제(developmental issue)에 대한 부가작업을 들 수 있다(McGuire, 1985). 예를 들면 치료자가 초기단계에서 가족내 위계질서를 강화시키는 일을 한 경우 중기과정에서는 배우자들이 서로의 친밀감을 더욱 증가시키기 위해 둘이서만 노력을 하고 싶을 수도 있다. 그때는 그 둘의 구조만 더 강화시키는 일을 하는 것이다. 부모들은 부부치료에서 그들에게 문제가 되는 개인 발달상의 문제를 다루려고 할 수도 있다. 따라서 모든 가족이 함께 시작한 가족치료가 이 단계에서는 각자가 자신의 내부에서 무엇을 경험하는지에 초점을 맞춘 부부치료로 발전되어지게 된다.

치료자가 클라이언트에게 치료의 중기단계가 끝나고 있다는 것을 알려주는 한가지 방법은 상담의 횟수를 줄이는 것이다. 클라이언트 가족들은 이러한 변화를 향상의 표시로 해석하게 된다(Thomas, 1992, 432-433).

이러한 특징을 지닌 중기과정에 대한 이해를 돕고 실천에서의 적용을 위해 본 장에서는 초기과정을 지나면서 다져온 클라이언트와의 신뢰를 바탕으로 그들의 목표를 위한 주된 변화를 시도하고 완성시키는 데 있어서의 일반적 고려사항, 구체적 전략과 기법을 소개하려 한다.

제1절 중기과정에서의 일반적 고려사항

이 단계에서 치료자는 가족의 기능은 어떠하며 그들의 문제점은 어떤 것인지에 대해 분명하게 이해하고 있어야만 한다. 또한 자료들이 문제가 있는 가족을 평가하기 위해서 제시되고 그것을 기초로 한 적절한 목표도 세워져 있어야 한다.

1. 가족참여

전체 가족을 한꺼번에 봄으로써 치료를 시작하는 것이 바람직하다. 가족은 한 집에 사는 모든 사람, 한 집에 살고 있지는 않지만 가까운 사람들 혹은 더 광범위하게 비록 직접 관련은 없지만 의미있는 모든 사람(친구, 돌보는 사람 혹은 사회망)을 포함하여 넓게 정의될 수 있다. 가족치료도 한명의 치료자가 전체 가족을 만나거나 혹은 각 성원을 개별적으로 만나면서 행해질 수 있다.

이러한 치료를 동시가족치료(concurrent family therapy)라고 한다. 또는 두명의 치료자가 같이 가족을 보지는 않고 각자가 한명 혹은 그 이상의 가족성원을 만나면서 치료자끼리 서로 연락을 취하면서 치료를 행해가는 협동 가족치료(collaborative family therapy)라고 불리는 형태의 치료도 있다. 동참적 가족치료(conjoint family therapy)는 최소한 두 세대 이상의 가족, 예를 들면 부모, 자녀 그리고 치료자가 모두 모이는 형태의 가족치료를 말한다. 그러나 동참적 결혼치료(conjoint marital therapy)는 부부와 치료자가 함께 만나는 것으로 제한한다(Cutter, Hallowitz, 1962, 605-618, 재인용).

모든 가족이 함께 만나는 것이 바람직하지만 실제 상황에서는 그것이 불가능하거나 혹은 오히려 바람직하지 못할 수도 있다. 예를 들면 부부의 성적인 문제는 아이들이 없을 때 논의하는 것이 더 적절하다. 때로 이혼했거나 사망한 경우 혹은 한 명 이상의 가족원이 참여를 일시적으로 혹은 영구적으로 거부할 경우 완전치 못한 가족과 일을 해야만 할 경우도 있게 된다. 후자의 경우 그런 만남이 가치가 있을지 그리고 불완전한 가족성원들과 치료를 계속할 수 있을지에 대한 것이 치료시작 전 혹은 차후의 평가에서 결정되어져야 한다.

때로 개인이 다른 가족원이 있을 때 어떤 주제에 대해서 이야기하는 것을 불편하게 느낄 수도 있다. 그 경우 가족치료자는 개별면접이 필요한지 아닌지에 대한 판단을 내려야 한다. 예를 들어 개별면접이 이루어졌더라도 궁극적인 목표는 개별면접으로 부터 나온 자료들은 가족 전체에게로 알려져야 하기 때문이다. 그러나 개인의 문제가 가족에게 알려지는 것이 도움이 되지 않기 때문에 그 개인과 치료자만 알고 있어야 할 경우도 있을수 있다. 이러한 문제에 있어서는 뚜렷한 한계를 긋기는 힘들다.

20세된 확인된 클라이언트가 있던 가족에게 있었던 가족비밀의 한가지 예를 들면 클라이언트의 어머니는 클라이언트 출생 후 산후 정신증(postpartum psychosis)을 앓았고 그 기간동안 자살하려고 달리는 기차로 뛰어들었다.

그 결과 그녀는 양 무릎 아래를 못쓰는 불구가 되었다. 외할머니도 클라이언트 어머니의 출산 후 정신증을 앓았다고 한다. 이 비밀을 클라이언트는 모르고 있다. 그 이야기는 클라이언트가 참석치 않은 면접에서 아버지가 말했다. 그 당시 클라이언트는 그와 같은 문제를 다룰 수 있을 정도로 심리적으로 강하지 못하다는 모든 사람의 판단하에 클라이언트에게는 그 사실은 비밀로 지켜졌다.

가족 개념은 치료에 있어서 그 개인에게 영향력을 미치고 있는 직계가족과 혈연관계가 없는 사람에게 까지도 확대될 수 있다. 즉 친구, 이웃, 전문적으로 도움을 주는 사람 혹은 고객(customer)이 될 수도 있는 것이다. 이런 사람들은 가족과 같은 정도의 감정적 충격이나 영향력을 갖지는 못하지만 어떤 상황에서 의미있는 타인은 매우 중요한 집단이 될 수도 있다. 경험이 많은 치료자는 치료가 향상됨에 따라 치료시 늘어나는 가족원의 수만큼 치료효과가 향상되는 확률도 높아진다고 믿는다.

1) 청소년

청소년은 가족의 염려와 가족 상호작용에 중요한 인물로 대개는 클라이언트로 나타나게 된다. 따라서 면접에 반드시 포함시켜 세대간의 갈등과 부적절한 의사소통이 다루어져야 한다. 그러나 청소년 후기의 주된 과업 중 한가지가 원가족으로 부터 심리사회적 자율성을 늘려나가는 일을 성취하는 것이다. 따라서 지속적으로 청소년을 가족면접에 포함시키면 가족 상호작용 속에서 그 존재의 구조적 강화를 초래할 수도 있다. 덧붙여 자녀를 포함시키지 않고, 포함시켜서도 안되는 부부사이에서 만의 상호작용에 대한 것을 인정 하지 않는 일이 될 수도 있다. 따라서 몇 번의 면접은 단지 부부와만 행하는 것이 효과적일 수도 있다. 또한 그들의 자율성을 높이기 위한 구체적인 목적으로 청소년만 개별적으로 만날 수도 있다. 그러나 공동면접은 차이점과 분리에 관한 문제를 탐구하기 위해 성공적으로 사용되어질 수 있다.

만약 결혼관계가 청소년 자녀를 포함시키지 않으면 치료가 되지 않을 정도로 파열되어 있다면 청소년 자녀는 부부가 한 쌍으로서의 기능을 보유할 때까지 완충자, 중립자 혹은 현실 감지자로서 봉사할 수가 있다.

청소년과 그의 부모가 분리될 수 있는 능력과 준비성에 대한 주의깊은 인식은 반드시 필요하다. 비록 개별적 자율기능이 바람직한 목표라고 여겨지더라도 뇌손상, 만성 정신분열증, 심한 성격장애를 앓고 있는 청소년들의 자율적 잠재력과 마찬가지로 돌발적인 분리를 견디어 낼 수 있는 가족의 능력에 대한 존중이 현실적으로 고려되어야 할 상황이 있을 수 있다.

2) 유아와 어린이

많은 치료자들은 가족원이 어떻게 관계하는지를 알기 위해 평가기간 동안 유아를 포함한 그 집의 모든 사람(애완동물까지도)을 포함시키기를 선호한다. 예를 들면 한쪽 부모가 어떻게 아기를 안고 있는지와 같은 유용한 관찰이 이루어질 수 있기 때문이다. 초기 평가가 끝난 후에 치료자는 유아나 말 못하는 어린아이를 계속적으로 포함시키는 것이 치료에 도움이 될것인지 아니면 방해가 될 것인지를 결정해야 한다.

대부분의 치료자는 유아 혹은 어린 자녀를 진단 목적으로 최소한 한번은 참석시켜야 한다는 것에 동의할 것이다. 면접에 많이 참석시킬 수록 더 많은 도움을 주게 될 것이다. 왜냐하면 아이들은 어른에 비해 더 개방적이고 직접적이며 자신이 생각하는 대로 솔직히 말하기 때문이다.

부모는 아이들이 있을 경우 그들을 통제하는 적절한 행동을 취하도록 기대되어 지는데 그렇지 못할 경우 치료자는 부모가 그들의 과제를 완수하도록 도울 수가 있다. 치료자는 행동을 제한하는 것과 의사소통의 자유를 포함한 그 '가족의 규칙'을 설명한다. 치료자는 치료 도중 화장실 혹은 물 먹으러 누가 갈 수 있는지에 대해 가족 중 누구의 허락을 받아야 하는지를 결정해야 한다. 치료자는 또한 장난감, 종이, 크레용 등 아이들이 놀 수 있는 것을 제공해야 한다.

Bell은 치료의 일반적 과정에 대해 쓰면서 치료상황에서의 아이들에 관한 몇 가지의 지침을 밝힌다(1961, 재인용). 처음에는 가족치료의 기본적인 것을 설명하기 위해서 부모만 따로 만난다. 다음으로 오리엔테이션을 위해 부모, 자녀를 모두 만난다. 이때 치료자는 아이들도 자신의 의견을 말할 수 있으며 부모들은 그들이 말할 동안 방해하지 않고 들어야 한다고 설명한다. 그는 이것을 '부모-자녀 단계(parent-child phase)'라고 불렀다. 그 다음에는 부모의 문제가 무엇인지를 탐색하는 부모단계로 옮겨간다. 치료자의 신뢰를 얻은 아동들은 이 단계에서 더욱 활발하게 된다. 다음 단계에서 아이는 가족속에서 더 건설적인 쪽으로 활발해 진다. 대부분의 소위 '금지된' 토픽이 아이들에 의해서 밝혀져 버리는 상황이 되는데, 치료에서 Bell의 이러한 경험은 평소 우리들도 경험하는 일이다.

3) 확대가족과 의미있는 타인들

가족치료자는 할아버지, 할머니, 그리고 시댁 혹은 친정 식구들이 가족문제에 심각한 영향을 끼칠 때는 치료에 참석케 한다.

많은 가족에서 할아버지, 할머니 그리고 확대가족 성원은 중요한 역할을 한다. 어떤 가족에게 그들은 가족 과업을 수행하는데 있어서 경제적으로 혹은 기능적으로 중요한 도움을 제공한다. 그들은 가족이 위기가 있거나 도움이 필요할 때 정서적 지지와 온정을 보관하고 있는 창고일 수도 있다. 그들의 기여와 참여가 때에 따라서는 방해가 되거나 유치한 것으로 간주될 수도 있다. 또는 이들은 자신의 참여에 대해 보상을 요구할지도 모른다.

할아버지, 할머니는 하나의 끈으로 돈을 제공하고 있을 수도 있는데 그 끈이란 손자들의 양육에 관한 규칙이나 규정에 관한 것일 수도 있다. 또는 그러한 도움은 이미 정해진 스케쥴에 따라 할아버지, 할머니를 방문하는 의무감을 내포하고 있을 수도 있다.

때로는 친구, 약혼녀, 남자친구 등이 치료에 참석할 것인가 아닌가에 대한 의문이 제기되어 진다. 이들의 참석은 치료를 향상시키는데 아주 중요하다고 판단되어지면 포함시켜야 할 것이다. 그러나 이런 외부 사람들은 가족원에 비해 변화를 위한 동기가 덜하고 따라서 치료를 중단할 확률이 높다.

4) 돌보는 사람들(caretakers)

가족 기능에 있어서 돌보는 사람들(예: 아기보는 사람 혹은 가정부)이 중요한 역할을 한다. 특히 부부가 둘 다 일을 하는 경우에는 더욱 그러하므로 많은 경우 그들을 참석시키는 것이 효과적이다.

G씨 가족에서 부부는 별거중이다. 부인은 한 개인으로 그리고 어머니로서 기능하는데 상당한 어려움이 있다. 그래서 남편이 아이의 양육권을 가지고 있다. 14세, 12세 그리고 10세 된 아이들을 21세 된 남편 여자친구의 동생이 돌봐주고 있다. 낙심한 부인은 자살을 시도했다.

가족치료가 시작된 것이 그 시점이었다. 남편은 그런 부인에 대해 화가 나 있었기 때문에 가족치료의 참여를 거절했다. 치료 초기에 부인은 아이들을 참여시킬 수가 없다는 것에 대해 불평했다. 아이들은 아버지 편이었다. 치료자가 전화했을 때 돌보는 사람이 면접에 그들이 가도록 허락하지를 않는다고 말하면서 참여를 거부했다. 돌보는 사람 역시 아버지 편이었다. 더우기 아이들이 치료를 시작했을 때 매번 상담이 끝난 후에 아이 보는 사람은 아이들에게 어머니를 흠잡았다. 아이들은 또다시 어머니를 꾸짖고 부인은 다시 자살을 시도하게 된다. 남편과 돌보는 사람이 치료에 참여한 후에야 겨우 그런 상호작용의 연계가 이해되어졌고 수정되어졌다.

5) 애완동물

흔히 애완동물도 가족 내에서 중요한 역할을 한다(Feldman B, 1977, 재인용).

① 안전하고, 충성스러우며, 친밀하고, 비경쟁적이며 무비판적인 사랑의 대상이나 친구로써
② 자녀가 없거나 집을 떠나버린 가정에서는 자녀 대신으로, 또한 자녀를 가질 계획이 있는 가정은 처음에는 애완동물을 상대로 그들의 부모기술을 훈련하는 것도 바람직하다.
③ 애완동물의 강점, 용기, 단호함, 매력, 크기, 유쾌함, 연출, 동물스러움, 의존심과 독립심을 동일시 함으로써 개인적인 결함을 보상하는 방법으로
④ 가족내 갈등에 있어서의 희생양 혹은 동맹자로서
⑤ 자녀들이 책임과 동정을 배울 수 있는 수단으로

P는 둘씩(dyad) 나누어진 가족(아버지와 어머니, 언니와 여동생)에서 자랐다. 감정적 위기가 발생할 때 이 사람에게 위로가 된 것은 그녀의 개 뿐이었다. 그녀가 학교 일로 집을 떠나있는 동안 개에게 두드러기가 생겨 털이 빠져버렸다. 개에게 빈둥지 증상(empty-nest syndrome)의 초기에 보이는 증세가 나타난 것이다. 그 사건으로 개를 누가 대신 돌볼 것인가에 대한 가족위기가 발생했다.

G씨 가족의 경우 남편이 그의 부인, 아들과 딸에게 애정표현을 할 수가 없었다. 그대신 5마리 개는 잘 돌보고, 대화도 잘 해주고, 손질도 잘 해주었다.

수의사가 애완동물의 신경증적 행동과 그 주인의 행동 사이의 관계를 관찰했다. 최근의 한 수의사는 가족접근법을 사용하여 “주인이 그 개와 어떻게 관계하는가를 알고 개 주인의 행동이 변화하지 않는 한 개의 행동은 변화시킬 수가 없습니다.”(Campbell, 1975, 45, 재인용)라고 말했다.

가족치료자는 가족체계 내에서의 역할을 관찰하고 논의하기 위해 일시적으로 애완동물을 포함시키려고 할 수도 있다. 가족역동 속으로 들어가기 위한 중립적인 방법의 일환으로 애완동물을 이용할 수도 있다. 왜냐하면 가족내의 사람들에게 일어난 문제보다는 애완동물에 대한 이야기를 하는 것이 쉽기 때문이다.

2. 공동치료자(therapist combination)

대부분의 가족치료자는 혼자서 일한다. 그러나 또다른 치료자는 가족 상호작용의 복잡성

을 모니터해주는 공동치료자(cotherapist)와 함께 일하고, 또한 그들을 균형유지의 기능을 하는 사람으로 함께 일하는 것을 선호하기도 한다.

훈련 목적으로는 학생 치료자는 보다 경험이 풍부한 치료자와 함께 일하거나 다른 학파의 학생과 공동으로 일을 할 수 있다. 공동치료자는 그들 자신의 차이점을 개방하여 다루면서, 그리고 건강한 의사소통의 모델이 됨으로써 결혼관계와 유사한 두사람 간의 상호작용의 경험적 모델을 제시할 수 있다. 만약 반대로 공동치료자가 같이 행동하는 한 쌍으로 보여줄 필요가 있다고 느끼거나 같이 치료하고 있는 가족원들에 대한 그들의 태도와 상호작용에 있어서 동일해야 한다고 느낀다면 그 가족에게 매우 비현실적인 모델로 제시되게 된다.

공동치료자는 주로 다른 성(性)을 가진 두 사람으로 이루어진다. 그럴 때 각 가족은 동일시할 수 있고 또 모델로 이용할 수 있는 같은 성을 가진 다른 사람이 생기게 되는 것이다. 흔히 공동치료자는 개인적으로 가까와지기도 한다.

공동치료자는 가족에게 부모나 남편 혹은 부인으로 여겨질 수가 있다. 그래서 가족이 그 역할을 하는 사람에게 가지고 있던 전형적인 패턴, 감정, 태도의 수혜자가 될 수도 있다. 따라서 공동치료자는 실제로 치료를 받는 가족에게 일어나는 것과 매우 유사한 방식으로 한쪽편 혹은 다른 가족원의 편이 되어 분열되어 버리는 위험에 처해진 자신을 발견하기도 한다. 공동치료자는 이런 함정에 빠지지 않도록 지속적으로 노력해야 한다. 한가지 해결 방법은 한 명의 치료자는 곤란에 처해 도움이 필요한 가족원에 대해 민감해야 한다. 그러는 동안 다른 치료자는 다른 가족원들에 초점을 맞추는 것이다. 공동치료자는 다른 치료자를 칭찬할 수도 그 반대일 수도 있다.

한 치료자가 공동치료자와 효과적으로 일할 수 있는지 그리고 공동치료가 각 치료자의 시간을 가장 효과적으로 사용하는 방법인지는 잘 생각해 볼 필요가 있다. 최근의 연구는 가족치료 경험이 많을 수록 공동치료자와 함께 하는 것에 대한 만족도가 줄어든다고 보고했다. 더우기 몇몇 학자는 공동치료자가 가족의 향상을 방해하는 문제를 일으킨다는 것을 발견했다고 한다. 예를 들면 남자 치료자가 자신의 어머니와의 관계에 심각한 문제가 있다면 '문제(difficult)'있는 어머니를 가진 가족을 치료하는 과정에 있어서 그 치료자가 여자 치료자와 함께 일하는 것에 문제가 있을 수가 있다는 것이다. 또다른 뚜렷한 차이점은 치료자 한 사람이 하는 치료는 비용이 덜 든다는 것이다.

공동치료를 성공적으로 하기 위해서 공동치료자는 서로를 잘 알고 서로 좋아해야 한다. 서로는 같이 일을 해야 하며 각자의 다른 스타일과 태도를 감사할 수 있어야 한다. 치료시간 동안 어떤 일이 생겼었나에 대해 논의하고 그 가족과 서로에 대한 존경을 갖고 상호보완적인 역할을 할 수 있는 기회를 가질 시간이 반드시 필요하다. 이상적으로 공동치료자는 매 상담 전에 그들의 목표와 생각을 검토하기 위해 만나야 한다. 그리고 면접이 끝난 후에도 어떤 일이 있었고 다음에는 어떻게 할 것인지에 대해 계획을 세울 시간을 가져야 한다.

가족치료의 또다른 기법은 두사람 이상의 치료자를 이용하는 것으로 예를 들면 한 가족원에 한 치료자를, 그리고 전체가족을 위한 치료자를 또 한사람 두는 것이다. 이 방법은 다중충격치료(Multiple Impact Therapy ; MIT)의 한 부분으로 사용되어져 왔다(MacGregor,

Ritchie, Serrano, et al, 1964, 재인용). 한가지 혁신적인 방법은 다른 학파의 공동치료자를 이용하는 방법으로 이미 언급했듯이 초보 치료자들에게는 바람직하다. 이런 기법은 각 치료자가 다른 치료자를 상호보완할 수 있는데 왜냐하면 각각은 서로 다른 학파의 훈련을 쌓아왔고 그 분야에서의 자신의 노련함을 제공할 수 있기 때문이다. 그러나 이 방법은 다른 직원의 시간을 요하게 되고 다른 일상적으로 행해지는 가족치료에 비해 특별한 효과가 있다는 것을 증명해야만 하는 문제가 따른다.

또다른 한가지의 시도는 확인된 클라이언트와 그의 가족을 치료하기 위해 치료자 자신의 가족을 이용하는 방법이다. 이 방법은 현 시점에서는 실험단계로 간주되어져야 할 것이다.

3. 심리사회적 치료와 함께 하는 가족치료
(Family Therapy in combination with other psychosocial therapies)

다른 치료와 함께 하는 가족치료의 효과에 대한 것은 현재 알려지지 않고 있다. 그러므로 각 치료자는 그 당시의 상황에 따라서 할 수 밖에 없다. 1970년대는 신체치료, 개별치료, 집단치료를 같이 하는 방법을 많이 사용하였다.

소수의 가족치료자는 단지 동참적가족치료(conjoint family therapy)만 한다. 이 경우 모든 계약은 가족이 모두 있을 때에만 이루어지며 치료자는 개별적으로 또는 전화접촉 조차도 하지 않는다. 즉 개별치료를 포함한 어떤 다른 치료방법도 사용하지 않는 것이다. 그렇게 하는 것은 치료자나 몇 명의 가족원에게만 알려진 어떤 것 때문에 야기될 수 있는 어떠한 종류의 연합도 피하게 하기 위해서이다.

일반적으로 치료자는 개별 정신치료와 가족치료를 많이 사용한다. 이런 경우 치료자는 개인과 가족을 모두 알 수 있게 된다. 그러나 이런 조합은 다음과 같이 치료의 성질을 변화시킨다.

① 개별치료에서 클라이언트는 자신이 일대일의 상황에서 한 말들이 치료자에 의해서 어떤 식으로든(공공연히 혹은 간접적으로) 다른 가족에게 알려질 것이라고 느낀다.
② 가족원은 개별치료를 더 선호하여 공동치료시에 예민한 문제를 다루는 것을 꺼려하게 될 수도 있다.
③ 개별면접에서 전이가 충분히 이루어질 수 없다. 왜냐하면 클라이언트는 가족치료에서 그의 가족에 대한 감정을 직접 표현할 수 있기 때문이다. 이로 인해 개별 정신치료를 위해 극복할 수 없는 장애가 나타날 수도 있다. 경험이 적은 치료자는 개별적으로 클라이언트와 동일시하는 경향이 있다. 즉 가족을 그 클라이언트의 입장에서 보게 되는 것이다. 그래서 치료자는 모든 문제가 “냉정하고, 소극적이며, 독재적인 아버지와 질식시키고, 이중구속을 쓰며, 거절하는 어머니 때문에, 그리고 그들이 ‘불쌍한’ 클라이언트에게 무엇인가를 잘못했기 때문에” 생겨났다고 보는것이다. 이렇게 되면 모든 가족이 참여하는 동참적 가족치료를 하기가 힘들어 진다.

동참적 가족치료와 더불어 동시에 개별치료 혹은 부부만 따로 보는 치료를 할 수 있다. C가족에서 클라이언트는 만성 정신분열증을 앓고 있는 아들이었다. 그는 방에서 1년 동안 나오지 않아 그가 20세 때 병원에 데려 왔다. 부모가 식사도 그의 방에 갖다주었고 학교도 중단했다. 그에게는 잘 기능하고 있는 두명의 여형제가 있었다. 부부는 25년 전에 만났으며 아버지는 수줍어하고 위축(withdrawn)된 사람이다. 어머니는 강압적이고, 지배적이며 돈의 대부분은 그녀가 벌었다. 부부관계는 클라이언트가 태어나기 전까지는 좋았는데 그 후로 부터는 그들의 성관계도 중단되었다(전에는 일주일에 두번 정도 였었다). 어머니는 피임에 대한 지식이 없었고 자신은 아이를 더 원하지 않았기 때문에 그녀가 아는 유일한 피임방법은 성관계를 안하는 것이었다고 말했다. 아버지는 말을 안하는 사람이었기 때문에 이 문제는 클라이언트가 병원에서 퇴원해 집에 왔을 때까지 19년 동안 한번도 거론된 적이 없었다. 치료적 개입은 클라이언트를 위한 신체치료 부터 시작되었다. 그의 증상(부정론(negativism)과 자폐적 사고)이 낫기 시작하자 치료는 그의 재활쪽으로 방향지어졌다. 그리하여 부모는 클라이언트를 일하는 곳으로 떠나보내야 했다. 부부, 클라이언트 그리고 두 누나와 함께 가족치료를 했다. 그리고 부부는 그들의 관계 재수립을 위해 따로 만났다.

일련의 점진적 행동주의 기법으로 그들의 성관계는 향상되어졌다. 이런 일이 생기자 부모들이 아들을 위해 중간보호시설(halfway house)을 찾는 일을 도왔다. 동참적가족치료의 보완으로 어머니 혹은 아이들과의 개별치료도 행해졌다. 모든 가족원을 위한 동참적가족치료를 보완하는 개별치료는 소아정신과 영역에서는 흔히 채택되는 접근법이다.

가족치료는 집단치료 그리고 행동치료와 결합시켜 처방되어져 왔다. 또한 한 가족원이 입원하였을 경우 혹은 가족원이 모두 같이 입원했을 경우 그리고 낮병원 같은 곳에서, 또한 약물과 클라이언트의 급성 증상을 조절하기 위해 사용하는 전기 충격치료와 결합하여 사용되었다. 한 치료자는 가족치료가 부부가 항우울제를 사용하고 난 후에야 가능하고 더 효과가 있다는 것을 발견했다.

가족치료는 개별 정신치료와 정신분석에 첨가해서 쓰는 치료로 처방되어졌다. 이런 상황에서 가족치료는 왜곡된 지각을 교정하고 치료시간을 줄이기 위한 진단적 목적으로 유용할 수도 있다.

4. 다른 기관과 함께 하는 가족치료
(Family Therapy in combination with other helping agencies)

치료자는 종종 다른 기관이 가족에게 많은 영향력을 행사하고 있는 상황속에서 가족치료를 하게 된다. 이 경우 원하지 않은 후유증이 발생된다.

복합적인 문제를 가진 가족의 경우는 대개 복지관, 경찰, 학교, 주택 등과 같은 여러 기관과 관련되어 있다. 이런 기관들은 각기 다른 방향으로 가족을 끌고 가려고 할 수도 있다. 그 경우 다양한 기관들 사이에 의사소통이 이루어지고 각 기관들의 책임은 무엇인가에 대해 알고 배당하는 일이 요구되어진다. 따라서 가족의 목표달성을 위한 서어비스에 있어서 다양한 기관간의 일이 협조적으로 이루어져야 한다. 그래서 중복되거나 서로 모순되는 노력을 피할 수가 있다.

어떤 가족의 경우 치료자와 의사가 가족원 한명 혹은 그 이상을 동시에 치료하는 수도 있는데 이 경우 상당한 영향력을 끼친다. 예를 들면 한 가족원이 관절염 치료를 위해 코티손(cortison)으로 치료를 받고 있는데 그 약은 마약을 먹은 것 같은 효과를 가져다 준다. 그렇게 되면 그는 그 가족과 함께 살기가 힘들어질 수도 있다. 그 경우에 가족치료자는 의사와 계속적으로 연락을 취해야 한다.

가족은 그들의 욕구를 위한 서어비스에 대해 어느 한 기관에 반대하여 다른 기관을 비교하는 수도 있다. 예를 들면 확인된 클라이언트가 역기능적으로 남아 있어야만 가족이 구제금 혹은 장애금을 받을 수가 있다. 그것 때문에 동시에 가족체계 내에서 왜곡을 경험한다. 다른 경우 남편과 잘 지내지 못하는 부인이 경찰관에게는 그녀의 남편이 집행유예로 나오기 위해 한 선서를 지키고 있지 않으니 다시 감옥으로 돌려보내 주기를 요청하면서 가족치료자에게는 둘이 같이 잘 살기 위해서 노력하고 있다고 말하는 경우를 들 수 있다(Glick & Kessler, 1980, 112-122).

제2절 구체적 전략들

1. 정신치료의 일반적 요소와 가족치료와의 관계

어떤 종류의 정신치료에서든지 대개는 공통적으로 이용되는 7가지 요소가 있다(Marmor, 1975,1,15, 재인용).

① 클라이언트와 치료자 간의 좋은 관계
② 긴장된 감정의 완화
③ 인지적 학습
④ 명백한 혹은 암시적 승락-불허 단서를 통한, 그리고 치료자와의 올바른 정서적 관계를 통한 더 잘 적응하는 행동으로의 조작적 재조건화
⑤ 제의와 설득
⑥ 치료자와의 동일시
⑦ 반복적인 현실검증 혹은 명백하거나 암시적으로 정서적 도움을 받는 상황에서 새로운 기술을 실천하는 것이다.

가족치료 역시 위의 모든 요소를 이용하지만 전체 가족의 기능을 향상시키는 것을 목표로 사용한다는 것이다. 구체적으로 어떤 요소를 복합하여 사용할 것인가는 가족의 구체적인 욕구에 따라 다양하게 사용될 것이다. 개별치료나 집단치료에서 사용되는 모든 기법이 가족치료에서도 사용된다.

2. 가족 정신치료의 요소

현재는 가족을 치료함에 있어 다양한 전략이 있다. 그 전략들은 개입에 있어 각기 다른 가정과 형태를 강조한다. 어떤 치료자는 모든 사례에 한가지의 전략을 사용하는가 하면 다른 치료자는 사례와 치료단계에 따라서 전략을 다르게 혼합해서 사용한다. 때로는 그 전략이 아주 뚜렷하게 보여질 수도 있고 다른 사례에서는 보여지지 않을 수도 있다. 치료자가 한가지의 접근법을 사용하든 혹은 절충적이든 상관없이 가족문제의 본질과 그것을 위해 채택한 접근법에 대한 몇 가지의 가정이 만들어지게 된다.

가족치료의 주된 치료영역 어디에 중점을 둘 것인가 하는 문제는 각 학파에 따라서 아래와 같이 달라진다(Madanes & Haley, 1977, 88-98,재인용).

① 과거에 혹은 현재에 방향을 맞출 것인가
② 말로 해석할 것인가 혹은 실제 행동으로 할 것인가
③ 성장모델을 사용할 것인가 혹은 문제모델을 사용할 것인가
④ 각 문제를 위한 일반적 방법을 사용할 것인가 혹은 구체적 계획을 세울 것인가
⑤ 치료의 초점을 한 개인에게 둘 것인가 혹은 둘 이상의 가족에게 둘 것인가
⑥ 치료적 관계에 있어서 평등을 유지할 것인가 혹은 위계질서를 지킬 것인가
⑦ 유추적 사고를 할 것인가 혹은 계수적 사고를 할 것인가(계수적 사고는 개인의 작은 행동 하나하나를 중시하는 반면 유추적 관점은 행동의 복합적인 수준과 상황에 더욱 관심을 갖는다.)

어떤 치료자는 과거사의 재구조를 강조하는 반면 다른 치료자는 면접 중에 보여지는 현재 행동만을 다룬다. 어떤 치료자는 언어를 통한 탐색과 해석을 선호하는가 하면 보다 행동적이고 경험적 형태의 치료를 하기도 하며 새로운 행동의 시도도 상담 내에서 혹은 외부에서 하도록 요구하는 치료자도 있다. 어떤 치료자는 증상과 문제를 볼 때 그것을 해독하거나 증상이 갖는 가능한 의미를 이해하려고 하는 반면 다른 치료자는 완성되지 않은 성장과 분화를 위한 그들의 잠재력에 중점을 둔다. 어떤 사람은 모든 영역의 문제에 있어서 매우 제한된 수의 방법만을 사용하는가 하면 다른 사람은 절충적이거나 구체적인 상황적 요구에 따라서 치료기법을 맞추려고 시도한다.

한 사람에게 치료의 초점을 둘 때는 그 초점이 그 개인의 지각, 반응, 감정 그리고 그 개인과 치료자 간의 동등한 지위에 맞추어진다. 두사람이 조작적 체계일 경우에 주의는 상호작용과 관계에 맞추어진다. 3명이 한 단위인 가족을 볼 때 치료자는 연합, 구조, 지위나 힘의 위계질서를 본다. 수적으로 얼마나 많은 가족이 상담에 참여하고 있는냐 하는 문제는 치료자와 같은 방법으로 그들의 문제를 보는 가족원이 몇 명이나 되는가 하는 문제보다 중요하지는 않다.

아래의 표는 어떤 주요 치료영역을 강조하느냐에 따른 가족치료 학파들의 각기 다른 접근법을 비교한 것이다

(표1)

영 역	정신역동적	경험적	확대가족	행동적	의 사 소 통	
					구조적	전략적
과거	X	X				
한명단위	X	X		X		
해석(과거)	X	X				
해석(현재)	X	X	X		X	
방법	X	X	X			
성장	X	X	X		X	
유추적	X	X	X		X	X
현재		X	X	X	X	X
새로운 경험		X		X	X	X
지시적			X	X	X	X
치료를 위한 계획				X	X	X
두사람 단위			X	X	X	X
세사람 단위			X		X	X
위계				X		X
제시된 문제				X		X
계시적						

어떤 치료자는 가족체계를 위해 전통적이고 정신역동적인 개별, 집단치료 기법을 채택한다. 그들은 정신역동학파로 불려진다. 그들은 무의식적 동기, 개인의 과거경험의 중요성, 억압된 감정, 전이와 같은 문제를 다룬다. 예를 들면 가족치료의 선구자인 Nathan Ackerman은 정신역동적 준거틀로 훈련받은 사람이다. 그의 접근법은 절충적 경향을 띄며 행동적 지시와 함께 '깊이있는' 해석을 복합적으로 사용했으며 가족치료의 핵심문제 한가지를 부모로부터의 '정서적 분리'로 보았다. Boszormenyi-Nagy 역시 정신역동적 개념을 많이 사용했으나 개인보다는 가족영역에 있어서의 것이었다. Norman Paul은 그의 저서에서 특히 우울증이 주요 증상일 때 과거와 현재의 정서적 카타르시스가 갖는 치료 효과를 강조했다.

다른 가족치료자는 개별치료의 전통적 기법은 피했다. 그들은 과거의 정보를 끌어내는 것에 중점을 두지 않고 묻혀진 감정에 대한 깨달음이나 그런 감정을 잘 표현하도록 돕는 것에 특별히 관심이 없었으며 정신역동을 해석하는 일을 하지도 않았다.

그들은 변화를 위해 이해하고 통찰력을 갖는 것이 그렇게 중요한 것은 아니라고 생각한다. 반면 이 집단은 적극적인 제안과 방향제시를 하면서 치료 참석자와 규칙같은 변수들을 조작한다. 역설적인 명령을 사용하고 가족연합의 배열과 정도를 변화시키려고 시도한다.

경험주의학파(experiential school)는 현재를 강조하며 치료에 도움이 되는 것으로 생각과 감정의 개방적 표현을 강조한다. 확대가족체계학파(extended families systems school)는 생의 중요한 의미를 가진 모든 사람들을 모두 포함시킨 상황에서 다양한 전략들을 복합적으로 사용한다. 행동주의자(behaviorist)들은 구체적이고 지시적인 전략으로 제시된 문제행동을 변화시키는 것에 초점을 둔다. 구조적 치료학파(structural school)는 가족내의 구조적 변화가 생겨나도록 의사소통을 조작한다. 전략적 치료자(strategic therapy)는 제시된 문제의 해결을 위해 지시를 사용하여 의사소통을 트게 만든다.

요약하면 모든 학파는 3가지 접근법으로 줄일 수 있는데,

① 통찰력-깨달음 접근으로 이해와 변화를 가져오기 위해 관찰, 확인 그리고 해석하는 기법을 사용한다.

② 구조적-행동적 접근으로 가족구조와 행위 변화를 위해 조작적 방법을 만들어 사용한다.

③ 경험적 접근은 가족원이 서로를 보고 반응하는 방법을 변화시키기 위해 정서적 경험을 설계한다.

3. 가족치료의 3가지 기본전략

가족치료의 주된 치료전략만으로 유형을 나누면,

① 생각과 감정을 의사소통할 수 있도록 돕는데 사용되어지는 것

② 방해되고 융통성 없는 역할과 연합을 변화시키는 것

③ 가족 역할-가정, 교육, 탈신화를 돕기 위한 것으로 분류될 수가 있다.

이 3가지 전략은 상호 배타적이지만은 않을 뿐더러 상당히 겹치는 부분이 많다. 어떤 면으로는 같은 가족현상을 이해하고 다루는데 각기 다른 준거틀을 제시한다. 그럼에도 불구하고 각각의 전략은 그 개념과 기술상의 독특한 어떤 것을 제공하고 있는 것 같다. 실무에서 치료자가 순수성을 지키기는 힘들 것이다. 의사소통을 분명하게 하기 위해 노력하는 치료자는 가족연합에 변화를 제공하거나 혹은 숨겨져 있었던 감정의 커다란 폭발을 초래할 수도 있는 가족신화의 탐색을 시도할 수도 있다.

비록 몇가지 구체적 전략을 나열했지만 어느 한가지도 마술적으로 가족을 치료할 수는 없다. 개입은 감정, 태도, 행동을 변화시키기 위해 설계된 일련의 반복되는 전략이다. 전반적인 목표와 전략이 마음속에 있으면 구체적인 개입은 저절로 나오게 되며 특수한 상태와 치료자 자신의 스타일에 따라 전략은 수정되어 진다.

가족치료의 독특성은 사용되어지는 구체적인 기법이 아니라 전반적인 초점 그리고 평가하고 가족체계에 도움이 되는 변화를 제공하는 전략에 있다고 하겠다.

4. 생각과 감정의 의사소통을 용이하게 하는 전략

치료자는 의사소통에 있어서 전문가이기 때문에 가족들이 서로에게 그들의 생각과 감정을 표현하도록 도울 수 있다. 치료자는 불안한 가족의 주된 문제가 의사소통이라고 믿고 개방적이고 분명한 의사소통과 감정이입 그리고 가족간의 긍정적인 라포 향상을 위해 노력한

다. 예를 들면 가족이 의사소통을 하지 않는다는 것이 불가능한 것임에도 불구하고 문제가 있는 많은 가족들은 의미있는 대화를 하는 시간이 거의 없다. 단지 생각만이 아니고 감정 또한 왜곡되고 숨겨지며 부인하고 흐려진다.

치료자는 가족 토의의 장을 제공해서 메세지에 담긴 의미의 다른 수준을 깨닫고 그런 것이 어떻게 영향을 끼치며 서로 모순이 되는지를 인식할 수 있도록 한다. 또한 '이중구속'에 민감함으로써 한 가족원이 다른 가족원의 마음을 '읽는 것'을 저지시킨다. 치료자는 면접시간에 한 사람이 독점하거나 다른 사람의 말을 대신하도록 두지도 않는다. 동시에 치료자는 상호 민감하고 감정이입할 수 있도록 격려하며 각자가 자신의 생각과 감정을 알 수 있도록 돕기 위해 애쓴다.

치료자는 가족원이 누가 무엇을 누구에게(예: "그 사람이 그랬어요"라기 보다는 "아버지가 회초리로 나를 때렸어요.")라고 구체적으로 말하도록 돕는다.

치료자는 개인은 자신의 행동에 책임을 져야 한다는 것을 강조한다. 의사소통에 있어서의 간격을 메꾸고 모순을 지적하며 비언어적 의사소통을 다룬다. 또한 비생산적인 언어적, 비언어적 의사소통형태를 지적해 주며 문제의 원인이 되는 불분명하고 말로 표현되지 않는 패턴과 태도를 확인시켜 주려고 노력한다. 치료자의 노력으로 숨겨진 것은 드러나게 되며 암시적인 것은 분명하게 된다. 의사소통과 감정의 막혔던 통로가 열리게 된다. 그는 또한 경청하는 것을 포함한 좋은 의사소통법을 충고한다. 3-4명의 가족원이 동시에 말하는 것을 상담중에 자주 보게 되는데 이때는 자신 외의 다른 사람의 생각과 느낌은 듣지 못한다. 이런 상황에서 치료자는 의사소통을 위한 교통순경 혹은 심판관으로로서 기능할 수 있다.

치료자는 과거보다는 현재와 미래에 초점을 두는 것을 잊지 않아야 한다. 이 점은 과거가 현재와 미래를 적절히 다루기 위해 효과적으로 탐색되어져서는 안된다는 의미는 아니다. 세대간 가족치료(intergenerational family therapy)를 쓴 Geraldine Spark는 가족내의 갈등은 장애물이기 보다는 성장을 위한 밑거름이라고 믿었다. 그래서 세대간 가족의 충성심과 관계를 다시 묶도록 시도했다. 그러나 '이미 엎질러진' 것에 강박적으로 초점을 맞추는 것은 건설적인 변화를 초래하지 않는다고 보았다.

치료자는 "나는 아들이 차를 훔칠 때마다 당신이 부인을 때리는 것을 알게 되었읍니다."라고 패턴을 지적하고 대면하는 것처럼, "좋은 부모가 되려고 얼마나 애를 쓰셨는지 이해할 것 같습니다."라고 지지하며, "부인을 때리는 것은 당신이 당신의 어머니를 때리는 것으로 볼 수 있읍니다."라고 행동의 이유를 해석하고 지적하는 정신치료의 모든 형태의 기법을 사용할 수 있다. 가족치료만의 독특한 이점은 한사람 혹은 그 이상이 갖고 있는 치료자에 대한 감정으로 인해 개입이 방해받을 때 다른 가족원이 치료자와 같은 말을 하게 하고, 그렇게 되면 그 가족원은 치료자가 말할때 보다 쉽게 받아들일 수가 있게 되는 것이다.

N씨 가족은 부모, 두명의 청소년 그리고 7세의 여자아이로 구성되어 있다. 그 아버지는 부인에게 고용인을 부리듯 말한다. 그리고 자신이 '두목'이기 때문에 자기 말에 순종할 것을 기대했다. "쓰레기 갖다 버리고, 저녁 준비하고, 주말 준비하도록 해!"라고 얘기한다. 그녀는 창문곁에 앉아 남편이 고함을 치면 울기 시작한다. 이런 상황이 벌어지는 동안 아이들은 웃

고 있다. 치료자는 상대방이 그러는 것을 어떻게 느끼고 생각하는지 알고 있는가를 물었을 때 둘 다 자신이 한 행동에 대한 확신을 갖고 대답을 할 수가 없었다.

치료자의 개입은 부부가 무엇을 기대하고 무엇을 원하는지에 대해 묻고 또 어떻게 원하는 것을 할 것인가 하는 것이었다. 그 시도는 둘에게 다 적절한 행동양식을 갖는 것이었다. 치료자는 남편이 부인에게 자신의 부하직원에게 하는 듯 하다는 코멘트를 여러번 했다. 그러나 그는 7세된 그의 딸이 "아빠! 엄마는 아빠의 부하직원이 아니예요!"라고 얘기할 때까지 이해하지 못하는 듯 했다. 그제서야 그는 놀라는 듯 했다. 결과적으로 그는 자신의 권위적 태도의 영향력을 깨닫게 되었고 부인에 대한 그의 태도도 바꾸었다.

치료자는 좋고 나쁜 감정 모두를 개방시킴으로써 방어하려는 욕구를 줄인다. 치료자는 또한 '정서적 이혼'의 분위기, 무의미함, 비생산적 갈등 그리고 논쟁, 끝없는 응수와 원망, 가성동의들을 줄이려고 노력할 것이다. 그러기 위해서 그는 오랫동안 묻혀져 있던 감정을, 흔히 현재 가족기능의 주된 원인이 되는, 표면화시킬 필요가 있음을 발견한다. 감정이 깔려있는 문제들은 조심스럽게 그리고 단계적으로 다루어져야 한다. 감정이 담긴 자료들을 다룰 때 가족이 안전하게 느끼도록 돕는 것은 지지망 혹은 유우머의 사용을 포함한 다양한 기법이 있다. 가족이 그 주제를 다룰 준비가 될 때까지 필요하다면 다른 주제로 바꾸거나 일반화시키며 일시적으로 초점을 바꿀 필요가 있다.

치료자는 가족문제의 원인이 되는 상호 혹은 개인적인 문제도 끄집어 내려고 노력해야 할 것이다. 자신의 어머니와 문제가 있었던 남편은 어쩌면 자신의 부인 그리고 가족내의 여자 성원과 계속적으로 갈등상황에 있음으로써 문제를 야기시키고 있는지도 모른다.

Palo Alto 학파의 Don Jackson은 병적 의사소통에 초점을 맞추었다. Gregory Batson과 함께 그는 가족문제에서 큰 역할을 하는 '이중구속'에 대해 썼다. 같은 집단회원이었던 Jay Haley는 Milton Erickson의 역설적 개입법에 더 흥미를 가지고 있다. 오랫동안 의사소통 준거틀에 관심을 두었던 Virginia Satire는 가족의 성장촉진 쪽에 관심을 갖고 있다. 현재 Palo Alto의 성원인 Paul Watzlawick는 비논리적, 비이성적인 행동에 바람직한 변화가 생겨나야 한다고 믿는다. 그는 문제해결을 위해 ① 의사소통, ② 이중구속, ③ 행동-중심의 기법들로부터 개념을 빌리고 있다.

(표2) 가족의 연합상태

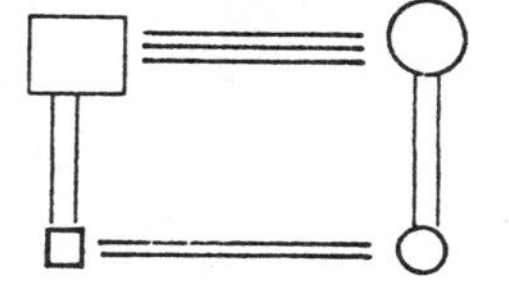
보기1: 기능적(Functional)

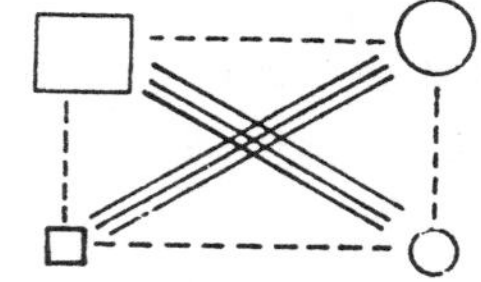
보기2: Schismatic

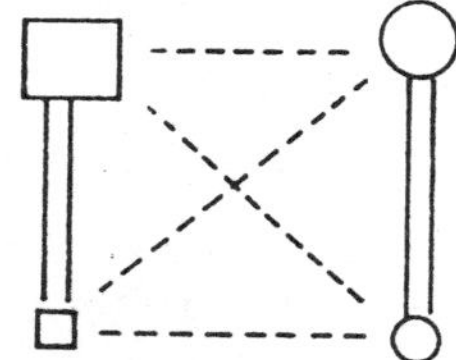
보기3: Schismatic

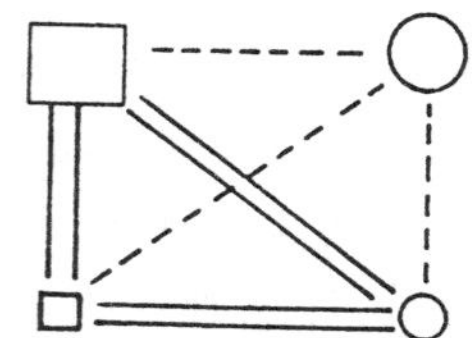
보기4: Skewed

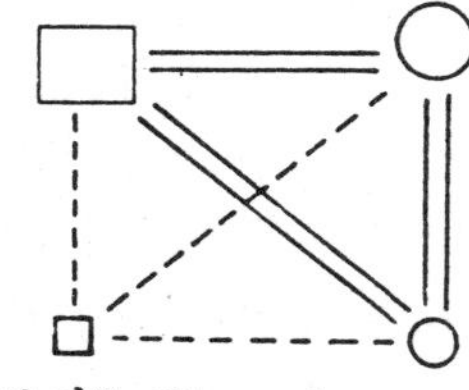
보기5: Skewed

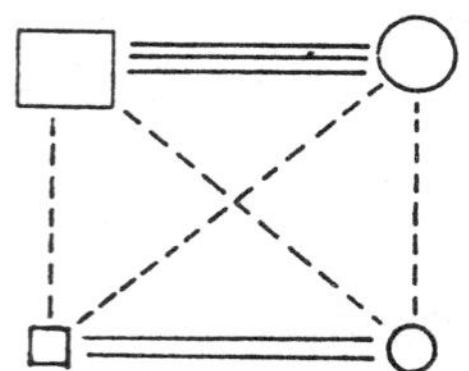
보기6: Generation gap

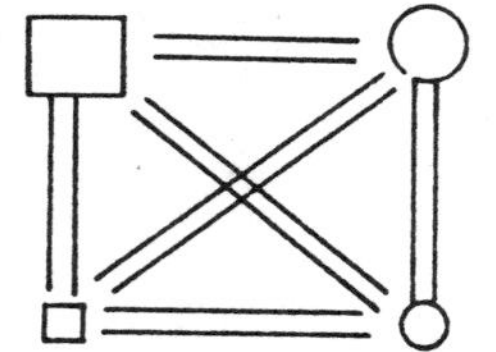
보기7: Pseudodemocratic

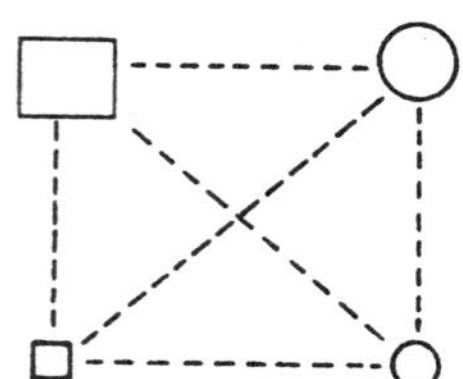
보기8: Disengaged

5. 불안하고 융통성없는 역할과 연합을 변화시키기 위한 전략

(표2)는 가족의 연합상태를 그래프로 나타낸 것이다. '전형적인' 4명 가족을 한 단위로 보았을 때 사각형은 남자를, 그리고 원은 여자를 나타낸다. 큰 사각과 원은 부모를, 작은 것은 자녀/형제를 나타낸다. 직선은 긍정적 의사소통을 하고, 정서적이며, 활발하게 유대관계를 가진 개인간에 있다는 것이며, 선의 숫자는 질적인 정도를 표시한다. 반면에 점선은 상호관계가 없거나 부정적인 질을 나타내고 있다.

기능적인 가족을 나타내고 있는 (보기1)은 부부관계의 연합이 가장 강하고 세대간의 경계도 분명하며 다른 사람과의 관계도 개방적이며 거의 동등하다.

부부연합이 비교적 약하거나 부재하는 가족을 표시한 (보기2)는 그러나 세대간 성별간의 강한 동맹관계가 아버지, 아들, 어머니와 딸 사이에 있다. (보기3)은 같은 성의 부모와 자녀간의 세대간 동맹이 있다. (보기2)와 (보기3)은 따라서 분열된 가족(schismatic family)으로 보여진다.

(보기4)와 (보기5)는 비교적 가까운 다른 세사람으로 부터 한사람이 분리되어진 schewed family라고 보겠다. (보기6)은 세대간 간격이 있는 가족(generation gap family)으로 부부와 자녀들 사이는 가깝지만 세대간 관계는 없는 가족이다. (보기7)은 결혼관계, 자녀관계의 구별이 없이 모든 관계가 같은 정도로 가까운 것 같은 가성-민주적 가족(pseudodemocratic family)을 나타낸다. (보기8)은 모든 가족이 다 단절된, 그리고 긍정적인 상호작용, 감정 혹은 가족에 속해 있다는 느낌을 전혀 받지 않는 극단적으로 소원한 가족(disengaged family)을 나타낸다.

이 보기는 지나치게 단순화되어 있고 단지 4명 가족이 사는 두 세대 가족의 그림이다. 그러나 다양하게 많은 그림이 더해질 수가 있다. 이런 표는 치료자가 그 가족 연합의 본질을 뚜렷하게 볼 수 있게 해주며 보다 나은 연합관계를 갖는 기능적 배열상태를 보여주는 (보기1)의 상태에 도달하게 하기 위한 전략을 계획할 수 있도록 해준다. (보기2)와 같은 경우 치료자는 부부연합과 같은 성별을 가진 세대간의 연합을 촉진시키는데 초점을 맞춘다. 그리고 세대간, 성이 다른 사람간의 상호작용하는 힘을 약화시키기 위한 시도를 할 수 있다.

이런 관점에서 가족치료의 전술과 목표는 많은 경우 부모-자녀간 뿐 아니라 부부관계 연합상태의 변화가 포함된다. (보기4)와 같이 한사람의 소외된 가족과 더불어 삼각관계를 이루고 있는 가족에 있어서는 가족단위 내에서 다른 사람과의 상호작용을 촉진시킬 수 있다. 잠시 핵가족 밖을 살펴보면 청소년자녀와 마찬가지로 '빈둥지'를 직면하고 있는 부모들의 집 밖에서의 동료들과의 관계의 적합성을 살펴보는 것이 중요하다. 때로는 특히 시댁 혹은 친정과의 상호작용이 부적응적이면 그것의 수정을 고려해야 한다. 치료자와 동맹하는 일시적 삼각관계가 구조적 변화를 가져오기 위해서 의도적으로 형성될 수 있다.

치료자는 지속적으로 개인이 아닌 가족에 주된 초점을 두려고 노력해야 한다. 왜 가족원이 그렇게 할 수 밖에 없었는가를 지적함으로써 죄의식과 원망을 줄인다. 가족치료자는 희생양을 만드는 일, 질병문제 같은 것은 강조하지 않으려고 애쓴다. 명료화(clarification)가 상호

이해를 돕기 위해 필요하게 되며 비록 그 결과는 항상 좋지 않더라도 가족 모두가 나름대로 최선을 다했다는 것이 강조되어져야 할 필요가 있다. 치료자는 가족기능의 건강한 면을 지지하며 '병적'이거나 부적응적인 것을 중화시킨다. 또 치료자는 더욱 긍정적인 방향으로 가족관계의 균형을 맞추려고 시도한다.

S가족의 부부는 20년 전 결혼했다. 17세의 아들, 15세의 딸이 있으며 남편은 부인이 얼마나 '병적'인가를 굳게 믿는 말 잘하는 세일즈맨 이었다. 부인은 자기 어머니의 결혼생활이 좋지 않았던 것에 대해 극도의 죄책감을 가지고 있었다. 클라이언트는 극도로 피학적(masochistic)으로 자랐으며 간호사가 되었는데 여러 번의 자살 시도가 있었다. 이 가족은 아버지와 두 아이가 어머니에 대항하여 동맹하고 있었다. 이 동맹이 아버지의 문제를 감싸고 있었는데, 즉 그는 사실상 돈도 벌지 못할 뿐 아니라 아이들과의 관계에 있어서도 제한을 두지 못했다. 치료적 개입은 가족을 치료에 데리고와서 몇 가지 문제를 해결하려고 시도한 그 부인의 노력을 더욱 지지하는 방향으로 가족내 힘의 균형을 변화시키도록 돕는 것이었다.

치료자는 먼저 가족원이 동의하지 않는 문제를 표현하도록 격려하고 정의내릴 필요가 있다. 갈등을 숨기려고 하는 가족의 노력에 저항하고, 최근 혹은 현재 일어나고 있는 문제가 가족과 관련된 지나간 주제보다 먼저 다루어져야 한다. 치료자는 어떤 문제가 특히 더 중요하다는 것을 강조하면서 매개자(medicator)로서 개입한다. 비록 다른 사람이 될 수도 있지만 치료자가 일반적으로 과정을 콘트롤한다. 치료자는 적극적이고 꿰뚫고 대면적일 수도 혹은 소극적이거나 수동적인 역할을 할 수도 있다. 드러나는 두 가족원간의 갈등은 지적되어야 하며 계속적인 논쟁에는 어느 편도 들지 않음으로써 콘트롤해야 한다. 치료자는 동의하지 못할 때 대안을 제시할 수도 있고 두사람간의 갈등이 표면화되도록 둘을 공격할 수도 있다.

그리고 치료자는 특별한 상황에서 개인 혹은 전 가족과 편이 되거나 대항할 수도 있다. 전혀 누구의 편도 들지 않는다는 일은 불가능하다. 그리고 가족들은 항상 치료자가 그렇게 한다는 것을 안다. 따라서 치료자에게 현실적인 문제는 가족이 치료자가 누구 편을 든다고 생각하는가를 아는 것은 물론 어떤 상황에서 누구의 편을 들어야 하는가를 결정짓는 일이다. 현명한 편들기는 더 생산적인 치료의 균형에 보탬이 될 수 있다. 최소한 병적 관계의 만성적인 패턴을 흔들어 놓을 수는 있을 것이다.

가족은 치료자가 강조하는 갈등 주제의 타당성과 중요성을 부인함으로써, 매개자로서의 치료자의 위치를 선취하려고 함으로써, 그리고 '부당하다'고 불릴 수 있는 요지부동의 중재위치로 치료자를 몰아넣음으로써 변화과정에 저항할 수 있다.

그러나 치료자는 반드시 모든 가족원과 라포를 유지하고 가족을 한 단위로 간주해야 한다. 한사람 혹은 다른 가족원과의 동맹은 절대 지속적이어서는 안되며 상황에 따라서 또다른 가족원을 지지하기 위해 옮길 수 있는 준비가 되어있어야 한다. 또한 각 성원을 알고 존중해야 하며 전체 가족과 개인을 위한 긍정적인 말을 해 주어야 한다. 동시에 건강한 가족에게는 부부연합이 가장 강해야 한다는 관점에 비추어 부부연합을 지속적으로 평가해야 한다.

가족치료의 개척자인 Bowen은 다양한 가족 하위체계의 분화상태의 결핍 혹은 가족내 개인들 사이의 극도로 소원함, 즉 개인이 가족 일에 전혀 의미있는 참여를 하지 않는 것에 관심을 가졌다. 그는 가족중 가장 건강한 사람만 면접을 하고 그 사람을 가족변화를 위한 대리인, 모델로써 사용하는 것을 포함하여 수년간 다양한 기법들을 사용해 보았다. 가족체계의 변화를 이끌어내기 위한 간접적인 방법으로 가족원들끼리 편지를 쓰는 법도 사용했다.

6. 가족역할 - 가정, 교육 그리고 신화추방을 돕는 전략

치료자는 가족을 위해 무엇이 실제고 환상인가를 구별하는 현실감지자로써 일한다. 그것은 행동, 태도 그리고 감정과 관련되어 있을 수도 있다. 이런 현실 테스트는 대부분 정신병적 가족에 제한되어 있다. 예를 들면 시골의 한 가정에서 지진이 날 것을 걱정하여 6개월간 아이들을 학교에 보내지 않았다고 아동보호 서비스 기관에서 그 부모를 치료해 달라고 의뢰했다.

치료자는 전능한 것에 대한 어떤 주장도 하지 않았다. 사례가 허락하는 만큼 가족이 변화하도록 도움이 주어졌다. 결국 가족이 스스로 문제를 해결하도록 도왔다. 치료자의 도움 없이 할 수 있는 것이 많을수록 그 가족의 자율성은 증가하게 된다.

치료자는 동일시를 위한 모델로 봉사하고 가족의 생활, 역할, 분명한 의사소통, 정서적 솔직, 문제해결 그리고 결혼생활의 실제에 대한 교육을 할 수가 있다. 가족은 치료자의 말과 행동으로부터 배운다. 만약 치료자가 방어적인 부인에게 감정이입적 배우자로서 역할을 한다면 그것으로 부터 가족은 상호거래에 있어서의 일련의 대안에 대한 가능성을 볼 수 있다. 만약 치료자가 성적인 문제를 개방적이고, 직접적이며, 성숙한 태도로 초점을 맞춘다면 성적으로 죄의식을 갖고 있고 두려워하는 가족이 그 문제에 있어 도움을 받을 수가 있다. 그러나 치료자는 자신의 이미지에 맞추어 그 가족을 다시 만들려고 해서는 안된다.

가족치료자는 처음에는 동일시하기 위해 애쓰고 그 다음에 부적응적인 대처방법을 변화시키기 위해 충고와 방향제시를 할 수 있다. 예를 들면 "2주일 내로 학교에 가야만 한다고 생각합니다."라고 말하는 것처럼 변화를 격려하기 위한 한계를 설정하는 것이 중요하다는 것을 안다.

Whitaker는 역설적 기법을 믿고 치료자는 마치 전투에서 하는 것처럼 그들을 정복해야 한다고 믿도록 가족원을 조작한다. 그는 치료자가 효과적인 가족치료를 하기 위해 자신을 탈프로그램화(deprogram)하고 성장을 촉진시켜야 한다고 믿었다. 여러가지 면에서 그는 면접시의 '감정 상태'와 그 즉시의 환류를 강조하는 경험적인 관점으로 가족면접을 보는 것 같다.

잘 기능하는 가족은 역기능적인 가족에게는 부족한 어떤 특성을 가지고 있다는 것을 발견했다. 가족치료자는 그의 지식을 실무에 다음과 같이 적용시킬 수 있다(Lewis, Beavers, Gosett, et al, 1976, 재인용).

① 치료자는 다른 사람의 주관적 세계에 존경심을 갖고 협력자로써 일한다. 그는 치료하는 가족에게 반대되는 입장보다는 제휴하며 치료의 기본으로 타협하도록 최대한 노력할 것이라는 각오를 보여준다.

② 가족치료 상황에서 발생하는 상호작용(자신도 그 속에 포함시켜서)에 주의를 집중하

고 특히 인간 상호작용의 호혜적 본질을 존중하면서 복합적인 동기에 대한 신념을 전달한다.

③ 치료자는 자주 감정이입적 코멘트를 하고, 타인의 관점을 인정하며 아끼는 태도를 보이이며, 모든 타입의 감정표현을 존중하면서 명료하고 자연발생적이며 침해하지 않고 허용적인 것에 있어서 모델이 되어야 한다.

치료자가 가족 상호작용과 목표의 모든 것을 알고 가장 강력한 조작자로서 자신의 위치를 갖는 권위적인 치료 스타일이 비록 위에서 지적하고 있는 윤곽을 가진 모델에서는 모순되지만 때로 도움도 된다는 것이 증명되었다. 어떤 사회-문화적 장에서는 지시적인 스타일에 익숙해 있고 가족이 권위와 책임을 나누도록 초대하는 것이 치료자를 믿을 수 없다고 생각하게 만들거나 가족을 더욱 혼란스럽게 한다. 이런 지시적인 스타일이 때로는 가족을 덜 혼란시키고, 간헐적으로 적절한 단계로 옮겨가도록 도와주는 것이 심하게 역기능적인 가족에게는 필요할 수도 있다.

많은 학자는 치료자는 가족에 대한 자신의 가치와 개념을 분명하게 갖는 것이 바람직하다는 것을 강조했다. 그 속에 항상성, 발달모델과 더불어 하나의 체계로써의 가족에 대한 생각이 있게 된다. 부부관계는 가족에서 핵심이 되며 클라이언트는 가족문제를 보여주는 신호다. 치료자는 부부가 분리, 차이점, 개방적 의사소통, 결혼생활의 실제, 결혼의 단계와 역할의 변화, 건강한 자기주장과 같은 영역에 문제가 있다고 본다. 대부분의 치료자는 원망과 죄의식에 중점을 두기 보다는 문제해결 접근방식을 더 선호하는 것 같다. 치료자는 따라서 성역할, 성숙도, 부부역할, 경력, 돈, 성 그리고 자녀와의 관계 같은 문제에 있어서의 자신의 입장을 분명히 해야만 한다. 그 자신의 입장이 확실하게 되면 치료하는 동안 가족에게 자신의 가치와 갈등을 무리하게 강요하는 일이 없게 된다.

치료자는 또한 가족생활에 관한 신화추방자 혹은 철학자로 불릴 수도 있다. 그들은 버림받았거나 사랑이 식어버린 사람에게 직접적인 충고를 하는 것 보다 예를 들어 "아버지는 못하신다" 혹은 "Neil은 가족 중에 제일 병신이다"라는 식의 숨겨진 가족신화를 드러내어 분명하게 하고 직접 경험하도록 돕는 것을 포함한 일을 한다. 어떤 가족이 믿고 있는 신화는 안정된 관계를 위해 되풀이되었으면 하는 것일 수도 있으나 어떤 신화는 극단적이거나 비현실적이어서 양쪽 모두에게 맞지 않거나 모든 가족이 다 용납할 수가 없는 것도 있다. 그런 경우 그들의 믿음은 실망과 고통을 야기시키므로 그런 믿음으로 야기되는 방해되는 역할을 인식하는 것이 치료자의 일이다.

7. 세가지 기본전략의 임상적용

'folie a deux' 사례에 세가지 기본전략 모두가 응용될 수 있어서 그 임상적 적용을 예시한다. 관련된 체계는 일련의 망상적 믿음을 갖고 있는 정신병적 어머니와 청소년기의 딸에 대한 것이다. 지금까지 제시한 세가지 기본전략을 사용하고 이 사례에 적용시킴으로써 구체적인 전술에 대한 예를 제시하려 한다.

의사소통 면에서 어머니와 딸은 서로 직접적으로 말하지 못하도록 하고 단지 치료자에게만 혹은 치료자를 통해서만 말을 해야 한다. 치료자는 두사람 모두에게 각자는 자신만의 견해, 생각, 감정이 있다는 것을 분명히 한다. 그리고 그것들을 면접 중에 나타내도록 격려한다. 서로의 '마음을 읽거나' 직접 말하는 것을 막는다. 연합적 전략을 사용하면서 우리는 아버지가 부재한 현재의 가족으로만 구성된 가족을 생각한다.

따라서 치료자는 어머니와 딸을 분리하는 새로운 연합을 형성하고 이미 존재하고 있는 어머니와 딸 사이의 친밀한 연합을 방해하고 약하게 만들려고 시도한다. 각자가, 즉 어머니는 다른 친척 혹은 이웃과, 딸은 집 밖의 또래집단에 속할 것을 격려함으로써 각각의 독립적인 연합을 형성하도록 돕는다.

신화추방자나 교육자로서의 치료자 역할을 통해서 덜 병적인 어머니와 딸이 있는 집단에 합류할 것을 격려할 수도 있다. 이 두사람이 보여 주는 같거나 혹은 특별한 형태의 믿음에 대한 의혹을 제기할 수도 있다. 그것을 위한 시도는 '세상 전체와 싸우는 오직 두사람' 혹은 실제로 둘은 하나로 융합되어 있다는 느낌이 담긴 둘 사이에 깔려있는 '신화'를 분명하게 하는 것이다(Glick & Kessler, 1980. 124-137).

제3절 기법

제2절에서 살펴본 세가지 전략과 더불어 보다 많은 특별한 기법들이 치료과정에 사용되어질 수 있다. 여기에서 소개하려고 하는 기법들은 비교적 최근에 개발되었기 때문에 폭넓게 사용되고 있는 것이 아니다. 따라서 그 효과성도 평가되지 않은 상태다. 다른 종류의 정신치료처럼 가족치료도 단지 한두 가지로 제한하기 보다는 일련의 치료전략과 기법에 익숙해있는 것이 바람직하다. 그래야 상황에 따라 그것들을 기술적으로 잘 혼합할 수 있게 된다. 그러나 치료자가 기법의 노예가 되고 융통성없이 사용하거나 단지 기계적으로 기법을 사용해서는 안된다.

경지에 이른 예술가처럼 노련한 치료자는 기법을 익히기 위해 수없이 많은 실천을 한다. 그리고 그들에게 한번 익숙하게 된 기법은 눈에 보이지 않는다(Friedman, 1974,259-264, 재인용).

1. 가족과제(family tasks)

가족치료는 행동변화에 초점을 맞춘다. 따라서 많은 치료자는 면접 중에 그리고 더욱 일반적으로는 면접 사이 기간에 수행하도록 가족을 위한 여러가지로 다양한 과제를 처방한다. 그 이유는 가족이 치료실 밖에서 실천하여 행동패턴을 반복케 하기 위해서다. 가족보다 치료자가 증상 혹은 문제에 책임을 지고 가족의 재연합을 돕는다. 예를 들면 수년 동안 단 한번도 가족끼리 즐거운 시간을 가지지 않은 가족에게는 휴가를 갖도록 처방을 할 수 있으며 또는 부부에게 가족의 비밀을 논의하도록 지시할 수 있다.

게토(getto)에 사는 빈곤가정 혹은 심각할 정도로 조직이 와해된 가족을 돕기 위한 특별한 기법들이 개발될 수도 있다. Minuchin과 몇몇 다른 치료자는 사회복지관과 더불어 그 지역의 토착민을 옹호자로 이용함으로써, 가족체계 내의 가장 전설적인 힘을 동원함으로써, 그리고 그들이 수행할 기본적인 과제의 훈련을 제공함으로써 그 가족들을 돕는 일이 필요하고 실제로 가능하다고 했다(Minuchin, Montalvo, Guerney, et al, 1967, 재인용).

이런 과업은 주택공사와 주민등록상의 정보를 획득함으로써 개입할 수 있다. 이런 서비스는 문제를 보다 구체적으로 다룰 수 있는 가족체계의 능력을 훈련, 강화시켜 준다. 그리고 많은 경우에 가족에게 보다 근원적인 욕구를 충족시켜 줌으로써 어디서부터 어떻게 문제를 해결해야 할지를 몰라하는 가족을 단결시켜 준다.

이런 방법으로 가족은 존재와 생활을 위한 매일 매일의 투쟁을 하는 동안 가족이 함께 의미있는 무엇을 해냈다는 경험을 하게 된다. 이런 서비스는 증상류층을 위해 보다 적절한 상징적이고 심리적인 기법보다 그들에게는 더 유용할 것이다.

2. 증상처방(priscribing the symptoms)

Jackson, Weakland 그리고 Haley는 '증상처방' 이라는 치료기법을 썼다. 가족(혹은 개인)에게 그들의 증상 발생을 더 강화시켜 줌으로써 그 증상은 자율성, 신비성, 그리고 힘을 잃게 된다. 반면 이전에는 전혀 조절이 안되던 가족이 치료자의 콘트롤 아래에 있게 된다. 행동장애 가족은 그 증상에 대해 더욱 의식을 하게 되고 문제가 되던 행동은 덜 보이고 결국은 사라지게 된다. 파괴적으로 논쟁을 계속하던 부부에게 치료자는 계속 싸우게 할 뿐 아니라 더 많이 싸우도록 한다. 즉 저녁 먹기 전에 메뉴에 대해 싸우도록 해서 그들은 식사를 더 즐기게 된다. 이런 명령은 계속되며 급기야 가족은 외부에서 명령하는 것에 자신들이 따르고 있다는 것을 알게 되고 반항할 것이다(그것이 변화를 위해서 필요한 단계다).

이때 치료자는 자신이 의도했던 방향으로 가고 있는지를 확인할 의무가 있다. 이런 과정은 치료자가 규칙적으로 가족을 만나서 무슨 변화가 일어났는지 확인하거나 가정방문을 함으로써 확인되어 질 수 있다. 어떤 치료자는 첫 면접 후에, 가족에게 치료자가 이 가족은 무엇이 잘못되었으며 무슨 변화가 필요한지에 대해 쓴 편지를 받게 될 것이라고 말한다. 이것은 치료자가 면접 중에 공격 대상이 되는 것을 피하게 해주며, 가족문제를 보다 정확하게 조직적으로 진단하는데 필요한 시간을 벌게 해준다. 타이프로 친 편지는 가족원 각자에게 보내지는데 그속에는 가족이 현재는 어떻게 하고 있으며 각자는 앞으로는 계속 어떻게 해야 한다는 것을 썼다.

예를 들면 치료자는, 지금은 Joe(클라이언트)가 집을 나가지 않는 것에 동의한다고 쓴다. 그러나 부모는 그가 나가는 것을 지지했다가, 방해했다가 함으로써 계속 흔들리는 경험을 하게 한다. 이 처방은 매번 집을 나갔을 때마다 말썽을 일으키고 돌아오는 32세의 아들을 둔 가족에게 내린 처방이다. 이 처방은 그 아들을 화나게 만들었고 집을 나가는 자신을 변화시켜 결국은 부모들이 원하는 것을 따르게 하는 효과가 있었다. 때때로 가족에게 공식적이고 예리하게 정곡을 찌르는 내용의 편지는 매우 강력한 힘을 준다.

3. 가족 개조(family reconstruction)

가족배경에 대한 심도있는 탐구는 치료 결과를 향상시킨다고 믿는다. 모든 가족치료 참석자는 과정을 통해 자신과 서로에 대해 배우기 위해서 자신의 삶의 역사를 탐구한다. 역할극이나 심리극같은 기법들은 가족의 삶에 있어서 의미심장한 가족사를 이끌어내는데 유용하다. '가족도(family map)' 혹은 '가계도(genogram)'는 원가족을 도표화해 준다.

4. 유우머와 농담(humor and banter)

가족의 긴장된 순간이나 가족에 변화를 가져오기 위해 치료자는 의도적으로 유머스러운 말을 한다. 개인이나 가족 행동의 어떤 면을 과장하는 것이다. 제한은 없지만 반드시 확인해야 할 조건은 가족과 치료자 모두가 유우머 감각을 가지고 좋은 라포를 유지하고 있을 때라야 이 기법은 사용 가능하다는 것이다.

5. 원가족 포함시키기(including the family origin)

Framo는 원가족을 포함시키는 일은 가족치료에서 가정 효과적인 기술 중 한가지라고 믿는다(Framo,1975, 15-28, 재인용). 그 이유는 현재의 가족 문제는 부부가 자신의 원가족이 가졌던 이전의 문제를 부분적으로 재현한다는 이론적 근거에서다. 치료자는 배우자 각각 그리고 그들의 원가족과 함께 최소한 한번 정도는 일률적으로 면접을 갖는다. 이 기법은 대개는 많은 저항이 따른다. 이 기법의 사용은 주로 개별적으로 하며 배우자와 자녀들은 포함시키지 않는다. 이 기법은 배우자의 현재 가족과의 관련성을 증가시켜 현재(here and now)를 위한 '교정(correction)'에 대해 의논할 수 있도록 돕는다.

6. 코치하는 것(coaching)(Leveton, 1977: Haley & Hoffman , 1967 재인용)

이 기법을 쓸 때 치료자는 가족원의 변화를 위해 운동선수의 코치처럼 행동한다. 예를 들면 치료자는 먼저 개념과 이론을 설명하고, 그에 따른 예를 들어주고 도표를 그리며 질문을 하고 예측을 하며 대안을 제시한다. 치료자는 의자에서 일어나 가족원 뒤로 가서 속삭여주기도 하고 치료자의 지도감독자는 특수장치가 된 방에서 그 상황을 지켜보면서 지시를 내리기도 한다.

7. 애도와 감정이입(Mourning and empathy)(Paul, 1967, 186-205, 재인용)

이 기법으로 치료자는 가족 혹은 가족원이 변화를 효과있게 하기 위하여 그들의 부모, 자녀 혹은 친척에 대한 지워지지 않은 슬픔을 끄집어낼 수가 있다. 이 기법은 오래 감추어져 있었던 감정에 대한 기대 그리고 그 감정을 풀기 위한 것으로 게스탈트 치료법에서 빌려온 기술이다.

8. 방문(visits)

가족문제를 해결하기 위한 수단으로 치료자는 필요하다면 여행도 해야 한다. 예를 들면 학교, 가정, 관리사무소, 교회, 병원 등에 간다. 그래서 교장선생님과 같이 그 가족에게 영향을 주는 사람들을 만나는 것이다.

9. 자기노출(self-disclosure)

개별 정신치료에서 치료자는 자신을 많이 노출시키지 않는다. 치료는 치료자 자신보다는 클라이언트의 문제, 감정, 행동에 초점을 맞춘다. 그러나 어떤 치료자들은 자신 자신의 핵가족, 대가족, 직업철학, 갈등, 목표 및 계획에 대한 정보를 제시함으로써 가족을 변화시키는데 주된 도구로 치료자 자신을 사용한다. 이 기법은 해결되는 것보다 오히려 더 많은 문제를 생기게 한다는 믿음 때문에 대부분의 훈련 프로그램에서는 받아들여지지 않고 있다.

10. 인도된 환상기법(guided fantasy)(Friedman, 1974, 259-263, 재인용)

이 기법은 한 개인이 다른 가족원에 대한 환상과 사고의 내부체계를 나누도록 돕는다. 그 이론적 근거는 '공상(daydreaming)'은 성장과 문제해결을 위한 강력한 무기가 될 수 있다는 것이다.

각 성원은 다른 가족원과 자신의 내적 생각을 나누어 갖는 것이 중요하다. 왜냐하면 가족원이 그 개인의 성장을 돕는데 감정이입적일 수가 있기 때문이다.

11. 가족 조각기법(family sculpture)(Simon, 1972, 49-58, 재인용)

가족 조각기법은 치료자가 한사람 혹은 가족 모두에게 그들의 몸을 이용하여 어떤 시점에서의 그들의 관계를 신체적으로 표현하도록 요청하는 것이다. 이런 연습으로 동맹과 소원의 관계가 구체화되어 진다. 이 기법은 가설을 이끌어내거나 치료과정 동안에 구체적으로 어떤 일을 해야 할지를 개념화하기 위한 진단적 성격의 작업으로 사용되어 진다. 조각의 내용과 조각이 형성되어지는 방법이 조사된다. 말을 잘 하지 않는 가족에게 아주 좋은 기법이다.

12. 복수가족 집단치료(multiple-family group therapy)(Laqueur, 1977,82-93: Curry, 1965, 90-96: Laqueur, Wells & Agresti,1969, 13-20: Blinder, Colman A, Curry & Kessler, 1965, 559-569: Chazan, 1974, 177-193, 재인용)

이 기법은 개인을 모아서 집단치료를 하는 것처럼 여러 가족을 함께 모아서 집단치료를 하는 것이다. 가족 집단은 정규적으로 만난다. 집단의 크기는 세 가족에서 여덟 가족 정도로 다양하다. 이 집단에 때로는 할아버지, 할머니, 시댁식구 그리고 약혼자들은 물론 혼자 앉을 수 있는 유아까지도 포함시킨다. 치료기간은 외래로 약 3개월에서 일년 정도로 한다. 입원 클라이언트의 경우는 확인된 클라이언트가 입원해 있는 동안 가족이 참여할 수 있다.

이 기법은 이전에 집단경험이 있는 가족과 그렇지 못한 가족이 섞여 균형을 이루는 것이 좋다. 과정의 부분으로 자기 가족에 대해 많은 것을 노출시키고 다른 가족들은 같은 입장에 있는 동료로서 평가도 하고 자신들의 견해를 나누기도 한다. 공식적으로 만나는 집단치료 상황 밖에서 이들 가족끼리의 어울림은 많이 생겨났으나 그것이 바람직한 것인지에 대해서는 확실치가 않다.

Gould는 그런 집단의 과정을 아래와 같이 요약하고 있다(Gould, Unpublished paper, 재인용).

① 그들은 대개 분석적이기 보다는 서로 나누며 상호작용한다.
② 집단과정이 빨리 움직이고 경험적이며 때에 따라서는 혼란스럽지만 '지금 현재(here and now)'에 충실하다.
③ 가족 내부에서 수많은 접촉이 생겨나며 그 과정을 보면서 다른 가족들은 많이 배우게 된다.

개별 가족치료에 비해 복수가족 집단치료의 중도탈락은 거의 없다는 보고가 있다. 부인(denial)을 많이 하는 가족에게는 특히 유용하다.

13. 보조망 치료(network therapy)(Speck & Rueveni, 1969, 182-191: Speck, 1971, 312-332: Speck & Attneave, 1973, 재인용)

Speck와 그의 동료들은 클라이언트를 돕기 위해 신기한 접근법을 사용하고 있다. 친척, 가족, 친구 그리고 의미있는 타인을 문제해결 작업에 끌어들이는 것이다.

이 기법은 문제로 고통받고 있는 모든 사람과 건강한 사람들이 같이 만나는 것이다. 이 집단은 격주에 한번씩 약 4시간씩 클라이언트의 집에서 하게 된다.

14. 심리극과 역할놀이(psychodrama and role playing)

이 기법도 가족문제를 행동으로 보이거나 새로운 패턴을 실행하도록 가족을 돕는다. 말로 의사표시를 하지 않는 가족에게는 특히 효과적이다. 역할극, 역할 바꾸어하기 등에서 각 배우자는 가상의 상황에서 역할을 하거나 바꾸어서 역할을 해보고 그것에 대해 관찰한 것, 느낌 등을 주고 받는다. 역할 바꾸어하기는 가족원이 감정이입을 갖도록 하는데 특히 효과가 있다.

15. 게스탈트 치료(gestalt therapy)(Leveton, 1972, 4-13, 재인용)

이 기법을 적용시킴에 있어 치료자는 현재가 중요한 것이며 과거는 고칠 수 없는 것이라고 강조해야 한다. 그리고 각자는 "그가 혹은 그녀가 나를 그렇게 만들었다"는 것이 아니라 자신이 한 행동에 대해 책임을 져야 한다는 것, 그리고 증상과 갈등은 치료상담 내에서 해결될 수 있는, 아동기 때 해결되지 않았던 상황의 현재의 표현이라는 것을 강조한다.

16. 주말의 마라톤 치료(weekend family marathons)(Landes, J, Winter W,1966, 1-20,재인용)

이 치료기법은 8시간에서 12시간, 혹은 더 이상의 시간을 한가족 혹은 여러 가족이 치료자(facilitators)와 더불어 주말 동안 만나게 되는 것으로 많은 경우에 카타르시스에 도달하고, 말로 표현할 수 없는 감동을 경험하게 된다.

17. 행동접근법(behavioral approaches)

이 기법은 어떤 행동은 학습될 수도 있고, 강화되기도 하며, 소멸될 수도 있다는 것을 전제로 다루어 진다. 가족원 혹은 부부 사이의 조그만 행동의 변화가 다른 가족의 행동과 기분에 굉장한 변화를 가져올 수도 있게 된다. 이 기법은 자기주장훈련(assertive training), 조작적 조건화, 이완과 최면, 인지적 행동수정 등이 포함된다. 최초에는 치료자의 사무실에서 연습해보고, 계속 연습을 위해 가족원을 보조치료자로 사용하여 가정에서 계속 실천하도록 할 수 있다.

18. 성 치료(sex therapy)

Masters와 Johnsons가 개발한 스퀴즈기법 등을 포함하여 성 치료는 다양한 행동적 기법들이 있다. 이 기법은 성공률이 비교적 높은 것으로 알려져 있으나 치료자는 여성과 남성의 신체적인 것에 대한 상당한 지식을 가지고 있어야 하며 기법 소개 및 표현을 위한 실제 모델이 필요한 것 등 제한이 따른다.

19. 비디오테입(videotape)

비디오의 사용은 점점 더 늘어나고 있다. 치료자는 비디오테입으로 그들의 상담을 다시 돌려보거나 치료과정 전체를 기록해 둘 수도 있다. 비디오테입의 즉각적인 혜택은 가족이 심리적인 거리감을 확보할 수 있고 자기각성(self- awareness)을 높일 수 있으며 의사소통에 있어서의 왜곡과 갈등을 교정할 수 있도록 돕는다. 더구나 비디오테입이 아니면 놓쳐버리게 되는 상호작용하는 중에 일어나는 중요한 비언어적 면을 볼 수 있다는 점에서 대단한 가치를 갖는다고 본다. 많은 경우 가족들은 녹음된 상태의 그들 상호작용에 대해 치료자가 미처 생각지도 못한 건설적인 코멘트를 하기도 한다.

20. 오디오테입(audiotape)(David A, 1970, 28-32, 재인용)

가족치료에서는 녹음테입도 많이 사용해 왔는데 상담을 담은 테입을 집으로 가지고 가서 그것을 듣기도 한다. 혹은 반대로 집에서 일어난 일을 녹음하여 상담에 가지고 올 수도 있다.

21. 일방경(oneway mirror)(Minuchin, Montalvo, Guerney, et al, 1967, 재인용)

가족을 일방경이 설치된 방에서 만날 수도 있다. 치료자는 가족을 남겨두고 자신은 일방경 뒤에서 관찰할 수도 있다. 혹은 한두명의 가족원만 선출하여 일방경 뒤에서 가족을 관찰하게 할 수도 있다. 가족원이 '전쟁을 치루는 도중'에 나와서 무슨 일이 일어났는지를 거리를 두고 볼 수 있게 되고 그것을 통해 가족체계 내에서 자신이 원하지 않은 행동은 변화시킬 수도 있게 된다. 어떤 공동치료자들은 같이 일하는 치료자가 혼자 혹은 몇명의 가족원과 함께 일방경 뒤에 있는 것이 효과가 있다고 한다. 이때 면접은 계획을 세우거나 협의하기 위해 항시 중단시킬 수 있다. 다른 치료자를 관찰자로 둔다는 것은 도움이 될 뿐 아니라 객관성을 더욱 증대시킬 수 있다(Glick & Kessler, 1980, PP140-148).

결 론

이상으로 본 장에서는 먼저 중기과정에서 고려해야 할 일반적 사항을 ① 가족참여에 관한 것, ② 공동치료자에 관한 것, ③ 다른 심리사회적 치료와 같이 가족치료를 실시할 경우에 관한 것, ④ 타 기관과 함께 일을 해야 할 경우로 나누어서 살펴보았다. 그리고 중기과정에서는 초기와 말기과정에 비해 보다 굳건한 클라이언트와의 신뢰를 바탕으로 가족이 많은 변화를 경험하도록 이끌고 도울 수가 있게 된다. 따라서 치료자에게는 변화를 위한 전략을 짜고 그 전략과 더불어 수많은 기법들의 적극적인 사용이 요구된다. 그러한 요구를 충족시키기 위해 2절에서는 구체적인 전략을 ① 정신치료의 일반적 요소와 가족치료와의 관계, ②가족 정신치료의 요소, ③ 가족치료의 세가지 기본전략, ④ 생각과 감정의 의사소통을 용이하게 하는 전략, ⑤ 불안하고 융통성 없는 역할과 연합을 변화시키기 위한 전략, ⑥ 가족역할 - 가정, 교육 그리고 신화추방을 돕는 전략, ⑦ 세가지 기본전략의 임상적용으로 나누어 살펴보았다.

마지막으로 3절에서는 비교적 최근에 개발된 21가지의 기법들을 간략하게 소개하였다. 그러나 여기에서 소개된 21가지의 기법 외에도 Sherman과 Fredman은 그들 저서 "Handbook of Structured Techniques in Marriage and Family Therapy"에서 이미지와 환상, 사회측정기법, 구조적 이동, 행동과제, 역설과 대안적 모델이라는 6가지 카테고리로 분류하여 총 59가지나 되는 기법을 보다 상세하게 소개하고 있다(Sherman & Fredman, 1986).

참 고 문 헌

Thomas, M,B. (1992), *An Introducation to Marital and Family Therapy*, N.Y.: Merrill.

Glick, I.D. & Kessler, D.R. (1980), *Marital and Family Therapy*(2nd), N.Y., Grune & stratton

Luthman, S.G. (1974), *The Dynamic Family*, California: Science and Behavior Books, Inc.

Cutter, A.V., Hallowitz D. (1962), *Diagnosis and treatment of the family unit with respect to the character-disordered youngster*, J Am Acad Child Psychiatry, 1:605-618

Bell, J.E. (1961), *Family group therapy,* Public Health Monograph No. 64. Washington, D.C., Department of Health, Education and Welfare. Public Health Service.

Feldman, B. (1977), *Pets soothye their owners' hang-ups.* San Francisco: Examiner, November 20, 1977

Campbell, W. (1975), *Owners cause dogs' mental problems,* San Francisco: Chronicle, October 29, 1975, P45.

MacGregor, R. Ritchie A.M., Serrano A.C., et al, (1964), *Multiple Impact Therapy with Families,* New York: MaGraw-Hill.

Marmor, J. (1975), *Marmor lecture*, Psychiatric News, November 5, PP 1, 15.

Madanes, C. Haley, J. (1977), *Dimmensions of family Therapy,* J Nerv Ment Dis, 165:88-98

Lewis, J.M., Beavers, W.R., Gossett, J.T., et al, (1976), *No Single Thread: Psychological Health in Family Systems,* New York: Brunner/Mazel.

Friedman, P.H. (1974), Outline(alphavbet) of 26 techniques of family and marital therapy: A through Z. Psychother: Theory, *Research and Practice,* 11:259-264

Sherman, R. & Fredman, N. (1986), *Handbook of Structured Techniques in Marriage and Family Therapy,* New York, Brunner & Mazel Publishers.

Minuchin, S., Montalvo, B., Guerney, B.G., et al, (1967), *Families of the Slums: An Exploration of Their Structure and Treatment,* New York, Basic Books.

Framo, J.L. (1975), *Personal reflections of a family therapist,* J Married Family Counsel 1:15-28

Leveton, E. (1977), *Psychodrama for the Timid Clinician,* New York: Springer.

Haley, J., Hoffman, L. (1967), *Techniques of Family Therapy*, New York: Basic Books.

Paul, N.L. (1967), The role of mourning and empathy in conjoint marital therapy, in Zuk GH, Boszormenyi-Nagy l (eds), *Family Therapy and Disturbed Families,* Palo Alto, California. Science and Behavior Books, PP186-205.

Simon, R. (1972), *Sculpting the family*, Fam Process, ll:49-58.

Laqueur, H.P. (1970), Multiple family therapy and general systems theory, in Ackerman,

N.W.(ed), *Family Therapy in Transition,* Boston: Little, Brown, PP82-93.

Curry, A. (1965), *Therapeutic management of a Multiple family group,* Int J Group Psychother 15:90-96.

Laqueur, P., Wells, C. & Agresti, M. (1969), *Mutiple-family therapy in a state hospital,* Hosp & Comm Psychiatry, 20:13-20.

Blinder, M., Colman, A., Curry, A. & Kessler, D.R. (1965), *"MCFT" Simultaneous treatment of several families.* Am J Psychother, 19:559-569.

Chazan, R. (1974), *A group family therapy approach to schizophrenia,* Israel Annals Psychiatry, 12:177-193.

Gould, E. (1969), *Self-help aspects of multifamily group therapy,* Unpublished paper.

Speck, R.V., Rueveni, U. (1969), *Network therapy: A developing concept.* Fam Process, 8:182-191.

Speck, R.V., Attneave, C. (1971), Network therapy, in Haley J(ed), *Changing Families,* New York, Grune & Stratton, PP. 312-332.

Leveton, A. (1972), *Elizabeth is frightened,* Voices, 8:4-13.

Landes, J., Winter, W. (1966), *A new strategy for treating disintegrating families,* Fam Prodcess, 5:1-20.

David, A. (1970), *Using audiotape as an adjunct to family therapy: Three case reports,* Psychother, 7:28-32.

제 3 장

말 기 과 정

노 혜 련*

가족치료 과정은 일반적으로 정신치료에 대한 논의에서 제시되는 바와 같은 뚜렷한 초기, 중기, 말기과정으로 구분하기 힘들다고 한다(Luthman, 1974). 그 뿐만 아니라 가족치료의 다양한 접근방법 또는 학파들은 각각 말기과정, 특히 종결의 시기 및 내용에 대한 상이한 견해를 갖고 있다. 예를 들어 정신분석학 또는 정신역동적 이론에 입각한 가족치료는 종결단계를 분리와 상실 (separation and loss)과 같은 중요한 문제가 재현되는 시기로서 많은 준비와 시간을 필요로 하는 단계로 보는 반면 단기치료나 전략적 가족치료는 종결은 클라이언트가 제기하는 문제의 해결과 함께 이루어져야 하고 종결을 위한 특별한 준비는 필요하지 않다고 믿는다. 심지어는 밀란의 체계적 가족치료학파와 같이 클라이언트가 계속하기를 원하는 경우에도 마지막 가족치료 면담을 무조건 10회째로 규정해 놓고 진행하는 학파도 있다(Thomas, 1992). 일반적으로 보다 장기간에 걸쳐 이루어지는 가족치료학파에서 종결을 더 중요시하는 경향이 있다. 이와 같은 상황에서 가족치료의 말기과정에 대해 일괄적으로 서술한다는 것은 상당한 무리가 있다. 또한 기존의 가족치료 말기과정에 대한 자료가 많지 않고 대부분 정신역동적인 이론을 바탕으로 서술되고 있는 것이 현실이다. 이러한 제한속에서 본 장은 가족치료 실천과정의 대체적이고 전반적인 이해를 돕기 위해 마련된 장 중의 하나로 전개하고자 한다.

본 장에서는 먼저 가족치료 종결시기의 판단기준을 살펴보고, 종결 또는 타 치료자로의 의뢰 중 선택해야 할 경우의 결정기준, 종결을 위한 준비 및 종결 개입과정, 끝으로 가족이 때 아닌 종결을 하고자 하는 경우의 대처방법을 소개하겠다.

제1절 종결시기의 판단기준

가족치료자는 한 가족이 가족치료를 종결해야 할 적절한 시기가 언제인지를 판단할 수 있어야 한다(Nelsen, 1983, p.246). 이러한 시기에 도달하면 가족은 몇가지의 때로는 구체적이고 때로는 매우 막연한 변화의 단서들을 보여주게 된다(Luthman, 1974). 한 가족이 가족치료를 종결할 준비가 되었음을 판단하기 위한 기준 또는 단서를 정리해 보면 다음과 같다

* 숭실대학교 사회사업학과 교수

(Luthman, 1974; Glick & Kessler, 1980; Nelsen, 1983):

1. 클라이언트가 치료를 통해 달성하고자 했던 목표가 이루진 경우 종결을 고려하여야 한다. 그러나 목표가 완전히 성취되지 못한 경우라도 치료자나 가족이 최선을 다하였고 문제해결이 클라이언트가 만족할 수준까지 이루어졌다면 가족치료를 중단하여도 된다. 가족치료자는 클라이언트의 기대가 비현실적인 경우에는 (예: 청소년 자녀와 갈등이 전혀없는 생활이 가능할 것이라고 생각하는 경우) 가족이 이를 인식하여 현실적으로 달성가능한 목표로 전환하도록 도와 종결에 이를수 있도록 하여야 한다.

2. 가족원들이 가족치료를 통해 새롭게 습득한 대처방법 및 행동양식을 수용하고 유지할 수 있으면 종결을 할 수 있다. 이러한 상태의 가족은 생소한 상황에 처하게 되는 경우에도 스스로 만족스럽게 대처할 능력이 있다는 자신감을 갖게 된다.

3. 가족원들간의 의사소통이 분명하고 일관되게 이루어지면 종결을 생각할 수 있다. 이러한 상황에서는 가족원들의 의사소통기술이 전반적으로 발전된 상태이기 때문에 비생산적인 말다툼이나 갈등이 감소되고 가족원들간 의견이 다를 경우에도 치료자의 도움 없이 솔직하게 표현하고 협상할 수 있는 능력을 갖게 된다.

4. 가족의 구조와 규칙이 보다 융통성 있고 기능적이 되면 종결을 고려할 수 있다. 이런 경우 가족원들은 가족의 구조와 규칙이 가족 전체 및 가족원 개개인의 성장과 발전에 저해가 될 때 이를 변화시킬 수 있는 용기와 자율성을 갖게 된다.

5. 가족원 개개인이 보이던 증상들이 호전되고 가족원들 간의 긍정적인 상호작용이 이루어지는 경우 가족치료를 중단할 수 있다. 예를 들어 자녀의 도벽이 부부간의 갈등을 회피하게 하는 수단으로 작용했는데 부부관계가 좋아지고 자녀의 도벽이 없어졌다면 종결을 생각할 수 있다.

6. 가족원 각자의 역할과 기능에 대한 합의가 가족이 만족할 만한 수준에서 이루어질 수 있다면 종결을 생각할 수 있다. 이러한 합의는 가족의 안녕을 위해 필요한 역할과 기능을 어느 특정 가족원에게 과중하게 부과하지 않고 가족원 개개인의 발달단계와 당시 처한 상황에 따라 적절하게 이루어져야 할 것이다.

제2절 종결 또는 타치료자로의 의뢰 결정기준(Nelsen, 1983, pp. 253-254)

가족치료는 치료자와 가족의 합의하에 순조롭게 종결되는 경우도 많지만 치료 도중 치료자는 가족에게 종결을 권해야 할지 아니면 다른 치료자로 옮길 것을 권해야 할지를 결정해야 하는 때도 종종 있다. 이러한 상황에 처하게 되는 대표적인 이유로는 치료자가 직장을 이전하기 때문에 더이상 가족치료를 지속할 수 없을 때와 클라이언트가 더이상 치료비를 감당할 수 없거나, 이사를 하거나, 치료자의 능력을 더이상 신뢰할 수 없는 등의 이유로 가족치료를 중단하고자 할 때이다.

이와 같은 상황에 있는 가족치료자는 가족을 위한 가장 바람직한 선택을 위해 다음과 같은 요인들을 고려해야 한다.

1. 가족을 의뢰할 필요가 있는 경우 가족의 치료를 담당할 유능한 가족치료자가 가까이 있는지 파악해야 한다. 가족이 병원이나 개인치료소의 상담비를 지불할 여유가 없는 경우 가족치료를 계속 받을 수 있는 곳이 제한될 것이다. 그러나 치료자는 특히 많은 문제를 안고 있는 가족의 경우 가능한 한 가족치료를 계속할 수 있도록 최선을 다해 도와야 한다. 주위에 유능한 가족치료자가 없는 경우에는 가족치료가 보다 바람직하더라도 가족원 중 몇명이 개별 또는 집단치료를 받게 할 수도 있다.

2. 가족이 자연적으로 종결할 수 있는 단계에 얼마나 가까이 접근해 있는지 고려해야 한다. 가족치료를 도중에 중단해야 할 필요가 있다는 것을 인식한 그 시점부터 치료자는 클라이언트와 함께 가족이 앞서 논의된 종결시기의 판단기준에 어느 정도 근접해 있는지 생각하고 토의하여야 한다. 이미 근접해 있다고 판단되면 가족은 남은 시간동안 그들이 원하는 목표를 달성하고자 보다 열심히 노력할 수 있을 것이다. 다른 치료자와 함께 치료를 계속 하거나 목표달성 이전에 종결을 해야 할 수도 있다는 사실은 가족의 변화노력을 가속화하게 하는 강한 동기가 될 것이다.

3. 가족이 보다 빨리 또는 자력으로 변화해 나갈 수 있는 능력이 있는지 검토하여야 한다. 어떤 경우에는 가족치료가 가능한 기간이 얼마 남아있지 않거나 가족이 자연적으로 종결할 수 있는 단계에 근접하지 못했지만 가족은 꾸준한 성장을 해왔기 때문에 아직 달성하지 못한 목표도 스스로의 힘으로 이루어 나갈 수 있는 능력이 있다. 이런 경우에는 가족이 다른 치료자에게 의뢰되기를 원하지 않는 한, 필요할 때 다시 새로운 치료자를 요청하는 방법을 가족에게 일러준 후 가족과의 합의하에 종결을 위한 준비를 할 수 있다.

4. 클라이언트가 원하는 것이 무엇인지를 참고하여야 한다. 클라이언트나 치료자가 종결을 할 것인지 아니면 다른 치료자에게 갈 것인지를 결정할 때에는 그들간의 관계가 끝난다는 사실에 대한 감정에 의해 영향을 받을 수 있다. 따라서 치료자는 마지막 결정을 내리기 전 가능할 때마다 자신의 감정을 검토하고 클라이언트로 하여금 자신의 감정을 솔직히 직면할 수 있도록 도와야 한다. 그렇지 않으면 실제 가족치료를 지속할 필요가 없는 클라이언트가 자신 또는 가족치료자가 종결에 대한 감정을 직면하지 않았기 때문에 치료를 계속하는 반면

다른 치료자와 치료를 계속할 필요가 있는 클라이언트가 현 치료자에 대한 상실의 감정을 처리하지 못했기 때문에 종결해 버릴 수도 있다.

제3절 종결을 위한 준비(Nelsen, 1983, pp. 254-261)

가족치료자는 가족과 함께 종결에 대한 이야기를 시작하기 전에 다음과 같은 준비를 할 필요가 있다.

1. 종결에 대한 가족치료자 자신의 감정 직면

가족치료자는 가족치료가 끝나는 것에 대한 자신의 감정을 직면해야 한다. 대부분의 경우 매우 친밀하고 강렬하게 이루어지는 치료관계를 중단한다는 것은 누구에게나 힘든 경험이다. 가족치료자는 이러한 자신의 고통스러운 감정을 직면하지 않을 때 역기능적인 방법으로 대처하는 경향이 있다. 예를 들어 가족과 종결에 대해 이야기할 때 매우 냉담하거나 사무적인 태도를 취할 수도 있고 또는 왜 치료가 종결되어야 하는지에 대해 장황하게 설명할 지도 모른다. 또한 직장을 옮기게 되는 치료자는 가족에게 치료가 중단되어야 한다는 얘기를 꺼내는 것을 계속 연기할 이유를 찾게 될 수도 있다. 종결 또는 다른 치료자로의 이전을 가족이 제안해 온 경우에는 치료자가 힘없이 허둥대거나 반대로 적대적이고 처벌적인 태도를 취하게 될 수도 있다. 아울러 종결에 대한 자신의 감정을 방어하고 있는 가족치료자는 종결을 앞둔 클라이언트의 감정적 반응에 대한 이야기를 회피하든지, 이를 너무 성급히 또는 감정이입이 되지 않은 상태에서 재촉하든지, 남은 치료면담의 일정을 계획하는 등의 사무적인 세부사항에 몰두하거나 하는 경향이 있다.

1) 종결에 대한 가족치료자의 감정

(1) 감정의 강도

가족치료자는 종결을 앞두고 주로 슬픔 또는 상실감, 분노, 죄책감, 안도감 및 성취감이 어떤 형태로든 혼합된 감정을 느낀다. 가족치료자가 느끼는 감정의 강도는 다음과 같은 요인에 의해 결정된다.

- 치료 가족과의 종결이 가족치료자 자신의 삶 속에서의 중요한 이별의 경험을 기억하게 하는 정도
- 치료과정 속에서 가족과 가족치료자 사이에 일어났던 일과의 관계
- 가족치료를 중단하는 이유
- 치료과정 속에서 현재 가족이 임해 있는 단계

(2) 감정의 단계: 자연적으로 종결에 이른 경우

가족치료를 성공적으로 종결하는 경우, 클라이언트와 가족치료자는 흔히 죽음을 맞이한 사람들이 거쳐 지나가는 감정의 단계들을 경험할 수 있다. 제일 먼저 불가피하게 치료를 중단해야 하는 상황과 이에 대한 감정을 부인하게 되고 뒤이어 분노나 우울증과 같은 강력하고도 고통스러운 감정을 느낄 수 있다. 마지막으로는 긍정적인 성취감과 피할 수 없는 현실에 대한 수용이 뒤따르게 된다. 가족치료가 끝나감에 따라 가족치료자는 실제로는 자신의 일상생활속에서 헤어져야만 했고 현재 헤어져야 할 사람들과 연관된 슬픔, 분노, 죄책감, 안도감을 포함한 여러 감정들을 보다 과장된 상태에서 경험할지도 모른다. 그렇지 않다면 치료가 순조롭게 이루어져 자연스러운 종결의 단계에 이르게 된 경우의 가족치료자는 주로 상실의 감정과 어우러진 성취감을 느낄 것이다.

(3) 종결 이유에 따른 가족치료자의 감정

가족치료가 자연적으로 종결에 이른 경우가 아닌 경우 어떤 연유로 종결을 하게 되었느냐에 따라 가족치료자가 종결에 대해 느끼는 감정의 강도와 단계가 다를 수 있다. 몇가지 경우를 예로 들어 보면 다음과 같다.

① 자연적으로 종결단계에 이르렀으나 클라이언트와의 관계가 그다지 긍정적이지 못했을 때 또는 가족이 경제적인 또는 이사를 간다는 이유로 가족치료를 중단하고자 할 때
분노: 위와 같은 경우 가족치료자는 보통때 보다 많은 분노의 감정을 경험할 수 있다. 전자의 경우 가족치료자는 클라이언트가 마치 의도적으로 치료경험이 보다 긍정적이지 못하게 한 것처럼 느낄 수 있고 후자의 경우에는 가족이 치료를 계속하기 위한 희생을 감수하기 보다는 종결을 선택한 것으로 볼 수 있기 때문에 화가 날 수 있다.
죄책감: 그 다음 가족치료자는 가족에 대해 분노를 느낀 것, 또한 보다 성공적으로 이루어지지 못한 치료결과에 대한 죄책감을 느낄 수 있다.
안도감: 특히 가족치료자와 가족간의 관계가 애매했던 경우 종결시 가족치료자는 적지 않은 안도감을 체험할 수 있다. 이러한 감정은 가족치료자가 안도감을 느낀 것에 대한 죄책감 때문에 종결과정에서 역기능적으로 대처하거나 종결 또는 치료자 이전에 대한 클라이언트의 반응을 적절히 돕는데 실패하지 않는 한 무해하다.
슬픔/상실감: 가족치료자는 가족치료를 중단해야 할 시기가 가까와지면 슬픈 감정이 북받치는 경험을 할 수 있는데 이는 클라이언트와 좀 더 좋은 관계를 갖게 될 가능성이나, 치료를 끝까지 마무리지을 가능성이 안보이는 상태에서 특히 더 심하다. 가족치료자는 때로 자신의 마음에 들지 않는 속성을 많이 갖고 있는 가족에 대해 갑자기 애정을 느끼면서 예상치 않았던 상실감을 경험할 수 있는데 이는 그가 예전에 문제 삼았던 점들을 변화시키기 위한 노력을 더이상 하지 않아도 되기 때문으로 볼 수 있다.

② 아직 종결을 위한 준비가 안된 클라이언트가 가족치료를 중단하겠다고 선언할 때
분노: 위와 같은 경우 가족치료자가 제일 먼저 느끼는 가장 강렬한 감정은 대체로 분

노이다.

죄책감: 분노의 감정은 보통 죄책감과 뒤엉키는데 이는 가족치료자의 능력이 클라이언트에게 만족스럽지 못했을지도 모른다는 가능성 때문이다. 클라이언트가 치료 덕분에 가족이 한결 더 잘 지내게 되었기 때문에 치료를 중단하고 싶다고 말하는 경우 가족치료자는 보다 적은 분노와 죄책감을 느낄 것이다.

가족치료자는 종종 가족에 대한 자신의 분노의 감정을 부정하면서 역기능적인 행동을 할 가능성이 있다. 이는 가족이 치료를 중단하길 원하는 이유가 가족치료가 잘 진행되지 않았기 때문이고 따라서 가족치료자는 클라이언트에게 화를 낼 권리가 없다고 믿는 경우에 특히 더 하다. 이러한 상황에서 가족치료자가 할 수 있는 최선의 방법은 먼저 자신의 분노와 죄책감을 직면한 후 자신이 느끼는 감정들에 관해 이해심 많은 지도감독자나 의논상대와 함께 이야기하는 것이다.

③ 가족치료자가 직업 변경과 같은 자신의 문제 때문에 가족치료를 중단해야 할 때

죄책감: 위와 같은 경우 가족치료자는 상당한 죄책감에 시달릴 수 있다. 이와 같이 치료자가 과도하게 느끼는 죄책감은 때로는 가족이 치료자 없이는 잘 해 나갈 수 없다는 과장된 신념에 기초하고 있고 때로는 가족이 더 빨리 변화하여 자연적으로 종결에 이르지 못했기 때문에 자신이 죄책감을 느껴야만 한다는 것에 대한 분노를 반영한다. 가족치료자는 자신의 죄책감을 직면하고 관리하지 못하면 클라이언트를 돕는 과정에서 큰 어려움을 겪게 될 것이다.

상실감: 가족치료자와 클라이언트 사이의 관계가 긍정적이었다면 죄책감과 분노의 감정이 감소하기 시작하면서 가족치료자는 강한 상실의 감정을 느끼게 될 것이다. 치료과정 속에서 자신의 감정에 잘 대처해 나가고 종결이나 치료자 이전 과정을 긍정적으로 완료하기까지 클라이언트를 도와가는 치료자는 종국에는 가족과의 관계가 중단될 수 밖에 없다는 사실을 수용할 수 있게 된다. 그러나 동시에 가족치료자와 가족 양방이 매우 소중한 경험을 하였고 이를 통해 그 무엇인가를 얻었을 것이라는 인식도 함께 하게 된다.

성취감: 대부분의 경우 상실감의 수용은 클라이언트가 적어도 목표를 향해 어느 정도의 전진을 하였다는 사실에 대한 성취감을 수반한다.

④ 곧 종결이 이루어질 것이라는 전제하에 이전보다 치료면담간의 간격을 늘려 가족치료를 할 때 가족치료자는 앞질러 슬픈 감정을 경험할 수 있기 때문에 실제 종결이 완결되기 전에 클라이언트와의 관계에서 감정적으로 철회하지 않도록 주의하여야 한다.

⑤ 가족의 일부만이 종결을 하고 나머지 가족원들과는 가족치료를 계속할 때 가족치료자는 가족의 일부와 종결함으로써 그가 느낄 수 있는 상실감, 분노, 죄책감, 또는 안도감을 부정하지 않도록 조심하여야 한다. 이러한 현상은 가족치료를 계속할 가족원들과의 작업을 계획하는데 몰두하거나 모든 가족원들로부터 감정적으로 이탈하는 등의 행동을 통해 나타날 수 있다.

2. 클라이언트의 종결 준비에 대한 평가

가족치료자가 종결에 대한 자신의 감정을 직면하는 것이 그가 종결을 위해 할 수 있는 첫번째 과제라면 클라이언트가 앞서 열거한 종결시기의 판단기준에 얼마나 근접해 있는지를 평가하는 것이 두번째 과제이다. 클라이언트가 종결할 시기에 가까이 와 있다고 생각되면 치료자는 종결의 가능성에 대한 토의를 시작할 수 있고 이미 클라이언트가 이야기를 시작한 경우에는 이를 격려하는 방향으로 나아갈 수 있다.

만약 외부적인 상황 때문에 어느 주어진 시간 내에 치료를 종결하거나 치료자 이전을 해야 할 경우에는 가족이 얼마나 종결을 위한 준비가 되어 있는 가는 치료자와 가족간의 토의가 있기 전까지는 불확실할 수 있다. 그러나 가족치료자는 그러한 토의가 보다 효과적으로 이루어지기 위해 클라이언트가 지금 어떤 상태에 있고 아직 해야 할 작업들이 무엇인가를 신중히 재고할 필요가 있다. 어떤 경우에는 가족의 상황을 재검토해 본 결과 가족의 궁극적인 치료목표를 달성하기 위해서는 거의 반드시 다른 치료자로 이전하여 치료를 계속해야 한다는 결론을 내리게 된다. 이럴 때 가족치료자는 가능하면 클라이언트와 종결에 대한 이야기를 하기 전에 가족의 치료를 이어 받아 줄 수 있는 유능한 가족치료자가 있는지, 있다면 언제부터 치료가 가능한지에 대한 정보를 갖고 있는 것이 바람직하다.

3. 종결에 대한 클라이언트의 반응 예측

가족치료자가 종결 또는 치료자 이전을 돕기 위해 반드시 해야 할 준비 중 하나가 종결 또는 치료자 이전에 대한 가족의 반응이 어떠할지를 예측하는 것이다. 가족도 치료자와 마찬가지로 슬픔, 상실감, 분노, 죄책감, 안도감을 느끼고 대다수가 종국에는 그들이 달성한 성과에 대한 성취감, 종결에 대한 수용 및 치료자에 대한 진심에서 우러난 감사의 마음을 경험하게 된다.

클라이언트는 평소에 처리해 왔던 방법으로 종결과 관련된 고통스러운 감정에 대해 방어할 것이 거의 분명하다. 종결을 앞둔 클라이언트는 누구나 자신들의 일상적인 삶속에서의 이별과 연관된 강렬한 감정을 경험할 수 있다는 것을 기억해야 한다(예: 실제는 어려서 자신을 떠난 부모에 대해 느꼈던 분노를 가족치료자에게 새삼 느낄 수 있다).

1) 종결에 대한 가족, 클라이언트의 감정

(1) 감정의 강도

클라이언트가 종결에 대해 느끼는 감정의 강도는 가족치료자의 경우와 같이 다음과 같은 요인에 의해 결정된다.

- 가족의 실제 삶 속에서의 이별의 경험
- 치료과정 속에서 가족과 가족치료자 사이에 일어났던 일과 관계

· 가족치료를 중단하는 이유
· 치료과정 속에서 현재 가족이 임해 있는 단계

(2) 감정의 단계: 자연적으로 종결에 이른 경우

가족이 치료자와 긍정적 관계를 가진 상태에서 자연적으로 종결에 이르렀을 때 가족원들이 느끼는 감정은 대체로 다음과 같은 순서로 진행된다.

성취감을 수반한 슬픔: 가족원들은 주로 자신들이 이룬 성공에 대한 성취감과 아울러 슬픈 감정을 느낄 수 있다. 치료자와의 관계를 상실한다는 사실에 대한 슬픈 마음은 종종 그들이 진정 자신들끼리 잘 해 나갈 수 있을 것인가에 대한 염려 때문에 복잡해진다.

분노: 대다수는 어느 시점에선가 치료자를 포기해야 한다는 것에 대한 분노를 조금씩 느낄 수 있다.

죄책감: 가족원들은 그들이 느껴서는 안된다고 생각하는 분노를 느끼거나 치료자가 희망했던 것 만큼 많이 발전하지 못했다고 느끼기 때문에 죄책감을 경험하게 된다.

안도감: 그 어느 상황 속에 있는 가족이라도 특히 치료의 마지막 면담에 점점 더 가까이 가면서 더이상 치료에서 요구되는 노력을 하지 않아도 된다는 사실 때문에 종종 안도감을 느끼게 된다.

감사의 마음: 종국에는 대부분이 치료자에 대해 어느 정도의 감사의 마음을 갖게 된다.

(3) 종결 이유에 따른 클라이언트의 감정

가족의 경우도 치료자와 마찬가지로 자연적으로 종결단계에 이르지 않은 경우, 어떤 이유로 종결을 하였는가는 가족원들이 종결에 대해 느끼는 감정의 강도와 단계에 영향을 줄 수 있다. 몇가지 예를 들어 보면 다음과 같다.

① 가족이 가족치료자의 도움이 불만족스럽거나 자신들의 외부적인 상황 때문에 종결 또는 치료자 이전을 해야 할 때 (예: 가족이 더이상 치료비를 충당할 경제적 여유가 없을 때)

죄책감: 위와 같은 경우 클라이언트는 자신이 종결을 제안했다는 것에 대한 죄책감을 느낄 가능성이 높다.

분노: 가족은 또한 치료자가 어떤 방법으로든지 그들이 처한 곤경으로부터 그들을 구제해 주지 못했다는 것에 대한 분노를 느낄 수 있다.

② 가족치료자가 더이상 그들과 가족치료를 지속할 수 없다고 했을 때

위와 같은 경우 클라이언트는 보다 강한 상실감, 분노, 화가 나는 것에 대한 죄책감과 그들이 보다 나은 클라이언트였다면 치료자가 그들을 계속 치료했을 것이라는 불합리한 생각에서 오는 더 많은 죄책감을 느끼게 될 것이다. 이러한 감정들은 모두 고통스럽기 때문에 클라이언트는 이것들을 느끼지 않으려고 노력하는 경향이 있다. 그들은 보통 슬픔, 성취감, 감사의 마음을 제외한 다른 감정들은 별로 '좋지 않다'고 생각하기 때문에 표현하지 않으려고 노력할 것이다.

가족을 잘 알고 있는 치료자는 지금까지의 가족치료자를 포함한 다른 사람들과의 관계에서 상실감, 분노, 죄책감을 어떻게 처리했는지(예: 가족원들이 가족치료에 대한 양가감정을 어떻게 표현했는지, 가족치료자의 휴가와 같은 이유로 가족치료를 일시적으로 중단했을 때는 어떻게 반응했는지)를 회상함으로써 그들이 종결 때문에 느끼게 될 괴로운 감정들에 대해 어떻게 방어할 것인가를 예견할 수 있어야 한다. 종결을 앞둔 클라이언트는 치료의 초기에 또는 자신의 삶 속에서 예전에 사용했던 감정 처리방법에 다시 의존하는 퇴행적 행동을 보일 수 있다. 몇 가지 예를 들어 보면 다음과 같다.

i) 그들의 삶 속에서 무엇인가를 상실하였는데도 아무런 감정도 느끼지 않는다고 주장함으로써 그들의 감정을 부정하는 경향이 있었던 가족원들은 역시 가족치료자와의 관계를 잃는다는 사실의 중요성을 부인할 수 있다.

ii) 분노의 감정을 다른 대상으로 옮기는 경향이 있는 가족은 가족원 중 한명을 속죄양으로 만드는 퇴행적 행동유형을 보일 수 있다. 가족 전체가 치료에서 더 많은 진전을 보이지 못한 것에 대한 책임을 한 가족원에게 뒤집어 씌움으로써 각자 느끼는 죄책감을 해소하고자 할 수 있다.

iii) 클라이언트가 느끼는 죄책감은 분노의 감정을 자신에게로 향하게 하여 종종 자신스스로를 경시하는 언행을 하게 한다. (예: 가족치료자로부터 가족치료를 중단해야 한다는 얘기를 들었을 때 "우리와 함께 일하는 것이 별로 재미 없었던 모양이군요"라고 반응)

iv) 클라이언트가 "옮기시는 병원이 이곳보다 훨씬 좋은 곳이죠"라고 말하는 등 가족치료자가 다른 곳으로 가는 것을 매우 기대하고 있겠다는 표현 속에는 죄책감, 분노, 안도감 등의 감정이 내포돼 있을 수 있다.

v) 가족치료자가 휴가계획을 알리자 약속을 어김으로써 반응하던 가족은 치료자가 기관을 떠난다고 할 때 같은 행동을 보일 가능성이 많다.

③ 곧 종결이 이루어질 것이라는 전제하에 이전보다 치료면담 간의 간격을 늘려 가족치료를 할 때 가족은 앞서 열거한 모든 감정을 경험할 수 있고 마찬가지로 다양한 방법으로 감정에 대해 방어할 수 있다. 가족이 끝까지 잘 지내게 되면 성취감을 느끼게 될 것이나 실제 마지막 치료면담 날짜가 정해지기도 전에 종결에 대한 여러 감정들을 갖게 되면서 당황해 할 수도 있다.

④ 가족의 일부만이 종결을 하고 나머지 가족원들과는 가족치료를 계속할 때
분노: 가족치료자와 애착관계를 형성한 가족원 중 먼저 종결을 하게 되는 사람들은 치료에서 더이상 그들을 필요로 하지 않는다고 느끼기 때문에 화가 날 수 있다.
죄책감/분노: 부모만이 가족치료를 계속하는 경우, 그들은 자녀들을 밀어낸 것에 대한 죄책감을 느낄 수 있고 치료자가 그렇게 하도록 조장했다는 것에 대해 분노를 느낄 수 있다.

안도감: 그럼에도 불구하고 특히 아동 및 청소년은 더 이상 가족치료를 계속하지 않아도 되면 해방감을 느끼게 된다. 이것은 그들이 성인세대의 걱정에서 벗어나 보다 많은 시간을 같은 또래끼리 보낼 수 있다는 생각에서 비롯되는데 대부분의 경우 건전한 현상이라고 볼 수 있다.

4. 종결개입을 위한 계획

가족치료자가 마지막으로 종결 또는 치료자 이전을 위해 준비해야 할 단계는 클라이언트가 이미 이야기를 꺼내지 않았다면 종결에 대해 언제 이야기를 시작할 것인지와 종결을 위한 구체적인 개입은 어떻게 시작해야 할지를 계획하는 것이다.

1) 종결언급의 적정시기

가족이 자연적으로 종결에 이르는 때나 가족치료자의 직업변경과 같은 외부적인 요인때문에 치료를 중단해야 할 때와 같이 어느 정도 시간조절이 가능한 경우에는 잠정적으로 생각하고 있는 마지막 치료면담일의 적어도 6주전에 클라이언트와 종결에 대한 이야기를 할 계획을 하여야 한다. 그러나 가족을 일주일보다 더 긴 간격으로 만나고 있을 때, 또는 가족원들이 종결 또는 치료자 이전에 대해 많은 어려움을 겪을 것이라고 예상될 때는 더 많은 시간을 할애해야 한다.

가족치료자가 종결에 대한 이야기를 할 때 기억해야 할 것 중 또 하나는 종결에 대한 이야기를 치료면담의 초기에 시작해야 한다는 것이다. 치료자는 클라이언트가 나타낼지도 모르는 분노 또는 자신의 죄책감 때문에 종결에 대한 이야기를 치료면담 마지막에 꺼내는 자신을 발견할 수 있다. (예: "참, 오늘 제가 다음달까지만 이곳에서 일하기 때문에 그 이후에는 여러분들을 더이상 만날 수 없다는 이야기를 드리고 싶었습니다. 다음번에 그것에 대해서 좀 더 이야기하도록 하죠.") 이렇게 자신의 감정을 스스로 처리하도록 버려진 클라이언트는 이런 감정에 대해 철두철미하게 방어하는 경향이 있는데 이는 치료자가 이러한 감정에 대해 이야기하는 것을 불안해 한다는 메시지를 전달했기 때문이라고 볼 수 있다.

종결에 대한 토의는 가능하면 현재 치료에 참여하고 있는 모든 가족원이 함께 한 자리에서 하는 것이 바람직하다. 종결에 대한 이야기를 하기 바로 전 치료면담 시간에 가족원이 다음 치료면담에 모두 참여할 수 있기를 원한다고 말하고 모두 참여할 수 있는지의 여부를 타진하는 것이 좋다. 지정된 치료면담에 가족원 중 불참한 사람이 있더라도 꼭 그럴 필요가 없는 한 종결에 대한 토의는 연기되지 않아야 한다. 치료자는 면담이 끝난 후 가능하면 빨리 불참한 가족원과 전화통화를 하여 종결에 대한 얘기를 간단히 하고 다음 치료면담에는 반드시 참석할 것을 권하는 것이 좋다.

2) 종결에 대한 구체적 개입방법의 계획

가족치료자의 종결에 대한 준비의 마지막 단계는 그가 종결에 대한 이야기를 어떻게 할 것이며, 클라이언트로부터 예상되는 반응에 어떻게 대처할 것인가를 사전에 계획하는 것이다. 제일 먼저 가족치료자는 가족원들이 종결을 고려해 본 적이 있는지 묻고, 본인은 한번 생각해 보았다고 하면서 이야기를 꺼낸 후 가족원의 반응을 살펴본다. 많은 경우 가족은 이미 같은 생각을 해 보았거나 종결을 심각하게 고려할 의사가 있다. 그러면 점차로 그들이 치료를 통해 달성하고자 했던 목표에 얼마나 근접해 있는지, 아직 해야 할 일들이 무엇인지에 대해 의논한다.

자연적인 종결에 대한 이야기를 시작하면 위협을 느끼는 가족들도 있다. 이런 경우 지금 곧 종결을 하고자 하는 것이 아니라는 것을 알리고 그들의 생각을 부드럽게 탐색해 보는 등 그들을 안심시킬 수 있는 방법에 대해서 미리 계획해야 한다. 만약 가족이 자연적인 종결에 대한 준비가 아직 안 되었다고 판단되면 종결에 대한 생각을 일시적으로 연기할 수 있다.

가족치료자는 또한 클라이언트가 때로는 의식하기도 하고 때로는 의식하지 못하는 종결에 대한 정서적 반응에 대처하도록 어떻게 도울 것인지 계획해야 한다. 치료자는 사람들이 흔히 종결에 대한 감정을 느끼고, 그것에 대한 이야기를 하는 것이 도움이 된다는 것에 주목할 필요가 있다. 가족이 특정 감정을 강하게 경험하거나 그러한 감정에 대해 가족 특유의 방법으로 방어할 경향이 있다고 인식하고 있는 치료자는 이러한 반응이 나타나는·것을 주의깊게 살필 준비를 하고, 나타나게 되면 어떻게 행동할 것인지를 결정해야 한다. 예를 들어 가족치료 초기에 감정이 거론되면 간단히 무시해 버리는 경향이 있던 가족은 종결에 대한 감정도 부인하거나 아무런 문제가 되지 않는다고 일축해 버릴 수 있다. 치료자는 또 이러한 반응이 일어난다면 가족원들이 진정으로 두렵거나 고통스러운 감정을 경험할 때의 그들의 행동경향을 알릴 것인지를 사전에 계획하는 것이 바람직하다. 또는 가족이 처리하기 힘든 감정에 당면할 때마다 치료약속을 어기곤 했다면 치료자는 그들이 종결을 앞두고 유사한 행동을 하고 싶을 수도 있다고 미리 경계를 할 지 여부를 결정하여야 한다.

가족치료자가 어떤 외부적인 요인때문에 가족치료를 중단해야 하는 경우 어떻게 이것을 전달할 것인지를 먼저 신중히 계획하면 도움이 될 것이다. 일반적으로 치료자가 처한 상황을 간단명료하게 설명하고 난 후 그러한 상황이 클라이언트에게 미치게 될 영향에 대해 토의하자고 제안하는 것이 가장 바람직하다. 치료자는 왜 직장을 옮기는가, 직장을 옮긴 후에도 계속 치료를 해줄 수 있는가 등과 같은 가족의 질문들에 대해 어떻게 대답할 것인가를 사전에 준비하여야 한다. 치료자는 가족이 상황의 변화때문에 어떤 감정을 갖게 될지도 모른다는 것을 알릴 계획을 하고 가족을 어떻게 도울 것인가를 생각하여야 한다.

마지막으로 가족치료자는 클라이언트로 하여금 자신이 느끼는 감정에 대처할 수 있도록 충분히 도와주기 전에 종결을 해야 할지 혹은 치료자 이전을 해야 할지에 대한 토의를 하지 않으려는 클라이언트의 시도를 어떻게 막을 것인가에 대한 계획을 할 수 있다.

제4절 종결개입과정(Nelsen, 1983, pp. 261-270)

사전 준비작업을 마친 가족치료자는 다양한 방법으로 종결 또는 치료자 이전을 시작하고 성공적으로 완수할 수 있도록 돕는다. 가족으로 하여금 종결 또는 치료자 이전을 시작하도록 돕는 과정과 완수하도록 돕는 과정을 분류해서 살펴보면 다음과 같다.

1. 가족의 종결 또는 치료자 이전을 시작하도록 돕는 과정

가족치료자는 가족으로 하여금 종결에 대한 감정에 대처하고, 종결을 할 것인지 치료자 이전을 할 것인지 가장 적절한 결정을 내리고, 치료를 통해 달성한 성과를 유지할 수 있도록 돕기 위해 다양한 방법으로 개입할 수 있다. 먼저 가족치료자는 어느 정도 사전 준비를 한 후에는 종결해야 할 필요성에 대해 얘기해야 한다. 그런 다음 클라이언트로 하여금 종결에 대한 감정에 대처하고 앞으로 어떻게 할 것인지를 결정하도록 돕는다. 가족원들은 전형적으로 농담을 하거나 자신을 탓하는 등 그들의 감정을 명백히 부인하거나 방어하는 진술을 하는 경향이 있다. 그들은 또한 동시에 서로 상반되는 많은 감정들을 느끼기 때문에 치료자는 그들과의 토의 속에서 그 당시 그들에게 가장 중요하게 떠오르는 감정이 무엇인지를 시사하는 주제를 파악하고, 그것에 대해 얘기해 볼 수 있다. 마지막으로 치료자는 가족이 아직도 성취해야 할 목표들 중 몇 가지를 종결 또는 치료자 이전을 하기 전에 달성할 수 돕는다. 치료자는 가족이 남은 시간동안 달성할 수 있는 목표가 어느 것인가를 결정하도록 도와야 한다. 그러나 치료자와 합의를 보았거나, 외부적인 요인이 치료면담 횟수를 제한하고 있는 경우에 처한 가족은 보통 때보다 훨씬 더 빨리 변화를 할 수 있다는 사실도 기억해야 할 것이다.

2. 가족의 종결 또는 치료자 이전을 완수하도록 돕는 과정

가족의 종결 또는 치료자 이전을 완수하도록 돕는 과정은 다음과 같다.

1) 클라이언트의 종결에 대한 감정처리 작업의 증진

가족치료자가 가족으로 하여금 종결에 대한 감정처리를 성공적으로 완수할 수 있도록 도움을 주는 방법 중의 하나는 처음부터 가족원들이 느끼는 감정은 적절한 것이고 그들이 그렇게 느끼는 것이 당연하다는 것을 얘기해 줌으로써 클라이언트의 감정을 수용하는 반응을 보이는 것이다. 종결에 대해 털어놓은 자신들의 감정을 치료자가 받아주는 것을 볼 때 그들은 큰 짐을 덜어놓은 것 같은 느낌을 갖는다. 이런 경험을 한 후에는 더이상의 아무런 개입도 필요치 않는 경우도 있다.

2) 목표달성, 감정처리 및 미래에 대한 준비를 위한 마지막 작업

가족치료자는 가족원들이 치료 초기에 이룬 변화에 대한 것은 물론 치료 마지막 몇주 동안에 그들이 실행한 작업에 대해 재검토하여야 한다. 이러한 가족치료 전반에 대한 평가는 가족치료자와 가족 양방에게 성취감을 부여할 뿐 아니라 가족이 앞으로 나아가야 할 방향을 제시해 준다.

3) 종결 후의 접촉

가족치료 종결 후 가족치료자와의 접촉을 어느 정도 가능케 해야 하는지는 일차적으로는 가족이 처한 상황에 따라 다를 수 있다. 치료종결 후 치료자와의 접촉과 관련된 문제로는 사후지도를 위한 치료면담 약속(follow-up appointment)과 전화연락을 들 수 있다.

① 사후지도를 위한 치료면담 약속

사후지도를 위한 치료면담 약속은 가족의 치료가 비교적 빠르게 진전되어 종결을 희망하고 있으나 그들이 달성한 변화를 유지하고 자신들만의 힘으로 긍정적인 변화를 지속할 수 있을지를 검증해 볼 필요가 있다고 생각될 때 하는 경향이 있다. 마지막 치료면담 후 한달가량 뒤에 치료면담약속을 함으로써 가족만의 노력으로는 잘 해 나갈 수 없을지도 모른다는 것에 대한 두려움을 부분적으로나마 덜 수 있게 된다.

사후지도를 위한 면담은 보통의 치료면담보다 짧게 이루어질 수 있는데 이때 가족치료자는 가족의 근황에 대해 듣고 그들이 성공적으로 대처해 나가고 있는 것을 축하해 준다. 가족이 다소간 어려움을 겪고 있는 경우에는 시간의 일부를 문제해결을 위해 할애할 수 있지만 잘 지내온 부분에 대해서는 역시 축하해 줌으로써 가족을 격려해 준다. 가족치료의 재개는 가족이 자신들끼리는 도저히 해 나갈 수 없을 정도일 경우에 한하여 권해야 한다. 가족의 어려움이 신속히 해결될 것 같으면 제한된 수의 치료면담을 미리 설정해 놓을 수도 있다.

② 종결 후의 전화연락

가족치료자가 치료 종결 후 클라이언트가 전화연락하는 것을 격려할 것인지 또는 치료자가 직장을 옮기는 경우, 클라이언트에게 자신의 자택 또는 새 직장 전화번호를 주어야 할 것인지에 대한 답은 클라이언트의 사정에 따라 달라져야 하며 종결에 대한 치료자의 미해결된 감정에 좌우되어서는 안된다.

치료자가 이직을 하는 것이 아니고 클라이언트가 자연적인 종결을 완수하는 경우에는 필요할 때는 언제든지 전화해도 된다고 간단히 얘기해 줄 수 있다. 그러나 너무 가까운 시일내에 전화하는 것은 클라이언트에게 자신이 종결하기엔 준비가 아직 덜 된 것이 아닌가 하는 의심의 여지를 줄 수 있기 때문에 권하지 않는 것이 좋다. 단 그러한 전화연락이 사후지도의 역할을 대신하거나 치료자가 불가피하게 미해결된 상태에서 치료를 종결해야 했던 문제를 처리하기 위해 도와야 할 때(예: 학교선생님이 아들을 다음 학기부터 특수학급에서 정규학급으로 옮겨 주기로 한 약속을 이행하지 않으면 전화연락을 하도록 한다)는 예외이다.

가족치료자가 직장을 옮기는 경우 클라이언트에게 자신의 자택 또는 직장 전화번호를 주는 것은 일반적으로 바람직하지 못하다. 그것은 클라이언트로 하여금 더이상 치료를 받을 수 없는 치료자에게 계속 매여 있도록 조장하는 결과를 낳을 수 있기 때문이다. 그러나 흔히 있는 일은 아니지만 가족이 치료를 받던 기관이 문을 닫게 되고 가족은 만약의 위기상황시 누군가 낯익은 사람과 연락이 될 수 있다는 사실을 알아야만 안심을 할 수 있는 경우에는 치료자의 자택 전화번호 대신 새 직장번호를 줄 수도 있을 것이다.

4) 치료자 이전을 하는 가족

가족이 종결 대신 다른 치료자로 이전하는 경우에도 원치료자와의 종결단계는 앞에서 서술한 바와 유사하다. 즉 클라이언트는 먼저 변화에 대한 부인을 하고, 분노, 상실감 등을 경험하며 궁극적으로는 치료자 이전이라는 현실을 받아들이게 된다. 대다수는 새로운 치료자로 이전하기 전에 가능하면 많은 것을 달성하고자 노력하나 일단 치료자 이전을 결정한 후에는 새로운 치료자와 작업을 시작하기까지 그 어떤 문제도 새롭게 제기하지 않으려는 가족도 있다.

가족이 치료자 이전을 하는 경우 가족으로 하여금 원치료자와 마지막 치료면담을 하기 전에 새로운 치료자와 잠시 만나게 하는 것이 도움이 된다. 원치료자는 모두를 서로에게 소개해 주고, 새롭게 맺어질 관계를 축복해 주는 한편 가족은 약 5분가량 새로운 치료자와 담화할 수 있다. 그리고 원치료자와의 마지막 치료면담 시간에 가족은 그들이 새로운 치료자에게서 받은 표면상의 인상에 대해서 얘기하고 그들이 갖고 있는 염려(예: 치료자가 너무 어리게 보여 치료능력을 의심)를 해결할 수 있을 것이다.

제5절 가족이 때아닌 종결을 하고자 하는 경우의 대처방법
(Nelsen, 1983, pp. 247-250)

가족치료자가 최선을 다하여 치료를 하는 경우에도 클라이언트는 다음 시간 부터 오지 않겠다고 얘기한다든가, 다른 시간으로 약속을 변경하고 싶다는 요청 없이 면담에 오지 않거나 하곤 한다. 가족치료 면담에 이유 없이 오지 않는 가족은 아직 얘기는 꺼내지 않았을지 몰라도 치료를 지속할 것인지에 대한 양가감정을 갖고 있을 수 있다. 가족이 때아닌 종결을 하고자 할 때마다 두가지의 과제가 즉시 대두되는데, 그러한 종결의 위협이 생기게 된 원인이 무엇이고, 그런 경우 가족치료자의 가장 건설적인 반응은 무엇인가가 바로 그것이다.

1. 때아닌 종결의 원인

가족이 목표달성을 향해 얼마나 전진하고 있는지를 주의깊게 추적해 온 가족치료자는 거의 대부분의 경우 가족이 왜 갑자기 종결을 원하는지에 대한 대강의 짐작을 할 수 있다. 가족치료의 중간단계에 접어들면서 가족이 때아닌 종결을 원하는 가장 흔한 이유는 가족치료를 통한 가족의 변화가 전혀 또는 거의 없으면서 동시에 가족원 중 일부 또는 전부가 면담시간에 거북함을 느끼는 경우이다. 치료의 후반에 가서 가족이 종결을 원하는 이유로는 가족치료에서 한동안 더이상의 진전이 없을 때, 변화가 일어나고 있으나 그 변화를 두려워하거나 싫어하는 가족원이 있을 때, 또는 클라이언트가 가족치료자의 특정 행동에 갑자기 화가 나거나 불쾌감을 느꼈을 때를 들 수 있다. 어떤 경우에는 클라이언트가 이루고자 했던 궁극적인 목표를 어느 정도 달성했거나, 가족이 이사를 해야 하는 등의 정당한 이유로 종결을 원한다.

2. 가족치료자의 대처방법

클라이언트가 치료면담 중 또는 전화를 통해 즉시 가족치료를 종결하고 싶다고 하는 경우 가족치료자는 먼저 그들로 하여금 그 문제에 대해 솔직히 이야기해 보도록 해야 한다. 따라서 충분한 시간이 남아 있는 경우를 제외하고는 가족이 한번 더 치료면담에 오도록 요청하여야 한다. 이는 가족이 종결을 계획하는 것은 그들이 변화하고자 할 때 계속 노력하면 극복할 수도 있을 장애에 부딪쳐 포기하고자 할 수도 있기 때문이다. 설혹 가족이 자연적인 종결을 위한 준비가 되어 있다 하더라도 적어도 한번 이상의 면담을 통한 재검토가 있을 때 가족은 그들이 이룬 변화를 보다 견고히 하고 계속 유지할 수 있을 것이다. 치료자는 가족원들과 종결의 원인에 대해 자세히 애기하기 전에는 가족이 이러한 결정을 하게 된 동기가 무엇이었는지 장담할 수 없다.

가족이 때아닌 종결을 원하는 이유에 대한 이야기를 할 수 있도록 돕기 위해서 가족치료자는 먼저 가족에게는 그들이 원하는 경우 언제든지 가족치료를 종결할 권리가 있다는 것을 인정해 주어야 한다. 이러한 말은 치료자가 가족의 뜻과는 반대로 치료를 계속하도록 강요할 것이라는 가족의 염려를 중지시키는 역할을 할 것이다. 치료자는 그런 다음 가족이 종결하고자 하는 이유에 대해 듣고 싶다고 하여야 한다. 결국에는 가족치료를 중단하는 것이 가장 바람직하다는 결론에 도달할지라도 이러한 토의는 치료자와 가족 사이에서 미해결된 부분을 마무리지을 수 있게 해 줄 것이다.

클라이언트 중에는 종종 전화로만 얘기하고 싶어하거나 치료면담이 끝나갈 무렵 가족치료를 중단하고 싶다는 얘기를 한 후 남은 시간동안만 할애하고 다시 치료면담에 오기를 거부하는 사람들이 있다. 그러나 전화로 얘기하는 경우의 단점은 보통 한 가족원과만 통화할 수 있다는 사실이다. 또한 그 가족원은 자신은 또 한 회의 치료면담에 올 의향이 있지만 다른 가족원들을 설득할 수 없다고 말할 수 있다. 이런 경우 치료자 자신이 다른 가족원들에게 직접 전화해 주겠다고 제안하거나 가족치료에 오기를 꺼려하는 가족원들을 설득하는 방법을 가르쳐 줄 수 있다. 두가지 방법이 모두 효과적이지 못할 때는 치료면담에서 한 가족원만이라도 만나는 것이 종결하고자 하는 가족의 결정을 전화통화를 통해서만 처리하는 것보다 바람직하다.

클라이언트가 전화통화나 제한된 치료면담 시간만을 허락하는 경우 치료자는 주어진 기회를 가능한 효과적으로 이용하도록 노력해야 한다. 먼저 치료자는 가족이 언제 그리고 어떻게 종결하고자 하는 결정에 도달했는지 비심판적인 태도로 물어볼 수 있다. 가족이 제시하는 이유는 경제적인 사정으로 치료비용을 더이상 감당할 수 없을 때와 같이 정당할 수 있는데 이때는 현실을 있는 그대로 인정해 주어야 한다. 반면 가족이 종결을 원하는 이유는 흔히 자신들도 희미하게만 의식할 수 있는 정도의 보다 근원적인 동기 때문에 복잡하게 되는 경향이 있다. 따라서 치료자는 혹 치료에 대한 가족원들의 생각이나 감정이 무의식중 그들의 결정에 영향을 주었는지 탐색해 볼 수 있다.

가족치료자가 치료 도중 어떤 일이 일어나고 있었는지를 잘 파악하고 있는 것은 이렇게 시간이 촉박할 경우에 특히 더 중요하다. 클라이언트가 치료를 통해 얻어진 성과가 별로 없다고 생각하기 때문에 치료에 대해 낙심하고 있거나 변화를 하기 위해 극복해야 할 장애에 부딪치어 교착상태에 처해 있다면, 치료자는 가족이 이미 달성한 변화를 지적해 주고 가족에게는 장애를 극복할 능력이 충분히 있다는 믿음을 전달해 주는 것이 좋다. 자신이 한 어떤 특정 행동때문에 클라이언트가 화가 나 있거나 두려워하고 있는 것을 어렴풋이 눈치채고 있는 치료자는 자신의 느낌이 근거가 있는 것인지를 타진해 본다. 이러한 사실에 대해 개방적으로 이야기하는 것이 클라이언트로 하여금 보다 더 방어적이 되게 할 것 같은 경우 치료자는 자신이 취한 행동이 가족에게 도움이 되지 않았다는 것이 분명함으로 다른 방법으로 개입할 기회를 갖고 싶다고 단순히 시인할 수 있다. 또한 가족치료가 계속 진전되고 있고 치료자의 개입전략이나 목표에도 변화가 없었는데도 불구하고 가족이 때아닌 종결을 원할 때 치료자는 클라이언트가 혹시 치료가 장차 가족에게 가져올 변화에 대한 두려움을 갖고 있는 것이 아닐까 하고 생각해 본다. 치료자는 클라이언트가 이러한 불안을 갖고 있을 가능성에 대해 탐색해 보거나 이러한 판단에 근거하여 즉시 실행할 개입전략을 조정해 볼 수도 있다.

가족치료자가 때아닌 종결을 하고자 하는 클라이언트를 위해 건설적인 방법으로 대처하고자 최선을 다하는데도 불구하고 클라이언트는 끝까지 종결에 대해 더이상 얘기하지 않으려 할 수도 있다. 치료자는 그런 경우에도 치료를 통해 이룬 성과를 가족의 공으로 돌리면서 그 중 가능한 한 많은 것을 계속 유지해 나갈 수 있도록 돕는 노력을 해야 한다. 또한 치료자는 가족이 먼저 몇 일 동안 종결에 대해 더이상 이야기하고 싶지 않다는 결정에 대해 생각해 본 후 치료자가 전화를 걸어 또 한 회의 치료면담에 올 의향이 있는지를 타진해 보는 것은 어떠냐고 물어볼 수 있다. 가족이 전화받기를 원치 않는다면 치료자는 그들의 성공을 기원하면서 그들이 원하는 때면 언제라도 다시 연락해도 좋다고 하며 작별인사를 한다.

클라이언트가 치료면담 초기에 종결에 관한 문제를 제기했거나 그 문제에 대해 토의하기 위해 다음 치료면담 시간에 오기로 동의한 대부분의 경우에는 치료에 있어서의 장애 또는 어려움이 무엇이었는지를 타진해 볼 시간이 있기 때문에 종결하고자 하는 이유도 파악할 수 있다. 그러나 그런 토의가 별 도움이 되지 않을 것 같을 때는 클라이언트를 다시 치료에 참여시킬 수 있는 새로운 치료전략을 시도해 볼 수 있다. 그런 노력에도 불구하고 가족이 치료를 중단하고자 하는 결심을 돌이키지 않을 경우에는 남아 있는 시간 동안 만이라도 종결에 대한 감정과 문제들을 다루는 것이 바람직한데 가능한 한 효과적으로 종결하기 위해서는 3회 또는 4회까지의 치료면담이 필요하다.

결 론

이상으로 가족치료 과정 중 말기과정과 관련된 문제들로써 가족치료 종결시기의 판단기준, 종결 또는 타 치료자로의 의뢰중 선택해야 할 경우의 결정기준, 종결을 위한 준비, 종결개입과정과 가족이 때아닌 종결을 하고자 하는 경우의 대처방법에 대하여 살펴보았다. 본 장에서 다룬 내용은 가족치료의 종결과정이 치료자와 클라이언트 모두에게 치료에 영향을 미치는 감정들을 경험하게 한다고 믿는 가족치료자 또는 이론가들이 서술한 것을 기반으로 하고 있다. 따라서 단기치료나 전략적 가족치료 등과 같이 종결에 대한 감정을 중요시 하지 않는 가족치료학파의 관점에서는 불필요한 내용으로 간주될 수도 있다는 것을 감안하여야 할 것이다.

가족치료의 말기과정과 관련된 문제들을 간단히 요약하면 아래와 같다. 먼저 가족치료는 다음과 같은 상황에서 종결할 수 있다. 즉 클라이언트가 치료를 통해 달성하고자 했던 목표가 이루어졌을 때, 가족원들이 가족치료를 통해 습득한 대처방법 및 행동양식을 수용・유지할 수 있을 때, 가족원들간의 의사소통이 분명하고 일관되게 이루어질 때, 가족의 구조와 규칙이 보다 융통성 있고 기능적일 때, 가족원 개개인이 보이던 증상들이 호전되고 가족원들간의 긍정적인 상호작용이 이루어질 때, 그리고 가족원 각자의 역할과 기능에 대한 합의가 가족이 만족할 만한 수준에서 이루어 질 때 종결을 고려할 수 있다.

가족치료자가 가족에게 종결을 권해야 할지 아니면 다른 치료자로 옮길 것을 권해야 할지를 선택하기 위해서는 다음과 같은 요인들을 고려해야 한다. 즉 가족을 의뢰할 필요가 있는 경우 가족의 치료를 담당할 유능한 가족치료자가 가까이 있는지 파악해야 하고, 가족이 자연적으로 종결할 수 있는 단계에 얼마나 가까이 접근해 있는지 고려해야 하고, 가족이 보다 빨리 또는 자력으로 변화해 나갈 수 있는 능력이 있는지 검토해야 하고, 마지막으로 클라이언트가 원하는 것이 무엇이지를 참고하여야 한다.

가족치료자는 가족과 함께 종결에 대한 이야기를 시작하기 전에 먼저 다음과 같은 준비를 하여야 한다. 즉 치료자는 종결에 대한 자신의 감정에 직면하고, 클라이언트가 종결할 준비가 얼마나 되어 있는지를 평가하고, 클라이언트가 종결을 앞두고 나타낼 반응을 예측하고, 끝으로 성공적인 종결을 위한 구체적인 개입방법을 계획해야 한다.

가족치료의 실제 종결개입과정은 미리 준비한 계획에 따라 이루어지는데 그것은 주로 클라이언트의 종결에 대한 감정처리를 위한 작업과 달성된 목표를 유지시키기 위한 노력과 치료종결 후 가족으로 하여금 어떤, 또는 어느 정도의 접촉을 허락하는 것이 바람직한가를 중심으로 이루어진다.

마지막으로 가족이 때아닌 종결을 원하는 경우 가족치료자는 가능하면 가족이 그러한 결정을 내리게 된 원인을 파악하여 가족이 가장 바람직한 방향으로 나아갈 수 있도록 도와야 한다.

참 고 문 헌

Glick, I. D. & Kessler, D. R.(1980), *Marital and Family Therapy* (2nd Ed.), Grune & Stratton, Inc.

Luthman, S.G. (1974), *The Dynamic Family,* CA: Science and Behavior Books, Inc.

Nelsen, J. C. (1983), *Family Treatment: An Integrative Approach.* NJ: Prentice Hall.

Thomas, M. B.(1992), *An Introduction to Marital and Family Therapy,* NY: Merrill.

Zastrow, C.(1989),*The Practice of Social Work,* Chicago: The Dorsey Press.

제 4 장

가족치료 실시에 있어서의 어려운 상황들

엄 예 선*

본 장에서는 임상사회사업가가 가족치료를 실시할 때 경험하는 여러가지 어려운 임상적 상황들 중 그 일부를 가족과 관련된 상황들, 치료자와 관련된 상황들, 윤리적인 면이 개입된 상황들로 분류하여 각 상황들의 특성과 대처방안들을 고찰해 보겠다. 본 장에서 다룰 내용들을 살펴보면 다음과 같다.

제1절 가족과 관련된 상황들

1. 파괴적인 상호작용이 일어나는 경우
2. 한 사람이 대화를 독점하는 경우
3. 중요한 가족원이 말하지 않는 경우
4. 비밀노출의 문제와 관련된 경우

제2절 치료자와 관련된 상황들

1. 공유영역 문제가 일어나는 경우
2. 여성 가족치료자가 권위의 사용에 대해 어려움을 느끼는 경우
3. 치료자 자신의 가치관이 작용하는 경우
4. 가족치료 자체에 대한 경험과 이해가 부족한 경우

제3절 윤리적인 면이 개입된 상황들

1. 전문적 사회사업 윤리
2. 가족치료자가 전문적 윤리를 위배하는 경우
3. 윤리적 딜레마에 대한 대처방안

---

* 이화여자대학교 사회사업학과 교수

제1절 가족과 관련된 상황들

1. 파괴적인 상호작용이 일어나는 경우

1) 파괴적인 상호작용의 특징 및 결과

가족치료의 실시에 있어서 가족원들간의 파괴적인 상호작용은 여러가지 형태로 나타난다. 예를 들면 화가 나 비난조로 말하거나, 상대방을 비꼬아서 자극시키거나, 특정 가족원을 향해 수치심을 주거나, 과거의 잘못을 추궁하거나 인정이나 지지 혹은 애정을 철회하는 등으로 나타나며 이러한 종류의 상호작용은 상대방과의 대화의 문을 닫고 나아가서 문제와 관련된 자신의 역할을 보고자 하는 자세를 감소시킨다.

파괴적인 상호작용이 특히 치료초기에 일어날 경우 가족원들은 공격당한다는 느낌과 아울러 불안함을 느낀다. 그들은 치료자를 가족을 보호할 수 없는 무능한 사람으로 본다. 따라서 치료에 대한 희망과 동기를 잃는다. 나아가서 치료는 많은 비생산적인 고통을 일으킬지도 모른다는 그들이 갖고 있는 공통적인 두려움을 확인해주는 결과를 가져온다. 그러므로 파괴적인 상호작용은 방지되어져야 하며 그러한 상호작용이 일어날 경우 즉각 교정되어야 한다 (Karpel & Strauss, 1983).

때로는 파괴적인 상호작용이 매우 의미있는 치료적 계기로 전환될 수도 있다. 이러한 전환은 치료자와 가족간에 신뢰관계가 형성되어 있으며 가족이 문제를 해결하고자 하는 동기가 어느 정도 있을 때 가능하다.

치료자가 파괴적인 상호작용을 허락해야 할 필요가 있는 경우도 있다. 예를 들면 지나치게 자기도취적인 가족원에게 자극을 줄 필요가 있을 경우, 가족이 갈등을 참을 수 있는 능력이 얼마나 되는지를 파악할 필요가 있을 경우, 치료자의 개입의 결과가 파괴적인 상호작용 자체보다도 더 부정적이 될 수 있다고 판단되는 경우 등이다(Karpel & Strauss, 1983).

치료자는 치료과정 중 파괴적인 상호작용이 언제 일어나는가에 따라서, 또 부부간에 일어나는가 혹은 부모 자식간에 일어나는가에 따라서 다른 접근책을 써야 한다. 치료 초기에 일어날수록 치료자가 능동적으로 즉각 대처해야 하고, 부모 자식간에 일어날 때는 먼저 부모의 권위를 존중해야 하며, 부부간에 일어날 때는 부부 중 어느 누구도 치료자 앞에서 체면손상이 되지 않도록 민감하게 개입해야 한다.

2) 대처방안

파괴적인 상호작용에 대한 대처방안에는 예방적 대처방안과 교정적 대처방안이 있다 (Karpel & Strauss,1983). 예방적 대처방안으로는

① 치료자가 상호작용의 순서를 파악한 후 이 순서를 차단시키기 위해 제 3자에게 질문을 하는 방법이 있다. (예를 들면 아버지가 어머니를 비난하고 어머니는 큰 딸을 비

난하는 경우 치료자가 큰 아들에게 질문을 할 수 있다.)

② 치료자가 상호비난을 일으키지 않을 것이라고 판단되는 특정 내용에 초점을 잡아 그 내용 속으로 깊이 들어가는 방법이 있다.

③ 치료의 기본적인 규칙을 정하는 방법이 있다. 예를 들면 "오늘 이 면담이 끝날 때까지는 두분이 서로 이야기하지 마시고 각자가 저하고만 이야기를 해주시기 바랍니다." 또는 "영수 어머니의 입장이 충분히 이해가 갑니다만 나중에 과거에 대해 말씀하실 기회를 드릴테니까 오늘은 과거의 섭섭함은 말씀하시지 마시고 앞으로 두분이 어떻게 하실 것인지에 대해서만 말씀해 주실 수 있는지요?"라고 요청할 수 있다. 흔히 가족들은 쉽게 이러한 규칙을 따르지 않으므로 치료자는 여러번 반복하여 규칙들을 상기시킬 필요가 있다.

위의 방법들을 사용할 때 치료자는 왜 치료자가 이러한 방법들을 제안하는지에 관한 설명을 해주는 것이 바람직하다. 예를 들면 치료자 자신이 한꺼번에 너무 많은 정보를 따라갈 수 없다든가 혹은 치료실에서만은 집에서 일어나는 것과 같은 상호작용이 반복됨을 피함이 중요하다든가 혹은 많은 오래된 문제들이 존재하고 있는데 치료실 내에서 다룰 수 있는 점들은 극히 제한되어 있으므로 특정한 치료의 방향을 설정함이 중요하다든가 하는 설명을 할 수 있다. 이와 같은 개입들은 가족들로 하여금 그들 스스로의 파괴적인 상호작용 과정을 관찰하고 이에 대한 의식적인 노력을 하게 하는 데 도움이 된다.

위의 모든 시도들이 실패할 경우엔 치료자는 적어도 당분간은 가족들을 분리시켜 따로따로 치료할 필요가 있다.

파괴적인 상호작용이 방지될 수 없었을 경우엔 이미 가해진 부정적인 영향을 시정하기 위한 치료적 개입을 해야 한다. 이러한 개입 방법으로는

① 두사람의 과거의 관계나 혹은 현재 두사람 사이에서 일어나는 대화의 내용으로부터 아주 작은 면일지라도 긍정적인 면을 찾아서 이 점을 재명명기법을 사용하여 강조하는 방법이 있다(Karpel & Strauss, 1983).

② 치료자가 현재와 같은 상호 비난적인 상호작용이 어떻게 치료 목적의 성취에 방해가 되는가를 지적할 수 있다.

③ 이와 같은 상호작용이 그동안 그들에게 얼마나 많은 고통을 갖다 주었는가를 지적할 수 있다.

④ 가족들로 하여금 앞으로도 계속 이런 식의 상호작용을 할 것인지 아닌지를 결단하도록 도전할 수 있다. 이 때 치료자 자신이 차분하고도 분명한 억양을 사용하는 것이 부부사이의 고조된 감정을 조절시켜 주는 데 도움이 된다. 또한 치료자가 매우 용기있고 자신감있는 태도를 취하는 것이 중요하다(Karpel & Strauss, 1983).

⑤ 일방적으로 한사람이 비난을 하고 상대방이 비난을 받는 경우엔 치료자는 비난받는 자를 과보호하지 말아야 하며 동시에 그에게 자신을 변명할 수 있는 기회를 줌이 필요하다. 치료자는 특히 동성(同性) 클라이언트가 상대방으로부터 과격한 비난을 받고

있을 경우 보호해주고 싶은 충동을 느낄 수 있다. 그러나 만일 한 배우자가 치료자가 자신의 배우자를 편든다고 느낄 경우 그는 치료자에 대한 신뢰를 잃을 수 있고 동시에 자신의 배우자에 대해 더욱 강하게 비판적인 자세를 취할 수 있으므로 주의해야 한다.

가족측에서도 흔히 동성(同性) 치료자의 이해를 구하는 경향이 강하고 치료자와 같은 성이 아닌 사람은 자신은 지지체계가 없다고 생각할 수도 있다. 특히 우리나라의 경우 부인이 가족치료를 원하여 남편이 따라오는 경우가 많고 아직까지는 남성 치료자보다 여성 치료자가 많은 실정이다. 흔히 가족치료를 원하는 부인들은 자신들이 남편을 설득할 수 없는 점들이나 남편에 대한 원망들을 동성 치료자가 대신 해결해 주기를 바라는 기대가 있다. 나아가서는 자기들 대신 치료자가 배우자와 싸워주기를 바라는 사람들도 있다. 이것은 초보 치료자가 쉽게 빠질 수 있는 일종의 함정이라고 볼 수 있다. 이런 경우 치료자는 먼저 남편에게 여성 치료자와 함께 일하는 것에 대한 반응을 묻는 것이 필요하다. 또 치료 중 그들이 치료자가 여성이기 때문에 느끼는 불편함이 있다면 그때그때 표현하도록 미리 요청함이 바람직하다. 필자의 경험에 의하면 여성 치료자와 일하는 것에 관한 반응을 묻는 질문 자체가 흔히 남성 클라이언트의 불안을 감소시켜 주고 여성 치료자에 대한 수용적 자세를 형성하는 데 도움을 준다. 그러나 만일 남성 클라이언트가 계속 불편함을 표현한다면 남성 치료자와 공동치료를 하든가 남성 치료자에게 의뢰하는 방안을 강구함이 바람직하다고 본다.

2. 한사람이 대화를 독점하는 경우

1) 대화의 독점 양상

가족치료 상황에서 치료자는 때때로 다른 사람 대신 모두 대답하고 다른 사람의 문제를 장황하게 늘어놓는 가족원을 만날 때가 있다. 가족치료 상황에서 한사람이 계속 대화를 독점하는 경우 치료를 통한 변화가 일어날 수 없다(Anderson & Stewart, 1983).

독점자를 잘 다루지 못할 경우 치료자는 충분한 정보를 가질 수 없게 되고 다른 가족원들과 관계형성을 할 수 없게 된다. 최악의 경우엔 치료자는 다른 가족원들도 독점자 자신도 치료를 중단함을 경험하게 된다. 치료자가 독점자에게 어느 정도의 한계 설정을 해주지 못한다면 치료자는 점점 무기력함과 짜증과 분노를 느끼게 되고 독점자가 말하는 내용에 무관심하게 된다. 가족들 편에서 본다면 치료자가 독점자를 다루지 못할 때 가족들은 치료자를 무능하게 보게 되고 따라서 치료에 대한 희망을 잃게 된다.

대개 독점자들은 두가지 종류로 나뉘어지는데, 첫째 종류의 사람들은 단순히 새로운 상황에 처하는 것이 불편한 사람들이다. 이러한 사람들은 치료자가 올바로 개입하면 대체적으로 반응을 잘 한다. 두번째 사람들은 통제하려 드는 사람들로서 치료자가 매우 단호한 입장을 취하지 않는 한 변하지 않는다(Anderson & Stewart, 1983).

때로는 어떤 치료자는 특정 가족원의 통찰력이나 화술에 매료되어 특정 가족원으로 하여금 계속 말하도록 허락하는 경우가 있다. 이러한 경우는 특히 초보 치료자에게 많이 일어나는데 그 이유는 초보 치료자들은 흔히 치료실 내에서 침묵이 생길까봐 두려워하는 경향이 있고 동시에 클라이언트가 자신보다 가족의 역동성을 더욱 잘 파악하고 있다고 믿기 때문이다(Karpel & Strauss, 1983).

Karpel과 Strauss(1983)에 의하면 치료 상황을 독점하는 사람들 중에는 ① 교환수 역할을 하는 사람, ② 선동자, ③ 도전자 등이 있고 한사람이 둘 이상의 범주에 속하는 경우도 많다.

교환수는 다른 사람 대신 말해 주고 치료자와 다른 사람들 사이에서 통역 역할을 한다. 즉 치료자나 다른 가족원의 말을 반복하거나 다른 표현으로 바꾸어서 설명해 준다. 이러한 과정에서 흔히 내용이 왜곡되거나 억양의 전달이 달라진다. 치료자가 교환수 역할을 하는 사람들의 행동을 자제시킬 경우 흔히 치료자와 이들 사이에 힘의 경쟁이 생길 수 있다.

선동자들은 다른 사람의 말을 차단하며 자신의 특정 주제에만 심취되어 다른 주제의 대화를 참지 못한다. 그들은 치료실의 분위기를 특정 주제에만 초점을 두도록 몰고 간다.

도전자는 도움을 구하는 자세를 취하기보다 요구하는 자세를 취한다. 흔히 문제를 가진 가족원에 대한 치료자의 평가를 반복하여 요구하는 가족원들이나 치료자의 배경을 자세히 묻는 사람들 중에서 이러한 도전자들이 많다. 때로는 치료자가 묻는 질문에 대한 대답을 주지 않는 도전자들도 있다.

2) 대처방안

(1) 독점자가 치료자가 자신을 충분히 인정해 주고 있다고 느낄 때 까지는 그 사람의 이야기를 먼저 들어주는 자세가 필요하다. 특히 독점자가 그 가족내에서 힘을 가장 많이 갖고 있는 사람이라고 추정될 경우엔 상대편에게 충분히 말할 기회를 주는 것이 중요하다. 그 후엔 치료자가 상대방의 공헌에 대해 감사표시를 한 후 다른 사람들의 정보도 필요함을 밝히고 나중에 다시 기회를 드리겠다고 말할 수 있다. 혹은 치료자가 다른 가족원에게로 넘어갔다가 다시 그 사람에게로 되돌아와도 괜찮겠느냐고 허락을 받을 수도 있다. 다른 사람이 말하고 있는 동안 다시 끼어들면 이것을 제지시키고 곧 다시 그 사람에게 기회를 주겠다고 말함이 바람직하다. 치료자는 이 때 정중한 자세를 잃지 않아야 한다. 특히 치료자가 아직 가족체계 속에 들어가지 못했을 때는 매우 조심스럽게 이러한 자세를 취해야 한다.

(2) 독점하는 행동의 원인과 이유를 파악할 필요가 있다(Karpel & Strauss, 1983). 흔히 독점하고자 하는 행동 이면에는 수용받고자 하는 욕구나 배척에 대한 두려움이 있다. 때로는 독점하는 행동 이면에는 과거 경험에서 오는 두려움이 있다. 예를 들면 한 어머니가 정신과 의사에게 자신의 딸에게 약물치료를 할 것인지를 집요하게 물었는데, 그녀의 질문 이면에는 자신의 동생이 약물치료를 잘못받아 악화되었던 체험에 기인한 두려움이 있었다. 이와 같은

경우는 치료자의 간단한 설명으로 쉽게 독점 행위가 시정된다. 때로는 독점자들은 그들의 독점적 행위가 시정되고 난 후에 치료자의 가장 막강한 지지자가 되기도 한다.

때로는 독점자의 독점적인 행동이 독점자 개인의 행동이 아니라 가족으로부터 위임된 행동일 경우가 있다. 이런 경우는 치료자가 다른 가족원들과 관계를 맺고자 할 때 그들에게서도 같은 반응을 경험할 때 감지된다.

도움을 구할 수 밖에 없는 상황에 있는 불안함과 치료상황에서 오는 불안함 때문에 독점하는 행동이 나타날 수도 있다. 이런 경우 치료자는 주제를 바꾸거나, 보다 비공식적인 접근을 하거나, 유우머를 쓰거나, 자신의 사적인 경험담을 들려주거나, 다른 가족원에게로 초점을 돌림으로써 이러한 가족원들을 다룰 수 있다.

(3) 독점자의 행동이 그의 통제적인 성격 요인에서 나올 경우 치료자는 이런 면들을 특히 치료 초기에 지적해서는 안되고 개별면담을 통해 다루는 것이 바람직하다. 때로는 독점자가 의식적으로 치료실 내에서 독점적인 행동을 할 경우가 있다. 이런 경우에도 개별면담을 해야 하며 개별면담을 통해서 치료에 대한 솔직한 감정을 토로하도록 해야 한다. 나아가서 치료자는 독점자와 기본적인 치료에 임하는 태도에 대한 계약을 이끌어 낼 수 있어야 한다.

독점자의 행동이 그의 통제적인 성격요인에서 나오는 경우 첫째, 치료자는 단순히 모든 가족원의 이야기를 먼저 듣기를 바란다고 말할 수 있다. 둘째, 독점자가 이 가족내의 모든 일을 하고 있다고 가벼운 어조로 비판할 수 있다. 예를 들면 "XX씨는 너무 마음이 관대하셔서 식구들 대신 혼자 열심히 일하고 식구들을 봐 주시는군요. 지금부터 5분만 휴식을 취하시지요...." 이것은 대화의 독점행위를 '지나친 책임감', '자기희생' 등으로 재명명해 주는 방법이다. 세째, 유우머섞인 어조로 독점자를 '통역자'로 재명명기법을 써서 부른다. 네째, 독점행동을 저지시키기 보다는 그와 같은 행동이 표현될 수 있는 채널을 만들어준다. 이것은 가족원 몇 명에게 동시에 과제를 준 후 치료실 안에서 각자가 과제를 보고하게 함으로써 가능하다. 다섯째, 말하는 사람을 저지시키기 위해 신체적인 거리를 사용한다. 즉 스스로를 조절하지 못하는 사람에게 치료자가 자신이 대화의 통제자 역할을 해도 괜찮겠느냐고 미리 허락을 받은 후 그 사람으로 하여금 치료자 가까이로 의자를 옮기게 하고 클라이언트가 끼어들 때마다 아이의 경우라면 그의 어깨 위에 손을 얹을 수 있고 어른일 경우 손으로 신호를 보낼 수도 있다. 그러나 위의 방법들을 사용하는 것이 치료자 자신에게 편안하게 느껴지지 않을 경우엔 사용하지 않는 것이 바람직하다(Karpel & Strauss, 1983; Anderson & Stewart, 1983).

3. 중요한 가족원이 말하지 않는 경우

1) 말하지 않는 가족원이 치료에 끼치는 영향

흔히 가족원들 중 치료자의 질문에 대답하지 않는 가족원이 있다. 문제를 가진 사람으로 지칭되는 사람이 청소년일 경우에, 많은 경우 그 청소년에게서 이와 같은 반응이 나타난다.

가족치료 상황에서 말하지 않는 가족원이 가족에 의해 문제아로 지적되는 사람이 아닌 대부분의 경우엔 치료에 심각한 영향은 없다. 그러나 만일 가족이 치료에 온 이유가 말하지 않는 가족원 때문이라면 나머지 가족은 한사람의 침묵으로 인해 치료가 방해받는다고 느낀다. 따라서 가족원들은 좌절감과 긴장과 원망을 느낀다. 이러한 상황이 적어도 두세 차례 지속되면 흔히 가족들은 치료를 중단한다.

2) 대처방안

치료상황에서 중요한 역할을 차지하는 사람이 말을 하지 않는 경우 치료자는 말하지 않는 가족원이 기질적인 문제나 정신과적인 문제를 갖고 있는지를 확인해야 한다(Karpel & Strauss, 1983). 이것을 위해서는 철저한 검사와 개별면담을 해야 한다. 다음으로 그가 말하지 않는 이유가 혹시 그가 말을 할 경우에 일어날지도 모르는 두려운 결과들 때문인가를 확인해야 한다. 예를 들면 어머니의 부정행위를 알고 있는 딸이 치료실에서 아무리 아버지가 말해보라고 해도 말을 안하는 경우이다. 특히 치료 초기에 아직 치료자와의 관계형성이 되지 않은 상태에서 치료자가 너무 위험스러운 내용을 다룰 때 이와 같은 반응이 나타날 수 있다.

말하지 않는 클라이언트들 중에는 위의 이유들 외에도 다른 정당한 이유들을 갖고있는 경우도 있다. 예를 들면 이전에 매우 부정적인 치료경험을 가졌다든가 현재의 치료 자체에 대한 잘못된 인식을 하고 있는 경우이다. 또 가족상황 자체에 대해 매우 비관적으로 느껴 변화에 대한 희망을 전혀 가지지 못하는 경우도 있다. 이런 경우들에는 치료자가 충분한 관심을 갖고 잘 설명해주며 그 사람의 의견이 매우 중요하므로 치료에 큰 도움이 될 것이라는 점을 강조할 필요가 있다. 특히 그 가족원의 감정상태를 인정해 주는 것이 중요하다. 예를 들면 "영수는 오늘 여기 오기 싫었는데 억지로 온 것 같구나. 오늘처럼 너는 말하고 싶지 않은데 부모님 때문에 말해야만 하는 경우가 자주 있니?" 등의 질문을 할 수 있다(Karpel & Strauss, 1983).

때로는 아주 내성적인 청소년의 경우 말하는 행동 자체가 매우 부담이 되는 경우가 있다. 이런 경우 어떤 치료자는 청소년과 함께 산책을 하기도 하고 또 다른 치료자는 그 청소년이 흥미있어 하는 게임을 함께 하기도 한다.

만일 위의 모든 상황에 해당되지 않고 치료자가 판단하기에 자신이 지금 저항하는 가족원, 특히 청소년을 다루고 있다고 생각된다면 치료자는 자신이 다루고 있는 청소년이 '나는 아무말도 하지 않음으로써 이길 수 있다'라고 생각하고 있다고 보아야 한다. 즉 이 청소년은 힘의 경쟁(power struggle)을 하고 있다고 보아야 할 것이다. 이런 경우 치료자가 청소년과 관계형성을 하려고 애쓰면 애쓸 수록 청소년은 반응을 보이지 않고 따라서 치료자 자신이 더욱 더 좌절감을 느끼게 된다. 동시에 가족들의 눈에는 치료자가 무능하게 비추어진다. 그러므로 가족들은 치료에 대한 희망을 잃게 된다. 이 때 치료자는 자신이 이 청소년을 치료에 참여시킬 힘이 없음을 인정해야 한다.

위의 경우엔 전략적 접근을 하는 것이 가장 바람직하다. 전략적 접근의 구체적인 방법들을 살펴보면 다음과 같다(Karpel & Strauss, 1983).

① 말하지 않는 청소년에 대한 기대치를 낮춘다. 치료자는 자신이 청소년에게 매우 수용적이고 관심이 있으나 그가 치료에 활발히 참여하리라는 기대는 없음을 밝힌다. 이와 같은 태도는 청소년에게 자기결정권과 선택의 가능성을 넓혀준다. 이것은 일종의 이중적인 의사전달법이다. 나아가서 치료자는 청소년들에게 그들의 비협조적인 태도에 대한 허락을 해주고 그들이 그러한 자세를 취함에 대한 정당성을 변명해 줄 수 있다. 예를 들어 치료자는 청소년은 그 당시엔 별로 할 말이 없을 거라고 하며 나중에 할 말이 생길 때는 언제라도 자유롭게 끼어들 수 있다고 말할 수 있다.

② 치료자가 청소년의 침묵을 흔히 청소년들이 바람직하지 않게 느끼는 어떤 특성과 연결시켜 재명명해준다. 예를 들어 "말 안해도 괜찮아. 영수는 지금 마음속에 있는 것을 말하는 것을 너무 두려워하고 있는지도 몰라", "우리가 재호에게 너무 강요해서는 안될 것 같습니다. 어떤 경우엔 청소년들은 치료실에서 자기들이 중요한 내용의 말을 하기에는 너무 어리다고 생각하지요." 이러한 접근책들은 청소년들로 하여금 치료에 협조함으로써 느끼는 불편함보다 더 큰 불편함을 느끼게 만든다. 만일 위의 접근책들에 대해 청소년이 반응을 한 경우 치료자는 이것에 대해 지나치게 열의있는 반응을 보여서는 안된다. 치료자는 이 때 청소년을 무시해서도 안되며 고마와하는 자세를 보여서도 안된다.

③ 위의 방법들이 별 효과를 보이지 않을 경우엔 치료자는 청소년을 개별면접 하거나 혹은 아이들만 따로 볼 수 있다. 이런 경우 치료자는 개별면접은 치료의 정규적인 부분이며 벌이 아님을 분명히 해야 한다.

④ 만일 청소년이 어떤 방법에도 반응을 보이지 않고 그의 행동이 제시된 문제의 중요한 부분을 차지하며 또 치료자가 부모와도 관계형성이 되어있지 않은 상황에서는 치료적 성공을 기대하기 어렵다. 이런 경우엔 또래집단 치료나 다른 치료자에게로의 의뢰 등을 계획함이 바람직하다.

때로는 어떤 청소년은 치료실에서 한마디도 말하지 않거나 불평만 늘어놓으나 부모의 강요가 없이도 자발적이고 정규적으로 치료에 참여한다. 이러한 경우에 치료자는 그들이 말하지 않거나 불평하는 행동에 큰 비중을 둘 필요가 없이 나머지 가족원을 대상으로 치료를 진행시킬 수 있다.

4. 비밀 노출의 문제와 관련된 경우

1) 비밀의 정의 및 특성

비밀에는 개인적 비밀, 가족의 내적인 비밀, 공유된 가족 비밀이 있다. 개인적 비밀은 가족 내에서 누구도 모르는 비밀이다. 가족의 내적인 비밀이란 적어도 두사람이 한사람 이상에게 비밀을 갖고 있는 경우다. 공유된 비밀이란 가족원들은 다 알고 있으나 외부 사람들은 모르는 비밀을 말한다(Karpel, 1986).

어떠한 정보가 비밀인가 아니면 단순한 사적인 내용인가는 그 정보가 그것을 모르고 있는 사람과의 관계에 어떤 영향을 주고 있는가 아닌가에 달려 있다. 즉 영향을 많이 줄 수록 그 정보는 비밀에 가깝다. 고로 비밀은 비밀 보유자의 배우자나 가족들 자신이 알 권리가 있다고 생각하는 내용들이다. 예를 들면 현재 일어나고 있는 남편의 외도는 부부관계에 커다란 영향을 끼치므로 이것은 비밀에 속한다. 만일 부인이 어릴때 어떤 상처를 경험했으나 이것을 많이 극복해 현재의 결혼생활에 어떤 영향을 주고 있지 않을 경우엔 부인의 과거의 경험은 사적인 정보로 간주될 수 있다(Karpel, 1982).

치료자가 가족원 중 한사람의 요구에 의해 개인의 비밀을 지켜줄 경우 치료자는 아래의 위험성에 빠질 가능성이 크다.

① 심리적인 측면에서 볼 때 치료자는 비밀을 모르는 상대방 가족원에게 죄의식을 느낄 수도 있고, 비밀 소유자에 대한 원망의 심정이 생길 수도 있고, 무기력감을 느낄 수도 있고, 비밀 누설의 결과와 관련된 이혼, 자살 등의 두려움을 느낄 수도 있다.

② 관계성의 측면에서 볼 때 치료자는 불가피하게 비밀 보유자와 연합관계를 이루게 되므로 힘의 역동성에 있어서 비밀 보유자와 함께 비밀을 모르는 가족원들 보다 우위에 서게 된다.

③ 윤리적인 측면에서 볼 때 비밀을 몰랐던 가족원이 후에 치료자와 다른 가족원과의 비밀을 중심으로 한 연합관계를 발견하였을 경우 가족원들간의 관계나 치료적 관계에서 신뢰관계가 깨어지게 된다.

④ 이 외에도 비밀 소유자가 갑자기 충동적으로 비밀을 노출하거나 치료자 자신이 실수로 비밀을 노출할 위험성도 있다(Karpel, 1982).

2) 대처방안

비밀유지의 문제가 야기되는 상황은 ① 치료 상황에서 가족내에 개인적 혹은 내적인 가족비밀이 존재하고 있고, ② 그 비밀이 가족관계에 중요한 영향을 주고 있으며, ③ 치료자가 그 비밀을 알고 있으나 누설함이 금지되어 있는 경우를 말한다(Karpel, 1982).

치료자가 치료자로서의 역할을 올바로 수행하기 위해서는 문제와 관련된 모든 정보를 갖고 있어야 하며 동시에 가족원 모두와 신뢰관계를 이루어야 한다. 치료자의 비밀유지의 문제는 위의 두가지 필수여건들 사이의 갈등에서 온다. 치료자는 이 둘 중 어느 쪽에 더 비중을 둘 것인가를 상황에 따라 판단해야 한다. 비밀이 연루된 상황에 대처하기 위해서는

① 치료자는 해당 정보가 비밀인가 사적인 내용인가를 판단해야 한다.

② 치료자는 치료 초기에 모든 가족원들에게 그들이 치료자에게 비밀을 말할 경우 치료

자의 판단에 따라 그 비밀이 다른 가족원들에게 노출될 수도 안될 수도 있음을 알려 준다. 즉 치료자 자신이 결정권을 갖고 있음을 확실하게 알린다. 이점을 확실하게 하지 못할 경우 치료자는 비밀을 가진 클라이언트에 의해서 조종당하기 쉽다.

③ 치료자의 판단은 이 비밀이 타 가족원들과 어떤 관련이 있는가, 즉 이 비밀이 노출될 경우 어떤 결과를 가져올 것인가에 의거해야 한다.

④ 만약 노출됨이 바람직하다고 판단될 경우엔 언제, 어떠한 상황에서 노출됨이 바람직한가를 판단해야 한다.

⑤ 치료자가 비밀을 노출함이 낫다고 판단한 경우엔 치료자는 비밀 보유자가 스스로 비밀을 노출하도록 격려함이 필요하다. 치료자가 도울 수 있는 방법들로는 치료자가 동석한 자리에서 비밀 노출을 할 수 있는 선택을 주거나 비밀 노출을 준비시키기 위한 개별치료 시간을 줄 수 있다.

⑥ 가족원이 비밀보장을 계속 요구해 오는 경우엔 치료자는 비밀 노출이 안된 상태에서는 치료의 진전이 일어나지 않는다는 점을 지적하며 경우에 따라서는 치료를 종결지을 수도 있다(Karpel, 1982).

⑦ 치료자가 반드시 상황을 알아야만 하는 데 비밀 보유자가 비밀 보장이 약속되지 않으면 비밀 누설을 하지 않겠다고 주장하는 경우, 혹은 이미 비밀을 알고 있는 치료자가 이것을 노출할 때 가족원이 자살 등의 극단적인 행동을 취할 가능성이 있는 경우엔 적어도 일시적으로 혹은 때에 따라서는 영원히 비밀 노출을 하지 않겠다는 약속을 할 수 있다. 실제로 클라이언트의 간청에도 불구하고 치료자가 타가족원들의 압력때문에 비밀을 노출하여 그 결과로 클라이언트가 자살을 한 예가 있었다.

결론적으로 치료자는 비밀은 항상 노출되어야 한다든가 혹은 절대로 노출되어서는 안된다든가 하는 등의 엄격한 규칙을 적용할 수 없고 그때그때의 상황을 잘 저울질해 보아야 한다. 특히 인간관계가 서구사회보다 훨씬 복잡하고 전통적인 사고방식이 강한 우리 문화에서는 비밀은 특별히 신중하게 다루어져야 한다.

제2절 치료자와 관련된 상황들

치료자와 관련된 어려운 상황들로는 아래의 경우들이 있다.

1. 개인을 보는 시각에서 가족 전체를 보는 시각으로 치료자의 관점을 바꾸는 경우
2. 지나치게 돕고자 하는 자세가 강한 경우
3. 치료자의 자신 없음과 실패에 대한 두려움이 강한 경우
4. 공유영역 문제가 일어나는 경우
5. 여성 치료자가 권위의 사용에 대해 어려움을 느끼는 경우
6. 치료자 자신의 가치관이 작용하는 경우

7. 가족치료 자체에 대한 경험과 이해가 부족한 경우

이들 중 첫번째 세가지는 필자의 저서(1994)에서 이미 다루었으므로 이 장에서는 나머지 부분만을 다루기로 하겠다.

1. 공유영역 문제가 일어나는 경우

1) 공유영역 문제의 양상들

Walrond-Skinner(1986)에 의하면 개별 정신치료모델을 다루는 정신분석학적 문헌에는 역전이에 관한 두가지 설명이 나타난다.

첫번째 관점은 Freud와 Reich의 관점이다. Freud(1910)는 역전이를 클라이언트의 전이에 대한 치료자의 무의식적인 반응으로 서술했다. Freud는 역전이는 치료에 부정적인 영향을 끼치므로 치료자가 역전이 현상을 인식하고 극복해야 함을 강조했다. Reich(1951)는 역전이는 분석자 자신의 무의식적인 욕구 및 갈등과 직결됨을 주장했다. 그는 만성적 역전이는 치료자의 습관적인 욕구에 기인하며 모든 클라이언트들과의 사이에서 발견되는 반면, 급성 역전이는 특정 상황에서 특정 클라이언트들하고만 일어난다고 했다.

두번째 관점은 Heimann(1950) 등의 관점으로 역전이는 병리적인 현상이 아니고 전이 현상과 마찬가지로 치료의 중요한 부분을 차지하므로 치료자가 자신의 감정과 반응을 클라이언트를 이해하는 도구로 사용함을 지지하는 입장이다. 이러한 입장은 개별 정신치료자들에 의해 첫번째 입장보다 더욱 널리 받아들여졌다. Heimann 등은 모든 개별 정신치료자들은 역전이 현상을 의식적으로 조절하고 치료상황 밖에서 자신의 정서적 욕구를 충족시켜야 함을 강조했다.

대부분의 가족치료자들은 자신의 클라이언트에 대한 심리적 반응은 치료에 해로울 수도 있고 도움이 될 수도 있다고 믿는다. 해로운 경우는 치료자 자신의 해결되지 못한 심리적인 문제가 치료에 작용을 하여, 가족을 보거나 상황을 보는 치료자의 관점을 왜곡시키는 경우이다. 이런 경우 치료자가 자신의 감정들을 잘 이해하지 못한다면 이러한 감정들은 치료에 부정적으로 작용한다. C. Kramer(1980)는 이러한 치료자의 반응을 '치료를 방해하는 치료자의 반응'이라고 일컬었다.

치료자의 반응 중 또다른 종류의 반응은 가족내에서 일어나는 현상을 파악하는데 크게 도움이 되는 반응이다. 예를 들어 치료자에게 분노의 감정이 생기거나 지루한 감정이 생기는 경우 이것은 가족의 상황을 반영해주는 정확한 단서가 될 수 있다. 이러한 반응을 가리켜 C. Kramer는 '치료를 증진시켜 주는 치료자의 반응'이라고 했다.

치료를 방해하는 치료자의 반응을 C. Kramer의 아내인 J. Kramer는 '공유영역 문제'로 정의했다(J. Kramer, 1985). 이 공유영역 문제는 치료자가 한사람 혹은 그 이상의 가족원들에게 부정적인 감정을 갖거나 때로는 특별히 긍정적인 감정을 갖는 것으로 나타난다(Shapiro, 1981).

공유영역 문제는 때로는 치료자가 모든 가족원이 자신을 매우 좋아해 주기를 바라는 강한 열망으로 표현될 수도 있다. 그럴 경우 치료자는 모든 사람을 기쁘게 하려고 애쓸 것이고, 가족내에서 파괴적인 상호작용이 일어나도 적절히 개입하지 못한다. 결과적으로 치료자와 가족은 서로 상대방의 마음에 들고자 하는 노력에 에너지를 쏟고 치료적인 변화를 가져오는데 주의를 집중하지 못하게 되므로 비치료적이고 의존적인 관계만이 지속되게 된다(C. Kramer, 1980).

어떤 치료자는 불안 수준이 올라갈 때 한 가족원에게만 치중하는 경우가 있다. 치료 초기엔 치료자가 가족원 모두와 고루고루 관계를 맺어야 하는데, 치료자의 이러한 행동이 특히 치료 초기에 일어날 경우 치료과정 전체에 매우 부정적인 영향을 끼칠 수 있다. 특히 개별치료를 오래 한 치료자가 가족원 중 한사람에게 치중하는 실수를 저지를 가능성이 크다(C. Kramer, 1980).

경험이 없는 치료자는 부모에 대항하여 아이의 편을 든다. 그들은 아이가 부모로부터 부당한 취급을 받고 있다고 여기고 아이를 구출하고 싶어한다. C. Kramer는 이러한 반응을 치료자가 자신의 부모에 대한 무의식적인 증오를 갖고 있을 때 치료자에게서 나타나는 일종의 방어기제로 보았다. 반대로 어떤 치료자는 지나치게 부모와 동일시하여 아이의 문제행동에서 초점을 벗어나지 못한다. 이런 경우엔 부모가 변함으로써만 일어날 수 있는 가족내의 구조적 변화가 일어나지 못하므로 아이의 증상적인 행동이 지속되거나 또는 일시적으로 호전된다 하더라도 반복하여 다시 나타난다.

공유영역 문제는 개별치료에서 보다도 가족치료에서 더 많이 일어나고 강하게 일어난다. 이것은 개별치료에 비해 가족치료에서는 치료자가 훨씬 더 능동적인 입장을 취하게 되고 또 개인이 아닌 여러 사람을 다루어야 하기 때문이다. 예를 들어서 어떤 개별치료자가 지배적이고 나이가 많은 남자 클라이언트를 대할 때 매우 불편한 반응을 느낀다면 그러한 클라이언트를 피할 수 있으나 가족치료에서는 치료자가 어떤 유형의 클라이언트를 계속 회피하는 것이 훨씬 더 어렵다.

2) 대처방안

공유영역 문제에 대한 대처방안으로는 다음과 같은 것들이 있다.

① 치료자 자신이 자신의 공유영역 문제를 정확히 인식해야 한다(Halpern, 1982). 치료자가 방어적이고 자신에 대해 지나치게 비판적일 때는 공유영역의 문제를 인정하기 어렵다. 치료자는 공유영역 문제는 누구에게나 일어날 수 있는 것이며 치료자의 노력 여하에 따라 해결될 수 있음을 믿고 이것을 해결하기 위한 구체적인 노력을 할 필요가 있다(엄예선, 1994). 치료자 자신이 스스로의 문제를 인식할 수 있는 통찰력이 없

다면 많은 경우 치료자가 클라이언트에게 적절한 치료적 도움을 주지 못할 때도 그러한 사실을 인식하지 못하게 된다.

② 치료자는 자신이 언제 어떤 유형의 클라이언트에게 특별히 긍정적이거나 부정적인 감정을 느끼는지를 파악해야 하며 동시에 그러한 감정들이 자신의 문제와 어떻게 연관되어 있는가를 파악해야 한다. 예를 들면 매우 권위적인 아버지와 순종적인 어머니 밑에서 자라난 여성치료자가 자신의 부모에 대한 해결되지 못한 문제를 지닌 채 치료자로서 일할 경우, 권위적인 남편과 수동적인 아내를 클라이언트로 대할 때 아내를 두둔하고 남편에게 오히려 치료에 해가 될 정도로 도전적인 자세를 취할 수 있다. 또 다른 예로는 남성 치료자의 경우 만일 자신이 현재 부부갈등을 겪고 있다면, 이혼 직전의 부부를 상담할 때 남편을 더 이해하고 아내에게 지나치게 도전적인 자세를 취할 수도 있다.

③ 치료자 자신이 자신의 원가족과의 문제를 다루기 위해선 지도감독을 받거나 가족치료를 받거나 감수성훈련이나 집단치료를 받는 방법들이 있다(J. Kramer, 1985). 만일 치료자가 지도감독이나 가족치료 혹은 집단치료를 받음에도 불구하고 공유영역 문제가 강하게 남아있는 경우에는 적어도 특정 기간 동안 특정 클라이언트를 다른 치료자에게 의뢰함이 윤리적으로 올바른 행동이 될 것이다.

2. 여성 가족치료자가 권위의 사용에 대해 어려움을 느끼는 경우

1) 여성 치료자의 권위의 사용에 대한 어려움

C. Kramer(1980)에 의하면 가족치료자는 치료상황을 주도해 나갈 책임이 있고 가족은 자신들의 삶의 변화를 주도해 나갈 책임이 있다. 가족치료자가 치료상황을 주도해 나가기 위해서 그는 치료자로서의 권위를 적절히 사용하여야 한다.

가족치료자는 개별치료자나 집단치료자와 같이 그들이 대하는 클라이언트로부터 그들의 삶에 개입할 수 있는 권위를 부여받은 사람들이다(Sheely, 1982).

한국 사회에서는 오랫동안 권위라는 개념은 남성의 특성과 연관지어 이해되어 왔고 여성의 특성과는 거리가 먼 개념이었다. 필자는 한국 가족문제 중 많은 부분이 가족내에서 부부간에, 고부간에, 부자간에 권위의 문제가 올바로 다루어지지 못했으므로 발생했다고 생각한다. 여성 치료자가 자신의 권위를 치료실 내에서 올바로 사용하지 못할 경우 클라이언트 가족에게 권위의 측면에서 역할모델이 될 수 없으며 따라서 성공적인 치료를 하기 어렵다. 우리나라의 현실을 볼 때 치료자의 수는 남성보다 여성이 훨씬 많은 반면에 치료에 가장 비협조적인 사람은 흔히 가장이다. 그러므로 여성 치료자가 어떻게 치료자의 권위를 올바로 사용하여 한국의 가장들을 잘 도울 수 있는가는 매우 중요한 과제이다.

전통적으로 우리 문화에서는 남성과 여성의 사회화 과정의 차이로 인하여 남성에겐 과제지향적인 역할, 여성에겐 양육적인 역할이 각기 주어져 왔으므로 여성은 인간관계에서 지지적이고 양육적인 역할을 잘 이행하나 과제와 구조를 주고 외부 세계와의 경계를 긋는 역할에는 약하다. 이것은 치료상황에서 그대로 반영된다. 예를 들면 여성 치료자들은 남성 치료자들에 비해 치료실 내에서 치료적 목적을 위해 긴장을 야기시킨다든가, 어떤 가족원에게 치료에 참여하도록 요구를 한다든가, 상담료를 설정한다든가, 시간 내에 면접을 마친다든가, 클라이언트에게 어떤 과제의 수행을 요구한다든가, 약속시간을 정할 때 자신의 스케쥴을 명백히 밝힌다든가, 약속시간 외에 수시로 클라이언트가 전화하는 행동을 통제한다든가 하는 점들에 대해 어려움을 느낀다(Sheely, 1982).

클라이언트 편에서도 여성 치료자에 의해 치료받음을 불편하게 생각하는 경우가 적지 않다. 이렇게 여성 치료자 자신의 불편함과 남성 클라이언트의 여성 치료자에 대한 불편한 감정은 서로 상승작용을 가져올 수도 있다. 어떤 여성 치료자는 가족들이 좀 더 편안함을 느낄 수 있도록 남성 치료자와 함께 공동치료를 해야 하지 않는가라는 질문을 하기도 한다. 또 어떤 치료자는 스스로의 권위를 인정하지 못하므로 치료자로서 불안정해지고 클라이언트에게 방어적인 자세를 취하기도 한다.

여성 치료자의 권위에 관련된 어려움은 특히 권위적인 가장을 다룰 때 잘 나타난다. 여성 치료자 자신이 이러한 타입의 클라이언트와 불편함을 느낄 경우 흔히 그들은 클라이언트에게 지나치게 많은 권한을 양보하든가 아니면 힘의 경쟁(power struggle)관계에 들어가기 쉽다.

남성 치료자들도 역시 그들의 치료자로서의 권위를 행사하는데 어려움이 있을 수 있으나 그들은 다른 방법으로 그리고 다른 이유들로 어려움을 느낀다(Sheely, 1982).

2) 대처방안

여성 치료자들이 치료자로서의 권위를 올바로 사용할 수 있기 위해선 다음과 같은 점들을 유념해야 할 것이다.

① 치료자는 주어진 특정 상황에서 클라이언트의 요구를 들어줌이 바람직한지 아니면 자신들의 권위를 사용함이 바람직한지를 판단해야 한다. 무조건 치료자의 권위를 앞세움은 가족들과의 관계형성에 해를 가져온다. 한편 우리 문화에서는 아직도 치료에 대한 인식이 부족하여 심지어 "약도 주지 않고 치료자와 잠시 대화를 나누었는데 무슨 치료비를 내야 하는가?" 하는 의아심을 가지는 클라이언트도 있는 실정이므로 치료자가 적절한 권위를 사용하지 못하면 치료적 관계가 사적인 관계로 오인될 수도 있다.

② 치료자는 자신이 전문가로서 혹은 한 인간으로서의 권위를 행사함으로써 어떤 치료적인 성과를 얻고자 하는지에 대한 분명한 목적의식이 있어야 한다. 예를 들어 가족치료 도중 부모가 통제를 못하는 10대의 소년이 치료실의 집기를 부수어 버린 예가 있었는데 치료자는 그 소년이 부모의 도움 없이 스스로 배상할 것을 강력히 요구했다.

이 때 치료자가 얻고자 했던 치료적인 효과는 이 소년에게 스스로의 행동에 대해 책임지는 법과 어른의 권위에 굴복하는 법을 가르치는 것이었다.

③ 치료자는 치료자로서의 권위를 적절히 행사해야만 하는 상황에서 그렇게 하지 못할 경우 자신들이 어떻게 클라이언트에 의해 이끌려가고 있는가를 스스로 깨달을 수 있어야 한다. 즉 그들은 스스로의 상태에 매우 민감해야 한다. 만약 본인이 지금 치료자로서의 권위를 잃어가고 있음을 깨닫는다면 치료자는 일단 그 상황을 차단시켜야 한다. 필요하면 면접을 일찍 종결시킬 수도 있고 면접실을 잠시 나올 수도 있다(Sheely, 1982).

④ 치료자들은 전문가로서의 권위를 행사함에 있어서 그들이 느끼는 어려움이 그들의 원가족으로부터 그리고 중요한 사회망으로부터 어떻게 영향을 받았는가에 대한 이해가 필요하다. 즉 공유영역 문제에 대한 이해가 필요하고 이러한 문제를 해결하기 위한 지도감독, 상담, 자문, 자기분석, 동료집단의 활용 등의 구체적인 노력을 해야 한다.

3. 치료자 자신의 가치관이 작용하는 경우

1) 가족치료자 자신의 가치와 임상실무

가치는 인간의 모든 행동 저변에 작용한다. 가치체계에 의거하여 가족은 자기들이 생각하는 올바른 부모역할, 올바른 배우자역할, 올바른 치료자역할에 대한 이해와 신념들을 형성하며 그들은 그와 같은 이해와 신념들을 가지고 치료에 임한다. 치료자 역시 자신들의 개인적 경험과 그들의 훈련과정에서 배운 가치들에 근거하여 그들이 옳다고 생각하는 관점을 가지고 치료에 임한다(Heyman & Abrams, 1982).

기본적으로 치료자의 역할은 어떤 가치를 클라이언트에게 주입하는 것이 아니고 개인 클라이언트에게 혹은 가족 전체에게 고통을 주는 가치를 가족으로 하여금 파악하게 하고 도움이 될 수 있는 건강한 가치를 채택하도록 돕는 것이다.

그러나 실제 치료상황에서 발견되는 치료자와 가족 사이의 잠재적인 혹은 뚜렷한 가치의 차이는 많은 경우 치료적인 진전에 어려움을 가져오고 갑작스러운 종결을 일으키기도 한다.

치료자가 지나치게 한가지 입장만을 고수한다면 어떤 특정한 가족들은 돕기 어렵다. 동시에 치료자가 자신의 가치나 신념을 저버리고 자신이 받아들이기 힘든 가족의 입장을 지지할 수도 없다(Margolin, 1982). 가족내에서 가족원들끼리의 가치가 다를 때 치료자는 자신과 가치관이 비슷한 사람을 지지하기 쉽다. 이런 경우 그는 다른 가족원과의 관계를 잃어버릴 수도 있다.

가족치료에서 자주 다루어지는 이혼, 시부모와의 관계, 외도, 술, 가정내에서의 부부간의 역할 등의 주제들은 모두 가치가 개입되는 주제들이다. 이것들에 대한 치료자의 가치들은 그들의 실무에 영향을 주지 않을 수 없다.

이혼을 예로 들어 생각해보면 치료자가 이혼을 인정하거나 반대하거나 또는 이혼에 중립적인 태도를 취하는 세가지 입장 중 하나를 취할 수 있을 것이다. Wolpe(1971)는 치료자로서 이혼에 관한 그의 입장을 다음과 같이 밝힌다. "자주 치료자가 클라이언트를 위해 결정을 내려주어야 한다.... 만일 클라이언트가 그녀의 결혼생활에서 심각하게 불행하다면, 만일 모든 가능한 조치가 취해졌음에도 불구하고 실패했다면, 만일 행복이라는 기준으로 볼 때 관계성의 예후가 매우 나쁘다면, 나는 결혼생활을 해체할 것을 클라이언트에게 충고할 뿐만 아니라 나아가서 모든 가능한 실제적인 방법으로 클라이언트를 돕겠다"(Yoell W., Stewart, D., Wolpe, J., Goldstein, A. & Speierer, G., 1971:128-129). 한편 이 주장은 Stewart에 의해 반박되었다. 즉 Stewart(1971)는 "타인에 의해 그러한 결정이 내려진다면 과연 그것이 의미있는 결정인가?"라며 반박하였다(Yoell W., Stewart, D., Wolpe, J., Goldstein, A. & Speierer, G., 1971:129).

미국 결혼 및 가족치료 협회의 전문적 규약에는(AAMFT, 1979) "모든 상황에 있어서 치료자는 클라이언트의 이혼 혹은 별거에 관한 결정은 순전히 클라이언트 자신의 결정임을 분명히 밝혀야 한다"라고 쓰여져 있다. 그러나 실제 실무에서 이러한 규정을 엄격히 수행하기는 쉽지 않다. 가족치료자의 기능 중 하나는 부부가 함께 계속 살 것인가 살지 않을 것인가를 결정하도록 돕는 것이다. 클라이언트들은 이 부분에 대한 치료자의 어떤 간접적인 암시에도 매우 민감하다(Margolin, 1982).

치료자가 이혼을 반대하는 강한 종교적인 신념을 가졌거나 혹은 스스로가 이혼을 매우 부정적으로 체험한 경우에는 은연중에라도 클라이언트에게 이혼에 대한 보수적인 가치관을 전달할 수 밖에 없다.

미국에서 현재 동성연애자 클라이언트들이 동성연애자 치료자를 찾고 여성운동을 지지하는 클라이언트들이 여성운동가 가족치료자를 찾듯이 앞으로 우리나라에서도 점점 기독교 신자들은 기독교 치료자를 찾고 전통적인 성역할에 대해 보수적이거나 개방적인 가치를 가진 클라이언트들은 자기들과 비슷한 입장의 치료자를 찾는 현상, 즉 클라이언트가 자기들의 가치관과 일치되는 가치관을 갖고 있는 치료자들을 찾아가는 현상이 일어날 것이다. 그러한 현상의 결과로 서로 다른 가치관을 가진 치료자 집단들이나 클라이언트 집단들간에는 점점 의사소통이 어려워질 것이다(Aponte, 1994, B). 결과적으로 치료자들은 특정 집단의 클라이언트만 도울 수 있을 것이다. 위의 관점에서 볼 때 우리 사회에서 적어도 가장 일반적이고 추상적인 수준에서 다양한 집단들이 합의할 수 있는 사회적 가치들이 논의되어야 하지 않을까 생각된다.

2) 대처방안

가치와 관련된 문제들을 다룸에 있어서 치료자는 아래의 점들을 유념해야 할 것이다.

① 치료자는 자신의 가치체계와 클라이언트의 가치체계가 어떻게 다른가를 정확히 이해하고 다른 점들을 스스로에게 인정해야 한다(Margolin, 1982).

② 이러한 가치의 차이가 현재 자신이 돕고 있는 클라이언트와의 관계에 어떤 영향을 주

고 있고 앞으로의 치료과정에 어떤 영향을 줄 것인가를 파악해야 한다.

③ 치료자의 가치와 클라이언트의 가치가 너무나 상치되어 치료자가 클라이언트에 대해 강한 거부감을 느끼지 않는 한 치료자는 클라이언트에게 자신과 클라이언트 사이의 가치의 차이를 인정하고 그럼에도 불구하고 그들을 돕기를 원함을 밝힌다.

④ 때로는 가족원과 치료자 사이의 가치의 갈등은 확장된 관점을 가져옴으로써 쌍방이 동시에 성장할 수 있는 계기가 될 수도 있다(Margolin, 1982). 치료자는 가능하면 이러한 계기를 만들기 위한 노력을 기울일 수 있어야 한다.

⑤ 치료자가 최대의 노력을 했음에도 불구하고 자신과 클라이언트 사이의 가치갈등이 치료에 방해적인 역할을 하고 있다고 판단될 경우엔 클라이언트 쪽에서 치료를 중지하기 전에 치료자 편에서 다른 치료자에게로 의뢰를 해 줌이 바람직하다. 이 때 의뢰 이유를 클라이언트가 납득할 수 있는 방법으로 잘 설명해야 한다.

4. 가족치료 자체에 대한 경험과 이해가 부족한 경우

1) 초보 치료자들의 어려움

가족치료에 대한 이해와 실제 경험이 부족한 초보 치료자들은 쉽게 좌절감과 혼동을 느낀다. 몇가지 상황의 예를 들면 아래와 같다.

가족치료자는 가족의 평가대상이 됨을 견디어야 한다. 때때로 치료자는 가족들 앞에서 자신의 적나라한 모습을 드러내 보이는 것 같은 느낌을 느낀다. 때로는 가족원들 중 적어도 한사람은 치료실에서 매우 부정적인 감정표현을 하고 그러한 감정표현을 통해 치료자를 평가하고 시험하는 태도를 취한다. 이러한 상황은 특히 초보 치료자에게 적지 않은 심리적 부담을 안겨준다(C. Kramer, 1981). 어떤 가족원들은 자기들끼리 합세하여 공공연하게 치료자의 말을 부인하거나 치료자를 소외시키기도 한다(C.Kramer, 1980).

초보 치료자가 겪을 수 있는 또다른 어려운 상황으로는 한 아이 이상이 증상을 나타내고 부부가 겉으로 볼 때 강한 팀을 이루고 있는 경우이다. 이런 경우 치료자는 흔히 잠재된 부부갈등을 인식하지 못하고 치료의 진전이 없음에 대해 좌절감을 느낄 경우가 있다. 특히 우리나라에서는 부부가 체면을 의식하므로 치료자 앞에서 겉으로 화목하게 보이려고 노력하는 부부가 많다.

때로 부부 중 한사람이 만성적 증상을 보이고 다른 사람은 매우 협조적인 자세를 취할 경우 초보 치료자들은 문제가 관계성에 있는 것이 아니라 증상 소지자에게 있다고 진단을 내리기 쉽다. 이런 경우도 위의 경우와 마찬가지로 치료자는 관계성을 변화시킴 없이 증상만을 변화시켜야 한다는 불가능한 상황에 빠지게 된다(C. Kramer, 1980).

초보 치료자들이 경험하는 또다른 좌절은 같은 사건에 대해 가족원들의 보고내용이 각기 다른 경우이다. 나아가서 부인(denial)을 방어기제로 많이 쓰는 가족원들은 흔히 자신들이 방금 한 말들을 달리 말하며, 치료자가 그들의 행동을 지적하면 인정하지 않는다. 이러한 가족들을 대할 때 치료자는 현실파악을 하려고 애쓰면 애쓸 수록 더욱 큰 혼동에 빠질 수 있다 (C. Kramer, 1980).

개별치료에 익숙한 치료자는 치료자와 개인 가족원 간의 강한 의존관계를 마음으로 그리워할 수도 있다. 그들은 자신과 개인 클라이언트와의 관계가 특별히 강하게 형성되지 않은 상태에서도 가족간의 관계개선 자체를 통하여 치료적 진전이 일어날 수 있음을 인정하지 못할 수 있다(C.Kramer,1980).

2) 대처방안

C. Kramer(1980)는 특히 초보 치료자들이 어려움에 당면했을 때를 대비하여 다음과 같은 제안을 한다.

° 치료실 내에서 일어나는 가족원들간의 상호작용 과정의 특징들을 찾아내고 반복되는 비언어적인 메세지를 언어적인 내용으로 해석할 것.
° 치료실 내의 가족원 중에서 지지체계를 찾고 치료실 밖에서 지도감독이나 자문을 구할 것.
° 항상 적절한 개입시기를 찾을 것. 너무 늦은 개입도 너무 빠른 개입도 치료에 도움이 되지 않는다.
° 자신의 자연스러운 심리적 혹은 신체적 반응에 민감할 것.
° 치료 후에 기록을 남기고 자신의 진단적 예측이 맞는가를 확인할 것.
° 배우자나 친구, 동료 등 가까운 사람들로 부터 지지와 환류를 받을 것.
° 다른 사람들이 가족치료를 한 비디오테이프를 보거나 기록을 읽을 것.
° 자신의 면접을 녹음할 것.
° 치료의 진전이 보이지 않을 경우 치료실에 초대하는 가족원의 숫자를 늘리거나 자문가나 동료들을 치료에 초대할 것.
° 가족내의 과정을 변화시키기 위해 역할극, 조각기법, 싸이코 드라마, 도표 등 다양한 방법을 사용할 것.
° 자신이 지금 쓰고 있는 치료모델과 같은 치료를 스스로가 받을 것.
예) 결혼치료, 원가족 문제를 다루기 위한 치료, 부부 집단치료, 가족치료 등
° 자신이 다루고 있는 여러 사례들의 효과를 서로 평가하고 비교할 것.
° 가까운 동료나 주위 사람들의 도움을 받아 소진의 증상들을 초기에 발견하여 그때그때 빠른 조치를 취할 것.
° 하루 혹은 일주일 내에 자신이 다루어야 할 클라이언트의 증상의 심각성과 숫자, 그 외의 회의, 업무처리 등을 조절할 것.
° 정규적으로 일로부터 거리를 둘 것.

이상으로 C. Kramer의 초보 치료자를 위한 제안들을 살펴보았다. 필자(엄예선, 1994)도 가족치료의 진전이 없는 경우 가족치료자들이 스스로의 치료적 활동에 대해 점검해 보아야 할 내용들을 소개한 바 있다.

제3절 윤리적인 면이 개입된 상황들

1. 전문적 사회사업 윤리

Brown(1968)에 의하면 철학을 제외하고는 사회사업 전문직만큼 가치의 문제에 깊은 관심을 갖는 전문직은 없다(Loewenberg & Dolgoff, 1988에서 재인용). 가치란 무엇이 좋고 바람직한가를 다루며 올바른 행동의 선택을 위한 지침을 제공해 준다.

윤리란 가치에서부터 도출되며, 어떤 행동이 도덕적으로 옳은가의 질문을 다루며, 인간의 타인에 대한 도리 혹은 의무를 규명한다. 윤리적 딜렘마는 치료자가 둘 혹은 그 이상의 상충되는 가치 중 하나를 선택하여 행동화해야 하는 상황에서 생겨난다.

사회사업가들이 내리는 수많은 결정들은 윤리적 측면을 지니고 있다. 따라서 그들은 윤리적 결정을 내리기 위해 지식과 기술을 갖추어야 한다(Lowenberg & Dolgoff, 1988)

전문적인 사회사업 윤리란 사회사업가들로 하여금 도덕적으로 올바른 사회사업을 실시할 수 있는 방법을 찾도록 돕기 위한 것이다. 전문적인 윤리란 사회의 윤리와 매우 가깝게 연루되어 있으나 반드시 일반적인 사회적 윤리와 동일하지는 않다(Lowenberg & Dolgoff, 1988).

2. 가족치료자가 전문적 윤리를 위배하는 경우

가족치료자가 전문적 윤리를 위배하는 행동을 할 경우 결과적으로 클라이언트들에게 끼치는 부정적인 효과는 때로는 예측하기 힘들 정도로 크다. Bergin은 5~10%의 클라이언트는 어떤 형태의 정신치료모델을 사용했든지 간에 치료를 통해 오히려 악화된다고 보고했으며 이러한 현상은 특히 정신적으로 병약한 클라이언트가 자격이 없는 치료자를 만났을 경우에 나타난다고 했다(Butler, 1992). Gurman과 Kniskern(1978)의 200여개의 결혼 및 가족치료 효과 연구들을 대상으로 한 분석에서도 악화율을 5~12%로 보고했다.

많은 경우 치료자는 자신이 클라이언트에게 어떤 해를 입혔는지조차 모른다. 가족치료 효과 연구자인 David Kniskern은 이것을 '눈에 보이지 않는 해악'이라고 표현했다(Butler, 1992). 때로는 치료 당시엔 도움이 될 것 같은 개입도 어느 정도의 시일이 지난 후엔 심각한 해를 가져올 수 있다.

가족치료자들이 전문적 윤리를 위배함으로써 클라이언트에게 해를 가져올 수 있는 많은 경우들 중 몇가지만 살펴보면 다음과 같다(Thomas, 1992).

1) 치료자가 그들의 전문적 능력의 범위를 벗어난 치료를 할 때 :

치료자는 자신의 교육과 훈련과 경험에 맞는 범위의 서비스들을 제공해야 한다. 즉 치료자들은 어떤 타입의 어떤 문제를 가진 클라이언트들을 자신이 치료할 수 있고 어떤 경우엔 의뢰를 해야 하는가를 알고 있어야 한다. 예를 들어 성 치료에 관한 훈련을 받지 않은 가족치료자는 성 치료를 요하는 문제들을 다루어서는 안된다.

우리나라에서 특히 문제되는 경우는 초보 치료자나 실습생의 경우이다. 이들은 가족치료를 실시함에 있어서 매우 엄격한 지도감독을 받아야 할 것이다. Nichols와 Everett(1986:367)에 의하면 가족치료자란 "가족치료의 이해와 실시를 위해 필요불가결한 지식체계에 대해 충분히 교육받았고 그 지식의 적용과 기술의 사용에 있어서 지도감독을 통한 충분한 훈련을 받은 사람"을 의미한다. 필자는 지도감독을 통해 훈련받은 경험이 없는 사람이 주로 미국문화권에 적합한 가족치료의 이론과 기법이 소개된 미국 서적을 보고 가족치료를 실시하는 것은 매우 위험한 결과를 초래할 수도 있다고 본다.

최근 미국에서는 치료자들이 소송을 당하는 경우가 계속 늘어나고 있다. 일부 결혼 및 가족치료학 석사학위 소지자들은 자신들이 석사학위 과정을 통하여 받은 훈련이 치료자로서 일하기에 부족하다는 사실을 깨닫고 임상 사회사업 박사나 가족심리학 등의 박사학위 과정을 다시 시작한다고 한다.

한국에서도 가족치료를 실시하는 전문가들의 전문적 자질 향상 문제는 여러 정신건강 전문직들의 공통된 관심사가 되어야 할 것이다. 현재 우리나라에서는 가족치료 지도감독자들의 수가 매우 부족하므로 차선책으로써 개별치료나 집단치료 경험이 많은 치료자들에 의한 동료집단 지도감독제도의 활성화도 생각해 볼 수 있다고 본다.

2) 치료자가 기관의 정책을 클라이언트에게 분명히 알려주지 못한 경우 :

치료자는 첫 면접에서 치료를 시작하기 전에 기관의 정책을 클라이언트에게 알려주어야 한다. 이것은 기관의 정책을 열거한 양식을 미리 배부해 줌으로써 가능하다. 기관의 정책을 설명한 양식에 포함되어야 할 내용으로는 ① 치료자의 자격, 치료실시의 범위 ② 치료과정에 대한 설명 ③ 비밀보장의 범위와 한계 ④ 치료비 ⑤ 응급상황시의 전화번호 ⑥ 클라이언트의 권리 등이 포함된다. 기관에서 제시하는 또다른 양식으로는 클라이언트 가족에 관한 정보를 구하는 양식이 있으며 그 내용의 일부엔 의학적인 질문이 포함된다. 치료자는 신체적인 문제가 있는 클라이언트를 대할 때는 반드시 의사에게 의뢰해야 할 의무가 있다. 어떤 치료자는 가족들이 다 참여하지 않는 한 가족치료를 실시하지 않는다. 이러한 치료자들은 모든 가족치료자들이 자신같은 스타일로 일하는 것은 아니라는 점을 알려주고 클라이언트가 필요로 할 경우 다른 치료자들의 이름과 연락처를 클라이언트에게 알려주어야 한다(Margolin, 1982).

3) 위험한 상황에 대비한 조치를 취하지 못한 경우 :

가족치료자는 어떤 특정한 클라이언트를 치료의 대상으로 받아들이기 전에 클라이언트가 다른 사람들이나 혹은 자신을 해칠 가능성이 있는지를 진단해 보아야 한다. 이러한 진단을 위해서 치료자는 각 가족원과 가족내의 관계성에 대한 매우 자세한 과거력을 갖고 있어야 한다. 예를 들어 과거의 자살시도나 타인에 대한 공격적인 행동들, 과거의 정신치료 경험 등은 중요한 단서들이다. 과거에 정신치료 경험이 있었던 클라이언트를 다룰 때는 그의 허락을 받고 이전의 치료자로 부터 치료기록의 사본을 받아두거나 이것이 가능하지 않을 때는 가능한 한 많은 정보를 이전의 치료자로 부터 얻어야 한다.

만일 가족치료자가 자신이나 타인에게 해를 끼칠 가능성이 있는 클라이언트를 치료의 대상으로 받아들인 경우 치료과정에서 클라이언트 자신이나 혹은 누군가에게 해를 끼칠 상황이 임박해 온다면 치료자는 가족의 협조를 받아 클라이언트를 강제로 입원시키거나 혹은 클라이언트에 의해 해를 당할 가능성이 있는 상대방에게 임박한 위험사태를 알려주어야 한다.

미국에서 잘 알려진 한 사례를 소개해 보면, 1970년대에 버클리 대학에서 Poddar라는 인도에서 온 외국인 학생이 한 여학생을 짝사랑하여 이 문제로 대학의 심리학자로 부터 상담을 받고 있었다. 그는 그 여학생을 죽이겠다고 위협했다. Poddar를 상담하고 있었던 심리학자는 사태의 심각성을 깨닫고 학교 수위에게 이 학생을 강제 입원시킬 것을 지시했다. 그러나 학교 수위는 Poddar가 정상인이라고 느껴져 그를 집에 돌려 보냈다. 이 사실을 Poddar의 상담자의 지도감독자가 뒤늦게 알고 비밀보장의 원칙이 깨어진 것을 염려하여 Poddar의 상담자에게 모든 관련 서류를 없애버리라고 명했다. 얼마 후 Poddar는 자신이 사모했던 여학생을 살해했다. 그녀의 가족은 이 사건에 연루된 모든 사람들을 소송하여 승소 판결을 받았다. 그 당시 캘리포니아 법정에서 내린 언도에 의하면 Poddar의 상담자나 지도감독자는 피살자와 피살자의 가족과 경찰에 미리 이 상황을 알렸어야 했다는 것이다.

4) 클라이언트와 이중적 관계를 형성하는 경우 :

이중적 관계를 형성함은 클라이언트와 한가지 이상의 역할관계를 맺음을 의미한다. Pope(1986)는 구체적인 상황을 다음과 같이 언급하고 있다(Thomas, 1992에서 재인용).

① 물건과 치료비를 교환하는 경우
② 클라이언트가 타자를 쳐 주거나 혹은 다른 형태의 서비스를 제공함으로써 치료비를 대체하는 경우
③ 이전의 클라이언트와 성관계를 하는 경우
④ 클라이언트와 동업을 하는 경우
⑤ 친구나 잘 아는 사람에게 치료를 하는 경우
⑥ 치료자와 지도감독자 역할을 겸하는 경우 등

이와같은 이중적 관계는 치료자의 치료적 판단을 흐리게 한다. 때로는 클라이언트의 의존욕구를 이용하여 클라이언트의 복지를 제치고 치료자 자신의 욕구를 충족시킬 수도 있다. Bograd(1992)의 면접조사를 통한 연구에 의하면 이중적인 관계에서 상위를 차지하는 사람들은 이중적인 관계가 어떤 해를 가져왔다고 믿지 않는 반면 하위를 차지하고 있는 사람들은 이중적인 관계의 경험을 어색했거나 취약하게 느꼈거나 후회스럽게 느꼈다고 보고했다.

이중적인 관계는 매우 복잡하므로 지금까지 주장되어 온 원칙, 즉 이중적인 관계는 절대로 금해야 한다는 원칙은 비현실적이며 또 반드시 바람직하지도 않다. 한편 대부분의 이중적인 관계는 시간이 지나면 쌍방에게 다 값진 경험으로 자연히 발전되리라는 가정도 위험하다(Bograd, 1992).

교수나 지도감독자가 훈련을 목적으로 한 치료를 하는 것은 이중적 관계가 아니다. Aponte나 C. Kramer, J. Kramer 등은 훈련을 목적으로 한 치료적 경험을 매우 중요시하며 그들 스스로가 교수로서 혹은 지도감독자로서 훈련생을 대상으로 가족치료와 집단치료를 실시하고 있다. 그들은 훈련을 목적으로 치료를 실시할 경우 치료의 범위를 매우 분명하게 하고 있다(Aponte, 1994 ; J. Kramer, 1985).

클라이언트와의 성적인 관계면을 살펴보면 미국 결혼 및 가족치료 협회의 규약은 클라이언트와의 성적인 관계를 치료 종결 후 2년간 금지하고 있다. 한편 미국 심리학 협회의 규정에 의하면 한번 치료의 대상이 된 사람과는 영원히 성적인 관계를 맺을 수 없게 되어있다. 그 이유로는 클라이언트가 언제든지 이전의 치료자에게로 돌아와서 다시 치료를 받을 수도 있으며 클라이언트는 항상 치료자에 대한 내재화된 형상을 지니고 있기 때문이다. 나아가서 치료적인 관계는 부모자식 관계와 흡사한데 부모가 몇년간 자식을 보지 않았다고 성관계를 할 수는 없으며 또 이전의 치료자와 클라이언트가 부부가 된다 하더라도 그와 같은 부부 관계는 동등한 배우자 관계가 될 수 없기 때문이다(Thomas, 1992).

만일 치료자가 클라이언트에게 성적인 충동을 느낀다면 그는 지도감독을 받거나 동료집단으로부터의 자문을 받는 것이 필요하다. 위의 조치들을 취했음에도 문제가 해결되지 않을 경우엔 Case를 의뢰함이 필요하다. 요즘 미국의 일부 주들의 전문가들 단체에서는 치료자가 클라이언트를 성적인 대상으로 삼았을 경우 법적으로 징역과 벌금을 언도하도록 로비활동을 벌이고 있다. 미국의 경우 지난 20여년간 심리학자, 정신과 의사, 사회사업가, 목사들을 대상으로 한 조사들에 의하면 3~12%의 응답자들이 현재 혹은 과거의 클라이언트들과 성관계를 한 경험이 있다고 답했다(Peterson, 1991).

필자의 추측으로는 한국의 경우 치료자와 클라이언트 사이의 성관계는 미국에 비하면 거의 전무하리라고 생각되나 치료적 상황에서 이성간의 감정적 관계가 생기는 경우는 적지 않다고 생각된다. 이런 경우 치료자는 자신도 모르게 클라이언트를 자신의 감정적 욕구 충족의 대상으로 삼게 된다. 이러한 문제를 방지하기 위해선 치료자 자신의 사적인 욕구가 자신의 사생활을 통해서 충분히 충족되어야 할 것이다.

Thomas(1992)는 치료자가 자신의 가정을 올바로 이끌어가는 경험은 다른 가족을 돕는데 있어서 매우 귀중한 통찰력을 제시해 주며 동시에 가족치료자들이 전문직에서 느끼는 많은 스트레스를 관리하고 소진을 예방해 주는 중요한 역할을 한다고 강조했다.

3. 윤리적 딜레마에 대한 대처방안

1) 윤리적 딜레마를 해결하기 위한 의사결정 과정

가족치료에서는 클라이언트가 한사람이 아니고 여러 사람이므로 가족치료를 할 때의 윤리적인 딜레마는 개별치료에서 보다도 훨씬 더 복잡하다. 윤리적 딜레마의 예를 들면 다음과 같다. 모 지방 종합병원의 여자 입원환자가 과거에 시댁식구 중 한사람과 성관계를 한 적이 있는데 남편이 이 사실을 의심하고 치료진에게 사실 여부를 말해줄 것을 요구하는 한편 환자는 치료진에게 사실을 말할 경우 자살하겠다고 위협한 사례가 있었다. 또 하나의 사례로는 어느 10대의 미혼모가 제왕절개로 아기를 출산했는데, 그 어머니가 사회사업가에게 자신의 딸이 스스로 키울 수 없는 자기 아기를 볼 때 너무 괴로와 할테니 본인에게는 사산되었다고 알리고 몰래 아기를 입양시켜 줄 것을 요구한 예가 있었다.

Thomas(1992)에 의하면 윤리적 딜레마를 해결하기 위한 의사결정 과정은 아래와 같다.

(1) 상황을 정의할 것.
① 무엇이 일어났나?
② 언제 일어났나?
③ 어디서 일어났나?
④ 어떻게 일어났나?
⑤ 누가 개입되었나?
⑥ 어떤 문제들이 개입되었나?
⑦ 상황이 얼마나 심각한가?
⑧ 자신은 그것에 관해 어떻게 생각하나?
⑨ 어떻게 느끼나?

(2) 윤리적 딜레마인지 아닌지를 판단할 것

만일 상황이 윤리적인 딜레마로 판단될 경우 아래의 과정을 밟아나가는 것이 필요하다(Thomas, 1992)

① 자신이 소속된 전문직의 윤리강령집을 참조하고 그것으로 불충분할 경우엔 타정신건강 전문직들의 윤리강령집도 참조할 것(윤리적인 딜레마를 해결하는 데는 하나의 정답이 존재하는 것이 아니라 여러개의 가능한 해답들이 있을 수 있다).
② 대안적인 행동들을 가능한 한 많이 찾아낼 것.
③ 각 대안들을 클라이언트의 복지라는 잣대에 비추어 평가해 볼 것. 특정 상황에서 클라이언트의 권리가 무엇인가를 파악할 것. 한편 전체 사회의 안전성도 고려하여야 한

다. 이것은 특히 타살 가능성이 있는 클라이언트의 경우에 더욱 해당된다.

④ 전문적인 치료자로서의 자신의 책임성에 따라서 각각의 대안을 평가할 것. 치료가 어떻게 진행되어야 할 것인가에 관련된 윤리적 결정을 내림에 있어서 치료자가 궁극적인 책임을 지게 된다.

⑤ 각 대안의 결과들을 평가할 것. 각 대안의 댓가와 보상을 단기 및 장기적 측면에서, 동시에 심리적, 사회적, 경제적 측면에서 분석해 볼 것.

⑥ 잠정적인 결정을 내릴 것. 잠정적인 결정을 내림에 있어서 그 이면에는 반드시 그 결정에 대한 합리적인 근거가 있어야 한다.

⑦ 지도감독을 받거나 전문가나 동료들의 자문을 구할 것.

⑧ 최종적인 윤리적 결정을 내리고 수행할 것. 최종 결정을 내릴 때는 반드시 그 결정에 의해서 영향받을 모든 사람들의 복지가 고려되어야 한다. 만일 결정과 관련된 사람들로부터 새로운 정보를 받았을 때는 새로운 결정이 다시 내려져야 할 경우도 있다. 치료자는 자신이 내린 결정에 대해 책임을 져야 하고 때로는 법정에까지 설 수 있는 자세를 갖추어야 한다.

⑨ 윤리적인 의사결정 과정을 클라이언트의 기록에 보관해 둘 것.

2) 윤리적 원칙들의 우선순위

사회사업 임상실무에서 두가지 이상의 윤리적 원칙이 상충될 경우 임상사회사업가는 어떤 지침이 필요할 것이다. 사회사업가가 어떤 임상적인 결정을 할 때는 그때그때 이론적인 지식 혹은 철학적인 원칙을 이끌어내어 결정을 내리는 경우는 거의 없으며 전문적 지식과 가치가 임상실무의 원칙들과 평소에 통합되어 있다가 임상적인 결정을 내리는 중요한 시점에서 이미 통합되어 있는 지식과 가치와 임상실무 원칙들이 자동적으로 함께 작용을 하게 된다 (Lowenberg & Dolgoff, 1988). 다음은 Lowenberg와 Dolgoff가 주장하는 윤리적 원칙들의 우선순위이다.

① 우선순위 1 : 생명의 보호 - 개인과 사회의 기본적인 생존 욕구
사회사업가는 개인과 사회의 기본적인 생존욕구를 보장하는 전문적 결정을 내려야 한다. 클라이언트의 생명이건 타인의 생명이건 간에 인간의 삶을 보호함이 모든 다른 의무보다 앞선다.

② 우선순위 2 : 자율성, 독립성, 자유
사회사업가는 개인의 자율성, 독립성, 자유를 증진시키는 실무결정을 내려야 한다. 그러나 위의 가치들은 인간의 삶과 생존에 관한 가치들 만큼 중요시 되어서는 안된다. 즉 인간은 자신이나 타인의 생명을 해치면서까지 자신의 자율적인 권리를 주장하는 행동을 할 수는 없다. 한 개인이 그러한 결정을 하려고 할 때는 사회사업가는 그러한 결정에 개입해야 할 의무가 있다.

③ 우선순위 3 : 기회와 동등한 자원
사회사업가는 모든 사람을 위한 균등한 기회와 자원의 분배를 장려하는 실무결정을 내려야 한다(이것은 특히 가족치료 실시에 있어서 임상사회사업가가 유념해야 할 항목이라고 생각된다).

④ 우선순위 4 : 보다 나은 삶의 질
사회사업가는 모든 사람들을 위해 보다 나은 삶의 질을 증진시키는 실무결정을 내려야만 한다.

⑤ 우선순위 5 : 모든 사람의 사생활에 대한 권리와 비밀보장
사회사업가는 모든 사람의 사생활에 대한 권리를 강화시키는 실무결정을 내려야 할 의무를 지니고 있으며 비밀보장은 바로 이러한 의무의 일부이다.

⑥ 우선순위 6 : 진실을 말하고 모든 관련 정보를 충분히 알려줄 것.

⑦ 우선순위 7 : 자발적으로 수용한 규정들에 따른 실무
사회사업가는 그/그녀가 자발적으로 채택한 규칙과 규정에 따라서 실무결정을 내려야 한다.

우리나라에서도 정신건강 분야에 종사하는 학자들의 폭넓은 의견수렴을 거쳐 한국문화의 특성을 고려한 가치들의 우선순위에 관한 어느 정도의 일반적인 합의가 이루어진다면 이것들은 임상실무자들을 위한 실무지침이 될 수 있을 것이다. 그러나 이러한 지침은 각 상황에 따라서 매우 융통성있게 적용되어야 할 것이다.

결 론

이상으로 임상사회사업가가 가족치료를 실시할 때 부딪치는 많은 어려운 상황들 중 몇가지 상황들의 특성과 대처방안들을 검토해 보았다. 가족치료 실시에 있어서 위의 각각의 상황들은 일반화하기 어려운 독특성을 띄고 있다. 그러므로 여기서 필자가 제시한 각 상황의 특성과 대처방안들이 정형화되어 사용됨은 바람직하지 않을 것이다. 임상사회사업가들은 그때그때 부딪치는 상황에 자신의 특유한 스타일을 사용해 가면서 신축성있게 대처해 나가야 할 것이다.

참 고 문 헌

Anderson, C. H. & Stewart, S. (1983), *Mastering Resistance*, New York: Guilford Press.

Aponte, H. (1994, A), "How Personal Can Training Get?", *Journal of Marital and Family Therapy,* Vol.20, No.1.

Aponte, H. (1994, B), "미국에서의 가족치료의 추세", 1994. 6. 20일 서울대학병원 소아정신과 주최 세미나 발표 내용.

Bograd, M. (1992), "The Dual over Dual Relationships", *The Family Therapy Networker,* 11/12

Brown, B. S. (1968), "Social Change: A Professional Challenge", (Unpublished Paper.)

Butler, K. (1992), "The Shadow Side of Therapy", *The Family Therapy Networker,* 11/12

Freud, S. (1910), *The Future prospects of psychoanalytic Therapy,* standard Edition, Vol.11, London: Hogarth Press.

Gurman, A. S. & Kniskern, D. P. (1978), "Research on Marital and Family Therapy; Progress, Perspective and Prospect", In S. Garfield & A. Bergin (Eds.), *Handbook of Psychotherapy and Behavior Change,* 2nd Edition, New York: Wiley.

Halpern, F. (1982), "Therpist's Feelings of Partiality", In A. S. Gurman, (Ed.), *Questions and Answers in the Practice of Family Therapy*, Vol. 2, New York: Brunner/Mazel.

Heimann, P. (1950), "On Counter transference", *International Journal of Psychoanalysis,* Vol. 31:81-4.

Heyman, D.S. & Abrams, V. (1982), "The Interfaces of Family and Therapist Values in Resistance", In A. S. Gurman (Ed.), *Questions and Answers in the Practice of Family Therapy*, Vol. 2, New York: Brunner/Mazel.

Karpel, M. A. (1982), "Managing Secrets in Family and Marital Therapy", In A. S. Gurman (Ed.), *Questions and Answers in the Practice of Family Therapy,* New York: Brunner/Mazel.

Karpel, M. A. & Strauss, E. S. (1983), *Family Evaluation,* New York: Gardner Press.

Kramer, C. H. (1980), *Becoming a Family Therapist,* New Yok: Human Sciences Press.

Kramer, J. R. (1985), *Family Interfaces*, New York: Brunner/Mazel.

Loewenberg, F. & Dolgoff, R. (1988), *Ethical Decisions for Social Work Practice*, Itasca: F. E. Peacock.

Margolin, G. (1982), "Ethical and Legal Considerations in Marital and Family Therapy", *American Psychologist*, Vol. 37, No. 7.

Nichols, W. C. & Everett, C. A. (1986), *Systemic Family Therapy*, New York: Guilford Press.

Peterson, M. (1991), "Should we leave well enough alone?", *American Family Therapy*

Association Newsletter Winter.

Pope, K. S. & Bouhoutsos, J. C. (1986), *Sexual Intimacy between therapist and Patients,* New York: Praeger.

Reich, A. (1951), "On Counter transference", *International Journal of Psychoanalysis,* Vol. 32:25-31.

Shapiro, R. J. (1981), "Counter transference Reactions in Family Therapy", In A. S. Gurman (Ed.), *Questions and Answers in the Practice of Family Therapy,* New York: Brunner/Mazel.

Sheely, M. (1982), "The Dilemma of Personal Authority for the Female Family Therapist", In A. S. Gurman (Ed.), *Questions and Answers in the Practice of Family Therapy,* New York: Brunner/Mazel.

Thomas, M. B. (1992), *An Introduction to Marital and Family Therapy,* New York: Macmillan.

Walrond-Skinner, S. (1986), *Dictionary of Psychotherapy,* London: Routledge.

Yoell, W., Stewart, D., Wolpe, J., Goldstein, A. & Speierer, G. (1971), "Marriage, Morals and Therapeutic Goals: A Discussion", *Journal of Befavior Therapy and Experiential Psychiatry,* Vol. 2:127-132.

엄예선, (1994), *한국가족치료 개발론,* 서울: 홍익제.

제 4 부

가족치료의 교육과 연구

제 1 장

가족치료 과정연구

김 미 혜*

가족치료가 사회사업의 실천 영역으로 자리잡고 있지만 실험연구나 조사연구는 아직 미진한 상태이다. 가족치료 과정연구는 가족치료가 효과적이라는 것을 입증하려 한 성과연구와 함께 가족치료의 실천적 발전에 매우 중요한 연구 영역인데도, 발전에 있어서는 매우 더딘 편이다. 가족치료의 긴 역사를 가진 미국에서 조차도 가족치료 과정연구는 아직 초기 아동기 수준이라 자평하고 있어 가족치료 실천 분야가 이제야 싹을 피우고 있는 우리나라에서는 가족치료 과정연구라는 용어 자체가 생소한 것은 당연한지도 모르겠다. 필자가 과정연구를 검토하기 위해 우리나라에서 실시된 가족치료의 연구를 찾아보았지만 필자의 부족때문인지 찾지를 못했다. 그러므로 이 장에서 논의하려는 가족치료 과정연구는 부득이 미국에서 실시된 가족치료 과정연구에 의존하게 되었다. 가족치료 연구영역을 간단히 살펴보고 가족치료 과정연구를 시대별로 60, 70년대, 80년대 이후로 나누어 과정연구의 방법에 따라 살펴보고, 과정연구의 방법론적 문제점들을 고찰해 보려고 한다.

제1절 가족치료 연구

1. 가족치료 연구의 영역

현재 가족치료 연구는 크게 3개의 범주로 나뉜다.

첫째는, 가족기능의 사정과 분류에 관한 연구이다. 가족기능의 범주화는 연구자가 새로운 정보를 구조화하고 다른 사람에게 설명할 수 있는 준거틀을 제공한다. 가족기능을 분류하려는 노력은 체계이론으로 부터 끌어내고 있다. 가족기능의 사정과 분류에 관한 연구들은 각기 강조점들이 다르지만 대체로 가족의 유형과 관계, 그리고 가족 내에서 가족 간의 상호작용에 초점을 두고 있다. 이 연구들중 대표적인 것으로 아래 6개의 연구를 들 수 있다.

1) Kantor와 Lehr(1975)의 가족 유형화(Family Typology)

가족의 구조적 발달과 상호교류적인 스타일의 분석을 통해 가족의 체계를 구분하여 가족

---

* 이화여자대학교 사회사업학과 교수

을 유형화하였다.

2) Olson과 동료들(1983)의 다원복합모델(Circumplex Model)

가족기능의 차원인 응집력과 수용력의 정도를 분석하여 이에 따른 가족 분류를 제공하는 다원복합모델이다.

3) Reiss(1981)의 가족 패러다임(Family Paradigms)

가족이 현실을 구축하고 가족을 둘러싼 사회환경을 이해하는 방법에 따라 가족의 페러다임을 구분한다.

4) Beavers(1977, 1981)의 가족기능 수준(Level of Family Functioning)

가족 상호작용의 질과 가족기능의 정도를 나타내는 두개의 축에 의해서 기능적 가족과 비기능적 가족을 구별하는 가족기능 수준을 제시한다.

5) Epstein, Bishop, and Baldwin(1982)의 McMaster 모델

캐나다에 있는 McMaster 대학에서 개발한 모델로 가족성원의 신체적, 정서적 건강에 영향을 미치는 가족기능의 차원인 기초과업 영역, 발달과업 영역, 위기과업 영역에 초점을 두고 있다. 이 세가지 과업영역을 처리하는 가족의 능력 평가를 위해 가족문제해결, 가족의사소통, 가족역할, 감정적 반응, 감정적 관여, 행동통제의 측면을 가족평가도구(Family Assessment Device)로 측정하여 가족의 집합적 건강/병리 점수에 따라 가족을 분류하고 있다. 이 사정방법은 매우 유용하지만 후속적인 중재, 개입방법을 개발하기 위해 연구가 더 필요하다.

6) Moos(1974)의 가족환경 척도(Family Environment Scale)

사회적 환경은 측정 가능한 특성을 지닌다는 가정 하에, 가족환경도 개인과 가족기능에 영향을 미쳐서 가족유형을 만들어 낸다고 전제된다. 가족유형을 분류하기 위해 10개의 하부범주로 구성된 가족환경 척도를 제시하고 있다. 가족구성원들 간의 관계는 응집, 표현, 갈등의 세가지 하부범주로 측정되고, 가족 내에서 강조된 개인성장은 독립, 성취지향, 지적 문화적 지향, 활동적 레크레이션 지향, 윤리적 종교적 지향의 다섯가지 하부범주로 측정되며, 조직과 통제의 두가지 범주는 가족구조와 역할에 대해 측정한다. 가족환경 척도는 가족의 평균점수를 합산하여 가족유형을 구분한다. 또한 가족환경 척도를 가지고 가족구성원들 간의 가족환경에 대한 견해차를 비교해 볼 수도 있다.

분류와 사정의 연구영역은 연구자와 치료자 모두가 활용할 수 있고 다른 분야와도 의사소통을 할 수 있을 정도로 세련된 모델들이 발달해 있고 계속 새로운 모델과 척도들이 개발되고 있다.

둘째는, 가족치료 성과에 관한 연구이다. 가족치료의 초반기 동안은 가족치료 효과에 대

한 열정적인 주장에도 불구하고 그 주장을 뒷받침할 경험적인 자료들이 거의 제공될 수 없었다. 가족치료 성과연구는 치료적 노력의 정당성을 확보하기 위해서 시작되었으나 치료효과를 측정하는 치료성과 연구는 매우 느린 발전을 보이고 있다. 1950년대에서 1970년대 발표된 연구결과 중 최소한의 연구결과를 충족시키는 것은 단지 18개였고 그중에서 단지 2개만이 연구목적에 적절한 것이어서 제시된 성과연구들이 질적으로 매우 빈약했다는 것을 알 수 있다(Wells, Dilkes & Trievelli, 1972). 대부분의 연구들이 가족치료를 받는 실험집단에서의 변화를 비교하기 위해 치료받지 않는 통제집단을 선정하지 않아서 비교연구가 부족했다. 어떤 연구들은 연구가 끝난 후 그 평가에 있어서 독립적인 판단 보다는 치료자겸 연구자인 자신의 치료와 자신에 대한 평가, 혹은 가족구성원들의 주관적인 보고에 의존했다. Gurman과 Kniskern(1978)의 가족치료 성과연구에 대한 포괄적 검토와 Well과 Dezen(1978)의 비행위적 방법에 의한 체계적 검토에 의하면, 가족치료 연구에서 경험적인 문제에 대한 관심과 인식이 증가되었음을 보여주고 있다. Minuchin, Rosman과 Baker(1978)에 의해 실행된 단일집단 연구와 같은 주목할 만한 연구가 있지만, 대부분이 방법론적으로 또 실천적 어려움(모호하고 주관적인 측정, 비교통제집단 부재, 다른 성과측정 기준)으로 인해 가족치료 효과에 대한 연구결과들을 약화시켰다.

1980년대에 와서야 치료가 치료받지 않은 것보다 더 효과적이었다는 일치된 의견을 보게 되었다. 1980년 중반까지 가족치료 성과연구는 가족과 부부치료 분야에서 중요한 연구 위치를 차지해 왔다. 최근에 와서 치료적 효과를 증명하기 위해 한가지 성과에 초점을 맞추기 보다는, 여러가지 특수한 심리적 혹은 행위적인 문제들을 가진 가족에게 제공된 서로 다른 치료전략들의 장점과 단점을 연구하는 비교성과 연구에 더 관심을 두게 되었다. 이런 비교성과 연구는 치료상의 특수한 개입들에 의해 얻어진 성과와 특정한 치료자와 클라이언트 사이의 상호작용 과정의 존재와 부재와의 어떤 연관이 있는지의 여부에 관심을 보이고 있다. 이를 위해 가족치료 과정연구가 동시적으로 병행되어야 할 필요가 대두되었다.

셋째로, 가족치료 과정연구는 가족연구 유형 중에서 가장 늦게 시작되었고 발전 속도도 매우 더딘 편이다. 그러나 가족치료의 효과를 제대로 설명하기 위해서는 특별한 가족을 다루는 특수한 치료개입에 따른 가족체계의 변화과정 연구가 필요하다는 인식이 확산되면서 과정연구의 필요성도 증대되고 있다. 가족치료 과정연구는 치료가 어떻게 영향을 미치며, 어떤 요소가 가족기능을 향상시키고 또는 악화시키는가를 보여주므로 치료자에게 더 나은 개입전략을 세울 수 있게 도와준다. 가족치료 과정연구는 가족치료 연구의 방법론적 문제점 이외에, 치료자는 치료와 개인에게 제공한 독특한 개입을 반복할 수 없다는 단점과 주목하고자 하는 시도 자체가 독특한 치료의 특성을 상실케하는 문제점을 지니고 있다. 그럼에도 불구하고 FTCS(Family Therapist Coding System; Pinsof, 1986)등과 같이 체계적인 특정 과정방법들이 시도되어 발전되고 있다. 바로 다음 절부터 이 장의 주제인 가족치료 과정연구를 집중적으로 다루기로 하겠다.

제2절 가족치료 과정연구 배경

1. 정의

가족치료 과정연구의 정의는 역사적으로 과정보다는 치료시간의 공간적, 시간적 제약 안에서 일어나는 현상과 관련되어 정의되었으나, 현재에 와서는 그 정의가 확장되었다. Kleisler(1973)는 정신치료 과정연구의 정의를 가족치료 과정에 적용하여 가족치료 과정연구를 치료면담에서 클라이언트, 치료자 또는 클라이언트와 치료자 쌍방의 행동을 직접적, 간접적으로 측정한 자료를 총체적으로 혹은 부분적으로 연구하는 것이라고 정의하였다. 이 정의는 치료구조(비용, 시간표, 참가자 등)와 참가자 특성(나이, 성별, 가족행동유형 등)에 관한 연구는 제외하고 있고, 오히려 가족치료 면담중에 발생하는 치료자, 가족구성원들의 행동과 경험을 다루는 데 강조를 두고 있다(Pinsof, 1981).

Greenberg and Pinsof(1986)에 의하면 가족치료 과정연구는 클라이언트 체계와 치료자 체계간의 상호작용에 관한 연구이다. 이 정의에서 논하는 상호작용은 단순히 클라이언트와 치료자 두 개인 간의 상호작용만이 아닌 클라이언트 체계와 치료자 체계간의 순환적 상호작용 개념이다. 과정연구의 목표는 이들 체계간의 상호작용의 변화과정을 확인하는 것이며, 변화과정은 치료시간 내에서 만이 아니라 치료시간 이외에서, 이들 체계에서 생겨나는 모든 행위와 경험들을 포함한다. 우선 확인된 클라이언트 체계는 인정된 클라이언트 뿐 아니라 클라이언트나 그의 가족과 상호작용하는 다른 사회성원 모두를 포함할 수 있다. 치료자 체계도 가족을 만나는 치료자를 포함하여 다른 치료팀의 치료자들을 포함할 수 있다. 치료과정은 치료자 체계가 클라이언트체계에 영향을 미치며 또 그 반대로 클라이언트 체계가 치료자 체계에게 영향을 미치는 양방적인 영향과정이며 계속적이고 순환적인 유형의 상호작용이라 하겠다.

현대에 와서 가족치료 과정연구는 단순히 치료에 참여하고 있는 각 개인들간(클라이언트, 치료자, 다른 가족구성원)의 상호작용에만 초점을 맞추는 것이 아니고 치료에 참여한 개인들의 순환적 상호작용을 가족치료 성과연구와 연관시켜서 어떤 과정이 치료의 성공이나 실패를 가져왔는지를 탐색할 수 있도록 가족치료 과정연구의 정의가 확대되어 사용하고 있다.

Greenberg와 Pinsof(1986)의 가족치료 과정연구 정의는 과정연구와 성과연구를 연결시키려는 시도를 보이고 있다. 확장된 정의에서 '과정'과 '성과'의 용어개념이 애매모호하게 구분되며 연구자의 관점과 흥미에 따라 상호교환적이 될 수 있다. 성과란 치료시간 내의 개입에 대한 즉각적이고 근접한 성과로 부터 치료종결 후의 가족지위의 변화를 포함한다. 이와 비슷하게 과정도 치료시간 내 치료자에 의해 수행되는 특별한 행위(개입)로 부터 치료시간 사이에 집에서 진행되는 변화과정까지 모든 것을 포함할 수 있다. 사실 특정한 치료시간의 개입은 사전 치료시간의 성과로 정의내리는 것이 가능하다. 하지만 현재까지는 '성과'와 '과정'을 구분하여 사용하는 것이 연구에 더 유용하다고 하겠다.

2. 가족치료 과정연구의 중요성과 제한점

가족치료 과정연구는 가족치료를 받는 것이 안 받는 것보다 더 낫다는 가족치료의 단순한 효과성을 제시하는 가족치료 성과연구보다는 가족치료에 대한 풍부한 정보를 임상가와 가족치료 훈련자에게 제공한다. 과정연구의 중요성은 크게 두가지 측면에서 요약될 수 있다. 첫째, 과정연구가 가족치료에서 실제로 무엇이 일어났으며 어떤 과정이 치료의 성공과 실패에 관계가 있는지를 밝혀준다. 가족치료 과정연구는 어떤 특정한 가족체계와 어떤 치료방법이 다른 치료적 연합방법보다 더 나은 치료적 효과를 가져오는지를 밝혀주고 있어 치료의 어떤 특정요인들이 가족의 기능향상과 퇴보를 가져오는지에 대한 정보를 제공해 주고 있다.

둘째, 과정연구는 임상가와 치료 훈련자에게 자신의 행위가 치료에 어떤 영향을 미치는지에 대한 정보를 제공할 수 있다. 가족치료 과정연구는 가족치료 연구의 가족기능과 성과연구를 연결하는 고리역할을 할 뿐만 아니라 성과연구의 결과를 좀 더 의미있게 이해하도록 돕는다. 과정연구는 치료자와 각각의 개입에 대해서 평가를 내릴 수 있도록 충분한 정보를 제공해준다. 가족치료 과정연구는 어느 연구보다도 많은 정보를 제공해 주는 중요한 연구방법이지만 그에 비해 연구상에 많은 문제를 지니고 있어 연구가 쉽지 않은 편이다.

Pinsof(1981)는 가족치료 과정연구의 부족과 미발달의 원인을 다음 세가지로 제시하고 있다.

첫째 요인은 가장 중요한 것으로 연구과업의 어려움이다. 가족치료 과정연구에서 보고자 하는 것은 가족치료상에서 보이는 사회적 상호작용과 상호개인적 의사소통으로, 어떤 다른 형태의 상호작용 연구보다 더 복잡성을 띤다. 증가하는 복잡성이 가족치료 과정을 연구하는데 있어서 매우 도전적이고 연구하기 어려운 영역으로 남게 하고 있다.

둘째 요인은 가족치료 분야에 있어서 미시적 치료 이론의 부재이다. 대부분의 임상적 이론은 높은 수준의 추상성과 일반성을 가지므로 전략적이고 확실하게 자료와 연결되는 낮은 수준의 추상적 개념을 제공하지 못하고 있다. Cleghorn과 Levin(1973), 그리고 Tomm과 Wright(1979)가 가족치료 훈련을 위해 내놓은 지도 목적이 가족치료 과정연구에 있어서 지침이 될 수 있는 일련의 낮은 수준의 추상적 개념 혹은 가설 도표(hypothesis map)의 발전으로 대표된다.

셋째 요인은 가족치료가 실천 중심으로 발전해 왔기 때문에 치료양식이나 이론적 배경을 무시해 왔다는 점이다. 이런 과학적 소외가 정신치료 연구로 부터 제공받을 수 있는 지식과 기술을 가족치료 분야에 도입하는 속도를 더디게 하였다. 동시에 일반 정신치료 연구의 개인 중심적 연구방법의 영향으로, 가족치료 과정연구도 개인에 중점을 둔 개인적 정신치료연구 패러다임에 매몰되었다.

제3절 가족치료 과정연구

가족치료 과정연구의 어려움에도 불구하고 다양한 과정연구가 시도되었고, 각기 다른 전략적 접근방향을 사용하고 있다. 기족치료 과정연구가 사용하는 접근전략은 자기보고(self-report) 전략과 직접적 관찰(direct observation) 전략으로 크게 둘로 나눌 수 있다. 초기 과정연구는 두 전략이 상호배타적인 전략으로 사용되었으나 현재에 와서는 자기보고와 직접적 관찰 전략 모두가 상호보완적으로 활용되고 있다. 과정연구의 연구대상은 치료자 혹은 가족구성원이 각기 독립적으로 표적이 되는 경우가 대부분이고, 치료자와 가족구성원이 동시에 표적이 되는 경우도 있다. 과정연구는 연구대상의 언어적 행위 등의 연구자료를 측정하는데 필요한 다양한 부호체계(coding system)를 개발하고 있다. 부호체계는 자료수집 뿐 아니라 접근방법과 대상을 규정하는 방법을 내포하고 있다. 이 절에서 6,70년대의 가족치료 과정 초기연구는 자기보고 전략과 직접적 관찰 전략에 따라 나누어 과정연구들을 검토하겠다.

1. 자기보고 연구

자기보고 전략을 활용한 가족치료 과정연구는 관찰 전략보다 적은 수의 연구가 실시되었고 대표적으로 Hollis, Shapiro, Rice와 동료들의 연구를 들 수 있다.

1) Hollis의 연구

Hollis(1968a, 1968b)는 개별사회사업 과정의 다양한 구성요소들을 분류하기 위해 개발된 개별치료 부호도식(coding schema)을 자세히 쓰여진 치료자의 사례보고서(과정기록)에 적용시켰다. 가족치료 과정연구에서 쓴 부호도식은 치료자와 클라이언트의 의사소통 내용에 있어 다양한 별개의 차원들을 알아보도록 설계되었다. 하지만 Hollis의 연구는 치료자의 구조화되지 않은 사례보고서(과정기록)에 전적으로 의존함으로써 연구결과의 유의미성과 예측성이 떨어지는 문제로 인해 Hollis의 부호도식이나 연구내용이 가족치료 과정연구에 큰 공헌을 하지는 못하였다.

2) Shapiro의 연구

Sapiro(1974)와 Budman(1973)은 치료과정에서 치료의 조기종결 혹은 치료 지속에 영향을 미친 요인을 검토했다. 연구는 구조화된 전화면접을 이용한 자기보고 형식을 통해 수집하였다. Sapiro의 연구에 의하면 치료를 지속한 사람은 치료자에 대해서 매우 긍정적인 의견을 가지고 있었고 치료를 종결한 사람은 치료자가 비활동적이었다고 불평을 하였다. Sapiro(1974)는 자신의 연구가 클라이언트의 회상적인 자기보고에 의한 평가에 의존했기 때문에 연구결과에 타당성을 전적으로 부여하지는 않았다. 하지만 Sapiro연구의 가장 큰 의의는 가족치료를 지속하는 사람과 조기에 종결하는 사람들간에 차이를 뚜렷히 구분하는 단 하나의 과정변수가 치료자의 활동수준임을 밝혀냈다는 것이다.

3) Rice와 동료들의 연구

Rice, Fey, 그리고 Kepecs(1972)는 치료자 행위에 관한 자기설명(self- description of therapist's behavior) 질문지를 개발하여 23개의 각 항목마다 치료자들이 자신의 행위를 5점 척도상에 등급들을 매기도록 하여, 치료자가 자신의 스타일에 대해서 가지고 있는 일반적인 의식을 찾고자 하였다. Rice와 동료들(1972)은 이 연구에서 요인분석을 통해 6개의 요인들을 찾아내고 이 각 요인들이 독립적인 치료자 경향을 반영한다고 보았다. Rice와 동료들(1974)은 성별의 영향을 살펴보기 위해 여성치료자의 수를 증가시켜 새로운 치료자 스타일을 2개 더 발견하였다. 또 이들은 질문지의 타당도와 정확성을 평가해 보기 위해 질문지를 이용하여 치료자 자신에 대한 설명과 공동치료자에 의한 설명간의 상관관계를 보아, 치료자 자신에 대한 자신의 설명과 공동치료자에 의한 설명간에 상관관계가 유의미하다는 것을 증명하였다. 이로써 치료자 행위의 자기설명(Self-description of therapist's behavior) 질문지의 타당도 측면에서 보면, 공동치료자에 의해 지각된 것이 치료자의 실제 행위로 일반화될 수 있다는 점을 뒷받침하고 있다.

Rice와 동료들의 연구에는 연구방법론상 문제점을 지니고 있다. 측정도구의 타당도와 신뢰도를 구축하기 위해 같은 대상자를 반복해서 활용했기 때문에 각각의 시도가 독립적이었다고 할 수 없다. 질문지가 치료자의 일반적 행위에 대해서 묻는 것이라 행위에 대한 특별한 맥락(context)을 찾아보거나 모형화(modality)를 할 수 없었기 때문에 얻어진 자료들이 치료자 혹은 공동치료자의 행위인지를 결정하기가 어려워진 것이다. 하지만 이런 부족한 점에도 Rice와 동료들의 질문지는 신뢰도, 타당도, 정확성을 가진 자료들을 이끌어내고 있다. 또한 이 측정은 경험, 성별, 이론적 배경, 공동치료자의 결혼여부 등의 여러 기준으로 치료자 집단을 나눌 수 있는 8개의 요소들을 끌어낼 수 있었다. Rice와 동료들의 연구(1972, 1974, 1976)는 가족치료 과정연구에서 행동의 타당도 또는 자기보고 자료의 정확성을 평가하려고 공동치료자의 행동에 대해 광범위하게 다루었던 최초의 연구이다.

2. 직접관찰 측정

대부분의 가족치료 과정에 대한 관찰연구는 연구대상에 따라 크게 둘로 나뉘는데 하나는 가족치료자의 행동에 관한 것이고 다른 하나는 가족구성원의 행동에 대한 연구이다. 시도된 바는 적지만 치료자와 가족구성원을 함께 대상으로 한 연구도 있다. 대상이 서로 다른 연구를 위해 부호체계(coding system)가 개발되었는데 대부분의 가족치료 과정이론이 주로 언어적 행위에 초점을 두기 때문에 부호체계의 측정도 주로 언어적인 것에 바탕을 두고 있다.

1) 가족치료자 행동연구

가족치료자 행동연구에는 8개의 부호체계가 개발되었다.

(1) 충동과 해석(Drive/Interpretaion, D/I)

충동과 해석 부호체계는 Montreal 연구집단이 개발한 3개의 부호체계 중 하나로 Dollard와 Auld(1959)의 개인치료에서 개발된 두개의 범주를 가진 부호체계를 활용하여 개발되었다. 이 부호체계는 훈련받은 부호자의 인지에 따라 치료자의 개입 진술을 충동과 해석의 두 범주로 구분한다. 충동진술은 상호작용을 격려하며 정보를 얻고 지지를 제공하는 것이고, 해석진술은 동기를 명확히하고 가족에 대한 이해를 확장시키고 무의식적 동기를 명명하고 대안적 행동을 제시하려는 시도이다. 이 부호체계를 가지고 연구한 Postner와 동료들(1971)은 가족치료자의 개입에 있어서 차이는 다른 가족간에서 일어났지 같은 가족의 다른 치료시간에서는 나타나지 않았으므로 가족의 특성적 차이가 치료자의 개입의 차이를 가져온다고 보았다. 또 이들은 가족치료의 성과를 설명해 줄 변수를 찾기 위해 많은 변수들을 검증에 활용하였으나 실패하였다. 이들의 시도가 실패한 이유는 부호체계가 너무 단순하게 2개의 범주로 나누어져 있어 중요한 발견을 포착하기에 충분하지 않았기 때문이다. 결과적으로 별로 성과가 없었지만, 가족치료의 과정과 성과를 관련시키려 한 최초의 시도였다는 점은 높이 살 수 있다.

(2) The Family Therapist's Intervention Scale-I(FTIS-I)

FTIS-I는 Montreal 집단이 개발한 두번째 가족치료자 개입척도이다(Chagoya, Presser, & Sigal, 1974). 이 척도는 가족치료 실제 상황에서의 개입에 적용된 것이 아니라 가족치료자 스타일의 상황적 검사(Situational Test of Family Therapists : STFTS)에 치료자가 반응한 것에 적용되었다. FTIS-I는 명목척도로 작성된 26개의 범주를 가지고 있어 명백히 진술되지 않은 개입도 충분히 범주화할 수 있어 가족치료자의 언어행위에 대해 분자적이고 미립자적인 분석을 제공한다. FTIS-I의 26개 범주 중에 15개는 치료자가 무엇을 말하는지에 관심을 두고, 11개는 그가 어떻게 말하는지를 다루고 있다. Chagoya와 동료들(1974)의 연구에 따른 치료자의 범주는 Beels와 Ferber가 이론적으로 나눈 3개의 치료자집단 분류와 잘 맞아 떨어지고 있다. 그래서 FTIS-I 척도는 적어도 STFTS에 대한 반응에 적용되어 독특한 기족치료 개입 스타일을 구분하는데 사용될 수 있음이 입증되었다.

(3) The Family Therapist's Intervention Scale-II(FTIS-II)

FTIS-II는 Montreal 집단이 개발한 세번째 척도로 FTIS-I가 치료자들 사이에 존재하는 능력의 차이 정도를 구분해내지 못해서 새롭게 고안되었다(Sigal et al., 1979). FTIS-II는 치료자의 개입을 5개로 범주화하고, 치료자의 능력을 구분하는 분기점을 제시해 준다. FTIS-II에 치료의 만족감과 가족의 증상변수를 더해서 분석하면 치료자의 능력에 따른 차이가 생겨났다. FTIS-II의 타당성에도 불구하고 이 척도의 단점은 FTIS-I과 마찬가지로 STFTS에 대한 반응에 적용한 결과이므로 실제 상황에서도 같은 결과를 가져올지는 의심스럽다.

(4) Family Therapist Behavior Scale(FTBS)

FTBS는 언어적 개입을 19가지 특정 형태로 분류하는 명목척도로 단기문제중심 가족치료 방법을 활용하는 치료자 집단을 대상으로 임상과 관련된 언어적 행위를 측정하도록 개발되었다(Pinsof, 1979a). FTBS는 FTIS-I와 같이 치료자의 언어적 행위를 연구하도록 거의 동시에 독립적으로 고안되었으나 FTIS-I와는 달리 FTBS는 이론적이고 실험적으로 만들어졌으며 19개의 상호배타적인 범주로 구성되어 있다. Pinsof(1979a)는 FTBS의 타당도를 검증하기 위해 척도가 두 극단적인 조건하에서 치료자의 언어적 행위간에 예측되는 차이를 구별할 수 있는지를 보았다. FTBS는 연구가설과 관련된 16개 변수 중에 7개에서 분명히 숙련된 치료자와 미숙한 치료자간에 언어적 행위에 있어서 차이가 예측되는 방향으로 나타났다. 결과적으로 지도감독자집단 치료자의 언어적 행위이 훈련집단 치료자보다 세련되고 복잡하다는 일반적 가설이 지지되었다. 하지만 이 연구성과는 단기문제중심 가족치료자의 언어적 행위에만 적용된다는 제한이 있었고, 조건집단간의 차이가 오직 치료자의 경험이나 숙련성에만 기인하지는 않을 것이라는 것도 배제할 수 없다.

(5) Family Therapist Coding System(FTCS)

Pinsof(1979b)는 FTBS가 특정한 분야에서 임상을 하는 가족치료자의 언어적 행동을 연구하도록 설계된 방법을 극복하여 다양한 이론적 배경을 가진 가족치료자들의 언어적 행위를 명확히 구별하도록 FTCS를 섬세하게 설계하였다. FTBS는 하나의 명목척도를 가지지만 FTCS는 9개의 명목척도로 구성되어 있다. 각 척도는 개입의 한 면을 정확히 부호화하며 치료자의 행동은 각 척도에 의해 부호화된다. FTCS를 구성하는 척도들은 체계를 이루어 각각의 척도들과 공동작용을 일으켜 개별적 척도의 합보다 더 많은 정보를 제공한다. 다시 말해 FTCS는 얻어진 전체 부호자료로 부터 치료자 개입의 대부분을 의미있게 재구성할 수 있는 재구성 능력이 있어서 구체적이라 하겠다. FTCS는 연구자에게 특정한 개입이나 치료자의 언어적 행동에 대한 확실한 설명을 제공하는데 목적을 두고 있는데 결과적으로 성공적이라 하겠다.

(6) The Coding System of Utah Group

Utah대학의 부호체계는 Alexander의 지휘 아래 진행된 방대한 가족치료 연구의 일부분으로 개발됐다. 이 부호체계는 가족치료의 언어적 측면과 비언어적 측면을 평가하기 위해 8개의 5점 서열척도를 포함하고 있다(Alexander et al, 1976). 이들 연구에서 치료자의 언어적 행위는 치료가 진행되기 전에 평가되었는데 이 평가는 치료자가 치료 도중에 어떤 행동을 할 것이라는 일종의 예측 형태를 띤 과정 특성에 대한 사정으로 구성되었다. 가족치료 도중에 일어나는 가족행위는 다른 두개의 범주체계로 측정되었다. 결과적으로 8개 척도 중에 5개 척도가 성과와 긍정적으로 관계가 있음이 입증되었다. 5개의 척도 중 3개(감정-행동통합, 따뜻함, 유우머)는 관계적 차원(Relational Dimension)을 이루고 나머지 직선적 성격과 자기확신은 구조적 차원(Structural Dimension)으로 묶여졌다. 이들 중에 관계적 차원에 속한 3개의 척도가 가장 예측력이 있는 것으로 나타났다. 이들 연구의 문제는 치료자 행동의 표집과정을 구체적으로 제시하는데 실패했으며 척도의 정확한 성격을 구체적으로 설명하지 못했고, 서열척도상의 문제점인 각 점수에 대한 설명부족도 그대로 지니고 있었다.

(7) The Allred Interaction Analysis for Counselors(AIAC)

Adlerian의 전통에서 벗어나 Allred(Allred & Kersey, 1977)는 클라이언트와 가족과 결혼에 대해서 상담하는 상담가들의 언어적 행위와 치료를 분석하는 부호체계를 발달시켰다. AIAC는 10개의 상호배타적인 범주로 구성된 명목척도로 상담가와 클라이언트 행동을 다루고 있다. 첫 7개의 척도(교육, 정보수집, 해석/대면, 방안모색/추천, 지지, 애매, 분리/공격)는 치료자의 행동에 표적을 두고, 8번째와 9번째 척도인 일과 저항은 클라이언트의 행동을 표적으로 삼으며, 10번째인 혼돈 혹은 침묵은 참가자들(치료자와 가족)간의 상호작용에 있어 특성을 찾아내려는 시도이다. 연구를 통해 AIAC의 신뢰도는 인정되었으나 타당도에 있어서는 일치적 타당도(Concurrent Validity) 이외에는 공식적으로 인정되지 못하였다.

(8) Cardiff Coding System

Emilia Dowling과 동료들(1979)은 "Developing Interactive Skill Coding System"으로 부터 15개의 상호배타적인 범주를 가진 Cardiff Coding Systme을 개발하였다. Cardiff 부호체계의 척도는 동료 가족치료자의 언어적 행위를 관찰하는 것을 목적으로 한 최초의 척도이다. 이 척도는 5명의 경험있는 가족치료자들이 다양한 동료 치료자와 같이 가족치료를 하면서 상호작용했던 내용에 대한 기술적 연구(Descriptive research)에 적용되었다. 치료자들이 각기 다른 공동치료자와 일할 때 행동의 일관성이 있는지를 평가하기 위해서 Kendall의 부합성계수(eoncordance coefficient)를 사용하여 검증하였다. Dowlling과 동료들(1979)은 연구에서 치료자들이 각기 범주에 속하는 행동을 하는 데에 있어서는 일관성이 있었지만 각 치료마다 특정범주에 소비되는 시간의 양은 다르다는 결과를 얻었으며 이는 공동치료자와의 보완적 기능때문에 오는 것으로 해석하였다. 또한 각 치료자들이 일반적으로 교류적 맥락(transcontext) 속에서 행동을 이해하고 있었고, 동료치료자들이 가졌으면 하는 행동유형과 가지고 있지 않았으면 하는 행동유형에 대해서 높은 합의성을 가지고 있음이 발견되었다. 그러나 이 연구의 문제는 Dowling 자신이 대상치료자이며 동시에 연구자로 중복 역할개입을 하여 연구결과에 있어서 편견을 배재하지 못하였다. Rice와 동료들(1972)의 연구와 같이 공동연구자에 대한 주제를 다루고 있지만 측정도구, 절차 상의 차이로 비교할 수 없다.

2) 가족구성원 행동의 직접관찰 측정

직접적 가족구성원 행동을 측정하기 위해서 활용된 측정도구를 살펴보면 위에서 논했던 치료자의 행동을 측정하기 위해 개발되었던 몇몇 측정도구들과 특별히 가족행동을 연구하기 위해 개발된 몇가지 척도가 있다.

(1) Montreal 집단

충동과 해석(Drive/Interpretation)체계를 보완하기 위해서 가족치료 도중 가족구성원의 언어적 진술에 깔려있는 감정적 내용을 부호화하는 명목척도를 개발하였다. 이 부호체계는 3개의 상호배타적인 범주인 위급(emergency), 복지(welfare), 중립(neutral)으로 되어 있다. 이 범주와 성과 사이에는 아무런 관계도 발견하지 못했으나 치료과정에 대해서는 정보를 끌어낼 수 있었다. 가족치료가 진행될수록 가족구성원들은 치료자보다 서로에게 더 말을 많이 하였으며, 서로에게 복지적 감정을 표현했다.

(2) Utah 집단

Alexander와 동료들(1976)은 가족치료자 연구를 위한 부호체계를 개발하면서 가족구성원의 행동을 조사하는 2개의 범주를 갖는 명목척도를 개발하여 가족치료 도중 가족구성원들의 의사소통의 질을 분석하는데 사용하였다. 가족구성원의 언어적 행위를 측정하는 척도체계는 Gibb의 연구결과인 의사소통의 지지적/방어적(Supportive/Defensive) 정의를 기초로 하여 이분법적인 범주(S/D)로 구성되었다. 지지적/방어적 체계(S/D system)의 각 범주는 구체적인 하위범주를 가지고 있으며, 이 체계는 문제가 있는 가족과 정상적인 가족간의 상호작용 유형에 있어 분명한 차이를 보여주고 있다. Alexander와 동료들(1976)은 가족치료의 마지막 단계에서 좋은 성과를 가져온 가족들은 S/D 비율이 높은 것과 S/D 점수와 성과간에 관계가 있음을 발견했다. S/D 체계는 가족형태와 치료에 관해서 판별타당도(Discriminat Validity)를 가지고 있다.

(3) Allred Interaction Ananlysis of Counselor(AIAC)

Allred와 Kersey(1977)는 AIAC를 가족치료자의 언어적 행동을 조사하기 위해 개발한 AIAC의 코드범주 10개 중에 작업과 저항으로 명명된 2개의 범주를 클라이언트의 언어적 행동을 활용하는데 사용하였다. 하지만 이 두개의 범주를 독립적으로 분리하여 해석하지 않았기 때문에 각각의 타당도를 검증하기가 불가능하였다.

(4) Hekel 연구

Salzberg의 집단치료 연구를 토대로 Hekel(1972)은 집단치료 클라이언트들의 언어적 행위치료를 분석하기 위해 2개의 척도를 포함한 부호체계를 개발하였다. 첫번째 척도는 각 클라이언트의 말을 3가지 주제범주로 나눈다. ① 관계없는 대상을 다루는 환경적 반응, ② 개인적 문제를 다루는 개인적 반응, ③ 다른 클라이언트들의 문제와 집단을 상대로 한 문제를 다룬 반응이다. 두번째 척도는 클라이언트들의 말을 다음의 11개 범주안에서 점수화를 한다: a) 치료자를 향한 반응; b) 부정적 상호작용 반응; c) 활동을 자극하는 것; d) 정보를 구하는 것; e) 정보를 제공하는 것; f) 의견을 구하는 것; g) 의견을 주는 것; h) 재요약하는 것(elaborating); i) 요약과 시험; j) 평가와 진단; k) 집단만들기이다. Heckel(1975)은 척도 자체의 타당도를 모두 .86으로 제시하였고, 연구결과는 가족이란 집단은 낯선 집단보다 일관성과 상호작용의 수준이 높게 발달되어 있으며 반응에 있어서 매우 신속하고 민첩한 행동을 함을 보여주었다. Hekel은 부호체계의 판별타당도를 증명했다고 주장하였으나, 치료자와 클라이언트에 대한 통제없이 연구를 했기 때문에, 척도가 지적한 차이를 명확하게 혹은 직접적으로 다른 치료형태와 연결지을 수 없었다. 치료자와 치료 양식을 한 단위로 취급했을 때에만 확실성을 가지고 서로간에 차이가 있다고 하겠다.

(5) De Chenne 연구

De Chenne(1973)은 Klein의 Experiencing(EXP)을 가족치료에 도입하여 부부간의 반응과 치료자와의 관계를 결혼상담 시간 동안 비교했다. 연구 가설대로 배우자가 다른 배우자의 말을 따르는 수준보다 배우자가 치료자의 말을 따르는 수준이 더 높았다는 연구가설이 증명되었으나 연구자 자신은 연구결과에 신뢰를 많이 두지 않았다. De Chenne 연구의 의의는 EXP 척도가 가족치료 연구에서 과정 측정도구로 활용될 수 있음을 입증했다.

(6) Winer 연구

Winer(1971)는 Bowen의 자기분화(differentiation of self) 개념을 조작화하여 변화비율(Change Ratio)을 개발하였다. 변화비율은 각 가족구성원들이 치료과정에 쓰는 말 중에서 구별된 '자기(I)' 라는 단어를 쓰는 수에 비해 '우리(we, our, us)' 라는 덜 분리된 단어를 쓰는 비율을 계산해 내는 것이다. 변화비율이 크면 클수록 분화되지 않은 가족자아체(family ego identity)로 부터 자신을 분화하는 정도가 높다는 가정하에 Winer(1971)는 변화비율 척도를 사용하여 연구한 결과 초기 가족치료 시간에는 남편과 아내의 변화비율이 비슷했지만 후기에 갈수록 비율변화가 생겨난다는 것을 알아냈다. 이 연구의 결과로 특정화된 대명사 수가 변화를 재는 도구로 유용하다는 점이 인정되었으나 변화비율이 측정도구로써 구조적이고 예측적 타당도는 평가되지 않았다. 타당도가 입증되기 전에까지는 대명사 수에서 보이는 변화는 가식적 언어학적 변화로 볼 수밖에 없을 것이다.

(7) Zuk 연구

가족치료 시간에 보이는 웃음은 감정을 감추고 불안을 반영한다는 가설을 가지고 Zuk와 동료들(1971)은 정신분열증을 앓고 있는 가족을 대상으로 가족치료 시간에 가족구성원의 웃음 빈도를 연구했다. 이들 연구는 가족구성원의 웃음 빈도와 더불어 시간의 효과(웃음 시기, 웃음 간격)를 연구했는데, 웃음을 시간적으로 보면 가족구성원간의 차이가 보다 분명했고 웃음의 유형에도 많은 차이를 발견했다. 결과적으로 치료를 받고 있는 가족구성원간의 웃음 빈도수에 있어서 차이는 의미있는 발견을 하였으나 이를 가설인 웃음과 불안을 연결하여 해석하기에는 자료수집과 분석상 불가능하여 가설검증이 어렵다.

(8) The Wynne. 집단 연구

정신분열증 가족을 연구하는데 일생을 바친 Wynne(1972)은 개별적 클라이언트의 사고장애가 클라이언트 가족의 의사소통 유형에서 드러나는 교류적 사고장애를 비슷하게 반영하고 있다는 가설을 세웠다. Wynne(1965)은 Morris와 함께 실험실 환경에서 구조적이고 생산적인 과제를 대하는 가족 상호작용의 일부를 듣고 심사자들이 가족의 자녀들이 겪고 있는 불안유형을 얼마나 잘 판단할 수 있는지를 연구하였다. 심사자들이 사용할 예측변수는 가족역할구조(Family Role Structure), 부모의 감정표현 스타일(Parental Style of Expressing Affect), 집중조절과 의사소통의 부모 스타일(Parental Style of Handling Attention and Communication)의 척도로 측정되었다. 앞에 두개의 변수는 조작화가 잘 되지 않았으나 마지막 변수는 조작화에 성공하여 집중척도가 예측변수로써 기능할 수 있었다. 집중척도는 가족치료 도중 클라이언트의 집중을 파괴하는 10가지 범주로 구성되어 있고 각 범주마다 0에서 5점까지 점수를 주도록 되어 있다. 이 척도를 가지고 진행된 연구결과에 따르면 훈련된 심사자들이 치료시간의 녹음을 듣고 클라이언트의 질병 성격을 정확하고 믿을만하게 예측할 수 있었다. 이 연구는 클라이언트의 치료과정을 조작화하려는 첫 시도로 평가되나 등급자 상호간 신뢰도(interrater reliability)를 평가하지 않았고 심사자에게 영향을 미치는 다른 요인들도 연구하지 않은 문제점을 가지고 있다.

3) 대칭 체계(Symmetrical System)

이제까지의 부호체계들은 클라이언트와 치료자를 위해 각기 다른 체계나 범주들이 도입되었다는 점에서 서로 보완적이다. 이와 대조적으로 Scheflen과 Benjamin은 치료자와 클라이언트의 행동을 동시에 측정할 수 있는 대칭적 체계를 개발하였다. 이 두 가지의 대칭적 체계는 정신치료나 가족치료 부호체계보다 훨씬 크며, 인간행동의 구조나 잠재성을 확인하려는 시도를 한 구조적 모델이다.

(1) Scheflen

Scheflen(1973)의 맥락적 분석접근(context analytic approach) 방법은 의사소통이론과 인공두뇌학(Cybernetics)으로 부터 비롯되었다. 맥락분석은 행동자체에 초점을 두는 연구로 돌아가서 감지될 수 있는 집단내의 교류중에 있는 모든 개인의 행동을 집중적이고 구체적으로 묘사한다. 행동들이 확인된 후에 맥락분석자들은 한 행동과 다른 행동간의 관계를 밝히고 이것을 또 제3의 행위와의 관계를 확인하면서, 변화나 정의된 하위체계를 구성하는 모든 행동요인을 확인할 때까지 연구한다. 정의된 하위체계는 더 큰 상호개인적 단위 또는 교류의 단위로 통합된다.

교류의 맥락분석은 어느 조직적 혹은 체계수준(개별, 2인, 3인)에서나 시작할 수 있으며, 교류의 단위화는 위치나 태도의 변화에 기초하여 이루어진다. 교류적 유형은 주어진 교류에서 나타나며 유형 자체가 명목범주와 같은 기능을 하므로 교류적 유형은 참가자들이나 교류가 달라짐에 따라 변화한다. 내용분석자들은 전환을 분석하고 묘사하는데 구체적인 명목범주가 따로 필요하지 않다. Scheflen의 접근방법의 가장 큰 장점은 단축적인 과정분석 방법이라는 것이다. 단점은 방법의 세련됨과 복잡성이며 또한 다른 치료상에 적용할 수 있는 교류적 부호체계의 부재이다.

(2) Benjamin

Benjamin(1974, 1977, 1979)은 상호개인적 기능과 내부정신적 기능을 다루는 구조적 분석 모델을 세련화시키고 발달시켰다. 분석모델은 클라이이언트 중심 치료와 정신분석학적인 이론에서 나온 사회적 행동 도표(Chart of Social Behavior)에 기초한다. 이 분석모델은 3면으로 구성되어 있는데 첫번째 면인 꼭대기는 다른 사람으로 명명하고 자신을 향한 부모같은 행동을 확인한다. 두번째 면은 상호개인적인 관계를 대표한다. 세번째인 밑바닥은 내부 분출로 내부 정신에서 자신에게 집중했을 때 일어나는 효과를 묘사하고 있다. 각 면은 가로와 세로축으로 나뉘어 4분원으로 나뉘고 각 분원은 9개의 영역을 가지게 된다. 이 36개의 영역은 구체적 행동을 확인하며 결과적으로 분석모델은 108개의 행동이 부호화되는 것이다.

Benjamin(1979)은 내부 정신적 교류과정과 다양한 상호작용을 분석하기 위해 세련되고 복잡하며 역동적인 이론적 체계를 발달시켰다. Benjamin의 분석모델은 과정분석 접근방법중에 가장 잘 통합되고 조직이 잘 이루어진 접근방법이다. 문제는 관찰적 도구라는 면에서 점수매기는 과정이 명확하지 않다는 것이다.

제4절 가족치료 과정연구의 새로운 시도

가족치료 연구는 발달상으로 보면 유년기를 지나 초기 아동기에 들어섰다고 하겠다. 가족치료 연구가 합법성을 인정받기 위해 실시되던 시기는 지났으나 가족치료가 생명력있는 치료모형으로 유지되기 위해서는 경험적이고 실험적 지지를 만들어내는 데 배가의 노력을 해야 할 시기이다. Pinsof(1988)는 발견지향적 연구전략(discovery-oriented research strategy)이라는 새로운 연구전략을 제시하고 있다. 발견지향적 연구전략은 치료받는 것이 치료받지 않은 것보다 낫다는 것을 증명하기 위해 집단간의 차이를 증명하는 연구의 필수적 구성요소인 통제집단을 설정하던 것에서 벗어나 집단내의 차이를 발견하려는 것이다. 즉 특별한 치료나 개입에 누가 제일 도움을 받았으며 누가 도움을 받지 못했는지를 발견해 나가는 것이다. 발견지향적 연구 전략은 이제까지 과정연구와 성과연구가 별개로 실시되었던 과정과 성과를 연계해서 과정과 성과변수 사이의 연결을 발견하려는 시도이며, 이를 위해 변화의 과정에 관한 가설을 생성해 내려는 시도이기도 하다. Alexander(1988)는 가족치료 이론이 아직 추상적이고 일반적인 거시적 이론 수준에 있고 다양한 기법과 치료모형이 존재하기 때문에 가족치료는 과정연구의 어려움을 극복하는 대안으로 가족치료의 기본적 과정을 명확하게 하는 준거틀을 제시하고 있다. 이 절에서는 Pinsof가 제시한 발견지향적 연구전략과 과정연구의 기본 차원을 제시하고 Alexander의 치료과정의 준거틀을 활용한 과정연구를 제시해 보려 한다.

1. 발견지향적 연구전략

1) 과정의 연구전략

(1) 성공과 실패전략(Success-Failure Strategy)

성공과 실패전략은 가장 기초적인 발견전략으로 극단적 집단이나 조건분석을 통해 발견의 기회를 극대화하는 것이다. 가족치료 중 중대한 평가시점(치료중반, 종료, 사후추적 등)에 성과변수를 가지고 가족의 등급을 매겨서 완벽한 실패가족과 완벽한 성공가족을 구별한 후에 극단적 성과를 보이는 두 가족을 과정변수를 가지고 비교해 보는 것이다. 이 전략은 특정 치료를 받은 한 사례집단에서 최상과 최하의 성과를 가져오는 극단적 집단이 전형적으로 전체 집단의 4분의 1 혹은 3분의 1로 구성된다고 본다. 이상적으로 연구집단은 인구학적으로나 진단상으로 동질성을 갖는다고 기대되기 때문에 표집변수는 감소하고 결과변수를 설명할 수 있는 과정변수는 증가한다. 이 전략의 사용시 긴급한 문제, 상호개인적 맥락(정상 가족, 편부모 가족, 이혼가족 등), 가족발달단계 등과 같은 점들에 있어서 동질성이 있어야 한다. 이 전략은 과정과 성과연결의 발견을 극대화할 뿐 아니라 과정과 성과간의 관계가 선형적으로 설명은 되지만 전략이 극대화되면 비선형적 관계를 발견할 수도 있다.

(2) 다중변량 상관관계 전략(Multivariate Correlational Strategy)

다중변량 상관관계 전략은 치료집단 내에 있는 모든 사례를 다루고 결과변수와 과정변수 사이의 관계를 검토하는 것이다. 이 전략은 직선적 관계를 확인하는데 이상적이며 과정변수가 결과변수를 예측하는 데 사용된다. 다중회귀분석을 통해 단순히 하나의 변수가 예측하는 것이 아니라 다수의 변수들이 성과를 예측하도록 하는 것이다. 상관관계분석은 비선형적 관계를 설명하지 못하므로 관계가 선형을 이루지 않을 때 과정과 성과 사이에 관계가 존재하지 않는다는 잘못된 결론이 나올 수 있다. 이상적으로 극단적 집단과 함께 상관관계 전략을 같은 치료집단 연구에서 서로 보충적으로 사용되는 것이 과정과 성과간의 연결을 잃지 않는 길이 된다.

(3) 사건 혹은 작은부분 전략(Episode or Small-Chunk Strategy)

전통적으로 과정-성과연구에서는 과정과 최종적 성과를 연결하여 보려고 했기 때문에 일관된 과정과 성과간의 유형을 찾지 못했고 이로 인해 과정은 성과에 중요한 결정적 요인이 아니라고 결론을 내리게 되었다. 이런 문제의 해결을 위해 치료에 있어서 작은 단위에 초점을 두는 것이다. 사건 혹은 작은부분 전략은 과정과 성과측정 사이의 경험과 시간간격을 줄이려는 시도이다. 가장 작은 단위는 치료시간 내에서 일어나는 사건이다. 치료자가 치료시간 내에 가족이 문제에 초점을 맞추도록 했다면 치료자는 목표가 달성되었는지를 물어볼 수 있다. 이런 종류의 성과는 멀리 있는 성과가 아니고 근접한 성과라 하겠다. 이렇게 과정과 성과를 작은 단위의 사건을 통해 근접한 성과와 연결해 볼 수 있다. 다음 단계는 한 치료시간 단위이다. 부부의 친밀성에 초점을 두고 진행한 치료시간 후에 다음 치료시간이 되기까지의 시간간격 동안 부부가 덜 싸우고 더 친밀감을 경험했는지를 알아보는 것이다. 치료시간 간의 간격이 자연스럽게 전 치료시간 과정의 성과를 제공해주는 것이다. 한 치료시간 단위를 넘어서 여러 치료시간을 한 단위로 하여 과정과 성과관계를 살펴볼 수 있다. 이와 같이 작은단위에서 과정과 성과관계를 보고 더 큰 단위로 나아가면서 전체 치료의 과정과 성과관계를 규명해 볼 수있다.

이런 발견지향적인 전략은 집단내의 분석에 초점을 두고 측정시점 간의 시간과 경험을 줄이는 작은 과정과 결과단위에 초점을 두는 것이며, 과정변수의 대략적 측정보다는 치료 전체 과정에서 보이는 과정변수의 유형에 초점을 두게 하는 장점이 있다.

2) 발견지향적 과정연구의 대상차원

과정연구에서 흔히 대상차원이 가족치료자, 클라이언트, 동료치료자를 개별적으로 표적으로 삼았지만, 발견지향적 과정연구에서는 새로운 차원을 다루고 있다. 새롭게 연구대상 차원으로 대두되는 것은 치료자와 가족구성원간의 협력체계 차원, 행위와 행동차원, 작은 성과차원 등이 있다.

(1) 치료적 협력차원(Therapeutic Alliance Dimension)

개인치료 과정연구에서 사용되는 치료자와 클라이언트와의 치료적 협력체계를 가족치료에 적용하여 가족치료자가 가족구성원과 치료를 위해 협력하는 체계를 치료적 협력차원이라 한다. 가족치료 과정에서 생겨나는 치료적 협력체계는 매우 다양하고 복잡하다. 치료적 협력체계의 수준은 치료자와 가족구성원간의 협력 형태와 관련이 있다. 낮은 협력적 수준은 치료자가 가족구성원 각자와 협력을 이루는 개인적 협력체계를 구성하는 것이고, 높은 협력적 수준은 치료자가 전체의 가족체계와 협력하는 전체적 협력체계를 구성하는 것이며, 중간 협력적 수준은 치료자가 가족내의 많은 인간관계 하부체계(부모, 자녀, 기타)의 각 사람들과 협력하는 하위체계 협력 형태를 구성하는 것이다. 가족치료자는 전체적 가족체계와 분열된 협력 혹은 완전한 협력을 맺는다. 완전한 협력은 가족구성원 각자와 하위체계와 모두 긍정적인 협력을 하는 것이다. 한편 분열된 협력은 가족치료자가 가족의 일부 혹은 한 하위체계와만 긍정적으로 협력을 하는 반면 다른 하위체계와는 부정적 협력을 갖는다. 치료자는 가족치료가 유지되고 가족을 움직이기에 충분할 정도로 가족 전체 체계와 긍정적 협력을 유지해야 한다. 가족치료에서 협력적 차원에 대해 개념적이고 경험적으로 일치시키려는 가족치료 이론과 연구는 큰 진전을 보았으나, 앞으로 연구에서 다양한 시각에서 치료적 협력을 연구하기 위해 새로운 치료적 협력 개념을 분명하게 할 필요가 있다.

(2) 행위와 행동차원(Behavior/Act Dimension)

행위와 행동차원은 과정연구에서 치료자의 특별한 행위나 행동을 다루는 것으로 초기에는 치료자의 언어적 행위를 연구하기 위해 다양한 부호체계들이 개발되어 사용되었고 점차 가족구성원의 언어적 행동에까지 관심을 갖게 되었다. 현재까지 개발된 부호체계들은 광범위하게 확인되고 적용될 필요가 있으며, 비언어적 행위와 준언어적 행위도 포함할 수 있도록 발전되어야 한다. 행동은 협력차원과 관련해서 연구될 필요가 있는데 같은 행동도 협력체계의 특성에 따라 다른 의미를 가질 수 있기 때문이다. 이런 것들이 이론적으로 진보해야 한다.

(3) 작은 성과 차원(The "Small-o" Dimension)

과정연구의 마지막 차원은 작은 성과차원으로 작은 결과를 측정하는 것이다. 이를 위해 치료시간 사이의 보고서(Intersession Report)라는 측정도구가 시카고 연구에서 개발되었다. 이 도구는 가족체계의 여러 측면을 살펴보는 8개의 척도로 구성되어 있는데 이 측정도구는 가족치료시간 사이에 가족변화를 간단히 살펴보기 위해 설계되었다. 가족치료시간 사이의 변화는 가족치료 시간의 성과기준으로 사용될 수 있고 변화과정을 확인하기 위해 사용될 수도 있다.

3) Alexander의 치료과정 준거틀

가족치료는 특정한 시기에 단일하고 타당성있는 성과를 가진 동질의 과정을 갖는다고 생각되지 않는다. 대신 가족치료는 일련의 단계를 가지며 각 단계는 과정모음을 포함한다. 각 과정은 자신의 권리로써 성과를 대표하는 것으로 보일 수 있다. 예를 들어 첫번째 과정 후 다음 과정시에 돌아오지 않는 것은 그 자체가 첫번째 과정의 성과가 되는 것이다. 이로써 과정과 성과간의 구분이 애매해서 일직선적 사고의 치료자는 이해하기가 어려워지나 체계적 가족치료의 기본적 가정과 전적으로 일관성이 없는 것은 아니다. 가족치료의 이런 복잡성을 해결하기 위해서는 개념의 명료화와 방법론과 통계처리의 발달이 절실하다.

(표1)에 정리된 Anatomy of Intervention Model(AIM) 준거틀은 가족치료 과정연구와 실천에 도움을 주기 위해 Alexander(1988)가 가족치료의 기본적 과정을 명확하게 제시해 준 것으로 치료자가 수행하는 특별한 활동이 다양한 형태를 지닌다는 것을 이해시키며, 특정한 목표가 항상 특정한 기법을 요구하지는 않는다는 것을 환기시킨다. AIM 준거틀은 일반적 요소 대 특수한 요소를 구분하여 이들 사이의 차이점을 명확히 했지만 일반적 수준과 특수한 수준을 측정하기 위한 도구를 개발하는 데는 아무런 도움을 주지 못하였다. AIM준거틀은 가족치료 연구에서 치료자의 역할을 강조하고 있다고 하겠다.

준거틀에서 제시된 과업이 다양한 가족치료 모델에서 순위나 중요성이 다르게 취급되겠지만 모든 과업들은 과정 속에서 일어난다고 전제된다. Alexander(1988)는 개입의 단계를 제시하고 이론 과정연구에 적용하고자 한다. 과정과 성과측정을 연결하는 가족치료 연구에서 개입의 단계와 각 단계에서 요구되어지는 치료자의 뚜렷한 기술들간에 구분을 뚜렷하게 하는 것이 중요하다. AIM 준거틀은 가족치료 연구자와 이론가들이 목표와 기법들을 혼란시키지 않도록 강조하고 있다. 가족치료 연구에서 흔히 범하는 문제는 기술이나 모델이 마치 독립적인 것과 같이 평가된다는 것이다. AIM은 다음과 같은 사실을 상기시키고 있다. 기법을 실행하기 위해서 치료자는 특별한 기술이 요구되는데 이런 기술은 기법간에, 개입의 단계간에, 그리고 모델간에 다르다. 그러므로 치료과정을 성과에 연결시키려는 시도를 하는 연구자는 연구의 초점이 되는 개입의 단계를 정확히 하고, 그 단계를 측정하는 것과 성과측정간의 가설적 관계를 정확히 해야 한다. 마지막으로 연구자는 과정과 관계를 혼란시키는 부가적 변수들을 어떻게 다룰 것인지를 검토해야 한다.

(표1) 개입모델의 분석

	개 입 의 구 성 요 소				
치료자\단계	소개/인상	사정/이해	유도/동기화	행동변화	일반화/종료
목 표	가족의 긍정적 변화에 대한 기대를 극대화한다.	변화를 위한 가족의 매개변수와 잠재력을 이해한다.	장기적 변화를 위한 동기적 맥락을 창조한다.	개인적이고 상호작용적 변화프로그램을 설정한다.	변화를 유지하고 독립을 용이하게 한다.
중심과제	가족구성원에게 적절하고 믿음직하게 보인다.	정보를 끌어내고 구조화하고 분석하여 계획을 세운다.	부정성에 영향을 주기 위해 상호 개인적 민감성을 이용한다.	치료시간 외의 상호 실행을 구조화하고 감독한다.	변화의 일반화를 미래에 용이하게 한다.
속성과 기 술	전문성을 반영하는 표면적 특성	지적, 지각 그리고 개념적 모델	관계/상호 개인적 기술	구조화/교육 기술	다른 구성요소에서 사용된 모든 기술을 혼합
대표적 활 동	가능한 가족이 감지할 양질의 자극을 제시한다. 예) 치료센타의 형태와 사무실 세간살이, 치료자의 외모.	내적 외적 가족맥락과 기능, 긴장, 지지, 억압과 같은 적응적 유형과 가족의 가치체계를 확인한다. 저항과 협조적 반응을 평가한다.	치료자에 대한 반응을 수정한다. 치료기법의 원리를 보통 긍정적으로 강조하며 의미와 속성을 변화시킨다.	지시하고 행위변화를 유도한다. 의사소통 훈련. 이완요법. 선례와 결과를 수정하고 적절한 상호작용적 행동을 설명한다.	즉각적이고 적응적 가족 예) 과정 문제해결 스타일을 취득하도록 하고, 미래의 가족긴장을 예측하고 가능하면 개입한다.

제5절 가족치료 과정연구의 방법론적 문제

가족치료 과정연구는 가족치료 연구 분야에서도 가장 역동적이고 실천과정에서 연구되어져야 하기 때문에 사회과학 분야에서 일반적으로 활용되고 있는 조사방법을 그대로 가져다 쓰기는 어렵다. 가족치료 과정연구는 오히려 개별정신치료 과정연구에서 발달한 방법론에 의존하고 있지만 가족치료의 독특한 이론과 실용적인 특성은 개별정신치료 과정연구 방법을 그대로 적용하지 못하게 한다. 가족치료 과정연구를 위해 적절한 연구방법을 개발해서 사용해야 한다. 이 절에서는 가족치료 과정연구의 방법 개발에서 고려되어야 할 방법론상의 문제들을 살펴보고자 한다.

1. 변수의 선택과 개념화

가족치료 과정에서 연구자가 우선적으로 직면하는 문제는 가족치료의 과정에서 얻어지는 막대한 양의 자료를 어떻게 분석할 수 있는 정도로 정리할 것이냐의 것이다. 연구의 목적달성을 위해 치료과정에 관한 자료중에서 연구되어야 할 변수와 무시해도 될 변수가 결정되어야 한다. 변수 선택의 문제는 우선적으로 연구의 목적에 의해서 검토되어야 하며 변수의 개념이 측정 가능할 정도로 조작화될 수 있는지의 여부와 윤리적 측면에서 변수로 사용할 수 있는지도 고려해야 한다.

연구되어질 변수들은 개념상 추상성과 구체성 양 극의 연속선 위 어느 한쪽에 위치할 것이다. 추상적인 변수일 수록 개념이나 구성, 차원을 언급하게 되고 추상성이 적을 수록 분명한 행동과 관련된다. 추상성이 높을 수록 의도하지 않아도 다중차원성을 가지게 되어 변수는 구별되지 않은 하부변수들을 포함하게 된다. Kiesler(1973)는 이런 문제를 해결하기 위해서 연구할 변수를 분명하게 개념화해야 한다고 주장했다. 뚜렷한 이론적 준거틀에서 변수들을 이끌어내야 변수의 개념화가 명확하고 상황이 다른 연구에서도 변수의 의미를 분명히 알 수가 있다.

변수의 개념은 조작화되어 바로 측정(부호화)과 직결된다. 예를 들어 감정이입 변수는 추상적 정도에 의해서 의도하지 않아도 다차원적이 될 수 밖에 없게 된다. 감정이입의 개념이 언어적, 준언어적, 신체적 구성요소들로 되어 있다고 여겨져서 이를 측정하기 위해 각 구성요소를 측정하는 별개의 측정도구(척도)가 만들어진다. 반대로 구체성을 가진 변수는 별개의 행동들을 표적으로 삼으며 조작화하기가 쉽다. 추상적 변수는 가설준거틀 안에 구체적 변수들을 포진하여 다차원적 문제를 해결한다. 준거틀은 다른 연구들과 다변량적 맥락에서 변수에 대한 다양한 임상적 가설을 확인할 수 있게 한다. 웃음을 살펴보면, 웃음이 부정적 감정의 가면 역할을 한다고 가설을 세우면, 가족치료에 부정적 감정을 가질 경우 치료 중에 웃음은 증가될 것이다. 변수가 어느 정도의 추상성을 갖느냐에 관계 없이 변수와 그 상황을 명확히하는 개념화의 작업은 그 연구 변수의 타당성과 연구 실행성과 직접적으로 관련있다. 가족치료 과정연구에서 변수에 대한 개념적 명확성과 설명은 연구에 있어서 핵심이라 하겠다.

2. 측정도구

변수가 명확히 개념화되고 개념이 조작화되면, 그 다음 단계로 변수를 어떻게 측정할 것인가를 결정해야 한다. 가족치료 과정연구에서 사용되는 측정도구는 한가지 행동이나 심리적 차원을 측정하기 위한 단일 측정도구로 개발되기 보다는, 치료과정에서 보여지는 다양한 상호작용을 측정하기 위한 복합 측정척도로 구성된 부호체계로 개발되고 있다. 가족치료 과정연구자는 측정도구 개발시 연구대상과 연구방법을 고려하며, 변수를 특징짓는 클라이언트(가족구성원)와 치료자의 유형, 개입이나 표적이 되는 행동의 단서(cue)가 되는 것을 결정해야 한다. 또한 단서가 표현되는 행동적 통로(언어적, 준언어적, 신체적)가 확인되어야 하고, 접근전략(자기보고, 관찰)이 결정되어야 한다. 행동자, 단서, 통로, 접근모형이 고려되면, 가족치료 과정연구에서 변수를 측정(부호화)하기 위해 체계는 새롭게 만들어지거나 이미 있는 부호체계에서 선택된다. 부호체계 개발을 위한 기준으로 아래 2가지의 틀을 제시할 수 있다.

1) 부호체계에 관한 일반적 기준

(1) 재구성성(reconstructivity)

측정도구의 부호나 등급은 대상 현상을 추상화해 내려는 것이다. 이런 추상화 과정은 현상을 부호체계의 한 범주나 척도의 한 점으로 줄이는 것이다. 부호체계의 재구성성이란 부호체계가 특별한 행동이나 경험을 추상화하여 부호화한 자료로부터 다시 특별한 행동이나 경험을 임상적으로 의미있게 재구성할 수 있는 능력을 말한다. 재구성성이 높은 가족치료 과정의 측정도구는 Pinsof(1979)의 FTCS로 이 체계는 명목척도보다 서열척도를 사용하여 재구성을 하도록 설계되어 있다. 어떤 부호체계도 가족치료에서 가족치료자와 가족구성원들의 모든 경험을 전체적으로 재구성할 수는 없다. 부호체계의 재구성성이 비록 부분적이라 할지라도 부호체계의 재구성적 능력이 높을수록 임상적 명세성(spcecificity)과 관련성이 높아지고 이로 인해 부호체계가 상세한 질문을 다룰 수 있는 능력을 증가시키는 것이다.

(2) 모형체계 적합성(modality system fit)

이 기준은 측정도구 체계가 가족치료적 모형의 독특한 이론과 실용적 특징에 적합하며 적용시 설명을 잘 하고 있는지의 정도를 말한다. 가족치료에서 가장 우선적인 실용적 특징은 치료에 한명 이상의 가족구성원이 참여하며, 치료자 입장에서는 한명 이상의 가족구성원과 동시에 직접적으로 대화를 하게 되는 것이다. 더 나아가 여러명의 가족구성원의 행동이 동시에 일어나기 때문에 치료자는 가족 상호작용 유형을 수정할 수 있다. 체계이론에 바탕을 둔 가족치료 모형은 가족구성원간의 친밀하고 가족적인 행동과 경험을 직접적으로 다루도록 설계되었고, 치료의 표적은 가족구성원 개인 뿐 아니라 가족체계가 된다. 그러므로 부호체계가 특별한 치료적 모형에 잘 맞는다면, 더 나은 재구성성과 명세성을 갖게 된다. 가족치료모형과 맞지 않는 측정도구에 의한 가족치료 연구는 그 결과가 타당성을 가질 수 없으므로 부호체계가 치료자 훈련에 사용할 때 측정도구의 모형체계 적합성은 더욱 중요해지는 것이다.

(3) 이론적 배경체계 적합성(orientation system fit)

이 기준은 부호체계나 측정체계가 치료적 모형 내에서 뚜렷한 배경이나 학파의 독특한 특징에 잘 맞는지의 정도를 말한다. 보편적이고 포괄적인 부호체계 일수록 특별한 모형의 이론적 배경 안에서 뚜렷한 특징을 구별하고 확인하도록 설계되어 있다. Chagoya와 동료들(1974)의 FTIS와 Pinsof(1979)의 FTCS가 다양한 가족치료 이론적 배경의 성격적 특성들을 구분하도록 설계되어 있다.

(4) 포괄성(exhaustiveness)

포괄성의 기준은 명목척도를 사용하는 관찰체계와 특별히 관련있으며, 적어도 3가지 점에서 매우 중요하다. 첫째, 대상자 행동에 대한 완전한 묘사를 제공함으로써 부호체계의 명세성과 의미를 증가시킨다. 둘째로, 철저한 체계는 연속적 행동분석의 전제조건이 되는 치료자와 클라이언트의 모든 행동을 부호화한다. 세째, 포괄성은 모든 진술을 적극적으로 범주화하도록 유도함으로써 부호기록자가 부호과정을 조속하게 끝내지 않도록 한다.

2) 특별한 체계기준(미시적 방법론적 기준)

(1) 척도 유형

측정체계는 하나 이상의 척도로 구성되며 구체적 척도의 선택은 2가지 점을 고려해야 한다. 첫째, 특별한 척도 유형의 선택은 연구할 요인의 수와 어떤 변수가 연구되느냐에 달려있다. 둘째, 척도의 유형은 연구 질문과 경험적 연구를 위해 선택된 이론적 변수들에 맞도록 선택되거나 만들어져야 한다.

가족치료 과정연구의 부호체계들을 보면 대부분이 서열척도와 명목척도를 연구에 따라 채택하고 있다. 서열척도는 따뜻함이나 태도와 같이 서열적 연속성의 속성을 가진 조작화된 변수를 측정하기에 적절하다. 표적행동에 대한 확인 뿐 아니라 행동의 정도를 측정해 낼 수 있다. 반면 단점은 ① 변수가 명확하게 설정되지 않으면 어쩔 수 없이 척도는 의도하지 않아도 다차원적이 되고 만다; ② 서열척도상의 서열점에 단서 행동이 명확하게 규정되지 않으면 측정하고자 하는 것을 정확히 측정할 수 없다; ③ 서열척도는 개발한 사람의 평가적 입장이 반영되고, 연구자의 편견에 더 쉽게 영향을 받는다.

명목척도는 측정대상의 유이성과 상이성에 따라 구분하는 것으로 특성상 별개의 행동을 분별하여 한 범주에 할당한다. 범주의 분류는 질적인 차이에 바탕을 두고 만들어지는데, 행동에 있어서는 기능, 구조, 내용에 따라 구분되어 범주가 이루어질 수 있다. 명목척도의 약점은 명세성의 부족이다. 예를 들면 Sigal과 그의 동료들(1971)이 개발한 D-I 척도는 행동을 포괄적인 2개의 범주로만 나누는 것이다. 이 척도는 한 범주안에 치료자가 사용하는 다양한 개입방법을 포함하게 된다. 이런 문제를 해결하기 위해 범주를 증가시켜 명목척도를 분자화(molecularity)하면 표적으로 삼는 행동을 잡아내기가 쉬워져서 척도의 타당도는 증가하지만, 범주의 수를 증가시켜서 판별 타당도를 높이는 것은 신뢰도를 상실할 위험이 있다. 타당도와 신뢰도는 연속선 양 극에 있어 어떤 쪽에 신경을 쓰면 다른 한쪽이 상실되는 문제점이 있어, 측정도구 개발시 어떤 척도를 사용하든지 연구자에게 있어서는 이 둘의 균형을 맞추는 일은 매우 중요하고 어렵다. 척도개발시 척도의 명확성이 타당도, 신뢰도, 유용성을 결정한다.

(2) 단위화(unitization)

단위화는 관찰할 수 있는 부호체계와 관계가 있고, 체계가 적용되는 행동단위나 표본을 설명할 수 있다.

Kiesler(1973)는 가족치료 과정연구자가 알아야 하는 위계적으로 통합된 3가지 단위를 제시하고 있다. 첫째 단계는 점수단위(scoring unit)이고, 둘째 단계가 맥락적 단위(contextal unit), 그리고 마지막이 요약단위(summary unit)이다. 점수단위는 가장 기초가 되는 단위로 특정한 치료과정 내용의 부분을 주어진 범주에 따라 구분하는 것이 특징이다. 맥락적 단위는 점수단위를 포함하여, 연구자가 점수단위를 범주나 척도수준에 적용하는데 고려해야 할 자료의 양을 제한하는 것이다. 요약단위는 어떤 진술이 만들어지는 점수단위의 집단 또는 실행된 양적 측면에서의 단위이다. 즉 예를 들면 점수단위가 문답이 되면, 맥락적 단위는 문답이 이어지는 전후 대화가 되고, 15분 정도 이어지는 면접부분이 요약단위가 된다. 이 중 점수단위는 부호체계나 부호자(연구자)에 의해 직접적으로 표적이 되는 자료부분이기 때문에 이 세가지 단위중 가장 중요하다.

부호체계는 문답, 대화, 진술과 같은 고정된 점수단위를 이용하고 있다. Pinsof(1979a)의 FTBS는 융통성있는 점수단위를 활용하여 치료자가 개입의 크기를 조작하면서 임상적 민감성과 타당도의 극대화를 꾀하였으나 이는 신뢰도의 약화를 가져왔다. 한편 Pinsof의 FTCS는 FTBS에서 사용했던 융통성있는 단위를 고정된 단위로 바꾸었다. FTCS의 9개 척도는 치료자의 언어적 행동을 서로 다른 차원에서 측정한다. 9개 척도가 각각 표적하는 변수들은 추상성의 기능 수준이 다르며 측정단위도 가지고 있다. 즉 변수에 척도를 적용시키는 대신 다수의 점수단위를 설명함으로써 척도 자체가 최선의 수준에서 적용되도록 하였다. #1 주제(topic) 척도는 가장 적은 점수단위로 동사를 사용하고 있고 나머지 #2-#8에 이르는 척도는 중간크기로 주절이나 혹은 종속절을 측정단위로 하며, #9는 사건관계 척도로 문단을 측정하는 가장 큰 단위이다.

3. 자료 형태

자료 형태란 자료를 수집하고 전달하는 매개체를 말한다. 연구자는 원자료(치료자와 가족의 경험과 행동)가 어떤 매개체를 통해 제시될지를 결정해야 한다. 원자료가 비데오테이프, 음향테이프, 사본 중 어느 형태로 제시되는지는 연구질문, 이론적 변수, 부호체계 그리고 연구의 제약에 따라 결정된다. 만약 활동적 변수에 관심이 있다면, 비데오테이프를 사용해야 하고, 준언어적 행위에 관심을 둘 경우 음향테이프를 사용하는 것이 효과적이다.

자료 형태를 결정하는 중요한 요인은 자료 형태가 지니는 통로 소외(channel isolation)이다. 분명히 비데오테이프가 어느 형태의 정보든 가장 많이 수집할 수 있다. 그러나 한가지 정보를 수집할 때에는 다른 정보들이 이를 오염시킨다. 다시 말해 비데오테이프는 동사와 같은 언어적인 정보를 수집하는데 매우 유용하나, 연구자가 언어적 정보의 등급을 매기는데 있어 활동적 행동이나 준언어적 행위에 의해 오염된다. 그러므로 측정체계가 표적으로 하는 정보를 전달한 특정한 매개체에 관심을 가져야 한다. 변수가 개념적으로 구분된 활동적, 준언어적, 언어적 단서로 측정하기 위해 척도가 개발되지 않는 한, 통로 소외가 혼합 변수에는 유용하지 않을 때가 있다. Gottman(1978)의 Couples' Interaction Scoring System(CISS)이 가족치료에 있어서 구별된 다중통로 체계인데 과정연구에는 적용되어진 적이 없다.

4. 가족치료자

고전적 실험연구 설계에서는 대상자들간의 차이를 검증할 때 각 대상자는 똑같은 실험적 자극을 받게 된다. 하지만 가족치료에서는 대상자인 클라이언트에게 같은 자극을 줄 수는 없다. 모든 가족치료자들이 표준적으로 같은 개입을 할 수 없으며 심지어 한 가족치료자도 같은 개입을 기계적으로 같은 강도와 깊이를 가지고 반복할 수는 없다. 가족치료 연구에서 이런 이종자극(heterogenity)을 통제하기 위해 치료자에게 무작위하게 클라이언트를 할당시키는 방법을 활용할 수 있지만 대상이 치료를 받아야 할 사람들이라 행정조직상 어렵다.

Sigal과 그의 동료들(1973, 1977, 1979)은 이런 이종자극의 문제를 해결해 보기 위해서 비데오테이프에 담은 가족에게 가족치료자들이 반응하는 모의치료 상황인 STFTS를 가지고 연구하였다. 또다른 시도는 Tucker와 Pinsof(1979)의 연구로 문제있는 가족으로 훈련된 배우들을 활용하여, 가족치료 훈련생들이 가족치료훈련 초기와 1년 후 배우 가족과 면접과정을 갖도록 한 것이다. 이 연구에서 치료자들이 배우 가족과 그와 비슷한 실제 가족에게 반응하는 것이 다르다는 결과를 가져왔다.

5. 부호자(coder)

부호자에 대한 연구를 보면 부호자의 훈련에 관한 것들인데 Kiesler(1973)에 의하면 부호자 훈련의 양은 부호과업이 요구하는 추론의 정도와 부호 정의의 명확성과 불명확성에 달려있다고 했다. 부호자들은 부호체계를 연구대상에 적용시키는 사람들이다. 가족치료 분야에서 부호자에 관한 중요한 특성들과 그들이 체계를 사용할 수 있도록 훈련을 시키는 방법을 명확히 하는데 실패하고 있다. 이러한 가족치료 과정연구에서 척도를 가지고 등급을 매기는 데 있어 서로 다른 수준에 있는 부호자를 활용하는 것이 결과에 어떤 영향을 미치는지를 검토한 연구가 없다.

6. 가족치료 과정 부호체계의 신뢰도와 타당도

1) 신뢰도

동일한 대상을 반복하여 측정했을 때 동일한 결과를 가져오는 정도를 말한다. 가족치료 과정연구에서 문제되는 신뢰도는 과정 부호체계에 있어서는 등급자 상호간 신뢰도(inter-rater reliability)와 동일 등급자 신뢰도(intra-rater reliability)가 있다.

등급자 상호간 신뢰도는 두명 혹은 그 이상의 등급자가 한 행동에 대해서 서열척도의 등급이나 명목척도의 범주에 대해서 의견을 같이 하는 정도를 말한다. 대부분의 과정연구 연구자들은 부호체계의 등급자 상호간 신뢰도를 보고하고 있다.

동일 등급자 신뢰도는 한 등급자가 같은 자료를 다른 시간에 등급을 매겼을 때 그 자신이 같은 의견을 내놓는 정도를 말한다. 이론적으로 동일 등급자 신뢰도가 낮으면 등급자 상호간 신뢰도도 낮다고 하나 이와 반대현상은 항상 일어나지 않는다. 새로운 부호체계를 개발할 때 동일 등급자 신뢰도가 매우 중요한데 이는 등급자 상호간 신뢰도가 낮아도 동일 등급자 신뢰도가 적절하다면, 적어도 과정분석 체계는 일관되게 학습될 수 있고 적용될 수 있기 때문이다.

신뢰도는 다양한 통계방법을 통해서 얻을 수 있는데 서열척도의 경우에는 상관관계계수를 얻는 방법들을 활용한다. 명목척도의 경우는 실제로 신뢰도를 얻어내는 것은 쉽지 않으나 보통 합의의 비율을 사용하는 방법은 Cohen's K(Kappa)를 이용한다.

대부분의 과정부호체계는 서로 다른 성격을 가지고 있어, 한 체계가 어떤 특정한 대상자에게는 매우 신뢰있게 사용되지만 다른 대상자의 경우에는 신뢰도가 매우 떨어진다. 사실 신뢰도는 부호체계가 특정 대상집단에게 적절하고 잘 맞는지의 정도를 가장 잘 나타내는 지시물중의 하나이다. 가족치료 과정연구에서 부호자 집단이 하나의 부호체계를 특별한 자료에 적용하는 경우에 실제적 신뢰도를 다시 구해야 한다. 또한 신뢰도의 개념은 정지하거나 고정된 현상을 바탕으로 하고 있어 가족치료에 있어서 사용되는 반응적 변수에는 적용하기가 어렵기 때문에 부호체계의 신뢰도는 부호자의 재훈련을 통해 유지되어야 한다.

모든 과정연구자들은 부호체계의 신뢰도가 어느 정도 되어야 하는지를 결정해야 한다. Cohen'K의 점수는 우연에서 얼마나 편차정도를 가지고 있는지를 결정하는 유의도 검증을 하기때문에 낮은 Cohen's K(.40)은 우연과는 유의미있게 다르다는 것을 의미하지만 보편적으로 인정되는 유의미와는 거리가 멀다. 높은 신뢰도는 타당도의 저하와 관계가 있으므로 무엇보다도 신뢰도와 타당도의 적절한 균형이 요구된다. 그러므로 신뢰도는 무엇을 위한 것이가에 입각하여 측정하려는 과업과 관련된 타당성의 요구에 따라 결정되어야 할 것이다.

2) 타당도

타당도는 체계나 척도가 측정하고자 하는 것을 측정할 수 있는 정도를 말한다. 타당도는 내적 타당도와 외적 타당도가 있는데 내적 타당도는 상대적으로 추상적 변수나 차원을 측정하는 서열척도 체계와 특별한 관계가 있다. 타당도를 구축하는 전략 중 여기서는 변별타당도, 예측타당도, 구성타당도를 살펴보겠다.

(1) 변별타당도

이는 이론적으로 중요한 변수들에 있어서 다른 집단간에 구분을 할 수 있는 능력을 말한다.

(2) 예측타당도

예측타당도는 변수나 측정도구가 다른 변수를 예측할 수 있는 정도를 말한다. Alexander(1976), Postner와 동료들(1971) 그리고 Sigal과 동료들(1979)의 연구에서 측정도구의 예측타당도를 평가했다. 예측타당도는 측정도구가 가족치료의 개입이 있을 때와 없을 때 차이가 있다는 것을 보여주기 위해서 필요하다.

(3) 구성타당도

구성타당도는 내적 타당도를 다루고 있는데 이는 척도가 측정하도록 설계되어진 것을 측정하는 정도를 말한다. 일반적으로 구성타당도는 연속적 구성과 차원을 측정하는데 대부분 적용된다. Allred의 AIAC(Allred & Kersey, 1977)가 가족치료에서는 유일하게 구성타당도를 구축한 것이다.

7. 자료분석

가족치료 과정연구는 대부분 명목척도로 측정되는 자료들을 수집하므로 분석에 있어서 일정기간 동안의 특정 행동에 대한 합계나 평균을 내는 집합분석을 주로 사용한다. 집합분석은 가족과 체계이론자들로 부터 시간의 흐름에 따라 사회적 상호작용이 유형화되고 조직화되는 것을 보여주지 못하고, 행동의 의미가 맥락과 독립적이라는 비난을 받고 있다. 이런 문제점을 극복하기 위해 지난 15년간 가족상호작용과 정신치료 연구자들이 가족상호작용이나 정신치료에 연속적 분석(sequential analysis)을 해야 한다고 주장해 왔다. 연속적 분석은 시간에 따른 행동의 유형화를 시도했고 차례로 일어나는 일련의 행동간에 상황적 관계가 있는지를 검증해 보고자 했다.

연속적 분석에는 3가지 접근방법이 있다: Markov 사슬분석(Markove chain analysis), 정보분석(information analysis), 지연연속분석(lag sequential analysis)).

Markove 사슬분석(Patterson, 1976; Raush, 1972)과 정보분석(Attneave, 1959; Mishler & Waxler, 1975)은 보완적인 접근방법으로 통계적(stochastic)이고 확률적인 과정의 분석이다. Markove 사슬분석은 행동줄기에서 특별한 지속적인 행동간의 관계를 표적으로 삼고, 정보분석은 정보의 양, 전체적으로 흐름에 있어 구조나 전형화를 표적으로 한다. 전자가 분자적이고 행동적으로 특별한 상호작용 분석인 반면에 후자는 상호작용적 과정에 대한 전체적(molar) 분석이다. 지연연속적 분석(Sackett, 1977)은 3개중 특별한 연속성을 잡아낼 수 있는 가장 발달된 분석방법이다.

연속적 분석은 가족치료 과정연구자에게 강력한 분석도구를 제공해 주었다. 이 분석방법은 치료자의 치료운영(치료개입 사슬)을 확인시켜 주었고 하나의 주어진 사건이나 일련의 사건이 일어나는 상호작용 맥락을 확인하도록 해주고 있다. 궁극적으로 이것은 가족치료 과학이 기초할 수 있는 확률적 법칙의 확인을 위한 준거틀을 제공하고 있다.

가족치료 과정연구에서 연구결과가 일관성을 가지지 못하고 일반화하지 못하게 되는 이유는 위에서 언급한 연구방법 상의 여러 요인들이 제대로 수행되지 못했기 때문이다. 즉 동일한 유형의 연구에서도 서로 다른 부호자의 활용은 변수 설정과 개념화의 명확성의 부적절성과 교락변수(confounding variable)가 통제되지 않고, 임상치료자의 전문적 수준이 다르고, 임상치료자의 이론적 배경도 다르고 부호자 훈련의 양과 질의 차이로 인해 자연히 서로 다른 연구의 결과를 야기한다.

결 론

가족치료 과정연구는 가족치료 연구에서도 가장 더딘 성장속도를 보이고 있는데 그만큼 과정연구가 쉽지 않다는 것이다. 가족치료 과정연구의 발전단계를 보면 치료과정에서 치료자와 가족구성원 각자와 이들 간의 상호관계에 관심을 두다가, 점차 치료과정에 참여하는 모든 이들의 상호관계를 재구성하여 이해하는 단계로 넘어갔다. 최근의 경향은 과정연구와 성과연구 간의 구별보다는 과정연구를 통해 가족치료의 즉각적 성과를 증명해 내려는 움직임이 있다. 우리나라에서는 가족치료가 이제 발아하는 시기라 우선 임상적 실천이 주로 강조될 것이나 곧 치료가 효과가 있는지 없는지를 증명해야 할 시점을 맞이하게 될 것이다. 가족치료와 연구에 앞선 나라들의 경험을 바탕으로 가족치료 과정연구와 성과연구를 개별적으로 접근하는 것과 동시에 가족치료의 효과성을 보이기 위해 과정연구에 개입의 즉각적 효과를 증명해내는 연구방법을 병행할 필요가 있다.

사회사업의 모든 실천이 과학적으로 분석적인 개입이라기 보다는 예술적으로 이해되었다. 하지만 21세기를 향하고 있는 현 시점은 모든 것이 과학적으로, 분석적으로 제시되기를 요구하고 있으므로 사회사업 분야도 이런 대세에서 제외되지는 않을 것이다. 우리나라에서 가족치료가 계속해서 발전하기 위해서는 과정연구를 통해 과학적 증명을 제시해야 할 것으로 믿고 이 장에서는 이제까지 발전한 과정연구를 개괄적으로 소개하였다. 가족치료 연구자와 임상치료자들이 과감하게 위에 소개한 다양한 연구방법들을 우리 실정에 맞게 적용해보고 수정하여 가족치료 이론과 연구가 동시에 계속 발전하기를 바란다.

참 고 문 헌

Alexander, J., Barton, C., Schiavo, R. S. & Parsons, B. V. (1976), "Systems Behavioral Intervention with Families of Deliquents: Therapist Characteristics", Family Behavior and Outcome, *Journal of Counseling and Clinical Psychology,* Vol. 44, P. 656-664.

Alexander, J. F. (1988), "Phases of Family Therapy Process: A Framework for Clinician and Researchers", In. L. C. Wynne (Ed.), *The State of the art in Family Therapy Research : Controversies and Recommendations*, N. Y.: Family Process.

Allred, G. H. & Kersey, F. L. (1977), "The AIAC, A Design for Systematically Analysing Marriage and Family Counseling: A Progress Report", *Journal of Marriage and Family Counseling,* Vol. 3, P. 17-25.

Beavers, W. R. (1982), "Normal Family Process", *Healthy, midrange and severely dysfunctional families*, In F. Walsh (Ed.), N.Y.: Guilford Press.

Beavers, W. R. (1977), *"Psychotherapy and Growth : Family systems perspective",* N.Y.: Brunner/Mazel.

Benjamin, L. S. (1979), *Structural Analysis of Differentation Failure, Psychiatry,* Vol. 42, P. 1-23

Chagoya, L., Presser, B. & Sogal, J. (1974), *"Family Therapist Intervention Scale - I"*, Unpublished manuscript, Institute of community and Family psychiatry, Jewish General Hospital, Montreal.

Cleghorn, J. & Levin, S. (1973), Training Family Therapist by setting Institutional Objectives, *American Journal of Orthopsychiatry*, Vol. 43, No. 433-446.

De Chenne, T. K. (1973), "Experiential Facilitation in Conjoint Marriage Counseling", *Psychotherapy : Theory Research and Practice,* Vol. 10, P. 212-214.

Dollard, J. & Auld, F. (1959), "Scoring Human Motives : A Manual", *New Haven*, Conn : Yale University Press.

Dowling, E. (1979), Co-Therapy: A Clinical Researcher's View, In S. Walrond-Skinner (Ed.), *Family and Marital Therapy*, London: Routledge and Kegan Paul.

Epstein, N., Baldwin, L. M. & Bishop, D. S. (1982), "Normal Family Process", *McMaster Model of Training Functioning : A view of the normal family,* In F. Walsh (Ed.), N. Y. : Guilford Press.

Greenberg, L. S. & Pinsof, W. M. (Eds.) (1986), *"The Psychotherapeutic Process: A Research Handbook",* N.Y.: Guilford Press

Gurman, A. S. & Kniskern, D. P.(1978), Research on Marital and Family Therapy: Process, Perspectives and Prospect, In S. L. Garfield & A. E. Bergin, (Eds.),*Handbook of Psychotherapy and Behavior Change : A empirical analysis,* (2nd Ed.), N.Y.: Willy.

Gurman, J. (1978), *Couples interaction scoring system(CISS): Coding manual,* Unpublished manuscript, Dept of Psychology, University of Illiniis, Champaign, Ill.

Hekel, R. V. (1975), "A Comparison of Process Data from Family Therapy and Group Therapy", *Journal of Community Psychology*, Vol. 3, P. 254-257.

Hekel, R. V. (1972), "Predicting Role Flexibility in Group Therapy by Means of Screening Scale", *Journal of Clinical Psychology*, Vol. 28, P. 570-573.

Hollis, F. (1968a), "A prohile of Early Interviews in Marital Counselling", *Social Casework,* Vol. 49, P. 35-43.

Hollis, F. (1968b), "Continuance and Discontinuance in Marital Counselling and some Observations on Joint Interviews", *Social Casework,* Vol. 49, P. 167-174.

Kantor, D. & Lehr, W. (1975), *Inside the family*, San Francisco: Jossey-Bass.

Kiesler, D. J. (1973), *"The Process of Psychotherapy : Empirical Foundation and Systems of Analysis"*, Chicago : Aldine.

Minuchin, S., Rosman, B. L. & Baker, L. (1978), *"Psychomatic Families : Anorexia Nervosa Incontext"*, Cambridge, MA: Havard University Press. Moos, R.H. (1974), "Combined Preliminary Manual : Family, Work and Group Environment Scales", Palo Alto, CA: Consulting Psychologists Press.

Olson, D. H., Russell, C. S. & Sprenkle, D. H. (1983), "Circomplex Model of Marital and Family Systems : VI Theoretical Update", *Family Process,* Vol. 22, P. 69-83.

Pinsof, W. M. (1979a), The Family Therapist Behavior Scale (FTBS): "Development and Evaluation of a Scoring System", *Family Process*, Vol. 18, No. 4, P. 451-461.

Pinsof, W. M. (1979b), *"The Family Therapist Coding System(FTCS) Coding Manual",* Center for Family Studies, Department of Psychiatry, Chicago: Northcrestern University Medical School.

Pinsof, W. M. (1986), The Process of Family Therapy : The development of the Family Therapist Coding System, In L. Greenberg & W.M. Pinsof (Eds.), *"The Psychotherapeutic Process : A Research Handbook"*, N.Y.: Guilford Press.

Pinsof, W. M. (1988), Strategies for the Study of Family Therapy Process, In L.C. Wynne(Ed.), *"The State of the Art in Family Therapy Research : Controversies and Recommendations",* N.Y.: Family Process Press.

Postner, R. S., Guttman, H., Sigal, J., Epstein, N.B. & Rakoff, V. (1971), "Process and Outcome in Conjoint Family Therapy", *Family Process*, Vol. 10, P. 451-474.

Reiss, D. C. (1988), "Theoretical Versus Tactical Inference : Or, How to do Family Psychotherapy without Dying of Boredom", In L. C. Wynne (Ed.), *"The State of the Art in Family Therapy Research : Controversies and Recommendations",* N.Y.: Family Process Press.

Rice, D. G., Razin, A. M. & Gurman, A. S. (1976), "Spouses as Co-therapist : Variables and Implications for Patient-Therapist Matching", *Journal of Marriage an Family Caunselling*, Vol. 2, P. 55-62

Rice, D. G., Gurman, A. S. & Razin, J. G.,"Therapist Sex, Style and Theoretical Orientation", *Journal of Nervous and Mental Disease*, Vol. 159, P. 413-421.

Rice, D. G., Fey, W. F. & kepecs, J. G. (1972), "Therapist Experience and Style in Co-Therapy", *Family Process*, Vol. 11, P. 1-12

Sapiro, R. & Budman, S. (1973), "Defection, Termination and Continuation in Famliy and Individual Therapy", *Family Process,* Vol. 12, P. 55-67

Sapiro, R. (1974), *"Therapist Attitudes and Premature Termination in Family and Individual Disease"*, Vol. 59, P. 101-107.

Scheflan, A. E. (1973), *"Communicational Structure : Analysis of a Psychotherapy Transaction"*, Bloomington and London : Indiana University Press.

Sigal, J., Presser, B. G., Woodward, C. W., Santa-Barbara, J., Epstein, N.B. & Levin, S. (1979), *"Therapists' Interventions in a Simulated Family as Predictors of Outcome in Family Therapy"*, Unpublished Manuscript, Institute of Community and Family Psychiatry, Jewish General Hospital, Montral.

Tomm, K. M. & Wright, L. M. (1979), Training in Family Therapy : Perceptual, Conceptual and Executive Skills, *"Family Process"*, Vol. 18, P. 227-250

Tucker, S. J. & Pinsof, W. M., "The education of family therapy training", *Reserch in Progress,* Center for Family Studies, Department of Psychiatry, Chicago: Northwestern University Medical School.

Wells, R. A., Dikes, T. C. & Trivelli, N. (1972), "The Results of Family Therapy: A Critical Review", *Family Process*, Vol. 11, P. 189-207, N.Y.: Willy.

Wells, K. A. & Dezen, A. E.(1978), "The Results of Family Therapy Revisited: The Nonbehavioral Methods", *Family Process,* Vol. 17, P. 251-274

Winer, L. R. (1971), "The Qualifies Pronoun Count as a Measure of Change in Family Psychotherapy", *Family Process,* Vol. 10, P. 243-248.

Wynne, L. (1972), "Communication Disorders and the Quest for Relatedness in Families of Schizophrenics", In C.J. Sager & H.S. Kaplan (Eds.), *"Progress in Group and Family Therapy"*, N.Y.: Brunner/Mazel.

Zuk, G. H. (1971), *Family Therapy : A Triadic Based Approach*, N.Y.: Behavioral Publications, Inc.

제 2 장

가족치료 성과연구

정 영 순*

가족치료는 다른 치료접근 방법에 비해 상대적으로 새로운 접근이다. 따라서 그 치료의 효과성에 대해 설득력있는 증거를 제시할 수 있는 성과연구의 필요성이 어떤 치료접근 방법보다 중요시된다.

가족치료가 치료를 안하는 것 보다는 효과적이라고 제시한 성과연구를 통해 가족치료의 사용이 정당화될 수 있으며, 다른 치료방법에 비교해 가족치료의 효과성을 증명한 성과연구로는 임상에서의 가족치료의 위치를 강화시킬 수 있다. 더 나아가 특수화된 성과연구는 특수한 치료전략과 기법들의 정확성을 증가시키고, 그 효과성을 뒷받침하는 증거를 제시함으로써 보다 용이하게 치료전략과 기법들을 확산시킬 수 있다.

이와같이 성과연구가 가족치료의 유용성은 물론 임상치료방법으로서의 위상 및 발전에 중요한 역할을 하기 때문에 앞으로의 가족치료 미래는 성과연구를 얼마나 더 잘 수행하는가에 달려있다고 해도 과언이 아닐 것이다. 따라서 이를 위해서는 방법론적으로 적절하고 엄격히 수행된 성과연구들의 필요성이 부각되고 있다.

제1절 성과연구란?

성과연구란, 궁극적으로 '치료의 효과가 있는가'라는 근본적인 질문에 대답하기 위한 것이다. 그러나, 이 질문은 단순히 대답할 수 있는 것은 아니다. 설득력있는 대답을 제공하기 위해서는 무엇보다도 다룰 문제에 대한 명확한 정의가 요구된다. 이와 관련해 치료의 목적이 무엇이며 지향되는 결과가(예를 들면 증상감퇴, 인성변화, 가족재구성 등) 무엇인지 명료화해야 한다. 가족치료에는 다양한 접근방법과 기법들이 있기 때문에, 사용되는 접근방법을 (예를 들면 구조적, 다세대적, 혹은 경험적 접근방법 등) 명시하여야 함은 물론 어떤 치료자라도 똑같이 적용할 수 있도록 치료기법 및 절차 등을 구체적으로 명시할 필요가 있다.

그러나 단순히 치료의 효과 여부만을 질문해서는 유용한 대답을 도출할 수 없다 (Goldenberg & Goldenberg, 1991, 280). 왜냐하면 치료는 클라이언트의 문제, 가족상황, 치료

* 이화여자대학교 사회사업학과 교수

자, 치료조건 등이 상호작용하기 때문이다. 이에 다음과 같은 세분화된 질문들이 제기된다. 그 치료가 모든 사람에게 효과적인가, 아니면 단지 확인된 클라이언트의 진단범주, 특정 가족형태, 혹은 특정한 사회경제적 집단에만 효과적인가? 그 치료효과가 과연 치료자의 인성이나 상호작용 기술에 따라 달라지는가? 더 나아가 그 치료가 모든 조건하에서 활용될 수 있는가, 아니면 입원클라이언트치료나 외래클라이언트치료, 기관치료 혹은 가정치료, 단기치료 혹은 장기치료, 임의치료 혹은 강제치료와 같은 특정 조건하에서만 활용될 수 있는 것인가?

질문에 있는 각 요인들 각각이 개별적으로 성과에 상호작용하기 보다는 복합적으로 상호작용하기 때문에 좀 더 의미있는 성과연구가 되기 위해서는 오히려 어떤 조건하에서 누구에 의한 어떤 치료가 어떤 문제를 지닌 사람에게 효과적인지 질문해야 한다. 그러나 대부분의 성과연구가 적용된 치료접근 방법과 기법, 확인된 클라이언트의 문제범주 및 가족형태, 치료자의 인성 및 관계기술 수준, 치료조건들과의 복합적인 상호관계는 물론 각 요인들과 성과간의 관계조차 심도있게 연구될 만큼 특수화되지 못하고 있는 실정이다(Levant, 1984, 189).

제2절 성과연구의 방법론적 문제점

성과연구가 잘 수행되었는지의 여부는 적절한 조사방법론을 사용하여 과학적인 기준들을 충족시켰는가에 달려 있다. 적절한 조사방법론에 기초하지 않을 때 가족치료의 효과성을 입증하는 성과연구들이 많더라도 그 연구들은 유효하지 않다.

1950년대 가족치료 발전 초기에는 치료의 효과가 있다는 주장을 뒷받침할 만한 경험적 통계자료가 거의 없었다. 그나마 성과연구들은 대부분 작은 표본, 부적절한 실험집단이었기 때문에 오늘날의 방법론적 기준에 의하면 질적으로 상당히 떨어졌다(Goldenberg & Goldenberg, 1991, 261).

1960년대와 1970년대에도 가족치료 성과연구가 활발히 진행되지 않았으며, 대부분의 연구들이 적절한 조사방법론에 기초하지 않았다. Wells, Dilkes, Trivelli(1972, 189-207)에 의하면 1960년대와 1970년대 사이에 발표된 연구들 중에서 18개가 최소한의 연구 기준을 만족시켰고, 그 중에서 오직 2개의 연구만이 연구목적에 적합하게 고안되었다. 대부분의 연구들은 가족치료를 경험한 실험집단과 비교할 통제집단이 부재하였고, 또한 치료 전후의 사전-사후 조사를 하지 않았거나 치료 후 적절한 사후 평가를 하지 않았다.

1970년 말에 가족치료 효과의 실증적 조사에 관한 증가된 인식과 관심이 나타나기 시작했고, 1980년대부터는 가족치료에 좀더 엄격한 기준을 적용한 가족치료 성과연구가 활발히 진행되었다(Goldenberg & Goldenberg, 1991, 281-282).

그동안 가족치료에 엄격한 방법론을 적용하기 어려웠던 점은 가족치료의 특수성에 연유된다(Fox, 1976). 가족치료의 특수성으로 인해 치료 이외의 변수가 성과에 영향을 주는 내적 타당도의 문제, 연구결과를 일반화시키기 어려운 외적 타당도의 문제, 성과를 평가하는 측정상의 문제가 야기되는데, 이러한 문제들이 연구결과의 유효성을 저해시킬 수 있다. 따라서 여기서는 조사설계상의 내적 및 외적 타당도 문제와 성과평가 측정상의 성과평가 기준, 성과평가 대상, 성과평가자의 문제를 구체적으로 살펴보고, 이러한 문제들에 대처할 수 있는 적절한 방법론적 방안들에 대해 논의하고자 한다.

1. 조사설계상의 문제

적절한 조사설계 방법론을 사용하지 않은 경우, 첫째 가족치료로 인해 야기되었다고 주장하는 변화가 치료 이외의 다른 변수에 의해 야기되었을 수 있기 때문에 가족치료의 효과성에 대한 확고한 증거를 제시할 수 없는 내적 타당도의 문제가 발생된다. 둘째, 가족치료의 효과성이 있다고 하더라도 표본의 대표성이 높지 않기 때문에 다른 치료자, 가족, 상황 등에 확대 적용시킬 수 없는 일반화의 문제가 제기된다. 특히 가족치료 성과연구가 임상에서의 가족치료방법과 기술의 확산에 기여하는 것을 중시 여기므로 일반화의 문제는 중요한 쟁점이 된다.

1) 내적 타당도 저해요인

내적 타당도는 독립변수에 의해 종속변수의 변화가 야기되는 정도를 의미한다(Campbell & Stanley, 1963, 5). 내적 타당도는 종속변수의 변화를 설명할 수 있는 독립변수 이외의 변수를 통제함으로써 확보될 수 있다.

가족치료에서 가족은 하나의 홀론(holon)으로 끊임없이 가족의 하위체계는 물론 외부와도 역동적으로 상호작용하면서 변화할 뿐만 아니라 치료자도 대상가족과 하나의 체계를 이루어 체계와 함께 변화될 수 있다. 따라서 가족치료는 어떤 치료방법 보다도 치료에 긍정적 또는 부정적 영향을 미치는 요인이 많아 그 요인들을 제대로 정의하기 어렵다(Goldenberg & Goldenberg, 1991, 281). 또한 그 요인들을 정의한다고 하더라도 가족치료가 역동적 인간을 대상으로 하기에 실험조사설계에서와 같이 독립변수 이외의 요인들을 완벽히 통제하기 어렵다.

Levant(1984, 193)는 치료의 특정한 기술적 요인이 아닌 비특정한 비기술적 혹은 대인관계적 요인들이 치료보다 더 강하게 작용할 수 있다고 지적한 연구들이 증대되고 있다고 주장하였다. 치료효과에 영향을 주는 요인들은 많이 있지만 확고한 증거들이 제시된 요인들로는 첫째, 친구나 성직자로부터 도움이나 위안을 통해 얻어지는 자연 치유과정, 둘째 치료자의 질, 셋째 클라이언트의 변화동기와 향상에 대한 희망 등을 들 수 있다. 이 요인들을 구체적으로 살펴보면 다음과 같다.

(1) 자연치유

Bergin(1967)은 자연치유란 자연히 회복되는 것이라기 보다는 자연치유에 영향을 주는 요인들을 밝히지 못하기 때문에 그렇게 설명하는 것이라고 주장하였다. 그에 의하면 자연치유를 가져올 수 있었던 것은 전문가들에 의지하지 않더라도 목사나 일반 의사들에게 원조를 받기 때문이라는 것이다(Levant, 1984, 191, 재인용).

1952년에 자연치유를 처음으로 연구한 Eysenck는 입원한 신경증클라이언트의 72%가 퇴원했다는 연구결과(Landis, 1947)와 생명보험을 신청한 치료받지 않은 장애인의 72%가 2년 이내에 향상되었다는 연구결과(Denker, 1947)에 근거해 정신치료를 받지 않은 클라이언트의 2/3가 2년 이내에 향상되었다고 주장하였다. Eysenck의 높은 자연치유율에 엄격한 기준을 적용하여 Bergin는 자연치유율을 43%로 훨씬 낮게 산정하였다(Levant, 1984, 190-191).

그러나 Bergin에 의한 자연치유율도 상당히 높기 때문에 자연치유를 통제하지 않는다면 내적 타당도가 상당히 위협받게 된다. 그래서 치료적 효과를 정확히 규명하기 위해서는 자연치유로 기인된 효과를 통제하여야 한다. 이를 위해 통제집단이 반드시 필요한데, Bergin에 의하면 자연치유율이 치료집단의 특성에 따라 상당히 다르기(Levant, 1984, 191) 때문에 비교집단과 똑같은 인구집단에서 통제집단을 표집하는 것이 바람직하다.

(2) 치료자의 질

치료의 형태와 양상에 따라, 그리고 치료자와 대상자 간의 관계에 따라 악화율이 달라지는 경향이 있다. 특히 '치료자 변수의 질', 즉 감정이입, 진실, 조건없는 긍정적 배려 등이 악화율과 상당히 관계있는 것으로 나타났다. 자연치료에 비해 악화율은 평균 10%정도로 낮게 나타났지만(Levant, 1984, 191), 치료를 받고도 악화된다는 사실은 치료에서 심각한 문제이기에 악화에 대한 관심이 증대되고 있다.

또한 동일한 이름으로 분류되는 치료기술을 사용하더라도 치료자의 훈련 정도나 경력, 대인관계기술 등에 따라 대상 가족에 대해 투입되는 치료의 질이 판이하게 달라질 수 있다. 치료의 질을 다르게 하는 이러한 치료자 관련 변수들이 상당히 다른 치료효과를 가져올 수 있기 때문에 치료효과를 규명하기 위해서는 치료자 관련변수들이 통제되어야 한다.

그러나 많은 연구들이 치료절차를 상세히 기술하지 않아 치료자들이 명시된 치료방법을 그대로 적용하기 보다는 케이스마다 치료방식을 수정하면서 적용하는 경우가 많다(Fischer, 1981, 581). 개입기술과 치료자 훈련을 명료하게 기술한다 해도 상황마다 조금씩 달라지는 치료자들의 모든 행위를 통제하기는 사실상 어렵다. 또한 그렇기 때문에 Gurman & Kniskern(1981, 745)은 연구에서 제공된다고 명시한 치료기법들이 제대로 수행되었는지 확신할 수 없다고 하였다.

치료효과에 대한 확고한 증거는 제공된 치료를 여러번 반복하여 동일한 결과를 얻었을 때에만 신뢰될 수 있고, 다른 치료자가 반복하여 실제로 적용할 수 있을 때 임상에서의 성과연구의 가치가 있다(Beach & O'Leary, 1985, 1056). 따라서 치료자 간의 치료의 차이를 줄이기 위해 상세한 지침서로 치료절차 뿐 아니라 치료에 필수적인 치료자 훈련이 매우 구체적으로 명시하여야 한다. 치료지침서는 새로운 치료자 훈련의 도구가 될 수 있으며 다른 치료자가 기술된 절차를 다른 상황에서 정확히 수행할 수 있게 함으로써 치료의 질적 통제도 가능하게 한다.

(3) 클라이언트의 변화 동기와 향상에 대한 희망

임상사회사업에서 클라이언트의 변화 동기와 향상에 대한 희망이 치료에 상호작용하기 때문에 동일한 진단과 치료개입이 이루어진 클라이언트들 간에도 치료의 효과가 달라질 수 있다고 생각하여 왔다. 이는 문제 해결 및 향상 동기가 높은 가족들을 대상으로 한 연구의 치료 효과는 높을 수 있고, 그렇지 않은 가족을 대상으로 한 연구의 치료 효과는 낮을 수 있다는 것을 의미하는 것이다.

Glick & Kessler(1980, 273)에 의하면, 의뢰된 가족치료 대상자들 중 30%가 처음부터 치료받지 않았고, 30%가 3회 이내에 종결하였으며, 단지 40%만이 계속 치료를 받았다고 하였다. 그는 남편이 치료에 대해 동기부여가 되었을 경우 가족치료가 계속되는 경향이 있는 반면에, 변화의 중심체가 문제를 부정했거나 치료자의 활동이 적은 경우에 치료가 종결되는 경향이 있다고 하였다.

이 연구결과에 근거해 보면 치료를 중단한 가족에 비해 치료를 계속 받은 가족이 문제해결 및 향상 동기가 크다고 추론할 수 있다. 이는 결국 치료결과에 영향을 미칠 요인이 이미 작용된 조사대상자를 선택한 것을 의미하는 것이기 때문에 치료적 효과를 정확히 규명하기 위해서는 변화동기로 기인된 효과를 통제하여야 한다.

조사대상자의 편의의 문제는 개입기간 동안 다른 집단에 비해 어느 한 집단이 차별화된 대상자를 상실할 때 더욱 심각해진다(Compbell & Stanley, 1963, 5). 비교집단들의 대상자가 차별적으로 상실되었을 때 최종적으로 남은 통제집단과 실험집단의 성원들은 다른 특성을 가진 사람들일 수 있게 된다. 예를 들어 통제집단에서는 치료를 받고자 하는 동기가 많은 사람이 탈락되는 반면에 실험집단에서는 동기가 적은 사람이 탈락되는 경향이 있다. 이런 경우 두 집단간의 성원이 적어도 동기면에서 동일하지 않게 된다. 이로 인해 두 집단의 연구결과는 다른 특성을 가진 사람에게서만 나타날 수 있는 편의를 띄게 되므로 이들 집단은 연구를 위해 더이상 비교할 수 없는 집단이 되고, 연구결과도 비교할 수 없게 된다(Fischer, 1981, 581). 따라서 대상자 탈락이 성과에 미치는 영향을 통제할 수 있는 방안이 모색되어야 한다.

2) 외적 타당도의 저해요인

조사연구의 외적 타당도는 조사연구의 결과를 보다 많은 상황과 사람들에게 적용시킬 수 있는 정도, 즉 조사연구의 일반화 수준을 의미한다(Compbell & Stanely, 1963, 5). 조사연구에서 선정된 표본이 대표성 확보로 외적 타당도가 높을 경우 조사결과의 일반화가 가능해진다. 일반화를 저해하는 요인을 살펴보면 다음과 같다.

(1) 표본 크기의 적절성

일반화를 위해 연구 표본 크기의 적절성을 확보하는 것이 중요하다. 작은 표본 크기는 치료의 차이를 밝힐 수 있는 능력이나 힘을 감소시킬 뿐만 아니라 성과의 일반화를 제한하며 일반화에 오류나 허위가능성을 크게 한다(Beach & O'Leary, 1985, 1053).

표본은 모집단이 지닌 요소들을 다 가질 수 있을 정도의 크기가 되어야 한다. 예를 들어 표본이 모집단의 연령, 결혼년도, 자녀수, 교육수준 분포 등이 비슷하게 반영될 수 있는 정도의 크기가 되어야 한다. 그러나 현실적으로 가족치료를 받으러 오는 가족 중에서 많은 가족을 연구대상으로 표집하는데 어려움이 있다. 적절한 크기의 표본 대신 아주 작은 표본을 사용해야 할 경우에는 적어도 작은 표본을 선택할 수 밖에 없는 근거가 명백히 제시되고 정당화되어야 한다.

치료자 표본의 경우에도 마찬가지이다. 개별치료자의 특성에 따르는 변인인 임상가의 훈련정도, 교육, 직업적 배경, 성, 나이, 경험들을 비슷하게 반영하도록 많은 치료자를 연구에 참여시켜야 한다. 그러나 대부분의 연구에서 아주 제한된 수의 치료자만이 치료에 관여하고 있다. Beach & O'Leary(1985, 1954)는 많은 치료자를 참여시키지 못할 경우라도 한 연구에 최소한 3-4명의 치료자가 참여해야 한다고 주장하였다.

(2) 표본의 대표성

표본이 모집단의 대표성을 가지는 정도는 연구의 외적 타당도 정도와 관련된다. 표본의 대표성을 확보하기 위한 확실한 방법은 모집단으로부터 동등하게 표집될 기회를 주도록 표본을 무작위로 추출하는 것이다. 현실적으로 임상사회사업에서 클라이언트나 임상가 모집단으로부터 무작위로 표집하여 대표성이 확보된 표본으로 조사된 연구는 거의 없다(Fischer, 1981, 582).

따라서 클라이언트나 치료자 표본의 대표성을 확보하기 위해 표집을 제한하는 방법이 사용될 수 있다. 이 방법은 독립 및 종속변수에 영향을 미치는 변수에 대해 대상자들을 동일화시키는 것이다. 예를 들어 표본을 특정 연령이나 특정 계층에 한해서만 표집하는 것이다. 그러나 영향을 미칠 수 있는 모든 변수를 사전에 다 알 수 없다는 것이 이 표집방법의 문제이다.

클라이언트 집단의 대표적인 표본을 얻도록 노력하는 것과는 달리 치료자의 대표적인 표본을 얻으려는 시도는 거의 없다. 일반적으로 연구의 치료자로 한 기관에 종사하는 치료자들을 선정하기 때문에 치료자의 대표성이 전혀 확보되지 않고 있다(Fischer, 1981, 582). 치료자의 특성(즉 훈련정도, 교육, 경험 등)이 가족치료의 성과에 미치는 영향이 크다는 점을 감안한다면 치료자의 대표성을 확보하는 것이 중요하다. 현실적으로 치료자를 무작위로 표집하는 것이 불가능하기 때문에 적어도 치료자의 중요한 변수에 대한 표집 제한으로 그 모집단에 대해서만이라도 일반화할 수 있게 하여야 할 것이다.

(3) 조사의 반응적 효과에 대한 통제 정도

실험조사에 대한 반응이 외적 타당도에 대한 또다른 위협이 된다. 사전조사는 클라이언트를 치료에 민감하게 하여 사전조사를 받지 않은 클라이언트에 비해 치료효과를 다르게 할 수 있기에 그 연구결과는 사전조사를 하지 않은 가족에게 일반화할 수 없다(Compbell & Stanley, 1963, 5; Fischer, 1981, 583). 따라서 이러한 반응적 효과를 통제하기 위한 적절한 조사설계나 측정방법이 사용되어야 할 것이다.

또한 실험적 장치에 대한 반응은 치료효과를 실험세팅에 있지 않은 사람에게 일반화하는 것을 저해한다. 연구대상이라는 사실은 클라이언트와 사회사업가에게 특별한 의미를 준다. 이에 자신들이 실험대상이 되고 있음을 알고 있는 치료집단의 사람들은 변화를 가져오기 위하여 의식적인 노력을 하게 된다(Compbell & Stanley, 1963, 6: Fischer, 1981, 583). 이런 경우 성과에서의 변화가 치료때문인지 아니면 실험대상자의 의식적인 노력 때문인지 판단하기 곤란하게 된다. 실험대상자와 마찬가지로 치료자도 조사에 민감해져 성과의 변화를 가져오도록 치료를 변화시킬 수 있다.

이러한 변화는 치료와 무관한 실험적 장치에 대한 반응이 치료의 효과에 상호작용하는 것이기에 실험세팅에 있지 않은 가족에게 이 연구의 결과를 일반화하는데 문제가 있다. 따라서 대상자와 치료자를 실험세팅에 민감하게 하는 조건들이 통제되어야 한다.

3) 내적 및 외적 타당도 확보방안

내적 타당도는 변화를 설명할 가능성이 있는 가족치료 이외의 변수들을 통제함으로써 확보될 수 있고, 일반화 즉 외적 타당도는 표본의 대표성을 높일 수 있는 확률적 또는 무작위 표집방법으로 증진될 수 있다. 따라서 성과연구의 유효성을 증명하기 위해서 통제집단의 설정과 무작위 표집은 방법론적 적절성을 확보하는 기본적인 조건이 된다(Beach & O'Leary, 1985, 1037).

이러한 방법론적 조건을 충족시키기 위해서는 실험조사설계를 하게 된다. 실험조사설계에서는 연구대상의 표본으로 선정된 개인 또는 집단을 무작위 표집방법에 의하여 실험집단과 통제집단으로 나누고 실험집단에만 독립변수의 조작을 가한 후 양 집단의 종속변수에 있어서의 특성을 비교하는 것이다.

집단 할당시 무작위 표집으로 두 집단의 표집차이에 기인될 종속변수의 차이가 배제될 수 있다. 무작위 할당은 표집된 개인들이 각 집단에 할당될 동일한 기회를 갖게 하기 때문에 무작위에 의한 집단배치 방법은 사전에 알려진 변수는 물론 알려지지 않은 변수도 통제할 수 있는 가장 효과적인 방법이다.

그러나 무작위로 할당하기가 쉽지 않기 때문에 차선의 방법으로 배합 방법이 사용될 수 있다. 배합은 조사자가 사전에 알고 있는 독립 및 종속변수에 영향을 미치는 외적 변수를 동일화시키는 방법이다. 즉 집단 할당 전에 사전조사를 해서 그 변수에 대해 똑같은 개인들을 실험집단과 통제집단에 무작위로 할당하여 그 변수의 영향을 통제하는 것이다(Fischer, 1981,

577).

어떤 방식의 집단 할당이든 개입초기에 두 집단이 동등한가의 여부를 결정하는 것이 중요하다. 무작위 표집방법에 의한 집단배치는 사전조사 없이도 양 집단의 동질성이 확보될 수 있으나(Campbell & Stanley, 1963, 25), 무작위 표집이 아닐 경우 두 집단간의 차이가 있을 수 있기에 개입초기 두 집단의 동질성 확보를 위해 사전조사를 필수적으로 수행하여야 할 것이다.

집단배치 방법에서 무작위 할당의 제한점으로 인해 다른 할당방법이 사용되는 것과 마찬가지로 통제집단 설정시 야기되는 문제점으로 인해 여러 형태의 통제집단 방법이 활용되고 있다.

통제집단의 설정으로 내적 타당도 저해요인들을 모두 통제할 수 있기를 기대하나 비치료 통제집단으로는 실험집단의 실험적 변수에 대한 반응적 효과를 통제할 수 없다. 반응적 효과를 통제하기 위해서는 플레시보 통제집단을 사용할 수 있다. 플레시보 통제집단에서는 통제집단의 클라이언트에게도 치료를 제공하기는 하나 실제적으로 치료효과가 없는 치료를 성과가 좋은 치료 방법이라고 말을 하여 치료집단과 같은 반응적인 효과를 가져오게 한다(Fischer, 1981, 583). 이러한 절차로 플레시보 통제집단은 반응적 효과를 가장 효과적으로 통제할 수 있는 반면에 심각한 윤리적 문제를 제기시킨다.

이러한 플레시보 집단의 윤리적 문제를 해소하기 위해 대기목록 통제집단이 사용된다. 대기목록 통제집단은 이미 서비스에 대한 기대를 가진 클라이언트들이 치료를 기다리는 동안 통제집단으로 활용되는 것이다(Fischer, 1981, 583-584). 따라서 이 통제집단을 통해 어느 정도 실험적 효과가 통제될 수는 있으나, 플레시보 통제집단에 비해 통제력은 적은 편이다. 반면에 대기목록 통제집단에서는 플레시보 집단에 비해 덜 비윤리적이다. 그러나 대기목록 통제집단에서는 클라이언트의 문제가 위급할 경우에 치료가 즉각적으로 제공될 수 없으므로 이 방법도 윤리적인 문제가 제기된다. 물론 클라이언트들이 자유롭게 연구에 참여하는 것을 거절할 수 있으므로 윤리적인 문제가 어느 정도 해소될 수 있다고 하지만 치료자가 치료를 하지 않는 것은 치료자 자신의 윤리적 가치에 어긋난다.

이와 같은 진정한 통제집단을 갖는 어려움에 대한 대안으로 클라이언트의 욕구에 따른 치료(Treatment On Demand: TOD)로 알려진 통제절차의 활용이 활발해지고 있다. TOD는 표준화된 대기목록이나 플라시보 통제집단과는 달리 조사과정에서 가족이나 그들의 요구에 따라 치료를 받을 수 있다. 다만 면담의 길이와 횟수에 상당한 제한을 두고 있다. 즉 보통 치료받는 가족이 12회의 면담을 받는다면, TOD가족은 그들이 계속 통제집단으로 남기 위해서는 월당 1시간 30분으로 제한된 면담만을 받을 수 있다. 만일 가족이 제한된 면담 길이와 횟수를 초과하는 치료를 원한다면 그들은 TOD집단에서 탈락될 것이고, 무작위로 추출된 다른 가족으로 대체될 것이다(Gurman & Kniskern, 1981, 747). 이와같은 통제절차는 통제집단으로 분류된 가족도 원한다면 즉각적으로 치료를 활용할 수 있게 하므로 윤리적 문제가 제기되지 않는다. 또한 가족치료를 받은 실험집단과 TOD에 남아있는 집단으로 치료를 전혀 받지 않은 가족만을 비교할 때 플레시보 집단에 근접하게 반응적 효과를 통제할 수 있다.

2. 성과평가 측정상의 문제 및 고려점

가족치료는 가족구성원 개인은 물론 하부체계 및 가족체계의 역동성, 그 가족과의 연계되어 있는 외부체계 등에 관여하기 때문에 상대적으로 가족치료는 연구대상의 다양한 특성을 지니고 있다. 이로 인해 가족치료의 성과연구 수행시 누구를 평가 대상으로 보느냐를 결정해야 하는 것이 난제이다(Levant, 1984, 195).

가족치료가 개입하는 대상이 다양한 것과 마찬가지로 치료적 효과를 보고자 하는 문제도 단순하지 않고 복잡하다. 이에 어떤 변화를 기준으로 해서 치료적 효과를 평가하느냐에 대해 가족구성원, 치료자, 조사자 간의 합의가 쉽지 않아 성과평가 기준을 정하기가 어렵다(Goldenberg & Goldenberg, 1981, 281). 더우기 가족치료의 복잡성으로 인해 효과에 대해 가족구성원, 치료자, 조사자가 다르게 평가할 수 있으므로 누가 그 효과를 판단할 것인가도 큰 문제로 남아 있다.

이와 같은 가족치료의 특수성으로 인해 측정시 치료에 기인된 성과가 무엇이고, 평가되어야 할 대상은 누구이며, 누구에 의해 평가되어야 하는가를 결정하기 어렵다. 이에 여기서는 성과평가 대상, 성과평가 기준, 성과평가자에 관련된 문제점 및 대처방안에 대해 논의하고자 한다.

1) 성과평가 대상

가족치료는 대부분의 경우 가족 내의 상호작용과 가족성원의 기능을 향상시키고자 하므로, 다른 치료방법에 비해 변화대상이 다양하다. 성과연구시 치료로 인하여 변화되는 모든 대상을 평가하는 것이 바람직하기에, 가족치료 성과연구는 확인된 클라이언트(IP)의 변화 뿐만 아니라 다른 가족성원, 하위체계, 그리고 전 가족체계의 변화를 평가할 것이다.

그러나 가족 규모가 커질수록 성과평가 대상수가 매우 많아지기 때문에 실제로 모든 변화 대상을 평가하기는 아주 어렵다. 예를 들어 네명으로 구성된 가족은 4명의 개인, 두명으로 구성된 6개의 하부체계의 관계, 세명으로 구성된 4개의 하부체계 관계, 1개의 가족체계로 총 15개의 단위에 대해 성과평가를 해야 되는데, 실제로 15단위에 대한 평가는 가능하지 않다.

따라서 변화하는 모든 대상의 성과를 평가하지 못할 경우에 반드시 평가해야 하는 대상을 선정하기 위해서 평가대상의 우선순위를 결정해야 할 필요가 있다. Gurman & Kniskern(1981, 765-776)은 평가대상을 선정하기 위해 (표1)과 같은 모델을 제시하였다. 그들은 어떤 부부 혹은 가족치료 성과연구에서도 최소한의 평가 단위로 확인된 클라이언트, 부부, 전체 가족체계가 연구되어야 한다고 주장하였다. 확인된 클라이언트, 부부, 전체 가족체계에 대한 평가 이외에도 확인된 클라이언트와 같은 세대의 가족구성원, 확인된 클라이언트와 다른 세대의 가족구성원, 확인된 클라이언트와 같은 세대와의 관계, 확인된 클라이언트와 다른 세대와의 관계를 평가대상으로 삼을 수 있다고 하였다. 그 중에서 같은 세대인 가족구성원의 변화를 가장 중요한 평가 단위로 보았고, 확인된 클라이언트와 다른 세대와의 관계를 덜 중요한 평가 단위로 보았다.

(표1). 부부 및 가족 치료의 효과를 평가하는 단위의 우선순위

치 료 맥 락 및 가 족 구 성					
	가족치료 I : 확인된 클라이언트(IP)가 아동인 경우		가족치료II: 확인된 클라이언트가 부모인 경우	부부치료 : 확인된 클라이언트가 배우자/부모인 경우	
가족 평가의 단위	아동이 1명 이상인 가족	아동1명인 가족		아동있는 부부	아동없는 부부
I. 확인된 클라이언트(IP)	IP 아동	IP 아동	IP 부모	IP배우자	IP배우자
II. 부부	부부	부부	부부	부부	부부
III. 전체 체계	가족	가족	가족	가족	가족
IV. 같은세대:개인	IP형제자매	----	비IP 배우자	비IP 배우자	비IP 배우자
V. 다른세대:개인	각 부모	각 부모	각 아동	각 아동	----
VI. 같은세대:관계	IP아동과 비IP아동	----	(부부)	(부부)	(부부)
VII. 다른세대:관계	부모와IP아동: 아동 1=IP 부모와 비IP 아동	부모와 IP 아동 (부모와 IP 아동)	아동과IP부모 아동과 비IP부모	(부모/아동들,가족들) 위와같음	---- ----

* 주 : ( )에 있는 가족단위는 평가에 있어서 앞에서 이미 채택되었다.
출처 : Gurman, Alans. & Kniskern, David P.(1981), "Family Therapy Outcome Research Knows and Unkowns," in Handbook of Family Therapy, Newyork:Brunomer & Majer, Inc., 766.

또한 Gurman & Kniskern(1981, 765)은 체계의 변화 없이도 개인의 변화가 생길 수 있다는 가정하에 개인이 향상된 것 보다는 전 가족체계 혹은 상호작용관계가 향상되었을 때 보

다 긍정적으로 변화되며, 단일 관계보다는 전 체계 수준이 향상되었을 때 좀 더 긍정적으로 변화된다고 하였다. 이는 개인의 변화보다는 체계의 변화를 더 중요한 평가대상으로 간주하고 있는 것을 의미한다.

이러한 생각이 대부분의 부부치료 성과연구들에 지배적이어서 각 배우자들의 변화보다는 부부체계의 변화를 더 중시하였다. 그래서 대부분의 성과연구에서는 부부 자체를 평가하기보다는 양쪽 배우자들의 변화를 통합하여 포괄적으로 분석하였다. 이러한 평가로는 부부체계의 변화를 제대로 반영하지도 못하고, 그렇다고 각 배우자들의 변화를 감지할 수도 없었다. Beach & O'Leary(1985, 1055)에 의하면 개입의 초점을 어디에 두느냐에 따라 평가대상들의 변화에 상당한 차이를 보이기 때문에 남편의 성과, 부인의 성과, 부부관계의 성과가 다르게 나타난다고 주장하였다. 예를 들면 결혼에 대한 만족도가 낮은 남편의 결혼 만족도에 초점을 둔 치료에서는 남편이 어떤 대상보다도 더 긍정적으로 변화하는 반면에, 양쪽 배우자의 결혼 만족도에 초점을 둔 치료에서는 부부관계 변화가 남편의 변화나 부인의 변화보다 높은 것으로 나타났다. 이와같이 부부관계의 성과, 남편의 성과, 부인의 성과가 각각 임상적으로 중요한 다른 정보를 제공하기 때문에 포괄적인 분석보다는 부부관계의 변화와 분리하여 배우자의 변화를 개별적으로 평가해야 할 것이다.

Beach & O'Leary와는 다른 이유로 Gurman & Kniskern(1981, 766)도 각 개인의 변화를 간과하지 않아야 한다고 역설하였다. 그들에 의하면 개인이 변화하는 데 체계변화가 논리적으로 필수적이지는 않지만, 안정된 체계변화를 위해서 개인의 변화와 관계의 변화가 필수적이고, 또한 관계의 변화를 위해서는 개인의 변화가 필수적이라고 주장하였다. 특히 클라이언트가 말한 불평으로 클라이언트의 변화를 사정하는 것이 의미가 있기 때문에 개인의 변화 중 확인된 클라이언트의 변화를 중시하였다. 더우기 확인된 클라이언트의 증상에 대한 변화는 다른 치료성과 기준에 비해 가족성원들, 치료자들, 조사자들 간에 합의를 보기 쉬운 평가기준이고, 상대적으로 쉽게 정의되고 측정하기 쉽기에 성과측정시 신뢰도와 타당도 수준이 높은 장점을 지니고 있다고 하였다. 그래서 대부분의 연구는 확인된 클라이언트를 주요 평가대상으로 삼고 있다. 그러나 Gurman & Kniskern(1981, 767)은 확인된 클라이언트가 유일한 성과평가 대상일 경우에 가족체계 수준의 변화에 대해 어떠한 결론도 내릴 수 없다고 주장하면서, 확인된 클라이언트의 증상적 상태만을 단일 평가단위로 사용하는 것을 경고하였다.

상기의 논의를 요약하자면, 치료성과를 제대로 알아내기 위해서는 전 체계에 대한 평가와 더불어 각 하부체계 평가와 개인에 대한 평가도 포함되어야 한다. 단, 평가단위가 많아질 경우 치료 개입의 우선순위에 따라 평가대상을 선정하여야 하지만 어떤 가족치료 성과연구에서도 최소한 확인된 클라이언트, 부부, 전 가족체계를 평가하는 것이 바람직하다.

2) 성과 평가기준

성과를 평가하는 단위를 선정한 다음에는 어떤 성과에 대해 평가하느냐는 질문이 제기된다. 치료로 인하여 성과를 잘 평가하기 위해서는 치료적 변화를 제대로 반영할 수 있는 기준을 선정해야 한다. 일반적으로 성과평가 기준은 성과연구가 조사자 자신의 배경 내에서 수행되기 때문에 조사자의 이론적 지향이나 치료의 목표에 기반한다(Gurman & Kniskern, 1981, 761).

이러한 경우에 가족치료의 평가기준들이 성과연구마다 달라지기 때문에 성과 연구들간의 비교가 가능하지 않게 된다. 연구결과를 비교할 수 없으면 반복적으로 치료의 효과성을 입증할 수 없게 되고, 이로 인해 그 치료가 효과적이라고 강력하게 주장할 수 없게 된다. 따라서 성과연구 간의 비교를 가능하게 하기 위해서는 같은 내용의 연구에 공통적으로 적용될 수 있는 성과에 대한 핵심개념이 수립되어야 한다.

조사자들과 임상가들이 성과에 대한 개념을 정의한 후에는 그 개념을 타당하게 측정할 수 있는 지표를 선정하여야 한다. 대부분의 성과연구들은 성과를 여러 지표로 측정하기 보다는 단일의 지표로 측정하는 경향이 있다. 예를 들면 결혼의 질을 부부치료의 성과로 삼은 연구들에서 결혼의 질을 측정하기 위해 부부적응 혹은 행복만을 유일한 성과지표로 사용한 경우가 많았다. Beach & O'Leary(1985, 1056)는 부부치료가 끝나고 오랜 시간이 지난 후에 사후 조사를 해 본 결과 50% 이상의 부부가 이혼했다는 사실에 의하면 더이상 결혼의 질을 단일 지표인 부부적응 혹은 행복만으로 측정하는 것은 문제가 있다고 지적하였다. 따라서 결혼의 질을 보다 타당하게 측정하기 위해서는 지표로 부부적응 혹은 행복 이외의 여러 변수들, 즉 결혼의 안정성이나 결혼에 대한 헌신들을 포함해야 한다고 주장하였다.

따라서 부부적응 혹은 행복지표로 평가한 연구 결과는 의도한 바 대로 측정한 것이 아니기에 그러한 연구결과는 부부치료의 성과를 제대로 평가하지 못한 것이다. 일반적으로 성과연구를 수행하기 전에 선정된 지표가 타당하게 치료적 변화를 평가할 수 있는지 알아보기 위해서는 측정도구에 대한 타당도 검사가 수행되어야 한다. Ely et al(1973)은 연구가 결혼만족도를 측정하기 위해 타당도가 검증되지 않은 부부생활 질문서를 사용하였고, Turkewitz & O'Leary(1981)는 의사소통 행동에 대해 타당도가 별로 없는 관찰척도를 사용하였기에 그 연구 결과들은 신뢰하기 어렵다고 하였다(Beach & O'Leary, 1985, 1055, 재인용).

특히 객관적인 측정도구(예, 체중증가)보다는 주관적인 측정도구(예, 만족도)인 경우에 측정도구의 타당도 문제가 제기된다. 타당도가 검증되지 않은 주관적인 측정도구인 경우 조사결과가 의도한 바를 측정하지 않을 수도 있기 때문에 그 측정도구에 의한 효과평가는 오도될 수도 있다. 이와 같은 오류를 범하지 않기 위해서는 성과평가 전에 측정도구의 타당도를 검사해야 한다.

또한 타당도가 검증된 측정도구를 사용하였을 때라도 같은 만족도에 대해 연구자마다 측정도구가 상이하다면 같은 만족도 연구라도 비교하기 어려울 것이다. 이에 연구자간의 비교를 용이하도록 타당도가 검증된 표준화된 측정도구를 사용하는 것이 바람직하다. 그러나 이와 같은 중요성에도 불구하고 아직도 많은 주관적인 지표에 대한 표준화된 측정도구가 개발되지 못하고 있는 실정이다.

3) 성과 평가자

측정도구가 결정되면 그 측정도구를 가지고 누가 평가하느냐를 결정해야 한다. 일반적으로 가족성원들, 치료자, 지도감독자, 유의미한 타인들, 훈련받은 판단자, 객관적 관찰자, 기계 등에 의존해 성과를 평가할 수 있다. 가족치료의 경우 주로 치료자의 판단, 가족구성원의 자기 보고, 외부 평가자의 판단에 의존해 성과가 평가되고 있다.

클라이언트 또는 외부 평가자의 판단과 치료자의 판단간의 상관관계를 보았을 때 낮은 것으로 나타나 여러 평가자에 의해 측정된 변화가 일치되기 어렵다는 인식이 증가되고 있다 (Gurman & Kniskern, 1981, 768). 극단적인 경우에는 치료자에 의해 향상되었다고 평가되는 것이 확인된 클라이언트와 가족은 악화되었다고 평가되기도 하였다(Glick & Kessler, 1980, 273). 외부 평가자에 의해 관찰되지 않은 부부치료의 효과가 부부 스스로는 향상되었다고 보고하였다(Beach & O'Leary, 1985, 1059).

측정에 있어 평가자들 간의 큰 차이는 객관적인 성과평가 지표보다는 주관적인 지표일수록 커지는 경향이 있다. 이는 주관적인 지표일 경우 측정에 평가자의 주관이 많이 개입되기 때문이다. 일반적으로 이러한 경우에는 측정도구를 표준화하여 평가자들간의 측정의 차이를 줄이도록 해야 한다.

그러나 가족치료에서는 평가자들간의 측정의 차이가 측정도구의 문제보다는 평가자의 임상적 혹은 경험적 차이에서 기인된다고 보고 있다. 치료에 관련된 가족 구성원과 치료자는 치료와 무관한 객관적 평가자와는 달리 치료적 변화에 대한 각기 다른 독특한 정보를 제공한다고 보고 있다(Fiske, 1975, 23). 그래서 가족치료에서는 그 정보들이 임상적으로 다 중요하다고 인식하기 때문에 그들의 지각이나 판단의 차이를 줄이는 대신 치료 관련자인 가족 구성원과 치료자, 그리고 치료 외부자가 독특하게 지각하거나 판단한 것이 무엇인지 파악해야 한다는데 보편적으로 동의하고 있다(Gurman & Kniskern, 1981, 768).

이러한 관점에서 보면 단일 평가자만을 사용해서 얻은 연구결과는 임상적 차원에서 그 중요성이 심각하게 손상될 수 있다. 그럼에도 Gurman & Kniskern(1981, 769)이 검토한 200개의 가족치료연구 중 50% 이상이 단일 평가자의 판단에 의존하여 성과를 평가하였는데, 그 중에서도 치료 외부 평가자의 판단이나 가족구성원의 자기 보고 보다는 치료자의 판단에 의존하여 평가하였다(Goldenberg & Goldenberg, 1991 ,282).

그렇다고 모든 가능한 판단자에 의해 모든 정보를 판단하는 것이 의미있거나 경제적이지 않다. Gurman & Kniskern(1981, 769-770)는 (표2)에서 치료적 변화를 평가하는 지표의 본질에 따라 이상적 평가자가 누구인지를 제시하였다. 평가 지표에는 객관적인 단순행동 점수로부터 주관적인 지표인 체계 성질과 개인의 정신역동성이 포함되고 있다. 주관적 지표는 치료자 혹은 전문적 판단을 할 수 있는 전문 판단자에 의해 가장 잘 평가된다고 하는 반면, 단순행동의 점수는 여러 사람에 의해 평가될 수 있다고 하였다.

(표2) 지표의 본질에 다른 이상적 성과 평가자

획득한 정보	예 시	판단 / 자원
1. a. 단순한 행동 점수	방해, 언어적 동의, 주제의 이동에 관한 빈도	기계, 훈련받은 객관적 관찰자
b. 행위 : 임상적으로 관련된 비가족적인 객관적 기준	학교성적,입원,경찰체포경험	신상기록카드
2. 인지된 가족 상호작용 패턴	상호성, 갈등해결, 의사결정	훈련받은 관찰자
3. 개별적 혹은 상호적 행동에 초점을 둔 자기보고	성적 상호작용의 목록, 배우자 관찰 체크목록	가족성원들
4. 내부성격에 초점을 둔 비행동에 대한 자기 보고	MMPI, Eysenck 인성목록	가족성원들
5. 다른 사람과의 관계에 초점인 비행동에 대한 자기 보고	부부만족도, 다양한 의사소통목록	가족성원들
6. a. 개인적 정신역동성 혹은 인성 구조	Rorschach, TAT	전문적 판단자
b. 가족의 정신역동성	혼동	치료전문가 전문적 판단자
c. 추론적으로 생각되는 가족체계 성질	밀착(enmeshment) 의사상호성(pseudo-mutuality)	치료자전문가 전문적 판단자

* 출처 : Gurman, Alans. & Kniskern, David P.(1981), "Family Therapy Outcome Research Knows and Unkowns," in Handbook of Family Therapy, Newyork:Brunomer & Majer, Inc., 770.

매우 주관적인 지표들은 타당하고 신뢰할 수 있게 측정하기 어려운 반면에 객관적인 지표는 측정하기가 쉽다. 주관적인 지표가 타당도와 신뢰도의 문제가 있다고 객관적 지표가 주관적 판단에 기초한 지표들보다 더 우월하다고 말할 수 없다. 어떤 형태의 지표라도 타당하고 신뢰할만 하며, 이론적으로 의미가 있다면 가족치료 성과를 평가하는데 유용하다.

제3절 성과연구의 결과

그동안 성과연구들은 가족치료의 효과에 대한 긍정적인 증거를 보여주었다. 200개 이상의 연구를 조사한 Gurman & Kniskern는 가족치료가 대안적인 치료로 간주되는 상황에서 다른 종류의 치료방법과 비교해 볼 때, 가족치료가 적어도 동일하거나 우월한 효과를 가졌음을 보여주고 있다고 결론을 내렸다(Goldenberg & Goldenberg, 1991, 283).

Gurman & Kniskern이 36개의 부부치료 연구(N=1,528 케이스를 포함)를 검토하였을 때, 평균향상율이 61%였고, 평균악화율은 7.7%였다. 그리고 38개의 가족치료 연구(N=1,529케이스 포함)의 경우에는 평균향상율이 73%였고, 평균악화율은 5.4%였다(Levant, 1984, 195). 이러한 연구들로 치료를 하지 않은 것보다 부부 및 가족치료 방법이 명백히 효과가 있다는 것이 입증되었다.

개별적 정신치료에 비교하였을 때에도 가족의 삶과 관련된 가족단위나 부부관계의 문제인 경우에 가족치료가 우월한 것으로 나타났다. 예를 들면 부부문제에 대하여 개별치료를 했을 경우에 약 50%가 긍정적인 변화를 보인 반면에 부부치료를 했을 경우는 약 66%가 긍정적인 변화를 하였다. 또한 악화율에 있어서도 개별치료가 11%인데 비해 부부치료가 5~6%로 부부치료의 악화율이 개별치료보다 1/2정도 낮게 나타났다(Glick & Kessler, 1980, 270). 이러한 연구의 증거로 현재 부부치료자들은 부부치료가 개별치료만큼의 효과가 있을 뿐만 아니라 오히려 더 낫다고 주장할 위치에 서게 되었다.

더우기 가족치료는 명백한 가족갈등과 같은 대안적인 상황이 아닌 개인적인 문제에까지도 개별치료보다 동일하거나 더 효과적인 것으로 나타났다. 개인적인 문제인 경우에도, 상호적인 문제는 물론 개인 내부(interpsychic)문제까지도 가족치료가 개별치료보다 더 효과적인 것으로 발견되었다(Goldenberg & Goldenberg, 1991, 284).

가족치료의 효과성을 입증한 이러한 연구결과로 가족치료가 주요한 치료모델로 부각되었다. 더우기 가족갈등은 물론 개인적인 문제까지 가족치료가 개별치료보다 동일하거나 더 효과적인 것으로 나타났기에 개인문제까지도 케이스 상황에 따라 가족치료 방법이 선호될 수 있다(Glick & Kessler, 1980, 274).

1. 클라이언트-가족 요인

1) 클라이언트 및 진단 범주

가족치료의 향상율은 확인된 클라이언트의 발달 수준에 따라 약간의 차이를 보였다. 아동과 청소년의 향상율은 71%이고, 성인의 향상율은 65%를 보여 가족치료는 성인보다 아동문제나 청소년 문제에 보다 더 효과적인 것으로 나타났다(Levant, 1984, 196).

반면 확인된 클라이언트의 발달수준과는 달리 가족치료 향상율은 확인된 클라이언트의 진단 범주에 따라 커다란 차이를 보였다. 기존 성과연구(N=1,343 케이스 포함)들을 검토한

Gurman & Kniskern의 연구에 의하면 식욕부진과 다른 정신지체 클라이언트의 향상율은 91%, 약물남용 클라이언트의 향상율은 90%, 신경질적이거나 비정신증적인 클라이언트의 향상율은 69%, 정신증적 클라이언트의 경우는 68%, 행동적인 클라이언트의 향상율은 60%를 보였다(Levant, 1984 , 197). 여기서 검토된 연구들의 대부분이 방법론적으로 엄격히 통제된 연구는 아니지만, 이 연구가 제시한 정신지체증과 약물남용 문제에 대한 가족치료의 효과는 놀랄만한 것이었다.

그러나 부부 및 가족치료로 높은 치료적 효과를 보인 문제일지라도 증상이 심각하거나 만성화된 경우에는 가족치료가 문제를 해결하기 보다는 악화시킬 수도 있는 것으로 나타났다. 또한 일반적인 정신병적 문제인 우울, 불안, 정신병 등에 부부 및 가족치료가 효과가 있다는 증거는 거의 없었다. Gurman & Kniskern(1981, 751)이 검토한 많은 연구들은 경하거나 심하지 않게 고통을 당하는 부부에게 행동주의적 부부치료가 상당히 효과가 있는 것으로 보고되었으나, 심하게 고통을 당하는 부부나 혹은 배우자 한쪽 및 양쪽이 정서적으로 심하게 불안한 부부일 경우에는 그 치료로 긍정적인 효과를 보았다는 연구는 거의 없었다.

이러한 연구결과들에 의하면 아동문제, 청소년의 비행문제, 식욕부진 및 약물남용 문제의 경우에는 가족치료방법이 선택되는 것이 바람직할 것이며, 정신병적 문제의 경우와 증상이 아주 심각할 경우에는 부부나 가족치료의 사용에 신중을 기하여야 할 것이다.

2) 가족 변수

가족 형태, 가족상호작용 스타일, 가족구조, 인구학적 요인들은 가족치료 성과와 지속적 혹은 강한 상관관계가 있지 않은 것으로 나타났다(Levant, 1984, 197).

부부나 가족 형태(예를들면 해체된 가족, 밀착된 가족, 상호관계가 표면적으로는 있는 것 같으나 실제로 없는 가족 등)과 치료적 성과간의 상관관계를 제시한 연구들이 없기 때문에, 어떤 부부 및 가족 형태에 더 치료 효과가 있는지에 대해서는 언급할 수 없다.

또한 가족의 상호작용 스타일도 치료적 성과에 영향을 주는 것으로 주목되지 않아서 이에 대한 연구는 거의 수행되지 않았다. 별로 권위주의적이지 않거나, 불일치에 개방적이거나, 강제성이나 경쟁이 심하지 않거나, 혹은 많은 전통적 역할을 지키기를 요구하지 않는 가족에게 치료적 효과가 많은 것으로 보인다. 그러나 이 변수는 직접적으로 치료적 성과에 영향을 주기 보다는 다른 변수에 영향을 주어 간접적으로 치료적 성과에 영향을 주는 것 같다 (Gurman & Kniskern, 1981, 751).

많은 가족구성 변수들과 가족의 인구통계학적 특성들(양부모 대 편부모 가족, 가족규모, 확인된 클라이언트의 출생순위와 연령, 결혼기간, 부모의 교육수준 등)이 치료적 성과에 영향을 주는 요인으로 연구되어 왔지만, 신뢰할 만큼 치료적 성과와 상관관계가 있는 것으로 나타나지는 않았다(Gurman & Kniskern, 1981, 751).

2. 치료전략

어떠한 가족치료 전략도 치료를 행하지 않은 것보다는 명백히 효과가 있지만, 발표된 연구를 기반으로 해서는 가족치료 전략들의 상대적인 효과를 비교할 수 없기 때문에 어떠한 결론에도 도달하기는 어렵다. 그럼에도 불구하고, 반사회적 행동의 아동에게는 행동주의적 기법인 아동관리훈련(management training)이 비행동주의적 기법보다 좋은 성과를 나타낸다는 연구들이 있었고, 특히 아동과 성인의 심신적 증후군에는 구조적 가족치료가 효과적이라는 연구들이 발표되었다(Goldenberg & Goldenberg, 1991, 284).

(표3)에서 Olsen, Russel, Sprenkel(1980b)은 1970년과 1979년 사이에 발표된 연구를 기초로 해서 특정문제 진단 범주에 효과적인 가족치료 전략들을 다음과 같이 규명하였다(Levant, 1984, 196, 재인용).

(표3) 문제진단 범주에 효과적인 가족치료 접근전략

가족치료전략 / 문제진단범주	전통적 접근		구조 / 과정적 접근			
	정신역학적 전략	다세대적 전략	의사소통및 파생적전략	구조적 전략	기능적 전략	삼각적 전략
알콜			X			
약물남용			X	X		
청소년범죄				X	X	
사춘기 정신병리			X			X
공포증	X					
심신증			X	X		
정신분열증		X	X			

* 출처 : Levant, R.F.(1984), "Outcome Reserch Training, and Professional Issues," in Family Therapy, NJ:Prentice-Hall, 197.

(표3)에 의하면 전통적 치료접근 방법이 공포증과 정신분열증에만 효과가 있는 것에 반해, 구조/과정 치료접근방법은 공포증을 제외한 알콜, 약물남용, 청소년범죄, 사춘기 정신병리, 심신증에 효과가 있는 것으로 나타나서 구조/과정 치료접근 방법의 활용도가 높은 것으로 나타났다. 구조/과정 치료접근 방법 중에서도 특히 의사소통 및 파생적 전략은 알콜, 약물남용, 사춘기 정신병리, 심인증, 정신분열증에 효과가 있었고, 구조적 치료전략은 약물남용, 청소년

범죄, 심신증에 효과가 있는 것으로 나타나 의사소통과 구조적 치료전략의 활용도가 훨씬 우월한 것으로 나타났다.

그러나 이 표는 통제되지 않은 연구나 방법론적으로 덜 엄격한 연구들에 기초해서 제시된 것이고 아직도 그들이 규명한 문제진단 범주와 가족치료 전략간의 관계가 명확히 평가되지 않았기 때문에 그들이 규명한 문제진단 범주에 효과적인 가족치료 접근전략의 유용성은 제한적이다(Levant, 1984, 196).

이 연구가 정당화될 정도로 신뢰성있게 증명된 것은 아니지만, 적어도 진단 범주에 따라 각 치료전략의 효과성이 다르다는 연구결과는 치료자 문제에 대한 가장 효과적인 치료전략을 선택해야 함을 암시하는 것이다.

3. 치료 관련요인

1) 치료형태

치료형태는 치료성과에 상당히 영향을 미치는 것으로 나타났다. 부부치료와 가족치료의 향상율과 악화율은 동참적(conjoint) 가족치료, 협동(collaborative)가족치료, 동시(concurrent 혹은 concurrent)가족치료, 개별치료, 집단 부부치료 형태에 따라 상당히 달라지는 경향이 있었다.

배우자를 동시에 상담하는 동참적 가족치료는 향상율이 70%, 악화율이 2.7%였다. 다른 치료자들과 서로 협동하여 다른 치료자가 배우자들을 별도로 상담하는 협동가족치료, 그리고 같은 치료자가 배우자를 별도로 상담하는 동시가족치료는 향상율이 63%, 악화율은 3.3%로 나타났다(Levant, 1984, 196). 이러한 연구결과는 명확히 부부불화에 대한 동참적 가족치료 형태가 협동가족치료 또는 동시가족치료 형태보다 효과적이라는 것을 함축하는 것이기 때문에, 부부치료는 양쪽 배우자를 모두 포함시키는 동참적 가족치료 형태를 사용하는 것이 바람직하다.

한쪽 배우자들만을 치료하는 개별치료는 그 향상율이 48%, 악화율은 11.6%로 나타나, 양쪽 배우자가 참여한 어떤 치료형태 보다도 향상율이 훨씬 낮은 반면에 악화율은 몇 배로 높아 부부문제에 대해서는 개별치료를 금기시하고 있다. 반면에 여러 부부들이 집단으로 치료받는 부부 집단치료는 향상율이 66%로 치료효과가 좋은 것으로 나타났으나 악화율이 6.6%로 다른 가족치료의 형태보다 두배 이상 높기 때문에 부부 집단치료가 조심스럽게 사용되고 있다. 그러나 부부 집단치료방법이 특히 알콜중독 배우자 치료에 효과가 있는 것으로 나타나 배우자 치료에 병행하여 부부 집단치료가 활용되고 있다(Levant, 1984, 197).

부부문제에 양쪽 배우자가 다 참석해야 좋은 것과 마찬가지로 가족치료의 경우 많은 가족성원이 포함될 수록 성과가 좋은 것으로 나타났다(Glick & Kessler, 1980, 275). 특히 가족성원중 아버지를 포함시키는 것이 많은 상황에서 매우 좋은 결과를 가져올 가능성을 높인다는 명확한 증거가 있었다. 그러나 아직은 부부나 가족 역기능 치료에 항상 두세대 혹은 삼세대를 포함시켜야 한다는 필요성에 대한 주장은 지지할만한 충분한 자료가 없다(Gurman & kniskern, 1981, 750).

2) 치료기간

치료기간도 치료성과에 영향을 미치는 것으로 나타났다. 연구결과에 의하면 기간에 제한을 둔 단기치료가 기간의 제한을 두지 않은 장기치료만큼 효과적이라고 보고되었다.

Gurman & kniskern(1981, 750)에 의하면 기간에 제한을 둔 단기치료 중 20회 동안의 치료와 4-5개월 동안의 치료들을 비교해 보았을 때, 치료효과에 거의 차이가 없는 것으로 나타났다. 이는 대부분의 치료에서 20회 이전에 치료의 효과가 나타나며, 20회 이후로 계속 치료한다고 해도 그 이상의 효과를 내기는 어려울 것이라는 것을 함축하는 것이다.

Glick & Kessler(1980, 275)는 기간에 제한을 두지 않은 치료도 대부분 5개월이 되기 전에 긍정적인 결과를 보인다고 하였다. 그들은 가족치료가 5개월 이상 걸리는 경우도 있지만 현재에 더 초점을 두고 있으며 통찰보다는 문제해결에 더 주력하기 때문에 치료기간이 짧아졌다고 주장하였다.

4. 치료자 요인

개별치료에서와 같이 치료자의 관계기술은 치료의 성과에 긍정적 혹은 부정적인 영향을 미치는 것으로 나타났다. 대인관계의 기술이 부족한 치료자인 경우에 치료가 악화되는 경향이 있었다. Gurman & Kniskern(1981, 751)는 치료의 초기 단계에 치료계획 없이 개입하거나 치료 초기에 너무 많이 클라이언트의 방어기제를 공격하거나, 치료 진행중 가족들의 갈등에 개입하지 못하거나, 가족성원이 치료적 경험을 갖도록 지지하지 못할 경우 클라이언트에게 해로운 영향을 준다고 경고하였다. 따라서 신참 가족치료자가 이러한 상황에 이르지 않도록 관계기술의 개념적이고 기술적인 면에 초점을 둔 훈련 프로그램이 반드시 제공되어야 할 것이다.

가족치료자의 인성과 경험도 치료의 성과에 영향을 미칠 수 있기 때문에 훈련 프로그램에서는 가족치료자가 어떤 사람이어야 하는지를 강조해야 한다는 주장들이 있다. 그러나 아직은 치료자의 인성 및 경험이 치료성과에 밀접한 관계가 있다는 신뢰할 만한 증거가 제시되지 않았고, 단지 여러 치료자가 공동치료자로 일할 때 치료자들간의 경험수준의 차이가 치료효과를 떨어뜨린다고 제시한 연구결과들만이 있다. 그럼에도 치료를 한사람이 수행하는 것이 효과적인가 아니면 여러 사람이 수행하는 것이 효과적인가에 대해, 단독치료자에 의한 치료가 다수에 의한 치료보다 낫다는 설득력 있는 연구결과가 보고되지 않았다(Gurman & Kniskern, 1981, 751).

결 론

사회사업 임상분야에서 성과연구는 그 실천기술의 발전에 비해 상대적으로 미약한 영역이다. 특히 가족치료의 성과연구는 가족치료 고유의 특수성에 기인된 방법론적인 문제로 인해 오랫동안 양적, 질적으로 부족하였다. 그러나 최근 가족의 유용성과 발전에 성과연구의 중요성이 부각되면서 성과연구에 대한 관심이 고조되고 있다.

초기 가족치료의 성과연구에서는 그 치료의 합법성을 위하여 단순히 클라이언트를 방치하는 것 보다는 가족치료가 효과적이라는 연구결과를 도출하는데 전념하였다. 가족치료에 대한 정당성이 어느 정도 확립된 후, 임상에서의 가족치료의 위상을 높이기 위해 성과연구는 다른 치료방법과 비교하여 가족치료의 효과성을 증명하는데 주력하였다. 그러나 최근에는 가족치료의 합법성이나 위상 증진에 치중하지 않고, 더 좋은 가족치료전략과 기법들을 개발·확산시키기 위해 특정전략과 기법들의 상대적인 장점 및 단점을 증명하는데 더 관심을 두는 단계까지 발전하게 되었다.

한국에서도 최근 가족치료가 임상치료방법으로 각광을 받아 많은 임상사회사업가들이 가족치료방법을 사용하거나 활용하기를 원하고 있다. 그러나 이러한 인식의 증가에 비해 외국에서 이미 수행되었던 기존 가족치료 성과연구들을 한국의 임상에서 반복하여 연구된 논문들이 거의 없어서 한국적 상황에 가족치료의 유용성을 뒷받침할 만한 정당성의 근거가 아직은 부족한 실정이다.

가족치료의 효과성이 있다고 하더라도 한국적 상황에 적합하지 않다면 의미가 없기 때문에 한국에서의 가족치료 유용성을 위해서 우선은 수행되었던 기존의 연구들을 한국의 임상에서 반복 적용하는 성과연구의 양적 증가가 이루어져야 할 것이다. 동시에 양적 증가와 더불어 성과연구의 질적 증진을 위해 앞에서 논의된 내적 및 외적 타당도 문제와 측정상의 문제를 유념하여 성과연구들이 수행되어야 한국에서의 가족치료 발전이 이루어질 수 있을 것이다.

참 고 문 헌

남세진, 최성재, (1988), *사회복지조사방법론*, 서울대학교출판부.

Beach, Steven R. H. & O'Leary, K. Daniel (1985), "Current Status of Outcome Research in Marital Therapy," in *The Handbook of Family Psychology and Therapy*, Vol.1, L.L.Abate(ed.), IL :Dorsey Press.

Compbell, Donald T., & Stanely, Julian C. (1963), *Experimental and Quasi-Exeperimental Design for Reserach*, Chicago: Rand College Publishing Company.

Fischer, Joel A. (1981), "A Framework for Evaluation Empirical Research Reports," *Social Work Research and Evaluation*, Grinnell, Richard M., IL: F.E.Peacock Publishers, Inc.

Fiske, D. W. (1975), "A Souce of Data is Not A Measuring Instrument," *Journal of Abnormal Psychology*, 84, 20-23.

Fox, R. E. (1976), "Family Therapy," in *Clinical method in Psychology,* I. B. Weiner(ed.) NY: Wiley.

Glick, I. D. & Kessler, D. R. (1980), "Results of Family Therapy," in *Marital and Family Therapy,* (2nd), Grune & Stratton, Inc.

Goldenberg, L. & Goldenberg H. (1991), "Rearch in Family Thearpy," in *Family Therapy An Overview,* (3rd), Brook/Cole Publishing.

Gurman, Alans. & Kniskern, David P. (1981), "Family Therapy Outcome Research Knows and unknows", in *Handbook of Family Therapy*, NY: Brunomer & Mazer, Inc.

Levant, R. F.(1984), "Outcome Reserch Training and Professional Issues," in *Family Therapy*, NJ: Prentice-Hall.

O'Leary, K. D. & Turkewitz, H.(1978), "Methological Errors in Marital & Child Treatment Reseach," *Journal of Consulting & Clinical Psychology*, 46, 747-758.

Wells, R. A., Dilker, T. C., & Trivelli, N. (1972), "The Results of Family Therapy: A Critical Review," *Family Process*, 11, 189-207.

제 3 장

가족치료의 교육과 훈련

김 성 이*

가족치료의 교육과 훈련은 다른 임상 개입방법과 외형적으로는 유사한 점을 가지고 있으나 내용적으로만 다르다고 하겠다. 즉 교육 훈련에서의 이론의 필요성, 교육 훈련의 틀, 그리고 윤리적 문제를 포함한 사회적 제도의 이해 등의 외형적 구분은 가족치료라고 해서 다를 것이 없다. 그래서 이 장에서는 가족치료의 교육과 훈련이 각각의 구분에 따라 내용면에서 어떠한 특성을 갖고 있는가를 살펴보기로 하겠다.

먼저 이론적인 면에 있어서 어떻게 다른가를 살펴보았다. 가족치료의 이론화는 통합적 개입과정을 필요로 한다는 점이 특징이다. 이 통합적 개입과정에서 어떻게 연구생들이 이론들을 보아야 하며 또 나름대로의 이론을 발전시키기 위해서는 어떻게 해야 하는가를 살펴보았다.

교육훈련의 틀 면에서는 가족치료의 기본적 목표와 고급 목표를 인식하고 어떻게 이를 달성할 수 있는가가 설명되고 있다. 특히 가족치료에 강조되어야 할 교육방법을 기술하였다.

그리고 윤리 등이 제도적 측면에서는 연구자들이 어떻게 보호받을 수 있으며 이러한 보호를 받기 위해서는 어떤 노력을 기울여야 하는가를 서술하였다. 가족치료자의 자격과 자격증은 왜 필요하며 또 지켜야 할 윤리는 무엇이고 윤리가 왜 문제가 되는지가 서술되어 있다.

가족치료에 관심이 있는 연구생들이 여기에서 기술된 내용에 따라 이론의 체계화, 실무습득을 통한 기술향상, 윤리 등의 제도를 습득하려고 노력한다면 전문 가족치료자로 발전할 수 있다.

제1절 이론과 교육 훈련과의 관계

가족치료 분야에 있어서 이론이 많으냐 적으냐 하는 것은 각자의 입장에 따라 다를 것이다. 그러나 대부분의 학자들이 가족치료 분야에 있어서 이론 형성이 체계적으로 덜 되어 있다는 데에는 의견을 같이 하고 있다. 그래서 '부분이론(part-theories)'이나, '부분개입(part-interventions)'들이 이뤄지고 있다(Zuk, 1976).

그 결과 많은 사람들은 가족치료란 치료자가 선호하는 이론에 입각하여 치료자의 스타일

* 이화여자대학교 사회사업학과 교수

과 개성에 따른 다양한 개념과 다양한 개입이 이뤄질 수 있는 것으로 인식하고 있다. 이러한 인식은 이론의 통합보다는 분화가 이뤄지는 것을 당연시하는 미국의 영향을 따른 것이라 생각한다. 미국의 가족치료 학자인 Von Trommel(1982)과 Skynner부부(1979)는 경쟁과 독립에 높은 가치를 두고 있는 미국사회 분위기는 자연스럽게 이론의 분산과 개입의 다양화를 부추긴다고 설명하고 있다. 학문적 차원에서의 또다른 문제점은 이론화가 가져오는 문제로써 이론화는 인간행위의 병리적인 면을 강조한 나머지 정상적이고 낙관적인 면의 균형적 발전의 장애를 가져오고 있다는 주장도 있다. 또한 이론화는 이론의 추상화 수준을 강조하게 되어 실제 적용의 기술과 거리를 가져오는 문제를 지니기도 한다는 주장도 있다(Kantor & Lehr, 1976; Pinsof,1981).

그러므로 지금 우리가 인식하여야 할 가장 중요한 과제는 통합적 이론의 발전에 있다 하겠다. 통합적 이론을 발전시키려면 가족의 진행과정에 대한 철저한 이해와 개념화를 통한 충분한 조사가 있어야 하며 가족치료의 개념, 가족 체계의 분석, 가족 기능의 범위 등의 기본적인 연구에서부터 타행동과학과의 연계에 이르기까지 종합적인 연구가 있어야 한다.

이러한 연구는 이론과 기술의 초기 단계에 있는 사람들에게는 더욱 필요하다. 초기에는 연구자들은 자신을 체계적 접근이나 행위중심적 접근에 묶지 않고 각종 유용한 이론들을 살펴보는 것이 필요하다. Liddle(1982)은 각개 이론들을 명확(clarification)히하고, 특정화(specification)하고, 증명(verification)하는 통합적 과정에 대한 노력이 초보자들에게는 더욱 필요하다고 권하고 있다. 그는 특히 가족체계의 구조에 관한 이론들을 살펴볼 때에 각 이론의 경계를 너무 엄격하거나 허술하게 보지 말것을 권하고 있다. 엄격한 경계적 시각은 이론간의 중복이나 관련을 보지 못하게 하고, 허술한 경계적 시각은 비체계적인 다양한 기술의 사용이나 혼돈을 가져온다고 말하고 있다.

가족치료 이론의 통합에 있어서 기본적인 과제는 가족의 구조와 기능을 하위체계와 상위체계에 연관시키는 일이다. 가족치료는 개인의 행위, 가치, 동기, 건강 등의 하위체계와는 물론 이웃, 자조집단, 사회망 및 노동, 여가, 문화집단과의 상호관련성을 검토하여 실시되어야 하는 것이다.

또한 인접 학문과의 관련성도 검토되어야 한다. 심리학의 교육, 동기, 행위변경 등에 관한 지식과 가족치료의 교육, 지도감독, 가족변화 등의 지식간에 어떤 관련성이 있는지 검토되어야 한다. 가족치료의 교육, 훈련을 이야기할 때에 일반 교육과는 별개의 것으로 생각하는 경우도 있으나 이는 잘못된 것이다. 이밖에도 많은 심리학, 사회학 이론이나 지식과의 관련 및 활용을 항상 생각하여야 한다.

마지막으로, 가족의 과정과 기능에 관한 이론들을 인간 행동에 관련시켜 생각해야 한다. 최근의 자료를 이용하여 가족의 과정과 기능을 체계있게 정리하여 유의미한 수준까지 조작화시키는 노력이 필요하다. 즉 과정과 구조간의 관련성과 이들과 기타 인간의 상호작용간의 관계에 관한 이론들을 창조하여야 한다. 이런 주장은 이미 30년 전에 Haley(1963)가 말한 것이나 아직까지 그 필요성이 강조되고 있다.

미국에는 이러한 맥락에 따라 훈련을 시키는 기관이 있다. 보스톤 가족연구소(Boston

Family Institute)에서는 모든 연구생에게 일년간은 이론 실험과정을 택하게 하여 가족치료기법의 철저한 탐구와 통합을 체험하게 한다. 즉 연구생들은 이론과 기능 간의 관계 탐구, 주요 이론과 그 이론에 관계된 학자들의 개성과 관계 자료들을 탐구하게 한다. 이때 연구생들은 그들의 경험을 토대로 그들 자신의 가설과 이론을 발전시키게 된다. 이러한 훈련은 치료자의 인간 본질에 대한 이론이 치료자의 행위를 결정하며 이론의 선택은 연구자의 생활경험과 개성에 따른다는 것을 일깨워주는 매우 유용한 기능을 함이 밝혀졌다(Goodyear & Bradley, 1983; Elms, 1981).

일반적인 지도감독이론에 따르면, 지도감독자의 목적과 가치는 연구생들의 이론형성 과정에 큰 영향을 준다고 밝혀져 있으나(Peterson & Bradley, 1980), 연구생의 개성도 어떻게 지도를 받아들이냐 하는 데 영향을 주는 것 또한 사실이다. 그래서 연구생들에게 가족치료의 이론 개발에 관한 올바른 지도를 하는 것은 매우 중요하다. 이때 특히 관심을 가져야 할 부분은 연구생들은 젊은 나이에 있는 경우가 보통이므로 그들이 경험하지 못한 가족생활주기를 다루어야 한다는 점을 유의해서 지도하여야 한다. 그러므로 연구생들을 교육할 때에는 개성, 이론 및 개입방법을 통합적으로 고려하여 가르치는 것이 중요하다.

Wynne(1983)은 이론개발을 위해서는 치료와 조사방법론을 함께 가르치는 것이 효과적이라고 말하기도 한다. 주요 이론을 개발한 이론가들을 살펴보면 그들은 모두 임상실에서 치료와 조사연구를 함께 한 사람들이기 때문이다. 예를 들면 Haley, Satir 등을 배출한 Bateson Group, Ackerman 과 Milan Group ,Oregon과 McMaster Group 등의 학자들을 들 수 있다. 그들은 임상경험을 통하여 높은 수준의 이론을 실제 수준의 기술에 통합시킬 때 조사와 통계를 활용하였다.

연구생들에게 이론 개발을 교육시키는 방법에는 여러 가지가 있다. 한 방법은 연구생들에게 매번 꾸준히 어떤 가설을 세우는지를 물어보는 방법이다. 연구생들에게 무엇을 보았는지, 무엇을 느꼈는지, 그들의 관점이 이론과 어떻게 결부될 수 있는지를 물어보는 것이다. 이럴 때 Cleghorn과 Levin(1973)이나 Tomm과 Wright(1979)가 개발한 개념화 목록표를 이용거나, Milan Group(Selvini Palazzoli, Boscolo, Cecchi n,& Prata, 1980)에서 제시한 가설과 관찰된 행위를 연관시키는 면접모형을 활용하면 도움이 될 수 있다. 또한 이론이 치료에 어떻게 관련되었으며, 변화되었는지를 물어보는 것도 좋은 방법이다. 연구생들에게 저명한 치료자의 녹화테이프를 보여줄 때에도 모방만을 배우게 하지 말고, 저명한 치료자들의 기법과 그 기법의 바탕에 있는 이론의 전제를 깨닫도록 하는 것도 좋은 방법이다.

연구생들에게 이론화와 이론 간의 구분을 배우게 하는 가장 좋은 방법의 하나는 지도감독시 두개 이상의 모델을 보여주는 방법이다. 이 방법은 혼란을 긍적적으로 사용하는 교육방법으로써 연구생들로 하여금 이론들을 선정하고, 구분하고, 통합하게 하여 치료행위의 합리성과 관찰력의 발전을 기하고자 하는 방법이다. 지도시 지도자가 그들의 접근방법을 관찰된 자료를 가지고 자유스럽게 접근법들 간의 차이와 합리성을 토론하게 하는 방법도 좋다. 가능하다면 인류학과 사회학의 범위로까지 넓혀 다양성과 통합을 꾀해 보는 것도 좋다.

연구생들에게 그들의 지도감독자나 교수가 역할모형자로 보여지는 것도 좋은 방법이다.

이때 보조지도자가 있어 두개의 역활을 동시에 보여줌으로써 혼란을 이용한 이론 간의 차이를 배우게 하는 방법도 있다. 지도자와 보조지도자 간에 활발한 격론을 가질수록 연구생들은 이론간의 구분을 더욱 명쾌하게 배우게 될 것이다.

연구생들에게 가능하다면 과학철학이나 좋은 이론(good theory)을 만들 수 있는 이론교육을 시키는 것도 좋다. 좋은 이론이란 과학 발전에 기여할 수 있는 이론을 말한다. 연구생들에게 자연과학사를 교육시켜 어떻게 하여야 한다는 것이 아니라 어떻게 작용하는가를 알도록 하여야 한다. 연구생들이 유사한 타 학파에서 한 이론 발전의 성공사례를 학습하는 것도 좋은 방법이다.

또다른 좋은 방법은 학습이론을 교육과정에 적용하는 길이다. 먼저 치료자의 이론적 접근방법을 정하여 실시한 뒤 치료 대상자가 선호하는 접근법과 비교해 보도록 하는 것이다. 즉 면접상황, 면접내용 및 면접과정에 대해서 무엇을 선호하는지 비교분석해 보는 것이 의미가 있다. 이런 비교분석은 연구자들의 시야를 넓혀주고 이론을 정리하는 데 도움이 될 것이다.

이론적 접근을 교육하는 데에는 발전적 과정을 사용하는 것이 효과적이다. 발전적 과정이라 함은 연구자 스스로가 해답을 찾도록 지도하는 과정을 말한다. 일반적으로 연구자들은 해답을 일러주기를 원하지 소크라테스 식의 질문을 원하지는 않는다. 연구자들의 제한된 지식이나 역할에 기인하는 불안은 지지적이고 강의적인 방식을 원하게 만든다. 지지적이고 강의적인 방식은 불안을 감소시켜 주기는 하나 연구생들의 시각을 제한되게 하는 문제점들이 있다. 왜냐하면 이런 훈련은 연구생들을 기존의 의식구조로 몰고갈 우려가 있기 때문이다. 발전적 과정에 의한 방식이라 함은 교육자가 개방적인 자세로 이론을 수용하겠다는 입장에서 연구생들에게 가정을 세우고, 자료에 근거해서 가정을 수정하고 또 수정하여 이론을 발전시켜 나가도록 하는 방법을 말한다. 발전적 과정에서 제대로 성장한 연구생은 새로운 질문과 새로운 관점을 제기할 것이다. 새로운 질문과 새로운 관점을 제기하지 않는 연구자는 준전문적 서비스를 줄 수는 있어도 전문가로는 발전할 수 없다.

결론적으로 말하면 연구생들은 먼저 기본적인 교육을 받은 뒤 교육자의 역할모형을 관찰하고 나서, 그들 스스로 그들의 자료와 대상을 수집하고 관찰하며, 이를 토대로 연역과 귀납의 과정을 밟도록 하는 것이다.

제2절 가족치료자 양성방법

지금까지 가족치료자로서의 새로운 시각과 이론화의 필요성에 대해서 언급해 왔다. 가족치료자는 개인은 물론 사회적, 가족적 상황하에서 일어나는 모든 행위에 대해서 알고있어야 한다. 더욱이 가족치료자는 치료대상 체계의 일부로써 활동하여야 하므로 이 가족체계에 대해서 잘 알아야 한다. 치료의 초점은 가족의 과거사의 재구성에 있기보다는 현재의 진행중인 상황에 두어야 한다. 치료의 목적 또한 가족의 역기능적 상호작용을 변화시키는 데 있는 것이지 단지 설명하는 데 있는 것이 아니므로 가족체계의 파악은 필수적인 요소이다.

개인적 치료를 교육받은 치료자들은 가족에 초점을 맞춘 치료훈련에 저항감을 느낄 수도 있다. 즉 그들은 치료를 요청해온 사람을 지지해 주어야 할 희생자로 보기도 하며, 가족을 통제하려 하기 보다는 가족의 상호작용 속에 휘말려들거나, 가족체계 속에 참여하기를 거부할지 모른다. 이렇게 되면 치료는 커녕 무력하거나 이기적이라는 평을 받게 된다. 또한 반대로 너무 현대적 개념의 자유스러운 가족에만 초점을 맞춘 나머지 치료 요구자가 가져온 중요한 가족관계를 소홀히 할 경우도 있다. 체계적 접근이라고 해서 전통적으로 중요시해 온 개인의 역할을 제외시킨다는 뜻은 아니다.

임상심리학, 정신분석학, 정신사회사업학, 정신 간호학 등의 분야에서 교육을 받고 상담기관이나 정신보건 기관에서 일하는 실무자들은 일반적으로 직접적인 가족 서비스를 하고 있다고 볼 수 있다. 기관에 따라 가족집단을 함께 모아 치료하는 곳이 있는가 하면 또 어떤 기관에서는 가족상황 내에서 단지 개인만을 치료하는 곳이 있다. 전자의 경우는 광의의 개념으로써 개인의 내적 정신갈등을 이차적으로 보고 가족의 전반적 기능을 향상시키는 데 노력을 할 것이고, 후자인 경우에는 개인의 심리적 갈등을 중심과제로 보는 견해에 따라 가족상황 내에서 이들의 문제를 치료하고자 할 것이다. 치료자가 어떤 견해를 가졌든 간에 가족체계적 접근을 하고자 한다면 치료자는 종래의 개인 심리치료에서 주장해 왔던 소극적, 중도적, 무비판적 태도를 버리고, 가족의 상호과정 속에 참여하여 지지할 것은 지지해 도와주고 도전할 것은 도전하며, 가족의 상호작용의 형태를 손상하지 않는 범위내에서 감정개입에 적극적으로 개입하여야 한다.

1. 훈련 프로그램

1) 훈련 목적

앞에서 이미 언급한 바와 같이 가족과정이나 개입기술에 있어 단일 이론은 없다. 가족치료의 학습에는 이론적 이해(인간발달과 성격이론, 가족생활 주기개념, 심리병리학, 조사방법론, 집단역학, 체계이론 등), 윤리와 가족법의 이해, 그리고 가족진단과 치료의 임상 경험이다. 이중에서 가장 중요한 것은 임상 경험이다. 각각의 연구생들은 가족을 다루는 제자신의 시각을 가져야 한다. 일반적으로 치료기술은 5내지 15명으로 구성된 소집단 내에서 일년간에 걸친 정기적인 지도감독을 받아야 한다는 것이 미국에서의 일반적인 경향이다(Mendelson and Ferber, 1972). 종합적인 교육을 마친 후 임상 지도감독하에 다양한 가족을 치료할 경험을 갖는다는 것은 이상적인 교육조건이라 하겠다.

가족치료 훈련 프로그램의 교육목적을 살펴보기로 하자.

지도감독자의 이론적 치료적 견해에 따라서 프로그램의 목적은 연구생의 개인적 성장과 발전을 강조하는 데에서 부터 가족치료의 기술과 능력을 취득케 하는 데까지 그 범위는 광범위하다. Cleghorn과 Levin(1973)은 이 광범위한 범위를 인식적 기술(perceptual skill), 개념화

기술(conceptual skill), 실천기술(executive skill) 등 셋으로 나누어 설명하고 있다. 인식적 기술이라 함은 가족의 상호작용을 인식하고 이 상호작용이 가족구성원과 가족체계에 주는 의미와 영향을 인식하는 기술을 말하고, 개념화 기술이라 함은 가족의 문제를 가족체계 용어로 표현하는 기술을 말하며, 실천기술이라 함은 가족의 상호작용 체계의 변화를 꾀하는 기술을 말한다. 이를 구체적으로 명시한 것이 다음 (표1)이다.

(표1) 가족치료의 기본적 목표 점검표

인식적 기술과 개념화 기술	실 천 기 술
1. 상호작용의 인식과 서술	1. 가족과의 합동작업 관계 발전
2. 현재의 문제와 가족에 대한 체계적 서술	2. 치료계의 성립
3. 가족원에 대한 가족집단의 영향인식	3. 상호작용 자극
4. 가족원의 가족체계 내에서의 경험인식	4. 의사소통의 명확화
5. 가족원에 대한 개인의 특정 반응인식	5. 가족원의 상호작용 구분인식 지원
6. 가족체계로부터 개인보호	
7. 문제의 초점화 지원	

* 자 료 : Cleghorn & Levin, 1973.

이런 기본적 기술을 발전시킴으로써 연구생들은 문제 가정을 도울 수 있으며, 가족의 회복 방안을 가족원과 같이 도울 수 있다. 여기서의 요체는 문제해결을 위한 대화를 강화하는 것이다.

만성적으로 고착되어 있고 경직되어 있으며, 비생산적인 문제에 얽매여 있는 가족의 문제를 다룰 때에는 고급 훈련과정이 필요하다. 즉 다음 (표2)에서 보는 바와 같이 일반적인 스트레스를 받고 있는 가족의 문제를 다룰 때 필요한 기술과는 다른 기술이 요구된다. 연구생들은 상호작용을 촉진시키고, 의사전달 형태를 이해하고, 구분하고, 명명하며, 가족들에게 그들의 문제를 직면하게 하여, 그들 스스로 새로운 해결방안을 찾도록 노력하게 하여, 그들이 가지고 있는 힘을 가족의 문제해결에 쓰도록 하게 하여야 한다. 또한 고급 훈련과정을 이수한 연구생은 자신의 개입 효과를 평가하고, 가족원에게 덜 부담을 주면서 더 효과적인 개입 방법이 있을 때에는 접근방법을 바꿀 수 있는 능력을 갖추어야 한다.

(표2) 가족치료의 고급목표 점검표

인식적 기술과 개념화 기술	실 천 기 술
가족관계 1. 가족체계 기능 면에서 증상행위 인식 2. 가족의 변화능력 사정 3. 가족의 변화가 인식된 문제보다 더 가족에 부담스러운가를 사정 4. 주요 개념의 조작적 정의 개인 수준 1. 단순한 조력자가 아닌 변화 기여자로서의 감정처리 2. 개인적 성격과 가족치료자와의 관계 인식 3. 자신의 개입방법의 효과성 사정과 새로운 개입방법 탐구 4. 가족원들의 변화에 의한 보상 제시	1. 정기적인 치료계약 재정의 2. 상호작용과 증상적 행위간의 관계 제시 3. 집단구성원이 아니라 변화 기여자로서 행동 4. 일관성있는 면접형태 개발 5. 획일적인 명명화과정을 탈피하고, 지지적 가족상황에 대면하게 함으로써 상호작용의 부적응상태 통제 6. 새로운 적응행위 성취와 보상방안 형성 7. 가족원들의 적응 형성시, 가족 통제 중단

* 자 료 : Cleghorn & Levin, 1973.

2) 가족치료 훈련과정

가족치료 프로그램은 다음과 같은 3단계의 과정을 주로 사용한다.

① 교육과정이나 세미나 형태로 연구생들이 가족치료 지식을 체계화시키는 교육, ② 가족을 직접 다루는 임상 경험, ③ 경험있는 가족치료 전문가에 의한 규칙적이고 지속적인 지도감독.

이상의 방법들은 상황과 기관에 따라 그 강조하는 부분이 각기 달라질 수 있으나 지도감독의 필요는 어떤 기관에서도 강조하는 가장 중요한 부분이다.

이러한 3단계 과정에서 교육되어야 할 이수과정도 미국의 지침을 예를 들어 설명하면 다음과 같다.

미국의 경우 가족치료 연구생들은 심리학, 정신분석학, 사회사업학, 간호학, 상담교육학, 목회상담 등의 다양한 배경을 가진 사람들로 구성되어 있다. 그래서 미국의 결혼 및 가족치료 협회인 AAMFT(1988)에서는 교육과 훈련의 지침을 다음과 같이 만들어놓고 있다.

이 지침에 의하면 가족치료자가 되기 위해서는 다음 분야에서 각각 일정 과정을 이수하여야 한다.

① 결혼과 가족 연구: 가족발달이론, 생활주기, 하위체계론, 가족문화연구,가족사회학 중에서 최소한 3과정 이상
② 결혼과 가족 치료: 가족치료방법론, 가족사정, 치료와 개입방법론, 결혼과 가족치료 임상이론 중에서 최소한 3과정 이상
③ 인간 발달: 성격이론, 인간 성 본능, 심리병리학, 행동병리학 중에서 최소한 3과정 이상
④ 전문가적 연구: 전문 기관의 역할, 법적 책임과 의무, 독자적 시무와 전문직 간의 협조, 윤리, 가족법 중에서 1과정
⑤ 조사 방법: 조사설계, 방법론, 통계학, 결혼과 가족치료에서의 조사연구 중에서 1과정
⑥ 임상 실무: 개인, 부부, 가족의 사정, 진단, 치료를 위한 대면접촉 1년간(300 시간)

이 교육이수 과정에는 강의, 집단 토의, 시범, 시청각 교육, 강독과 역할수행 연출 등이 포함되어야 한다. 이론적 발달을 위해 활용가능한 이론과 다양한 임상기술의 개입결과를 과학적으로 증명한 자료들을 검토하는 것이 좋다. 경우에 따라서는 두명의 지도감독자가 함께 지도하는 것도 효과적이다. 즉 두명의 선생이 단지 수업을 분담하여 지도하는 것이 아니라 수업진행 과정에서나 실무연습 중에 비판자로서의 역할을 함으로써 더 교육 효과를 기할 수 있다.

가능하다면 정규교육을 마친 후에 가족을 직접 다루는 과정을 두어 연구생이 과정이수 후에 실무에서 개념적 수준의 미흡한 처리를 하는 일이 없도록 하는 것이 좋다. 경우에 따라서는 실무에 임하기 전에 안내과정이나 시범과정을 두어 연구생들로 하여금 당황하게 하는 일이 없도록 하는 것도 한 방법이다. 이런 교육과정 뒤에는 임상활동 평가와 가족치료 세미나를 실시하여 재교육 과정을 두는 것이 바람직하다.

3) 참고문헌

연구생이 어떤 교육과정을 이수하든지 간에 가장 중요한 것은 가족치료 분야의 책을 많이 읽는 것이다. Erickson과 Hogan(1981)의 Family therapy, Green과 Framo(1981)의 Family therapy 등은 일반적으로 권해지는 책들이다. 또 Gurman과 Stricker(1981)의 Handbook of Family Therapy, Wolman과 Knistern(1983)의 Handbook of Family and Marital Therapy, L'Abate(1985)의 The Handbook of Family Psychology and Therapy, Fallon(1988)의 Handbook of Behavioral Family Therapy 등은 각 분야의 전문가들이 편집한 훌륭한 책들이다.

다음 전문지들도 연구생이 관심을 기울여야 할 부문이다.

Family Process
Journal of Marital and Family Therapy
Journal of Family Psychology
American Journal of Family Therapy
Family Coordinator
Journal of Marriage and the Family
International Journal of Family Therapy
Marriage and Family Review
Alternative Life Styles
Family Relations
Family Systems Medicine
Journal of Strategic and Systemic Therapies
American Journal of Orthopsychiatry
The Family Therapy Networker
Journal of Psychotherpy and the Family
Family Therapy Today
Journal of Family Therapy
Professional Psychology

각 이론 분야를 알아보기 위해서는 각 이론가들의 저서를 보는 것이 좋다. 각 이론 분야의 책들은 다음과 같다.

Ackerman의 이론은 Bloch Simon(1982)의 The strength of family therapy를, Boszormenyi-Nagy는 Boszormenyi-Nagy Krasner(1981)의 The contextual approach psychotherapy를, Bowen은 Bowen(1978)의 Family therapy in clinical practice를, Framo는 Framo(1982)의 Exploration in marital and family therapy를, Haley는 Haley(1984)의 Ordeal therapy를, Kempler는 Kempler(1981)의 Experiential psychotherapy within families를, Minuchin은 Minuchin(1974,1984)의 Families and family therapy를, Satir는 Satir(1972)의 Science and Behavior Books를 읽을 필요가 있다.

때에 따라서는 Haley와 Hoffman(1967)의 Thechniques of family therapy, Napier과 Whitaker(1978)의 The family crucide, Papp(1977)의 Family therapy와 같은 치료의 매 과정을 이론과 실무를 연계해서 서술한 책을 읽는 것도 좋다.

2. 훈련방법

가족치료자 양성 훈련방법에는 여러 가지 방법이 있겠으나 그중에서 가장 두드러진 훈련방법은 시청각 자료활용, 실재 상황에서의 지도감독 그리고 공동치료 지도방법이라 할 수 있다.

1) 시청각 자료

가족치료 교육에 있어서 시청각 자료는 필수적이다. 연구생들은 훌륭한 가족치료자의 실제 치료상황을 녹화로 볼 수 있고, 자신들의 실시상황을 녹화로 떠서 나중에 지도를 받을 수도 있다. 외국의 저명한 연구소에서 만들어진 자료를 활용하는 것도 좋은 방법이다.

녹화는 가장 좋은 교육자료이다. 가족치료의 치료상태를 시작에서 사후지도 과정까지 녹화한다면 필요할 때 다시 보면서 앞으로의 치료방법을 연구할 수 있을 뿐 아니라, 자신의 치료기술이 얼마나 향상되고 있는지 비교 검토할 수 있다. 무엇보다도 가족치료 상황에서 가족구성원들에게 자신이 취하는 모습을 봄으로써 대화의 형태를 깨닫게 하는 데에 녹화는 중요한 구실을 한다. Whiffen(1982)은 녹화는 가족치료의 지도에 있어서, 첫째 시간을 정지시키므로 치료과정에서는 불가능하였던 중요한 과정상의 문제를 다른 시각에서 음미해 볼 수 있으며, 둘째 치료의 와중에서는 볼 수 없는 자신의 모습을 객관적으로 평가할 수 있고, 셋째 치료개입의 효과를 연구하고, 평가하는 데 사용될 수 있다고 주장하고 있다.

연구생의 구두보고는 신뢰도가 낮은 회상 방법에 의존하기 때문에 방어적이거나 왜곡되고 주관적인 것일 수가 많다. 녹화를 통한 음미는 이런 문제를 즉각적으로 해결해 준다. 지도자는 녹화를 통해서 연구생의 아주 미묘한 면접형태를 지적해 줄 수 있다. 언어와 비언어적 의사전달 양태도 명쾌히 분석해 줄 수 있다.

폐쇄회로 비디오를 통하여 지도자와 다른 연구생들은 가족치료 과정을 모두 알 수 있고, 동시에 녹화도 뜰 수 있다. 심지어 지도감독 과정까지도 녹화를 떠서 연구생들로 하여금 차후의 치료계획을 세우는 데에 사용할 수 있다. 이처럼 녹화는 연구생들의 관점과 기술을 발전시키는 중요한 시청각자료가 된다.

2) 현장 지도감독

가족치료의 효과적인 방법은 관계이론과 유익한 실제 경험과의 접목에 있다. 이 접목과정의 대표적인 것이 지도감독이다. 이 지도감독은 능력과 경험을 가진 지도감독자에 의해서 실시되어야 하며, 그 형태에는 여러 가지가 있다. 녹화의 재연을 통해 연구생과 지도자 간의 모임형태, 연구생과 지도자의 공동치료형태, 일방경을 통한 연구생 관찰형태, 연구생의 활동을 교실에서 매번 발표하는 형태, 연구생의 치료활동 중 지도자가 직접 개입하는 형태 등 여러가지 방법이 있다.

위에서 열거된 여러가지 지도감독형태 중에서 효과적인 것이 마지막에 기술되어 있는 연구생의 치료활동 중에 지도자가 직접 개입하는 연구생 지도감독일 것이다. 이 현장 지도감독은 1950년대에 일방경이 가족치료에 활용되면서부터 나타났다(Mntalvo, 1973). 일방경을 통해서 지도자가 치료 진행중인 가족의 감정상태와는 떨어져서 진행중인 가족체계를 직접 보게함으로써 가족내와 가족구성원과 치료자간의 관계에서 나타나는 종합적인 상호작용의 과정을 이해하는 데에 일방경은 큰 기여를 하였다. 그럼으로써 지도자는 진행양태에 대해 언급하는 데 이상적인 위치를 갖게 되어 가족치료 진행자보다 객관적인 견해를 개진할 수 있게 하였다.

지도자가 개입하는 형태에는 다음과 같은 방법이 있다.

① Milan group에서 실시하는 형태로, 치료중에 치료자인 연구생을 문 밖으로 불러 자문을 주는 형태.
② MRI의 단기치료센터에서 실시하는 형태로, 치료중에 연구생에게 전화로 자문을 주는 형태.
③ Minuchin 이 구조적 가족치료시에 가족의 경험을 재형성시켜 상호작용의 변화를 시도할 때 사용한, 지도자가 치료현장에 직접 들어가 연구생에게 자문을 주는 형태.
④ 연구생이 무선통신용 이어폰을 귀에 꼽고 자문을 받아 진행을 덜 방해받는 형태. 이어폰은 다른 개입방법보다 치료진행을 덜 방해하는 방법이지만 편리하다고 해서 너무 자주 자문을 주다가 치료자의 주관을 상실하게 되는 결과를 가져오기도 한다. 그래서 Haley(1976)는 개입을 자제할 것과 한번이나 두번의 개입만을 주장하고 있다.

Byng-Hall(1982)은 자문의 형태를 '어머니에게 ...을 물어봐라', 또는 ' ...을 말하라' 등과 같은 지시적 형태, '아버지와 아들이 그 문제에 대해서 협상하게 하라'와 같은 전략제안 형태, '그들이 ...을 어떻게 되풀이 하는지를 주시하라'와 같이 치료자의 관점을 지적하는 형태, '어머니와 아버지가 ...을 직면하도록 격려하라'와 같은 강도를 증감시키는 전환형태, '그것은 참 잘되었다'는 격려형태 등으로 나누어 볼 수 있다고 말하기도 한다.

치료자와 지도자 양측은 모두 서로의 권리를 인정하여야 한다. 치료를 하는 연구생은 지도자가 필요에 의해서 개입한다는 점을 받아들여야 하고, 지도자는 치료자가 적합하다고 생각할 때에는 거부할 수 있다는 점을 인정해야 한다.

현장 지도감독의 변형으로 흥미로운 것에는 Papp(1980)의 Greek Chorus 사용법이 있다. 이 방법은 일방경의 관찰자들이 필요시 메모를 보내주면 치료자는 이것을 가족원들에게 알려 가족원들을 자극케하는 전략적 방법이다. 즉 "내 동료 관찰자들은 내가 여러분들에게 제시한 행동을 할 수 없다고 하는 의견을 보내왔는데, 내 생각에는 능히 할 수 있다고 생각합니다." 라고 말하여 가족원들로 하여금 양극감정을 갖도록 하여 문제를 부각시키는 방법을 말한다. 이 기법은 의견이 다를 경우에만 사용되는 것이 아니라, '이런 의견도 있는데 어떻게 생각하느냐'하면서 지켜보아야 하는 경우에도 사용할 수 있다. 어떠한 경우라도 그 기본 정신은 역설적인 상황에서 가족원들에게 변화를 자극하는 데 있다.

현장 지도감독의 기본적 가정은 어떤 가정은 그 가정이 가지고 있는 문제에 치료자를 유혹하여 치료자의 본래의 기능을 못하게 할 수 있다는 데에서 나온 것이다. 직접 행동을 취하지 않는 관찰자인 지도자는 치료자가 잘못을 범하지 않게 하고 치료자와 가족원들이 잘 조화되도록 돕는다.

현장 지도감독의 장점은 지도자의 질문과 제안이 시의적절하게 이루어져, 사후보고로 인한 왜곡된 보고에서 오는 문제점을 감소시킨다는 데에 있다. 그러나 이 현장 지도감독은 문제점도 많이 가지고 있다. 그중에서도 아마 가장 큰 단점은 치료자인 연구생이 지도자를 포함한 관찰집단으로 부터 받는 스트레스일 것이다. 치료자는 단지 기계적으로 지도자의 지시에 따르는 로보트가 될 수도 있다(Schwartz, Liddle and Breulin, 1988). 또 다른사람 앞에서 자신을 노출시킨다는 부끄러움을 일으킬 수 있고, 자존심의 상실이나, 자율성의 상실을 가져올 수도 있다(Loewenstein, Reder and Clark, 1982). 더욱이 치료자인 연구생은 지도자의 개입에 너무 의존한 나머지 자신의 치료 스타일을 발전시키지 못하는 경우도 있다(Liddle and Halpin 1978). 경우에 따라서는 치료자가 자신감이 결여되어 가족의 상태에 따라 융통성있게 적응하기 보다는 미리 준비한 방법대로 진행하는 문제가 나타나기도 한다(Whitaker, 1976 c).

이러한 문제점에도 불구하고 Haley(1976)는 이 현장 지도감독이 가장 훌륭한 방법이라고 격찬을 하고 있다. 초기의 보고서는 연구생이 선정한 부분적 사실에만 의존한 것이었고, 사십년 전부터 사용된 녹음기는 소리만을, 그후의 녹화기는 소리와 행동을 보여주기는 했지만, 치료자인 연구생에게 나타나는 문제를 시정해주는 데는 한계가 있었다. 그러므로 연구생과 가족을 모두 보호하는 현장 지도감독이 가장 좋은 방법이라는 것이다.

3) 공동치료

두명의 치료자, 즉 치료자인 연구생과 경험있는 지도자가 함께 동시에 개입하는 공동치료는 연구생에게 좋은 기회를 준다. Whitaker(1967)는 조울증 환자를 치료할 때에 공동치료 방법을 사용하여, 가족치료에 공동치료를 처음 실시한 대표자로 알려져 있다. Whitaker와 Keith(1981)에 의하면 상징적 가족치료의 지도감독에서는 공동치료가 좋은 지도방법이라고 알려져 있다.

공동치료는 다음과 같은 장점을 가지고 있다. 연구생은 가까이서 전문가의 행동을 크게 부담감을 느끼지 않으며 지켜볼 수 있다. 연구생들은 자신의 행동을 현장에서 반추해 볼 뿐만 아니라 지도자로부터 기술적인 도움을 받을 수 있다.

그렇다고 해서 이 공동치료 방법이 문제가 없는 것은 아니다. 연구생이 지도자를 너무 따라서 그 자신의 스타일을 발전시키기 보다는 지도자의 흉내나 내는 문제를 낳기도 한다. 그래서 Haley(1976)는 이 공동치료 방법은 연구생을 단순히 뒷전에서 무책임하게 앉아있게만 함으로 오히려 일방경을 통한 지도가 더 낫다고 주장한다. 실로 연구생과 지도자 간의 관계는 중요하다. 가장 이상적인 공동치료 관계는 상호간에 지지적 관계가 형성되어 있을 때이다. 즉 한 지도자가 감정적일 때 또다른 공동치료자가 객관적으로 가족의 문제를 볼 수 있는 경우일 것이다. 또 분노가 가득찬 가정의 문제를 다룰 때에는 두 치료자가 모두 함께 침묵을 지킴으로써 무언의 압력을 줄 수도 있다. 이 공동치료자가 상호간에 존경과 신뢰를 가지고 있다고 가족들에게 보여질 경우, 가족들에게는 좋은 모델이 될 수 있다. 반면에 이 공동치료자들이 상호 경쟁적이면 가족들에게도 나쁜 영향을 줄 것이다.

결론적으로 공동치료는 연구생들이 어려운 가족치료를 할 때 나타날 수 있는 유혹이나 조작을 예방할 수 있고, 또 그때그때 지도를 받을 수 있다는 장점을 가지고 있다.

제3절 가족치료자의 규제와 윤리

가족치료자로서의 훈련은 임상기술을 습득하는 것 이상을 요구한다. 치료자가 어느 곳에서 - 정신건강센터, 개업, 아동상담소, 교회 혹은 법정 - 실무를 하려든지 간에 전문가로서의 활동에 대한 사회적 책임이 있다.

여기에서는 두가지 전문적 쟁점, 즉 전문가들이 최고의 서비스를 계속할 수 있게끔 어떻게 보호해 주어야 하는지와 개인에 대한 관심에서 가족 전체에 대한 관심으로 이동할 때 어디에 윤리적 기준을 두어야 하는지에 대한 점들을 중점적으로 다루고자 한다.

1. 전문적 실무의 규제

가족치료자의 전문적 실무에 대한 규제와 보호에 관한 제도는 아직 우리나라에 없으므로 여기에서는 주로 미국의 규제보호 방안을 검토하여 우리의 갈길을 생각해 보고자 하였다.

대부분의 다른 기존 전문직들에서는 대중의 인정과 존경을 얻기 위해 법령을 통한 방법으로 전문적 서비스를 유지, 보호받고 있다. 미국의 가족치료자들은 1970년 이래로 결혼/가족치료자들을 위한 법적 기준을 추구하는 노력이 있어왔는데, 이러한 노력은 주로 면허교부를 중심으로 한 것이었다.

면허교부(licensure)가 필요한 이유는 다음과 같이 정리될 수 있다(Corey, corey & Callanan, 1988; Fretz & Mills, 1980).: ① 면허교부는 최소한의 서비스 기준을 제시함으로써 대중을 보호한다. 왜냐하면 도움을 구하는 사람들이 상담자를 선택할 때 유면허 전문가를 선택함으로써 무능한 실무자에 의해 해를 입는 것으로부터 보호할 수 있기 때문이다. ② 면허교부는 대중을 정신건강서비스에 대한 무지로 부터 보호하고, 잠재적 소비자로 하여금 실무자를 현명하게 선택하도록 돕는다. ③ 면허교부는 실무자가 면허를 획득하기 위한 기준에 도달하도록 노력하게 함으로써 능력있는 실무자를 만들 수 있다. ④ 면허교부는 최고의 수준으로 향상시키고 유지하기 위하여 노력하는 실무자들이 함께 모이게 함으로써 전문직을 향상시킨다. ⑤ 면허교부는 전문직 자체와 전문직의 활동을 보다 명확하게 정의함으로써 독립적 활동이 가능하게 한다. 요약하면 면허교부는 실무자가 승인된 교육프로그램을 이수하였고, 지도감독하에 일정 훈련시간을 취득하였으며 평가를 받은 전문가라는 것을 대중에게 확신시켜 주는 기능을 한다는 것이다.

결혼/가족치료에서의 전문적 위치를 추구하는 사람은 대학에서 석사학위 또는 전문 학위를 취득하거나 결혼/가족치료에 대한 전문화된 훈련을 제공하는 센터에서 전문적 훈련을 받아 취득을 할 수도 있다. 학위과정을 밟고 적절한 전문 협회에 의해 인가된 프로그램에서 필수 훈련과정을 이수한 사람도 자신의 전문성에 대한 면허(lincensing)나 자격(certification)을 취득할 수 있다.

면허법(licensing law)은 자격법보다 더 제한적인 성격을 갖는다. 이는 교육과 경험의 기준(criteria)을 정의하고, 시험을 시행하여 면허증을 줄 뿐만 아니라, 윤리적 또는 다른 사유로 면허가 취소될 수 있는 조건들을 명시하여 강력히 실무를 규제한다. 증명(certification)은 보다 약하고 덜 포괄적인 규제 형태인데, 이는 단순히 특정 전문적 직함을 사용할 권리를 구별하는 증명인 것이다. 증명은 실무를 제한하기 위해 활동을 정의하는 것이 아니라, 단지 직함이 제정된 기준에 부합하는 사람들에 의해서만 실무가 사용되어야 하는 것을 뜻한다. 면허와 같이 증명도 증명서를 발부하고 취소하는 기준을 설정하여 직함의 사용에 관해 감독을 하고 있으나 그 정도가 약하다. 이 두가지는 실무자가 교육, 훈련 및 지도감독을 받아 최소한의 기준들을 충족시키고 있다는 것을 보증하기 위해 고안된 것이다. 미국에 있어서는 일반적으로는 면허나 자격증을 갱신할 때 조건으로써 계속적 교육과정(continuing education course)을 이수하는 것을 필수로 하고 있다.

미국에 있어서, 결혼/가족치료자자격증은 받고자 하는 경우에 매우 엄격하게 규제하고 있다.

결혼/가족치료 교육인가 위원회(AAMFT Commission on Accreditation of Marriage and Family Therapy Education)는 미국과 카나다에서 교육 및 훈련 프로그램을 인가하는 권한을 갖고 있는데, 이는 대개 현장을 방문하여 프로그램을 사정한 후에야 결혼과 가족치료에 있어서 대학원 및 학위과정 이수자들에 대한 임상훈련 센터임을 인증해 준다. 위원회는 높은 수준의 훈련 프로그램을 요구하고 있어 1989년까지 22개 석사, 9개의 박사 수준과 10개의 학위과정 이수 후의 훈련센터를 인가하였을 뿐 아니라 많은 프로그램의 인가가 아직 계류 중에 있다.

결혼/가족치료자들에게 면허를 주는 것이 일부에서 진행중이다. 이는 인가된 대학의 졸업자들을 대상으로 실시되고 있는데, 이에 대해서 기존 정신건강 전문직 회원들은 결혼/가족치료는 단지 심리치료의 하위 전문분야이다며 반대하고 있다. 그러나 결혼/가족치료자들은 정신건강분야는 전통적 기법에 아무런 훈련을 포함시키고 있지 않으므로 그런 분야의 졸업자가 결혼/가족치료 분야에서 일하기를 원한다면 그들은 스스로 결혼/가족치료에 대한 부가적 훈련을 받고 면허를 획득하여야 한다고 주장하고 있다. 이 주제는 아직 논쟁중이고 토론이 한창인데, 이것이 큰 논쟁이 되는 이유는 건강보험 문제들과 관련되어 있기 때문이다. 미국의 경우에서 지원하는 군인과 군속들을 위한 CHAMPUS 프로그램에서나 몇몇 보험회사에서는 AAMFT 회원들을 합법적인 치료자로 인식하고 있다.

대략 20개 주에 결혼/가족치료 면허제도와 증명제도가 있다. 자격조건은 주마다 다양하고, 면허에 수여되는 이름도 각기 다르다. 예를 들면 미시간에서는 결혼상담가로 불리우나, 캘리포니아에서는 결혼, 가족 및 아동상담가로 불리운다. 예로써 캘리포니아에서는 신청자가 서부대학 협의회(Western College Association)에 의해 인가된 학교, 혹은 이와 동등한 공인된 기관으로부터 결혼, 가족 및 아동상담 석사 2년 학위를 소지해야 하고, 그외에 공인된 결혼, 가족 및 아동상담가, 임상사회사업가, 유자격 심리학자와 정신과 의사의 지도하에 결혼, 가족, 아동분야에서 적어도 2년간의 경험이 있어야 한다. 지금 현재 대략 25개 주에서 결혼과 가족치료 개업을 규정하는 법령을 만들고자 노력중에 있다.

2. 윤리적 기준의 준수

법적규제 이외에 전문직은 회원들의 전문적 활동을 감독하기 위해 다양한 절차를 통한 자체 규제방안을 가지고 있다. 즉 면허 갱신의 필요조건으로 재교육 이수, 동료간의 비평, 동료의 심의 등이 그것이다. 특히 윤리강령은 비공식적 및 공식적 징계를 야기할 위반 가능성에 대한 기준을 제공하는 매우 필요한 제도이다(Huber & Baruth, 1987). 비공식적 징계는 동료들이 의문시되는 실무에 관하여 심의를 거쳐 위반자에게 압력을 가하는 것을 의미한다. 공식적 징계는 전문 협회에서의 견책과 심한 경우 위반자인 경우에 제명하는 것을 의미한다.

Van Hoose와 Kottler(1985)가 지적했듯이, 이 윤리강령은 회원의 클라이언트에 대한 책임감 뿐만 아니라 사회에 대한 책임감을 명확히하는 특성을 가지고 있다. 전문조직의 회원은 지각있고 책임있게 행동해야 한다는 내용의 윤리강령을 따를 것을 서약하게 되어 있다. 이러한 절차는 임상실무에서 회원이 윤리적 결정이 요청되는 상황에서 클라이언트와 함께 윤리적 행동과정을 정하고 행동계획을 이행하도록 돕는 기능도 한다(Huber & Baruth, 1987).

윤리적 결정의 어려운 문제들은 치료가 개인적 초점문제에서 결혼/가족체계를 포함하는 문제로 확대될 때 발생한다. 예를 들면 '치료자는 누구에게 일차적인 책임이 있는가? 찾아온 환자인가? 독립된 가족원인가? 전체가족인가? 참석하기로 결정한 가족만인가?'라고 갈등을 야기시키는 경우가 있다. "가족치료는 당신 개인에게는 유해할 수 있다"고 경고하는 Hare-Mustin(1980)같은 학자도 있듯이, 전체 가족에게 이익이 되는 변화가 항상 그 구성원 모두에게도 최선의 이익이 되는 것은 아니다. 가족치료에 참석하는 것을 동의함으로써 가족원들은 자신의 개인적 목표를 하위에 두고 자신의 프라이버시와 비밀성을 포기하도록 요구되는 경우도 있다.

가족치료자의 가치관은 치료에 매우 중요한 영향을 미친다. 예를 들어 남편은 이혼하는 것을 고려하고 있고, 부인은 이혼을 반대한다고 가정하자. 남편은 결혼상태에 남아있다는 것은 그 자신의 행복이 너무 손상되므로 치료자가 '가족 체계' 유지 보다는 개인적 행복에 더 중요성을 부과하기를 희망하나, 아내는 치료자가 공동적 행복에 우선권을 두어 가족이 함께 있게 되기를 희망하는 경우가 있을 수 있다. 이런 상황에 놓인 치료자는 싸움으로 상처난 결혼은 자녀들을 포함하여 모두에게 불행할 뿐이라는 입장을 취할 수도 있고, 별거와 이혼의 스트레스와 불확실성이 자녀에게 회복할 수 없는 손상을 주므로 불완전한 대로의 가족생활을 유지하는 것이 가정이 붕괴되는 것 보다는 바람직하다고 주장할 수도 있다. 이렇게 치료자의 입장은 다양한 가족구성원과의 대인관계 형성에서 뿐만 아니라 문제의 형성, 목적수립, 치료계획에도 중요한 영향을 미친다.

Morrison, Layton과 Newman(1982)은 치료자가 의사결정 과정에서 갖게 되는 4가지 윤리적 갈등을 제시하였다. 첫번째로 '치료자는 누구의 이익을 위할 것인가?'이다. 개인 클라이언트와 일할 때, 치료자는 가족원들을 포함시킬 것인지, 어느 범위까지 포함시킬 것인지를 결정하여야 한다. 한편, 가족과 일할 때는 어떤 가족원을 따로 만나야 하는지, 그런 상황에서는 비밀성을 어떻게 다루어야 하는지를 결정하여야 한다.

두번째의 윤리적 딜레마는 비밀을 다루는 문제이다. 부모의 비밀(성문제)이 가족앞에서 이야기되어야 하는지 혹은 독립된 부부모임에서 따로 꺼내져야 하는지, 배우자에게는 감추어졌지만 개별모임에서 치료자에게 드러난 외도는 어떻게 다루어져야 하는지 등은 쉬운 문제가 아니다. 추측되는 근친상간, 아내학대, 아동학대나 아동방임과 같은 가족의 비밀은 어떻게 하여야 하는가? 이러한 경우 치료자는 법적 책임과도 관련된다. 치료자는 증거는 없으나 학대나 방임의 가능성이 보여질 때 경찰이나 아동복지 당국에 보고하여야만 한다. 그런 경우 치료자는 가족상호작용을 주의깊게 관찰하고 윤리적 행동을 명확히하여 가족원의 안전과 안녕을 보장하는 조치를 취하여야 한다.

세번째의 윤리적 문제는 개인에게 진단적 분류(diagnostic labeling)시 주의해야 한다는 것에 관련된다. 왜냐하면 이 분류가 아동 후견권 논쟁과 같은 소송이나 다른 형태의 가족내 권력싸움에서 이용될 수 있기 때문이다.

네번째로 치료자는 결혼이나 가족갈등을 증가시키거나 감소시키는 자신들의 세력을 인식해야 할 필요가 있다는 것에 관련되는 것이다. 치료자는 특정 가족에게는 불리할 수 있는 전통적인 남성-여성 역할 기대를 강요하거나, 편견이나 성차별 태도를 취함으로써 비난받지 않도록 주의해야 한다. 치료자는 또한 아동에 반대하는 부모의 대리인, 부모에 반대하는 아동의 대리인이라든가, 배우자에 반대하는 다른 배우자의 대리인이라는 비난을 받을 위험이 있다. 많은 치료자들은 그들이 누구의 대리인인지에 관한 질문과 계속적으로 씨름하여야 한다.

이와 같이 가족과의 치료를 수행하는 데에는 전문적 책임에 관한 다양한 문제가 제기된다. 한 가족원에게 도움이 되는 것이 다른 가족원에게는 해롭거나 치료에 역행하는 것일 수 있기 때문이다. 한 배우자를 편드는 것은 공정성을 상실하는 것을 의미한다. Margolin(1982)은 치료자는 개인으로서의 가족원과 전체로서의 가족에 대한 치료적 책임의 균형을 강조했다. 그는 어느 것도 다른 쪽의 중요성을 상쇄할 수 없으므로 가족치료자는 항상 각 개인에게 최선의 이익이 되는 것과 가족 옹호자로서의 입장을 유지하려는 어려운 역할을 수행하여야 한다고 했다.

특히 Margolin(1982)은 구체적인 윤리적 관심의 6가지 영역을 제시하였다.

① 치료자의 책임(Therapist responsibility)

② 비밀보장(Confidentiality)

③ 클라이언트의 특권(Client privilege)

④ 정보에 입각한 동의와 치료를 거부할 권리
(Informed consent and the right to refuse treatment)

⑤ 치료자의 가치(Therapist values)

⑥ 훈련과 지도감독(Training and supervision)

주목하였듯이 클라이언트의 복지에 '치료자의 책임'은 한 가족원에서 유익한 것이 다른 가족원에게는 일시적으로 유익하지 않을 수도 있다는 생각을 가지고 가능한 한 모든 가족원에게 합리적이고 만족스러운 방법으로 체계가 변화되도록 돕고자 노력해야 함을 기본으로 한다.

'비밀보장'은 클라이언트의 사전 동의 없이 치료자가 독단적으로 폭로하지 못하게 하는 것으로 이것은 오랫동안 개인 정신치료의 기본적 가치가 되어왔다. 그러나 가족치료에서는 가족치료자마다 그 수행방법이 각기 다른 점이 있다. 어떤 치료자는 가족원이 비밀로 제공한 정보를 개인치료에서와 마찬가지로 취급하여 배우자나 다른 가족원에게 누설되지 않도록 보장해야 한다는 입장을 취하고, 다른 치료자는 가족원과 결탁하는 것을 피하기 위하여 다른 가족원을 따로 만나는 것을 거부하고, 비밀은 배우자나 가족에게 모임에서 함께 밝힐 것을 주장한다. 또 다른 치료자들은 만약 개인적으로 만나거나 가족원과 전화로 이야기하거나 서면을 받게 되면, 누설된 것이 무엇이든지 간에 치료자가 판단하여 그것이 부부나 가족에게 도움이 된다면 다른 가족원에게 이야기할 수도 있다는 것을 정보제공자에게 미리 말하기도 한다. Corey, Corey와 Callanan(1988)은 그 절차가 어떻든 치료자는 치료의 시작부터 각 가족원에게 비밀보장에 대한 자신의 입장을 분명하게 밝히는 것이 윤리적 실무에서 필수적이라고 주장하고 있다. 클라이언트나 다른 사람에게 신체적 손상의 가능성이 있을 경우를 제외하고는 치료자는 클라이언트의 비밀보장을 반드시 존중해야 한다.

'클라이언트 특권', 특히 특권적 의사소통(privileged communication)은 비밀보장과 밀접하게 관련되어 있다. 클라이언트 특권은 클라이언트의 비밀이 그의 사전 동의 없이 재판 소송절차 중 증인석에서 누설되는 것으로 부터 클라이언트를 보호하는 것이다. 이 특권은 클라이언트에게 속하는 것이므로 클라이언트가 이 특권을 포기하면 치료자는 정보를 보류할 법적 근거가 없게 된다. 그러나 문제는 누가 클라이언트냐 하는 것이다: 개인이냐, 부부냐, 가족이냐 하는 점이다. 이혼하는 경우, 한 사람은 정보가 누설되기를 원치 않는데, 다른 배우자는 치료자로 부터의 증언을 요구하는 경우는 문제가 복잡하게 된다. 미국의 경우에는 이런 문제에 대한 대책은 주마다 다르다. Gumper와 Sprenkle(1981)은 동참적 치료(conjoint therapy)에서 특권을 포기할 권리를 누가 '소유'하는가가 어려운 문제이기 때문에 치료자는 주의 법에 정통해야 할 뿐만 아니라 법적 행동의 경우에 동참적 치료(conjoint therapy)에서 누설된 내용은 부부 어느 쪽도 폭로하지 않겠다는 서류에 부부가 사전에 동의하도록 해야 한다고 규정하고 있다. 이렇게 할지라도 법정은 그런 동의를 존중하는 방식에 있어서 다를 수 있다. 일반적으로 치료자는 다른 사람에게 정보를 누설하기 전에 언제나 클라이언트에게 비밀누설 양해각서를 요구해야 할 것이다.

비밀보장과 '치료를 거부할 권리'의 문제는 결혼과 가족치료 실무에서 중요한 윤리적 논점이므로 사전에 확실히 해두어야 한다. Gill(1982)은 치료자는 가족이 치료에 참여하기 전에 그들이 받게 될 치료 과정의 속성에 대해 적절하게 알려야 한다고 주장한다. 치료의 목적, 일반적 절차, 부정적 결과가 야기될 가능성, 이익, 비용, 치료자로 부터 기대하는 행동, 비밀보장의 한계, 다른 치료자나 기관으로의 의뢰를 하게 될 상황- 이런 문제들은 각 클라이언트가 참여하기로 동의하기 전에 먼저 설명되어져야 한다.

'치료자의 가치' 즉 이혼, 외도, 가족이나 사회에서의 남성-여성의 역할에 대한 치료자의 태도는 결혼이나 가족치료 과정에 상당히 영향을 미칠 수 있으므로 치료자는 자신의 태도를 자세히 검토해야 한다. 치료자가 자신의 태도와 근본적으로 다른 가족에 대해 편견을 가질 수 있고, 혹은 다른 가족원들의 태도나 행동에 반대하는 가족원의 편을 들 수도 있다는 위험을 깨달아야 한다. 대부분의 가족치료자들은 의식적으로나 무의식적으로 가족의 생활방식을 유지하도록 유도할 수 있는데, 이것은 양립하지 못하는 특정 부부에게는 부적절하거나 오히려 더 나쁠 수 있다.

치료자는 권력이 있는 위치에 있기 때문에 치료자 자신이 클라이언트 가족에 대해 통제를 가하거나 어떻게 변화가 일어나야 하는가를 규정하는 역할을 할 가능성이 있다. 가족원들이 자신의 판단을 치료자의 견해에 맡김으로써 가족에게 새로운 믿음과 가치들이 강요될 수 있다. 그런 경우 권력의 남용이 발생할 가능성이 있다.

마지막 윤리적 문제는 '훈련과 지도감독'에 관련된다. 결혼이나 가족문제를 사정하고 치료하는데 있어서 자신의 능력과 경험의 범위를 넘는 것은 비윤리적인 것으로 간주된다. 우리나라에서도 미국의 경우와 같이, AAMFT 기준 등을 만들어 훈련과 지도감독을 향상시키기 위한 노력이 있어야 한다. 결혼과 가족치료자들 모두를 보호해 주는 윤리강령을 만들 필요가 있다. 그리고 연구생들은 이 강령을 익혀 책임있는 전문가로서 활동하도록 노력해야 한다.

결 론

가족치료는 개별 심리치료를 제공하는 것과는 다른 새로운 패러다임의 변화를 요구한다. 사회체계로써의 가족에 대한 이론적 이해, 가족과의 일차적인 임상경험, 윤리를 수반한 주의깊은 지도감독등은 가족치료자 교육과 훈련에 불가결한 요소들이다. 가족치료는 개인은 물론 가족과 사회적 상황에서 일어나는 다양한 행위를 다루어야 하기 때문에 접근방법이 확실해야 한다. 접근방법의 기초가 되는 것은 이론인데 이 이론을 교수나 지도감독자의 모방에 그치는 것이 아니라 자신의 가치와 자질에 맞는 이론체계를 개발하도록 연구자들은 스스로 노력해야 한다. 이론체계를 형성하는 방법으로써는 먼저 통합적 작업과정을 통하여 각 이론들의 특성과 과정을 살펴보아야 한다. 아울러 가족의 구조와 기능, 인접 학문과의 관련성 및 조사방법론의 활용 등이 고려되어야 한다. 그러나 무엇보다 중요한 것은 연구자 스스로 이론을 추구하려는 발전적 노력과정이 있어야 한다.

연구생의 발전적 과정에 따라 가족치료자는 양성되는데 여기에 활용되는 기관으로는 학교와 훈련센터가 있다. 이곳에서의 훈련 프로그램은 훈련받는 사람이 가족과 일하는데 있어 필요한 인식기술, 개념화의 기술 및 실천적 기술을 개발하도록 하여야 한다. 훈련의 효과를 높이기 위해서 교과과정에 의한 교수방법 등은 물론, 일방경 뒤에서 지도자에 의한 현장 지도감독, 지도자 옆에서 가족과 함께 일할 기회를 갖는 공동치료 등의 방법이 수행되어야 한다.

가족치료에 있어서의 전문적 실무는 법령에 의해 규제, 보호되어야 하는 동시에 윤리강령, 동료간 비평, 계속적 교육 그리고 자문에 의해 자체적으로 규제되어야 한다. 현재 외국에서는 20개 주에서 면허와 자격증제도를 두어 가족치료자를 규제, 보호하고 있다. 또한 미국 결혼 및 가족치료 협회에서는 결혼과 가족치료에서의 대학원 수준, 박사수준 그리고 학위과정 이수 후의 프로그램을 공인하는 제도를 둘 뿐만 아니라 윤리강령을 만들어 전문직 회원들의 행동기준을 지도하고 있다. 이러한 제도는 치료자가 윤리적 결정을 내려야 하는 임상적 상황에서 인식하여 치료자가 최선의 결정을 내릴 수 있게 함으로써 전문가를 지도, 보호하는 기능을 한다. 그러므로 가족치료를 연구하는 연구생은 이론화를 통한 패러다임 설정과 패러다임에 따른 개입기술 그리고 윤리적 문제에 대한 연구에 노력을 기울여야 한다.

참 고 문 헌

Bloch, D. A. & Simon, R.(Eds). (1982), *The strength of family therapy*: Selected papers of Nathan W. Ackerman. New York:Brunner/Mazel.

Bodin, A. M. (1969), "Videotape in training family therapist", *The Journal of Nervous and Mental Disease*, 148, 251-261.(b).

Boszormenyi-Nagy, L. & Krasner, B. R. (1981), "The contextual approach to psychotherapy: Premises and implication", In G. Berenson & H. White (Eds), *Annual review of family therapy (Vol. 1)*, New York: Human Sciences Press.

Bowen, M. (1978), *Family Therapy in clinical practice,* New York: ARONSON.

Byng-Hall, J. (1982), "The use of the earphone in supervision", In R. Whiffen & J. Byng-Hall (Eds.), *Family therapy supervision: Recent developments in practice,* London: Academic Press.

Cleghorn, J. M., Levin, S. (1973), "Training Family therapists by settin learning objectives", *American Journal of Orthopsychiaty*, 43, 439-446.

Elms, A. (1961), "Skinner's dark year at Walden Two", *American Psychologist,* 35, 470-479.

Erickson, G. D.,& Hogan, T. O. (1981), *Family therapy: An introduction to theory and technique* (2nd ed.), Monterey,Calif.:Brooks/Cole.

Framo, J. L, (1982), *Explorations in marital and family therapy: Selected papers of James.* L. Framo, New York: Springer.

Goodyear, R. & Bradleg, F. (1983), *An introduction to theories of couselor supervision counseling psychologist,* 11, 19-20.

Green, R. J. & Framo, J. L. (Eds.), (1981), *Family therapy: Major contributions*, New York: International Universities Press.

Gurman, A. S. & Knishkern, D. P. (1981), "Family therapy outcome research: Knowns and unknowns", In A. S. Gurman & D.P. Kniskern (Eds), *Handbook of Family therapy,* New York: Brunner'Mazel. (a).

Haley, J. (1976), *Problem-solving therapy*, San Francisco: Jossey-Bass.

Haley, J. (1963), "Family experiment: A new type of experimentation", *Family Process,* 1, 265-293.

Haley, J. (1984), *Ordeal therapy: Unusual ways to change behavior.* San Francisco: Jossey- Bss.

Kantor, D. & Lehr, W. (1976), *Inside the family,* San Francisco: Jossey-Bass.

Kempler, W. (1981), *Experiential psychotherapy within families*, New York: Brunner/Mazel.

L'Abate, L. & Frey, J. III. (1981), "The E-R-A model: The role of feelings in family therapy reconsidered: Implications for a classification of theories of family therapy", *Journal of Marital and Family Therapy,* 7, 143-150.

Liddle, H, A. & Halpin, R. (1978), "Family therapy training and supervision literature: A comparative review", *Journal of Marriage and Family Counseling,* 4, 77-98.

Liddle, H. A. & Saba, G. W. (1982), "Onteaching family therapy at the introductory level: A conceptual model emphasizing a pattern which connects traning and therapy", *Journal of Marital and Family Therapy,* 8, 63-73.

Loewenstein, S. F., Reder, P. & Clark, A. (1982), "The consumeer's response: Trainers' discussion of the expence of live supervision", In R, Whiffen & J. Byng- Hall (Eds), *Family therapy supervision : Recent developments in practice,* London: Academic Press.

Margolin, G. (1982), "Ethnical and legal considerations in marital and family therapy", *American Psychologist,* 37, 788-801.

Mendelsohn, M. & Ferber, A. (1972), "Is everybody watching?" In A. Ferber, M. Mendelsohn & A. Napier (Eds), *The book of Family therapy,* New York: Science House.

Minuchin, S. (1974), *Families and Family therapy. Cambridge,* Mass.: Havard University Press, (a).

Montalvo, B. (1973), "Aspects of live supervision", *Family Process,* 12, 343-359

Papp, P. (Eds.), (1977), *Family therapy: Full length case studies,* New York: Gardner Press.

Peterson, G & Bradley, R. (1980), "Counselor orientation and theoretical attitudes toward counseling: Historical perspective and new data", *Journal of Counseling Psychology,* 27, 554-560.

Pinsof, W. (1981), "Family therapy process research", In A. Gurman & D. Kniskern (Eds), *Handbook of famiily therapy,* New York: Brnner/Mazel. Satir, V. M. (1972), Peoplemaking, Palo Alto, Calif.: Science and Behavior Books.

Selvini-Palazzoli, M., Boscolo, L., Cecchin, G., (1980), Prata Hypothesizing- Circularity- neut rality: Three guidelines for the conductor of the session. *Family Process,* 19, 3-12.

Skynner, R. & Skynner, P. (1979), "An open-systems approach to teaching family therapy", *Journal of Marital and Family Therapy,* 6, 5-16.

Tomm, K. & Wright, L. (1979), "Training in family therapy: Perceptual, conceptual, and executive still", *Family Process,* 18, 227-250.

Von Trommel, M. (1982), "Training in marital and family therapy in Canada and the USA: Areport of a study tour", *Journal of Strategic and Systemic Therapy,* 1(3),

131-139.

Watzlawick, P., Weakland, J., & Fisch, R. (1974), *Change: Principels of problem formation and problem resolution.* New York: Norton.

Whiffen, R. (1982), "The use of videotape in supervision", In R. Whiffen & J. Byng-Hall (Eds.), *Family therapy supervision: Recent developments in practice*, London: Academic Press.

Whitaker, C. A. (1967), "The growing edge in techniques of family thrapy", In J. Haley & L. Hoffman (Eds.), *Techniques of family therapy,* New York: Basic Books.

Whitaker, C. A. (1976), *Comment: Live Supervision in psychotherapy*, Voices, 12, 24-25 (c).

Wolman, B. B. & Sticker, G. (Eds), (1983), *Handbook of family and marital therapy*, New York: Plenum.

Wynne, L. (1983), "Family research and family therapy: A reunion?", *Journal of Marital and Family Therapy,* 9, 113-117.

Zuk, G. (1976), "Family therapy: Clinical hodgepodge or clinical science", *Journal of Marriage and Family Counseling*, 2, 299-303.

제 5 부

한국문화와 가족치료

제 1 장

문화와 가족치료

최 복 림*

제1절 정신건강 전문직 내에서의 가족치료의 위치

가족치료는 치료자라는 우산밑에 있는 하나의 기술이고 사고방식이다. 그러므로 치료자가 준비하는 과정에서 중요한 것은 가족치료에 대한 방법, 이론, 기술 등을 경험을 통해 배워야 하며, 더욱 기술적인 것은 우리가 치료하는 사람으로서 정신적인 우리의 태도, 지식 등이 기초가 되어야 한다고 생각한다. 한국 상황에 대한 단편적인 정보일지는 몰라도 한국에서는 우선순위가 바뀐 것 같다. 많은 사람들이 가족치료에 대한 열정으로 무엇이 우선되어야 하는지에 대한 혼란이 생긴 것 같다. 예를 들어 의사가 된 후에 외과 전문의가 되는 것이지 의사가 되지 않고서 외과 전문의가 먼저 될 수는 없는 것과 같다. 미국에서는 각 주마다 자격증(License)제도가 각기 다른데, 가족치료자이기 이전에 심리학자이고 사회사업가이며 정신 과 의사인 것처럼, 전문성(professional identity)이 우선이 되고 가족치료는 일종의 방법론으로 존재하게 된다.

이런 것들이 정비될 때 우리는 치료자로서 어떠한 기능을 할 것인가를 생각하게 되는데, 그것을 위해서는 가족의 목적이 무엇이며 그 기능은 무엇인지에 대한 치료자 나름대로의 정리가 되어있어야 한다. 이를 위해서는 치료자가 자기자신과 자신의 가족을 파악하는 것이 도움이 되고, 가계도(genogram)를 활용하면 자신의 삼세대의 가족을 이해하는 데 큰 도움이 된다. 내 가족안에서 나의 위치, 나의 기대, 나의 역할, 해결하지 못한 갈등이 무엇이었는지를 알 때, 남의 가족을 치료할 수 있으며, 또 자신의 생활태도가 어떤지, 즉 긍정적인지 수동적인지를 파악할 필요도 있다.

그렇다면 가족치료의 목적이 무엇이라고 생각하는가? 가족치료자는 단지 가족의 불균형을 고쳐주는 사람, 즉 가족을 재구조화하여 현상유지를 목적으로 하고 있는지, 아니면 가족치료를 받으러 온 사람들의 의식구조나 가치구조에 변화를 가져오는 변화매개체의 역할도 포함된다고 생각하는 지에 따라서 가족치료의 목적이 달라질 수 있다.

---

* 미국 캘리포니아주 개업 사회복지사
이 글은 1994년 2월 21-25일에 걸쳐 가족사회사업연구회 주최로 개최되었던 "문화와 가족치료" 워크샵의 자료를 정리한 것입니다.

가족치료는 경우에 따라 가족의 과정에서 파생되는 문제를 변화와 응집으로 고칠 수 있는 방법인데, 어떤 경우는 개인이 고질적으로 또는 독특하게 갖고있는 것을 변화시켜야만 하는 유형의 문제일 때가 있다. 이 경우에는 개인의 성격, 성품 등 개인의 문제가 아주 중요하게 되며, 따라서 가족치료가 항상 필요한 것은 아님을 알 수 있다. 또 어떤 경우는 설사 가족치료가 필요하다 해도 클라이언트의 가족이 원치않을 경우 가족치료를 수행할 수 없게되는 때도 있다.

제2절 치료자로서의 가치관

치료자들이 가지는 계급차이나 계급주의로 인해서 클라이언트들의 입장을 이해하고 그들의 생각을 진정으로 동감할 수 있을지, 어떻게 처리할 수 있는지를 생각해보자. 또 치료자가 치료자 자신의 가치관을 내담 가족들에게 부과하지 않고 있는지에 대해서도 고려해 보아야 한다. 예를 들어 미국에서 백인 중산층 출신의 치료자에게 푸에르토리코 빈민가의 사람이 찾아왔을 때, 그 치료자가 클라이언트를 잘 이해하지 못할 수도 있다고 생각해서 사회적 계층과 민족적 배경이 비슷한 푸에르토리코인 치료자에게 보냈을 경우, 그 푸에르토리코인 치료자가 훈련도 제대로 받지 못하고 경험과 기술이 미숙한 치료자일 수 있을 것이다. 또 만약 어떤 치료자의 기본적인 입장이 자신의 가치관을 클라이언트에게 부과시키지 않을려고 할 때, 어느 클라이언트가 "이 아이는 계집아이이니까 국민학교만 다니게 하겠다"고 하거나 "아들은 땅을 팔아서라도 가르치겠다"고 할 경우, 그 클라이언트에게 치료자가 "여자도 똑같은 사람입니다. 딸에게도 아들과 똑같은 대우를 해줘야 하지 않을까요"라고 도전하는 것에 대해서는 어떻게 생각해야 할 것인가.

이번에는 각자 마음을 자기자신의 내부로 돌리고 생각해보자. 당신이 자라날 때 당신의 가족내에서 누가 주도권을 가졌으며, 당신과 부모와의 관계에 있어서 또는 형제간의 관계에 있어서 당신의 위치나 형제들의 위치는 어떠했었는가? 당신의 집안에는 의견차이나 문제가 있을 때 어떻게 해결을 했으며, 그 최종적인 해결자는 아버지였는가 아니면 조부모나 그밖의 누구였는가? 집안에 삼각관계가 어떻게 형성되었는가? 당신이 자라날 때 있었던 일 중 무엇이 가장 기억에 남아있는가? 당신이 자랄 때 가정에 풍파가 있었는지, 그럴 때 당신 자신은 어떤 반응을 보였으며, 그 문제는 어떻게 해결되었으며, 그런 경우에 가족이 서로를 위로하고 도와주었는가 아니면 서로를 나무라고 책임전가를 했는가? 걱정과 슬픔이 있을 때, 그것을 서로 나누었으며 그런 경우에 누가 가장 강하고 누가 제일 약한 사람이었나? 당신은 지금 어느 정도나 가족의 가풍이나 가족의 기대에 충실한가? 당신은 순종하고 복종하는 자녀였는가 아니면 반대하고 반항하는 자녀였는가? 또 당신의 배우자를 선택할 때 얼마만큼 자라온 가족의 영향을 받았는가? 당신이 예전과 다른 가치관을 갖게 되었다고 전제할 때, 부모나 다른 가족원들 중 누가 당신의 변화를 가장 불편하게 생각하거나 불안해할까? 또 당신의 아들이나 딸이 성장했을 때 어떤 기대를 가지며, 그런 당신의 기대는 당신 부모에게서 받은 메시지와 어떤 관련이 있는 것일까? 만일 당신의 어머니가 직업을 가졌더라면 가족관계에 어떤 변화가 있었을까? 당신이 반대의 성(性)으로 태어났다면 어떠했을까? 당신이 자라난 가정에서 남녀의 역할은 엄격했나 아니면 별 상관이 없었나? 당신은 어떤 경우에 "아! 내가 남자였더라면, 또는 여자였더라면 얼마나 좋을까!"하고 생각하는가?

부부가 남자와 여자의 역할을 이야기할 때 어떤 부분에서 안도감을 갖고, 어떤 부분에서 불안해 하는지 생각해보라. 치료자가 클라이언트나 가족을 대했을 때, 과연 내가 여성의 역할이나 위치 또 남성의 역할이나 남성의 위치를 의식적으로 생각하고 분석해서 진단하고 개입해 본 적이 있었는지 생각해 보았으면 한다.

이런 경우 인간의 존엄성에 대한 치료자의 믿음이 기본적으로 필요하며, 문제에 대한 동료간의 지도감독이 필요하게 된다. 동료들 사이에서 솔직한 대화의 시간을 갖고 자기의 의견을 나눔으로서 서로의 가치관을 교환하고 경험을 나누게 된다면 그것이 서로 변화할 수 있는 근본이라고 생각한다. 또 클라이언트가 치료자보다 사회적 계층과 교육수준이 낮더라도 그들에게서 배울 것이 참으로 많다. 클라이언트의 잘못된 행동을 통해서, 또 그들의 지혜로운 행동을 보면서 치료자가 생각지도 못했던 것들을 배울 수 있는 것이다. 그러므로 모든 사람들, 즉 한사람 한사람 모두의 의견이 중요하게 된다. 가족관계 안에서도 아이와의 대화를 통해서 어른들은 자기가 생각지도 않았던 것들을 배울 수 있는 것이다.

한국가족은 힘이나 권력의 분배가 불균등하다. 아버지가 아이들과 함께 보내는 시간이 적으며 보살피는 태도도 부족하다. 단지 가족내에서 지도자 노릇만 하는 경우가 많다. 또 한국가족에서 볼 수 있는 것은 갈등을 해결하는 능력의 부족으로, 치료를 받으러 오는 사람이나 치료를 하는 사람이나 다 문제이다. 갈등해결의 기술이 부족한 상태에서 복종이나 순종으로 가족관계가 상하관계로 이루어지다 보니 타협과 갈등조정의 기술이 너무나 미숙하다. 특히 부부사이에서는 더욱 그렇다. 서로 의견이 다를 수도 있고 있는 것이다. 항상 서로의 의견이 일치되거나 동의될 필요는 없는데, 한국 가족에서는 서로의 의견이 달라지면 반응이 굉장하다. 서로가 동의하지 않으면 자신의 적이 될 것 같은 공포가 있는 것 같다. 치료자가 자신의 역할을 잘 수행하려면 치료자 자신도 내면화된 한국문화의 전통, 가치, 태도, 생활 등에서 일단 해방이 되어야하며, 문제해결을 할 때 일차적 변화(first order change)를 하면서 복잡할 때는 이차적 변화(second order change)를 해야 하는 것이다. 이 개념은 매우 중요하다. 인간은 자신의 문화나 제도에 얽매여 있는데, 이차적 변화(second order change)의 개념은 인간이 관습이나 전통에 젖지 않고 일시적으로 비약할 수 있는 것을 의미한다. 어쩌면 예술가들이 대부분 비약적인 사람들일 것이다. 예를 들어 피카소는 우리가 보지 못한 형태를 보고 그렸다. 이렇게 하는 것이 이차적 변화(second order change)이다.

인간에게는 오감(五感)이 있다. 눈으로 보기도 하고, 듣기도 하고, 코로 냄새도 맡고, 맛도 보곤하지만 그 중에서 사회사업가의 배움에 활용되는 것은 듣는 것과 쓰는 것이다. 그런데 쓰는 것은 보는 것과 관련되기 때문에 우리의 오감 중 배움에 쓰는 것은 단지 두 개뿐이다. 이것은 세개는 쓰지 않는다는 것인데, 즉 우리가 치료시 경험을 소홀히 여기고 있다는 것이다. 치료과정에서는 귀로 듣고 눈으로 보고 머리로 생각하는 것만으로는 부족하다. 감정과 느낌이 필요하다. 감정과 느낌을 이용해서 가족치료를 하는 데 유용하게 활용해야 한다. 즉 보고 듣고 하는 것은 일부이며 이것만으로는 어떤 치료에서도 균형잡힌 치료를 할 수 없다.

그래서 가족치료자는 훈련을 하는 과정에서 경험과 느낌을 사용할 줄 알아야 하는데, 이것이 바로 내면세계의 접근이다. 현재 가져온 문제를 어떤 과정을 통해 어떻게 치료하느냐도 중요하지만, 치료자가 갖는 근본적인 느낌을 이해하는 것도 중요하다. 가족치료시 치료자와 클라이언트의 상호관계나 인간으로서의 접촉이 없이는 치유라는 것은 있을 수 없는 것이다.

제3절 가족치료의 가치와 문화 : 미국과 한국을 중심으로

미국 가족치료의 역사를 살펴보면, 1950년도의 가족치료의 시작은 전통 정신분석, 즉 개인중심의 치료의 효과에 대한 불만족에 반기를 든 정신과 의사에 의한 것이었다. 여기에서 기억해야 할 것은 미국에서 사회사업가는 항상 가족을 같이 보았다는 점이다. 사회사업가가 보는 것은 보통 가족을 중심으로 한 개인이다. 그러므로 사회사업가 입장에서 보면 가족과 개인은 밀접한 관계를 갖고 있어서 분류할 수 없다. 그러나 Child Guidance Clinic 같은 곳에서 정신과 의사가 아이들을 보고 사회사업가들은 가족을 봄으로, 개인을 보는게 마치 더 멋진 것 같아 개인치료(individual therapy)에 상당히 치중하게 되었다.

가족치료는 개인의 마음속에 있는 문제에서 부터 가족의 행동, 가족내의 상호작용에 치중하게 되면서 발전하게 되었다. 이후 가족의 상호작용, 업무처리, 과정에 치중하면서 개인에 대한 강조가 많이 잊혀졌다. 그것이 1950년대 부터 75년도까지로 이 기간은 각기 다른 분야들이 만나 이론, 기술, 아이디어를 서로 도입하고 함께 일하면서 발전한 시기였다.

그 이후 1970년대에서 80년대 까지는 각 학파가 자신들의 이론을 세우고 기법들을 발전시키는 시기로써, 자신들의 학교를 설립하고 이론과 개입기술의 발달을 통합하는 시기로 볼 수 있다. 예를 들면 Structure Family Therapy, Strategic Family Theory, Bowenian Theory 등 다양한 치료가 나타났다. 이 시기에는 가족치료자의 활동도 활발하고 소위 정식적인 가족치료 훈련을 하는 센터도 많이 생겼다. 그러나 재미있는 것은 한국과는 달리 미국은 가족치료 자격증 취득여부가 문제되지 않는다는 점이다. 왜냐하면 훈련받은 심리학자, 사회사업가, 카운셀러는 이미 자기 분야에서 신용이 있고 이미 그 분야의 자격증을 취득한 사람이기 때문이다. 또 클라이언트들이 가져오는 문제가 꼭 가족문제만은 아니므로 가족치료만의 자격증을 가져도 문제가 된다. 결국 치료자는 자신이 다룰 수 있는 영역의 폭이 넓어야만 하는 것이다.

1985년 부터는 소수집단, 특히 여성이 이제까지의 가족치료에 대해 도전을 하게 되었다. 전통적으로 여성과 남성의 동등하지 않은 위치를 무시하고 마치 똑같은 권리와 자원을 갖고 있는 것처럼 취급하고 개입하던 가족치료의 이론은 남성중심의 반쪽 이론이라는 것이다. 예를 들어 가족의 '밀착된 어머니', '정신분열증적 어머니'하는 것은 남성중심의 개념이다. 따라서 여성을 마치 문제 제공자로 보는 경우가 많았다. Freudian Theory, Child Development Theory에서 정상화의 기준은 남성이고 여성의 발육, 발전과정은 남성의 그것과는 다름에도 무시되어 왔기 때문에 가족치료를 정상적으로 하기 위해서는 가족내의 정치성을 생각해야 한다는, 즉 이제까지 존재했던 편견을 시정해야 한다는 운동이 시작되었다. 이것은 아직 많이 발전해야 하는 문제로 1993년에 미국에서 특히 Minority and Gender에 관한 주제로 많은 토론이 있었다.

미국 가족치료의 현실을 요약하면 가족치료가 정통 정신치료에 반기를 들고 나온 것을 첫번째 혁명으로, 여성이나 소수그룹들이 경제, 사회, 정치적인 억압 때문에 발전과정과 가족구조가 잘못되었다고 주장하는 것을 두번째 혁명으로 볼 수 있다. 이 두번째의 경우는 정상화의 기준에 따라 치료적 판단이 틀려진다고 본다. 즉 한국 가족에서 엄마가 아들과 밀착되었다고 할 때, 이 밀착이 내포하는 것은 엄마가 좌절했거나 의욕자체를 상실한 병적인 상태가 됨을 의미하는 동시에 여성의 위치가 권력이 없음을 의미하므로 어디에 초점을 두느냐에 따라 치료적 개입이 달라지게 되는 것이다.

가족치료는 초가치적일 수 없으며 어떤 치료도 정치적인 것이다. 따라서 가족치료자가 가족을 보았을 때 생각해야 할 것은 가족관계에서의 힘의 배분과 가족구조를 통해 누가 이익을 보고 누가 손해를 보는가를 판단하는 것이다.

미국의 가치관은 간단히 '개인주의','독립성'으로 표현된다. 한국에서는 개인주의를 나쁜 것으로 이야기하는 경향이 있으나 개인주의는 자신의 일에 대한 책임을 의미하는 것으로 이기주의와 구별되어야 한다. 또 미국인의 이성적인 것과 어린 아이를 존중하는 마음, 능동성이 한국 가족과 구별되는 특징이다.

따라서 미국 가족치료의 근본적인 목표는 어떻게 각 가족구성원의 개인적인 선택권을 확장시켜 주는가 하는 것이다. 가족치료는 경우에 따라 가족의 과정에서 파생되는 문제를 변화와 응집으로 고칠 수 있으나 어떤 형의 문제는 개인이 고질적으로 또는 독특하게 갖고 있는 것을 변화시켜야만 하기도 한다. 따라서 개인의 성격, 성품 등 개인의 문제는 아주 중요하다. 가족치료가 항상 필요한 것은 아니다. 어떤 경우는 가족치료가 필요해도 상대방이 원치 않으면 할 수가 없다.

한국의 가족문화와 가족치료와의 관계를 살펴보면, 한국사회는 정신없이 빨리 변화되어 가는 과정에 있고, 가족체계는 과도기적 상황으로서 실제 구조는 핵가족의 형태이지만 관계상으로는 대가족 구조로 보여진다. 한국가족의 근본을 보면 연령별, 성별로 상하관계가 뚜렷하다. 그렇다면 이러한 위계질서가 현재 핵가족에게 기능적인가를 검토해봐야 할 것이다. 또 부모님의 지도와 가치가 현 시대에 맞지 않을 경우 자식이 어떻게 대답하고 반응해야 하는가의 문제, 취업문제와 입학문제, 허세와 치열한 경쟁 등의 문제를 생각해 보아야 한다. 중요한 것은 이러한 문제들이 발생했을 때 과연 가정이 자신의 문제를 터놓고 이야기할 수 있는 안전한 장소로 기능하고 있는가 하는 것이다.

제4절 가족 조각기법

기능적인 가족을 조각해 보자. 할아버지, 할머니, 어머니, 아들(18), 딸(15)을 설정하고 15세의 딸의 입장에서 아주 기억나는 장면, 그녀가 15살 현재가 아니라 12살이었을 때 생각나는 가족의 장면과 가족구성원의 위치를 책정해준다.

아버지는 거실에서 신문을 보고 계시고, 어머니는 부엌에서 식사를 준비하시고, 할아버지와 할머니는 안방에, 오빠는 자기 방에 있다. 상황은 12살짜리 딸이 학교에서 선생님께 야단맞고 무슨 종잇장을 가져와서 어머니께 얘기한 후이다. 아버지는 이 사실을 아실 수도 있고 모르실 수도 있다.

이 상황과 자신의 감정을 조각해 보라. 그리고 나서 한 가족성원을 택해 그 성원의 감정을 느껴보라. 동결된(frozen) 순간에 가족이 나를 이해해주고 있다는 안정감을 느끼는가? 자신이 택한 성원과 감정이입을 해보라. 이 가족 내에서 누가 연관되고 누가 이탈되었는지를 생각하고 자신이 가족 내에서 이해받고 있는지를 느껴보라.

또 역기능적인 가족을 조각해 보자.

이 상황에서 당신에게 필요한 것을 가족으로 부터 받고 있는가? 또 당신의 가족사진, 과거 가족사에 이런 필름이 있었는지를 기억해 보라. 이 경우에 가족들이 어떤 모습을 하고 있는지, 가족원들마다 원망을 서로 가지고 있는지 생각해 보라. 그러면 당신은 가족 내에서 부드러움과 따뜻함, 도움의 분위기를 느낄 수 있는가? 또 당신은 과연 이 가족에서 기능을 잘 하고 있는가?

이러한 조각기법은 주로 훈련시에 사용한다. 훈련의 기능은 자기 가족의 가장 기억나는 장면을 통해 몇 살때 자기의 가족의 성향과 관계를 조각함으로써, 동료들에게 정서적 감정을 환기시키는 것과 훈련을 통한 환류를 받는 것이다. 필자는 주로 환기보다는 훈련에 이 조각기법을 사용한다.

가족치료에서 중요한 것은 자신을 아는 것이다. 내 가족의 위치가 어디에 있는가를 상기하는 것이 중요하다. 왜냐하면 가족치료시 가족이 나에게 가져온 문제를 다루는 데 있어 자신도 모르게 자신이 해결하지 못한 문제가 상기되기 때문이다. 이러한 의식, 무의식적 갈등이 치료에 영향을 미치므로 자신의 관계를 인식할 수 있는 간단한 연습을 해 보겠다.

조용히 숨을 쉬고, 내부로 눈을 옮기고 다시 한번 깊은 호흡을 하라.

당신이 자라난 집안을 생각해 보라. 당신이 자라났던 집, 당신 가족이 썼던 부엌, 거실 등 당신의 어머니와 아버지, 할머니와 할아버지, 당신의 오빠와 동생들, 가능하면 그들의 목소리를 들어보자. 그들한테서 받은 메시지가 무엇인가? 당신이 누구라는 것, 또 어떤 사람이 되라는 것, 장차 어떤 직업을 가지고 어떤 가정을 이끌어 나갈 것인지에 대해 이러한 메세지가 어느 정도나 영향을 미쳤는지 검토해 보자. 그런 메시지가 당신이 여자 혹은 남자라는 사실과 관련이 있었는가? 그것 때문에 어려웠던 적이 있었는가? 동성의 부모한테서 받았던 남자로서나 여자로서 마땅히 해야 한다는 나의 역할에 대한 메시지가 무엇이었는지 생각해 보자. 또 동성 부모한테서 남자이기 때문에, 또는 여자이기 때문에 받은 특권과 부담이 무엇이었는지 생각해 보자. "너는 나같이 되지 말아야지", 또는 "나같이 되도 좋지만 나보다 더 성공해야 한다"든지 아니면 "더 성공해서는 안된다.", "나는 여자였지만 너는 아들이니까 내가 못한 것을 좀 해라". 당신 부모님의 여러 목소리가 지금 당신이 사는데 과연 도움이 되는지 또는 그 목소리가 당신을 재촉하는지, 지금 부모이 당신에게 가진 의식과 기대를 당신이 과연 만족시켰는지, 또는 그들과 당신의 기대가 달랐을 때 당신이 원하는 것을 했는지 아니면 그 사이에 갈등이 있었는지, 있었다면 지금 당신이 그것을 어느 만큼 해결했는지를 생각해 보라.

이러한 통찰을 통해 자신이 여자라는 것, 남자라는 것 자체에 어떤 부담과 특권이 있는지를 검토해야 한다. 왜냐하면 한국처럼 남녀의 위치, 지위, 역할이 뚜렷하게 되어있는 사회에서는 자신도 모르게 갖고 있는 편견이 치료에 영향을 줄 수 있기 때문이다. 가족치료는 초가치적일 수 없으며 어떤 치료도 정치적인 것이다. 따라서 당신이 가족을 보았을 때 생각해야 할 것은 가족관계에서의 힘의 배분과 가족구조를 통해 누가 이익을 보고 누가 손해를 보는가를 판단하는 것이다.

제5절 가족생활주기(Family Life Cycle)를 활용한 가족치료

가족치료자는 개인의 아동기에서 부터 각 단계의 발전과정에 대한 확고한 지식이 있어야 한다. 개인의 발전과정에 대한 지식이 없이는 가족생활주기(family life cycle)라는 것을 생각할 수 없다. 즉 추상적인 것이 되어버리기 때문이다. 1960년대와 1994년의 가족생활주기는 달라지고 변화되었다. 우선 미국을 중심으로 이 변화를 살펴보자. 전통적으로 미국에서는 가족생활주기가 시작하는 때를 두 사람의 남녀가 결혼한 경우로 본다. 미국에서는 결혼하기 전에 집을 떠나 독립생활을 하는 기간을 중요한 때로 본다. 그 이유는 결혼하기 전에 두 사람이 자기 개인의 주체성(identity)을 확립하는 시간을 제공하기 때문이다. 예를 들면 직업이나 재정관리 등을 할 수 있는 기간을 가지는 Young adult life의 시기가 존재하는 것이다. 특히 옛날에는 남자들만이 주로 사회에 나가서 활동했지만, 이제는 여자도 대학교를 졸업하면 결혼의 여부와는 상관없이 사회에 나가 독립생활을 하면서 가족하고의 관계를 유지하는 것이다. 그러나 한국에서는 아직도 이러한 전환기(transition period)가 없이 원가족에서 곧바로 결혼을 통한 새로운 가족의 형성으로 들어가고 있다.

한국 가족체계의 또다른 독특성은 결혼이 한 개인 대 개인으로서의 결합을 의미한다기보다는 가족 전체로 연합하는 것으로써, 사돈관계, 인척관계 등에 대한 강조가 무척 중요하다. 그렇기 때문에 한국인의 가족생활주기는 미국인의 그것과는 많이 다를 수 있다. 특히 문제점은, 요즈음 한국 사회에 있어서 젊은 부부들이 따로 나가서 사는 경향이 있는데 그러한 부부체계를 성립할 수 있는 기간이 비교적 짧은 점이다. 부부체계를 성립하려면 적어도 한 2년은 필요한데, 나이에 따라 다르기는 하나 보통의 경우에 결혼 1년 후에 아이를 출산한다. 만약 당신이 28세에 결혼하면 금방 아이를 낳을 것이고, 그 자녀를 가족원으로 받아들이느라 무척 바쁠 것이다.

그 자녀들이 사춘기에 접어들면 사회적으로 많은 문제가 발생한다. 아이들은 자신들이 하려는 여러 역할이나 과업도 중요하지만 부모에게서 해방하려고 하는 과정, 즉 자신의 주체성을 확립하려는 과정에 따르는 그들의 투쟁이 부모 자신의 미해결된 과정을 자극시키기 때문에 부모가 더 통제하려고 하는 데서 문제가 많이 생긴다. 이 기회가 부모로 하여금 자기가 해결하지 못한 발달과제를 다시 한번 해결해 볼 수 있는 중요한 시기인데, 단지 부모에 대한 도전으로만 생각하고 자신하고는 아무런 관계가 없는 것으로 생각하는 것이 문제이다.

따라서 가족생활주기에서 재확인하여야 할 것은 '내가 과연 이 개인의 성장과정, 심리적, 정서적인 것에 대한 확고한 개념을 알고 있나'하는 것이다. 여러 학파의 가족생활주기 이론과 Family Stress Theory를 보면 그것을 어느정도 활용하느냐에 따라 차이가 있지만 대부분 동의하는 내용이 가족이란 홀로 존재하는 것이 아니라 사회와 문화에 포함되어 있다는 것이다. 가족의 문제는 대부분 부모로 말미암아 일어난다. 자녀들이 변하면 부모가 그들에 대한 태도, 책임 등 모든 것이 달라져야 하는데 그걸 받아들이지 못할 때 문제가 되는 것이다. 어떤 부모들은 아이들이 어릴 때에는 아이들을 무척 귀여워한다. 그러나 그 아이들이 말하기 시작하고 "싫어요"라고 말하기 시작하면 문제가 시작된다. 그런 부모들은 벌써 아이들이 "싫어요"라고 하기 시작하면 자기 자신이 거절당한 것 같은 느낌을 갖는 것이다.

사람마다 자기가 자라난 과거의 원가족을 다시 재현하는데, 문제가 되는 것은 부부의 양쪽 원가족에서 자기도 모르게 가져오는 하나의 기대, 습관들이 가족이 변화할 때 문제로 나타난다는 것이다. 예를 들면 자신의 아버지가 알코올 중독자였는데 아들이 사춘기에 호기심으로 술을 먹었을 경우, 알코올 집안에서 자라고 그것에 대한 반항감, 공포심을 갖고있는 아버지는 아들을 이해하지 못하고 호되게 대할 것이고 위기상황이 올 수 있게된다. 결국 자녀의 발달단계와 아버지가 원가족에서 가져온 해결되지 못한 부분이 서로 만나서 더 큰 문제를 일으키게 되는 것이다.

MRA에서 자주 쓰는 'Category is not a map'이란 이야기가 있다. 이론은 현실이 아니란 의미이다. 가족이란 것도 하나의 목적을 위해서 구조가 생긴 것이므로 꼭 고정된 형태는 아닐 수 있다. 상황이 달라지면 구조도 바뀌어져야 한다. 대가족 제도에서 이제는 소가족 형태로 되었다면, 예전에 써왔던 여러 가지 습관이나 규율들도 달라져야 할 것이다. 가족의 형태는 항상 변화한다.

당신이 노력해야 하는 것은 당신 자신에 대한 치료자의 인식과 자신의 마음(heart)과 아픔(pain)을 먼저 치유해야 한다. 자신에게 아픔과 고통이 있다는 사실조차 모르는 경우가 많은데, "Healer, heal by self"라는 말을 되새겨볼 필요가 있다. 가족생활주기(family life cycle)도 마찬가지로 하나의 지도(map)라고 생각하는 것이 좋을 것 같다.

제6절 가족치료를 위한 치료목표와 기법

치료자 자신의 편견 없이 가족을 대한다는 것은 불가능하기 때문에 치료자의 편견, 가치관, 학설을 알아야만 한다. 우리가 간단히 "안녕하세요"라고 말하는 것에도 우리의 가치가 포함되어 있기 때문에, 가치없이 객관적이고 중립적으로 무엇을 대한다는 것은 하나의 망상에 지나지 않는 것이다. 따라서 사회사업가는 자신의 가치가 무엇인지, 세계관이 무엇인지에 대한 확실한 파악을 해야만 하는 책임이 있다.

개입(intervention)에 대해서 살펴보자. 이것은 어떻게 하면 명령을 하지 않고 질문을 통해서 클라이언트의 세계를 넓히고 멋진 유우머를 가지고 치료를 하느냐하는 것에 관한 문제이다. 'Don't do it' 이라는 명령을 하지 않고 문화의 맥을 고려하여 금지하는 것 대신 "그것을 일주일 동안만 선반 위에 잠시 올려놓으라"고 말하는 것이 얼마나 비유적인 표현인가? 이 표현은 상호작용은 극적인 것이 아니라 미묘한 것을 통해서 작용한다는 것을 나타내 주는 사례인 것이다.

개입기술에 대해서 생각해보자.

첫째, 관찰한다는 것이다. 관찰의 힘은 매우 중요한데, 관찰은 과연 무엇을 통해서 하게 될까? 사람들이 보통 중립적으로 관찰을 한다고 하는 것은 하나의 신화에 지나지 않는다. 우리는 2가지의 여과를 통해서 관찰을 한다. 하나는 자신이 배운 이론을 통해서 보는 것으로 의식적인 것이며 삼각관계나 밀착관계를 말한다. 또 하나의 중요한 여과작용은 무의식에서 작용하는 자신의 가치관이다. 그 가치관이 우리가 객관적으로 관찰하는 것에 포함된다는 것을 알아야 한다. 누구나 이런 세계관은 자연스럽게 가지고 있어서 어떻게 돌아가고 있는지 검토해보지 않기 때문에 위험한 것이다. 가족을 잘 돕기 위해선 관찰의 힘이 필요하며, 그것은 먼저 치료자가 자신의 가족을 체계적, 경험적으로 관찰하기 시작하면서 훈련되어질 수 있다.

둘째, 치료자가 불안을 느끼지 않아야 한다. 왜 치료자가 불안을 갖게 될까? 그것은 '내가 과연 이 가족을 변화시킬 수 있을까?' 하는 실패에 대한 두려움과 치료자 자신의 미숙함에서 나온다. 실패의 전제는 '내가 마술적으로 멋진 개입을 하여 이들을 변화시켜야 한다'는 책임감에서 오는데, 그것 자체가 문제이다. 이런 생각이 있는 한 불안에서 벗어날 수 없다. 사회사업가가 가족을 변화시킬 수 있는 능력이 있다고 생각하는 자체가 이미 과대망상이다. 단지 치료자는 촉매자로서 그 가족이 생각해보지 않았던 관점과 시야를 넓혀주고 그로 말미암아 선택할 수 있도록 치료자 자신이 그들을 인정하고 그들의 인간성을 시인하여 그들이 그 신뢰의 분위기에서 자신감을 얻도록 해야하는 것이다. 문제는 가족이 사회사업가에게 마술적인 해결책을 요구한다는 것이며, 사회사업가는 그것에 유혹받기 쉽다. 사회사업가의 남을 돕겠다는 의도는 필요하나 방법론에서 자신이 무엇인가를 해서, 의식하건 안하건 충고와 역설적인 개입을 해서 가족을 변화시키겠다는 것은 사회사업가가 클라이언트의 위에 위치하여 클라이언트의 행동을 지배하겠다는 의미이므로 문제해결에 도움이 되지 않는다. 보통 사회사업가는 치료방법과 치료결과를 밀접하게 생각하기 때문에 치료의 결과에 두려움을 갖고 있다.

여기에서 해방되지 않으면 불안이 오게 된다. 이것은 의식하는 불안으로 볼 수 있다.

또 다른 불안의 원천은 가족이 가지고 오는 문제 내의 불안이 전염되는 경우이다. 클라이언트의 고통을 함께 느끼게되면 불안이 전염되지 않을 수 없다. 그러나 그들의 불안은 그들에게 속해있다. 그 상황에서 치료자가 불안을 느끼는 것은 그들의 입장이 되어보는 과정에서 필요한 것이다. 치료자는 그 문제를 갖고있지 않은 입장에서 문제속으로 들어가서 불안이 어떤 행동으로 나오나를 관찰하는 것이다. 여기에서 가장 어려운 것은 사회사업가 자신도 자신의 가정 내에서 해결이 안된 문제가 많기 때문에 불안을 느끼는 것이다. 이것은 당연한 것으로 굳이 부정할 필요는 없으며, 이 불안을 느낄 때마다 그것이 어디에서 오는 것인지 자신을 검토해보는 훈련을 하는 것이 중요하다. 자기 자신에 대해서도 너그러운 마음과 비방어적인 태도로 대하여야 한다.

Bowen은 자기분화에 대해서 이야기한다. 자기분화에는 두가지가 있다. 하나는 가족으로부터의 정서적인 분화이고, 다른 하나는 감정과 이성 사이의 분화이다. 이성과 감정사이는 분류되어 있는 것이 아니라 상호교류를 하는데, 어떤 감정을 느낄 때 이를 이성적으로 볼 수 있어야한다. 어떤 사람은 강한 감정을 처리하지 못해 모든 것을 이성화한다. 이것은 감정을 소화한 것이 아니라 하나의 방어이다. 이렇듯 이성화만 하는 사람이 있는가 하면 또 다른 사람은 정에만 치우치는 사람이 있다. 분화는 이성과 감정을 분별할 수 있는 성숙도를 보이는 것이다. 가족내에서의 분화가 가능한 가족은 분화가 쉽게 이루어지지만 이와 반대로 밀착된 가족에서는 분화가 어렵다. 극단적인 밀착은 정신분열을 유발시키기도 한다. 보통 분화를 바라볼 때는 어느 정도가 문제가 되는지 그 분화의 정도를 살펴보아야 한다.

Bowen의 삼각관계 개념은 2인 관계가 불안정하여 균형을 맞추기 위해서 제3자를 개입시킨다는 것이다. 가족치료를 하는 데 있어서 주요 2인 관계가 어디에 있는지를 살펴보는 것이 가족을 이해하는 데 중요하다. 예를 들면 경제적인 면에서 주요 2인 관계가 며느리와 시어머니, 남편과 시어머니일 수 있다. 주요 2인관계가 모든 면에서 중요한 것은 아니다.

문화적으로 볼 때 한국의 2인 관계는 가정마다 약간은 다르겠으나 주로 아버지와 아들이다. 주요 2인관계란 지배권을 가지고 있는 것을 말하는데 일본은 어머니와 아들이 지배권을 가질 때가 많다. 이는 아버지가 외부에 신경을 쓰기 때문에 어머니가 장남을 통해 의사결정의 권리를 갖는 것이다. 이런 문화마다, 가정마다 다른 습관은 겉으로 보는 것과 안에서 볼 때 다르고 또 고정화된 것도 아니다. 사회사업가가 가족을 이해하는 과정에서 이 가정의 주요 2인 관계가 어디에 있나를 파악해야 한다.

보통 삼각관계에 대해서는 많이 알고 있지만 2인관계에 대해서 잘 모르는 이유는 그 개념이 확실하게 정의되지 않았기 때문이다. 그런데 2인관계는 가족 내에만 있는 것은 아니다. 직장에서 여러분이 어떤 교수와 제3의 교수에 대해서 비판을 하기 시작하면 그 제3자는 곁에 없지만 그것은 2인관계가 이루어지는 것이다. 이것은 문화적으로는 삼각관계가 되는 것이다. 목적을 가지고 불평을 할 때 삼각관계가 이루어진다. 그 내용을 제3자에게 전달하지 않는 이유가 고의적일 때도 있고 어떤 때는 시각이 각각 다르기 때문일 수도 있다. 각자가 자기가 주고받은 메세지의 각도가 달라서 개인의 주관이 달라진다는 것을 실험을 통해서도 알 수 있다.

기계적인 접근방법을 할 때 살펴봐야 하는 면은 그 가정의 정서체계이다. 어떤 가정을 볼 때 가족이 말을 안해도 느껴지는 것이 있다. 그것이 결국 그 가정의 정서체계를 말하는 것이다.

인간의 감정이라는 것이 인간의 신체 내에 포함되어 있는 것으로 생각하나 그것이 아니라는 입증이 있다.

쥐를 실험했는데, 한 쥐에게는 전기충격을 주고 난 후 다른 쥐와 함께 두고 피를 뽑아 불안도를 측정했다. 또 전혀 이들과 관계가 없었던 쥐와, 이 쥐와 함께 둔 쥐의 피를 검사하였다. 전기충격을 받은 쥐와 이들과 함께 한 쥐가 불안도가 높고, 다른 쥐들은 불안도가 없었다고 한다. 즉 이심전심이라는 말이 의미하듯이, 가족의 분위기로 인해서 불안이 생길 수 있는 것이다. 어떤 가정은 마음이 편하고, 어떤 가정은 아무리 깨끗하여도 편안하지 않고 긴장이 아주 강하게 느껴질 때가 있다. 따라서 치료자는 진단시 가족의 정서체계도 고려해봐야 한다. 또한 치료자 자신도 불안을 감출 수는 없으므로 자신의 불안을 잘 다루어야 한다.

제 2 장

한국 가족문제와 가족치료

송 성 자*

1950년대 이후의 급격한 사회변화는 소가족화, 핵가족화, 가족기능의 약화와 사회제도로의 기능 이전, 가족관계의 평등성 추구, 여성의 사회활동 참여 증가와 같은 변화를 가져왔다. 즉, 사회경제적 여건의 변화에 적응하는 과정에서 한국의 가족들은 가족구조, 가족관계, 가족기능 및 가족생활주기, 가족의식 등의 측면에서 많은 변화를 경험하게 되었다. 따라서 현대사회에서의 가족문제가 다양하고 복잡해 짐으로써 가족문제의 유형과 속성이 변화하게 되었다.

한국의 경우 사회변화 과정을 거치면서 가족의 외적인 모습 즉 가족구조적 측면과 가족생활주기상에 있어서는 서구의 가족을 닮아가는 양상을 보이고 있지만, 가족 내적인 모습, 즉 가족의식, 가족관계 및 가족기능적인 측면에 있어서는 전통적인 모습을 상당히 많이 유지하고 있다. 따라서 여러 측면에서 서구 가족의 문제와 한국 가족의 문제는 그 유형과 속성에 있어서 많은 차이를 보일 수 있으므로 서구의 가족치료 이론을 원용하여 그대로 적용하고, 치료적 효과를 평가하기란 어려운 일이다.

한국에 가족치료가 소개되고 적용되어 온지 20여년이 되는 현재 우리의 과제는 사회문화적 배경과 가족문제의 속성이 충분히 반영된 한국적 가족치료 모형을 개발하여 실험연구할 시기라고 본다. 한국적 가족치료 모형을 개발하기 위하여는 이론중심의 연구는 물론 현대 한국가족의 특성과 가족문제의 속성에 대해 정확한 지식을 근거로 여러 측면에서 가족치료 접근법을 모색할 필요가 있다고 본다.

본 연구의 목적은 한국상황에 적합한 가족치료 모델 개발을 위한 기초연구로써 문제가족 상담의 주요내용인 이혼, 가족폭력, 가족관계상의 갈등과 관련된 자료를 분석함으로써 ① 한국 가족문제의 성향을 파악하고, ② 가족문제의 성향에 나타난 문화적 요인들을 파악하고, ③ 우리나라의 가족문제를 해결하는데 적절한 가족치료 이론과 기법에 대해 논의하고자 한다.

이러한 연구목적을 달성하기 위하여 본 연구에서는 1970년대 이후부터 실시한 가족상담과 관련된 통계자료, 연구결과, 조사보고 등의 기존 자료를 활용하고자 한다. 본 연구에 사용된 자료는 ① 가정법률상담소(1956-1985), 중앙가정상담소(1970-1990), 태화정신건강상담실(1983-1992), 한국성폭력상담소(1993), 사랑의 전화(1993), 청소년 대화의 광장(1992), 신나는 전화(1993), ② 여성개발원(1985, 1990, 1991), 여성백서(1991), 통계청(1991), 김정옥(1993), 한국아동학대예방협회(1989), 한국갤럽조사연구소(1983), 김양희(1993), 한국청소년개발원(1993),

* 경기대학교 사회복지학과 교수

한국형사정책연구원(1989, 1991)의 조사연구 및 통계자료들이다. 자료수집에 있어 기존 자료를 근거로 하기 때문에 지역의 제한, 내용 분류에 있어서 영역의 불일치성, 통계자료의 타당성 등이 한계점으로 지적될 수 있다. 그러나 본 연구에 활용된 기존의 상담 통계자료는 20여년 전부터 현재에 이르기까지의 상담자료를 분석하였거나, 상담을 필요로 하는 사람들이 내담 혹은 전화를 통하여 자신의 문제를 설명한 것을 근거로 하여 수집된 자료이므로 실제의 가족문제를 가장 잘 반영하고 있다고 할 수 있다. 그리고 아동학대, 가족갈등 등에 관한 조사연구 및 통계자료들은 지역적 제한성을 지니고 있지만 적정한 수준의 표본크기와 신뢰도를 갖추고 있으므로 한국가족의 문제성향을 파악하는데 별다른 문제가 없을 것으로 보인다.

제1절 한국 가족문제의 성향

가족문제를 보는 이론적 관점은 크게 두가지로 나눌 수 있는데, 하나는 가족체계와 가족성원과의 관계를 다루는 미시적 관점이고, 다른 하나는 사회구조와 가족과의 관계를 다루는 것으로 가족문제를 사회문제의 한 부분으로 보는 거시적 관점이다. 가족문제에 대한 미시적 관점은 가족구조, 가족관계, 가족기능, 가족생활주기 등과 관련된 가족문제를 다루는 접근방법이다. 이에 반하여 거시적 관점은 산업화와 현대화에 따른 정치, 경제, 사회구조와 같은 가족 외적 요인과 가족과의 관계를 근거로 하여 가족문제의 성격과 요인을 설명한다.

가족문제를 가족체계와 가족성원과의 관계에 초점을 두고 분석하는 미시적 관점을 갖고 있는 학자들은 가족문제를 발생시키는 가족 내적 요인에 관심을 두고 있다. 가족치료 접근법은 미시적 관점을 기초로 하고 있으며, 주로 가족구조, 가족기능, 가족관계 그리고 가족생활주기에 초점을 두고 가족문제를 진단하고 분석하고 있다. 그리고 주로 일반체계이론을 기초로 하며, 가족을 하나의 사회체계로써 부분들의 단순한 조합이 아니고 부분간의 상호작용을 통하여 이루어진 하나의 총체(entity)로 보고, 가족 내적 요인들은 상호간에 밀접한 관련성을 지니고 있다고 보고 있다. 따라서 가족문제를 일으키는 직접적인 원인이 있을 수는 있지만 그보다는 여러 가지 가족 내적 요인들이 상호작용하는 과정에서 역기능과 가족문제가 발생한다고 보고 있다.

가족문제는 가족구조, 가족관계, 가족기능, 가족생활주기라는 가족 내적 요인과 경제적 불평등, 고용기회의 제한, 보건의료기회의 제한 등의 사회환경적 요인들의 직·간접적 영향에 의하여 야기된다는 것을 알 수 있다. 다시 말해 가족이 폐쇄체계가 아니라 개방체계이기 때문에 가족 내적 요인 간의 상호작용, 가족 외적 요인 간의 상호작용, 그리고 이들 두 요인간의 상호작용에 의하여 가족문제가 발생하기도 하고 가족문제가 해결되기도 한다고 보는 것이 타당할 것이다. 따라서 가족문제를 좀더 전체적으로 이해하기 위하여는 가족 내적 요인과 가족 외적 요인을 동시에 고려하는 관점이 필요하다고 본다. 이와 아울러 가족문제를 이해하는데 있어서 또하나 고려해야 할 것은 가족문제에 관한 정상성의 개념이다. 가족문제는 정상성을 기준으로 한 개념이고, 정상성이란 가족의 목적을 성취하는데 있어서 구조적이거나 기능적인 유용성에 대한 판단기준과 관련되어 있다. 그러나 정상성은 목적과 상황에 따라 변화할 수 있으므로, 가족이 어떤 한 측면에서는 정상적일 수 있지만 다른 측면에서는 역기능적일 수 있다. 그리고 정상성의 개념과 기준은 시대적 상황과 사회문화적 변인에 따라 달라질 수 있다고 본다.

이상과 같은 가족문제에 대한 관점을 기초로 가족문제의 성향을 설명하려고 하며, 구체적인 가족문제의 성향을 파악하기 위하여 상담 통계자료를 근거로 전체적인 가족문제의 성향을 파악하고, 가장 관심의 대상이 되고 있는 가족문제, 즉 이혼, 가족폭력과 일탈행동, 가족관계 갈등에 관한 자료를 분석함으로써 한국가족의 문제성향을 설명하려고 한다. 이혼, 가족폭력과 일탈행동, 그리고 가족관계 갈등 등이 가족구조, 가족기능, 가족관계에서 나타나는 문제들을 가장 잘 나타내고 있다고 보기 때문이다.

1. 일반적 가족문제의 성향

가족에서 발생하는 가족문제의 전반적인 성향을 서울시 중앙가정상담소(1991)에서 20년간의 상담자료를 근거로 조사한 내용, 여성개발원(1991)에서 전국적으로 상담사업을 실시하고 있는 158개 기관을 대상으로 실시한 조사연구 결과, 태화정신건강상담실의 상담분석(1993), 그리고 사랑의 전화(1993)의 상담내용 자료를 근거로 고찰하려고 한다. 먼저 1970년부터 1990년까지 서울시 중앙가정상담소에서 실시한 상담내용분석, 1993년도 사랑의 전화에서 실시한 상담내용 분석, 그리고 여성개발원에서 상담사업을 실시하고 있는 전국의 기관을 대상으로 조사한 상담내용의 분석결과를 보면 다음의 (표1)과 같다.

(표1) 가족문제의 전반적 성향분석 (단위 : %)

가족문제	중 앙 가 정 상 담 소				사랑의 전화	여성개발원
	1970-75	1975-80	1981-85	1986-90	1993	1991
부부문제	82.5	69.7	60.7	60.9	50.7	32.2
자녀문제	-	-	15.7	13.2	24.4	32.1
고부갈등	8.9	11.3	10.7	13.9	8.6	17.1
부모갈등	-	-	-	-	7.5	-
형제갈등	-	-	-	-	5.9	8.6
경제문제	-	-	-	-	1.5	-
친척갈등	-	-	-	-	1.4	-
기타	8.6	19.0	12.9	12.0	-	10.0
계	100.0	100.0	100.0	100.0	100.0	100.0

* 자료 : 서울시 중앙가정상담소 상담분석(1991)
사랑의전화 상담분석(1993)
한국여성개발원(1991)

(표1)에 의하면 한국 가족의 가장 중심적인 문제는 부부문제인 것으로 나타났으며, 그 다음이 자녀문제, 고부갈등의 순이었다. 부부문제를 세분화해 보면 상담기관에 관계없이 배우자 부정문제가 가장 중심적인 부부문제로 지적되고 있다. 다음으로 중앙가정상담소의 상담통계 분석에서는 배우자간의 성격차이와 가치관의 차이, 남편의 주벽·학대·폭행의 문제가 주요 부부문제인 것으로 나타났으며, 사랑의 전화 상담 통계자료에는 가치관의 차이, 성적 불만, 이혼문제, 주벽·학대·폭행 등이 주요 부부문제로 나타나고 있다.

두가지 상담 통계자료에서 성격차이와 가치관 차이로써 표현하고 있는 것이 구체적으로 어떤 행동인지는 알 수 없으나 상호간에 차이점을 조절하거나 적응상에 문제가 있음을 알 수 있다. 가족문제로 분류한 것 가운데 자녀문제로 상담을 요청하는 경우는 연대별로 순위에 큰 변화없이 상대적으로 많은 것을 볼 수 있다. 그리고 고부갈등의 문제는 핵가족화, 다세대 가족의 축소와는 대조적으로 오히려 중요한 문제로 대두되고 있는 것을 볼 수 있다. 즉 1990년도의 통계청(1992) 자료에 의하면 3세대 가족이 전국적으로 12.2%인 것에 비해, 여성개발원의 조사자료에 의하면 고부관계 문제로 상담을 요청한 경우가 17% 이상을 차지하고 있는 것을 볼 수 있다. 이것은 부모와 자녀 부부가 동거할 때 뿐만 아니라 따로 사는 경우에도 고부관계상의 문제가 발생되고 있음을 보여주고 있으며, 주거의 형태보다 성인 자녀와의 정서적 미분리가 더욱 문제가 되고 있다는 것을 의미한다고 볼 수 있다.

여성개발원의 상담 통계자료 (표2)에 의하면, 가족성원이 보이는 주된 문제는 경제적 무능력, 자녀의 비행문제, 남편의 폭행·학대·주벽, 정신건강이 주요 문제인 것으로 나타났다. 이를 가족성원별로 분류하여 보면, 부부와 관련된 문제는 경제적 무능력, 폭행·학대·주벽, 부정으로 가족성원이 나타내는 문제의 51.4%를 차지하고 있으며, 자녀문제는 비행, 자녀교육 및 이성관계로 24.3%, 그리고 불특정한 가족성원과 관련된 문제로는 정신건강, 가출로써 19.3%를 차지하고 있다. 이러한 통계자료는 앞서의 전체 가족문제와 유사한 결과를 보여주고 있다.

(표2) 가족성원의 문제성향 (단위 : %)

가 족 성 원 의 문 제	백 분 율
경제적 무능력	30.6
자녀의 비행문제	18.4
폭행, 학대, 주벽	14.0
가출	6.5
배우자의 부정	7.8
정신건강	12.8
자녀교육, 이성관계	9.9
계	100.0

* 자료 : 한국 여성개발원(1991)

이상의 전체 가족문제와 가족성원의 문제에 대한 상담 통계자료를 근거로 할 때, 우리나라 가족문제의 전반적 성향은 다음과 같다고 할 수 있다.

① 가족문제의 가장 중심적인 문제는 부부문제와 관련된 것이다.
② 자녀문제에 관한 상담 욕구가 매우 높다.
③ 고부갈등에 관한 상담 욕구는 오히려 증가하고 있다.
④ 형제관계의 갈등이 가족문제로 제기되고 있다.
⑤ 친척관계, 조부모-손자녀 관계 등은 주요 가족문제로 제기되지 않고 있다.
⑥ 배우자 부정문제는 지속적으로 제기되는 중요한 문제이다.
⑦ 남편의 폭행·학대·주벽 등의 역기능적 행동문제가 주요 문제로 계속적으로 제기되고 있다.

이러한 한국가족의 전반적인 문제성향을 종합하여 보면, 부자관계가 가족관계의 중심축이던 전통적 확대가족에서 부부관계가 핵심적 관계축이 되는 핵가족으로 변화하면서 부부문제는 전체 가족문제의 가장 핵심적 문제로 제기되고 있다. 부부문제 중에서도 배우자의 부정은 여전히 가장 중요한 문제로 지적되고 있는데, 이는 남성중심적인 가부장제도와 가장에게 모든 권한을 부여하는 부권사회, 남존여비사상, 남자들의 부정관계가 용인되는 윤리관, 여자에게 불리한 이혼조건, 여성의 사회적 지위 등의 많은 요인들이 유지되고 있기 때문이라고 할 수 있다. 그리고 남편의 주벽·학대·폭행 등의 비사회적인 행동 역시 부부관계에서 지속적으로 나타나는 문제가 되고 있는데 이 역시 아직도 가부장적 가족 위계구조가 상당한 수준에서 유지되고 있음을 보여주는 것이다.

자녀문제 특히 자녀의 비행이나 교육문제가 주요 가족문제인 것으로 나타났다. 이것은 부모들이 자녀에 대한 기대가 크며 자녀의 학교생활 및 진학과 관련된 문제에 특별히 많은 관심을 가지고 있다는 점을 나타내고 있다고 볼 수 있다.

전통적 가족에서는 며느리가 시부모에게 절대 복종하는 것이 가족윤리였지만 현대화 과정에서 유입된 평등사상의 영향으로 고부갈등이 가족 밖으로 표출되기 시작한 결과, 1970년대 이후부터 고부갈등의 문제가 지속적으로 제기되고 있다. 이는 우리나라에서 원가족 특히 시어머니의 자녀 가족에 대한 영향력이 상당히 많기 때문이며, 아들에게 모든 것을 기대하는 어머니의 정서적 미분화 현상, 고부관계에서 종속적 지위를 벗어나 독립된 인격체로써 인정받기를 원하는 며느리의 욕구가 충돌하면서 야기되는 문제라고도 볼 수 있다.

2. 이혼문제 분석을 근거로 한 가족문제 성향

이혼율이 점차적으로 높아짐에 따라 이혼문제가 사회적 관심사가 되고 있다. 이혼의 일반적인 원인과 남편과 부인이 주장하는 이혼원인 분석을 근거로 가족문제 성향을 설명하려고 한다. 가정법률상담소에서 1977년부터 1986년까지 실시한 상담 통계자료에 나타난 이혼사유는 (표3)에서 보는 바와 같다.

(표3) 이혼원인 분석 (단위 : %)

이 혼 원 인	1978	1982	1986
부정행위	49.4	47.3	47.3
악의의 유기	18.4	19.4	21.4
본인이 학대받음	7.6	7.9	4.6
존속이 학대받음	7.4	11.1	13.5
3년 이상 생사불명	7.9	8.6	5.6
기타	9.3	5.7	7.6
계	100.0	100.0	100.0

* 자료 : 이태영(1987)

가장 심각한 부부문제인 이혼의 원인은 배우자의 부정행위임이 두드러지게 나타났고, 악의의 유기 또한 중요한 원인이 되고 있는 것으로 나타났다. 그리고 한국의 가족문화를 반영하고 있다고도 볼 수 있는 존속 즉 자신의 부모가 배우자로부터 학대받은 것을 근거로 이혼을 제기한 경우도 상당수에 이르고 있다. 이것은 결혼 이후의 생활에서 부모와의 관계가 긴밀하게 이루어지고 있는 것을 전제로 하고, 특히 남편들은 배우자가 자신의 부모에게 잘해줄 것을 기대하며 매우 중요시하고 있다는 것을 의미한다고 볼 수 있다. 또한 여자의 입장에서 본인의 희생을 감수하지만 친정부모가 학대받는 것은 더욱 참기 힘든 문제가 되고 있다.

통계청(1992)의 자료를 보면 이혼의 사유는 부부불화, 가족간 불화, 건강문제, 경제문제로 대별된다. 부부불화는 1975년에 64.2% 정도였던 것이 1990년에는 82.1%로 증가한 반면에 가족간 불화는 8.5%였던 것이 3.9%로, 건강상 이유는 5.2%에서 1.7%로, 경제문제는 5.2%에서 3.0%로 감소하고 있는 것을 볼 수 있다. 이것은 고부갈등, 친척간의 문제, 경제적 빈곤 등 때문에 부부관계가 해체되는 경우는 감소하는 반면에 부부 당사자들의 대인관계와 정서적 문제에 의해 이혼하는 비율이 높아진다고 해석할 수 있다. 그리고 (표1)과 관련해 볼 때, 고부갈등의 문제로 상담을 요청하는 사례는 증가하고 있으나, 고부갈등이 이혼사유가 되는 비율은 상대적으로 감소하고 있는 것을 볼 수 있다. 이러한 현상은 여러 차원에서 해석할 수 있으며 의미있는 것이라고 생각한다. 즉 핵가족 속에서 개인중심적인 생활을 하고 있으면서도 시집식구들 특히 시어머니와의 관계에서 발생하는 문제들이 계속 가족문제의 주요한 요인으로 작용하고 있다는 것이다. 그리고 주거형태의 동거가 고부갈등의 직접적인 요인이 될 수 있으나 별거시에도 시어머니의 자녀 가족에 대한 간섭과 관여는 지속될 수 있으며, 이것이 갈등의 한 요인이 된다는 것을 나타내고 있다.

실제 이혼한 여성 129명과 남성 30명을 대상으로 조사한 김정옥(1993, 43~55)의 연구자료에 의하면 (표4)와 같은 이혼 원인들을 볼 수 있다.

(표4) 이혼의 원인 (단위 : %)

원 인		여 자	남 자
이성관계		11.0	8.8
	배우자의 외도	11.0	6.3
	본인의 외도	-	2.5
성격관계		48.7	31.4
	성격차이	12.6	12.5
	음주	5.9	5.0
	불신	-	2.5
	신체적 폭력	6.9	-
	의처증	4.9	-
	도박	1.8	3.8
	정신적 학대	5.6	1.3
	도벽	0.8	-
	불성실	0.8	-
	거짓말	4.3	1.3
	생활구속	5.1	5.0
경제관계		9.9	15.1
	경제파탄	7.4	3.8
	맞벌이 강요	0.2	-
	낭비	2.1	10.0
	아내가 남편 몰래 빚짐	-	1.3
자녀관계		5.6	5.1
	무자녀	3.1	1.3
	자녀양육 및 교육불일치	1.5	3.8
	남아선호사상	1.0	-
불일치		5.7	17.6
	사상불일치, 종교문제	3.3	3.8
	아내역할 불충실	-	13.8
	결혼에 대한 회의	0.8	-
	서로를 잘 알지 못하고 결혼	0.8	-
	성장과정 차이	0.8	-
시가-친가문제		7.9	3.8
	혼수문제	1.0	-
	시부모와 시가족의 간섭 및 학대	6.2	-
	시부모를 잘 모시지 않음	-	2.5
	장모의 심한 학대	-	1.3
	친정부모 학대	0.5	-
	시부모와 한방 사용	0.2	-

원 인		여 자	남 자
신체관계		0.5	2.5
	신체결함	0.5	-
	질병	-	2.5
애정관계		8.9	7.6
	애정없음	8.2	5.0
	남편무시	-	1.3
	아내무시	0.5	-
	가정에 무관심	0.5	1.3
성관계		1.3	1.3
	성적불만	1.3	1.3
유 기		0.2	7.6
	배우자 가출	0.2	6.3
	별거 장기화	-	1.3
계		100.0	100.0

* 자료 : 김정옥(1993)

위의 표에 의하면 이혼의 원인으로 여성의 경우, 성격차이와 배우자의 외도가 두드러지게 많고, 애정없음, 신체적 폭력, 시부모와 시가족의 간섭 및 학대, 배우자의 음주, 정신적 학대, 생활구속 등이 중요한 요인으로 나타났다. 그리고 남편의 경우 아내역할에 불충실한 것과 성격차이, 아내의 낭비가 두드러진 이혼의 원인으로 나타났고, 배우자의 외도, 배우자의 가출, 배우자의 음주, 생활구속, 애정없음 등이 중요한 이혼의 원인으로 나타났다.

부인의 입장에서 이혼의 원인으로 지적한 것과 남편의 입장에서 이혼의 원인으로 지적한 것에는 공통점과 차이점이 있다. 공통점으로는 성격차이, 배우자의 외도, 생활구속, 애정없음, 음주 등이 있다. 그리고 여자의 입장에서만 주요한 요인이 되는 것은 신체적 폭력, 정신적 학대, 경제파탄, 시부모와 시집 가족의 간섭 및 학대 등인 것을 볼 수 있고, 남편의 입장에서만 주요한 요인인 것은 아내의 낭비, 아내역할 불충실, 아내 가출 등을 볼 수 있다.

이혼의 원인적인 요인들을 근거로 하여 가족문제의 성향을 설명하면 다음과 같다.

① 아내의 입장에서는 배우자의 외도, 성격차이, 음주, 신체적 폭력, 의처증, 생활구속, 경제파탄, 시부모와 시집의 간섭 등이 문제요인이 되고 있다.
② 남편의 입장에서는 배우자의 부정, 성격차이, 음주, 생활구속, 낭비, 아내역할 불충실 등이 중요한 문제요인임을 볼 수 있다.
③ 이혼의 중요한 원인은 주로 부부 상호간의 관계에서 발생되고 있다.
④ 부부관계에서 시집과의 관계가 부부갈등의 주 요인이 되고 있고 비율은 적지만 이혼의 원인이 되고 있다.

⑤ 자녀문제는 부모가 많은 관심을 갖는 가족문제이지만 이혼의 주요한 원인이 되지는 않는다. 그리고 한국 갤럽조사연구소(1983, 121)의 가정생활에 관한 연구에 의하면 부모는 자녀때문에 이혼을 결심하지 못하는 경우가 89.4%로 나타나 자녀가 이혼을 억제하는 요인으로 작용하고 있었다.

3. 가족 폭력과 일탈행동 분석을 근거로 한 가족문제 성향

최근들어 아내와 자녀에 대한 구타, 청소년의 일탈행동이 주요 사회문제로 제기되고 있다. 다음에서는 이 3가지 가족문제에 대한 통계자료와 상담자료를 근거로 하여 가족문제의 성향을 분석하려고 한다.

1) 아내 구타행동

1980년대 후반부터 한국에서는 구타당하는 아내, 성적 학대를 받는 여성들이 자기보호를 호소하거나, 구타자에 대한 보복행위를 함으로써 사회문제로 제기되기 시작하였다고 본다. 이러한 문제는 사회문제보다는 사적인 가정문제, 부부문제로 치부되어 왔고, 전통적인 여자 천대의 의식구조 때문에 실질적으로 피해자가 법과 사회, 병원, 상담자 등에 호소해도 심각성을 인정받지 못하고, 보호·치료받기보다는 오히려 피해자가 사회적 비난을 당하는 경우가 대부분이었다. 구타의 원인과 구타당하는 여성들에 대한 가족과 사회의 태도는 그 사회의 가족문화를 반영하고 가족문제의 성향을 나타내고 있다고 본다. 한국에서 결혼 이후 아내들의 구타경험과 구타의 원인에 관한 조사 결과를 보면 다음과 같다.

(표5) 여성의 구타당한 경험 (단위 : %)

조사주체	년도	지역	구타당한 비율
여성의 전화	1984	서울	42.2
한국갤럽조사연구소	1983	전국	61.0
한국여성개발원	1990	도시	28.2

* 자료 : 여성백서(1991)
사랑의전화(1994)

조사 주체에 따라 차이는 있지만 상당히 많은 아내들이 구타당한 경험을 갖고 있는 것으로 나타났으며, (표2)에 의하면 내담자의 14% 정도가 남편의 학대로 도움을 요청한 것으로 나타났으며, (표4)에 의하면 이혼여성의 6.9%가 신체적 학대로 인하여 이혼한 것으로 나타났다.

남편과 부인의 입장에서 보는 구타의 원인과 특징을 제시하면 다음의 (표6)과 (표7)에서 보는 바와 같다. (표6)을 볼 때, 남편이 아내를 구타하는 이유가 남자 중심적이고, 자신이 부정한 행위를 하더라도 부인이 이해하고 비난하지 않기를 기대하고 강요하며, 협박하는 과정에서 구타를 하고 있음을 알 수 있다. 더우기 (표7)에서는 아내의 인격과 욕구 또는 어머니로서의 권위 등을 존중하지 않을 뿐만 아니라 완전히 종속관계에서 아내를 대우하는 것이 나타나고 있다.

(표6) 남편이 말하는 아내구타 이유 (단위 : %)

이 유	수	비율
부인이 품행 의심	25	36
부인이 피해를 준다고 생각	1	2
남편의 외도를 이해 못함	22	31
사사건건 시비	56	80

* 주 : 중복응답 비율임
자료 : 김광일(1988)

(표7) 아내를 구타하는 남편의 행동특징 (단위 : %)

행 동	지적빈도	비 율
음주 후	31	44
구타 후 강제 성교	38	54
자녀 앞에서 아내 구타	55	81
구타와 친절의 반복	56	80
아동구타	45	70
지독한 폭언	65	93
문란한 성생활	38	59
폭주	34	49
아내의 재정 박탈	66	94

* 주 : 중복응답 비율임
자료 : 김광일(1988)

차준구(1988,179)는 아내구타의 원인으로서 가부장적 가족제도, 남성위주의 경제제도, 여성을 차별하는 법제도 등을 지적하고, 한국 부부의 주종관계, 매맞는 아내가 사회에 호소해도 개입을 꺼리는 사회문화 등을 설명하였다.

아내구타와 관련하여 부부문제의 성향을 다음과 같이 설명할 수 있다.

① 아내를 구타하는 가족문제에는 남편들이 가지고 있는 남성지배적, 여성복종적, 고정적인 성역할, 여자 천대, 남존여비적인 의식구조가 반영되고 있다고 볼 수 있다.
② 부부갈등의 가장 주요한 문제가 남편의 부정행위이며, 남편의 외도를 이해 못하는 것이 구타이유가 되는 것은 남성에게는 성적 자유가 있고, 여성에게는 순결을 요구하는 한국사회의 이중적 성윤리를 표현하고 있다.
③ 남편이 아내를 구타할 때 아내의 재정박탈, 지독한 폭언, 자녀 구타, 자녀 앞에서의 구타, 문란한 성생활, 구타 후 강제성교 등의 행위는 부인의 인격과 자존심을 최대로 무시하는 행위로써 부부관계가 평등하게 인격을 존중하는 관계가 아니고, 강자가 약자를 자기중심적으로 대우하고, 지배와 순종을 강요하는 주종관계임을 나타내고 있다고 본다.

2) 아동 구타행동

우리나라에서는 자녀양육은 가족내부의 문제로 규정되는 성향이 강하며, 체벌을 통한 자녀양육에 상당히 관대한 입장을 취해왔으며, 연구도 거의 이루어지지 않고 있다. 하지만 국민학교 3, 4학년을 대상으로 한 김광일과 고복자(1989)의 조사연구에 의하면, 발로 차고 물어뜯고 주먹으로 치거나, 물건으로 때리거나 위협하며, 마구 두들겨 패거나, 무기로 위협하거나, 무기를 사용하여 폭력을 가하는 등의 심한 구타를 당한 아동이 8.2%, 물건을 던지거나 떠밀고 움켜잡거나 뺨을 때리는 등의 경한 구타를 당한 아동이 58.0%로 전체 아동의 66.2%가 부모나 가족으로부터 지난 1년동안 구타를 당한 것으로 나타났다. 이들의 연구에서 나타난 구타자와 구타행동의 특성은 다음의 (표8)에서 보는 바와 같다.

(표8)에 의하면 아동을 구타하는 사람은 주로 어머니, 아버지, 형제의 순이었다. 어머니로부터 구타당한 비율이 높은 것은 자녀양육과 교육의 책임이 주로 어머니에게 주어지며 자녀와 함께 보내는 시간이 많기 때문이라고 할 수 있다. 그러나 자녀를 심하게 구타하는 경우가 아버지의 경우 61.77%, 어머니의 경우가 72.3%로써 매우 높게 나타났다. 그리고 형제에게 구타를 당한 비율이 심한 구타를 당한 아동 집단에서는 33.1%, 경한 구타를 당한 집단에서는 64.9%에 이르고 있는데, 구타하는 형제의 대부분이 부모에게 구타를 당하고 있는 것으로 나타난 점을 볼 때, 부모의 구타행동이 학습되어 연쇄적인 가족내 폭력을 야기시키는 요인이 되고 있음을 알 수 있다.

구타를 하는 가족성원의 수를 보면, 심한 구타를 당한 아동들은 2명 이상의 가족성원으로부터 구타를 당하는 비율이 80% 정도에 이르고 있는 반면 경한 구타를 당한 아동집단에서는 56%정도인 것으로 나타나 차이를 보이고 있다. 그리고 부모 이외의 가족성원들로부터 구타당하는 경우가 61%정도이며, 구타자가 아동을 구타할 때 다른 가족성원들을 동시에 구타하는 경우가 경한 경우 56.7%이며, 심하게 구타를 당하는 경우는 78.7%인 것으로 나타나 구타의 정도가 심할수록 가족내에서 집단 구타양상이 야기되는 것을 알 수 있다. 그리고 구타 당한 아동이 다른 가족성원이나 친구에게 폭력을 행사하는 비율이 상대적으로 높은 것으로 나타났다.

(표8) 아동구타에 나타난 가족문제의 성향 (단위 : %)

구 분	전 체	심한 구타	경한 구타
구타자			
부	54.1	61.7	52.9
모	76.9	72.3	77.5
형제	37.0	33.1	64.9
조부모	9.8	22.3	8.0
친척/기타	14.0	36.1	10.9
피구타자 수			
1명	37.3	20.2	39.7
2명	34.9	30.9	35.5
3명	17.1	28.7	15.4
4명 이상	7.4	19.1	5.8
구타행동			
발로 참	3.0	10.6	2.0
주먹으로 때림	3.0	12.8	1.7
물건으로 위협	2.4	5.3	2.0
물건으로 때림	4.0	18.1	2.0
마구 때려 눕힘	9.0	47.9	3.5
무기로 위협함	0.7	3.2	0.3
무기로 구타함	0.3	2.1	-

* 주 : 중복응답 비율임
자료 : 김광일·고복자(1989)

아동구타와 관련하여 나타나는 가족문제의 성향은 다음과 같이 설명할 수 있다.

① 아동인 자녀에 대한 구타는 자녀를 분리된 독립적 인격체로써 대우하기 보다는 '내 자식은 내 마음대로 할 수 있다'라는 식의 잘못된 자녀소유 의식의 표현이라고도 볼 수 있다.
② 다른 가족성원에 대한 구타가 이루어지는 가족내에서 자녀구타가 일어나는 비율이 높다.

③ 부모가 자녀를 심하게 구타하는 경향이 있는데 이것은 자기자신의 분노감정을 표현하는 방법이며, 자녀는 희생양의 역할을 하고 있다고도 볼 수 있다.

3) 청소년 문제행동

청소년 비행문제는 물론 가족내에 국한된 것은 아니며 다른 사회문화적 요인에 의하여 발생하기도 한다. 기존의 연구에 의하면 편부모가족, 이혼가족과 같은 구조적 결손가족에서 성장한 청소년들이 문제행동이나 범죄행동을 저지르는 비율이 높은 것으로 나타났지만, 그보다는 아동기의 가족의 사회화 교육기능과 더욱 밀접한 관련성을 지니고 있다. 즉 자녀의 대인관계나 사회적 행동의 바람직한 모델이 되어주어야 하는 부모들간의 갈등이나 양육태도가 비행을 일으키는 주요 요인이 된다고 할 수 있다.

(표9)에서 보는 바와 같이 부모와 청소년 모두가 청소년의 문제행동을 일으키는 주된 가정적 상황으로 '부부싸움이 잦고 가족간에 화목하지 못함'이라고 지적하고 있으며, 그 다음으로 부모나 형제에게서 인정을 받지 못하고 소외되거나, 부모와의 접촉기회가 없는 경우 등을 들고 있다. 이러한 결과를 근거로 하여 볼 때, 부모, 즉 가족관계의 중심축을 이루는 부부의 관계가 원만하지 못한 것이 자녀의 문제행동을 촉발하는 주된 요인이 되고 있음을 알 수 있다.

(표9) 청소년의 문제행동을 유발하는 가정적 상황 (단위 : %)

청소년의 문제행동을 유발하는 가정적 상황	청소년
부모가 바빠서 혼자 외롭게 지내는 시간이 많음	14.9
부부싸움이 잦고 가족간에 화목하지 못함	47.0
부모, 형제에게 인정받지 못하고 소외당함	29.9
부모의 과잉보호로 자녀의 문제 해결능력이 부족	6.2
기타	2.0
계	100.0

* 자료: 한국청소년개발원(1993)

한국형사정책연구원(1991, 38~39)에서 일반 청소년과 범죄 청소년의 아동기 부모 양육태도를 비교 연구한 결과에 의하면, 범죄 청소년들은 아버지로 부터 적대적 양육을 받은 반면 합리적 지도를 받지 못하였으며, 어머니로 부터는 적대적 태도로 양육되었고, 통제와 간섭을 많이 받고, 일관성없는 규제를 받았으며, 성취를 격려하거나 관심과 배려를 받지 못한 것으로 나타났다.

한국청소년개발원(1985, 59~70)에서 비행소년, 학생, 근로청소년들의 가족관계를 조사한 결과에 의하면, 비행청소년 가족의 경우 수용, 관심, 결속, 의사소통 등의 긍정적 가족관계를 경험하는 비율이 낮았다. 그리고 부모의 훈육방법에 있어서도 심한 말로 꾸짖거나, 체벌을 가하는 비율이 학생이나 근로청소년 가족에 비하여 많았으며, 이러한 부모의 훈육방식이 부당하거나 지나치다고 느끼는 비율이 높았다.

이상과 같은 비행청소년 가족의 가족관계, 훈육방식 등에 대한 통계자료를 근거로 하여 볼 때, 청소년 비행을 통해 나타난 가족문제의 성향은 다음과 같이 요약할 수 있다.

① 부부관계 및 가족관계의 갈등은 청소년 비행의 주요 원인이 되고 있다.
② 비행청소년의 부모들은 대체로 자녀들에게 비인격적 대우를 하며, 부모 중심적 사고를 근거로 자녀양육과 교육을 하고, 정서적 유대관계가 형성되지 못하고 있는 경향이 있다.
③ 일반적으로 비행청소년 부모들은 자녀가 바람직한 행동을 하지 못할 경우 적절하게 대처, 훈계와 교육, 행동통제 등의 부모역할 수행능력이 부족한 경향이 있다.

4. 가족관계 갈등 분석을 근거로 한 가족문제 성향

부부갈등, 부모-자녀 관계갈등, 고부갈등 등과 관련된 구체적인 상담내용의 통계 자료상에 나타나는 문제들은 표면상에 나타나는 증상의 형태라고 볼 수 있다. 그러나 우리나라의 부부관계에서는 남성이 여성을 주도하는 가부장적 관계요소가 상당히 남아있기 때문에, 부부간의 권력, 역할, 자원배분의 불평등성과 관련된 부부갈등은 겉으로 표출되지 않는 경우가 더 많다. 그 이유는 우리나라의 속담에도 있듯이 우리나라 사람들은 '부부싸움은 칼로 물베기'라고 인식하여 부부갈등을 가족내에서 해결하려 하며 가족 외부로 알려지는 것을 꺼리기 때문이며, 여성들이 복종, 회피와 같이 역기능적으로 갈등을 처리하는 경향이 있기 때문이다. 그리고 부모-자녀 관계와 고부갈등 역시 표현하지 못하는 것들이 많다고 본다. 여기에서는 가족관계 문제 가운데 부부갈등, 부모-자녀관계문제, 고부갈등의 원인과 해결방안에 대해 고찰함으로써 가족관계의 문제성향을 분석하고자 한다.

1) 부부관계 갈등

한국여성개발원(1990)에서 도시지역의 주부를 대상으로 한 조사결과에 의하면, 남편의 지나친 음주, 늦은 귀가·외박, 낭비벽, 외도 등의 좋지 않은 버릇으로 인하여 부부싸움이 시작되는 경우가 가장 많은 것으로 나타났으며, 그 다음으로 개인적인 성격차이, 남편과 아내의 잔소리·신경질, 성문제 등의 성격차이, 경제문제의 순이었으며, 자녀문제가 17% 정도인 것으로 나타났다.

이에 비하여 김양희(1993)의 연구에서는 자녀문제가 부부갈등의 주된 원인이 되는 것으로 나타났으며, 그 다음이 권위나 자존심, 경제문제, 친족문제의 순으로 나타났고, 그외에 직장일, 이웃과의 일, 종교문제, 가사관리의 문제가 가족갈등의 원인인 것으로 나타났다. 이러한 결과와 상담 통계자료에 나타난 부부문제의 원인, 이혼의 원인에 관한 분석을 종합하여 볼 때, 부부관계 갈등의 요인은 배우자의 부정, 폭력행사 등의 역기능적 행동문제, 성격차이, 자녀양육과 교육문제, 고부갈등을 중심으로 한 친족문제, 경제문제 등임을 알 수 있다.

(표10) 부부갈등(싸움)의 원인분석 (단위 : %)

원 인	김양희	여성개발원
남편의 안좋은 버릇	-	26.8
부부의 성격차	-	24.4
경제문제	15.1	21.7
자녀문제	35.7	16.9
친족문제	12.0	4.4
권위나 자존심	17.4	5.7
기타	14.5	-
무응답	5.8	-
계	100.0	100.0

* 자료 : 김양희(1993)
한국여성개발원(1990)

이러한 원인에 의하여 야기된 부부갈등을 표현하는 방법(한국여성개발원, 1990, 84)에 있어서는 조용히 말로 싸우는 경우가 46.5%로 가장 많지만, 큰소리를 지르면서 싸우는 경우가 42.9%, 물건을 던지며 싸우는 경우가 5.6%, 폭력이 오가는 경우가 4.8% 등으로 나타나 부부갈등이 부부간의 폭행으로 이어지는 경우도 상당 수에 이르는 것으로 나타났다.

부부갈등을 해결하는 방법은 김양희(1993)의 조사연구에 의하면 자원배분과 관련된 부부갈등은 합의를 통하여 해결하는 비율이 높지만, 복종, 회피, 협박, 폭력 등의 부정적 해결양식을 채택하는 경우가 절반을 넘었으며, 권위의 차이로 인하여 발생한 부부갈등은 회피기제를 사용하는 경우가 56% 정도인 것으로 나타났다. 한국여성개발원(1990, 82)의 조사결과에 의하면 '부인이 참는다'가 38%로 가장 많고, 그 다음이 '솔직하게 얘기한다'(28.7%), '말을 안한다'(20.0%), '서로 피한다·남편이 참는다'(1.2%)의 순인 것으로 나타났다. 이러한 연구 결과들을 볼 때, 우리나라에서 부부갈등이 발생하였을 때는 이를 해결하기 위하여 부인은 남편에게 복종하거나 갈등을 해결하기 보다는 회피해 버리는 반면 남편은 부인에게 복종을 강요하거나 협박, 폭력 등을 행사하는 경향이 많은 것으로 나타났다.

이상의 결과를 종합하여 보면 부부관계에서 나타나는 가족문제의 성향을 다음과 같이 설명할 수 있다.

① 부부갈등의 주요 원인은 배우자의 부정과 폭력행사 등의 역기능적 행동문제, 성격 차이, 자녀양육과 교육문제, 고부갈등을 중심으로 한 친족문제, 경제문제 등이라고 할 수 있다.
② 전체적으로 말로 부부싸움을 하지만 더 많은 부부가 큰소리, 물건 던지기, 폭력사용을 하는 경향이 있다.
③ 부부갈등의 처리방법은 부인의 복종과 회피, 남편의 복종 강요, 협박, 폭력 등으로 역기능적 갈등 관리방법이 많이 사용되고 있는데, 이것은 가부장적 권위구조, 남존여비사상, 여성의 예속적 지위 등의 영향이라고 볼 수 있다.

2) 부모-자녀관계 갈등

우리나라 부모들의 높은 교육열로 인하여 자녀의 학업이나 진학이 자녀관계나 자녀양육에 있어서의 주된 걱정거리로 나타나고 있다. 한국갤럽조사연구소의 조사 결과(1983)에 의하면 59%정도의 부모가 자녀의 가정교육에 어려움이 있으며, 가장 큰 어려움은 자녀의 학업과 관련된 문제인 것으로 나타났다. 이러한 결과는 우리나라 부모의 높은 자녀 교육열에서 비롯되었다고 할 수 있는데, 이러한 교육열이 부모와 자녀사이에 갈등을 일으키는 주된 요인이 되고 있다. 그리고 유희정(1992, 207)의 연구 결과에 의하면 자녀문제로 인해 부부갈등을 일으키는 경우에는 주로 자녀의 생활습관, 자녀교육 및 양육방법에 그 원인이 있는 것으로 나타났으며, 자녀의 생활습관이 문제가 되는 경우에는 부부가 상대방의 잘못을 비난하는 경향을 보이는 것으로 나타났다.

한국여성개발원(1990)에서 부모와 자녀가 의견충돌을 일으키는 원인에 대해 조사한 결과를 보면 (표11)과 같다.

(표11) 부모-자녀 갈등의 의견충돌의 원인 (단위 : %)

원 인	전 체	영세지역	일반지역
학업, 진학	40.0	42.2	36.3
직업, 인생목표, 능력	1.6	2.2	0.7
성격, 생활습관, 일상생활	52.1	48.7	57.8
동성친구, 이성친구	3.3	3.0	3.7
집안경제, 집안문제, 나쁜 환경	3.0	3.9	1.5
계(명)	100.0(365)	100.0(230)	100.0(135)

* 자료 : 한국여성개발원(1990)

(표11)에 의하면 자녀의 성격·생활습관·일상생활이 가장 주된 의견충돌 요인인 것으로 나타났으며, 그 다음으로 지적되는 것이 학업·진학이었으며, 가족의 소득수준에 따라서는 큰 차

이를 보이지 않는 것으로 나타났다. 그리고 이러한 의견충돌이 생겼을 경우에 이를 해결하는 방식을 보면, 부모가 자녀를 설득하는 경우가 56% 정도로 가장 많고, 자녀와 부모가 상호 양보한다가 39% 정도인 반면 자녀가 부모에게 복종하는 경우가 16% 정도, 부모가 자녀에게 복종하는 경우가 22% 정도인 것으로 나타났다. 김양희(1993, 132~133)의 연구에 의하면, 부모-자녀간에 자원배분과 관련된 갈등이 발생하였을 경우에는 부모-자녀가 합의를 통하여 갈등을 해결하는 경우가 40% 정도로 가장 많지만, 자녀가 복종하는 경우가 32%, 회피하는 경우가 13%, 부모가 협박이나 폭력을 가함으로써 갈등을 해결하는 경우가 4% 정도로 역기능적 갈등해결 방식을 사용하는 비율이 상대적으로 높다. 부모-자녀간에 권위와 관련된 갈등을 해결하는데 있어서 주로 사용되는 갈등 관리방법은 회피(52.7%)이며, 자녀가 복종하는 경우가 18.2%, 합의를 통하여 해결하는 경우가 12.8%, 협박이나 폭력을 사용하여 해결하는 경우가 6.8% 등인 것으로 나타났다.

이상의 부모-자녀관계에 관한 연구 결과들을 종합하여 볼 때, 우리나라의 부모-자녀관계에서 나타나는 문제의 특징적인 성향은 다음과 같이 요약할 수 있다.

① 부모-자녀 갈등의 주요 원인은 일상생활과 학업문제이다. 특히 학업문제는 우리나라 부모의 높은 교육열과 보상적 기대가 동시에 반영되어 있다.
② 부모-자녀관계 갈등의 해결방법으로 자녀가 부모에게 복종하거나 갈등해결 자체를 회피하려는 경향이 높다.

3) 고부갈등

전통적으로 며느리가 시어머니의 권위에 도전하는 것은 칠거지악(七去之惡)으로 간주되었고 가격(家格)을 손상하는 행위였기 때문에 가족 외부로 표출되지 않았으며, 이 와중에서 며느리는 시어머니의 권위에 절대 복종하였다. 하지만 민주적 사고방식을 중요시하는 현대 사회의 급격한 사회변화 과정을 거치면서 전체적인 가족관계에서 평등성에 대한 요구가 높아짐에 따라 고부갈등이 점차 표면화되기 시작하였고, 주요한 가족관계상의 문제로 지적되고 있다.

김양희(1993, 103)의 연구에 의하면 고부갈등은 며느리가 현대적인 민주적 가치관을 가지고 있을 때 갈등을 일으키는 비율이 높은 것으로 나타났다. 그리고 고부갈등의 주요 원인은 친족관계(26.0%), 가사관리(19.0%), 권위나 자존심(17.4%), 자녀문제(8.9%), 소비문제(8.5%), 종교문제(5.0%) 등인 것으로 나타났다. 그리고 이러한 갈등이 야기되었을 때 합의를 통하여 갈등을 해결하는 비율은 다른 가족관계의 갈등해결 방식에 비하여 비율이 상대적으로 낮고, 며느리가 복종하거나 회피함으로써 갈등을 해결하는 비율이 상대적으로 높으며, 시어머니가 협박하거나 폭력 등을 사용하여 갈등을 해결하는 비율은 매우 낮았다.

이러한 연구 결과를 바탕으로 할 때, 고부갈등에서 나타나는 가족문제의 성향을 다음과 같이 설명할 수 있다.

① 고부갈등의 원인을 근거로 할 때, 우리나라에서는 시부모가 자녀를 분가시키더라도 일상생활과 결정 과정에 개입하며 자녀가족과 미분화 상태에 있음을 알 수 있다.
② 고부관계에서는 아직도 며느리가 복종하는 전통적 해결방식이 주류를 이루고 있지만, 회피를 함으로써 갈등을 해결하는 현실도피적인 해결방안도 많이 사용하고 있다.
③ 고부갈등은 며느리의 현대적 가치관과 시어머니의 전통적이고 보수적인 가치관 사이의 갈등에 의해 야기된다. 그러나 고부관계는 주종, 상하관계이므로 며느리가 시어머니의 권위에 이의를 제기하고 도전하지 못하는 특성이 있다. 이것이 불편한 관계의 원인이 되고 있다.

5. 가족생활주기상의 문제성향 : 가족주기별 가족갈등

가족은 형성-발달-소멸과 같은 일련의 가족생활주기를 거치며, 가족생활주기에 따라 가족 구성과 발달과업이 달라짐으로써 가족관계에 있어서도 많은 변화를 겪게 된다. 따라서 가족 내에서 나타나는 가족문제의 성향 역시 가족생활주기에 따라 달라지기 때문에, 전체적인 가족문제의 성향을 파악하기 위하여는 가족생활주기의 요인을 반드시 고려해야 한다.

한국여성개발원(1990, 36)에서 전국 상담기관에 상담을 신청한 가족생활주기를 분류한 결과에 의하면, 가장 갈등이 심한 가족생활주기는 자녀 청소년기로써 전체 상담가족의 29.4%를 차지하며, 그 다음이 중년기(24.5%), 자녀아동기(20.6%)의 순으로 나타났다. 가족갈등을 자원배분, 권위차이로 구분하여 이를 가족생활주기에 따라 분류한 김양희(1993, 101~103)의 연구결과에서는 자원배분과 관련된 가족갈등은 자녀가 성인이 되어 출가하는 자녀 성인기에 가장 높고, 그 다음으로 자녀 대학 재학기에 높은 것으로 나타난 반면 권위차이에 의한 가족갈등은 자녀 국민학교 재학기에 가장 높고, 그 다음으로 자녀 고등학교 재학기에 가장 높은 것으로 나타나 갈등의 원인에 따라 차이가 있는 것으로 나타났다.

가족생활주기별로 특징적으로 나타나는 가족갈등의 양상을 연구한 김양희(1993, 101~103)의 연구결과를 (표12)에서 살펴보면, 무자녀기 즉 신혼부부기에는 고부간의 자원배분으로 인한 갈등과 부부간의 권위차이로 인한 갈등이 가장 많은 것으로 나타났다. 자녀출산 및 미취학기에 해당하는 유아기 가족에서는 부부간의 자원배분과 권위차이로 인한 갈등이 가장 많고, 유치원 취학기-자녀 중학교 재학기에는 형제의 결혼, 부모사망 등으로 인하여 형제간에 자원배분을 둘러싼 갈등이 심화되는 반면 자녀가 고등학교에 진학하면서 부터 결혼하기 전까지는 부모와 자녀간에 자원배분을 둘러싼 갈등이 많아지는 것으로 나타났다. 그리고 권위차이로 인한 갈등은 결혼 초부터 자녀가 대학에 재학할 때까지는 부부간의 갈등이 많아지지만 자녀가 성인기가 되어 결혼하게 될 즈음에는 고부간의 갈등이 많아지는 양상을 보이고 있다. 그리고 신혼부부기와 자녀 성인기에 고부갈등이 많아지는 현상은 고부갈등이 세대에 걸쳐서 일어난다는 점을 보여주고 있다.

(표12) 가족생활주기별 가족관계의 갈등양상

가족생활 주기	자원배분으로 인한 갈등	권위차이로 인한 갈등
무자녀 가족	고부, 부부, 형제, 부자	부부, 고부, 부자, 형제
유아기 가족	부부, 고부, 형제, 부자	부부, 고부, 형제, 부자
유치원 취학 가족	형제, 부부, 고부, 부자	부부, 형제, 고부, 부자
자녀 국교재학기	형제, 부부, 부자, 고부	부부, 형제, 부자, 고부
자녀 중학교 재학	형제, 부자, 부부, 고부	부부, 형제, 부자, 고부
자녀 고등학교 재학기	부자, 형제, 부부, 고부	부부, 부자, 형제, 고부
자녀 대학 재학기	부자, 부부, 형제, 고부	부부, 부자, 형제, 고부
자녀 성인기	부자, 형제, 부부, 고부	고부, 부자, 부부, 형제

* 주 : 갈등 정도에 따라 순위별로 제시
자료 : 김양희(1993, 101~103)

이를 관계별로 보면 자원배분으로 인한 갈등은 부모-자녀 관계에서는 중학교 재학기, 부부관계에서는 유아기, 고부관계에서는 무자녀기에 갈등이 가장 심하다. 권위차이로 인한 갈등이 부부관계에서 가장 많이 일어나지만 자녀가 대학을 졸업한 후 성인기에 들어갈수록 감소하며, 부모-자녀 관계에서는 자녀가 대학에 재학하고 있을 때 가장 심하며, 형제관계는 자녀가 유치원에 다닐 때 부터 높아지기 시작하여 중학교에 다닐 때까지 높아지며, 고부관계에 있어서의 권위차이로 인한 갈등은 무자녀기, 자녀 유아기에 가장 높은 것으로 나타났다.

① 가족내에서 권위차이로 인하여 갈등을 겪는 관계는 주로 부부관계이며, 자녀가 성인기에 접어들어서야 감소한다.

② 자원배분을 둘러싼 갈등은 결혼 초기에는 고부관계, 중기에는 형제관계 그리고 후기에는 부모-자녀 관계에서 심한 것으로 나타났다.

③ 신혼부부기와 자녀출산 및 미취학기에는 고부갈등이 주요 가족갈등으로 나타나지만 그 이후에는 고부갈등이 주변적인 가족갈등으로 전환된다.

④ 자녀 아동기, 자녀 청소년 초기에는 형제관계상의 갈등이 많아진다.

⑤ 자녀 청소년 후기 이후에는 부모-자녀 관계에서 주로 갈등이 야기된다.

지금까지 가족상담에 관한 통계자료와 가족갈등에 관한 연구자료를 근거로 하여, 가족구조, 가족기능, 가족관계, 가족생활주기와 관련된 한국 가족의 특징적인 문제성향을 분석하려고 노력하였다. 앞에서 논의한 내용을 종합하여 요약하면 다음과 같이 한국 가족의 문제성향을 설명할 수 있겠다.

(1) 가족문제는 표면상 부부중심적 문제로 변화하고 있으나 자녀문제와 고부관계에 많은 영향을 받고 있다. 이러한 문제의 성향은 우리나라의 가족이 부부중심의 관계로 변화하고 있긴 하지만 부모-자녀 관계가 가족관계의 중심축이었던 전통적 가족관계가 상당부분 유지되고

있음을 의미한다.

(2) 부부갈등의 주요 원인은 남편의 부정행위, 성격차이, 자녀문제 등이며, 상호간에 평등한 지위에서 합의를 통하여 갈등을 해결하는 방법보다는 복종, 회피, 협박, 폭력 등의 역기능적 갈등해결 방법을 사용하는 경우가 더 많았다. 그리고 이러한 부부간의 갈등은 남편의 아내구타 행동에서 볼 수 있으며, 부부가 평등하고 독립적이며 인격적으로 대화와 협상을 통하여 결정하고 갈등을 해결하지 못하는 경향이 있다.

(3) 자녀문제 상담 비율이 상당히 높다. 이것은 부모들이 자녀의 문제를 적극적으로 해결하려는 태도를 나타내는 것으로 볼 수도 있지만 자녀문제에 대한 지나친 염려, 자녀의 문제를 가족문제와 분리시켜서 보는 것이라고도 볼 수 있다. 부모-자녀 관계의 주된 갈등원인이 자녀의 학습 및 진학과 관련된 것으로 나타난 점은 우리나라 부모의 지나친 자녀교육열 등이 반영된 것이라고 할 수 있다.

(4) 고부갈등이 주요한 가족문제가 되고 있다. 핵가족화되고 부부중심적 관계로 변화하고 있음에도 고부갈등의 문제가 계속적으로 중요시되는 것은 노부모가 성인자녀의 결혼 이후에도 영향력을 행사하려 하며, 자녀 입장에서는 결혼 이후에도 원가족과 심리정서적인 분화를 하지 못하는 가족의식과 사회문화의 영향 때문이라고 본다.

(5) 남편의 폭행·학대·주벽 등의 역기능적 행동적 문제가 중요시되고 있다. 남편의 폭행, 구타, 학대는 그 원인이 남성중심적이고, 아내의 지위를 존중하지 않는 부부관계를 나타내며, 가족과 사회에서 남자에게는 모든 권한을 부여하고, 여자에게는 순종과 복종, 희생과 인내를 강조하는 성차별적인 사회문화를 나타내는 것이라고 볼 수 있다.

(6) 청소년 비행의 중요한 원인은 부모의 갈등이 되고 있으며, 부모가 자녀에 대한 통제기능을 적절히 수행하지 못하는 경우에 비행을 일으킬 가능성이 더 많은 것으로 나타났다. 이와 같은 현상은 자녀가 부모에게 절대 복종하던 가부장적 권위구조가 와해되면서 부모가 자녀를 통제할 수 있는 권위를 상실해가는 한 단면을 보여주고 있다.

(7) 아내를 구타하는 남편들에게는 남성지배권, 여성의 낮은 지위, 계층적인 성역할, 여자천대, 남존여비적인 한국인의 의식구조가 영향을 주고 있다고 본다. 그리고 아내는 구타를 당하므로 모욕감, 열등감, 무력감, 분노, 적개심, 공포, 불안 등의 감정을 갖게 되고, 장기간 계속될 경우 우울증, 정신신체장애, 적응장애 등의 증상을 나타내기도 한다. 이와 같이 남편은 가해자, 아내는 피해자의 위치에서 부부관계는 악순환적인 가족문제를 야기하게 된다고 본다.

(8) 자녀구타 행동은 전통적인 가부장적 위계구조가 지나치게 엄격하게 적용되고 있는 가

족에서 많이 나타나며, 자녀에 대한 구타가 이루어지는 가족에서는 다른 성원에 대한 구타도 동시에 이루어지는 집단 가족폭력 현상이 나타나고 있다. 이러한 현상을 볼 때, 가족내에서 일부의 갈등이 전체 가족의 갈등으로 비화될 가능성이 높다는 사실을 알 수 있다.

(9) 가족생활주기에 따라 가족갈등의 양상이 달라지는데, 권위차이로 인한 부부갈등은 전체 가족생활주기를 통하여 지속적으로 나타나고 있다. 이는 우리나라가 남성중심적 가족관계에서 평등적 가족관계로 이양되는 과정에서 어쩔 수 없이 나타나게 되는 갈등양상이라고 할 수 있다. 그리고 원가족 특히 시가의 개입은 결혼 초기에 심한 것으로 나타나, 원가족과의 정서적 미분화 현상을 보여주고 있다. 그리고 부모-자녀간의 갈등은 자녀가 청소년 후기에 진입한 이후로 주로 갈등이 표현되는데, 이는 자녀가 청소년기의 자아정체감 형성 및 부모로부터의 독립이라는 발달과업을 성취하기 위하여 노력하는 과정에서 부모의 전통적 가치관, 가족 우선주의와 자녀의 현대적 가치관, 개인 우선주의가 마찰을 빚게 되기 때문이라 할 수 있다.

결 론 : 한국 가족문제에 접근하기 위한 가족치료 이론준거

지금까지 한국 가족문제의 성향과 내용을 가능한 한 이론중심 보다는 실제적인 통계자료와 조사결과를 근거로 설명하려고 노력하였다. 또한 가족구조, 가족기능, 가족관계, 가족생활주기의 상호 영향관계를 고려하려고 하였다. 이는 한국의 문화를 배경으로 하고 있는 가족구조, 가족기능, 가족관계, 가족생활주기의 차원에서 가족문제의 성향을 파악하고 이해하는 것이 임상적 접근 특히 구조적 접근의 기초가 된다고 판단하였기 때문이다. 그리고 문화적 배경과 독특한 한국 가족문제의 성향을 이해하였을 때 접근방법의 선택과 실제 적용상의 기술활용이 용이하고 보다 효율적이 되리라고 생각한다.

가족치료 이론은 수많은 접근모델이 있지만 크게 정신분석에 근거를 둔 심리역동적 가족치료, 일반체계이론에 기반을 둔 체계적론적 가족치료, 행동주의 이론에 기반을 둔 행동주의 가족치료, 실존주의와 경험주의 철학에 기반을 둔 경험적 가족치료 등으로 구분할 수 있다. 이러한 가족치료 이론들이 초점을 두는 개념이 다르므로 가족치료자의 관점에 따라서는 어떤 이론들을 활용할 지라도 한국가족의 문제를 이해하고 개입하는데 적절하게 사용할 수 있다. 다음에서는 일반체계이론에 바탕을 둔 다양한 체계론적 가족치료 이론들을 중심으로 하여 우리나라의 가족문제를 이해하고 개입하는데 적절하다고 생각되는 이론들에 대해 논의하려고 한다. 앞서 살펴본 한국가족의 문제성향을 근거로 하여 볼 때, 우리나라의 가족치료 실천에 있어서 활용가능한 이론적 배경으로는 다음과 같은 것들을 들 수 있다.

(1) 우리나라의 가족관계는 부부중심적 관계로 변화하고 있으나, 남성중심적 관계가 이루어지고 있다. 산업화 과정에서의 민주적 가치관의 유입으로 현대 한국가족의 부부관계는 평

등한 관계로 변화되고 있지만, 아직도 전통적인 남존여비의 사상이 상존하여 부부간에 권위와 자원배분이 불평등하며 남편이 우월적 지위를 차지하고 부인이 종속적 지위를 갖는 가부장적 위계구조가 상당부분 유지되고 있다. 이러한 한국 가족의 부부관계를 이해하는데 있어서는 가족내에서의 권력배분과 권력다툼에 초점을 두고 있는 Haley의 전략적 가족치료 이론이 매우 유용할 것으로 보인다.

(2) 원가족과의 정서적 미분화가 특징적으로 나타나고 있다. 즉 자기자신이 결혼하여 분가한 이후에도 부모의 지속적인 개입으로 인하여 원가족의 영향을 받으면서 똑같은 방법으로 결혼한 성인자녀 가족에 개입하는 성향이 있다. 이와 같은 원가족의 지나친 개입은 자녀가족에서의 갈등을 일으키는 원인이 되고 있으며, 가족갈등을 해결할 때 자신의 가족내에서 해결하지 못하고 원가족을 삼각관계로 끌어들여 갈등을 해결하려 하는 경향이 나타나고 있다. 이러한 원가족의 영향에서 분화될 수 있도록 개입하기 위하여는 원가족과의 미분화, 삼각관계에 초점을 두고 있는 Bowen의 다세대적 가족치료 이론이 적절하게 활용될 수 있을 것이다.

(3) 부부갈등의 가장 주요한 문제가 남편의 부정행위이지만, 자녀문제 역시 부부갈등의 주요 원인으로 작용하고 있다. 남편의 부정행위로 부부문제가 발생하여 이혼을 하는 경우도 있으나 여자들이 용서하고, 이해하고, 자녀를 위해 희생적으로 가정을 지키려고 노력하는 경우도 많다. 이와 같이 한국 가족의 부인들은 자신을 희생하면서까지 가족을 지켜내려는 가족주의 의식이 상당히 강하게 남아있는데, 이런 과정에서 한국의 아내들은 굴욕감, 자존감의 상실 등을 경험한다. 이와 같은 한국가족의 정서적 경험에 대한 이해를 기초로 특히 한국 중년여성에 개입하기 위하여는 가족성원 개인의 자기존중 감정에 초점을 두는 Satir의 초기 의사소통이론과 후기 경험주의적 가족치료 이론을 원용할 수 있을 것이다.

(4) 자녀문제는 상담 비율이 상당히 높고, 부부갈등의 주요 원인이 되고 있다. 이것은 체계론적 관점에서 볼 때, 가족갈등이 자녀문제라는 증상을 통하여 표출된 것이라고 볼 수 있고, 부모의 지나친 염려와 과잉반응으로도 볼 수 있다. 따라서 자녀문제는 가족구조 전체적인 관점에서 사정, 평가를 하여야 하므로, 가족 하위체계간의 경계선의 침투성을 기반으로 하여 가족문제를 이해하고 해결하려 한 Minuchin의 구조적 가족치료 이론이 적절할 것으로 보인다.

(5) 한국의 가족들은 갈등을 해결하기 위하여 복종, 회피, 협박, 폭력 등의 역기능적인 갈등 관리방법을 활용하는 경우가 많은 것으로 나타났다. 이러한 현상은 가부장적 가족 위계구조의 산물일 수도 있지만 가족 의사소통 유형과도 밀접한 관련성을 지니고 있다. 우리나라 가족에서 남편은 권위적이고 독재적이며 지배적인 의사소통 유형을 취하는 반면 부인은 순종적이고 복종적이며 희생적인 의사소통 유형을 사용하는 경향이 있다. 이러한 점을 근거로 하여 볼 때 우리나라 가족의 갈등 관리방법과 의사소통 유형을 정확히 이해하기 위하여는

Satir의 의사소통 가족치료이론, Milan학파의 체계론적 가족치료이론이 매우 유용할 것으로 보인다. 그리고 우리나라의 가족들은 가족내에 갈등이 야기되었을 때 가족내에서 스스로 해결하려는 의향이 강한 관계로 잘못된 갈등 해결책이 계속 유지됨으로써 가족갈등이 더욱 심화될 수 있는 가능성이 내재되어 있다. 이러한 우리나라 가족의 특성을 고려할 때 가족이 문제를 해결하기 위하여 시도했던 해결책에 초점을 두는 MRI의 단기 가족치료이론이 매우 유용할 것으로 보인다.

(6) 이상에서 살펴본 우리나라의 가족문제는 각기 분리되어 있는 것처럼 보이지만, 실제적으로는 매우 밀접하게 관련되어 있으며, 한 영역에서의 문제가 다른 영역의 문제를 일으키는 요인이 됨과 동시에 다른 요인에 의하여 더욱 심화되기도 하는 것으로 나타나고 있다. 그리고 본 연구에서는 가족 내적 요인에 의하여 야기되는 가족문제의 성향에 대해서만 살펴보았지만, 가족 외부 사회의 요인에 의하여 발생하는 가족문제도 매우 다양하게 나타나고 있다. 이러한 가족문제의 특성을 이해하고 가족문제에 개입하기 위하여는 가족을 개방체계로 보고 가족체계를 부분간의 상호작용의 총체로 보는 일반체계이론에 대한 기본적인 이해가 필요하다고 본다.

(7) 가족생활주기에 따라 특징적으로 나타나는 가족갈등이 다르다. 즉 결혼 초기에는 고부갈등과 부부관계에서의 갈등이 많지만, 자녀 아동기-자녀 청소년기에는 부모-자녀 관계와 형제 관계에서의 갈등, 자녀 성인기 이후에는 부모-자녀 갈등과 고부갈등이 특징적으로 나타난다. 이러한 점을 근거로 하여 보았을 때, 가족치료에서는 가족생활주기에 대한 충분한 이해가 필요하다고 할 수 있다. 그리고 지금까지 가족에 관한 연구나 가족치료 실천에서는 형제관계의 갈등에 대해서 커다란 관심을 기울이지 않았다. 그러나 형제간의 상대적 비교와 경쟁, 부모의 통제능력 부족 등으로 인하여 발생하는 형제관계 문제에 관한 연구가 필요하다고 본다.

(8) 가족문제의 성향분석을 근거로 할 때 현대 한국가족이 표면상 가족구조와 일상생활양식은 많이 변화하였으나 심리 정서적인 측면에서의 욕구와 문제의 속성은 큰 변화가 없는 것을 볼 수 있다. 따라서 한국가족의 문제성향을 보다 정확히 이해하기 위하여는 가족의식과 문화, 윤리관, 부부관계에서의 역할, 지위, 권력의 배분, 관습, 의사소통 유형 등 가족관계의 변화 양상에 대한 지식을 갖추어야 한다고 본다.

(9) 우리나라 가족성원들이 나타내는 일탈적 행동문제, 정신장애 문제 등은 역기능적 가족관계에 그 원인이 있다고 할 수도 있으나, 개인 내적인 정신 역동에 의하여 야기될 수도 있다. 따라서 이러한 가족성원 개인의 행동 및 정신 내적 문제를 이해하고, 이 문제행동이 가족에 미치는 영향을 분석하여 적절한 개입을 하기 위하여는 심리학적 지식과 정신장애에 대한 이론적 이해가 필요하다.

(10) 한국 가족문제 성향의 특성으로 지적할 수 있는 것은 모든 가족관계가 상하관계에서 형성되고 그것에 따른 지위 역할 및 세력 배분 등이 이루어지고 있다. 또한 상하관계를 근거로 상위자는 지배적, 권위적, 하향적 의사소통 유형을 사용하고, 하위자는 순종, 복종, 희생적 의사소통 유형을 사용하고 있다. 따라서 문제가족에서 하위자, 특히 부인과 자녀들이 억압된 감정이 많고, 억울하고 욕구가 충족되지 못하므로 자기존중 감정이 낮은 것이 두드러진다. 중요한 것은 상대방에 대한 존중과 인정, 긍정적 사고, 자기자신의 자원활용, 문제극복 능력 등이 부족한 것을 특징으로 지적할 수 있다. 이러한 한국 가족문제의 전반적인 특성을 근거로 할 때 de Shazer와 김인수의 해결 중심적 단기 가족치료가 매우 유용할 것이라고 제시하는 바이다.

참 고 문 헌

김광일, (1988), *가정폭력,* 서울: 탐구당.

김광일·고복자, (1989), "한국에서의 아동구타 발생율", *아동학대: 한국의 현황과 치료·개입,* 한국아동학대예방협회

김양희, (1993), *한국 가족의 갈등 연구,* 중앙대 출판부.

김정옥, (1993), "이혼원인의 실증적 연구", *이혼과 가족문제,* 서울: 하우.

김창곤, (1994), "한국가족치료의 현황과 실태에 관한 소고", *대한 가정의학회 춘계학술대회 발표자료.*

사랑의 전화, (1993), *1992년 상담통계 분석.*

사랑의 전화, (1994), *여성의전화 개원 1주년 기념보고서.*

서울시 중앙가정상담소, (1991), *가정불화원인 년도별 추세,* 미간행물.

송성자, (1985), *한국의 가족치료 연구,* 서울: 한국사회복지협의회.

송성자, (1989), *가족관계와 가족치료,* 서울:홍익재.

여성한국사회연구회 편, (1992), *한국가족의 부부관계,* 서울:사회문화연구소.

유영주, (1990), *신 가족관계학,* 서울:교문사.

유희정, (1992), "자녀교육과 부부관계", 여성한국사회연구회(편), *한국가족의 부부관계,* 서울: 사회문화연구소.

이광규, (1981b), *한국가족의 심리문제: 고부문제를 중심으로,* 서울: 일지사.

이태영, (1989), *한국의 이혼율 연구II,* 한국 가정법률상담소.

이효재, (1983), *가족과 사회,* 서울:경문사.

통계청, (1992), *한국의 사회지표.*

차준구, (1988), "아내구타의 현황", 김광일 편저, *가정폭력,* 서울: 탐구당

청소년지도자육성회, (1982), *상담을 통해 본 아동학대.*

태화정신건강 상담실, (1993), *상담분석.*

한국가족학연구회, (1992), *도시 저소득층의 가족문제,* 서울:하우.

한국가정법률상담소, (1990), *상담사건통계*(1989.1-1989.12).

한국갤럽조사연구소, (1983), *한국인의 가정생활과 자녀교육.*

한국여성개발원, (1991), *여성백서.*

한국여성개발원, (1991), *가족상담사업 활성화 방안에 관한 연구.*

한국여성개발원, (1990), *영세지역 가족관계 및 사회적 연결망에 관한 연구.*

한국여성개발원, (1985), *한국소년비행의 실태에 관한 연구.*

한국청소년개발원, (1993), *청소년 가정지도의 실태와 지도방안에 관한 연구.*

한국형사정책연구원, (1991), *청소년 범죄행동 유발요인에 대한 심리학적 연구.*

한국형사정책연구원, (1989), *청소년비행의 원인에 관한 연구.*

제 3 장
사례 1

이혼 문제를 지닌 부부 상담에서 자문을 활용한 상담사례

최 인 숙*

1. 자문을 의뢰한 목적

남편은 이혼하기를 원하고 아내는 이혼을 원하지 않는 상태에서 남편이 먼저 상담기관을 찾아와 상담이 시작되었다. 남편의 소개로 부인도 상담을 받게 되었으나 남편은 부부가 함께 상담 받는 것을 원하지 않았기 때문에 부부를 각기 따로 3회 상담을 하였다. 상담 결과 남편은 이혼에 대해 확고한 생각을 가지고 있기 때문에 상담이 자신들의 문제를 도울 수 없다고 확신하고 있었다. 따라서 남편은 상담에 대한 기대가 없었다. 단지 누군가에게 자신의 고통과 답답함을 하소연 할 수 있는 것만이 현재 자신에게 도움이 된다고 했다. 부인은 남편과의 관계가 힘들지만 고비를 넘겨 결혼관계가 지속되기를 원하였다. 부인의 상담에 대한 목표는 남편과의 의사소통을 개선하는 것과 위축되지 않고 자기 표현을 할 수 있도록 변화를 원했으며 부부가 함께 상담받기를 원하였다. 그러나 남편은 부인과 노력해서 해결될 문제가 아니며, 변화할 수 없는 문제라고 확고하게 믿어 부부가 함께 상담하게 된다면 부인에게 치명적인 상처만을 주게 된다고 개별적인 상담을 주장하였다.

남편은 상담의 목표나 기대가 없다고 했지만 상담에는 열심히 왔고 협조적이었다. 주로 자신의 고통과 결혼생활에 대한 불행 그리고 아내에 대한 불만을 표현했다. 표면적으로는 치료 목표가 불분명했지만 내담자는 이혼에 대해 확고한 생각을 지니고 있고 이와 관련된 부분을 도움받고 싶어 하면서도 부부 각자의 확고한 생각이 상담으로 바뀔 수 없다고 믿었기 때문에 상담에 대한 기대를 가지지 못하는 것으로 보였다.

치료가 진행되면서 2차 상담에서 남편은 불가능한 일이지만 올해안에 부부관계를 매듭짓기 위해 부부관계 개선에 초점을 두겠다고 했다. 그후 남편은 아내의 말에 대꾸하고 반응을 보이는 노력을 통해 부부사이에 대화가 늘어났고 아내는 전보다 자신있게 자신의 의사를 표현하기 시작했다. 남편은 이러한 것들을 변화로 간주하지 않았고, 부부관계의 정리에 대해 더 많은 관심과 걱정으로 괴롭다고 했다. 그러나 아내는 남편에 대한 기대와 부부관계의 개선에

* 이화여자대학교 사회사업학과 강사

대한 기대가 더 커졌다.

상담 초기에 남편과 4회 상담 후 앞으로 상담을 지속할지에 대해 논의하도록 계약을 했었다. 3회까지의 치료에서 부부관계의 개선에 역점을 두고 진행하고 있었으나 남편은 계속해서 부부관계에 대한 정리에 더 관심을 가지고 있는 것으로 보였다. 치료자는 상담이 제자리를 맴돌고 있다는 인상과 치료자 생각에 내담자가 억지로 끌려오고 있는 느낌을 받았다.

이러한 상황에서는 내담자의 욕구를 분명하게 검토하는 것이 필요하다고 판단되어 자문을 의뢰하게 되었다.

2. 상담에 오게 된 배경과 제시된 문제

1) 상담에 오게 된 배경

신혼 초부터 남편은 잘못된 결혼이라고 느꼈고 결혼생활 내내 이혼 문제로 부부 갈등을 겪어 오고 있었다. 남편은 올해 안으로 부부 관계를 정리해야겠다고 작정하고 난 뒤 더욱 더 심한 정신적, 신체적 고통때문에 최근에는 직장생활조차 힘들어졌다. 남편이 사랑의 전화에 전화상담 하던 중 그곳 상담원의 소개로 1993년 "사랑의 전화" 에 개설되었던 가족치료 상담실을 소개받았다. 남편이 먼저 상담실을 찾아오고 남편의 소개로 부인도 상담을 하게 되었다.

2) 제시된 문제

(1) 남편이 제시하는 문제

** 이혼하고 싶다.
** 부인이 싫어서 거의 말을 하지 않으며, 일부러 시선을 피한다.
** 불면증, 두통, 의욕상실등으로 2년째 정신과에서 약물치료를 받고 있다.
** 부인과 살 닿는게 싫어서 한쪽으로 웅크리고 자서 때로는 물리치료를 받을 정도로 부인과 함께 있는게 싫다.
** 직장에서 일하기 힘들다.

(2) 부인이 제시하는 문제

** 남편이 거의 말하지 않고 지내다가 때때로 윽박질러서 집에만 들어 오면 기가 죽고 위축되어 말을 못한다. 남편 앞에서 자신의 의사를 표현하지 못한다.
** 힘들지만 이혼은 생각할 수 없다. 차라리 죽고 싶다.
** 툭하면 잘 울고, 두렵고, 가슴이 답답하며, 편두통, 불면증이 생겨 93년 초부터 남편이

치료받는 정신과에서 약물치료를 받고 있다.

3. 가족 배경

1) 남편(35세)

대졸. 회사원 . 2남 1녀 중 장남.

어려서 부터 신동이라고 소문이 날 정도로 영리하고 똑똑해서 많은 기대를 받고 자랐다. 특히 은행원이었던 아버지는 장남이 판, 검사가 되길 희망하였다. 내성적이며 생각이 많은 성격으로 아버지를 많이 닮은 편이나 아버지가 권위적이며 가부장적이어서 소원한 관계다. 자상하고 따뜻한 성격의 어머니가 집안의 기둥이 되고 있고 형제들이 모두 어머니를 좋아한다. 남동생이 어려서 형에 눌려 지내 형과 사이가 원만하지 않다. 아버지가 원하는 대학을 떨어지고 2차 대학을 졸업 후 어머니의 권유로 고시 공부하려다 회사에 입사했다. 직장업무에 대해 만족하지 못하는 편이다.

2) 부인(28세)

고졸. 남편과 같은 계열의 회사. 1남 3녀 중에 둘째 딸. 기독교 신자

성격이 원만하고 밝은 편이며 맡은 일에 열심이다. 남편과의 갈등에 시어머니가 많은 이해를 하고 있고 참고 넘기라고 격려해 주고 유사 직종에 근무했었던 시아버지는 며느리의 어려운 점을 잘 이해해줘서 힘든 상황을 견디는데 도움이 된다. 친정의 부모들은 딸이 너무 고생스럽게 보여 차라리 이혼을 원한다.

3) 아들(16개월)

시부모가 지방에서 키우고 있다. 주말마다 아이를 보러 간다. 남편은 이혼을 원하기 때문에 유산을 원했고 부인은 기독교 신자로써 남편의 반대를 무릅쓰고 분만했다. 워낙 아이를 좋아하는 남편은 부인에게 심하게 대하면서도 아이한테는 잘한다.

4. 문제 분석

남편은 생각이 많고 내성적이며 외골수적인 성격으로 결혼 초부터 결혼을 잘못했다고 느낀 후부터 이혼만을 생각해 왔다. 관계 개선이나 변화에 대한 노력이나 생각은 전혀 없고 오로지 이혼밖에 없다고 확고하게 생각하고 있으나 이혼을 강행할 경우 아내가 감당하지 못해 생기는 문제에 대해 두려움과 죄책감때문에 아내가 불행한 결혼생활을 더이상 감당하지 못해 스스로 동의하고 떠나 주기를 고대하고 있다. 남편은 아내와 말을 안하거나 관계를 차단하는 방식으로 이혼문제를 다루고 있고 부인은 이혼을 원치 않기 때문에 남편의 이런 감정이 일시적일 것이라고 믿고 싶어하고, 이 위기를 부인이 참고 견딤으로써 결혼관계의 위기를 해결하고자 한다.

남편이 이혼을 원하는 입장이기 때문에 이혼을 추진하든지, 다른 방법을 모색하든지 간에 이에 대한 적극적인 조치를 취하는데 일차적인 책임을 지니고 있다고 본다. 그러나 남편은 이혼은 원하면서 이혼으로 인해 아내에게 생길 불행에 대해 비난이나 책임을 지고 싶지 않기 때문에 부인이 스스로 떠나도록 부인에게 간접적인 고통을 주고 있고, 그러면서 워낙 여리고 자상한 성격을 지닌 남편은 자신때문에 고통받고 있는 아내에게 미안해 하는 감정을 자신도 모르게 흘리게 되고 부인은 남편의 이런 면을 보고 참고 견디면 해결될 수 있는 문제로 보게 함으로써 부인의 생각에 혼란을 준다. 부인은 이혼을 원하지 않기 때문에 남편이 이혼에 대한 생각이 확고하다는 것을 알면서 혼란스런 생각에 매달려 이 고통을 참고 넘기면 해결되리라고 믿고 수동적인 자세를 취한다. 그러나 아내의 태도가 이럴수록 남편은 자신이 원하는 여성이 아니라는 생각이 더 강해진다.

부부가 문제해결을 상대방에게 서로 미루고 있어 만성화되고 그로 인한 심리적, 신체적인 문제가 더 악화되고 있다.

5. 치료의 목표 및 계획

상담에 대한 목표가 불분명하고, 내담자들이 지금까지 문제해결을 상대방에게 전가하면서 서로 상처만을 주는 양상이 상담 상황에서도 지속되었다. 치료자를 중간에 두고 부부가 간접적이고 우회적인 의사소통을 하면서 문제해결을 상대방에게 전가하였다. 그러므로 치료의 목표는 내담자들로 하여금 상담에 대한 기대를 분명하게 설정하고, 목적을 통해 내담자들이 자신의 의사표현을 직접적으로 표현하고 문제를 해결하기 위한 조치를 취하도록 하였다. 이러한 조치로 고착되어 있는 관계 양상에 변화를 가져오게 함으로써 이혼이든지 부부관계의 개선이든지 새로운 변화를 창출하는데 목표를 두었다. 예를 들어 남편이 이혼에 대한 확고한 생각을 가진다면 부인에게 간접적으로 고통을 주기 보다는 이혼문제에 대해 구체적으로 논의함으로써 지금까지의 관계에 변화를 가져올 수 있을 것이다. 이혼을 원하는 사람은 남편인데 남편은 이혼은 원하면서 이혼에 따른 위험 부담에 대해서 받아들이려 하지 않는데서 그 문제가 지속되어 왔다고 본다. 남편의 생각과 행동이 일치되는 모습에서 부인은 더이상 남편이 행동을 참아서 위기를 넘길 수 있는 문제가 아니라고 받아 들인다면 부인의 행동은 순종하는 대신에 다른 행동을 취하게 될 것이다. 그럼으로써 남편과의 관계에서 위축되지 않는 새로운 관계가 생겨날 수 있다. 이런 관계를 통해 남편이 이혼에 대한 생각이 달라질 수 있다. 즉 남편은 아내가 자기 주장을 못한다고 불평을 해 왔는데 아내는 지금까지 남편의 행동을 참는 것이 이혼을 막는 최선이라는 견해를 가졌기 때문에 그런 행동을 계속해 왔다. 그러나 그러한 행동은 남편이 더욱 아내에 대한 불평을 초래하게 되었다. 부인이 남편의 이혼에 대한 생각이 확고하고 아내가 참아서 될 문제가 아니라고 인식한다면 부인은 참는 행동 대신에 이혼을 동의하거나 지금까지의 약한 모습에서 다른 모습을 보여 줌으로써 남편은 부인의 다른 모습을 보게 되는 기회를 가질 수 있다. 따라서 이 상담의 치료 목표는 고착된 부부관계의 변화를 가져오는 계기에 두고, 치료 계획은 우선 남편 자신이 자신의 욕구에 대해 분명히 하고 그에 대한 책임을 가지도록 고무하며, 부부가 함께 문제를 의논하도록 돕는다.

6. 치료 과정

부부가 각각 상담을 받았고, 치료의 전반적인 과정은 다음과 같다.

1) 전반적인 치료 과정

	남 편	아 내
# 1	1993. 11.	1993. 11.
# 2	1993. 11.	1993. 11.
# 3	1993. 11.	1993. 12.
# 4	1993. 12. 13.	부부 함께 InSooBerg Kim에게 자문을 받음
# 5	1993. 12.	1993. 12.

2) 남편과의 상담

(1) 1회(1993. 11. 13)

결혼한지 약 3년 되었고 결혼 초부터 자신이 원하던 아내가 아니라고 느낀 후 지금까지 이혼문제로 어려움을 가지고 있었다. 남편은 이혼을 원해 아이를 유산하라고 했고, 아내만 봐도 절망적이고 쳐다보기도, 말하기도 싫어 거의 말을 안하고 지내왔다. 똑똑하고 자기 표현을 잘하는 여자를 원하며 아내에 대한 불만은 착하고 순종적이나 내성적이고 의사 표현을 제대로 못해서 참을 수가 없다. 자신때문에 고통을 겪는 아내를 보면 불쌍한 생각이 들고 미안하지만 자신도 어쩔 수가 없다. 아내는 이혼을 원치 않고 있고 남편의 마음을 돌리려고 무척 애를 쓰고 있지만 소용이 없다.

상담을 오게 된 것은 올해 안으로 이혼 문제를 매듭짓겠다고 결심한 후 더 초초하고 직장 일을 하기 어려워 찾아왔다. 부인이 자신이 원하는 형으로 변하는 것이 불가능하고, 부인이 변하지 않는 한 이혼은 불가피하다. 그러나 부인이 이혼에 동의하지 않는다. 이 문제는 상담을 통해 도움을 받을 수 있는게 아니지만 하소연 자체만으로도 도움이 될 것 같아서 왔다. 상담에 대한 기대는 가지고 있지 않다고 분명하게 말했다.

초기 상담에서 남편은 이혼을 결정한 상태로 이혼에 대한 상담은 원하지 않았다.

내담자의 표정은 매우 어둡고 의기소침하며 자신의 감정을 표현하기가 어렵다고 하면서 천천히 숨을 몰아가면서 이야기하는 모습이 진지하고 생각이 많아 보였고 상담에는 협조적이었다.

현재의 어려움에 대해 지지하고 상담에 대한 기대가 없다고 하면서 상담을 찾아온 점에 포착하여 4회의 탐색기간을 가지고 상담의 목표를 찾아보고 상담여부를 정하자고 하였다. 부부관계나 내담자가 다른 각도로 생각을 할 수 있도록, 그리고 더 정보를 수집하기 위해 부부간의 일상생활을 관찰하고 오도록 하였다.

2) 2회(1993. 11. 18)

부부가 주말마다 본가에 아들을 보러 다니고 있었다. 지난 주는 여동생의 권유로 아내 생일에 도서 상품권을 선물로 주었는데 아내가 책이나 신문을 읽지 않기 때문에 의도적이었다고 했다. 아내와 잘못 결혼했구나 하는 생각이 든 것은 신혼초에 아내가 전자제품의 설명서를 읽어보지 않고 버리는데서 시작되었다. 설명서를 제대로 보지 않으면 제기능의 30%밖에 활용하지 못한다는데 화가 나서 왜 그냥 버렸냐고 추궁했다. 아내가 갑자기 머리를 움켜쥐고 소리지르고 뒹글었다. 그 후부터 아내가 자신을 무서워하고, 구석이나 책상 밑에 웅크리고 앉아서 문제가 악화되기 시작했다. 얼마 전에는 강제로 아내를 친정에 보내 2개월간 별거했었다. 집안 일로 아내가 최근 다시 집에 왔다. 아내와 살 닿는게 혐오스럽고 싫어서 잠을 못 이뤄 불면증이 더 심해졌다. 아내와 말하거나 눈 마주치는 것이 싫어서 학원에 갔다가 밤 늦게 귀가하고 있다.

남편은 부인에 대한 불만과 자신의 고통에 대해 이야기하면서 상담에 대한 기대가 없다, 상담으로 이런 문제를 도움받을 수 있는가 하는 강한 의문을 제기했다. 아내에 대한 불만과 이혼할 수 밖에 없음을 피력하면서 변화로 개선될 문제가 아니며 유일한 해결책이 이혼이라고 했다.

상담 목표를 설정하기 위한 노력으로 남편은 부부관계는 노력해도 소용이 없겠지만 부부관계에 대해 올해 안에 매듭짓고 싶기 때문에 이혼에 앞서서 부부관계를 개선하는 노력을 해보기로 했다. 부부 상담을 권유했으나 부인에게 인간 이하의 상처를 주기 때문에 각자 상담받기를 바랬다. 아내도 힘든 처지로 상담을 필요로 하며 남편이 권하면 뭐든지 할 사람이라고 했다.

과제로 남편이 부인의 말에 반응을 보일 때 부인과 자신이 어떻게 달라지는지를 보고 오도록 하였다.

3) 3회(1993. 11. 25)

과제는 척도 질문을 통해 점검했다.(척도 질문 0:거의 안함, 10: 매우 많이 함)

부인의 말에 대꾸한 경우는 7점이었고, 부인을 쳐다보고 이야기한 정도는 6점으로 지난주엔 남편은 과제를 수행하고자 많이 노력했다. 부인의 제안으로 발레 공연을 보러 갔는데 자신은 억지로 갔고 별로였지만 부인은 매우 좋아했다. 남편의 변화로 아내가 활기가 생기고 표현이 늘어 발레 가자고 요구할 정도로 부부관계에 변화를 보였다. 그러나 남편은 지난 주내내 부부 문제를 매듭지어야 한다는 생각에 매우 초조하고 불안했다면서 변화를 변화로 보지 않았고 자신은 변함없이 괴롭고 힘드는데 이런 노력이 무슨 소용이 있겠는가 하는 반문을 제기 하였다.

3) 부인과의 상담

1) 1회(1993. 11. 22)

부인은 상담을 원하던 중 남편의 권유로 오게 되었다. 상담을 통해 바라는 바는 부부사이에 의사소통의 개선과 자신의 변화를 들었다. 자신은 다른 사람과의 관계에서는 명랑하고 원만한데 남편 앞에서는 두렵고 주눅이 들어 눈물이 잘 나오고 겁을 먹게되는 모습에서 탈피하여 평소대로 행동하기 바랬다. 남편과 사내 결혼으로 남편이 평소 직장생활에 불만족하고 적응하는데 어려움이 있어 남편을 돕다가 사귀게 되었다고 했다. 사귀는 과정에서 남편은 여자를 존중해 주었고 자상해서 결혼을 하게 되었다. 결혼 후 남편이 너무 달라져서 차갑고 이성적으로 되었고 감성은 퇴보된 것 같다. 결혼 초기에 이미 남편도 알고 있었고 대수롭지 않았던 남자와의 관계에 대해 집요하게 묻고 추궁했다. 한번 묻기 시작하면 밤새도록 잠을 안자고 다른 사람도 잠을 못자게 해서 너무 힘들었다. 때때로 남편이 머리를 움켜지고 소파에 뒹굴기도 하고 방문을 잠그고 고함을 질러서 너무 무서웠다. 남편이 있을 때 방문을 잠그고 있거나 책상밑에 숨기도 했다. 아기를 낳지 못하게 했지만 기독교 신자로써 유산이나 이혼은 생각할 수 없다. 남편의 성장과정에 대한 이야기를 하면서 남편이 좌절을 많이 경험한 사람으로 결혼에 많은 기대를 가졌다가 실망한 것 같다고 했다. 매력적이고 호감가는 모습이나 많이 지쳐 보였다. 차분하면서 때로는 감정이 복받쳐 울먹이었지만 자신의 감정을 조리있게 잘 표현하고 이지적으로 보였다. 상담에는 협조적이었다.

남편과 같은 과제로 일상생활에 대해 메모를 해 오도록 하였다.

2) 2회(1993. 11. 29)

아침 출근 길에 전철역에서 남편이 아내의 가슴을 손으로 쳐서 주위 사람들한테 창피해서 죽고 싶었다면서 울음을 터뜨렸다.

지난 주 과제를 점검하면서 내담자의 감정이 가라앉았다. 남편과 결혼 후 처음으로 발레공연을 갔다. 아내의 제안으로 남편과 함께 처음으로 그런 곳에 갔었기 때문에 내담자는 매우 좋아서 좋은 감정을 남편에게 이야기했고 발레와 음악에 대해 평소와 다르게 이야기를 많이 하는 것을 보고 남편이 신기해 하는 것 같았다. 남편은 내색은 안했지만 싫어하는 것 같지 않았다. 다음날 처음으로 남편이 깨우지 않고 스스로 일어났고 이부자리를 개주는 일이 있었다. 요즈음 아내의 말에 남편이 대꾸하는 정도가 늘어났고 부부간에 이야기도 늘었다. 부인은 상담 초기에 아침 일로 우울했었지만 지난 주 일에서 변화가 많았다면서 밝은 표정으로 전환되었다.

3) 3회(1993, 12. 8)

남편이 요즈음 말을 먼저 걸고 아내가 말 없이 있으면 기분을 띄워 주려고 한다. 원래 남편은 유우머가 있고 재치가 있는 사람이었는데 그때와 비슷할 때가 있다. 그러나 간간이 남편의 모습이 조용하고 우울하게 보였다.

다른 부부처럼 평범하게 살았으면 좋겠다 예를 들면 친구처럼 대화하고, 일상생활에 대해 편안하게 이야기하고 , 어려운 문제는 남편하게 상의하게 되고(무조건 남편은 화부터 내서 말을 할 수 없다), 경제 면을 아내에게도 맡겨 주었으면 한다. 현재 상태는 표현이 많이 늘었다. 원래 밝은 모습이었고 직장내에서 우수하다고 상을 많이 탔었고 직장에서는 자신의 능력을 100% 발휘한다면 집에서 그동안 너무 위축되었다. 현재의 부부관계는 10점 만점에서 볼 때 2점에 있고 한 단계 높아진다면 남편과 텔레비전 볼 때 눈치 안보고 웃을 수 있고 남편에게 어려운 문제를 상의하게 될거라고 했다. 부인은 남편의 변화로 상담에 대한 기대가 늘고 집안에서 표현이 점점 많아졌다.

4) 4회(1993. 12. 13) 부부가 함께 InSoo Berg Kim에게 자문을 받음

치료자 : 두 분에 대해서 저는 잘 모릅니다. 아기 하나 있으시구요-----.
여기에 온 것은 몇번째예요?
남 편 : 네번째 입니다.
치료자 : 시간이 없어서 빨리 해야 되겠네요. 그리고 말을 잘 못하기 때문에 느려요. 이해하세요. 여기에 오신 것 중에서 무엇이 가장 도움이 되었나요? 두 분이 따로 오셨지만은요.
부 인 : (남편을 보며) 먼저 하세요.
남 편 : 크게 도움이 되었다기 보다도 털어놓는 것으로 마음이 편해지는 것입니다.
부 인 : 상담이 처음이거든요. 저는 이것을 통해 생각을 정리할 수 있었고, 지금 생활을 좋게 이끌고 새로운 생활에 도전하고, 이혼을 했을 때 새 생활을 찾아가는 동기를 찾는다는 거예요.
치료자 : 오, 그래요? 아주 많이 도움이 됐군요.
부 인 : 네.
치료자 : 남편의 경우 이혼을 많이 생각했는데, 이혼을 직접 안하시는 이유는 무엇입니까? 생각만 하시고 직접 행동을 안하시는 이유가 뭐지요.
남 편 : 이유는 아이가 있기 때문이죠. 아이에게 상처를 덜 주는 것을 생각하고, (잠시후에) 그것이 가장 큰 문제이고 주변 사람들로, 부모나 직장도 있지만 -----.
치료자 : (두 사람을 다 바라보며) 이혼하면 영향이 있나요?
남 편 : 같은 직장을 다니니까 이혼하면 같이 다니기는 어렵죠.
치료자 : (두 사람을 바라보며) 그러면 이혼하시면 어느 한 분이 직장을 그만 두나요?
남 편 : 네, 제가 그만 두어야죠.
치료자 : 그래요.
부 인 : 회사 규정에 그런 것은 없지만, 같이 다니기는 불편하니까요.
치료자 : 제가 한국의 상황을 잘 모르는 데요. 이혼하면 아기는 누구와 살게 되나요?
부 인 : 누구하고 산다구요?

남 편 : 아기쪽에서 선택할 수 있습니다. 어느 쪽에서 맡는 것이 아기에게 상처가 덜 되고, 피해가 덜 되게요.

치료자 : 아 ! 아기에게 피해가 덜 되게요. 아기를 사랑하시는군요?

남 편 : 그 애는 죄가 없잖아요.

치료자 : 엄마 보기에도 아빠가 아기를 많이 사랑해요?

부 인 : 네.

워 커 : 오. 그래요! 아버지가 좋은 아버지인가요? 잘해요?

부 인 : 네, 참 잘해요.

치료자 : (남편을 쳐다보면서) 그러세요! 그런 것은 어디서 배우셨어요? 그것은 힘든 것인데 -----.

남 편 : 아이를 좋아하는 천성이예요. 남의 집 아기도 안아주고 그랬으니까요. 그리고 아기가 뱃속에 있을 때 고생시켜 가엽고, 불쌍해 보여서------.

치료자 : 아주 sensitive 하시군요.

남 편 : 예.

치료자 : 깊이, 많이 느끼시구요. 그런 것이 많군요.

남 편 : 네, 저도 감정적이예요. 이 사람은 저 보고 차고 이성적이라고 하는데, 이성적인 면도 있으면서 감성적인 면도 있어요.

치료자 : 그런 것 같아요. 깊이 많이 느끼시는 것도 있구요.
이것은 참 어려운 문제인데요. 사람이 차면 금방 결정할 수 있는데, 그렇게 못하는 것을 보면 -----. 무슨 생각을 하셨어요? 어떻게 하면 도움이 될까요?

남 편 : 도움이 될 만한 것은 없구요.

치료자 : 어떻게 하면 제일 좋게 할 수 있을까요?
세 사람에게 가장 영향이 큰 데, 어떻게 하면 좋겠어요?

남 편 : 저는 정서, 성격, 문화 차이 등을 가지고 함께 살아가기가 어렵다고 느껴요. 현실적 상황에 부딪쳐서도 그렇게 생각해요. 둘 다 그렇게 생각하는 것 같은데 헤어지는 것이 제일 -------.

치료자 : 헤어지는 것이 가장 좋은 방법이라는 것이죠. 두 분 다 그렇게 생각하세요?

남 편 : 잘 모르겠어요.

부 인 : 그건 우리들의 욕심이구요. 그렇게 되면 아이가 제일 피해가 되구요. 그것이 가장 큰 걸림돌이죠.

남 편 : 저는 헤어지는 것이 가장 좋다고 보고, 아기에게도 이런 엄마 아빠를 가지고 바른 정서를 가질 수 없다고 생각이 되거든요.

치료자 : 아기가 몇 살이죠?

부 인 : 16개월 되었어요.

치료자 : 지금은 어때요?

부 인 : 아이는 떨어져 있거든요. 시부모님이 기르고 있어요. 잘 자라고 있어요.

치료자 : 아, 행복하구요?
부 인 : 네.
치료자 : 저기 그러면 서로 갈라지는 것이 어떻게 도움이 될까요?
부 인 : 서로에게요?
치료자 : 예. 서로에게요.
부 인 : 당장 매일매일 부딪치는 것이 없어질 거예요.
치료자 : 그러면 마음이 편해질까요?
부 인 : 편안하지는 않을 것 같아요.
치료자 : 부딪힐 것이 없으면 마음이 편하잖아요?
부 인 : 어떤 것이 더 마음이 편할지 당해보지 않아서 잘 모르겠지만, 편할 것 같지는 않아요.
치료자 : 그래요? 남편이 보기는 어때요?
남 편 : 저요?
치료자 : 예. 헤어지면은요.
남 편 : 헤어지면 고통스러운 갈등 속에서 벗어날 수는 있겠죠. 그렇지만 두고두고 남은 인생 동안 아기에 대한 죄책감 등이 고통스러운 문제가 되겠죠. 또 여자에 대한 죄의식, 그러나 일단 현실적으로 정서적인 갈등은 헤어지면 해결이 되겠죠.
치료자 : 그럴 것 같아요?
남 편 : 그렇죠. 헤어지는 길만이 -----.
그러나 여자의 경제적인 문제, 저 자신의 생활의 불편한 문제 등이 있는데 그런 것은 사소한 문제이며 그 다음의 문제일 수 있고, 아기의 성장에 악영향을 안 미치고, 피해를 줄일 수 있겠는가, 또 이 여자가 얼마만큼 능력을 가지고 경제적으로 남은 인생을 살아갈 수 있는가 하는 것이 해결될 수 있었으면 -----.
치료자 : 걱정을 많이 하시는군요?
남 편 : 예. 하지요.
치료자 : 아셨어요? 이렇게 걱정 많이 하시는 것을?
부 인 : 예, 하지만 저건 걱정이 아니예요.
치료자 : 예?
부 인 : 걱정이 아니라구요. 저를 생각해서 해주는 것이 걱정이잖아요. 그런데 그런것이 아니예요.
치료자 : 그런 것이 아닌 것 같아요?
부 인 : 예.
치료자 : (잠시후에)예. O.K.
또, 헤어지면 무엇이 나아질까요?
남 편 : 저 하고요?
치료자 : 네.

남 편 : 헤어지면 인생에서 커다란 실패를 했기에 고통을 짊어지고 평생 살아가야 하지만 그것은 어쩔 수 없는 일이기에 그냥 두고, 저 같은 경우에는 일을 열심히 한다든가 다른 쪽에 재미를 붙인다든가 삶의 의미를 찾으려고 노력해야 되겠죠. 그렇게 해서 힘들고 어렵게 살아가는 일이 되겠죠. 그래도 그것이 갈등하면서 앞으로도 뒤로도 못 나가는, 이런 상태에서 같이 살면 평생 떨쳐버릴 수 없다고 생각합니다. 이것을 짊어지고 안 좋게 살아가기 보다는 헤어지는 것이 더 나아지리라고 생각하는 거죠. 이것은 저 보다도 이 사람에게 더 낫다고 생각합니다. 현재 서로 고통스러운 것을 참고 견디고 생활하고 있는데, 이것이 서로가 얼마나 정신적으로 육체적으로 고통스럽고, 사실 둘 다 젊은 나이인데, 건강이 말이 아니고, 이사람도 더이상 견딜 수 없는 한계에 도달한지 이미 오래 됐죠. 계속 참고 견디고 있는데, 이게 힘들죠. 저를 위해서도 아기를 위해서도 헤어지는 것이 --------.

치료자 : 그러면 남편이 생각하시기에 어떻게 하면 헤어지는 날이 되겠어요?
무슨 일이 생기면 오늘이 헤어지는 날이라고 아시겠어요?

남 편 : 참다 견디다 못하면 그 날이라고 생각하는데요, 현실적으로요.

치료자 : 오우. 그러면 더 힘들죠. 아주 끝까지 버티는 것 보다 미리 헤어지는 것이 더 낫잖아요?

남 편 : 그렇게 합리적으로 했으면 좋겠어요.
아주 정말 돌아가지고 미친 사람처럼 뻗기 전에 합리적으로 둘 다 판단해서 조정할 수 있으며, 그런 장치를 마련할 수 있으면 마련해 놓고--------.

치료자 : 예. 준비를 미리미리 해서 ------.

남 편 : 서로 이해만 된다면, 이 길 밖에 할 수 없다. 이것이 최선이라고, 합리적으로 -------.

치료자 : 그러면, 그렇게 하실려면, 부인하고 무엇을 어떻게 말하면 그렇게 부인이 따라올까요? 부인이 그렇게 하겠다고 할까요?

남 편 : 근데, 이 사람도 생활이 힘들기 때문에, 헤어질 마음을 가지고 있는데 ------, 말 한마디 한마디가 힘들군요. 숨이 차고요. 말하기가 힘들군요.

치료자 : 네, 그래요. 이는 쉬운 문제가 아니니까요. 두분 다 서로를 잘 아시잖아요. 아시죠?
무엇을 어떻게(부인을 바라보며) 이 분에게 이야기하면 부인과 앉아서 이야기할 수 있을까요?

남 편 : 언제든지 이야기하는데, 그러면서도 자기가 최선을 다해서 잘 하면, 제가 마음이 변해서 좋은 시절이 오겠지 하는 한가닥 희망을 가지고 있는 것 같아요. 저는 가능성이 없다고 생각해요.

치료자 : 그러면 부인되시는 분은 뭔가 남편이 모르는 것을 알고 있어서 가능성이 있다고 믿으시는 것이 무엇이죠?

부 인 : 가능성이 있다고 믿고 싶은 거죠.

치료자 : 믿고 싶은 거예요? 아니면 믿을 만한 증거가 있는 거예요?

부　인 : 증거는 없죠.
치료자 : 증거는 없어요?
부　인 : 네.
치료자 : 그러면 본인이 믿고 싶어서 믿는 거예요?
부　인 : 네. 그렇죠. 그런 희망도 없다면 제가 어떻게 버티겠어요.
치료자 : 글쎄 말이예요.
부　인 : 희망이죠.
치료자 : 그러니까 희망이 실제적인 것인가요? 아니면 실제적인 것이 없는데 희망을 위해서 희망을 가지시는 건가요.
부　인 : 음, 실제적으로 아주 무(無)라고 생각지 않아요. 아주 희박하지만 희망이 있다고 봐요.
치료자 : 무엇을 보시기 때문에 희망이 있나요?
부　인 : 이 사람과 만 2년을 살았는데 굉장히 다른 두가지 면을 보았어요.
하나는 차가운 면이죠. 아주 쌀쌀하고 냉혹한 면이구요. 다른 하나는 따뜻하고 자상한 면이죠.제가 희망을 가지는 면은 두번째 면이예요.
치료자 : 그렇죠. 그렇게 따뜻한 인간성이 어떻게 나타나죠?
부　인 : 천성이죠. 뭐.
치료자 : 어떻게 해서 보셨어요?
부　인 : 음, 그런 면을 보일 때가 있어요.
치료자 : 음, 어떻게 나오죠?
부　인 : 어떤 경우에 나오냐구요?
치료자 : 네. 네.
부　인 : 음. 상황가지고는 설명이 안돼요. 그런 경우가 있구요. 그것이 항상 같은 상황은 아니고, 그런 면을 보일 때가 있어요. 제가 느끼는 거죠.
치료자 : 그래요. 그러면 애기한테는 그런 모습이 자주 나오나요?
부　인 : 네. 그래요.
치료자 : 애기한테 볼 수 있어서 그런 면을 보나요? 애기한테 보이는 것으로 그 속을 아시는군요.
부　인 : 네.
치료자 : 그러면, 보시는 희망과 믿는 희망을 가지고 같이 살면 넘길 것 같아요? 넉넉할 것 같아요?
부　인 : 그것이 넉넉하다면 힘들지 않겠죠. 부족하니까 힘든 거겠죠.
치료자 : 그렇게 힘들더라도 생각하시는 것은 같이 살았으면 좋겠다고 생각하는 거예요?
부　인 : 제가 생각하는 것이 셋에게 가장 이로울 거예요.
치료자 : 그것이 무슨 말이죠?
부　인 : 그러니까 셋에게 가장 좋은 방향, 바람직한 방향이 그럴 것 같아요.

저도 부부사이가 안 좋은 사이에서 아이가 바로 자랄 것 같지는 않거든요. 그렇지만 죽은 것이 아니라 헤어진 부모의 한 쪽 면에서 자란 아이 또한 마찬가지라고 생각해요. (남편을 보면서) 제가 이 사람과 틀린 점은 이 사람은 아기만을 위해서 참고 있는 거고, 저는 이 사람과 아기를 위해서, 두 사람을 위해서 참고 있는 거예요.

치료자 : 그렇게 다르시군요.

부 인 : 네.

치료자 : (부인을 보면서) 그러면 여기에서 많이 사신 경험이 있는데 그 중에서 어떻게 하면 이 분한테 부인이 보시는 것처럼 같이 보이게 할 수가 있을 것 같아요?

부 인 : 어떻게 하면요?

치료자 : 어떻게 하면 부인이 보시는 것처럼 남편에게도 그렇게 보이게 할 수 있을 것 같아요?

부 인 : 제가 어떻게 하면이 아니라 이 사람 자체의 어떤 변화가 있어야 되고 저에 대한 성질과 구조가 바뀌거나 자기자신의 인생관이나 생각이 바뀌거나 -----, 지금 상태에서는 제가 어떤 변화를 보이건 간에 어떤 상태로 대하건 간에 결과는 똑같거든요. 기본이 바뀌지 않고는요. 전, 그렇게 생각해요.

치료자 : 그러면 두 분 중에서요. 남편되시는 분의 책임이 더 무거운 것 같네요. 왜 그러냐면, 이 사람은 될 수 있으면 계속해서 살겠다고 그러니까 남편되시는 분은 오늘부터 헤어지자는 것에 대한 책임이 혼자 있는 거지요? 그렇죠? 같이 책임지는 것이 아니구요.

남 편 : 지금 말하는 것으로는 그렇기도 하는데, 평소에는 헤어지자는 소리를 자기가 먼저 했거든요.

부 인 : 제가 헤어지자는 소리를 꽤 한적도 있어요.

치료자 : 무슨 이야기예요?

부 인 : 제가 이혼을 먼저 이야기한 적도 있다구요.

치료자 : 아 -- 예.

부 인 : 어떤 한계에 부딪치면, 모든 것을 자포자기 하게 되요. (울먹이면서) 그러면 목숨에 대해서 생각을 하게 돼요. 많이 죽고 싶고 그러거든요. 그것 보다는 헤어지자는 것이 낫겠다고 생각하고 그럴 때는 그런 이야기를 하죠.

치료자 : 그렇죠. 지금도 그러세요? 아니면 마음을 바꾸셨어요?

부 인 : 두가지 길이 왔다갔다 해요. 하지만 -------.
저는 종교를 갖고 있거든요. 그것으로 버티고 있죠.

치료자 : 네. 종교쪽에서는 이혼에 반대인가요 ?

부 인 : 네.------ 꼭 반대는 아니지만, 성경적으로는 비성경적이죠.

치료자 : 아 --- 예. 문제가 더 어렵군요.
(남편을 바라보며)그러면 남편되는 분은 어떻게 했으면 부인과 같이 앉아서 헤어지자고 할 것 같아요? 무엇이 있으면 ?

남　편 : 견딜 수 없을 만큼 힘들어지면 그렇게 하겠죠?
(잠시 후) 저, 어떻게 하면 저에게 헤어지자고 말을 할 것 같냐구요?

치료자 : 네. 그렇죠. '자기가 이러니까, 이렇게 하자.' 고 하는 거죠. 너무 견딜 수 없을 때까지 기다리는 것이 아니고 미리 하는 것이죠. 사실 그러면 안 되잖아요? 견딜 수 없을 때까지 기다리면 두 분한테도 좋지 않고, 아기한테도 좋지 않구요. 장래에도 서로를 원망할 거구요. 그것은 아기에게도 해를 끼치구요. 그러면, 그렇게 가기 전에 -------.

남　편 : 그런데 어디 그렇습니까?
이혼이 한국 사회에서 아직까지 쉬운 일인가요, 참고 참고 견디다가 못사니까 헤어지는 것이지 ------ , 모르겠어요. 서양 사람처럼 합리적으로 착 따져가지고 미리 예방하는 차원에서 이혼하는 경우도 있는지 모르겠는데, 그건 우리 사람에게는 쉬운 일이 아닌 것 같아요. 참고 살다 못하면 헤어지는 것이지 ------.

치료자 : 그럼 지금 그렇게 생각하시나요?

남　편 : 사실, 서양 사람같으면 헤어지고 남았다고 했을 정도로 극도에 도달했는데도 실제로 이혼을 못했는데-----.

치료자 : 그럼, 생각하시는 것이 어때요? 그때까지 견딜 수 없을 정도로 정신이 미친 사람처럼 될 때까지 되어야 헤어지는 건가요?

남　편 : 그렇게 되기 전에, 두 사람이 아직 젊은데 살아야 할 것 아닙니까?
서로 폐인이 되기 전에 서로 헤어질 수 있으면 좋지 않겠는가 생각하면서도, 그러면서도 마음의 안정을 되찾고, 같이 살 수 있는 방법을 항상 연구하고 생각하고 있어요. 그러나 아무리 시도해 볼려고 해도 도저히 안되고, 자꾸 부딪히기 때문이예요.

워　커 : 부인 좀 나가 앉아 계시겠어요?

부　인 : 네.

(부인이 밖으로 나가고, 치료자와 남편만이 상담실에 남았다.)

치료자 : 아! 생각하시기예요. 이혼한다는 것이 부인과 살고 싶지 않은 거예요? 아니면 같이 살 방법이 있으면 살아 보겠다는 건가요?

남　편 : 같이 살 방법이 딴 것이 아니고 이 사람과 같이 있으면 저는 정서적으로 회의를 느끼면서, 마음이 불안하고, 편안함을 못 찾아요. 그래서 직장일에 지장을 받을 정도예요. 그래서 이혼을 생각하는 것인데, 저는 같이 산다는 것은 그런 것이 강할 때만 가능하다고 생각하거든요. 같이 살려고 노력한다면 그 가능성을 저도 배제하지 않겠는데 같이 살려고 노력한다는 것은, 글쎄 --------.

치료자 : 저 혹시요 부인이 어려운 사람이지만 같이 살 방법을 배울 수 있다면 이혼하지 않아도 된다는 건가요? 아니면, 뭐 그런 방법이 있더라도 같이 배울 생각이 없다는 건가요? 어떤 쪽인가요?

남　편 : 그럴 방법이 있으면 그것을 배울려고 생각하는데, 저는 그런 방법이 없다고 생각하거든요.

치료자 : 그걸 배울 방법이 있다면?

남 편 : 있다면 끝까지 지푸라기라도 잡을 심정으로 마지막 한가지라도 시도해 보고 이혼하겠다는 생각이죠. 그럴 방법이 있으면 배워보겠다는 생각이 있는 거죠. 그런데 저는 그런 방법이 없다고 느껴져요.

치료자 : 그래요. (잠시후에) 그래요.

이 사람과 같이 살 감정이 없다고 생각하시거나 또는 이 사람과 살고 싶지 않다고 생각한다면, 이것도 저것도 나쁘다는 생각이 들 수 있거든요.

남 편 : 지금 제가 그래요.

치료자 : 같이 살 방법을 배울 가능성이 있어도 마음이 없으시군요.

남 편 : 그런데, 배울 가능성, 즉 어떤 것을 배우는 것인지는 구체적으로 모르지만은요. 부인에게 좀 더 잘해주고, 참고, 그런 보통 일상적인 방법은 안 될 것 같거든요. 선생님이 말씀하시는 것과 같이 살 수 있는 방법을 배우라는 것 이 무엇인지 잘 모르겠어요.

치료자 : 제가 보기에는요. 두쪽으로 볼 수 있어요. 이 사람이 하루에 백 번씩 절을 해도 미운 것은 미운 것이고, 이 사람이 어딜 가서 어떻게 해도 싫은 것은 싫은 것이거든요. 아니예요? 그렇죠?

남 편 : 네.

치료자 : 그러니까 상대방이 아무리 잘 해 줘도 필요가 없는 거죠. 그렇게 사는 것 보다 이혼하는 것이 낫다는 것이지요?

두 사람이 결혼해서 마음이 안 맞는 것은 보통 흔하거든요. 그렇죠? 다 그렇잖아요. 생각하는 것 다르고, 생활하는 것 다르고 모두 다 그렇죠. 그래서 산다는 것이 힘든거죠. 그래도 그렇게 하는 것은 하고 싶어서 하지요. 미워도 하는 것은 하고 싶어서이고, 마음이 안가도 하는 것은 하고 싶어서 하는 것이거든요. 그런데 그런 마음이 있으신지 없으신지 모르겠어요. 살기가 어려워도 마음이 있으면 다시 방법을 배울 것이고 마음이 없으면 안배우시는 거죠.

마음이 있으신가요? 아니면 없으신가요?

남 편 : 두 가지 중에 뒤에 것에 가까운 것 같아요.

치료자 : 어떻게 해도 정을 주고 싶지 않다는 거죠?

남 편 : 정이 잘 안갈 것 같아요.

치료자 : 정을 주고 싶지 않나요?

남 편 : 정을 주고 싶지 않은 것이 아니라 정을 주고 싶어도 정이 잘 안갈 것 같아요.

치료자 : 지금 그렇게 생각하시는 것을 알겠어요. 하지만, 지금 부인이 오해를 많이 하시는 것 같아요. 남편이 참 차가운 사람이라고 했는데, 그런 것이 아니신 것 같은데요. 아주 sensitive 하고, 생각도 많이 하시고, 감정도 깊은데 부인이 잘못 아시는 것 같아요. 남편이 어떤 사람인지 모르잖아요?

남 편 : 정확히는 잘 모르죠. 그런데 차다고 하는 말에는 일리가 있거든요, 제가 이 사람에게는(부인의 빈자리를 보며) 차고 냉혹하게 했어요.

치료자 : 네, 하지만 찬 것만 보여도 따뜻한 것이 가끔 나타난다고 하잖아요. 자연적으로는 속이 따뜻한 사람인 것 같은데-------, 싫어서 차게 하고 그래서 오해한 것이 많죠.

남 편 : 오해라고까지는 할 수 없죠. 자기에게는 어쨌든 차게 하니까요.

치료자 : 그렇죠.

남 편 : 다른 사람에게는 다 좋게 해도 자기한테 차게 하는데, 따뜻한 마음을 가지는 것이 무슨 소용이 있겠습니까? 자기한테 잘해야지-----, 또 아기한테 잘하고, 부모님에게 잘하고, 친구들에게 잘하고, 따뜻하게 하고, 인간관계 좋게하고 그게 다 무슨 소용이 있겠어요. 이 사람에게는 자기에게 냉혹하게 하는데 ----.

치료자 : 그러면, 어떻게 결정하시겠어요?

남 편 : 어, 저는 잠정적으로 결정이 되어 있는 상태이구요. 제가 너무 힘들어 하기 때문에 정신을 차릴 수가 없어요. 혼란스러운 상태이기 때문에 ------.
하여튼 잠정적으로 결정이 돼 있는 상태예요. '헤어져야 되겠다. 그 길 밖에 없는가 보다.' 하고요. 아기를 위해서도 저로서는 직장을 그만 둘 생각도 마음속으로 가지고 있어요. 왜냐하면 헤어지면 저는 남자니까 다른 일을 해서 먹고 살 수 있지만, 저 사람은 생계 대책을 해 주어야지요. 둘 중에 누가 그만 두어야 하는데 제가 그만두어야지요.

치료자 : 그렇게 깊이 생각하시는군요?

남 편 : 깊이 생각하는 것이 아니라 신경써야 하죠. 아기는 누가 길러도 좋은데, 아기는 제가 기르겠다고 했는데-----. 모르겠어요. 아기는 저쪽 의사에 의해서 하겠어요. 하여튼 그런 생각은 다 되어 있는데, 제가 걱정하는 것은 제가 반 강제적으로 하다시피 이혼하기로 결정하면, 저 여자가 정말 혼자 몇년의 세월이 지나면서 상처가 아물어서, 혼자 잘 살면 괜찮은데, 자살이라도 하지 않을까 하는 생각, 그런 것이 걱정이죠. 그것만 아니면, 여자가 상처를 조금만 덜 받을 수 있으면, 여자가 좀 더 강하고, 표독스럽고, 차갑고, 맺고, 끊고 그러면 제가 헤어지자고 안했어도 사실은 벌써 다 도망가고 헤어졌을텐데 --------. 좀 여리고 해서 결단을 못 맺고 질질 끌고 있는 거예요.

치료자 : 그럼 겁이 나서 같이 사시는 거예요?

남 편 : 그것도 크죠.

치료자 : 그래요.

남 편 : 그렇죠. 꼭 자살이 아니더라도, 조금이라도 좋아지는 쪽으로 가거나, 홀로 설 수 있으면 괜찮은데----, 다행히도 다른 좋은 남자를 만나 잘 살면 얼마나 좋겠어요. 그렇게 되지 않고 만의 하나라도 잘못 될까봐 염려스럽죠. 그런 뒷처리만은 깨끗하게 하고 싶죠.

치료자 : 그러면, 잘 될거라고 믿으시면, 이혼을 금방 하실 건가요?

남 편 : 네.

치료자 : 아 -- 예. 저, 조금만 기다려 주세요.
제가 잠시 뒤에 있는 치료 팀과 의논하고 5분 후에 다시 오겠습니다.

치료자 : 제가 말씀드리지 않아도 두 분이 아시겠지만, 몹시 심각한 어려운 문제인 것 같습니다. 특히 부인께서는 더 어려운 상황인데요, 자신이 원하지 않는 상황을 수용해야 하는 입장이기 때문이죠. 그래서 제가 너무너무 가슴이 아프다고 생각됩니다. 그러나 또 다른 한편으로는 남편의 입장도 이해할 수 있습니다. 남편이 부인을 위해서 많이 생각하고 존중하기 때문에, 거짓의 생각을 하고 싶지 않고, 부인께 가능하면 정직하고 솔직하고 싶다고 하는 그것도 이해가 갑니다. 남편께서 부인을 존중하고자 하는 그런 마음이 잘못 해석될 수도 있죠. 오해될 수도 있을 거예요. 동시에 부인께 솔직하게 하기 원하는 것, 이것도 어렵다는 것을 이해할 수 있습니다. 어떤 면에서는 남편께서 부인하고 살기 힘들다는 것을 감추고, 쉬운 것처럼 생활하는 것이 더 편할 수도 있죠. 그런데 그것이 아이에게 더 해로울 수 있습니다. 그래서 제가 두분께 권하고 싶은 것은 마지막까지, 견딜 수 없을 때까지 기다리지 말라는 것입니다. 그것을 질질 끌면 오히려 더 해로울 수 있습니다. 두 분께도, 아이에게도 ------.

그래서 두 분이 차분하게 앉아서 뭔가 두분이 동의할 수 있는 합의를 보는 것이 좋을 것 같습니다. 이것이 오래 지속되면 될수록 서로에게 나쁜 감정만 가지게 되고 이는 아기에게도 두 분에게도 아주 해로울 수 있고, 두 분이 서로 미워하는 마음을 가질 때 아기에게도 그 영향이 갈 수 있기 때문이죠.

저는 남편께서 자신의 헤어지자고 하는 마음을 분명히하고 확실하게 결정하는 것이 좋다고 생각합니다. 왜냐하면 부인께서 자살하지 않을까 하는 생각 때문에 결혼생활을 유지하는 것은 좋지 않기 때문이죠. 그런 상황에서 계속 사시게 되면 부인께서는 한평생 남편이 자신을 사랑해서 사는지, 자살할까봐 사는지를 알 수 없게 되죠. 그래서 남편이 애정을 표시해도 항상 의심을 하게 되죠. 그리고(남편을 보면서) 남편께서도 진짜 살고 싶어서 사셔야 됩니다. 그렇지 않으면, '항상 어떨까?' 하는 의심을 하게 되고 믿지 않게 되죠. '남편이 진짜 나와 살고 싶어서 사는지?' 아니면 '내가 두려워서 사는지?' 부인이 끝까지 모르게 되죠.

그런 결혼생활은 아주 해롭고, 한평생 행복하지 못할 수 있고, 아이에게도 해롭죠. 다시 한 번 말씀드리지만, 대단한 문제를 가지고 계시는데, 제가 권하는 것은 되도록 빨리 결정을 내리라는 것이죠.

혹시 저한테 물어보고 싶은 것 있으세요?

제가 말하고 싶은 것은 여기 두분이 같이 오셔서 최선생님하고 '어떻게 헤어져야 되는지?' '어떻게 이혼하면 제일 좋은지?', 아기한테도 두 분한테도 좋도록 의논하는 것이 좋겠는데, 이 일은 쉬운 것이 아니니까 좀 의논하셨으면 좋겠어요. 쉬운 일이 아니니까 도움이 필요하시지요.
생각할 일이 많잖아요? (두 사람을 번갈아 보며),두 분이 같이 최선생님께 와서 의논하셨으면 좋겠어요. 집에서도 많이 생각하셔야 되겠어요
질문이 있으세요?

남편과 부인 : 모두 질문이 없다고 함.

** 부부가 점심시간을 활용하여 상담을 받고 급히 직장으로 돌아갔다.

** 자문 후 논의

남편이 이혼에 대한 확고한 생각을 가지고 있고 함께 사는 것을 힘들어 하면서 왜 헤어지지 않고 이 문제를 오랫동안 끌고 있는지를 알 수 있었다. 부인은 남편과 함께 살기를 바라기 때문에 웬만한 고통은 감수하면서 살 사람이고 이혼을 원하는 사람이 남편이기 때문에 이 문제에 책임을 지고 적극적인 행동을 취할 사람은 남편이다. 남편은 이혼에 대해 생각이 확고하고, 부부관계가 변할 수 있는 방법이 있어도 노력하고 싶은 마음이 전혀 없는 것으로 보였다. 단지 이혼 후 부인이 불행하게 되면 그 문제에 대한 책임을 지고 싶지 않기 때문에 부인이 스스로 떠나기를 기다리고 있을 뿐이다. 그러므로 자문 이후의 상담에서는 당사자들이 회피하고 싶어 하지만 이런 관계가 부부나 아이에 더 어려움을 줄 뿐이라는 점을 인식시키고 남편이 이혼 문제를 제기한 사람으로써 이 문제에 적극적인 조치를 취하도록 고무시키는데 역점을 두도록 조언을 받았다. 상담에 부부가 함께 와서 이혼을 하느냐, 마느냐 하는 문제가 아니라 이혼을 하기 위한 구체적인 문제를 다룸으로써 고착상태에서 벗어나서 문제를 해결할 수 있도록 하는 것이다.

이혼을 생각하는 단계에서 벗어나 이혼에 관련된 문제들을 구체적으로 다루다 보면 관계 양상이 변화되고 때로는 이런 변화로 부부가 다시 합칠 수 있는 계기가 되기도 한다. 상담의 궁극적인 목표는 고착된 부부관계에서 벗어나 문제를 해결하도록 내담자를 움직이는데 두었다.

5) 자문 후 부인 상담

부인은 자문을 통해 이혼에 대해 구체적으로 의논하라는 말에 매우 화났었으나 시간이 지나면서 동의하게 되었다고 했다. 오래 전부터 남편이 이혼을 강하게 원하고 있고, 그런 생각이 변할 수 없다는 것을 알았지만 이혼을 원하지 않았기 때문에 상담을 통해 도움을 받고 싶었다. 그래서 자문자의 조언에 동의하면서도 그 말을 듣기가 싫었던 것 같다. 남편은 자문을 받고 난 뒤에 아내가 자살할지 몰라 이혼을 추진하지 못한다는 말을 자문자에게 했다면서 미안해하고 전보다 아내의 비위를 맞추고 자상하게 대하려 무척 애를 쓰고 있다. 지금도 남편이 이혼하지 않겠다면 함께 살 의향이 있다. 하지만 남편이 요즈음 노력은 미안한 마음에

서 비롯된 것이지 근본적으로 이혼하고 싶은 마음에는 변함이 없다는 것을 알고 있기 때문에 부부관계는 회의적이다. 자신이 노력할 문제가 아니라 전적으로 남편에게 달려있는 문제이다. 더이상 남편에게 매달리고 싶지 않다. 요즈음 남편에게 참지 않고 있는 대로 행동하고 화를 많이 낸다. 이혼에 대해 받아들이고 이혼 후 살아갈 준비를 하고 있다. 직장을 바꿀 계획이며 이혼을 먼저 제기할 생각은 없다. 이혼을 결심하기 전까지는 상담이 필요했지만 지금부터는 상담이 필요하지 않다면서 상담을 종결하기 원했다. 차분하게 자신을 잘 표현했다.

6) 자문 후 남편 상담

자문 후 남편은 직장일 때문에 전화 통화만 하다가 상담에 왔다.

자문을 통해 자문가의 조언이 자신이 원하던 바였기 때문에 속이 시원하고 후련했지만 실제로 옮기는 것이 힘들다고 했다. 부인에 대해 미안한 마음을 가지고 있고 부인이 나쁜 사람이 아니며 단지 자신이 아내를 싫어할 뿐이라고 덧붙였다. 이혼이 도덕적으로 나쁜 일이며 아이나 아내에게 죄책감을 느껴 잘 해보고 싶어 노력하지만 싫은 마음이 여전하기 때문에 어쩔 수 없다고 괴로워했다. 자문 전에는 아내가 변해야만 함께 살 수 있다고 했었으나 자문 후에는 부인과 상관없이 내가 변해야 하는데 내가 변할 가능성이 없다고 했다. 남편은 부인과 함께 상담에 와서 이혼에 따른 여러가지 문제를 의논하고 싶은데 부인은 상담을 원하지 않기 때문에 부인과 의논 후 추후에 다시 연락하기로 하고 상담을 종결지었다.

6. 치료자 자신의 반응

초기 상담에서 상담에 대한 기대가 없다는 내담자를 상담에 끌어들이고 상담의 목적을 구체적으로 설정하여 변화에 대한 기대를 가져오게 하려는 작업은 치료자에게 하나의 도전이기도 하고 무력감을 느끼게 했다.

더욱 자신의 생각이 확고하고, 자신의 생각 외에는 다른 측면을 보려고 하지 않거나 볼 마음이 전혀 없는 내담자와 상담을 하면서 상담을 계속해야 할지에 대해 의문이 생겼다. 이혼 문제로 고통을 호소하면서 상담에 기대가 없다는 남편과 상담을 통해 남편과의 관계를 개선하기 바라는 부인을 따로 상담하는 점도 치료자에게 어려운 일 중에 하나였다. 남편은 약속을 잘 이행했고 남편의 변화로 부인의 행동에 변화를 가져왔다. 부인의 보고에 의하면 부부간의 대화가 늘었고 남편의 자상한 행동이 실제 늘어났다. 이런 변화로 부인은 부부관계가 개선되고 있다고 보고 더 큰 기대를 가지고 있었던 반면에 남편은 이혼을 작정하고 있었기 때문에 변화를 변화라고 보지 않았고 노력함에도 자신은 여전히 괴롭다고 하소연할 때 남편에 대해 부정적이고 변하고자 하는 의지가 없는 내담자와 상담을 하는 것이 시간낭비라는 생각이 들어 의기소침해 지기도 했다. 때로는 남편이 너무 괴로워하면서 치료에 열심히 와서 진지하고 협조적이며 예의바른 태도를 취할 때 치료자로써 뭔가를 도와주고 싶고, 안타까운 심정이 들기도 했다.

부부상담에서 이혼문제에 대해 치료자 자신이 무의식적으로 이혼 대신에 부부를 함께 살도록 도와주어야 한다는 가치가 내포되어 상담을 진행한 것 같다. 관념적으로는 내담자 중심으로 상담을 한다면서 이혼의 열쇠를 쥐고 있는 남편을 설득하여 아내의 다른 측면을 보도록 노력했었던 것 같다. 부인을 만나면서 남편의 부인에 대한 불만이 객관적이지 못하다는 느낌이 들면서 아내쪽으로 치료자의 감정이 기울어져서 아내의 입장에서 더 공감이 되었다. 이혼은 부부 문제에의 마지막 단계의 처방으로 부부가 함께 노력해 볼 것을 암시함으로써 남편이 자신의 감정을 자유롭게 표명하는데 방해를 받은 것 같다. 치료자 자신도 이혼을 직접적으로 다루고 표면화시키는 것이 불편하게 느껴졌다. 자문을 통해 더 분명해진 점은 치료자가 남편이 상담에 대한 기대가 없다는 점에 매달려 변화할 수 있다는 것을 인식시켜 주려는 감정이 앞서서 남편이 상담을 통해 원하는 바를 다룰 수 있는 기회를 가지지 못했다는 것이다.

7. 평가 및 결언

이 사례는 남편이 이혼을 원하면서 부인이 동의해 주기를 기다리는 과정에서 생기는 부부문제이다. 부부상담이었으나 부부를 각각 따로 상담했고 부부간의 상담 목표가 달랐다. 상담 목표를 구체화시키려는 노력을 했었으나 그 과정에서 어려움을 가졌다. 그러던 중 해결중심적 단기치료자인 InSoo Berg Kim에게 자문을 의뢰하여 도움을 받았다.

치료자 역시 부부와 같은 양상으로 근본적인 문제를 건드리는 것을 회피하거나 책임지기 두려워 문제의 주변을 맴돌았기 때문에 진척 없이 고착상태에 빠져 있었다. 물론 이혼문제를 지닌 부부를 상담하는 기술의 부족에도 기인하지만 심리적으로 이혼에 대해 부정적이었고, 도움을 주어 관계를 개선시켜야 한다는 생각이 많았던 것 같다. 내담자가 상담에 대해 기대가 없고 자신들의 문제를 상담이 도울 수 없다는 말에 내적으로 동의하고 있었기 때문에 무기력감으로 어떻게 도와야할지 고심하고 있던 중에 자문을 통해 전환을 가질 수 있었다. 남편에게 부부 상담을 권했지만 남편은 부인을 보호한다면서 제안을 거부했다. 실제에 있어서 남편이 부부상담을 원하지 않은 점은 부인과 이혼문제를 직접 다루는 것을 두려워하기 때문에 집에서 처럼 회피하는 양상이 되풀이 되었다고 본다. 치료자 역시 남편의 말에 말려들어 부인이 어려움을 겪지 않을까 하는 우려로 더이상 목표를 설정하지 못한 채 맴돌고 있었다. 남편은 상담을 하면서 올해 안에 부부관계를 매듭지어야 한다고 작정을 했기 때문에 초초한 상태였다. 부인은 상담하는 과정에서 남편의 행동에 변화가 생기면서 상담에 대한 기대가 많아졌다. 전반적으로 상담의 목표가 불분명했고, 무엇을 도와주어야 하는지가 애매한 상태였다. 치료자가 자문의 필요성을 설명하면서 부부 상담을 권하자 남편은 쉽게 동의하였다. 종래의 개별적인 상담에서 부부상담으로의 전환은 서로에게 새로운 느낌과 상대방의 생각을 더 분명히 알 수 있는 계기를 주었다. 자문을 통해 그동안 치료자와 부부가 회피했던 문제에서 벗어나서 이혼을 원하는 남편이 더이상 부인의 동의를 기다리면서 서로를 상처주지 않고 문제를 해결하도록 조치하는 것이 남편의 책임임을 인식시켜 주었고 부인은 더이상 참고 순종하는 종래 방식에서 벗어나 보다 적극적인 행동을 취하도록 도움을 주었다. 특히 부인의 경우 상담을 통해 부부관계가 호전되기 바랬기 때문에 자문을 받은 후 힘들어 했다.

그러나 오히려 그것이 계기가 되어 부인은 남편과의 관계에 대해 다시 생각해 보게 되었다. 부인의 말처럼 이혼을 원하지 않았기 때문에 남편의 확고한 의지를 느끼면서도 그 면을 보려고 하지 않고 참고 견딤으로 남편에게는 약하고 순종적인 사람으로 비추어졌고 그럴수록 남편은 아내를 싫어하는 악순환이 되풀이 되었다. 부인은 자문을 받은 후 처음엔 치료자를 원망하는 분노를 가졌지만 차츰 현실을 직시하면서 치료자의 말이 오래 전부터 믿고 싶지 않았으나 자신이 감지하던 것과 같음을 인정하게 되었다. 부인은 남편의 이혼에 대한 의지를 확인하게 되었고, 더이상 이혼을 막는 것이 불가능할 뿐만이 아니라 이러한 관계가 지속됨으로써 부부나 아이에게 해가 될 뿐임을 인식함으로 전 처럼 더 이상 무조건 참지 않았게 되었다. 이러한 변화는 부인으로 하여금 더 이상 위축되지 않고 자유롭게 말하고 행동하게 하였다. 이것은 상담 초기에 부인이 원하는 변화였다. 최근 부인이 화를 내기 시작하면서 남편이 아내를 대하는 태도가 바뀌었다. 그러나 부인과 남편은 동시에 남편의 이런 변화를 의도적인 노력으로 보고 있다. 남편의 이런 노력은 치료자의 권유에 의해서 생긴 변화가 아니다. 이혼에 대한 마음은 변함이 없더라도 남편 스스로가 선택한 행동이기 때문에 의미가 있다. 남편 같은 내담자는 자신의 생각이 확고하기 때문에 다른 사람의 제안을 들으려 하지 않는다. 그 동안 많은 사람들이 이런 저런 권유를 해왔으나 따르지 않아 왔다. 또한 이혼을 제기한 입장이기 때문에 비난이나 충고를 많이 받아와서 타인의 반응에 민감해져 있기 때문에 뭔가를 남편에게 권유하는 것은 오히려 남편이 자신의 생각에 매달리게 자극할 뿐이다. 치료자가 남편의 확고한 의견을 받아들여 이혼에 따른 문제를 구체적으로 의논하라고 하자 부인에 대해 불평하는 대신 부인이 나쁜 사람이 아니고 자신이 부인을 싫어할 뿐이라면서 자신의 문제로 초점을 돌리는 변화가 생겼다. 또한 스스로 변하려고 노력했다. 이러한 노력의 과정을 통해 부부관계에 변화가 올 수도 있고, 아니면 노력을 했지만 소용이 없다는 것을 느끼게 된다면 이혼에 대한 준비를 하기 쉬워질 것이다. 이것은 고착된 상태에서의 작은 변화는 또 다른 변화를 초래하는 원동력이 되었다.

자문을 통해 부부관계가 고착되어 움직이지 않고 있는 상황에서 움직일 수 있는 계기를 제공했다는 점과 치료자가 자신의 틀에서 벗어날 수 있도록 하는데 도움이 되었다. 또한 부부가 오랫동안 심한 고통을 받으면서 이혼을 하지 않고 서로 상처를 주는지 알게 되었고, 고착상태에 빠진 부부들이 회피하는 문제에 치료자가 어떻게 상담을 진행해 나가야 할지에 대해 많은 도움이 되었다.

제 4 장
사례 2

퇴원을 거부하는 15세 청소년 가족치료 사례

박 혜 영*

이 사례는 서울대학병원 신경정신과에 입원했던 15세 중3 남학생의 가족치료 사례 기록으로 클라이언트의 병명은 경계선 인격장애였고, 가족치료는 3개월간 주 1회 또는 주 2회 간격으로 총 16회가 이루어졌다. 치료자는 사회사업가였고, 보조 치료자는 클라이언트의 주치의인 남자 전공의였다. 지도감독자는 이화여대 엄예선 교수였고, 지도감독은 매 시간이 끝난 후 전화로 이루어졌다. 또한 5회째와 11회째 가족치료 시간은 지도감독자가 직접 참석하여 치료시간을 이끌었다.

1. 의뢰과정 및 제시된 문제

클라이언트는 '93년 4월 신경정신과 외래를 통해 입원한 환자로 입원시 주요 문제는 ① 묻는 말에 무조건 "모른다"는 말만 반복하고, 학교에서 아무 것도 하지 않으며 눈을 감고 앉아있고, 학교를 가지 않으려 하고, ② 아버지를 미워하고, 아버지 때문에 자신의 인생을 망쳤다며 원망하였고, ③ 잠을 안 자고, 가끔 실실 웃고 혼자 중얼거리는 것이었다.

클라이언트는 입원 3개월이 지나도록 약물치료와 정신치료, 환경치료에도 불구하고 증세의 호전이 별로 없었고, 부모와의 면회 후 더욱 심하게 불안, 초조한 증상과 안절부절하는 모습을 보이곤 하였으며, 병동 내에서 다른 환자와 싸우거나 병동 기물을 파괴하는 등의 문제행동이 많아지는 모습을 보였다. 따라서 주치의는 이 클라이언트 사례를 정신과 증례 토론회에 올렸고, 이 때 클라이언트의 가족력 조사를 사회사업가에게 의뢰하였다. 증례 토론회시 모든 참석자들이 클라이언트의 가족 문제에 대한 치료적인 개입이 있어야 함을 강조하였고, 따라서 주치의는 이 클라이언트의 가족치료를 사회사업가에게 의뢰하여 주치의와 함께 가족치료를 하게 되었다.

의뢰시 제시된 클라이언트의 문제는 가족 문제와 밀접하게 연관되어 있는 것처럼 보였는데 제시된 가족의 문제는 ① 부모간의 부부 불화가 매우 심각한 상황으로 클라이언트 부모는 정서적으로 단절되어 있었고, 늘 서로를 비난하고, 가족의 문제와 클라이언트의 문제를 서로

* 서울대학병원 의료사회사업실 선임사회사업가

에게 투사하는 역기능적인 의사소통 패턴을 보였다. ② 또한 가족역할 측면에서 부모 모두 부적절한 부모역할을 하였다. 클라이언트의 아버지는 클라이언트에게 냉담하고 방관적이며, 무기력한 태도를 보였고, 클라이언트의 어머니는 클라이언트에 대해 지나친 불안과 지나친 간섭, 그리고 공부를 강요하는 모습 등을 보였다. 과거 클라이언트의 아동기에 클라이언트 어머니는 클라이언트에 대해 지나친 통제, 과잉보호 및 자신의 문제를 클라이언트에게 투사하곤 하는 등 정서적인 학대를 하였고, 클라이언트 아버지는 정서적인 방임을 하며 클라이언트에게 거부적인 태도를 보여 왔다. ③ 부모-자녀 관계에 있어 클라이언트는 아버지와는 적대적이고, 어머니와는 밀착되어 있으며 어머니와 함께 아버지에게 적대적인 삼각관계를 형성하고 있었다. 그러나 클라이언트와 어머니의 관계는 불안한 밀착관계 양상을 보였고, 클라이언트는 자신의 어머니에 대해 양가적인 감정을 가지고 있었다. 마지막으로 ④ 클라이언트 남동생의 죽음으로 인한 비애를 잘 다루지 못하여 해결되지 않은 비애가 가족 속에 존재하는 것으로 보였다.

2. 가족 배경

가 계 도

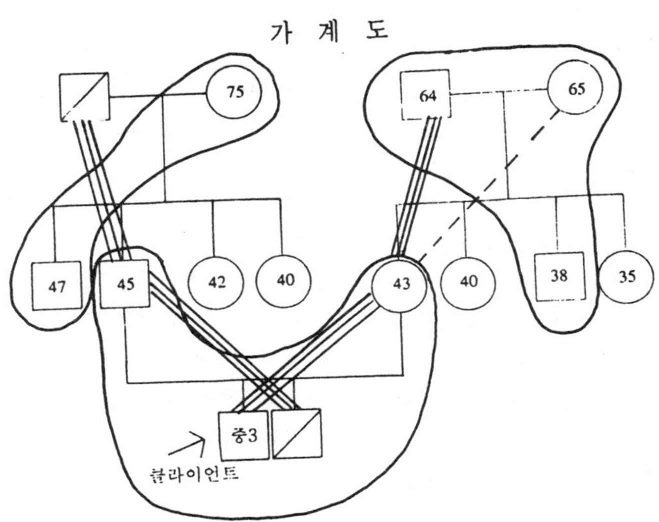

1) 조부모 세대

클라이언트의 친조부는 경상도 생으로 보수적이고, 남존여비 사상이 강하며, 한학을 공부하여 유식하며, 아들 교육면에서 비교적 개화된 사람으로 자수성가한 부농이었다. 자신의 부모, 조부모, 증조부모까지 부양하며 대가족을 이루어 살았고, 매우 알뜰하였으며, 자신의 이익을 잘 챙기고, 다른 사람들에게는 인색하였다. 머리가 좋았고, 성격은 급하고, 이기적이었으며, 자기주장이 강하였다. 특히 여자를 무시하였고, 자신의 부인을 무시하고 구박하곤 하였다. 남존여비 사상이 강해 딸들은 거의 공부를 시키지 않았으나 아들에 대한 교육열은 매우 높았다.

특히 차남인 클라이언트 아버지에 대한 기대가 가장 커서 국민학교 때부터 서울로 유학을 시켰고, 서울을 오가며 아들을 돌보는 등 부모역할을 거의 혼자서 독점하였다. 클라이언트의 아버지에 대해서는 과보호적인 양육 태도를 보였고, 자녀의 독립적인 행동을 장려하지 않았고, 또래관계나 아동으로서의 놀이 등을 인정하지 않았으며, 공부에 대한 높은 기대를 보였다. 반면 매우 자상하여 자주 서울을 오고 가며 직접 요리를 해주기도 하였고, 공부를 가르쳐 주었으며, 자녀가 원하는 것은 다 해주려고 하였다. 서울을 갈 수 없을 때는 전화를 하여 클라이언트 아버지와 대화를 나누곤 하였다. 그러나 클라이언트 아버지가 중3 때 중풍으로 쓰러져 거동을 못하다 3년 후 사망하였다.

반면 클라이언트의 친조모는 온순하고, 따뜻하고, 인정 많은 성격이나 충충시하 시집살이를 하느라 늘 일만 하며 살았고, 여자라는 이유와 친정이 가난하다는 이유로 남편의 무시와 구박을 받곤 하였다. 또한 모든 가정 일을 클라이언트 친조부가 혼자 결정하여 가정의 중요한 일에서 소외되었고, 특히 클라이언트의 아버지인 차남에 대해서는 남편의 독점으로 어머니 역할을 하지 못하였다.

클라이언트의 외조부는 충남 생으로 사범대학을 졸업하였고, 현재 교직에 있다. 성격은 여성적이고, 신경질이 많고, 불안, 우울해하며, 화를 잘 내었다. 집안의 반대로 연애하던 여자와 결혼을 하지 못하였고, 대신 집에서 정해준 여자와 반강제로 결혼을 하게 되어 부인을 미워하고, 무시하였고, 장녀인 클라이언트의 어머니와만 지나치게 밀착되었으며, 클라이언트의 어머니를 과보호하고, 독점하였다. 또한 공부를 매우 많이 강조하였고, 또래와 놀지 못하게 하였으며, 공부하는 것 외엔 모든 것을 다 대신해 주었다. 자상한 면 역시 많아 클라이언트 어머니로 하여금 친구의 필요성을 거의 못 느끼게 해주었다.

반면 클라이언트의 외조모는 국민학교를 중퇴한 학력에, 성격은 온순하고, 따뜻하고, 포용력이 있는 성격으로 남편의 신경질과 무시를 인내하며 살았다. 클라이언트의 어머니에 대한 남편의 양육태도가 잘못 되었음을 알고 있었으나 부녀사이의 결탁으로 소외된 삼각관계를 이루었다. 따라서 클라이언트 외조모는 다른 자녀들을 돌보며 살았다. 따라서 가족은 클라이언트 외조부와 장녀의 결탁관계로 다른 가족들이 소외감을 느끼며 살았고, 이로 인해 클라이언트 어머니 역시 형제관계에서 소외되었다.

2) 부모 세대

클라이언트 아버지는 Y대를 졸업하였고, 현재는 회계사로 일하고 있고, 경제적으로는 꽤 넉넉한 편이나 돈에 인색해 실제 생활수준은 낮은 편이었다. 머리가 매우 좋고, 성격은 자신의 아버지와 비슷해 일에는 성실하고, 능력이 있으나, 권위적이고, 이기적이며, 인색하였다. 그러나 기분이 내키면 요리나 청소를 하기도 하는 등 자상한 면도 약간 있었다. 그러나 편애하던 막내 아들이 교통사고로 죽은 이후에는 거의 일하며 돈 버는 일에만 몰두하였다. 대인관계 역시 그다지 폭넓지 않았다.

성장력을 보면, 성장시 집안의 기대를 온 몸에 받으며 어른들의 과잉보호를 받았고, 특히 아버지의 기대가 매우 컸고, 교육 및 정서적인 보살핌 역시 많았다. 따라서 클라이언트 아버지는 자신의 아버지를 동일시하며 성장하였고, 자신의 아버지가 무시하는 자신의 어머니를 같이 무시하며 어머니와는 소원한 관계를 이루며 성장하였다. 형제관계는 클라이언트 조부가 능력이 떨어지는 장남 대신 능력이 많은 클라이언트 아버지를 편애하였고, 클라이언트 아버지만 서울로 유학을 보내 클라이언트의 삼촌은 동생인 클라이언트 아버지에 대해 형제 경쟁심이 심하였다. 따라서 형제간 싸움이 많았고, 클라이언트 아버지가 서울로 유학을 온 이후로는 접촉이 많지 않아 소원한 관계를 가지며 형제로서의 정서적인 유대감이 별로 없이 성장하였다. 그러다 청소년시기 동일시의 대상이었던 아버지가 중풍으로 앓다 사망하자 동일시 대상을 상실하였고, 이후로 부모의 지도감독을 제대로 받지 못해 모든 일을 혼자 결정하는데 불안감을 느꼈으며, 아버지에 대한 의존에서 독립적인 성인이 되는 과정에서 불안감을 느꼈다.

클라이언트의 아버지는 자신의 아버지와 같이 사회적으로 부(富)를 쌓는 데는 성공하였으나 가정 내에서 남편과 아버지로서의 역할은 매우 보수적이며 회피적이었고, 매우 부적절하였다. 아버지로서의 역할은 장남인 클라이언트에 대한 차별과, 자신을 닮은 막내 아들에 대한 편애로 나타났다. 그러나 애착을 가지고 있던 막내 아들의 죽음으로 사랑의 대상을 잃은 후에는 가정 내에서 남편으로서의, 그리고 클라이언트에 대한 아버지로서의 정서적인 역할 부재를 보였다.

클라이언트의 어머니는 Y대 음대를 졸업하였고, 남편과는 학교 선후배의 캠퍼스 커플이었다. 결혼 후 피아노 학원을 경영하였으나 3년 전 자궁암 수술 이후로는 일을 하지 않고 있었다. 성격은 자신의 아버지와 매우 흡사하여 이기적이고, 신경질적이며, 지나치게 경쟁적이고, 불안감이 높았다. 대인관계 역시 빈곤하였다.

성장력을 보면, 성장시 부모간의 정서적인 단절로 아버지와 결탁관계를 이루었고, 어머니와는 소원한 관계를 이루었다. 아버지의 양육태도는 공부만 강조하고, 매우 과보호적이었으며, 부인의 어머니 역할을 방해하였다. 이런 성장과정을 통하여 클라이언트의 어머니는 남편에게 매사 일방적이었고, 요구적이었으며, 자녀에게는 심하게 공부를 강요, 성취에 대한 강한 집착을 보였다. 안달형으로 과잉 통제적이고 침투적이라고 하겠다. 막내 아들을 데리고 외출하였다가 잠깐 한눈 판 동안 아들이 차도로 뛰어들었다 교통사고로 즉사하였다. 아들 사망 후 비애와 죄책감, 그리고 남편의 비난과 거부로 우울증이 있어 왔고, 불면증과 높은 수준의 불안을 가지고 있었다.

3) 자녀 세대

클라이언트는 부모가 원하던 성(性)과 아기로 정상 분만하였고, 정상 발달하였다. 2세경 연년생 동생이 출생한 후에는 심술을 많이 부리고, 퇴행된 행동을 보였다. 유치원 생활은 또래와 잘 어울리지 못하였고, 주로 혼자 놀곤 하였다. 동생과는 잘 놀기도 하였으나 잘 싸웠고, 싸우면 동생에게 맞거나 지곤 하였으며, 동생을 미워하였다. 그러다 국민학교 3학년 때

동생이 교통사고로 죽은 이후 부모가 늘 싸웠고, 아버지는 가정일에 방관적이었고, 어머니 역시 클라이언트를 일관성없이 방치하다 지나치게 간섭하곤 하는 등 자신의 기분에 따라 양육해 클라이언트는 거의 혼자 지내다시피 하였다. 따라서 학교에서도 또래와 잘 어울리지 못하였고, 위축되어 지냈다. 국민학교 때 공부는 어머니가 닥달하면 상위권이다가 어머니가 내버려두면 중하위권을 유지하였다. 그러다 중학교에 들어가면서 부터 부모에 대한 반항심을 표출하기 시작하였고, 성적은 상위권과 하위권을 왔다갔다 하였다. 그러다 중3 들어 그 지역의 명문인 A고교에 들어가도록 모의공부 강요가 심해지자 클라이언트의 위와 같은 증상이 나타나기 시작하였고, 클라이언트는 어머니를 욕하고 때리기도 하다 사과하곤 하였고, 역시 아버지를 욕하고 원망하였으며, 분노시 유리창을 깨고 자신의 머리를 벽에 박는 등의 행동을 보였다.

클라이언트의 동생은 외모나 성격 면에서 자신의 아버지를 많이 닮았었고, 클라이언트인 형에 비해 매우 똑똑하고, 영리하고, 재롱이 많았다. 그러나 국민학교 2학년 때 어머니와 함께 외출했다가 어머니가 거리에서 쇼핑을 하는 사이에 차도로 혼자 내려갔다 교통사고로 사망하였다. 아버지가 특히 편애하였다.

3. 가족역동 및 문제의 분석

클라이언트의 가족은 가족의 초기 발달단계 부터 부모간의 갈등으로 아버지와 막내 아들, 그리고 어머니와 클라이언트로 편이 갈라져 생긴 가족간의 분파현상이 있었고, 이로 인해 클라이언트 형제간의 경쟁심이 유발되었고, 정서적인 유대감이 희박하였다. 그러나 가족이 어느 정도 기능을 함으로써 갈등이 외부로 표출되지 않은 채 가족 속에 내재화되어 있다가 아버지가 편애하던 막내 아들이 사고로 사망하면서 클라이언트 가족은 자녀 사망이라는 위기를 잘 극복하지 못하고 부부갈등이 심화되었고, 이로 인해 혼돈되고 역기능적인 가족이 되어 클라이언트와 같은 희생양을 필요로 하게 된 것으로 보인다.

가족문제 원인자로서의 부모 각각을 보면 클라이언트 아버지 경우, 그는 부유한 가부장적인 대가족 속에서 과잉보호와 함께 어려서부터 외지로 내보내져 모성박탈 속에서 성장하였고, 자기 주장이 강하고, 생활력이 강하며, 권위적인 아버지의 영향력 아래 그와 동일시하고 그가 무시하는 어머니를 같이 무시하며 성장하였다. 따라서 클라이언트 아버지는 여자를 무시하고 권위적이며 경직된 성격을 보인다. 클라이언트 어머니는 여성적이고, 신경질적이며, 우울한 아버지와의 지나친 밀착 속에서 아버지의 과잉통제, 과잉보호를 받고 그와 동일시하는 반면 아버지가 무시하는 어머니를 같이 무시하며 성장하여 정서적으로 미성숙하고, 자기중심적이며, 신경질적으로 경쟁심과 불안감이 지나치게 높은 성격을 보인다.

위와 같은 유사한 성장 환경과 자기 중심적이라는 유사한 성격 특성을 가진 클라이언트 부모는 결혼한 이후 부부갈등을 겪으며, 아버지는 차남과, 어머니는 장남인 클라이언트와 결탁하며 편이 갈라져 가족간의 분파현상이 있었다. 그러나 나름대로 기능적이며 갈등이 심각하게 표출되지 않았던 클라이언트 가족은 클라이언트 남동생이 사망하며 균형을 잃었고, 클라이언트 부모 모두 심각한 비애 속에서 애도해 온 것으로 보인다. 그러나 아들의 사망이 어머니의 부주의에 연유한다는 클라이언트 아버지의 비난과 어머니 자신의 심한 죄책감으로 부부갈등이 극심해지면서 클라이언트 아버지는 자주 이혼하자는 얘기를 하였고, 정서적, 성적으로 부인을 거부하면서 어머니와 밀착관계에 있던 클라이언트 역시 정서적으로 방임하며 거부하였던 것으로 보인다. 따라서 클라이언트는 부성박탈을 경험하여야 했던 것으로 보인다.

반면 극심한 죄책감 및 남편의 거부에 대한 반응으로 클라이언트의 어머니는 정신적으로 황폐해지며 자신의 문제를 클라이언트에게 투사하여 클라이언트를 정서적으로 학대하곤 하였고, 자신의 아버지가 자신에게 한 양육방식을 그대로 답습해 과잉통제와 과잉보호를 일관성 없이 하곤 하여 클라이언트를 심각한 혼돈 속에 빠트리곤 하였던 것으로 보인다. 따라서 클라이언트는 부성박탈과 더불어 어머니에게 역시 정서적으로 접근할 수 없어 아동기 이래 심각한 정서적인 박탈을 경험해 온 것으로 보인다. 따라서 클라이언트는 아버지에게는 적대적인 감정을 가지며 성장하였고, 어머니에게는 내재된 분노와 함께 아버지에 대항한 약자간의 정서적인 밀착의 양가감정을 가지고 있었던 것으로 보인다. 또한 클라이언트는 경쟁적인 관계에 있던 연년생 동생의 죽음에 대해 애도 뿐 아니라 죄책감을 가지고 있었을 것으로 보인다.

따라서 클라이언트 성장시 그의 가족 내에는 해결이 안된 비애와 부모의 높은 수준의 갈등 및 불안으로 그의 가족은 심각한 만성적 스트레스에 시달려왔고, 이런 역기능적인 가족상황에서 클라이언트는 희생양이 됨으로써 가족의 문제를 외부로 표출하게 한 것으로 보인다.

평가 당시 클라이언트 어머니는 클라이언트와의 분리에 대한 불안감이 높은 상태로 남편의 출근을 막으며 자신의 옆에 있어 줄 것을 요구하곤 하며 남편에 대한 의존 욕구를 표현하였으나 막상 둘이 같이 있으면 싸우는 매우 갈등적인 관계양상을 보였다. 클라이언트의 문제에 대해서는 부모 모두 무기력하게 느끼고 있는 것으로 보였다.

4. 치료목표 및 계획

1) 역기능적인 가족 상호작용의 변화를 통한 클라이언트의 정서적인 장애 해결
2) 역기능적인 가족 상호작용의 연쇄과정 변화를 통한 가족구조의 재확립
    - 부모간의 부부체계 강화
    - 클라이언트와 어머니의 세대간 결탁 해결(혼란된 세대간 경계선의 수정)
    - 클라이언트와 아버지의 관계 강화(부모 자녀 하위체계의 강화)
    - 클라이언트와 부모 사이의 기능적인 관계 형성

5. 치료 과정

1) 초기 과정(1회 - 5회)

초기 과정은 1회에서 5회로 치료 체계와 클라이언트 가족의 부모체계를 강화하는 것을 치료목표로 정하였고, 주 2회를 실시하였다. 참석자는 클라이언트 부모, 치료자, 그리고 공동치료자인 주치의였다. 클라이언트 부모는 한번의 결석도 없이 열심히 가족치료에 참석하였고, 가족치료 시간마다의 상호 비난에도 불구하고 노력하는 모습을 보였다. 초기과정 중 주치의가 클라이언트 어머니가 우울증 증세를 보이므로 약물처방을 원했으나 지도감독자가 가족치료가 끝날 때까지는 약물치료를 일단 보류할 것을 제안하여 주치의가 이 제안을 받아들였다.

(1) 가족치료 1회

첫번째 시간에 치료자는 가족이 주치의의 가족치료 제의에 동의하게 된 동기와 치료에 대한 기대를 파악하였는데 클라이언트 부모는 예상했던 대로 서로의 클라이언트에 대한 부모로서의 역할의 문제점을 지적하며 서로를 비난하였고, 상대방의 변화의 필요성을 강조하였다. 또한 상대방의 비난에 대한 자기 방어에 급급하여 상대방을 공격함으로써 자신을 방어하여 부부간에 의사소통의 심각한 역기능을 보였고, 또한 부부간의 불일치 뿐 아니라 부모로서의 자녀양육 방식에 있어 심각한 불일치를 적나라하게 표출하였다. 특히 클라이언트의 아버지는 현재의 클라이언트 어머니 행동의 일부 긍정적인 변화에 대해서 인정하려고 하지 않았고, 과거에 잘못한 일에 집착하며 비난하는 모습을 보였다.

치료에 대한 계약에 있어 우선 10회를 한 후 평가를 통해 가족치료를 종결하거나 연장하는 것으로 결정하였고, 치료 목표는 좋은 부모가 되어서 클라이언트와 좋은 관계를 갖는 것으로 정하였다. 클라이언트의 참석에 대해서는 부모 모두 서로가 이렇게 비난하는 분위기에서는 클라이언트의 불안감만 높아지고, 병만 악화될 것이라며 부모체계가 좀더 강화되어 서로가 비난하지 않고 얘기할 수 있게 될 때 참석했으면 좋겠다고 하여 그렇게 하기로 하였고, 부모로서 한 팀이 될 수 있는 방법을 부모 각자가 생각해 오도록 하는 숙제를 내주고 시간을 종결하였다.

(2) 가족치료 2회

첫번째 가족치료 시간 이후 클라이언트의 어머니는 생각이 체계적으로 정리되는 느낌이 들었고, 남편을 따르고, 클라이언트에 대한 잘못된 욕심을 버려야겠다는 생각이 들었음을 보고하였고, 클라이언트의 아버지는 자신의 잘못한 점은 고치겠으나 부인이 자신을 따라주어야 한다는 생각을 주장하였다. 그러나 역시 과거의 잘못에 대해 서로 비난하였다. 그러나 자신의 문제 행동이 실제로는 꼭 그렇게 하려고 했던 것은 아니었는데 상대방 배우자의 마음에 들지 않은 행동에 대한 반응이었음을 얘기하며 자신들의 행동이 서로 상호적인 것임을 표현하였다. 클라이언트의 아버지 경우는 부인이 미워지니까 클라이언트까지 미워지더라고 얘기하여 부부갈등이 어머니와 밀착관계에 있던 클라이언트에게 투사되어 온 모습을 보였다.

부모로서 자신이 변화할 점과 상대방이 변화할 점에 대해 얘기하고, 이를 지키기로 하고, 더 좋은 부모가 되기 위하여 함께 할 수 있는 일을 정해서 수행하는 것을 과제로 제시하고 종결하였다.

(3) 가족치료 3회

부부간의 정서적인 교류 촉진을 위해 지난 시간에 내 준 숙제인 '부부가 함께 할 수 있는 일'을 하고 왔는지를 점검하니 숙제를 하긴 하였는데 과정상 부부가 역할을 서로에게 기대만 하고 직접적으로 의사소통하지 않았으며, 스스로 적극적으로 하려고 하지 않아 결국 가족치료 시간에 오기 전날 밤에야 가까스로 하고 왔으며, 이에 대해 역시 서로의 소극성을 비난하는 모습을 보였다. 그러나 숙제로 부부가 함께 외식을 하고 영화구경을 한 것에 대해 어느 정도의 만족감을 표현하였다. 그러나 감정표현을 잘 하는 클라이언트 어머니와는 달리 클라이언트의 아버지는 언어적인 감정표현이 매우 부족하여 부부간의 의사소통이 매우 역기능적임을 알 수 있었다.

이어 지난 시간에 노력하기로 한 것의 달성 정도를 평가하였는데 클라이언트의 어머니는 자신과 남편 모두에게 90점을 주었고, 클라이언트의 아버지는 자신과 부인에게 70점을 주었다. 그는 부인의 노력을 어느 정도 인정하면서도 믿지 못하겠다고 하며 불신을 드러내었고, 다시 과거의 일과 연관시켜 부인을 비난하는 모습을 보였다. 이 시간에도 역시 서로를 비난하고 공격하는 모습을 보였고, 그것이 과거 일과 관계된 것으로 여기는 등 과거 일들에 대한 클라이언트 아버지의 집착이 강하여 그것이 현재의 원만한 부부관계를 방해하는 중요한 요인이 되고, 따라서 자연히 부모역할 수행에 문제를 가져옴을 알 수 있었다. 따라서 치료자는 부모역할 문제를 다루기 위하여 부부문제를 다루어야 할 필요성을 설명하고 동의를 얻었다. 그 후 과거의 해결되지 않은 갈등 해결을 위해 '과거의 일 중 억울하고 속상한 일들을 구체적으로 적어 오기'를 독서카드 한장에 하나씩 적어올 것을 숙제로 주었다. 이에 대해 클라이언트의 어머니는 과거 일을 다 덮어두고 새로 시작하고 싶고, 과거 일을 들춰내면 다시 부부관계가 악화될 것 같다며 남편이 죽어도 자신을 용서할 수 없는 일이 하나 있다고 했다며 과거 일을 다루는 것에 대해 두려움을 표현하였다. 따라서 치료자는 해결되지 않은 과거 일이 이 부부관계를 방해하고 있으므로 그것을 다루어야만 할 필요성을 설명하였다.

(4) 가족치료 4회

부부로서의 서로의 행동 변화에 대해 부부 모두 노력하는 모습을 보였고, 서로의 약간씩의 변화에 대해 상대방에 대한 신뢰감을 서서히 회복해가는 모습을 보였다. 그리고 숙제로 내 준 과거 일 중 억울하고 속상한 것을 하나씩 발표하게 하고, 이를 용서하게 하며, 이에 대해 상대방이 코멘트한 후 태워버리는 의식을 통해 과거의 해결되지 않은 갈등을 다루려고 시도하였다. 그러나 한사람이 발표하면 이에 대해 상대방이 억울해하며 그 일은 자신이 잘못한 게 아닌데 왜 용서를 받아야 하느냐며 상대방을 비난하고 억울해하여 다시 이것이 부부간의 싸움이 되는 모습을 보였다. 특히 클라이언트 아버지는 부인에 대한 불신의 골이 깊은 모습을 보였고, 부부 모두 서로 타협할 줄 모르는 등 의사소통 기술과 문제해결 능력이 매우 부족한 모습을 보였다. 특히 클라이언트 아버지의 사고가 매우 경직되어 있음을 알 수 있었다. 그러나 현재의 변화 노력이 계속된다면 과거 일들이 서로 용서가 되고 해결될 가능성이 높은 것으로 보였다. 그리고 클라이언트의 어머니는 남편의 애정을 갈구하고 있고, 클라이언트 아버지는 부인의 인정을 구하는 모습을 보였다. 이 숙제의 발표는 매 시간 한가지씩 자신이 용서할 수 있는 것만 발표하게 하고, 상대방이 코멘트를 하지 못하게 하였으며, 정 하고싶은 말이 있으면 글로 써오도록 하였다.

(5) 가족치료 5회(지도감독자가 참석)

가족치료 이후 부부체계가 어느 정도 강화되었는지를 평가하기 위하여 중간 평가를 실시하였다. 평가 결과 클라이언트의 아버지는 0점에서 30점으로의 긍정적인 변화를 보고하며 100점이 되기까지는 1년 정도의 시간이 필요할 것으로 보고하였고, 클라이언트의 어머니 역시 -50점에서 20점 정도로의 긍정적인 변화를 보고함으로써 부부관계가 서서히 신뢰를 회복하고 있음을 보였다. 그러나 클라이언트의 어머니는 치료가 끝난 후 다시 이전의 상태로 돌아갈 지 모른다는 두려움을 표현하였다.

그러나 앞으로 서로 더욱 변화해야 할 점에 대해 얘기하면서 클라이언트의 아버지는 부인을 무능하다며 비하시키는 말을 계속하며 자신을 따라야 한다고 주장하였고, 클라이언트의 어머니는 남편과의 정서적인 의사소통의 부재 등 단절감을 얘기하였다. 이런 서로 비난하는 모습에 대해 지도감독자는 클라이언트의 아버지는 강자이고, 어머니는 약자로서 부모간의 갈등 상태시 아동은 자연히 약자의 편을 들며 약자의 감정과 정서를 그대로 흡수하게 되므로 아동 역시 문제를 갖게 된다는 간단한 교육을 하였고, 부인을 성적으로 거부하는 클라이언트 아버지의 행동이 클라이언트 어머니에게 어떻게 느껴질 것인가를 클라이언트 아버지로 하여금 대답해 보도록 도전하였으며, 클라이언트 가족에 대한 진단과 앞으로 부부가 노력해야 할 점, 특히 정서적인 밀접성의 중요성에 대해 코멘트를 하고 끝냈다.

2) 중기 과정(6회 - 10회)

중기 과정은 6회에서 10회로 부부체계가 서서히 강화되는 모습을 보여 중기 과정의 치료 목표는 계속적으로 부부관계의 긍정적인 변화를 유지하면서 부모-자녀 하위체계의 강화로 정하였다. 치료 간격도 주 2회에서 주 1회로 늘렸으며, 클라이언트의 참석을 시도하였다. 그러나 입원 중 퇴원을 위한 외박 연습을 하며 클라이언트의 상태가 매우 불안정하여 클라이언트의 참석은 9회와 10회에 이루어졌다.

(1) 가족치료 6회

클라이언트가 입원 후 처음으로 집으로 외박을 다녀왔다. 그동안 클라이언트는 집으로의 외박을 거부하였고, 자신이 좋아하는 할머니와 고모가 사는 고모집으로의 외박만 몇차례 실시하였다. 따라서 클라이언트의 집으로의 첫 외박은 클라이언트가 부모의 변화를 인식함을 의미하였다. 클라이언트 외박시 부모관계가 많이 호전되었음을 보였고, 클라이언트를 대함에 있어 부모로서의 역할이 많이 긍정적으로 변하였음을 보였다. 클라이언트의 외박시 보인 부모의 적절한 행동을 중심으로 부모의 행동과 노력에 많은 지지를 제공하였다.

또한 치료자는 지도감독자가 클라이언트 부모의 특징을 '계속 서로 비난하지만 실제로는 행동이 변화하고 있고, 계속 노력하는 재미있는 특징을 가진 가족'으로 재명명하였음을 전하였고, 따라서 부부가 서로 비난하는 것에 치료자가 별로 신경쓰지 않겠다는 얘기를 함으로써 부부간의 상호 비난에 서로 상처받으며 부부관계가 악화되지 않도록 하였다. 또한 지도감독자의 말을 빌어 클라이언트 가족에게 많은 지지를 제공하였고, 가족이 잠재력이 많다는 통찰력을 갖게 하였다.

이어 그동안의 서로의 변화에 대해 얘기하게 하였는데 클라이언트 부모는 서로간의 긍정적인 변화를 보고하며 서로에 대한 비난과 불신이 많이 줄어든 모습을 보였다. 마지막으로 부부간의 정서적인 상호작용 촉진과 희망의 주입을 위해 가장 좋았을 때를 상징하는 물건이나 사진을 가져오기를 숙제로 제시하였다. 이에 클라이언트 어머니는 자신이 행복하였을 때의 가족 사진을 가져오겠다고 하였고, 클라이언트 아버지는 연애시절 부인이 자신에게 보낸 편지를 가져오겠다고 하였다.

클라이언트의 참석에 대해 클라이언트의 어머니는 오늘은 서로에 대한 비난하는 행동이 없었으니 다음 시간부터 클라이언트를 참석시키자고 제안하였다. 그러나 클라이언트의 아버지는 자신이 오늘도 부인을 비난했다며 아직 안된다고 말하여 클라이언트 아버지가 자신의 비난하는 행동에 대해 인식하고 있음을 보였다.

(2) 가족치료 7회

클라이언트의 외박이 매주 실시되기로 결정되어 클라이언트의 외박시의 가족 상황을 중심으로 가족 문제를 다루기로 하였다. 그러나 성공적인 첫번째 외박과는 달리 지난 주의 두번째의 외박은 부모간의 갈등이 다시 표출되어 기대를 많이 하고 외박을 나갔던 클라이언트는 아버지가 잠만 자서 실망하여 돌아왔다고 주치의가 보고하였다. 클라이언트의 어머니는 클라이언트의 외박 스케줄을 남편과 의논없이 일방적으로 짰고(여기에는 클라이언트 아버지의 역할의 소극성 역시 있었던 것으로 보였다), 이에 화가 난 클라이언트의 아버지는 부인에 대한 분노로 아버지 역할을 제대로 수행하지 않았으며(부인에 대한 분노를 클라이언트에게 이런 식으로 투사하는 것으로 보였다), 이에 불안, 초조해진 클라이언트의 어머니는 서로 화가 나 있으나 직접적으로 표현하지 않는 남편과 클라이언트 사이에서 무리하게 중간 역할을 하느라고 남편을 더욱 화나게 하였던 것으로 보였다. 그러나 클라이언트 앞에서 부부가 서로 비난하거나 다투지는 않는 변화를 보였다. 따라서 클라이언트와 아버지의 관계를 강화할 필요성이 있어 이를 위해 클라이언트 어머니가 부자 사이에 끼어들어 무리한 중간 역할을 하지 않게 하였고, 부부 서로를 짜증나게 만드는 일을 스스로 조절할 수 있는 방법을 생각해오게 하였다.

지난 시간 숙제로 내 준 물건을 꺼내 과거의 행복한 시간을 기억하게 하였고, 계속적인 노력을 통해 앞으로 다시 행복해질 수 있을 거라는 희망을 갖도록 하였다. 부부 모두 지금은 불만이 많지만 앞으로 이전처럼 행복해질 수 있을 것 같다는 기대를 표현하였고, 클라이언트 부모가 많은 갈등에도 불구하고 기본적인 애정관계가 있음을 확인할 수 있었다. 그리고 남편으로 부터의 거부감으로 인해 우울감과 불안감이 높았던 클라이언트 어머니가 이로 인해 부부관계에서 자신감을 얻고, 지속적인 노력을 통해 부부관계 회복이 가능하다는 확신을 갖게 된 것으로 보였다. 다시 신혼의 기분으로 돌아가 부부가 합의해서 외출이나 뭔가를 하도록 과제를 주었고, 두 사람이 서로 비난하는 얘기를 했으므로 클라이언트는 아직 참석시키지 않기로 결정하고 마쳤다.

(3) 가족치료 8회

클라이언트 부모 각각에 대한 지지와 문제 영역에 대한 환류를 제공하기 위해 개별면담을 진행하였다. 클라이언트의 아버지에게는 부인의 변화가 그의 관심과 애정표현의 결과라는 통찰력을 주었고, 클라이언트 가족에 있어서 그의 남편과 아버지로서의 역할의 중요성을 인식시켰다. 클라이언트의 어머니에게는 그동안의 노력과 변화를 칭찬해 주고, 남편과 클라이언트 사이에서 중간역할을 하지 않도록 하였으며, 다른 가족을 짜증나게 만듦으로써 원만한 관계를 방해하는 행동에 대해 노력할 것을 말하였다.

이번 주 클라이언트의 외박 스케줄을 부모가 함께 짜며 부모로서의 올바른 역할을 하도록 격려하였고, 클라이언트를 다음 시간에 참석시키기로 하였다.

(4) 가족치료 9회(클라이언트가 후반부에 처음으로 참석함)

어제 부모가 클라이언트를 면회하였는데 당시 클라이언트가 외박과 퇴원에 대한 양가감정을 행동화하여 병동의 기물을 부수고, 다른 환자를 때린 일이 발생하였다. 따라서 이 일을 통해 클라이언트의 문제에 대한 부모의 인식 문제와 대응방식을 다루었다. 클라이언트의 어머니는 당시의 클라이언트의 행동이 과거 자신의 행동과 매우 유사하다고 느끼며 자신의 문제에 대한 깊은 통찰력을 갖는 모습을 보였고, 또한 어머니의 충격과 불안감에 클라이언트의 아버지가 예전과 다르게 부인을 정서적으로 돌보며 잘 대응하여 남편으로서의 역할을 잘 수행하는 모습을 보였다. 반면 클라이언트의 이런 행동을 처음 본 클라이언트 아버지는 그 상황을 회피함으로써 클라이언트의 정서적인 어려움에 대한 감정이입 능력과 아버지로서의 역할에 대한 인식 부족을 보였고, 아버지의 역할 회피를 보였다.

후반부에 클라이언트가 처음으로 참석하였다. 클라이언트를 통해 과거와 현재의 가족관계를 알아보고 부모의 계속적인 노력을 촉진시키기 위해 음료수 병을 사용한 조각기법을 써서 과거와 현재의 가족관계 및 희망하는 가족관계를 표현하게 하였다. 이에 클라이언트는 과거의 가족관계를 아래 (표1)과 같이 표현하며 자신이 어머니를 걱정하고 있음을 말하였다. 그러나 현재의 가족관계는 아래 (표2)와 같이 변화하였음을 말하였고 부모가 가까와진 대신 어머니와 자신이 좀 멀어진 느낌을 받고, 부모 관계가 좋을 때는 안심이 되나 그렇지 않을 때는 허전하고 답답하고 불안하다고 하며 아직도 불안한 마음이 70% 정도 든다고 하여 부모의 변화에 대해 클라이언트가 아직 불안감을 느끼고 있음을 보였다. 앞으로 기대되는 가족관계는 가족 모두가 가까운 아래 (표3)과 같은 모습이었다. 그는 아버지와의 관계가 가까와지기를 원하였다.

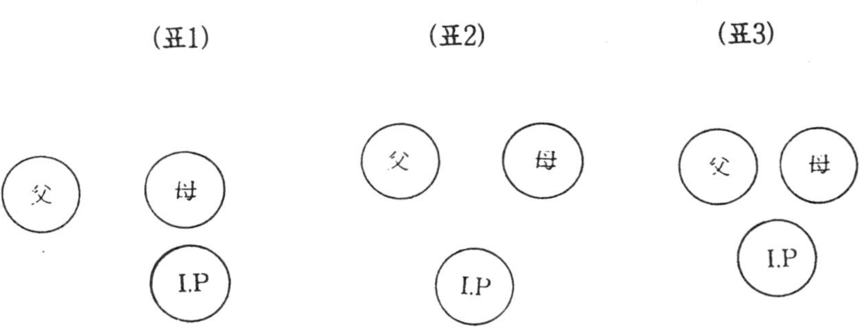

클라이언트와의 대화시 치료자의 클라이언트에 대한 질문에 어머니가 자꾸 끼어들며 대답을 재촉하거나 치료자의 질문을 재해석해 주는 등 어린아이 다루듯이 끼어들며 간섭적인 모습을 보였다. 클라이언트 부모 모두 부부로서 서로 비난하지 않고 지지해주는 등의 긍정적인 행동 변화를 보였으나 클라이언트를 두고 어머니가 중간 역할을 하며 아버지와 클라이언트의 관계를 방해하는 행동 패턴이 보였다. 또한 어머니의 지나친 클라이언트에 대한 간섭으로 아버지가 아버지 역할을 할 여지를 주지 않아 이에 대한 반응으로 클라이언트 아버지가 부인에게 화를 내고 남편의 화냄은 어머니로 하여금 클라이언트에 대해 거부적이 되게 하고 그 결과로 클라이언트는 반항적이 되고, 그럴 경우 클라이언트 아버지는 아버지로서의 역할을 회피하는 것으로 보였다.

(5) 가족치료 10회(클라이언트 참석)

클라이언트가 지난 주 부모와의 외박을 매우 만족스럽게 보내어 클라이언트는 부모에 대해 자신이 반반의 양가감정을 느꼈으나 이제는 그런 감정이 많이 없어졌다며 부모관계가 좋아져 마음이 많이 편안해졌고 자신이 과거에 비해 존중받고 있다는 느낌을 받았으며, 아버지와의 관계가 밀접해져 좋다는 느낌을 표현하여 부자관계가 많이 호전되었음을 보였다. 또한 클라이언트와 부모 관계에서 어머니 역시 부자관계를 방해하지 않고 어머니로서의 역할을 잘 한 것으로 보였다.

그러나 어머니가 자꾸 같은 말을 반복하는 행동이 있어 이를 다루었고, 이를 통해 클라이언트 부모가 제3자의 도움 없이 스스로 타협하며 문제를 해결하는 기술이 아직 부족함을 보였다. 클라이언트의 어머니가 대인관계 문제와 남편이 외출을 싫어하는 이유로 너무 집에만 있고 사회적인 활동 등이 없어 이로 인해 어머니 자신의 스트레스를 적절하게 해소하지 못해 남편에 대한 요구가 많아지고 이를 남편이 충족시켜 주지 못하여 문제가 다소 있는 것으로 보였다. 따라서 부부가 함께 이 문제를 다루어 보도록 하자 서로간의 의견 차이를 좁히지 못해 클라이언트 어머니에게 남편을 의식하지 말고 자신이 하고 싶은 것을 우선순위 대로 리스트를 만들어 가져오도록 하였다. 부모의 의견이 조정되지 않자 클라이언트는 우울해 하는 등 민감한 반응을 보였고, 이를 부모가 인식하게 하였다.

처음 계약한 10시간이 다 되어 종결이나 연장 여부에 대한 의견을 묻자 클라이언트를 비롯하여 부모 모두 클라이언트를 끼어 앞으로 5, 6회 정도 상담을 더 하기를 바람으로 가족치료를 더 연장하기로 하였다.

3) 말기 과정(11회 - 16회)

말기 과정은 클라이언트를 적극적으로 개입시켜 부모와의 관계 강화를 목표로 하였고, 동시에 클라이언트의 문제 행동에 대한 변화를 목표로 하였다. 또한 장기간의 입원으로 인한 클라이언트의 병원에 대한 의존과 퇴원에 대한 두려움 및 퇴원 거부 문제를 다루어 클라이언트와 가족이 이 문제를 잘 다루어 사회 복귀를 시도하도록 하였다.

(1) 가족치료 11회(지도감독자 참석. 클라이언트는 참석을 거부함)

클라이언트는 지난 주 외박을 나갔다 금방 병원으로 되돌아왔고, 이후 외박과 퇴원을 거부하고 있었다. 따라서 지난 주의 클라이언트의 외박과 관계되어 어떤 문제가 있었는지를 다루었다. 외박시 클라이언트의 어머니가 집에 세든 클라이언트가 싫어하는 혼자 사는 남자와 억지로 친구를 만들어 주려고 한 것이 원인으로 보였다. 이는 클라이언트의 퇴원 이후에 대한 어머니의 클라이언트에 대한 두려움을 의미하는 것이었으며, 이에 대해 클라이언트는 자신의 솔직한 생각이나 감정을 부모에게 표현하지 못하는 문제를 보였다.

치료자는 퇴원 후 낮병원이나 사회치료 등의 대안을 제시하였고, 따라서 옆집 세든 남자와의 관계는 클라이언트 아버지의 인정 아래 재정립하게 하였고, 외박시 또다시 보인 어머니가 지나치게 부자 사이에 끼어들고 간섭하는 행동을 하지 말고 부모가 서로 역할을 바꾸어 역할의 융통성을 가져보도록 지시하였다. 지도감독자는 그동안의 가족의 긍정적인 변화를 지지해 주었고, 옆집 세든 남자와의 관계를 클라이언트 입장에서 부모가 잘 이해하고 정리하도록 도와주었다.

(2) 가족치료 12회(클라이언트 참석함)

클라이언트는 퇴원이 다가올수록 퇴원에 대해 양가감정을 느끼며 힘들어하는 모습이 역력하였다. 클라이언트는 현재의 가족관계가 부모는 서로 가깝고 자신은 부모로부터 멀리 떨어져있는 것으로 표현하며 부모 가까이 있고 싶지 않고, 가출하고 싶다며 자신을 내버려둬 달라고 말하였다. 또한 치료시간 내내 클라이언트는 묻는 말에 "모르겠어요"라는 대답으로 일관하며 자신의 감정을 표현하지 못하였다. 클라이언트는 어머니와의 밀착된 관계에 대해 양가감정을 가지고 있는 것으로 보였고, 어머니의 자신에 대한 관심에 대해 심한 부담감을 느끼는 것으로 보였다. 또한 클라이언트는 동생 사망 전 자신은 어머니와, 동생은 아버지와 더 가까운 관계를 가지고 있었고 그래도 나름대로 가족이 행복했으나 동생 사망 후 가족이 완전히 흩어져 뿔뿔이 각자가 되었음을 표현하여 클라이언트 가족이 자녀의 사망이라는 위기를 잘 다루지 못한 모습을 보였다. 치료자는 클라이언트의 독립에 대한 욕구 표현에 좌절감과 절망을 느끼고 있는 부모에게 클라이언트가 현재 청소년기로 독립의 욕구를 가지고 있으며, 그동안 정신사회적인 발달이 정상적으로 이루어지지 못한 상황에서 현재의 클라이언트의 독립 욕구는 지극히 정상적인 것으로써 이를 부모가 인정해 주어야 함을 인식시켰다.

지난 주의 역할 바꾸기 과제를 확인한 바 제대로 이행되지 못하였으나 클라이언트 어머니의 무리한 중간 역할을 하는 행동은 많이 줄어들었다. 청소년 자녀 양육에 관한 책을 주고 읽어오는 숙제를 내주었다.

(3) 가족치료 13회(클라이언트 참석)

먼저 클라이언트의 어머니가 숙제로 내 준 책을 읽은 소감에 대해 얘기하였다. 엄마의 보살핌이 필요한 시기에는 다른 일로 돌보지 않다가 정작 자율적으로 내버려 두어야 할 시기에는 클라이언트를 달달 볶았다며 그동안 엄마로서의 잘못된 역할 수행에 대한 후회와 깊은 통찰력을 보였다.

이어 지난 번 클라이언트와 부모와의 외출이 매우 만족스러웠음을 보고하여 부모-자녀 관계가 좋았다 나빴다를 반복하며 서서히 호전되어 가고 있음을 보였다. 다음으로 이번 주 외박 계획을 아버지가 주도해 클라이언트의 의견을 고려해 세우게 하여 가족간의 의사소통 연습과 가족 내에서 부의 올바른 역할연습을 시도하였다. 이에 클라이언트의 아버지는 클라이언트의 의사를 존중하며 타협을 유도하는 등 이전에 비해 대화 기술이 많이 호전된 모습을 보였다. 그러나 아직 아버지로서의 역할에 자신 없어 하는 모습을 많이 보였다. 클라이언트 어머니는 클라이언트를 내버려 두어야 한다는 통찰력이 확실히 생긴 것으로 보이며 부자가 대화하는 데 끼어들지 않는 행동을 보였다. 마지막으로 어머니에게는 클라이언트의 외박시 자유시간에 클라이언트를 내버려 두기를 숙제로 주었고, 아버지에게는 청소년 자녀 양육에 관한 책을 읽어오는 숙제를 내주었다.

(4) 가족치료 14회(클라이언트 참석)

클라이언트가 가족치료에 참석하기 위해 부모와 함께 병동에서 내려오다가 도망을 쳐 택시를 타고 무작정 갔다 스스로 되돌아왔다. 이에 대해 클라이언트는 자신의 생각이나 감정을 전혀 표현하지 않으며 “몰라요”라고만 대답하고 부적절하게 웃는 등 부적절한 행동을 보였다. 그동안 병동에서 역시 퇴원하지 않기 위한 문제 행동들이 부쩍 증가한 모습을 보였다. 퇴원에 대한 클라이언트와 부모의 두려움과 걱정 등을 다루려고 하였으나 클라이언트가 “몰라요”만 반복하였고, 이로 인해 클라이언트 어머니의 불안감이 높아져 치료가 잘 진행되지 않았다. 그러나 나름대로 자신의 불안감을 잘 통제하는 모습을 보였다. 반면 클라이언트 아버지는 클라이언트의 불안정한 태도에 전혀 동요하지 않으며 치료자의 질문에 차분하게 대답했다. 퇴원 후 클라이언트의 가정과 학교로의 복귀 문제를 좀더 다양한 대안을 가지고 다음 시간에 얘기해 보기로 하였다.

(5) 가족치료 15회(클라이언트 참석)

계속 퇴원을 거부하던 클라이언트가 퇴원을 하기로 마음을 바꿨기 때문에 퇴원 이후의 거취 문제를 다루었다. 클라이언트가 아직 집으로 돌아가는 것에 대해 양가감정을 가지고 있고, 부모와의 감정적인 거리 유지를 위하여 하숙을 하나의 대안으로 가지고 있었다. 따라서 클라이언트의 의견을 존중해주고, 그것이 오히려 클라이언트가 병원에서 집으로 돌아가는 중간 시설로 좋을 수 있음을 치료진들 사이에서 동의해 이 문제를 다루었다. 그러나 하숙생활을 하는 데는 부모와 클라이언트가 서로 지켜야 할 몇 가지의 규칙을 가지고 있음을 설명하였고, 따라서 서로 지켜야 할 몇 가지 규칙을 정하는 작업을 하였다. 그러나 ‘이유 없이 학교에 지각, 결석하지 않기’의 규칙에 대해 클라이언트가 동의하지 못하여 이 계약서에 대한 서명은 다음 시간에 다시 더 논의하기로 하고 마쳤다. 하숙건이 구체적으로 이야기되면서 클라이언트는 부모가 자신을 거부한다는 느낌을 받는 것으로 보였다.

(6) 가족치료 16회(클라이언트 참석)

지난 시간 후 클라이언트가 집으로 외박을 다녀와서 하숙 대신 집으로 들어가고 싶다는 얘기를 하여 퇴원 후 거취 문제를 다시 논의하였다. 클라이언트는 집으로 퇴원하기로 결정하였으며 집으로 돌아가도 이전과 같은 일이 생기지 않을 것이라는 확신이 들었다며 부모에 대한 신뢰감을 많이 회복한 모습을 보였고, 과거 부모의 불화나 자신에 대한 부모 모두의 부적절한 태도가 모두 동생이 죽은 후 부모의 괴로움 때문인 것으로 이해한다며 과거의 부모를 이해하고 용서하는 모습을 보였다. 이에 부모 모두 이전의 잘못을 반복하지 않을 것을 다짐하였고, 클라이언트를 잘 도와줄 것임을 클라이언트에게 약속하였다. 퇴원후의 큰 형(big brother) 연결 건에 대해 클라이언트의 좋다는 의견을 듣고 퇴원 전에 연결하기로 하였다.

4) 사후 관리

퇴원 후 클라이언트는 집과 학교로 돌아갔다. 그러나 학교는 오랜 결석과 입원 이전 학교에서 보인 클라이언트의 문제로 인한 사회적인 낙인, 그리고 친구가 없음으로 인해 잘 적응하지 못하였다. 따라서 클라이언트는 어렵게 중3을 마쳤고, 고교 진학은 부모의 배려로 인성교육을 위주로 하며 기숙사 생활을 하는 특수 고교로 진학하였다. 따라서 클라이언트는 기숙사 생활을 하며 친구도 사귀고, 교사와도 잘 지내며 매우 잘 적응하는 것으로 보였다.

그러나 가족 내 적응을 보면 퇴원 후 클라이언트는 가족 속에서 나름대로 잘 적응하며 지냈으나 클라이언트 어머니의 클라이언트에 대한 지나친 관심으로 클라이언트는 부담감을 가지고 있는 듯 하였고 이로 인해 자주 투탁거리는 모습을 보이곤 하였다. 클라이언트와 아버지와의 관계는 과거보다 다소 호전되었으나 아버지로서의 역할 기술이 다소 부족한 것으로 보였다. 따라서 클라이언트는 방학중 집에 오면 처음 며칠간은 잘 지내다 생활이 불규칙해지는 모습을 보이곤 하였다. 그러나 자신이 좋아하는 할머니와 고모집에 가면 할머니와 고모의 지도감독으로 매우 잘 지내는 모습을 보였다. 따라서 클라이언트는 과거 입원시의 문제가 보이지는 않으나 아직 환경의 영향을 밀접하게 받는 모습을 보였다. 병원 치료는 클라이언트가 병원을 오지 않으려고 하여 부모가 대신 약을 타다 먹였으나 최근에는 병원에 오지 않고 약물 치료도 받지 않고 있었다.

6. 치료자 자신의 반응

클라이언트 가족을 보며 무척 불행한 가족이라는 생각이 들었고, 도와주고 싶은 생각이 많이 들었다. 그러나 구조화된 가족치료 경험이 많지 않아 가족치료 시간 전마다 심한 긴장감을 느끼곤 하였다. 이유는 예상하지 못한 상황이 생겼을 경우 그 상황에 잘 대처하지 못할 것에 대한 두려움이었다. 그러나 이런 두려움은 지도감독자가 있다는 사실만으로도 크게 안심이 되어 극복할 수 있었고, 실제로 지도감독을 통해 이런 어려움들이 많이 해결되었다. 따라서 지도감독의 중요성을 다시 한번 느꼈다. 또한 가족치료를 진행하며 그렇게 오랫동안 심하게 갈등하며 살아온 부부에게서 근본적으로는 서로가 애정을 가지고 있는 관계임을 확인했을 때 그것이 가족치료를 진행하는데 큰 힘이 되었다. 그러나 치료과정 중 부모가 변하였으나 자녀에 대한 부모의 노력에도 불구하고 클라이언트의 문제가 호전되지 않는 것 같을 때 과연 가족치료로 이 클라이언트와 같은 문제가 좋아질 수 있을까 하는 회의가 생기기도 하였다. 특히 클라이언트가 뭐든지 모르겠다고 대답하곤 할 때에는 다소 무기력감을 느꼈고, 그럴 때 치료를 잘 이끌어 갈 수 있는 테크닉에 대한 지식의 필요성을 많이 느꼈다. 마지막으로 가족치료를 통해 가족의 문제가 호전되고, 이에 따라 클라이언트의 문제 역시 호전되는 것을 보았을 때 가족치료의 위력을 새삼 느꼈고, 사회사업가들은 많은 문제 가족을 다루고 그 가족들을 도와주는 데 있어서 가장 고도화된 치료방법인 가족치료에 누구나 전문가가 되어야 한다는 생각을 다시 확인하였다. 그러나 가족치료 중 가장 컸던 어려움은 보조치료자와의 의견 불일치였다. 그는 큰 형(big brother) 연결이 클라이언트의 사회 재적응에 매우 중요할 수 있다는 치료자의 제안을 처음에는 받아들였으나 자신의 이런 프로그램에 대한 경험 부족을 이유로 치료자와의 의견개진 없이 후에 다시 번복하고 이를 클라이언트에게 받아들이지 않도록 함으로써 클라이언트와 가족에게 혼돈을 주었다.

7. 평가 및 결언

가족치료를 통하여 클라이언트 가족의 부부체계와 부모-자녀 하위체계가 강화되어 가족의 심각한 역기능 문제가 많이 호전된 것으로 보인다.

클라이언트 부모는 그동안 서로에 대한 깊은 불신을 극복하고 기본적으로 가지고 있던 서로간의 애정관계를 확인하며 그것을 회복하려는 노력을 계속하는 모습을 보였다. 또한 서로가 원하는 것 - 클라이언트 아버지는 인정을, 클라이언트 어머니는 애정을 서로 충족시켜 줌으로써 부부체계가 강화되어 가는 모습을 보였다. 클라이언트 어머니의 이런 변화는 남편의 노력에도 기인하지만 남편이 아들의 죽음을 자신의 탓으로 돌리고 아직도 용서하지 못하고 있을 거라는 두려움과 자신에 대한 근본적인 애정이 없을 거라는 거부에 대한 두려움이 사라지고 남편의 애정을 확인하게 된 것에 기인하는 것으로 보인다. 또한 클라이언트 아버지의 변화 역시 부인의 행동 변화와 부인의 자신에 대한 인정과 애정을 확인한 것이 변화의 큰 힘이 된 것으로 보인다.

부모로서의 변화를 보면 클라이언트 부모는 자신들이 과거에 클라이언트에게 잘못한 행동들이 클라이언트에게 어떤 나쁜 영향을 주었는지에 대한 통찰력이 생겼고, 클라이언트에게 적절한 정서적인 돌봄을 잘 하는 모습을 많이 보임으로써 적절한 부모역할을 수행함을 보였다. 또한 클라이언트 아버지는 클라이언트와 감정적으로 가까와짐으로써 부자관계가 강화되었고, 부모가 가까와지며 모자 결탁관계는 많이 해결된 것으로 보인다. 그러나 부모역할 측면에서 보면 클라이언트 아버지는 클라이언트에 대한 감정이입 능력이 다소 부족하고, 아버지 역할에 자신감이 부족한 것으로 보인다. 그러나 클라이언트 어머니는 어머니로서의 적절한 역할을 클라이언트 아버지보다 빨리 습득함으로써 부자 사이에서 무리하게 중간 역할을 하려는 경향만 제외하면 적절한 어머니역할 수행에 크게 문제가 없는 것으로 보인다. 그러나 어머니의 경우, 현재는 우울감과 불안감이 많이 해소되었으나 앞으로 클라이언트 상태의 변화에 따라 다시 재발할 수 있는 가능성을 배제할 수는 없다고 생각된다. 따라서 가족치료 종결 후 사후 관리가 필요한 것으로 보인다.

클라이언트의 변화를 보면 클라이언트는 퇴원을 거부하며 자포자기하고 싶어하고 부모로 하여금 자신을 포기하도록 하는 의식적, 무의식적인 행동들을 많이 하였으나 부모가 과거의 잘못을 반성하고 좋은 부모가 되기 위해 노력하는 모습을 보며 많은 갈등을 겪다가 이제는 자포자기적인 행동을 멈추고 부모를 신뢰하기 시작하였다. 그러나 클라이언트가 아직 자신감이 부족하고, 사회로 돌아가 적응하는 데 대한 두려움으로 아직도 많은 심리사회적인 어려움을 겪고 있고, 퇴원 후 실제로 학교 적응 등에 당분간 어려움이 예상되며 좌절시 자신의 문제의 원인을 부모에게 돌림으로써 부모에 대한 분노감이 표출될 수 있는 가능성이 있는 것으로 보인다. 따라서 부모와의 관계가 더욱 강화될 필요가 있고 이를 위해서는 계속적인 부모의 노력과 함께 치료진이 사후 지도를 통하여 이런 노력을 도와야 할 것으로 보인다. 또한 클라이언트의 학교 적응과 가정 적응을 위해서는 큰 형(big brother)을 활용하는 것이 좋을 것으로 보인다.

제 5 장
사례 3

부부불화로 싸움을 잘 하는 아이

안 향 림*

1. 의뢰과정 및 제시된 문제

일간신문 '가족문제 상담코너'를 읽고 클라이언트의 어머니가 한국가족치료연구소에 직접 전화를 걸어 약속을 했다. 전화로는 클라이언트가 싸움을 잘하기 때문에 상담을 받아야겠다고 했고 접수 면접지에는 클라이언트와 클라이언트의 아버지가 신경질이 많고 화를 잘내기 때문에 가족이 불편하다고 기록했다.

2. 가족배경

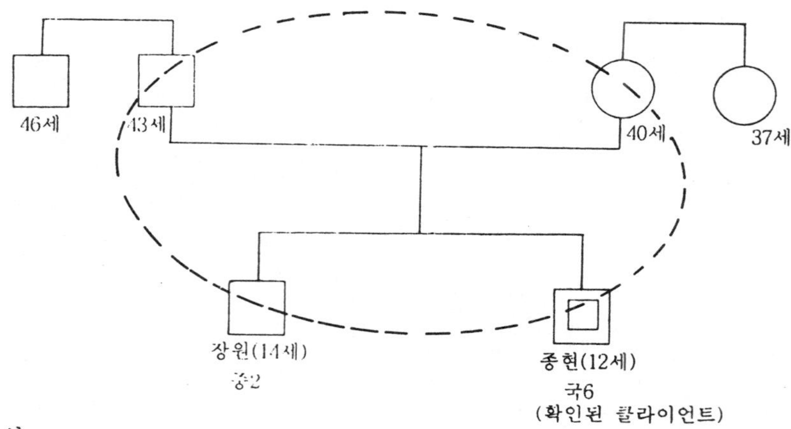

3. 가족역동 및 문제분석

① 가족체계와 친가의 경계선이 지나치게 경직되어 있다.
② 하위체계간에 결탁관계를 보인다.
어머니와 클라이언트가 밀착되어 있다.
③ 클라이언트의 아버지와 어머니의 부부체계는 어머니가 지배적이며 부부갈등을 갖는다.

---

* 수원여자전문대학 사회복지과 교수

④ 클라이언트에게 학교 갔다와서 외출하지 말라는 바람직하지 않은 규칙이 있다.
⑤ 부모의 불화로 클라이언트는 싸움하는 증상을 나타내며 가족의 희생양 역할을 한다.
⑥ 이 가족은 잔소리, 부정적 거래 등 부정적 내용의 의사소통을 한다.
⑦ 가족체계 외부의 확대가족들과의 불화로 스트레스를 받고 있다.
⑧ 가족원 간의 갈등이 있다. 특히 가족의 상호작용에서 부부의 성격문제로 불화가 있다.
⑨ 가족체계 내에 고립되어 있는 클라이언트의 아버지는 신경성 당뇨병을 앓고 있다.

4. 치료목표 및 계획

① 친구들과 싸움 잘하는 클라이언트의 증상을 소멸시키기 위하여 부모의 부정적 반응 거래를 줄인다.
② 가족의 희생양 역할을 필요로 하지 않도록 부부체계를 강화한다.
③ 희생양을 필요로 한 가족체계에 대하여 클라이언트의 부모가 통찰을 갖도록 한다.
④ 밀착된 모자체계가 분명한 경계를 갖도록 개별화를 촉진시키고 고립된 클라이언트의 아버지와 어머니의 지나치게 분리되어 있는 경계선을 완화시킨다.
⑤ 부부체계에서 클라이언트의 어머니가 지배적인 것에 대한 통찰을 갖게 하고 수평적 부부관계 양식을 갖도록 한다.
⑥ 당뇨병을 앓는 클라이언트의 아버지가 자신이 살아남기 위하여 우회적 결탁(detouring coaling)을 하여 클라이언트를 공격하고, 클라이언트의 어머니는 공격하는 클라이언트 아버지의 행동을 지적하며, 클라이언트와 결탁을 보인다. 이에 대한 통찰을 갖도록 한다.
⑦ 집 밖에 나가 싸우는 것은 문제를 일으키는 것이 아니라 부모의 부부갈등으로 생긴 화를 화풀이를 하며 문제를 해결하는 해결책이었다고 재구조화(reframing)한다. 또 클라이언트 아버지의 클라이언트에 대한 의사소통 관계를 간섭이라고 여기며 막으려는 클라이언트 어머니의 행동이 오히려 남편에 대한 간섭이라는 것으로 재구조화한다.
⑧ 부부의 관계 양식에서, 예를 들어 집 문제 해결같은 성공적 경험의 긍정적 강화 양식을 보강한다.

5. 치료과정

1) 초기 과정(1회 - 2회)

클라이언트의 가족에서 일어난 과거의 중대한 사건들에 대한 가족의 견해를 비교한다. 가족치료자는 가족문화에 합류하여 그들을 있는 그대로 받아들이고 지지하며 문제를 추적한다.

(1) 가족치료 1회

치료자 : 어떻게 오시게 됐어요?

어머니 : 저희 가정에 문제가 많아서 문제점을 대충 적어가지고 와 봤어요. 보여 드릴까요?

치료자 : 아뇨. 말로 하시는 것이 전달이 더 잘 돼요.

어머니 : 제가 보기에는 아빠하고 저 아이하고 신경질과 화가 많은 편이예요. 그런 날이 매일 있을 정도거든요.

치료자 : 부자가요?

어머니 : 부자만 부딪치는 것이 아니라 아빠가 저한테도 그런 것이 많아요. 그래서 가족간에 항상 불화가 있으니까 불편하죠. 그리고 주로 원인이 그것이예요. 제일 중요한 것이 (웃음).

치료자 : 음.

어머니 : 그리고 저 아이가 전혀 공부를 안 하려 하고 제가 보기에 지구력도 상당히 부족한 것 같구요. 학교에서 아이들과 잘 싸우고 선생님이 골치거리라고 하세요.

치료자 : 음.

어머니 : 주위가 굉장히 산만해요.

치료자 : 네

어머니 : 어떻게 보면 천성도 있는 것 같아요. 제가 보기에는.

치료자 : 아. 원래 피가?

어머니 : (웃음) 물론 엄마, 아빠가 잘못 길러서 그렇겠죠.(웃음)

치료자 : 어머니가 이미 다 알고 오셨네요.

어머니 : 잘 알고 있기 때문에 저희 힘으로는 안되는 것 같아서 선생님의 도움을 청하려고 왔어요.

치료자 : 예. 종헌이는 제가 볼 때 진짜 귀여운 아이인데 선생님들이 한 반에 60명씩 수업을 하려니 저런 애들은 없고 얌전한 애들만 있으면 편하겠지요.

어머니 : 예.

치료자 : 그러니까 저런 애들을 시끄럽다, 장난하지 말라고 공연히 야단칠 수 있는 것이고 아이들은 괜히 억울하게 당하기도 하죠.

어머니 : 거의 매일 학교에서는 교우관계가 안좋은 것 같아요. 매일 싸우고.

종 헌 : 우리반 애 하고는 안 싸우는데요. 다른 반 애들하고 싸우고 그리고 다른 학교 애들하고 패싸움하고 그런게 많아요.

치료자 : 음, 그거 재밌니?

종 헌 : 재미는 없죠. 그래도 걔네들이 우리를 모욕하니까 거기에 기분 나빠서 싸워요.

치료자 : 너는 아주 기분파구나?

종 헌 : 예.

치료자 : 엄마, 아빠 중에서 누가 기분파니?

종　헌 : 없어요.
치료자 : 그럼 너만 기분파야?
종　헌 : (웃음)
치료자 : 그럼 엄마 아빠 피 때문에 네가 기분파는 아니네?
종　헌 : 예.
치료자 : 어떻게 기분파가 됐을까?
종　헌 : 5학년때 부터 약간 나쁜 애들하고 한 20명씩 떼로 놀러 다녔어요. 그리고 늦게 집에 들어왔어요. 그때부터 개네들하고 어울리면서 그렇게 된 것 같아요.
치료자 : 5학년 때니까 1년 됐네?
종　헌 : 네.
치료자 : 나쁜 애들하고?
종　헌 : 네, 몇 명 자기네 엄마가 가출한 애도 있고.
치료자 : 음, 그런 애들하고 친하면서 너도 기분파가 되고 좀 싸움쟁이가 됐단 말이지?
종　헌 : 싸움은요, 원래 옛날부터 계속 그랬어요.
치료자 : 원래 옛날부터 잘 했다고?
종　헌 : 네.
치료자 : 옛날이 언제야?
종　헌 : 그때가 7살때.
치료자 : 7살때?
종　헌 : 그때 교회에 있는 유치원이었거든요. 교회에서 기도를 했는데 어떤 애가 자꾸만 툭툭 건드려요. 유치원 다닐때요.
치료자 : 음.
종　헌 : 그래서 화가 나 놀이터에 가서 걔하고 계속 싸웠어요. 계속 싸웠는데 그때부터.
치료자 : 툭툭 걔거 먼저 건드려?
종　헌 : 예. 그때 제가 이겼거든요. 그때부터 제가 싸움에 자신감이 생기고 싸움도 좀 많이 한 것 같아요.
치료자 : 더 자신감이 있는 사람은 내가 재를 때려눕힐 수 있다라는 자신감을 가지면서도 그냥 봐주고 싸움을 안하는 사람이 가장 자신감이 있고 멋있는 사람이지.
종　헌 : 예
치료자 : 그런데 종헌이는 그정도로 자신감이 있는 것은 아니고 내가 자신이 있나 없나 확신이 안서고 불안하니까 확인을 하기 위하여 싸움을 걸어서 때려눕히는 거지?
종　헌 : 예
치료자 : 선생님 생각에 종헌이가 더 자신감이 있었으면 좋겠어... 아주 자신감이 있으면 어떻게 된다고?
종　헌 : 그때는 친구하고 싸워서 이길 자신감이 있어도 봐주고 참는거.
치료자 : 음. 그러니까 봐주고 참아도 재가 나를 무시하지 않는다는 확신을 가지면 자신감이

있는 것이지.
종 헌 : 네.
치료자 : 그런데 종헌이가 그러한 자신감이 언제부터 생길까?
종 헌 : 지금 당장부터 마음을 고쳐 먹으면 될 수 있겠죠.
치료자 : 그렇지?
종 헌 : 네.

(2) 가족치료 2회

치료자 : 장원아, 밖에 나가서 이 컵에다 물 한컵만 가져다 줄래?
장 원 : 예.(클라이언트의 형 나감)
치료자 : 아버님이 저쪽으로 앉으셔야겠네요.(어머니 옆으로 좌석을 배치: 클라이언트의 형이 들어와 좌석이 없어진 것을 보고 당황)
치료자 : 종헌이 잘 있었니?
종 헌 : 예.
치료자 : 아주 멋있는 시계 찼다.
종 헌 : (웃음)
치료자 : 오늘 내가 형을 처음 보는데 이렇게 심부름을 시켜서 어떻게 하나? 종헌이 어머니 아버지는 구면인데 장원이는 처음 만나서 반갑네.
장 원 : 네.
치료자 : 안녕하세요? 장원씨 (악수를 했다.) 여기에 대해서 얘기는 들었니?
장 원 : 식구들한테서 들었어요.
치료자 : 식구들이 누군데?
장 원 : 전부 다
치료자 : 뭐라고 들었어?
장 원 : 마음의 병을 고친다고, 식구들이 저번보다 더 행복하게 잘 살 수 있기 위해서 식구들의 성격을
치료자 : 마음의 병이라 그랬니? 마음의 병을 고치러 온다. 식구들이 행복하게 살기 위해서 온다고 그랬는데 뭐를 고치러 올까?
장 원 : 마음이 잘못된 것.
치료자 : 마음? 음, 마음이 잘못 됐어? 그럼 종헌이는 마음의 어떤 것이 잘못됐다고 생각해?
종 헌 : 좀 신경질을 잘 내고 친구들과 싸움할 때 자신감이 생겨서
치료자 : 그것하고 너희 가족하고는 어떻게 관계가 있어?
종 헌 : 재가 나가서 애들하고 싸우고 또 신경질내고 그러면... 엄마, 아빠가 내 마음 몰라주고 그러니까 식구들이...
치료자 : 식구들이?

종 헌 : 식구들한테 피해 주죠.

치료자 : 아... 식구들한테 피해 주죠. 피해를 어떻게 주는데?

종 헌 : 제가 먼저 막 신경질 내면요 아빠가 혼내셔요. 그 다음에 엄마가 말리시거든요. 그러면 엄마하고 아빠하고 싸우게 돼요.

치료자 : 음

종 헌 : 잘 다투세요. 그리고 제가 싸움하고 들어오면 형이 저보고 뭐라고 해요.

치료자 : 음.

종 헌 : 그러면 형하고 저하고 시비가 붙어요.

치료자 : 그러니까 네가 싸움을 하고 들어오면 엄마, 아빠가 싸우고 그 다음에 너는 또 형하고 싸우고

어머니 : 먼저 부부관계가 안좋은 것 같아요. 일관성이 없고 또 갈등이 심해요. 아빠가 좀 참아야겠다고 하면서도 아직 참는 단계를 못 넘기는 것 같아요. 애들에게서 애들 말을 들어본 다음에 아빠 말을 하는 것이 순서인 것 같은데 아빠는 그러지 않으세요. (웃음)

치료자 : 그래요. 종헌이 아버지?

아버지 : 예. 그런 것 같아요. 성질이 너무 급하다 보니까. 애가 원체 말썽을 부리니까요. 제 눈에는 전부 말썽으로 보여요. 뭐든지 아주 엉망진창이거든요.

치료자 : 네. 어떤게 그렇게 엉망진창이세요?

아버지 : 자고 일어나 잠자리서부터. 그냥 몸만 쏙 빠져 나오거든요. 공부하는 책상을 보면 이건 완전히 난장판이에요.

치료자 : 그래서 잔소리해서 고쳐졌나요?

아버지 : 잔소리를 좀 하면 괜찮거든요.

치료자 : 아버님의 어렸을 때와 비교해 보면 어떠한가요?

아버지 : 저는 그 정도까지는 안 갔던 것 같아요.

치료자 : 그 정도까지는 아니였다는 것은 좀 그러시긴 그러셨다는 건가요?

아버지 : 글쎄요.(웃음) 애처럼 이러는 애는 처음 본 것 같아요.
왜냐면 우리 종헌이는 학교에 갔다오면 책가방을 신발장에 그냥 획 집어던지고 몸만 쏙 들어오고

치료자 : 이번 주에도 그랬어요?

어머니 : 이번 주에도 조금... 책가방은 한번 그랬고.. 도시락만

치료자 : 도시락만 어떻게?

어머니 : 선생님이 저번에 도시락 말씀하셨잖아요. 갖다 놓지 않으면 싸주지 말라고

치료자 : 예

어머니 : 도시락만 조금 달라진 것 같아요. 아침에 갈 때 안 싸줬더니 자기가 갖다 놓더라구요. (웃음) 그런데 애에게서 지금 제일 급한 것은요, 겁이 나서 밖에를 못내보내겠어요. 또 밖에 나가면 들어오는 시간을 안 지키구요, 그것이 제일 걱정 거리인 것

같아요. 처음에는 너무 약속을 안 지키길래 그럼 토요일이나 일요일 중에서 하루만 나가라 그랬거든요.

치료자 : 네.

어머니 : 거의 매일 나갔어요. 노는 시간이 전부였어요.

치료자 : 이번주에도?

어머니 : 아니 여기 오기 전부터요. 너무 나가 놀길래 좀 제지를 했죠. 토요일만 나가라고 그랬는데 저하고 약속한 그날부터 나가서 싸우고 들어온 거예요. 그래서 "너는 토요일날도 못 내보내겠다." 말하고 요즘은 전혀 안 내보내거든요. 그런데 애가 좀 힘들겠죠, 못 나가니까. 어떻게 해야 될지 모르겠어요.

치료자 : 어머님에게 토요일만 나가라고 아버님이 하신다든지 가족이 합의를 해서 "외출은 토요일만 하십시요." 그랬다가 "토요일도 안됩니다. 어머님은 나가시면 자꾸 너무 늦게 들어오시므로 외출은 안됩니다. 토요일도 나가지 마십시요." 하면 어떨까요?

어머니 : (웃음) 안되겠죠. 힘들겠죠.

치료자 : 음, 어떻게 힘들까요?

어머니 : 너무 비참하겠죠. 자신이 (웃음) 사는 맛이 없겠죠. 재미가 없겠죠.

치료자 : 예

어머니 : 그러니까 심부름을 보내면 놀고 들어오더라구요, 그러니까 또 혼나고

치료자 : 종헌아! 토요일만 나가라고 하다가 토요일도 안된다고 할 때 기분이 어땠니?

종 헌 : 엄마가 좀 미운 생각이 들었어요.

치료자 : 그럼 어떻게 해줬으면 좋겠어?

종 헌 : 이해를 안 해주고 그러는데 저를 내보낼 때 시간을 딱 정해요. 그래가지고 그 시간에 들어오면 토요일날 놀게 해주고 아예 그 시간을 안 지키면 못 들어오게 하면.

아버지 : 그런 것은 안돼. 그건 아빠하고 약속을 수백번도 더 했어.

치료자 : 전에는 전문가가 없이 아버지와 아들이 한 약속이구요. 이번엔 이렇게 증인들이 많잖아요?

.... 중 략......

어머니 : 엊그제는 제가 머리를 감았거든요. 목욕탕에서 머리를 감다가 보일러를 꺼야 되는데 보일러를 끄는 장치가 거실에 있어요. 제가 그때 혼자 있었거든요. 빨리 껐으면 좋겠는데.

치료자 : 그렇죠.

어머니 : 온수가 계속 나오니까 필요없는 온수를 껐으면 좋겠는데 혼자 있고 머리 감다가 갈 수는 없고 마침 저이가 들어오더라구요. 저는 잘됐다 싶어가지고 보일러를 빨리 끄라고 그랬더니 막 짜증을 내는 거예요. "들어오는 사람한테 왜 짜증을 내느냐고, 왜 신경질이냐"고. 그러더라구요.

치료자 : 예

어머니 : 저는 급한 마음으로 했는데 억양이 그렇게 들렸던가봐요.

치료자 : 어디 한번 아버지로부터 직접 들어보죠.

아버지 : 제가 들어오니까 여자가 머리를 감다가 조용하게 꺼달라고 하면 괜찮은데 내 귀에 들려오는 것이 아주 화나서 퉁명스럽게 뱉는 소리 있죠?

치료자 : 네.

아버지 : 그런식으로 해버리니까 들어오다가 또 짜증이 나죠.

치료자 : 예. 퉁명스럽게 대하셨어요?

어머니 : 저는 그때 급한 목소리로 한 거예요. 다급하게.

치료자 : 신경질내는 것은 아니고?

어머니 : 예.

치료자 : 어떻게 하셨는데요? 한번 해 보세요.

어머니 : "아우... 그 불좀 빨리 꺼요." 이랬죠. (웃음)

치료자 : 음?

아버지 : 아이 이렇게 부드러운 소리예요?

치료자 : 그럼 어떻게 하길 기대하세요?

아버지 : 아니 보통 평상적으로 하면 될텐데.

어머니 : 사람이 급할 때 목소리하고 이렇게 차분할 때 목소리하고 다르잖아요?

치료자 : 그거야 그렇죠.

어머니 : 그런데 그것을 구분을 했었으면

아버지 : 구분이 아니라 이 사람아 당신은 표정까지 틀려져!

어머니 : 아빠가 전보다는 더 심하게 느끼는 것 같아요. 병이 생기고 또 재산문제로 형제간에 아주 심한 갈등이 있었어요.

치료자 : 네

어머니 : 그 뒤로 바짝 더 하더라구요. 제가 신경정신과에 가보자고 했더니 정신병자 취급한다고. (웃음)

아버지 : 아니. 이 사람아 지금 내가 생각하기에는 나만 마음의 병이 있는게 아니라 당신도 마찬가지야.

치료자 : 그래요?

어머니 : 머리를 잘 흔들어서 수술을 두번씩이나 했거든요. 그래서 지금도 좀 불안해요. 1년에 한번씩 검사를 해봐야 마음이 놓이는 것 같고

치료자 : 무슨 수술을 했어요?

어머니 : 혹을 수술했어요. 양성이라고 해서 그냥 수술했어요.

치료자 : 아... 무엇에 대한 불안이 있으세요?

어머니 : 또 병이 나면 어떡하나, 암이면 어떡하나, 또 해마다 집안에 어려운 일이 있었어요.

치료자 : 어떤 일인데요?

어머니 : 우리가 전세를 사는데 집 주인이 도망가 우리가 전세금을 그냥 날리는 줄 알았거든요.
치료자 : 네
어머니 : 그때 굉장히 힘들었어요. 그걸 참느라고. 그런 종류의
치료자 : 그때 그 일을 두 분이 어떻게 해결하셨어요?
어머니 : 그때는 둘이서 힘을 합해서 했죠.
아버지 : 그땐 진짜 안 싸웠어요. 아홉세대를 우리가 해결하다시피 했거든요!
어머니 : 이이가 아홉세대 중에서 대표로 나서서 하다시피 했거든요.
치료자 : 그러니까 그때는 두분이 서로 협력을 했어요?
어머니 : 예
치료자 : 그러니까 무엇이든지 나쁜 일이 터져야겠네요? 그 집은
어머니 : (웃음)
치료자 : 그래서 지금 종헌이가 나가서 싸우는 것 아니예요?
어머니 : 부부관계가 안 좋으니까 애들이 그러는거....
치료자 : 종헌이 할 말 있니?
종 헌 : 집안에서도 그렇고 학교 선생님들도 그래요. 자기들이 화가 나면 애들한테 신경질을 부려요.

2) 중기 과정(3회 - 8회)

가족관계가 수정되면 가족끼리의 파괴적인 동맹이 무너진다. 통찰을 하게 되고 가족구조의 재조직이 이루어지기 시작한다. 문제확인, 구조의 확인, 치료목적 설정, 경계선 만들기, 균형이 깨지기 시작한다. 가족구성원들의 자주성이 증대되고 자기행동에 대한 타인의 반응을 받아 들이기 시작한다

결국 클라이언트와 어머니의 결탁이 해체되고 부모 하위체계가 강화된다.

(1) 가족치료 3회

치료자 : 오늘 장원이 혼자 여기 앉으면 외로울까봐 자리를 두개 해놨는데, 둘이 제일 통한다고 그랬잖아? (클라이언트를 어머니에게서 떼어놓았다.) 아버지 표정이 좋아지신 것 같은데요.
아버지 : 하루 아침에 고쳐지나요?
치료자 : 많이 달라지신 것 같아요.
아버지 : 자제를 하려고 해서, 이제는 애들을 쥐어 박는다든가 그런 것은 없고, 그렇게 하다 선생님 생각나니까(웃음)

어머니 : 식구들이 많이 달라질려고 하는 것 같아요. 두번밖에 안 왔는데도
치료자 : 요전번에 상담 끝내고 아버님 기분이 어떠셨어요?
아버지 : 상담 끝나고 제가 그날 기분이 좋지 않았어요. 왜 좋지 않았었냐면 집사람이 우리 내외 갈등이 심하다는 듯이 그런 애기를 하더라구요.
나는 여지까지 살아오면서 사실 그 정도까지는 생각지 않았는데 이 사람한테 그런 소리가 확 나오는걸 제가 들었을 때는 기분이 안 좋더라구요.
치료자 : 안 좋으셨어요?
아버지 : 나는 그 정도까지는 갈등이.... 이 사람이 갈등이 심하다고 하길래. 난 그 정도 갈등까지는 생각지 않았었거든요.
어머니 : 더 심각한 사람도 많죠.
치료자 : 네.
아버지 : 그래서 제 마음이 충격을 받았거든요. 기분이 썩 좋지 않더라구요.
치료자 : 부인 마음속에 있는 것이 표현된 것 같은데.
아버지 : 제가 충격을 받은 이유는 여지까지 이렇게 살아오면서 이 사람하고 언성만 높혔다 뿐이지 제가 이 사람한테 남자가 강자라고 해서 손찌검을 한다든지 욕을 한번 한다든지 그런건 없었거든요.
어머니 : 신경질 내는 것 그것만 빼면 아주 가정적이예요. 제 일도 많이 도와주고요.
치료자 : 예.
아버지 : 그런데도 이...
어머니 : 애들 다루는 그것만 조금 빼주면 아주 가정적인 아빠거든요.(웃음)
신경질 고쳐지고 애들한테 좀 교육적으로 따뜻하게 해주고 애들 입장에서 한번만 생각해 주고 그것만 조금 바뀌었으면 하고....
치료자 : 아버님도 그런 마음이 없어서 그러셨던 것은 아니실텐데요. 애들을 어머니만큼 아끼고 사랑하고 그러지 않아서가 아니라
아버지 : 그렇죠. 나라고 뭐 내 자식인데. 그런데 제가 하는 방식이 지금, (웃음) 완전 틀린거예요. 선생님 말씀 들으니까 이 사람은 라디오 교육방송을 꼭 듣거든요. 오전에.
치료자 : 예.
아버지 : 유아교육이라든지 청소년 교육 이런 것을 꼭 듣는데
치료자 : 그러니까 어머니는 아버지와는 애들 대하는 방법이 달랐군요.
어머니 : 조금 나은거겠죠. 저도 아직 멀었어요.(웃음) 조금 낫다 뿐이겠죠.
치료자 : 그러니까 사랑은 엄마 못지 않게 하셨는데 아버님이?
어머니 : 그렇죠. 방식이 틀려먹었죠.
치료자 : 예. 방식을 우리가 여기서 배우시는 거예요.
종 헌 : 이번 주는 기분 나쁜 일 없었어요. 다 좋았어요.
치료자 : 좋았어?
어머니 : 다 좋았던 것 같지는 않은데 엄마가 보기에는. 학교를 찾아갔었거든요.

치료자 : 예

어머니 : 선생님이 오라고 해서 가보니까 완전 문제아라는 식으로 이야기 하시더라구요. 그래서 제가 그랬어요, "문제아가 아니라 문제 부모다."라고요. 여기서 상담하는 내용까지 다 전해드렸더니 자기를 보고 하는 소리로 들린다며 무조건 혼낸 적이 많았는데 같이 잘 해보자고 그러시더라구요.

치료자 : 예

어머니 : 선생님도 아마 많이 좋아지셨을 거예요. 애를 대하는 것이

치료자 : 그러니까 선생님도 교육을 어머니가 시키셨네요?

어머니 : (웃음) 글쎄요.

치료자 : 그것이 필요해요. 왜냐면 우리가 집에서 애를 대하는 태도하고 선생님이 애를 대하는 태도하고 다르면 애가 또 혼란을 갖거든요.

어머니 : 사실은 저 아이한테 문제가 있는게 아니고 부모한테 문제가 있는 것이라고 얘기를 했더니 선생님도 그런 말씀을 알아들으시고 그 뒤로는 저 아이를 보는 눈이 달라지신 것 같아요.

치료자 : 예. 그런데 "우리가 문제부모다." 이것은 어떤 의미이세요?

종 헌 : 다른 집보다 훨씬 더 난 것 같아요.

치료자 : 다른 집보다 난 것 같다고?

종 헌 : 난 것 같은데 엄마는 그렇게 말씀하시니까. 다른 집은요, 참견을 안한대요. 자기네는 엄마, 아빠가 바빠 자기네끼리 도시락 싸가는 애도 많고 저희반은 이상하게 그런 애들이 많거든요. 그러니까 엄마, 아빠 책임으로 말씀하시는 것에 대해서

치료자 : 그러니까 너도 네 책임이라는 거니?

종 헌 : 예

치료자 : 엄마, 아빠의 책임만도 아니고 종헌이 책임만도 아니고 온 가족의 책임이야.

종 헌 : 예. 엄마는 자꾸만 뭐 이해를 안해줬다 그러는데요.

치료자 : 음

종 헌 : 저는 이번주에 엄마, 아빠한테 이해를 많이 받아서 엄마, 아빠가 참 좋았어요.

치료자 : 사랑을 느꼈구나?

어머니 : 옛날 같았으면 혼냈죠. 공부 안한다고

치료자 : 그런데 "종헌이 공부 못하는 것은요, 우리 종헌이는 공부에 관심이 없구요." 이 소리가 종헌이가 공부에 관심없게 만들었어요.

종 헌 : (웃음)

치료자 : 종헌이는 공부에 관심없지 않잖아?

종 헌 : 네. 전혀 하기 싫은 것은 아닌데.

치료자 : 아니지? 공부를 잘 하려고 하기만 하면 잘 할수 있지?

종 헌 : 집에서는 그렇게 안 해도요, 학교에서는 쉬는 시간에 떠들지도 않아요, 요새는

치료자 : 음. 요새 사람이 바뀌었네? 학교에서

종 헌 : 네.

치료자 : 우리 종헌이는 이제 새 사람이 됐어요. 새 사람이 되어 공부하려고 마음만 먹으면 잘 해요. 이제 어머니가 종헌이한테 하실 얘기는 "이제 종헌이는 마음만 먹으면 1등한다."는 얘기예요.

어머니 : 예.

치료자 : 마음만 먹으면 돼. 물 속에 있는 고기도 종헌이가 잡으려 하면 잡는다. 그런데 그까짓 것 네가 하는 공부인데 네 마음대로지 누구 맘대로야, 엄마 맘대로야, 선생님 맘대로야... 어머니의 그 모르고 하시는 말씀 "종헌이는 공부에 관심이 없고 우리 장원이는 공부에 관심 있다" 이 이야기가 쟤는 공부에 관심있는 1등으로 만들고 종헌이는 공부에 관심없는 애로 만들었어요.

아버지 : 그전에는 내가 심부름을 시키면 퍼뜩 잘 했는데 이번에는 제가 잔소리를 안해서 그런가 잘 안 듣거든요.

치료자 : 그때는 왜 즉석에서 퍼뜩 들었을까요?

아버지 : 글쎄 , 그때는 제가 너무 억압적으로 해서 얘네들이 무서운 마음에서 그랬을 것 같아요 (웃음)

치료자 : 네. 그런 마음에서 하면 얘네들이 이 다음에 불안증, 공포증이 돼요, 그런데 다행히도 아버님이 태도를 바꾸시니까 아이들이 그런 노이로제에 걸리지 않고 아주 맑고 밝게 클 수 있는 거죠.

어머니 : 지금 말을 안 듣는다는 것은 어떻게 생각하면 아빠한테 두려운 마음이 적어졌다는 것도 있겠네요?

치료자 : 그렇죠. 그러니까 좋은 현상이죠. 지금 아빠가 얘기하신 것 어떻게 생각해?

어머니 : 아까 아빠가 떡 사오라고 하신 거

치료자 : 떡 사오라는데 빨리 안 움직였어?

종 헌 : 제 볼일로 나갔었죠. 아빠는 떡을 먹었으면 좋겠다 그러시고 뭐 사 먹었으면 좋겠냐고 물었을때요, 저는 그냥 아이스크림 먹었으면 좋겠는데 형하고 아빠하고 그래서 전 안먹겠다 그러고 그냥 나왔는데요.

아버지 : 저는 4시반이 딱 되면 그 시간에 떡을 조금씩 먹어야 되거든요, 그런데 심부름을 시켰더니 안 듣고 학원 간다고 가방 챙겨 가지고 가서 좀 속이 상하더라구요. 아무 소리 안했어요.

치료자 : 종헌이가 아빠한테 나는 아이스크림 먹고 싶다고 이야기를 해봤으면 어땠을까?

종 헌 : 제가 위염이거든요. 그런 것 잘 못 먹거든요.

치료자 : 아이스크림 먹으면 안돼?

종 헌 : 몸에 나쁘데요, 제가

치료자 : 그래서 병원 다녀?

종 헌 : 예

어머니 : 위염이래요. 신경성 아닌가 모르겠어요. (웃음)

어머니 : 그런데 오늘 장원이 말이 아빠가 떡을 사오라는게 아니고 "떡을 먹지 않을래?"하고 물어봤다는 거예요. 사오란 소리가 아니고.

치료자 : 네

아버지 : 장원이는 식탁에 있고 너는 신발장 있는데 나가고 있었잖아!

종 헌 : 저는 들었는데

치료자 : 너는 뭐라고 들었어?

종 헌 : 아빠가 떡 좀 먹을래? 이렇게 물으시고요, 나중에..

어머니 : 떡 좀 사오라는 소리를 분명히 했어? 아빠가 사오라 그랬어? 떡을 먹을래 그랬어?

종 헌 : 그 다음에 떡 좀 사와라 그러시더라구요. 떡 먹고싶지 않냐 그러면서

어머니 : 사오라는 소리를 분명히 했네.

치료자 : 아버님은 어떠세요? "떡 좀 사올래." 그러다가 "떡 먹기 싫다" 그러니까 "뭐 먹을래" 이렇게 하다 말 안 듣는다고 화를 내셨어요?

아버지 : 아니죠. 그냥 화를 낸 것이 아니죠.

치료자 : 애매하게 하면 "난 떡 싫어요." 이렇게 나올 수 있죠. 그러니까 빠져나갈 구멍을 만들어 놓고 빠져나가면 저 놈 빠져나간다고 그러는 거예요. 그러니까 아버님이 함정을 파신 거예요. 자신이 화날 함정을 판거예요. 오늘 일은 아버님이 말씀을 잘 못 전달하셨던 것이고 장원이나 종헌이는 "아버님이 떡을 잡수시겠다는 겁니까, 떡을 사다 먹으라는 얘깁니까?" 라고 여쭈어 봐야지.

(2) 가족치료 5회

치료자 : 어떻게 오늘 늦으셨어요?

어머니 : 아빠가 아침부터 그냥 못마땅해 하시더라구요.

종 헌 : 제가 옷을 책상에 아무데나 놓았기 때문에 아빠가 신경질을 내셨는데 엄마가 들어오셔서 아빠한테 물어보셔서 아빠가 신경질 내셨어요. 이 옷을 아침에 입고 가는데 아빠가 좀 싫어하시더라구요. 옷차림이 마음에 안 들으셨나봐요. 그런데 여기 올때도 "너 그 옷 입고 갈래?"하고 아빠가 물어보셨어요.

어머니 : "어때" 이러더라구요. 그리고 아빠가 쟤네들 방에 들어 가시데요. 조금 있다 애가 옷을 가지고 나오는데 찌푸린 인상이예요. 제가 얼른 들어가서 "당신 저 옷 갈아 입으라고 그랬어요?" 그랬는데 안했다고 하시면서 나에게 민감하게 반응을 보인다고 신경질을 내시더라구요.

치료자 : 네

어머니 : 쟤는 저 때문에 그랬다고 지가 잘못했다고.

치료자 : 너 때문에 엄마 아빠가 싸우셨어?

종 헌 : 네

치료자 : 사실은 어떻게 된건데?
종 헌 : 여기 상담소 오기 몇 시간 전에는 꼭 아빠가 잔소리를 한번 하세요. 제가 옷을 아무데나 놓거든요. 형은 깔끔한데 저는 막 책상도 지저분해요. 그래서 아빠가 한번 화를 냈는데 엄마가 들어와 가지고, 저는 그때 기분 좀 나빠서 인상 찌푸린건데, 엄마는 아빠한테 또 아빠도 엄마한테 그렇게 말했다고 서로 그러는데 저도 잘못했어요.
치료자 : 네가?
종 헌 : 제가 옷을 지저분하게
치료자 : 응? 옷을 어떻게?
종 헌 : 옷을 아무데나 지저분하게
치료자 : 네가 옷을 옷걸이에 잘 걸어 놓았으면 어떻게 됐을까?
종 헌 : 엄마하고 아빠하고 다툰 일이 없었겠죠.
치료자 : 다투는 일도 없고
종 헌 : 그 다음에 여기 오는데 시간도 지키고
치료자 : 그러니까 늦은 이유는 다퉜기 때문이네?
종 헌 : 예. 엄마가 가만히 있으면 아빠가 그냥 화내지 않고. 제가 잘못했다는 것 시인하니까 엄마만 가만히 계셨으면 좋겠어요.
치료자 : 어머니가 가만히 계셨으면 좋겠어?
종 헌 : 네.
치료자 : 그러니까 엄마, 아빠가 다투시는 것이 엄마가 괜히 거기 끼어들었기 때문이니?
종 헌 : 저 때문에요.
치료자 : 물론 너 때문이 아니라 너의 일 때문이긴 한데 너는 조금 기분 나쁘면 조금 있으면 풀린다 말이지?
종 헌 : 네.
치료자 :그런데 엄마가 "무슨 일이 있었어요?"하며 예민하게 반응을 하니까 너는 그때 엄마가 가만 있으면 좋겠단 말이지.
아버지 : 보니까 옷 벗은 것이 책상 위에도 있고 밑에도 있고 그렇더라구요. 그래서 세탁할 것 있으면 세탁기에 넣으라고 한마디 하고 방충망 치고 있는데 이 인간이 들어와서 그 얘기 딱 하더라구요. 방금 뭐라 그랬냐고.
어머니 : "옷을 갈아 입으라고 했어요?" 그렇게 물어봤어요.
아버지 : 그런 식으로 하더라구요.
어머니 : 물어보는 것도 나쁜가 보죠?
아버지 : 아니, 이 인간은 사사건건 (웃음) 내가 종헌이한테 뭐라고 하면 참견을 하니까 굉장히 기분이 안 좋더라구요.
치료자 : 그렇죠.
아버지 : 나쁜 소리 듣기 싫은 소리 안했다고 내가 기분 나쁜 표정을 졌거든요. 이 인간도 조금 인상이 흐트러지고

.....중 략.........

치료자 : 지금 여기 상담소 오면서부터 밖에 나가 친구들 때리고 그런 일 있어?

종 헌 : 맞고만 살아요. 여자한테도.

치료자 : 맞을때 어떤 마음이 들었어?

종 헌 : 때릴려고 하다 보니까 엄마 생각이 나요.

치료자 : 엄마 생각이 난다는 건 무슨 말이야?

종 헌 : 제가 누구를 때리면 제가 주먹을 쓰니까 걔가 다치게 되고 엄마, 아빠한테 피해를 주니까

어머니 : 종헌이가 굉장히 좋아졌어요.

치료자 : 음, 그러니까 성숙해지는 거지. 장원이는 어떠니?

장 원 : 얘가 나한테 막 반말하고 저도 막 때리거든요, 쟤가 방금 여자가 때릴 때는 가만히 있는다 그러는데 쟤가 무슨 나쁜 일 해서 때리면 그때는 막 지랄하면서 베개같은 것을 집어 던지고 그래요.

종 헌 : 많이 때려요. 밤에 싸우거든요, 대부분요.

치료자 : 대부분 밤에 싸워? 엄마, 아빠 모르게?

종 헌 : 아니요. 엄마, 아빠 있어도 싸워요.

치료자 : 아셨어요? 둘이 싸우는 것?

어머니 : 저는 이제 참견 안하기로 했어요. 지들끼리 해결할 때까지... 처음에는 안 참고 막 화내고 그랬는데요, 조금 기다려 보니까 지들끼리 해결이 되더라구요.

종 헌 : 그때요. 형이 중1짜리 보고 잘못 인사했어요. 중1 짜리가 덩치가 크니까요. 중2가 어떻게 중1한테 인사해요.

치료자 : 응... 네 생각에는 어떻게 해줬으면 좋겠는데?

종 헌 : 그 놈이 또 형을 노려보더라구요, 그때 걔도 패고 싶었어요. 중1이니까.

치료자 : 네가 패고 싶었다고?

종 헌 : 그런데 형은 가만히 있어요. 그냥 가자고요.

치료자 : 아버님이라면 어떻게 하셨을까 한번 여쭤보자.

아버지 : (Pause) 제가 장원이 입장이라면 중학교 1학년에는 아는 애도 있지만 모르는 애도 있을 것 아니예요?

치료자 : 네.

아버지 : 제가 어렸서 학교 다닐 때 그런 적도 있었으니까.

치료자 : 그렇죠? 1학년인 줄 모르고.

아버지 : 옛날에는 학년 뺏지 달았지만 지금은 안다니까 내 마음 같아서도 걔한테 모르고 3학년인 줄 알고 인사를 했다 하더라도 나중에 걔가 1학년인 것을 알았을 경우에 무슨 일을 했겠어요?

치료자 : 그런데 종헌이는 그걸 왜 가만 놔두느냐 그러는데 아버님 하실 얘기 없으세요?

아버지 : 그렇게 마음을 가지면 안 되지.
장 원 : 아니 애가 위의 형들한테 잘 하면서 그런 말 하면 몰라요. 그런데 제 친구들한테도 막 반말하구요, 6학년때도 많이 당해봤어요. 내 친구들이 얘 싫어해요.
치료자 : 음.
장 원 : 어떻게 저런 동생을 뒀냐고.
종 헌 : 제 친구들도 싫어해요.
치료자 : 그러니, 왜? (웃음)
종 헌 : 애들이 방에 들어오려면 우리 방에 못 들어오게 해요, 뭐 저런 형이 있냐고 그래요. 놀지도 못해요, 애들하고요. 그래서 미안한 생각도 들어요.
치료자 : 음, 우선 형 친구들이 너를 좋아하게 하려면 어떻게 하면 될까?
종 헌 : (Pause) 반말 같은 것 안하고.
치료자 : 반말 같은 것 안하고, 그 다음에 종헌이 친구들이 형을 좋아하게 하려면 어떻게 하면 될까?
장 원 : 조금 친절하게.
치료자 : 친절하게?
종 헌 : 학교가면 제가 형 자랑 대개 많이 해요.
치료자 : 형 자랑을?
종 헌 : 예. 형이 중학교 올라가 싸움도 잘하고 공부도 잘한다고 애들한테 자랑하면 애들이 다 믿어요.
치료자 : (웃음) 왜 싸움도 잘하고 공부도 잘한다고 헛소문을 퍼트려?
종 헌 : 형 위할려구요.
치료자 : 형 위하는 것? 너는 형이 싸움도 잘하고 공부도 잘했으면 좋겠구나?
종 헌 : 저는요, 학교가면 5학년 애들이 저한테 꼼작도 못해요. 제가 잡거든요.
치료자 : 뭘로? 공부로?
종 헌 : 아니요. 주먹으로

(3) 가족치료 6회

치료자 : 어떻게 지내셨어요?
어머니 : 잘 지냈는데요, 오늘 좀... 이번 일주일을 잘 넘기나보다 했거든요. 그런데 오늘 밖에 외출하고 들어와서 더우니까 신경질을 좀 내고
치료자 : 어떻게 신경질을 내셨는지 이야기를 들어 볼까요.
어머니 : 병원에 갔다 왔어요. 한달에 한번씩 체크를 하지요.
아버지 : 오늘 같은 날은 바깥에 있어도 땀이 줄줄 나요.
아버지 : 목욕탕에 들어가니까 대야에 빨래 삶을 물이 있어요. 빨리 좀 치우라니까 그냥 서

있어요. 빨리 좀 치우라고 소리를 질렀는데 그냥 서 있어서 순간적으로... 사실 신경질도 아닌데 이 사람한테 (웃음)

치료자 : 순간적으로?

아버지 : 예. 더워서 목욕을 해야 하는데 그것을 치워야 내가 물을 받아서 할텐데, 그래서 내가 타이루 위에다 그냥 밀어 부쳤거든요.

치료자 : 쏟았어요?

아버지 : 쏟은 게 아니라 그냥 밀었어요.

어머니 : 반은 쏟았어요.

아버지 : 밀려고 하다 걸리니까 쏟아지지. 그랬었어요.

치료자 : 그때 어머니는 어떻게 하셨어요?

어머니 : 속으로 그런 생각이 들더라구요. 세상 사람이 다 덥지 혼자만 더운 건 아니잖아요. 왜 혼자 유독 외출하고 들어오면서 더위를 못참아 금방 조금만 건드리면 터질 것 같아요. 혼자 속으로 그런 생각이 들더라구요. "혼자만 더운가?"

치료자 : 그런 말은 안 하셨어요?

어머니 : 왜 그걸 쏟느냐고 말하며 기분이 좀 나빴죠. 기분 나쁜 내색을 하니까 미안하다고 하더라구요. 항상 그래요. 화내면 금방 미안하다 그래요.

치료자 : 왜 쏟느냐는 이야기를 들으셨을 때 어떠셨어요?

아버지 : 왜 쏟느냐고 할 때 나는 쏟을려고 한 것이 아니고 그냥 밀어부쳤거든요. 더우니까. 사실은 몇 발짝 들고 가서 놔야 되는데 그냥 쭉 밀어버렸죠.

어머니 : 아빠가 마음을 좀 너그럽게 먹었으면 혼자 충분히 할 수 있는 것이 거든요.

치료자 : 어떻게요?

어머니 : 대야에 있는 것을 옮길 수도 있는 것이거든요.

아버지 : 딴 그릇에도 뭐 들어있잖아.

어머니 : 그거 바닥에다 쏟아놓고 하면 되잖아요.

치료자 : 밀어부칠 때는 반은 쏟아질 수 있는 가능성이 있는데 알면서 밀으신거죠?

아버지 : 그렇죠. 그것이 중요한 것이라면 그것을 엎는 짓을 안 하는데 물이랑 있었기 때문에 물이 엎질러진 거죠.

치료자 : 물이 엎질러져서 문제가 생겼어요?

어머니 : 문제라기 보다는 제가 빨래 삶으려고 준비를 해 논 비눗물을

치료자 : 비눗물을?

어머니 : 예.

치료자 : 만일 그것이 엎질러지면 부인이 어떠하리라고 생각하셨어요?

아버지 : 거기까지는 생각 안했죠. 좀 미안한 생각이 들더라구요.

치료자 : 지금 그 상황이라면 어떻게 하시겠어요?

아버지 : 제가 아예 들고 들어가 그냥 조용히 아무말도 없이 했으면 제일 좋은거죠.

치료자 : 그렇게 하신 적도 있어요?

아버지 : 그렇게 한 적도 있죠. 그런데 오늘은 문 앞에 놨더라구요. 문이 못 닫히게

치료자 : 예. 그렇게 하신 적도 있다구요? (놀라면서)

어머니 : 저는 그런 사소한 일도 아빠가 좀 마음을 여유있게 먹고 항상 가족을 대하면 좋겠어요. 사소한 일이 쌓이고 쌓이고 누적이 돼 스트레스가 되는 것 같더라구요.

치료자 : 그렇죠?

어머니 : 그런데 아빠는 아무것도 아닌 것을 문제 삼는다고 얘기하실지 모르지만 저는 아무것도 아닌 사소한 일이 문제가 되더라구요. 나중에는

치료자 : 그래서 어떠셨어요?

어머니 : 아주 기분이 안 좋았어요. 화를 내면서 꼭 저렇게 해야 되는가, 더우면 목욕하겠다고 들어가서 혼자 치우고 했으면 아빠 자신도 마음이 더 편했을 거예요. 저도 그런 경험을 해봤기 때문에 신경질 냈을 때하고 나 혼자 참고 스스로 자제를 했을 때하고 신경질 내는 것이 내 몸을 위해서도 안좋다, 가족을 위해서도 안좋다 이걸 제가 느껴봤기 때문이예요.

치료자 : 지금 그 상황이라면 어떻게 하시겠어요?

어머니 : 지금 생각하면 너무 더위를 못 참고 들어오는 순간에 제가 좀 아빠를 위해서 뭘 좀 도와 드려야겠다 이런 마음으로 대했으면 아빠가 짜증이 안 났겠죠.

치료자 : 그랬으면 먼저 얼른 치웠겠죠?

어머니 : 예. 그런데 아빠가 처음부터 들어오면서 더워 죽겠다고 혼자 자기 몸을 힘들어 했으면 내가 뭘 좀 도와줘야겠다 이런 마음이 들었을텐데 내가 더워서 짜증이 나는 걸 같이 나누자는 식으로 그렇게 밖에 생각이 안 되더라구요.

아버지 : 아니 내가 가족들한테 더운 것을 공동으로 나누자고 (웃음) 그랬다고 하는 식으로 얘기를 하는데.

치료자 : 그러니까 아버지는 그런 의도가 아니셨다는 얘기죠?

아버지 : 그렇죠. 그런 의도가 아니었죠.

치료자 : 잘 못 전달이 됐네요.

아버지 : 잘 못 전달... 내가 조금 참아야 하는데 결론적으로 덜 된 것 같아서 그렇게 뱉고 나서도 미안해서 들어가라고 했어요.

어머니 : 그전 같으면 싸우면 크게 했을텐데. 여기 다닌 보람이 있어서 그런지 그렇지는 않아요.(웃음) 커지지 않고, 아빠가 이내 금방 미안하다고 그러더라구요.

치료자 : 그 얘기 들으셨을 때 어떠셨어요?

어머니 : 속으로는 좋으면서도 겉으로는 조금 안그런 척 했죠. (웃음) 금방 저도 같이 수그러들고 싶지 않더라구요. 아빠하고 같이 금방 맞장구치고 싶지 않더라구요.

치료자 : 그러니까 결국은 본인을 괴롭히기 위해서 꽁하고 있었군요? 안 풀었군요?

어머니 : 그런 것 같아요. 좀 아빠가 뭐든지 긍정적으로 봐 줬으면 좋겠어요. 부정적으로 자꾸 보시는 것 같아서.

치료자 : 어떤 것을요?

어머니 : 종헌이한테는 저 아이가 나쁜 짓을 좀 많이 하다 보니까 저 아이가 하고 있는 짓은 무조건 나쁘다는 선입관을 가지고 나쁘다는 생각을 늘 하는 것이 제가 마음이 상하구요.

치료자 : 요즘은 안 그러지 않아요?

어머니 : 마찬가지인 것 같아요. 아버지의 보는 눈은 달라지지 않은 것 같아요.

치료자 : 그러세요? 그게 하루 아침에 바뀌기는 힘들지만 마음만 먹으면 지금 당장이라도 바뀔 수 있어요.

어머니 : 저는 바뀌었는데 아빠는 왜 못 바꾸시는지 모르겠어요. (웃음) 종헌이가 그 전에 일을 저지를 때는 저도 저 아이 자신한테 문제가 있는 줄 알았어요.

치료자 : 네

어머니 : 문제 아이는 없다, 문제 부모만 있을 뿐이다 라고 이론적으로만 들었지 제가 실제 느껴보지는 않고 남의 얘기로만 들었는데...

치료자 : 실감하지는 않으셨군요?

어머니 : 예. 실감을 못 했거든요. 그런데 이번에 실감해보니까 쟤가 하는 짓이 다 긍정적으로 보이고 그럴수도 있다 이렇게 생각이 들더라구요.

치료자 : 어떤 면에서 얘가 하는 행동이 다 긍정적으로 보이는지 얘기를 해 보세요.

어머니 : 예를 들어 우유 200ml를 하루에 두개 먹는데요, 하나는 개봉하지 않고 있고 다른 하나는 먹다 남아 조금 있었나봐요. 양이 안 차잖아요. 그래서 두개를 다 꺼냈던가봐요. 남은 것 마저 먹은 다음에 새 것을 먹을려고 하는데 아빠가 그것만 먹으라는 거예요. 조금만.

치료자 : 예

어머니 : 저는 그렇더라구요. 그전 같으면 그냥 내버려 두라고 얘기를 했을텐데 저 아이 있는 데서는 제가 얘기를 안해요. 제가 부부는 항상 일관적으로 나가야 되는 것을 알기 때문에 애들 있는데서 이번주에는 얘기 안했어요. 선생님 말씀 듣고

치료자 : 잘 하셨네요. 안 하셨을 때 아버지 반응이 어떻던가요?

어머니 : 말이 갑자기 없으니까 왜 그러느네요. (웃음) 그래서 나 잔소리 안하기로 했다고 했죠.

치료자 : 아버지가 느끼시는 거죠?

어머니 : 제가 지난주 왔다 가서 느꼈어요. 아... 내가 아빠 보기에 말 많은 여자로 보였구나. 내가 말 많은 여편네였구나를 제가 먼저 주에 왔다 가고 느꼈거든요.

치료자 : 네

어머니 : 아빠니까 하고 싶은 얘기를 다 했는데 너무 말이 많다 보니까 아무리 좋은 소리도 말이 많으면 잔소리로 들렸던가봐요. 그래서 말을 말아야겠다고 결심했죠.

치료자 : 이번 주에 아무 얘기도 없으셨을 때 아버지는 어떠셨어요?

아버지 : 나도 대뜸 직감을 가졌거든요.

치료자 : 직감을 가졌어요?

아버지 : 예. 사실 내가 먼저 번에 말 많다 해가지고 그런 것도 있지만 너무 말이 없으니까

어머니 : 말이 없는게 제가 두가지 감정이 있었어요. 하나는 내가 아빠한테 너무 말이 많은 여자였었다는 것을 이번에 느꼈고 또 한편으로는 아빠가 내가 얘기를 할 때 마음을 너그럽게 잡수시고 내 말을 잔소리로 안듣는 너그러운 마음의 소유자가 되면 얼마나 좋을까 그런 생각할 때 아빠가 조금 원망스런 생각도 들더라구요.

치료자 : 원망스러웠겠죠?

어머니 : 네.

치료자 : 그 두가지 다 있을 수 있어요. 그런데 내가 말 많은 여편네로 보인 것은 내 자존심을 살리기 위해서라도 어머니가 나를 챙겨야 되는 것이겠죠? 그런데 그때 잔소리를 하면 엄마는 또 잔소리꾼이 되거든요. 그러니까 결국은 종헌이에게 아버지가 잔소리 하는 것과 똑같거든요.

어머니 : 그런데 이번 주에 제가 일체 얘기를 안했는데 마찬가지인 것 같아요.
더 하신 것 같아요. 맘 놓고 하시는 것 같아요. 제가 옆에서 코치 안하니까 (웃음)

아버지 : 아니, (Pause) 종헌이한테 나도 이번주에 조심을 했는데

치료자 : 네. 조심을 하셨어요?

아버지 : 내가 종헌이하고 하는 얘기가 당신한테는 전부 잔소리로 들리는 모양이지?

어머니 : 뭐, 치워라, 씻어라, 그런 것이 다 잔소리 아니예요?

치료자 : 명령이나...

어머니 : 그것 빼놓고는 별로 없더라구요.

치료자 : 아버님 자녀교육에 원칙은 있어요. 종헌이한테 얘기하는 것이 다 잔소리는 절대 아니고요. 명령과 금지는 잔소리예요. 그러니까 예를 들어 어머니가 아버지보고 "왜 그래요?" 이것은 금지거든요. "그러지 말아요." 이 소리지요. 그것은 잔소리예요. 그런데 횟수가 늘을 수밖에 없는 건 지금이 방학이니까

어머니 : 예. 보는 시간이 더 많으니까요.

치료자 :아버지는 지금 노력하셨다고 그러시는데... 우리 종헌이한테 물어봅시다. 이번 주일에 아버지가 너한테 어떤 얘기 하셨니?

3) 말기 과정(9회 - 11회)

가족이 문제를 잘 해결하고 이제 가족이 스스로 가정을 이끌어 갈 준비가 되어 있고, 치료자의 도움 없이도 독립적으로 기능을 할 수 있으리라고 느껴진다.

(1) 가족치료 9회

어머니 : 처음에는 종헌이 문제때문에 왔는데 오고 보니까 그게 아닌 것 같애요.

치료자 : 오고 보니까 어떤 것 같아요?
어머니 : 오고 보니까 부모 문제인 것 같더라구요.
치료자 : 네. 아버님 생각에는요?
아버지 : 저도 이제 여기 다니다 보니까 그런 생각이 좀 나요. 처음에는 우리 종헌이만 문제가 있는지 알았는데 알고 보니까 저희들이 모든 게 교육이 잘 못 된거죠.
치료자 : 지금 종헌이가 방학동안 계속 상담을 받고 싸우지 않는데 아직까지도 종한이를 주위에서 싸움 잘 하는 애로 알고 있는 사람도 있겠지?
종 헌 : 네
치료자 : 그런 애들한테 어떻게 네가 싸움 안하는 애라고 알려줄 수 있을까?
종 헌 : (Pause) 계속 싸움 안하면 우리반 애들이 종헌이 좋아졌다 그러고 애들이 소문내가지고.
치료자 : 선생님이 가족치료 열번 끝나면 너희 담임 선생님한테 편지를 쓸 계획이거든.
종 헌 : 네
치료자 : 종헌이는 가족치료를 받고 옛날 종헌이가 아닌 새로운 사람으로 태어났으니 선생님께서도 지켜봐 주시고 만약에 다른 변화가 있다면 알려달라고 써 보낼거야. 열번 지나면.
종 헌 : 예
치료자 : 그때 종헌이에게 편지를 보여줄테니까 종헌이가 그 편지를 100장을 복사해도 괜찮아.
종 헌 : 예
치료자 : 네가 주고싶은 사람 다 나눠줘.
종 헌 : 예

.....중 략.....

치료자 : 변하신 아버지에 대해서 어떻게 생각해?
종 헌 : 좋아요.
치료자 : 좋아? 종헌이는 좋다는데, 장원이는?
장 원 : 저도 좋아요.
치료자 : 그래도 특히 아버지의 어떤 점을 너희가 좋다고 생각하는지를 말해야 좋은 점을 점점 더 키우실텐데.
종 헌 : 엄마는요, 화나면 오래 가거든요.
치료자 : 화나면?
종 헌 : 예, 그런데 아빠는 금방 있으면 풀려서 좋아요.
치료자 : 화가 금방 풀리세요?
아버지 : 금방 풀리는 편이죠.

치료자 : 어째서 금방 풀리는게 좋으니?
종 헌 : 엄마가 계속 화나 있으면 제가 엄마한테 말하기도 힘들고 아빠는 금방 풀어지니까 저한테도 좋고 다른 사람한테도 좋고.
치료자 : 엄마가 누구때문에 화가 났을때 화가 오래 가서 네가 얘기하기가 힘들었어?
종 헌 : 아빠한테도 그렇고 저나 형한테도 그렇고
치료자 : 너 때문에 화가 나시지 않았을 때도 오래 가기 때문에 네가 엄마한테 접근하기가 힘들었어?
종 헌 : 예
어머니 : 너 얘기하고 싶은 말이 있는 것 같은데
종 헌 : 아빠가 제일 좋아요.
치료자 : 아빠가 제일 좋아?
종 헌 : 네
치료자 : 아빠는 어때서 좋고 엄마는 어때서 네 맘에 안 들었어?
종 헌 : 엄마는 화 나면 계속 우울하세요. 아빠하고 싸워도 아빠는 풀어줄려고 말도 거시고 그러는데 엄마는 말도 안하고 자꾸만 피해요.
치료자 : 음
종 헌 : 그러니까 아빠도 덩달아 화 내시고 엄마는 오래가니까 저희들한테도
치료자 : 그럼 엄마한테 왜 그렇게 오랫동안 화를 내시냐고 여쭤봤니?
종 헌 : 아뇨. 궁금해요.
치료자 : 궁금해? 그럼 한번 여쭤봐.
종 헌 : (Pause) 엄마 왜 그렇게 ...(웃음) 화를 왜 계속 내요?
어머니 : 애한테 그런 얘기가 좀.
치료자 : 그래요? 너희가 알면 곤란하시다고 그러는데. 너희는 왜 엄마가 화를 오래 내실까 생각해 봤어?
장 원 : 네. 자존심 때문에.
어머니 : (웃음)
치료자 : 자존심! 애들은 이렇게 다 알고 있어요. 얘네 답이 지금 틀렸어요?

(2) 10회 가족치료 후에 종헌의 담임선생님께 보낸 편지

1989. 9. 2.

수 신 : 6학년 6반 이△△ 선생님
제 목 : 가족치료 과정에 관하여

2세 교육을 위하여 노고가 많으시리라 생각됩니다. 선생님 담임반에 있는 김종헌 학

생은 본 연구소에서 1989. 6. 17 - 8. 26일까지 10회에 걸쳐 가족치료를 받았습니다. 전에는 종헌이가 친구들과 싸움을 잘 하는 아이였는데 10회에 걸친 가족치료 상담을 통하여 문제가 없어지고 착한 아이로서 새로운 생활을 하려고 합니다. 앞으로 만약 종헌이가 문제를 갖게 되면 저희 가족치료연구소로 알려주시고 새로운 생활을 하도록 격려해 주시고 지켜봐 주시기 바랍니다. 그리고 종헌이의 변화에 대하여 종헌이와 같은 반 친구들에게 알려주시어 친구들이 종헌이가 새로운 방향으로 생활하는데 좋은 인적자원이 되도록 조성해 주시기 바랍니다. 감사합니다.

상담실장 임상사회사업가 안향림
소장 철학박사 임종렬

(3) 가족치료 11회

치료자 : 지금 생각해 보건대 네가 왜 싸웠다고 생각이 드니? 싸운 이유가 무엇이었다고 생각이 드니?
종 헌 : (Pause) 주먹을 날리는 것은 분이 있어 가지고
치료자 : 아... 분이 속에 있었어? 종헌이가 남보다 분이 많다고 얘기하는데 어머니, 아버지는 어떻게 생각하세요?
어머니 : 원인은 잘 모르겠어요. 집에서 엄마, 아빠가 만들어 준 것 같은데 어떻게 해서 그 분이 만들어졌는지 그것을 모르겠어요.
치료자 : 네.....
어머니 : 제 요구를 들어주지 않아서 그런건지...(Pause)
치료자 : 지난 시간에 종헌이가 한 얘기 기억하세요?
어머니 : 엄마는 좀 오래 골내지 말고 아빠는 화를 내지 말라고... 그걸 듣고도 자꾸 잊어 버려요.
치료자 : 그럴 때 재 마음이 어떻다는 얘기 했었죠?
어머니 : (Pause) 그전에도 그랬어요. 엄마 아빠 싸우면 집 나갈 거라고 그런 얘기 한 적이 있었거든요.
치료자 : 아...
어머니 : 엄마, 아빠가 싸우면 재 마음이 불안하고 편치 않아서 그렇겠죠.
치료자 : 요전번에 종헌이가 엄마가 와서 얘기도 안하고 냉정할 때 어떻게 하고 싶었는지 물었더니 싸우고 싶었다 그랬잖아요. 얘기의 핵심을 찔렀기 때문에 너무 충격적이라 기억을 못 할 수도 있어요. 또 못 들었을 수도 있어요. 너무 충격적이라... 우리가 너무 기가 막힌 얘기는 금방 잊어버리고
어머니 : 재가 항상 나가 싸우는 것이 우리 부부가 먼저 싸우기 때문에 재도 나가서 싸우는 거다, 그런 것을 저는 좀 알았기 때문에 그 말을 받아들인 것 같애요. 지금 가만히

생각해 보니까.
치료자 : 네
어머니 : 우리가 안 싸워야 쟤들도 안 싸운다.
치료자 : 그걸 언제 느끼셨어요?
어머니 : 그것은 좀 됐어요.
치료자 : 여기 오시기 전에요?
어머니 : 조금 전부터 느꼈던 것 같아요. 종헌이가 나가서 싸우는 것은 엄마, 아빠의 교육이 잘 못 돼서 그런 거지, 쟤한테 문제가 있다고 생각하지는 않았거든요.
치료자 : 그렇지만 하여튼 종헌이를 미워했죠?
어머니 : 싸우고 들어올 때는 미웠죠. (웃음) 미워는 했죠.
치료자 : 오늘이 11번짼데 온 가족이 종헌이 문제 때문에 왔어요. 종헌이가 싸우기 때문에 왔고 종헌이가 싸우는 것이 완전히 바뀌었어요. 두분의 이해를 종헌이가 받고 있으니까 종헌이 싸우는 문제는 없어졌는데 두분의 사이는 어떻게 됐어요?
어머니 : 이번 주일에는 그럭저럭 잘 무사히 지나간 것 같아요.
치료자 : 지난 주도 무사히 지나가고요?
어머니 : 예
치료자 : 그 간격이 처음에는 두 주, 그 다음에는 세 주, 한 달, 3개월 이러다가 없어지는 것이지요.
어머니 : 그런데 이번 주는 싸움이 될 뻔 했는데 아빠가 좀 참으시더라구요. 그 참으시는 과정이 좀 힘들어 하시더라구요.

6. 치료자 자신의 반응

치료자는 각 가족원의 위치에서 가족 상황을 볼 수 있다. 가족은 볼 수 없는 것을 치료자는 보고, 지지해 주고 가족안으로 들어갔다. 치료자는 연로한 클라이언트의 이모처럼, 특별한 지혜를 가진 할머니처럼 가족의 문제에 관심을 가졌다. 치료자는 친구들과 싸우는 클라이언트의 행동을 소멸시키기 위하여 아버지의 가치관을 자녀체계에 전하며 반사회적 행동을 수정했다. 그리고 클라이언트의 증상을 가져온 가족역동에 대하여 클라이언트의 부모로 하여금 통찰을 갖게 했다. 클라이언트와 아내에게 죄책감을 가진 클라이언트의 아버지에게 자상한 아버지라고 격려를 보냈고 부부 및 부모-자녀 체계내의 모호한 의사소통 양식을 지적하며 교육했다. 부모-자녀 체계의 부정적 반응 거래의 결과로 싸우는 행동이 생겼다는 것을 알게 하며 부부체계에서도 부부갈등을 줄이기 위하여 부부불화를 가진 주간에는 치료비를 내고 치료시간에는 오지 말도록 전략주의적 접근을 했다.

결탁된 클라이언트와 어머니의 경계선을 분명하게 하기 위하여 부부체계, 형제체계가 같이 앉도록 클라이언트의 형을 물을 떠오라고 내보내고 치료실의 좌석을 재배치했다. 그리고 클라이언트와 어머니를 분리시키기 위하여 치료자는 클라이언트의 어머니가 입원한다면 하는 가정을 했는데 우연히 입원했던 경험이 있어 클라이언트와 어머니가 떨어지면 클라이언트와 아버지의 관계가 좋아진다는 것을 알게 되면서 클라이언트는 어머니에게서 분명한 경계를 갖게 되었다. 치료 말기에는 "아빠가 제일 좋아요."라고 클라이언트는 말하며 어머니에게 제발 아빠가 자신에게 이야기할 때 끼어들지 말라고까지 하며 독립하였다. 10회 치료 시간이 끝난 후, 클라이언트의 담임 선생님께 편지를 보냈다. 클라이언트의 수정된 행동을 유지하기 위한 지지망을 확보하기 위함이었다.

7. 평가 및 결언

이 가족에 문제가 있다고 외부에 S.O.S.신호를 보낸 사람은 확인된 클라이언트이다. 그러나 괴로움을 해결하기 위하여 도움을 청한 사람은 클라이언트와 결탁관계에 있는 클라이언트의 어머니이다. 클라이언트의 가족은 부부체계에 갈등이 있고 여기에 클라이언트가 개입되어 삼각관계를 이루고 있다. 도움을 청한 클라이언트의 어머니는 가족의 문제를 해결할 수 있는 열쇠를 쥐고 있다. 어머니 자신은 부부갈등의 희생자라고 생각하지만 부부갈등은 상호적이다. 부부관계 양식에서 남편을 지배하려는 어머니와 고립자의 역활을 거부하려는 아버지의 부부갈등이 아버지는 신경성 당뇨병을 앓게 되고 클라이언트는 친구와 싸움을 잘 하며 학교에서 골치거리라고 까지 하게 되었고 어머니도 정신과적 문제를 갖고 치료를 받게 됐고 형도 학업성적이 급격히 하락하게 되는 결과를 가져왔다. 위기의식을 느낀 이 가족은 고졸 학력의 부부 중 유난히 지혜가 있는 어머니의 주도로 도움을 청하게 됐으며 부부불화로 고통을 받는 어머니는 치료를 받으려는 동기가 강하게 일어났다. 치료 초기 가족의 공격 화살이 아버지에게 향했으나 치료자의 개입으로 부부관계로 돌리게 하여 아버지의 적극적인 참여를 유도하였고 부부체계를 강화했다. 자연히 하위체계 간에 경계선이 분명해져 부부체계에 끼어들었던 클라이언트가 독립하여 희생양의 역할을 벗어날 수 있게 되었다. 가족관계의 변화를 위하여 의사소통 유형의 변화를 시도하였고 지지망을 동원하였다. 사후 조사로 6개월에 한번씩 전화를 걸어 안부를 묻고 있으며 94년 8월 현재 아버지의 당뇨병은 많이 호전되었고 형은 Y대 경영학과에 진학했으며 어머니는 정규적으로 수영장에 다니며 취미생활을 즐겁게 하고 있고 클라이언트는 학업 성적이 반에서 1등을 하며 아버지와 아주 좋은 관계라고 전하며 치료자에게 고마움을 표하고 있다.

가족치료 총론
이화여대 사회복지학과 편

초판발행 / 1995년 3월 10일
6쇄발행 / 2014년 2월 28일

발행처 / 동인
발행인 / 김영길
등록일자 / 2009년 1월 19일
등록번호 / 제 2013-000032호
서울시 강북구 오패산로30길 74 201<미아동>
전화 / 365-6368
팩스 / 365-6369

ISBN 89-85812-14-9 92330
가격 : 35,000원